DAS ÖFFENTLICHE RECHT DER GEGENWART

JAHRBUCH DES ÖFFENTLICHEN RECHTS DER GEGENWART

NEUE FOLGE / BAND 46

HERAUSGEGEBEN VON

PETER HÄBERLE

Mohr Siebeck

ISBN 3-16-146876-7
ISSN 0075-2517

Inhaltsverzeichnis

Abhandlungen

Richterbilder

Berichte

Entwicklungen des Verfassungsrechts im Europäischen Raum

I. Der Aufbruch in Mittel- und Osteuropa sowie in Asien

---

* Diese und die folgenden Zahlen verweisen auf einschlägige Beiträge in den früheren Bänden z.B. bedeutet NF 8: Band 8 der Neuen Folge des Jahrbuchs; 6: Band 6 der ersten Folge des Jahrbuchs.

II. Entwicklungen in anderen Verfassungsstaaten Europas

Entwicklungen des Verfassungsrechts im Außereuropäischen Raum

I. Amerika

II. Asien

III. Australien

Abhandlungen

Stufen der Entwicklung der deutschen Verfassungsgerichtsbarkeit

von

Prof. Dr. Dres. h.c. Konrad Hesse

Freiburg/Br.

Inhalt

A. Verfassungsgerichtsbarkeit in Europa

Weltweit, vor allem jedoch in Europa, hat die Verfassungsgerichtsbarkeit in jüngerer Zeit einen wahren Siegeszug angetreten. In erster Linie haben die Überwindung totalitärer Herrschaft und der Übergang oder die Rückkehr zur Demokratie Anstoß zur Errichtung von Verfassungsgerichten oder fortbildender Erweiterung ihrer Aufgaben gegeben, so nach dem Ende des Zweiten Weltkrieges in Italien, Österreich und der Bundesrepublik Deutschland, später in Spanien und Portugal, in neuester Zeit nach dem Zerfall der sowjetischen Vorherrschaft und der damit verbundenen großen Wende in Ost- und Südosteuropa. Nach der deutschen Wiedervereinigung sind in den neuen Bundesländern dem Bundesverfassungsgericht weitgehend nachgebildete Verfassungsgerichte oder Staatsgerichtshöfe entstanden[1]. In Frankreich hat sich der

---

[1] Einen umfassenden Überblick gibt *K.-G. Zierlein*, Die Bedeutung der Verfassungsrechtsprechung für

durch die Verfassung von 1958 eingeführte Conseil constitutionnel, der ursprünglich nur zu einer Kontrolle der Einhaltung des dem Parlament durch die Verfassung gezogenen Rahmens bestimmt war zu einem Organ der rechtsprechenden Gewalt und konstituierenden Element des Verfassungslebens der V. Republik entwickelt. In der Schweiz, die auf ein besonderes Verfassungsgericht verzichtet hat, sind Aufgaben der Verfassungsrechtsprechung – wie auch in den Vereinigten Staaten von Amerika – schon seit dem vorigen Jahrhundert dem obersten Gericht der allgemeinen Gerichtsbarkeit zugewiesen. Insgesamt besteht heute, wenn auch in unterschiedlichen Ausprägungen, eine Verfassungsgerichtsbarkeit in der Mehrzahl der europäischen Staaten. Sie erweist sich als unverzichtbare Voraussetzung der Erhaltung, Funktionsfähigkeit und Fortentwicklung des demokratischen Verfassungsstaates[2].

Diese Entwicklung hat an den Grenzen des nationalen Staates nicht haltgemacht und zur Entstehung übernationaler Gerichtshöfe geführt, deren Aufgaben denjenigen der nationalen Verfassungsgerichte entsprechen: des Europäischen Gerichtshofs für Menschenrechte und des Gerichtshofs der Europäischen Gemeinschaft.

Dem Europäischen Gerichtshof für Menschenrechte obliegt nach Maßgabe der Europäischen Konvention zum Schutze der Menschenrechte und Grundfreiheiten von 1950 der Schutz der in der Konvention gewährleisteten Rechte; diese werden erstmals in der Geschichte im Wege eines völkerrechtlichen Vertrages nicht nur normiert, sondern auch durch eine gerichtliche Instanz institutionell gesichert. Dem Gerichtshof der Europäischen Gemeinschaft obliegt die Wahrung des Rechts bei der Auslegung und Anwendung des Vertrages zur Gründung der Europäischen Gemeinschaft (Art. 164 EGV); er nimmt in dieser Funktion vor allem umfassende Rechtsprechungsaufgaben wahr. Die Rechtsprechung beider Gerichte hat von Jahr zu Jahr wachsende Bedeutung gewonnen.

Von dieser Entwicklung und dem mit ihr entstehenden europäischen Rahmen läßt sich die heutige und künftige Entwicklung der deutschen Verfassungsgerichtsbarkeit nicht trennen. Mit ihrem umfassenden Auf- und Ausbau seit dem Zweiten Weltkrieg ist die Bundesrepublik Deutschland weitergegangen als andere Staaten. Um so höheres Interesse gewinnt daher die Frage nach der Bewährung ihres Konzeptes.

Die Antwort läßt sich nicht leicht geben: Manches ist Versuch geblieben. Grundsätzliches ist gelungen und hat anderen Verfassungsordnungen als Modell dienen können. Vieles ist anders gekommen als erwartet oder vorausgesagt, manche Probleme haben sich verändert, neue sind hinzugekommen.

Wie also sind die Leistung und die Lage der deutschen Verfassungsgerichtsbarkeit nach nunmehr fast 50 Jahren ihres Bestehens zu beurteilen? Die Ansichten hierzu sind von den Anfängen bis zur Gegenwart – heute etwa deutlich an den Verhandlungen des 61. Deutschen Juristentages von 1996 – durchaus geteilt. Die folgenden Ausführungen zur Geschichte des Bundesverfassungsgerichts, zugleich Rück- und Ausblick eines früheren Mitglieds des Gerichts, suchen Voraussetzungen eines sachgemäßen Urteils festzuhalten.

---

die Bewahrung und Durchsetzung der Staatsverfassung, Europäische Grundrechte Zeitschrift 1991, S. 301 ff.

[2] Dazu näher und sehr aufschlußreich: _A. von Brünneck_, Verfassungsgerichtsbarkeit in den westlichen Demokratien, 1992, S. 133 ff.

B. Von den Anfängen bis zur heutigen deutschen Verfassungsgerichtsbarkeit

Als es in Deutschland nach dem Ende des Zweiten Weltkrieges und dem Untergang des nationalsozialistischen Unrechtsregimes galt, auf den Trümmern der alten Ordnung eine rechtsstaatliche Demokratie zu errichten, konnte dies nicht mehr bedeuten als einen Versuch mit zunächst noch nicht vorauszusehendem Ergebnis[3]. Die verfassunggebenden Versammlungen in den Ländern und im Bund konnten an keine gefestigte demokratische Tradition anknüpfen, wie sie in alten Demokratien Grundlage ihrer politischen Existenz und ihres Lebens ist. Für einen grundsätzlichen und umfassenden Neubeginn fehlten alle Voraussetzungen. Ebenso wie die Verfassungsgeber der ersten deutschen Landesverfassungen nach dem Zusammenbruch der alten Ordnung ist der Grundgesetzgeber daher von den früheren Verfassungen ausgegangen. Freilich ist er von ihnen auch unter dem lebendigen Eindruck der Fehlschläge und Katastrophen der jüngeren Vergangenheit in charakteristischer und prägender Weise abgewichen. Denn aus diesen ergab sich die gebieterische Konsequenz für die neue Ordnung, daß alles getan werden müsse, um gleichen oder ähnlichen Entwicklungen künftig entgegenzuwirken.

Anknüpfung und Abweichung: Das gilt auch und besonders für die Regelungen des Grundgesetzes über das Bundesverfassungsgericht und seine Aufgaben und macht es notwendig, auf die vorangehende Entwicklung in Kürze einzugehen.

I. Die erste Stufe: Der Staatsgerichtshof für das Deutsche Reich

Dieser war auf der Grundlage der Verfassung der Ersten Deutschen Republik, der Weimarer Reichsverfassung von 1919, errichtet worden. Seine beschränkten Zuständigkeiten waren im wesentlichen diejenigen einer Staatsgerichtsbarkeit im engeren Sinne, wie sie der Reichsverfassung von 1871 gefehlt hatte. Doch hatte sich in seinen Aufgaben und seiner Wirksamkeit eine geschichtliche Entwicklungslinie fortgesetzt, welche zu den Wurzeln der deutschen Verfassungsgerichtsbarkeit zurückführt.

Sie beginnt bei den im 15. und 16. Jahrhundert entstandenen Gerichten des alten Reiches, dem Reichskammergericht und dem Reichshofrat, denen Aufgaben der Friedenssicherung und der Schutz ständischer und individueller Rechte oblegen hatten[4]. Die Idee dieser Entwicklung hatte nach der Napoleonischen Zeit dem Versuch der Schaffung einer obersten Gerichtsbarkeit im Deutschen Bund von 1815 zugrunde gelegen. Zwar ist dieser Versuch gescheitert, doch enthielt die im wesentlichen staatenbündische Ordnung Deutschlands im 19. Jahrhundert bereits Elemente einer (Bundes-)Staatsgerichtsbarkeit. In den konstitutionellen Monarchien einiger Einzelstaaten hatte der Gedanke justizförmiger Entscheidung innerstaatlicher Verfassungsstreitigkeiten durch einen Staatsgerichtshof, vor allem im Rahmen der Ministerver-

---

[3] *R. Smend*, Das Bundesverfassungsgericht, in: Staatsrechtliche Abhandlungen, 2. Aufl. 1968, S. 581.

[4] Zum folgenden ausführlich: *U. Scheuner*, Die Überlieferung der deutschen Staatsgerichtsbarkeit im 19. und 20. Jahrhundert, in: Bundesverfassungsgericht und Grundgesetz, Festgabe aus Anlaß des 25jährigen Bestehens des Bundesverfassungsgerichts, herausgegeben von Ch. Starck, I, 1976, S. 1 ff.

antwortlichkeit, sowie der Gewähr der Verfassung Gestalt gefunden. In beidem, der Verbürgung des Friedens zwischen den Bundesgliedern durch Schlichtung oder Entscheidung föderaler Streitigkeiten und der gerichtlichen Entscheidung innerstaatlicher Verfassungskonflikte, war bereits die Grundidee späterer Verfassungsgerichtsbarkeit erkennbar geworden: politisches Handeln einer justizförmigen Kontrolle durch ein unabhängiges Gericht zu unterwerfen.

Weit über diese Anfänge hinaus sind die Regelungen der Frankfurter Reichsverfassung von 1849 gegangen, in der die Ziele der deutschen Einheits- und Freiheitsbewegung des 19. Jahrhunderts nach der Revolution von 1848 verwirklicht werden sollten. In ihr finden sich bereits wesentliche Ausformungen heutiger Verfassungsgerichtsbarkeit: Zuständigkeiten des Reichsgerichts für die Entscheidung von bundesstaatsrechtlichen Streitigkeiten zwischen obersten Staatsorganen, Ansätze einer gerichtlichen Normenkontrolle und Entscheidung über Verfassungsbeschwerden. Obwohl das damalige Verfassungswerk gescheitert ist – nur der Grundrechtsteil der Verfassung ist kurzzeitig in Kraft gesetzt worden – ist die Frankfurter Reichsverfassung darin zum frühen Vorgänger einzelner Regelungen der Staatsgerichtsbarkeit in der Weimarer Reichsverfassung von 1919 und in weitem Umfang der Verfassungsgerichtsbarkeit des Grundgesetzes geworden.

Von der Verwirklichung dieser Gedanken waren die Regelungen für den Staatsgerichtshof der Weimarer Republik allerdings noch weit entfernt. Abgesehen von einigen speziellen Aufgaben waren ihm nur eine eng begrenzte Kontrolle der politischen Macht und Aufgaben im Bereich der föderativen Ordnung des Reiches zugewiesen. Der Reichstag hatte das Recht erhalten, den Reichspräsidenten, den Reichskanzler und die Reichsminister vor dem Staatsgerichtshof anzuklagen (Art. 59 WRV); der Staatsgerichtshof hatte Konflikte zwischen verschiedenen Ländern, zwischen dem Reich und den Ländern sowie (subsidiär) Verfassungsstreitigkeiten innerhalb eines Landes zu entscheiden (Art. 19 WRV). Hingegen fehlte ihm eine Zuständigkeit für Streitigkeiten zwischen obersten Reichsorganen und für die Entscheidung über Verfassungsbeschwerden – dies, obwohl die Weimarer Reichsverfassung im Gegensatz zu der Reichsverfassung von 1871 einen umfangreichen Grundrechtskatalog enthielt. Insbesondere fehlte jedoch eine Zuständigkeit zur Entscheidung über die Verfassungsmäßigkeit von Gesetzen.

Zwar ermöglichte es die Reichsverfassung, bei Zweifeln oder Meinungsverschiedenheiten über die Vereinbarkeit von Reichsrecht mit Landesrecht die Entscheidung eines obersten Gerichtshofs des Reiches herbeizuführen (Art. 13 Abs. 2 WRV). Aber dieser war nicht der Staatsgerichtshof, sondern in der Regel das Reichsgericht. Das gleiche galt für die in der Verfassung unbeantwortet gebliebene und heftig umstrittene Frage, ob Gerichte der allgemeinen Gerichtsbarkeit befugt oder gar verpflichtet seien, das im konkreten Fall anzuwendende Recht auf seine Vereinbarkeit mit der Reichsverfassung zu prüfen. – Das Reichsgericht hat in einem berühmten Urteil von 1925 ein solches richterliches Prüfungsrecht anerkannt[5]; zu nennenswerten praktischen Auswirkungen hat seine Rechtsprechung allerdings nicht geführt.

Insgesamt hat der Staatsgerichtshof für das Deutsche Reich im Rahmen der ihm von der Reichsverfassung zugewiesenen Kompetenzen eine breite und für das Verfas-

---

[5] RGZ 111, 320 (322 f.).

sungsleben bedeutsame Rechtsprechung entfaltet[6]. Sein Einfluß auf die krisenreiche Entwicklung der Weimarer Republik ist jedoch gering geblieben und hat nicht dazu beitragen können, den Untergang der ersten deutschen Demokratie zu verhindern. Als dem Staatsgerichtshof im Jahre 1932 diese Aufgabe im Kampf um die Einsetzung eines Reichskommissars in Preußen zufiel (»Preußenschlag«)[7], ist sein Ausgleichsversuch wirkungslos geblieben und hat damit ein erstes warnendes Beispiel dafür geliefert, daß verfassungsgerichtliche Entscheidungen nicht imstande sind, tiefgreifende politische Erschütterungen zu überwinden oder doch wirksam zu ihrer Überwindung beizutragen.

II. Die zweite Stufe: Das Bundesverfassungsgericht und die ersten Phasen seiner Rechtsprechung

1. Die verfassungsrechtlichen Grundlagen und deren Bedeutung

a) Bei der Entstehung des Grundgesetzes in den Jahren 1948 und 1949 herrschte sowohl in dem vorbereitenden Verfassungskonvent von Herrenchiemsee als auch in der eigentlichen verfassunggebenden Versammlung, dem Parlamentarischen Rat, von Beginn an grundsätzliche Einigkeit über die Schaffung einer Bundesverfassungsgerichtsbarkeit, der weitergehende Kompetenzen zukommen sollten als dem Staatsgerichtshof für das Deutsche Reich.

Gestalt gewonnen hat diese Absicht zunächst in den Zuständigkeiten des Bundesverfassungsgerichts zur *Entscheidung föderativer Streitigkeiten*, mit denen das Grundgesetz sich noch in dem Rahmen der herkömmlichen deutschen Verfassungsgerichtsbarkeit hält. Heute stehen sie nicht mehr im Vordergrund seiner Rechtsprechung. Zwar sind insofern die Zuständigkeiten des Gerichts erweitert um die Entscheidung bei Meinungsverschiedenheiten über die förmliche oder sachliche Vereinbarkeit von Landesrecht mit dem Grundgesetz oder sonstigem Bundesrecht, doch liegt deren Bedeutung in der bisherigen Rechtsprechung weniger in der Entscheidung echter föderativer Streitigkeiten als in der Möglichkeit, Streitigkeiten zwischen politischen Richtungen des Gesamtstaates in der Form einer föderativen Streitigkeit verfassungsgerichtlich auszutragen. Davon abgesehen werden Konflikte zwischen Bund und Ländern, nicht zuletzt im Blick auf die gestiegene Bedeutung des Bundesrates, weitgehend politisch beigelegt, während verfassungsrechtliche Streitigkeiten in den Ländern inzwischen Angelegenheit ihrer eigenen Verfassungsgerichte geworden sind.

Den eigentlichen Neubeginn hat der Grundgesetzgeber mit der Schaffung derjenigen Zuständigkeiten unternommen, welche die einzigartige Bedeutung des Bundesverfassungsgerichts für die Bundesrepublik und ihr Verfassungsleben begründen.

Zu diesen gehört die Zuständigkeit des Bundesverfassungsgerichts für *Organstreitigkeiten* (Art. 93 Abs. 1 Nr. 1 GG). Danach hat das Gericht aus Anlaß von Streitigkeiten über den Umfang der Rechte und Pflichten eines obersten Bundesorgans (also des Bundestages, des Bundesrates, der Bundesregierung oder des Bundespräsi-

---

[6] Dazu *Scheuner* (Fn. 4) S. 56 ff.
[7] Dazu eingehend: *E. R. Huber*, Deutsche Verfassungsgeschichte seit 1789, VIII (1984), S. 1120 ff.

denten) oder anderer Beteiligter zu entscheiden, die durch das Grundgesetz oder
die Geschäftsordnung eines obersten Bundesorgans mit eigenen Rechten ausgestattet sind.

Zentrale Bedeutung kommt ferner den vom Grundgesetzgeber geschaffenen Zuständigkeiten zur verfassungsgerichtlichen *Normenkontrolle* zu. Sie ist dem Bundesverfassungsgericht als »abstrakte Normenkontrolle«, d. h. als unmittelbare Prüfung auf
Antrag der Bundesregierung, einer Landesregierung oder eines Drittels der Mitglieder des Bundestages, zugewiesen (Art. 93 Abs. 1 Nr. 2 GG); sie obliegt ihm im Rahmen »konkreter Normenkontrolle«, d. h. auf Vorlage eines Gerichts, für dessen Entscheidung es auf die Gültigkeit des anzuwendenden Gesetzes ankommt (Art. 100
GG). Mit beiden Formen der Normenkontrolle, zu denen später die unmittelbare
verfassungsgerichtliche Prüfung von Gesetzen aufgrund einer Verfassungsbeschwerde
getreten ist, verbindet sich der entscheidende Schritt zur zweiten Stufe der neueren
Entwicklung der Verfassungsgerichtsbarkeit: die Erstreckung verfassungsgerichtlicher
Kontrolle auf die gesetzgebenden Körperschaften, im besonderen das demokratisch
gewählte Parlament.

Zur Sicherung gegen einen Mißbrauch von Sanktionsmöglichkeiten, die das
Grundgesetz zum *Schutz des Staates und der Verfassung* geschaffen hat, hat der Grundgesetzgeber dem Bundesverfassungsgericht weiterhin die Entscheidung in diesen Fällen
anvertraut. Hierhin gehören das Verbot politischer Parteien (Art. 21 Abs. 2 GG) und
der Ausspruch der Verwirkung von Grundrechten (Art. 18 GG). Das Bundesverfassungsgericht entscheidet über eine Anklage des Bundespräsidenten durch den Bundestag oder den Bundesrat und kann im Falle der Verurteilung auf Amtsverlust erkennen; es entscheidet über Richteranklagen. Diese Zuständigkeiten haben in der bisherigen Entwicklung in zwei Fällen des Verbots politischer Parteien zu abschließenden
Entscheidungen geführt[8].

Neben einer Reihe einzelner, im Grundgesetz geregelter Ergänzungszuständigkeiten bildet schließlich als »Schlußstein im System des gerichtlichen Rechtsschutzes des
Bürgers gegen die staatlichen Gewalten« die Entscheidung über *Verfassungsbeschwerden*,
eine der Hauptaufgaben des Bundesverfassungsgerichts: Jedermann kann sie mit der
Behauptung erheben, durch die öffentliche Gewalt in einem seiner Grundrechte oder
in einem seiner in bestimmten weiteren Artikeln genannten Rechte verletzt zu sein.
Die Kompetenz, hierüber zu entscheiden, hat der Grundgesetzgeber nicht selbst geschaffen; sie ist zunächst durch das Bundesverfassungsgerichtsgesetz von 1951 eingeführt und erst 1969 in das Grundgesetz aufgenommen worden (Art. 93 Abs. 1 Nr. 4 a
und b). Die Zahl der Verfassungsbeschwerden ist von Jahr zu Jahr gewachsen, 1995 auf
5766. Die Überlastung des Bundesverfassungsgerichts, zu der dies führt, hat durch eine
Reihe von Änderungen des Bundesverfassungsgerichtsgesetzes noch nicht behoben werden können.

b) Alle dargestellten Kompetenzen des Bundesverfassungsgerichts bewirken eine
Einschaltung des Gerichts in das System der *Gewaltenteilung des Grundgesetzes*. Dieses
wird in seinen Elementen der Zuordnung und der Balancierung der Gewalten um ei-

---

[8] BVerfGE 2, 1 – Verbot der Sozialistischen Reichspartei; 5, 85 – Verbot der Kommunistischen Partei
Deutschlands.

nen neuen Faktor erweitert und hat insoweit gegenüber dem überkommenen System folgenreiche Verschiebungen erfahren.

Das gilt zunächst für die Erstreckung verfassungsgerichtlicher Kontrolle auf die Funktion politischer Leitung und Gestaltung, die zu den Kernaufgaben der gesetzgebenden Körperschaften und der Bundesregierung gehört. Wenn deren Tätigkeit der Prüfung ihrer Verfassungsmäßigkeit unterliegt, so führt das zu kaum zu überschätzenden Veränderungen: Bereits die Möglichkeit einer solchen Prüfung nötigt bei der Vorbereitung und dem Erlaß von Gesetzen zur Berücksichtigung der Frage ihrer Verfassungsmäßigkeit und löst insofern eine wichtige »Vorwirkung« aus. Vollends kann die Kontrolle selbst nicht ohne Einfluß auf Inhalt, Art und Weise des Wirkens der politischen Organe und deren Gewicht im Gefüge der staatlichen Gewalten bleiben.

Zu einer ähnlichen Verlagerung, hier nur im Rahmen der Funktionen der rechtsprechenden Gewalt, führt die verfassungsgerichtliche Kontrolle gerichtlicher Entscheidungen, die bislang nach Eintritt ihrer Rechtskraft letztverbindlich waren. Insoweit hat das Bundesverfassungsgericht maßgeblichen Einfluß auf die Rechtsprechung der Gerichte der allgemeinen Gerichtsbarkeit gewonnen, die im gleichen Umfang ihre Letztverbindlichkeit und richtungweisende Bedeutung verlieren mußte.

Im Blick auf die Gewaltenbalancierung hervorzuheben ist endlich die Aufgabe des Bundesverfassungsgerichts, Organstreitigkeiten zu entscheiden. Namentlich in der Erweiterung der Antragsbefugnis auf »andere Beteiligte«, wie Abgeordnete, Bundestagsfraktionen und politische Parteien, eröffnet sie politischen Minderheiten die Möglichkeit, gegen Beeinträchtigungen ihrer Position durch die Mehrheit den Schutz des Verfassungsgerichts anzurufen. Dies trägt zur Erhaltung des Nebeneinanders unterschiedlicher, annähernd gleichgewichtiger politischer Kräfte bei, das die demokratische Ordnung des Grundgesetzes als eine Ordnung der Freiheit und Offenheit des politischen Prozesses voraussetzt und das zugleich Grundbedingung der eigenen Wirksamkeit des Bundesverfassungsgerichts ist.

c) Diese und weitere Auswirkungen der einem äußeren Anschein nach nur quantitativen Erweiterung der Zuständigkeiten des Bundesverfassungsgerichts auf die verfassungsmäßige Ordnung des Grundgesetzes sind bei den Beratungen des Parlamentarischen Rates nicht näher verfolgt worden. Im Vordergrund der Erörterung standen damals einzelne, wenn auch durchaus bedeutsame Fragen wie diejenige nach der Stellung und Organisation des Bundesverfassungsgerichts, der Wahl der Richter und der Wirkung seiner Entscheidungen. Gleichwohl liegt in der Regelung der Kompetenzen des Bundesverfassungsgerichts, voran seiner Zuständigkeiten zur Normenkontrolle und für Organstreitigkeiten, eine der großen Pionierleistungen des Grundgesetzgebers. Die mittlerweile fast 50jährige Verfassungsentwicklung hat dies bestätigt.

2. Ausbau und Fortentwicklung durch die Verfassungsrechtsprechung

Der Erfolg und die Bewährung der Konzeption des Grundgesetzgebers hingen davon ab, ob es gelingen würde, die neue Ordnung der Verfassungsgerichtsbarkeit in der Realität des Verfassungslebens der Bundesrepublik zur Wirksamkeit zu bringen, sie mit Leben zu erfüllen, neuen, vom Parlamentarischen Rat noch nicht vorausgesehenen Herausforderungen gerecht zu werden und damit dem raschen geschichtlichen

Wandel unserer Zeit Rechnung zu tragen. Dies ist im wesentlichen das Werk der ersten Phasen der Rechtsprechung des Bundesverfassungsgerichts gewesen. Das Bundesverfassungsgericht hat nicht nur den Inhalt und die Tragweite einzelner Regelungen des Grundgesetzes näher bestimmt; es ist ihm auch gelungen, die ursprünglich mehr locker und äußerlich zusammengefügten Bestandteile des Verfassungstextes zu einer inneren Sinneinheit zu verbinden. Erst in dieser Ausformung der Grundlagen, in Ausbau und Konsolidierung der Verfassungsordnung hat das Grundgesetz konkrete Gestalt gewonnen und Wurzeln geschlagen.

a) Das Gericht ist dabei von vornherein neue Wege gegangen.

Es hat sich mit großer Eindeutigkeit für ein inhaltliches, *materielles Verständnis des Verfassungsrechts* entschieden. Für dieses erschöpft sich das Wesen der Verfassung nicht in ihren förmlichen Elementen – so sehr Leben und Wirksamkeit einer Verfassung auch auf diesen Elementen beruhen. Nicht minder wesentlich ist der Inhalt der Verfassung, die nicht eine Ordnung um der Ordnung willen, sondern eine gute und gerechte Ordnung des Gemeinwesens sein will. In Abkehr von dem im Beginn unseres Jahrhunderts und noch in der Weimarer Republik vorherrschenden Formalismus und Positivismus im deutschen Staatsrecht hatte bereits der Parlamentarische Rat seinem Werk bewußt einen solchen inhaltlichen Charakter gegeben, vor allem in den Grundrechten, der demokratischen Ordnung und in dem Prinzip des sozialen Rechtsstaats. Umschrieben durch den problematischen Begriff der »Wertordnung« ist dieses Verständnis zu einem zentralen Element der Rechtsprechung des Bundesverfassungsgerichts geworden.

Ein weiteres Grundelement seiner Rechtsprechung besteht darin, daß diese eine *Isolierung von rechtlicher Norm und sozialer Wirklichkeit vermeidet*; der von der Norm geregelten Wirklichkeit kommt wesentliche Bedeutung für die Auslegung der Norm zu. Demgemäß haben in der Rechtsprechung des Gerichts sorgfältige und tiefeindringende Sachverhaltanalysen stets eine entscheidende Rolle gespielt; politischen, wirtschaftlichen, technischen und sozialen Zusammenhängen wird erhebliches Gewicht beigemessen. Das kann zur Folge haben, daß sich im geschichtlichen Wandel dieser Zusammenhänge auch die Bedeutung der anzuwendenden Verfassungsnorm wandelt, daß also Verfassungsrecht bei gleichbleibendem Text der Verfassung eine Fortentwicklung erfährt.

b) Diese von der seinerzeit vorherrschenden juristischen Methodik wesentlich abweichende Art und Weise richterlichen Entscheidens wird erkennbar in den politisch oft hochbedeutsamen Urteilen des Gerichts, etwa zu den Grundlagen der Verfassungsordnung[9], zum Parlamentarismus[10], zur Finanzierung der politischen Parteien[11], zur Tragweite und Abgrenzung von Kompetenzen von Bund und Ländern[12], den Machtbefugnissen einzelner Bundesorgane[13] oder dem Abschluß völkerrechtlicher Verträge[14]. Mit besonderer Deutlichkeit tritt dies jedoch in der Alltagsarbeit des Gerichts zutage: seiner umfangreichen Rechtsprechung zu den Grundrechten.

---

[9] Namentlich BVerfGE 5, 85 – KPD-Urteil.
[10] z. B. BVerfGE 40, 296 – Diäten-Urteil.
[11] BVerfGE 85, 264.
[12] BVerfGE 6, 309 – Konkordats-Urteil; 12, 205 – Fernseh-Urteil.
[13] BVerfGE 61, 1 – Auflösung des Bundestages.
[14] BVerfGE 89, 155 – Maastricht.

Der Parlamentarische Rat hatte zwar Grundrechte in den Text des Grundgesetzes aufgenommen. Aber die mit der Verwirklichung dieser Rechte verbundenen Fragen waren vorerst weitgehend ungeklärt. Auf eine klare und gesicherte Überlieferung zurückzugreifen, war nicht möglich, weil die Grundrechte bis dahin weder im Bewußtsein der Menschen noch in der staatlichen Praxis eine nennenswerte Rolle gespielt hatten. So ließ der Wortlaut des Grundgesetzes nur unter einzelnen Aspekten erkennen, daß den Grundrechten nunmehr größeres Gewicht zukommen sollte als in der Vergangenheit. Alles weitere hing von ihrer Auslegung ab. Das Gericht, das von Anfang an den Ausbau eines effektiven Grundrechtsschutzes zu einer seiner Hauptaufgaben gemacht hat, hat daher das, was im Text des Grundgesetzes angelegt war, entfaltet, ausgebaut und fortentwickelt; es hat durch Klärung des normativen Inhalts, der Tragweite der einzelnen Grundrechte, ihres Verhältnisses zueinander und der Voraussetzungen ihrer Begrenzung eine gegenüber der Vergangenheit wesentlich gesteigerte Wirksamkeit der Grundrechte erreicht.

Kaum zu überschätzende Bedeutung hat hierbei der alte Gedanke gewonnen, daß Grundrechte nicht nur individuelle Rechte der Menschen und Bürger, nicht nur Abwehrrechte gegen den Staat, sondern zugleich objektive Prinzipien der Ordnung des politischen Gemeinwesens enthalten. Dieser Gedanke findet Ausdruck in den berühmten Sätzen des *Lüth-Urteils* des Bundesverfassungsgerichts, das Grundgesetz, das keine wertneutrale Ordnung sein wolle, habe in seinem Grundrechtsabschnitt auch eine objektive Wertordnung aufgerichtet, und hierin komme eine prinzipielle Verstärkung der Geltungskraft der Grundrechte zum Ausdruck. Dieses Wertsystem, das seinen Mittelpunkt in der sich innerhalb der sozialen Gemeinschaft frei entfaltenden menschlichen Persönlichkeit und ihrer Würde finde, müsse als verfassungsrechtliche Grundentscheidung für alle Bereiche des Rechts gelten; Gesetzgebung, Verwaltung und Rechtsprechung empfingen von ihm Richtlinien und Impulse[15].

Diese Auffassung führt zu Auswirkungen von großer Tragweite: Die Grundrechte beeinflussen das gesamte Recht, einschließlich des Organisations- und Verfahrensrechts, bis hin zum Privatrecht. Der Gesetzgeber und die das Recht anzuwendenden Instanzen, im besonderen die Gerichte, haben diesem Einfluß bei der Setzung, Auslegung und Anwendung der Rechtsnormen Rechnung zu tragen. Ob er berücksichtigt worden ist, unterliegt als verfassungsrechtliche Frage grundsätzlich der Kontrolle des Bundesverfassungsgerichts.

Das gleiche gilt für die weiteren Bestandteile der Verfassungsrechtsprechung zu den Grundrechten. So hat das Bundesverfassungsgericht die Beschränkung von Freiheitsrechten prinzipiell an das Erfordernis der Verhältnismäßigkeit gebunden[16]; es hat die Geltung der Grundrechte in den früher sogenannten besonderen Gewaltverhältnissen, also der Grundrechte etwa der Soldaten, Beamten, Schüler oder Strafgefangenen, erweitert[17]; es hat den Grundrechten nicht nur negatorische Ansprüche entnommen, sondern, wenngleich unter eng begrenzten Voraussetzungen, auch Ansprüche auf staatliche Leistungen[18]. Aus dem Charakter der Grundrechte als objektiver, die staatli-

---

[15] BVerfGE 7, 198 (205).
[16] st. Rspr.; zum Inhalt des Prinzips z. B. BVerfGE 30, 292 (316 f.).
[17] BVerfGE 33, 1 (9 ff.).
[18] z. B. BVerfGE 45, 376 (386 ff.).

chen Gewalten bindender Prinzipien hat es staatliche Schutzpflichten gegen eine Verletzung grundrechtlich geschützter Rechtsgüter auch durch nicht-staatliche Kräfte
hergeleitet; es überprüft die Wahrnehmung dieser Schutzpflichten, die in erster Linie
dem Gesetzgeber obliegt[19].

Schon hieran läßt sich erkennen, daß die Verfassungsrechtsprechung weit über die
aus der Weimarer Zeit bekannten Deutungen hinausgegangen ist. In vermehrtem
Maße gilt das für einen weiteren Grundzug dieser Rechtsprechung: Sie enthält Elemente kontinuierlicher Fortbildung, wo der Wandel der Bedingungen grundrechtlicher Gewährleistungen dies notwendig macht. So hat das Gericht im Blick auf die
modernen Wandlungen der materiellen Grundlagen persönlicher Freiheit sozialversi-
cherungsrechtliche Positionen in den Schutz der Eigentumsgarantie einbezogen[20]. Es
hat wegen der neuen oder gesteigerten Gefährdungen der menschlichen Persönlichkeit die verfassungsrechtliche Gewährleistung des allgemeinen Persönlichkeitsrechts
in einer Weise konkretisiert, die geeignet ist, diesen Gefährdungen zu begegnen[21],
und es hat daraus nähere Grundsätze für den Datenschutz abgeleitet[22]. Mehrfach hat es
sich nicht darauf beschränkt, die ihm obliegende Deutung von Grundrechten im
Blick auf jenen Wandel nur sozusagen notgedrungen einer veränderten Wirklichkeit
anzupassen, sondern es ist, etwa in seinen Entscheidungen auf dem Gebiet des Rund-
funkrechts[23], zur tatsächlichen Gleichberechtigung von Männern und Frauen[24], oder
zur Rechtsstellung nicht-ehelicher Kinder[25] zum Motor künftiger Entwicklung geworden.

Insgesamt hat das Bundesverfassungsgericht damit die Geltung der Grundrechte
nicht nur für das staatliche Leben, sondern auch für das gesamte Rechtsleben in der
Bundesrepublik durchgesetzt und den Grund gelegt für die heutige nahezu umfassende Bedeutung der Grundrechte.

3. Die neue Qualität der deutschen Verfassungsgerichtsbarkeit

Wie die vorstehende knappe Darstellung zeigt, ist die deutsche Verfassungsgerichtsbarkeit auf der zweiten Stufe ihrer Entwicklung über den früheren Rahmen wesentlich hinausgewachsen. Im Lauf der Zeit haben sich ihre Aufgaben und ihr Wirken
prinzipiell verändert.

a) Auf der ersten Stufe ihrer Entwicklung war die Verfassungsrechtsprechung auf
Teilbereiche staatlichen Lebens und Wirkens beschränkt. Sie hatte in erster Linie Fragen zu entscheiden, welche sich anhand relativ eindeutiger Kompetenz- und Verfahrensvorschriften des positiven Rechts beurteilen ließen, also justizförmiger Entscheidung grundsätzlich zugänglich waren; Grundrechte waren noch nicht Gegenstand

---

[19] Zu der Aufgabe und dem (wechselnden) Umfang der Prüfung: BVerfGE 39, 1 (42 ff.); 77, 170
(214 f.); 88, 203 (251 ff.).
[20] Erstmals BVerfGE 53, 357 (290 ff.).
[21] BVerfGE 54, 148 (153 f.).
[22] BVerfGE 65, 1 (41 ff.).
[23] BVerfGE 90, 60 (87 ff.) m. w. N.
[24] BVerfGE 84, 9 (17) m. w. N.
[25] BVerfGE 84, 168 (184 f.) m. w. N.

verfassungsgerichtlicher Zuständigkeit. Die Verfassungsgerichtsbarkeit spielte daher im Gefüge der staatlichen Gewalten nicht mehr als eine Nebenrolle.

Auf der nunmehrigen zweiten Stufe obliegt demgegenüber dem Bundesverfassungsgericht aufgrund seiner umfassenden Zuständigkeiten die maßgebende, für alle staatlichen Organe, auch die gesetzgebenden Körperschaften, verbindliche Deutung des Inhalts und der objektiven Grundlinien der Verfassung. Diese Aufgabe macht es notwendig, anhand von Normierungen des Verfassungstextes zu judizieren, welche im Unterschied zu den Kompetenz- und Verfahrensvorschriften häufig »offen« sind, weil sie nur umrißhafte, weitgefaßte Gewährleistungen, Prinzipien, Direktiven enthalten, in ihrer praktischen »Anwendung« also konkretisierender Ausgestaltung bedürfen. Voran gilt das für die Grundrechte der Verfassung, deren Tragweite heute über diejenige individueller Abwehrrechte gegen staatliche Eingriffe wesentlich hinausgewachsen ist; es gilt auch für Staatszielbestimmungen oder sogar für verfassungsrechtliche Grundprinzipien wie diejenigen der Demokratie[26] oder des sozialen Rechtsstaats. Das Bundesverfassungsgericht steht hier vor neuen Aufgaben, die in der herkömmlichen Art und Weise gerichtlicher Entscheidungen nicht mehr ohne weiteres zu bewältigen sind. Gleichwohl trägt es die Verantwortung für die autoritative »richtige« Deutung der in der Verfassung festgelegten Sinnprinzipien des politischen Gemeinwesens: der Würde des Menschen, der Freiheit und der Gleichheit sowie für einen wirksamen Schutz der Rechte, in denen diese Gestalt gewinnen und Fundament freiheitlicher Demokratie sind. Es ist diese Verantwortung, welche seine heutige zentrale Bedeutung begründet und das Bundesverfassungsgericht zu einem integrierenden Bestandteil der rechtsstaatlichen Demokratie des Grundgesetzes hat werden lassen.

b) Demgemäß ist das Bundesverfassungsgericht in den Kreis der vom Grundgesetz konstituierten obersten Staatsorgane gerückt: es ist, wie die einleitende Vorschrift des Bundesverfassungsgerichtsgesetzes es formuliert, ein allen Verfassungsorganen gegenüber selbständiger und unabhängiger Gerichtshof des Bundes, steht mithin gleichrangig neben den anderen obersten Staatsorganen, dem Bundestag, dem Bundesrat, der Bundesregierung und dem Bundespräsidenten[27]. Als Organ, das im Verfahren und mit den typischen Mitteln der rechtsprechenden Gewalt entscheidet, hat das Bundesverfassungsgericht Anteil an der obersten Staatsleitung.

Mit dieser Veränderung des überkommenen Systems der Gewaltenteilung nimmt das Grundgesetz Züge einer »*gemischten Verfassung*« im Sinne einer Grundordnung an, die mehrere staatliche Organe unterschiedlicher Struktur und Funktion vorsieht, ohne einem von ihnen, etwa dem Präsidenten oder dem Parlament, ein ausschlaggebendes Gewicht beizulegen. Ein solches System ist in besonderem Maße auf Zusammenarbeit und gegenseitige Respektierung der Gewalten angelegt, von deren Gelingen allerdings auch abhängig. Seine Leistungsfähigkeit besteht darin, daß es auf wechselnde Anforderungen angemessen reagieren kann und daß dabei einmal dem einen, einmal dem anderen Organ gesteigerte Bedeutung zukommt, während die Bedeutung des anderen zeitweilig zurücktreten mag.

---

[26] BVerfGE 83, 37 (50 ff.); 83, 60 (71 ff.); 93, 37 (66 ff.).
[27] Siehe dazu die Denkschrift des Bundesverfassungsgerichts vom 27. 6. 1952, Jahrbuch des Öffentlichen Rechts der Gegenwart, Neue Folge Bd. 6, 1957, S. 144 ff.

Wie die anderen Gewalten trägt auch das Bundesverfassungsgericht Verantwortung
für den Erfolg dieses aufgegebenen Zusammenwirkens. Deshalb ist es verpflichtet, er-
gänzend und stützend tätig zu werden, wenn ein anderes Organ zur vollen Erfüllung
seiner Aufgaben nicht in der Lage ist, während es selbst kraft seiner andersartigen
Struktur tätig werden kann. So kann es zur Verantwortung des Verfassungsgerichts gehören, in Krisenlagen, aber auch in Fällen eines Handlungs- oder Regelungsdefizits
einzutreten, sei es, weil die politischen Gewalten zu keiner Lösung finden, sei es, weil
sie sich scheuen, eine unpopuläre Entscheidung zu treffen. Allerdings darf das Verfassungsgericht auch in Wahrnehmung einer solchen »Reservefunktion« nicht an dem
verfassungsrechtlichen Gebot wechselseitiger Respektierung der Aufgaben des anderen Teils und der Abstimmung auf diese vorbeigehen. Die Grenzen, die ihm das
Grundgesetz insoweit zieht, sind indessen keine starren; sie stehen nicht ein für allemal
fest (s. u. 4.c).

4. Probleme und Gefahren. Grenzen der Verfassungsgerichtsbarkeit

Insgesamt unterscheidet sich die zweite Stufe der Entwicklung der deutschen Verfassungsgerichtsbarkeit von der vorangehenden Stufe insbesondere durch den weiten
Ausbau der Zuständigkeiten des Bundesverfassungsgerichts und den auf dieser Erweiterung beruhenden Umfang und Wandel des Charakters seiner Rechtsprechung.
Darauf gründen sich die außergewöhnliche Rolle des Gerichts, seine Autorität, seine
herausgehobene Stellung und die Kraft seiner Wirksamkeit für die rechtsstaatliche
Demokratie des Grundgesetzes, deren Gehalt und Eigenart ohne die heutige Verfassungsgerichtsbarkeit nicht denkbar wäre. Eben daraus ergeben sich indessen zugleich
und unvermeidlich Probleme und die Gefahr von Fehlentwicklungen, welche in der
Zeit der früheren deutschen Entwicklung noch unbekannt waren und dem Bild der
deutschen Verfassungsgerichtsbarkeit Züge einer gewissen Ambivalenz verleihen. Davon, ob es gelingt, der Probleme und Gefahren Herr zu werden, das Erreichte zu bewahren und sachgemäß fortzubilden, wird es abhängen, ob die künftige Gesamtent-
wicklung der deutschen Verfassungsrechtsprechung ungeachtet gelegentlicher, jedem
Gericht unterlaufender Fehlentscheidungen eine erfolgreiche bleiben wird.

a) Eine Gefahr birgt die Rechtsprechung des Bundesverfassungsgerichts zu den
Grundrechten, welche, wie gezeigt, zu der gewachsenen Bedeutung der Grundrechte
für alle Lebensbereiche geführt hat. Fehlentwicklungen drohen hier einzutreten,
wenn die Grundrechte einer in neuerer Zeit verbreiteten Neigung gemäß als Kern der
gesamten Rechtsordnung betrachtet werden, deren Inhalte aus ihnen abzuleiten sei-
en. Unter dieser Voraussetzung muß jede Rechtsfrage zu einer Verfassungsfrage werden, eine Übersteigerung, welche dazu verleiten kann, tagespolitische Bestrebungen
aller Art in das Gewand eines Verfassungsgebots zu kleiden. Das Bundesverfassungsgericht, das letztverbindlich zu entscheiden hat, würde damit in die Rolle einer Superin-
stanz gedrängt, die es nach dem Grundgesetz nicht sein kann. Nicht nur die Verant-
wortlichkeit des Gesetzgebers, sondern auch diejenige der Gerichte der allgemeinen
Gerichtsbarkeit würde beeinträchtigt werden: Ihr Wirken geriete zu einem bloßen
Verfassungsvollzug, zum Nachteil sachgemäßer politischer Gestaltung, zum Nachteil
auch der Eigenständigkeit der einzelnen Rechtsgebiete, für deren Pflege und Weiter-

entwicklung es entscheidend auf die jeweiligen sachlichen Gegebenheiten und Erfordernisse ankommt. Diese lassen sich mit grundrechtlichen Maßstäben nicht ohne weiteres erfassen.

Grundrechte sind nach dem Grundgesetz punktuelle Gewährleistungen, die dem Schutz besonders gefährdeter Bereiche menschlicher Freiheit dienen[28]. Sie tragen den Charakter von Prinzipien, bedürfen also weithin der Ausgestaltung durch »einfache« Gesetze und entfalten erst in der dadurch bewirkten Konkretisierung ihre praktische Bedeutung, so daß ein unvermittelter Durchgriff auf Verfassungsrecht sich verbietet. Nur wenn ihr Einfluß auf die Setzung und Anwendung des übrigen Rechts in den hierdurch markierten Grenzen gehalten wird, läßt sich vermeiden, daß die Wohltat wirksamen Grundrechtsschutzes zur Plage einer Inflationierung und damit Entwertung der Grundrechte wird.

b) Zu Fehlentwicklungen droht es ferner zu führen, wenn zu viele Einzelfragen – statt in einem Gesetz – *in der Verfassung selbst* geregelt werden, wie es in neuerer Zeit mitunter geschehen ist[29].

Es wird dabei verkannt, daß die Verfassung rechtliche *Grundordnung* des Gemeinwesens ist und daß jede Anreicherung mit detaillierten Änderungsvorschriften, mag sie auch mit dem Buchstaben der Verfassung vereinbar sein, einen hohen Preis hat, nämlich ein Stück Verlust des Ansehens und der integrierenden Kraft der Verfassung. Es muß der Eindruck entstehen, daß an der Verfassung alles verfügbar sei, daß alles geändert werden könne, und daß dies nicht mehr sei als eine Frage tagespolitischer Opportunität sowie der erforderlichen Mehrheiten in den gesetzgebenden Körperschaften.

Davon abgesehen führt die verfassungskräftige »Zementierung« solcher Details zu einem demokratischen Defizit: Das, was auf diese Weise entschieden worden ist, wird weiterer Auseinandersetzung und der Möglichkeit einer Änderung oder Anpassung an veränderte Umstände mit den Stimmen der (einfachen) parlamentarischen Mehrheit entzogen. Wesentliche Konsequenzen ergeben sich darüber hinaus für die Verfassungsrechtsprechung: Diese wird weitgehend ausgeschaltet. Wegen ihrer Bindung an die Verfassung ist ihr eine Kontrolle des Inhalts jener Regelungen versagt; das Bundesverfassungsgericht kann nur darüber befinden, ob deren Einfügung in die Verfassung den förmlichen Voraussetzungen einer Verfassungsänderung entspricht und ob sie die Grenzen einer Verfassungsänderung nicht überschreitet. Die Konzeption umfassender verfassungsgerichtlicher Kontrolle, Kennzeichen der Entwicklung der deutschen Verfassungsgerichtsbarkeit auf ihrer zweiten Stufe, wird durchbrochen.

c) Ein Hauptproblem heutiger Verfassungsgerichtsbarkeit wirft schließlich das *Verhältnis der Verfassungsrechtsprechung zu den Funktionen der politischen Gewalten* auf, also denjenigen der gesetzgebenden Körperschaften und der Regierung. Deren Stellenwert im Gefüge der staatlichen Gewalten hat sich, wie gezeigt, mit der Erstreckung verfassungsgerichtlicher Kontrolle auf ihr Wirken verändert. Allerdings ist diese Kontrolle nach dem Grundgesetz nur eine begrenzte, und die entscheidende Frage stellt sich dahin, wo und wie die Grenzen zu ziehen sind.

---

[28] BVerfGE 50, 290 (337).
[29] Ein Beispiel bildet die Einfügung des neuen Art. 16 a GG durch das 39. Gesetz zur Änderung des Grundgesetzes vom 28. 6. 1993.

Für die Antwort vermag die vielberufene und -erörterte Unterscheidung von Politik und Recht keine Hilfe zu geben, weil jeder Interpretation »offener« Verfassungsnormen unvermeidlich politische Elemente innewohnen. Ebensowenig läßt sich das Problem durch den allgemeinen und oft zu hörenden Appell an die richterliche Selbstbeschränkung lösen. Denn die Forderung eines judicial self-restraint vernachlässigt die Bindung des Bundesverfassungsgerichts an die Verfassung, die es nicht dem Gutdünken der Richter überläßt, ob sie sich beschränken wollen oder nicht. Die Kontrolltätigkeit des Bundesverfassungsgerichts hat sich vielmehr nach seinen verfassungsrechtlich normierten Aufgaben zu richten; seine Hauptaufgabe, die Sorge für die Wahrung der Verfassung, besonders den Schutz der Grundrechte, kann durchaus auch einmal das Gegenteil von Zurückhaltung erfordern, nämlich entschlossenes Eingreifen des Gerichts – auch auf die Gefahr des Konflikts mit einer anderen Gewalt.

Eine starre, allgemein gültige Grenze der Kontrolltätigkeit des Bundesverfassungsgerichts läßt sich mithin nicht ziehen. Das kann indessen nicht bedeuten, daß es Grenzen nicht gibt. Die maßgebende Leitlinie für deren nicht einfache Bestimmung ergibt sich mit hinreichender Deutlichkeit aus der Funktionenordnung des Grundgesetzes.

Nach dieser ist Verfassungsrechtsprechung »Rechtsprechung« im Sinne autoritativer Entscheidung über bestrittenes oder verletztes Verfassungsrecht. Das Bundesverfassungsgericht ist Gericht und Organ der rechtsprechenden Gewalt; es hat in einem gerichtlichen Verfahren nach normativen Vorgaben Rechtsentscheidungen zu treffen, mögen diese auch politische Elemente enthalten. Seine Aufgabe besteht daher nicht in aktiver Gestaltung, sondern in rechtlicher Kontrolle. Grundsätzlich kann es den Akten von Parlament und Regierung nur durch eine Beanstandung entgegentreten; hingegen ist es ihm versagt, anstelle der anderen Gewalten selbst positiv zu gestalten, von Ausnahmen abgesehen selbst rechtliche Regelungen zu erlassen oder den anderen Gewalten den Inhalt dessen vorzuschreiben, was sie zu regeln haben[30].

Diese ihrem Kerngehalt nach politischen Aufgaben obliegen in der parlamentarischen Demokratie des Grundgesetzes voran der gesetzgebenden oder vollziehenden Gewalt. Ebensowenig wie das Bundesverfassungsgericht seine Befugnisse überspannen darf, dürfen weder der Gesetzgeber noch die Regierung eine ihnen obliegende Entscheidung dem Gericht überlassen oder ihm sogar zuschieben und damit der eigenen Verantwortung ausweichen, wenn anders nicht eine Erosion der Demokratie des Grundgesetzes und eine Verschiebung staatlicher Ordnung eintreten soll.

Anhand dieser Leitlinie bedarf es differenzierender, klarer und zumindest grundsätzlich voraussehbarer Konkretisierungen. In Entfaltung des Grundsatzes, daß das Verfassungsgericht sich im Rahmen seiner ihm von der Verfassung aufgetragenen Funktionen zu halten hat, sind für die jeweiligen Problem- und Fallgruppen funktionsgerechte Kontrollmaßstäbe und -gesichtspunkte herauszuarbeiten, welche dazu führen, daß die Gefahren einer Überschreitung der Grenzen der Verfassungsgerichtsbarkeit und der mit ihr möglicherweise verbundenen Einmischung in die Funktionen anderer Organe abgewendet werden. Dazu enthält die Rechtsprechung des Bundesverfassungsgerichts tragfähige Ansätze, die im Ergebnis auf eine problem- und funk-

---

[30] Vgl. dazu aus neuerer Zeit die eindringliche Warnung des Richters *Böckenförde* davor, die Rolle eines »autoritativen Praeceptors« zu übernehmen (BVerfGE 93, 121 [151 f. – abw. Meinung]).

tionsgerechte Abstufung der *Kontrolldichte* hinauslaufen[31]. Diese Ansätze gilt es konsequent zu realisieren, zu vervollständigen und zu vertiefen.

III. Die dritte Stufe: Das Bundesverfassungsgericht an der Schwelle zum 21. Jahrhundert

Der tiefgehende Wandel unserer Zeit wird, wie sich bereits heute absehen läßt, auch vor dem Bundesverfassungsgericht nicht haltmachen. Dessen Grundaufgabe, die Sorge für die Wahrung der Verfassung, wird nach wie vor erhalten bleiben. Doch wird die weitere Entwicklung sich von derjenigen der zweiten Stufe deutlich unterscheiden: Die zu verfassungsrechtlicher Prüfung gestellten Fragen werden sich verändern und die Möglichkeiten effektiver gerichtlicher Kontrolle werden abnehmen. Dies kann nicht ohne Folgen für die Erfüllung der Aufgaben des Bundesverfassungsgerichts und seine Stellung im Gefüge der staatlichen Gewalten bleiben und wird das Gericht vor neue Herausforderungen stellen. Zu den bestimmenden Faktoren dieser Entwicklung gehören Wandlungen der Aufgaben und des Wirkens des modernen Staates, insbesondere jedoch der Fortgang der europäischen Integration.

1. Moderner Staat und verfassungsgerichtliche Kontrolle

Die Aufgaben des Lenkungs-, Leistungs- und Vorsorgestaates der Gegenwart haben im Zuge der jüngeren Entwicklung eine wesentliche Erweiterung erfahren; dem Staat sind darüber hinaus neue Aufgaben zugewachsen[32].

a) So erschöpft sich die Aufgabe der Vorsorge heute nicht mehr in der durch das Sozialstaatsprinzip des Grundgesetzes gebotenen Daseinsvorsorge und sozialer Fürsorge. Sie gewinnt in wachsendem Maße auch die Dimension einer »Risikovorsorge« im Sinne des Schutzes der Menschen vor Gefahren, die von anderer Art sind als die bisherigen Gefahren, diese übertreffen und Prävention erfordern: Es geht darum, mögliche Folgewirkungen heutigen Verhaltens und heutiger wissenschaftlicher und technischer Entwicklungen frühzeitig zu erkennen und Vorsorge dafür zu treffen, daß nicht nur die lebende, sondern auch künftige Generationen vor den damit verbundenen Belastungen und Gefahren bewahrt werden, beispielsweise der nuklearen Entsorgung, anderen lebensbedrohenden Belastungen der Umwelt oder Auswirkungen der Gentechnologie.

Diese und weitere Aufgaben des Staates lassen sich heute nur noch zu einem Teil mit den überkommenen imperativen Mitteln gesetzlicher Regelung und hoheitlicher Einzelakte wirksam wahrnehmen. Diese treten zurück und werden ersetzt durch neue Formen der lenkenden und leistenden Staatstätigkeit, mit der Folge, daß diese nur in

---

[31] Dazu näher: *H. Simon*, Verfassungsgerichtsbarkeit, in: Handbuch des Verfassungsrechts, 2. Aufl. 1994, § 34 Rdn. 52 f.; *K. Hesse*, Funktionelle Grenzen der Verfassungsgerichtsbarkeit, Festschrift für Hans Huber, 1981, S. 267 ff. Insbesondere zur Kontrolldichte: *G. F. Schuppert*, Self-restraints der Rechtsprechung, in: Rechtsprechungslehre, hrsg. von W. Hoppe, W. Krawietz, M. Schulte, 1992, S. 29 ff.

[32] Siehe dazu *D. Grimm*, Verfassung: in: Die Zukunft der Verfassung, 1991, S. 24 f.; *ders.*, Die Zukunft der Verfassung, ebd. S. 411 ff.

beschränktem Maße durch den demokratischen Gesetzgeber determiniert ist. Organisierte, oft mächtige gesellschaftliche Kräfte werden an staatlichem Handeln im Wege der Absprache, der Vereinbarung oder der Kooperation beteiligt; darüber hinaus werden bestimmte öffentliche Aufgaben nicht mehr durch den Staat und seine Einrichtungen selbst wahrgenommen, sondern im Wege der Privatisierung teilweise gesellschaftlicher Selbstregulierung überantwortet.

b) Dieser hier nur skizzenhaft nachgezeichnete Wandel[33] der Wahrnehmung öffentlicher Aufgaben führt zu tiefreichenden neuen Problemstellungen für das Verwaltungsrecht und den verwaltungsgerichtlichen Rechtsschutz[34]; er läßt auch das Verfassungsrecht nicht unberührt und ist damit für die Kontrollaufgaben des Bundesverfassungsgerichts von Bedeutung.

Neue Problemstellungen können sich etwa dadurch ergeben, daß der Staat mit Privaten kooperiert. Zwar ist *er* an die Verfassung, namentlich an die Grundrechte gebunden, nicht jedoch die privaten Beteiligten, obwohl sie den Inhalt der staatlichen Entscheidung maßgeblich mitbestimmen, ein Faktor, der sich gerichtlicher Kontrolle weitgehend entzieht. Im besonderen wirft die Überantwortung öffentlicher Aufgaben an eine gesellschaftliche Selbstregulierung neue Fragen auf. Denn »Privatisierung« beendet nicht die Gemeinwohlverantwortung des Staates, zumal das Wohl das Allgemeinheit sich nicht sozusagen automatisch aus freiem Wettbewerb ergibt. An die Stelle eigener Wahrnehmung der öffentlichen Aufgaben durch den Staat oder eine staatliche Einrichtung tritt vielmehr eine staatliche *Gewährleistungspflicht*, wie sie in den Bereichen des Eisenbahnverkehrs und von Post und Telekommunikation in den Text des Grundgesetzes Eingang gefunden hat (Art. 87 e Abs. 4 S. 1, Art. 87 f Abs. 1 S. 2 GG).

Damit ergeben sich Anforderungen an die staatliche Organisation, das Verfahren und den Inhalt der zu treffenden Maßnahmen, die staatliche Regelungen erfordern. Vor allem kann Privatisierung nichts an der dem Staat obliegenden Aufgabe des Grundrechtsschutzes ändern. Werden bislang staatliche Vorsorgeaufgaben, bei deren Wahrnehmung der Staat unmittelbar an die Grundrechte gebunden ist, zur Sache – an die Grundrechte nicht unmittelbar gebundener – privater Träger, so wird damit die staatliche Verantwortung für den Schutz der Grundrechte nicht gegenstandslos. Ein aktuelles Beispiel bildet das durch Art. 10 Abs. 1 GG gewährleistete Brief-, Post- und Fernmeldegeheimnis, das bislang nur den Staat zu seiner Wahrung verpflichtete, während diese Verpflichtung sich nunmehr zu einer Gewährleistungspflicht wandelt. Damit verbinden sich weitere schwierige Fragen, weil die privaten Träger jener Vorsorgeaufgabe selbst Grundrechtsträger sind und sich ihrerseits auf Grundrechte ebenso berufen können wie der von einer Nicht- oder Schlechterfüllung betroffene Bürger.

Für das Bundesverfassungsgericht führt dies zu einer folgenreichen Veränderung der Gegenstände und Möglichkeiten seiner Kontrolle.

Das Gericht hat es weniger mit Kompetenzstreitigkeiten, Verfahrensfragen und unmittelbaren hoheitlichen Eingriffen in die individuelle Freiheit des Bürgers zu tun, die seinerzeit die Vorstellungen der Schöpfer des Grundgesetzes geleitet und zu der ein-

---

[33] Zu der Bedeutung der sozialen, geistigen, technischen und wirtschaftlichen Entwicklung der Gegenwart für diesen Wandel siehe *H. Schulze-Fielitz*, Das Bundesverfassungsgericht in der Krise des Zeitgeistes, AöR 122, 1997, S. 17 ff.

[34] Dazu *U. di Fabio*, Verwaltung und Verwaltungsrecht zwischen gesellschaftlicher Selbstregulierung und staatlicher Steuerung, VVDStRL 56, 1997, S. 235 ff.

gangs dargelegten Konzeption geführt haben (II.1. und 2.). Insoweit handelt es sich noch um die klassische Konstellation, in welcher Grundrechte sich dadurch realisieren, daß sie vom Staat respektiert werden und im Falle einer Verletzung negatorische, gerichtlich verfolgbare Ansprüche des Bürgers begründen. Über diese kann das Verfassungsgericht unschwer justizförmig entscheiden.

Gleiches gilt indessen nicht für die verfassungsgerichtliche Kontrolle der gestaltenden Tätigkeiten des Lenkungs-, Leistungs- und Vorsorgestaats der Gegenwart: Ordnungsgestaltung, auch soweit diese sich auf die Normierung unverzichtbarer Rahmenbedingungen beschränkt, fordert nicht ein Unterlassen, sondern positives Tätigwerden. Dieses unmittelbar zu leiten und wirksam zu machen ist Verfassungsrecht nicht imstande. Die Verfassung kann ihm Grenzen ziehen und bestimmt insofern klar, welchen Inhalt staatliche Maßnahmen *nicht* haben dürfen. Sie kann ihm durch Staatszielbestimmungen und ihre Grundrechte Richtlinien und Impulse geben und zum Ziel hinführende Verfahrensregelungen treffen. Aber solche programmatischen Bestimmungen können gerichtlich verfolgbare Ansprüche des Bürgers auf ein konkretes staatliches Tun nicht begründen. Sie bedürfen unvermeidlich der Ausführung und sind deshalb darauf angewiesen, insbesondere vom Gesetzgeber aufgenommen und je nach den Problemlagen und Möglichkeiten der Zeit verwirklicht zu werden.

Das Bundesverfassungsgericht ist daher in aller Regel auf eine Kontrolle der Gesetzgebung beschränkt. Für diese fehlt es indessen – notwendigerweise – an klaren und hinreichend konkreten verfassungsrechtlichen Normierungen: Wo der Staat zu Maßnahmen der Risiko- oder Umweltvorsorge verpflichtet ist, wo es um die Kontrolle der Wahrnehmung öffentlicher Aufgaben durch Private geht oder wo zu prüfen ist, ob der Staat seiner Gewährleistungspflicht gerecht geworden ist, ist das einzige, was dem Grundgesetz klar zu entnehmen ist, die verfassungsrechtliche Verpflichtung des Staates zu einem wirksamen Tätigwerden. Alles weitere, namentlich die Fragen, *wie* eine staatliche Handlungs- oder Schutzpflicht durch gesetzgeberische Maßnahmen zu verwirklichen ist, welche Vorkehrungen der Gesetzgeber zu treffen hat, um dem verfassungsrechtlichen Gebot zu genügen, ist verfassungsrechtlich teils überhaupt nicht, teils nur fragmentarisch geregelt oder läßt sich nur aus allgemeinen, dem positiven Verfassungsrecht immanenten Grundsätzen herleiten. Fehlt es damit an konkreten verfassungsrechtlichen Vorgaben, so kommt hinzu, daß wirksamer staatlicher Schutz der Grundrechte der einen oft nur durch einen Eingriff in abwehrrechtliche Grundrechtspositionen der anderen gewährt werden kann, daß sich also eine »mehrdimensionale« Konstellation im Sinne des bekannten Dreiecks[35] ergibt, an dessen zwei Enden einander widerstreitende Freiheitsrechte, am dritten der Staat stehen: Es kommt zu einer Kollision von Freiheitsrechten, die – stets problematische – Abwägungen notwendig macht.

Mehr noch als auf der zweiten wird es infolgedessen im Verlauf der dritten Stufe der Entwicklung der Verfassungsgerichtsbarkeit auf die Einhaltung ihrer Grenzen (oben II.4.c.) ankommen. Wo hinreichend bestimmte verfassungsrechtliche Maßstäbe feh-

---

[35] *G. Hermes*, Das Grundrecht auf Schutz von Leben und Gesundheit. Schutzpflicht und Schutzanspruch aus Art. 2 Abs. 2 Satz 1 GG, 1987, S. 201 ff.; *R. Wahl/J. Masing*, Schutz durch Eingriff, JZ 1990, 553 (556 ff.). Das klassische Beispiel: Gesetzliche Regelungen über den Abbruch einer Schwangerschaft (BVerfGE 89, 203).

len oder zwischen kollidierenden Freiheitsrechten abzuwägen ist, gilt es im Wege der erwähnten Abstufungen der Kontrolldichte[36] zu erreichen, daß das Bundesverfassungsgericht seine Prüfung auf das Vorliegen schwerer und offensichtlicher Verfassungsverstöße beschränkt. Die Einhaltung dieser Grenze würde die dem Gericht von der Verfassung aufgetragene Funktion nicht beeinträchtigen. Sie würde zudem die Gefahr mindern, daß seine Konfliktlösungen an Überzeugungskraft verlieren und, anstatt zu Konsens zu führen, rechtlich und politisch umstritten bleiben; nicht nur die Autorität der Entscheidungen, sondern auch das Ansehen des Gerichts drohten Einbußen zu erleiden[37].

2. Verfassungsrecht und europäisches Gemeinschaftsrecht

Mit dem Fortgang der europäischen Integration tritt neben das in Deutschland geltende nationale und Völkerrecht in wachsendem Maße ein neuer Rechtskomplex eigener Art: das europäische Gemeinschaftsrecht.

Die innerstaatliche Geltung dieses Rechts beruht auf der Verfassungsentscheidung des Art. 24 Abs. 1 (neuerdings auch Art. 23 Abs. 1 S. 2) GG, der die Bundesrepublik ermächtigt, Hoheitsrechte auf zwischenstaatliche Einrichtungen zu übertragen. Das ist in einer Reihe völkerrechtlicher Verträge geschehen, namentlich in dem Vertrag zur Gründung der Europäischen Gemeinschaft (EGV) von 1957, der neben der Gründung die Aufgaben der Gemeinschaft und die Errichtung ihrer Organe zum Gegenstand hat, sowie in dem Vertrag über die Europäische Union von 1992 (Maastricht-Vertrag), der, wie Art. A Abs. 2 des Vertrages es formuliert, eine neue Stufe für die Verwirklichung einer immer engeren Union der Völker Europas darstellt.

a) Diese Verlagerung von Aufgaben der Mitgliedstaaten auf die Europäische Union führt zu einer Reduktion und einem Wandel der Aufgaben der nationalen Staatsorgane, denen eine Reduktion der Kontrollfunktion des Bundesverfassungsgerichts entspricht:

Im Umfang der Übertragung von Hoheitsrechten verlieren die gesetzgebenden Körperschaften an Einfluß auf den Prozeß (innerstaatlicher) politischer Willensbildung und Entscheidung. Ihre Aufgabe wandelt sich in zunehmendem Maße zum Erlaß von Umsetzungs-, Ausführungs-und Folgeregelungen, während die Leitlinien durch das europäische Gemeinschaftsrecht vorgezeichnet und festgelegt werden[38].

---

[36] Dazu näher: *K. Hesse*, Die verfassungsgerichtliche Kontrolle grundrechtlicher Schutzpflichten des Gesetzgebers, in: Festschrift für E. G. Mahrenholz, 1994, S. 543 ff., 553 ff.

[37] Zu der in neuerer Zeit vermehrten öffentlichen Kritik am Bundesverfassungsgericht grundsätzlich: *J. Limbach*, Die Akzeptanz verfassungsgerichtlicher Entscheidungen. Akademische Reden und Beiträge. Westfälische Wilhelmsuniversität Münster; 14, 1997; *R. Wahl*, Quo Vadis – Bundesverfassungsgericht? Zur Lage von Verfassungsgerichtsbarkeit, Verfassung und Staatsdenken in: Hüter der Verfassung oder Lenker der Politik? Das Bundesverfassungsgericht im Widerstreit, hrsg. von B. Guggenberger/Th. Würtenberger, im Erscheinen; *Schulze-Fielitz* (Fn. 33), bes. S. 2 ff., 25 ff.

[38] Hierbei ergeben sich freilich Gegenläufigkeiten: Wie *R. Wahl* (Fn. 37 unter II 3 und III) aufgewiesen hat, können Regelungen des europäischen Rechts, beispielsweise die unbeschränkte Öffnung des Arbeitsmarktes für (EU-)Ausländer, die mitgliedstaatliche Rechtsetzung vor komplexe Folgeprobleme stellen. Sie führen insofern zu einer Vermehrung und Erschwerung der mitgliedstaatlichen Rechtsetzung, deren Steuerungsmöglichkeiten indessen durch das vorrangige europäische Recht beschränkt sind. In der darin

Die Bundesregierung ist bei ihren Entscheidungen an den festgelegten europäischen Rahmen gebunden. Zwar ist sie an den Entscheidungen der europäischen Organe unter der Mitwirkung des Bundestages und des Bundesrates (Art. 23 Abs. 2–5 GG) beteiligt. Aber diese Mitwirkungsbefugnisse bleiben hinter der Befugnis zu eigener und alleiniger politischer Entscheidung zurück; sie vermögen diesen Verlust namentlich dann nicht zu kompensieren, wenn der Rat, wie im Regelfalle (Art. 148 Abs. 1 EGV), mit der Mehrheit seiner Mitglieder beschließt und Deutschland dabei überstimmt wird. Die Tragweite dieses Wandels wird deutlich, wenn berücksichtigt wird, daß nach einer im Maastricht-Urteil des Bundesverfassungsgerichts wiedergegebenen Einschätzung[39] bereits vor dem Inkrafttreten des Vertrages von Maastricht nahezu 80% aller Regelungen im Bereich des Wirtschaftsrechts durch das Gemeinschaftsrecht festgelegt und nahezu 50% aller deutschen Gesetze durch das Gemeinschaftsrecht veranlaßt waren.

Soweit daher deutsche Hoheitsrechte auf die Europäische Gemeinschaft übertragen sind und von den deutschen Staatsorganen nicht mehr ausgeübt werden, kann es auch keine verfassungsrechtliche Kontrolle mehr geben. Der Raum der dem Bundesverfassungsgericht obliegenden Kontrolle der Vereinbarkeit von Akten deutscher Staatsgewalt mit dem Grundgesetz verengt sich auf die Aufgaben, welche den deutschen Stellen verbleiben oder ihnen in Gestalt ihrer neuen Mitwirkungsbefugnisse zugewachsen sind. Diese Entwicklung ist unumkehrbar.

b) Nicht sicher abzusehen ist demgegenüber die künftige Entwicklung der Verfassungsrechtsprechung zum europäischen Gemeinschaftsrecht. Die Frage, die sich hier stellt, geht dahin, wie weit die Befugnis des Bundesverfassungsgerichts reicht, Gemeinschaftsrecht und dessen Anwendung in Deutschland auf seine Vereinbarkeit mit dem Grundgesetz zu überprüfen. Eine solche, freilich begrenzte Befugnis hat das Gericht in seiner bisherigen Rechtsprechung in Anspruch genommen.

Dies gilt einmal für den *Grundrechtsschutz der Gemeinschaft*. Insoweit hat das Gericht in einer Entscheidung aus dem Jahre 1974 zunächst einen Vorrang des Gemeinschaftsrechts verneint, weil es die Grundrechtsgewährleistungen des Gemeinschaftsrechts nicht für ausreichend hielt: Solange der allgemein verbindliche Grundrechtsstandard des Gemeinschaftsrechts demjenigen des Grundgesetzes noch nicht mit Sicherheit entspreche, obliege es dem Bundesverfassungsgericht, abgeleitetes Gemeinschaftsrecht auf seine Vereinbarkeit mit den Grundrechten des Grundgesetzes zu überprüfen und gegebenenfalls seine Unanwendbarkeit festzustellen[40]. Später hat das Gericht im Hinblick auf die Weiterentwicklung der gemeinschaftsrechtlichen Grundrechte durch den Europäischen Gerichtshof diese »Solange«-Formel umgekehrt: Solange die Europäische Gemeinschaft, insbesondere die Rechtsprechung des Europäischen Gerichtshofs, einen wirksamen, dem vom Grundgesetz gebotenen im wesentlichen gleichen Schutz der Grundrechte gegenüber der Hoheitsgewalt der Gemeinschaften generell gewährleiste, werde das Bundesverfassungsgericht seine Gerichtsbarkeit über die An-

---

liegenden Asymmetrie zwischen einem weitgehend freigesetzten Wirtschaftsprozeß auf europäischer Ebene und wesentlich reduzierten Regelungsbefugnissen der Mitgliedstaaten in ihrem nationalen Bereich erblickt Wahl mit Recht eine Grundfrage der modernen europäischen Rechtsentwicklung. Vgl. auch *Schulze-Fielitz* (Fn. 33) S. 18f.

[39] BVerfGE 89, 155 (172 f.).

[40] BVerfGE 37, 271 (279 ff.).

wendbarkeit von abgeleitetem Gemeinschaftsrecht nicht mehr ausüben und dieses nicht mehr am Maßstab der Grundrechte des Grundgesetzes überprüfen[41]. Diese Entscheidung hat das Gericht in seinem Urteil zu dem Vertrag von Maastricht mit einer Abweichung bestätigt und hinzugefügt, daß das Bundesverfassungsgericht seine Gerichtsbarkeit in Deutschland in einem »Kooperationsverhältnis« zum Europäischen Gerichtshof ausübe, in dem der Europäische Gerichtshof den Grundrechtsschutz in jedem Einzelfall für das Gesamtgebiet der Europäischen Gemeinschaft garantiere und das Bundesverfassungsgericht sich deshalb auf eine generelle Gewährleistung des unabdingbaren Grundrechtsstandards beschränken könne[42].

Über die damit sich für den Grundrechtsschutz ergebende begrenzte verfassungsgerichtliche Kontrolle hinaus hat das Bundesverfassungsgericht in dem Urteil zu dem Vertrag von Maastricht seine Prüfungszuständigkeit auf die Frage erstreckt, ob Rechtsakte der europäischen Einrichtungen und Organe sich in den *Grenzen der ihnen eingeräumten Hoheitsrechte* halten. Als maßgebend betrachtet es das deutsche Zustimmungsgesetz zu dem diesen Rechtsakten zugrundeliegenden Vertrag. Die unmittelbare Anwendbarkeit der Gemeinschaftsverträge, des auf ihrer Grundlage von den Gemeinschaftsorganen gesetzten Rechts und deren Anwendungsvorrang ergebe sich erst und allein aus dem Rechtsanwendungsbefehl des deutschen Gesetzgebers. Spätere wesentliche Änderungen des in dem Vertrag angelegten Integrationsprogramms und seiner Handlungsermächtigungen wären von dem Zustimmungsgesetz nicht mehr gedeckt. Würden etwa europäische Einrichtungen oder Organe den Unionsvertrag in einer Weise handhaben oder fortbilden, die von dem Vertrag, wie er dem deutschen Zustimmungsgesetz zugrundeliege, nicht mehr gedeckt sei, so wären die daraus hervorgehenden Rechtsakte im deutschen Hoheitsgebiet nicht verbindlich. Die deutschen Staatsorgane wären aus verfassungsrechtlichen Gründen daran gehindert, diese Rechtsakte in Deutschland anzuwenden. Dementsprechend prüfe das Bundesverfassungsgericht, »ob Rechtsakte der europäischen Einrichtungen und Organe sich in den Grenzen der ihnen eingeräumten Hoheitsrechte halten oder aus ihnen ausbrechen«[43].

Eine der Reduzierung im Grundrechtsbereich entsprechende Einschränkung dieser verfassungsgerichtlichen Kontrolle faßt das Maastricht-Urteil nicht ins Auge. Seine Vorbehalte gehen weit über die Vorbehalte anderer europäischer Verfassungsgerichte hinaus. Sie berühren den Bestand und die Grundlagen des Wirkens der Gemeinschaft und bergen eine Fülle von Konfliktstoff in sich. Das gilt namentlich für das Verhältnis des Bundesverfassungsgerichts zum Europäischen Gerichtshof, der die Zu-

---

[41] BVerfGE 73, 339 (376 f.).

[42] BVerfGE 89, 155 (175).

[43] BVerfGE 89, 155 (185), vgl. auch 195. Namentlich diese Passage ist in der in- und ausländischen Literatur auf breite, mitunter überscharfe Kritik gestoßen.
Der – berechtigte – Haupteinwand geht dahin, daß der in den deutschen Zustimmungsgesetzen enthaltene Rechtsanwendungsbefehl notwendig auch die in Art. 164 ff. EGV ausgeformte Befugnis der Gemeinschaftsgerichtsbarkeit zu letztverbindlicher Entscheidung über die Grenzen der Gemeinschaftskompetenzen umfasse und deshalb eine Gerichtsbarkeit des Bundesverfassungsgerichts ausschließe. Nur diese Lösung werde dem Sinn und der Aufgabe der Gemeinschaft gerecht, welche die einheitliche und unmittelbare Geltung der Rechtsordnung der Gemeinschaft in den Mitgliedstaaten und ihren Vorrang vor dem nationalen Recht zwingend voraussetze. Näher dazu mit eingehenden Nachweisen: *D. H. Scheuing*, Deutsches Verfassungsrecht und europäische Integration, Europarecht, Beiheft 1/1997, Tz. 85 ff., 115.

ständigkeit beansprucht, letztverbindlich und letztverantwortlich über die Fragen unzulässiger Kompetenzausübung und unzulässiger Kompetenzerweiterungen der Ge-
meinschaftsorgane zu entscheiden[44], dessen Position mithin in deutlichem Kontrast zu
derjenigen des Bundesverfassungsgerichts steht.

Soll hier ein andauernder Konflikt vermieden werden, so dürfte sich das nur durch
loyale Kooperation beider Gerichte erreichen lassen, zu der sich das Bundesverfassungsgericht für den Schutz der Grundrechte im Maastricht-Urteil bereits bekannt
hat. Ein Zusammenwirken durch Verfahren würde es bedeuten, wenn das Gericht
Fragen der Auslegung des Gemeinschaftsvertrages dem Europäischen Gerichtshof
nach Art. 177 EGV zur Vorabentscheidung unterbreitete, ein Weg, den es schon in
früheren Entscheidungen anerkannt hat[45]. Der wichtigste Weg einer Zusammenarbeit
wäre indessen die stete Berücksichtigung der Vorschriften des anderen Rechtskreises
bei der Interpretation von Vorschriften des eigenen Rechtskreises[46], die im Zeichen
der europäischen Integration zu einer Notwendigkeit geworden ist. Sie ist Element
eines größeren Zusammenhangs, welcher die Aufgaben und das Wirken der deutschen Verfassungsgerichtsbarkeit auf der dritten Stufe ihrer Entwicklung wesentlich
prägen wird.

3. Die europäische Dimension des Verfassungsrechts

Deutschland wird zwar als Staat nicht in Europa »aufgehen«. Aber seine Einfügung
in die umfassende Ordnung der Europäischen Gemeinschaft ist heute zwingende Voraussetzung seiner eigenen ökonomischen und politischen Existenz[47]. Je mehr es deshalb den Charakter des überkommenen, sich selbst genügenden, sozusagen introver-
tierten Nationalstaats abstreift, desto mehr muß es in Europa hinein-, d. h. aber mit
der Union und den durch sie verknüpften demokratischen und rechtsstaatlichen Verfassungsstaaten zusammenwachsen, die nicht nur durch die Erfordernisse der modernen (welt-)wirtschaftlichen Entwicklung und die Aufgabe der Friedenssicherung verbunden sind, sondern auch, wenn nicht in erster Linie, durch die gemeinsame europäische Kultur und ihre gemeinsamen Verfassungsgrundsätze[48].

Dem sucht das Grundgesetz im Geiste seiner Präambel (... »als gleichberechtigtes
Glied in einem vereinten Europa dem Frieden der Welt zu dienen« ...) durch die Ermächtigung zur Übertragung von Hoheitsrechten auf die Europäische Gemeinschaft
zu entsprechen. Es dokumentiert mit diesen Bestimmungen seine Offenheit für die
europäische Integration wie für die Beteiligung an den im Zuge dieser Integration
entstehenden Einrichtungen; es billigt die Konsequenzen, die sich daraus für den Staat
und die Verfassung ergeben, und es weist insofern über sich selbst hinaus. Damit *verliert* das Verfassungsrecht der Bundesrepublik Deutschland seine allumfassende Gel-

---

[44] EuGH, Slg. 1964, 1251 ff.; Slg. 1981, 6079.

[45] BVerfGE 37, 271 (282); 52, 187 (200 f.). Dazu näher *D. Grimm*, Europäischer Gerichtshof und Ar-
beitsgerichtsbarkeit, Recht der Arbeit, 1996, S. 69 f.

[46] BVerfGE 37, 271 (278) spricht insoweit von einer Pflicht, sich um die Konkordanz beider Rechtsordnungen zu bemühen.

[47] *J. Schwarze*, Das Staatsrecht in Europa, JZ 1993, S. 591 f.

[48] Grundlegend dazu *H. Steinberger*, Die Europäische Union im Lichte der Entscheidung des Bundesverfassungsgerichts vom 12. Oktober 1993, in: Festschrift für Rudolf Bernhardt, 1995, S. 1326 f.

tung und seinen Primat in der rechtlichen Ordnung des Gemeinwesens; es *gewinnt* eine neue Dimension: die europäische[49].

Diese Öffnung hat zur Folge, daß, wie auch das Bundesverfassungsgericht betont hat, Gemeinschaftsrecht und deutsches Recht nicht schlechthin getrennte Rechtsordnungen verkörpern. Sie sind vielmehr in vielfältiger Weise miteinander verschränkt, aufeinander bezogen, beeinflussen sich gegenseitig und sind aufeinander angewiesen.

Demgemäß sind weite Bereiche des nationalen Rechts mit europäischem Recht eng verflochten und entfalten erst im Zusammenhang mit diesem ihre Wirksamkeit. Dem nachhaltigen Einfluß des Gemeinschaftsrechts auf das nationale Recht der Mitgliedstaaten entspricht ein kaum minder wesentlicher Einfluß des nationalen Rechts auf das Gemeinschaftsrecht. Das zeigt sich etwa an den Grundrechten der Gemeinschaft, welche der Europäische Gerichtshof prätorisch aus den gemeinsamen Verfassungsüberlieferungen der Mitgliedsstaaten als allgemeine Grundsätze des Gemeinschaftsrechts entwickelt hat[50]. In gleicher Weise haben andere Grundsätze und Begriffe des mitgliedstaatlichen Rechts Eingang in das Recht der Gemeinschaft gefunden, beispielsweise das Prinzip der Verhältnismäßigkeit, das seine Ausformung und Bedeutung für das deutsche Verfassungsrecht durch die Rechtsprechung des Bundesverfassungsgerichts erlangt hat. Insoweit wirkt das Bundesverfassungsgericht in der Wahrnehmung seiner innerstaatlichen Aufgaben stets zu seinem Teil an der Entwicklung des Gemeinschaftsrechts mit.

Die Angleichung von europäischem und nationalem Recht, die sich aus diesen wechselseitigen Einflüssen ergibt, führt – mittelbar – dazu, daß auch die Rechtsordnungen der Mitgliedstaaten unbeschadet ihrer identitätsbegründenden Eigenart sich einander annähern. Im Verlauf des Prozesses der europäischen Integration bildet sich mithin eine zunehmende *Konkordanz* sowohl von europäischem und nationalem Verfassungsrecht als auch eine Konkordanz des Verfassungsrechts der Mitgliedsstaaten heraus, in denen mit Recht bereits Umrisse eines gemeineuropäischen Verfassungsrechts erblickt werden[51].

Daß die nationalen Verfassungen in diesem Prozeß ihre Bedeutung einbüßen, ist schon deshalb nicht zu befürchten, weil europäisches und mitgliedstaatliches Verfassungsrecht voneinander abhängig und deshalb aufeinander angewiesen sind. Besonders deutlich tritt die Unentbehrlichkeit der nationalen Verfassungen im Blick auf die nur rudimentären Ausformungen demokratischer Prinzipien in der Grundordnung der Union zutage. Bedingt durch die Funktion der Union treten diese Prinzipien, jedenfalls vorerst, zurück. Es ist das demokratische Element der Willensbildung durch das Volk oder die Parlamente in den Mitgliedstaaten, auf dem letztlich der Bestand der Union beruht, das ihre demokratische Legitimität begründet und damit zu ihrer unverzichtbaren Grundlage wird.

Alle diese Zusammenhänge sind für die Rechtsprechung des Bundesverfassungsgerichts von grundlegender Bedeutung. Die Hauptaufgabe des Gerichts: maßgebende,

---

[49] *J. Schwarze*, Die europäische Dimension des Verfassungsrechts, in: Festschrift für Ulrich Everling, 1995, S. 1355, bes. S. 1376 ff.

[50] Eingehende Darstellung in BVerfGE 73, 339 (378 ff.).

[51] *P. Häberle*, Gemeineuropäisches Verfassungsrecht, in: Europäische Rechtskultur, 1994, bes. S. 37 ff.; *M. Heintzen*, Gemeineuropäisches Verfassungsrecht in der Europäischen Union, Europarecht 1997, S. 1 ff.

für alle staatlichen Organe verbindliche Deutung der objektiven Grundlinien und des Inhalts der Verfassung läßt sich nicht ohne Berücksichtigung der europäischen Dimension des Verfassungsrechts wahrnehmen, die zur Bedingung verfassungsmäßiger Rechtsfindung geworden ist.

Das Mittel dieser Rechtsfindung, die Verfassungsinterpretation, ja die Rechtsauslegung schlechthin, kann sich deshalb nicht mehr isoliert nur am eigenen nationalen Recht orientieren. Sie muß den Blick auch auf Lösungen gleicher oder ähnlicher Probleme in anderen Verfassungsstaaten richten. Denn diese enthalten Anregung, Bestätigung, Varianten oder Alternativen der eigenen Lösung und geben insoweit möglicherweise Anlaß zu kritischer Auseinandersetzung. Sie können sich damit als wichtige, oder sogar entscheidende Hilfe zu sachgemäßer Problemlösung erweisen; im Falle der Übernahme der Lösung einer anderen Rechtsordnung tragen sie zu der erwähnten Konkordanz bei.

Die damit gebotene *Rechtsvergleichung* spielt bereits in der bisherigen Rechtsprechung des Bundesverfassungsgerichts zumal auf dem Gebiet der Grundrechte eine nicht unwesentliche Rolle, die freilich in den Gründen der Entscheidungen nicht immer explizit hervortritt. So hat das Gericht ausgesprochen, daß bei der Auslegung des Grundgesetzes auch Inhalt und Entwicklungsstand der Europäischen Menschenrechtskonvention in Betracht zu ziehen seien. Deshalb diene insoweit auch die Rechtsprechung des Europäischen Gerichtshofs für Menschenrechte als Auslegungshilfe für die Bestimmung von Inhalt und Reichweite von Grundrechten und rechtsstaatlichen Grundsätzen des Grundgesetzes[52].

Entsprechendes gilt für die Judikatur der anderen europäischen Verfassungsgerichte[53], die ihrerseits die Rechtsprechung des Bundesverfassungsgerichts aufmerksam verfolgen und sich mitunter an ihr orientieren. Es ist damit in der europäischen höchstrichterlichen Rechtsprechung eine gewisse Zusammenarbeit entstanden, auf die es in Zukunft mehr und mehr ankommen wird.

Die Konkordanz von europäischem Gemeinschaftsrecht und Verfassungsrecht der Mitgliedstaaten erweist sich hiernach zu einem wesentlichen Teil als Werk – und als Aufgabe – der europäischen und mitgliedstaatlichen Judikative. Dieses Wirken gewinnt hohe Bedeutung für die Verwirklichung der Ziele der Europäischen Union. Denn je mehr es gelingt, jene Konkordanz herzustellen und zu erhalten, desto geringer muß die Gefahr von grundsätzlichen Konflikten werden, die, anders als die im Leben einer Gemeinschaft unvermeidlichen, in gewisser Weise sogar notwendigen Konflikte zwischen den Beteiligten, den Bestand und die Grundlagen des Wirkens der Union ergreifen und zu schweren Rückschlägen führen könnten.

---

[52] BVerfGE 74, 358 (370). Ein ausdrücklicher Hinweis auf rechtsvergleichende Erwägungen findet sich in den Verfahren zur Verfassungsmäßigkeit von Überhangmandaten und der Grundmandatsklausel des § 6 Abs. 6 Satz 1 Bundeswahlgesetz (BVerfGE 95, 335 [347] und 408 [416]); in diesen hat das Gericht rechtsvergleichende Gutachten des Max Planck Instituts für ausländisches öffentliches Recht und Völkerrecht Heidelberg eingeholt.

[53] Nicht minder wichtig die Judikatur des Supreme Court der Vereinigten Staaten, die vielfach, insbesondere für die Rechtsprechung des Bundesverfassungsgerichts zur Meinungsfreiheit, wegweisende Bedeutung erlangt hat.

Die Rechtsprechung des Bundesgerichtshofs zum Grundgesetz von 1985 bis 1995

von

Professor Dr. Hans Joachim Faller

Richter des Bundesverfassungsgerichts und am Bundesgerichtshof i. R. in Karlsruhe

Inhalt

I. Vorbemerkung

In dieser Zeitschrift sind bisher drei Berichte über die Rechtsprechung des Bundesgerichtshofs zum Grundgesetz erschienen.[1] Sie behandelten die bis Juli 1984 ergangenen Entscheidungen. Dieser Bericht schließt daran an und will einen summarischen Überblick über die weitere Entwicklung dieser Rechtsprechung bis September 1995 geben. Er behandelt Entscheidungen, die in den Bänden 92–130 der Entscheidungs-

---

[1] W. Geiger, JöRNF 11 (1962), S. 121, H.J. Faller, JöRNF 17 (1968), S. 407 u. JöRNF 34 (1985), S. 659.

sammlung des Bundesgerichtshofs in Zivilsachen (BGHZ) und in den Bänden 33–41 der Entscheidungen in Strafsachen (BGHSt) veröffentlicht worden sind. In diesem Berichtszeitraum hat das Bundesverfassungsgericht weiterhin durch eine breitgefächerte und kontinuierliche Rechtsprechung insbesondere die Entwicklung der Grundrechte mit großer Intensität vorangetrieben. Die Grundrechte beeinflussen heute das gesamte öffentliche und private Recht einschließlich des Organisations- und Verfahrensrechts. Das Bundesverfassungsgericht wirkt dadurch nachhaltig auf die Fachgerichtsbarkeiten ein. Hierzu hat der Bonner Staatsrechtslehrer Josef Isensee in seiner Festrede zum 61. Deutschen Juristentag in Karlsruhe am 17. September 1996 mahnend darauf hingewiesen,[2] daß das Verfassungsgericht zwar das Recht des letzten Wortes in der Verfassungsinterpretation, aber kein Monopol darauf habe. Verfassungsauslegung sei Sache aller Staatsorgane. „Die Auslegung des Letztinterpreten müsse die Vorab-Interpretation in dem Maße beachten, soweit diese die Verfassung konkretisierte, also um eigene Zugaben anreichere." Die Rechtsprechung des Bundesgerichtshofs zum Grundgesetz ist nach wie vor von erheblicher Bedeutung. Die Darstellung folgt – wie bei den drei früheren Berichten – dem Aufbau des Grundgesetzes. Im übrigen werden die Maxime der früheren Berichte übernommen. Der Bericht enthält grundsätzlich keine wertenden Stellungnahmen zu den Entscheidungen und keine kritischen Auseinandersetzungen mit ihnen. Es wird jedoch versucht, die Zusammenhänge mit der vorangegangenen Rechtsprechung des Bundesgerichtshofs und mit der Rechtsprechung des Bundesverfassungsgerichts aufzuzeigen.

II. Menschenwürde und freie Entfaltung der Persönlichkeit
(Art. 1 Abs. 1 und Art. 2 Abs. 1 GG)

1. Entscheidungen der Zivilsenate des Bundesgerichtshofs

Auch in dieser Berichtszeit hatte der Bundesgerichtshof wiederholt über den Schutz des durch Art. 2 Abs. 1 in Verbindung mit Art. 1 Abs. 1 Satz 1 GG verfassungsmäßig gewährleisteten allgemeinen Persönlichkeitsrechts zu entscheiden.

In einem Urteil vom 5. Mai 1986 hatte der III. Zivilsenat zu der Frage Stellung zu nehmen, ob ein Schiedsrichter gezwungen werden kann, sich auf Verlangen einer Partei psychiatrisch untersuchen zu lassen, wenn ernsthafte Zweifel bestehen, ob er bei der Vorbereitung und dem Erlaß des Schiedsspruchs infolge krankhaften oder altersbedingten Verfalls seiner Geisteskraft dem Schiedsrichteramt noch gewachsen war. Der Senat meint, die Anordnung, sich einer psychiatrischen Untersuchung zu unterziehen, greife tief in die persönlichkeitlichen Belange des Betroffenen ein, die unter dem Schutz der Art. 1 und 2 GG stehen. Zwar bestehe ein anerkennenswertes Interesse der Parteien, daß an dem Schiedsspruch kein Schiedsrichter mitwirkt, der dieser Aufgabe infolge Verfalls seiner Geisteskräfte nicht gewachsen ist. Das Gesetz trage dem aber Rechnung, indem es ihnen unter bestimmten Voraussetzungen das Recht gibt, den Schiedsvertrag als unwirksam zu behandeln, den Schiedsrichter abzulehnen oder die Aufhebung des Schiedsspruchs zu erwirken. Es rechtfertige aber nicht die Er-

---

[2] Vgl. DRiZ November 1996 Nr. 11 S. 459.

zwingung einer psychiatrischen Untersuchung des Schiedsrichters; denn eine solche Maßnahme würde ihn in seinem verfassungsrechtlich gewährleisteten Persönlichkeitsrecht verletzen (BGHZ 98, 32, 34, 36).

Der aus Art. 2 Abs. 1 GG in Verbindung mit dem Rechtsstaatsprinzip (Art. 20 Abs. 3 GG) folgende Grundsatz rechtsstaatlicher Verfahrensgestaltung gebietet es aus Gründen des Vertrauensschutzes eine unlesbar oder verstümmelt zu den Akten des Patentamts gelangte fernschriftliche Einspruchsbegründung, deren Inhalt sich (nachträglich) feststellen läßt, mit ihrem vollständigen Inhalt als eingegangen anzusehen, wenn die Ursache für den Mangel der Lesbarkeit und Vollständigkeit in der Sphäre des Patentamts gelegen hat (Leitsatz zu BGHZ 105, 40 – „Spulenvorrichtung" –).[3]

Gegenstand eines Urteils des I. Zivilsenats vom 8. Juni 1989 sind zwei Aquarelle, die im Stile des 1956 verstorbenen Expressionisten Emil Nolde gemalt und mit dessen Namen signiert sind. Bildfälschungen mit der Signatur eines anderen Malers verletzen grundsätzlich dessen allgemeines Persönlichkeitsrecht. Fälschungen sind – unabhängig von ihrer Qualität – geeignet, durch Verzerrung des Gesamtwerks das als Ausstrahlung des Persönlichkeitsrechts auch nach dem Tode des Künstlers fortbestehende künstlerische Ansehen und seine künstlerische Wertschätzung zu beeinträchtigen. Der postmortale Persönlichkeitsschutz eines bekannten Malers ist daher dreißig Jahre nach seinem Tode noch nicht entfallen. Der nach den §§ 823 Abs. 1, 1004 BGB in Verbindung mit Art. 1 Abs. 1 GG begründete Beseitigungsanspruch rechtfertigt grundsätzlich nur eine Entfernung der Signatur und nicht auch eine durch einen Gerichtsvollzieher vorzunehmende – nicht entfernbare – Kennzeichnung der Bilder als Fälschungen (BGHZ 107, 384, 385, 391, 393 – „Emil Nolde").[4]

Nach BGHZ 102, 118, 123 („Kehlrinne") beeinträchtigt die Wirksamkeit der vom Europäischen Patentamt für die Bundesrepublik Deutschland erteilten Patente, deren Patentschriften in englischer oder französischer Sprache, jedoch mit ins Deutsche übersetzten Patentansprüchen veröffentlicht sind, weder die freie Entfaltung der Persönlichkeit der Gewerbetreibenden (Art. 2 Abs. 1 GG) noch deren freie Berufsausübung (Art. 12 Abs. 1 GG), noch verstößt sie gegen den Gleichheitssatz (Art. 3 Abs. 1 GG) oder gegen das Rechtsstaatsprinzip (Art. 20 Abs. 3 GG).

Zwei Entscheidungen befassen sich mit dem Schutz des „informationellen Selbstbestimmungsrechts" von Patienten und Mandanten. Der VIII. Zivilsenat hatte am 7. 11. 1973 (NJW 1974, 602) entschieden, daß die Überlassung der Patientenkartei anläßlich der Übernahme einer Arztpraxis auch ohne vorheriges Befragen der Patienten rechtswirksam vereinbart werden könne. Fast 10 Jahre später erklärte das Bundesverfassungsgericht in einem viel beachteten Urteil vom 15. 12. 1983 (BVerfGE 65, 1), unter den Bedingungen der modernen Datenverarbeitung werde der Schutz des Einzelnen gegen unbegrenzte Erhebung, Speicherung, Verwendung und Weitergabe seiner persönlichen Daten von dem allgemeinen Persönlichkeitsrecht des Art. 2 Abs. 1 in Verbindung mit Art. 1 Abs. 1 GG umfaßt. Dieses Grundrecht gewährleiste insoweit die Befugnis des Einzelnen, grundsätzlich selbst über die Preisgabe und Verwendung

---

[3] Vgl. ähnlich BVerfGE 69, 381, 386f. unter Hinweis auf BVerfGE 41, 323, 327; 44, 302, 306; 52, 203, 212; siehe auch BGHZ 101, 276, 280.

[4] Siehe hierzu auch die Entscheidungen BGHZ 133, 140f. – Mephisto – und BVerfGE 30, 173, 196 – Mephisto –.

seiner persönlichen Daten zu bestimmen.[5] Dem entsprechend gab der VIII. Zivilsenat in einem Urteil vom 11. 12. 1991 (BGHZ 116, 268) seine Rechtsauffassung von 1974 auf und entschied: Eine Bestimmung in einem Vertrag über die Veräußerung einer Arztpraxis, die den Veräußerer auch ohne Einwilligung der betroffenen Patienten verpflichtet, die Patienten- und Beratungskartei zu übergeben, verletzt das informationelle Selbstbestimmungsrecht der Patienten und ist deshalb nichtig. Dem schloß sich der IX. Zivilsenat in einem Urteil vom 25. 3. 1993 (BGHZ 122, 115, 119) für das Verhältnis zwischen Rechtsanwalt und Mandant an. Auch hier müsse der besonderen Bedeutung des durch Art. 2 GG gewährleisteten Rechts auf informationelle Selbstbestimmung Rechnung getragen werden. Es obliege demnach grundsätzlich dem Rechtsanwalt, die Zustimmung seines Mandanten zur Weitergabe von Informationen aus dem Mandatsverhältnis (z. B. über das Honorar) in eindeutiger und unmißverständlicher Weise einzuholen. Insoweit unterscheide sich die Situation nicht grundlegend von derjenigen im Verhältnis zwischen Arzt und Patient.

Zu Meinungsverschiedenheiten zwischen dem Bundesgerichtshof und dem Bundesverfassungsgericht kam es bei dem Problem „Unterhaltspflicht für ein Kind als Schaden".[6] Der zuständige VI. Zivilsenat des Bundesgerichtshofs hatte seit 1980 immer wieder entschieden, daß der Arzt als Folge einer Vertragsverletzung für den Unterhalt eines Kindes haftet, das nach einer mißlungenen Sterilisation zur Welt gekommen ist.[7] In seinem Urteil vom 28. Mai 1993 (BVerfGE 88, 203 ff.) hat jedoch der 2. Senat des Bundesverfassungsgerichts Bedenken gegen diese Rechtsprechung erhoben. Eine rechtliche Qualifikation des Daseins eines Kindes als Schadensquelle komme von Verfassungs wegen nicht in Betracht. Die Verpflichtung aller staatlichen Gewalt, jeden Menschen in seinem Dasein um seiner selbst willen zu achten, verbiete es, die Unterhaltspflicht für ein Kind als Schaden zu begreifen. Die Rechtsprechung der Zivilgerichte zur Haftung für ärztliche Beratungsfehler oder für fehlgeschlagene Schwangerschaftsabbrüche bedürfe deshalb der Überprüfung. Diese Ausführungen gehören jedoch nicht zu den tragenden Entscheidungsgründen des Urteils vom 28. Mai 1993. Sie sind daher „obiter dicta", die den Bundesgerichtshof nicht binden. Gleichwohl hat der VI. Zivilsenat in der Berichtszeit in zwei Urteilen dazu Stellung genommen. In einem Urteil vom 16. 11. 1993 kommt er nach nochmaliger ausführlicher Überprüfung zu folgendem Ergebnis: „Der Senat hält an seiner Auffassung fest, daß in den Fällen einer aus ärztlichem Verschulden mißlungenen Sterilisation sowie eines verhinderten oder fehlgeschlagenen Schwangerschaftsabbruchs aus embryopathischer oder kriminologischer Indikation der ärztliche Vertragspartner auf Schadens-

[5] Ständige Rechtsprechung des Bundesverfassungsgerichts. Geschützt ist das so gewährleistete allgemeine Persönlichkeitsrecht nicht nur vor direkten staatlichen Eingriffen. Es entfaltet als objektive Norm seinen Rechtsgehalt auch im Privatrecht und strahlt in dieser Eigenschaft auf die Auslegung und Anwendung privatrechtlicher Vorschriften aus.

[6] Siehe hierzu A. Roth, NJW 1994 Heft 37 S. 2402.

[7] Der VI. Zivilsenat hat zu dieser Frage schon mehrfach für vergleichbare Fallgruppen Stellung genommen: bei fehlerhafter Beratung zur Vermeidung der Geburt eines vorgeburtlich schwer geschädigten Kindes BGHZ 86, 240 ff.; 89, 95 ff. und VersR 1988, 155 f., bei mißlungener Sterilisation BGHZ 76, 249 ff.; 76, 259 ff.; VersR 1980, 719; VersR 1981, 278 ff.; VersR 1981, 730 ff.; VersR 1984, 864 ff. und VersR 1992, 1229 f., bei mißlungenem (erlaubtem) Schwangerschaftsabbruch BGHZ 95, 199 ff.; VersR 1985, 240 ff., VersR 1985, 1068 ff.; VersR 1986, 869 f. und VersR 1992, 829 ff.

ersatz wegen Unterhaltsbelastung der Eltern durch das Kind in Anspruch genommen werden kann (BGHZ 124, 128 ff.).

In einem Urteil vom 28. 3. 1995 (BGHZ 129, 178) hielt der Senat erneut an dieser Rechtsmeinung fest, grenzte jedoch gegenüber dem Senatsurteil BGHZ 95, 199 ab: Ob ein Schwangerschaftsabbruch aus der früher in § 218a Abs. 2 Nr. 3 StGB a.F. geregelten Notlagenindikation rechtmäßig war, sei nach den Voraussetzungen zu beurteilen, die das Bundesverfassungsgericht im Urteil vom 28. Mai 1993 für die Rechtmäßigkeit von Schwangerschaftsabbrüchen aufgestellt hat.

Nahtlos in die ständige Rechtsprechung des Bundesgerichtshofs zum verfassungsrechtlich geschützten allgemeinen Persönlichkeitsrecht fügte sich das Urteil des VI. Zivilsenats vomn 15. 11. 1994 – BGHZ 128, 1 ff., das die erfolgreiche Klage der Caroline von Monaco gegen Zeitschriften betrifft. Führt eine unwahre Tatsachenbehauptung auf der Titelseite einer Illustrierten zu einer fortdauernden Persönlichkeitsverletzung des Betroffenen, so kann er von dem Verleger der Illustrierten verlangen, daß gleichfalls auf der Titelseite der Illustrierten ein Widerruf veröffentlicht wird.

BGHZ 130, 5: Der Vertrieb von Likörfläschchen mit Etikettierungen, auf denen die Bezeichnungen „Busengrapscher" bzw. „Schlüpferstürmer" mit sexuell anzüglichen Bilddarstellungen von Frauen verbunden sind, verstäßt u. a. gegen Art. 1 GG. Der hohe Rang der hier betroffenen menschlichen Würde, die durch Art. 1 GG geschützt ist, erfordert ihre Achtung und Wahrung auch im Wettbewerbsgeschehen.[8]

2. Entscheidungen der Strafsenate des Bundesgerichtshofs

Die Entscheidung BGHSt 34, 39 befaßt sich mit den Grenzen heimlichen Abhörens. Auch in Fällen schwerer Kriminalität ist es außerhalb der gesetzlich geregelten Fernmeldeüberwachung grundsätzlich unzulässig, das nicht öffentlich gesprochene Wort des Angeklagten mittels einer ihm gegenüber verborgen gehaltenen Abhöranlage auf Tonband aufzunehmen, um Art und Weise seiner Gesprächsführung als Beweismittel gegen seinen Willen zu verwerten.

Das Urteil des 4. Strafsenats vom 9. 7. 1987 – BGHSt 34, 397 – befaßt sich mit der Verwertbarkeit von Tagebuchaufzeichnungen. Bundesverfassungsgericht[9] und Bundesgerichtshof[10] haben sich schon mit diesem Problem befaßt. Art. 1 und 2 GG garantieren zwar den Schutz privater Aufzeichnungen, die der Betroffene nur für sich selbst festhält. Der Schutz gilt jedoch nicht uneingeschränkt. Das Grundgesetz mißt nicht nur dem Persönlichkeitsschutz, sondern auch einer funktionsfähigen Rechtspflege eine besondere Bedeutung zu.[11] In dem hier zu entscheidenden Falle dienten die sichergestellten Tagebuchaufzeichnungen der Aufklärung eines Mordes. Die gebotene Abwägung zwischen dem Persönlichkeitsrecht und den Belangen der Strafrechtspflege führte zur Zulässigkeit der Verwertung der Tagebuchaufzeichnungen.[12]

---

[8] Vgl. auch BGHZ 130, 205.
[9] BVerfGE 34, 238.
[10] BGHSt 19, 325, 326.
[11] Vgl. BVerfGE 19, 342, 347; 20, 45, 49; 20, 144, 147; 29, 183, 194; 32, 373; 33, 367, 382; 34, 238, 249; 51, 324, 343.
[12] Schon in BGHSt 19, 325, 331 wurde die Auffassung vertreten, daß Aufzeichnungen, die Straftäter

Zum Schutz des Zeugen im Strafprozeß äußerte sich die Entscheidung BGHSt 37, 1, 4: Die Bekanntgabe des Wohnortes oder gar der Wohnanschrift von Zeugen oder Sachverständigen stellt einen Eingriff in ihren verfassungsrechtlich geschützten Persönlichkeitsbereich dar, der nur im überwiegenden Allgemeininteresse – so zur Wahrheitsfindung im Strafprozeß – im Rahmen der Verhältnismäßigkeit hinzunehmen ist. Was die Förderung von Nachforschungen zum Privatleben eines Zeugen oder Sachverständigen betrifft, muß beachtet werden, daß diesen Personen – wie jedem Staatsbürger – das Grundrecht auf „informationelle Selbstbestimmung" zusteht, in das nicht ohne wichtigen Grund eingegriffen werden darf.[13]

Der 1. Strafsenat des Bundesgerichtshofs hielt es in seinem Urteil vom 25. 8. 1992 (BGHSt 37, 339, 343) nicht für verfassungswidrig, daß das Gesetz den unerlaubten Erwerb von Cannabisharz (Haschisch) mit Strafe bedroht. Es gibt kein Recht auf Rausch, das durch Art. 2 Abs. 1 GG geschützt wäre.

Nach BGHSt 39, 335 handelt ein Polizeibeamter, der im Rahmen eines Ermittlungsverfahrens ein Telefongespräch über einen Zweithörer mitverfolgt, in der Regel nicht rechtswidrig, falls ihm dies vom Besitzer des Anschlusses, der die Mithörmöglichkeit bietet, gestattet ist; das gilt auch dann, wenn er das Gespräch ohne Wissen des anderen Teilnehmers mithört.

Zum Leugnen der Judenmorde heißt es in BGHSt 40, 97, 105: Untrennbarer Bestandteil der Würde eines Menschen können auch die besonderen Umstände seines Todes sein. Hat er, wie die in den Gaskammern der Konzentrationslager ermordeten Juden, ohne persönliche Schuld, allein aufgrund seiner Abstammung („Rasse") durch staatlich organisierte und gelenkte Gewaltmaßnahmen auf grausame Weise sein Leben verloren, so prägt dieses schwere Schicksal seine individuelle Würde und damit zugleich und unmittelbar auch sein Andenken unter den Lebenden.[14] Der Anspruch auf Achtung jenes Schicksals wird jedenfalls verletzt, wenn der nationalsozialistische Massenmord an den Juden als „Gaskammerlüge", „Gaskammermythos", „Auschwitzlüge" oder mit ähnlichen Begriffen als bloße Erfindung abgetan und dies mit herabsetzenden Begriffen („Lüge") negativ betont wird. Gleiches gilt für den Versuch, die alle Vorstellungen übersteigende Zahl der Opfer durch pseudo-wissenschaftliche Berechnungen ins Lächerliche zu ziehen. Derartige Ausführungen haben nichts mit sachbezogener Diskussion über historische Ereignisse zu tun; sie mißachten aufs Schwerste die über den Tod fortbestehende und schutzbedürftige Würde der Opfer.

Zum Behandlungsabbruch bei unheilbar erkrankten, nicht mehr entscheidungsfähigen Patienten wird in der Entscheidung BGHSt 40, 257 ausgeführt: Lassen sich auch bei der gebotenen sorgfältigen Prüfung konkrete Umstände für die Feststellung des individuellen mutmaßlichen Willens des Kranken nicht finden, so kann und muß auf Kriterien zurückgegriffen werden, die allgemeinen Wertvorstellungen entsprechen.

über ihre Taten und Opfer fertigten, nicht den aus Art. 1 und 2 GG herzuleitenden Beweis- und Verwertungsverboten unterliegen.

[13] Zur Rechtsstellung des Zeugen vgl. BVerfGE 38, 104, 114.

[14] Der Bundesgerichtshof hat bereits in einer Entscheidung vom 20. 3. 1968 (BGHZ 50, 133) aus der verfassungsrechtlichen Wertordnung des Grundgesetzes, insbesondere dessen Art. 1 und 2, eine Schutzgarantie für die Menschenwürde hergeleitet, die auch nach dem Tode „antastbar", mithin schutzbedürftig bleibe und deshalb für Verstorbene nicht entfalle, vielmehr – wenn auch in eingeschränkter und veränderter Form – fortbestehe.

Dabei ist jedoch Zurückhaltung geboten; im Zweifel hat der Schutz menschlichen Lebens Vorrang vor persönlichen Überlegungen des Arztes, eines Angehörigen oder einer anderen beteiligten Person. (3. Leitsatz)

III. Der Gleichheitssatz
(Art. 3 Abs. 1 GG)

Der Bundesgerichtshof hat die vom Bundesverfassungsgericht entwickelten Formeln zu Art. 3 Abs. 1 GG[15] übernommen[16] und auch in der Berichtszeit fallweise angewandt. Zu eigener dogmatischer Weiterentwicklung ist es nicht gekommen. Rügen von Verstößen gegen Art. 3 Abs. 1 GG werden insbesondere bei Verfassungsbeschwerden an die Rügen anderer Grundrechtsverstöße angehängt (z. B. Art. 12, 14 oder 20 Abs. 3 GG), ohne daß sie näher begründet werden. Es wird davon abgesehen, Entscheidungen hier anzuführen, in denen eine Verletzung des Art. 3 Abs. 1 GG ohne nähere Begründung verneint worden ist.

1. *Entscheidungen der Zivilsenate des Bundesgerichtshofes*

In Übereinstimmung mit dem Bundesverfassungsgericht[17] hat der IV a-Zivilsenat in einem Urteil vom 1. 10. 1986 – BGHZ 98, 295, 299 – ausgeführt: Im Bereich des Rechtsschutzes gebietet es der allgemeine Gleichheitssatz (Art. 3 Abs. 1 GG) in Verbindung mit dem Sozialstaatsprinzip (Art. 20 Abs. 1 GG), die prozessuale Stellung von Bemittelten und Unbemittelten weitgehend anzugleichen. Der unbemittelten Partei darf daher die Rechtsverfolgung und -verteidigung nicht unverhältnismäßig erschwert werden.[18]

Nach BGHZ 98, 375 verletzt es den Gleichheitssatz nicht, wenn der ein Landgut übernehmende Erbe durch die Bewertung des Landgutes zum Ertragswert besser behandelt wird als die weichenden Erben oder Pflichtteilberechtigten. Das gilt indessen nur solange, als im Einzelfalle davon ausgegangen werden kann, daß der Gesetzeszweck, nämlich die Erhaltung eines leistungsfähigen landwirtschaftlichen Betriebs in der Hand einer der vom Gesetz begünstigten Personen, erreicht werden wird. Dies ist auch dann verfassungsrechtlich unbedenklich, wenn es sich um eine landwirtschaftliche Nebenerwerbsstelle handelt (BGHZ 101, 57, 63 f.).

Die Regelung, daß bayerische Notariatsassessoren mit anrechenbaren Wehr- und Ersatzdienstzeiten bei der Bewerbung um eine freie Notarstelle in einen früheren Prüfungsjahrgang „vorgestuft" werden können, verstößt nicht gegen Art. 3 Abs. 1 GG, weil die Verschiedenheit der Sachverhalte, die sich aus der zeitlichen Verschiebung der Ausbildung gegenüber anderen Notarbewerbern ergibt, eine begrenzte unterschiedliche Behandlung bei der Zulassung gestattet. Sie verletzt auch nicht Art. 3 Abs. 2 GG

---

[15] Vgl. BVerfGE 1, 14, 52 – Südweststaat – 22, 387, 415; 52, 277, 280; 55, 72, 88 ff.; 88, 5, 12.
[16] Vgl. z. B. BGHSt 24, 23.
[17] Siehe BVerfGE 9, 124, 131; 10, 264, 270.
[18] BVerfGE 2, 336, 340; 9, 124, 130/131.

(in Verbindung mit Abs. 3 GG). Diese Vorschrift verbietet nur, (allein) aus dem Geschlechtsunterschied einen Grund für einen unterschiedliche rechtliche Behandlung herzuleiten. Der Bewerber wird aber gegenüber einer weiblichen Mitbewerberin nicht seines Geschlechtes wegen bevorzugt, sondern weil er – anders als sie – Wehrdienst geleistet hat. Diesen Vorzug hat er gegenüber „ungedienten" Konkurrenten unabhängig davon, ob sie Mann oder Frau sind (BGHZ 102, 6, 10).

Der Gleichbehandlungsgrundsatz bindet die öffentliche Hand grundsätzlich auch dort, wo sie sich zur Erfüllung ihr obliegender Aufgaben privatrechtlicher Formen bedient (BGHZ 103, 175, 183).

Zum Gebot der Wahlrechtsgleichheit äußerte sich der II. Zivilsenat in seinem Urteil vom 28. 11. 1988 wie folgt: Der Grundsatz der Gleichheit der Wahl bedeutet, daß alle Wähler unabhängig von Bildung, Religion, Rasse oder ähnlichen sachfremden Merkmalen gleichzubehandeln sind und jede abgegebene Stimme den gleichen Zählwert – bei Anwendung des Verhältniswahlrechts auch den gleichen Erfolgswert – haben muß.[19] Die Entscheidung, innerhalb welchen Wahlsystems die Gleichheit verwirklicht werden soll, steht jedoch auch hier dem zur Normsetzung berufenen Organ zu (BGHZ 106, 67, 75).[20]

Es seien noch einige Entscheidungen angeführt, in denen kein Verstoß gegen Art. 3 Abs. 1 GG festgestellt wurde:

BGHZ 108, 342: Ein Verstoß gegen Art. 3 Abs. 1 GG zum Nachteil deutscher Rechtsanwälte liegt nach der gebotenen Berücksichtigung ihrer gesamten Rechtsstellung nicht darin, daß ihnen im Inland nicht alle Befugnisse zustehen, die Rechtsanwälte aus anderen EG-Mitgliedstaaten im Rahmen des gemeinschaftsrechtlich zulässigen freien Dienstleistungsverkehrs haben.

BGHZ 114, 393: Die Anwendung des Abzahlungsgesetzes auf Ratenkaufverträge zwischen Nichtkaufleuten verstößt nicht gegen Art. 3 Abs. 1 GG.

BGHZ 117, 8: § 114 a ZVG (Wertgrenze bei Zwangsversteigerung) ist mit Art. 3 Abs. 1 GG vereinbar.

BGHZ 115, 347: § 40 Abs. 2 Satz 1 VVG, wonach dem Versicherer die gesamte Prämie der laufenden Versicherungsperiode gebührt, wenn das Versicherungsverhältnis wegen Zahlungsverzuges gekündigt wird, verstößt nicht gegen Art. 3 Abs. 1 GG.

BGHZ 116, 360: Der Grundsatz der Gleichbehandlung im Gesellschaftsrecht verbietet eine willkürliche, sachlich nicht gerechtfertigte unterschiedliche Behandlung der Gesellschafter. Eine Abfindungsklausel, nach der den Gesellschaftern ein Abfindungsanspruch zusteht, dessen Höhe sich aus dem Nennwert des Geschäftsanteils und einem nach Jahren der Gesellschaftszugehörigkeit bemessenen, nach größeren Zeitabschnitten gestaffelten, durch einen Höchstbetrag begrenzten Betrag errechnet, verletzt diesen Grundsatz nicht.

BGHZ 128, 210, 216: Die Bindung an den allgemeinen Gleichheitssatz (Art. 3 Abs. 1 GG) steht grundsätzlich der freien Wahl des Gesetzgebers unter den Sachverhalten, an die er dieselbe Rechtsfolge knüpft, die er also im Rechtssinn als gleich ansehen will, nicht entgegen.[21] Sein Spielraum endet erst dort, wo die ungleiche Behand-

---

[19] Siehe BVerfGE 1, 209, 244; 7, 63, 70; 13, 243, 246.
[20] Vgl. BVerfGE 6, 84, 89; 11, 351, 360.
[21] Siehe BVerfGE 1, 14, 52; 89, 132, 142.

lung der geregelten Sachverhalte nicht mehr mit einer am Gerechtigkeitsgedanken orientierten Betrachtungsweise vereinbar ist, wo mithin ein sachlicher Grund für die Differenzierung fehlt[22]. Als in diesem Sinne wilkürlich verworfen kann eine Regelung erst werden, wenn ihre Unsachlichkeit evident ist.[23] Diese Grenze überschritt das Hemmnisbeseitigungsgesetz nicht dadurch, daß es den Herausgabeanspruch auf bestimmte Erträge beschränkte. Es verblieb vielmehr innerhalb eines bereits im Einigungsvertrag angelegten Ordnungssystems.

2. Entscheidungen der Strafsenate des Bundesgerichtshofs

Zur Vollstreckungshilfe im Ausland (hier Türkei) hat der 4. Strafsenat des Bundesgerichtshofs in einem Beschluß vom 10. 10. 1995 (BGHSt 33, 329, 334) ausgeführt: Die Einschränkung der Möglichkeit, das Vollstreckungsersuchen zurückzunehmen oder zu beschränken, ist mit Art. 3 Abs. 1 GG unvereinbar, wenn sie den Verurteilten, gegen den die Strafe in dem ersuchten Staat vollstreckt wird, im Gegensatz zu dem Verurteilten, der die Strafe im Inland verbüßt, von der – nach § 57 Abs. 1 StGB sogar zwingend vorgeschriebenen – Rechtswohltat der Strafaussetzung ausschließt.

Der Senat für Anwaltsachen beim Bundesgerichtshof hat in einem Urteil vom 26. Mai 1986 (BGHSt 34, 85, 88) ausgeführt: Trotz einiger Unterschiede zwischen Hochschul- und Fachhochschulausbildung der Ingenieure stehen erhebliche Gemeinsamkeiten dem gegenüber. Beide führen zu einem berufsqualifizierenden Abschluß; das Studium soll die Studenten beider Ausbildungsgänge in die Lage versetzen, aufgrund der ihnen vermittelten wissenschaftlichen Erkenntnisse den Ingenieurberuf auszuüben. Diese Gemeinsamkeiten und Gleichgewichtigkeiten der Studiengänge sind so bedeutsam, daß der Gesetzgeber des Landes Nordrhein-Westfalen ohne Verstoß gegen Verfassungsgrundsätze[24] den einheitlichen Grad „Diplom-Ingenieur" als Abschluß beider Studiengänge vorgesehen hat. Bei dieser Sachlage würde es einen Verstoß gegen Art. 3 Abs. 1 GG darstellen, wenn das Standesrecht der Rechtsanwälte die Berechtigung zur Titelführung in der Weise unterschiedlich regeln würde, daß er sie bei Universitäts- und Hochschuldiplomen gestatten und bei Fachhochschuldiplomen verweigern würde.

Die Verteidigung hatte in einem Strafverfahren geltend gemacht, die Verwertung der Vernehmung des Beschuldigten, die unter der Geltung der StPO-DDR ohne Belehrung über das Recht, nicht zur Sache auszusagen, stattgefunden habe, verstoße gegen Art. 3 Abs. 1 GG, weil ein Beschuldigter in der Bundesrepublik in der gleichen Lage sich mit Erfolg auf ein Verwertungsverbot berufen könnte.[23] Ein Verstoß gegen den Gleichheitsgrundsatz liegt jedoch nach BGHSt 38, 263, 271 nicht vor, weil es sich um unterschiedliche Sachverhalte handle. Das gegen die Angeklagten geführte Verfahren werde maßgeblich davon bestimmt, daß es nach dem Recht der DDR begonnen habe und nach dem Einigungsvertrag fortgesetzt werden mußte. Die Gegebenheiten einer solchen Fortführung im Rahmen des Einigungsprozesses sprächen dafür,

---

[22] BVerfGE 9, 334, 337; 81, 156, 206.
[23] BVerfGE 12, 326, 333; 55, 72, 90.
[24] BVerfGE 55, 261, 270.

daß die vor dem Beitritt vorgenommenen Verfahrenshandlungen verwertet werden können, soweit sie mit rechtsstaatlichen Grundsätzen vereinbar waren.

Nach BGHSt 38, 344 verletzt das Gesetz auch nicht Art. 3 Abs. 1 GG, wenn es die Verbreitung von Cannabisprodukten (Haschisch) unter Strafe stellt, den Mißbrauch von Alkohol und Nikotin dagegen nicht.

Nach der Wiedervereinigung galten in der Bundesrepublik Deutschland vorübergehend die §§ 175 und 149 StGB-DDR nebeneinander. Diese unterschiedliche strafrechtliche Beurteilung gleichartiger Taten verstieß im damaligen Zeitpunkt nicht gegen den Gleichheitsgrundsatz des Grundgesetzes. Sie war die Folge einer beitrittsbedingten Übergangsregelung mit vorübergehendem Geltungsanspruch. Es ist nicht sachfremd und damit nicht willkürlich, daß durch den Einigungsvertrag dem Gesetzgeber Gelegenheit gegeben worden ist, innerhalb einer angemessenen Frist eine einheitliche Regelung für ganz Deutschland vorzubereiten (BGHSt 40, 64, 65).

IV. Die Meinungs-, Presse- und Rundfunkfreiheit, Freiheit der Kunst und Wissenschaft
(Art. 5 Abs. 1 und Abs. 3 GG)

1. Entscheidungen der Zivilsenate des Bundesgerichtshofs

BGHZ 92, 152, 162: Die besondere Stellung der Rundfunkanstalten im Gefüge der Staats- und Verwaltungsorganisation ist Ausdruck ihres durch Art. 5 GG geprägten öffentlich-rechtlichen Aufgabenkreises. Der Status der Rundfunkanstalten als Anstalten des öffentlichen Rechts mit der sich daraus ergebenden Folge ihrer Einbeziehung in den Kreis der öffentlich-rechtlichen Versorgungsträger im Sinne von § 1 Abs. 3 des Gesetzes zur Regelung von Härten im Versorgungsausgleich (VAHRG) wird hierdurch nicht berührt.

In einem Urteil vom 22. 2. 1990 – BGHZ 110, 279, 287 – äußert sich der I. Zivilsenat des Bundesgerichtshofs zur Werbung im Fernsehprogramm. Nachdem das Gebot der Trennung von Werbung und Programm festgestellt ist, meint er weiter: Allerdings wäre es verfehlt, aus dem Grundsatz der Trennung von Werbung und Programm herzuleiten, daß jede werbliche Auswirkung einer Fernsehsendung das Trennungsgebot der Staatsverträge verletze. Die Grenzen zwischen dem, was vom Programmauftrag gedeckt, und dem was nach den Bestimmungen der Staatsverträge unzulässige Werbung ist, fließen. Bei ihrer Bestimmung ist zu beachten, daß die verfassungsrechtlich geschützte Rundfunkfreiheit (Art. 5 Abs. 1 Satz 2 GG) nicht durch ein zu weit gestecktes Verständnis des Trennungsgebots beeinträchtigt und die Erfüllung des Programmauftrages nicht über Gebühr eingeschränkt wird.

In einer Kartellverwaltungssache hat der Kartellsenat des Bundesgerichtshofs in einem Beschluß vom 14. 3. 1990 – BGHZ 110, 371 ff. betr. einen Programmbeschaffungsvertrag der Rundfunkanstalten zu der nach § 18 Abs. 1 Buchstabe b des Gesetzes gegen Wettbewerbsbeschränkungen vorzunehmenden Abwägung in Übereinstimmung mit der Rechtsprechung des Bundesverfassungsgerichts ausgeführt: Es muß auch berücksichtigt werden, daß sich die Rundfunkanstalten bei ihrer Tätigkeit auf den durch Art. 5 Abs. 1 Satz 2 GG gewährleisteten Schutz der Rundfunkfreiheit berufen können.[25] Dieser Schutz richtet sich gegen jede fremde Einflußnahme auf Auswahl, Inhalt und Ausgestaltung der Programme und umfaßt grundsätzlich jede Sendung.[26] Zur verfassungsrechtlich verbürgten Freiheit des Rundfunks gehört demgemäß auch der Schutz der Informations- und Programmbeschaffung.[27] Der Rundfunkfreiheit sind allerdings durch die allgemeinen Gesetze im Sinne des Art. 5 Abs. 2 GG, zu denen auch das Gesetz gegen Wettbewerbsbeschränkungen gehört, Schranken gezogen. Aber auch diese müssen ihrerseits im Lichte der Rundfunkfreiheit gesehen werden und sind aus der Erkenntnis der Bedeutung dieses Grundrechts im freiheitlichen demokratischen Staate auszulegen und so in ihrer das Grundrecht beschränkenden Wirkung selbst wieder einzuschränken[28].

Im Falle der Entscheidung BGHZ 112, 243, 252 ff. sind Streitgegenstand die archäologischen Forschungsmaterialien eines verstorbenen Universitätsprofessors, deren Herausgabe verlangt wird. Hierzu heißt es in dem Urteil: Die Rechtsstellung des Hochschullehrers wird wesentlich dadurch charakterisiert, daß er die seiner Universität jeweils obliegenden wissenschaftlichen Aufgaben durch Forschung und Lehre in seinem Fach selbständig wahrnimmt.[29] Land und Universität haben sicherzustellen, daß er seine wissenschaftliche Tätigkeit im Rahmen der durch Art. 5 Abs. 3 GG verfassungsrechtlich garantierten Freiheit von Forschung und Lehre ausüben kann. Aufgrund dieser besonderen Stellung des Hochschullehrers bleiben seine Forschungsmaterialien ungeachtet des Umstandes, daß er sie im Rahmen seines Dienstverhältnisses gefertigt hat, seine freie und eigenverantwortliche, ihm zuzurechnende wissenschaftliche Leistung. Lediglich seine bei den archäologischen Grabungen in Griechenland und in Deutschland geleistete Forschungsarbeit, die er in Ausübung seiner Dienstverpflichtung als Hochschullehrer erbrachte, sind auch unter Beachtung der Wissenschaftsfreiheit des Art. 5 Abs. 3 GG nicht seinem privaten Bereich zuzurechnen, zumal er ganz erhebliche Personal- und Sachmittel in Anspruch genommen hatte, die ihm im Rahmen des Universitätsbetriebs aus Steuergeldern oder von dritter Seite zur Verfügung gestellt worden waren.

2. *Entscheidungen der Strafsenate des Bundesgerichtshofs*

Nach BGHSt 33, 16, 18 weist auch das vom Gewicht und der Bedeutung der Meinungsäußerungsfreiheit bestimmte Spannungsverhältnis dieses Grundrechts zu den sie beschränkenden Gesetzen (Art. 5 Abs. 1, 2 GG), das zu deren einschränkender Auslegung im Lichte des Grundrechts nötigt, in die Richtung einer solchen Auslegung für die Beurteilung des Verbreitens von Texten nach § 129 a StGB (Bildung terroristischer Vereinigungen).

BGHSt 34, 218, 220 f.: Das Recht zu kritischen Äußerungen in Presseerzeugnissen

---

[25] Vgl. BVerfGE 31, 314, 321 f.

[26] BVerfGE 59, 231, 258.

[27] Vgl. BVerfGE 77, 65, 74.

[28] BVerfGE 7, 198, 208 ff.; 59, 231, 263 ff.; 74, 297, 336 f.; ständige Rechtsprechung.

[29] Vgl. grundlegend BVerfGE 35, 79, 126 f.; 47, 327, 388.

ist ein besonders wichtiger Bestandteil der allgemeinen Meinungsfreiheit.[30] § 5 Abs. 2 des Gesetzes über die Verbreitung jugendgefährdender Schriften (Ankündigung indizierter Schriften) ist danach im Lichte der Bedeutung des Grundrechts des Art. 5 Abs. 1 GG zu sehen und so auszulegen, daß der besondere Wertgehalt dieses Rechts, der in der freiheitlichen Demokratie zu einer grundsätzlichen Vermutung für die Freiheit des Wortes in allen Bereichen, namentlich aber im öffentlichen Leben führen muß, auf jeden Fall gewahrt bleibt.

Einem Beschluß des Ermittlungsrichters beim Bundesgerichtshof vom 20. 10. 1989 – BGHSt 36, 298 – sind folgende zwei Leitsätze vorangestellt:

1. Der Journalist muß selbstrecherchierte Tatsachen nicht offenbaren, wenn sie in einem untrennbaren Zusammenhang mit der ihm erteilten Information stehen und bei ihrer Bekanntgabe eine Enttarnung des Informanten möglich erscheint.

2. Das Zeugnisverweigerungsrecht des Journalisten erstreckt sich auch auf die Umstände, die mittelbar zur Enttarnung des Informanten führen können.

Gegenstand des Urteils des 1. Strafsenats vom 21. 6. 1990 – BGHSt 37, 55 ff. war das Buch „Opus Pistorum" von Henry Miller. Die Bundesprüfstelle für jugendgefährdende Schriften hat 1988 das vom Rowohlt Verlag herausgegebene Taschenbuch „Opus Pistorum" in die Liste der jugendgefährdenden Schriften aufgenommen. Das Landgericht hat den Angeklagten, Geschäftsführer eines Buchverlags, der das Buch vertrieb, von dem Vorwurf der Verbreitung pornographischer Schriften (§ 184 Abs. 1 Nr. 2 und 3 StGB in Tateinheit mit einem Verstoß gegen § 3 Abs. 1 Nr. 2, § 4 Abs. 1 Nr. 3, § 6 des Gesetzes über die Verbreitung jugendgefährdender Schriften) freigesprochen. Kernstück der Begründung ist die sogenannte Exklusivitätsthese, d.h. daß die Begriffe Kunst und Pornographie einander ausschließen, wobei das Landgericht den Kunstcharakter des Werkes bejahte. Dagegen legte die Staatsanwaltschaft Revision ein, die jedoch im Ergebnis keinen Erfolg hatte, da das Landgericht ohne Rechtsirrtum angenommen habe, daß gegen den Angeklagten aus subjektiven Gründen kein Schuldvorwurf zu erheben sei. Jedoch begegnen nach Ansicht des Senats die Ausführungen des Landgerichts zur objektiven Tatseite in mehrfacher Hinsicht Bedenken. Das Urteil leide vor allem an dem Mangel, daß es den Belangen des Jugendschutzes nicht genügend Beachtung schenke. Dazu werden folgende Grundsätze aufgestellt:

a) Pornographie und Kunst schließen einander begrifflich nicht aus.

b) Jugendschutz ist ein Rechtsgut mit Verfassungsrang.

c) Der Konflikt zwischen Kunstfreiheit und Jugendschutz kann nur durch eine einzelfallbezogene Abwägung gelöst werden. Dabei kommt keinem der beiden Verfassungsgüter von vornherein Vorrang vor dem jeweils anderen zu.

Damit wurde dem vom Bundesverwaltungsgericht in BVerwGE 23, 104, 110 aufgestellten Grundsatz „Kunst geht vor Jugendschutz", der auf vielfältige Kritik gestoßen war, entgegen getreten. Allerdings hatte schon das Bundesverfassungsgericht im Jahre 1971 in der Mephisto-Entscheidung auf die verfassungsimmanenten Schranken der Kunstfreiheit hingewiesen.[31] Auch das Bundesverwaltungsgericht gab seine Meinung auf[32]. Den Umschwung brachten die Entscheidungen des Bundesverwaltungs-

---

[30] Vgl. BVerfGE 10, 118, 121; 12, 114, 125; 30, 336, 353.
[31] BVerfGE 30, 173, 193 ff.; vgl. ferner BVerfGE 67, 213, 228; 75, 369, 376; 77, 240, 253 ff.
[32] BVerwGE 77, 75, 82.

gerichts vom 3. März 1987 – „Der stählerne Traum"[33] und Roman „Josefine Mutzen-bacher"[34].

V. Ehe und Familie
(Art. 6 GG)

BGHZ 97, 304, 306 f. enthält zwei grundsätzliche Aussagen:

a) Ehegatten können die Scheidung ihrer Ehe nicht ausschließen. Hingegen kann ein Ehegatte auf sein Scheidungsrecht verzichten, mit der Folge, daß es erlischt, soweit es erwachsen ist, aber neu entsteht, wenn einer der im Gesetz vorgesehenen Schei-dungstatbestände aufgrund einer neuen Tatsachenlage erfüllt wird.

b) Zu dem der Verfassung zugrundeliegenden Bild der „verweltlichten" bürgerli-chen Ehe gehört es, daß die Ehegatten unter den vom Gesetz normierten Vorausset-zungen geschieden werden können. Demgemäß gewährleistet Art. 6 Abs. 1 GG ih-nen das Recht, nach Eintritt der die Scheidung rechtfertigenden Voraussetzungen ge-schieden zu werden und damit ihre Eheschließungsfreiheit wiederzuerlangen.

Nach BGHZ 109, 306 wirkt das verfassungsrechtliche Übermaßverbot auch in das Zivilrecht hinein. Es läßt eine Entziehung des Pflichtteils ohne konkrete Abwägung der Vorwürfe gegen den Abkömmling mit dem Gewicht der Pflichtteilsentziehung nicht zu.

Das Urteil des V. Zivilsenats vom 28. 9. 1990 – BGHZ 112, 259 betrifft die nicht-ehelichen Lebensgemeinschaften. Danach gebietet der Schutz von Ehe und Familie nicht, die Rückforderung einer nicht sittenwidrigen Zuwendung an den Partner ei-ner nichtehelichen Lebensgemeinschaft nach deren Scheitern deshalb schlechthin auszuschließen, weil der Zuwendungsempfänger noch verheiratet ist.

BGHZ 102, 257: Das Familienprivileg des § 116 Abs. 6 SGB X[35] erstreckt sich nicht auf die Partner einer eheähnlichen Lebensgemeinschaft; denn die Partner einer ehe-ähnlichen Lebensgemeinschaft sind nicht Familienangehörige.

Nach BGHZ 121, 116, 126 tritt der überlebende Partner einer eheähnlichen Ge-meinschaft in entsprechender Anwendung des § 569 a Abs. 2 Satz 1 BGB in den Miet-vertrag des verstorbenen Mieters ein. Gegen die analoge Anwendung des § 569 a Abs. 2 BGB auf den überlebenden Partner einer solchen Gemeinschaft beständen kei-ne verfassungsrechtlichen Bedenken. Weder gebiete Art. 6 Abs. 1 GG, die Führung solcher Partnerschaften durch den Ausschluß von der Nachfolgemöglichkeit zu er-schweren, noch werde die Dispositionsfreiheit des Vermieters in einem die Eigen-tumsgewährleistung berührendem Maße beeinträchtigt.

Hingegen ist nach BGHSt 34, 250 eine Ersatzzustellung nach § 37 Abs. 1 StPO, § 181 Abs. 1 erste Alternative ZPO an den Lebensgefährten, der allein mit diesem in eheähnlicher Gemeinschaft zusammenlebt, unwirksam. Bei dieser Beurteilung werde nicht übersehen, daß sich die soziologischen Verhältnisse in der Zeit seit der Entste-hung der ZPO verändert hätten und insbesondere in jüngster Zeit die Zahl der unver-

---

[33] BVerwGE 77, 75.

[34] NJW 1987, 1435.

[35] SGB X = Sozialgesetzbuch – Verwaltungsverfahren – vom 18. 8. 1980 (BGBl. I 1469, III 860-10-1/2; der § 116 Abs. 6 regelt einen Anspruchsübergang).

heiratet zusammenlebenden Paare erheblich zugenommen hätten. Die Grundsätze der Rechtssicherheit und Rechtsklarheit verlangten jedoch wegen der zuweilen schwerwiegenden Folgen einer – als wirksam angenommenen – Ersatzzustellung, auf für den Zusteller eindeutige, äußerlich erkennbare Kriterien abzustellen. Fehlen diese, erscheine es nicht vertretbar, dennoch eine Ersatzzustellung zuzulassen.

VI. Freiheit der Berufswahl und der Berufsausübung
(Art. 12 Abs. 1 GG)

Auch in dieser Berichtszeit sind wieder mehrere Entscheidungen zu Art. 12 GG auf dem Gebiete des Rechtsanwalts- und Notarrechts ergangen. Bei der Auslegung und Anwendung des Art. 12 Abs. 1 GG folgt der Bundesgerichtshof im wesentlichen den Grundlinien, die das Bundesverfassungsgericht auf der Basis der Stufentheorie des Apothekenurteils (BVerfGE 7, 377) in seiner umfangreichen Rechtsprechung entwickelt hat.[36]

Zu Zulässigkeit der Kündigung einer Rechtsanwalts-Sozietät, wenn der Sozius sich um ein Mandat als Landtagsabgeordneter bewirbt oder dieses ausübt, hat der III. Zivilsenat im Urteil vom 2. 5. 1985 – BGHZ 94, 248, 256 ausgeführt: Der Mandatsschutz des Bewerbers oder Abgeordneten steht zum Grundrecht der Berufsfreiheit seines Vertragspartners in einem Spannungsverhältnis. Der Ausgleich beider verfassungsmäßig gewährten Rechte hat nach Maßgabe des Grundsatzes der Verhältnismäßigkeit in möglichst schonender Weise zu erfolgen.

Zur Unvereinbarkeit einer Tätigkeit als Angestellter des Allgemeinen Studentenausschusses einer Universität mit der Stellung eines Rechtsanwalts sagt BGHZ 97, 204, 208: Zwar umfaßt die Berufsfreiheit auch das Recht, mehrere Berufe zu wählen und gleichzeitig nebeneinander auszuüben. Ein unter Beachtung des Grundsatzes der Verhältnismäßigkeit gesetztes gesetzliches Hindernis für die Zuwahl eines weiteren Berufes ist jedoch zulässig, wenn das Berufsbild eines der beiden Berufe zum Schutze besonders wichtiger Gemeinschaftsinteressen im Rahmen der staatlichen Kompetenz zur Festlegung von Berufsbildern so gestaltet ist, daß die gleichzeitige Ausübung beider Berufe damit nicht vereinbar ist[37].

Nach BGHZ 109, 163, 169 verletzt die amtspflichtige Verweigerung der Beiordnung im Prozeßkostenhilfeverfahren den Rechtsanwalt nicht in seinem Recht auf freie Berufsausübung (Art. 12 Abs. 1 GG).

BGHZ 109, 260, 268 f.: Die Schweigepflicht des Rechtsanwalts steht der Erfüllung von Herausgabepflichten (betr. Akten) sowie von Auskunfts- und Rechenschaftspflichten gegenüber seinem Mandanten grundsätzlich nicht entgegen. Ein unmittelbar in den Schutzbereich des Art. 12 GG fallendes Geheimhaltungsinteresse des Anwalts gegenüber seinem Auftraggeber kann allerdings bei solchen Unterlagen gegeben

---

[36] Siehe das Nachschlagewerk der Rechtsprechung des Bundesverfassungsgerichts, hrsgg. vom Bundesverfassungsgericht, Stichwort Art. 12 Abs. 1 GG – Berufsfreiheit.

[37] So auch BVerfGE 21, 173, 181.

sein, die höchstpersönliche Wahrnehmungen des Anwalts oder vertrauliche „Hintergrundinformationen" betreffen.

Gemäß BGHZ 111, 339, 342 f. bestehen keine verfassungsrechtlichen Bedenken gegen den Anwaltszwang und das Prinzip der Lokalisierung. Beides führt auch im Blick auf die durch das europäische Gemeinschaftsrecht gewährleistete Niederlassungsfreiheit nicht zu einer willkürlichen Benachteiligung inländischer Anwälte gegenüber Anwälten aus anderen Mitgliedstaaten, die von ihrem Recht Gebrauch machen, vor Gerichten der Bundesrepublik Deutschland aufzutreten.

Im Einklang mit der vom Bundesverfassungsgericht vorgenommenen Abgrenzung der Grundrechte aus Art. 14 Abs. 1 GG und Art. 12 Abs. 1 GG[38], hat der III. Zivilsenat in seinem Urteil vom 7. 6. 1990 – BGHZ 111, 349, 357 f. klargestellt: Greift ein Akt öffentlicher Gewalt eher in die individuelle Erwerbs- und Leistungsfähigkeit ein, so ist der Schutzbereich des Art. 12 Abs. 1 GG berührt, begrenzt er mehr die Innehabung und Verwendung vorhandener Vermögensgüter, so kommt der Schutz des Art. 14 GG in Betracht.

Zum Verbot anwaltlicher Werbung wird in der Entscheidung BGHSt 37, 69, 72 ausgeführt: Jede Bestimmung des Inhalts und der Reichweite des berufsrechtlichen Werbeverbots muß im Auge behalten, daß es sich um eine Berufsausübungsregelung handelt, die im Lichte des Art. 12 Abs. 1 GG ausgelegt werden muß und die deshalb den aus dieser Verfassungsvorschrift folgenden materiellen Anforderungen genügen muß, wie sie das Bundesverfassungsgericht in ständiger Rechtsprechung entwickelt hat[39].

BGHSt 38, 12: Beschränkungen der Rechte des Rechtsanwalts und Eingriffe in seine Stellung als Verteidiger bedürfen einer gesetzlichen Legitimation, die sich klar erkennen und zweifelsfrei feststellen läßt.

BGHZ 39, 281: Eine Ausschließung des Steuerberaters aus dem Beruf setzt eine Gefahr für die Rechtspflege voraus.

VII. Die Eigentumsgarantie
(Art. 14 GG)

Auch in diesem Berichtsraum nehmen die Entscheidungen zu Art. 14 GG in der Rechtsprechung des Bundesgerichtshofs zum Grundgesetz den größten Teil ein.

1. Zum Eigentumsbegriff

BGHZ 94, 77, 82: Der Bestandsschutz, der aus Art. 14 Abs. 1 GG hergeleitet wird und seine Rechtfertigung in der verfassungsrechtlich gebotenen Sicherung des durch die Eigentumsausübung Geschaffenen findet, besteht darin, daß eine rechtmäßig errichtete bauliche Anlage rechtmäßig bleibt, auch wenn das maßgebliche Recht sich später ändert und die Anlage dem geänderten Recht nicht mehr entspricht.

---

[38] Siehe BVerfGE 30, 292, 334/335 – „Erdölbevorratung" m. w. Nachw.
[39] Vgl. BVerfGE 76, 196, 207.

Nach BGHZ 98, 341, 351 genießt der eingerichtete und ausgeübte Gewerbebetrieb zwar den Schutz des Art. 14 Abs. 1 Satz 1 GG. Diese Vorschrift vermittelt jedoch nur Bestandsschutz, nicht Erwerbschutz. Daher erstreckt sich die geschützte Rechtsposition des Inhabers eines Gewerbebetriebs nicht auf künftige Chancen und Erwerbsmöglichkeiten. Das gilt auch für beabsichtigte Betriebserweiterungen.

BGHZ 99, 24, 34 f.: Das durch Art. 14 Abs. 1 Satz 1 GG gewährleistete Eigentum ist in seinem rechtlichen Gehalt durch Privatnützigkeit und grundsätzliche Verfügungsbefugnis des Eigentümers über den Eigentumsgegenstand gekennzeichnet.[40] Es soll ihm als Grundlage privater Initiative und im eigenverantwortlichen Interesse von Nutzen sein.

Nach BGHZ 108, 147, 153 sind auch privatrechtliche Ansprüche als Eigentum im Sinne des Art. 14 Abs. 1 Satz 1 GG anzusehen.[41] Dabei hat der rechtsstaatliche Grundsatz des Vertrauensschutzes für die vermögenswerten Güter im Eigentumsgrundrecht eine eigene Ausprägung und verfassungsrechtliche Ordnung erfahren.[42]

BGHZ 110, 148, 149: Das Eigentum des Bundes an den Bundeswasserstraßen ist als Eigentum des bürgerlichen Rechts zu verstehen.

BGHZ 111, 349, 357: Dem Eigentum kommt im Gefüge der Grundrechte die Aufgabe zu, dem Träger des Grundrechts einen Freiheitsraum im vermögensrechtlichen Bereich sicherzustellen und ihm damit eine eigenverantwortliche Gestaltung des Lebens zu ermöglichen.

BGHZ 117, 287, 291 f.: Das Umlegungsverfahren beruht auf dem Surrogationsprinzip, kraft dessen das Eigentum an dem alten Grundstück nicht etwa unterging, sondern lediglich dem Eigentumsrecht an dem früheren Grundstück ein neues, „verwandeltes" Objekt „untergeschoben" wurde, an dem sich die früheren Eigentumsverhältnisse ungebrochen fortsetzen.

BGHZ 120, 61, 66 f.: Es verstößt weder gegen Art. 14 GG noch gegen Art. 3 Abs. 1 GG, daß die Mitglieder einer landwirtschaftlichen Produktionsgenossenschaft (LPG) im Gesamtvollstreckungsverfahren mit dem eingebrachten Vermögen haften.

2. Inhaltsbestimmung und Sozialbindung des Eigentums

BGHZ 93, 103, 110 ff.: Das Bundesbaugesetz regelt Umlegung als Inhaltsbestimmung des Eigentums gemäß Art. 14 Absatz 1 GG, nicht als Enteignung.

BGHZ 94, 373, 377: Es besteht keine Entschädigungspflicht des Staates, wenn die Inbetriebnahme einer dem überörtlichen Verkehr dienenden Flußbrücke dazu führt, daß ein 3 km entfernter Fährbetrieb zum Erliegen kommt. Eine solche günstige „Anbindung" einer Fähre an das Verkehrsnetz ist ein bloßer Lagevorteil, der nicht durch Art. 14 Abs. 1 GG geschützt wird. Es handelt sich hier vielmehr um eine tatsächliche Chance im „Umfeld" der Fährgerechtigkeit, an die sie anknüpft, die aber nicht zum Inhalt der durch sie vermittelten Rechtsposition gehört.

BGHZ 97, 361, 368 f.: Nachteile, die dem Eigentümer auch bei einer zulässigen

---

[40] BVerfGE 52, 1, 30; BGHZ 80, 111, 115.
[41] BVerfGE 42, 263, 293.
[42] BVerfGE 31, 275, 293; 36, 281, 293; 45, 142, 148; 64, 87, 104.

(verkehrsplanerischen) Inhaltsbestimmung des Eigentums auferlegt worden wären, können nicht entschädigt werden.

BGHZ 98, 85, 93: Jeder Teilnehmer einer Regelflurbereinigung muß sie als Ausfluß der Sozialbindung seines Eigentums entschädigungslos hinnehmen.

BGHZ 99, 24, 28: Inhalts- und schrankenbestimmende Vorschriften (Art. 14 Abs. 1 Satz 2 GG), die die durch die Verfassung gezogene Grenzen überschreiten, schlagen nicht in eine Enteignung um. Eine verfassungswidrige Inhaltsbestimmung kann nicht in eine Enteignung umgedeutet werden; der Verfassungsverstoß läßt sich nicht durch Zubilligung einer gesetzlich nicht vorgesehenen Entschädigung „heilen".

BGHZ 99, 262, 269: Gesetzliche Regelungen, die die umweltbelastende Nutzung von Eigentum verbieten oder beschränken, aktualisieren grundsätzlich die Sozialbindung und stellen eine zulässige Inhalts- und Schrankenbestimmung im Sinn von Art. 14 Abs. 1 Satz 2 GG dar.

BGHZ 100, 335, 338: Der Beschuldigte muß im Strafverfahren eine rechtmäßige Beschlagnahme entschädigungslos hinnehmen, weil die Verfahrensvorschriften, die bei verdächtigen Personen solche Zwangsmaßnahmen vorsehen, nur Inhalt und Schranken des Eigentums im Sinne des Art. 14 Abs. 1 Satz 2 bestimmen. Jedoch können Eigentumsnachteile, die durch eine rechtmäßige, staatliche Zwangsmaßnahme ausgelöst werden, dann ein entschädigungspflichtiges Sonderopfer darstellen, wenn sie in einem inneren Zusammenhang mit der hoheitlichen Maßnahme stehen. Dafür genügt aber nicht ein adäquater Kausalzusammenhang; das würde auf die Annahme einer allgemeinen Gefährdungshaftung der öffentlichen Hand hinauslaufen. Erforderlich ist vielmehr, daß sich eine besondere Gefahr verwirklicht, die bereits in der hoheitlichen Maßnahme selbst angelegt ist, so daß sich der im konkreten Fall eintretende Nachteil aus der Eigenart dieser Maßnahme ergibt.

BGHZ 102, 350, 360: Der Gesetzgeber kann im Rahmen der Inhalts- und Schrankenbestimmung des Eigentums durch Zubilligung von Ausgleichsleistungen die den Eigentümern auferlegte Belastung auf ein zumutbares Maß reduzieren und dadurch die sonst (im Falle einer übermäßigen und unverhältnismäßigen Beeinträchtigung) eintretende Folge der Verfassungswidrigkeit abwenden. Wenn sich aber keine einschlägige gesetzliche Vorschrift findet, ist es nicht zulässig, einen derartigen Ausgleichsanspruch kraft Richterrechts zu gewähren.

BGHZ 113, 139, 143: Das Baugesetzbuch regelt die Umlegung als Inhaltsbestimmung des Eigentums, nicht als Enteignung. Für die Enteignung ist u.a. kennzeichnend, daß der Enteignungsunternehmer ein dem Enteigneten gegenüber fremdes, selbständiges Interesse durchsetzt; die Umlegung dient, indem sie die plangerechte, zweckmäßige Nutzung der Grundstücke ermöglicht, zwar den Interessen der Allgemeinheit an der Nutzung des Bodens, zugleich aber auch den insoweit gleichgerichteten Interessen der Eigentümer. Angesichts der den Rechtscharakter der Umlegung als Inhaltsbestimmung des Eigentums prägenden Privatnützigkeit, welche die Umlegung als das notwendige Gegenstück zur Eigentumsgarantie des Grundgesetzes kennzeichnet, lassen sich unter dem Gesichtspunkt des Art. 14 GG keine durchgreifenden Bedenken gegen die Gültigkeit der gesetzlichen Bestimmungen über das Umlegungsverfahren (§§ 45 ff. Baugesetzbuch) herleiten.

Der III. Zivilsenat hat in einem Urteil vom 22.2.1992 – BGHZ 117, 236 – entschieden, daß ein nach § 567 BGB kündbares Mietrecht keine nach Art. 14 Abs. 1

Satz 2 GG geschützte Rechtsposition darstellt, die nur gegen Entschädigung entziehbar ist.

In derselben Entscheidung S. 237 äußert dieser Senat, daß Art. 14 GG nur konkrete subjektive Rechtspositionen schützt, die einem Rechtsträger bereits zustehen, nicht dagegen die Chancen und Aussichten, auf deren Verwirklichung ein rechtlich gesicherter Anspruch nicht besteht.

BGHZ 117, 240, 256: Die naturgegebene Lage eines Grundstückes durch seine Nähe zu einem Gewässer kann zu einer situationsgebundenen Belastung des Grundstückes führen. Darauf muß der Eigentümer bei der Ausübung seiner Befugnisse im Hinblick auf die Sozialbindung des Eigentums (Art. 14 Abs. 2 GG) Rücksicht nehmen. Die schadensanfällige Lage oder Beschaffenheit eines Grundstückes ist für den Anspruch auf Ersatz von Überschwemmungsschäden von Bedeutung.

BGHZ 120, 38, 43: Der Umfang des Baurechts ergibt sich aus den planerischen Festsetzungen in Verbindung mit den allgemeinen Gesetzen. Weiter reicht die durch die Eigentumsgarantie gewährleistete Rechtsposition nicht. Sie umfaßt grundsätzlich nicht die nur im Wege des Dispenses von den einschlägigen Festsetzungen und Bestimmungen zu erlangende Bebaubarkeit.

BGHZ 121, 73: Nutzungsbeschränkende Maßnahmen im Interesse des Denkmalschutzes, die nach § 31 des Denkmalschutzgesetzes Nordrhein-Westfalen einen Übernahmeanspruch des Eigentümers auslösen können, stellen keine Enteignung, sondern eine Inhaltsbestimmung des Eigentums dar.

Im Anschluß an die zuletzt genannte Entscheidung werden in BGHZ 121, 328 nutzungsbeschränkende Maßnahmen im Interesse des Naturschutzes, in BGHZ 123, 242 Landschaftsschutzmaßnahmen und in BGHZ 126, 379 naturschutzrechtliche Ausgleichsregelungen als Inhaltsbestimmungen des Eigentums nach Art. 14 Abs. 1 Satz 2 GG angesehen.

3. Enteignung, enteignender und enteignungsgleicher Eingriff

Das Bundesverfassungsgericht hat durch seinen Beschluß vom 15. 7. 1981 – BVerfGE 58, 300 – Naßauskiesung – der Jahrzehnte langen Rechtsprechung des Bundesgerichtshofs – insbesondere des III. Zivilsenats –, die beim enteignungsgleichen Eingriff einen Entschädigungsanspruch unmittelbar aus Art. 14 GG ableitete, den Boden entzogen. Unter Hinweis auf Art. 14 Abs. 3 Satz 2 GG entschied es, daß ohne eine vom Gesetzgeber geschaffene Anspruchsgrundlage die ordentlichen Gerichte keine Entschädigung zusprechen können (sine lege nulla peccunia). Der Bundesgerichtshof stand nun vor der Frage, ob er eine Entschädigung wegen enteignungsgleichen Eingriffs künftig noch zubilligen kann. Dabei war sich der III. Zivilsenat bewußt, daß eine solche Entschädigung nach dem Beschluß des Bundesverfassungsgerichts im Hinblick auf Art. 31 BVerfGG unmittelbar aus Art. 14 GG nicht mehr hergeleitet werden konnte.[43] Nach einigem Zögern erkannte er jedoch die Fortgeltung des Rechtsinstituts des „enteignenden Eingriffs" in einem Urteil vom 26. 1. 1984 (BGHZ 90, 17) ausdrücklich an. Er gründete es nunmehr als Aufopferungsanspruch auf die gewohn-

---

[43] Die Entwicklung wird in dem Bericht JöRNF 34 (1985) S. 688f. näher geschildert.

heitsrechtlich weitergeltenden, schon vom Reichsgericht[44] entwickelten Grundsätze zur entsprechenden Anwendung der §§ 74, 75 EinlPreußALR[45] für das gesamte Bundesgebiet. Der Bundesgerichtshof habe diese Rechtsprechung weitergeführt[46]. Der Aufopferungsgedanke in seiner richterlichrechtlich geprägten Ausformung biete eine hinreichende Anspruchsgrundlage, die dort zum Zuge komme, wo es sich nicht um eine Enteignung im Sinne von Art. 14 Abs. 3 GG handle. Dieses Rechtsinstitut wurde weiterentwickelt[47] und auch in dieser Berichtzeit bestätigt.

In dem Urteil des III. Zivilsenats vom 9. 10. 1986 – BGHZ 99, 24, 29 – heißt es: Diese beiden Haftungsinstitute (enteignungsgleiche und enteignende Eingriffe) hat der Senat wegen der Rechtsprechung des Bundesverfassungsgerichts von der Enteignung im Sinne des Art. 14 Abs. 3 GG „abgekoppelt". Er findet ihre Rechtsgrundlage im allgemeinen Aufopferungsgrundsatz der §§ 74, 75 EinlPreußALR.

In dem Urteil vom 10. 12. 1987 – BGHZ 102, 350, 357 – führt dieser Senat aus: Die öffentliche Hand haftet für die neuartigen Waldschäden den betroffenen Eigentümer auch nicht aus dem rechtlichen Gesichtspunkt des enteignungsgleichen oder des enteignenden Eingriffs (zum Fortbestand dieser Rechtsinstitute Senatsurteile BGHZ 90, 17 und BGHZ 91, 20). Beide Haftungsinstitute, die aus dem allgemeinen Aufopferungsgedanken der §§ 74, 75 EinlALR hergeleitet werden, setzen einen unmittelbaren hoheitlichen Eingriff in eine als Eigentum geschätzte Rechtsposition voraus.

In einem späteren Urteil des III. Zivilsenats vom 7. 6. 1990 – BGHZ 111, 349, 352 ff. ist zu lesen: Das richterrechtliche Haftungsinstitut des enteignungsgleichen Eingriffs wird aus dem allgemeinen Aufopferungsgedanken der §§ 74, 75 EinlALR hergeleitet. Es bildet eine geeignete Grundlage für eine Staatshaftung für rechtswidrige, untergesetzliche Normen (Rechtsverordnungen, Satzungen), die an eigenen, nicht auf ein Parlamentsgesetz zurückgehenden Nichtigkeitsgründen leiden. Ein enteignender Eingriff in einen Gewerbebetrieb als Eigentum im Sinne des Art. 14 GG liegt nur vor, wenn in die Substanz dieses Betriebs eingegriffen wird. Von einem Eingriff in die Substanz kann nicht gesprochen werden, wenn im Rahmen der die Produktionsverhältnisse regelnden Normen lediglich auf die Ausgestaltung eines einzelnen Produkts Einfluß genommen wird.

BGHZ 100, 136, 144 definiert den enteignenden Eingriff: Darunter versteht man eine an sich rechtmäßige hoheitliche Maßnahme, die bei einzelnen Betroffenen – zumeist atypischen und unvorhergesehenen – Nebenfolgen und Nachteilen führt, die die Schwelle des enteignungsrechtlich Zumutbaren überschreiten. Auf diese Definition wird in späteren Entscheidungen zurückgegriffen.[48]

BGHZ 117, 240, 252: Ein Entschädigungsanspruch aus enteignungsgleichem Eingriff setzt voraus, daß rechtswidrig in eine durch Art. 14 GG geschützte Rechtsposition von hoher Hand unmittelbar eingegriffen wird, die hoheitliche Maßnahme also

---

[44] RGZ 140, 276.

[45] EinlPreußALR = Einleitung zum „Allgemeinen Landrecht für die Preußischen Staaten" vom 5. Februar 1794.

[46] Vgl. BGHZ 6, 270, 275; BGH NJW 1957, S. 1595.

[47] BGHZ 90, 17, 29f. und 91, 20, 26.

[48] Z.B. BGHZ 117, 240, 252.

unmittelbar eine Beeinträchtigung herbei führt und dem Berechtigten dadurch ein besonderes, anderen nicht zugemutetes Opfer für die Allgemeinheit auferlegt wird.

Nach der ständigen Rechtsprechung des III. Zivilsenats steht dem Betroffenen aus dem Gesichtspunkt des enteignenden Eingriffs ein öffentlich-rechtlicher Anspruch auf Entschädigung zu, wenn Lärmimmissionen von hoher Hand, deren Zuführung nicht untersagt werden kann, sich als ein unmittelbarer Eingriff in nachbarliches Eigentum darstellen und die Grenze dessen überschreiten, was ein Nachbar nach § 906 BGB entschädigungslos hinnehmen muß. Dieser Entschädigungsanspruch besteht grundsätzlich in einem Geldausgleich für Schallschutzeinrichtungen. Eine Entschädigung für einen Minderwert des Grundstückes kommt erst in Betracht, wenn Schutzeinrichtungen keine wirksame Abhilfe versprechen oder unverhältnismäßige Aufwendungen erfordern. Der Entschädigungsanspruch setzt weiter voraus, wenn keine Enteignung von Grundeigentum erfolgt ist, daß die zugelassene Nutzung des lärmemittierenden Grundstücks die vorgegebene Grundstückssituation nachhaltig verändert und dadurch das benachbarte Wohneigentum schwer und unerträglich trifft. Als Beispiele seien hier angeführt für Straßenverkehrslärm BGHZ 97, 114, 117 und BGHZ 97, 361, 363 sowie für Fluglärm BGHZ 122, 76 und BGHZ 129, 124.

Zur Enteignung im Sinne des Art. 14 Abs. 3 GG wird in BGHZ 99, 24, 28 ausgeführt: Sie erfordert einen Eingriff in Form eines Rechtsaktes (Norm oder Verwaltungsakt). Dagegen kann eine Enteignung nicht durch einen hoheitlichen Realakt erfolgen. Die Enteignung ist eine zweckgerichtete (finale) Maßnahme. Sie ist auf die vollständige oder teilweise Entziehung konkreter subjektiver Rechtspositionen gerichtet, die durch Art. 14 Abs. 1 Satz 1 geschützt werden. Die Junktimklausel des Art. 3 Satz 2 GG gilt nur für Enteignungen. Sie findet auf enteignungsgleiche und enteignende Eingriffe keine Anwendung.

4. Die Enteignungsentschädigung

BGHZ 95, 28, 30 ff.: Nach einem allgemeinen Grundsatz des Entschädigungsrechts erhält der Betroffene grundsätzlich nicht nur eine Entschädigung für den Rechtsverlust (Substanzverlust), sondern im Rahmen des Angemessenen auch einen Ausgleich für sonstige auf der Enteignung beruhende Vermögensnachteile (sog. Folgeschäden). Voraussetzung hierfür ist allerdings, daß diese Nachteile nicht schon bei der Bemessung der Entschädigung für den Rechtsverlust berücksichtigt worden sind. Zu den Folgekosten gehören auch im allgemeinen die notwendigen Kosten einer enteignungsbedingten Verlegung eines Gewerbebetriebs. Im Rechtsstreit über die Höhe der Entschädigung haben die Zivilgerichte grundsätzlich auch die Vorfrage zu prüfen, ob ein enteignender Tatbestand (Enteignung, enteignungsgleicher oder enteignender Eingriff) vorliegt und eine Entschädigungspflicht dem Grunde nach vorliegt.

BGHZ 112, 392, 400: Ein Entschädigungsanspruch des Jagdpächters aus enteignendem Eingriff wegen Beeinträchtigung der Jagdausübung durch ein Manöver ist jedenfalls deshalb nicht gegeben, weil das Bundesleistungsgesetz eine ins einzelne gehende und abschließende Regelung hinsichtlich der Ersatzpflicht für Manöverschäden enthält.

Zur Bemessung der Enteignungsentschädigung wegen eines Eingriffs in ein ver-

pachtetes Jagdausübungsrecht, wenn die Abtretung einer Teilfläche für den Straßen-
bau dazu führt, daß der Restbesitz die Eigenschaft eines Eigenjagdbezirks einbüßt, es
dem Grundeigentümer jedoch gelingt, die Eigenjagd durch den Zukauf von Flächen
nachträglich wiederherzustellen, hat BGHZ 117, 309, 312f. entschieden: Maßgebend
für die Höhe der Entschädigung ist der Wert des betroffenen Objekts in dem Zeitpunkt, in dem die Enteignungsbehörde über den Enteignungsantrag entscheidet. Dies
gilt auch dann, wenn der Rechtsverlust ausgeglichen worden ist, bevor der Entschädi-
gungsverpflichtete die geschuldete Entschädigung gezahlt hat.

Zur Bemessung der Enteignungsentschädigung, wenn aus einem Wohngrundstück
mit parkähnlichem Garten eine Teilfläche abgetrennt worden ist, wird in der Entscheidung BGHZ 119, 62, 67 ausgeführt. Auch der Pflanzenbestand (eines Garten-
grundstücks) selbst fällt unmittelbar in den Schutzbereich des Art. 14 GG. Dies wird
besonders deutlich, wenn die Anlegung des Gartens auf einer individuellen wert-
schöpferischen Leistung des betroffenen Eigentümers beruht. Die Wertermittlung
kann daher nicht ohne eine Würdigung der konkreten Beschaffenheit und Substanz
des jeweils entzogenen Bewuchses vorgenommen werden.

VIII. Rechtsstaatsprinzip
(Art. 20 Abs. 3 GG)

BGHZ 113, 222, 227: Das Gesetz trägt dem im Rechtsstaatsprinzip enthaltenen
Gebot Rechnung, das ausschließt, an abgeschlossene Tatbestände ungünstigere Folgen zu knüpfen als sie im Zeitpunkt der Vollendung dieser Tatbestände vorsehbar
waren.[49]

BGHZ 105, 160, 164: Die Vorschrift des § 19 Abs. 2 Satz 2 der Bundespflegesatz-
verordnung über das rückwirkende Inkrafttreten der Krankenhauspflegesätze verstößt
gegen den Grundsatz der Gesetzmäßigkeit der Verwaltung, der seinerseits Ausfluß des
Rechtssatzprinzips ist. Sie ist deshalb unwirksam.

BGHSt 36, 210: Hat der Vorsitzende dem Verteidiger zugesichert, das Urteil werde
im Strafmaß nicht über den Antrag der Staatsanwaltschaft hinausgehen, so erwächst
ihm, wenn das Gericht eine höhere Strafe verhängen will, aus dem Gebot des fairen
Verfahrens die Pflicht, den Verteidiger auf diese Möglichkeit hinzuweisen.

BGHSt 36, 305: Der Grundsatz des fairen Verfahrens verpflichtet das Tatgericht,
dem Angeklagten und seinem Verteidiger Gelegenheit zur Kenntnis vom Ergebnis
verfahrensbezogener Ermittlungen zu geben, die es während, aber außerhalb der
Hauptverhandlung angestellt hat (hier: Telefonüberwachung). Das gilt auch dann,
wenn das Tatgericht dieses Ergebnis nicht für entscheidungserheblich hält.

Drei Entscheidungen BGHSt 38, 214, 220, 38, 263, 266 und 38, 302, 305 besagen,
daß die Anerkennung eines Schweigerechts des Beschuldigten notwendiger Bestandteil eines fairen Verfahrens ist.

BGHSt 38, 271: Verfahrensverhandlungen vor dem Beitritt der DDR können verwertet werden, soweit sie mit rechtsstaatlichen Grundsätzen vereinbar waren.

BGHSt 40, 211: Setzt die Polizei zur Aufklärung eines Mordes einen V-Mann im

---

[49] Sogenannte echte Rückwirkung, vgl. BVerfGE 13, 261, 270f.; 25, 142, 154f.; 31, 222, 225f.

Umfeld des Angeklagten ein, so ist die Zeugenaussage des V-Manns über Äußerungen von Angehörigen des Angeklagten auch dann verwertbar, wenn diese in der Hauptverhandlung von ihrem Zeugnisverweigerungsrecht Gebrauch machen.

IX. Parteien
(Art. 21 GG)

BGHZ 101, 193 ff.: Sieht die Satzung einer in der Rechtsform eines eingetragenen Vereins organisierten politischen Partei vor, daß die Mitgliedschaft erst mit der Aushändigung einer vom Kreisvorsitzenden und einem Beauftragten des Landesvorsitzenden unterschriebenen Mitgliedskarte rechtswirksam wird, so erwirbt ein Bewerber ohne Aushändigung dieser Karte auch dann weder die Mitgliedschaft noch einen Aufnahmeanspruch, wenn der nach der Satzung zuständige Kreisvorstand bereits seine Aufnahme beschlossen hat. Ein Aufnahmezwang einer politischen Partei besteht auch dann nicht, wenn der Bewerber die satzungsmäßigen Voraussetzungen für eine Aufnahme erfüllt.

In der Entscheidung BGHZ 106, 67, 74 äußert sich der II. Zivilsenat zur rechtlichen Zulässigkeit einer nach dem Mehrheitswahlrecht durchgeführten Listenwahl von Delegierten eines Ortsverbandes zum Kreisparteitag einer politischen Partei. Die Delegierten einer politischen Partei müssen nach demokratischen Prinzipien gewählt werden. Wenn auch auf diese Wahl Art. 38 Abs. 1 GG wegen ihres vereinsrechtlichen (und nicht staatsrechtlichen) Charakters nicht unmittelbar anzuwenden ist, so muß doch die Wahl nach Art. 21 Abs. 1 Satz 3 GG demokratisch sein; danach gelten die wesentlichen Wahlgrundsätze, wie sie in Art. 38 Abs. 1 GG enthalten sind, gleichermaßen für die Delegiertenwahl.

BGHZ 34, 272, 290: Im Zusammenhang mit der Erörterung des Betriebsausgabenbegriffs wird ausgeführt: Bei Zuwendungen an politische Parteien, die nach ihrem verfassungsrechtlichen Status (Art. 21 Abs. 1 GG, § 1 Abs. 1 PartG) und ihrem umfassenden, alle Bereiche des öffentlichen Lebens berührenden gesetzlichen Aufgabenkreis einem Unternehmer- oder Berufsverband nicht gleichgestellt werden können, reicht ein Zusammenhang nur mit den gegebenen politischen und wirtschaftlichen Verhältnissen und den daran anknüpfenden Zielen einer Partei nicht aus.

X. Staatshaftung bei Amtspflichtverletzungen
(Art. 34 GG)

BGHZ 96, 222, 227: Art. 34 GG begründet keine unmittelbare Staatshaftung. Er leitet die durch § 839 BGH begründete persönliche Haftung des Beamten auf den Staat über; § 839 BGB ist die haftungsbegründende Vorschrift, während Art. 34 GG die haftungsverlagernde Norm darstellt.

BGHZ 108, 230: Die ärztliche Behandlung von Soldaten durch Truppenärzte im Rahmen der gesetzlichen Heilfürsorge ist Wahrnehmung einer hoheitlichen Aufgabe und damit Ausübung eines öffentlichen Amtes.

Nach BGHZ 120, 176 sind jedoch Gesundheitsschäden, die ein Soldat bei einer truppenärztlichen Heilbehandlung erleidet, im Regelfall eine Wehrdienstbeschädigung im Sinne von § 81 Abs. 1 des Soldatenversorgungsgesetzes. Amtshaftungsansprüche, die wegen einer solchen Gesundheitsschädigung geltend gemacht werden, sind ausgeschlossen, es sei denn, daß die Wehrdienstbeschädigung durch eine vorsätzliche unerlaubte Handlung verursacht worden ist (§ 91 a Soldatenversorgungsgesetz).

BGHZ 103, 242, 249: Ein Beamter handelt grundsätzlich nicht schuldhaft, wenn ein mit mehreren Berufsrichtern besetztes Kollegialgericht ein rechtswidriges Verhalten des Beamten verneint.

Der III. Zivilsenat weist in mehreren Entscheidungen darauf hin, daß die Mitglieder des Gemeinderats bei der Beschlußfassung über einen Bebauungsplan als Beamte im haftungsrechtlichen Sinne tätig werden: BGHZ 106, 223, 330; 108, 224, 226; 109, 380, 388 und 110, 1, 8.

BGHZ 110, 253, 254: Als Ausübung eines öffentlichen Amtes im Sinne des § 839 BGB ist jede dienstliche Betätigung eines Amtsträgers einer mit der Wahrnehmung von Hoheitsrechten betrauten öffentlich-rechtlichen Körperschaft anzusehen, die sich nicht als Wahrnehmung bürgerlichrechtlicher (fiskalischer) Belange dieser Körperschaft darstellt.

Nach BGHZ 117, 83, 87 f. hat jeder Amtsträger die Pflicht, Auskünfte und Belehrungen richtig, klar, unmißverständlich, eindeutig und vollständig zu erteilen, so daß der um sie nachsuchende Bürger als Empfänger der Auskunft entsprechend disponieren kann. Das gilt auch und gerade für den Bereich des öffentlichen Baurechts.

BGHZ 118, 304: Die Ersatzpflicht für Schäden, die ein Zivildienstleistender in Ausübung des Ersatzdienstes Dritten zugefügt hat, ist regelmäßig auch dann nach Amtshaftungsgrundsätzen zu beurteilen, wenn die anerkannte Beschäftigungsstelle, in deren Dienst der Schädiger tätig geworden ist, privatrechtlich organisiert ist und privatrechtliche Aufgaben wahrnimmt. Haftende Körperschaft im Sinne des Art. 34 Satz 1 GG ist in solchen Fällen nicht die Beschäftigungsstelle, sondern die Bundesrepublik Deutschland.

XI. Gesetzlicher Richter
(Art. 101 Abs. 1 Satz 2 GG)

Der „gesetzliche Richter" wird als der Eckstein der rechtsstaatlichen Ordnung angesehen. So einfach der Wortlaut des Art. 101 Abs. 1 Satz 2 GG ist, so umstritten ist dessen Inhalt und Anwendung. Das Bundesverfassungsgericht hat in seinem Urteil vom 20. 3. 1956 (BVerfGE 4, 412) ausgeführt, die Schutzfunktion dieses Gebots erstrecke sich auch darauf, daß niemand durch Maßnahmen innerhalb der Gerichtsorganisation dem in seiner Sache gesetzlich berufenen Richter entzogen werde. Probleme ergaben sich aus der schon zu Zeiten des Reichsgerichts üblichen Übersetzung der Spruchkörper. Das Bundesverfassungsgericht setzte sich 1964 in den Entscheidungen BVerfGE 17, 294; 18, 65 und 18, 344 in grundsätzlicher Weise mit der in allen Zweigen der Gerichtsbarkeit üblichen Übersetzung richterlicher Spruchkörper auseinander und setzte erhebliche Schranken. Nicht betroffen davon war das althergebrachte Recht des Vorsitzenden der Kammer (des Senats), die Geschäfte innerhalb des Spruchkörpers auf die Mitglieder zu verteilen. Diese Ermessensfreiheit des Vorsitzen-

den, auch im überbesetzten Spruchkörper, erschien allerdings kaum mit der prinzi-
piellen Forderung vereinbar, daß der gesetzliche Richter auch im Einzelfalle „so genau als möglich" bestimmbar sein solle. Der Gesetzgeber hat dem 1964 Rechnung getragen.[50] Danach mußte am Anfang jedes Jahres ein Plan aufgestellt werden, nach dem
die einzelnen Richter zu den einzelnen Verfahren berufen werden. 1972 wurde diese
Vorschrift noch präzisiert[51]. Über ihre Auslegung kam es dann zu Meinungsverschiedenheiten auch zwischen den Senaten des Bundesgerichtshofs. Der X. Zivilsenat
wollte entscheiden, daß die Verteilungsgrundsätze des Vorsitzenden eines überbesetzten Zivilsenats im voraus abstrakte Regeln über die Mitwirkung aller Richter an den
einzelnen Verfahren enthalten müssen. Er sah sich daran jedoch durch Entscheidungen zweier Strafsenate gehindert. Der 1. Strafsenat hatte in einem Urteil vom 15. 6.
1967[52] die Auffassung vertreten, das Gesetz verlange aus guten Gründen keine vorge-
plante Verteilung der Geschäfte innerhalb des Spruchkörpers. Der 4. Strafsenat war in
einem Urteil vom 13. 12. 1979[53] der Meinung, für den Vorsitzenden genüge das Vorliegen eines sachlichen Grundes zum Abweichen von den Verteilungsgrundsätzen.
Der X. Senat legte schließlich die Frage den nur selten zusammentretenden Vereinigten Großen Senaten des Bundesgerichtshofs zur Entscheidung vor[54]. Dieses Kollegi-
um traf durch Beschluß vom 5. 5. 1994 – BGHZ 126, 63 –, an dem 23 Richter des
Bundesgerichtshofs beteiligt waren, eine Entscheidung, der folgende Leitsätze vorangestellt wurden:

1. Die vom Vorsitzenden eines überbesetzten Zivilsenats des Bundesgerichtshofes nach
§ 21 g Abs. 2 GVG aufzustellenden Mitwirkungsgrundsätze müssen mit abstrakten Merkmalen
regeln, welche Richter an der Entscheidung mitzuwirken haben. Sie müssen ein System in der
Weise ergeben, daß die Besetzung des Spruchkörpers bei der einzelnen Entscheidung im Regelfall aus ihnen ableitbar ist.
2. Die Mitwirkungsgrundsätze müssen schriftlich abgefaßt sein.
3. Mitwirkungsgrundsätze, die hiervon abweichen, sind nicht ohne weiteres als fehlerhaft
zu beurteilen. Sie brauchten nicht vollständig schriftlich niedergelegt zu sein. Für die Zuordnung der einzelnen Sache zu einer bestimmten Richterbank im Wege der Terminierung ge-
nügte es, daß die Terminierung nicht willkürlich, sondern in Ausübung pflichtgemäßen richterlichen Ermessens aus sachgerechten Gründen erfolgte.

Damit sollte der Versuchung vorgebeugt werden, die bisherige Besetzung von
Spruchkörpern, die den neuen Anforderungen nicht entsprechen, als fehlerhaft anzu-
greifen. Im übrigen stimmten die Vereinigten Großen Senate dem vorliegenden Senat
darin zu, daß die Rechtsprechung der Präzisierung bedürfe. Für die Bestimmung,
welche Richter an einer Entscheidung mitzuwirken haben, seien verschiedene Syste-

---

[50] Gesetz zur Änderung der Strafprozeßordnung und des Gerichtsverfassungsgesetzes vom 19. 12.
1964, BGBl. I S. 1067.
[51] § 21 g Abs. 2 GVG lautet jetzt: Der Vorsitzende bestimmt vor Beginn des Geschäftsjahres für dessen
Dauer, nach welchen Grundsätzen die Mitglieder an den Verfahren mitwirken; diese Anordnung kann nur
geändert werden, wenn dies wegen Überlastung, ungenügender Auslastung, Wechsels oder dauernder
Verhinderung einzelner Mitglieder des Spruchkörpers nötig ist.
[52] BGHSt 21, 250 – 1 StR 516/66.
[53] BGHSt 29, 162 – 4 StR 632/79.
[54] Die Vereinigten Großen Senate setzen sich zusammen aus dem Präsidenten des Bundesgerichtshof,
der den Vorsitz führt, und sämtlichen Mitgliedern der beiden großen Senate (je acht Richtern). Weitere
Richter können je nach dem Falle hinzutreten.

me möglich, die im einzelnen dargestellt werden. Der Beschluß der Vereinigten Großen Senate vom 5.5. 1994, der für alle kollegialen Spruchkörper der ordentlichen Gerichtsbarkeit maßgeblich ist, stellt einen Höhepunkt der Präzisierung des „gesetzlichen Richter" dar.

BGHZ 130, 304: § 29 des Deutschen Richtergesetzes[55] ist dahin auszulegen, daß zwei nicht planmäßige Richter bei einer Entscheidung nur mitwirken dürfen, wenn hierfür eine sachliche Notwendigkeit besteht. Dies ist sowohl vom Präsidium bei der Verteilung der Richter als auch vom Vorsitzenden bei der Einteilung der Sitzgruppen zu beachten.

BGHSt 33, 41, 43: Jemand, der nicht Richter ist (z. B. ein ungültig gewählter Schöffe), kann auch nicht „gesetzlicher Richter im Sinne des Art. 101 Abs. 1 Satz 2 GG sein.

BGHSt 34, 123: Der Angeklagte wird nicht im Sinne des Art. 101 Abs. 1 Satz 2 GG seinem gesetzlichen Richter entzogen, wenn der Verfahrensfehler nicht auf sachfremden Erwägungen, sondern auf einem verständlichen Rechtsirrtum beruht.

BGHSt 35, 31: Nach Abschluß des gerichtlichen Verfahrens eintretende Umstände sind ohne Einfluß auf den gesetzlichen Richter.

BGHSt 40, 120: Das Revisionsgericht hat von Amts wegen und nicht nur auf eine entsprechende Verfahrensrüge zu beachten, daß das Landgericht sich an Stelle des Amtsgerichts (objektiv) willkürlich für sachlich zuständig erklärt und damit gegen den Grundsatz des gesetzlichen Richters verstoßen hat.

XII. Rechtliches Gehör vor Gericht
(Art. 103 Abs. 1 GG)

BGHZ 96, 40.47: Der Anspruch auf rechtliches Gehör stellt einen Grundpfeiler des heutigen Schiedsgerichtsverfahrens dar. Allgemein ist anerkannt, daß Schiedsgerichte rechtliches Gehör in wesentlich gleichem Umfang wie staatliche Gerichte zu gewähren haben.[56]

BGHZ 102, 338, 342: Erhalten die Verfahrensbeteiligten in dem erforderlichen Umfang Gelegenheit zur Stellungnahme, ist, auch wenn die im Gesetz vorgeschriebene mündliche Verhandlung nicht stattfindet, nicht das Grundrecht, sondern allein das Verfahrensrecht verletzt.

Ein Recht auf mündliche Verhandlung folgt aus Art. 103 Abs. 1 GG nicht.[57]

BGHZ 130, 97, 100: Die Durchbrechung der Bindung der Gerichte an eigene Wiedereinsetzungsbeschlüsse ist gerechtfertigt, weil solche Beschlüsse im Falle einer Verletzung des rechtlichen Gehörs auf Verfassungsbeschwerde aufgehoben werden[58] und damit letztlich keine Bestandskraft entfalten. Durch die Zulassung der Selbstkorrektur

---

[55] § 29 DRiG lautet: Besetzung der Gerichte mit Richtern auf Probe, Richtern kraft Auftrags und abgeordneten Richtern. Bei einer gerichtlichen Entscheidung darf nicht mehr als ein Richter auf Probe oder ein Richter kraft Auftrags oder ein abgeordneter Richter mitwirken. Er muß als solcher in dem Geschäftsverteilungsplan kenntlich gemacht werden.

[56] So schon BGHZ 85, 288, 291.

[57] Vgl. BVerfGE 5, 9, 11; 9, 231, 235f.; 60, 175, 210f.

[58] Siehe BVerfGE 61, 14, 16.

wird den Beteiligten der Umweg über das Bundesverfassungsgericht und dem Bundesverfassungsgericht die zusätzliche Belastung mit vermeidbaren Verfassungsbeschwerden erspart.

Zur Beschränkung des Rechts auf umfassende Verteidigung durch beamtenrechtliche Vorschriften äußerte sich der 2. Strafsenat im Urteil vom 9. 12. 1988 – BGHSt 36,
44 ff. Wie der Grundsatz, daß niemand gezwungen werden darf, durch eigene Aussagen die Voraussetzungen für eine strafrechtliche Verurteilung zu liefern, hat das Recht
auf umfassende Verteidigung Verfassungsrang. Es gehört zu den elementaren Attributen menschlicher Würde und zu den fundamentalen Prinzipien des Rechtsstaates. Eine Beschränkung, die das Recht auf Verteidigung in seinem Kern tangiert, in seinem
Wesensgehalt antastet, kann als Verstoß gegen die Grundnorm des Art. 1 Abs. 1 GG
von Verfassungs wegen nicht hingenommen werden. Sie träfe einen obersten, in seiner Substanz nicht zur Disposition stehenden Wert[59]. Dort, wo das Recht auf Verteidigung nur in seinem Randbereich betroffen wird, darf es eingeschränkt werden,
wenn seine uneingeschränkte Ausübung die Wahrnehmung sehr gewichtiger, verfassungsmäßig legitimierter Aufgaben, die zu ihrer Erfüllung der Geheimhaltung bedürfen, unmöglich machen oder wesentlich erschweren könnte. Gefordert wird eine
sorgfältige Abwägung der im Widerstreit stehenden, verfassungsrechtlichen Rechtsgüter unter Berücksichtigung des gesamten konkreten Sachverhalts.

BGHSt 38, 102: Will das Gericht einem Angeklagten für den Fall eines Geständnisses einen bestimmten Strafrahmen in Aussicht stellen, so muß er zuvor allen Verfahrensbeteiligten Gelegenheit zur Äußerung geben.

XIII. Bestimmtheitsgebot und Rückwirkungsverbot
(Art. 103 Abs. 2 GG)

Mit den Problemen des Art. 103 Abs. 2 GG hatten sich in der Berichtszeit vornehmlich die Strafsenate zu beschäftigen.

Zur Beurteilung vorsätzlicher Tötungshandlungen von Grenzsoldaten der DDR an
den innerdeutschen Grenzen ist der 5. Strafsenat in einem Urteil vom 20. März 1995 –
BGHSt 41, 101 – im Anschluß an die Entscheidungen BGHSt 39, 1; 39, 168; 39, 353;
40, 48; 40, 113; 40, 218; 40, 241; 41, 10 und NStZ 1993, 488 nach nochmaliger sorgfältiger Überprüfung zu dem Ergebnis gekommen, daß Art. 103 Abs. 2 GG seiner
Rechtsprechung nicht entgegen steht. Soweit Gesetze oder Staatspraxis offensichtlich
und in unerträglicher Weise gegen völkerrechtlich geschützte Menschenrechte verstießen, können die dafür verantwortlichen Machthaber und diejenigen, die auf deren
Anordnungen handelten, sich gegen den Strafanspruch, den die Strafrechtspflege als
Reaktion auf das verübte Unrecht durchsetzt, nicht auf das Rückwirkungsverbot berufen.

BGHSt 34, 197: Es ist ein verfassungsrechtliches Gebot (Art. 103 Abs. 2 GG), daß
insbesondere im Bereich der Verkehrsordnungswidrigkeiten ein Bußgeld nur festgesetzt werden darf, wenn von dem Betroffenen die Kenntnis der Regel erwartet werden konnte, deren Verletzung ihm vorgeworfen wird.

---

[59] Vgl. BVerfGE 34, 238, 245; 56, 37, 49; 75, 369, 380.

BGHSt 37, 230: Das Gesetzlichkeitsprinzip verlangt Erkennbarkeit der Strafdrohung durch den sich am Wortlaut und seinem möglichen Sinn orientierenden Normadressaten.

BGHSt 39, 1 ff. und 39, 168, 185: Das Rückwirkungsverbot nach Art. 103 Abs. 2 GG verbietet nicht, bei der Aburteilung des Angeklagten von einer menschenfreundlichen Auslegung des DDR-Rechts auszugehen, auch wenn diese von der damaligen Rechtspraxis abweicht.

BGHSt 40, 113, 118: Das in Art. 103 Abs. 2 GG enthaltene Gebot der Gesetzesbestimmtheit gilt für den Straftatbestand und für die Strafandrohung. Es besagt dagegen nichts über die Dauer des Zeitraums, während dessen die Tat verfolgt und geahndet werden darf.

Meinungsverschiedenheiten zwischen Bundesgerichtshof und Bundesverfassungsgericht gab es bei der Auslegung des Gewaltbegriffes in § 240 Abs. 1 StGB bei Sitzblockaden.

Daß Sitzblockaden, welche die Weiterfahrt eines Fahrzeuges durch körperliches Dazwischentreten (oder -sitzen) verhindern, das Tatbestandsmerkmal der Gewalt im Sinne von § 240 Abs. 1 StGB erfüllen, entsprach einer gefestigten Rechtsprechung, die sich in einer über hundertjährigen Entwicklung herausgebildet hatte. Der Bundesgerichtshof hatte sie übernommen (BGHSt 18, 389, 390; 23, 47, 54) und auch das Bundesverfassungsgericht hatte sich zunächst ihr angeschlossen (BVerfGE 73, 206). In einem Beschluß des Ersten Senats des Bundesverfassungsgerichts vom 10. 1. 1995 (BVerfGE 92, 1) wurde von dieser Rechtsprechung abgewichen und erklärt, daß diese erweiternde Auslegung des Gewaltbegriffs in § 240 Abs. 1 StGB im Zusammenhang mit Sitzdemonstrationen gegen Art. 103 Abs. 2 GG (Bestimmtheitsgebot) verstoße. Diese Bestimmung setze nicht nur der Tatbestandsergänzung, sondern auch der tatbestandsausweitenden Interpretation Grenzen. Diese seien aber überschritten, wenn bereits die körperliche Anwesenheit an einer Stelle, die ein anderer einnehmen oder passieren möchte, zur Erfüllung des Tatbestandsmerkmals der Gewalt genügt, falls der andere durch die Anwesenheit des Täters psychisch gehemmt werde.

Gegen die weittragenden Auswirkungen dieses Urteils glaubt der 1. Strafsenat des Bundesgerichtshofs ein Schlupfloch gefunden zu haben. In seinem Urteil vom 20. Juli 1995 (BGHSt 41, 182) kommt er zu folgendem Ergebnis (Leitsatz): Haben die Teilhaber an einer Straßenblockade dadurch, daß sie sich auf die Fahrbahn begeben, Kraftfahrer an der Weiterfahrt gehindert und deren Fahrzeug bewußt dazu benutzt, die Durchfahrt für weitere Kraftfahrer tatsächlich zu versperren, so kann diesen gegenüber im Herbeiführen eines solchen physischen Hindernisses eine strafbare Nötigung liegen. Das Bundesverfassungsgericht habe nicht entschieden, daß Sitzblockaden nicht mehr als Nötigung durch Gewalt behandelt werden dürften. In jenem Falle sei der Fahrer eines einzelnen Fahrzeugs dadurch an der Weiterfahrt behindert worden, daß sich fünf Personen auf die Fahrbahn setzten. Die Einwirkung auf den Führer des Kraftfahrzeugs wurde vom Bundesverfassungsgericht als „nur psychisch" beurteilt. Ein „physisches Hindernis" hätten die sitzenden Personen für das Fahrzeug nicht bedeutet. Der Fahrer hätte die Durchfahrt erzwingen können. Der bedeutsame Unterschied der beiden Fallgestaltungen liege darin, daß in dem vom 1. Strafsenat zu beurteilende Fall eine ganze Gruppe von Fahrzeugen von den die Fahrbahn blockierenden Personen an der Weiterfahrt gehindert wurde. Eine rein psychische Zwangswirkung könnte in diesem Falle nur bei den Kraftfahrern, welche die blockierenden Personen als erste erreichten und möglicherweise hätten durchbrechen können. Der großen Zahl der nachfolgenden Kraftfahrer standen infolge des Verhaltens der Blockierer nicht zu beseitigende physische Hindernisse entgegen in Form vor und hinter ihnen auf der Fahrbahn angehaltener Fahrzeuge, die ihre Fahrt nicht fortsetzen konnten. Die nach der Rechtsprechung des Bundesverfassungsgerichts gebotene Einschränkung, daß allein psychischer Zwang als Folge bloßer Anwesenheit den Anforderungen an den Begriff der Gewalt nicht genüge, treffe daher diese Fallgestaltung nicht. Der Senat ist der Auffassung, daß auch geringer körperlicher Aufwand – dazu gehöre das Sich-Hinsetzen oder das Sich-auf die Fahrbahn-Begeben – den Anforderungen des Gewaltbegriffs genügen kann, wenn seine Auswirkungen den Bereich des rein Psychischen verlassen und (auch) physisch wirkend sich als körperlichen Zwang darstellen. Die physische Sperrwirkung der zuerst angehaltenen Fahrzeuge auf die Nachfolgenden sei den Blockierern zuzurechnen. Denn Nötigung sei weder ein eigenhändiges Delikt noch verlange es die unmittelbare Begegnung von Täter und Opfer. Die Entscheidung des Bundesverfassungsgerichts vom 10.1.1995 erfordere daher keine Korrektur der Rechtsprechung zur Auslegung des Tatbestandsmerkmals der Gewalt, soweit die direkte physische Auswirkung einer Blockade auf nachfolgende Kraftfahrer in Rede stehe.[60]

XIV. Sonstige Vorschriften des Grundgesetzes
(eine Auswahl)

Wie in den früheren Berichten kann hier aus der Fülle der Entscheidungen des Bundesgerichtshofs zu den sonstigen Normen des Grundgesetzes nur eine kleine Anzahl angeführt werden.

BGHZ 93, 151: Ein Anspruch auf Aufnahme in einen Verein kann nicht nur bei Monopolvereinigungen, sondern auch dann bestehen, wenn ein Verein oder Verband im wirtschaftlichen oder sozialen Bereich eine überragende Machtstellung innehat und ein schwerwiegendes Interesse von Beitrittswilligen besteht; das gilt auch für Gewerkschaften (zu Art. 9 Abs. 3 GG und in Ergänzung von BGHZ 63, 282).

BGHZ 105, 94, 98: Die Gewährleistung der Privatschulfreiheit in Art. 7 Abs. 4 Satz 1 GG enthält eine echte Grundrechtsverbürgung im Sinne eines subjektiv-öffentlichen Rechts. Die zuständigen staatlichen Stellen sind im Blick hierauf verpflichtet, das private Ersatzschulwesen zu fördern und in seinem Bestand zu schützen. Den privaten Ersatzschulen muß die Möglichkeit gegeben werden, sich ihrer Eigenart entsprechend zu verwirklichen (hier ging es um die Zulässigkeit der Enteignung eines Grundstücks zur Errichtung eines Schulgebäudes für eine Freie Waldorfschule).

BGHSt 40, 191: Die Öffentlichkeit des Verfahrens findet eine Grenze an dem Hausrecht (Art. 13 GG), das dem Besitzer des zu besichtigenden Anwesens zusteht.

BGHSt 41, 119, 121: Rechtsstudenten, die bei einem Gericht ein Praktikum ableisten, dürfen nicht an den Urteilsberatungen teilnehmen. Das Beratungsgeheimnis

---

[60] Der Fall eines zwischengeschalteten, nach eigenem Ermessen handelnden Dritten (BGHSt 37, 350) war hier nicht zu entscheiden.

und damit die Unabhängigkeit der Gerichte gemäß Art. 97 Abs. 1 GG sollen gewahrt bleiben. Die erkennenden Richter sollen in aller Offenheit gemeinsam über die Entscheidung diskutieren können, ohne daß Außenstehende von ihrem Verhalten Kenntnis erlangen oder es gar beeinflussen können.

BGHSt 34, 365: Die Dauer einer anderweitigen Freiheitsentziehung ohne richterliche Entscheidung ist nach Art. 104 Abs. 2 GG in die Vorführungsfrist (hier des § 128 Abs. 1 StPO) einzurechnen.

BGHSt 36, 328: Angaben, die ein Asylbewerber im Rahmen der Anhörung nach § 8 Abs. 2 AsylVfG über die Modalitäten seiner Einreise macht, dürfen in einem gegen ihn gerichteten Strafverfahren wegen Vergehens gegen § 47 Abs. 1 Nr. 1 AuslG[61] auch ohne seine Zustimmung verwendet werden (vgl. Art. 16 Abs. 2 Satz 2).

BGHZ 124, 173, 174: Die katholische Kirche hat in der Bundesrepublik die Stellung einer (besonderen) Körperschaft des öffentlichen Rechts (Art. 140 GG i. V. mit Art. 137 Abs. 5 Weimarer Reichsverfassung)[62]. Sie genießt für die Bezeichnungen „römisch-katholisch" und „katholisch" Namensschutz, soweit sie zur namensmäßigen Kennzeichnung der Zugehörigkeit von Einrichtungen und Veranstaltungen zur katholischen Kirche verwendet werden.

BGHSt 38, 54, 57: Art. 103 Abs. 3 GG verbürgt den Grundsatz der Einmaligkeit der Strafverfolgung. Wegen einer Tat im prozessualen Sinne dürfen gegen denselben Beschuldigten nicht zwei selbständige Haftbefehle ergehen.

In der Entscheidung BGHSt 41, 23, 28 nimmt der 5. Strafsenat zum Anwendungsbereich der durch Art. 1 OrgKG[63] eingeführten Vermögensstrafe gemäß § 43a StGB Stellung. Der Senat verkennt nicht die gegen diese Vorschrift erhobenen Bedenken. Er meint jedoch, daß er diese Vorschrift so auslegen kann, daß sie weder eine unzulässige Verdachtsstrafe enthält, noch gegen das Gebot des schuldangemessenen Strafens oder des Bestimmtheitsgebots oder gegen die verfassungsrechtliche Eigentumsgarantie verstößt. Dabei wird offen gelassen, ob ein Verstoß gegen Art. 14 Abs. 1 GG bestünde, wenn dadurch der Totalentzug des Vermögens wegen des Verdachts seiner kriminellen Herkunft ermöglicht würde. So dürfe § 43a StGB nicht ausgelegt werden.

XV. Schlußbemerkung

Dieser Überblick, der keinen Anspruch auf Vollständigkeit erheben will, zeigt, daß die Rechtsprechung des Bundesgerichtshofs zum Grundgesetz auch in diesem Berichtszeitraum zwei Schwerpunkte aufweist: Schutz der Menschenwürde und der freien Entfaltung der Persönlichkeit sowie Eigentumsgarantie. Nach dem „Naßauskiesungsbeschluß" des Bundesverfassungsgerichts (BVerfGE 58, 300), der im letzten Bericht ausführlich behandelt wurde, gab es keinen „Abschied vom enteignungsglei-

---

[61] § 47 Abs. 1 Nr. 1 AuslG droht Freiheitsstrafe bis zu einem Jahr oder Geldstrafe einem Ausländer an, der in den Geltungsbereich des Gesetzes einreist, ohne den erforderlichen Paß, Paßersatz oder eine erforderliche Aufenthaltserlaubnis zu besitzen.

[62] Vgl. auch BVerfGE 30, 112, 119.

[63] OrgKG = Gesetz zur Bekämpfung des illegalen Rauschgifthandels und anderer Erscheinungsformen der organisierten Kriminalität.

chen Eingriff"; wie prophezeit worden war[64]. Vielmehr fanden die durch Richter-
recht geprägten Ausformungen zum Ausgleich von Sonderopferlagen im allgemeinen
Aufopferungsgedanken der §§ 74, 75 EinlALR eine neue Verankerung und wurden
weiterentwickelt. Die Rechtsprechung des Bundesgerichtshofes zum Grundgesetz
war rechtsschöpferisch und rechtsfortbildend, wie z. B. der weittragende Beschluß der
Vereinigten Großen Senate zum „gesetzlichen Richter" oder das Urteil des 1. Strafsenats zum Verhältnis von Kunst und Jugendschutz. Größere Meinungsverschiedenheiten zwischen Bundesverfassungsgericht und Bundesgerichtshof, wie z. B. beim „Kind
als Schaden" oder bei den Sitzblockaden, waren selten.

Zusammenfassend kann man sagen, daß der Bundesgerichtshof durch seine Rechtsprechung zum Grundgesetz einen wesentlichen Beitrag zur Konkretisierung und
Verfeinerung der Grundrechtsauslegung und damit zur Durchsetzung der Grundrechte geleistet hat.

---

[64] Vgl. z.B. F. Ossenbühl, NJW 1983 S. 1 und H.J. Papier, Neue Zeitschrift für Verwaltungsrecht 1983
S. 258.

Verfassung und Verfassungsreform

von

Dr. Kurt Eichenberger

em. Professor für Staats- und Verwaltungsrecht, Basel[*]

Heute über „Verfassung und Verfassungsreform" zu sprechen, ist nicht darauf ausgerichtet, neue Deutungen des konstitutionellen Gedankenguts aufzugreifen und gar die Verfassung des 21. Jahrhunderts zu bestimmen zu suchen. Das wäre verfrüht und vermessen. Erst recht geht es nicht darum, rückblickend die oft mühevolle Entfaltung der Verfassung seit ihren Kreationen in den beiden grossen Revolutionen, der amerikanischen und der französischen, zu verfolgen. Das wäre Repetition dessen, was uns weiterum einigermassen vertraut ist. Und wer die geltenden Verfassungen – mit Blick vorwiegend auf die Gegenwart – ergründet, braucht das grosse Hauptwerk des Jubilars, sein reiches monographisches Schrifttum, seine Reformbeteiligungen in der Bundesrepublik und seine Bearbeitungen zur Wiederherstellung der Deutschen Einheit zur Hand zu nehmen, um festen Boden unter den Füßen zu gewinnen und sozusagen alles Erforderliche zu erfahren: Es wird Überblick, Vertiefung, Zusammenhang, Sinnermittlung gültig zuteil, und dies für Deutschland unter dem Grundgesetz wie zur Rechtsvergleichung und von da weiter als Allgemeines Staatsrecht und selbst Allgemeine Staatslehre für die westliche Welt überhaupt. Rechnet man ein, was die gesamte deutsche Staatsrechtswissenschaft zur Erhellung und Weiterführung des Verfassungsrechts in den vergangenen 50 Jahren mit grossen Werken jeder Gattung hin bis zur akribischen Untersuchung in rastloser Tätigkeit und unerschöpflichem Reichtum der Wissenschaft, dem eigenen Staat und der Staatenwelt verschafft hat, dann verstummt der Ausländer. Der unbestreitbare Vorrang der verfassungsrechtlichen Wissenschaftsdomäne ist Deutschland zugewachsen. Insbesondere stehen die verfassungstheoretischen Durchdringungen und die normativen Klärungen – zumindest im europäischen Bereich – überwiegend unter deutscher Betreuung. Die Interpretationsbürde und die methodischen Lasten tragen das Bundesverfassungsgericht und die deutsche Rechtswissenschaft, wenn auch nicht einhellig, so doch in anregenden Wechselbezügen.

---

[*] Festvortrag an der Akademischen Feier der Rechtswissenschaftlichen Fakultät der Universität zu Köln zu Ehren von Herrn Professor Dr. Klaus Stern vom 14. Februar 1997

Wagt die Hohe Kölner Rechtswissenschaftliche Fakultät an diesem festlichen Tag einem Ausländer das Wort zu erteilen, so gesteht sie ihm wohl zu, thematisch zu seligieren und aus der Problemmasse des aufgetragenen Themas Partien aufzugreifen, die ungeachtet ihrer Verbreitung derzeit auf verhaltene Kritik stossen. Ich enge demgemäß meine Ausführungen ein auf Bemerkungen zur Lage der Verfassung im westlichen Staat, um alsdann auf lagebedingte Aspekte der Reformproblematik überzugehen.

I.

1. Das 20. Jahrhundert hat die Verfassung trotz groben Abstürzen zum Triumph geführt. Beinahe jeder Staat ist mit ihr ausgestattet, universal hat sie sich ausgebreitet. Die Konstitutionen des europäisch-atlantischen Bereichs haben in formalen und inhaltlichen Ausgestaltungen führende Rollen übernommen. Dabei sind einerseits substantielle Bereicherungen, methodisch-formale Übereinstimmungen, grenzüberschreitende Verwandtschaften in Gehalt und Funktionen herangediehen. Systematisch und material sind erhebliche Annäherungen zustande gekommen.

Andererseits ist bis jetzt jede Staatsverfassung, selbst bei wörtlichen Übernahmen, individualisiert und dadurch Identitätskennzeichen der einzelnen staatlichen Gemeinschaft geblieben. Ihre Festlegungen folgen dem Willen der einzelnen verfassungsgebenden Gewalt, sei es das Gesamtheit schaffende Pouvoir constituant, sei es das partiell normändernde Pouvoir constitué. Die Verfassung stellt mithin immer noch nationale Ausprägung der je gesonderten Staatlichkeitsanforderungen dar. Der Verfassungsbegriff ist so auch mit dem Begriff des Nationalstaats weiterhin verbunden, selbst wenn internationale und supranationale Verbindungen und Gemeinschaften wesentliche Ausschnitte der einzelstaatlichen Souveränität und Entscheidungsmacht an sich ziehen oder doch relativieren. Jeder Staat sorgt für die Verwirklichung seines normativen Verfassungsgefüges nach seinem Befinden und auf seine Weise, z. B. mit konkreten Endentscheidungen durch eine umfassende Verfassungsgerichtsbarkeit oder umgekehrt mit der Zuweisung der maßgeblichen Entscheidungen und Umsetzungen an politische Organe. Mit Verfassung und Recht national eingebunden zu sein und nationale Wertungen aufrechtzuerhalten, braucht beileibe nicht Ausdruck eines fortwuchernden oder aufblühenden Nationalismus und kein nationalistischer Trotz zu sein, der sich von der Internationalisierung fernhält und dergestalt unverantwortlich rückständig die hoffnungsvollen Horizonte der kommunizierenden Menschheit verhüllt. Es ist vielmehr noch unaufgebbare Konsequenz der Rechtsstruktur und des Geschichtsstandes von Staat, Recht, Politik und Sozietät im Zeitraum der Jahrtausendwende. Daß bei diesem Sachverhalt freilich viel Schein und mannigfach leere Deklamationen die nationale wie die internationale Politik und die Rechtskulturen durchziehen, ist nicht zu bestreiten. Die Verfassung ist anfällig darauf, leichtfertig manipulierbares Modegeschöpf zu sein.

Deshalb ist Karl Loewensteins Unterscheidung brauchbar geblieben: Es gibt Verfassungen, denen sich der politische Machtprozess mit dem Konsens der Staatsbürger unterordnet; da ist verfassungsrechtlich die Welt gleichsam in Ordnung, und die Verfassung erreicht das allgemeingültige konstitutionelle Ziel. Sodann gibt es Verfassungen, denen sich die Staatspraxis zwar noch nicht beugt, die jedoch erzieherisch mehr oder weniger aussichtsreich darauf hinwirken: Das sind in der Loewenstein'schen Terminologie nominalistische Verfassungen; sie sind Hoffnungsträger wie z. B. etliche der neuen Verfassungen in Mittelosteuropa und selbst in einzelnen Nachfolgestaaten der Sowjetunion. Schliesslich aber sind Verfassungen verbreitet, denen die staatlich-politisch-gesellschaftliche Wirklichkeit nicht entspricht, so daß die Verfassungsurkunde Phantom, Vorwand oder plakatives Marketing für die Werbung im Ausland und in internationalen Organisationen dienlich ist, z. B. für die Aufnahme im menschenrechtsbehütenden Europarat. Dies sind sogenannte semantische Verfassungen, die genuin bis zur blanken Lüge maßlos übertreiben. Nicht zu übersehen ist freilich die Möglichkeit, daß auch gelobte Verfassungen semantische Residuen in eingestreuten schönen Worten mit glücksverheißenden Zusagen ohne reale Aussicht auf Verwirklichung in sich bergen. Insofern ist es angebracht, gegenüber jeder Verfassung zumindest ein beobachtendes Mißtrauen wach zu halten.

2. Die voll entwickelte Verfassung enthält, in einer die heute verbreiteten Verständnisse zusammenfassenden Umschreibung, die allgemeinen, fundamentalen, wesentlichsten Festlegungen, auf denen die integrationsbereite Gemeinschaft in ihrer Staatlichkeit aufruht. Sie organisiert den Staat in den Grundzügen, bestimmt vor allem die staatsleitenden Organe, nennt Aufgaben und Ziele der Gemeinschaft, regelt die grundlegenden Beziehungen zwischen dem Staat und dem Einzelnen – heute herausragend durch die Grundrechte – und die Relationen zu den Sozialgruppen. Die Verfassung kennzeichnet das Verhältnis zu anderen Staaten und internationalen Organisationen. Sie tut kund, wie sie selbst geschützt werden soll. Dabei hält sie sich vor Detaillierungen und dichter Normierung zurück, ausgenommen die Hauptregeln für die höchsten Staatsorgane. Sie ruft den Gesetzgeber und weitere Handlungspotenzen zur Herstellung und Durchsetzung der Gesamtrechtsordnung und zur Hegung der singulären Staatlichkeit im politischen Prozeß dieser einen Gemeinschaft. Sie bestimmt und dosiert ihre Einwirkungen auf die Gesellschaft und umgekehrt ihre respektierende Beachtung der gesellschaftlichen Kräfte, Aufgaben, Strömungen und Möglichkeiten. Bildlich gesprochen ist die Verfassung kein flächendeckendes Normierungswerk, sondern, wenn wir die Deutung durch Ernst-Wolfgang Böckenförde beibehalten, fragmentarisches Recht, das indessen kohärente Rahmenregelungen bildet, innerhalb dessen weitere Rechtsbeziehungen und Politik sich nach ihren eigenständigen Möglichkeiten frei zu bewegen vermögen.

3. In bezug auf die Zeit erfaßt die Verfassung drei Dimensionen. Peter Badura hat kürzlich in Erinnerung gerufen, daß sie hohes Gedankengut vergangener Epochen bewahrt und weitergibt. Die entwickelte Verfassung ist sodann pure Gegenwart. Sie macht den Staat in Aktion sichtbar und verständlich. Sie steuert die Gegenwart und entfaltet hier und jetzt Wirkung – sofern sie in der Tat gegenwartstauglich gestaltet ist. In dritter Linie blickt sie auf die Zukunft, auf die hin sie ihren gegenwärtigen Staat lenken will. Sie nennt dafür vornehmlich Ziele, fordert prospektiv Formungen von Staat und Gesellschaft mit künftigen Inhalten. Insofern ist sie das Wagnis, Zustände anzugehen, die heute noch nicht bestehen, morgen aber zu bestehen die Chance haben, sofern Machbares an die Hand genommen wird. Es gibt immer wieder Phasen, in denen die Verfassung allein als zukunftsgerichtetes Menschenwerk verstanden werden möchte. Die Verfassung ist bei dieser Sicht Plan, Vorstellung, ja, zunächst Vision

und gar Utopie. Demzufolge wird sie vorwiegend als Entwurf von eudämonistischen Erwartungen verstanden. Dass der Staat von morgen in erheblichem Ausmaß von Situationen, Kräften und Zwängen heraufgeführt und umgeben sein wird, die der Verfassungsgeber nicht zu ahnen oder vorweg zureichend zu erkennen und zu beherrschen vermag, die aber jedenfalls in ihrer Kontingenz dem menschlich-politischen Handeln entzogen sind, wollen die auf augenblicklichen Erfolg ausgerichteten Verfassunggeber ihrem Volke nicht verkünden. Das Volk soll von Erfolgserwartungen mitgerissen werden. Das klare und erfüllungstaugliche Planen kommt in der Tat früher an ein Ende, als futurologische Antriebe es wahr haben wollen; denn unsere gesicherte Voraussicht ist eng begrenzt. Die umsichtig gebaute Verfassung treibt deshalb die prospektiven Festlegungen und Zusagen nicht weiter, als die Plausibilität eine Umsetzung in die Wirklichkeit anzeigt. Auch so umgeben Wagnis und Risiko eine Verfassung unausweichlich.

4. Die zweite Hälfte des 20. Jahrhunderts ergab sich indessen zunächst einem Verfassungsoptimismus. Aus einiger Distanz betrachtet, dürfte sie als Periode der Verfassungsfreude, ja, vielfach der Verfassungsbegeisterung begonnen haben. Betont war bald die Orientierung auf die Zukunft. Dass das Planen und die Zielsetzung scheitern könnten, war im Verfassungsbereich – im Gegensatz zum politischen Handlungsraum, worin Ängste sich umtrieben – beinahe verdrängt. Wer die Verfassung hegte und ihr gemäß wirkte, glaubte sich des werterfüllten Erfolges gewiß. Mit verfassungsmäßiger Tätigkeit sollten selbst zerstörerische Möglichkeiten des Kalten Krieges eingedämmt und jedenfalls die lähmenden Desorientierungen der beunruhigten 68er und der labilen siebziger Jahre gemeistert werden können. Verfassung war Garant des schließlich guten Ganges und der begründeten Zuversicht für den konkreten Staat und die Staatengemeinschaft schlechtweg. Denn sie sichert Stabilität und Konstanz. Bildet sie sich fort, wahrt sie bruchlose Kontinuität. Sie bedeutet Gewissheit, Berechenbarkeit und Standfestigkeit. Sie gibt Staat, Mensch und Gesellschaft Halt und Sicherheit. Sie bannt Rückfälle in Willkürherrschaft. Sie gewährt dem Staat ausgemessene Macht, vornehmlich zur Durchsetzung des Rechts und zur rechtens anerkannten Selbstbehauptung, bindet die Macht jedoch ein und bricht sie, wo diese Maß und Schranken zu überspringen sich anschickt.

5. Inmitten derartiger Vergoldungen sind nun aber – mit zeitlichen und örtlichen Differenzierungen – gerade in die westlichen Verfassungsstaaten während der letzten Jahrzehnte Abschwächungen eingedrungen. Dies ist nicht unverständlich. Erfährt nämlich eine Institution lange Zeit lautes Lob, schleift sie sich erfahrungsgemäß ab. Hat sie sich eingelebt, wird sie selbstverständlich; man besitzt sie mühelos, wird aber auch unachtsam und vernachlässigt ihre Umsorgung. Es kommt dann, alarmierend vor allem, scharfsinnige Kritik in zersplitternden Finessen auf oder es schleichen sich fast unbemerkt gelangweilte Abneigungen ein. Desinteresse und Umwertungen setzen der Verfassung zu, die an Farbigkeit und politischer Attraktivität sowie – was schwerer wiegt – an Respekt, Zuneigung und Unverbrüchlichkeit Einbußen erleidet.

Es macht sich indessen allmählich eine interessante Zweiteilung, nämlich zwei Grundhaltungen, bemerkbar. Auf der einen, ausgebreiteten Seite wird die Verfassung zur geringsten Sorge des einzelnen Bürgers – außer da, wo ein Grundrecht sein besonderes Interesse berührt und zu dessen Verteidigung entdeckt und herangerufen wird –, aber auch Sozialgruppen und schließlich die öffentliche Meinung lassen sich

Verfassungsaktivitäten entgleiten. Die tiefgreifendste politische Aufgabe des verfassungsbewußten Volks, nämlich unentwegt integrative Legitimierung für die Verfassung hervorzubringen oder andernfalls durch Verfassungsänderungen seinen modifizierten Legitimationsvorstellungen anzupassen, diese Volkssendung wird welk. Belebende Verfassungspolitik von Parlament, Regierung, Gliedstaaten, Parteien, Verbände sinkt ab zum eher unbequemen Gelegenheitsthema in Situationen, wo Verfassungsänderungen harmlos, vermeintlich leicht konsensfähig oder taktisch klug erscheinen.

Solche und ähnliche Phänomene also machen die träge gewordene Seite der Verfassung, die Glanz verliert, aus. Es gibt jedoch immer noch eine Gegenseite. Diese hebt die Verfassung ans Licht und steigert die vorhin durchgangenen Ruhmestitel der Verfassung in eifrigem Einsatz zu Höhepunkten von Recht und Staat. Sie konzentriert sich auf die Festigung und Nachhaltigkeit der Verfassung. Sie rüttelt aber auch neuestens beispielsweise für die Europäische Union eine Verfassungshoffnung wach, indem sie sich, wenn ich es so vereinfacht sagen darf, in das verfassungsrechtliche Maastricht-Problem vertieft: Sie erkundet harmonisierende Wege, damit schließlich nationales Verfassungsrecht und europäisches Gemeinschaftsrecht von einem postmodernen Verfassungsgehalt konfliktfrei miteinander die Verfassungsaufgaben der Zukunft bewältigen. Was bisher Konrad Hesse als „praktische Konkordanz" oder Josef Isensee als „schonenden Ausgleich" zur Widerspruchsmilderung des bereits komplexen nationalen Verfassungsrechts in seinem Wachstum überzeugend anempfohlen haben, wird ausgeweitet auf die in ihrer Teleologie neuartig zu vernetzenden Verfassungswerke zweier Kategorien. Ob denn in Konträrpositionen gegenüber den angetroffenen Gleichgültigkeiten bisheriges Verfassungsdenken zu halten oder Spuren einer neu geformten Verfassungsentwicklung - weiterhin unter Wahrung bewährter Gehalte – gesucht werden, so oder so sind die spezifischen Trägerschaften des ungebrochenen Verfassungsglaubens gering an der Zahl. Es sind vornehmlich die Staatsrechtswissenschaft und Splitter der Politikwissenschaft, umgeben von heterogenen intellektuellen Gruppierungen, die je nach ihrem Verständnisvermögen die überkommene Verfassung hochhalten oder noch anzuheben trachten. Weit kommt man nicht mit dieser Equipierung. Der praktisch-politische Boden nämlich läßt sich dergestalt für Verfassungsfrüchte auch heutzutage kaum auflockern. Denn intellektuell gefärbter Einsatz und wissenschaftlich-fachliches Argumentieren mochten von der Aufklärung bis etwa zur Paulskirchenverfassung genügen. Die europäisch-atlantischen Verfassungen waren dort Aussaat relativ weniger Vordenker und Vorsprecher. Diese vermochten dank ihrer intellektualistischen Autorität eine nicht zur Reflexion geneigte Gefolgschaft in zustimmende Bewegung zu setzen. Solche Prozesse reichen nicht mehr, wenn das Volk, wie es leibt und lebt, und wenn amtierende Staatsorgane, wie sie motivieren und agieren, der Etablierung und der Vitalisierung einer jetzt zeitgemässen Verfassung die Stützen bieten sollen. Volk und Staatorgane haben andere Sorgen. Und sie ahnen, daß diese ihre Sorgen nicht durch Verfassungstexte behoben werden. Und sie wissen, daß die angeblich profunden Überlegungen der Juristen die rettende Verbreitung nicht erlangen.

II.

1. So ausgreifend das Aktionsfeld der Verfassung sich darbietet, so sehr haben sich Hindernisse aufgebaut. Die Verfassung ist zwar in Geltung. Sie hat ursprüngliche Rollen behalten. Sie wird als löbliche Darstellung und gültige Zielsetzung der behaupteten Staatlichkeit gerne vorgezeigt. Indessen, der redliche Befund muß eingestehen: Offensichtlich schwankt die Verfassung. Ihr Inhalt ist in entscheidenden Richtungen in normative und soziologische Ungewißheiten geraten. Sie schweigt sich vielfach zu den bedrängenden Fragen von Mensch, Staat und Gesellschaft aus. Sie sagt zu wenig zu den Staatsaufgaben. Damit ist sie brüchig in einer vordersten Qualität: der verlässlichen Sicherheit. Sicherheit sollte sie gewähren für Recht, Staat, Gesellschaft und Individuum.

Seit 50 Jahren und länger ist die Rede von der Krise der Verfassung. Doch die Konstitution hat standgehalten, sonst dürften wir übrigens das geflügelte Wort vom heutigen Triumph der Verfassung mit Fug nicht brauchen. Vielleicht waren es eben keine wirklichen Krisen, die auf der Waage des Scheiterns oder Gelingens liegen, sondern natürliche Bauschwierigkeiten inmitten der sich rasch wandelnden normativen Bedürfnisse des hastigen Zeitwandels. Oder vielleicht stehen wir vor der Erscheinung, daß die lebendige Verfassung immer in der Krise steckt, weil ihre erstrebte Perfektion wesensgemäß nie hergestellt werden kann. Einzuräumen ist jedenfalls: Die Verfassung am Ende des 20. Jahrhunderts ist substantiell und funktionell sowie in ihrer praktizierten Struktur nicht mehr die der Nachkriegsjahre. Ja, wo steht sie denn?

2. Am wahrscheinlichsten ist, dass sich einschneidende Verschiebungen einstellen. Man mag, im tektonischen Bild, auch von Verwerfungen reden. Es sind konstitutionelle Themata unbedeutend geworden, jedenfalls nicht mehr der Verfassungsregelung bedürftig, z. B. im föderativen, im sicherheitspolitischen, im organisatorischen, im Abgabebereich. Vor allem aber sind neue aufgestiegen, die keine Antworten erhalten, weil die tradierte Verfassung sie nicht kannte und nicht aufgriff, z. B. im rechtsstaatlichen, im sozialstaatlichen, im technisch-wissenschaftlichen Bereich. Einige aktuelle Verschiebungen, die eine wirksame, heute massgebliche Verfassung im Kern betreffen könnten, mögen beispielhaft aufgezählt werden.

– Am bedrängendsten dürfte derzeit das Verhältnis zur Wirtschaft sein. Vorab die Betriebswirtschaft, die die Volkswirtschaft mit deren Verpflichtungen auf das Gemeinwohl und die allgemeine Wohlfahrt überrundet oder vereinnahmt, steht im Begriffe, Umbrüche herbeizuführen. Durchgehender Wettbewerb, Deregulierung, Privatisierung, Globalisierung, sanktionierte Stadtzivilisation, wettbewerbsorientiertes Verhalten usw. betreiben Verlagerungen der ökonomischen Wert- und Betätigungswelt, die Mensch, Gesellschaft und Staat heftig ergreifen. Zugleich rückt die Währungspolitik und damit die Finanzpolitik unbekannten Gebieten entgegen. Solange „soziale Marktwirtschaft" die Parolen bestimmte, stellte sich vielfach ein disziplinierter Interventionsstaat ein, der mit spärlichen materiellen Verfassungsregelungen samt einigen Grundrechten Kurs hielt. Mittlerweile sind aus einem Bündel von Ursachen Aktivismen entsprungen, die Ratlosigkeiten und in der Beziehung Wirtschaft – Staat Turbulenzen auslösen, die überstürzte Entscheide antreiben und die ökonomische Plattform von Staat und Gesellschaft in Experimentierfelder versetzen. Vor dem monströsen Problem der Arbeitslosigkeit verharrt die Verfassung in der Regel in Schweigen. Verfassungsrechtliche Grundentscheidungen und stabilisierende Ausrichtungsgebote für die veränderten Verhältnisse sind gesucht.

    – Nahe beim umgeformten Aufgabenkomplex der wirtschaftlichen Beziehungen liegt das Sozialstaatsproblem, das der Läuterung durch mobilisiertes und klar durchdachtes Verfassungsrecht bedarf. Neue soziale Nöte im eigenen Staat, neue soziale Grundeinstellungen von Mensch und Sozialgruppen, neue Verhaltensverpflichtungen gegenüber mondial verbreiteten Armutsgesellschaften, neue Steuerungsbedürfnisse gegenüber der Sozietät, umgestürzte Leistungssituationen signalisieren, daß bisherige Vorgaben und Ziele die groben Störungen der Sozialstaatlichkeit nicht aufzuhalten imstande sind.

    – Eine nächste Verschiebung mag unter dem Wort der Gewaltanwendung angezeigt werden. Die Gefahr der großen Kriege, für die sich die Verfassung direkt oder indirekt vorsah, mag gewichen sein. Andersartige Formen und Möglichkeiten der Gewaltanwendung aber sind denkbar und scheinen sich vorzudrängen, wie Terror, Gebietsübergriffe, Kleinkriege der Verstümmelungen und Zerstörungen, Informations- und Kommunikationsverhinderungen, Aushungerungen, Abschnürungen von Import und Export, gewaltsame Gesellschaftsveränderungen, ungeregelte Begehrensweisen, Boykotte, Ausgrenzungen. Eine protestierende Geschichtsphase ist verfassungsrelevant und bedarf der Verhaltensanweisungen. Die Verfassung sollte sich weiterhin auf Durchbrüche des Bösen und Brutalen in Gewaltabläufen wappnen und zumindest soweit Elementarentscheide vorzeichnen, als diese strategischen Kategorien zugehören.

    – Ungewißheiten, die eine weitere Gruppe von Verschiebungen darstellen können, erwachsen erstaunlicherweise aus internationalen Zusammenschlüssen. Die meisten Verbindungen sind derzeit auf Friedlichkeit eingestellt und erstreben wirtschaftliche Prosperität aller Beteiligten in optimierter Gleichbehandlung. Allein, die verläßliche Gewißheit des Gelingens fehlt. Es sind Auflösungen, Ausschlüsse, Zwangsvorkehren, Druck und Entzüge, Gruppenfeindlichkeiten, Behelligungen von Individuen und Kleingruppen denkbar. Mitgliedschaft in internationalen und supranationalen Zusammenschlüssen ist Hegemoniechance, wenn die Heimatverfassung die Nutzung duldet oder fördert. Sie ist auch Risiko der staatlichen Auflösung, z.B. durch überdehnte Regionalisierung, gegen den Mehrheitswille des gesamtstaatlichen Mitgliedstaates. Überhaupt ist die nationalstaatliche Willensbildung und Betätigung bezüglich der Internationalität begehrter Regelungsgegenstand. Die Verfassung ist neuartige finale Festlegungen und prinzipielle Positionsbezüge schuldig, wenn die nationale Bevölkerung die legitimierte Betreuung durch die Verfassung weiterhin erfahren soll.

    – Eine einschneidende Verschiebung macht sich in einem generalisierten Sicherheitsbedürfnis bemerkbar. Als die Verfassung ihre ersten 100 und 150 Jahre beschritt, rahmte sie vorwiegend Politik, Recht, Demokratisierungen und Freiheiten ein. Im Laufe des 20. Jahrhunderts schiebt sich umfassende Sicherheit als Auftrag hervor. Die traditionellen Sicherheitsquellen sind durch Säkularisationen und durch mancherlei Selbstverwirklichungsvorgänge weiterhin verschüttet. Bei diesem Sicherheitsaspekt ist längst nicht nur die schon erwähnte Gefahrenabwehr im Spiel. Nachdrücklicher geht es hier um eine soziale Risikoversicherung, um die Garantie eines geistig-psychischen Haltes, um reale und mentale Hilfen, um wie auch immer zugreifende Alimentationen in menschlich-gesellschaftlichen Sektoren. Bis zu den beiden Weltkriegen sind dies nicht Staats- und damit Verfassungsgegenstände gewesen. In bedrohlichen Tatbeständen der zweiten Hälfte des 20. Jahrhunderts verlangen Individuum und Gesellschaft weit über hergebrachtes Recht und die Realsubsidien hinaus tragkräftige Stützen. Die Stätte solcher Verankerungen wird vielfach wohlwollend oder diffamierend der Verfassung zugeschrieben. Sie wird zur gefestigten Schrift mit Versprechungen und Realisationsgewissheiten erhoben. Daß sie dadurch überfordert und teils verfremdet wird, hat die Staatsrechtswissenschaft selten übersehen. Wohl aber vom sogenannten einfachen Bürger über moralisch gebundene Politik bis zu gerühmten Kulturträgern in ihren staatsorientierten Ausschnitten wird der Sinn der Verfassung zunehmend in einer bedingungslosen Leistungssicherung erblickt. Das heißt: Die Verfassung wird bei dieser Verschiebung letztlich als moderne „moralische Anstalt", wahrlich nicht im Geiste Friedrich Schillers, vielmehr selbst als Ersatzgebilde für verlorene transzendente oder – einfacher – religiös institutionalisierte Rückhalte und Hoffnungen angerufen.

III.

Werden solche und andere gravierende Verschiebungen spürbar und schließlich manifest, sind vier oder fünf Stufen von Reaktionen unterscheidbar geworden. Sie mögen das eine Mal alle durchlaufen werden; es kann das andere Mal mit einer Auswahl sein Bewenden haben. Und die Verschiebungen mögen als Neuerungen mit normativen Änderungen akzeptiert, diese der Verfassungsordnung zweckgerichtet einverleibt werden; sie werden möglicherweise abzuwenden und verfassungsrechtlich unwirksam zu machen versucht werden. Der Entscheid ist nicht an einem einzigen Ort und ein für allemal zu treffen: Wissenschaft, verfassungsverantwortliche Staatsorgane, öffentliche Meinungen werden in der Regel beteiligt sein.

1. Die erste Stufe, eine Vorstufe gleichsam, schafft der Verfassung veränderte Voraussetzungen, womit sie ihre Verständnisse modifiziert. Diesmal, d.h. in den letzten paar Jahrzehnten, war es die partielle Kehrtwendung von einem statischen zu einem dynamischen Verfassungsverständnis. Die Verfassung wird mehrheitlich nicht mehr das prinzipielle Unveränderliche, Unverrückbare, Verfestigte, Dauernde betrachtet. Sie wird als offenes Regelwerk gedeutet, das mobil, anpassungsfähig, Neuerungen relativ leicht zugänglich bleiben soll. Neu aufkommende Bedürfnisse können anerkannt und Wege der Anpassungen oder Neuausrichtungen selbst bezüglich elementaren Sachverhalten eingeschlagen werden. Die Verfassung wird aus den Banden der Unveränderbarkeiten und der fixierten Inhalte gelöst. Eine Erstarrung, die verfassungsrechtliche Wirksamkeit wegen veränderter Verhältnisse vereitelt, sie also ihres Sinnes beraubt, wird vermieden. Das Ausmaß derartiger Lockerungen ist freilich seinerseits offen, so dass die Dynamisierung im vorsichtigen Staat tunlichst diszipliniert und der jeweiligen Situation angemessen genutzt wird. Denn die total freie Disponibilität der Verfassung müßte sie ihrer normativen Kraft berauben. Weder die voll statische noch die voll dynamisierte Verfassung erfüllt denn die konstitutionelle Sendung.

2. Die zweite Stufe, die auch und gerade ohne ausgebildete Dynamisierung betreten werden kann, nutzt die Instrumente und Methoden, mit denen das konkretisierbare Recht gehandhabt wird. Eingesetzt wird das breite Repertoire der Interpretation vorhandener Normierungen samt den Möglichkeiten interpretatorischer Fortbildungen des Verfassungsrechts. Man schreitet, wenn dies nicht ausreicht, zur Anerkennung des Verfassungswandels. Ein nächster Schritt auf dieser Stufe wird getan, indem ungeschriebenes Verfassungsrecht hervorgebracht wird, um die neue Situation bejahend oder verneinend aufzufangen. Es mag Gewohnheitsrecht werden oder sich – je nach der gerade geläufigen methodologischen Erklärung – an seine Seite setzen. Schließlich können in vielfältig gebildeten Verfassungsprinzipien, die etliche Geltungsebenen kennen, die Neuerungen aufgegriffen und geordnet werden. Prinzipienbildung ist das waghalsigste und sachlich schwierigste, aber meist das ergiebigste Hilfsmittel. Völkerrecht hingegen hat selten schon die Kraft und die Sicherheit, den nationalen Neuerungen das Gepräge und die Geltung zu verschaffen.

3. Reichen diese juristisch eingewöhnten Mittel der gewissermassen „Ersten Hilfe" zur Verfassungsinstandhaltung und -verbesserung nicht aus, steht eine weitere Stufe, die dritte, zur Verfügung. Es wird das eingeschränkte Pouvoir constitué zur formellen Verfassungsänderung für einzelne Normierungen herbeigerufen. Mit Teil- oder Partialänderungen werden Kleinkorrekturen an der im übrigen unangetasteten Gesamtverfassung vorgenommen. Diese Änderungsform taugt auch da, wo Neuerungen namentlich nicht der interpretatorischen Fortbildung oder dem Verfassungswandel der vorhergehenden Stufe überlassen werden wollen. Denn wer fortbildend mit präjudizieller Verbindlichkeitswirkung interpretiert oder Verfassungswandel rechtskräftig bestätigt, z. B. ein Verfassungsrichter oder ein Gesetzgeber, behauptet im Falle der Häufung die Macht eines effektiven Verfassungsgebers, ohne dazu die verfassungsrechtliche und verfahrensmässige Legitimierungsposition zugesprochen erhalten zu haben. Die formelle Verfassungsänderung auf kleiner Flamme ist denn vorwiegend im europäischen Raum die probate Neuerungs- und Anpassungsstufe.

Die partielle Änderung leidet allerdings unter einer unliebsamen Konsequenz. Sie ist begriffsgemäß in den meisten Verfassungen punktuell und vermag größere, selbst logisch oder sachlich nötige Zusammenhänge in der Regel nicht einzufangen. Sie erlaubt keine staatstransformierenden Vorkehren und keine fundamentalen Umorientierungen im Recht. Werden solche gleichwohl in dieser Stufe unternommen, laufen Recht und Staat Gefahr, dass Mißgriffe resultieren, die sich nicht harmonisieren lassen. Verluste der Ausgleiche, Einbußen bei der Balancierung von Macht, Kompetenzen und Kontrollen lauern ohne Unterlaß.

4. Eine vierte Stufe steht bereit: die Totalrevision oder Gesamtrevision oder Neuschaffung einer Verfassung – Worte, die letztlich das gleiche bedeuten. Erweckt wird ein ursprüngliches, originäres Pouvoir constituant. Gerät der Staat in gehäufte und gefährdende Verschiebungen, scheint die Neuschaffung der Verfassung die verheissungsvolle Prozedur der umgreifenden Sanierung zu sein. Und sie wäre es auch, wenn Mensch, Gesellschaft und vorbestandene Staatsorgane faktisch fähig wären, mit ihr hinreichend umzugehen. Denn es sind freie, beinahe ungehinderte, der kreativen Innovation zugängliche Routen begehbar. Den neuerungswilligen Verfassungswissenschafter und den tätigen Politiker muss die helle Freude überfallen, wenn die Last verrosteten Verfassungsgutes abgeworfen und endlich die vermeintlich ganz und gar richtige Verfassung heraufgeführt werden kann. Walther Burckhardt in seiner ganzen Zurückhaltung sprach einmal von der Sternstunde der Juristen, wenn sie sich an gehobene Rechtssetzung machen dürften. Die Schweiz hat in den sechziger und siebziger

Jahren dieses Jahrhunderts – umsichtig und vielleicht zu behutsam – die Einbootung
einer Totalrevision der Bundesverfassung vorbereitet, hat das Schiff aber doch nicht
zur Ausfahrt auf offene See flott gemacht. Im Augenblick unternimmt sie einen neuen
Versuch, der in seiner neuartigen Beladung vielleicht die angepeilten Nahziele und
schließlich die ferneren Verfassungssterne erreicht, nämlich vorerst Verfassungsberei-
nigung mit anschließenden sukzessiven Neuerungen in Gestalt von Reformpaketen.

Der Elementartatbestand der vierten Stufe ist offenbar folgender: Ursprünglich-
freie Verfassungsschöpfungen, wie sie im reinen Typus bisher noch nicht bestehende
Staaten rechtens begründen, sind in einem abgewandelten Typus bis jetzt als Gesamtrevisionen vor allem in existentiellen Gefährdungen des schon vorhanden gewesenen
Staates und seiner Staatlichkeit zustande gekommen. Hauptbeispiele finden sich in
Momenten der Beendigung von Kriegen, namentlich verlorenen Kriegen, der Zer-
störung der inneren Sicherheit, des gesellschaftlichen Chaos, des Abschlußes oder
der Vermeidung von Revolutionen oder Bürgerkriegen, des Wechsels staatsbestim-
mender Ideologien; möglich ist radikaler Zwang von mächtigen Nachbarstaaten oder
Supermächten. Es geht um alles oder nichts. Neuere Beispiele bieten Mittelmeerstaa-
ten nach der Auflösung von Diktaturen, ferner Portugal, dann Nachfolgestaaten der
Sowjetunion, Neuordnungen nach der Satellitenperiode in Osteuropa, aber selbst die
de Gaull'sche Verfassung von 1958. In derartigen Situationen wird eine Verfassung,
wenn überhaupt, kennzeichnenderweise rasch, ohne verfeinerte Deliberation in der
beratenden Versammlung, ohne Scheu vor offengelassenen oder widersprüchlichen
Entscheidungen, wenn nötig mit spitzen Mehrheiten, ohne Rücksichten auf ausge-
feilte Rechtssetzungslehren zusammengeschweißt und als einzig mögliche Lösung
verkündet. Etwas Grobes, Unentrinnbares, Erzwungenes haftet häufig an solcher Verfassunggebung oder etwas – nach dem aufkommenden Wort – Artifizielles, das Verfei-
nerungen pflegt und darob in der gegebenen Lage der Staatlichkeit sich selbst stillegt.

Nun wäre der geschilderte Elementartatbestand, von der Verfassungslehre her betrachtet, selbstverständlich nicht unausweichlich. Die vierte Stufe könnte auch im intakten, funktionsfähigen, integrierten Staat, der indessen einer ganzheitlichen Verfas-
sungserneuerung um der tüchtigen und werterfüllten Staatlichkeit willen bedürfte,
betreten werden. Wohlüberlegt, ohne Hast und Druck, auf solider wissenschaftlicher
Basis und mit verläßlicher Zustimmung dürfte es geschehen. Allein, in den letzten
Jahrzehnten sind – ausser in Gliedstaaten von Förderationen – solche großangelegte,
ausholende Erneuerungen kaum versucht, jedenfalls bis jetzt nicht abgeschlossen
worden. Und wo zunächst flächige Ansätze gewählt wurden, wie in einigen nordi-
schen Staaten, in Österreich, in Belgien, tastend jetzt in Italien, ist die Thematik entweder auf die dritte Stufe, auf Partialrevisionen also, eingeengt oder in einen so verhal-
tenen Revisionsrhythmus verlegt worden, dass die Bemühungen der fünften Stufe zuzurechnen sind, den Reformen, auf die alsbald einzugehen ist.

Zuvor ist noch eine Frage zu den Gesamtrevisionen oder Neuschaffungen zu streifen, die Frage nämlich, warum denn wohl dieser Erneuerungsmodus praktisch in den
Hintergrund gedrängt wird. Die Antwort läßt sich darauf reduzieren, daß in der gefestigten Demokratie, die die westlichen Staaten bei Verfassungserneuerungen als pri-
märes a-priori einsetzen, heutzutage die Konsensherstellung für eine gesamtheitliche
Verfassung das dominante und heikelste Problem darstellt. Der Konsens aber, als Anfang und Schlusspunkt der realisierten Verfassung, wird in praxi insbesondere aus drei

Gründen dornenvoll: Erstens wegen des forcierten Pluralismus, der aus geistigen, psychologischen und interessebedingten Quellen heute in der Gesellschaft und in der Politik überbordet und dadurch die notwendigen Einheitsfaktoren und Solidaritätskomponenten unverhältnismäßig hemmt; zweitens wegen der gehäuften Staatsaufgaben, die z. B. trotz dem Kampf gegen Staatsverschuldung und trotz den Ermutigungen zu staatsentlastender Verwaltungsführung nicht schmelzen wollen und der Konsensfindung sachliche und ideologische Hindernisse in den Weg legen. Drittens regt sich eine Idee der Vollkommenheit. Sie verleiht für eine Gesamtrevision im an sich noch intakten und funktionsfähigen Staat Impulse, um die empfindlich-subtile mit der unerschütterlich-standfesten Verfassungsstruktur zu verknüpfen. Gefordert wird die immer mängelfreie Verfassung im ungebremsten Tempo heutiger Abläufe. Verfassungsvollkommenheit – nach der Manier der exakten Wissenschaften und der hohen Technik in ständiger Dynamisierung – steht indessen jenseits der politisch-sozialen und rechtswissenschaftlichen Erfahrung. Gegenstand und Betätigung der Verfassung sind weiterhin von Antinomien bis zu kontradiktorischen Momenten durchsetzt, so daß mit ihr nur zurechtkommt, wer mit Widersprüchen und mit Unvollkommenheiten zu leben imstande ist. Vollendung im Verfassungsbereich kann wesensgemäß nicht mehr als eine antreibende Zielvorstellung, eine beunruhigende Aufforderung, aber vernünftigerweise kein real erreichbarer Zustand sein.

5. Die fünfte Stufe endlich ist die der eigentlichen Verfassungsreformen. Sie dürfte unserer Zeit liegen, wenn Verschiebungen effektiv und effizient angegangen werden sollen. Der Reformbegriff ist dafür nicht weit zu fassen, insbesondere nicht als Oberbegriff für alle Verfassungsmodifikationen. Er meint auch nicht die Gesamtrevision oder die Neuschaffung, also die vierte Stufe; er ist aber anderes und mehr als die Teiländerung der dritten Stufe. Er richtet sich auf einen Vorgang eigener Art.

Verfassungsreformen, so verstanden, sind Institutionen der verfassungspolitischen Zugriffe und der verfassungsstrategischen Aushilfen gegenüber Verschiebungen oder Verwerfungen. Sie sind Chancen, aus der Gesamtsichtung der Verfassung, aus deren Ganzheitserfassung das herauszugreifen, was in einer abmessbaren Handlungsperiode korrigiert und erneuert werden muß und kann. Es besteht gerade kein Zwang, die Verfassung totaliter der potentiellen Erneuerung zu unterwerfen; es gibt umgekehrt keine formale Einschränkung der erneuernden Schritte. Der antretende Verfassungsgeber paßt sich Bedürfnis, Vermögen, konkreter Sachlage sowie politischen Grundsituationen an. Damit waltet nicht simple Opportunität. Maßgeblich ist der Wille, eine erfolgversprechende Reform zustande zu bringen. Das neue Beispiel der Schweiz, das ich vorhin erwähnt habe, mag man der Stufe der Reformen zuschlagen.

Verfassungsreformen brauchen ausgiebige Vorbereitungen und anschließend zielsichere Führung der Beratungs- und Beschlussverfahren. Wenn maßgebliche Gesichtspunkte betont werden, die die Thematik und die Prozeduren bestimmen, mögen folgende aufgezählt werden:

– Zum einen sind Breite und Tiefe der Verschiebungen in concreto zu bemessen nach Art und Umfang der Gefährdungen. Also: Was ist gegenständlich der sinnvolle Reformbedarf?

– Zum anderen sind die verfassungserneuernden Kapazitäten der beteiligten Gewalten, insbesondere der materiell bearbeitenden und sodann der abschließend entscheidenden Größen abzuschätzen. Dazu gehört, die sachliche und politische Fähigkeit, Vorschläge durch diejenigen Beteiligten aufzunehmen, die die legitimierende Akzeptation zu beschaffen haben werden. Also: Wie nehmen sich die Erneuerungschancen realiter aus?

– Als nächstes steht an, die zeitliche Dringlichkeit der Reform zu ermitteln, um den Zeitbedarf und darnach die praktische Zeit- und Arbeitspläne festzulegen. Also: Welcher Zeitaufwand ist erforderlich und wieviel Zeit steht praktisch zur Verfügung?

– Sodann ist die methodische Evaluation fällig, die über die mutmaßliche Wirksamkeit der projektierten Neuerungen Auskunft gibt. Also: Taugen die aufgenommenen Leitideen und die vorgesehenen Neufassungen für die Reformziele?

– Die zweitletzte Frage ist die nach dem Ausgleich und dem praktikablen Ergebnis der soeben durchlaufenen Themen- und Verfahrensprobleme. Also: Was ist das Resultat der Abwägungen? Wie sieht das Reformprojekt jetzt vernünftigerweise aus? Ist ein richtiges Erneuerungsziel definiert?

– Geboten ist schließlich, mit korrigierenden Wiederholungen, die Gesamtschau ständig sicherzustellen, d. h. die Verfassung insgesamt und die Reformvorlage im besonderen dank Übersicht und Steuerungskraft kohärent zu halten. Also: Wie ist für das Reformvorhaben der Einklang mit der noch oder schon vorhandenen Verfassungsmaße aufrecht zu erhalten?

Der Abschluß eines Projektes, z. B. die erneuerte Finanzverfassung oder die Verfassung der Außenwirtschaft oder eine Parlamentsreform oder die föderative Partizipation an der verbreiterten Bundespolitik, braucht nicht das Ende einer aufgegriffenen Verfassungsreform sein. Diese darf je nach Sach- und Politiklage, nach der Zuverlässigkeit wissenschaftlicher Aufbereitung, sowie nach der verfügbaren Zeit in verselbständigte Reformpakete unterteilt werden. Nach einer nicht fernabliegenden Vorstellung könnten wegen des wachsenden reformierenden Regelungsbedarfs in naher Zukunft schon ständig irgendwelche Reformpakete im Beratungssaal und auf der Entscheidungsebene unterwegs sein. So jedenfalls bestände Aussicht, daß Überhastungen mit gehäuften Fehlleistungen oder zu kurze Änderungsschritte oder zu langwierige Verfahren mit einem Verlust der Reformenergie und der Reformkongruenz vermieden werden dürften.

Mehr als andere Rechtssetzungen ist die Verfassungsreform auf klare Führung angewiesen. Die Reform initiierend in Bewegung zu setzen, die vielschichtigen Planungen im Griff zu behalten, den Bearbeitungen den thematischen Boden zu bewahren, dann aber namentlich die Beratungen sachgerecht zu lenken, die nötigen Kompromisse vorzuzeichnen und Konsensbasen zu bauen – das alles ist Aufgabe eines leitungskräftigen Führungszentrums. Es kann von Staat zu Staat und von Mal zu Mal different sein; seine Varianten und Methoden sind hier nicht zu verfolgen. Wesentlich aber ist, die Notwendigkeit der Steuerung anzuerkennen und die Führungsfähigkeit gerade in der Demokratie sicherzustellen. Denn die personale-staatsmännische Kapazität ist inmitten der beteiligten demokratischen Pluralität Voraussetzung und Garant der Verfassungsreform von zureichender Qualität. Eine Verfassungsreform stellt die höchsten Anforderungen in der Demokratie, in der die materielle Schaffung neuer Inhalte und deren legitimierende Akzeptation am nötigsten, jedoch am schwersten erreichbar sind.

IV.

Ich komme zum Schluß und darf nochmals herausheben:
Eine Verfassung kann sich in einem tauglichen, ja, idealen Zustand befinden. Dann ist sie schonungsvoll zu behandeln und zu behüten. Weist sie hingegen gewichtige Mängel auf und gerät sie unter den Druck von Verschiebungen, wird im lebhaften und innovationsbereiten Staat Verfassungsänderung oder -erneuerung angesagt. Neue Verfassungsgebung, welche entweder einfache punktuelle Korrekturen übersteigt oder aber keine existentielle Bedrohung von einem darniederliegenden Staat mit Hilfe von Verfassungsrecht radikal und beschleunigt abwenden muß, solche Verfassunggebung sollte überlegtes, weitsichtiges, vernunftgeleitetes Handeln von verbundenen Kräften im Staatsverbande sein können. Rationales Voranschreiten und mitschwingende emotionale Begleitung im sukzessiven Reformprozeß sollen die in der Zeit bestmögliche Verfassung hervorbringen. Wegen der heutigen Kompliziertheit, Komplexität und Häufung der Sachprobleme, wegen der überdehnten Pluralität der Beteiligten und der Entscheidungsträger sind Verfassungsreformen gegenwärtig die ausgewogensten Erneuerungsverfahren innert praktikablen Zeitspannen.

Verfassungsreformen sind auf Kooperation und Koordination angewiesen. Politische Handlungsorgane – meist Parlament und Regierung oder Verfassungskonvente mit Leitungsausschüssen – und das Volk, dieses mehr oder weniger alimentiert und gelenkt durch intermediäre Gewalten, sind in der demokratischen Verfassungsreform intensiv aufeinander bezogen. Die unterstellte Verwaltung bringt Sachwissen und Qualitätskontrollen ein. Die Verfassungsrechtspflege liefert Auswertungen bisherigen Rechts mit seinen üblen und guten Erfahrungen und öffnet sektorielle Ausblicke auf erwünschte Neuregelungen. Im Bundesstaat regen sich die Gliedstaaten, sobald Verfassungsreformen des Gesamtstaates aktuell werden. Unter hohe materielle Verantwortung gesetzt ist die Wissenschaft, voran die Staatsrechtslehre samt ihren benachbarten Disziplinen. Kooperation bei der Verfassungsreform sammelt die aufgezählten Größen im synthetischen Prozess der geführten Zusammenfügungen. In deren Verlauf werden schliesslich die letzten Auslesen getroffen und die normative Kraft der Reform in die massgebliche Fassung verbracht.

Die Wissenschaft nimmt bei Verfassungsreformen eine sonderbare Stellung ein. Verbindlichkeitsbefugnisse gehen ihr ab. Sie prüft, rügt und begehrt auf. Sie rät und empfiehlt. Sie verbreitet Einsicht in Nötiges und Überflüssiges der Verfassungsordnung. Sie stellt Vergleiche an und macht Vorschläge für Stil, Gliederung, Weite, Regelungsdichte und Formulierung. Möglich ist, dass sie vom Konzept bis zur Endfassung dauernd präsent und möglicherweise dank einer politiktauglichen Sachautorität bestimmend ist. Jedenfalls ist sie für qualifizierte Verfassungsreformen bezüglich Substanz, Verfahrensmöglichkeiten, kritische Betreuung und Sorgfalt unentbehrlich. Sie kann selbst politische Insuffizienzen zu beheben helfen. Gleichwohl steigt sie nicht auf zur Normativität verleihenden Gewalt. Sie verharrt in der spezifischen Position, aus der sie aber einer materiellen Verantwortung nicht entfliehen kann.

Die europäischen verfassungsrechtlichen Erfahrungen der Nachkriegszeit – das Beispiel Deutschland[*] (1945/49 – 1996)

von

Dr. Dr. h.c. Peter Häberle

Professor für Öffentliches Recht, Rechtsphilosophie und Kirchenrecht an der Universität Bayreuth, ständiger Gastprofessor für Rechtsphilosophie an der Hochschule St. Gallen

Inhalt

---

[*] Vortrag, den der Verf. auf der *italienischen* Staatsrechtslehrertagung in Turin am 25. Oktober 1996 gehalten hat. Übersetzung ins Italienische u. a. in: La Legge Fondamentale, tradotto da A. Anzon e J. Luther, Milano 1997, S. 1 ff. – Wissenschaftliche Publikationen im Ausland sind m. E. besonders scharfen Anforderungen des *Pluralismus*-Gebots bei der Auswahl der Literatur unterworfen. Aus Platzgründen konnte der Verf. diesem hohen Ideal nicht immer voll entsprechen.

Einleitung, Problem

Als Deutscher auf Ihrem italienischen Forum in Turin sprechen zu dürfen, ist eine *Ehre*, die eigentlich den Weimarer Klassikern zukommen müßte – jener Klassiker der 20er Jahre, die auch und vor allem solche des deutschen Grundgesetzes von 1949 bis heute sind. Es ist eine *Freude*, weil sich darin die Existenz einer deutsch-italienischen Wissenschaftlergemeinschaft in Europa manifestiert, für die wir besonders dankbar sein dürfen. Wir alle stehen »auf den Schultern von Riesen«, seien sie wie ein *C. Mortati*[1] persönlich in der Konstituante tätig gewesen oder wie ein *H. Heller, R. Smend* und andere – persönlich glaubwürdig – im Vorfeld und in der Entwicklungsgeschichte unserer Verfassung wirksam geworden (denken wir an *H. Hellers* Formel vom »sozialen Rechtsstaat« oder an *R. Smends* Beitrag zur »Einheit der Verfassung« bzw. zum Grundrechtsverständnis). Wir bleiben Zwerge auf den Schultern dieser Riesen, aber mitunter sehen wir eben darum ein (kleines) Stück weiter als diese – das gibt uns Hoffnung und Zuversicht, den Verfassungsstaat als gemeineuropäisch/atlantische kulturelle Errungenschaft, die freilich auch und gerade seit dem »annus mirabilis« 1989 immer wieder gefährdet ist, fortzuentwickeln bzw. seine weitere Entwicklung zu diagnostizieren und zu kommentieren, ggf. auch i.S. wissenschaftlicher Vorratspolitik begrenzt mitzusteuern. Wenn hier und heute vier »Länderberichte« je für Italien, Frankreich, Österreich und Deutschland zu Wort kommen, so liefert dies reichlich konkretes Anschauungsmaterial, welche Beispielsfülle ich auch da und dort noch um die Schweizer Dimension erweitern möchte. Unentbehrlich wird aber auch ein allgemeiner Theorierahmen, in dessen »Raster« aus meiner Sicht zu arbeiten ist. Ihm gilt der *Erste Teil*. Der *Zweite* – besondere – Teil gilt den »deutschen Erfahrungen«, d.h., dem deutschen Grundgesetz als großem »Angebot«, das »angenommen« wurde[2] und das sich auch im Rahmen des Glücksfalls der deutschen Wiedervereinigung 1990 bewährt hat bzw. neu akzeptiert wurde, freilich nicht zuletzt dank mittlerweile 43 formeller Verfassungsänderungen, schöpferischer Prätorik des BVerfG und innovatorischen, gegenüber Weimar mindestens »postglossatorischen« Leistungen der deutschen Staatsrechtslehre als Wissenschaft, nicht zuletzt auch dank der jetzt 16 föderalen »Werkstätten«, nämlich der 11 alten und 5 neuen Bundesländern, die der Bundesstaatsrahmen für Produktion und Rezeption für den Wettbewerb der politischen und Rechtsideen, der Kultur und Wirtschaft schafft. Gewiß, beim Betrachten unserer beiden Länder, Italiens und Deutschlands, muß auch Raum für ironische Distanz bleiben, die letztlich in die Tiefen der unterschiedlichen Kulturgeschichte und politischen Kultur diesseits und

---

[1] *C. Mortati*, Dottrine Generali e Costituzione della Repubblica Italiana (1962), 1986; Il pensiero Giuridico di Costantino Mortati, a cura di *M. Galizia* e *P. Grossi*, 1990; Costantino Mortati, Costituzionalistica Calabrese, a cura di *F. Lanchester*, 1989. Zu Mortati: *I. Staff*, Verfassungstheoretische Probleme in der demokratischen Republik Italien, in: Der Staat 35 (1996), S. 271 ff.

[2] Vgl. den Titel der *G. Dürig* gewidmeten Festschrift: »Das akzeptierte Grundgesetz«, 1990.

jenseits der Alpen führt. Kürzlich schrieb der ehrwürdige *Indro Montanelli* in einem Leitartikel im »Corriere della Sera«: »Wir, die wir immer ein bißchen Angst vor dem Neuen haben, können aufatmen. In Italien kann sich nur die Verfassung ändern. Der Rest bleibt, wie er ist«[3]. Kongenial gedacht, wäre dem für Deutschland gegenüber zu stellen: »Es ist leichter, das Grundgesetz 43mal zu ändern als das Ladenschlußgesetz der 50er Jahre einmal zu reformieren«. Die ironische »Brechung« solcher Unterschiede müssen wir im Auge behalten: Verlangt ist auch, das *Verfassungsverständnis* bzw. den – unterschiedlichen – Stellenwert der »Verfassung« in der politischen Kultur der jeweiligen Länder zu thematisieren. Das geglückte Wort vom »Verfassungspatriotismus« *(D. Sternberger)* – er gibt der offenen Gesellschaft ein »Vaterland« – gehört ebenso hierher wie die Einsicht, daß deutsche Freiheit zutiefst *föderative* Freiheit, daß sie kulturelle Freiheit jenseits des »Naturzustands« dank der 16 Länder als »Provinzen des Geistes« ist: von *J. S. Bachs* »Leipzig« über *Goethe/Schillers* »Weimar« bis zu *F. Hölderlins* Württemberg und *T. Fontanes* »Mark Brandenburg« sowie *G. Grass'* deutsch-polnischem Danzig-Roman »Blechtrommel«, zuvor *T. Manns* »Lübeck«, ihm, dem wir das erkenntnisleitende Wort vom »europäischen Deutschland« verdanken. Schmerzhaft und provokativ bleibt freilich das – verletzende – Wort vom »DM-Nationalismus« *(J. Habermas)*, indiziert es doch einen heute vielen Verfassungsstaaten gemeinsamen unseligen Ökonomismus, der ihre ideellen Wurzeln angreift und ein Grund für ihre beklagenswerte partielle *Reformunfähigkeit* sein dürfte. Für Deutschland muß die Sorge artikuliert werden, daß ihm eine Wirtschaftskrise eher gefährlich ist als im republikanisch fundierten Frankreich oder in der gewachsenen parlamentarischen Monarchie England oder im dank seiner Kultur »ewigen« Italien.

Erster (Allgemeiner) Teil: Der Theorierahmen: Reform-Themen – Verfahren und Beteiligte des bzw. im Typus Verfassungsstaat

I. *Vorverständnis und Methodenwahl: Verfassungslehre als vergleichende, juristische Text- und Kulturwissenschaft, das »gemischte« Verfassungsverständnis*

1. Auch ein bescheidener, auf Deutschland bezogener »Länderbericht« verlangt eine Offenlegung von »Vorverständnis und Methodenwahl« i.S. von *J. Esser*[4]. Um so mehr dann, wenn es um den Verfassungsstaat und seine nationale Entwicklungsgeschichte geht. Verlangt ist ein »Erfahrungsbericht«. Er ist nur dank der »Greifwerkzeuge« einer als *vergleichenden* juristischen Text- und Kulturwissenschaft beschriebenen Verfassungslehre möglich. Was heißt das? Die verfassungsstaatliche Verfassung, evolutionistisches Ergebnis einer durch Klassikertexte von *Aristoteles* bis zu den »Federalist Papers« (1787), von *Montesquieu* (1748) bis zu *H. Jonas'* »Prinzip Verantwortung« (1984) auch für künftige Generationen angereicherten Entwicklung basiert auf der Menschenwürde i.S. *I. Kants* als kulturanthropologischer *Prämisse* und führt zur freiheitlichen Demokratie als ihrer organisatorischen *Konsequenz*[5]. Sie ist »geprägte Form,

---

[3] Zit. nach *D. Polaczek*, Teile und sende, FAZ vom 15. August 1996, S. 29.

[4] *J. Esser*, Vorverständnis und Methodenwahl, 1972.

[5] Zu den Ausarbeitungen meine Studien: Klassikertexte im Verfassungsleben, 1981; Verfassungslehre

die lebend sich entwickelt« i.S. von *Goethe* bzw. *H. Heller*, und sie hat typische Inhalte
und Verfahren, Textensembles und Instrumente, die von den einzelnen Nationen modifiziert, bereichert und fortentwickelt werden – fast einer »konzertierten Aktion«
oder einem »europäischen Hauskonzert« ähnlich. Großbritannien hat etwa die parlamentarische Demokratie, die USA haben den Föderalismus, Frankreich u.a. die Gewaltenteilung, Deutschland hatten die fast perfektionistische Grundrechtsdogmatik,
Italien und Spanien den Regionalismus beigetragen und einen gemeineuropäischen
Bestand an Problemlösungsmaterial geschaffen, der in Europa Tendenzen zu einem
»gemeineuropäischen Verfassungsrecht«, weltweit aber einen universalen Mindestbe-
stand wie Grundrechte und Demokratie, Menschenwürde und sozialer Rechtsstaat
möglich erscheinen läßt. Verfassungslehre »in weltbürgerlicher Absicht« zu unternehmen, um noch einmal *I. Kant* »anzurufen«, ist jenes »Utopiequantum«, das selbst in
düsteren Jahren wie in den Bürgerkriegen auf dem Balkan oder angesichts der Herausforderungen durch den z.B. islamischen Fundamentalismus unverzichtbar erscheint, um dem Menschen den »aufrechten Gang« *(E. Bloch)* zu ermöglichen und die
Menschenrechte »als Erziehungsziele« zu lehren, wie dies UNO-Pakte und Unesco-
Texte verlangen[6].

2. Bei all dem hilft m.E. die Einsicht in das Textstufen-Paradigma sowie die Erkenntnis des »gemischten Verfassungsverständnisses« weiter. *Textstufen-Paradigma*
meint: Weltweit besteht heute eine »offene Gesellschaft der Verfassunggeber«, eine
Produktions- und Rezeptionsgemeinschaft, insofern jüngere Verfassunggeber zunächst die Texte aus älteren, z.B. benachbarten Verfassungen übernehmen, diese dann
aber im Lichte der Verfassungs*wirklichkeit* bzw. *-praxis* der älteren fremden Verfassungen »fortschreiben«. So beobachten wir die Rezeption von Leitentscheidungen des
deutschen BVerfG in Spanien, die Fortentwicklung des italienischen Regionalismus
in eben diesem Spanien, die Übernahme von Elementen des deutschen Pluralismus-
Modells in Rundfunk und Fernsehen in anderen Ländern etc. Wir verfolgen die Insti-
tutionalisierung des verfassungsrichterlichen Sondervotums in Art.164 Abs.1 S.1
Verf. Spanien, nachdem es unter dem GG, auf Gesetzesstufe in Gestalt der Novelle
zum BVerfGG eingerichtet worden war (1971). Wir sehen die Anlehnung des französischen Parteienartikels (Art.4 Verf. 1958) an das deutsche Vorbild (Art.21 GG) oder
den Ausbau von nationalem Europaverfassungsrecht (Art.23 n.F. GG), gerungen wird
darum derzeit in Griechenland und Italien[7]. Und wir verfolgen den Siegeszug des
(deutschen) Begriffs »Rechtsstaat« gemeinsam mit dem angloamerikanischen »Rule of
law« und »due process« in den Reformländern Osteuropas. Fast unbemerkt wird dabei
die Rechtsvergleichung zur *»fünften«* Auslegungsmethode *nach F.C. von Savignys* vier
klassischen von 1840[8]. Texte, Theorien, Urteile »wandern« aus und ein, werden im

---

als Kulturwissenschaft, 1982 (italienische Übersetzung in Vorbereitung); Die Menschenwürde als Grundlage der staatlichen Gemeinschaft, in: HdBStR Bd.I (1987), S.815ff., 2. Aufl. 1995, S.815ff.

  [6] Zu diesen Zusammenhängen: *P. Häberle*, Erziehungsziele und Orientierungswerte im Verfassungsstaat, 1981. – 1994 war der »Erziehungsauftrag der Schulen« ein Gegenstand der deutschen Staatsrechtslehrertagung in Halle (VVDStRL 54 (1995), S.7ff.) mit den Referaten von *M. Bothe* und *A. Dittmann*.

  [7] Dazu *P. Häberle*, Nationales Europaverfassungsrecht, in: Das Grundgesetz zwischen Verfassungsrecht
und Verfassungspolitik, 1996, S.445ff.

  [8] Zu diesem Postulat näher: *P. Häberle*, Rechtsvergleichung im Kraftfeld des Verfassungsstaates, 1992,
S.27ff. u. öfters.

Verlauf des Rezeptionsprozesses auch schöpferisch umgestaltet, fast i.S. von *Goethes* Metamorphosen-Lehre! Daß dabei auch Verfassungs*entwürfe* über den Tag hinaus relevant bleiben als »kulturelle Kristallisationen« eigener Art, selbst wenn sie zunächst erfolglos erscheinen, sei angemerkt. In Deutschland hat der Ostberliner Verfassungsentwurf des zentralen »Runden Tisches« (1990), haben die fast 40 Verfassungsentwürfe aus und in den fast über Nacht wiedererstandenen 5 neuen Ländern eben doch Verfassungsgeschichte gemacht: sie speichern Hoffnungen nach der »Wende« und bleiben in manchem ein Angebot an die spätere Verfassungsentwicklung im ganzen Bundesstaat, z.B. in Sachen Minderheitenschutz[9]. Das Ringen *Polens* um seine endgültige Verfassung, jenes Polen, das uns 1989 doch den »Runden Tisch« als kulturelles Gen der Menschheit bewußt gemacht bzw. das Konzept von der *Verfassung als Vertrag* neu entworfen hat, zeigt, wie ein neuer Verfassungsstaat sich aus der gemeineuropäischen Verfassungskultur neu konstituiert, ohne das nationale Erbe zu vergessen: Die Rezeption der EMRK-Grundrechte in Osteuropa ist ein besonders eindrucksvolles Beispiel. Sie sollten uns auf ihre Weise an die Erkenntnis von *B. Spinoza* erinnern (1670): »Der Zweck des Staates ist in Wahrheit die Freiheit«. Zugleich gibt es so etwas wie eine »staatsbildende Vernunft« i.S. von *V. Havel.*

3. Der zweite Annäherungsversuch an das, was »Verfassung« ist, und welche Erfahrungen wir mit ihr immer neu machen, ist aus deutscher, genauer aus meiner Sicht, auf das Stichwort vom *»gemischten Verfassungsverständnis«* zu bringen. Was im deutschen wissenschaftlichen Schulenstreit oft auf ein scharfes Entweder – Oder gebracht wird, ist in der pragmatischen Integration von Theorieelementen je nach Problembereich so zusammenzufügen, daß wir die einzelnen Etappen der deutschen Verfassungsgeschichte seit der Nachkriegszeit beschreiben und einen Dialog mit Italien wagen können. Verfassung ist i.S. von *R. Smend* »Anregung und Schranke«, sie ist auch »Norm und Aufgabe« *(U. Scheuner)*, sie ist auch Rahmenordnung öffentlicher Prozesse und vertragsähnlicher Vorgänge und sie ist Kultur. Das heißt auch: Sie ist nicht bloßes »Organisationsstatut« oder »instrument of government«, sondern werthaftes Gebilde mit enormem Artenreichtum der Textensembles und des subkonstitutionellen Rechts. Und: es gibt nur so viel Staat – wie die *Verfassung* konstituiert. Sie ist vor allem nicht »Dezision« eines Verfassunggebers, der »normativ aus dem Nichts entscheidet« *(C. Schmitt).* Widerlegt wird diese These eines merkwürdig unhistorischen, die Rechtsvergleichung vergessenden »soziologischen Positivismus« schon durch einen genauen Blick auf die Vorgeschichte etwa des so glücklichen Zustandekommens der Verfassung Spaniens von 1978, wo in pluralistischen Verfahren ein Kompromiß der Wertvorstellungen vieler verfassungsgestaltender Kräfte bzw. Beteiligter erarbeitet wurde: Statt »creatio ex nihilo« *»creatio ex cultura«*! Verfassung ist also nicht nur juristisches Regelwerk, sondern Ausdruck eines kulturellen Entwicklungszustandes, Mittel der kulturellen Selbstdarstellung des Volkes, Spiegel seines kulturellen Erbes und Fundament seiner Hoffnungen. *Lebende* Verfassungen als ein Werk aller Verfassungsinterpreten der *offenen* Gesellschaft sind der Form und der Sache nach weit mehr Ausdruck und Vermittlung von Kultur, Rahmen für kulturelle (Re-)Produktion und Rezeption

---

[9] Dokumentiert und kommentiert vom Verfasser: Das Grundgesetz zwischen Verfassungsrecht und Verfassungspolitik, 1996, S. 27 ff.

und Speicher von überkommenen kulturellen »Informationen«, Erfahrungen, Erlebnissen, Weisheiten.

Dieses *kulturwissenschaftliche Verfassungsverständnis* bewährt sich vor allem, aber nicht nur bei Präambeln, beim Kulturverfassungsrecht, den »Ewigkeitsklauseln«, dem nationalen und internationalen Kulturgüterschutz bis hin zu einem »Weltbürgerrecht der Kunst und Kultur«, bei Hymnen, Flaggen und Feiertagen als »irrationale Konsensquellen« des Verfassungsstaates, der von einem Menschen ausgeht, der ein rationales *und* emotionales »zoon politicon« ist. So hat jüngst *Verdis* »Nabucco« bzw. der Gefangenenchor seine einheitsstiftende Wirkung für Italien bewiesen, als in der Arena zu Verona im August 1996 *U. Bossi* dieses Werk für seine Lega Nord reklamieren wollte: er wurde ausgepfiffen[10].

Ein Wort zu den *Präambeln*: Kulturwissenschaftlich betrachtet sind sie dem »Prolog«, der Ouvertüre oder dem »Präludium« vergleichbar. In bürgernaher Sprache wollen sie den Menschen für die Verfassung »gewinnen«, ihn buchstäblich »ansprechen«, wollen sie Geschichte verarbeiten und Zukunftsziele entwerfen, umschreiben sie oft ein »Konzentrat« der Verfassung. All dies läßt sich an Dutzenden von Verfassungspräambeln z.B. in Ostdeutschland belegen, zuletzt etwa auch in der Ukraine (1996) in Worten wie »basis of the centuries-old history«, »consideration toward securing human rights and freedoms, to develop a democratic, social, law based state«, »recognizing our responsibility before God, our own conscience, past, present, and future generations …«

Auf diesem Hintergrund erst wird eine Skizzierung der 50 Jahre deutscher Erfahrungen in Sachen Verfassung bzw. Verfassungsgeschichte möglich, die nicht nur Geschichte des Grundgesetzes, sondern immer auch der fast durchgängig als *Voll*verfassungen konzipierten und gelebten 16 *Länder*verfassungen ist. Das kann Italien gegenüber, das so dramatisch um seine Regionalstrukturen ringen muß und plötzlich mit der »Traumrepublik Padaniens« konfrontiert wird, gar nicht nachdrücklich genug ins Bewußtsein gerufen werden. Wirkt hier vielleicht die »List der Vernunft« *(Hegel)*, insofern die Provokation *U. Bossis* zu einem Modernitätsschub zugunsten eines »nuovo federalismo« führt? Freilich erscheint auch der seinerzeitige Wahlkampfruf von *R. Prodi* »Italien nach Europa bringen« oberflächlich: Italien bleibt − »Maastricht« hin oder her − das Kernland Europas! Es ist ein »europäischer Verfassungsstaat«[11].

---

[10] FAZ vom 23. August 1996, S. 31. Auch darf es den »teilnehmenden Beobachter« aus Deutschland beruhigen, daß in Mailand am 15. September 1996 Zehntausende Menschen *für* die staatliche Einheit Italiens und gegen die separatistischen Bestrebungen der Lega Nord protestierten. Dazu Frankfurter Rundschau vom 16. September 1996 S. 1. S. auch ebd. S. 3: »Die Gottheit Po spielte Umberto Bossi einen Streich«. Ferner NZZ vom 17. September 1996, S. 23: »Padanien − Konturen eines wirtschaftlichen Schwergewichts. Keimende Sezessionswünsche in Norditalien.« FAZ vom 16. September 1996, S. 3: »Bossis Hybris«. *H. Stehle*, Scheidung auf padanisch, Die Zeit Nr. 38 vom 13. September 1996, S. 6; *P. Iden*, Reform statt Teilung, FR vom 24. September 1996, S. 9.

[11] 50 Jahre Abkommen *Gruber-De Gasperi* in Sachen Südtirol darf mit der Vollendung des Autonomie-Paktes von 1992 als »Modell für Minderheitenschutz« *(A. Khol)* gelten (vgl. FAZ vom 6. September 1996, S. 8). Bemerkenswert ist auch die Idee von Rivoli/Veronese, zu den Kriegs- und Kriegerdenkmälern künftig bei den Jahresfeiern nicht mehr die Sieger und deren Nachkommen späterer Generationen, sondern zusätzlich Unbeteiligte zusammenzuführen (dazu *H.-J. Fischer*, Wir gedenken der Opfer, nicht einer Schlacht, FAZ vom 4. September 1996, S. 11).

II. Der Verfassungsstaat als »res publica semper reformanda«: Verfassungs-Reformthemen (in Auswahl)

Der Verfassungsstaat ist – geschrieben oder ungeschrieben – immer unterwegs. Er entwickelt sich »im Laufe der Zeit«, wie dieses Wort bildhaft umschreibt und dies trotz aller »Rigidität« i.S. des großen Buches von *A. Pace*[12], trotz aller unverzichtbaren Rechtssicherheit als ein Element der *Radbruch'schen* Rechts-Trias von Gerechtigkeit, Rechtssicherheit und Zweckmäßigkeit, trotz aller Statik und Stabilität rechtsstaatlich erforderlicher Berechenbarkeit. »Verfassungsreform« ist insofern der *Ober*begriff für alle Entwicklungen in der Zeitachse, die der Verfassungsstaat auf Begriffe und Verfahren z.B. von formellen Verfassungsänderungen bis zum verfassungsrichterlichen Sondervotum gebracht hat. »Zeit« und »Verfassungskultur« wird zum normalen Stichwort. Wo sich ein Verfassungsstaat notwendigen Reformen verweigert, wo er sie verfehlt oder wo er den Reformbedarf ignoriert, kommt es zu Spannungen, die bis zum offenen Verfassungsbruch oder gar zu Revolutionen führen und jedenfalls für das politische Gemeinwesen nachteilig sein können. So gibt es eine im Grunde schwer definierbare »Stunde« der Verfassungsreform, die etwa viele Schweizer Kantonsverfassungen im letzten Jahrzehnt vorbildlich wahrgenommen haben, zuletzt etwa in Gestalt der vorzüglichen Kantonsverfassung von Bern (1993) oder von Appenzell A.Rh. (1995), während die »Stunde« der Totalrevision auf *Bundes*ebene 1977 verpaßt wurde und jetzt allenfalls als »nachgeführte« Verfassungsreform schleppend nachgeholt wird[13]. In Polen hätte 1989/90 im europäischen Aufbruch die neue Verfassung gelingen müssen; ausgerechnet dieses Land, dem wir die Wende verdanken, hat im Gegensatz zu den Baltenrepubliken oder Tschechien bis heute, 1996, noch keine Vollverfassung[14]. In Deutschland stellte sich im »Vormärz 1990« die Frage, ob das sich wiedervereinigende deutsche Volk den Weg über den Beitritts-Artikel 23 GG gehen sollte – *W. Brandt* sprach von »Holzweg«, *H. Kohl* von Königsweg –, oder ob eine sich prinzipiell am GG orientierende gesamtdeutsche Verfassung auszuarbeiten sei (vgl. Art. 146 a.F. GG), bei dem das Volk i.S. der stolzen großen Devise »*Wir* sind das Volk« (ein Zitat aus »Dantons Tod« von *G. Büchner*) das letzte Wort qua Referendum haben sollte. Die Verfassungsgeschichte wählte den Weg der prinzipiell sofortigen Geltung des GG in Ostdeutschland, politisch und wissenschaftlich höchst umstritten. Die Frage wurde i.S. des Art. 23 GG a.F. gelöst, was die heutigen Probleme der »inneren« Wiedervereinigung gewiß nicht geringer gemacht hat, zumal die Gemeinsame Verfassungskommission weitgehend scheiterte[15].

Schließlich ein Wort zu den *Reformthemen*, die m.E. für den heutigen Entwicklungstand des *Typus* Verfassungsstaat charakteristisch sind und zwar über Deutschland bzw. Italien hinaus. Ausgerechnet in dem Augenblick, da der Typus Verfassungsstaat 1989 fast weltweit den Sieg über das totalitäre Gegenmodell des Marxismus-Leninis-

---

[12] *A. Pace*, La causa delle rigidità costituzionale, 1995, 2. Aufl. 1996.

[13] Dazu Y. Hangartner/B. Ehrenzeller (Hrsg.), Reform der Bundesverfassung, 1995.

[14] Dokumentiert und kommentiert in JöR 43 (1995), S. 184ff., 44 (1996), S. 458ff.

[15] Dazu mein Turiner Vortrag: Die Kontroverse um die Reform des deutschen Grundgesetzes (1992), jetzt in: Das Grundgesetz zwischen Verfassungsrecht und Verfassungspolitik (1996), S. 237ff. und JöR 39 (1990), S. 319ff., 40 (1991/92), S. 291, 41 (1993), S. 69 (italienische Übersetzung in: Quaderni Costituzionali 2/1993, S. 279ff.).

mus davongetragen hat, gibt es in vielen Ländern Beispiele dafür, daß er den Reformbedarf nicht erfüllt, obwohl genug »challenge and response«-Situationen vorliegen.
Der Trend zur bequemen, meist ökonomischen Besitzstandswahrung straft das Konzept der »offenen Gesellschaft« *Poppers* zum Teil Lügen. Eine gemeineuropäische – leider recht offene – *Mängelliste des Verfassungsstaates* will den Verfassungsstaat nicht etwa
in Frage stellen, sondern zeigen, daß es auch »Gemeinsamkeiten im Negativen« gibt
und die anstehenden Reformen vielleicht dank *wechselseitiger* Lernvorgänge in Angriff
genommen werden können. Selbst in den USA gibt es Krisenphänomene, denen der
»Kommunitarismus« zu begegnen sucht. Stichworte müssen genügen:

(1) In vielen europäischen Ländern überwuchert die *»Parteienstaatlichkeit«* (»parti-
tocrazia«) die formalisierten Willensbildungs- und Entscheidungsvorgänge – bis hin
zur Korruption (der in Frankreich, Belgien und Italien die Richterschaft so mutig
entgegentritt). Das zeigt sich in Entartungen bei der Parteienfinanzierung[16], allgemein
gegeißelt mit dem Wort vom »Staat als Beute« *H. H. von Arnim)*; in Deutschland greifbar in Gestalt unverhohlenen Zugriffs der politischen Parteien auf alle BVerfG- und
Bundesrichter-, auch EuGH-Richterstellen (trotz Art. 33 Abs. 2 GG: »Eignung«,
»fachliche Leistung«). Im ganzen kommen wir immer wieder zu der »ewigen Frage«:
»*Wer* ist das Volk?«

(2) Die möglichst pluralistische *Verfassung der Medien*, ihre Aufgabe der »Grundversorgung« mit Informationen und der Vermittlung von »Kultur« ist ein Dauerthema.
Die tunlichste »Staatsferne« des öffentlich-rechtlichen Fernsehens und Rundfunks sowie die Beteiligung aller in Betracht kommenden bedeutsamen politischen Wähler-
vereinigungen und Gruppen i.S. dieses Pluralismus-Modells, wie sie das deutsche
BVerfG in mittlerweile 8 Urteilen (vgl. E 12, 205, zuletzt E 90, 60), flankiert von Verfassungsänderungen (z.B. in Bayern Art. 111a BV), Staatsverträgen und den neuen
Bundesländerverfassungen (z.B. Art. 19 Brandenburg von 1992: »Höchstmaß an Mei-
nungsvielfalt«) entwickelt hat, kann Vorbildcharakter, wohl auch für Italien, beanspruchen. Der »Selbstkommerzialisierung« der Öffentlichrechtlichen in Deutschland
im Wettbewerb mit den Privaten ist freilich mit juristischen Mitteln kaum beizukommen. Im Grunde handelt es sich um ein »kulturelles Demokratie«-Problem.

(3) Die *Defizite im Umweltschutz*, der i.S. eines als »Generationenvertrag« in die Zeit
projizierten Gesellschaftsvertrags in Deutschland zu verstehen ist, sind heute neben
dem Abbau der horrenden Staatsverschuldung eine dauernde Reformaufgabe, der in
»pädagogischer Verfassungsinterpretation« via »Erziehungsziele« (vgl. Art. 28 Ziff. 5
Verf. Bremen)[17] oder juristisch unmittelbar durch rechtlichen Umweltschutz wie in
vielen west- und ostdeutschen Verfassungen beizukommen ist (z.B. Art. 69 Verf.
Rheinland-Pfalz, Art. 2, 12 Verf. Mecklenburg-Vorpommern, 1993).

(4) Viertens sei der *Ökonomismus und Materialismus* unserer Zeit als dringliches Re-
formthema angemahnt. Auf Wirtschaft allein läßt sich kein Verfassungsstaat bauen.

---

[16] Dazu P.M. Huber u.a. (Hrsg.), Zur Lage der parlamentarischen Demokratie, 1995; *P. Ridola*, Parteiendemokratie und Parteienrecht in Italien, JöR 41 (1993), S. 409ff.; *J. Luther*, Die italienische Verfassung im letzten Jahrzehnt, JöR 43 (1995), S. 475ff.

[17] Dazu *P. Häberle*, Verfassungsprinzipien als Erziehungsziele, FS H. Huber, 1981, S. 211ff.; jetzt in *ders.*,
Rechtsvergleichung im Kraftfeld des Verfassungsstaates, 1992, S. 321ff.; *ders.*, Erwartungen an die Pädagogik, in: A. Gruschka (Hrsg.), Wozu Pädagogik?, 1996, S. 142ff.

Art. 1 Verf. Italien spricht denkbar glücklich von der »auf die Arbeit gegründeten Republik« (s. auch Präambel Verf. Peru von 1979: Arbeit als »Pflicht und Recht aller Menschen« und »Grundlage des nationalen Wohlergehens«). »Arbeit« sei dabei in ihrer Doppelfunktion, d.h. in ihrer *personalen*, in der Menschenwürde wurzelnden Seite verstanden – dabei ist die wachsende Arbeitslosigkeit das Skandalon der europäischen Verfassungsstaaten –, sowie in ihrer *sozialen*, auch von »Laborem exercens« (1981) betonten Seite. Wenn aus Fiat-Kreisen Turins jüngst der Vorschlag gemacht wurde, man solle die Republiken auf den »Markt« gründen, so ist dies m.E. – mit Verlaub – ein Warnsignal, bei allem Respekt vor dem Markt als »Entdeckungsverfahren« *(F.A. von Hayek)*, seiner spezifischen Leistungsfähigkeit und der Innovation dank Wettbewerb[18]. Die Wirtschaft ist nicht das Maß des Menschen, der *Markt* nicht das Maß aller Dinge, es gibt nicht nur eine »Vernunft des Marktes«. Darum gibt es auch sozialstaatliche Grenzen für alle Privatisierungen[19]. Verfassungsstaaten leben letztlich und erstlich aus *Kultur*, zumal in Zeiten der »Globalisierung der Märkte« liefert nur sie den unverzichtbaren Identifikationsrahmen für den Bürger und die Individualität seines Gemeinwesen. Auch darum spricht viel für die dem effektiven Regionalismus und realen Föderalismus zu verdankende vertikale Gewaltenteilung (»Kulturregionalismus« bzw. »Kulturföderalismus«[20]). Vor allem geht es darum, angesichts fortschreitender Globalisierung, an den identischen *kulturellen* Lebensformen festzuhalten und sich gegenüber »fundamentalistischen« Strömungen zu behaupten.

(5) Die Bewältigung der *Arbeitslosigkeit* und die Steuerung von *Einwanderungsproblemen* sind – neben der Bekämpfung der wachsenden *organisierten Kriminalität* – weitere Reformthemen vieler Verfassungsstaaten[21].

Freilich dürfte es auch Themen geben, die nicht oder nicht primär im Wege von juristischen Verfassungsreformen behandelt werden können: etwa die Werbung für mehr Gemeinsinn und Solidarität der Bürger untereinander – Erziehungsziele für die Schulen literarische canones etc. können hier nur Vorarbeit leisten. »Ethik im Verfassungsstaat« muß seinen *Lorenzetti* i.S. des Tugendbildes von Siena erst noch finden[22].

---

[18] Aus der Lit.: *P. Häberle*, Soziale Marktwirtschaft als »Dritter Weg«, ZRP 1993, S. 383ff., italienisch in: *M. Luciani*, a cura di, La democrazia alla fine del secolo, 1994, S. 135ff. Aus der italienischen Lit.: *G. Bognetti*, La Costituzione economica italiana, 1993; *E. Picozza*, Il diritto pubblico dell'economia nell'integrazione europea, 1996.

[19] Zum Problem mein Votum in VVDStRL 54 (1995), S. 338ff.

[20] Aus der italienischen Lit.: *A. D'Atena*, a cura di, Federalismo e Regionalismo in Europa, 1994; Quale Federalismo?, a cura die M. Sabella e Nadia Urbinati, 1994; ebd. *P. Häberle*, S. 107ff.; – Aus der deutschen Lit. zum Regionalismus: *F. Ossenbühl* (Hrsg.), Föderalismus und Regionalismus in Europa, 1990; *P. Häberle*, Europäische Rechtskultur, 1994, S. 209ff.; *F. Esterbauer* (Hrsg.), Regionalismus, 1978; – Aus der Schweizer Lit.: *L.R. Basta/T. Fleiner* (Hrsg.), Federalismen and multiethnic States, The case of Switzerland, 1996; allgemein: *S. Bartole* u.a., La volonta degli Stati membri e delle Regioni nelle Vicende del Federalismo, 1996.

[21] Vgl. etwa *A. Weber*, Klarheit und Bürgernähe, Was ein Einwanderungsgesetz leisten könnte, FAZ vom 26. August 1996, S. 8f.

[22] Vgl. meinen Beitrag Ethik im Verfassungsstaat, FS Knöpfle, 1996, S. 119ff.

III. *Verfahren und Beteiligte, die Skala der institutionellen Formen und informellen Foren für Wandel und Entwicklung, Bewährung und Bewahrung, »Zeit und Verfassungskultur«, die verfassungsstaatlichen »Wachstumsprozesse«*

Zu den großen Leistungen der Entwicklungsgeschichte des Verfassungsstaates gehört es, ein differenziertes Instrumentarium erfunden zu haben, das den »Zeitfaktor« verarbeitet. Was immer die »Zeit« ist – Sie kennen alle das Zitat des *Heiligen Augustinus*, aber auch der »Marschallin« im »Rosenkavalier« von *H. von Hofmannsthal*, die bekannte Klage über die Zeit als ein »wunderlich Ding« –: Der Verfassungsstaat lebt auf und aus der »Zeitachse«, er richtet »Zeitfenster« ein, um der Dialektik von Statik und Dynamik, Wandel und Bewahrung im Sinne seiner Bewährung gerecht zu werden.

Erinnert sei an folgende *Typologie* bzw. *Skala* zum großen Thema »Zeit und Verfassungskultur«[23]:

(1) *Totalrevisionen* verfassungsstaatlicher Verfassungen sind die stärkste Form der Verarbeitung von Wandel. Die Schweiz hat auf Kantonsebene für diese intensivste Form der »evolutionären Verfassunggebung« schon klassische Formen und Verfahren entwickelt. Ein Regelbestand trifft Aussagen über die Ingangsetzung, die Beteiligten, insbesondere das Volk und die Verfahren im einzelnen[24].

(2) Die *Verfassungsänderung*, auch »Teilrevision« genannt, ist die nächst schwächere Form. Voraussetzungen, Formen, Verfahren und Beteiligte lassen sich vergleichend auf gewisse Grundstrukturen bringen, so sehr die einzelnen Länder variieren[25]. Im Bundesstaat gibt es unverzichtbare Varianten[26]. Erinnert sei aber auch an die oft genannten *Grenzen*: in Gestalt von verfassungsrechtlichen Ewigkeitsklauseln als verfassungsstaatlichen Identitätsgarantien[27]. Ist die »Verfassungsänderung« Änderung des Verfassungs*textes*, so kennen wir den »Verfassungswandel«, die Änderung ohne Textänderung. Von *G. Jellinek* früh beschrieben, ist sie ein unentbehrliches Medium der Fortbildung der Verfassung.

(3) *Gesetzesnovellen* bilden die nächste Form; insbesondere Experimentiergesetze mit Erfahrungsklauseln haben sich in Deutschland in den 70er Jahren z.B. für die

---

[23] So der Titel meiner Studie von 1983, jetzt auch in: Rechtsvergleichung im Kraftfeld des Verfassungsstaates, 1992, S. 627 ff.; s. zuvor *P. Häberle*, Zeit und Verfassung (1974), jetzt in: Verfassung als öffentlicher Prozeß (1978), 2. Aufl., 1996, S. 59 ff.

[24] Dazu aus der Lit.: mein Bericht: Neuere Verfassungen und Verfassungsvorhaben in der Schweiz, JöR 34 (1985), S. 303 ff.; *ders.*, Die verfassunggebende Gewalt des Volkes im Verfassungsstaat – eine vergleichende Textstufenanalyse, AöR 112 (1987), S. 54 ff.; *K. Stern*, Das Staatsrecht der Bundesrepublik Deutschland, Bd. I (2. Aufl. 1984) §5 S. 143 ff.; *H.-P. Schneider*, Die verfassunggebende Gewalt, HdBStR Bd. VII (1992), S. 3 ff.

[25] Aus der Lit.: *A. Rossnagel*, Die Änderung des Grundgesetzes, 1981; *C. Bushart*, Verfassungsänderung in Bund und Ländern, 1989; *B.-O. Bryde*, Verfassungsentwicklung, 1982, S. 111 ff.; *P. Badura*, Verfassungsänderung, Verfassungswandel, Verfassungsgewohnheitsrecht, HdBStR Bd. VII, 1992, S. 57 ff.

[26] Dazu *K. Stern*, Das Staatsrecht der Bundesrepublik Deutschland, Bd. I, 2. Aufl., 1984, S. 666 (bes. 747 ff.).

[27] Dazu früh *H. Ehmke*, Grenzen der Verfassungsänderung, 1953; später *P. Häberle*, Verfassungsrechtliche Ewigkeitsklauseln als verfassungsstaatliche Identitätsgarantien (1985), auch in: *ders.*, Rechtsvergleichung im Kraftfeld des Verfassungsstaates, aaO., S. 597 ff.; *P. Kirchhof*, Die Idendität der Verfassung, in: HdBStR, 2. Aufl. 1995, Bd. I, S. 775 ff.

Hochschulen bzw. die Juristenausbildung entwickelt[28]. Sie ermöglichen auch »Reformen der Reformen«.

(4) *Generalklauseln* in formellen Parlamentsgesetzen sind ein unentbehrliches »Zeitfenster« für den Werte- und Wirklichkeitswandel. Man denke vor allem an die Generalklauseln des BGB (»Treu und Glauben«, »Sittengesetz« etc.), die den »Richter als Gesetzgeber« *(A. Meyer-Hayoz)* erscheinen lassen und, wie jeder Rückblick zeigt, sensible Fortschreibungen via dritte Gewalt eröffnen.

(5) Schließlich sei als »feinstes« Verfahren das verfassungsrichterliche *Sondervotum* z.B. beim deutschen BVerfG erwähnt, für die Corte in Rom wird es erst diskutiert[29]. Die Geschichte von § 30 BVerfGG ist eine »Erfolgsgeschichte« eigener Art. Es gibt Beispiele für große Sondervoten, die buchstäblich Verfassungsgeschichte geschrieben bzw. gemacht haben, indem sie später von der Mehrheit im BVerfG übernommen wurden (schon klassisch SV *Rupp-von-Brünneck,* Entscheidung in Sachen sozialrechtliche Ansprüche als Eigentum i.S. von Art. 14 GG, vgl. E 32, 129).

Bei allen Verfahren sind die Beteiligten in je eigener Weise definiert: Das reicht formalisiert vom Volk als »pouvoir constituant«, nur in Bezug auf das deutsche GG 1949 und dann (leider) wieder 1990 ausgeschaltet, über Bundestag und Bundesrat bei Verfassungsänderungen (Art. 79 GG), über die parlamentarischen Gremien bei einfachen Gesetzen bis zum Richter bei Generalklauseln. Je nach Problembereich ist die Verfassungsrechtsprechung eingeschaltet, etwa bei der Definition des Art. 79 Abs. 3 GG (vgl. BVerfGE 30, 1 Abhör-Urteil, zuletzt die Entscheidung zu Art. 16a GG: E 94, 49). Informell ist die Wissenschaftlergemeinschaft beteiligt, sei es durch »Verfassungslehre als Literatur«, sei es als ex post-Rezensent oder ex ante-Gutachter. Nicht zuletzt ist die »offene Gesellschaft der Verfassungsinterpreten« engagiert[30].

Eigens erwähnt seien *Verfassungsreformkommissionen,* wie es in Italien schon viele gab[31] und wie sie Deutschland sowohl auf Bundesebene als auch in einzelnen Ländern immer wieder eingerichtet hat: speziellere etwa in Sachen Neugliederung des Bundesgebietes nach Art. 29 GG (ohne praktische Konsequenzen: »Ernstkommission« 1972 bzw. »Luther-Kommission« 1955)[32], in Sachen Staatsziele als Sachverständigenkommission, 1983 (»Staatszielbestimmungen, Gesetzgebungsaufträge«), zuvor allgemeiner als Enquetekommission des Deutschen Bundestages in den 70er Jahren[33], in der Noch-DDR den Ostberliner »Runden Tisch« und zuletzt im vereinten Deutsch-

---

[28] Dazu *P. Häberle,* Zeit und Verfassung (1974), auch in: Verfassung als öffentlicher Prozeß, 1978 (2. Aufl. 1996), S. 59 ff.

[29] Zur italienischen Verfassungsgerichtsbarkeit: *J. Luther,* Die italienische Verfassungsgerichtsbarkeit, 1990; *M. Dietrich,* Der italienische Verfassungsgerichtshof, 1995.

[30] I.S. meines Theorievorschlags von 1975: Die offene Gesellschaft der Verfassungsinterpreten, JZ 1975, S. 297 ff., auch in Verfassung als öffentlicher Prozeß (1978), 2. Aufl. 1996, S. 155 ff.

[31] Dazu *J. Luther,* Die italienische Verfassung im letzten Jahrzehnt, JöR 43 (1995), S. 475 ff.; allgemein *P. Häberle,* Das GG vor den Herausforderungen der Zukunft, FS Dürig (1990), jetzt in: Verfassung als öffentlicher Prozeß, 2. Aufl. 1996, S. 746 ff.

[32] Dazu *K. Stern,* aaO.; *P. Häberle,* Aktuelle Probleme des deutschen Föderalismus (1991), jetzt in *ders.,* Das Grundgesetz zwischen Verfassungsrecht und Verfassungspolitik, 1996, S. 83 ff.

[33] Vgl. die Berichte Fragen der Verfassungsreform, Zur Sache 1/73, 1973; dazu aus der Lit.: *R. Wahl,* Empfehlungen zur Verfassungsreform, AöR 103 (1978), S. 477 ff.

land die sog. »Gemeinsame Verfassungskommmission« mit 64 Mitgliedern[34], Ausdruck der »höheren Mathematik« des deutschen Föderalismus (2 × 16 Ländervertreter von Bundesrat und Mitgliedern des Bundestags). Es zeugt von der spezifischen Verfassungskultur der Schweiz, daß es dort eine große Tradition von *privaten* Verfassungsentwürfen gibt, etwa von den Gelehrten *M. Imboden* (1959) bzw. *A. Kölz / J. P. Müller* (1984, 3. Aufl. 1995). Auf Länderebene kam es zu Verfassungsreformkommissionen, z.B. in den Stadtstaaten Berlin, Bremen, Hamburg (1989) und jüngst in Rheinland-Pfalz[35].

Zweiter (Besonderer) Teil: Das Erfahrungsbeispiel Deutschland (1945 bis 1996)

I. Überblick

Am Erfahrungsbeispiel Deutschland läßt sich zeigen, wie unentbehrlich das hier entworfene Theorieraster ist. Die Verfassungsgeschichte unserer Republik läßt sich formal an den erwähnten Wegen, Verfahren und Beteiligten, inhaltlich an den in diesen behandelten Themen buchstäblich »ablesen«: von der nicht zustandegekommenen »großen« GG-Reform im Zuge der deutschen Einigung (1990) über die 43 unterschiedlich wichtigen Verfassungsänderungen (gescheiterte, wie die unterbliebene Klausel zum Minderheitenschutz seien eigens erwähnt), von großen Reformgesetzen des Parlaments (z.B. das Mitbestimmungsgesetz von 1976 oder die dynamische Rente von 1957, zuletzt die Pflegeversicherung von 1996) bis hin zu Grundsatzentscheidungen des BVerfG, die materiell der Verfassunggebung nahe kommen, jedenfalls die Verfassung im materiellen Sinne schöpferisch fortentwickelt haben: z.B. das Lüth-Urteil (E 7, 198 aus dem Jahre 1958), das erste Fernsehurteil (E 12, 205 von 1961), die Parteienfinanzierungs-Urteile (E 20, 56; 24, 300); das Volkszählungsurteil mit dem neu kreierten Grundrecht auf informationelle Selbstbestimmung (E 65, 1 von 1983), das Mitbestimmungsurteil (E 50, 290 von 1979) oder die Mephisto-Entscheidung zur Kunstfreiheit (E 30, 173 von 1971). Das BVerfG hat, wie kaum ein anderes Verfassungsgericht in Europa mit weiten Zuständigkeiten ausgestattet, maßgeblich am Grundkonsens Deutschlands mitgearbeitet und im Zusammenhang mit der Wiedervereinigung viel befriedende Prätorik in klugem Wechselspiel, von »judicial activism« (z.B. in Sachen 5%-Klausel E 82, 322) und »judicial selfrestraint« (im Bodenreform-Urteil E 84, 90) geleistet[36]. Es hat den Gesellschaftsvertrag »fortgeschrieben« und erst jüngst scheint es in eine »Krise« geraten zu sein (Stichwort Kruzifix-Beschluß: E 93, 1, »Soldaten sind Mörder«-Entscheidung: E 93, 266, NJW 1995, S. 3303, Sitzblockaden-

---

[34] *M. Kloepfer*, Verfassungsänderungen statt Verfassungsreform, 1995; *U. Berlit*, Die Reform des Grundgesetzes nach der staatlichen Einigung Deutschlands, JöR 44 (1996), S. 17 ff.

[35] Dazu *C. Gusy / A. Müller*, Verfassungsreform in Rheinland-Pfalz, DÖV 1995, S. 257 ff. und *C. Gusy / A. Müller*, Die verfassungsrechtliche Entwicklung in Rheinland-Pfalz von 1986 bis 1996, JöR 45 (1997) (i. E.); *A. Müller*, Verfassungsreform in Rheinland-Pfalz, DÖV s. S. 257 ff.; zu Hamburg: *P. Unruh*, Zum Stand der Verfassungsreform in Hamburg, DÖV 1995, S. 205 ff.

[36] Eine Gesamtbewertung in meinem Beitrag: Perspektiven einer kulturwissenschaftlichen Transformationsforschung (1993), jetzt in: Europäische Rechtskultur, 1994, S. 149 ff.

Entscheidung: E 92, 1). Die Tradition der Sondervoten[37] als »Alternativjudikatur« ist ein spezifischer Beleg für das pluralistische offene und öffentliche Verfassungsverständnis.

II. Etappen der Verfassungsentwicklung (zeitliche Phasen)

Die Etappen der Verfassungsentwicklung in Deutschland seien im folgenden aus einer *zeitlichen* und einer *inhaltlichen* Perspektive skizziert. Beides ist nur in Stichworten möglich. Die zeitliche Einteilung ist unter den Vorbehalt zu stellen, der allen »Periodisierungen« gegenüber angebracht ist. Oft sind die inneren, »stillen« Wandlungen und die »Inkubationszeiten« verfassungsrechtlicher Entwicklungen nicht an der äußeren »Ereignisgeschichte« festzumachen. Indes bedarf es gewisser Einteilungen, gerade zur Orientierung für den italienischen Beobachter. So kann z.B. die Tendenz zu manchen Bundesstaatsreformen eher ex post an einer formellen Verfassungsänderung »abgelesen« werden, oft bereiten sich aber Vorformen zu solchem »Wandel« längerfristig vor. Im einzelnen:

1. Die »Vorgeschichte« der Bundesrepublik Deutschland (1945 bis 1949)

Der Begriff »Vorgeschichte« hat sich eingebürgert[38]. Verfassungsmitgestaltende Kräfte auf der tabula rasa der totalen Kapitulation vom Mai 1945 wuchsen früh in Gestalt der Gemeinden vor Ort heran, die »Daseinsvorsorge« *(E. Forsthoff)* fürs unmittelbare Überleben zu leisten hatten. Moralisch einigermaßen »unbeschädigt« waren nur die beiden christlichen Großkirchen geblieben, was dazu geführt hat, daß man ihnen in Kirchenverträgen und in Konkordaten einen spezifischen Öffentlichkeitsauftrag auch textlich bescheinigt hat, wie er sich in der werdenden (Verfassungs)Wirklichkeit entwickelt hatte[39]. Im übrigen waren die (westdeutschen) Länder die ersten Verfassunggeber auf ihrem Terrain – Bayern und Hessen fast gleichzeitig (im Dezember 1946) mit um die beste Verfassungspolitik konkurrierender Verfassungen, und beide Länder können daher in diesen Monaten ebenfalls ihren »50. Jahrestag« feiern. Auch »Bindestrichländer« wie Nordrhein-Westfalen haben ein »Wir-Gefühl« entwickelt[40]. Die rasche Konstituierung der Länder nach 1945, ihr Erlaß von »Vollverfassungen« (z.B. Rheinland-Pfalz 1947, Württemberg und Baden, erst 1953 im »Südweststaat« zusammengeschlossen) kann in ihrer Bedeutung für den Föderalismus bzw. für das

---

[37] Zu den Sondervoten: *K. Schlaich*, Das Bundesverfassungsgericht, 3. Aufl. 1994, S. 35 ff.; *P. Häberle*, Kommentierte Verfassungsrechtsprechung, 1979, S. 24 ff.; *E. Benda / E. Klein*, Lehrbuch des Verfassungsprozeßrechts, 1991, S. 113 ff.

[38] Vgl. z.B. den von T. Stammen, J. Becker und P. Waldmann hrsgg. gleichnamigen Band von 1979.

[39] Zum Öffentlichkeitsauftrag die Pionierliteratur von *R. Smend*, Staat und Kirche nach dem Bonner Grundgesetz, ZevKR Bd. 1 (1951), S. 4 ff.; später etwa *K. Schlaich*, Der Öffentlichkeitsauftrag der Kirchen, in: HdBStKi 2. Bd., 1. Aufl. 1975, S. 231 ff. (2. Aufl. 1996). S. auch *W. Huber*, Kirche und Öffentlichkeit, 2. Aufl. 1991.

[40] Vgl. auch: Niedersachsen feiert bescheiden, Fünfzig Jahre nach der Verordnung Nr. 55 der Militärregierung, am 1. November 1946, FAZ vom 19. August 1996, S. 4. S. auch *J. Rau*, 50 Jahre Nordrhein-Westfalen, Nordrhein-westfälische Verwaltungsblätter 1996, S. 321 ff.

GG gar nicht überschätzt werden[41]. Die Vorgeschichte dieses GG[42] akzentuiert sich mit den Stichworten Verfassungsentwurf Herrenchiemsee (1948) – »Parlamentarischer Rat« in Bonn – Verabschiedung des GG im Mai 1949, Zustimmung der Länderparlamente bei Stimmenthaltung Bayerns (1949) – ohne Zustimmung des (west)deutschen Volkes –, unterschiedlich stark bewerteter Einfluß der drei westlichen Besatzungsmächte[43].

2. Das Grundgesetz: 1949 bis 1968

Diese Phase läßt sich durch folgende Stichworte kennzeichnen[44]: Fortgeltung alten Rechts, »soweit es dem Grundgesetz nicht widerspricht« (Art. 123 Abs. 1 GG), wobei das BVerfG in seiner umstrittenen Entscheidung von 1957 die Fortgeltung des Reichskonkordats bejaht, die Bindung der Landesgesetzgebung jedoch verneint hat (E 6, 309 (340ff.); im Bereich des öffentlichen Dienstes wurde Herkömmliches rezipiert (Art. 33 Abs. 5 GG); s. aber auch Art. 131 GG, dazu BVerfGE 3, 58); auf dem Felde des Staatskirchenrechts wurde einfach das Weimarer Kompromißsystem der sog. »hinkenden Trennung« zwischen Staat und Kirchen übernommen (Art. 140 GG). Einzelne Artikel, etwa die Gleichberechtigung von Mann und Frau und die Freizügigkeit, wurden in Gestalt von Übergangsvorschriften verzögert (Art. 117 GG), und durch »verfassungskonforme Auslegung« wurde zusätzlich Kontinuität geschaffen. Eine Ausnahme bilden die Entnazifizierungsvorschriften, überhaupt das Besatzungsrecht der (westlichen) Alliierten. Die frühere »Ostzone«, d.h. das von der UdSSR besetzte Gebiet, hatte sich als »DDR« verselbständigt (Verfassungen von 1949 bzw. von 1974), wobei die Bundesrepublik an der Kontinuität mit dem Reich festhielt und über die sog. »Hallstein-Doktrin« lange den Alleinvertretungsanspruch außenpolitisch durchsetzen konnte. Ein weiteres Stichwort für die Bewältigung der Nachkriegssituation durch den Verfassunggeber liefert die Aufarbeitung der Kriegsfolgen wie die Aufnahme der Flüchtlinge und Vertriebenen, die Finanzierung der Kriegsfolgelasten und die Durchführung des Lastenausgleichs (Art. 119 bis 120a GG). In einer beispiellosen Gemeinschaftsleistung, auch individuellen Opferbereitschaft, die sich der Westen vielleicht auch im Zuge der deutschen Einigung 1990 hätte zumuten sollen, wurden fast neun Millionen Flüchtlinge und Vertriebene aus dem Osten integriert[45].

Durch relativ hohe Wahlbeteiligung bei den ersten Bundestagswahlen (1949/1953/ 1957), die Entwicklung einer spezifischen Stabilität des parlamentarischen Regierungssystems und die Herausbildung der »Kanzlerdemokratie« unter *K. Adenauer* wur-

---

[41] Aus der Lit.: *B. Beutler*, Das Staatsbild in den Länderverfassungen nach 1945, 1973; *ders.*, Die Länderverfassungen in der gegenwärtigen Verfassungsdiskussion, JöR 26 (1977), S. 1ff.

[42] Vgl. JöR Bd. 1 (1951), S. 14ff.

[43] Aus der Lit. *M. Stolleis*, Besatzungsherrschaft und Wiederaufbau deutscher Staatlichkeit 1945–1949, in: HdBStR Bd. I (1987), S. 173ff.; *H. Hofmann*, Die Entwicklung des Grundgesetzes nach 1949, ebd. S. 259ff. –Jüngst wird wieder an das Urteil von Nürnberg des Internationalen Militärgerichtshofs gegen die Hauptkriegsverbrecher von 1946 erinnert (dazu etwa *J. A. Frowein*, Ermutigender Neubeginn, FAZ vom 28. September 1996 (Ereignisse und Gestalten).

[44] Zum folgenden *H. Hofmann*, Die Entwicklung des Grundgesetzes nach 1949, HdBStR Bd. I (1987), S. 259ff.

[45] Einzelheiten bei *H. Hofmann*, aaO., S. 267ff. S. freilich auch die schleppende Aufarbeitung des NS-Unrechts, dazu *M. Stolleis*, Recht im Unrecht, 1994.

de der Text des Grundgesetzes auch im politischen Bereich mit Leben erfüllt. Nachdem der »Südweststaat« 1951 durch Zusammenschluß der Länder Baden, Württemberg-Baden und Württemberg-Hohenzollern durch Volksentscheid gebilligt worden war (Sonderregelung des Art. 118 GG, dazu BVerfGE 1, 14; s. aber auch E 5, 34) und später die Bevölkerung des Saarlandes das »Saarstatut«, d.h. die politische Autonomie und wirtschaftliche Anbindung an Frankreich abgelehnt hat, so daß 1956 der Beitritt nach Art. 23 S. 2 a.F. GG möglich wurde, begann eine bewegte Epoche von Verfassungsänderungen: 1954 Beschluß zur Wiederaufrüstung der Bundesrepublik mit der Folge der Einführung der allgemeinen Wehrpflicht (vgl. Art. 12a, 17a, 45a, 45b etc.) im Jahre 1956, wobei das Verbot der KPD seitens des BVerfG (E 5, 85ff.) ins Gesamtbild gehört. Schritt für Schritt wurde das Besatzungsrecht abgebaut (1955: Inkrafttreten des Deutschlandvertrages von 1952) und die »Westintegration« der Bundesrepublik eröffnet. Der am italienischen Vorbild (Art. 11 Verf. Italien von 1947) geschulte Art. 24 GG (Übertragung von Hoheitsrechten auf zwischenstaatliche Einrichtungen, kollektives Sicherheitssystem) eröffnete die Rückgewinnung der – begrenzten – Souveränität im Wege der Westintegration: Beitritt zur Nato und WEU gehören ebenso hierher wie die Vollmitgliedschaft im Europarat (1951) und die damit verbundene Ratifizierung der EMRK bzw. der Brückenschlag zu ihrer wachsenden »Grundrechtskultur«. Die »römischen Verträge« der 6 Gründerländer der EWG (1957), die man mindestens heute auch als Anknüpfung an die von Rom ausgehende europäische Rechtskultur »lesen« kann[46], setzen kühn den Prozeß der europäischen Integration in Gang, in dessen Entwicklung bis hin zu Maastricht I und II wir heute stehen! Der Ausblick und das Ausgreifen auf Europa hat gewiß zur Legitimation der jungen Republik beigetragen, so wie – wohl parallel – Italien sich zunehmend als »europäischen Verfassungsstaat« verstehen durfte.

Eine schwere Bewährungsprobe hatte das GG 1968 vor sich. Sie war wohl nur durch die Große Koalition (1966 bis 1969) zu bestehen. 1968 wurden die GG-Änderungen zur Notstandsverfassung (z.B. Art. 53 GG)[47] im Klima großer Polarisierung in der öffentlichen Meinung mit der notwendigen Zweidrittelmehrheit von Bundestag und Bundesrat (Art. 79 Abs. 2 GG) verabschiedet – das neu aufgenommene Widerstandsrecht (Art. 20 Abs. 4 GG) sollte die Gewerkschaften und »linke Kreise« beruhigen. Die wohl alle westlichen Demokratien erfassende »68-Revolution« mit ihren z.B. militanten Erscheinungsformen »Außenparlamentarischer Opposition« und dem Aufkommen neomarxistischer Strömungen (»Marsch durch die Institutionen«) trug die Kontroversen bis in die deutschen Universitäten hinein, die im Grunde vom BVerfG »gerettet« wurden (Hochschulurteil: E 35, 78: Sicherung der Freiheit der Wissenschaft gemäß Art. 5 Abs. 3 GG). In der Zeit der Großen Koalition (1966 bis 1969) wurden auch noch GG-Änderungen zur Reform der Finanzverfassung und Einrichtung der »Gemeinschaftsaufgaben« verabschiedet (vgl. z.B. Art. 91a und b, 104a), womit ein Stück »kooperativer Föderalismus« zum Verfassungstext »gerann«[48]. Die Verfassungs*wirklichkeit* hatte hier manche Kooperationswege vorweggenommen,

---

[46] Dazu *P. Häberle*, Europäische Rechtskultur, 1994 mit weiteren Nachweisen.
[47] Beste Darstellung bei *K. Hesse*, Grundzüge des Verfassungsrechts der Bundesrepublik Deutschland, 20. Aufl. 1995, S. 300ff.; *H. Hofmann*, aaO., S. 292ff.
[48] Aus der Lit.: *K. Hesse*, aaO., S. 103.

wobei sich das Gewicht des Bundes*rats* schrittweise verstärkte und manche Schwächung der Länder kompensierte.

3. Das Grundgesetz: 1969 bis 1982

Gewiß, das GG blieb für alle politischen Entwicklungen immer die »Rahmenordnung«. Indes veränderte sich dieser Rahmen auch schrittweise bzw. punktuell durch formelle Verfassungsnovellen bzw. durch verfassungsnahe Wandlungen. Einen Einschnitt bedeutete hier die Wahl *W. Brandts* zum Bundeskanzler im Herbst 1969, was zum Teil als »Machtwechsel« gefeiert wurde (sein Motto: »Mehr Demokratie wagen«). Eröffnet wurde damals die »neue Ostpolitik« (1970–1973), mit den Etappen der Verabschiedung der Ostverträge (mit der UdSSR und Polen: 1972) und des »Grundlagenvertrages« mit der DDR (1972), der vom BVerfG (E 36, 1)[49] gebilligt wurde, wobei es aber ebenfalls einstimmig zugleich den Wiedervereinigungsauftrag aus Präambel und Art. 146 a. F. GG als *rechtliches* Gebot bekräftigte, was bekanntlich mit zur 1989/90 kaum voraussehbaren Erfolgsgeschichte der deutschen Einigung führen sollte. Diese Entscheidung war wahrlich ein »Verfassungsurteil«. »Kleinere« Verfassungsänderungen, z.B. die Einführung des Petitionsausschusses (Art. 45c im Jahr 1975) oder der Übergang von der *Pflicht* zur Neugliederung des Bundesgebietes zur bloßen *Kann*-Formel (Art. 29 Abs. 1 im Jahre 1975) – damit zog man die Konsequenz aus der »*Tatsache*«, daß sich die Länder gut etabliert hatten – seien erwähnt.

4. Das Grundgesetz: 1982 bis 1989

Dieser Zeitraum umfaßt zu Beginn den Sturz Bundeskanzlers *H. Schmidts* durch *H. Kohl* auf dem Weg des erstmalig erfolgreichen »konstruktiven Mißtrauensvotum« (Art. 67 GG). In den Augen des GG ist es ein »normaler« Weg. Man wollte aus den negativen Erfahrungen der Weimarer Zeit mit dem destruktiven Mißtrauensvotum, das keine neue Regierung zustande brachte, lernen (freilich kam es auf umstrittenen Wegen 1983 zu Neuwahlen, vgl. BVerfGE 62, 1). Überhaupt ist in mancher Hinsicht das GG als »Gegenverfassung« zu Weimar konzipiert worden. Stichworte sind die »wehrhafte Demokratie« nach Art. 18, 21 Abs. 2 GG, die Aufwertung der Grundrechte (z.B. Art. 1 Abs. 3 GG) und die enorme Kompetenzfülle des BVerfG. Die Väter und Mütter des GG haben bei ihrem Werk bewußt »mit Weimar argumentiert« – verfassungstheoretisch läßt sich dies als »*erfahrungswissenschaftlicher* Ansatz« thematisieren: Im übrigen bewährte sich das parlamentarische System unserer Republik auch insofern, als 1983 erstmals die (Anti-)Partei der »Grünen« in den Bundestag einzog – damit wurde eine Bresche in die Bastionen der bei uns sehr weit fortgeschrittenen »Parteienstaatlichkeit« geschlagen; die harte 5-Prozent-Klausel konnte überwunden werden. Die Tendenz zu Machtverschiebungen vom Bundestag zur Regierung und ihrer Bürokratie[50] blieb indes ungebrochen.

---

[49] Aus der Lit.: *R. Bernhardt*, Die deutsche Teilung und der Status Gesamtdeutschland, HdBStR I (1987), S. 321 (330ff.).

[50] Dazu *H. Hofmann*, aaO., S. 318.

5. Das Grundgesetz als Verfassung der vereinten Bundesrepublik Deutschland: 1990 bis heute

Der Fall der Berliner Mauer (9. November 1989), zuvor die Ungarn zu verdankende Grenzöffnung, der u.a. durch das Wort »*Wir* sind das Volk« und dann »Wir sind *ein*
Volk« eingeleitete, durch die »Bürgerbewegungen« in Ostdeutschland bewirkte un-
blutige Kollaps des SED-Regimes bzw. ihres »vormundschaftlichen Staates« hat Entwicklungen eröffnet, die uns Deutsche überraschten, aber auch – bis heute – beglück-
ten. Die (Welt)Geschichte hatte sich im »annus mirabilis 1989« fast atemlos beschleunigt, und vielleicht gab es nur im Jahre 1789 eine Parallele. Im „Vormärz 1990" kam es
in der »Noch-DDR« zu ersten freien Wahlen, im Juni 1990 trat der Vertrag über eine
Währungs-, Wirtschafts- und Sozialunion in Kraft, und am 23. August 1990 erklärte
die Volkskammer der DDR ihren Beitritt nach Art. 23 S. 2 a.F. GG. Am 29. September 1990 trat der Einigungsvertrag in Kraft, nachdem kurz zuvor der »Zwei plus Vier-
Vertrag« unterzeichnet worden war. Der 3. Oktober wurde als Tag der Deutschen
Einheit gefeiert, er löste den 17. Juni als Feiertag zur Erinnerung an den blutig nieder-
geschlagenen Arbeiteraufstand in der DDR 1953 ab. Und am 2. Dezember kam es zu
ersten gesamtdeutschen und gesamtberliner Wahlen.

Hier noch einige Stichworte zu dem, was sich verfassungspolitisch in diesen stürmi-
schen Jahren ereignet hat, in denen der Staatsrechtslehrer den »Welt- und Volksgeist«
zu ahnen glaubte und buchstäblich mit den Klassikertexten von *Aristoteles* bis *F. Schil-
ler*, von *Rousseau* bis *Kant* und den »Federalist Papers« im Hinterkopf Mühe hatte, die
täglich sich überstürzenden Zeitungsmeldungen zu »verarbeiten«. So sehr die Verfassungsentwicklung (trotz Teilung) das *Ziel* der deutschen Vereinigung »festgeschrieben« hatte, die Bundesrepublik hielt auch an der *einen* deutschen Staatszugehörigkeit
fest (trotz des bösen, *W. Brandt* zugeschriebenen Wortes von der Wiedervereinigung
als »Lebenslüge der Bundesrepublik«), so heftig war der Streit um den verfassungsrechtlichen »richtigen« Weg zu diesem Ziel in dem Augenblick, da uns die Geschichte
den »goldenen Ball« der deutschen Vereinigung zuspielte. Zwei Wege kamen in Betracht: der Beitritt der »Noch-DDR« nach Art. 23 a.F. GG, den das Saarland 1956 gegangen war (Satz 2 ebd.: »In anderen Teilen Deutschlands ist es (sc. das GG) nach dem
Beitritt in Kraft zu setzen«) oder die Anwendung von Art. 146 a.F. GG (»Dieses
Grundgesetz verliert seine Gültigkeit an dem Tage, an dem eine Verfassung in Kraft
tritt, die von dem deutschen Volk in freier Entscheidung beschlossen worden ist«).
Letzteres bedeutet m.E. einen Verweis auf den klassischen Kanon der Verfassunggge-
bung: Ausarbeitung einer neuen Verfassung und anschließendes Referendum. Erwo-
gen wurde auch eine Kombination beider Artikel[51]. In der politischen und wissenschaftlichen Öffentlichkeit gab es im »Vormärz 1990« heftige Kontroversen. Durchgesetzt hat sich unter Führung von Bundeskanzler *H. Kohl* der »Königsweg« des Beitritts
nach Art. 23 S. 2 GG. *Dafür* sprach wohl der Zeitdruck. Die »Stunde« der Einigung
war vielleicht nicht notwendig die »Stunde« einer neuen Verfassung, auch wenn man

---

[51] Einzelheiten in *P. Häberle*, Verfassungspolitik für die Freiheit und Einheit Deutschlands (1990), jetzt
in *ders.*, Das Grundgesetz zwischen Verfassungsrecht und Verfassungspolitik, 1996, S. 9ff. Aus der Lit.:
P. Badura, Deutschlands Rechtslage, AöR 115 (1996), S. 314ff. (zugleich zur Sondertagung der VDStRL
in Berlin (1990): VVDStRL 49(1990). Der »Einheit Deutschlands – Entstehung und Grundlagen« geht
jetzt Bd. VIII, HdBStR nach (1995)).

auf der Basis des »bewährten« GG hätte arbeiten können und die Weimarer Verfassung seinerzeit in wenigen Monaten gelungen war. Der Preis ist bekannt. Der Einigungsvertrag von 1990 hatte[52], bei allem Respekt vor seinen Strukturen auch manche Defizite, zu kurz waren vielleicht manche Übergangsfristen, und die »innere Vereinigung« will heute erst in längeren Perioden gelingen. Auch hätte dem GG als Verfassung des wiedervereinten Deutschland ein Referendum »gut getan«.

Art. 5 Einigungsvertrag vom August 1990 empfahl den gesetzgebenden Körperschaften des vereinten Deutschland, sich »innerhalb von zwei Jahren mit den im Zusammenhang der deutschen Einigung aufgeworfenen Fragen zur Änderung oder Ergänzung des GG zu befassen«. Gemeint waren »insbesondere« Fragen des Verhältnisses zwischen Bund und Ländern, die Möglichkeit einer Neugliederung für den Raum Berlin/Brandenburg (sie sollte 1996 scheitern) sowie Überlegungen zur Aufnahme von Staatszielbestimmungen in das GG und »Fragen der Anwendung von Art. 146 GG und in deren Rahmen einer Volksabstimmung«. Auf dieser Basis begann die Gemeinsame Verfassungskommission (64 Mitglieder von Bundestag und Bundesrat) ihre Arbeit[53]. Gewisse »beitrittsbedingte Änderungen« des GG (vgl. Art. 4 Einigungsvertrag) waren bereits erfolgt, etwa die Modifizierung der Präambel (»Die Deutschen haben in freier Selbstbestimmung die Einheit und Freiheit Deutschlands vollendet«), die Abschaffung des alten Beitritts-Artikels 23 GG bzw. die Ersetzung durch einen neuen Art. 23 GG (»Europa-Artikel«), was denkbar glücklich die deutsche Einigung und die europäische Einigung als zwei Seiten desselben Vorgangs deutet, so vieles sonst gegen den neuen, barock überladenen Art. 23 Abs. 3 bis 7 zu sagen wäre[54], sowie die Einführung eines neuen (Kompromiß-)Artikels 146 GG (»Dieses Grundgesetz, das nach Vollendung der Einheit und Freiheit Deutschlands für das gesamte deutsche Volk gilt, verliert seine Gültigkeit an dem Tag, an dem eine Verfassung in Kraft tritt, die von dem deutschen Volk in freier Entscheidung beschlossen worden ist«)[55]. Ein Referendum über ein »neues« GG bleibt, so scheint es, auf der politischen Tagesordnung, freilich eher »platonisch«. Art. 146 n. F. GG ist in der Wissenschaft indes höchst umstritten (er gilt teils als »überflüssig« und deklaratorisch, teils als »verfassungswidrig«!).

So glücklos die GVK insgesamt arbeitete, einige Themen einer »Verfassungsreform« wurden mittlerweile in Gestalt von Verfassungsänderungen behandelt: vor allem »Europa« (Art. 23 Abs. 1 S. 1: Staatsziel der Europäischen Union, die »demokratischen, rechtsstaatlichen, sozialen und föderativen Grundsätzen und dem Grundsatz der Subsidiarität verpflichtet ist«)[56]. Art. 28 Abs. 1 S. 2 GG (Kommunalwahlrecht für

---

[52] Dazu *W. Schäuble*, Der Vertrag, 1992; *K. Stern/B. Schmidt-Bleibtreu*, Verträge und Rechtsakte zur Deutschen Einheit, 2 Bände 1990.

[53] Bericht der Gemeinsamen Verfassungskommission Zur Sache 5/93. Aus der Lit.: *U. Berlit*, Die Reform des Grundgesetzes nach der staatlichen Einigung Deutschlands, JöR 44 (1996), S. 17 ff.

[54] Aus der Lit.: z. B. *F. Ossenbühl*, Maastricht und das Grundgesetz ..., DVBl. 1993, S. 629 ff.: »verfassungspolitisches Monstrum«; *U. di Fabio*, Der neue Artikel 23 des Grundgesetzes, Der Staat 32 (1993), S. 191 ff.

[55] Aus der Lit.: *K. Hesse*, Grundzüge, aaO., S. 41 f. – Erwähnt sei auch die »Abweichungsklausel« des Art. 143 GG (dazu *J. Ipsen*, Staatsrecht I, 8. Aufl. 1996, S. 9 f.).

[56] Zur Subsidiarität z. B. *H. Lecheler*, Das Subsidiaritätsprinzip, 1993; *P. Häberle*, Das Prinzip der Subsidiarität aus der Sicht der vergleichenden Verfassungslehre (1994), jetzt in: *ders.*, Das Grundgesetz zwischen Verfassungsrecht und Verfassungspolitik, 1996, S. 401 ff.; *W. Kahl*, Möglichkeiten und Grenzen des Subsidiaritätsprinzips ..., AöR 118 (1993), S. 414 ff.; *R. Hrbek* (Hrsg.), Die Anwendung des Subsidiaritätsan-

EU-Ausländer), sodann eine Ergänzung von Art. 24 GG (durch Abs. 1a: Die Länder können Hoheitsrechte auf grenznachbarliche Einrichtungen übertragen). Später (1992) kam auch der neue Art. 16a GG hinzu (Einschränkung des Asylrechts, dazu BVerfGE 94, 49), und 1994 erging ein ganzes Bündel von Verfassungsänderungen: Art. 3 Abs. 2 S. 2 (Förderung der tatsächlichen Gleichheit von Mann und Frau), Art. 20a (Schutz der natürlichen Lebensgrundlagen[57], auch „in Verantwortung für künftige Generationen«) sowie Änderungen im Bundesstaatsbereich (vor allem Änderungen bei den Gesetzgebungskompetenzen, z.B. Art. 75 GG). Zuletzt kam der Behindertenschutz (Art. 3 Abs. 3 S. 2 GG) hinzu, während andere Verfassungsänderungen gescheitert sind (etwa ein Staatsziel zum Minderheitenschutz oder Normen zur vermehrten Bürgerbeteiligung wie Volksinitiative, Volksbegehren und Volksentscheid). Solches hätte von der friedlichen Oktoberrevolution in Ostdeutschland (1989) und den Verfassungen aller fünf neuen Länder aus freilich sehr nahegelegen.

Inkurs: Der Beitrag der 11 bzw. 16 deutschen Länder zur Verfassungsentwicklung des Gesamtstaates

Für einen effektiveren Regionalismus mag es aufschlußreich sein, zu hören, daß der Bundesstaat Deutschland in Sachen Verfassungsentwicklung einer großen »Werkstatt« gleicht, deren Eigenart nicht durch äußerliches Trennungsdenken in Verfassungsräumen erfaßbar ist. Es gibt m.a.W. viele Belege dafür, daß die Länder im Rahmen der GG-Ordnung (vgl. Art. 28 GG) *Schrittmacher* waren für eben dieses Grundgesetz. Entsprechendes gilt für die Schweiz[58]. So haben einzelne (alte) Länder sehr früh Umweltschutzklauseln geschaffen (vgl. Art. 3 Abs. 2, 131, 141 Verf. Bayern, Art. 26a Verf. Hessen). Das GG hat derartige Klauseln, langwierig genug, erst kürzlich im neuen Art. 20a in Form einer Verfassungsänderung »nachgeholt«[59]. So haben die Länder in ihren Verfassungen Datenschutz-Artikel eingebaut, nachdem 1983 das Leiturteil des BVerfG in Sachen Grundrecht auf informationelle Selbstbestimmung (E 65, 1) ergangen war. »Wellenbewegungen« ähnlich wandern Rechtsideen vom Land zum Bund und umgekehrt, wobei die Länder ihrerseits untereinander in fruchtbarem Wettbewerb in Sachen Verfassungspolitik stehen, ganz besonders auf dem Felde des Kulturverfassungsrechts, ihrer wesentlichen Domäne. Die ostdeutschen Länder haben nach 1989 die westdeutschen Modelle bzw. Verfassungstexte nicht nur »abgeschrieben«, sie haben sie auch im Geiste der sich entwickelnden Verfassungswirklichkeit *fort*geschrieben, indem sie etwa große Entscheidungen des BVerfG umgesetzt haben oder ganz

---

spruchs in der Europäischen Union, 1995; *C. Calliess*, Subsidiaritäts- und Solidaritätsprinzip in der Europäischen Union, 1996.

[57] Allgemein: *H. Steiger*, Entwicklungen des Rechts der natürlichen Lebenswelt – Transnationale Anstöße, in: R. Zimmermann (Hrsg.), H. Soell zum Gedenken, 1996, S. 23 ff.; *R. Steinberg*, Verfassungsrechtlicher Umweltschutz durch Grundrechte und Staatszielbestimmungen, NJW 1996, S. 1985 ff.

[58] Dazu *P. Häberle*, Neuere Verfassungen und Verfassungsvorhaben in der Schweiz, JöR 34 (1985), S. 303 ff., bes. S. 358 ff.; *ders.*, Werkstatt Schweiz, JöR 40 (1991), S. 167 ff., jetzt in: *ders.*, Europäische Rechtskultur, 1994, S. 355 ff.

[59] Zu Art. 20a GG: *Tzung-Jen Tsai*, Die verfassungsstaatliche Umweltschutzpflicht des Staates, zugleich ein Beitrag zur Umweltschutzklausel des Art. 20a GG, 1996; *M. Kloepfer*, Umweltschutz als Verfassungsrecht, DVBl 1996, S. 79 ff.

Neues wagten (so Art. 7 Abs. 2 in Brandenburg, Menschenwürde im Geiste *I. Kants*: »Jeder schuldet jedem die Anerkennung seiner Würde«.) oder im konstitutionellen Parlamentsrecht bei der Stärkung der Oppositionsrechte (vgl. Art. 40 Verf. Sachsen). Gewiß: es gibt auch *Defizite*: Während Schleswig-Holstein einen vorbildlichen Minderheitenschutz dekretiert (Art. 5) und praktiziert und die Sorben-Artikel in Sachsen parallel laufen (Art. 5, 6), sind die Bemühungen, einen Minderheitenschutz im GG einzuführen, kürzlich gescheitert.

Die Fähigkeit des Föderalismus, gesamtstaatliches »Verfassungslabor« zu sein, macht ein Stück seines élan vital aus. Reformen können sich so leichter durchsetzen, aber auch wieder reformieren lassen. Historisch könnte eine Verfassungsgeschichte des GG ohne die 11 bzw. 16 deutschen Länder nicht geschrieben werden, während sich dies in Italien seit seiner Einigung wohl nicht für die *Rechts*geschichte, sondern nur für die *Kultur*geschichte behaupten ließe.

III. Etappen der Verfassungsentwicklung (inhaltliche Schwerpunkte)

Im folgenden geht es um Stichworte zur Verfassungsentwicklung in *inhaltlicher* Hinsicht[60]. Die wichtigen Aufbau- und Ausbauleistungen in Sachen Grundgesetz ziehen sich ja teils über die erwähnten Periodisierungen weg, teils vollziehen sie sich in »kleineren Zeiteinheiten«. Die nachstehende »Querschnittsanalyse« muß unvermeidlich vergröbern:

1. Die Entwicklung der bundesdeutschen »Grundrechtskultur«

Intensive und extensive Wachstumsprozesse des GG geschahen von Anfang an auf dem Felde der Grundrechte. Sie sind heute, zusammen mit dem Rechtsstaatsprinzip der Deutschen liebstes Kind[61], was sich nicht nur an der Beliebtheit der »Verfassungsbeschwerde« zeigt (Art. 94 Abs. 1 Ziff. 4a GG). Vorbereitet von *G. Dürigs* Kommentierungen der 50er Jahre[62] und seiner Lehre vom »Wertsystem der Grundrechte«, hat das BVerfG nach und nach fast alle wichtigen Einzelgrundrechte wie Menschenwürde und Gleichheit (Art. 1 bzw. 3 GG), aber auch mehr als bloße Fragmente zu einem »allgemeinen Teil« der Grundrechte entwickelt. Pionierentscheidungen sind solche zum (allgemeinen) Gleichheitssatz des Art. 3 Abs. 1 GG als Willkürverbot (BVerfGE 1, 13 (52); 26, 302), zur Meinungs- und Pressefreiheit (E 7, 198), zur Berufsfreiheit des Art. 12 GG (E 7, 377) und zum Eigentum i.S. von Art. 14 GG (vgl. E 24, 367; 58, 300), zur Kunstfreiheit (E 30, 173) und zur Religionsfreiheit (E 24, 236; 32, 98) bis hin zum Staatskirchenrecht (E 18, 386; 42, 333). Auch Ehe und Familie (Art. 6 GG) wurden früh in ihrer »Mehrdimensionalität« Freiheitsrecht, »Institutsgarantie« und »wertentscheidende Grundsatznorm« erarbeitet (BVerfGE 6, 55). Dogmatik und Judikatur,

---

[60] Zum Begriff »Verfassungsentwicklung«: *B.-O. Bryde*, Verfassungsentwicklung, Stabilität und Dynamik im Verfassungsrecht der Bundesrepublik Deutschland, 1982.

[61] Aus der unüberschaubaren Literatur zum »Rechtsstaat« z.B. *P. Kunig*, Das Rechtsstaatsprinzip, 1986; *E. Schmidt-Aßmann*, Der Rechtsstaat, HdBStR Bd. I 1987, S. 987 ff. Dogmatisch ebenfalls prägnant *K. Hesse*, Grundzüge des Verfassungsrechts der BR Deutschland, 1. Aufl., 1966, 20. Aufl. 1995, S. 83 ff.

[62] *G. Dürig*, jetzt in: *ders.*, Gesammelte Schriften 1952–1983, 1984.

auch die Staatspraxis ganz allgemein haben die Grundrechte fast optimal in die Verfassungswirklichkeit umgesetzt (»Grundrechtsoptimierung« ist ein geläufiger terminus technicus). Das gilt besonders auch für die sog. formellen Grundrechte wie das rechtliche Gehör (Art. 103 Abs. 2 GG, vgl. E 9, 89; 25, 158) oder den Anspruch auf effektiven Rechtsschutz (Art. 19 Abs. 4 GG, vgl. E 10, 264 (267); 35, 263 (274)). Es gibt so etwas wie eine spezifisch deutsche »Grundrechtskultur«, mit gelegentlichen Übertreibungen und Schwankungen (nicht frei davon: E 65, 1: Volkszählung).

2. Das BVerfG als »Hüter« nicht nur der Grundrechte

Seit 1951 »amtiert« das deutsche BVerfG. Gründergestalten wie *G. Leibholz,* auch in Italien bekannt[63], *G. Leibholz, Ernst Friesenhahn* und *W. Geiger*[64] und später große Verfassungsrichter wie Frau *Rupp-von Brünneck, K. Hesse* (1975 bis 1987), auch *H. Simon* haben das Bild dieses »Verfassungsorgans« bis heute geprägt. Seine Leistungen sind im In- und Ausland unbestritten. Mittlerweile sind 93 Entscheidungs-Bände erschienen[65]. Nicht nur die Grundrechte hat das BVerfG entfaltet. Standard-Entscheidungen gibt es vor allem auch in Bundesstaatsfragen (z.B. E 12, 205), zuletzt zum Länderfinanzausgleich (E 72, 330), zum Verbot politischer Parteien (E 5, 198: KPD-Urteil), zum sog. Radikalenerlaß (E 39, 334), zur Volksbefragung (E 42, 104), zum Berufsbeamtentum (E 8, 1; 56, 146), zur Bundeswehr (AWACS-Urteil E 90, 286). Die Aufarbeitung des DDR-Unrechts ist seit der Wiedervereinigung ein schweres Gelände. Doch hat sich das BVerfG auch hier meist bewährt (vgl. Bodenreform: E 84, 90; Warteschleifenentscheidung: E 84, 133). Umstritten ist jetzt die Entscheidung zu Art. 16a GG[66]. M.a.W.: Die Verfassungsentwicklung des GG ist ohne das BVerfG nicht denkbar. Die »normative Kraft der Verfassung« *(K. Hesse)* hat sich wesentlich über »Karlsruhe« entfaltet. Vielleicht hat das BVerfG über Deutschland hinaus zum Siegeszug der Verfassungsgerichtsbarkeit beigetragen[67], so wie früh Österreich bzw. *H. Kelsen.* Verallgemeinernd läßt sich wohl sagen, daß es im Verfassungsstaat ein »Wechselspiel" der Staatsorgane und -funktionen geben kann. So wie sich in den USA Perioden des »judicial activism« und »judicial restraint« abgelöst haben, kann auch das deutsche BVerfG mitunter weiter vorpreschen: bis hart an die letzten funktionellrechtlichen Grenzen einer Verfassungsgerichtsbarkeit. Mitunter wirkt es ja als »Reservefunktion«, wenn die

---

[63] Vgl. jetzt den von F. Lanchester hrsgg. Band: *G. Leibholz,* La dissoluzione della democrazia liberale in Germania, 1996; aus der deutschen Lit.: *M.H. Wiegandt,* Norm und Wirklichkeit, G. Leibholz 1901–1982, 1995.

[64] Von ihm sind die Sondervoten gesammelt erschienen: *W. Geiger,* Abweichende Meinungen zu Entscheidungen des Bundesverfassungsgerichts, 1989.

[65] Die Lit. ist unüberschaubar, vgl. etwa die von C. Starck hrsgg. Festgabe für das BVerfG, 2 Bde. 1976; *G. Leibholz,* Der Status des BVerfG, in: Das BVerfG, 1963, S. 80 ff.; s. auch *R. Smend,* in: Das BVerfG (1963); *P. Häberle* (Hrsg.), Verfassungsgerichtsbarkeit, 1976; *K. Stern,* Das Staatsrecht der Bundesrepublik Deutschland, aaO., Bd. II 1980, S. 330 ff.; *I. Ebsen,* Das Bundesverfassungsgericht als Element gesellschaftlicher Selbstregulierung, 1985; *P. Häberle,* Kommentierte Verfassungsrechtsprechung, 1979; *G. Roellecke,* Aufgaben und Stellung des BVerfG im Verfassungsgefüge, HdBStR, Bd. 2, 1987, S. 665 ff.; *H. Simon,* Verfassungsgerichtsbarkeit, HdBVerfR, 2. Aufl. 1994, S. 1637 ff.

[66] Dazu *G. Lübbe-Wolff,* Das Asylgrundrecht nach der Entscheidung des BVerfG vom 14. Mai 1996, DVBl. 1996, S. 825 ff.

[67] Aus der Lit.: *A. von Brünneck,* Verfassungsgerichtsbarkeit in den westlichen Demokratien, 1992.

anderen Gewalten versagen (so im AWACS-Urteil: E 90, 286). Gibt es derzeit nicht in Italien Anzeichen dafür, daß der Staatspräsident *auf Zeit* als Reserveorgan Funktionen an sich zieht?: *O. L. Scalfaro*, von dem *P. Ruffini* sagte, er habe die italienische Verfassung »in den Chromosomen«, und der übrigens bei seinem Besuch in der Schweiz im September 1996 den Schweizer Föderalismus lobte[68].

Heute steht das BVerfG nicht »für sich« in einer »Krise«, sondern in der Krise des »Zeitgeists« *(H. Schulze-Fielitz)*, wobei seine Kennzeichnung als »funktionellrechtlicher Grenzgänger« ebenso Stichworte liefert wie seine Kennzeichnung als »Bürgergericht«, als »gesellschaftliches Gericht« eigener Art. Es spiegelt nur die allgemeine »Individualisierung und Pluralisierung« der Gesellschaft: Die Ausdehnung der Kontrolldichte seiner Entscheidungen bewahrt auch die Geltungskraft der Verfassung, wobei Tendenzen zu einem »verfassungsstaatlichen Paternalismus« unverkennbar sind[69].

3. Der Ausbau des Sozialstaatsprinzips

Alle Staatsfunktionen waren am Ausbau des Sozialstaatenprinzips (Art. 20, 28 GG) beteiligt: das ganze Volk bei der Aufnahme der Millionen von Flüchtlingen nach dem Kriege, der parlamentarische Gesetzgeber z. B. bei der Kriegsfolgeregelung als Teil eines weitgreifenden Sozial-Systems, das schon unter *Bismarck* begonnen hatte, der Schaffung des Lastenausgleichs, der »dynamischen Rente« unter *K. Adenauer* (1957), das BVerwG in Berlin, insofern es schon im ersten Band (BVerwGE 1, 159) einen einklagbaren Anspruch auf Fürsorge, d. h. materielles Existenzminimum anerkannt hat, das BVerfG durch schrittweise Konturierung des Sozialstaatsprinzips (z. B. E 40, 121; 59, 231), die wissenschaftliche Literatur durch begleitende Theorievorschläge[70]. Mag heute über den Umbau des von *H. Heller* geschaffenen Begriffs des *»sozialen«* Rechtsstaates zu diskutieren sein: Die Stabilität, auch Attraktivität unserer Republik, zusammen mit dem sog. »Wirtschaftswunder« der »sozialen Marktwirtschaft« eines *L. Erhard* zustandegebracht, verdankt sich dem durch die Sozial*partner* Arbeitgeber und Gewerkschaften mit geleistetem sozialen Frieden dank des Sozialstaatsprinzips.

4. Die freiheitliche Demokratie und die sukzessive »Parlamentsreform«

Die »freiheitliche Demokratie« bewährte sich in der Nachkriegszeit nach rechts und links zunächst durch das Verbotsverfahren gegen SRP und KPD (BVerfGE 2, 1 bzw. 5, 85), vor allem aber dank der »inneren Annahme« der Demokratie durch die deutschen Bürger. Freilich kennt das GG grundsätzlich nur die repräsentative, nicht auch die unmittelbare Demokratie, anders die 16 deutschen Länder. Die Wahlbeteiligung zu den Parlamenten blieb bis heute relativ hoch. Der »Ohne-Mich-Standpunkt«

---

[68] Vgl. St. Galler Tagblatt vom 12. September 1996.

[69] Aus der Lit.: *H. Schulze-Fielitz*, Das BVerfG in der Krise des Zeitgeistes, Würzburger Antrittsvorlesung Juni 1996, in: AöR 122 (1997), S. 1 ff.; *P. Häberle*, Verfassungsgerichtsbarkeit zwischen Politik und Rechtswissenschaft, 1980; zuletzt: *M. Schulte*, Zur Lage und Entwicklung der Verfassungsgerichtsbarkeit, DVBl. 1996, S. 1009 ff.

[70] Vor allem *E. Forsthoff / O. Bachof*, Begriff und Wesen des sozialen Rechtsstaates, VVDStRL 12 (1954), S. 8 ff., 37 ff. – Aus der Lit. zum Rechtsstaat: *H. Hofmann*, Geschichtlichkeit und Universalitätsanspruch des Rechtsstaates, in: Der Staat 34 (1995), S. 1 ff.

wurde schon durch die Einführung der allgemeinen Wehrpflicht (1954) und die Wiederbewaffnung der Bundesrepublik aufgegeben. Stabile »Kanzlermehrheiten« wurden vielleicht auch durch das (im GG als solches nicht ausdrücklich garantierte) Wahlsystem (Verhältniswahlrecht mit Elementen der Persönlichkeitswahl) sowie die 5-Prozent-Klausel gesichert, wobei es für die Offenheit des »Systems« spricht, daß diese Klausel etwa von der Partei der »Grünen« nachhaltig überwunden werden konnte (im Bundestag erstmals 1983). Gewiß, die »*Parteienstaatlichkeit*« hat im System der staatlichen Parteienfinanzierung zu fragwürdigen Entwicklungen geführt, die durch das BVerfG erst nach und nach korrigiert wurden (vgl. E 20, 56 sowie E 24, 300 und besonders E 73, 40)[71] und die Publikationen des Hagener Parteienrechtsinstituts seien gerühmt[72], das Beutesystem der politischen Parteien wurde schon kritisch beim Namen genannt[73]; indes haben die heute oft geschmähten Parteien auch eine große *Integrationsleistung* vollbracht, wobei sie die im Zuge der Wiedervereinigung (1989/90) so verdienstvollen »Bürgerbewegungen« in Ostdeutschland an den Rand drängten.

»*Demokratisierung*« aller Lebensbereiche war ein Leitmotiv der »68-Bewegung«. Sie verkannte, daß der Mensch nicht von Demokratie *allein* lebt, und sich höchst persönliche private Schutzzonen dank der Grundrechte, aber auch bestimmter wirtschaftlicher Bereiche nicht »demokratisieren« lassen. Ein Beispiel liefert das Hochschulurteil des BVerfG in Sachen »Freiheit der Wissenschaft« (BVerfGE 35, 79).

Ein Wort zur *Parlamentsreform*: Sie wurde immer wieder als »große« angemahnt, hat sich aber nur schrittweise als »kleine« verwirklichen lassen[74]. Beispiele sind die Einsetzung von »Enquete-Kommissionen« des Bundestages (§ 56 GeschOBT), die Anläufe zur Schaffung von »*mehr* Öffentlichkeit« (Öffentliche Hearings, Die Offenlegung von Nebentätigkeiten von Parlamentariern (Anl. 1 GeschOBT 1986)). Das deutsche Parlament, der Bundestag gilt als »fleißiges Arbeitsparlament«, das »leere Plenum« ist leider keine Seltenheit – die Hauptarbeit findet in den Ausschüssen statt. Jüngst fiel das kritische Wort vom »Regierungsparlament« *(A. Vollmer)*. Der Bundesrat (Art. 50 GG) zeichnet sich durch eine besonders sachliche, fast »professionelle« Arbeit aus.

5. *Entwicklungslinien des Föderalismus*

Zur Erfolgsgeschichte des GG gehört sein Föderalismus. Das Geheimnis seiner Bewährung liegt darin, daß er nicht nur »bewahrt« wurde, sondern sich vital *fortentwickelt* hat. Waren 1949 die Länder besonders stark, so machten sich später schleichende und evidente Unitarisierungstendenzen bemerkbar, die *K. Hesse* 1961 auf den Begriff des »unitarischen Bundesstaates« gebracht hat[75]. In der Zeitachse lassen sich in unter-

---

[71] Aus der Lit.: *H.-R. Lipphardt*, Die Gleichheit der politischen Parteien vor der öffentlichen Gewalt, 1975; *D. Tsatsos/M. Morlok*, Parteienrecht, 1982.

[72] *D. Tsatsos/D. Schefold/H.-P. Schneider* (Hrsg.), Parteienrecht im europäischen Vergleich, 1990; *V. Schütte*, Bürgernahe Parteienfinanzierung, 1993; *V.D. Gikas*, Chancengleichheit der politischen Parteien in Griechenland, 1994.

[73] Oben bei FN 16.

[74] Aus der Lit.: *H.-O. Schneider/W. Zeh* (Hrsg.), Parlamentsrecht und Parlamentspraxis in der Bundesrepublik Deutschland, 1989; jetzt *S. Lemke-Müller*, Zur Parlamentsreform im Deutschen Bundestag: Mehr Transparenz, Öffentlichkeit und Effektivität, in: Aus Politik und Zeitgeschichte, B 27/96 vom 28. Juni 1996, S. 3 ff.

[75] *K. Hesse*, Der unitarische Bundesstaat, 1961; aus der Lit. auch: *K. Stern*, aaO.; *P. Lerche*, Föderalismus

schiedlicher Gewichtung unterscheiden: der »separative federalism«, der »kooperative Föderalismus« (auf Texte und Begriffe gebracht in Art. 91a, 91b von 1969); parallel dazu der »unitarische Bundesstaat«, und im Zuge der Wiedervereinigung der »fiduziarische Föderalismus« auf Zeit, will heißen: für eine Übergangsphase zur Konsolidierung der deutschen Einheit haben die westlichen Länder und der Bund gesamthänderisch eine intensivierte Verantwortung für die fünf *neuen* Bundesländer (greifbar in Gemeinschaftswerken wie »Aufbau Ost«, föderales Konsolidierungsprogramm, Solidaritätsbeitrag: Finanzvolumen von jährlich bislang etwa 150 Milliarden DM Transfer von West nach Ost[76]). Jüngst haben die Länder ihre Positionen wieder verstärkt. Man spricht von »Reföderalisierung«, »Substanzföderalismus«, statt Mitwirkungsföderalismus, greifbar in Verfassungsänderungen, die gewisse Kompetenzen an die Länder zurückgeben (z.B. Art. 72 Abs. 2, 75 Ziff. 6)[77], vor allem aber gehört der neue Europa-Artikel 23 GG auch in diesen Zusammenhang (vgl. Abs. 2 bis 7).

6. Die Europäisierung der deutschen Bundesstaatlichkeit

Die Europäisierung des deutschen nationalen Verfassungsrechts sei als letztes auf der Zeitachse verlaufendes, aber die Verfassung zunehmend *innerlich* mitprägendes Prinzip erwähnt, was in Italien Parallelen hat, denken wir an das dortige Ringen um einen neuen »Europa-Artikel«[78]. Früh hat Italien in Art. 11 seinen Weg zur »offenen Staatlichkeit« gewagt. Die »Römischen Verträge« von 1957 waren nur so möglich. Das GG hat schon 1949 einen ähnlichen Artikel geschaffen, der verfassungstheoretisch früh untersucht wurde[79] und später auf den Begriff des »kooperativen Verfassungsstaates« gebracht wurde[80]. Die Integration der Bundesrepublik in das westliche Verteidigungs- und Sicherheitssystem ist bekannt. Sie hat die deutsche Teilung erträglich gemacht und bei großen Optimisten sogar die »Utopie der Wiedervereinigung« (vgl. Präambel und Art. 146 aF GG) »konkret« gehalten. Die Ostpolitik der Regierung *Brandt* bzw. der Grundlagenvertrag von 1972 und das ihn präzisierende Urteil des BVerfGE 36, 1 von 1973 haben das Ihre beigetragen, um (letztlich doch unerwartet) die deutsche Einheit möglich zu machen. An die Stelle des Beitritts-Artikels 23 aF GG trat nach deren Vollzug der neue Europa-Artikel, symbolträchtig genug[81]. Denn die deutsche und die europäische Einigung sind die zwei Seiten *derselben* Sache. So sehr wir noch um die

---

als nationales Ordnungsprinzip, VVDStRL 21 (1964), S. 66ff.; *H. Maier/J. Isensee/Graf Vitzthum*, Der Föderalismus vor den Herausforderungen der Gegenwart, AöR 115 (1990), S. 212ff.; *P. Häberle*, Kulturverfassungsrecht im Bundesstaat, 1980; Sachs (Hrsg.), Kommentar zum GG, 1996, Art. 20, Rdnr. 34ff.; *O. Kimminich*, Der Bundesstaat, ebd. S. 1113ff.

[76] Einzelheiten in *P. Häberle*, Aktuelles Problem des deutschen Föderalismus (1991), jetzt in *ders.*, Das Grundgesetz zwischen Verfassungsrecht und Verfassungspolitik, S. 83ff., s. auch die Übersetzung in: A. D'Atena (Hrsg.), Federalismo e regionalismo in Europa, 1994, S. 107ff.

[77] *A. Schmehl*, Die erneuerte Erforderlichkeitsklausel in Art. 72 Abs. 2 GG, DÖV 1996, S. 724ff.

[78] Dazu aus der Lit.: *M. P. Chiti*, Der Vertrag über die Europäische Union und sein Einfluß auf die italienische Verfassung, Der Staat 33 (1994), S. 1ff.

[79] *K. Vogel*, Die Verfassungsentscheidung des Grundgesetzes für eine internationale Zusammenarbeit, 1964.

[80] *P. Häberle*, Der kooperative Verfassungsstaat (1978), jetzt in *ders.*, Verfassung als öffentlicher Prozeß, 2. Aufl. 1996, S. 407ff.

[81] Vgl. aus der Lit.: M. Heckel (Hrsg.), Die innere Einheit Deutschlands inmitten der europäischen Einigung, 1996.

Vollendung der *inneren* Einheit ringen: die europäische Einigung ist auf dem Weg. Nach Maastricht I, vom BVerfG ohne vorgängiges Referendum wie in Frankreich oder Dänemark in einem umstrittenen Maastricht-Urteil (E 89, 155) gebilligt, aber auch mit Grenzen versehen[82], warten wir auf »Maastricht II« und die sich darin hoffentlich konsolidierende »europäische Öffentlichkeit«. Die Länder haben in Art. 23 GG Mitwirkungs- und Einflußrechte gewonnen, die ihren Bedeutungsverlust dank »Brüssel« ausgleichen sollen. Sie sind indes – Hand in Hand mit dem Bund – auf dem Weg zum »europäischen Deutschland« i.S. von *Thomas Mann.* Dabei ist nicht nur das Europa der 15 im Blick zu behalten, sondern auch das Europarecht im weiteren Sinne, d.h. Europarat und OSZE mit ihren fundamentalen Konventionen wie der EMRK oder der Charta von Kopenhagen bzw. Paris (1990).

Europa ist ein Stück des *inneren* Staats- und Verfassungsverständnisses von Deutschland. Gewiß, es gibt europäische Sonnen- und traurige Schattenzeiten und -zonen. Indes deutet vieles darauf hin, daß gerade das wiedervereinigte Deutschland nur als europäischer Verfassungsstaat im Verein mit den anderen Ländern, vor allem auch Italien Legitimität besitzt. Das führt zum Ausblick und Schluß.

Ausblick und Schluß: Gemeinschaftsaufgaben der europäischen Wissenschaftlergemeinschaft

Wissenschaftliche »Rückblicke« bzw. »Erfahrungsberichte« werden meist aus Anlaß von Jubiläen unternommen. So feierte man in Deutschland 1989 »40 Jahre Grundgesetz«[83]. Auch die deutschen Länder begingen und begehen bald ihre Gründungsjubiläen als »Verfassungstage«[84]. Staatsrechtliche Zwischenbilanzen dieser Art dienen der Verlebendigung der Verfassung, und die nationalen Wissenschaftlergemeinschaften haben ihren Teil dazu beizutragen. Wenn ein französischer, österreichischer und deutscher Staatsrechtslehrer wie heute in Turin die »50 Jahre italienische Verfassung« mitfeiern dürfen – bei allen Krisen, die jeder Verfassungsstaat derzeit durchlebt –, so zeigt dies, wie eng die europäischen Nationen mittlerweile zusammengewachsen sind.

Die hier unternommenen Rückblicke nehmen die vergleichende Verfassungslehre als das, was sie auch ist: *Erfahrungswissenschaft*[85]. In den Verfassungstexten, ihrer sie tragenden und fortbildenden Dogmatik und Prätorik, sind Erfahrungen vieler Generationen gespeichert, die immer wieder der Vergegenwärtigung bedürfen. Schon der Begriff »Verfassungskultur« bzw. »Verfassungslehre aus Kultur« deutet das Moment der Erfahrung an, das freilich der Ergänzung durch Sensibilität für *neue* Erfahrungen und

---

[82] Aus der kritischen Literatur: *J. Schwarze,* Europapolitik unter deutschem Verfassungsrichtervorbehalt, NJW 1994, S. 1 ff.; *H.P. Ipsen,* Zehn Glossen zum Maastricht-Urteil, EuR 1994, S. 1 ff.; *J.H. Weiler,* Der Staat über alles, JöR 44 (1996), S. 91 ff.; *G. Hirsch,* EuGH und BVerfG – Kooperation oder Konfrontation?, NJW 1996, S. 2457 ff.

[83] Vgl. die Sammelbände von C. Starck (Hrsg.), Grundgesetz und deutsche Verfassungsrechtsprechung im Spiegel ausländischer Verfassungsentwicklung, 1989; K. Stern (Hrsg.), 40 Jahre Grundgesetz, 1990, und U. Battis/E. G. Mahrenholz/D. Tsatsos (Hrsg.), Das Grundgesetz im internationalen Wirkungszusammenhang der Verfassungen, 1990.

[84] So etwa der Freistaat Bayern im Dezember 1996.

[85] Dazu meine Vorüberlegungen in: Verfassung als öffentlicher Prozeß (1978), 2. Aufl. 1996, S. 58, 125 ff., 138 f.

Möglichkeiten in der Zukunft bedarf. Alle Verfassungspolitik verlangt beides: Rückblick ins Gewordene und Ausblick ins Werdende. Der Verfassungsjurist bedarf hierbei
der Mithilfe seitens der Politikwissenschaft. So »anders« ihre Erkenntnismethoden
sind, so sehr haben beide, Politikwissenschaft und Verfassungslehre, letztlich denselben Gegenstand. Es ist ein Glücksfall für die deutsch-italienische Wissenschaftlergemeinschaft, daß angesehene Politikwissenschaftler wie *A. Bolaffi* und *G. E. Rusconi*,
auch *H. Bobbio* in der deutschen Tagespublizistik sehr oft zu Worte kommen[86], so wie
man in Deutschland zunehmend die Diskussionen der italienischen Staatsrechtslehre
beachtet, etwa *G. Zagrebelsky's* »diritto mite« (1992). In dieses Bild gehört es, daß in
Rom (Mai 1996) ein Gedächtnis-Symposium zu Ehren von *Ernst Friesenhahn* statt-
fand, auf dem *A. Cervati* und *P. Ridola* sprachen, oder *J. Esser*, Mitglied der Academia
dei Lincei ist und ein lebhafter Austausch von Mitgliedern der Verfassungsgerichte
beider Länder stattfindet (unter dem Präsidenten *Corasaniti* ebenso wie dank *A. Bal-
dassarre*). Die Agnelli-Stiftung in Turin leistet zu all dem ebenso Beiträge wie das Institut in Trient oder das Parteienrechts-Institut in Hagen. Es gibt so etwas wie ein »*Weltbürgerrecht der Wissenschaft*« – dem der Kunst benachbart –, an dem wir in Europa besonders intensiv teilhaben dürfen. Italien hat gewiß große Reformprobleme in Sachen
Medienverfassungsrecht und Regionalismus vor sich. Nicht nur regional, auch kulturell gibt es »viele Italien«. Sein Genius wird ihm auch in der Außenperspektive eines
»teilnehmenden Beobachters« aus dem hohen Norden helfen, die notwendigen Verfassungsreformen zu wagen[87]. Gemeinsam bleibt uns jedenfalls die Losung, die *Fried-
rich II.* an die Studenten der juristischen Fakultät von Bologna richtete: »Sine qua
(scientia) mortalium vita non regitur liberaliter.«

---

[86] *A. Bolaffi*, In dem ganzen Wahnsinn steckt Vernunft, Ein Versuch, den Europäern die Unübersichtlichkeit der italienischen Verhältnisse zu erklären, Die Zeit Nr. 17 vom 19. April 1996, S. 3; *ders.*, Italien hat
große Angst gehabt, FAZ vom 24. Juli 1996, S. 31. – *G. E. Rusconi*, Die italienische Resistenza auf dem
Prüfstand, Vierteljahreshefte für Zeitgeschichte Heft 3/1994, S. 379ff.; *ders.*, Eco unterm Ölbaum, FAZ
vom 19. April 1996, S. 39; *ders.*, Kein Kanzleramt in Rom, FAZ vom 10. Juni 1996, S. 35; *ders.*, Erneutes
Nachdenken über die Nation, Zwischen regionalem Separatismus und europäischer Vision, Neue Hefte
für Philosophie 34 (1993), S. 42ff.; *N. Bobbio*, Die befreite Demokratie, Süddeutsche Zeitung vom
25. April 1996, S. 13.
[87] Aus der deutschen Literatur etwa: *J. Petersen*, Quo vadis Italia?, 1995. Aus der italienischen Literatur:
La Riconquista dell' Italia, a cura di Fabio Luca Cavazza, 1993; La Stato della Istituzioni Italiana, Problemi
e Prospettive, 1994; Cinquant' anni di Repubblica italiana, a cura di *Guido Neppi Modona*, 1996; Stato della
Costituzione, a cura die *G. N. Modona*, 1995. – S. auch A. Mazzacane/R. Schulze (Hrsg.), Die deutsche
und die italienische Rechtskultur »im Zeitalter der Vergleichung«, 1995. Können sich Süd und Nord beim
Neubau Italiens nicht ergänzen? (Vgl. NZZ vom 1./2. Juni 1996, S. 9: »Stolz des Südens – Arroganz des
Nordens«), indem etwa die Kulturlandschaft in der Provinz Salerno mit Stätten wie Paestum und Elea, Po-
sitano und Ravello, die einen *Ibsen, Wagner* und andere begeistert haben, durch *regionale* Initiativen revitali-
siert werden – wie dies derzeit in Neapel gelingt? Weitere »Außenansichten eines teilnehmenden Beobachters« zu Italien bei *P. Häberle*, in G. Müller u.a. (Hrsg.), Zur Funktion des Rechts für die Reform staatlicher Institutionen, 1993, S. 114ff.; *ders.*, Probleme der Verfassungsreform in Italien, in: Verfassung als öffentlicher Prozeß, 2. Aufl., 1996, S. 817ff.

Richterbilder

Bundesverfassungsrichter Erwin Stein

Eine Erinnerung

von

Dr. Erich Steffen

Vors. Richter am BGH a. D. in Karlsruhe

I.

Dem Wunsch von Peter Häberle nach einem Lebensbericht für seine Rubrik „Richterbilder" hat sich Erwin Stein verschlossen. Über die Gründe kann ich nur spekulieren. Vielleicht hat er – obschon an Ehrungen gewöhnt, die sein so engagiertes öffentliches Wirken auf so vielen Gebieten auf so vielfältige Weise erfahren mußte[1], und ihnen auch durchaus nicht abgeneigt – für solche Ehrung seiner Person selbst nicht die Hand reichen wollen; vielleicht sah er den Schwerpunkt seiner Arbeit selbst eher im Politiker und Pädagogen als im Richter Erwin Stein; vielleicht hatte er schlicht Wichtigeres zu tun. Ich kann nur hoffen, daß er nichts dagegen hätte, wenn sein Wissenschaftlicher Mitarbeiter, der ihn in den letzten dreieinhalb Jahren seines Richteramts am Bundesverfassungsgericht bis zu seinem Ausscheiden am 8. Dezember 1971 begleitet hat, das skizziert, was mir von seiner Persönlichkeit vor Augen

---

[1] *Insbesondere Festschriften 1968:* Deutsches Institut f. Int. Päd. Forschung. Freiheit und Demokratie. Festgabe zum 65. Geburtstag; 1983: Avenarius/Engelhardt/Heußner/v. Zezschwitz (Hrsg.): Festschrift zum 80. Geburtstag; 1992: Festschrift aus Anlaß seiner Wahl zum Ehrenpräsidenten des Stiftungsrats des Deutschen Instituts f. Int. Päd. Forschung am 3. Mai 1991; 1995: Döring (Hrsg.): Der Neubeginn im Wandel der Zeit: in memoriam Erwin Stein.

Auszeichnungen und Preise: Goethe-Plakette des Landes Hessen (1953); Großes Verdienstkreuz mit Stern und Schulterband des Verdienstordens der Bundesrepublik Deutschland (1963); Wilhelm-Leuschner-Medaille des Landes Hessen (1966); Ehrenplakette der Stadt Offenbach a. Main (1978); Justus-Liebig-Plakette der Universität Gießen (1978); Hessischer Verdienstorden (1990); Van-Tienhoven-Preis (1974); Erich-Hylaa-Preis (1978).

Ehrenmitgliedschaften: Ehrensenator der Universität Gießen (1957); Ehrenmitglied der Sokratischen Gesellschaft Mannheim (1978), des Deutschen Rats für Landespflege Bonn (1980), der Humboldt-Gesellschaft für Wissenschaft, Kunst und Bildung, Mannheim (1983); Ehrenpräsident der Gesellschaft zur Förderung der Pädagogischen Forschung, Frankfurt (1986), der Humboldt-Gesellschaft für Wissenschaft, Kunst und Bildung, Mannheim (1988), des Stiftungsrats des Deutschen Instituts f. Int. Päd. Forschung, Frankfurt (1991).

steht. Ein Porträt kann und soll das nicht sein, weil dazu meine Einblicke in die Vielschichtigkeit seiner auf Distanz bedachten, nicht leicht zugänglichen Person nicht ausreichen, und auch schon aus Respekt vor seiner Verweigerung, die ja auch eine Grundsätzliche gewesen sein kann.

Die Zeit mit Erwin Stein war die wichtigste in meinem nun auch zu Ende gegangenen 34jährigen Richterleben. Das hatte mit dem Arbeitsfeld am Bundesverfassungsgericht zu tun, das dazu erzieht, viel mehr als der Richter es sonst gewohnt ist, das Recht zu hinterfragen. Zudem waren dem Richter Stein durch die Geschäftsordnung Sachverhalte mit den Schwerpunkten Menschenwürde (Art. 1 GG), Glaubens-, Gewissens- und Bekenntnisfreiheit (Art. 4 GG), Kunst- und Wissenschaftsfreiheit (Art. 5 Abs. 3 GG) und der Schulartikel des Art. 7 GG einschließlich der Privatschulgarantie (Art. 7 Abs. 4 GG) zugewiesen, dazu die Bezüge zum Elternrecht (Art. 6 GG) und zu den Kirchenartikeln der Weimarer Verfassung (Art. 140 GG iVm. Art. 136ff. WRV). Das Umsetzen dieser Grundrechte für den Rechtsalltag muß Herausforderung für jeden Juristen sein und Begeisterung bei ihm erzeugen. Außerdem durften die Wissenschaftlichen Mitarbeiter damals bei den Sitzungen des sog. Dreierausschuß assistieren, in den neben Stein die Richter Theo Ritterspach und Karl Haager berufen waren, beeindruckende Persönlichkeiten mit starker Ausstrahlung auf den jungen Richter auch sie.

Den nachhaltigsten Eindruck hat bei mir die Zusammenarbeit mit Erwin Stein hinterlassen: seine Vorgaben und Impulse für das Aufschließen der Sachprobleme und ihre verfassungsrechtliche Bewertung aus seiner zutiefst humanistisch-sozialen Überzeugung von der Notwendigkeit eines lebendigen Austausches unter den pluralistischen Auffassungen und Lebenshaltungen in einem Klima der geistigen Freiheit und Toleranz; und von der Verantwortung des Staates, für einen sozialen Ausgleich zu sorgen, der Jedem gleiche Chancen für die Mitwirkung an der Gemeinschaft nach seiner Eigenart ermöglicht; die Leichtigkeit und Lust, mit der Erwin Stein dank einer umfassenden Bildung die geisteswissenschaftlichen und kulturgeschichtlichen Fundamente der in seinem Dezernat zu betreuenden Grundrechte für die Diskussion aufzubereiten verstand; die Geduld und einfühlende Ernsthaftigkeit, mit der er trotz seiner selten verlassenen Distanziertheit den hier hoffnungslos unterlegenen Diskussionspartner zu eigenen Gedankenausflügen ermutigte; seine Entschiedenheit im Engagement für die Erziehung zu einer demokratischen Gesellschaft mit aufgeschlossenen, politisch denkenden Menschen – auch Richtern –, ungeachtet seiner Skepsis in Bezug auf den Erfolg.

Mir steht der Bundesverfassungsrichter Erwin Stein als eine kraftvolle, geistige Freiheit und Toleranz lebende und weckende Persönlichkeit vor Augen; souverän; sehr eigenständig; ein Herr auch in dem ein bißchen theatralischen Zuschnitt der roten Robe.

II.

Einiges von seiner Persönlichkeit erklären schon die Daten seines Lebenslaufs[2]. Ein paar von ihnen mitzuteilen muß er mir erlauben.

---

[2] Die umfassendste Darstellung gibt *Fetzer*, Erwin Stein – Eine Bio-Bibliographie, in: Döring (Hrsg.): Der Neubeginn im Wandel der Zeit. In memoriam Erwin Stein, 1995, S. 177ff.

Erwin Stein wurde am 7. März 1903, einem Sonntag, in Grünberg (Hessen) als Sohn eines Ingenieurs bei den Preußisch-Hessischen Staatsbahnen geboren. Bis zu seinem Tod am 15. August 1992 zu Amerode ist er seiner hessischen Heimat in besonderer Weise verbunden geblieben[3]; auch in den Karlsruher und Baden-Badener Jahren. Ich höre heute noch seinen hessischen Dialekt.

Nach dem Abitur am Lessinggymnasium in Frankfurt 1922 studierte er in Heidelberg, Frankfurt und Gießen: Jura auf Wunsch seines Vaters, eigentlich zog es ihn zur Germanistik und zur Philosophie. Indes dürfte das Studium seine Neigungen eher befördert als ihnen geschadet haben; jedenfalls scheinen sie in allen seinen späteren Veröffentlichungen immer wieder auf.

Und es war auch schon in seiner Studentenzeit, daß er seine engen Beziehungen zu dem Philosophen und Theologen Leopold Ziegler begründete, dessen geistiges Erbe er später als Vorsitzender der Leopold-Ziegler-Stiftung betreut hat und in dessen Werken Grundlagen für den Humanisten und Freigeist Erwin Stein gesehen werden mögen.

Nach Promotion an der Universität Gießen zum doctor iuris utriusque (1928), dem juristischen Staatsexamen (1929) und erfolglosen Bemühungen um eine Anstellung im Verlagswesen schlug Stein die Laufbahn in der hessischen Justiz als Richter und Amtsanwalt ein. Anfeindungen und Dienstaufsichtsbeschwerden wegen der Strafverfolgung gewalttätiger Ausschreitungen von Nationalsozialisten führten schließlich zu seinem psychischen Zusammenbruch und im Frühsommer 1933 zu seinem Antrag auf Entlassung aus dem Staatsdienst, mit dem er der drohenden Entlassung wegen seiner Ehe mit einer Jüdin zuvor kam. Erwin Stein ließ sich als Rechtsanwalt in Offenbach am Main nieder. Er vertrat viele Juden, bis das 1939 verboten wurde. Im übrigen schuf er sich in diesen „Jahren des Schweigens" (Stein)[4] in staats-, kultur-, geschichtsphilosophischen, erziehungswissenschaftlichen, literarischen Studien die Grundlagen, auf die er nach dem Zusammenbruch des „Dritten Reichs" sein Engagement für die geistige und sittliche Erneuerung der Gesellschaft stützen sollte.

Im März 1943 nahm sich seine Frau das Leben, als sie nach Polen in ein KZ verbracht werden sollte.

Das Kriegsende erlebte Stein als Panzerjäger in englischer Kriegsgefangenschaft. Nach seiner Entlassung wurde er, mitveranlaßt auch durch seine religiösen Bindungen – später Mitglied der Synoden der Evangelischen Kirche in Hessen und Nassau (1947– 1953) und der Evangelisch-Lutherischen Kirche in Baden (ab 1966) – und seine soziale Grundeinstellung, einer der Mitbegründer der CDU in Hessen. Eine Berufung zum Generalstaatsanwalt in Hessen schlug Stein 1946 aus, weil er sich „für verpflichtet hielt, sich besonders dem öffentlichen Leben zu widmen" (Stein)[5]. So war der Weg frei für den Politiker Erwin Stein: als Mitglied der Verfassungsberatenden Landesversammlung für Groß-Hessen und des Verfassungsausschusses für die Mitarbeit an der Hessischen Verfassung, die er in dem zusammen mit Georg August Zinn herausgege-

---

[3] Nicht nur als Mitherausgeber des Komments zur Hessischen Verfassung und als Schlichter im hessischen Schulstreit um die Rahmenrichtlinien, sondern u.a. in seinen ehrenamtlichen Aktivitäten für den Ortsverein Offenbach a.M. des DRK, für Gesangvereine in Hessen, in zahlreichen Reden und Aufsätzen zur Geschichte des Landes Hessen, zur hessischen Landschaft, zur Bedeutung der Heimat.

[4] In Deutsches Institut f. Int. Päd. Forschung (Hrsg.), Überlieferung und Veränderung, 1978, S. 42.

[5] Vgl. *Fetzer* (Fn. 2), S. 178.

benen Standardkommentar bis an sein Lebensende auch wissenschaftlich begleitete; als Abgeordneter im Hessischen Landtag (ab 1946); für seine Berufung am 6. Januar 1947 als Minister für Kultus und Unterricht, ab 1. November 1949 zusätzlich als Minister für Justiz, Erziehung und Volksbildung in das Kabinett Storch, nachfolgend in das Kabinett Zinn. Nach Änderung der Mehrheitsverhältnisse im Hessischen Landtag infolge der Landtagswahl 1950 schied Stein am 10. Januar 1951 aus diesen Ämtern aus.

Nach einer Übergangszeit als Bundesrichter im III. Zivilsenat des Bundesgerichtshofs wurde Stein mit Unterstützung auch der SPD am 7. September 1951 zum Bundesverfassungsrichter in den Ersten Senat des Bundesverfassungsgerichts berufen. Ihm gehörte er bis zum 8. Dezember 1971 an.

III.

Ein Bild von dem Richter Erwin Stein ist ohne seine persönlichen Erlebnisse mit der Gewalt und dem Terror der NS-Diktatur nicht denkbar, aber auch nicht ohne den Politiker Erwin Stein, den diese Erlebnisse hervorgebracht haben.

Als Politiker war Stein 1946 dazu angetreten, nicht nur in die Institutionen, sondern auch in die Köpfe und Herzen der Menschen ein Verständnis von der staatlichen Gemeinschaft und ihren Bürgern einzupflanzen, für das es zur Aufgabe auch des Staates gehört, die Eigenständigkeit des Einzelnen um seiner effizienten Mitwirkung bei der Verwirklichung einer freiheitlichen Demokratie willen anzuerkennen und zu bewahren, und zur Aufgabe jedes Einzelnen, sich seiner Verantwortung für die Gemeinschaft bewußt zu sein[6]. Aber Stein wußte auch: ein solches Demokratieverständnis kann nicht verordnet oder auferlegt werden; die Menschen müssen durch Erziehung und Bildung in es hineingeführt werden, gerade weil das Erziehungssystem des NS-Staats den Gemeinschaftsbezug und die Gemeinschaftsbindung des „Volksgenossen" so negativ besetzt und mißbraucht hatte. „Jede Staatsverfassung bleibt auf die geistige und moralische Verfassung des Einzelnen angewiesen" (Stein)[7].

Deshalb bemühte er sich als hessischer Kultusminister zu allererst um die Erneuerung der Erziehung in der Schule zu einer „Schule der Demokratie" (Stein)[8], die sich ihrer sozialen Funktion bewußt ist, anstelle bloßer Wissensvermittlung „den jungen Menschen zur sittlichen Persönlichkeit zu bilden, seine berufliche Tüchtigkeit und die politische Verantwortung vorzubereiten zum selbständigen und verantwortlichen Dienst am Volk und der Menschheit durch Ehrfurcht und Nächstenliebe, Achtung und Duldsamkeit, Rechtlichkeit und Wahrhaftigkeit" (Art. 56 Abs. 4 der Hessischen Verfassung). Er hat diese Worte selbst als „pathetisch-optimistisch" etwas ironisch belächelt[9], sich aber gleichwohl Zeit seines Lebens in ihrer Verpflichtung gesehen. Sein Engagement als Kultusminister und auch später galt der differenzierten Einheitsschule

---

[6] Vgl. dazu etwa NJW 1965, 2384; Triffterer/v. Zezschwitz (Hrsg.): Festschrift für Walter Mallmann zum 70. Geburtstag, 1978, S. 329 ff.

[7] Brandt/Gollwitzer/Henschel (Hrsg.): Ein Richter ein Bürger, ein Christ. Festschrift für Helmut Simon, 1987, S. 151 ff., 165.

[8] Frankfurter Hefte 2 (1947), S. 1016 ff.; NJW 1950, S. 658 ff.

[9] Leibholz u. a. (Hrsg.): Menschenwürde und freiheitliche Rechtsordnung. Festschrift für Willi Geiger zum 65. Geburtstag, 1974, S. 570.

mit einer Grundstufe bis zum 6. Schuljahr, ergänzt durch Zusatz- und Förderkurse für begabte Schüler, und einem „politischen Unterricht" im Unterschied zu der „blassen Staatsbürgerkunde und der idyllischen Gemeinschaftskunde" (Stein)[10]. In der 6jährigen Grundschule sah Stein die „Schule der Demokratie" am ehesten verwirklicht, die in Anerkennung der Verschiedenheit der Menschen und ihrer Leistungsfähigkeit, aber auch im Bemühen um Gleichheit der Bildungschancen den Schülern alle Wege zur Bildung öffnet, zugleich den Zusammenhang der Bildungsgänge aufrechterhält und flexibel für die Mitwirkung der Eltern und beteiligten Gruppen ist[11].

Aber sein eigenes Demokratieverständnis ließ es nicht zu, den Befehl der US-Militärregierung vom 9. August 1948 zur Einführung dieser Schulform auszuführen, obschon er wahrscheinlich schon damals sah, daß er die Pläne auf demokratischem Weg gegen den Widerstand von Elternvertretungen, Philologenverband und Katholischer Kirche nicht verwirklichen konnte, der sich u. a. an der Wertevermittlung durch die Schule entzündet hatte[12]. Denn Stein war davon überzeugt, daß gerade die Schule eines breiten Konsenses bedarf. „In der freien staatlichen Demokratie ist die Schule keine rein staatliche Einrichtung; als demokratische Institution darf Schule nur zusammen mit den Rechten und Bedürfnissen der an ihr beteiligten Personen und Gruppen verstanden werden, die in Wechselwirkung stehen und deren Interessen einen sachgerechten Ausgleich fordern" (Stein)[13]. Diese Auffassung war im übrigen auch später die Basis seiner „Allgemeinen Grundlegung für die Rahmenrichtlinien", mit der er auf Veranlassung des damaligen Ministerpräsidenten Holger Börner Anfang der 80er Jahre im hessischen Streit um die vor allem vom Elternbeirat als zu linkslastig empfundenen Lehrpläne erfolgreich vermitteln konnte[14]. Und sie ist auch in seine Vorarbeiten als Berichterstatter in dem Verfahren der Verfassungsbeschwerde gegen die Einführung einer obligatorischen Förderstufe in Hessen eingeflossen, das allerdings erst nach seinem Ausscheiden aus dem Bundesverfassungsgericht entschieden wurde[15].

Auch die Pläne des Kultusministers Stein für eine Neuorientierung der Hochschulen waren schon 1947 auf Demokratisierung und Einbindung aller gesellschaftlicher Kräfte gerichtet, um die Universität zu befähigen, ihren Studenten nicht nur Fachwissen für ein künftiges Spezialistentum, sondern „eine den ganzen Menschen erziehende Bildung zu vermitteln" und „Politik vorzuleben" (Stein)[16]. Ansatzmöglichkeiten zur Verwirklichung sah er schon damals vor allem im Organisatorischen: Stärkung der studentischen Selbstverwaltung, Abbau der hierarchischen Ordnung, der bevorzugten Stellung der Ordinarien; Schaffung eines „Rats der Akademie" aus allen wichtigen Kreisen der Gesellschaft mit der Aufgabe, die Interessen der Hochschule im öffentlichen Leben zu vertreten und die Wünsche der Allgemeinheit an die Universität her-

---

[10] Der Neuaufbau des hessischen Schulwesens nach 1945; 1986, S. 12.

[11] JZ 1957, 11 ff.; Deutsches Institut f. Int. Päd. Forschung, Freiheit und Demokratie. Festgabe zum 65. Geburtstag; 1968, S. 83 f.

[12] *Holzapfel* in Döring (Hrsg.): Der Neubeginn im Wandel der Zeit. In memoriam Erwin Stein, 1995, S. 75.

[13] *Esser/Stein*, Werte und Wertewandel in der Gesetzesanwendung, 1966, S. 62 f.

[14] Hess LT, Drucks. 8/5000, 9 ff.

[15] BVerfG Beschl. V. 6. 12. 1972 – BVerfGE 34, 165.

[16] *Hammerstein* in Döring (Hrsg.): Der Neubeginn im Wandel der Zeit. In memoriam Erwin Stein, 1995, S. 111 f.

anzutragen[17]. Konflikte mit den Hochschulen waren so vorprogrammiert; in der Tat kam es zu von beiden Seiten harsch geführten Auseinandersetzungen[18]. Die Universität, so hat Erwin Stein später einmal ganz im Sinne seiner früheren Reformpläne geschrieben, müsse vor allem Berührung mit dem Volk haben, die Gewährleistung der Wissenschaftsfreiheit dürfe eine gesellschaftliche Kontrolle nicht ausschließen. Ein neuer Wissenschaftsbegriff müsse entwickelt werden, um die Einheit der Wissenschaften wiederzufinden und Wissenschaft zu einem die Öffentlichkeit und die universitätsinternen Kreise überzeugenden Selbstverständnis zu bringen. „Dazu gehört aber auch, sich die Nutzlosigkeit zahlreicher Forschungstätigkeiten einzugestehen, die – wie man gesagt hat – zu Datenfriedhöfen ohne jeglichen Erkenntniswert führen und nichts anderes sind als das Fortstricken an einem Strumpf, der schon viel zu lang ist" (Stein)[19]. Jedenfalls seine Auffassung, daß den Lernenden und Lehrenden aus der Wertentscheidung des Art. 5 Abs. 3 GG ein Recht auf organisatorische Maßnahmen des Staates zum substantiellen Schutz von Wissenschafts- und Forschungsfreiheit erwachse, hat das Bundesverfassungsgericht im Verfahren um die Mitbestimmung an den Hochschulen, dessen Anfangsphase Erwin Stein als Berichterstatter betreut hat, zumindest im Ansatz geteilt[20].

Der Justizminister Erwin Stein ist gegenüber dem Kultusminister im Hintergrund geblieben; seine Zeit in diesem Amt war für größere Reformvorhaben zu kurz. Indes hat er 1966 als Bundesverfassungsrichter in einer Rezension der damals in Justizkreisen Aufsehen erregenden Streitschrift des Anonymus Xaver Berra „Im Paragraphenturm" skizziert, in welche Richtung solche Reformen in der Justiz etwa hätten gehen müssen: „die unpersönliche Anonymität (des Richters) zu beseitigen, ihn aus dem Netz von Vorgesetzten- und Untergebenenbeziehungen endgültig zu befreien, die richterliche Unabhängigkeit zu effektuieren, die faktische Abhängigkeit von der Justizverwaltung und von der tatsächlichen Vorrangstellung der Präsidenten und Direktoren in der Rechtsprechung aufzuheben, die strukturwidrigen Elemente der Dienstaufsicht zu eliminieren sowie den immer noch bestehenden Vorrang der Exekutive abzuschaffen."[21]

IV.

Aus der Zeit als Politiker hat Erwin Stein in sein Richteramt nicht nur sein besonders taktisches Geschick und seine Fähigkeit zu notwendigen Kompromissen ohne Berührungsängste mitgenommen. Auch als Bundesverfassungsrichter hat er sich als politische, gestaltende Kraft verstanden und in einer Mitverantwortung für die Erneuerung von Staat und Gesellschaft durch das Bemühen um den Menschen im Gemeinwesen gesehen. Seine Auffassung vom Richten hat ihn sogar bewogen, auch die Richter der Fachgerichte dazu aufzufordern und zu ermutigen, sich ihr Selbstverständnis von den gesellschaftlichen Aufgaben des Richters im sozialen Rechtsstaat neu

---

[17] Hess. LT, 1. Wahlp., Drucks. Abt. III, 1947, 52ff.
[18] Dazu *Hammerstein* (Fn. 16) 113f.
[19] Leibholz u.a. (Hrsg.) (Fn. 9) 567f.
[20] BVerfG, Urt. v. 29.5. 1973 – BVerfGE 35, 79ff.
[21] NJW 1966, 2105.

zu bilden. „Die richterliche Tätigkeit ist nicht wertneutrale unpolitische Entscheidung. Der Beruf der Juristen ist in der staatlichen und gesellschaftlichen Wirklichkeit
eingebettet. Der formale Rechtsstaat der Vergangenheit konnte sich auf funktionale
formale Rationalität, auf eine durch Rechtsdogmatik geprägte Rechtspflege und juristisches Glasperlenspiel beschränken. Der moderne materiale Sozialrechtsstaat darf
und kann es nicht mehr, weil hier die richterliche Tätigkeit, auch wenn sie dem Gesetz unterworfen bleibt, mittelbare Gestaltung der Rechtsordnung ist. Daher muß der
Jurist heute den politischen, wirtschaftlichen und geistigen Rang der Normen bei ihrer Anwendung kennen und sich stets engagiert fühlen, die Rechtsäußerungen und
Rechtserscheinungen der freiheitlichen demokratischen Wertordnung anzupassen"
(Stein)[22]. Und er warnte vor dem Weg zu einer moralisierenden und naturrechtlichen
Rechtsprechung, auf dem er einige frühe Entscheidungen des Bundesgerichtshofs,
auch seiner Großen Senate, sah. Der Richter dürfe das Recht nicht allein aus recht-
ethischen Prinzipien heraus auslegen oder aus der abstrakten Rechtsidee oder aus un-
abweisbaren Bedürfnissen des Rechtsverkehrs oder aus einer teleologischen Reli-
gions- und Geschichtsphilosophie. Das Recht beruhe infolge seiner Positivität und
Effektivität auf einer Macht, die der gesellschaftlichen Wirklichkeit angehöre. Eine a
priori feststehende Ordnung mit bestimmten rechtlichen Norminhalten sei rational
nicht erkenn- und feststellbar: „Für die Gerechtigkeit bestehender Rechtsordnungen
spricht niemals mehr als eine widerlegbare Vermutung … Als Kulturerscheinung und
eine von den Menschen zu gestaltende Ordnung bleibt diese zeit- und ranggebunden
dem Wandel der Geschichte unterworfen und von den Sozialstrukturen wie den jeweiligen Wertungen der Gemeinschaft abhängig."[23] Vorrangige Aufgabe des Richters
sei es deshalb, den Wertgehalt der Verfassungsrechtssätze als Ausdruck der politischen
Entscheidung des Volkes auf allen Rechtsgebieten zur Geltung zu bringen. Die verfassungsmäßige Ordnung sei „die Gestalt gewordene rechtliche Normierung des gesellschaftlichen Lebens"; ihre Konkretisierung durch die Rechtsprechung sei mehr als eine Verdeutlichung ihres Sinngehalts, sie müsse ein Zu-Ende-Denken der Normen des
Verfassungsgebers sein[24].

Auch sonst hat Erwin Stein auch als Richter in seiner Arbeit keinen Zweifel daran
gelassen, daß für ihn die Wertordnung des Grundgesetzes eine Ordnung nicht nur für
das Verhältnis vom Staat zum Bürger und zur außerstaatlichen Gemeinschaft war, sondern eine Lebensordnung in der Gemeinschaft für Jedermann. Als solche mußte er sie
notwendig als „offene" Ordnung auffassen, die sich auf oberste Grundsätze und soziale Ordnungsprinzipien beschränkt, damit „ihre materialen Aussagen von Sozialisten
und Liberalen, von Positivisten bis zu Naturrechtlern, von religiös gebundenen Menschen bis zum Dissidenten als Grundlage des Gemeinschaftslebens bejaht werden können."[25] Dieses Verständnis hat er schon bald nach seiner Berufung in das Richteramt
prüfen und vertiefen können als Berichterstatter in dem Verfahren um das KPD-Ver-
bot – ein Mammutverfahren, dessen mündliche Verhandlung sich über mehr als ein
halbes Jahr erstreckte und dessen Urteil im Abdruck mehr als 300 Seiten umfaßte[26]. Es

---

[22] NJW 1971, S. 2257.
[23] NJW 1964, S. 1745, 1749; *Esser/Stein* (Fn. 13) S. 49f.
[24] NJW 1964, S. 1745, 1752; 1971, 2257; *Esser/Stein* (Fn. 13) S. 69ff.
[25] NJW 1964, S. 1745, 1752.
[26] BVerfG, Urt. v. 17. 8. 1956 – BVerfGE 5, 85ff.

verlangte nicht nur Grundlegungen zu der Unvereinbarkeit des Staats- und Gesell-
schaftsbildes der Diktatur des Proletariats mit der freiheitlich demokratischen Grundordnung, sondern es erforderte auch ein frühes Bekenntnis des Bundesverfassungsgerichts zur Toleranz in der Austragung gegensätzlicher politischer Meinungen auch gegenüber solchen Parteien, die ganze Institutionen des Grundgesetzes ablehnen, solange sie nicht auf aggressive Weise die verfassungsmäßige Ordnung verwerfen. Es ist
nicht zuletzt dieses Aufschließen der Grundrechte schon in der Anfangsphase des
Bundesverfassungsgerichts, das das Ansehen des Gerichts und seine Effizienz begründet hat bis in die Gegenwart hinein und das wahrscheinlich nur durch die in besonderer Weise eigenständigen Richterpersönlichkeiten der „ersten Stunde" mit ihren ganz
persönlichen Erfahrungen aus der NS-Diktatur und aus den ersten Jahren des Neube-
ginns auf diese umfassende, souveräne und schöpferische Weise möglich war.

Nun ist es – mit Ausnahme der Mephisto-Entscheidung vom 24. Februar 1971 –
mit dem Beratungsgeheimnis belegt, wie Stein insbesondere in den Sachen, in denen
er Berichterstatter war, votiert und gestimmt hat. Auch die Wissenschaftlichen Mitarbeiter sind zur Geheimhaltung verpflichtet; ohnehin hatten sie keinen Zugang zu den
Senatsberatungen. Aber Erwin Stein hat stets auch öffentlich Position bezogen. Das
erlaubt auch dem Außenstehenden Rückschlüsse auf seinen Standort in den von ihm
als Berichterstatter betreuten markanten Verfahren.

So hat Erwin Stein beispielsweise seine von ihm immer vertretene Auffassung von
der freiheitlichen Zuordnung von Staat und Kirche im staatskirchenrechtlichen System des Grundgesetzes im Verfahren der Verfassungsbeschwerde zur sog. „Aktion
Rumpelkammer" konkretisieren können, in dem es um die Zulässigkeit von Kanzel-
abkündigungen einer Kleidersammlung der katholischen Landjugend ging, gegen die
ein Wettbewerber ein gerichtliches Verbot erwirkt hatte[27]. Das Bundesverfassungsgericht, das das Verbot aufhob, entnahm Art. 4 Abs. 2 GG ein umfassendes Recht auf
Kultusfreiheit, das nicht nur das Selbstverständnis der Kirche schützt, sondern auch
die Aktivitäten und ihr Wirken in und auf die Gesellschaft sichert und die den Staat
zur Neutralität und die Gesellschaft zur Toleranz verpflichtet.

Erstmals zugearbeitet habe ich Erwin Stein 1969 als dem Berichterstatter im Mi-
krozensusverfahren. In seinem Beschluß statuierte das Bundesverfassungsgericht aus
Art. 1 und 2 GG ein Recht des Bürgers gegenüber dem Staat „auf Einsamkeit", das
ihn vor einer zwangsweisen Registrierung und Katalogisierung als gläserner Staatsbürger schützt[28] – ein Vorläufer zum sog. Volkszählungsurteil, das die Eigenständigkeit
des Einzelnen in Staat und Gesellschaft ungeachtet seiner Gemeinschaftsbindungen
ebenso betont hat[29]. Auch in diesen Entscheidungen ist das Verständnis schon des Po-
litikers Erwin Stein von dem dialektischen Verhältnis zwischen dem Einzelnen und
der Gemeinschaft aufgenommen und weitergeführt.

Zum Verhältnis von Staat und Schule hat Erwin Stein als Berichterstatter im Nor-
menkontrollverfahren gegen das Berechtigungswesen im Privatschulrecht seine Auffassung von dem Verhältnis von Staat und Schule einbringen können. Das Bundesverfassungsgericht erkannte in seinem Beschluß vom 14. November 1969 der Privatschu-

---

[27] BVerfG, Beschl. v. 16. 10. 1968 – BVerfGE 24, 236 = NJW 1969, S. 31.
[28] BVerfG, Beschl. v. 16. 7. 1969 – BVerfGE 27, 1.
[29] BVerfG, Urt. v. 15. 12. 1983 – BVerfGE 65, 1 = NJW 1984, S. 419.

le aus Art. 7 Abs. 4 GG eine institutionelle Garantie zu, die Staat und Gesellschaft nicht nur zur Toleranz gegenüber der Vielfalt von Formen und Inhalten, in denen Schule sich verwirklichen kann, verpflichtet, sondern der Privatschule ein Recht auf staatliche Akzeptanz und Fürsorge zur Sicherung der Gleichheit der Startchancen sichert[30].

Auf Vorarbeiten von Erwin Stein stützt sich, wie schon gesagt, auch der Beschluß des Bundesverfassungsgerichts vom 6. Dezember 1972 zur Einführung der obligatorischen Förderstufe in Hessen, der die schulische Erziehung als gemeinsame Aufgabe von Staat und Eltern unterstreicht und die Eltern zur Anerkennung der Bedürfnisse des Gemeinwohls auch in der schulischen Erziehung ihrer Kinder verpflichtet[31].

Seine Auffassung von dem Verbot jeder institutionellen Verbindung von Staat und Kirche und jeder Diskriminierung weltanschaulicher Zugehörigkeit durch den Staat nahm das Bundesverfassungsgericht in seinem aus Art. 4 Abs. 1 GG hergeleiteten Verbot auf, Kreuze im Gerichtssaal aufzustellen – ein Vorläufer der später so heftig diskutierten Entscheidung zu den Kreuzen in der Schule[32].

Und ebenfalls hat Erwin Stein das Verfahren zur Mitbestimmung an den Hochschulen und zur Gruppenuniversität, das mit dem Urteil vom 29. Mai 1973 nach seinem Ausscheiden beendet wurde, in den Anfängen als Berichterstatter betreut und die Ausführungen zum Wissenschaftsbegriff des Art. 5 Abs. 3 GG und das Verständnis des Grundrechts auch als Gewährleistung von staatlichen organisatorischen Maßnahmen zum Schutz der Wissenschafts- und Forschungsfreiheit mitgeprägt[33].

Zusammenarbeiten durfte ich mit Erwin Stein auch in dem Verfahren der Verfassungsbeschwerde gegen das Verbot des Romans „Mephisto" von Klaus Mann, das zu Grundlegungen für das Verständnis des Kunstbegriffs in Art. 5 Abs. 3 GG, von Inhalt und Reichweite der grundrechtlichen Kunstfreiheit und generell zur Lösung von Konflikten zwischen mit und ohne Vorbehalt gewährten Grundrechten führte[34]. Vor allem seine abweichende Meinung[35] – zum ersten und einzigen Mal hat Stein von der damals gerade erst geschaffenen Befugnis zur Veröffentlichung einer dissenting opinion Gebrauch gemacht – ist ein Dokument nicht nur für seine intensive Beschäftigung mit den Theoremen der Ästhetik und seine engen Beziehungen zur Literaturkritik und zu Literaturkritikern, sondern auch für seine Überzeugung von der Notwendigkeit einer Erziehung der Gesellschaft zur Toleranz gegenüber den Spannungen aus diesen Freiheiten für die Demokratie. Nicht ohne innere Befriedigung wird er zur Kenntnis genommen haben, daß sich das Buch letztlich auch gegen das Verbot des Bundesverfassungsgerichts durchgesetzt hat.

Verhaftet geblieben ist Erwin Stein dem Verständnis vom Sozialstaat „seiner" Hessischen Landesverfassung, die die sozialstaatliche Komponente der Demokratie wesentlich konkreter anspricht als das Grundgesetz: Recht auf Arbeit (Art. 28 Abs. 1), Aussperrungsverbot (Art. 29 Abs. 5), Staatliche Sicherung menschenwürdiger Arbeitsbedingungen (Art. 30 Abs. 1), Schutzeinrichtungen für Mutter und Kind (Art. 30

[30] BVerfG, Beschl. v. 14. 11. 1969 – BVerfGE 27, 195.
[31] BVerfG, Beschl. v. 6. 12. 1972 – BVerfGE 34, 165.
[32] BVerfG, Beschl. v. 17. 7. 1973 – BVerfGE 35, 366.
[33] BVerfG, Urt. v. 29. 5. 1973 – BVerfGE 35, 79.
[34] BVerfG, Beschl. v. 24. 2. 1971 – BVerfGE 30, 173 = NJW 1971, S. 1645.
[35] BVerfGE 30, 173, 200.

Abs. 2), Ausrichtung der Arbeitsentgelte an Leistungen und Bedürfnissen (Art. 33), Schaffung einer allumfassenden Sozialversicherung (Art. 35), Garantie der Personalvertretung und der Mitwirkungsrechte der Gewerkschaften (Art. 37). Manche dieser Ziele erscheinen heute als in weite Ferne gerückt. Stein hat die hessische Sozialordnung später einmal als „den Stachel im Fleisch des Grundgesetzes" bezeichnet.

V.

Auch nach der Übergabe seines Richteramts an seinen Nachfolger Hans Joachim Faller am 8. Dezember 1971 hat Erwin Stein selbstverständlich in der Öffentlichkeit weitergewirkt: als Rechtslehrer an den Universitäten Frankfurt (seit 1963) und Gießen (seit 1975); als Presseombudsmann (1973–1974); als Mitglied des Beirats für Naturschutz und Landschaftspflege beim Bundesminister für Ernährung, Landwirtschaft und Forsten (1973–1980). Bildungspolitische Aktivitäten hat er außer zur Beilegung des schon erwähnten Schulstreits um die hessischen Rahmenrichtlinien in der Gesellschaft zur Förderung Pädagogischer Forschung und in dem von ihm gegründeten Deutschen Institut (vormals Hochschule) für Internationale Pädagogische Forschung in Frankfurt, im Kuratorium des Seminars für freiheitliche Ordnung, Bad Boll, als Präsident der Humboldt-Gesellschaft in Mannheim und in der Leopold-Ziegler-Stiftung (bis 1988) entfaltet.

Ich habe ihn in den späteren Jahren über meine richterlichen Aufgaben im VI. Zivilsenat des Bundesgerichtshof aus den Augen verloren. Seine Persönlichkeit aber hat mich auch in den folgenden Jahren begleitet und Einfluß auf meine Arbeit ausgeübt. So wie Erwin Stein in den meisten Menschen, die ihn kennengelernt haben, weitergewirkt hat.

Entwicklungen des Verfassungsrechts im Europäischen Raum

I. *Der Aufbruch in Mittel- und Osteuropa sowie in Asien*

Die Entwicklung des russischen Rechts im Zeichen von Rechts- und Sozialstaatsprinzip

von

Dr. Angelika Nußberger M. A.

München

Inhalt

I. Rechtsreform im Zeichen des russischen Rechtsnihilismus

Kaum ein Etikett scheint für die Charakteristik von Staat und Gesellschaft in der Russischen Föderation so unpassend zu sein wie das aus der westeuropäischen Verfassungstradition stammende Begriffspaar der »Rechts- und Sozialstaatlichkeit« [1] – sind doch die Verarmung weiter Teile der Bevölkerung sowie die Mißachtung des Rechts

---

[1] Insbesondere zu Beginn der 90er Jahre wurden eine Reihe von Beiträgen zur Umgestaltung der Sowjetunion/Russischen Föderation zum Rechtsstaat veröffentlicht; vgl. z.B. *Georg Brunner,* Die Sowjetunion: ein »sozialistischer Rechtsstaat«? in: Festschrift für Wilhelm Krause, herausgegeben von Ellen Schlüchter, Klaus Laubenthal, 1990, S. 177–196; *Alexander Blankenagel,* Rechtsstaat UdSSR, Jahrbuch für Ostrecht 1990, S. 9–31 (zitiert: Rechtsstaat). Auch Bestandsaufnahmen nach einem Jahrzehnt Reformen greifen diesen Maßstab auf, vgl. z.B. *O. V. Martyšin,* Einige Thesen zu den Perspektiven des Rechtsstaats in Rußland (russ.), Gosudarstvo i Pravo (zitiert: GiP) 1996, Nr. 5, S. 3–13. Weniger tritt das Attribut der Sozialstaatlichkeit in Erscheinung, vgl. z.B. *Willi Rifinius,* Sozialstaat Rußland? Die neue Verfassung und Gesetzgebung im Bereich Sozial- und Arbeitsrecht, ROW 1996, 3, S. 80–88.

in der »nomenklaturakapitalistischen Gesellschaft«[2] unbezweifelbare Fakten des Transformationsprozesses. Und doch – gerade das Sozial- und das Rechtsstaatsprinzip sind in der russischen Verfassung von 1993 in dem zentralen ersten Kapitel »Grundlagen der Verfassungsordnung« enthalten und werden, wie die gesamte Verfassung, als unmittelbar anwendbar und den gesamten Verfassungsaufbau bestimmend ausgewiesen[3].

Das Auseinanderklaffen von Recht und Wirklichkeit in Rußland – prägnant mit dem Begriff des »Rechtsnihilismus« beschrieben[4] – ist ein Phänomen, das gleichermaßen für das Zarenreich[5], für die Sowjetunion[6] und für die im Umbau befindliche Russische Föderation[7] Gültigkeit hat. Entscheidend ist dabei sowohl die Rechtsunkenntnis in der Bevölkerung[8] als auch die ablehnende Haltung gegenüber gesetztem Recht als Ordnungsfaktor[9]. Trotzdem sind nicht schon a priori Verfassungsprinzipien als bloße Lippenbekenntnisse, als neue potemkin'sche Fassade eines unverändert nur nach den Gesetzen faktischer Macht strukturierten anarchischen Ganzen zu verwerfen[10].

---

[2] Der Begriff »monopolistischer Nomenklaturakapitalismus« ist der Stempel, der dem gegenwärtigen wirtschaftlichen System aus der Perspektive russischer Kritiker aufgedrückt wird, und der die Abart des marktwirtschaftlichen Systems treffend charakterisiert; vgl. *Vadim Belotserkovsky*, Was geschieht mit Rußland? Demokraten gegen Kremldiktatur, Krieg und Chaos, 1996, S. 11; für den politischen Bereich wurde entsprechend der Begriff »Nomenklaturdemokratie« gebildet; vgl. *Margareta Mommsen*, Wohin treibt Rußland? Eine Großmacht zwischen Anarchie und Demokratie, 1996, S. 203–243.

[3] Vgl. insbesondere Art. 15 der Verfassung: Abs. 1: »Die Verfassung der Russischen Föderation hat die höchste juristische Kraft, gilt unmittelbar und ist auf dem gesamten Territorium der Russischen Föderation anwendbar. Gesetze und andere Rechtsakte, die in der Russischen Föderation erlassen werden, dürfen der Verfassung der Russischen Föderation nicht widersprechen.« Abs. 2: »Die Organe der staatlichen Macht, die Organe der örtlichen Selbstverwaltung, die Amtsträger, die Bürger und ihre Vereinigungen sind verpflichtet, die Verfassung der Russischen Föderation und die Gesetze einzuhalten.«; Art. 16 Abs. 1: »Die Regelungen des [ersten] Kapitels der Verfassung stellen die Grundlagen des Verfassungsaufbaus der Russischen Föderation dar, und können nicht auf andere Art geändert werden als in dem Verfahren, das in der Verfassung festgelegt ist.« Abs. 2: »Keine Vorschrift der Verfassung darf den Grundlagen des Verfassungsaufbaus der Russischen Föderation widersprechen.«

[4] *V.A. Tumanov*, Über den Rechtsnihilismus (russ.), Socialističeskoe Gosudarstvo i Pravo 1989, 10, S. 20–27.

[5] Vgl. *Jörg Baberowski*, Autokratie und Justiz. Zum Verhältnis von Rechtsstaatlichkeit und Rückständigkeit im ausgehenden Zarenreich 1864–1914, 1996.

[6] Vgl. *Eugene Huskey*, From Legal Nihilism to Pravovoe Gosudarstvo, Soviet Legal Development, 1917–1990, in: Donald D. Barry, Towards the »Rule of Law« in Russia? Political and Legal Reform in the Transition Period, 1992; dies gilt trotz der unter dem Schlagwort »Wissenschaftlichkeit der Gesetzgebung« in sowjetischer Zeit mit Verve geführten Diskussion um die Effektivität normativer Regelungen, vgl. *Alexander Blankenagel*, Theorie und Praxis der Gesetzgebung in der UdSSR, JöR Band 29, 1980, S. 293–323 (zitiert: Theorie).

[7] Vgl. *Ljuba Trautmann*, Rußland zwischen Diktatur und Demokratie. Die Krise der Reformpolitik seit 1993, 1995, S. 99–116; *V. S. Nersesjanc*, Unser Weg zum Recht. Vom Sozialismus zum Zivilismus (russ.), 1992; eindrücklich auch die publizistische Darstellung von *Christian Schmidt-Häuer*, Rußland im Aufruhr. Innenansichten aus einem rechtlosen Reich, 1993.

[8] Vgl. *Valentin Maslennikov*, Es ist kein Privileg, ein Gesetz zu kennen (russ.), Rossijskaja Gazeta (zitiert: R.G.) vom 20. 9. 1995; die Nicht-Veröffentlichung auch von grundrechtsrelevanten Rechtsakten war in sowjetischer Zeit weit verbreitet, wurde in der Rechtsstaatsdiskussion als Mißstand erkannt und bereits von dem Vorläufer des Russischen Verfassungsgerichts, dem Komitee für Verfassungsaufsicht, in einer Grundsatzentscheidung angegriffen; vgl. VVS SSSR 1990, Nr. 50, Pos. 1080.

[9] Vgl. *Alexander M. Yakovlev*, The Rule-of-Law Ideal and Russian Reality, in: Stanislaw Frankowski, Paul B. Stephan (Hg.), Legal Reform in Post-Communist Europe. The View from Within, 1995, S. 5–21.

[10] Vgl. als prominenteste Stimme dieser kritischen Sicht *Alexander Solschenizyn*, So ist Rußland wirklich, SZ vom 30.11./1. 12. 1996, S. 14.

Vielmehr ist die normsetzende Tätigkeit im sozialen Bereich ebenso wie bei den anderen im Umbruch befindlichen Rechtsmaterien seit Erlaß der Verfassung von 1993 am Maßstab der neuen, normativ festgelegten Grundwerte zu messen, ist zu fragen, inwieweit die allgemein beklagten Reibungsverluste bei der Umsetzung normativer Vorgaben lediglich auf Übereile oder Unachtsamkeit im Gesetzgebungsprozeß zurückzuführen, system- oder traditionsbedingt sind. Antworten auf diese Fragen lassen Rückschlüsse zu auf die grundsätzliche Problematik, welche Rolle normative Regelungen im Transformationsprozeß spielen können[11]. Dieser juristische Ansatzpunkt ist dabei komplementär zu der soziologischen Fragestellung nach dem Verhältnis von Rechtstheorie und Rechtswirklichkeit im Rußland der Gegenwart – auch dazu liegen erst punktuell wissenschaftliche Untersuchungen vor[12].

Der Ansatz der vorliegenden Untersuchung liegt im Schnittfeld zwischen Rechts- und Sozialstaatsprinzip. Durch staatliches Eingreifen ist eine gesellschaftliche Ordnung zu schaffen, die die existentiellen Grundbedürfnisse aller berücksichtigt. Und dies hat in einer Form zu geschehen, die einem gerechten Ausgleich der Interessen Rechnung trägt. Aus diesem facettenreichen Thema, das aufgrund der sozial angespannten Situation in Rußland politische Sprengkraft hat, soll der Aspekt herausgegriffen werden, welcher Kanon rechtlicher Handlungsformen vorgegeben ist und ob und inwieweit dadurch der Aktionsradius des jeweiligen Handlungsträgers abgegrenzt wird. Denn für die Ausgestaltung des Sozialstaatsprinzips durch Rechtsnormen, die sozialen Gefährdungen entgegenwirken und soziale Nachteile ausgleichen, mithin für die Entwicklung von Sozialrecht[13], ist charakteristisch, daß nicht nur eine Vielzahl von Normen erlassen wird, sondern dabei auch eine Vielzahl von Akteuren gestaltend eingreift. Eine inhaltliche wie auch kompetenzmäßige Abgrenzung der Rechtsakte ist damit von entscheidender Bedeutung sowohl für die Effektivität der Maßnahmen wie auch für die Überschaubarkeit des Systems – Gesichtspunkte, die auch in der gegenwärtigen Diskussion in der russischen Rechtswissenschaft angesprochen werden[14].

---

[11] Historische Folie für die Beantwortung dieser Frage ist die Rolle des Rechts im »entwickelten Sozialismus«; vgl. dazu *Blankenagel*, Theorie, S. 297; diese Frage stellt sich auf je andere Weise auch in den anderen Transformationsstaaten; vgl. dazu die fortlaufenden Dokumentationen von *P. Häberle*, Dokumentation von Verfassungsentwürfen und Verfassungen ehemals sozialistischer Staaten in (Süd-)Europa und Asien, Einführung, JöR 43, 1995, S. 105 ff.; *ders.*, Verfassungspolitische Maximen für die Ausgestaltung der »Europafähigkeit« Polens, JöR 44, 1996, S. 313 ff.; *ders.*, Dokumentation von Verfassungsentwürfen und Verfassungen ehemals sozialistischer Staaten in (Süd-)Europa und Asien (Vierte und Fünfte Folge), JöR 45, 1997, S. 177 ff.

[12] Als interessantes Forschungsobjekt ist in diesem Zusammenhang auf den vom Institut für Gesetzgebung und vergleichende Rechtswissenschaft der Regierung der Russischen Föderation herausgegebenen Sammelband »Das Gesetz und die gesellschaftliche Meinung« (Moskau 1994) zu verweisen, in dem die gesellschaftliche Meinung zu Rechtsmaterien wie Arbeits- und Familienrecht untersucht wird; vgl. als Spezialuntersuchung zu Recht und Rechtswirklichkeit im sozialen Bereich *Iris Kempe*, Der Aufbau sozialer Sicherung in Nižnij Novgorod als sozialpolitische Chance für Rußland, Berichte des Bundesinstituts für ostwissenschaftliche Studien 48/1995.

[13] Auf terminologische Eingrenzungen soll hier nicht weiter eingegangen werden; vgl. dazu *Hans F. Zacher*, Abhandlungen zum Sozialrecht, hg. von Bernd Baron von Maydell und Eberhard Eichenhofer, 1993, S. 249 ff.; der Begriff des »Sozialrechts« bzw. des »Rechts der sozialen Sicherheit« ist in der russischen Rechtswissenschaft neu und wird erst in vereinzelten Beiträgen aufgegriffen; vgl. *V.P. Galaganov*, Soziale Sicherung in Rußland, Probleme und Entwicklungsperspektiven (russ.), GiP 1992, 12, S. 38–46.

[14] Vgl. die von dem Institut der Regierung der Russischen Föderation für Gesetzgebung und Rechtsvergleichung herausgegebenen Beiträge in dem Band »Probleme der Gesetzgebung in der Russischen Föderation«, 1993.

Gerade für diese Problematik gibt das Rechtsstaatsprinzip mit einem festen Normen-kanon, mit einer von der Verfassung festgelegten hierarchischen Ordnung der Nor-men und mit Regeln zur Kompetenzabgrenzung Lösungsmuster vor[15]. Für Verständ-nis und Bewertung der Entwicklung des russischen (Sozial)Rechts ist von entschei-dender Bedeutung, wie die Hierarchie der Normen in den einzelnen Rechtsberei-chen verwirklicht wird, d.h., welche Fragestellungen auf welcher Ebene einer Rege-lung zugeführt werden und inwieweit sich dabei Widersprüche ergeben, die einer Umsetzung in die Praxis von vornherein entgegenstehen. So ermöglicht ein vertikaler Schnitt durch das gegenwärtige Sozialrechtssystem, die Entwicklungslinien, das Ne-ben- und Gegeneinander der sozialpolitischen Reformansätze im Spiegel des Verfas-sungsrechts aufzuzeigen[16], zugleich Zwischenbilanz zu ziehen zu dem nach einem knappen Jahrzehnt Rechtsstaatsdiskussion Erreichten[17] – in sowjetischer Zeit war erstmals bei der als Markstein der Reformen berühmt gewordenen 19. Allunionspar-teikonferenz von 1988 die Forderung nach einem hierarchisch gegliederten Normen-system erhoben worden[18].

II. Rechtsstaatsprinzip und Normenhierarchie

Ein wesentlicher Aspekt des Prinzips der Rechtsstaatlichkeit ist, daß Kompetenzen zum Erlaß von Normen abgegrenzt und bestimmte Formen dafür vorgesehen sind, daß es als Folge davon eine vertikale Ordnung der Normen, ein Normengefüge, eine Normenhierarchie gibt.

Blickt man zurück auf das sowjetische Recht, so weist dieses weder eine rechtsstaat-liche Grundkonzeption noch eine Strukturiertheit des Rechts auf. Nicht der Begriff der Rechtsstaatlichkeit, sondern das Konzept der »sozialistischen Gesetzlichkeit« war grundlegendes Gestaltungsprinzip des Rechts[19]. Zwar hatte das Gesetz theoretisch höchste Kraft[20]; in der Praxis wurde dieser Grundsatz allerdings völlig ignoriert[21]. Auch wurde die Verfassung nicht als unmittelbar geltendes Recht verstanden; der for-melle Gesetzesbegriff umfaßte exekutivische wie legislative Rechtsschöpfung; klare

---

[15] Vgl. *Theo Öhlinger*, Der Stufenbau der Rechtsordnung. Rechtstheoretische und ideologische Aspek-te, 1975.

[16] Einen allgemeinen Überblick zum russischen Recht der sozialen Sicherheit geben: *Sabine Rinck*, Entwicklungen und Probleme der sozialen Sicherung in Rußland, Berichte des Bundesinstituts für ost-wissenschaftliche und internationale Studien 1/1995; *Nicolas Barr*, Income Transfer and the Social Safety Net in Russia, The World Bank Washington 1992; *Frank Gieth*, Die Transformation des Systems der sozia-len Sicherung in der Russischen Föderation, Berichte des Bundesinstituts für ostwissenschaftliche und in-ternationale Studien 11/1995; *Willi Rifinius*, Sozialstaat Rußland? Die neue Verfassung und Gesetzgebung im Bereich Sozial- und Arbeitsrecht, ROW 1996, 3, S. 80–88.

[17] Die Ausgangspunkte der Rechtsstaatsdiskussion sind klar und übersichtlich sowie mit einer Vielzahl von Verweisen auf das sowjetische Schrifttum zusammengestellt bei *Alexander Blankenagel*, Rechtsstaat UdSSR, Jahrbuch für Ostrecht 1990, S. 9–31 (zitiert: Rechtsstaat).

[18] XIX. Parteikonferenz der KPdSU. Dokumente und Materialien. Moskau 1988, S. 69.

[19] Vgl. *F.-C. Schroeder*, Wandlungen und Konstanten der sozialistischen Gesetzlichkeit, ROW 1989, S. 358ff.

[20] Vgl. *Reichel*, Kommentar zu Art. 108, Rd. 15ff, in: Martin Fincke (Hg.), Handbuch der Sowjetver-fassung, Band 2, 1983.

[21] Vgl. *Blankenagel*, Rechtsstaat, S. 21.

Abgrenzungen des normativen Gehalts der einzelnen Akte – Ukaz (Dekret), Posta-novlenie (Verordnung), Položenie (Regelung), Ustav (Statut), Razporjaženie (Verfü-gung), Prikaz (Einzelanweisung)[22]– waren nicht vorgegeben[23]. Sammelbegriffe wie »normativer Rechtsakt«, »Volksgesetz«, »Staatsgesetz«, »Verfassungsgesetz«, »interna-tionales Gesetz«, »untergesetzlicher normativer Rechtsakt«, »normativer Rechtsakt der Regierung«, »behördlicher normativer Rechtsakt«, »normativer Rechtsakt der Organe der örtlichen Selbstverwaltung«, »normativer Rechtsakt lokaler Bedeutung«, »normativ-rechtlicher Vertrag«, »normativer Rechtsakt von vorübergehender Bedeu-tung«, »normativer Rechtsakt von geheimer Bedeutung« waren in keiner Weise syste-matisch aufgearbeitet[24].

Anders stellt sich die Situation nach der Verfassung von 1993 dar. In diesem, wenn auch in vielerlei Hinsicht problematischen Dokument spiegelt sich eine Konzeption, die gewissermaßen Resultat der über Jahre geführten Diskussion zum (sozialistischen) Rechtsstaatsmodell ist. So wurde in der Verfassung nicht nur das Rechtsstaatsprinzip[25] explizit festgelegt, sondern auch die Hierarchie der Normen in verschiedenen Verfas-sungsbestimmungen eindeutig vorgegeben[26]; interessanterweise wurde die Begriff-lichkeit der Rechtsakte des sowjetischen Rechts dabei im wesentlichen beibehalten.

An oberster Stelle steht die Verfassung, wobei die Grundlagen der Verfassungsord-nung (osnovy konstitucionnogo stroja), Art. 1–16 der Verfassung, wiederum gegen-über den anderen Verfassungsbestimmungen Vorrang haben. Ein weiteres Stufenver-hältnis ergibt sich zwischen den in Art. 17–64 normierten Grundrechten und den sonstigen Verfassungsbestimmungen. Unterhalb der Verfassung, aber oberhalb der all-gemeinen Gesetze, sind die internationalen Verträge und die allgemeinen Prinzipien des internationalen Rechts einzuordnen. Auch im Hinblick auf Gesetze gibt es ver-schiedene Abstufungen: Verfassungsgesetze (federal'nye konstitucionnye zakony) ste-hen sonstigen Bundesgesetzen (federal'nye zakony) im Rang vor. Unter den Gesetzen sind eine Vielzahl von weiteren Akten zu gruppieren, auf der einen Seite die Norma-tivakte der regionalen Untergliederungen der Russischen Föderation, die nicht im Widerspruch zur Verfassung und zu den Gesetzen der Russischen Föderation stehen dürfen, auf der anderen Seite die Rechtsakte der Exekutive, d.h. des Präsidenten und der Regierung. Weitere interessante Formen der Rechtsschöpfung sind die allge-meinverbindlichen Feststellungen des obersten Gerichts (postanovlenija plenuma ver-chovnogo suda)[27]; relevant sind aber auch Akte wie Programme (programmy) und

---

[22] Vgl. die Zusammenstellung bei *Blankenagel*, Theorie, S. 295.

[23] *Blankenagel*, Rechtsstaat, S. 18 ff.

[24] Vgl. die Forderung von Černobel', diese Begriffe in der Verfassung festzuhalten und näher zu be-stimmen: *G. T. Černobel'*, Kriterien zur Abgrenzung von Gesetzen und anderen normativen Rechtsakten, in: Probleme der Gesetzgebung in der Russischen Föderation (russ.), S. 25.

[25] Vgl. Art. 1 Abs. 1 der Verfassung: »Die Russische Föderation – Rußland ist ein demokratischer, föde-rativer Rechtsstaat mit republikanischer Regierungsform.«

[26] Vgl. *Theodor Schweisfurth*, Die Verfassung Rußlands vom 12. Dezember 1993. Entstehungsgeschichte und Grundzüge, EuGRZ 1994, S. 473 ff., (S. 482); *Nadeshda Michaljowa*, Die Entwicklungstendenzen des Rechtssystems der Russischen Föderation, in: Johannes Ch. Traut (Hg.), Verfassung und Föderalismus Rußlands im internationalen Vergleich, 1995, S. 278–283.

[27] Auf diese Besonderheit wird bei der folgenden Übersicht nicht weiter eingegangen; als Beispiel für eine interessante, allgemeinverbindliche Feststellung sei auf die Verordnung des Plenums des Obersten Ge-richts der Russischen Föderation vom 31. 10. 1995 »Über einige Fragen der Anwendung der Verfassung

Konzeptionen (koncepcii), die jeweils durch Dekret oder Verordnung »bestätigt« werden – ihre dogmatische Stellung ist weder von der Verfassung explizit festgelegt noch dogmatisch geklärt.

Auslegungen zu dem von der Verfassung vorgesehenen Stufenverhältnis der Rechtsnormen finden sich in den einzelnen Verfassungsgerichtsentscheidungen, insbesondere im Hinblick auf die Abgrenzung föderaler und regionaler Rechtssetzung[28] bzw. Rechtssetzung der Exekutive und der Legislative[29]. Schwerpunkt in rechtsdogmatischen Arbeiten ist, die Rolle des Gesetzes herauszuarbeiten[30], aber auch allgemeine Abgrenzungskriterien zwischen verschiedenen Normativakten zu finden[31].

III. Sozialstaatsprinzip und Normenhierarchie

Überträgt man die in der Verfassung enthaltenen Regelungen zum Stufenaufbau der Rechtsordnung auf das Sozialrecht, stellt sich die Frage, welche Bestimmungen in diesem Bereich in dem hierarchischen Gefüge an welcher Stelle stehen.

1. *Grundlagen der Verfassungsordnung*

Aus dem Kapitel *Grundlagen der Verfassungsordnung* ist für die Sozialordnung Art. 7 die grundlegende Vorschrift. Darin wird festgelegt:

Abs. 1: »Die Russische Föderation ist ein Sozialstaat, dessen Politik auf die Schaffung von Voraussetzungen gerichtet ist, welche ein Leben in Würde und eine freie Entfaltung des Menschen gewährleisten.«

Abs. 2: »In der Russischen Föderation werden die Arbeit und die Gesundheit der Menschen geschützt, wird ein garantierter Mindestlohn festgelegt, wird die staatliche Unterstützung für die Familie, für Mutter, Vater und Kind, für Invalide und ältere Bürger gewährleistet, wird ein System von Sozialdiensten entwickelt und werden staatliche Renten, Unterstützungsleistungen und andere Garantien der sozialen Sicherung festgelegt.«

Dem Sozialstaatsprinzip kommt, wie den anderen Staatsfundamentalnormen, dem Demokratieprinzip, dem föderativen Prinzip, dem Prinzip der Rechtsstaatlichkeit und der Vorgabe einer republikanischen Regierungsform, eine Art Ewigkeitsgarantie

---

der Russischen Föderation durch die Richter bei der Rechtsprechung« verwiesen, veröffentlicht R.G. vom 28. 12. 1996; die Diskussion über die Qualität dieser Entscheidungen als Rechtsquellen wurde gleichermaßen bereits zu sowjetischer Zeit geführt; vgl. *Blankenagel*, Theorie, S. 302 m.w.N.

[28] Z. B. die Entscheidung vom 30. 11. 1995 (SZRF 1995, Nr. 50, Pos. 4969), in der den Regionen die Kompetenz abgesprochen wird, eigenständig Regelungen zur Immunität der Abgeordneten zu erlassen.

[29] Z. B. die Entscheidung vom 30. 4. 1996 (SZRF 1996, Nr. 19, Pos. 2320), in der dem Präsidenten das Recht zuerkannt wird, bis zum Erlaß von nach der Verfassung vorgesehenen Gesetzen per Dekret Übergangsregelungen zu treffen; vgl. dazu die Ausführungen S. 117.

[30] Vgl. z.B. *S. V. Polenina*, Die Verfassungsreform und die Verstärkung der Rolle des Gesetzes im System der normativen Akte in der UdSSR (russ.), in: Institut für Staat und Recht der Akademie der Wissenschaft der UdSSR (Hg.), Gegenwärtiger Konstitutionalismus, 1990; *Ju.A. Tichomirov*, Das Gesetz im System der Normativakte (russ.), in: Probleme der Gesetzgebung in der Russischen Föderation, S. 6–21.

[31] *G.T. Černobel'*, aaO, S. 21–132; *M.S. Studeninina*, Einige Aspekte des Problems der Rechtsquellen in der Russischen Föderation (russ.), ebenda, S. 32–42.

zu. Änderungen sind nur durch die verfassungsgebende Versammlung in Form einer neuen Verfassung möglich; auch darf keine Bestimmung der Verfassung im Widerspruch zu diesen sogenannten »Grundlagen des Verfassungsaufbaus« stehen[32].

2. Soziale Grundrechte

Durch eine entsprechende »Ewigkeitsgarantie« sind auch die Grundrechte geschützt[33]. Allerdings können diese, mit einigen wenigen Ausnahmen, unter den Bedingungen des Ausnahmezustandes eingeschränkt werden[34]. Sie nehmen in der Gesamthierarchie des russischen Rechtssystems damit den zweiten Rang ein.

Der Katalog der sozialen Grundrechte ist – entsprechend der Tradition der sozialistischen Verfassungen – weit gefaßt. Entscheidend im Zusammenhang mit der Strukturierung der verfassungsrechtlichen Vorgaben ist, ob und inwieweit die Grundrechte die Gestaltung des Sozialrechts vorbestimmen.

Zum einen wird eine Wertorientierung für die Sozialpolitik vorgegeben, die auch in den politischen Programmen quer durch alle Parteien erkennbar ist[35].

Zum anderen werden die Eckpfeiler für die Struktur des Sozialsystems bestimmt: Die vom Staat abzudeckenden Risiken entsprechen im wesentlichen den in der Konvention Nr. 102 der Internationalen Arbeitsorganisation[36] vorgegebenen Risiken: Die soziale Sicherung wird im Alter, bei Krankheit, Invalidität und Verlust des Ernährers sowie für die Kindererziehung garantiert; das Recht auf Schutz vor Arbeitslosigkeit sowie das Recht auf Schutz der Gesundheit und medizinische Hilfe wird anerkannt; eine Unterstützung bei Arbeitsunfällen wird nicht eigens als Grundrecht ausgewiesen.

Vorgesehen ist auch eine grundsätzliche Abgrenzung zwischen durch eigene Leistung verdienten Renten und Sozialhilfeleistungen. So heißt es in Art. 39 Abs. 2 der Verfassung: »Staatliche Renten und soziale Unterstützungsleistungen werden durch Gesetz festgelegt.« – ein Gesichtspunkt, der in einer Verfassungsgerichtentscheidung im Mittelpunkt der Argumentation stand[37].

Die Reformkonzeption zum Rentensystem, die gegenwärtig ausgearbeitet wird, gibt einen dreistufigen Aufbau des Rentensystems vor: Grundrenten, Arbeits- bzw.

---

[32] Zum Wortlaut der entsprechenden Verfassungsbestimmungen siehe oben FN 3; vgl. auch *Angelika Nußberger*, Die im Sozialstaatsprinzip und in den sozialen Grundrechten enthaltene soziale Komponente in der russischen Verfassung von 1993, ZIAS 1994, S. 213–229.

[33] Vgl. Art. 64 der Verfassung: »Die Regelungen des [zweiten] Kapitels der Verfassung stellen die Grundlagen des Rechtsstatus der Persönlichkeit in der Russischen Föderation dar und können nicht anders als im von der vorliegenden Verfassung vorgesehenen Verfahren geändert werden.«

[34] Vgl. Art. 56 Abs. 1 der Verfassung: »Unter den Bedingungen des Ausnahmezustands können einzelne Begrenzungen der Rechte und Freiheiten mit Angabe der Grenzen und Geltungsfrist zum Schutz der Sicherheit der Bürger und zum Schutz des Verfassungsaufbaus in Übereinstimmung mit einem föderalen Verfassungsgesetz festgelegt werden.«

[35] Vgl. *o. V.*, Sozialpolitik: neue Wege (russ.), Social'noe obespečenie 1996, 1, S, 12–15.

[36] Abgedruckt in: International Labour Organisation (Hg.), International Labour Conventions and Recommendations 1919–1991, Band 1, S. 544 ff.

[37] Entscheidung vom 16.10.1995 (SZRF 1995, Nr. 43, Pos. 4410); deutsche Übersetzung und Kommentierung in *Angelika Nußberger*, Das Grundrecht auf soziale Sicherheit in der Rechtsprechung des Russischen Verfassungsgerichts, OER 1997,1, S. 55–69.

Versicherungsrenten und nichtstaatliche Renten[38]. Diese Struktur ist nicht so von der Verfassung festgelegt. Es wird allerdings in diese Richtung gewiesen, wenn als Verfassungsauftrag an den Gesetzgeber formuliert wird: »Die freiwillige Sozialversicherung und die Schaffung zusätzlicher Formen der sozialen Sicherung werden gefördert.« (Art. 39 Abs. 2 der Verf.).

Neben diesen strukturellen Vorgaben ist aber für den Gestaltungsraum des Gesetzgebers bei der Sozialpolitik entscheidend, daß soziale Grundrechte als individuelle Rechtspositionen verbürgt werden. Aufgrund der prozessualen Möglichkeiten der Rechtsdurchsetzung ist aber dem einzelnen nur in sehr eingeschränktem Maße auch ein Hebel zur Durchsetzung sozialpolitischer Interessen in die Hand gegeben. Verfassungsbeschwerden gibt es nur gegen Gesetze, nicht gegen andere Normativakte, insbesondere Dekrete des Präsidenten oder Regierungsverordnungen. Auch sind Verfassungsbeschwerden nicht gegen legislatorisches Unterlassen möglich[39].

In der bisherigen Rechtsprechung des Verfassungsgerichts wurde häufig auf die sozialen Grundrechte Bezug genommen, wobei die Argumentation in der Regel auf dem Gleichstellungsgrundsatz basierte. So wurde die im Rentengesetz vorgesehene Aussetzung der Rentenzahlung während der Inhaftierung als Verstoß gegen Art. 39 Abs. 1 der Verfassung, das Recht auf soziale Sicherheit, interpretiert. Die für verfassungwidrig erklärte Vorschrift des Rentengesetzes lautet: »In der Zeit des Freiheitsentzugs des Rentners aufgrund einer Gerichtsentscheidung wird die Auszahlung der zuerkannten Rente eingestellt.«[40] Das Recht auf Wohnraum wurde thematisiert bei der Verfassungswidrigerklärung einer Regelung, nach der Wohnraum bei sechsmonatiger Abwesenheit bzw. bei Antritt der Haft durch Gerichtsentscheid entzogen werden kann[41]. Die in einem Gesetz von 1993 vorgesehene Begrenzung der Entschädigung der Opfer des Atomunglücks von 1957 in der Produktionseinheit Majak, auf diejenigen, die aus dem Ballungszentrum evakuiert wurden, d.h. der Ausschluß derer, die innerhalb des Ballungszentrums evakuiert wurden, wurde als im Widerspruch zu Art. 42, dem Recht auf eine gesunde Umwelt, gesehen[42].

Das bedeutet, daß das Sozialrecht der Russischen Föderation durch verfassungsmäßige Vorgaben bereits in einem nicht unbeträchtlichen Maße vorprogrammiert und vorgeprägt wird und ihm auch ein hoher Stellenwert zukommt, wie zumindest die politische Diskussion[43]– ganz im Gegensatz allerdings zur Charles Dickens'schen Realität – zeigt. Nur in Parenthese sei angemerkt, daß verfassungsrechtliche Vorgaben zur Sozialpolitik und ihr Korrelat, die verfassungsgerichtliche Überprüfung neuer Reformvorhaben, in jüngster Zeit am Beispiel der Sozialreform u.a. in Ungarn Gegen-

---

[38] »Über Maßnahmen zur Realisierung der Konzeption zur Reform des Systems der Rentenversicherung« veröffentlicht in SZRF 1995, Nr. 33, Pos. 3388; vgl. dazu *Angelika Nußberger*, Grundzüge der Reform des russischen Rentensystems, DRV 1996/4, S. 242–246.

[39] Vgl. im einzelnen *Matthias Hartwig*, Verfassungsgerichtbarkeit in Rußland. Der dritte Anlauf, EuGRZ 1996, S. 177–191.

[40] Entscheidung vom 16. 10. 1995, Kommentierung und Übersetzung vgl. FN 37.

[41] Entscheidung vom 23. 6. 1995 (SZRF 1995, Nr. 27, Pos. 2622).

[42] Entscheidung vom 11. 3. 1996 (SZRF 1995, Nr. 18, Pos. 1708).

[43] Vgl. als offizielle Stellungnahmen insbesondere die sogenannten »Botschaften des Präsidenten«, in denen dieser nach Art. 84 e der Verfassung jedes Jahr eine Stellungnahme zur Lage der Nation abzugeben hat. In den darin enthaltenen Ausführungen zum Sozialstaatsprinzip wird auf eine Umsetzung des Verfassungsprogramms zum Sozialstaat gedrungen.

stand deutlicher Kritik geworden sind[44]. Moniert wird, daß mit dem Versuch, materielle Gerechtigkeit zu verwirklichen, einer auf der Reduktion von Sozialausgaben basierenden Konsolidierung der Wirtschaft entgegengewirkt werde.

3. *Allgemeine Prinzipien des internationalen Rechts und internationale Verträge*

In der von der russischen Verfassung vorgegebenen Normenhierarchie folgen nach den allgemeinen Verfassungsbestimmungen die allgemeinen Prinzipien des internationalen Rechts und die internationalen Verträge. Die Regelung dazu in Art. 15 Abs. 4 der Verfassung lautet: »Die allgemein anerkannten Prinzipien und Normen des Völkerrechts und die internationalen Verträge der Russischen Föderation sind Bestandteil ihres Rechtssystems. Wenn durch einen internationalen Vertrag der Russischen Föderation andere Regeln festgelegt worden sind als die im Gesetz vorgesehenen Regeln«, so werden die Regeln des internationalen Vertrags angewandt«. Dies ist nicht nur ein Lippenbekenntnis, sondern wurde in der bisherigen Rechtsprechung des russischen Verfassungsgerichts auch durchaus beherzigt, allerdings zumeist als zusätzlicher Verweis, nicht als die Begründung tragende Argumentation[45]. Besonders häufig zitiert wurden die beiden Menschenrechtspakte, der Internationale Pakt über wirtschaftliche, soziale und kulturelle Rechte und der Internationale Pakt über bürgerliche und politische Rechte, die die Sowjetunion 1976 ratifiziert hatte. Außerdem spielten Normen der Internationalen Arbeitsorganisation eine Rolle, etwa die Konvention Nr. 111[46] bei der Verfassungswidrigerklärung einer Regelung, nach der die Suspendierung eines Offiziers der Truppen der inneren Sicherheit vom Dienst nach Ablauf einer bestimmten Dienstzeit ohne die Zustimmung des Betroffenen möglich war[47].

Die häufige Bezugnahme auf internationale Rechtsakte erklärt sich zum einen daraus, daß das internationale Recht geeignet erscheint, Lücken im nationalen Recht, die sich in der Zeit der schnellen Umgestaltung des Rechts ergeben, aufzufüllen, aber auch aus dem Bedürfnis, sich der internationalen Gemeinschaft im Recht anzuschließen[48].

---

[44] *Andraš Sajo*, How the Rule of Law Killed Hungarian Welfare Reform, East European Constitutional Review, 1996, 1, S. 31–42.

[45] Vgl. *G.M. Danilenko*, Die Anwendung internationalen Rechts im innerstaatlichen Rechtssystem Rußlands: die Praxis des Verfassungsgerichts (russ.) GiP 1995, 11, S. 115–125; *Angelika Nußberger*, Die Bedeutung internationaler Normen in den Gutachten und Entscheidungen des sowjetischen Komitees für Verfassungsaufsicht und des russischen Verfassungsgerichts zum Arbeits- und Sozialrecht, ZIAS 1994, S. 36 -48; vgl. auch die Grundsatzdiskussion zum Verhältnis zwischen dem russischen Recht und dem internationalen Recht, abgedruckt in GiP 1996, 2, S. 3–28; GiP 1996, 3, S. 8–32, GiP 1996, 4, S. 36–348.

[46] »Convention concerning Discrimination in Respect of Employment and Occupation« vom 4.6. 1958, abgedruckt in: International Labour Organization (Hg.), International Labour Conventions and Recommendations 1919–1991, Band 1, S. 702 ff.

[47] Entscheidung vom 6.6. 1995 (SZRF 1995, Nr. 24, Pos. 2342), Übersetzung und Kommentierung vgl. FN 37.

[48] Vgl. die als Topos verwendete Formulierung der »zivilisierten Rechtsgemeinschaft«, an die Rußland Anschluß gewinnen müsse.

4. Gesetze

Steigt man die Leiter der hierarchisch geordneten Rechtsakte weiter nach unten, kommen nach der Verfassung und dem internationalen Recht die Gesetze[49]. Sie sind das Medium, um die Grundlagen der sozialen Entwicklung in der Russischen Föderation zu gestalten.

Das ist durchaus nicht selbstverständlich, betrachtet man die sowjetische Ära, in der es eine Vielzahl untergesetzlicher Regelungen, aber nur zwei in Form von Gesetzen vom Obersten Sowjet erlassene Rechtsakte im Bereich der sozialen Sicherheit gab – zieht man die allgemeinen Grundlagengesetze zu Arbeit und Gesundheit nicht in Betracht –, nämlich das Gesetz der UdSSR vom 14. 7. 1956 »Über die staatlichen Renten« [50] und das Gesetz vom 15. 7. 1964 »Über Renten und Unterstützungsleistungen für Kolchosmitglieder« [51].

Seit Beginn der Reformen sind dagegen aufgrund eines geänderten Verständnisses von Rolle und Bedeutung des Gesetzes[52] eine Vielzahl von Gesetzen erlassen worden, so daß ein Grundkorsett zu den nach der Konvention Nr. 102 zentralen Risiken geschaffen wurde[53].

Dabei war die Entwicklung nicht linear, sondern spiegelte die politischen Zäsuren wider. Als ersten Abschnitt der Belebung der Gesetzgebungstätigkeit nach der Phase der Stagnation ist die Zeit von 1987 bis 1990 zusammenzufassen, in der die Reformbewegungen allgemein noch vom kommunistischen Denken geprägt waren, in Ansätzen aber die Unzulänglichkeiten des alten Systems erkannt und neue Projekte vorbereitet wurden. Entscheidend ist, daß in dieser Zeit das noch jetzt grundlegende allgemeine Rentengesetz ausgearbeitet wurde. Typischerweise stand der sowjetischen Version vom 15. 5. 1990[54] eine im wesentlichen deckungsgleiche russische Version vom

---

[49] Die Differenzierung zwischen »föderalen Verfassungsgesetzen« und »föderalen Gesetzen« spielt in dem hier erörterten Zusammenhang keine weitere Rolle. Nur in Parenthese sei angemerkt, daß in einzelnen Rechtsgebieten, wie etwa dem Zivilrecht, versucht wird, der Zersplitterung des Rechts entgegenzuwirken und auch gewöhnliche Gesetze auf hierarchisch verschiedene Stufen zu stellen; so soll dem neuen Zivilgesetzbuch – entgegen der lex-posterior-Regel – Vorrang vor anderen zivilrechtlichen Regelungen eingeräumt werden; vgl. *Stefanie Solotych,* Das Zivilgesetzbuch der Russischen Föderation. Erster Teil. Textübersetzung und Einführung, Baden-Baden 1996, S. 23.

[50] *M.L. Zacharov, V. M. Piskov,* Soziale Sicherheit und Versicherungen in der UdSSR. Sammlung normativer Akte (russ.), Moskau 1979, S. 133 ff.

[51] Ebenda, S. 223 ff.

[52] In der Sowjetzeit wurde das Gesetz traditionell als »Wille der herrschenden Klasse, der eine öffentlich anerkannte Form bekommen hat und durch staatlichen Zwang gesichert ist« verstanden. In diese Formel wurde in der Rechtsstaatsdiskussion der Begriff des »Interesses« eingebracht. Der »Wille der herrschenden Klasse« wurde ersetzt durch den Begriff des »gesellschaftlichen Konsenses«. Damit ergab sich eine neue Definition des Gesetzes als »konzentrierter Ausdruck der sozialen Interessen als Ergebnis eines sozialen Konsenses«. Auf dieser Grundlage wurde das Gesetz als »wichtigste Form des Rechtsakts der höchsten gesetzgeberischen Macht, erlassen zu grundlegenden Fragen des Lebens des Staates und der Gesellschaft« zum Instrument der Umgestaltung des gesamten Systems; vgl. im einzelnen *Tichomirov,* aaO, S. 14, *Blankenagel,* Rechtsstaat, S. 18 ff.

[53] Ärztliche Betreuung, Krankengeld, Leistungen bei Arbeitslosigkeit, Leistungen bei Alter, Leistungen bei Arbeitsunfällen und Berufskrankheiten, Familienleistungen, Leistungen bei Mutterschaft, Leistungen bei Invalidität.

[54] VVS SSSR 1990, Nr. 23, Pos. 416.

20.11. 1990[55] gegenüber – auch auf dieser Ebene kam die Auseinandersetzung zwischen der Sowjetunion und den Einzelstaaten zum Ausdruck, ohne aber inhaltliche Impulse für die Entwicklung des Rechts zu geben.

Ein zweiter Abschnitt ist in der Zeit von 1990 bis 1993 zu sehen, in der eine Vielzahl von Einzelgesetzen zu den verschiedenen sozialen Risiken erlassen wurden[56], die alle einer soliden verfassungsmäßigen Grundlage entbehrten[57], vielfach verändert wurden, und letztlich als ein erstes Herantasten das Umgehen mit neuen, durch die Marktwirtschaft geschaffenen Problemen zu charakterisieren sind.

Einen letzten Abschnitt stellt die Phase seit dem Erlaß der russischen Verfassung von 1993 bis zur Gegenwart dar, in der grundlegende Reformkonzeptionen diskutiert werden[58], die eigentliche Gesetzgebungstätigkeit zu Beginn nur träge, allmählich aber mit mehr Nachdruck vorankommt[59].

Allerdings wirft die neue Rolle des Gesetzes in der Rechtsentwicklung in der Russischen Föderation eine große Reihe von Problemen auf.

Die Interessenverbände sind unzureichend organisiert, die Abstimmung neuer Gesetzgebungsakte mit der bisherigen Gesetzgebung ist problematisch, statistische Erhebungen fehlen oder sind unzureichend, das Gesetzgebungsverfahren selbst ist sehr langwierig und gleicht einem Ping-Pong-Spiel zwischen Duma, Föderationsrat und Präsident, das Know-How zur Erarbeitung von für die juristische Praxis geeigneten Gesetzen fehlt[60].

Charakteristisch für die gegenwärtige Gesetzgebungssituation in Rußland ist weiterhin, daß bei Erlaß der Gesetze häufig nicht berücksichtigt wird, wie das Gesetz im einzelnen umgesetzt werden kann. Ein Paradebeispiel dafür ist das Gesetz über die medizinische Versicherung von 1993, dessen finanzielle Grundlagen nicht wirklich bedacht worden waren, so daß eine Reihe nachfolgender Rechtsakte erforderlich waren, um die Verwirklichung erst zu ermöglichen[61].

---

[55] Ved. RSFSR 1990, Nr. 27, Pos. 351.

[56] Gesetz »Über die Beschäftigung der Bevölkerung in der RSFSR« vom 19.4. 1991 (Ved. RSFSR 1991, Nr. 18, Pos. 565); Gesetz »Über die Sicherung der Gesundheit der Bürger« vom 22.7. 1993 (Ved. RF 1993, Nr. 33, Pos. 1318), Gesetz »Über die medizinische Versorgung der Bürger der RSFSR« vom 28.6. 1991 (Ved. RSFSR 1991, Nr. 27, Pos. 920); Gesetz »Über die Rentenversorgung von Personen, die Kriegsdienst oder Dienst in Organen der inneren Sicherheit geleistet haben, sowie für ihre Familienangehörigen« vom 22.2. 1993 (Ved. RF 1993, Nr. 9, Pos. 328).

[57] Damals galt noch die russische Verfassung von 1978, die vielfach geändert wurde und dadurch in wesentlichen Punkten nicht mehr in sich stimmig war, insbesondere im Hinblick auf die Verteilung der Kompetenzen, aber auch auf das Grundrechtsverständnis.

[58] Insbesondere die grundlegende neue Konzeption zur Rentenversicherung; vgl. oben FN 38.

[59] Gesetz vom 19.5. 1995 »Über staatliche Beihilfen für Bürger, die Kinder haben« (SZRF 1995, Nr. 17, Pos. 1929); Gesetz vom 8.8. 1995 »Über die soziale Versorgung der älteren Bürger und Invaliden« (SZRF 1995, Nr. 32, Pos. 3198); Gesetz vom 15.11. 1995 »Über die Grundlagen der sozialen Versorgung der Bürger der Russischen Föderation« (SZRF 1995, Nr. 48, Pos. 4563); Gesetz vom 3.4. 1996 »Über individuelle (personifizierte) Konten im System der staatlichen Rentenversicherung« (SZRF 1996, Nr. 14 Pos. 1401); Neufassung des Gesetzes »Über die Beschäftigung« vom 20.4. 1996 (SZRF 1996, Nr. 17, Pos. 1915)

[60] Vgl. die Stellungnahme in der russischen Presse: *Ivan Rybkin*, Der Dienst am Gesetz duldet keine Eile (russ.), R.G. vom 1.11. 1995; *Natal'ja Bacurina*, Gute Gesetze gibt es nicht viele; (russ.), R.G. vom 11.11. 1995; *Valentin Maslennikov*, Das Recht (pravo) ist verwandt mit dem Wort Wahrheit (pravda); (russ.), R.G. vom 7.3. 1996; informativ auch die Darstellung bei *Friedrich-Christian Schroeder*, Wie in Rußland Gesetze entstehen, FAZ vom 9.3. 1996.

[61] Eine anschauliche Illustration zur Nichtdurchsetzung des Reformvorhabens auch drei Jahre nach Er-

5. *Rechtsakte des Präsidenten*

Auf der nächsten Stufe der Normenhierarchie stehen die Rechtsakte des Präsidenten. Die konkurrierende Doppelung der Rechtssetzungsinstanzen zwischen Präsident
und Parlament stellt eine besondere Eigenart des russischen Verfassungsrechts dar[62].
Hier stellt sich die Gretchenfrage nach dem Gewaltenteilungsprinzip: Wie werden
Gesetze von exekutivischer Rechtssetzung abgegrenzt?

Das Recht des Präsidenten, Recht zu setzen, ist nach der Verfassung inhaltlich nicht
begrenzt[63].

In Art. 90 heißt es lapidar:

>»Der Präsident der Russischen Föderation erläßt Dekrete (ukazy) und Verfügungen (razpor-
jaženija). Die Dekrete und Verfügungen des Präsidenten der Russischen Föderation sind auf
dem gesamten Territorium der Russischen Föderation verbindlich zu vollziehen. Die Dekrete
und Verfügungen des Präsidenten der Russischen Föderation dürfen der Verfassung der Russischen Föderation und den Bundesgesetzen nicht widersprechen.«

Grenzen dieses Rechts sind lediglich – angelehnt an die deutsche Klassifikation – in
allgemeinen und besonderen Gesetzesvorbehalten zu sehen[64].

Die wesentliche allgemeine Bestimmung ist Art. 55 Abs. 3 der Verfassung. Darin
heißt es:

>»Die Rechte und Freiheiten des Menschen und Bürgers können durch Bundesgesetz nur in
dem Maße eingeschränkt werden, wie dies für den Schutz der Grundlagen der Verfassungsordnung, der Moral, der Gesundheit, der Rechte und der gesetzmäßigen Interessen anderer Personen sowie für die Sicherung der Landesverteidigung und der Staatssicherheit notwendig ist.«

Diese Festlegung ist von besonderer Wichtigkeit für die gesamte Konstruktion des
Rechtssystems: Die Einschränkung kann nur *durch Gesetz*, also nicht durch einen anderen Rechtsakt erfolgen.

Fraglich ist aber, wie »Einschränkung der Rechte und Freiheiten« zu definieren ist,
gerade im Hinblick auf die sozialen Grundrechte. Eine verfassungstheoretische Klärung dieser Frage, wie etwa die vom Bundesverfassungsgericht erarbeitete Wesent-
lichkeitstheorie, gibt es für das russische Recht zu diesem Punkt noch nicht. In dem
ersten, von namhaften russischen Juristen herausgegebenen Kurzkommentar zu dem
genannten Artikel der Verfassung wird die Frage nach der Rechtsnatur des Aktes,
durch den Grundrechte eingeschränkt werden können, nicht aufgegriffen. Im Gegenteil – paradoxerweise wird für eine mögliche und notwendige Einschränkung ein

---

laß des Gesetzes ist der Artikel von *Svetlana Marzeeva*, Wieviel kostet es, an Krebs zu sterben, Izvestija vom
1. 6. 1996.

[62] Vgl. zu Unterschieden und Gemeinsamkeiten mit dem französischen Recht *Sylvia von Steinsdorff*, Die
Verfassungsgenese der Zweiten Russischen und der Fünften Französischen Republik im Vergleich, Zeitschrift für Parlamentsfragen 1995, Heft 3, S. 486–504.

[63] Eine Begrenzung fehlte auch vor Erlaß der Verfassung, weshalb von der »Unbegrenztheit des Dekret-
rechts« bzw. der »Präsidentengesetzgebung« gesprochen wurde; vgl. *Černobel'*, aaO, S. 27.

[64] Fraglich ist, ob – wie der Wortlaut nahelegt – die Abgrenzung zwischen föderaler Rechtssetzungsbefugnis und Rechtssetzungsbefugnis der Subjekte impliziert, daß Fragen, die in die föderale Kompetenz fallen, nur durch Gesetz geregelt werden dürfen; in diesem Sinn *Schweisfurth*, aaO, S. 483.

Dekret des Präsidenten, also gerade kein Gesetz, genannt[65]. Aber diese Art von Insensibilität gegenüber juristischen Feinheiten, die doch grundlegend für das Rechtsstaatsverständnis sind, ist charakteristisch für die russische Rechtswissenschaft, die erst im Begriff ist, ihr eigenes Selbstverständnis zu finden.

Besondere Gesetzgebungsvorbehalte sind in verschiedenen Artikeln der Verfassung zu sehen, in denen auf eine Regelung durch ein Gesetz verwiesen wird. Beispielsweise heißt es im Zusammenhang mit der Festlegung des Mindestlohns in Art. 37 explizit, daß die Festlegung »durch ein Bundesgesetz« erfolge. Allerdings hat das Verfassungsgericht auch diesen Gesetzesvorbehalt gewissermaßen »ausgehebelt«. In der Entscheidung vom 30. 4. 1996[66] wird ausgeführt: »Der Erlaß von Dekreten widerspricht nicht der Verfassung, wenn sie Lücken in der rechtlichen Regelung von Fragen füllen, die eine Gesetzesentscheidung erfordern, unter der Bedingung, daß diese Dekrete der Verfassung der Russischen Föderation und den Bundesgesetzen nicht widersprechen und ihre Wirkung zeitlich begrenzt ist auf den Zeitraum bis zum Erlaß eines entsprechenden Gesetzgebungsaktes«. Das bedeutet, daß eine »vorwegnehmende« Verordnungsgebung durch den Präsidenten in den Materien, die wegen ihrer Grundrechtsrelevanz der Legislative zugewiesen sind, möglich ist. So problematisch dies vom rechtsstaatlichen Gesichtspunkt aus ist, so ist doch das Dilemma des Transformationsprozesses nicht zu übersehen: die Legislative in den Händen eines noch ungeübten und politisch äußerst heterogenen Parlaments kann nicht in allen Bereichen zugleich effektive Regelungen erlassen. Eine rechtsstaatlich problematische Regelung ist aber gerade auch im sozialen Bereich einem völligen Rechtsvakuum vorzuziehen. Angemerkt sei, daß sich vor dem Hintergrund dieser Rechtssprechung eine Parallele zum sowjetischen Modell der Dichotomie oberster Rechtsetzungsorgane, dem Zusammenspiel zwischen dem Präsidium des Obersten Sowjets, das vorläufige Regelungen erließ, und dem Obersten Sowjet, der die Verantwortung für die endgültigen Regelungen trug, aufdrängt[67]. Allerdings treten in der Gegenwart divergierende Machtinteressen im Gegensatz zum sowjetischen Akklamationsmodell überdeutlich hervor.

Wie sieht nun die Praxis aus? Inwieweit wird das russische Sozialrecht von Dekreten des Präsidenten gestaltet?

Zur Beantwortung dieser Frage sind zwei Aspekte relevant.

Zum einen geht es um die Regelung durch Dekrete in der Zeit nach den blutigen Auseinandersetzungen im Oktober 1993, in der die Gesetzgebungstätigkeit brach lag und der Präsident mit dem Dekret vom 7. 10. 1993 »Über die rechtliche Regulierung in der Periode der etappenweisen konstituierenden Reform in der Russischen Föderation«[68] die gesetzgebenden Funktionen für eine Vielzahl von Bereichen, darunter auch den Bereich des sozialen Schutzes der Bürger, übernahm.

Die Maßnahmen, die aufgrund dessen ergingen, waren aber nicht weichenstellend und schufen nicht, wie in anderen Bereichen, politische Tatsachen[69]. Vielmehr unter-

---

[65] *V. A. Kartaškin,* Kommentierung zu Art. 55, in: B. N. Topornin, Ju. M. Baturin, R. G. Orechov (Hg.), Die Verfassung der Russischen Föderation, Kommentar, 1994.

[66] Vgl. oben FN 29.

[67] Vgl. *Reichel,* aaO, Kommentar zu Art. 119, FN 1 ff, *Blankenagel,* Theorie, S. 304.

[68] SAPP 1993, Nr. 41, Pos. 3921

[69] *Trautmann,* aaO, S. 103 ff.; im Gegensatz dazu wurde im Bereich der Privatisierung das gesetzgeberische Vakuum für eine Schnellregelung grundlegender Fragen durch Dekret genutzt.

schrieb der Präsident Dekrete zu Kompensationszahlungen für Rentner, zu Unterstützungsleistungen für Brot, Einzelmaßnahmen, die die konkrete Situation erforderte. Die weitreichendste Maßnahme stellt ein Dekret vom 10. 12. 1993 dar »Über die
Vervollkommnung des Systems der staatlichen sozialen Unterstützungsleistungen und
Kompensationszahlungen für Familien, die Kinder haben, sowie die Erhöhung dieser
Leistungen«[70]. Damit wurde das System der Familienleistungen abgeändert. Eine gesetzliche Grundlage für die neue Regelung wurde erst 1995 mit dem Gesetz »Über
staatliche Beihilfen für Bürger, die Kinder haben« geschaffen.

Der zweite Aspekt ist die grundsätzliche Abgrenzung zwischen der Normsetzungs-
befugnis des Präsidenten und der Legislative. Dazu gibt es nur vereinzelte theoretische
Analysen[71]; die Praxis spiegelt diese Ungewißheit wider.

Paradebeispiel für die fehlende Abgrenzung der Materien, die durch Gesetz und der
Materien, die durch exekutivischen Einzelakt geregelt werden können, ist die gesell-
schaftspolitisch äußerst wichtige Anpassung der Renten. Die Legislative verabschiedet
in regelmäßigen Abständen Gesetze zur Indexierung der Renten[72], nicht selten vom
Veto des Präsidenten zurückgewiesen. Der Präsident bestimmt dagegen durch sogenannte Kompensationsleistungen die Höhe von Zusatzzahlungen an Rentner. Beides
zusammen ergibt den für die Rentner relevanten Auszahlungsbetrag.

6. Rechtsakte der Regierung

Die nächste, von der Verfassung vorgegebene Stufe in der Normenhierarchie stellen die »Verordnungen« (postanovlenija) genannten Normativakte der Regierung dar,
die »auf der Grundlage und in Ausführung der Verfassung der R.F., der Bundesgesetze
und der normativen Dekrete des Präsidenten« (Art. 115 Abs. 1) erlassen werden. Hier
ist problematisch, wie weitreichend die Gesetze Einzelregelungen enthalten müssen
und ab wann Detailregelungen der Exekutive überlassen werden können. Eine dem
Art. 80 GG entsprechende Vorschrift fehlt. Die Praxis zeigt, daß die Durchführung
von Gesetzen häufig an nicht erlassenen Ausführungsvorschriften bzw. an parallel erlassenen Ausführungsvorschriften, die nicht dem Gesetzgebungsauftrag entsprechen,
scheitert. Der russische Rechtswissenschaftler Tichomirov hat dafür eine treffende
Metapher gefunden: »Und das Gesetz befindet sich im Ozean der Normen und Akte,
manchmal an die Oberfläche tauchend, dann wieder in die Tiefe versinkend. Selten
gelingt es ihm, die Richtung aller Arten der Rechtsschöpfung zu bestimmen, um
Zweck und Inhalt der verschiedenen Rechtsakte vorzugeben.«[73]

Allerdings gibt es auch Ansätze, untergesetzliche Akte durch demokratisch umfassend legitimierte gesetzliche Regeln zu ersetzen, indem ursprünglich in der Ausfüh-

---

[70] Dekret vom 10. 12. 1993 (Nr. 2122); entscheidend dazu die Regierungsverordnung vom 20. 2. 1994
(Nr. 130), R.G. vom 2. 3. 1994.

[71] Vgl. *S. V. Polenina*, Neues im System der Gesetzgebung der R.F., GiP 1994, S. 27–36.

[72] 1995 wurden die Renten fünfmal erhöht; vgl. *Valerij Voroncov*, Im vergangenen Jahr wurden die
Renten fünfmal erhöht (russ.), R.G. vom 16. 12. 1995. Dadurch erklären sich zum großen Teil auch die
Verzögerungen bei der Auszahlung; zur Reform dieses Verfahrens liegt der Duma ein Gesetzesprojekt
»Über Verfahren zur Berechnung und Erhöhung der staatlichen Renten« vor; vgl. R.G. vom 8. 6. 1996.

[73] *Tichomirov*, aaO, S. 14.

rungsvorschrift enthaltene wesentliche Einzelregelungen in einer Neufassung unmittelbar ins Gesetz übernommen werden. So enthält das Beschäftigungsgesetz von 1991 – das als dem Arbeitsförderungsgesetz entsprechend gesehen werden kann – nur allgemeine Definitionen zum Begriff des Arbeitslosen. Eine Voraussetzung für die Erlangung dieses mit dem Anspruch auf Arbeitslosengeld verbundenen Status ist die »Registrierung im Beschäftigungsdienst« (Art. 3). Diese wurde in einer Regierungsverordnung geregelt, unter anderem auch Details der Aberkennung des Status des Arbeitslosen[74]. In die Neufassung des Gesetzes von 1996 wurden diese Regelungen unmittelbar in den Gesetzestext übernommen[75].

Allerdings wäre es vermessen, aus dergleichen Einzelbeobachtungen Rückschlüsse auf allgemeine Änderungen in der Gesetzgebungspraxis zu ziehen.

7. *Programmakte*

Neben den bisher aufgelisteten Rechtsakten im eigentlichen Sinn gibt es noch eine Gruppe von für die Gestaltung der Rechtsentwicklung relevanten Maßnahmen des Präsidenten und der Regierung, die zumeist juristisch in die Form einer Verordnung oder eines Dekrets gekleidet sind, inhaltlich aber keine normativen, sondern programmatische Vorgaben enthalten. Die Verfassung enthält dazu verschiedene Bestimmungen, die allerdings die Rechtsnatur nicht näher definieren. Nach Art. 71 e der Verfassung fällt die Festlegung der Grundlagen der föderalen Politik und der föderalen Programme im Bereich der staatlichen, wirtschaftlichen, ökologischen, sozialen, kulturellen und nationalen Entwicklung der Russischen Föderation in die Kompetenz der Russischen Föderation. Der Präsident bestimmt die »grundlegenden Richtungen der Innen- und Außenpolitik des Staates« (Art. 80 Abs. 3); die Regierung sichert die Durchführung einer einheitlichen staatlichen Politik im Bereich der Kultur, der Wissenschaft, der Bildung, des Gesundheitsschutzes, der sozialen Sicherung und der Ökologie (Art. 114 Abs. 1 c). Programmatische Vorgaben werden darüber hinaus auch in einzelnen Grundrechtsbestimmungen angesprochen[76].

Insgesamt gibt es eine Vielzahl von Programmen auf verschiedenen Ebenen und mit verschiedenen Schwerpunkten[77]. Für den Bereich der Sozialpolitik sind sie von besonders großer Bedeutung. Ausgehend von den Vorgaben in den Botschaften des Präsidenten gibt es Regierungsprogramme, die zum Teil die Weiterentwicklung der Sozialpolitik allgemein[78], zum Teil konkret erforderliche gesetzgeberische Maßnahmen festlegen[79]. Kritisch sei angemerkt, daß diese Programme zugleich ein Spiegel des

---

[74] Regelung über das Verfahren der Registrierung arbeitsloser Bürger und die Bedingungen der Auszahlung von Arbeitslosenunterstützung vom 17. 11. 1992, bestätigt durch Verordnung der Regierung vom 17.11.92 (SAPP 1992, Nr. 23, Pos. 1966).

[75] Vgl. die Neufassung des Gesetzes »Über die Beschäftigung« vom 20. 4. 1996.

[76] Vgl. z.B. 41 Abs. 2: »In der Russischen Föderation werden föderale Programme zum Schutz und zur Verbesserung der Gesundheit der Bevölkerung finanziert…«.

[77] Z. B. lang- und kurzfristige Investitionsprogramme, föderale zielgerichtete Programme, Programme zur sozialen und wirtschaftlichen Entwicklung der einzelnen Regionen.

[78] Vgl. z.B. das Programm »Grundlegende Richtung der sozialen Politik der Regierung der Russischen Föderation für das Jahr 1994« vom 6. 5. 1994 (SZRF 1994, Nr. 4 Pos. 363).

[79] Vgl. z.B. die Verordnung der Regierung vom 9. 3. 1994 »Über die Lage der russischen Wirtschaft

Nicht-Erreichten sind. Beispielsweise forderte der Präsident bereits in seiner Botschaft vom 24. 2. 1994[80]: »Es ist ein Paket von Maßnahmen zur sozialen Sicherheit erforderlich, die auf einem Gesetz über das Existenzminimum aufbauen.« Ein derartiges Grundlagengesetz wurde aber drei Jahre später noch nicht verabschiedet[81].

Neben den sozialpolitischen Grundsatzprogrammen gibt es zu den verschiedenen Rechtsgebieten Einzelprogramme, die jeweils die Entwicklungen für einen bestimmten Zeitabschnitt vorgeben[82]. Dabei konkurrieren aber eine große Vielzahl derartiger Programme miteinander, ist die Finanzierung aus dem Budget häufig nicht gesichert und somit die tatsächliche, insbesondere auch termingerechte Umsetzung fraglich[83]. Um diesem Mißstand abzuhelfen, liegt der Duma gegenwärtig ein Gesetzesprojekt »Über föderale zielgerichtete Programme« vor[84]. Es ist zu erwarten, daß darin insbesondere auch Rechtsnatur und Sanktionen bzw. Druckmittel bei Nichterfüllung festgelegt werden.

Neben den Programmen gibt es noch die sogenannten »Konzeptionen«, in denen die Grundlagen der neuen Gestaltung eines komplexen Rechtsproblems ausformuliert und für die Realisierung zeitliche Vorgaben gemacht werden. Von besonderer Wichtigkeit im sozialen Bereich ist die Konzeption zur Reform des Systems der Rentenversicherung.

8. *Rechtsakte der regionalen Einheiten*

Die verfassungsrechtliche Grundlage für die Rechtssetzung in den regionalen Einheiten[85] stellt Art. 71 der Verfassung dar, der die Kompetenzen zwischen der Russischen Föderation und den Föderationssubjekten regelt. In Art. 71 f wird die Festlegung der Grundlagen der Bundespolitik und die Bundesprogramme auf dem Gebiet der staatlichen, ökonomischen, ökologischen, sozialen, kulturellen und nationalen Entwicklung zur Zuständigkeit der Russischen Föderation gezählt. Zur gemeinsamen Zuständigkeit der Russischen Föderation und der Subjekte der Russischen Föderation gehören nach Art. 72 g die Koordination der Fragen des Gesundheitswesens, der

---

und die Perspektiven ihrer Entwicklung für das Jahr 1994«, ergänzt durch den Plan der wichtigsten gesetzgeberischen Maßnahmen zur Verwirklichung der Botschaft des Präsidenten von 1994 (SAPP 1994, Nr. 11, Pos. 861).

[80] Veröffentlicht R.G. vom 25. 2. 1994.

[81] Das Gesetz zum Existenzminimum wurde zwar von der Duma verabschiedet, vom Präsidenten aber noch nicht unterzeichnet; vgl. d. Interview mit dem Arbeits- und Sozialminister Melik'jan der R.F., veröffentlich in: Social'noe Obespečenie 1996, Nr. 11, S. 3.

[82] Z. B. »Komplexes Maßnahmenprogramm zur Schaffung und Erhaltung von Arbeitsplätzen für die Jahre 1996–2000«, bestätigt durch Dekret des Präsidenten vom 23. 5. 1996 (R.G. 5. 6. 1996); Programm des Präsidenten »Kinder Rußlands« bestätigt durch das Dekret des Präsidenten vom 18. 8. 1996 (R.G. 27. 8. 1994); föderales Programm »Sozialer Schutz der Invaliden«, bestätigt durch Dekret des Präsidenten vom 16. 1. 1995 (SZRF 1995, Nr. 5, Pos. 416).

[83] Vgl. *Boris Logubenko*, Zielgerichtetes Programm für sonstige Bedürfnisse, R.G. vom 7. 10. 1995.

[84] SZRF 1996, Nr. 11, Pos. 1017.

[85] Nach Art. 65 der Verfassung gibt es insgesamt 89 regionale Einheiten, wobei Republiken (respubliki), Verwaltungsgebiete (oblasti), autonome Kreise (avtonomnye okrugi) und Städte von föderaler Bedeutung (Moskau und St. Petersburg) voneinander abgegrenzt werden. Alle werden als »Subjekte« der Russischen Föderation bezeichnet. Vgl. die Auflistung bei *Dietrich Frenzke*, Die russischen Verfassungen von 1978 und 1993, Berlin 1995, S. 12, 13.

Schutz von Familie, Mutter, Vater und Kind; die soziale Sicherung einschließlich der Sozialfürsorge.

Daneben gibt es noch Maßnahmen der örtlichen Selbstverwaltung, die in Art. 130–133 der Verfassung geregelt sind.

Von politologischer Seite gibt es Ansätze, die Lösung sozialpolitischer Fragen im gegenwärtigen Rußland überhaupt nur oder dominant auf regionaler Ebene zu sehen[86]. In jedem Fall wird die Relevanz der Regelungen auf dieser Ebene im Zusammenhang mit der Umgestaltung der zentralen Strukturen mehr und mehr zunehmen[87]. Dabei sind zwei Wirkungskreise regionaler Sozialpolitik voneinander abzugrenzen: zum einen die Umsetzung der föderalen Gesetze, zum anderen die eigenständigen sozialrechtlichen Maßnahmen der Regionen.

Ein Beispiel für die Zusammenarbeit von Zentrum und Regionen im sozialen Bereich ist die Schaffung regionaler Untergliederungen der einzelnen Fonds[88]. Aber auch hier funktioniert die Umsetzung der föderalen Normativakte nicht unbedingt. Beispielsweise wurde der Auftrag, Fonds zur obligatorischen Krankenversicherung auf regionaler Basis einzurichten, von Nižnij Novgorod, das im übrigen im sozialpolitischen Bereich als vorbildlich gilt, nicht eingelöst[89]. Dies erklärt sich aus der eigensinnigen Haltung des verantwortlichen Direktors des Departements für Gesundheitswesen, der seine Weigerung mit grundsätzlichen, dabei wohl berechtigten Kritikpunkten an dem föderalen Gesetz begründet[90]. Hier zeigt sich ein juristisch zu bewältigendes Konfliktfeld zwischen Zentrum und Regionen[91].

Eigenständige sozialrechtliche Maßnahmen erlangen gegenwärtig insbesondere im Bereich der Sozialhilfe ein besonderes Gewicht. Auf föderaler Ebene gibt es zwar sogenannte Sozialrenten[92]. Allerdings sind sie – betrachtet man das Budget des Rentenfonds – von nur marginaler Bedeutung und tragen lediglich zur Sicherung von Invaliden und Rentnern bei, die aufgrund der allgemeinen Regelungen keinen Anspruch auf eine Arbeitsrente haben. Ein soziales Auffangsystem gibt es im übrigen auf födera-

---

[86] *Grigorij Jawlinsij*, Reform von unten – Die neue Zukunft Rußlands, 1994.

[87] *L. Tonkich*, Sozialer Schutz: regionale Programme (russ.), Social'noe obespečenie 4/96, S. 18–25; *o. V.*, Auf föderaler und regionaler Ebene (russ.), in: Social'noe obespečenie 3/94, S. 4–12; vgl. auch *Sabine Kropp*, Systemreform und lokale Politik in Rußland. Zur Dezentralisierung politischer Entscheidungsprozesse, 1995; Johannes Ch. Traut (Hg.), Verfassung und Föderalismus im internationalen Vergleich, 1995; Klaus Segbers, Stephan De Spiegeleire (Hg.), Post-Soviet Puzzles, Mapping the Political Economy of the Former Soviet Union. Volume II. Emerging Geopolitical and Territorial Units. Theories, Methods and Case Studies, 1995.

[88] Medizinischer Pflichtversicherungsfonds (Regelung über den territorialen Fonds der medizinischen Pflichtversicherung, bestätigt durch Verordnung des Obersten Sowjets vom 24. 2. 1993), Sozialversicherungsfonds (Regelung über den Sozialversicherungsfonds der Russischen Föderation, bestätigt durch Verordnung der Regierung vom 12. 2. 1994), Beschäftigungsfonds (Art. 15 des Gesetzes »Über die Beschäftigung« vom 20. 4. 1996), Rentenfonds (Regelung zum Rentenfonds, bestätigt durch Verordnung des Obersten Sowjets vom 27. 12. 1991).

[89] Vgl. *Jawlinskij*, aaO, S. 76ff.

[90] Vgl. *Kempe*, aaO, S. 19.

[91] Vgl. *Michaljowa*, aaO, S. 280ff.

[92] Vgl. Art. 113 des Rentengesetzes: »Eine Sozialrente wird festgesetzt für Invalide der ersten und zweiten Gruppe, dabei auch für Invalide von Kindheit an, ebenso wie für Invalide der dritten Gruppe; invaliden Kindern bis zum Alter von 16 Jahren, Kindern bis zum Alter von 18 Jahren, die einen Elternteil oder beide Eltern verloren haben, Bürgern, die das 65. bzw. 60. Lebensjahr erreicht haben (entsprechend Männern bzw. Frauen).«

ler Ebene nicht. Da die Verwaltungen vor Ort mit dem Problem der Armut unmittelbar konfrontiert sind, übernehmen sie es, nach dem Prinzip der Zielgerichtetheit (adresnost') soziale Hilfe denen zu gewähren, deren durchschnittliches Einkommen niedriger als das für die entsprechende Region festgelegte Existenzminimum ist[93]. Dabei geschieht dies in juristisch verschiedenen Formen, in als »Konzeptionen«, »Verordnungen«, »methodischen Empfehlungen« oder »regionalen Gesetzen« bezeichneten Rechtsakten, gleichermaßen in sehr verschiedenem finanziellem Umfang, zum Teil regelmäßig, zum Teil in einmaligen Zuwendungen[94]. Allgemein sinken die dafür zur Verfügung stehenden Mittel[95]. Als »System« können diese punktuellen Maßnahmen sicherlich nicht qualifiziert werden; nichtsdestotrotz ist ihnen aber auch gegenwärtig im Rechtsgefüge der Russischen Föderation ein eigener Stellenwert zuzuerkennen.

IV. Fazit

Jedwede Aussage zum russischen Recht ist gegenwärtig mit einer Vielzahl von Vorbehalten zu versehen. Zum einen ist nur ein Prozeß, nicht ein Ergebnis darstellbar – in der Transformationsphase gibt es eine Vielzahl von sich ständig ändernden Variablen, kaum dagegen als Konstanten ansprechbare Fakten. Auch ist es problematisch, überhaupt von »dem russischen Recht« zu sprechen. Während das sowjetische Recht noch ein einheitliches Ganzes darstellte, sind Aussagen zum russischen Recht im Hinblick auf die regionalen Besonderheiten zu relativieren.

Die begriffliche Beschreibung der Phänomene ist schwierig; die russische Terminologie – gerade im staats- und sozialrechtlichen Bereich – ist noch nicht ausgereift und systematisiert, Rechtsbegriffe anderer Rechtsordnungen vermögen die Besonderheiten des russischen Systems nur unzulänglich erfassen. Greift man – wie bei den von der westeuropäischen Tradition geformten Begriffen Rechts- und Sozialstaatsprinzip – trotzdem auf sie zurück, so läßt sich dieses Vorgehen nur insoweit rechtfertigen, als ein derartiger Maßstab auch von russischer Seite selbst angewendet wird.

Außerdem besteht gerade im Hinblick auf die Frage nach der Bedeutung des Rechts eine deutliche Divergenz zwischen Innen- und Außenperspektive. Ist Grundtenor westeuropäischer Beobachter, daß es positive Ansätze zu einer rechtsstaatlichen Entwicklung in Rußland – wenn auch allenfalls im status nascendi – gibt, so überwiegt in den Stellungnahmen russischer Publizisten und Wissenschaftler allgemein Skepsis und Kritik.

Vor diesem Hintergrund ist jede Wertung der Entwicklung des russischen Rechts im Zeichen des von der Verfassung vorgegebenen Rechts- und Sozialstaatsprinzips verfrüht. Es bleibt nur, in einer Momentaufnahme die einzelnen Ansätze zu einer auf dem Recht basierenden Reform in ihrer Vielfalt und Problematik festzuhalten.

---

[93] Vgl. *Tonkich*, aaO, mit einer Fülle von statistischen Angaben zu den einzelnen Maßnahmen.

[94] Konkret handelt es sich dabei zum Teil auch nur um Einzelmaßnahmen der Armenhilfe; vgl. Verwaltung der Stadt Vladimir (Hg.), Rechenschaftsbericht der Abteilung für sozialen Schutz der Bevölkerung für das Jahr 1994, 1995, S. 4, zitiert nach *Kempe*, aaO, S. 28: »130 Behinderte erhielten materielle Hilfe in Form von Getreide, 2 Behinderten wurden Heilbehandlungen gewährt, 70 Behinderte wurden kostenlos ernährt. 150 Behinderte erhielten kostenlose Bettwäsche«.

[95] Vgl. *Tonkich*, aaO, S. 24.

Dokumentation von Verfassungsentwürfen und Verfassungen ehemals sozialistischer Staaten in (Süd-)Osteuropas und Asien

von

Peter Häberle

Texte

5. Folge (Nachfolgestaaten der UdSSR: XIII. Ukraine, XIV. Weißrußland,
XV. Moldawien, XVI. Kirgistan, XVII. Georgien, XVIII. Tajikistan,
XIX. Mongolei, XX. Aserbaidschan) und Schluß

Textanhang XIII/1
Draft Constitution of Ukraine (1992)*

The People of Ukraine

EXPRESSING	its sovereign will,
EXERCISING	its inalienable right to self-determination,
CONTINUING	the thousand-year history of Ukrainian statehood going back to the Kievan State of Volodymyr the Great,
REMEMBERING	its countless victims and enormous sufferings of the times of loss of state-hood and struggle for its restoration,
RECOGNIZING	freedom and the natural rights of Man as the supreme social value,
STRIVING	to create living conditions worthy of Man,
SEEKING	to preserve the social accord,
ASPIRING	to build and develop a civil society,
DECLARING	its firm desire to live freely in an independent democratic state,
GUIDED BY	the Act of the Declaration of Independence of Ukraine of the 24th of August, 1991, as confirmed on the 1st of December, 1991 by a nationwide referendum,
REALIZING	its responsibility to the present generations and those to come,

ADOPTS this Constitution and proclaims it the FUNDAMENTAL LAW OF BLESSED UKRAINE.

Part I
Principles of the Constitutional System

Article 1
Ukraine is a republic

Ukraine is a democratic state governed by law

---

* Prepared by the working group of the Constitutional Commission of the Parliament of Ukraine; January 1992.

and striving to ensure strict observance of human rights and freedoms and improvement of the people's welfare.

Article 2

The Ukrainian state subordinates its functioning to serving the civic society and directs its policy to ensuring equal opportunities for all citizens as the basis for social justice.

Article 3

The sole source of state power in Ukraine is the sovereignty of its people. State power in Ukraine is exercised by the people directly and through the system of state bodies in accordance with the principle of devision of powers into legislative, executive and judicial branches.

Article 4

The state recognizes, guarantees and supports regional and local self-government. In their respective territories administrative governing bodies have the exclusive right to local public power, which is exercised within limits, established by the law on the basis of separate responsibility.

Article 5

Elections to representative bodies of power in Ukraine take place regularly and are held in accordance with the principle of general, equal and direct suffrage by secret ballot with free and equal rights to nominate candidates. The right of free choice is guaranteed to voters. All citizens who have attained the age of 18 years by the polling date have the right to vote.

Article 6

Ukraine adheres to the principle of supremacy of law. The norms of the Constitution of Ukraine have the force of the highest law of the land. Provisions of laws and other legal acts must not contradict the constitutional norms. Everyone must act within the framework of the legal order established by the Constitution and the laws of Ukraine. State bodies and officials exercise their powers in accordance with the principle »only that is allowed which is defined by law.« Citizens exercise their rights in accordance with the principle »all is allowed that is not prohibited by law«.

Article 7

The state ensures inviolability of human rights and freedoms and is responsible to the people and society. Equality is guaranteed before the law to all citizens of Ukraine, regardless of their origins, social and property status, race, ethnic extraction, sex, education, language, political views, religious creeds, occupation, place of residence or other characteristics. The right of ethnic minorities are protected by law.

Article 8

All rights and freedoms of the citizens of Ukraine are protected by independent and fair courts of law.

Article 9

The state language of Ukraine is the Ukrainian language. Ukraine concerns itself with free development of other languages spoken by its citizens.

Article 10

Social life in Ukraine is based on the principles of political, economic and ideological pluralism. The state guarantees the right of citizens and all public associations to participate in the affairs of the state. The state recognizes the diversity of forms of ownership and creates equal conditions for their protection. Private property is inviolable. No ideology may limit the freedom of convictions, opinions and views or be recognized as the official state ideology.

Article 11

The territory of Ukraine is one, indivisible, inviolable and whole. No changes to the territory and state borders of Ukraine are permitted without the consent of the entire people. Use of the territory of Ukraine without its consent is prohibited.

Article 12

Ukraine recognizes the primacy of general human values and the priority of the commonly accepted principles of international law over the norms of its national law. Duly ratified or approved and officially published international treaties entered into by Ukraine are part of the body of laws in Ukraine and are binding on all governmental bodies, legal entities and private persons. If duly ratified or approved and officially published international treaties entered into by Ukraine establish rules that differ from those of the legislation of Ukraine, the provision of international treaties shall prevail. An international treaty containing provisions contradicting the Constitution of Ukraine may be concluded only after making corresponding changes and/or amendments to the Constitution. Likewise, if the execution of an international treaty of Ukraine submitted for ratification makes it necessary to introduce changes to the legislation of Ukraine, the ratification act may only be approved after, or simultaneously with, making corresponding changes in the legislation of Ukraine.

Article 13

Ukraine is a nuclear-free and permanently neutral state.

Article 14

The foreign policy of Ukraine is aimed at protecting its national interests and security through peaceful and mutually beneficial cooperation with members of the world community on the basis of unwaivering adherence to the principles of respect for state sovereignty and sovereign equality; non-use of violence or threat of violence; inviolability of borders and territorial integrity of states; non-interference in internal affairs; respect for human rights and basic freedoms; equality and free self-determination of peoples; cooperation among states; conscientious fulfillment of international obligations; peaceful settlement of disputes and other commonly accepted principles of international law.

Article 15

The task of safeguarding the national security of Ukraine, in the event of an armed attack against it, is entrusted to the Armed Forces and other military formations of Ukraine, which shall act in conformity with law and commonly accepted norms of international law.

Article 16

If other means cannot be resorted to, the citizens of Ukraine have the right to offer resistence to all who may attempt to overthrow unlawfully the democratic constitutional system of Ukraine.

Part II
State Symbols

Article 17

The symbols of sovereign statehood of Ukraine include its anthem, the state emblem and flag.

Article 18

The state emblem of Ukraine is the emblem of the Kievan State of Volodymyr the Great, a golden trident set upon a blue background.

Article 19

The state colors of Ukraine are blue and yellow,

which symbolize a clear sky and grain fields. The state flag of Ukraine is a rectangular cloth composed of two horizontal bars of equal width, the upper bar blue and the lower one yellow, with a golden trident set upon the upper bar one-third of the length from the flagstaff. The ratio between the width of the flag to its length is 1 to 2.

Article 20

The state anthem of Ukraine is the national anthem »Whche ne Vmeria Ukraina« to the music of M. Veroytski.

Article 21

The capital of Ukraine is the City of Kiev.
The status of the City of Kiev is defined by law.

Article 22

The national holiday of Ukraine is Independence Day, the first of December.

Part III
Human and Civic Rights and Freedoms

Chapter 1
General Provisions

Article 23

All people are born free and equal in their dignity and rights.

Every person has fundamental natural rights and freedoms, which are inviolable and inalienable. The fundamental rights and freedoms constitute the basis of all other rights and freedoms of Man. The exercise by an individual of his or her rights and freedoms provided for by the Constitution and laws must not affect the rights and freedoms of other persons.

Article 24

The citizens of Ukraine are equal in exercising their constitutional rights and freedoms without any distinctions as to their origins, social and property status, sex, ethnic extraction, language, religion, education, political and other convictions, occupation, place of residence and other characteristics. Privileges and special benefits for individual citizens or any social groups may be established only by the law.

Article 25

Citizens belonging to ethnic minorities have the right freely to express, maintain and develop their ethnic, linguistic or religious indentity and to preserve and develop their culture. Affiliation to an ethnic minority is a matter of free choice for every person. The state protects the ethnic, cultural, linguistic and religious identity of all minorities and concerns itself with securing conditions for encouraging it.

Article 26

The constitutional personal rights and freedoms may not be abolished or repealed. Constitutional rights and freedoms of citizens may not be curtailed with the exception of cases defined by the Constitution with the purpose of protecting state or social security, health and morality or the rights and freedoms of other persons. All such limitations are established exclusively by law.

Chapter 2
Citizenship

Article 27

A single citizenship is established in Ukraine. A citizen of Ukraine may not possess, at the same time, the citizenship of another state. A citizen of Ukraine may not be deprived of citizenship or the right to renounce Ukrainian citizenship. The grounds for acquiring and losing Ukrainian citizenship are defined by the Law on the Citizenship of Ukraine.

Article 28

A citizen of Ukraine may not be expelled outside its borders or extradited to a foreign power.

Article 29

The State of Ukraine provides for the defense and protection of its citizens outside its borders.

Article 30

Human rights and freedoms provided for by this Constitution and the laws of Ukraine are guaranteed to foreign nationals and persons without citizenship staying in the territory of Ukraine.

Article 31

Foreign nationals and persons without citizenship may be granted asylum. The proceedure and conditions of granting asylum are established by law.

Article 32

Ukrainian citizens, and also foreign nationals and persons without citizenship staying in the territory of Ukraine, must respect and obey its Constitution and laws.

Chapter 3
Civic and Political Rights

Article 33

Every person has an inalienable right to life. No one may be arbitrarily deprived of life. The state protects the life of an individual from all unlawful encroachments.

Article 34

Every person has the right to freedom, personal immunity and respect for his or her dignity. Arrest, detainment in custody, search or any other limitation of personal freedom in any form whatsoever is not allowed except in furtherance of a ruling by a court of law or a warrant issued by a procurator only in such cases and in accordance with such procedures as are established by law. Every detained or arrested person must be informed, immediately and in clear terms, of the reasons for his or her detention or arrest, and his or her rights must be explained to such person.

Article 35

No one may be subjected to torture or cruel, inhuman or degrading treatment or punishment. No person may, without his or her free consent, be subjected to medical or other scientific experiments. Persons deprived of freedom have the right of humane treatment and respect for their dignity. Any kind of torture of, the unlawful use of medical and other scientific experiments on, and the immoral treatment of, citizens whose personal freedom has been limited on unlawful grounds are crimes punishable under the law.

Article 36

Inviolability of dwelling is guaranteed to every person. It is prohibited to enter dwellings against the will of persons residing therein, to conduct searches and to examine property on any grounds other than a ruling by a court of law or a warrant issued by a procurator, with the exception of cases specifically provided for by the law. A court ruling or a procurator's warrant must clearly state the place of search or examination and contain a list of persons and things to be arrest or seized.

Article 37

Every person is guaranteed privacy of correspondence whether by mail, in telephone conversations, communications by telegraph and other personal correspondence. Exceptions are allowed only in furtherance of a court order or a procurator is warrant solely in cases and under procedures specifically provided for by the law.

Article 38

The citizens of Ukraine are entitled to freedom of movement and free choice of place of residence or stay within the borders of Ukraine and have the right to freely travel from Ukraine abroad and to return to it on conditions specified by the law.

Article 39

No one shall be subjected to arbitrary intrusion into his or her private and family life. It is prohibited to gather, keep, use and disseminate confidential information about any person without his or her consent, except in furtherance of a prior court decision in such cases and in accordance with such procedures as are specifically provided by law. Every person is entitled to judicial protection of his or her right to disprove published false information injurious to his or her interests and dignity and to seek compensation for the moral and material damage caused by such information.

Article 40

Every person has the right to freedom of thought, conscience and religion. This right includes the freedom to change one's religion or convictions and the freedom to profess one's religion or not to profess any religion, to exercise, without any hinderance, singly or collectively, religious cults and rites, conduct any religious or atheistic activities that do not contradict the law. No one may be induced to violate the secrecy of confession. Believers of different creeds are equal before the law. The rousing of hostility and hatred on religious grounds is punishable under the law. The citizens of Ukraine have the right to the religious or atheistic upbringing and education of their children. No one may be exempted from discharging one's duties toward the state or refuse to obey laws on religious grounds. If military service is incompatible with the religious convictions of a citizen, he is entitled to have his military duty replaced with an alternative civilian service.

Article 41

The citizens of Ukraine have the right to freedom of speech and free expression and unhindered dissemination of their views and convictions in oral, written or any other form. Any abridgement of this freedom is, as an exception, established only by the law. No one may be persecuted for his or her convictions and views.

Article 42

The right of a person to freely seek, obtain, keep and disseminate information by any means whatsoever may not be abridged regardless of state borders. Citizens have the right to obtain, from government agencies, public associations and officials, and to freely dissmeninate trustworthy information concerning the rights, lawful interests and duties of citizens. Arrest and seizure of information materials and technical means used in their preparation and transmission are allowed only in furtherance of a court order or a procurator's warrant. Every person is entitled to judicial protection of his or her right to disprove published false information.

Article 43

The citizens of Ukraine have the right to form associations for exercising and protecting civic, political, economic, ecological and cultural rights and for furthering other interests. No one may be forced to join any association or have his or her rights abridged because of affiliation or non-affiliation to a political party or any other association. Associations of citizens may be banned and dissolved by a judicial order if their purposes and activities violate the law. Pending a court ruling, the activities of an association may be suspended by a procurator.

Article 44

Citizens have the right to assemble peacefully and unarmed and to hold meetings, rallies, street marches and demonstrations. State agencies must be informed not later than three days prior to the holding, in public places, of meetings, rallies, street marches and demonstrations. Indoor meetings may be held without any prior notification. State agencies must secure proper conditions for the assembly in question and guarantee public order and security of citizens. Bans affecting the exercise of this right may be appealed in the courts.

Article 45

Citizens have the right to send written appeals (petitions) to state agencies and officials. State agencies and officials must consider, in and unprejudiced way, all appeals and give replies within periods prescribed by the law.

Article 46

Citizens have equal rights to choose freely their representatives and to be elected to representative elective bodies and public office. All citizens are entitled, without any ungrounded limitations, to participate in the administration of the state both directly and through representatives chosen freely by them.

Article 47

All citizens have equal rights to hold public office. Qualifications for these offices are established by the law depending on the character of public service and official duties.

Chapter 4
Economic, Social, Ecological and Cultural Rights

Article 48

Every person has the right to economic freedom, which is realized in the right to own property, the right of free enterprise and the right of free labor. Every person has the right to property, that is the right to own, use and manage his or her property and other objects of ownership both singly and jointly with others. No one may be arbitrarily deprived of his or her property. The exercise of the right of ownership must not contradict the interest of society as a whole or of individual citizens. Inviolability of property and the right of inheritance are guaranteed by law and secured by judicial protection. Every person has the right to protect his or her property by all lawful means.

Article 49

Every citizen has the right to work, that is the opportunity to earn his or her living by doing work, which he or she has freely chosen or agreed to do. Citizens who, for reasons beyond their control, are unemployed are entitled to welfare benefits in accordance with the law. Every person, without any discrimination, has the right to equal pay for the same amount of work. All who work conscientiously have the right to fair and satisfactory remuneration that would ensure living conditions worthy of them and their families. The state shall create conditions for the employment of the population able to work and equal opportunities for citizens to choose trades and occupations, and realize programs of vocational training and retraining of workers in accordance with their interests and the needs of society.

Article 50

Every one has the right to working conditions which meet the requirements of working safety and hygiene and that are not ecologically harmful.

Article 51

The citizens of Ukraine have the right to social security in old age, in case of disease, full or partial loss of ability to work, disability, accidents, loss of the principal wage earner and unemployment for reasons beyond their control. This right is guaranteed with a compulsory state social insurance of all working people, temporary unemployment benefits, old-age pensions financed by state and private employers through insurance payments, disability pensions, loss of the principal wage earner pensions and other forms of social security. Pensions and all other welfare benefits must ensure for citizens living standards not lower than the minimum subsistence level set by the state. The state ensures protection of senior citizens and disabled persons and encourages their participation in society.

Article 52
Use of forced labor is prohibited. Forced labor does not include military or alternative civilian service, work or service required of convicted persons under court sentences and such work as may be necessary under emergency and martial law.

Article 53
The right to strike is recognized, that is the right to full or partial stoppage of work at an enterprise, an office or an organization with the purpose of protecting the economic and social interests of employees. Strikes are not allowed if they may directly endanger human lives and people's health. It is prohibited to dismiss an employee for participating in a strike held in conformity with the law.

Article 54
Citizens have the right to dwelling. They may acquire and own dwellings or use rented housing in buildings of public or private housing resources. The state encourages cooperative and individual housing construction and provides dwellings for persons who need public support. No one may be deprived of his or her dwelling without lawful grounds.

Article 55
Citizens have the right to rest and leisure. The maximum duration of a work week may not exceed 40 hours. The state ensures women, minors and persons with limited ability to work appropriate protections relating to labor. A reduced work week is provided for women who have children under 7 years of age, minors, people with limited ability to work and also for persons engaged in physically demanding labor or working in harmful or dangerous environments. All workers are entitled to reduced working hours on night shifts, obligatory weekly days of rest, annual paid vacations and also other socially important conditions enabling them to exercise their right to work and rest.

Article 56
Every person has the right to the protection of his or her physical and mental health. This right is secured by free medical assistance through the state system of medical and other institutions, and also paid medical services offered by competent specialists.

Article 57
Citzens have the right to a safe environment, and to ecologically safe foodstuffs and objects of everyday use for their life and health. Citizens have the right to compensation of damages caused to their health or property by violations of ecological laws and regulations.

Article 58
Citizens of Ukraine have the right to education, including the right to receive general and professional education and professional development training in educational establishments of various types. The state ensures free provision of compulsory education and a wide-scale development of vacational, specialized secondary and higher education, and pre-school and extracurricular education through the state system of educational and day care institutions. The establishment of private educational institutions is permitted. The state respects the freedom of parents or lawful guardians to choose any type of educational establishments for their children.

Article 59
Citizens have the right to benefit from the achievements of culture, which right is ensured by free access to the treasures of the national and world cultures preserved in state and public collections, development of the system of cultural and educational institutions, book publishing, television, radio, periodical press, free libraries and museums, and the encouragement of cultural exchanges with foreign countries.

Article 60
Citzens of Ukraine are guaranteed freedom to pursue literary, artistic, educational, scientific and other technical research and teaching activities; they are also guaranteed ownership of intellectual property rights. Citizens' copyrights and the moral and material interests resulting from various forms of intellectual creative pursuits are protected by law.

Chapter 5
Guarantees of Rights and Freedoms

Article 61
All citizens have the right to equal protection under the law. Every one has the right to react independently to violations of his or her rights and

freedoms, including the right of direct appeal to a court of law.

Article 62

The state ensures the right of every person to know his or her rights. For this purpose the state publishes all laws and other normative acts and makes them freely accessible. Laws which have not been published or duly made known to citizens shall not be valid and may not be enforced or used.

Article 63

Nobody must carry out manifestly criminal instructions or orders even under martial or emergency law. Execution of a manifestly criminal instruction or order is punishable under the law.

Article 64

No one may be convicted except by a court sentence. Legal responsibility for offenses arises on an individual basis. No one may be prosecuted for the same offense more than once. Ukraine adheres to the principle of presumption of innocence. A suspect, a person charged with a crime or an indicted person is under no obligation to prove his or her innocence and shall have the benefit of the doubt. An accusation may not be based upon evidence obtained in an unlawful manner. A suspect, a person charged with a crime or a defendant shall be presumed innocent until his or her guilt is proved in a court trial and confirmed by a court sentence which has come into force.

Article 65

No person shall be subject to prosecution for refusing to testify against himself or herself, his or her spouse or close relatives, the circle of whom is established by law. A suspect, a charged person or a defendant has the right to defense and legal assistance of a counsel, the right to study documents of prosecution and investigation; to demand a confrontation with persons testifying against him or her, subpoena of witnesses, and expert examinations, to be familiarized with questions posed before experts, to put questions to experts and receive their answers in writing; and also other guarantees provided for by the law.

Article 66

The purpose of punishment is not infliction of suffering but re-eduction. A convicted person is entitled to all unabridged civil rights with the exception of those specified by the law. The state guarantees paid work and social protection to people sentenced to imprisonment terms and cre-

ates conditions for free development of their personalities.

Article 67

No one may be prosecuted for actions or failure to act if, at the time of such actions or failure to act, these were not recognized as offenses. If since an act was committed criminal liability for it has been repealed or mitigated, the new law is applied.

Article 68

Officials and other officers of state administration, bodies of local self-government and public associations are personally liable to prosecution and bear administrative and civil responsibility for actions violating the rights and freedoms of citizens. Citizens are guaranteed the right to appeal to courts of law against actions of official and other officers of state administration, bodies of local self-government and public associations which violate or abridge human rights and freedoms. Citizens have the right to compensation for moral and material damages caused by unlawful actions of state bodies, public associations, bodies of local self-government and officials performing their duties.

Article 69

Citizens are guaranteed the right to qualified legal assistance. Every detained or arrested person has the right to use the services of a legal counsel or other defender from the moment of his or her detention or arrest.

Article 70

The exercise of state control over the securing of human rights and freedoms is entrusted to the Commissioner of the National Assembly of Ukraine for Human Rights (National Commissioner for Civil Rights). The National Commissioner for Civil Rights is chosen from among experienced and authoritative lawyers for a term of 6 years. The powers of the National Commissioner for Civil Rights and procedural regulations governing his activities are established by constitutional law.

Chapter 6
Principal Duties of Citizens

Article 71

Every one must faithfully comply with the Constitution and laws of Ukraine, respect rights and freedoms and honor and dignity of other persons. Citizens entrusted with performing state functions must discharge their duties in a disciplined manner, honestly and conscientiously.

Article 72

Defense of the Motherland is a duty of every citizen of Ukraine.

Article 73

Everyone must prevent nature, its resources, the historical and cultural heritage and monuments of history and culture from being damaged.

Article 74

Everyone must pay state taxes and duties in accordance with principles of equal and progressive taxation and such procedures and rates as are established by law.

Part IV
Civil Society

Chapter 7
Ownership

Article 75

In Ukraine ownership takes the form of public or private property. Public property includes state and communal (municipal) property. All other property is private property. Ownership is socially oriented and must serve the interests of society. The state supports and encourages the social functions of ownership.

Article 76

The mineral wealth, waters, forests, the air space and other natural resources located within the borders of Ukraine, the natural resourcese of its continental shelf and its exclusive (marine) economic zone constitute public property. Citizens have the right to use these natural facilities to satisfy their needs in conformity with the laws of Ukraine.

Article 77

In accordance with the laws, objects of ownership of the citizens of Ukraine and their associations may include property designed for production, consumption and other purposes and also intellectual property.

Article 78

Land may be owned publicly and privately. The right of private property to land is acquired on grounds and within limits established by the law. With the purpose of ensuring rational and ecologically safe use of land and establishing just social relations, the law imposes certain duties on the landowner, sets maximum limits on private ownership of land and encourages efforts aimed at maintaining the quality and fertility of soils.

Article 79

Within the territory of Ukraine there may be properties owned by foreign nationals and legal entities, joint ventures and also by other states and international organizations.

Article 80

Equal legal protection is guaranteed to all owners. Unlawfully obtained property is subject to be returned to the lawful owner by a court decision. In the absence of a lawful owner or in cases when it is impossible to identify the lawful owner, ownership of such property is assumed by the state subject to conditions specified by law. The owner must compensate for material and moral damages caused to other persons in the exercise of his or her right of ownership.

Article 81

Forced appropriation of property for reasons of public necessity may be resorted to only with prior and full reimbursement of its market value and only in such cases and in accordance with such procedures as are established by the law. An owner's activities may be limited or stopped in exceptional cases and in accordance with procedures established by the law. Confiscation or property may take place only pursuant to a court sentence and in cases specified by law. Full confiscation of property is not permitted.

Chapter 8
Enterprise

Article 82

The state guarantees freedom of enterprise and fair competition and encourages their social orientation. State bodies may not interfere in practical economic operations with the exception of cases of imposition of emergency or martial law.

Article 83

Entrepreneurs have the right to conduct, without any limitations and in any organizational forms, any activities which do not contradict legislation in force, to hire freely employees, set prices for their products and dispose of their profits. The right of employees to participate in managing enterprises is recognized in forms and within limits established by law. Enterprises must not develop to the detriment of the common good of society or cause damage to human safety, freedom and dignity.

Article 84

Enterprises located in the territory of Ukraine make payments for the use of land, natural and labor resources, pay social insurance installments and pay taxes to the state and local budgets in forms and amounts established by the law.

Article 85

All monopolistic activities aimed at or resulting in limtation or elimination of free competition and constituting an abuse of a dominant position on the market are prohibited.

Article 86

Servicemen of the Armed Forces and officials and employees of courts of law, procurator's offices, the state notary service, other judicial bodies, bodies of national security and the interior, and of other state bodies entrusted with the exercise of control over the operation of enterprises, may not engage in business activities.

Article 87

The state guarantees the rights and protects the interests of consumers, ensures legal protection of a guaranteed level of consumption, proper quality of products, proper standards of trade and other services, safety of products, trustworthy information about the quantity, quality and range of products. Compensation for damages caused by products and services of inferior quality shall be paid by guilty parties and is guaranteed by the law.

Chapter 9
Ecological Safety

Article 88

Ukraine pursues an ecological policy aimed at ensuring ecological safety of citizens by preserving the natural environment and the genetic stock of living nature.

Article 89

The state implements measures necessary for the protection and a scientifically grounded rational use of land, the mineral wealth, the flora and the fauna, the preservation of the natural purity of soils, air and water and the reproduction of natural resources, and also organizes evacuation of people from ecological disaster zones. The state shall strive to ensure rational recycling and use of salvage and of industrial and consumer wastes.

Article 90

Ukraine operates a system of state and public monitoring of the environment and control over the supply of foodstuffs and objects of everyday use to the population and over the observance of conditions of work in accordance with ecological standards set by the state.

Article 91

Ecological expert examinations and surveys in Ukraine may be conducted by state, public and other bodies. Ecological expert examinations shall be compulsory in drafting legislation and making major investment, managerial, economic and other decisions affecting the condition of the environment. The procedure of holding an ecological expert examination is determined by the law.

Article 92

Decisions on the construction or installation of ecologically dangerous facilities shall be made with due regard for the opinions of citizens residing in territories in question.

Article 93

The state guarantees to citizens the right of free access to, and dissemination of, trustworthy information on the condition of the environment, the quality of alimentary products and objects of everyday use, and conditions of work.

Article 94

Violations of ecological standards and concealment or distortion of ecological information shall be regarded as offenses.

Chapter 10
The Family

Article 95

Ukraine recognizes the family as the natural and principal social unit of civic society and protects its rights.

Article 96

Marriage is based upon voluntary and free consent of husband and wife. Spouses are completely equal in their family relations.

Article 97

Motherhood in Ukraine is protected and encouraged; legal protection and material and moral support of maternity and childhood are guaranteed. The state prepares and implements programs of social assistance to young families and families with many children. Protection of health of mothers and children is ensured through the organization of a wide network of pre-natal clinics, maternity hospitals, sanitariums and recreation centers for expectant mothers and mothers and children, day-care centers, kindergartens and other institutions for children; the granting to women of maternity leaves and social insurance benefits; the prohibition of use of women as labor for hard and harmful work and other measures.

Article 98

Children are equal before the law regardless of the origins and social status of their parents.

Article 99

Parents shall be responsible for the maintenance and upbringing of their children until they attain their majority. Children are obliged to take care of their parents and to render assistance to them. The entire burden of maintaining, bringing up and educating orphans and children left without paternal guardianship shall be borne by the state and society. The state supports and encourages charitable assistance rendered to such children.

Chapter 11
Protection of Health

Article 100

Ukraine recognizes the protection of the people's health to be one of its highest priorities. The state creates conditions for a highly effective medical assistance that shall be equally available to all and a combination of free and paid forms of medical assistance.

Article 101

Protection of health in Ukraine is ensured by a system of socio-economic, medical, sanitary and prophylactic measures; expansion of the network of state and private medical institutions and enterprises; development of the medical industry and science and improvement in the training of qualified medical specialists.

Chapter 12
Education, Science and Culture

Article 102

Ukraine creates conditions for free development of education, science and culture.

Article 103

The state system of education, science and culture is independent from political parties, religious organizations and other public associations.

Article 104

Ukraine allows the formation and activities of different types of educational establishments, ensures pluralism of forms of education and teaching methods and maintains a necessary number of state educational establishments. The state sets the general norms of education and uniform requirements for obtaining all education certificates, including diplomas authorizing their holders to engage in professional activities.

Article 105

Ukraine creates conditions for the development of fundamental scientific research and the training of scientific personnel, and ensures freedom of research and scientific activities.

Article 106

Ukraine concerns itself with the development of culture and the preservation and protection of monuments of history and architecture, works of art and other cultural values regardless of their ownership. Ukraine encourages and supports the development of professional arts and amateurs artistic activities.

Article 107

The state shall take measures to return to Ukraine the people's historic and cultural values which are outside the borders of Ukraine. It shall be a mission of the state to prevent objects of the historic, cultural and artistic heritage from being removed outside the borders of Ukraine.

Chapter 13
Public Associations

Article 108

Recognized public associations may include political parties, mass movements, labor unions, voluntary societies, ethnic communities, foundations, associations and other organizations of citizens which do not pursue the purpose of gaining profits.

Article 109

The state creates equal opportunities for the activities of public associations and does not interfere in their activities. The state renders material and financial assistance to youth and children's organizations and organizations of disabled persons, and pursues a preferential taxation policy in relation to them.

Article 110

Formation and activities of parties and of other public associations and movements that pursue the purposes of changing the constitutional system of Ukraine by means of violence or violating its territorial integrity, and also undermining its security, waging propaganda of war, violence and cruelty, rousing ethnic, racial, religious or social hatred and encroaching upon human rights are prohibited.

Article 111

Formation and activities of any structural subdivisions of political parties in state bodies, the Armed Forces, the National Guard and the Border

Defense Forces, and also at state enterprises, offices, organizations and educational establishments are prohibited.

Article 112

The state creates equal conditions for the association of citizens in labor unions. All labor unions are entitled to equal rights. Any interference in lawful activities of labor unions is prohibited.

Article 113

In Ukraine the church is separated from the state. The state protects the rights and lawful interests of religious organizations. It is not allowed to establish any advantages or limitations for any single religion, confession or religious organization.

Chapter 14
Mass Information Media

Article 114

Freedom of mass information media is guaranteed in Ukraine. Mass information media shall not be subject to censorship.

Article 115

The right to establish media of mass information shall belong to state bodies and public associations and also to individual persons. Monopolization of any single medium of mass information is not allowed.

Article 116

Mass information media have the right to obtain from state bodies, public associations and officials trustworthy information about their activities.

Article 117

State bodies and public associations and their officials are not allowed to prohibit or hinder lawful professional activities of journalists or exert pressure upon them in any other form.

Article 118

Mass information media may not be used for divulging information constituting state secrets or other secrets protected by law, publishing appeals to overthrow, by violent means the constitutional system of Ukraine or to violate its territorial integrity, waging propaganda of war, violence and cruelty, rousing racial, ethnic, religious or social hatred and encroaching upon human rights.

Part V
Territorial Structure

Chapter 15
Principles of Territorial Structure

Article 119

The territorial structure of Ukraine is based upon principles of unity, indivisibility, inviolability and integrity of the state territory, integrated economic development and government of its constituent territories with due regard for national and regional traditions, special historical and geographical characteristics, and natural and climatic conditions.

Article 120

Common state interests, opinions of citizens residing in the respective territories and needs of development of regional and local self-government shall be taken into consideration in solving problems of the territorial structure of Ukraine.

Chapter 16
System of Territorial Structure

Article 121

The administrative territorial units of Ukraine include a region (land), a district, a city, a settlement and a village. National administrative territorial units may be formed in localities of traditionally compacted communities of national minorities in accordance with the wishes of residents of the respective territories and with the purpose of satisfying citizens' national, cultural, spiritual and linguistic needs.

Article 122

The Crimean Autonomous Republic makes part of Ukraine as its component unit with the status of an autonomous territory.

Article 123

The autonomy of the Crimea is exercised within the framework of the Constitution and laws of Ukraine. The powers of the Crimean Autonomous Republic are determined by its Constitution, which takes account of special characteristics of the Crimean Autonomous Republic, conforms with the Constitution of Ukraine and is approved by the National Assembly of Ukraine.

Article 124

The status of administrative territorial units and also procedures of their formation, changes and liquidation are determined by Constitutional law.

Part VI
State Power

Chapter 17
General Provisions

Article 125
State power is exercised through bodies of legislative, executive and judicial power. Delegation of functions from one branch to another is prohibited. In performing its functions every power is separate and independent and acts within the limits set by the Constitution. Bodies charged with performing the functions of the various powers cooperate with one another in solving general tasks faced by the state.

Chapter 18
Legislative Power

National Assembly
Article 126
Legislative power in Ukraine is vested in the National Assembly of Ukraine. In cases specified by this Constitution, legislative power may be exercised by means of an all-Ukrainian referendum.

A. Composition and Formation of the National Assembly

Article 127
The National Assembly of Ukraine is composed of two houses: the Council of Deputies and the Council of Delegates, which are elected by direct popular vote and are permanently functioning bodies.

Article 128
The Council of Deputies, composed of 350 deputies is elected in single-mandate constituencies with approximately equal numbers of voters for a term of 4 years. A citizen of Ukraine who has attained the age of twenty-five years by the date of polling may be elected deputy.

Article 129
The Council of Delegates is elected on the basis of equal representation: 5 delegates from every region, the Crimean Autonomous Republic and the City of Kiev, for a term of 4 years. The territory of every region, the Crimean Autonomous Republic and the City of Kiev shall be a constituency. A citizen of Ukraine who has attained the age of thirty-five years by the date of the polling and has resided in the territory of a constituency for at least 10 years may be elected delegate.

Article 130
The deputies and the delegates, members of the National Assembly, represent the people of Ukraine and are accountable to their electors. No one may be member of both houses of the National Assembly at the same time. Disputes as to the validity of mandates of members of the National Assembly are adjudicated by the Constitutional Court of Ukraine.

Article 131
The state creates conditions for effective exercise by members of the National Assembly of their mandates. Members of the National Assembly perform their functions on a permanent basis. They must resign from their previous positions for the duration of their terms. The amounts of remuneration for members of the National Assembly and of allowances for the discharge of their functions shall be determined by the National Assembly. A member of the National Assembly is accountable to the house to which he or she has been elected. Members of the National Assembly are not allowed to engage in business activities.

Article 132
Members of the National Assembly have the right to initiate legislation, make interpellations to bodies and officials accountable and answerable to the National Assembly, to demand from all state bodies and their officials official information necessary for the discharge of their functions, and also other rights determined by the status of the member of the National Assembly as defined by the Constitutional Law.

Article 133
Members of the National Assembly are protected by parliamentary immunity. They shall bear no legal responsibility for their voting and statements in the National Assembly and its bodies with the exception of liability for libel. Members of the National Assembly have the right not to testify against persons who have reported certain facts to them as to deputies or delegates, and also not to disclose such facts. The powers of members of the National Assembly and their civil rights may not be abridged by the imposition of martial or emergency law. Members of the National Assembly may not be indicted, arrested or subjected to any other treatment limiting their freedom, or subjected to any administrative sanctions imposed by courts without a prior consent of the respective house. Representations requesting for members of the National Assembly to be deprived of their parliamentary immunity are made to the respective

houses by the Chairman of the Supreme Court of Ukraine.

Article 134

The mandate of a member of the National Assembly may be terminated before the expiration of his or her term of office if he or she is recalled by his or her electors or by decision of the corresponding house in the following cases: election or appointment to an office, the filling of which is, under the law, incompatible with the discharge of functions of a member of the National Assembly; resignation as per personal note in writing; conviction by a court sentence that has come into force; if a member of the National Assembly is pronounced legally incompetent or if he is missing; loss of the Ukrainian citizenship. A decision of a house on the cancellation of the mandate of a member of the National Assembly may be appealed to the Constitutional Court of Ukraine.

B. Powers of the National Assembly

Article 135

The National Assembly exercises legislative, budgetary and financial, foreign-policy, control and administrative powers and passes, within the limits of these powers, laws, decisions, resolutions, declarations and other acts.

Article 136

The National Assembly shall have exclusive legislative powers in the following matters:

1. changes of, and amendments to, the Constitution and the Constitutional Laws of Ukraine, approval of the Constitution of the Crimean Autonomous Republic;

2. rights and freedoms of citizens; rights of ethnic minorities; status of foreign nationals and persons without citizenship;

3. development and use of languages;

4. demographic and migration policy;

5. budgetary, financial, credit, taxing and investment policies;

6. external policy; organization of defense, general leadership and use of the Armed Forces of Ukraine;

7. state security; general leadership and use of the National Security Service of Ukraine and the National Guard of Ukraine;

8. external economic and custom policies;

9. protection of the state borders and definition of their legal status;

10. territorial structure of Ukraine;

11. principles of organization of regional and local self-government;

12. organization and use of air, maritime, river, rail, automobile and pipeline transport and communications;

13. scientific and technical policies;

14. ownership, enterprise; agrarian and industrial policies;

15. ecological policy; protection of the environment and rational use of natural resources;

16. socio-economic policy; social security; marriage and family; protection of health, education, science and culture;

17. principles of activities of public associations and the functioning of mass information media;

18. organization and procedures of elections and referendums;

19. organization and activities of the National Assembly;

20. principles of organization and activities of bodies of executive power; general principles of the civil service;

21. judicial system and legal procedures, procurators' offices, the Investigations Committee, the Bar, the notary service;

22. drafting of rules of use and protection of the state flag, emblem and anthem; legal status of the capital;

23. institutions of state awards, honorific and special titles.

Article 137

Exclusive prerogatives of the National Assembly in the budgetary and financial sphere shall include the following:

1. approval of the state budget and reports on its execution;

2. allocation for every item of the budget of expenditures for bodies of legislative, executive and judicial powers in accordance with preliminary estimates submitted by these bodies; approval of annual reports on the use of such expenditures;

3. determination of principles of the taxation system, types of taxes, duties and obligatory payments, tax-payers and objects of taxation, responsibility for infringements of taxation legislation;

4. determination of principles of investment and credit policies;

5. determination of the price policy;

6. determination of the weight, standard, denominations and types of national coins, permission to issue banknotes.

Article 138

Powers of the National Assembly in the sphere of foreign policy shall include the following:

1. hearing of reports of the President and ministers on foreign-policy matters;

2. inter-parliamentary ties;

3. consent to the conclusion of international treaties on state unions, economic and miliatary-political associations and international organizations, state borders and also of agreements which concern the constitutional rights and freedoms of citizens, or citizenship, or require financial expenditure from the state;

4. ratification of international treaties.

Treaties subject to ratification shall include treaties on principles of cooperation; human rights and citizenship; treaties on state unions, economic and military-political associations and international organizations; peace treaties; treaties on state borders; trade treaties and also treaties concerning taxation, economic cooperation, rendering by Ukraine of economic and other aid to foreign powers; state loans and credits obtained by Ukraine from foreign sources; treaties establishing rules different from those provided for by legislative acts of Ukraine. International treaties of Ukraine shall also be subject to ratification if, in the course of their conclusion, the parties have agreed to subsequent ratification.

The National Assembly may also ratify other international treaties of Ukraine.

5. denunciation, annulment and termination of international treaties;

6. hearing of reports on international treaties which do not require ratification;

7. granting of credits to other countries;

8. granting to the executive power the permission to obtain a foreign loan; regulation of payment of foreign debt;

9. consideration of matters involving the use of the Armed Forces of Ukraine.

Article 139

The National Assembly exercises control over the executive and judicial powers in forms and within limits established by this constitution. The National Assembly shall annually hear a report of the President on the domestic and external state of Ukraine. The National Assembly shall exercise supreme control over state revenues and expenditures. Expenditures not provided for by the state budget may be made exclusively with the consent of the National Assembly. The National Assembly shall exercise control over the acquisition and alienation of state-owned real estate. As part of the impeachment procedure the National Assembly shall declare that there are grounds for the indictment of the President, the Prime Minister or officials who are elected, appointed or confirmed by the houses

of the National Assembly, such a declaration entailing removal from office of the person in question. The houses of the National Assembly may conduct investigations and hearings of matters related to state interests.

C. Organization of Work of the National Assembly

Article 140

The National Assembly shall work in sessions. Sessions of the National Assembly shall be held in the form of joint and separate sessions of the National Assembly, the Council of Deputies and the Council of Delegates, and their permanent and ad hoc commissions.

Article 141

The houses shall assemble in a joint session for solving the following matters:

1. opening and closure of sessions of the National Assembly;

2. making changes in, or amendments to, the Constitution and the Constitutional Laws of Ukraine; approval of the Constitution of the Crimean Autonomous Republic;

3. announcement of decisions adopted as a result of all-Ukrainian referendum;

4. proclamation of the act of election of the President of Ukraine and taking by him of the constitutional oath; accepting or refusal to accept the President's resignation;

5. appointment of an all-Ukrainian referendum on the termination of the President's mandate before the expiration of his or her term of office at the demand of at least three million citizens of Ukraine or on the initiative of the National Assembly itself;

6. appointment and dismissal of the Prime Minister on the proposal of the President;

7. hearing of the President's reports on the domestic and external state of Ukraine;

8. election of the Chairman and justices of the Constitutional Court of Ukraine and taking by them of the constitutional oath; accepting or refusing to accept the resignation of the Chairman and justices of the Constitutional Court of Ukraine;

9. determining the structure and numerical strength of the Armed Forces of Ukraine, the National Guard of Ukraine, the National Security Service of Ukraine, the Border Defense Forces of Ukraine;

10. proclamation of the state of war on a proposal of the President and approval of the President's decision to use the Armed Forces of Ukraine in case of an armed attack against it;

11. approval of a decision of the President to decree full or partial mobilization, or impose martial or emergency law in Ukraine or its separate localities;

12. a second hearing of a law vetoed by the President; imposition of a veto on the President's decrees which contradict the Constitution and laws of Ukraine;

13. use of the impeachment procedure in cases specified by this Constitution;

14. adoption of statements, declarations and addresses to the people of Ukraine and to other states and international organizations.

All other matters referred to the competence of the National Assembly shall, as a rule, be considered at separate sessions of the houses.

Article 142

The Council of Deputies and the Council of Delegates exercise the powers of the National Assembly in accordance with the principles of equality and distribution of functions. The houses may accept for consideration any matters referred to the competence of the National Assembly and adopt corresponding resolutions, with the exception of powers defined by articles 143–144 of this Constitution.

Article 143

Exclusive prerogatives of the Council of Deputies include the following:

1. parliamentary control in the sphere of protection of human and civil rights in Ukraine; appointment of the Commissioner of the National Assembly for Human Rights (National Human Rights Commissioner);

2. parliamentary control over the activities of the National Bank of Ukraine and the state control Committee; election of the Chairman of the State Control Committee and State Comptrollers;

3. granting of a preliminary consent to the conclusion of international treaties of Ukraine which concern human rights and freedoms or require financial expenditures from the state;

4. confirmation of appointment or approval of dismissal by the President of Ukraine of the Minister of Finance of Ukraine, the Minister of Foreign Affairs of Ukraine, the Minister of Justice of Ukraine, the Minister of the Interior of Ukraine, the Chairman of the National Security Service of Ukraine, the Minister of Defense of Ukraine, the Chairman of the National Bank of Ukraine, heads of diplomatic missions of Ukraine in other states and heads of delegations of Ukraine with international organizations;

5. prosecution within the impeachment procedure.

Article 144

Exclusive prerogatives of the Council of Delegates include the following:

1. formation, merging or liquidation of administrative territorial units; naming and renaming them;

2. approval of Statutes of regional self-government;

3. election, on the President's proposals, of Chairmen and justices of the Supreme Court and the Supreme Court of Arbitration, and appointment of the Procurator General of Ukraine;

4. consent to the conclusion of international treaties on state unions and state borders;

5. adoption of decisions on the sufficiency of grounds for removal from office of the highest officials in case of impeachment proceedings.

Article 145

The council of Deputies and the Council of Delegates adopt resolutions on matters referred to their exclusive powers.

Article 146

Each house of the National Assembly shall assemble for its first session not later than the thirthieth day after the elections. A house shall have competence if not fewer than four-fifths of the total number of its members as specified by the constitution have been elected. The houses shall assemble for their regular sessions on the first day of February and the first day of September every year. Extraordinary sessions of the houses shall be convened by the Chairmen of the houses on their initiative or at the request of not fewer than one-third of the members of each house, or an a proposal of the President of Ukraine. In case of imposition of martial or emergency law in Ukraine or its separate localities the houses shall assemble within two days without convocation.

Article 147

Sessions of the houses shall be held only if not fewer than two-thirds of the total number of their members as specified by the Constitution are present.

Article 148

A session of a house shall be presided over by its Chairman. The first session of a house shall be opened by the Chairman of the house of the National Assembly of the previous session. Pending the election by the house of a new chairman its session shall be presided over by a Presidium elected by the current house. Joint sessions of the houses shall be presided over by the Chairman of the Council of Deputies.

Article 149

At its first session each house shall elect a Credentiale Commission and a Counting commission. On a proposal of its Credentials Commission each house shall adopt a resolution on the recognition of the credentials of its members or, in case of violation of the electoral laws, a resolution declaring the elections of individual deputies or delegates null and void.

Article 150

Joint and separate sessions of the houses shall be held publicly and openly. A decision passed by not fewer than two-thirds of the total number of members of either house shall be require for holding a closed session. Votes at sessions of the houses shall be cast on a personal basis.

Article 151

The Council of Deputies and the Council of Delegates shall adopt decisions by a majority of their total number of members unless a different procedure is provided for by this Constitution or their Rules of Procedure. At joint session of the housees resolutions shall be adopted separately by each house.

Article 152

Every house shall elect, from among its members, a Chairman, Deputy chairmen and the house Secretary, and also chairmen of its permanent commissions.

Article 153

Every house shall form its Presidium composed of the Chairman of the house who shall also be Chairman of the Presidium, deputy Chairmen of the house, Secretary of the house and chairmen of the permanent commissions of the house. The presidium of a house shall be a body accountable to the house and shall ensure cooperation between the housese and organization of the functioning of the house and its bodies, and exercise other powers. The Chairman of the council of Deputies shall also be Chairman of the National Assembly with the Chairman of the council of Delegates serving as his deputy.

Article 154

The houses shall form permanent and ad hoc commissions composed of their members. Permanent commissions shall consider draft laws, resolutions and other acts of the houses and exercise control over their enforcement. Ad hoc commissions shall be formed for conducting parliamentary investigations and carrying out other special assignment of their houses. Should houses so decree, their permanent commissions may also conduct parliamentary investigations. Officials and citizens called by commissions performing investigative functions must appear before them and produce requested materials and documents by appointed dates.

Commissions shall adopt resolutions on matters referred to their competence. Resolutions of commissions shall be subject to immediate consideration by officials concerned who must then inform the commission in question of the results of this consideration.

Article 155

Members of the National Assembly have the right to form in the houses parliamentary groups for assisting in the organization of the functioning of the housese, helping the Deputies and the Delegates in exercising their powers and coordinating their positions on matters under consideration by the respective houses and their bodies. Parliamentary groups have the right to proportional representation in the bodies of the respective houses, a guaranteed speech of their representative on any matter of the agenda, material and technical support of their activities and assistance of the clerical personnel, and also other rights provided for by the law.

Article 156

The mandates of the National Assembly and of its houses expire on the day when a newly elected National Assembly opens its first session. The mandate of the National Assembly or of either of its houses may be terminated before the expiration of its term in case of self-dissolution or by the decision of an all-Ukrainian referendum, which shall be held at the demand of at least three million voters. If a no-confidence motion concerning the National Assembly or one of its houses is supported by a majority of votes cast in an all-Ukrainian referendum, the National Assembly shall announce its dissolution or the dissolution of the house in question and appoint a date for the elections to a new National Assembly or house.

Article 157

The organization of the functioning of the Council of Deputies and the Council of Delegates shall be determined by their Rules of Procedure, which shall be adopted by them and shall have the force of law.

D. Legislative Process

Article 158

The right to initiate legislation in the National Assembly shall be vested in the people of Ukraine, the Deputies and the Delegates, the houses of the National Assembly, their Presidiums and permanent commissions, the President of Ukraine, the Supreme Court of Ukraine, the Supreme Court of Arbitration of Ukraine and the Procurator General of Ukraine.

Article 159

The people shall exercise the right of legislative initiative by submitting bills to the National Assembly, which bills shall take priority for consideration. A bill shall be submitted on the behalf of not fewer than 300,000 voters. A bill proposing changes of, or amendments to, the Constitution shall be submitted on the behalf of not fewer than 3,000,000 voters. The procedure of the exercise by the people of the right of legislative initiative shall be governed by the Law on the all-Ukrainian Referendum and Local Referendums.

Article 160

Bills shall be submitted to the Presidiums of the houses, circulated to the Deputies and the Delegates and given preliminary consideration by the permanent commissions. A bill considered by the commissions shall then be discussed at sessions of the houses. Bills shall be considered by the houses in two readings, unless the houses adopt a different procedure.

Article 161

After a bill has been discussed and voted on by article and as a whole it shall be considered passed if a majority of the total number of members of either house as specified by the Constitution have voted for its approval, unless a different procedure is provided for by this Constitution.

Article 162

A bill requiring financial expenditures shall be submitted for consideration during sessions of the houses on the condition that it is accompanied with the necessary estimates of the State Control Committee and a study of a corresponding permanent commission specifying ways of covering such expenditures.

An adopted law envisaging new or additional expenditures must define ways of covering them.

Article 163

A bill passed by one of the houses shall be submitted to the other house for consideration. If approved by the latter, the bill shall be considered passed into law. If a house approves a bill after having made changes in it, the bill shall be returned to the other house if previously approved by it. The consent of the latter to changes made shall mean

that the bill has been passed into law. To overcome such disagreements as may arise between the houses in considering a bill, the houses shall form a conciliation commission on the basis of equal representation. A bill agreed upon by this commission shall then be considered again by each house. If the commission fails to come to agreement, the bill shall be considered turned down and may not be resubmitted for consideration for the duration of the current session. Bills on budgetary and financial matters may not be turned down and must be adopted by the current session. In case of disagreements between the houses in considering budgetary and financial matters, or questions of territorial structure or demographic and migration policy, a conciliation commission shall not be formed. A final decision on budgetary and financial matters shall be adopted by a second vote of the Council of Deputies, and by the Council of Delegates on matters of demographic and migration policy.

Article 164

Ratification or denunciation, annulment and suspension of ratified and valid international treaties shall be done by means of adopting a corresponding law. Bills on ratification, denunciation, annulment or suspension of valid ratified international treaties shall be drafted by the Council of Delegates and discussed and passed in accordance with the usual procedure.

Article 165

A law is signed by the Chairmen of the houses of the National Assembly and presented by them to the President of Ukraine. The President of Ukraine shall accept it for execution, authenticate it with his or her signature and officially publish it within ten days of its receipt. Before the expiration of this term the President of Ukraine may use his right of deferring veto and return the law with his remarks to the National Assembly to be considered for a second time. If, after having been considered for a second time, the law is passed by two-thirds of the total number of members of each house as determined by the Constitution, the President of Ukraine shall be obliged to sign and publish it within 7 days. In case the President resorts to his power of deferring veto after the end of a session of the National Assembly, an extraordinary session shall be convened immediately for considering the law for a second time.

Article 166

Changes of, amendments to, and repeal of laws shall be enacted in accordance with the same procedure, which is prescribed for their adoption.

Article 167

A law shall come into force ten days after its publication, unless the law itself contains a different provision, but not before the day of its publication.

E. Budget. Financial Control

Article 168

The revenues and the expenditures of the state constitute the state budget of Ukraine. The revenues and expenditures of the state must be specifically defined and balanced. Any expenditures not provided for by the state budget shall constitute infringements of the law. The law shall set the maximum limit of a budget deficit. The issuance of currency shall not be resorted to cover a budget deficit without the permission of the National Assembly. If the National Assembly adopts a budget in which expenditures exceed revenues, the law on the state budget shall specify sources and means of covering the deficit.

Article 169

The state budget of Ukraine shall be adopted in the form of a law annually for a period beginning on the 1st day of January and ending on the 31st day of December. In the course of the first 15 days of the last session the President of Ukraine shall send to the Council of Deputies a draft law on the state budget for the forthcomming year. Within the same period the Council of Deputies shall submit for consideration its draft law on the state budget. A draft budget shall first be considered by the State Control Committee, and also the corresponding commissions of the houses. A law on the state budget approved in accordance with the procedure provided for by Article 163 of this Constitution shall come into force as of the 1st of January of the following year and shall not be subject to approval by the President. If the President or the Council of Deputies fails to submit a draft law on the state budget by the 30th day of November, or if a draft law on the state budget has not been approved by the 31st day of December, the law on the state budget for the current year shall remain valid for the first quarter of the following year.

Article 170

The President shall send to the Council of Deputies an itemized report on the execution of the state budget within three months of the end of the fiscal year covered by this report. The report submitted by the President shall first be considered by the State Control Committee and the corresponding commissions of the housese of the National Assembly. The report shall be considered and voted on, with due regard for the opinions of the State Control Committee and the house commissions, and must be published.

Article 171

The Council of Deputies shall be charged with the exercise of the supreme financial control over the execution of the state budget. The Council of Deputies shall exercise the said supreme financial control both directly and through the State Control Committee.

Article 172

The State Control Committee is a body of parliamentary control over the financial operations of the state and the use of state owned real estate and movable properties. The State control Committee is subordinated and accountable to the Council of Deputies.

Article 173

The State Control Committee shall be composed of State Comptrollers who shall be elected by the Council of Deputies from among specialists in the field of finance and law for a term of 6 years. Every three years the composition of the Committee shall be renewed by one half. The State Control Committee shall be headed by a Chairman elected at a sitting of the Council of Deputies. Organization, competence and rules of procedure of the State Control Committee shall be defined by the Constitutional Law. Disagreements between the State Control Committee and other state bodies and bodies of regional and local self-government shall be adjudicated by the Constitutional Court.

Chapter 19
Executive Power

A. President

Article 174

The head of state and of the executive power is the President of Ukraine. The President is elected by the citizens of Ukraine on the basis of universal, equal and direct suffrage by secret ballot for a term of 5 years. A citizen of Ukraine who has attained the age of thirty-five years by the polling date, is entitled to full electoral rights, has resided in the territory of Ukraine for at least 10 years, has the command of the state language, and whose condition of health enables him or her to perform the duties of President may be elected President of Ukraine. No one may be elected President of Ukraine for more than two consecutive terms. The President of Ukraine may not be a member of the National Assembly, hold any position in state bodies or public associations, or other organizations, or engage in business activities. The procedure of holding elections to the office of President of Ukraine is defined by the Law on the Election of President of Ukraine.

Article 175

The President shall assume office as of the moment of taking the oath in a solemn ceremony at a sitting of the National Assembly. The oath shall be administered by the Chairman of the National Assembly. When taking office, the President shall take the following oath: »I solemnly swear to the people of Ukraine that in the discharge of the duties of President I will strictly adhere to the Constitution and the laws of Ukraine, respect and defend the human and civil rights and freedoms, protect the sovereignty of Ukraine and conscientiously perform the high duties entrusted to me.« The President shall take the oath no later than fifteen days after the official announcement of the results of the elections. The date of taking the oath shall be appointed by the National Assembly.

Article 176

The person of the President of Ukraine is inviolable.

Article 177

The President of Ukraine:

1. acts as the guarantor of observance of citizens' rights and freedoms and of adherence to, and execution of, the Constitution and the laws of Ukraine;

2. represents the state in internal and foreign relations;

3. makes addresses to the people of Ukraine and submits annual reports on the situation in Ukraine for consideration by the National Assembly;

4. has the right of legislative initiative;

5. submits a draft state budget for consideration and approval by the National Assembly; submits a report on the execution of the state budget for consideration and approval by the National Assembly;

6. imposes veto on laws approved by the National Assembly and returns them to the National Assembly to be considered for a second time;

7. heads the system of the bodies of executive power of Ukraine, enforces through them the Constitution and the laws of Ukraine, ensures the enforcement of acts of the judicial power;

8. exercises general leadership of the Cabinet of Ministers of Ukraine and guides its executive activities;

9. submits candidates to the National Assembly for appointment to the post of Prime Minister; submits proposals to the National Assembly on dismissal of the Prime Minister;

10. appoints and dismisses ministers and other officials of the executive power.

Subject to approval of the Council of Deputies, the President appoints and dismisses the Minister of Finance of Ukraine, the Minister of Justice of Ukraine, the Minister of Foreign Affairs of Ukraine, the Minister of the Interior of Ukraine, the Minister of Defense of Ukraine, the Chairman of the National Security Service of Ukraine, heads of diplomatic mission of Ukraine in other states and heads of delegations of Ukraine with international organizations:

11. appoints and dismisses his delegates in the regions and the cities of Kiev and Sevastopol to act as chairmen of the respective councils, confirms decisions of chairmen of regional councils on the appointment or dismissal of chairmen of district and city (cities of regional subordination) councils;

12. presents to the Council of Delegates candidates for election to offices of Chairmen and justices of the Supreme Court and the Supreme Court of Arbitration of Ukraine, and for appointment to the office of Procurator General of Ukraine;

13. takes necessary action to ensure state and public security, inviolability of the state borders and the territorial integrity of Ukraine;

14. directs the implementation of the foreign policy and the conduct of external relations of Ukraine; conducts negotiations and signs international treaties of Ukraine which are subject to ratification, accepts credentials and letters of recall of foreign diplomatic representativs accredited with him;

15. is Commander-in-Chief of the Armed Forces of Ukraine; presides over the National Defense Council of Ukraine; appoints and dismisses the high command of the Armed Forces; promotes to the highest military ranks;

16. takes decisions on the declaration of state of war and the use of the Armed Forces of Ukraine in the event of an armed attack against Ukraine to be confirmed by the National Assembly within two days;

17. in the event of a threat of an attack against Ukraine or a threat to the state sovereignty of Ukraine, takes decision, subject to confirmation by the National Assembly within two days, on general or partial mobilization and imposition of martial law in Ukraine or its separate localities;

18. declares, if necessary, separate localities of Ukraine ecological disaster areas with subsequent

confirmation of such decisions by the National Assembly within two days;

19. imposes, if necessary, in Ukraine or separate localities emergency law subject to confirmation by the National Assembly within two days;

20. annuls acts of ministers, heads of central and local bodies of executive power and the Government of the Crimean Autonomous Republic if they do not act in accordance with the Constitution and the laws of Ukraine and decrees of the President;

21. passes decisions on matters concerning the granting of Ukrainian citizenship and renunciation of citizenship, the granting of asylum and deportation of foreign nationals and persons without citizenship;

22. declares amnesties;

23. exercises the right of pardon in relation to persons convicted by courts of Ukraine;

24. awards state decorations, honorific and special titles;

25. exercises other powers provided for by this Constitution.

Article 178

The President may not dissolve the National Assembly with the exception of the event provided for by Article 184 of the Constitution.

Article 179

Within the limits of his or her powers, the President shall issue decrees and orders of executive character on matters referred to his competence. On the basis of the Constitution and the laws of Ukraine and in pursuance thereof the President shall issue normative decrees after their consideration and approval at a sitting of the Cabinet of Ministers.

Article 180

The President of Ukraine shall perform his duties until a newly elected President assumes office. The powers of President shall be terminated before the expiration of his or her term of office in the following cases:

– acceptance of his resignation;

– inability to perform his or her duties for reasons of health;

– no confidence vote by the people in an all-Ukrainian referendum.

Article 181

The President's resignation shall be accepted and shall take effect on the condition that his resignation statement has been read by him or her in person and considered at a plenary session of the National Assembly and accepted by a majority of votes by each of the houses. Resignation of the President of Ukraine shall entail resignation of the entire Cabinet of Ministers.

Article 182

Inability of the President of Ukraine to perform his or her functions for reasons of health shall be established at a plenary session of the National Assembly on the basis of a written request of the Supreme Court of Ukraine supported by a medical certificate and approved by a majority of votes in each of the houses.

Article 183

A decision to hold an all-Ukrainian referendum on the recalling of the President, if this is demanded by at least three million citizens having electoral rights, is adopted by the National Assembly by a majority of the total number of members of each of the houses.

Article 184

A decision to hold an all-Ukrainian referendum on the termination of the powers of the President of Ukraine before the expiration of his or her term of office on the initiative on the National Assembly shall be adopted by a majority of no fewer than two-thirds of members of each of the houses. If, in the course of the referendum, the people of Ukraine express confidence in the President, the National Assembly may be dissolved by the President of Ukraine.

Article 185

In the event of criminal violation by the President of Ukraine of the Constitution and the laws of Ukraine in the discharge by him or her of his or her official duties, the Council of Deputies may impeach the President for trial by the Council of Delegates. The Council of Delegates shall adopt the decision to remove the President from office by no fewer than two-thirds of its total number of members. A person thus removed from the office of the President of Ukraine is liable for prosecution on general grounds.

Article 186

In the event of death, termination of the President's powers before the expiration of his or her term of office, or his or her removal from office in cases provided for by articles 180 and 185 of this Constitution, the National Assembly shall adopt the decision to charge the Prime Minister of Ukraine with the discharge of presidential duties pending the election of a new President. Election of a new President shall be held not later than 90 days after the office becomes vacant.

B. Cabinet of Ministers

Article 187

The Cabinet of Ministers is the Government of Ukraine. The Cabinet of Ministers shall include President, the Prime Minister, the ministers and also other officials appointed by the President. The Cabinet of Ministers shall be headed by the President. The Prime Minister is deputy to the President ex-officio.

Article 188

The Prime Minister shall exercise direct management of the staff of the Cabinet of Ministers, control and coordinate the activities of the ministries and other bodies of the executive power. The Prime Minister shall be subordinated, accountable and answerable to the President. The powers and the rules of procedure of the Cabinet of Ministers are defined by the Constitutional Law.

Article 189

The ministers and heads of other central bodies of the executive power of Ukraine shall direct the functioning of spheres of administration entrusted to them and shall be responsible to the President of Ukraine for state of affairs in these spheres. The ministers and heads of other central bodies of the executive power shall, within the limits of their powers, issue orders and other acts on the basis and in pursuance of the Constitution and the laws of Ukraine and also of presential decrees. A minister or the head of another central body of the executive power whose activity has been declared unsatisfactory by the National Assembly or either of its houses shall be subject to dismissal by a presidential decree.

C. Local Bodies of Executive Power

Article 190

Local bodies of executive power include regional (land), district and city (cities of republican and regional subordination) councils.

Article 191

The regional (land), district and city councils shall, within the limits of their powers, enforce and implement the Constitution, the laws and presidental decrees, ensure the maintenance of public order and the exercise by citizens of their rights and freedoms and provide for the balancing of local self-government budgets.

Article 192

Region (land), district and city councils are headed by chairmen, who perform their functions on the basis of personal leadership and responsibility. The chairman of a district or a city council is appointed and dismissed by the President. The chairman of a district or a city council is appointed and dismissed by the chairman of the regional (land) council with subsequent confirmation by the President. Chairmen of the Kiev and the Sevastopol city councils are appointed and dismissed by the President of Ukraine. Chairmen of the regional (land) and of the Kiev and the Sevastopol city councils are subordinated to the President. Chairmen of district and city councils shall be directly subordinated to chairmen of the respective regional (land) councils.

Article 193

To ensure an effective exercise of their powers, the chairmen of councils shall form departments, administrations and other services and appoint and dismiss their heads.

Article 194

Within the limits of their powers, the chairmen of councils shall issue orders on the basis and in pursuance of the Constitution, the laws and presidential decrees. Orders of the chairmen of regional (land), district, the Kiev and the Sevastopol city councils may be annulled by the President. Orders of the chairmen of district and city councils may be annulled by chairmen of regional (land) councils.

Article 195

The structure, powers, rules of procedure and sources of financing of regional (land), district and city councils are defined by the Constitutional Law.

Chapter 20
Judiciary

A. Judicial Courts
Article 196

Judicial authority belongs exclusively to the system of courts, which brings forth justice through constitutional, civil, criminal and administrative proceedings.

Article 197

The judiciary consists of the Constitutional Court of Ukraine, the Supreme Court of Ukraine, the Supreme Court of Arbitrations, regional courts, district courts, city courts and other courts created by law. The creation of extraordinary courts and special extra-judicial bodies by the judiciary is forbidden.

Article 198

The jurisdiction of the Constitutional Court of Ukraine is set forth in Articles 227–230 of this Constitution.

Article 199

The courts of general jurisdiction – regional, district, city courts and the Constitutional Court of Ukraine shall have jurisdiction over civil, criminal and administrative matters. The Constitutional Court of Ukraine shall review the activities of the courts of general jurisdiction. The authority, organization and competence of the courts of general jurisdiction are governed by the Constitution.

Article 200

The resolution of domestic disputes shall be handled by the Supreme Court of Arbitration of Ukraine, the regional arbitration courts and other courts of arbitration. The authority, organization and competence of the arbitration courts are set forth in the law.

Article 201

The judges of the courts of general jurisdiction and arbitration shall be independent, and shall be guided only by their conscience, the Constitution and other applicable law. The inviolability of judges is guaranteed by law. Judges shall not be changed during their tenure. Upon attaining the age prescribed by law, judges shall retire. Prior to the age of retirement a judge may be relieved of his duties without his consent only under the circumstances and on the terms set forth in the law. The state will provide normal working conditions for judges. The judges of the courts of general jurisdiction and arbitration cannot be members of political parties or participate in political movements, carry on a business enterprise, or have any other paid position other than lecturing.

Article 202

Except as set forth in point 3 of Article 144 of this Constitution, the judges of the courts of general jurisdiction and arbitration shall be appointed by the President of Ukraine without a specified term on the recommendation of the Supreme Court of Ukraine and the Supreme Court of Arbitration, as appropriate. Judges, who are nominated for the first time shall be appointed for an initial term of five years.

Article 203

Judicial decision shall be taken either by one judge acting alone or by a panel of judges. In panel decisions the matter before the court shall be examined by the entire panel of judges and by the jury. In matters that may be examined by the courts, the selection and empowering of the jury will be undertaken in accordance with law.

Article 204

All judicial proceedings shall be open proceedings. Closed proceedings may be conducted only in those circumstances when the court determines that open proceedings may publicize national, professional or commercial secrets or facts about the personal life of a citizen or his family, provided that the court in such circumstances shall abide by all other rules of judicial procedure.

Article 205

Judicial proceedings shall be adversarial based on equality before the law of both parties.

Article 206

Judicial proceedings shall be conducted in the Ukrainian language. Participants in judicial proceedings who do not speak Ukrainian have the right to understand fully all material matters relating to the proceeding, to participate in the proceeding through an interpreter and to speak during the proceeding in their native language.

Article 207

No one can be denied the right to have access to the court of proper competence as provided by law. Judicial decisions should be based on the objective analysis of facts.

Article 208

The decision of the court of first impression may be protested in accordance with the appeals procedure.

Article 209

Judges should not apply laws that are inconsistent with the Constitution. In the event that in the course of a judicial proceeding the court determines that it must apply a law that is inconsistent with the Constitution, then the court shall adjourn the proceeding and shall make an application to the Constitutional Court of Ukraine to declare the law unconstitutional.

Article 210

Acts of the judiciary that have taken on the force of law are mandatory for all governmental and social organs, officials and citizens and must be complied with throughout the entire territory of Ukraine.

Article 211

Material and moral damages that result from judicial errors or from the unlawful acts of judicial and investigative organs shall be compensated by the state in accordance with law.

B. The Procuracy

Article 212

The Procurator General of Ukraine and all other procurators who report to the Procurator General shall supervise compliance with and the proper application of law.

Article 213

The Procurator General of Ukraine shall be appointed by the Council of Delegates on the nomination of the President of Ukraine for a 5 year term. The regional district and city procurators shall be appointed by the Procurator General of Ukraine for a 5 year term. The Procurator General of Ukraine is responsible to and shall be accountable before the Council of Delegates.

Article 214

The Procuracy of Ukraine shall be responsible for:

1. the supervision of the activities of those persons responsible for securing the rights and liberties of citizens;

2. the supervision of compliance with the law by criminal and civil law enforcement agencies and agencies that investigate criminal activities;

3. the prosecution of acts that violate or endanger constitutional order or the security and sovereignty of the country;

4. the supervision over compliance with the law by places of detention and preliminary arrest and in administering punishment and other mandatory sentences according to court rulings;

5. the supervision of compliance with the law by the Armed Forces, the departments of the State Security Service, the Border Guards, the National Guard of Ukraine and the Customs Service.

The organization and activities of the organs of the procuracy of Ukraine are governed by the Constitution.

Part VII
City and Regional Self-Governance

Article 215

City self-governance will be effected by the citizens of the city, town and villages directly or through elected representative bodies. The system of city self-governance shall include city, town and village Councils and also city referendums, general elections by citizens and other forms of territorial administrative units. The organs of city self-governance shall delineate their own authority which may not be altered except by law or by agreement. The organs of city self-governance shall be independent bodies within the limits of their own competence.

Article 216

City, town and village Councils shall be composed of council members who shall be elected for a 2 year term and are responsible for governing a defined territorial area. The city, town and village Councils shall be chaired by the President of the relevant Council, who will be elected by the council members or by direct popular vote. The city, town and village Councils have the authority to issue decrees and enactments.

Article 217

The city, town and village Councils, within the limits of their autority, shall prepare, approve and implement budgets for their respective jurisdictions, shall prescribe city taxes and levies according to law, shall govern and maintain community property and shall decide other questions that arise out of the collective needs of their respective administrative territories. The relationship of the city Councils to business enterprises, organizations and institutions, cooperatives and other establishments and individuals, whose property does not form part of the community property, is based on taxation and contractual arrangements. In accordance with and within the limits of legislative enactments the governing bodies of city administration may assume the national administrative duties delegated to them.

Article 218

Administrative territories can organize themselves into regional and other associations, and their governing bodies may enter into agreements to delegate for a defined period of time their authority and to transfer funds, material, technical and other resources to the associations and institutions that assume the obligation of performing some of this functions of the city governing bodies.

Article 219

Regional self-governance is administered in the Oblasts (Lands). The representative body of regional self-governance is the Oblast (Land) Council. The Oblast Council members are elected by popular vote for a term of 4 years.

Article 220

The Oblast (Land) Councils have legislative, executive and coordinating functions as well as other authority in the spheres and within the areas confined by the Constitution.

Article 221

The Oblast (Land) Councils shall conduct their work in sessions of the Councils and in such other forms as shall be decided by the Council itself.

Article 222

The highest official in the Oblast (Land) Council shall be the President of the Council. The President of the Council shall be elected by the Council members for the duration of the session of the Council and shall perform his duties until the election of the new Council President at the next session of the Council. The President of the Oblast (Land) Council organizes the work of the Council, its administrative bodies and members, ensures the implementation of its decisions and decrees, represents the Council in its relations with national governing bodies, citizens organizations, organs of city self-governance, business enterprises, organizations, associations and citizens, and also in international relations.

Article 223

The Oblast (Land) Council will elect a permanent executive committee, which will be chaired by the President of the Oblast (Land) Council. The Executive Committee of the Oblast (Land) Council acts as an advisory council and fulfills the function of guiding the work of the Council.

Article 224

The Oblast (Land) Council enacts decrees. The decrees of the Oblast (Land) Council must be complied with throughout the entire Oblast (Land).

Article 225

The decisions and resolutions of the city and regional administrative bodies shall not conflict with the Constitution or other Ukrainian laws. Decisions or decrees of the city administrative bodies that conflict with the Constitution or other laws of Ukraine shall be invalidated by the President of the Oblast (Land) Council. Acts or legislation enacted by the city administrative bodies that are outside the scope of the law shall be invalidated by the Oblast (Land) court. Decisions or decrees of the reginal administrative bodies that conflict with the Constitution or other laws of Ukraine shall be invalidated by the President of Ukraine. Acts or legislation enacted by the regional administrative bodies that are outside the scope of the law shall be invalidated by the Supreme Court of Ukraine.

Article 226

The authority of city and regional administrative bodies can be suspended indefinitely if these bodies violate the Constitution or other laws of Ukraine. The terms on which the authority of the city and regional administrative bodies may be terminated shall be set forth in the law.

Part VIII
Defense of the Constitution

Article 227

Any law or other legislative enactment which conflicts with this Constitution is not enforceable. Questions relating to the constitutionality of certain laws and legislative acts shall be decided by the Constitutional Court of Ukraine.

Article 228

The Constitutional Court will review the constitutionality of:

1. international treaties and other agreements entered into by Ukraine;
2. laws and other legislative acts of the National Assembly of Ukraine and its Councils;
3. decrees of the President of Ukraine;
4. acts of the Ministers and other heads of the central organs of the executive branch of Ukraine;
5. acts of the Presidents of the Oblast (Land), district and city governments;
6. decisions of the plenum of the Supreme Court of Ukraine;
7. decisions of the plenum of the Arbitration Court of Appeals of Ukraine;
8. acts of the regional (land) and city governments;
9. acts of governmental bodies insofar as they relate to the constitutional rights and freedoms of citizens (as delegated by the Commission of the National Assembly for Human Rights);
10. acts of political parties, citizens organizations and movements.

Article 229

The Constitutional Court will render decisions on issues that are within its competence. The decisions of the Constitutional Court are valid and enforceable on all Ukrainian territory and are binding on the legislative, executive and judicial branches of government, regional and city administrative governments, political parties, citizens organizations and movements, officials and citizens. Acts which are determined to be unconstitutional by the Constitutional Court shall be invalidated and unenforceable from the moment of publication of the decision of the Constitutional Court.

Article 230

The judges of the Constitutional Court shall be elected without any specific term by the National Assembly from among authoritative legal experts. The judges of the Constitutional Court cannot be delegated to the National Assembly, may not hold positions in other governmental bodies, belong to any kind of political parties or movements, run a business enterprise or hold any other paying position or job, other than as professor or lecturer. The Constitutional Court may hear questions concerning parliamentary immunity. The judges of the Constitutional Court are independent in the exercise of their duties and are responsible only to the Constitution of Ukraine. The number of judges, the structure, the organization and the activity of the Constitutional Court of Ukraine shall form part of the Constitutional Law.

Part IX
Ratification and Effectiveness of the Constitution of Ukraine

Article 231

The Constitution of Ukraine shall be approved by a majority of not less than three quarters of each house of the National Assembly of Ukraine. The decision of the National Assembly of Ukraine to approve the Constitution shall be submitted for ratification by an all-Ukrainian referendum.

Article 232

This Constitution will become effective the day immediately after the official notice of the result of the referendum is disclosed ratifying the Constitution.

Part X
Amendments and Additions to the Constitution and to Constitutional Law

Article 233

Amendments and additions to the Constitution may be introduced on the motion of no less than one third of each house of the National Assembly, or, in the case of an initiative from the public, by written petition containing the signatures of no less than three million citizens who have the right to vote.

A law embodying a proposed amendment or addition to the Constitution which is based upon an initiative of the public shall be approved by an all-Ukrainian referendum. A law embodying a proposed amendment or addition to the Constitution which is based upon an initiative from the National Assembly shall be approved by a vote of at least two thirds of each house of the National Assembly.

Article 234

Proposals for amendments and additions to the Constitution shall be presented in the form of changes to the text thereof. No amendments or additions to the Constitution may be introduced which are directed against the independence and territorial integrity of Ukraine or the rights of the individual, nor may such modifications be approved under conditions of extraordinary crisis. A law embodying proposed amendments or additions to the Constitution does not require the approval or ratification of the President.

Article 235

Laws which in this Constitution are described as constitutional laws shall be approved and amended by a vote of no less than two thirds of each house of the National Assembly. Constitutional laws may be approved and amended on the recommendation of the Constitutional Court relating to the constitutionality of the proposed laws and any changes or additions to such laws. Constitutional laws and amendments and addition to such laws do not require the approval or ratification of the President.

Textanhang XIII/2

Draft Constitution of Ukraine (1992)*

The People of Ukraine,

EXPRESSING	its sovereign will,
EXERCISING	its inalienable right to self-determination,
RELYING	upon the thousand-year history of Ukrainian statehood,
RECOGNIZING	freedom and the natural rights of Man as the supreme social value,
STRIVING	to create living conditions worthy of Man,
ASPIRING	to preserve and strengthen the social accord,
SEEKING	to build and develop a civic society,
DESIRING	to freely live in an independent democratic state,
GUIDED BY	the Act of the Declaration of Independence of Ukraine of the 24th of August, 1991, as confirmed on the 1st of December, 1991 by a nationwide referendum,
REALIZING	its responsibility to the present generations and those to come,

ADOPT this Constitution and proclaims it the FUNDAMENTAL LAW OF UKRAINE.

General Principles of the Constitutional System

Article 1

Ukraine is a democratic and social state which adheres to the rule of law.

Article 2

The Constitutional order of Ukraine is based on the principle of priority of human and civic rights and freedoms.

The State is responsible to Man and society for its activities.

---

* Submitted by the Constitutional Commission of the Parliament of Ukraine; June 10, 1992.

Article 3

Ukraine is a republic. The sole source of state power is the people, which consists of the citizens of Ukraine of all nationalities.

The people exercise the state power directly and also through the system of state bodies.

The state power is exercised in accordance with the principle of the division of powers into legislative, executive and judicial branches.

The National Assembly of Ukraine has the exclusive right to speak on behalf of the people of Ukraine.

No segment of the people, no political party, organization, any other group or individual person can appropriate the right to exercise the state power.

Article 4

The state recognizes and supports local and regional self-government, shall not interfere with its sphere of activity.

Article 5

Ukraine adheres to the principle of supremacy of law.

The Constitution of Ukraine has the force of the highest law. Norms of the Constitution are the direct working norms.

The laws and other legal acts must not contradict the Constitution of Ukraine.

Citizens shall exercise their rights in accordance with the principle "all is allowed that is not prohibited by law".

State bodies, local and regional self-government bodies and their officials shall exercise their powers in accordance with the principle "only that which is defined by law is allowed".

Article 6

Social life in Ukraine is based on the principles of political, economic and ideological pluralism.

The state guarantees the equal right of citizens and their associations to participate in the affairs of the state.

The state recognizes the variety of forms of ownership and shall create equal legal conditions for their protection.

No ideology may limit the freedom of convictions, opinions and views or be recognized as the official state ideology.

Article 7

The territory of Ukraine is one, indivisible, inviolable and whole. Questions regarding changes to the territory and state borders of Ukraine shall be resolved only by an all-Ukrainian referendum.

Article 8

Ukraine recognizes the primacy of general human values and respects the commonly accepted principles of international law.

Duly ratified or approved and officially published international treaties entered into by Ukraine shall become part of the body of laws and are binding on the activities of governmental bodies, legal entities and private persons.

Article 9

If other means cannot be resorted to, the citizens of Ukraine have the right to offer resistance of any sort against anyone who attempts to unlawfully overthrow the democratic constitutional system of Ukraine established by this Constitution.

Part I
Human and Civil Rights and Freedoms

Chapter 1
General Provisions

Article 10

All people are born free and equal in their dignity and rights.

Natural rights and freedoms of a person are inalienable.

Article 11

The list of human and civil rights and freedoms affirmed in this Constitution is not exhaustive and constitutes the basis for any other personal rights and freedoms.

Article 12

The citizens of Ukraine shall be equal in the exercise of their constitutional rights and freedoms without any distinctions as to their origins, social and property status, position, sex, ethnicity, language, religion, political and other convictions, occupation, place of residence or other characteristics.

The exercise by an individual of his or her rights and freedoms provided for by the Constitution and laws must not interfere with the rights and freedoms of other persons.

Article 13

Everyone has the right to maintain and defend of his or her national heritage.

Citizens of Ukraine belonging to ethnic minorities have the right to freely express, maintain and develop their ethnic, linguistic or religious identity and to preserve and develop their culture. Affiliation with an ethnic minority is a matter of free choice for every person.

The state shall protect the ethnic, cultural, linguistic and religious identity of all ethnic minorities and shall provide conditions for their encouragement.

Article 14

The constitutional personal rights and freedoms may not be abolished or repealed.

Constitutional rights and personal freedoms may not be restricted except in the interest of protecting the rights and freedoms of other persons, preservation of the general welfare, or in defense of state or social security, health and social morality.

Such limitations shall be established exclusively by law, must be minimal and conform to the fundamentals of the democratic state.

Implementation of rights and freedoms secured in articles 24, 25, 26, 29, 32, 36, 37, 38, 41, 42, 45 of this Constitution can be temporarily limited only in the case of martial law or state of emergency and only to the appropriate extent and time required by the circumstances.

Chapter 2
Citizenship

Article 15

Ukraine has a singular citizenship.

A citizen of Ukraine may not possess, at the same time, the citizenship of another state.

A citizen of Ukraine may not be extradited out of Ukraine, deprived of citizenship or the right to renounce Ukrainian citizenship.

The grounds for acquiring and losing Ukrainian citizenship are defined by the Constitutional Law on the Citizenship of Ukraine.

Article 16

A citizen of Ukraine may not be extradited to a foreign state except in such cases stipulated by the international agreements of Ukraine.

Article 17

The State of Ukraine shall provide for the defense and protection of its citizens outside its borders.

Article 18

The legal status of foreign citizens and persons without citizenship staying within the territory of

Ukraine shall be defined by law in accordance with norms of international law and international agreements of Ukraine.

Article 19
Foreign citizens and persons without citizenship may be granted political asylum. The procedure and conditions of granting asylum shall be established by law.

Article 20
Everyone staying in the territory of Ukraine, must respect and obey its Constitution and laws.

Chapter 3
Civic and Political Rights

Article 21
Every person has an inalienable right to life. No one may be arbitrarily deprived of life.

The state shall protect the life of an individual from all unlawful encroachments.

Capital punishment, until its repeal, may be implemented only as the highest punishment according to law for the gravest crimes, and only by a court decision.

Article 22
Every person has the right to freedom, personal sanctity, and respect for his or her dignity.

Arrest, detainment in custody or any other limitation of personal freedom in any form whatsoever is not permitted except in furtherance of a ruling by a court of law and only in such cases and in accordance with such procedures as established by law.

In urgent cases conditioned by the necessity to stop or reveal crimes, authorized bodies may detain suspects which the court is informed about within 48 hours.

If the court does not make a decision to detain under custody within the next 24 hours, the detainee shall be immediately released.

Every detained or arrested person must be informed, immediately and in clear terms, of the reasons for his or her detention or arrest, and of his or her rights.

Article 23
No one may be subjected to torture or cruel, inhuman or degrading treatment or punishment.

No person may, without his or her free consent, be subjected to medical or other scientific experiments.

Persons deprived of freedom have the right to humane treatment and respect for their dignity.

The state shall be responsible for their safety in places of incarceration.

Article 24
Inviolability of dwelling shall be guaranteed to every person.

Invasion of dwellings and lawful premises to conduct searches and to examine property except by a court ruling is prohibited. The court ruling must clearly and distinctly state the place of search or examination, and contain a list of persons and things to be arrested or searched.

In urgent cases involving the direct pursuit of persons suspected in committing a crime, it is possible for other procedures for entering the person's dwelling, conducting a search and examination of property to be stated by law. Such procedures shall necessarily authorize the procedure of judicial control for lawful and well-founded actions of officials.

Article 25
Every person shall be guaranteed privacy of mail, telephone conversations, communications by telegraph, or other correspondence. Exceptions may be allowed only by a court decision made in an attempt to prevent a crime or to determine the truth during the investigation and evaluation of criminal cases on grounds and in the manner stipulated by the law.

Article 26
Every person legally staying on the territory of Ukraine shall be entitled to freedom of movement and the free choice of place of residence or stay and also has the right to freely travel from Ukraine abroad and to return on conditions specified by the law.

Article 27
No one shall be subjected to arbitrary intrusion into his or her private and family life.

It is prohibited to gather, keep, use and disseminate confidential information about any person without his or her consent, except in furtherance of a prior court decision in such cases and in accordance with such procedures as are stipulated by law.

Every person is guaranteed judicial protection of his or her right to disprove false information injurious to his or her interests and dignity, and to seek compensation for the moral and material damage caused by the publication or use of such information.

Article 28
Every person has the right to freedom of thought, conscience and religion. This right in-

cludes the freedom to change one's religion or convictions and the freedom to profess one's religion or not to profess any religion, to exercise, without any hinderance, singly or collectively, religious cults and rites, and to conduct any religious or atheistic activities that do not contradict the law.

No one may be induced to violate the secrecy of confession. Believers of different creeds shall be equal before the law. The rousing of hostility and hatred on religious grounds shall be punishable under law.

Every person has the right to the religious or atheistic upbringing and education of his or her children.

No one may be exempted from discharging one's duties toward the state or refuse to obey laws on the basis of religious beliefs.

If military service is incompatible with the religious convictions of a citizen, he is entitled to have his military duty replaced with an alternative (non-military) service for the same term.

Article 29

Every person has the right to freedom of speech and free expression of their views and convictions in any form.

Every person has the right to freely, regardless of state borders, seek, obtain, record, keep, use and spread any information in oral or written form or with the help of printing meachnisms or through the use of any other form of his or her choice.

Any abridgement of this right shall be defined by law and shall be only for the purposes of protecting individual, family, professional, commercial or state secrets, assuring state and civil security, territorial integrity, respect of other citizens' rights and freedoms, and protecting people's health and civil morality.

Article 30

Every citizen, in a manner described by law has the right to access information about him or her and also official documents which are kept in state bodies and institutions, bodies of local and regional self-governance.

This right may be abridged by law for the purpose of protecting state or commercial secrets.

Article 31

Every person has the right to freely form associations with others in order to exercise and protect their rights and freedoms and also to further other interests including the right to form and voluntarily join trade unions to assure protection of economic and social interests.

No one may be forced to join any association or have his or her rights abridged because of an affiliation or non-affiliation.

Article 32

Every person has the right to assemble peacefully and unarmed and to hold meetings, rallies, street marches and demonstrations.

State agencies must be informed not later than three days prior to the holding, in public places, of meetings, rallies, street marches and demonstrations.

Indoor meetings may be held without any prior notification.

State agencies and bodies of local and regional self-governance must secure proper conditions for the assembly in question and guarantee puplic order and security of citizens.

The law establishes the minimum necessary demands as to the procedure of execution of this right with the purpose of assuring public order, security and other peoples' rights and freedoms.

Bans affecting the exercise of this right may be appealed in the courts.

Article 33

Citizens have the right to send individual and collective written appeals (petitions) to state agencies, bodies of local and regional self-government and their officials, to give propositions as to improvement of their activity, and to criticize drawbacks in their work.

State agencies, bodies of local and regional administration, and their officials, must consider in an unprejudiced way, all appeals, and give judicially reasoned replies within periods prescribed by the law and to take necessary measures.

Article 34

Every citizen who has the right to vote is granted the right to participate in the administration of the state, in local and regional administration both directly and through representatives chosen freely by them.

Article 35

Every citizen has equal rights to hold state office and to hold a position in bodies of local and regional administration. Qualifications for these offices shall be established by the law depending on the character of public service and official duties. Replacement of these positions shall be executed, as a rule, by contest.

Chapter 4
Economic, Social, Ecological and Cultural Rights

Article 36

Every person has the right to private property, that is the right to own, use and manage his or her property and other values both singly and jointly with others.

No one may be arbitrarily deprived of his or her property.

The exercise of the right of ownership must not contradict the interests of society as a whole and the rights of individual natural persons and legal entities.

Inviolability of property and the right of inheritance shall be guaranteed by law and secured by judicial protection.

Every person has the right to protect his or her property by all lawful means.

Article 37

Every person has the right to use natural objects of public ownership to meet his or her needs according to Ukraine's laws.

Article 38

Every person has the right to business activity not banned by the law in order to gain profit and to join others for achieving this purpose.

Article 39

Everyone has the right to work, that is the opportunity to earn his or her living by doing work, which he or she has freely chosen or agreed to do.

Every person, without any discrimination, has the right to equal pay for the same work in accordance with its quality and quantity.

Everyone who works conscientiously has the right to fair and satisfactory remuneration that ensures living conditions worthy of him or her and his or her family. This remuneration is defined by the working agreement (contract), resulting from the duration of work no more than 40 hours a week; it can not be less than the minimum amount established by the state.

The state shall create conditions for the employment of the population able to work and equal opportunities for citizens to choose a profession and type of work, and provide programs of vocational training and re-training of workers in accordance with their interests and the needs of society.

Persons who, for reasons beyond their control, are unemployed shall be entitled to welfare benefits in accordance with the law.

Article 40

Everyone has the right to working conditions which meet the requirements of working safety and hygiene and that are not harmful.

General conditions shall be defined by law. These conditions may be completed by collective and individual working agreements and contracts which are set as a result of free negotiations of parties.

Article 41

Use of forced labor shall be prohibited. Forced labor shall not include military or alternative civilian service, work or service required of persons under court judgement and such work as may be necessary under emergency and martial law.

Article 42

The right to strike shall be recognized, that is the right to full or partial stoppage of work at an enterprise, an office or an organization with the purpose of protecting the economic and social interests of employees.

Strikes shall not be allowed if they may directly endanger human lives and people's health.

Strikes of judges, officials of the procuracy, investigation, state notarial offices, bodies of state administration, local and regional self-government, security service, bodies of internal affairs, customs, and military serviceman shall be prohibited.

It shall be prohibited to dismiss an employee for participating in a strike held in conformity with the law.

Article 43

Every person shall have the right to social security in old age, in case of disease, full or partial loss of ability to work, disability, accidents, loss of the principle wage earner and unemployment for reasons beyond their control.

This right shall be guaranteed with a compulsory state social insurance at the expense of insurance deposits of state and private institutions and other sources of social security.

Pensions and all other welfare benefits must ensure for citizens living standards not lower than the living standard set by the state.

The state ensures protection of senior citizens and disabled persons and encourages their participation in society.

Article 44

Every person has the right to dwelling. Nobody may be deprived of dwelling without lawful grounds.

The state and bodies of legal and regional self-governance shall support the meeting of the dwelling needs of citizens, they shall provide dwelling to those who require social security free of charge or on favorable terms.

Article 45

Every person has the right to rest and leisure.

All who work for pay are guaranteed by law, the minimum duration of daily rest, weekly days of rest, holidays, annual paid vacations, a reduced working day for certain professions and jobs, people under the age of majority, people with limited work ability and also women (one of the parents) having children under 7 years old.

Article 46

Every person has the right to the protection of his or her physical and mental health.

Health protection shall be provided by means of creation of proper living and working conditions, a system of socio-economic, medical, sanitary and prophylactic measures, broadening the state/municipal and private medical establishments and enterprises, the development of the medical industry and learning, consummated by the preparation of highly qualified specialists in the sphere of health protection and state control of their professional competence.

The state shall create conditions for sophisticated and equally accessible medical service, combining free and paid health services.

Every person shall have the right to an independent expert opinion in cases of forced treatment.

The state ensures qualified free of charge medical services to persons who need social security.

Article 47

Every person has the right to a safe environment, and to ecologically safe foodstuffs and objects of everyday use for their life and health.

The state guarantees the right to freely access and spread trustworthy information about environment, living and working conditions, quality of foodstuffs and goods of everyday use.

Every person has the right to state compensation of material or moral damages caused to their health or property by violations of ecological laws and regulations and also to compensation of expenses, connected with liquidation of harmful influence of these violations.

Concealment or distortion by the officials of information or facts which endamage the people's health may be prosecuted under the law.

Article 48

Every person has the right to education. Education which is mandatory shall be guaranteed to be accessible and free, its level shall be defined by the law.

The state respects the freedom of parents or lawful guardians to choose any type of educational establishments for their children.

Article 49

Every person shall have the right to participate in cultural life, to benefit from the achievements of culture and the results of scientific and technological progress.

Every person shall be guaranteed the freedom of scientific, literary, artistic, technological, teaching and other creative activity and research, and general accessibility to the treasures of national and world science and culture which are preserved in public funds.

The law protects the citizens' right to intellectual property, and their material and moral interest in other intellectual activities.

Chapter 5
Guarantees of Rights and Freedoms

Article 50

Every person has the right to equal protection under the law.

Everyone has the right to react independently by lawful means to violations of his or her rights and freedoms, including the right of direct appeal to a court of law.

All rights and freedoms of persons and citizens are protected by the independent, fair and unprejudiced court.

Article 51

The state ensures the right of every person to know his or her rights. For this purpose the state publishes all laws and other normative acts and makes them freely accessible.

Laws and other normative acts which have not been published shall not be valid and may not be executed or enforced.

Article 52

No one shall be required to carry out manifestly criminal instructions or orders even under martial or emergency law.

Execution of a manifestly criminal instruction or order is punishable under the law.

Article 53

Legal responsibility of natural persons for offenses arises on an individual basis.

No one may be prosecuted for the same offense more than once.

Article 54

The principle of the presumption of innocence is guaranteed. A suspect indicted or prosecuted shall not be obligated to prove his or her innocence; all doubts are interpreted in his or her favor.

Conviction may not be grounded on illegally acquired proof.

A suspect, convicted or prosecuted, is considered to be innocent until his or her guilt is established in court procedure and is embodied in a court sentence which has come into force.

No one can be convicted by any means other than a court decision.

In the case that a court decision is vacated as unlawful, the state reimburses moral and material damage to those who suffered.

Article 55

A person bears no responsibility for refusal to bear witness against himself or herself, or against a spouse or close relatives, the proximity of whose relation is set forth in law.

A suspect, indicted or prosecuted has the right to defense by an attorney or other qualified legal assistance, to acquaintance with the documents relevant to his or her indictment or prosecution, to demand a face-to-face interview with the persons witnessing against him or her, to call witnesses by force, to call expert testimony, to become acquainted with questions put to experts, to put questions to experts and to acquire written conclusions on them.

A suspect, indicted or prosecuted has also other guarantees provided by law.

Article 56

The purpose of punishment is not to inflict suffering but to rehabilitate, and to provide social re-education to avoid crimes in the future.

An indicted person is entitled to all unabridged civil rights with the exception of the restrictions resulting from the court sentence and the law which regulates its execution.

The state guarantees paid work and social protection to people sentenced to terms of imprisonment and creates conditions for the free development of their personalities.

Article 57

The law which defines or strengthens a person's responsibility is not retroactive.

No one may be prosecuted for actions or failure to act if, at the time of such actions or failure to act, these were not recognized as offenses at that time.

If since an act was committed criminal liability for it has been repealed or mitigated, the new law is applied.

Article 58

Everyone is guaranteed the right to appeal to courts of law against actions of officials and other officers of state administration, bodies of local self-government and public associations which violate or abridge human rights and freedoms.

Everyone has the right to compensation for moral and material damages caused by unlawful actions of state bodies and officials performing their duties, and also to compensation in cases where unlawful attempts are made on their life, health and property by other means at state expense. The state reserves the right of retroactively applicable appeal.

Officials and other officers of state administration, bodies of local and regional self-government and public associations are personally liable for the actions violating the rights and freedoms of citizens in criminal, administrative and civil court procedure.

Article 59

Everyone is guaranteed the right to qualified legal assistance. In cases provided by the law this assistance is given for free.

Every person detained, taken into custody or indicted of a crime has the right to use the services of a legal counsel or other defender of his interests from the moment of his or her detention, custody or indictment.

Every person is free to choose the defender of his interests.

Chapter 6
Principal Duties of People and Citizens

Article 60

It is everyone's duty to faithfully to comply with the Constitution and laws of Ukraine, to respect the rights and freedoms and honor and dignity of other persons.

Citizens entrusted with performing state functions must discharge their duties in a disciplined manner, honestly and conscientiously.

Article 61

Defense of the Motherland is a duty of every citizen of Ukraine.

Article 62

It is everyone's duty to pay state taxes and duties according to the procedure and amount established by law.

Article 63

It is everyone's duty to prevent damage to nature, to natural resources, and to the historical and cultural heritage, and historical and cultural monuments of Ukraine.

Part II
Civil Society and the State

Chapter 7
General Provisions

Article 64

The state shall be subordinated to and serves the civil society, and directs its activity to provide equal possibilities for every person and citizen as the foundation of social justice.

Article 65

The state shall not infringe on the affairs of persons and of society.

State regulation of societal relationships shall be confined within the borders defined by this Constitution.

The legislative power shall be limited by constitutional principles, the natural rights and freedoms of persons and generally recognized principles of international rights.

Executive and judicial power shall be limited by the law.

Chapter 8
Ownership

Article 66

In Ukraine ownership shall be public and private. Public property includes state and communal (municipal) property. All other property shall be private property. The state shall support the social function of ownership.

Article 67

Mineral wealth, waters, coastal areas, air space, forests, animals, and natural resources of the continental shelf and of the exclusive (marine) economic zone of Ukraine shall be subject only to public ownership.

Article 68

Land may be owned publicly and privately. The right of private property to land shall be acquired on grounds and within limits established by the law. The law shall imposes certain duties on the landowner, set maximum limits on private ownership of land and encourage efforts aimed at maintaining the quality and fertility of soils.

Article 69

Ownership, in accordance with the laws, may include property designed for production and any other purposes, and also the results of production and intellectual effort.

Article 70

In Ukraine, in accordance with the laws, there may be objects subject to the right of ownership of foreign nationals and legal entities, joint ventures and also by other states and international organizations.

Article 71

Equal legal protection shall be guaranteed to all owners. The owner must compensate for material and moral losses caused to persons or legal entities in the exercise of his or her right of ownership.

Article 72

Property may be forcibly appropriated only for the social necessity and with prior and full reimbursement of its market value, and only in such cases and in accordance with such orders as are established by law.

Forced appropriation of property with future reimbursement of its value shall be allowed only in cases of martial law and in emergencies taking into consideration the peculiarities and intensity of the given situation.

Confiscation of property may take place only in cases, volumes and in a manner specified by law, and only in cases of criminal and administrative infringements.

Article 73

The rights of ownership may be restricted only in cases and in the manner established by law. Such restrictions shall be determined by the situation, as stipulated in part two of Article 14 of this Constitution.

Chapter 9
Enterprise

Article 74

The state shall guarantee the freedom of enterprise, agreements and fair competition and shall establish economic conditions for their development, utilizing the economic mechanisms of regulation and the formation of fiscal, taxation, price, investment, and credit policy.

State bodies may not interfere in direct economic operations of businessmen, with the exception of cases involving imposition of emergency or martial law.

Restriction on the freedom of entrepreneurship,

agreements and competition shall be allowed only in such cases and in such a manner specified by law, under conditions stipulated in part two of Article 14 of this Constitution.

Article 75

With the goal of ensuring the social justice of entrepreneurship, the right of working collectives to take part in administration of enterprises within the forms and limits established by law shall be recognized.

Article 76

All monopolistic activities aimed at or resulting in limitation or elimination of free competition and which constitute an abuse of dominant market position shall be prohibited.

Article 77

Officials of the National Assembly, officials of the state administration, local and regional self-government, courts of law, procurator's offices, the investigation service, the state notary service, security services, bodies of internal affairs, customs services and the servicemen of the armed forces may not engage in business activities.

Article 78

The state shall protect the interests of consumers, assert control over the quality and safety of products and all types of services, and ensure the accessibility and authenticity of information about the quantity, quality and range of products.

Chapter 10
Ecological Safety

Article 79

The state shall pursue an ecological policy aimed at ensuring ecological safety by preserving the natural environment and the genetic stock of living nature.

Article 80

The state shall implement measures necessary for the protection and the scientifically-grounded, rational use of land, water resources, flora and fauna, the preservation of the natural purity of soils, air and water, and the reproduction of natural resources, and also shall organize evacuation of people from ecological disaster zones and when necessary organizes their medical treatment. The state encourages the rational recycling and use of raw materials and of industrial and consumer wastes.

Article 81

Ukraine shall operate a system of state and public monitoring of the environment and of control over the construction, location and activity of ecologically non-safe objects, of the supply of food-stuffs and objects of everyday use to the population, and also of the populations's quality of life and work in accordance with ecological guidelines set by the state.

Article 82

Ukraine will have state, people's and other types of expert ecological examinations.

The conducting of expert ecological examination shall be compulsory in legislative, drafting, investment, managerial, economic and other activities affecting the condition of the environment.

The procedure for conducting expert ecological examinations shall be determined by law.

Article 83

Any violations of ecological standards, concealment or distortion of ecological information is socially dangerous and is subject to prosecution by law.

Chapter 11
The Family

Article 84

Ukraine recognizes the family as the natural and principal social unit of civic society and protects its rights.

Article 85

Marriage shall be based upon voluntary and free consent of husband and wife. Spouses are completely equal in their family relations.

Article 86

Motherhood and children in Ukraine shall be protected and encouraged; legal protection and material and moral support of maternity and childhood shall be guaranteed.

The state shall prepare and implement programs of social assistance to young families, families with many children and broken families.

Protection of the health of mothers and children shall be ensured through the organization of a wide network of women's clinics, maternity hospitals, sanitariums and recreation centers for expectant mothers and mothers and children, day-care centers, kindergartens and other institutions for children; the granting to women of maternity leaves and social insurance and other welfare benefits; and the prohibition against employing women as labor for hard and harmful work; and other measures.

Article 87

Children shall be equal before the law regardless of the descent and social or marital status of their parents.

Article 88

Parents shall be responsible for the care, up-bringing, and development of their children until they attain their majority, and also in other cases stipulated by law.

Parents who refuse to care for their children, must pay to the state on amount established by law.

The entire burden of caring for, bringing up and educating orphans and children left without paternal guardianship shall be born by the state. The state shall support and encourage charitable assistance rendered to such children.

Chapter 12
Education, Science and Culture

Article 89

The state shall create conditions for the free and thorough development of education, science, and culture, shall develop the spiritual heritage of the nation of Ukraine, as well as the heritage of world culture.

Article 90

The state system of education, science and culture shall be independent from political parties, religious organizations and other public associations.

Autonomy shall be given to sicentific and learning institutions in accordance with the law.

Article 91

Education in Ukraine shall be aimed at developing well-rounded individuals through the realization of their own dignity, as well through the nurturing of respect for the rights and freedoms of other people.

The state shall provide for the necessary development of vocational, specialized secondary and higher education, pre-school and extra-curricular education through the system of state and municipal learning institutions.

The state and bodies of local and regional self-government shall maintain an adequate number of learning institutions.

Private learning and educational institutions shall be allowed.

The state shall establish the general horms of education and uniform requirements for obtaining all education certificates, including diplomas authorizing their holders to engage in professional activities and shall maintain mechanisms for implementing these norms.

Article 92

The state shall provide conditions for the development of fundamental scientific research and the training of scientific personnel.

Article 93

The state shall concern itself with the care and protection of monuments of history and architecture, works of art and other cultural values regardless of their ownership.

Ukraine encourages and supports the development of professional arts and amateur artistic activities.

Article 94

The state shall take measures to return to Ukraine the people's historic and cultural valuables which are beyond the borders of Ukraine.

The state shall prevent objects of the historic, cultural and artistic heritage from being removed beyond the borders of Ukraine.

Chapter 13
Public Associations

Article 95

Recognized public associtiations may include political parties, mass movements, labor unions, voluntary societies, foundations, associations and other organizations of citizens which do not pursue the purpose of gaining profits.

Article 96

The activity of public associations must be grounded on democratic principles and meet the demands of openness and glasnost.

The authority of public associations may not serve as grounds for the restriction of the constitutional rights and freedoms of the members of these associations or of other persons.

Article 97

The state shall create equal opportunities for the activities of public associations.

Article 98

Formation and activities of parties and of other public associations and movements that pursue the purposes of changing the constitutional system of Ukraine by means of illegal seizure of state power and violating its territorial integrity or through the seizure of state power, or also undermining its security, through war propaganda, violence and cruelty, or by rousing ethnic, racial, religious or social hatred and encroaching upon human rights and freedoms, health and common morality, are prohibited.

Associations of citizens may be banned and disbanded only through a court procedure.

The formation and activities of any structural subdivisions of political factions in state bodies (with the exception of political parties in the National Assembly of Ukraine), bodies of local and regional self-government, the Armed Forces, the National Guard and the Border Defense Forces, and also at state enterprises, offices, organizations and educational establishments, shall be prohibited.

Chapter 14
Information Media

Article 99

Freedom of information media is guaranteed in Ukraine.

The information media should accurately portray events and justly reflect the multitude of views.

The information media shall not be subject to censorship.

Article 100

The right to establish information media shall belong to natural persons and legal entities.

Monopolization of any single medium of information is prohibited.

Article 101

The information media has the right to obtain information about state bodies, associations of citizens, bodies of local and regional self-government, enterprises, institutions, organizations, and officials and to trustworthy information about their activities.

Article 102

State bodies, enterprises, institutions and organizations, associations of citizens, bodies of local and regional self-governance and their officials shall not be allowed to prohibit or hinder lawful professional activities of journalists or exert pressure upon them in other forms.

Article 103

The mass information media may not be used for divulging information constituting state secrets or other secrets protected by law, publishing appeals to overthrow the constitutional system of Ukraine, to seize power, to encroach upon its territorial integrity, to war propaganda, to rousing racial, national, or religious hostility, or to encroach upon human rights.

Part III
Territorial Structure

Chapter 15
Principles of Territorial Structure

Article 104

Ukraine shall be a unitarian state. The territorial structure of Ukraine shall be based upon principles of the unity, indivisibility, inviolability and integrity of the state territory, the integrated economic development and individual management of its constituent territories with due regard for common state and regional interests, national and cultural traditions, geographical and demographic peculiarities, and natural and climatic conditions.

Article 105

The opinions of citizens residing in the respective territories and the needs of development of regional and local self-government shall be taken into consideration in solving problems of the territorial structure of Ukraine.

Article 106

The conclusion of any political agreements and unions between separate administrative and territorial units through the means of their local and regional self-governments is inadmissible. They may only conclude agreements on matters within their sphere of responsibility.

Chapter 16
System of Administrative Territorial Division

Article 107

The administrative territorial units of Ukraine include regions (land), districts, cities, settlements and villages.

National administrative territorial units may be formed in localities of traditionally compacted communities of national minorities in accordance with the wishes of residents of the respective territories and with the purpose of satisfying the citizens' national, cultural, spiritual and linguistic needs.

Article 108

The creation, enlargement, liquidation or change of borders of administrative territorial units shall be implemented by initiative of the given bodies of local and regional self-government, taking into consideration the opinion of the concerned population by means of an advisory opinion poll.

Final decision of this question shall be enacted

by the Council of Delegates of the National Assembly of Ukraine.

Article 109

The status of administrative territorial units and the procedure of their formation, change or liquidation is defined by Constitutional Law.

Chapter 17
The Autonomous Republic of Crimea

Article 110

The Autonomous Republic of Crimea shall be the state-territorial organization of power and self-government of the population of Crimea.

The Autonomous Republic of Crimea is a component part of Ukraine.

Article 111

The Autonomous Republic of Crimea shall independently reaches decisions related to its authority under the Constitution and laws of Ukraine.

The Autonomous Republic of Crimea shall have its own Constitution which conforms to the National Assembly of Ukraine.

Article 112

The Autonomous Republic of Crimea shall participate in the decision-making process on issues related to the authority of Ukraine, in the National Assembly of Ukraine, Cabinet of Ministers of Ukraine and other state bodies of Ukraine. The forms and quota of representation of the Autonomous Republic of Crimea in bodies of state power of Ukraine shall be defined by the Constitution and laws of Ukraine.

Article 113

The laws of Ukraine shall be obligatory on the territory of the Autonomous Republic of Crimea.

Part IV
State Power

Chapter 18
General Provisions

Article 114

State power shall be exercised by the people through the citizens of Ukraine, who have the right to vote.

Article 115

The people exercise state power through nationwide voting (referendum), elections and through the system of state bodies.

Article 116

An all-Ukrainian referendum is the constitutional means of direct approval of laws and other state decisions by the people of Ukraine.

Article 117

An all-Ukrainian referendum is necessary to authorize the affiliation of Ukraine in unions with other states and in military-political alliances, and also to authorize change of its territory.

Issues set forth in referendums should be clearly formulated so as to pose no ambiguity of response.

Any draft of a law or a decision is considered approved if it receives a majority of the votes of the electorate.

Referendums do not have any authority concerning issues of price regulation, taxation, state budgetary expenditure, the appointment and dismissal of state officials, the introduction of martial law and states of emergency, amnesties, pardons, or concerning issues within the judicial power.

Article 118

The elections to the National Assembly of Ukraine and of the President of Ukraine shall take place periodically according to the principle of the general and equal right directly to vote in a secret ballot and according to the free and equal right of nominating of candidates.

Simultaneous elections to the National Assembly and of the President are not allowed.

Article 119

A citizen of Ukraine who will have attained the age of 18 years by the date of the election shall have the right to vote.

The citizens who are incapable according to the decision of a court do not have right to vote.

The right to vote is suspended for sentenced citizens.

The method of execution of the right to vote for citizens beyond the territorial limits of Ukraine is stipulated by law.

Article 120

The electing process shall be carried out according to the following guidelines:

1. free and equal nomination of candidates and contenders;
2. publicity;
3. the impartiality of state bodies, agencies and organizations, bodies of local and regional self-government to candidates;
4. the equal opportunities for all the candidates;
5. freedom of electioneering;
6. control of the sources of financing and expenditure on election campaign.

Article 121

Elections in Ukraine shall take place in equally authoritative constituencies. Every elector shall have one vote.

Article 122

The candidate shall be elected by a simple majority of participating voters.

Results of the election shall be considered valid if a majority of the qualified voters participated in the election.

The procedure of organization and the implementation of the elections shall be stipulated by the Constitutional Law.

Article 123

Delegation of authority from one power to another shall be prohibited in all cases other than those stipulated in this Constitution.

Every power shall be independent and self-reliant in the fulfillment of its functions and acts within the measures stipulated by the Constitution.

Bodies, which posses authority to fulfill the function of appropriate powers, shall cooperate with each other to perform general state missions.

Chapter 19
Legislative Power

National Assembly

Article 124

Legislative power in Ukraine shall be vested in the National Assembly of Ukraine.

Article 125

The National Assembly shall be empowered to decide on any issue of state life of Ukraine beside those which are decided exclusively by all-Ukrainian referendum or, according to the Constitution, are within authorities of the President of Ukraine, government of Ukraine, other state bodies, Autonomous Republic of Crimea or bodies of local and regional self-government.

A. Composition and Formation of the National Assembly

Article 126

The National Assembly of Ukraine is composed of two houses: the Council of Deputies and the Council of Delegates, which are permanently functioning bodies.

Articles 127

The Council of Deputies, composed of 350 deputies is elected in equally authoritative constituencies with approximately equal numbers of voters for a term of 5 years.

Any citizen of Ukraine who has attained the age of twenty-five years by the date of polling, who has right of vote, who permanently resides within the territory of Ukraine and has a level of education not lower than generally adequate one may be elected as a Deputy of Ukraine.

Article 128

The Council of Delegates, as a territorially representative body, is elected in equally authoritative constituencies on the basis of equal representation: 5 delegates from every region, the Crimean Autonomous Republic and the City of Kyiv.

Any citizen of Ukraine who has attained the age of thirty-five years by the date of the polling, has resided in the territory of a constituency for at least 10 years, and has a level of education not lower than generally adequate one, may be elected as a Delegate of Ukraine.

Article 129

The Deputies and the Delegates of the National Assembly represent the people of Ukraine and are accountable to their electors. No one may simultaneously be a member of both houses of the National Assembly or have other representative's mandate.

Disputes as to the validity of mandates of members of the National Assembly shall be adjudicated by the Constitutional Court of Ukraine.

Article 130

The state shall create conditions for effective exercise by members of the National Assembly of their mandates.

Members of the National Assembly shall perform their functions on a permanent basis. They must resign from their previous positions for the duration of their terms. The amounts of remuneration for members of the National Assembly and of allowances for the discharge of their functions shall be determined by the National Assembly.

A member of the National Assembly shall be accountable to the house to which he or she has been elected. Any member of the National Assembly absent without valid excuse at a session of a his or her house or one of its bodies to which he has been elected may be recalled by the electors according to an initiative by the house.

Members of the National Assembly shall not be allowed to engage in business activities, perform any paid works besides scientific or teaching activity during time free from his or her duties as a deputy.

Other cases of inconsistency with mandate of the member of the National Assembly, with the aim of securing of its independence and principle of distribution of powers, shall be stipulated by the Constitutional Law about status of the members of the National Assembly.

Article 131
Members of the National Assembly have the right to speak at the sessions of the National Assembly or its houses on any issue which is considered, to question and inquire of all state bodies and their officials (besides the President or bodies of judicial power), to demand information necessary for the discharge of their functions, and also other rights stipulated by the Constitution and the Constitutional Law about status of the members of the National Assembly.

Article 132
Members of the National Assembly are protected by parliamentary immunity.

They shall bear no legal responsibility for their voting and statements in the National Assembly and its bodies.

Members of the National Assembly have the right not to testify against persons who have reported any facts to them as deputies or delegates, and also not to disclose such facts.

The powers of members of the National Assembly and their civil rights may not be abridged by the introduction of martial law or state of emergency.

Members of the National Assembly may not be criminally indicted, arrested or subjected to any other treatment limiting their freedom and rights, or subjected to any administrative sanctions imposed by courts without a prior consent of the respective house.

Requests for members of the National Assembly to be deprived of their parliamentary immunity shall be made to the respective houses by the Procurator General of Ukraine.

Article 133
The mandate of a member of the National Assembly is terminated simultaneously with the expiration of the authorities of a house to which he or she is elected, or in case of his or her death.

Pre-term termination of the mandate of a member of the National Assembly according to the decision of the corresponding house can be ordered in the following cases:

1. non-performance of requirements without valid excuses for over two months which is inconsistent with deputy's mandate;

2. resignation through a personal note in writing;

3. conviction by a court sentence that has come into force;

4. if a Deputy is pronounced legally incompetent or missing;

5. loss of the Ukrainian citizenship, or permanent movement of residence outside the borders of Ukraine.

A decision of the house on the pre-term cancellation of the mandate of a member of the National Assembly may be appealed to the Constitutional Court of Ukraine.

The mandate of a Deputy may be terminated pre-term if he or she is recalled by his or her electors.

B. Powers and organization of work of the National Assembly

Article 134
The National Assembly shall enact the Constitution of Ukraine, and carry out any changes and additions (filling in).

The National Assembly of Ukraine shall enact constitutional laws of Ukraine, which are foreseen by Articles 14, 109, 122, 130, 174, 191, 201, 203, 222, 229 of this Constitution.

Article 135
Enactment of the laws of Ukraine by the National Assembly.

The Assembly shall have exclusive legislative powers in the following matters:

1. rights and freedoms of people and citizens, guaranteeing these rights and freedoms;

2. citizenship, legal rights of bodies, the status of foreigners and persons without citizenship;

3. the principle duties of people and citizens;

4. rights of national minorities;

5. status of languages;

6. demographic, migration, immigration and emigration policy;

7. principles of budgetary, financial, pricing, credit, taxing and investment policies; principles for building a taxation system; collection of taxes, duties and obligatory payments; income taxes and taxable goods; currency, carat, value and types of national coins, order and sanctioning of emissions of banknotes;

8. units of weight, size and time;

9. principles and fundamental directions of external policy, organization of defence, general leadership and use of the Armed Forces;

10. fundamental organization of state security and protection of civil order;

11. principles of external economic and customs policy;

12. legal status of state borders;

13. provisions of Ukrainian territorial organization;

14. principles of organization of regional and local self-government, incorporation of the regions and creation of economic free zones;

15. general rules for the use of natural resources, exploration of space, organization and use of energy, air, sea, river, rail, auto and pipeline transportation and communications;

16. legal status of ownership, system of protection of property rights of legal entities and natural persons, system of property taxation;

17. general provisions and guarantees for business;

18. environmental policy and ecological standards;

19. principles of social-economic policy, social security, protection of marriage, family, parenthood and childhood, health insurance, upbringing, education, science, technology and culture;

20. fundamentals of formation and activities of public associations and the functioning of the mass media;

21. organization and procedure of elections and referendums;

22. organization and activities of the National Assembly, legal status of the members of the National Assembly;

23. fundamentals of organization and activities of state executive bodies, general provisions of state service, provision of state statistics and information;

24. definition of crimes and administrative violations, determination of punishments for them, amnesty;

25. judicial system and legal procedures, procurators, investigators, advocates, notary service and reformatory institutions;

26. method of use and protection of the state flag, emblem and anthem; status of the capital;

27. martial law and other states of emergency;

28. giving of state awards and special titles.

Exclusive prerogatives of the National Assembly also include the approval of codes from all spheres of legislation, executing correction and additions.

National Assembly shall approve laws involving other questions in the manner provided by the Constitution.

Article 136

The National Assembly shall:

1. approve the state budget and report on its execution;

2. elect and appoint state officials in cases stipulated by this Constitution;

3. execute parliamentary control over executive and judicial power by the methods and within measures stipulated by this Constitution;

4. give consent to the conclusion of international treaties on state unions, economic and military-political associations and international organizations, state borders and also of agreements which concern the constitutional rights and freedoms of persons and citizens, or citizenship, or require financial expenditure from the state;

5. ratify, abrogate, suspend and annul international agreements.

The National Assembly may carry out investigations and hold hearings on any matters relevant to public interests.

Article 137

The National Assembly works in sessions.

The Councils of Deputies and Delegates and their permanent and temporary commissions shall hold sessions jointly and separately.

Article 138

The joint sessions of the Council of Deputies and the Council of Delegates shall be held to:

1. open and close sessions of the National Assembly;

2. make changes and additions to the Constitution and Constitutional Laws of Ukraine;

3. make public the results of all-Ukrainian referendums;

4. ratify, abrogate, suspend and annul international agreements of Ukraine;

5. fix the date of election of the President of Urkaine, declare of the act of election of the President and take from him constitutional oath, recognize or reject resignation of the President of Ukraine;

6. make public the dissolution of the National Assembly or of an individual house, fix the date of regular or extraordinary elections of the National Assembly or its houses;

7. approve the decision about holding a referendum on pre-term termination of authorities of the President of Ukraine on requirement of 2 million of electors or on initiative of the National Assembly itself;

8. appoint and dismiss the Prime Minister on the proposal of the President of Ukraine;

9. hear the President's reports on the domestic and external state of Ukraine;

10. appoint the Chief of the Constitutional Court of Ukraine and to take constitutional oaths from the judges of the Constitutional Court, rec-

ognize or reject the resignation of the Chief of the Constitutional Court of Ukraine;

11. determine the structure and amount of the Armed Forces of Ukraine, National Guard of Ukraine, the National Security Service of Ukraine and the Boarder Guards of Ukraine;

12. proclaim the state of war on a proposal of the President and approve the President's decision to use the Armed Forces of Ukraine in case of an armed attack against it;

13. approve the President's decrees of introduction of martial law and state of emergency in Ukraine or in its separate localities, complete or partial mobilization;

14. hold second hearing of a law vetoed by the President, order parliamentary veto of a Presidential decree, which contradicts the laws of Ukraine;

15. consider reports and proposals created by temporary joint commissions of the houses, discuss and make decisions regarding them;

16. use of the impeachment procedure in cases specified by this Constitution;

17. adopt resolutions, statements, declarations and addresses;

18. consider answers regarding questions posed to the members of the National Assembly on the matters which are being discussed at their joint sessions;

19. scrutinize again the drafts of the laws proposed by the coordinating commission of the houses.

All other matters within the authority of the National Assembly shall be considered, as a rule, at the separate sessions of the houses.

Article 139

The Council of Deputies and the Council of Delegates shall carry out the Authority of the National Assembly on the principle of equality and distribution of the functions.

The houses may accept for consideration any matters referred to the competence of the National Assembly, with the exception of articles 140 and 141 of this Constitution which are within the exclusive authorities of another house.

Article 140

Exclusive prerogatives of the Council of Deputies include the following:

1. parliamentary control in the sphere of protection of human and civil rights in Ukraine; appointment of the Commissioner of the National Assembly for Human Rights (National Human Rights Commissioner);

2. parliamentary control over the activities of the National Bank of Ukraine and the State Con-

trol Committee; appointment of the Chairman of the National Bank, the Chairman of the State Control Committee and State Comptroller;

3. granting of a preliminary consent to the conclusion of international treaties, which concern human rights and freedoms or require financial expenditures from the state;

4. confirmation of appointment or approval of dismissal by the President of Ukraine of the Minister of Finance of Ukraine, the Minister of Foreign Affairs of Ukraine, the Minister of Justice of Ukraine, the Minister of the Interior of Ukraine, the Chairman of the National Security Service of Ukraine, the Minister of Defense of Ukraine, chiefs of diplomatic missions of Ukraine in other states and chiefs of delegations of Ukraine with international organizations;

5. election of the Chief and eleven members of the Constitutional Court;

6. ordering of charge in case of impeachment with enough reasons to start criminal prosecution against the President, Prime Minister and officials, who are elected, appointed or approved by the houses of the National Assembly; that results in dismissal of that person from the relevant position.

Article 141

Exclusive prerogatives of the Council of Delegates include the following:

1. formation, merging or liquidation of administrative territorial units; naming and renaming them;

2. approval of statutes of regional self-government;

3. election, on the Chairman of the Council of Delegate's proposals, of Chairmen and Justices of the Supreme Court and the Supreme Economic Court, and appointment of the Procurator General of Ukraine;

4. election of the Chief and 11 members of the Constitutional Court;

5. creation of the Supreme Certification and Disciplinary Commissions of the judges;

6. granting of preliminary consent to the conclusion of international treaties on state unions military-political alliances, international organizations and state borders;

7. approving decisions on the sufficiency of grounds for removal from office of officials in case of impeachment proceedings.

Article 142

The Council of Deputies and the Council of Delegates shall adopt resolutions on matters referred to their exclusive powers.

Article 143

Each house of the National Assembly shall meet for its first session not later than thirty days after the elections.

A house is empowered if not less than four-fifths of the total number of its members as specified by the Constitution have been elected.

The houses shall assemble for their regular sessions on the first Tuesday of February and the first Tuesday of September every year.

Extraordinary sessions of the houses shall be convened by the Chairmen of the houses on their initiative or at the request of not less than one-third of the constitutionally ordained members of each house, or on a proposal of the President of Ukraine. Such sessions conclude their work after agenda has been exhausted.

In case of introductin of martial or emergency law in Ukraine or its separate localities the houses shall assemble within two days term without convocation.

Article 144

Sessions of the houses shall have authority with when two-thirds or more of the total number of their members, as specified by the Constitution, are in attendance and the sessions are conducted in accordance with the proper procedure.

Article 145

A session of a house shall be presided over by its Chairman or in other cases, by a representative designated by the Rules of Procedure.

The first session of a house shall be opened by the Chairman of the representative house of the National Assembly of the previous session. Pending the election by the house of a new chairman, its session shall be presided over by a Presidium elected by the current house.

Joint sessions of the houses shall be presided alternately over by the Chairman of the Council of Deputies and the Chairman of the Council of Delegates according to the general procedure of the National Assembly.

Article 146

At its first session, each house shall elect a Credentials Commission and an Auditing Commission.

On a proposal of its Credentials Commission, each house shall adopt a resolution on the recognition of the credentials of the Deputies and Delegates, or the case of violation of the electoral laws, a resolution declaring the elections of individual deputies or delegates null and void.

Article 147

Joint and separate sessions of the houses shall be held publicly and openly. A closed session shall be held on decision of the house(s).

Voting at sessions of the houses shall be conducted by roll call and carried out openly, unless otherwise stipulated by this Constitution and by the Rules.

Article 148

The Council of Deputies and the Council of Delegates after discussions shall adopt decisions by a majority of their total number of members unless a different procedure is provided for by this Constitution or their Rules of Procedure.

At a joint session of the houses, resolutions shall be adopted separately by each house.

Article 149

Every house shall elect, from among its members, a Chairman, Deputy Chairmen and the house Secretary, and also chairmen of its permanent commissions.

By the decision of a house they may be dismissed.

The chairmen of the houses shall:

1. carry out general management and preparation of the issues which are subject to consideration at the joint and separate sessions of the houses; sign acts approved by the houses;

2. represent the houses during contacts with bodies and organizations within the state and abroad;

3. establish the secretariats of the houses and organize their work;

4. deal with the budget allocations, granted for the houses maintenance and their operation;

5. perform other functions stipulated by the Constitution.

Deputy Chairmen of the houses, authorized by the Chairmen of the houses, may perform some of the functions of the Chairmen of the houses and substitute the Chairmen of the houses in case of their absence or their inability to perform their duties.

Article 150

Every house shall form its Presidium composed of the Chairman of the house who shall also be Chairman of the Presidium, Deputy Chairmen of the house and Secretary of the house. The Secretary of the house is appointed neither from the Deputies nor from the Delegates.

The presidium of a house shall be a working body accountable to the house and shall ensure cooperation between the houses and organization of the work of the house and its bodies, and exercise other powers.

The Chairman of the council of Deputies shall also be Chairman of the National Assembly with the Chairman of the council of Delegates serving as his deputy.

The Chairman of the National Assembly shall represent the National Assembly outside its frames and perform other functions stipulated by this Constitution.

Article 151

The houses shall form permanent commissions composed of their members.

The permanent commissions shall draft legislation, prepare and consider advance matters, which are within the authority of respective commissions; supervise implementation of the laws and other acts of the National Assembly and their houses.

The permanent commissions shall adopt resolutions on issues which are within their authority. The resolutions of the commissions shall be subject to immediate review by the appropriate bodies, organizations and officials who must inform the commissions about the results of their review.

The houses may establish, when necessary, temporary special commissions for preparation and preliminary consideration of the matters within their authority.

Article 152

The houses of the National Assembly may elect form their members joint or separate investigating commissions to scrutinize on any matters they have specifically determined which represent common interest.

The decision on establishing of the temporary investigating commission and its mission is considered adopted after a third of the members of the house, as stipulated by the Constitution, have voted for it.

The temporary investigating commissions carry out collection, examination and assessment of information with the same authority and restrictions as investigating bodies and court power possess; provide the joint or separate sessions of the houses with reports and proposals.

The temporary investigating commissions shall cease their activity after the appropriate house has made a final decision to suspend its investigation.

Conclusions and proposals of the temporary investigating commissions shall not be considered decisive in a court of law.

Article 153

Members of the National Assembly have the right to create parliamentary groups in the houses to facilitate the organization of the work of the house, to carry out the responsibilities of the Deputies and Delegates and to coordinate their positions as to issues, which are being considered by the corresponding houses on their bodies.

Registered parliamentary groups have the right to proportional representation in the appropriate bodies of the houses, to guaranteed free speech of their representatives on any issue of agenda, to material and technical support of their activity, to assistance of technical personnel and to other rights determined by the law.

Article 154

The mandates of the National Assembly and of its houses expire on the day when a newly elected National Assembly opens its first session.

The mandate of the National Assembly or of either of its houses may be terminated before the expiration of its term in case of self-dissolution or by the decision of an all-Ukrainian referendum, which shall be held at the demand of at least two million of voters.

If a no-confidence motion concerning the National Assembly or one of its houses is supported by a majority of votes cast in an all-Ukrainian referendum, the National Assembly shall announce its dissolution or the dissolution of the house in question and appoint a date for the elections to a new National Assembly or house. Newly elected houses shall have the mandates for a whole term appropriately determined in Articles 127 and 128 of this Constitution.

Article 155

The organization of the functioning of the Council of Deputies and the Council of Delegates shall be determined by their Rules of Procedure, which shall be adopted by them, shall have the force of law, without the signature of the President, from the day of its publication.

C. Legislative Process

Article 156

The right to initiate legislation in the National Assembly shall be vested in the people of Ukraine, the Deputies and the Delegates, the houses of the National Assembly, their Presidiums and permanent commissions, the President of Ukraine, the Supreme Council of the Autonomous Republic of Crimea.

The members of the National Assembly, the Presidium and the permanent commissions shall exercise legislative initiative through submission to the respective house(s) of proposals for preparation of bills or texts of appropriate legislative acts or changes and additions to such acts.

Article 157

The people shall exercise the right of legislative initiative by submitting bills to the National Assembly, which bills shall take priority for consideration.

A bill shall be submitted on the behalf of not fewer than 300,000 voters. A bill proposing changes of, or amendments to, the Constitution shall be submitted on the behalf of not fewer than 2 million voters.

The procedure of exercise by the people of the right of legislative initiative shall be governed by Law.

Article 158

Bills shall be submitted to the Presidiums of the houses, circulated to the Deputies and the Delegates and given preliminary consideration by the appropriate permanent or temporary investigative commission.

A bill preliminary considered by the commissions shall be passed to consideration of the houses with the commission's findings. Consideration in the houses shall be organized to determine the will of the majority of its members.

Consideration and adoption of a bill by a house shall got through the following process:

– general enactment of principal provisions;
– enactment of articles and as a whole.

Article 159

After a bill has been discussed and voted on by article and as a whole, it shall be considered passed if a majority of the total number of members of either house as specified by the Constitution have voted for its approval, unless a different procedure is provided for by this Constitution.

Article 160

A bill requiring financial expenditures shall be submitted for consideration during sessions of the houses on the condition that it is accompanied with the necessary estimates of the State Control Committee and a study of a corresponding permanent commission specifying well founded means of payment.

An adopted law envisioning new or additional expenditures must define ways of covering them.

Article 161

A bill passed as a whole by one of the houses shall be submitted to the other house for consideration. If approved as a whole by the latter or without any objections (vetoes) to the bill within a month, the bill shall be considered passed by the National Assembly.

The same majority of votes necessary for enactment of a bill is required to veto it.

If a house approves a bill after having made changes in or additions to it, the bill shall be immediately returned to the other house which initially approved it. The consent of the latter to the changes or additions made shall mean that the bill has been passed by the National Assembly.

To overcome such disagreements as may arise between the houses in considering a bill, the houses shall form a coordinating commission on the basis of equal representation. A bill agreed upon by this commission shall then be considered again at a joint session of the houses. If the joint session fails to come to agreement, the bill shall be considered rejected by the National Assembly.

In cases of disagreements between the houses in considering budgetary and financial matters, or questions of territorial structure or demographic and migration policy, a coordinating commission shall not be formed. A final decision on budgetary and financial matters shall be adopted by a second vote of the Council of Deputies, and by the Council of Delegates on matters of territorial structure, demographic and migration policy.

Article 162

Ratification, denunciation, suspension and annulment of international treaties shall be done by means of adopting a corresponding law if nothing else is stipulated in a treaty itself.

Bills on ratification, abrogation, suspension or annulment of international treaties shall be drafted by the Council of Delegates and discussed and enacted in accordance with the usual procedure.

Article 163

A law is signed by the Chairmen of the houses of the National Assembly and immediately presented by them to the President of Ukraine.

The President of Ukraine shall read a law and accept it for execution by authenticating it with his or her signature and officially publishing it within fifteen days of its receipt. Before the expiration of this term the President of Ukraine may use his right of deferring veto and return the law with his remarks to the National Assembly to be considered for a second time.

If, after having been considered for a second time, the law is passed by the majority (alternatively by two-thirds) of the total number of members of each house as determined by the Constitution, the President of Ukraine shall be obliged to sign and publish it within ten days.

In case the President does not return a law within the determined term for a second consideration, the law shall be considered accepted by the President.

If the President passes to the Constitutional Court a law not signed by him or her because he or she feels it is unconstitutional, the term for signing the law shall be extended.

Laws and acts of the houses which are not subjected to President's authentication shall be published by the appropriate houses.

In case the President does not resort to his power of veto until after the end of a session of the National Assembly, an extraordinary session shall be convened immediately for considering the law for a second time.

Article 164

According to the decision of the National Assembly or of one of its houses a law can be introduced at all-Ukrainian referendum until it is signed by the President.

A law adopted through an all-Ukrainian referendum shall not require the signature of the President.

Article 165

Changes of, amendments to, repeal of laws other interpretatory additions shall be enacted in accordance with the same procedure which is prescribed for their adoption.

Article 166

A law shall come into force ten days after its publication, unless the law itself contains a different provision, but not before the day of its publication.

D. Budget and Financial Control

Article 167

The National Assembly carries out exclusive right of management of all property which is within state ownership and within the state treasury.

The legal status of state property shall be determined by law.

The executive branch shall be responsible for the administration of state property within the framework of the laws.

The National Assembly shall implement general control over the maintenance of the legal status of state property.

Article 168

The state budget of Ukraine shall consist of revenues and expenditures of the state.

Revenues and expenditures of the state must be specifically determined and balanced.

The state budget law may not alter or truncate expenditures in other laws already in effect.

The National Assembly may implement a new accounting system for state income, and also may change previous ones, and select new appropriations for the current budgetary year and additional budgets.

Any expenditures not provided for by the state budget shall constitute infringements of the law.

The law shall set the maximum limit of a budget deficit. The issuance of currency shall not be resorted to cover a budget deficit without the permission of the National Assembly.

If the National Assembly adopts a budget in which expenditures exceed revenues, the law on the state budget shall specify sources and means of covering the deficit. The law on the state budget may not establish new taxes, fines, penalties or other payments not authorized by a corresponding law.

The National Assembly, taking into account the economic development of the various regions of Ukraine, their natural resources, ecological and demographic situation, shall define principles for the formation and execution of local and regional budgets.

Article 169

The state budget of Ukraine shall be adopted in the form of an annual law for a period beginning on the 1st day of January and ending on the 31st day of December or, in the case of emergency, for other periods of time.

In the course of the first 15 days of the last session the President of Ukraine shall send to the Council of Deputies a draft law of the state budget for the forthcoming year.

Within the same period the Council of Deputies shall submit for consideration its draft law on the state budget.

A draft budget shall first be considered by the State Control Committee, and also the corresponding commissions of the houses.

A law on the state budget approved in accordance with the procedure provided for by Article 161 of this Constitution shall come into force as of the 1st of January of the following year and shall not be subject to approval by the President.

If the President or the Council of Deputies fail to submit a draft law on the state budget by the 30th day of November, or if a draft law on the state budget has not been approved by the 31st day of December, the law on the state budget for the current year shall remain valid for the first quarter of the following year.

Procedure of formation and adoption of the state budget shall be determined by law.

Article 170

The President shall send to the Council of Deputies an itemized report on the execution of the state budget within three months of the end of the fiscal year covered by this report.

The report submitted by the President shall first be considered by the State Control Committee and the corresponding commissions of the houses of the National Assembly. The report shall be approved with consideration of their conclusions and must be published.

Article 171

Money circulation and procedure of settlements shall be determined by the National Bank of Ukraine, which possesses the exclusive right to print money.

The National Bank is accountable to the Council of the Deputies.

Article 172

The Council of Deputies shall be charged with the exercise of the financial control over the execution of the state budget.

The Council of Deputies shall exercise financial control both directly and through the State Control Committee.

Article 173

The State Control Committee is a body of parliamentary control over the financial operations of the state, bodies of local and regional self-government, the use of mobile and immobile properties and other public valuables.

The State Control Committee is subordinate and accountable to the Council of the Deputies.

Article 174

The State Control Committee shall be composed of State Comptrollers, who shall be appointed by the Council of Deputies from among specialists in the field of finance and law for a term of 5 years. The State Comptrollers shall bear the responsibilities as provided by article 208 of this Constitution.

The State Control Committee shall be headed by a Chairman. The Chairman of the State Control Committee and his deputies shall be appointed by a proposal of the Chairman of the Council of Deputies at a session of the Council of Deputies.

The State Control Committee shall be empowered to carry out investigations of issues relating to it within the same authorities as the temporary investigating commissions of the houses have.

Organization, competence and rules of procedure of the State Control Committee shall be defined by the Constitutional Law.

Chapter 20
Executive Power

A. President

Article 175

The head of state and of the executive power shall be the President of Ukraine. The President shall act in the name of the people.

The President shall be politically responsible to the people of Ukraine.

The President shall be elected for a five year term in a universal, equal and direct secret ballot election in which freely nominated candidates run for the Office of the President.

A citizen of Ukraine who has the right to vote, is at least thirty five years old on election day, has lived in Ukraine for at least 10 years, speaks the Ukrainian language, has reached at least the minimum level of mandatory education and is in a state of health which would enable him or her to fulfill his or her presidential responsibilities, may be elected President of Ukraine.

No one may be elected President of Ukraine for more than two consecutive terms.

The President of Ukraine may not be a member of the National Assembly, hold another representative office, hold any office in state bodies and civilian associations nor in other organizations and establishments, nor can he or she engage in other paid employment or in business activities. In fulfilling the presidential duties, the President during his or her time in office must suspend his or her membership in political parties and in professional associations.

The following presidential election shall be held not earlier than sixty days and not later than ten days before the completion of the preceding President's term in office.

The procedure of holding presidential elections shall be defined by the Law on the Election of President of Ukraine.

Article 176

The President shall be considered to be in office from the moment he or she takes the oath during a session of the National Assembly.

The oath shall be administered by the Chairman of the National Assembly.

Upon taking office, the President shall take the following oath:

"I solemnly swear to the people of Ukraine that

in carrying out the duties of President, I will strictly adhere to the Constitution and to the laws of Ukraine, respect and defend the citizens' human and civil rights and freedoms, protect the sovereignty of Ukraine and conscientiously perform the highly important duties entrusted in me".

The President shall take the oath no later than fifteen days after the official announcement of the results of the election. The date of taking the oath shall be appointed by the National Assembly.

Article 177

The President of Ukraine shall have parliamentary immunity, defined by article 132 of this Constitution.

Article 178

The President of Ukraine shall:

1. guarantee the security of civil rights and freedoms, the state sovereignty of Ukraine, the adherence and implementation of the Constitution and the laws of Ukraine;

2. represent the state in international relations;

3. address the people of Ukraine and submit annual reports on the situation in Ukraine to the National Assembly;

4. have the right to initiate legislation;

5. as decided by the National Assembly, enact economic and other decrees, not regulated by the laws of Ukraine, which shall then be approved by the National Assembly;

6. submit a draft of the state budget for the approval of the National Assembly; submit a report on the implementation of the state budget for the approval of the National Assembly;

7. during a session of the National Assembly and its houses, answer questions which emanate from their specialized work;

8. have the right to veto the laws approved by the National Assembly and return them to the National Assembly to be considered for a second time;

9. manage state wealth in cases foreseen by law;

10. head the system of bodies of executive power of Ukraine, enforces through them the Constitution and the laws of Ukraine, ensures that judicial decisions are enforced;

11. carry out the general leadership of the Cabinet of Ministers of Ukraine and direct its executive activities;

12. submit candidates to the National Assembly for appointment to the post of Prime Minister; submit proposals to the National Assembly to dismiss the Prime Minister;

13. based on the approval of the Council of Deputies, appoint and dismiss the Minister of Finance of Ukraine, the Minister of Justice of Ukraine, the Minister of Foreign Affairs of Ukraine, the Minister of the Interior of Ukraine, the Minister of Defense of Ukraine, the Chairman of the National Security Service of Ukraine, the heads of diplomatic delegations of Ukraine in other states and the heads of delegations of Ukraine in international organizations;

14. appoint and dismiss other ministers and officials of the executive branch, grant authority, not designated by law, to officials of the executive branch;

15. appoint and dismiss chairmen of regional (land) and city (the cities of Kyiv and Sevastopol) councils, as well as the presidential representative in the Autonomous Republic of Crimea; confirm the decisions of the chairmen of regional councils concerning the appointment or dismissal of chairmen of regional councils;

16. use the necessary means to secure state and national safety, the inviolability of state borders and the territorial integrity of Ukraine;

17. direct the implementation of the foreign policy and the conduct of external relations of Ukraine; conduct negotiations and sign international treaties of Ukraine which are subject to ratification by the National Assembly, accept credentials and letters of recall of foreign diplomatic representatives appointed by him;

18. be Commander-in-Chief of the Armed Forces of Ukraine; presides over the National Defense Council of Ukraine; in accordance with the Council of Delegates, appoint and dismiss the high command of the Armed Forces;

19. promote individuals to the highest military and diplomatic ranks, and other special ranks and positions;

20. make decisions, to be confirmed by the National Assembly within two days, on the declaration of state of war and the use of the Armed Forces of Ukraine in the event of an armed attack against Ukraine;

21. in the event of a threat of a attack against Ukraine or a threat to the state sovereignty of Ukraine, make decisions, subject to confirmation by the National Assembly within two days, on general or partial mobilization and imposition of martial law in Ukraine or its separate localities;

22. declare, if necessary, separate localities of Ukraine ecological disaster areas with subsequent confirmation of such decisions by the National Assembly within two days;

23. declare, if necessary, in Ukraine or separate localities, emergency laws subject to confirmation by the National Assembly within two days;

24. annul acts of ministers, heads of central and local bodies of executive power and the Govern-

ment of the Crimean autonomous Republic if they do not act in accordance with the Constitution and the laws of Ukraine and decrees of the President;

25. pass decisions on matters concerning the granting and renunciation of Ukrainian citizenship, the granting of asylum and deportation of foreign nationals and persons without citizenship;

26. propose to the National Assembly the dissolution of separate bodies of local and regional self-government, in the case that they violate the Constitution and laws if Ukraine and announce new elections for them;

27. establish additional measures of administrative order during times of emergency created by natural disaster, epidemics and epizooties;

28. take measures to defend the rights of Ukrainian citizens abroad;

29. promote satisfaction of national, cultural, spiritual and linguistic needs of Ukrainians living in other states;

30. exercise the right of pardon with regard to persons convicted by courts of Ukraine, with the exception of persons who are impeached;

31. award state decorations, honorary titles of Ukraine; establish and present presential awards;

32. explain acts adopted by him;

33. exercise other powers authorize by this Constitution.

Article 179

The President may not delegate this authority to other persons or bodies.

Article 180

For performing his duties, the President shall establish all necessary managing and consultative bodies within the expenditure limits provided for the staff and maintenance of the state executive power.

Article 181

The President may not dissolve the National Assembly, except in the case of the event provided for by Article 187 of the Constitution.

Article 182

Within the limits of his or her powers, on the basis of the Constitution and for its fulfillment the President shall issue decrees and orders.

Article 183

The President of Ukraine shall perform his duties until a newly elected President assumes office.

The powers of President shall be terminated before the expiration of his or her term of office in the following cases:

– violations of the rules of incompatibility of the presidential post with other forms of activity as set forth by part 6, Article 175 of this Constitution;

– acceptance of his resignation;

– inability to perform his or her duties for reasons of health;

– no confidence vote by the people in an all-Ukrainian referendum;

– removal from the presidency through impeachment;

– loss of Ukrainian citizenship or permanent change of residency to outside the borders of Ukraine.

Article 184

The President's resignation shall be accepted and shall take effect on the condition that his resignation statement has been read by him or her in person and considered at a plenary session of the National Assembly and accepted by a simple majority of votes, out of the number of members established by the Constitution of each of the Houses.

Article 185

Inability of the President of Ukraine to perform his or her functions for reasons of health shall be established at the session of the National Assembly on the basis of a written request of the Supreme Court of Ukraine supported by a medical certificate and a specially formed temporary parliamentary commission, and approved by a majority of votes in each of the houses, as established by the Constitution.

Article 186

A decision to hold an all-Ukrainian referendum to recall the President, if demanded by at least two million citizens having electoral rights, shall be adopted by the National Assembly by a majority of votes of each of the Houses, established by the Constitution.

Article 187

A decision to hold an all-Ukrainian referendum on the termination of the powers of the President of Ukraine before the expiration of his or her term of office on the initiative on the National Assembly shall be adopted by a majority of no fewer than two-thirds of members of each of the houses established by the Constitution.

If, in the course of the referendum held by the initiative of the National Assembly, the people of Ukraine express confidence in the President, the National Assembly may be dissolved by the President of Ukraine within two weeks after the results of the referendum have been officially announced.

Article 188

In the event the President criminally violates the Constitution and the laws of Ukraine in the discharge of his or her official duties, the Council of Deputies may impeach the President for trial by the Council of Delegates. The Council of Delegates shall adopt the decision to remove the President from office by no fewer than two-thirds of its total number of members, established by the Constitution.

A person thus removed from the Presidency shall be liable for prosecution on general grounds.

Article 189

In the event of death, termination of the President's powers before the expiration of his or her term of office, or his or her removal from office in cases provided for by articles 183 and 188 of this Constitution, the National Assembly shall adopt the decision to authorize the Prime Minister of Ukraine to discharge the presidential duties pending the election of a new President. Election of a new President shall be held not later than 90 days after the office becomes vacant. The newly elected President shall have powers for the term defined in Article 175 of the Constitution.

B. Cabinet of Ministers of Ukraine

Article 190

The Cabinet of Ministers (Government) of Ukraine shall be subordinated to the President, responsible to him and guided by his program and decisions in its activity.

The Cabinet of Ministers shall include the Prime Minister, the Deputy Prime Ministers, ministers and also other officials appointed by the President.

The Cabinet of Ministers shall be headed by the Prime Minister of Ukraine.

The Prime Minister shall be deputy to the President.

Article 191

The Prime Minister shall exercise direct management of the staff of the Cabinet of Ministers, control and coordinate the activities of the ministries and other bodies of the executive power.

The Prime Minister shall be subordinated, accountable and answerable to the President.

The powers and the procedure of the Cabinet of Ministers' activities are defined by Constitutional Law.

Article 192

The suspension of the President's authority shall result in the discharge of the Cabinet of Ministers.

The Cabinet of Ministers which is discharged continues carrying out its duties until the new Cabinet is formed.

Article 193

The ministers and heads of other central bodies of the executive power shall direct the functioning of spheres of administration entrusted to them and shall be responsible to the President for the state of affairs in these spheres.

The ministers and heads of other central bodies of the executive power shall, within the limits of their powers, issue orders and other acts on the basis and in pursuance of the Constitution and the laws of Ukraine and also of presidential decrees.

A minister or the head of another central body of the executive power whose activity has been declared unsatisfactory by the National Assembly or either of its Houses shall be subject to dismissal by a presidential decree.

Members of the Government and heads of other central bodies of executive power have the right to participate in sessions of the National Assembly, the Houses and their commissions.

The officials of the executive power shall answer the questions addressed to them by the members of the National Assembly or its Houses within twenty days.

Article 194

The rules on incompatibility, established by Article 208 of this Constitution, apply to the officials of the Cabinet of Ministers and other bodies of the state executive power.

C. Local Bodies of the State Executive Power

Article 195

Local bodies of executive power include regional (land) and district councils.

Article 196

The regional (land) and district councils shall, within the limits of their powers, enforce and implement the Constitution, the laws, presidential decrees, and other acts of legislative and executive power, ensure the maintenance of public order and protect civil rights and freedoms, control and coordinate the activity of enterprises, institutions and organizations, bodies of local and regional self-government and also local state bodies which are directly subordinated to the ministries and other central bodies, and perform other functions the state management of the given territory.

The regional (land) and district councils shall not have the right to make decisions which are within the jurisdiction of bodies of local and regional self-government.

Article 197

Regional (land) and district councils shall be headed by chairman of the given council, who shall perform their functions on the basis of personal leadership and responsibility.

The chairman of a district (land) council shall be appointed and dismissed by the President.

The chairman of a district council shall be appointed and dismissed by the chairman of the regional (land) council with subsequent confirmation by the President.

Chairmen of the regional and district councils shall be subordinated to the President.

Chairmen of regional (land) and district councils may be dismissed by the President on the proposition of no less than two-thirds of the total number of advisors elected to the regional (land), district council.

Article 198

To ensure an effective exercise of their powers, the chairmen of councils shall form departments, administrations and other services; and shall have the power to appoint and dismiss their heads.

Article 199

The heads of the regional and district councils, their deputies, heads of departments, managing bodies and other officers shall comply with the responsibilities of Article 208 of this Constitution.

Article 200

Within the limits of their powers, the chairmen of the councils shall issue orders on the basis and in pursuance of the Constitution, the laws and presidential decrees.

Orders of the chairmen of regional (land) and district councils may be annulled by the President.

Orders of the chairmen of district councils may be annulled by chairmen of regional (land) councils.

Article 201

The structures, powers rules of procedure and sources of financing of regional (land), and district councils shall be defined by Constitutional Law.

Chapter 21
Judiciary

A. Judicial Courts

Article 202

Judicial authority belongs exclusively to the courts, in the form of constitutional, civil, criminal and administrative proceedings. Appropriation or delegation of the judicial functions to others, is not allowed.

Jurisdiction is realized from the name of Ukraine.

Article 203

The judiciary system shall consist of the Constitutional Court of Ukraine, common and economic courts.

The creation of extraordinary courts and special extrajudicial bodies by the judiciary is forbidden.

The organization, method of activity and authority of the judges shall be established by Constitutional Laws.

Article 204

The jurisdiction of the Constitutional Court of Ukraine shall be governed by the limits set forth in this Constitution.

Article 205

Civil, administrative and criminal cases may arise in courts of general jurisdiction – before justices of the peace, district, local and regional (land) courts, the Supreme Court of the Autonomous Republic of Crimea and the Supreme Court of Ukraine.

Judicial review of decisions of general courts shall belong to the Supreme Court of Ukraine.

Article 206

Economic courts, regional (land) courts, the Kyiv local economic courts, economic courts of the Autonomous Republic of Crimea, and the Highest Economic Court of Ukraine shall resolve economic disputes.

Article 207

Judges shall be independent and shall answer only to the Constitution and its laws.

The inviolability of judges shall be guaranteed by law.

Judges shall not be changed during their tenure. Upon attaining the age prescribed by law, judges shall retire. Prior to the age of retirement, a judge, without his consent, may be relieved of his duties only under the circumstances and according to the terms set forth by Constitutional Law.

The state shall provide proper working conditions for judges.

Article 208

Judges shall not be members of political parties, movements, trade unions, or take interest in political activities, hold any elected position, or have any other paid position other than lecturing during time off from their duties. Other activities incompatible with the position or duties of the judge shall be indicated by law.

Article 209

Judges shall be elected and appointed for a permanent term.

Justices of the peace, general and economic judges, other than in cases foreseen by Articles 140 and 141 of this Constitution, shall be appointed by the Council of Delegates according to competitive results.

Judges who first pass the competitive selection are appointed for a term of five years.

Article 210

For the purposes of testing for the positions of the justices of the peace, general judges, and economic judges, and inquiry into questions about the judges service record, imposition of disciplinary measures and impeachment, the Council of Deputies shall create the Supreme judicial certification and disciplinary commission.

The organization and activities of the Supreme certification and disciplinary commission of judges shall be defined by law.

Article 211

Jurisdiction shall be exercised either by a single judge acting alone or by a panel of judges.

In panel decisions, the justice will be preserved by shall be examination by the entire panel of judges and by the jury of the matter at issue.

In matters that may be examined by the courts, the selection and empowering of the jury shall be undertaken in accordance with the law.

Article 212

All judicial proceedings shall be public and open proceedings. Closed proceedings shall fulfill all the rules of judicial procedure, and may be conducted only in cases where the court determines that open proceedings may reveal national, professional or commercial secrets, or facts about the personal life of a citizen or his family.

Article 213

Judicial proceedings shall be adversarial and based on equality of both parties before the law.

Article 214

Judicial proceedings shall be conducted in the Ukrainian language or in the language of the majority of that locality. Participants in judicial proceedings who do not speak Ukrainian have the right to fully understand all material matters relating to the proceeding, to participate in the proceeding through an interpreter and to speak during the proceeding in their native language.

Article 215

No one can be denied the right to have access to the court of proper jurisdiction as provided by law.

Article 216

Judicial decisions should be reasoned, unprejudiced, and based upon a complete and objective analysis of facts; and shall be publicly announced.

The decision of the court of first impression may be protested in accordance with the annulment and appeals procedures.

Article 217

Judges shall not apply laws or interpretations of them that are inconsistent with the Constitution.

In the event that in the course of examining a specific matter the court determines that it must apply a law or its interpretation that is inconsistent with the Constitution, then the court shall adjourn the proceeding and shall petition the Constitutional Court of Ukraine to declare the law or its interpretation unconstitutional.

Article 218

Decisions of the court that have taken on the force of law shall be applicable to all governmental bodies, businesses, institutions and organizations, bodies of local and regional governments, citizens and their associations, officials and other persons, and must be complied with (at the same time and in similar manner) throughout the entire territory of Ukraine.

Article 219

Material and moral damages that result from judicial errors or from the unlawful acts of judicial and investigative organs or the procuracy shall be compensated by the state in accordance with law.

B. The Procuracy

Article 220

The Procurator General of Ukraine and all other procurators shall be responsible for:

1. the supervision of adherence to the laws by executive branch organizations and local and regional governments by their acts which relate to the interest of the state;

2. the supervision of adherence to the laws by legal agencies which carry out searches, fact finding and initial investigations;

3. pre-trial investigation of criminal activity and authorized by law;

4. prosecution of state case in the court;

5. the supervision of adherence with the law by places of detention;

6. the defense of property or other interests of the state.

Article 221

The Procurator General of Ukraine shall be appointed by the Council of Delegates on the nomination of the Chairman of the council of Delegates for a 5 year term. The regional, district and city procurators shall be appointed by the Procurator General of Ukraine for 5 year terms.

The Procurator General of the Autonomous Republic of Crimea shall be appointed by the Procurator General on the nomination of the Supreme Council of the Autonomous Republic of Crimea. In the case of a failure of agreement within three months between the Procurator General of Ukraine and the Supreme Council of the Autonomous Republic of Crimea, questions about the appointment of the Procurator of the Autonomous Republic of Crimea shall be decided by the Council of Delegates of Ukraine, on the recommendation of alternative candidates by the Supreme Council of the Autonomous Republic of Crimea and the General Procurator of Ukraine.

Article 222

The Procurator has the right to require and obtain from any bodies, organizations and officials, documents and real information necessary for the fulfillment of his responsibilities.

Article 223

The procurators and other officials of the procuracy are subject to the requirements of inconsistency, according to Article 208 of this Constitution. The organization, authority and procedure of conduct of Ukraine shall be defined by Constitutional Law.

Part V
City and Regional Self-Governance

Article 224

City self-governance shall be determined by the population of the city, town and villages (local community), either directly or through elected representative bodies.

The system of city self-governance shall include city, town and village Councils, city referendums, and other forms of territorial self-organization by the population.

The organs of local self-governance are city, town, and village councils.

The city, town and village Councils shall delineate their own capability, which shall not be altered except by law or by agreement. The organs

of city self-governance shall be independent bodies within the limits of their own competence.

Article 225

City, town and village Councils shall be composed of council members who shall be elected for a 5 year term on the basis of a general, equal and direct right to elect by secret ballot freely nominated candidates all of which have equal rights to be elected.

Council members are responsible for a defined territorial community.

The city, town and village Councils shall be chaired by the President of the Council, who shall be elected by the council members or by direct popular vote.

The President of the Council may simultaneously be the Chairman of the respective territorial community.

Article 226

City, town and village Councils, in order to fulfill their duties, shall create necessary executive bodies which shall be headed by appropriate council members.

Article 227

The city, town and village Councils, within the limits of their authority, shall prepare, approve and implement budgets for their respective populated areas, prescribe city taxes and levies according to law, govern and maintain community property and decide other questions that arise out of the collective needs of their respective territorial community.

The relationship of the city Councils to business enterprises, organizations and institutions, cooperatives and other establishments and individuals, whose property does not form part of the community property, shall be based on taxation and contractual arrangements.

In accordance with and within the limits of established laws, the governing bodies of city administration may assume the national administrative duties delegated to them.

Article 228

District self-governance shall be administered by the population in the regions (lands) and districts directly through regional referendums as well as through regionally elected bodies.

The bodies of local self-governance shall be the regional (land) and district Councils.

The regional (land) and district Councils shall consist of council members, elected for a 5 years term by the city, town and village Councils. Variant: Members of regional (land) and district Councils shall be elected by the voters of regions (lands) and districts for a term of four years.

Article 229
The regional (land) and district Councils have standardizing, executive and coordinating functions as well as other authority in the spheres and within the areas confined by Constitutional Law.

Article 230
Regional (land) and district Councils shall be headed by its chairman.

The chairmen of the regional (land) and district Councils shall be elected by the Council members for the duration of the session of the Councils.

The chairmen of the regional (land) and district Councils shall organize the work of Councils, their administrative bodies and council members, ensure the execution of enacted decrees, represent Councils in their relations with state bodies, people's organizations, organs of the city self-governance, enterprises, organizations, associations and citizens and also in external relations.

Article 231
The regional (land), district, city, town and village Councils shall enact decrees.

The decisions of regional (land), district, city, town and village Councils shall not contradict the Constitution, laws of Ukraine, or other legal acts which are necessary to fulfill on a definite territory.

Decisions of regional (land), district, city, town and village Councils which violate Constitution, laws of Ukraine or other legal acts shall be suspended by the President of the regional (land) Council until a decision of a court is rendered.

Article 232
The authority of city and regional administrative bodies may be suspended immediately by President, if these bodies violate the Constitution and laws of Ukraine. The terms by which the authority of the city and regional administrative bodies may be terminated shall be set forth by law.

Article 233
The authority of the city administrative bodies of Kyiv shall be determined by the Law on the capital of Ukraine – Kyiv.

Part VI
State Defence and Security

Article 234
Defence of Ukraine, armed protection of its sovereignty and territorial integrity and inviolability shall be borne by the Armed Forces of Ukraine.

General command of the Armed Forces shall be executed by the National Assembly, President and Council of National Defense of Ukraine.

The Ukrainian Minister of Defence shall have direct command over the Armed Forces.

The structure of the Armed Forces, its number, armament, economic, financial and material-technical resources shall be determined by law.

Article 235
In matters not connected with state defense, the National Assembly shall authorize the use of the Armed Forces.

Article 236
The Council of National Defense, created by the President, shall be the highest state organ which collectively manages the defense and security of Ukraine.

The Council of National Defense shall be created with the goal to develop military doctrines of Ukraine in the fields of defense and national security, and to maintain control of the fulfillment of ciritical state tasks regarding the upkeep of the defense capacities of Ukraine.

The Council of National Defense shall report to the National Assembly.

The authority, structure, organization and tasks of the Council of National Defense shall be determined by Constitutional Law.

Article 237
The National Guard of Ukraine shall be a state military unit designated to protect the sovereignty and territorial integrity of Ukraine, as well as the welfare and dignity of its citizens, their constitutional rights and citizens from criminal acts and other anti-social activity.

The National Guard shall answer to the President. The National Guard's Commander-in-Chief shall have direct command over the Guard.

Article 238
The Armed Forces, National Guard, Security and organs of Internal Affairs shall not be used by anyone for the purpose of overthrowing constitutional order and removing legally elected organs of power, illegally restricting the rights and freedoms of citizens, nor in other ways that contradict this Constitution.

Part VII
Defense of the Constitution

Article 239
Questions relating to the constitutionality of certain laws and legislative acts shall be decided by the Constitutional Court or Ukraine.

Article 240
The Constitutional Court of Ukraine shall consist of a Chairman, two Vice Chairmen and twenty two members of the Constitutional Court.

A Ukrainian citizen who has the right to vote, is at least forty years old, is a qualified lawyer, has a minimum of ten years working experience in practical, scientific or pedagogical jurisprudence.

The Chairman of the Constitutional Court shall be elected by a secret ballot election held in a joint session of the Council of Deputies and the Council of Ambassadors of the National Assembly.

The Chairman of the National Assembly, together with the President, nominates a candidate for the Chairman of the Constitutional Court. In the event that the Chairman of the National Assembly and the President cannot agree on the candidate their proposed candidates shall be presented to the National Assembly as alternatives.

The Vice Chairmen and the members of the Constitutional Court shall in equal number – one Vice Chairmen and 11 Constitutional Court members – be elected by secret ballot in individual proceedings, during separate sessions of the Council of Deputies and Council of Delegates of the National Assembly.

The candidates for Vice Chairmen of the Constitutional Court shall be presented to the Council of Deputies and Council of Delegates by the President and either the Chairman of the Council of Deputies or the Chairman of the Council of Delegates. In the event that the President and the Chairman of the Council of Deputies or the Chairman of Council of Delegates cannot agree on the candidates for the positions of Vice Chairmen of the Constitutional Court, both nominated candidates shall be brought to the Council of Deputies or the Council of Delegates as alternatives.

The candidates for the membership of the Constitutional Court shall be nominated by the Chairmen of the Council of Deputies and Council of Delegates.

The Chairman, Vice Chairmen and the members of the Constitutional Court of Ukraine shall be the judges of the Constitutional Court and shall be elected for only 1 ten-year term.

Article 241
In performing their duties, the judges of the Constitutional Court shall be independent and shall answer only to the Constitution of Ukraine.

The judges of the Constitutional Court shall not hold other offices designated in Article 208 of this Constitution.

The judges of the Constitutional Court shall have parliamentary immunity, as put forth by Article 132 of this Constitution.

When taking office, a judge of the Constitutional Court shall take the following oath before the National Assembly: "I solemnly swear to honestly and conscientiously fulfill my duties as a judge of the Constitutional Court of Ukraine, to protect the Constitution of Ukraine, to guarantee its supremacy, to respect and protect civil and human rights and freedoms".

Article 242
The authority of a judge of the Constitutional Court shall terminate at the end of his or her term in office. He or she mey continue to perform his or her duties until a new judge is elected, provided that this time does not exceed four months.

The authority of a judge of the Constitutional Court shall cease to exist before the end of his or her term under the following conditions:

a) if he or she resigns;

b) if his or her Ukrainian citizenship is lost or place of residency moves abroad;

c) if his or her health prevents the carrying out of his or her duties;

d) if he or she reaches his or her mandatory retirement age;

e) if he or she holds an office in addition to the one that he or she occupies within the Constitutional Court, as set forth by article 208 of this Constitution;

f) if there is a violation of his or her oath;

g) if he or she is impeached.

The National Assembly shall decide whether a Constitutional Court judge forfeits his or her authority before the official end of the term in office.

Article 243
The Constitutional Court shall review the constitutionality of:

1. laws and other legislative acts of the National Assembly of Ukraine and its Houses;

2. the Constitution and laws of the Autonomous Republic of Crimea;

3. decrees of the President of Ukraine;

4. acts of the Ministers and other heads of the central bodies of the executive branch of Ukraine;

5. acts of the Chairmen of the Regional (Land), district and city governments;

6. acts of the regional (land) and city governments.

On the request of either the President, the Chairman of the Council of Deputies, the Chairman of the Council of Delegates, at least one fifth of the Council of Deputies or the Council of Delegates, the Chairman of the Supreme Court, the Chairman of the Supreme Economic Court, General Procurator, the Representative of National Assembly of human rights, the Supreme Council of the Autonomous Republic of Crimea, regional (land) Councils and general courts in cases authorized by article 217 of this constitution the Constitutional Court shall consider issues regarding constitutional law.

The Constitutional Court shall consider the constitutionality of laws and the other legal acts on a citizen's complaint if the case has been considered and decided by a general court and the citizen believes that laws and legal acts utilized in the case contradict the Constitution. The citizen's complaints shall be submitted to the Constitutional Court through the Representative of National Assembly of human rights. From the points named by this article the Constitutional Court renders decisions enforceable on all-Ukrainian territory for the legislative, executive and judicial bodies, city and regional bodies of governance, officials, citizens and their associations.

Article 244

Upon the request of National Assembly and their houses the Constitutional Court shall report on:

1. if the Constitution corresponds with the international agreements of Ukraine submitted to the National Assembly for ratification;

2. the limits of authority of legislative and executive powers in Ukraine, state bodies of Ukraine and the Autonomous Republic of Crimea, bodies of state power, local and regional bodies of governance if they have any disagreement;

3. adherence by the President to the Constitution;

4. adherence to the Constitution by the Prime Minister, other officials, who are elected, nominated or confirmed by National Assembly or their houses (excluding judges of Constitutional Court);

5. the validity of mandates of members of the National Assembly with regard to controversial questions.

The Constitutional Court shall also give consultations regarding the other issues authorized by this Constitution.

Article 245

Questions submitted to the Constitutional Court shall be considered during its plenary meetings and meetings of collegium. Collegiums of the Constitutional Court shall consist of three judges and shall be appointed by the Chairman of the Constitutional Court.

On plenary meetings of the Constitutional Court cases indicated in items 1, 2, 3, 6, 7 of Article 243, items 1, 2, 3 of Article 244 may be considered. On meetings of collegium of the Constitutional Court cases indicated in items 4, 5, 8 and in part 3 of the article 243, item 4 of the article 244 of this Constitution shall be considered.

Article 246

The decisions and conclusions of the Constitutional Court shall be made by open voting during the plenary meeting by the majority of judges appointed according to the Constitution, and during the meeting of the Collegium, by the majority of its members of the Collegium.

Preventing judges from approving decisions and conclusions is forbidden.

Article 247

Decisions and conclusions enacted during the plenary meeting of the Constitutional Court shall be final.

Decisions and conclusions, enacted during the meeting of the Collegium, on the request of the Chairman of the Constitutional Court, may be reconsidered during plenary meeting of the Constitutional Court.

Article 248

Laws and other legal acts may be held fully or partly unconstitutional by the Constitutional Court, if the process of its review, adoption or implementation violates this Constitution.

Laws and other legal acts, their separate stances, ruled by the Constitutional Court as unconstitutional, loose their legal force from the moment the Constitutional Court publishes its decision on their illegality.

Laws and other legal acts and their separate stances, related to human rights ruled unconstitutional by the Constitutional Court loosed their legal force from the moment the Constitutional Court reaches such a decision.

Material and moral damage, inflicted on people and legal entities by unconstitutional acts and actions, must be reversed by the government.

Article 249

The authority of the Constitutional Court in real cases shall not interfere with the specific work of court decisions, the work of investigating bodies, and the procurator's office.

Part VIII
State Symbols

Article 250
The symbols of sovereign statehood of Ukraine include its state emblem, flag, and anthem.

Article 251
The state emblem of Ukraine shall be the symbol of the ancient nation of Kyiv and Rus – a golden trident set upon a blue background.

Article 252
The state flag of Ukraine shall be a rectangular cloth composed of two horizontal bars of equal width, the upper bar blue and the lower one yellow, symbolizing a clear sky and wheat fields, with a golden trident on the upper part of the flag a few inches away from the pole.

The ratio between the width of the flag to its length is 1 to 2.

Article 253
The state anthem of Ukraine shall be the national anthem "Shche ne Vmerla Ukraina" to the music of M. Verbytsky and lyrics of P. Chubynsky.

Article 254
The capital of Ukraine shall be the City of Kyiv.

Article 255
The national holiday of Ukraine shall be Independence Day, the twenty-fourth of August.

Part IX
Amendments and Additions to the Constitution and to Constitutional Law

Article 256
Amendmens and additions to the Constitution may be introduced on the motion of no less than one third of the members of each house of the National Assembly, or, in the case of an initiative from the public, by written petition containing the signatures of no less than two million electors.

A law embodying a proposed amendment or addition to the Constitution which is based upon an initiative of the public, shall be approved by an all-Ukrainian referendum.

A law embodying a proposed amendment or addition to the Constitution which is based upon an initiative from the National Assembly shall be approved by a vote of at least two thirds of the Constitutionally ordained members of each house in the National Assembly.

Article 257
No amendments or additions to the Constitution may be introduced which are directed against the independence and territorial integrity of Ukraine, which are aimed at altering the rule of the Constitution, restricting constitutionally defined forms of property, limiting human rights, or are added to the Constitution under conditions of an extraordinary crisis.

A law embodying proposed amendments or additions to the Constitution shall not require the President's approval.

Article 258
Laws which in this Constitution are described as constitutional laws shall be approved and amended by a vote of no less than two thirds of the Constitutionally ordained members of each house of the National Assembly.

Constitutional laws may be approved and amended on the basis of the constitutionality of the proposed laws and any changes or additions to such laws by the recommendation of the Constitutional Court.

Constitutional laws, amendments and additions to such laws shall not require the President's approval.

Textanhang XIII/3

Draft Constitution of Ukraine (1993)*

The Ukrainian People

Expressing	their sovereign will,
Relying	on the centuries of the history of Ukrainian national state building
Valuing	the insurance of the freedom and the natural rights of the individual dignity of life,
Striving	for the preservation and strengthening of social harmony
Fostering	the growth and development of civic society,
Desiring	to live freely in a democratic, rule of law state,
Guided	by the Act of the Declaration of Independence of Ukraine of 24 August 1991, confirmed by the nation-wide referendum of 1 December 1991,
Conscious	of the responsibility before present and future generations

Adopt this Constitution and declare it to be the Fundamental Law of Ukraine.

Part I
General Principles of the Constitutional Order

Article 1

The Constitutional order of Ukraine is based on the recognition of the individual, one's life and health, honor and dignity, inviolability and safety as the highest social value, and the priorities of one's rights and liberties.

The establishment and insurance of the rights and freedoms of the individuals is the principle responsibility of the state.

The state is responsible to the individual and society for its actions.

Article 2

Ukraine is a democratic, rule of law and social state.

Article 3

Ukraine is a republic. All power in Ukraine belongs to the people.

---

* Submitted by the Constitutional Commission of the Parliament of Ukraine after additional consideration as a result of public discussion; May 27, 1993.

The Ukrainian people, who consist of the citizens of Ukraine of all nationalities, is the only source of power and self-governance.

The power of the people (the sovereignty of the people) is exercised on the basis of the Constitution of Ukraine directly and through the system of state organs and the bodies of local self-governance.

State power is exercised under the principle of its division into legislative, executive, and judicial powers.

The unity of state power is guaranteed by the coordinated action of all powers.

Each power, in fulfilling its functions, acts within the set framework of the Constitution.

The National Council (Vsenarodna Rada) of Ukraine, within the framework of the Constitution of Ukraine, has the exclusive right so speak on behalf of the people of Ukraine.

No segment of the people, no political party, civic organization, any other grouping or individual person can appropriate the right to exercise state power.

Article 4

The Constitution recognizes and guarantees local self-governance. The relations between the bodies of state power and local self-governance are regulated by law.

Article 5

Election to state organs and the bodies of local self-governance, provided by the Constitution of Ukraine, are free, held regularly and on the basis of universal, equal and direct election rights by a secret ballot.

Voters shall be guaranteed the right to freely express their will.

Article 6

Ukraine adheres to the principle of the supremacy of law on which this Constitution is based.

The Constitution has the supreme judicial power. Norms of the Constitution are the norms of direct actions. Laws and other legal acts should not contradict the Constitution and constitutional laws of Ukraine.

The citizens of Ukraine exercise their rights in accordance with the principle "everything, that is not prohibited, is permitted".

The state bodies, bodies of local self-government, officials exercise their powers in accordance with the principle "only that, which is stipulated by law, is permitted".

Article 7

The state language of Ukraine is the Ukrainian language.

In areas of dense concentration of one or several national groups, along with the state language, one may also use, as an official language in state bodies, organizations and institutions, the accepted language of the majority of the population of the particular area.

Article 8

The state encourages the consolidation and development of the Ukrainian nation, its historic consciousness, traditions and cultures, the development of ethnic, cultural, language and religious identities of all the national minorities.

Ukraine fosters the satisfaction of the national-cultural, spiritual, and linguistic needs of Ukrainians, who are living beyond the borders of the state.

Article 9

Social life in Ukraine is based on the principles of political, economic, and ideological pluralism.

Equal right of citizens and public associations to participate in the affairs of the state and politics shall be guaranteed in Ukraine.

The law shall guarantee to all the equality of various forms of ownership, forms of entrepreneurship, and social orientation of the economy.

No ideology shall limit the freedom of convictions, opinions, and thoughts or be recognized as the official state ideology.

Article 10

The territory of Ukraine is one, inviolable, and indivisible.

Article 11

Ukraine recognizes the primacy of universal human values and respects universally accepted principles of international law.

The foreign policy of Ukraine is aimed at ensuring its national interests and security through the maintenance of peaceful and mutually beneficial cooperation with the members of the international community on the basis of strict adherence to the principles of respect for state sovereignty and sovereign equality; non-use of force or threat of force; inviolability of state borders and territorial integrity of the state; non-interference in internal affairs; respect for human rights and fundamental freedoms; cooperation between states; diligent fulfillment of international obligations; and peaceful settlement of disputes.

Duly ratified or adopted and officially published international treaties entered into by Ukraine shall comprise part of its legislation and are binding on all governmental organs, legal and physical persons.

Article 12

The citizens of Ukraine shall have the right to resist and oppose all who attempt to forcibly destroy Ukrainian statehood, the democratic constitutional order established by this Constitution, violate the territorial integrity of Ukraine or attempt actions aimed at seizing state power.

Part II
Rights, Freedoms and Duties of Individuals and Citizens

Chapter 1
General Principles

Article 13

All people are born free and equal in their dignity and rights.

Natural rights and freedoms of the individual are inalienable.

Article 14

The rights and freedoms of the individual and citizen, confirmed under this Constitution, are not exhaustive and constitute the basis for any other individual rights and freedoms.

Constitutional rights and freedoms cannot be revoked.

Article 15

The citizens of Ukraine have equal constitutional rights and freedoms and are equal before the law regardless of their origin, social and economic status, office, sex, race, nationality, language, religion, political and other convictions, occupation, or place of residence, participation in citizens' affiliations and other circumstances.

No one shall use benefits and privileges not established by law.

The exercise by an individual of one's rights and freedoms shall not violate the rights and freedoms of other persons.

Article 16

Everyone shall have the right to preserve and defend their national heritage.

Chapter 2
Citizenship

Article 17

A single citizenship is established in Ukraine.

A citizen of Ukraine may not be stripped of citizenship or of the right to renounce Ukrainian citizenship.

The grounds for acquiring and losing Ukrainian citizenship are defined by the constitutional law on citizenship of Ukraine.

Article 18

A citizen of Ukraine may not be expelled from its borders or extradited to a foreign state.

Article 19

Ukraine guarantees to its citizens care and protection beyond its borders.

Article 20

The legal status of foreign citizens and persons without citizenship, within the territory of Ukraine, shall be defined by law.

Foreign citizens and persons without citizenship may be granted political asylum.

Chapter 3
Civic and Political Rights

Article 21

Every individual has an inalienable right to life and cannot be arbitrarily deprived of it.

The law shall protect the life of the individual from any illegal encroachments.

Each individual has the right to defend his or her life and the life of other persons by all legal means from any illegal encroachments.

Capital punishment, until its complete abolition, may be used in accordance with the law as an exceptional method of punishment for intentional murders and only by a verdict of the court.

Article 22

Every individual has the right to freedom, inviolability of person and respect for his or her dignity.

Arrest, detainment in custody, or any other restriction of personal freedom in any form whatsoever shall not be permissible except on the basis of a motivated decision of the court or procurator's sanction, which can be appealed to the court, and only in cases forseen by law.

In urgent cases, conditioned by the necessity to prevent or stop criminal acts, authorized bodies may detain suspects and, within 24 hours, must notify a justice of the peace.

If the justice of the peace, within the next 24 hours, does not make a motivated decision to detain in custody, the detainee shall be immediately released.

Every detained or arrested individual must be informed immediately of the reasons for his or her detention or arrest and be advised of his or her rights.

Article 23

No one may be subjected to torture or cruel, inhuman or degrading treatment or punishment.

No individual may, without his or her free consent, be subjected to medical, scientific, or other experiments.

Article 24

Each individual is guaranteed the inviolability of dwelling. Invasion of the dwelling or other premises of an individual, and conducting of search and examination of it, is not permitted except by a motivated decision of the court.

In urgent cases, involving the direct pursuit of persons suspected of commission of a crime, or involving the rescue of life and property, other procedures may be established by law for the invasion of a dwelling or other premises of the individual or the search and examination of them.

Article 25

Every individual shall be guaranteed privacy of written correspondence, telephone conversations, telegram and other correspondence. Exceptions may be allowed only by decision of the court or by procurator's sanction in the attempt to prevent crimes or to determine the truth during investigation and review of criminal cases.

Article 26

Citizens of Ukraine are guaranteed freedom of movement and free choice of residency, except for limitations set by law in the interests of the protection of health, control of epidemics, natural disasters, and crime prevention.

Every citizen has the right to freely leave the territory of Ukraine and to return to it upon compliance with duties stipulated by law.

Article 27

No one shall be subjected to arbitrary intrusion into his or her private and family life.

It is not permissible to gather, keep, use or disseminate confidential information about any person without his or her consent.

Each individual shall be guaranteed judicial protection of his or her rights to disprove non-credible information and to seek compensation for material and moral damage caused by the publicizing or use of such information.

Article 28

Each individual has the right to freedom of thought, conscience and religion. This right includes the freedom to confess a religion, to change one's religion, and to exercise, individually or collectively, without any interference, religious cults and rites, and to conduct religious or atheistic activity.

It is unlawful to demand from the clergy disclosure of information obtained through the confesional.

No one shall be exempt from discharging one's duties to the state or shall refuse to obey laws on the basis of religious beliefs, except in performing military duty. In cases where the performance of military duty contradicts the religious beliefs of a citizen, this duty shall be replaced with alternative (non-military) service.

Article 29

Each individual has the right to freedom of speech, and free expression of views and convictions in any form.

Each individual has the right freely, regardless of state borders, to seek, obtain, record, preserve, use, and disseminate information in oral, written, printed or any other form of his or her choice.

Abridgement of this right shall be stipulated only by law and shall be only for the purpose of protecting state or other legally protected secrets as well as the rights and freedoms of other individuals.

Article 30

Every citizen has the right, in accordance with procedures established by law, to access information about oneself and to access any information in state organs and institutions, and local self-governance bodies, pertaining to one's rights and interests and which is not a state or other legally protected secret.

Article 31

Citizens of Ukraine have the right to freedom of association, for the realization and protection of their rights and freedoms, and the satisfaction of their economic, political, social, cultural, or other interests.

No one may be forced to join an association or have his or her rights abridged or gain privileges because of an affiliation or non-affiliation.

Citizens do not have the right to form associations in cases stipulated by Article 86 of this Constitution.

Article 32

Citizens have the right to freely elect and to be elected to appropriate state organs or local self-governance bodies on the basis of universal, equal, direct election rights by secret ballot.

Article 33

Each citizens has the right to participate in the consideration of social and state matters either directly or through his or her representatives elected to governing bodies. Direct participation of citizens in the administration of social and state affairs is realized by referendums, general discussions of draft legislation and of important questions of state and local affairs, participation in the work of

local self-governance bodies, and by other methods stipulated by law.

Article 34

The right of the citizens of Ukraine to assemble peacefully without weapons and to conduct assemblies, rallies, marches and demonstrations is recognized.

State organs or local self-governance bodies shall be notified about the conduct of assemblies, rallies, and demonstrations held in public places.

The law establishes requirements for procedures for the realization of this right in order to ensure public order, security, rights and freedoms of other individuals.

Article 35

Every citizen of Ukraine, who has the right to vote, may exercise an equal right to hold state office and also offices in bodies of self-governance.

Qualifications and other requirements of candidates to the respective positions are established by law. Filling of these positions, as a rule, is carried out on a competitive basis.

Article 36

All have the right to send individual and collective written petitions to state organs, local self-governance bodies and to their officials, regarding proposals for improvement of their activity, and criticisms of shortcomings in their work.

State agencies, local self-governance bodies, and their officials, must review the petitions of citizens, give judicially motivated replies within periods prescribed by law, and take necessary measures regarding same.

Prosecution for criticism is punishable by law.

Chapter 4
Economic, Social, Ecological and Cultural Rights

Article 37

Citizens of Ukraine have the right to private property, that is, the right to own, use, and manage their property, means of production, natural resources, which belong to them pursuant to laws in effect, and the results of their intellectual work.

No one under any circumstances may be illegally deprived of his or her property.

The exercise of the right of ownership by citizens must not violate the rights of other individuals.

The inviolability of private property and the right of inheritance shall be guaranteed by law and secured by judicial protection.

Every individual has the right to protect his or her property by all legal means.

Article 38

Citizens of Ukraine have the right to use publicly-owned natural and other objects to meet their needs in accordance with the laws of Ukraine.

Article 39

Citizens of Ukraine have the right to entrepreneurial activity, not banned by law, and directed at obtaining profits.

The conduct of entrepreneurial activity is prohibited for deputies of the National Council (Vsenarodna Rada) of Ukraine, deputies of the Verkhovna Rada of the Republic of Crimea, oblast (land) radas, officials of state executive organs, local self-governance bodies, the judiciary, the procuracy, investigation service, security service, internal affairs, and military personnel.

Article 40

Citizens of Ukraine have the right to the work which they freely chose or agree to.

The state shall create conditions for the full employment of the able-bodied population and for equal opportunities for citizens to choose trades and occupations and shall realize programs of vocational training and re-training of workers.

Every employer shall secure working conditions which meet safety and hygiene requirements and are not harmful. Appropriate working standards are established by law.

The use of forced labor is prohibited. Military service, alternate non-military service, as well as work or service performed by an individual according to a court verdict, or in accordance to laws regarding a state of emergency or of war, is not considered to be forced labor.

Remuneration shall not be lower than the minimum level set by the state in consultation with trade unions and shall ensure a minimum living standard for an employee and his family which corresponds to the scientifically based physiological and social-cultural needs of the human being.

Each individual is guaranteed protection from unlawful dismissal from work and to material support not below the minimum living standard in case of unemployment caused by reasons beyond one's control.

Article 41

Citizens of Ukraine shall have the right to rest and leisure.

The maximum number of work hours and minimum time of rest as well as annual paid leave and also other basic provisions for realization of this right shall be stipulated by law.

Article 42

The right of employees to strike is recognized for the purposes of defending collective economic and social rights and interests of the citizens of Ukraine.

Strikes shall not be permitted if they directly endanger human lives and public health.

No one shall be forced to participate in a strike.

Any restriction of the rights, any persecution of an employee or any dismissal for the participation in a strike, held in conformity with the law, shall be prohibited.

Judges, personnel of the state administration, the procuracy, the preliminary investigation services, communication and transportation services, security services, internal affairs and military servicemen are prohibited from striking.

Article 43

Citizens of Ukraine shall have the right to social security in old age, in case of disease, full or partial disability, handicap, accident, loss of principle wage earner, unemployment for reasons beyond their control and in other cases stipulated by law.

This right shall be guaranteed by mandatory state social insurance through insurance contributions by state and private institutions, budget or other sources of social security.

Pensions and other forms of social assistance, which are primary sources of existence, shall ensure living standards of individuals not lower than the minimum living standard established by law.

Article 44

Citizens of Ukraine have the right to housing.

The state and local self-governance bodies shall provide housing construction, encourage and support private housing construction, and create other conditions for the realization of the right to housing.

Individuals requiring social protection shall be provided with a dwelling free of charge or at rates affordable to them through government, municipal, or other housing funds in accordance with the norms set by law.

No one shall be deprived of housing illegally and only by court decision.

Article 45

Citizens of Ukraine have the right to health protection.

Health protection shall be provided by the governmental financing of the specific socio-economic, medical-sanitary and recuperative prophylactic programs, and the broadening of the network of state and municipal medical institutions and enterprises.

Private medical institutions are permitted to be formed in accordance with law.

In state and municipal health protection institutions, medical care is provided free of charge through budgetary allocations, insurance contributions and other sources.

Article 46
Citizens of Ukraine shall have the right to education.

General and free access to elementary, general secondary, and vocational secondary education in state and municipal educational institutions is guaranteed.

The level of compulsory education shall be set by law.

The state shall provide free of charge higher education for children from lower income families and orphans, and shall provide them with state scholarships.

Article 47
Every individual has the right to an environment, food supplies and household items which are ecologically safe for life and health.

The law guarantees each individual the right to free access to reliable information about the environment, living and working conditions, quality of food supplies and household items, as well as the right to dissemination of such information.

Concealment or intentional fabrication of information by officials regarding facts that may cause harm to human health is punishable by law.

Article 48
Citizens of Ukraine shall be guaranteed freedom of scientific, artistic, technological, lecturing or other creative activities and research, and general access to reserves of national and world science and culture which are maintained by public funds.

Chapter 5
Guarantees of Rights and Freedoms

Article 49
Citizens of Ukraine shall be guaranteed equal protection under the law.

All rights and freedoms of persons and citizens are protected by the judiciary.

Every individual has the right to respond by lawful means to violations of his or her rights and freedoms.

Article 50
The right of every individual to know his or her rights and duties is guaranteed. For this purpose, the state, in a term established by law, shall publish and make accessible all laws and normative acts.

Laws and other normative acts, which have not been publicized in due course, are deemed invalid and shall not be implemented or enforced.

Article 51
No one shall be forced to obey clearly criminal instructions of orders even under conditions of martial or emergency law.

The issuance or execution of obviously criminal instructions or orders shall carry legal accountability.

Article 52
Legal accountability of the individual has an individual basis.

No one shall be prosecuted twice for the same offense.

Article 53
The principle of the presumption of innocence is guaranteed.

The individual shall be presumed innocent until his or her guilt is established though a legal procedure and is confirmed by a guilty sentence by the court which has the force of law.

No one must prove his or her innocence.

An accusation may not be grounded on illegally acquired evidence or suspicions. All doubts are interpreted in favor of the suspected, arrested or accused person.

No one may be subjected to criminal punishment by any means other than a court verdict.

If a court verdict is vacated as unlawful, the state must compensate those affected by the decision for material and moral damages.

Article 54
An individual bears no responsibility for refusal to testify or give a statement against himself or herself, or against a family member, or close relative, whose degree of relation is set by law.

A suspect accused or indicted, has the right: to a defense; an attorney or other qualified legal assistance; to become acquainted with those documents regarding his or her indcitment and/or investigation; to confront those witnesses testifying against him or her; to subpoena witnesses, to call expert testimony; to become acquainted with questions put to expert witnesses; to question expert witnesses; and to acquire written conclusions regarding them.

A suspect, accused or indicted, has also other guarantees set by law.

Article 55
An individual found guilty by a court is entitled to all rights of the individual and citizen, with the

exception of those restrictions resulting from the sentence of the court and the laws which regulate its execution.

The state guarantees human treatment of incarcerated individuals in places of detention and is responsible for their security.

Article 56

Law cannot be retroactive, except when it improves the situation or reduces or revokes the accountability of the individual.

No one may be prosecuted for actions which, at the time of their commission, were not recognized as offenses. If, after an unlawful act was committed, the penalty for it is repealed or mitigated by a new law, the new law applies.

Article 57

Every individual is guaranteed the right to appeal to a court those actions of state organs and local self-governance bodies, public associations and any officials, who violate or abridge his or her rights and freedoms.

Every individual shall have the right to compensation by the state or local self-governance bodies for material and moral damages caused by unlawful actions of state organs and local self-governance bodies or their officials in the course of their duties.

Damages, caused as a result of criminal attempts, are subject to compensation at the expense of the state in cases where the criminal is unidentified or insolvent.

Article 58

Everyone has the right to legal assistance. In cases set by law, this assistance is provided free of charge.

Every detained, taken into custody, or indicted individual has the right to use the services of a legal counsel from the moment of his or her detention, taking into custody; or indictment.

Article 59

Constitutional rights and freedoms shall not be restricted, except in cases stipulated by this Constitution and in laws adopted on its basis, with the aim of defending the rights and freedoms of other individuals, protecting health, and ensuring public security and social morality.

Such restrictions must be minimal and must correspond with the principles of a democratic society.

In cases of martial law or states of emergency, the rights stipulated by articles 24, 25, 26, 29, 34, 37, 38, 39, 40, 41 and 42 of the Constitution can be limited and restricted only for the time period and to the degree which is necessitated by the severity of the given situation.

Chapter 6
Principal Duties [of the Individual]

Article 60

Every individual must fully comply with the Constitution and laws of Ukraine and not make attempts upon the rights and freedoms, honor and dignity of other individuals.

Ignorance of the law does not exempt an individual from legal responsibility for his or her actions.

Article 61

The defense of the motherland is a duty of every citizen of Ukraine.

Citizens of Ukraine shall perform military service in accordance with the law.

Article 62

Every individual must pay taxes and duties according to procedures and amounts set by law.

Article 63

Every individual must not damage nature, historic and cultural heritage, historic and cultural monuments and must pay compensation for any damage to said.

Part III
Civic Society and the State

Chapter 7
General Principles

Article 64

Civic society shall be based on the principles of freedom and equality of individuals, self-organization and self-regulation.

Article 65

The state shall be subordinated to serve civil society and will direct its activity to secure equal possibilities for all as a basis of social justice. The state shall serve civil society.

Legal regulation in civil society shall be achieved within the framework established by this Constitution and shall be directed to the insurance of interests of the individual.

Chapter 8
Ownership

Article 66

Ownership in Ukraine shall be private and public.

Private ownership is held by individual citizens, their associations, and worker collectives.

Public ownership shall be state and municipal.

The law guarantees the social function of ownership.

For the purpose of ensuring universal state interests, the law shall establish the complete list of objects of ownership which may be the exclusive property of the state.

Article 67

In Ukraine, in accordance with the law, there may be ownership of objects by foreign states, their citizens and international organizations.

The right of private ownership of land is granted only to citizens of Ukraine on grounds and within limits stipulated by law.

Article 68

The expropriation of private property can occur only as an exception in cases of social necessity and only by the state with prior and full reimbursement of the market value of the property.

The expropriation of private property, with subsequent full reimbursement of its market value, shall be allowed only under conditions of martial law or a state of emergency.

Confiscation of property may take place only in the case, scope, and manner specified by law and only in connection with the transgression of the law.

Chapter 9
Entrepreneurship

Article 69

The law guarantees freedom of entrepreneurship, agreements, and fair and non-excessive competition.

State organs shall not interfere in the direct economic activity of enterprises except in cases of martial law or state of emergency.

Article 70

The law shall guarantee the right of worker collectives to participate in the management of state and municipal enterprises, and shall create for such purpose necessary regulatory and other public (except political) organs and organizations.

Article 71

Monopolistic activity, directed at or resulting in the limitation or elimination of free competition and constitutes an abuse of a dominant market position, shall be prohibited.

Limits and forms of state monopoly shall be set by law.

Article 72

The state shall: protect the interests of consumers; support public methods of their protection; assert control over the quality and safety of products, and all types of services.

Chapter 10
Ecological Safety

Article 73

In Ukraine, the priority of ecology over economy is recognized. The state shall pursue an ecological policy aimed at ensuring ecological safety through reasonable use of nature, preservation of the environment and the genetic stock of the animal world and the promotion of ecological education of the population.

Article 74

In Ukraine, state ecological expertise shall occur and public and other types of ecological expertise shall be encouraged.

Consultation with ecological experts shall be mandatory in law making, drafting, entrepreneurial and other activities affecting the state of the environment.

Article 75

Any violation of ecological standards, concealment or distortion of ecological information shall be regarded as socially dangerous and shall be punishable.

Chapter 11
The Family

Article 76

The law recognizes the family as the natural and principle social center of civic society.

Article 77

Marriage shall be based upon free consent of man and woman. Husband and wife have equal rights and obligations in family relations.

Article 78

The family, motherhood, fatherhood, and childhood shall be protected by law.

Article 79

Children are equal before the law regardless of their background, public status of their parents, as well as whether they were born in or out of wedlock.

Parents must support, raise, and ensure development of their children until the age of majority and in other cases stipulated by law.

Any force directed against a child and his or her exploitation is punishable by law.

Adult able-bodied children must take care of their disabled parents and provide for their material support.

All troubles, associated with the support, education, and development of orphans and children deprived of parental care shall be the obligation of the state. The state shall encourage and support civic charitable activities regarding those children.

Chapter 12
Education, Science, and Culture

Article 80

The state shall insure conditions for free, universal multi-faceted development of education, science and culture, familiarization with the spiritual heritage of the Ukrainian people, world culture and its development.

The law guarantees to all national minorities the right to: use and to study in their native language or to study their native language in state educational institutions or through national cultural societies; develop national cultural traditions; celebrate national holidays; profess their faith; create national cultural and educational institutions; and perform any other activities, in the national and cultural sphere, which do not contradict the law.

Article 81

State and municipal educational, scientific, and cultural institutions shall be independent of political parties, and other public associations, and shall have a global character.

Article 82

The state shall realize the necessary development of all forms of education and upbringing through the system of state and municipal and private education and upbringing institutions.

The law shall stipulate the universal norms pertaining to the education and shall provide standardized certificates of education. The state shall implement control over adherence to these norms.

Article 83

The state shall ensure conditions for the development of fundamental scientific research and the development of academic personnel.

Article 84

The law shall protect historic and cultural monuments, regardless of who is their owner.

Chapter 13
Public Associations

Article 85

Public associations include: political parties, mass movements, labor unions, religious organizations, voluntary associations, foundations, associations and other non-profit public associations.

The activity of public associations is based on democratic principles, respect for constitutional rights and freedoms of their members and other individuals, and must satisfy the demands of openness and glasnost.

All public associations are equal under the law. No public associations shall have benefits and privileges which are not established by law.

Article 86

Creation and activity of public associations that pursue the goals of changing the constitutional order through force; establishment of a totalitarian regime and the dictatorship of any class or party; seizure of state power; violation of the territorial integrity of Ukraine; undermining its security; creation of illegal military formations; warmongering; violence; and incitement of national, racial, or religious hatred; encroachments upon individual rights and freedoms, health and social morality shall be prohibited.

Public associations may be banned and dissolved only through judicial procedure.

Article 87

Parties and other political associations of citizens shall facilitate the expression of the political will of the people, and shall participate in elections.

The creation and activity of any structural subdivisions of political parties in state organs and local self-governance bodies (with the exception of political factions in the National Council (Vsenarodna Rada) of Ukraine and in local self-governance bodies), military formations, as well as in enterprises, institutions, organizations and educational establishments shall be prohibited.

The decisions of public associations are not mandatory for the population, state organs and local self-governance bodies.

Article 88

Labor unions shall be formed to defend the economic and social rights and interests of workers.

Labor unions carry out their activity at enterprises and institutions regardless of the form of ownership.

Article 89

The law shall defend the right and interests of religious organizations.

All beliefs, religious organizations and confessions, are equal under the law. Establishment of any privileges or restrictions upon any particular religion, belief, religious organization or other confession is not permitted.

Chapter 14
Freedom of Information

Article 90

Freedom of information is guaranteed in Ukraine. The law guarantees equal rights and opportunities to access information.

Article 91

Means of information are independent. Censorship of information is not permitted.

Founders of means of information may be individuals and legal entities.

Monopolization of any form of information is not allowed.

Article 92

The information media shall have the rights to obtain any news from state organs, public associations, local self-governance bodies, enterprises, institutions, and organizations, and officials as well as accurate information on their activities.

The information media should truly and realistically present events and fairly reflect diverse points of view about the events.

The use of the mass information media for: dissemination of information, which constitutes state or other legally protected secrets; for appeals for the overthrow of the constitutional order or the seizure of power; violation of the territorial integrity of Ukraine; warmongering; violence; incitement national, racial, or religious hatred, encroachment upon human rights and freedoms and social morality shall be prohibited.

Article 93

Any obstacles to legal professional activities of journalists and other workers of the information media shall be prohibited.

Forcible suspension of the activity or liquidation of the mass information media shall occur only by a court procedure.

Part IV
Direct Exercise of the Power of the People

Article 94

The basis of the power of the people in Ukraine shall be the sovereign will of its people, which is freely expressed through referendums, elections, exercise of the people's legislative initiative and other forms of direct democracy.

Article 95

The right to participate in referendums and elections belongs to citizens of Ukraine who have reached the age of 18 years at the time of the holding of the referendum or election.

Citizens, declared incompetent by a court, shall not have the right to vote.

Article 96

Referendums and elections shall be called by the National Council (Vsenarodna Rada) of Ukraine, the Verkhovna Rada of the Republic of Crimea, Oblast (land) Rada and local self-governance bodies on their own or on the people's initiative in accordance with the constitutional laws on referendums and elections.

An all-Ukrainian referendum shall be called upon the demand of no less than two million citizens of Ukraine who are eligible to vote or by no less than half of the deputies of each chamber of the National Council (Vsenarodna Rada).

In the case stipulated by Article 146 of this Constitution, the referendum is called by the President of Ukraine.

Oblast and regional referendums shall be called upon demand of no less than one-tenth of the citizens of Ukraine, who are eligible to vote and who permanently reside in the particular territory and have the right to vote, or upon demand of no less than half the deputies of the oblast rada or of council members of local self-governance bodies.

Article 97

Questions regarding territorial changes of Ukraine and joining international unions shall be decided exclusively by an all-Ukrainian referendum.

Oblast (land) and local referendums shall be mandatory to resolve questions regarding changes in administrative and territorial composition and to rename administrative units.

Organization of referendums on the questions of establishment of prices, taxation, governmental budget expenditures, appointments and dismissals of government officials, declaration or suspension of a state of emergency or of martial law, as well as issues regarding judicial power shall not be allowed.

Article 98

The electoral process is realized on the principles of:

1. free and equal nominations of applicants and candidates;

2. glasnost and openness;

3. absence of prejudice to the candidates by the state organs, institutions and organizations, local self-governance bodies;

4. equal opportunities for all candidates to conduct elections campaigns;

5. freedom of campaigning;

6. control over sources of financing and over expenditures of the election campaign.

Article 99

The people shall exercise legislative initiative by the submission to the National Council (Vsenarodna Rada) of draft legislation.

Draft legislation is submitted on behalf of no less than three hundred thousand citizens with the right to vote.

Draft legislation concerning changes and amendments to the Constitution shall be submitted on behalf of no less than one million citizens with the right to vote.

Part V
The National Council
(Vsenarodna Rada) of Ukraine

Article 100

The body of legislative power in Ukraine is the National Council (Vsenarodna Rada) of Ukraine.

Article 101

The National Council (Vsenarodna Rada) is authorized to decide any matters of state of Ukraine, except those which are decided exclusively by an all-Ukrainian referendum or which are mandated by this Constitution to the authority of the President of Ukraine, Government of Ukraine, other state bodies, the Republic of Crimea, or local self-governance bodies.

Chapter 15
Composition and Formation of the
National Council (Vsenarodna Rada)

Article 102

The National Council (Vsenarodna Rada) is comprised of two chambers[1]: the State Rada and

---

[1] (See the option of a one-member National Assembly in the annex). – Anm. des Hrsg.: hier nicht abgedruckt.

the Rada of Territories, which are permanent acting bodies.

Article 103

The State Rada, consisting of two hundred deputies, shall be elected for a term of five years from constituencies of approximately equal size.

Any citizen of Ukraine who has the right to vote, has attained the age of twenty-five years at the date of the polling, and permanently resides on the territory of Ukraine may become a deputy of the State Rada.

Article 104

The Rada of Territories shall consist of deputies who are elected from constituencies for a term of five years on the basis of equal representation – three deputies from each oblast (land), Republic of Crimea, city of Kiev (option: and city of Sevastopil).

Any citizen of Ukraine who has the right to vote, has attained the age of twenty-five years at the date of the polling, and has resided in the territory of the constituency for at least 5 years may become a deputy of the Rada of Territories.

Article 105

The Deputies of the National Council (Vsenarodna Rada), represent the people of Ukraine, and are accountable to the voters.

No one may simultaneously be a deputy of both chambers of the National Council (Vsenarodna Rada) or have any other representative mandate.

Article 106

Deputies of the National Council (Vsenarodna Rada) shall perform their functions on a permanent basis. They must resign from their previous place of work for the duration of their deputy's mandate.

Deputies of the National Council (Vsenarodna Rada) are prohibited from conducting entrepreneurial activity or performing any other activity for remuneration except for scientific or lecturing activities and other creative activity.

Other disputes regarding deputy mandates are determined by the Constitutional law "On the status of a deputy of the National Council (Vsenarodna Rada)".

Article 107

The deputies of the National Council (Vsenarodna Rada) enjoy parliamentary immunity.

They shall bear no legal responsibility for their votes and statements in the National Council (Vsenarodna Rada) and its bodies except in cases of accusations of slander and insult.

Deputies have the right not to bear witness against persons who entrusted them, as a deputies, with any facts, and also not to reveal these facts.

The powers of the deputies of the National Council (Vsenarodna Rada) may not be abridged even by the introduction of martial law or state of emergency.

Deputies of the National Council (Vsenarodna Rada) may not be indicted, arrest, or subjected to administrative sanctions imposed by courts without prior consent of the respective chamber.

Appeals for stripping a deputy of the National Council (Vsenarodna Rada) of his or her parliamentary immunity shall be made to the respective chamber by the Procurator General of Ukraine or the Chairman of the Supreme Court of Ukraine.

Article 108

The mandate of a deputy of the National Council (Vsenarodna Rada) may be terminated simultaneously with the expiration of the mandate of the chamber to which he or she is elected, or in case of his or her death.

Premature termination of the mandate of a deputy of the National Council (Vsenarodna Rada) according to the decision of the corresponding chamber may be ordered in the following cases:

1. resignation by issuance of one's personal statement;

2. non-performance of a deputy's mandate duties, for over two months, without valid excuses;

3. conviction by a court sentence directed against one which has come into force;

4. declaration by a court of incompetence or status as a missing person;

5. one's loss of Ukrainian citizenship or permanent change of one's residence outside the borders of Ukraine;

6. one's recall by the electorate.

A decision of the chamber on the pre-term termination of the mandate of a deputy of the National Council (Vsenarodna Rada) may be appealed to the Constitutional Court of Ukraine.

Chapter 16
Powers and Organization of the Work of the National Council (Vsenarodna Rada)

Article 109

The National Council (Vsenarodna Rada) shall introduce changes and amendments to the Constitution of Ukraine subject to their approval by an all-Ukrainian referendum.

The National Council (Vsenarodna Rada) of Ukraine shall enact constitutional laws of Ukraine,

which are foreseen by Articles 17, 97, 106, 141, 157, 169, 183, 184, 194 of this Constitution as well as other laws of Ukraine, shall introduce changes and amendments to them, and shall officially interpret them.

Article 110

The Constitution and laws of Ukraine have exclusivity over the following matters:

1. the rights and freedoms of individuals and citizens, guarantees of these rights and freedoms;

2. citizenship, legal rights of citizens, status of foreigners and persons without citizenship;

3. the principle duties of individuals and citizens;

4. rights of national minorities;

5. status of languages;

6. demographics, migration (including immigration and emigration) policies;

7. principles of budgetary, financial, price, credit, tax and investment policies; principles for establishing a taxation system; types of taxes, duties and mandatory payments; taxpayers and objects of taxation; currency, assaying, value and denomination of national coins, order and sanctioning of issuance of bank notes;

8. units of weight, size, and time;

9. principles and fundamental directions of foreign policy;

10. principles of the organization of defense, state security and provision of civil order;

11. principles of external economic and customs policy;

12. legal status of state borders;

13. principles of the Ukrainian state-territorial structure and basis of regional policy;

14. principles of the organization of local self-government;

15. establishment of free economic zones;

16. principles of the use of natural resources, exploration of space, organization and use of energy systems; air, maritime, river, rail, auto and pipeline transportation and communications;

17. legal status of ownership and protection of property rights;

18. general provisions and guarantees of entrepreneurship;

19. ecological policy and ecological standards;

20. principles of social policy, social security of citizens, marriage, family, protection of health, up-bringing, education and culture; principles of scientific and technical policies;

21. principles of formation and activity of public association and functioning of the mass media;

22. organization and procedure of elections and referendums;

23. organization and activities of the National Council (Vsenarodna Rada), legal status of the deputies of the National Council (Vsenarodna Rada);

24. principles of the organization and activities of the state executive bodies, general provisions of the civil service, and the collection of state statistics and information;

25. definition of crimes and administrative violations, determination of punishment for them and amnesty;

26. judicial system, court procedures, court expertise, procuracy, investigation and notary public; penal bodies and institutions; principles of the organization and activity of the advocacy;

27. methods of use and protection of the state flag, emblem and anthem; legal status of the capital;

28. legal regimes of martial law and state of emergency;

29. establishment of state awards and special titles.

Exclusive prerogatives of the National Council (Vsenarodna Rada) include the approval of first principles, codes and other codifying acts in all spheres of legislation, including corrections and additions.

The National Council (Vsenarodna Rada) may approve laws involving other issues within its jurisdiction.

Article 111

The National Council (Vsenarodna Rada) shall:

1. approve the state budget and report on its execution;

2. elect, appoint, and approve state officials in cases stipulated by this Constitution and the laws of Ukraine;

3. implement parliamentary control over executive power and local self-governance bodies by methods and within the scope stipulated by this Constitution;

4. ratify, adopt, approve, denounce or suspend international, intergovernmental treaties or decide Ukraine's adherence to them.

The National Council (Vsenarodna Rada) may carry out investigations and hold hearings on any matters relevant to state and public interests.

Article 112

The sessions of the National Council (Vsenarodna Rada) shall be organized in the form of joint and separate meetings of the State Council (Rada) and the Rada of Territories, their standing and ad hoc commissions.

Article 113

Joint sessions of the State Council (Rada) and the Rada of Territories shall be called for the following purposes:

1. the commencement and recessing of the National Council (Vsenarodna Rada);

2. to make changes and amendments to the Constitution and the constitutional laws of Ukraine;

3. to announce the decisions of the all-Ukrainian referendums;

4. ratification, adoption, approval, denunciation or suspension of international, inter-governmental treaties, or adoption of decisions regarding Ukraine's participation in such treaties;

5. to set the date of the election for the President of Ukraine, declaration of the act of election of the President and to administer the Presidential oath; or to recognize or reject the resignation of the President of Ukraine;

6. to announce the dissolution of the National Council (Vsenarodna Rada) or separate chambers and to set the date of regular or extraordinary elections to the National Council (Vsenarodna Rada) or its chambers;

7. approval of decisions regarding holding an all-Ukrainian referendum on the pre-term termination of powers of the President of Ukraine upon the demand of no less than two million voters or upon the initiative of National Council (Vsenarodna Rada) itself;

8. approval of the membership of the Cabinet of Ministers of Ukraine;

9. to hear the President's reports on the domestic and foreign state of Ukraine;

10. to appoint the Chairman, and 7 judges of the Constitutional Court of Ukraine; to administer oaths of the Chairman and the judges of the Constitutional Court of Ukraine; and to accept or reject the resignation of the Chairman, and judges of the Constitutional Court of Ukraine who are appointed by the National Council (Vsenarodna Rada); to appoint the Chairman and members of the Supreme Court, the Supreme Economic Court and the Procurator General of Ukraine;

11. to determine the structure, size, and procedure of use of the Armed Forces of Ukraine, National Guard of Ukraine, Security Service of Ukraine, and Border Guards of Ukraine;

12. proclamation of a state of war on the recommendation of the President and approval of the President's decision to use the Armed Forces of Ukraine and other types of military formations in case of armed attack;

13. approval of Presidential decrees which impose martial law and states of emergency in Ukraine or in specific localities, or impose total or partial mobilization;

14. to hold a second hearing of legislation vetoed by the President and to impose a parliamen-

tary veto on Presidential decrees which contradict the laws of Ukraine;

15. to review the reports and proposals of joint ad hoc investigative commissions and chambers, and to discuss and adopt appropriate decisions;

16. to remove from office through the procedure of impeachment the President, Prime Minister, and officials who have been appointed, or approved by the Chambers of the National Council (Vsenarodna Rada) in cases of their criminal violation of this Constitution and laws of Ukraine;

17. adoption of resolutions, statements, declarations, and appeals;

18. to hear the answers and to adopt the decisions presented upon the request of the deputies of the National Council (Vsenarodna Rada) regarding issues which are being dicussed at joint sessions of their chambers;

19. to hear the second reading of draft legislation, submitted by the arbitration commission of the chambers;

20. to pardon individuals sentenced by the courts of Ukraine in relation to the application of impeachment.

All other questions, pertaining to the authority of the National Council (Vsenarodna Rada), shall be decided, as a rule, at the separate sessions of the chambers.

Article 114

The State Council (Rada) and the Rada of Territories shall exercise legislative authority on the principle of equality; and authority over the issue of organizational and control activities based on the principle of division of such powers.

Each chamber can take into consideration any questions pertaining to the authority of the National Council (Vsenarodna Rada) except those which, according to Articles 115 and 116 of this Constitution, pertain to exclusive prerogatives of another chamber.

Articles 115

The exclusive prerogatives of the State Council (Rada) shall be:

1. control in the sphere of the protection of human rights;

2. control over the implementation of the state budget and the activities of the National Bank and State Auditing Committee;

3. appointment and dismissal as well as acceptance of the resignation of the Chairman of the National Bank, the Chairman of the State Auditing Committee and State Comptrollers;

4. granting of preliminary consent to the appointment by the President of Ukraine of the Chiefs of diplomatic missions of Ukraine abroad and Chiefs of the missions of Ukraine to international organizations;

5. raising cases for the removal of the President of Ukraine from office according to the procedure of impeachment of the President, Prime-Minister and other officials appointed or approved by the National Council (Vsenarodna Rada).

Article 116

The exclusive prerogatives of the Rada of the Territories shall be:

1. adoption of the final decisions on questions of changes in the legal status of the oblasts (land) and the Republic of Crimea and of changes to their territories (enlargement, liquidation, etc.);

2. granting of consent for the change of borders between the oblasts (lands), and between the oblasts (lands) and the Republic of Crimea;

3. appointment of judges of oblast (land) courts and economic courts; removal of them from their positions, according to procedures of impeachment;

4. pre-term termination of the authority of particular oblast (land) Councils, bodies of local self-government on the recommendation of the President of Ukraine in cases of their violation of the Constitution, laws of Ukraine and Decrees of the President and regulations of the Cabinet of Ministers of Ukraine; and the scheduling of new elections to them.

Article 117

Each chamber of the National Council (Vsenarodna Rada) shall meet for its first session no later than the thirtieth day after the elections.

The chamber is empowered if no less than four-fifths of the total number of its members have been elected as specified by this Constitution.

The chambers shall assemble for their regular sessions on the first Tuesday of February and the first Tuesday of September every year.

Extraordinary sessions or meetings of the chambers shall be convened by the Chairmen of the respective chambers on their own initiative or at the request of no less than one-third of the Constitutional membership of each chamber, or on a proposal of the President of Ukraine. Such sessions or meetings conclude their work after the agenda has been exhausted.

In the case of the introduction of martial law or a state of emergency in Ukraine or in certain areas of Ukraine, the chambers shall assemble within two days without formal convocation.

Article 118

Sessions of the chambers shall be lawful when no less than two-thirds of their Constitutional membership are in attendance.

The procedure for separate sessions of the chambers is established in accordance with the Rules of Procedure approved by the chambers; and joint sessions of the chambers are conducted in accordance with the Rules of Procedure of the National Council (Vsenarodna Rada).

Article 119

At its first session, each chamber shall elect a Mandate and Tallying Commission.

On the proposal of the Credentials Commission, each chamber shall adopt a decision on the recognition of credentials of the deputies or, in the case of violations of the laws on elections, a decision declaring the elections of the particular deputies void.

Disputes regarding the validity of deputies' mandates are resolved by the Constitutional Court of Ukraine.

Article 120

Joint and separate sessions of the chambers shall be held publicly and openly. For the conduct of a closed session, the decision of the chambers shall be required.

Voting at the sessions of the chambers shall be personal and shall be conducted openly if other procedures are not stipulated by the Constitution and Rules of Procedure.

Article 121

The State Council (Rada) and the Rada of Territories at their sessions shall adopt acts by majority vote of their respective Constitutional membership, except in cases stipulated by Articles 133, 152, 153, 229, 231 of the Constitution.

At joint sessions of the chambers, acts shall be adopted separately by each chamber.

Article 122

Each chamber shall elect from among its members a Chairman, Deputy Chairman, as well as Heads of the standing commissions of the chambers.

The Chairmen of the chambers shall:

1. assume general leadership in the preparation of the issues which are subject to consideration at the joint and separate sessions of the chambers, and sign acts approved by the chambers;

2. represent the chambers in relations with bodies and organizations within the state and abroad;

3. establish the secretariats of the chambers and organize their work;

4. administer budget allocations which are appropriated for the maintenance of the chambers;

5. conduct sessions of the chambers; joint sessions of the chambers are alternately headed by the Chairman of the State Council (Rada) and the Chairman of the Rada of Territories;

6. perform other functions stipulated by the Constitution and Rules of Procedure of the chambers and the National Council (Vsenarodna Rada).

Deputy Chairmen of the chambers perform functions stipulated by the Rules of Procedures of the chambers and their Chairmen.

Article 123

Each chamber shall create its own Presidium composed of the Chairman of the Chamber, who shall be the Chairman of the Presidium, Deputy Chairmen of the Chamber, Heads of the standing commissions and the Secretary of the Chamber. The Secretary of the Chamber is not appointed from the corps of Deputies.

The Presidium of the Chamber shall be the working body which reports to the chamber and ensures the co-operation between the chambers; organizes the work of the chamber and its bodies; and performs other duties stipulated by the Rules of Procedure of the chambers.

The function of the Chairman of the National Council (Vsenarodna Rada) shall be performed by the Chairman of the State Council (Rada) ex officio. He or she represents the National Council (Vsenarodna Rada) externally and performs other functions stipulated by this Constitution, and the Rules of Procedure of the National Council (Vsenarodna Rada).

Article 124

The Chambers shall create standing commissions from their membership and, if they deem necessary, ad hoc special commissions for the preparation and preliminary review of the questions within their competence.

The chambers may elect from their memberships joint or separate ad hoc investigative commissions for the conduct of investigations on any specified issues which are of social interest, if no less than one-third of the Constitutional membership of the chamber votes for their establishment.

Decisions and recommendations of the ad hoc investigative commissions shall not be binding on a court.

Article 125

Deputies of the National Council (Vsenarodna Rada) have the right to establish parliamentary groups in the chambers to facilitate the execution of their powers and to co-ordinate their positions on issues which are considered by the respective chambers and their bodies.

Article 126

The mandates of the National Council (Vsenarodna Rada) and of its chambers terminate on the day of the convening of the first session of the newly elected National Council (Vsenarodna Rada).

The mandate of the National Council (Vsenarodna Rada) or either of its chambers may be terminated before the expiration of its term in cases of:

1. self-dissolution;
2. the decision of an all-Ukrainian referendum on a no confidence vote in the National Council (Vsenarodna Rada) or one of its chambers;
3. the dissolution of the National Council (Vsenarodna Rada) by the President as stipulated by Article 152 of this Constitution.

Self-dissolution of the National Council (Vsenarodna Rada) or one of its chambers shall be conducted by a decision of the National Council (Vsenarodna Rada) or by the chamber concerned, if this decision is made with a vote of no less than two-thirds of the Constitutional membership of the National Council (Vsenarodna Rada) or the chamber seeking to dissolve itself.

An all-Ukrainian referendum on a no confidence vote in the National Council (Vsenarodna Rada) or one of its chambers shall be conducted in accordance with Article 96 of this Constitution.

If the all-Ukrainian referendum expresses no confidence in the National Council (Vsenarodna Rada) or one of its chambers, the National Council (Vsenarodna Rada) shall declare its self-dissolution or the dissolution of the respective chamber and shall schedule the date of election of the new National Council (Vsenarodna Rada) or chamber. The newly elected chambers shall have the mandate for the whole term stipulated respectively in Articles 102 and 103 of the Constitution.

In cases of dissolution of the National Council (Vsenarodna Rada) by the President, the date of the election of the new National Council (Vsenarodna Rada) shall be set by the President no later than two months after the dissolution of the National Council (Vsenarodna Rada).

Chapter 17
Legislative Process

Article 127

The right to initiate legislation in the National Council (Vsenarodna Rada) shall be vested in the people, deputies, standing commissions, the President of Ukraine, the Cabinet of Ministers of Ukraine, and the Verkhovna Rada of the Republic of Crimea.

Draft legislation, submitted to the National Council (Vsenarodna Rada) of Ukraine at the initiative of the people, shall have priority for consideration.

The legislative initiative is exercised by introduction to the appropriate chamber a motivated proposal regarding the preparation of the draft legislation or the text of the draft legislation as well as the changes and amendments to them.

Article 128

Draft legislation submitted to the chambers shall be first reviewed by the appropriate standing or ad hoc special commission and then shall be submitted for consideration by the chamber. Consideration of the issue shall be organized in a manner to precisely determine the real will of the majority of its members.

Consideration and adoption of draft legislation by a chamber shall follow the procedure of:

– general enactment of the principal provisions; and

– enactment by article and in its entirety.

Article 129

A draft law, which requires a financial expenditure, shall be submitted to sessions of the chambers with the condition that it is accompanied with the necessary estimates by the State Auditing Committee and a study from the relevant standing commissions specifying the means of financing it.

Adopting legislation which requires new or additional funding shall include the means of financing it.

Article 130

A law, after it is discussed and voted on article-by-article and its entirely, is approved by the number of votes designated by Article 121 of this Constitution.

Article 131

After approval of draft legislation in its entirety by one chamber, it shall immediately be submitted to the other chamber for consideration. If the draft legislation is approved in its entirety by that chamber, or in the absence of a negative vote (veto) within a month, the legislation is considered adopted by the National Council (Vsenarodna Rada).

A veto by the chamber of a draft law requires the same number of votes required for the adoption of the respective draft law in its entirety.

In the case that draft legislation is adopted in its

entirety by a chamber, but with changes or amendments to it, it shall immediately by returned to the chamber which adopted it initially. Acceptance of the changes or amendments, by the chamber which adopted the legislation initially, shall result in the enactment of the legislation by the National Council (Vsenarodna Rada).

To resolve the differences which result from the consideration of the draft law by the chambers, an arbitration commission of the chambers is established on the basis of parity. A draft law submitted to the arbitration commission shall be reviewed by a joint session of the chambers. If, during a joint session of the chambers, a draft law is not approved, it is considered rejected by the National Council (Vsenarodna Rada).

In the case of disagreement between the chambers, final decision regarding budgetary and financial matters is determined by a second round of votes by the State Council (Rada), and issues pertaining to a change of the legal status or the territories of the oblasts (lands) and the Republic of Crimea, are resolved by a second round of votes by the Rada of Territories.

Article 132

Ratification, approval, and confirmation of international, intergovernmental treaties of Ukraine's participation in them, and also the denunciation or suspension of them is accomplished by the adoption of the relevant resolution if no other procedure is specified by the treaty itself.

The draft resolution for ratification, approval, confirmation, denunciation, or suspension of international, intergovernmental treaties shall be prepared by the Rada of the Territories, having been duly discussed and approved in a general procedure.

Article 133

Legislation shall be signed by the Chairmen of the chambers of the National Council (Vsenarodna Rada) and shall be immediately sent to the President.

The President shall, accept it for implementation, endorse it with his or her signature and officially publish it within fifteen days from the date of reception. During this term, the President may exercise his or her right to veto the legislation and return it, with his or her proposals to the National Council (Vsenarodna Rada) for its second consideration.

If during the second consideration of the legislation, two-thirds of the Constitutional membership of each chamber votes on the legislation, the President must sign and publish it within ten days.

In the case when the President does not return the legislation for second consideration within the required time frame, the legislation shall be considered endorsed by the President.

In the case when the President exercises his or her right of veto after the recess of the session of the National Council (Vsenarodna Rada), an extraordinary session for second consideration of the legislation shall be immediately convened.

Legislation shall come into force ten days from its publication, unless the law itself contains a different provision, but nevertheless no earlier than that date.

Chapter 18
Budget. Financial Control

Article 134

The budgetary system of Ukraine shall comprise the state budget, the budgets of the oblasts (lands) and the Republic of Crimea, as well as the budgets of municipalities.

Article 135

The state budget of Ukraine shall be comprised of the revenues and expenditures of the state which shall be realistic, concretely itemized and balanced.

Expenditures of the state, their volume and their direction, shall be determined exclusively by the Law on the State Budget of Ukraine.

Legislation established the ceiling of the budget deficit. The absorption of the budget deficit at the expense of the issuance of money shall be considered as an exception and executed only on the approval of the National Council (Vsenarodna Rada).

The National Council (Vsenarodna Rada) may implement a new accounting of state revenues, may change previous revenues and may select new appropriations for the current budgetary year through a supplemental budget.

If the National Council (Vsenarodna Rada) adopts a budget in which expenditures exceed revenues, the Law on the State Budget shall specify sources and means of covering the deficit. The Law on the State Budget may not establish new taxes, fines or other payments not authorized by a special law.

The general principles of the formation and implementation of the budget of the oblasts (lands) and the Republic of Crimea as well as the budgets of municipalities are defined by the Law on the Budget System of Ukraine.

Article 136

The state budget of Ukraine shall be adopted annually for the term of 1 January to 31 December or, under special circumstances, for other terms.

The President, within the first fifteen days of the fall session, presents to the National Council (Vsenarodna Rada) a draft Law on the State Budget for the following year.

The draft budget shall be reviewed by the State Auditing Committee as well as the appropriate commissions of the chambers.

The Law on the State Budget, approved in accordance with the procedure provided for by Article 131 of the Constitution, shall enter into force on the first of January of the following year and shall not be subject to endorsement by the President.

The procedure of formation and adoption of the state budget shall be determined by law.

Article 137
The President shall submit to the State Council (Rada) an itemized report on the implementation of the state budget no later than three months after the conclusion of the reported year.

The submitted report shall be first considered by the State Auditing Committee and the appropriate commissions of the chambers of the National Council (Vsenarodna Rada). The report shall be adopted, having taken into consideration their conclusions, and must be published.

Article 138
Money circulation and settlement procedure shall be determined by the National Bank, which possesses the exclusive right to issue money.

The National Bank shall report to the State Council (Rada).

Article 139
Financial control of the implementation of the state budget is under the jurisdiction of the State Council (Rada).

The State Council (Rada) shall implement financial control directly as well as through the State Auditing Committee.

Article 140
The State Auditing Committee shall be a body of parliamentary control over the financial operations of the state and local self-governance bodies, the use of real and movable property, and other valuables of public ownership.

The State Auditing Committee shall be subordinate and accountable to the State Council (Rada).

Article 141
The State Auditing Committee shall be composed of State Comptrollers, appointed by the State Council (Rada), who shall be from among specialists in the fields of finance and law, selected for a term of five years. The State Comptrollers shall comply with the conflict of interest rules as provided by Article 169 of this Constitution.

The State Auditing Committee shall be headed by the Chairman of the State Auditing Committee. The Chairman of the State Auditing Committee, his deputy and the State Comptrollers shall be appointed upon the nomination by the Chairman of the State Council (Rada) at a session of the State Council (Rada).

The State Auditing Committee shall be empowered, within the sphere of its competence, to carry out investigations with the same powers as the ad hoc investigating commissions of the chambers.

The organization, competence and rules of procedure of the State Auditing Committee shall be defined by constitutional law.

Part VI
President of Ukraine
Article 142
The President of Ukraine is the head of state and acts on its behalf.

The President of Ukraine is elected by citizens of Ukraine on the basis of universal, equal and direct suffrage by secret ballot for a term of five years.

The procedure of elections of the President of Ukraine is established by the Law "On Election of the President of Ukraine".

A citizen of Ukraine, who has right to vote, is at least thirty-five years of age, has lived on the territory of Ukraine no less than 10 years, speaks the state language and is in good health, enabling him or her to fulfill presidential responsibilities, may be President.

The same person cannot be President for more than two consecutive terms.

The President cannot be a deputy of the National Council (Vsenarodna Rada), have other representative duties, hold any other post in state bodies, public associations or engage in other remunerative or entrepreneurial activity.

Article 143
The President assumes office from the moment he or she takes the oath of office during a joint session of both Chambers of the National Council (Vsenarodna Rada) no later than fifteen days after the official announcement of the results of elections.

The oath is administered by the Chairman of the National Council (Vsenarodna Rada).

The President shall take the following oath:

"I solemnly swear to the Ukrainian people to faithfully serve Ukraine, adhere strictly to the Constitution and laws of Ukraine, respect and defend the rights and freedoms of individuals and citizens, protect the independence of Ukraine, and conscientiously perform the important duties entrusted to me".

The President shall have parilamenty immunity as defined by Article 107 of the Constitution.

Article 144

The President:

1. shall be the guarantor of state unity and the independence of Ukraine; shall take steps to ensure defense readiness, national security and territorial integrity of Ukraine;

2. shall represent Ukraine in international affairs;

3. shall address the people and submit for review to the National Council (Vsenarodna Rada) annual reports on the domestic and foreign policies of Ukraine and the implementation of state programs;

4. shall have the right to veto laws approved by the National Council (Vsenarodna Rada) and return them for second review by the National Council (Vsenarodna Rada);

5. shall carry out the general leadership of the Cabinet of Ministers of Ukraine and shall direct its executive activities;

6. shall nominate the Prime-Minister of Ukraine and according to his or her request shall form the Cabinet of Ministers of Ukraine; shall submit for the approval of the National Council (Vsenarodna Rada) of Ukraine the membership of the Cabinet of Ministers of Ukraine; may dismiss Ministers and Heads of other bodies of state executive power from their positions;

7. shall apppoint and dismiss, with the prior approval of the People's Council, Heads of diplomatic representations of Ukraine in other states, Chiefs of missions of Ukraine to international organizations and other appointed individuals specified by the Constitution;

8. shall direct the implementation of foreign policy, conduct negotiations and sign international treaties of Ukraine, accept credentials and letters of recall of accreditation of diplomatic representatives of foreign states;

9. shall be the Commander-in-Chief of the Armed Forces of Ukraine, shall preside over the National Security Council of Ukraine, shall appoint and dismiss the high command of the Armed Forces of Ukraine;

10. shall promote individuals to higher military and diplomatic ranks and other special ranks and positions;

11. in the event of a threat of attack on Ukraine or a threat to state independence of Ukraine shall make a decision on general or partial mobilization or imposition of martial law in Ukraine or in its separate areas; subject to confirmation by the National Council (Vsenarodna Rada) within two days;

12. shall make decisions, subject to confirmation by the National Council (Vsenarodna Rada) within two days of such decisions, regarding declaration of war and deployment of the Armed Forces of Ukraine in cases of military attack on Ukraine;

13. shall declare, if necessary, particular areas of Ukraine as ecological disaster zones, subject to confirmation by the National Council (Vsenarodna Rada) within two days of this decision;

14. shall declare, if necessary, a state of emergency in Ukraine or in its particular areas, subject to confirmation by the National Council (Vsenarodna Rada) within two days of this decision;

15. shall annul acts of ministers, directors of other central organs of the executive power and the Government of the Republic of Crimea in cases of their inconsistency with the Constitution and the laws of Ukraine and the decrees of the President;

16. shall decide questions regarding the granting of citizenship or loss of citizenship of Ukraine, granting of asylum, deportation of foreign citizens and individuals without citizenship;

17. shall submit for review to the Rada of Territories, proposals on the pre-term termination of the authority of Oblast (land) Radas and individuals organs of local self-governance, and the scheduling of new elections to them in accordance with Articles 201 and 212 of this Constitution;

18. may pardon individuals convicted by the courts of Ukraine, with the exception of individuals who were impeached;

19. shall grant state awards and present honorary titles of Ukraine; and

20. shall exercise other powers stipulated by this Constitution and laws of Ukraine.

Article 145

The President may not delegate his or her authority to other individuals or bodies.

For performing his or her duties, the President shall establish all necessary administrative, controlling, and consultative bodies within expenditure limits stipulated for the staff and maintenance of the state executive power.

Article 146

The President shall have the right to schedule an all-Ukrainian referendum regarding no confidence in the National Council (Vsenarodna Rada).

If in the referendum the people of Ukraine do not vote for no confidence in the National Council (Vsenarodna Rada), the National Council (Vsenarodna Rada) at a joint session can make a decision regarding the removal of the President of Ukraine from office within a two-week period after the official results of the referendum have been announced.

Article 147

The President, on the basis of the Constitution and laws of Ukraine and for their execution, within the limits of his or her powers, shall issue decrees and orders.

Article 148

The President of Ukraine shall perform his or her duties until a newly elected President assumes office.

The powers of the President shall be terminated before the expiration of his or her term of office in the following cases:

1. in case of violation of rules regarding conflict of interest between the role of President and other forms of activity, as stipulated by paragraph 6 of Article 142 of the Constitution;

2. acceptance of his or her resignation;

3. inability to perform his or her duties for reasons of health;

4. recall from office by the people through a no confidence vote expressed through an all-Ukrainian referendum;

5. removal from office through an impeachment procedure;

6. loss of Ukrainian citizenship or change of permanent residency to outside the borders of Ukraine;

7. a decision made by the National Council (Vsenarodna Rada) in accordance with paragraph 2 of Article 146 of this Constitution.

Article 149

The President's resignation shall be accepted and shall take effect on the condition that his or her resignation statement has been announced by him or her, has been considered at a plenary session of the National Council (Vsenarodna Rada), and has been accepted by a simple majority of votes of the constitutional membership of each chamber.

Article 150

The inability of the President to perform his or her duties for reasons of health shall be determined at sessions of the National Council (Vsenarodna Rada) on the basis of a written request of the Supreme Court of Ukraine, which is based on a medical diagnosis and a conclusion of a specially formed ad hoc parliamentary commission, and approved by a majority of votes of the constitutional membership of each chamber.

Article 151

A decision regarding the date of an all-Ukrainian referendum to recall the President, if demanded by at least two million voters, shall be adopted by the National Council (Vsenarodna Rada) by a majority of votes of the constitutional membership of each chamber.

Article 152

A decision to hold an all-Ukrainian referendum on the suspension of the powers of the President before the expiration of his or her term of office on the initiative of the National Council (Vsenarodna Rada) shall be adopted by a majority vote of no less than two-thirds of the constitutional membership of each chamber.

If, in the course of the referendum on the initiative of the National Council (Vsenarodna Rada), the people of Ukraine do not vote to recall the President, the National Council (Vsenarodna Rada) may be dissolved by the President within two weeks after the results of the referendum have been officially announced.

Article 153

In the event that the President of Ukraine criminally violates the Constitution or the laws of Ukraine in the performance of his or her duties, the case of his or her removal from office through an impeachment procedure shall be initiated by the State Council (Rada). The National Council (Vsenarodna Rada), at a joint session, shall adopt the decision to remove the President from office through an impeachment procedure by no less than a two-thirds vote of its membership as stipulated by the Constitution.

Article 154

In the event of death, suspension of the President's powers before the expiration of his or her term of office, or his or her removal from office in cases stipulated by Articles 148 or 153 of this Constitution, the Prime-Minister of Ukraine, by a decision of the National Council (Vsenarodna Rada), shall be authorized to perform the duties of the President pending the election and assumption of office by a new President. The election of a new President shall be held no later than ninety days after the day the office becomes vacant. The newly-elected President has authority for the term stipulated by Article 142 of this Constitution.

Part VII
Cabinet of Ministers

Article 155

The Cabinet of Ministers (Government) of Ukraine shall be the highest body of executive power of Ukraine.

The Cabinet of Ministers of Ukraine shall be subordinate to the President and shall be guided in its activities by his or her program and decisions.

The Cabinet of Ministers reports to the National Council (Vsenarodna Rada).

Article 156

The membership of the Cabinet of Ministers shall include the Prime-Minister, the deputy Prime-Ministers, ministers, and also the administrators of other bodies of executive power appointed by the President.

The President of Ukraine shall nominate the Prime-Minister and according to his recommendation shall form the Cabinet of Ministers of Ukraine.

The specific composition of the Cabinet of Ministers shall be approved during a joint session of the National Council (Vsenarodna Rada).

The newly-created Cabinet of Ministers shall submit for review, to the President and to the National Council (Vsenarodna Rada), its program of activity for its term of office.

The National Council (Vsenarodna Rada) may express no confidence in the Prime-Minister, individual members of the Cabinet of Ministers, or in the Cabinet of Ministers as a whole, which requires their resignation.

The decision of no confidence in the Prime-Minister, the Cabinet of Ministers as a whole or in individual members of the Cabinet of Ministers shall be adopted by a majority of

votes of the Constitutional membership of each chamber.

The President of Ukraine, by his or her own initiative, may raise before the National Council (Vsenarodna Rada) the issue of confidence in the Government of Ukraine. If the Cabinet of Ministers does not obtain a confidence vote from the National Council (Vsenarodna Rada), it shall resign.

Article 157

The Cabinet of Ministers, within its competence, shall:

1. secure state sovereignty and economic independence of Ukraine;

2. develop and implement state programs of economic, social, and cultural development of Ukraine, as well as regional policy on these issues;

3. ensure the conduct of the financial, monetary, price, credit, and taxation policies of Ukraine; draft and execute the state budget of Ukraine; create state and other development funds, funds for elemination of the consequences of national disasters and catastrophes; conduct policy in the sphere of education, science and culture environmental protection, ecological safety, and use of natural resources;

4. implement necessary measures for ensuring the national security and defense readiness of Ukraine;

5. organize and ensure the implementation of foreign political and foreign economic activities of Ukraine, and of the customs system;

6. provide programs for the defense of the state interests of Ukraine, the security of the rights and freedoms of citizens, the protection of property and public order, and the war against crime;

7. unify and direct the work of the ministries, the Government of the Republic of Crimea, oblast (lands) state administrations, and other subordinate central and local bodies of state executive power;

8. shall execute other powers stipulated by the Constitutional law on the Cabinet of Ministers of Ukraine.

Article 158

The Cabinet of Ministers shall issue resolutions and orders.

Acts of the Cabinet of Ministers shall be binding throughout the entire territory of Ukraine.

Article 159

The Prime-Minister shall directly administer the Cabinet of Ministers and its staff and shall control and co-ordinate the activities of the ministries and other bodies of state executive power.

Article 160

The Prime-Minister shall be directly answerable to the President, subordinate to him, and accountable before the National Council (Vsenarodna Rada).

The suspension of the President's authority shall result in the resignation of the Prime-Minister and the full membership of the Government.

The Government, which shall resign, shall continue to carry out its duties until the new Government is formed.

Article 161

The ministers and directors of other central bodies of executive power shall ensure development of their respective spheres of administration.

The ministers and directors of other central bodies of executive power shall issue orders and other acts, within the limits of their powers, on the basis and in pursuance of the Constitution and the laws of Ukraine, Presidential decrees, and acts of the Cabinet of Ministers.

A minister or director of other central bodies of executive power, whose activity has been declared unsatisfactory by the National Council (Vsenarodna Rada) or by either of its chambers, shall be subject to dismissal by Presidential decree.

Members of the Government have the right to participate in the sessions of the National Council (Vsenarodna Rada), its chambers, and its commissions.

Officials of the executive power shall answer, within twenty days, at sessions of the National Council (Vsenarodna Rada) or its chambers, the questions addressed to them by the deputies of the National Council (Vsenarodna Rada).

Article 162

Conflict of interest requirements established by Article 169 of this Constitution, shall apply to officials of the Cabinet of Ministers and to other bodies of state executive power.

Part VIII
The Judiciary

A. Bodies of Judiciary

Article 163

Judicial power shall be exercised exclusively by the courts in the form of constitutional, civil, criminal and administrative judicial procedures. The seizure of judicial powers by any other body as well as the delegation of those powers shall not be permitted.

Judicial power is exercised on behalf of Ukraine.

Article 164

The judicial system of Ukraine shall consist of the Constitutional Court of Ukraine, general and economic courts.

The creation of extraordinary or special courts as well as special extra-judicial bodies empowered with judicial authority, shall be prohibited.

The organization, authority and the procedures of the courts shall be determined by constitutional laws.

Article 165

The Constitutional Court of Ukraine shall exercise judicial powers in the framework stipulated by this Constitution.

Article 166

The judicial power concerning civil, administrative, and criminal cases shall be administered by the

general courts: justice of the peace; rayon (district), city, oblast (land) courts; the Supreme Court of the Republic of Crimea; and the Supreme Court of Ukraine.

Judicial review of the activities of the general courts shall be exercised by the Supreme Court of Ukraine.

Article 167

The settlement of economic disputes shall be administered by the courts of oblasts (lands), economic courts, the Kiev city economic court, the Economic Court of the Republic of Crimea, and the Supreme Economic Court of Ukraine.

Judicial review of the activities of the economic courts shall be exercised by the Supreme Economic Court of Ukraine.

Article 168

During the review of cases and the decision making process, judges shall be independent and shall be subordinate only to the Constitution and the law.

Judicial immunity shall be guaranteed by law.

Judges are irreplaceable. A judge, without this consent, can be dismissed from his position only on those grounds and according to those procedures stipulated by law.

The state shall provide the necessary conditions for the work of the courts and judges.

In the state budget it is mandatory that expenses for the support of judicial bodies are identified, which secure the material independence of judges and appropriate level of social protection of judges. The amounts of support expenses of judges can not be changed without consent of the Constitutional Court of Ukraine, the Supreme Court of Ukraine and the Supreme Economic Court of Ukraine.

Article 169

Judges may not be members of political parties, movements, trade unions; may not participate in political activities; carry any kind of representational duties; or engage in any other remunerative activities, except scientific or lecturing activities.

The status of judges is determined by constitutional law.

Article 170

Justices of the peace, judges of rayon, district and city courts are elected by the people on the basis of direct, universal and equal suffrage by secret ballot for a term of 5 years.

Judges of the Supreme Court and Supreme Economic Court are appointed at the joint session of the Chambers of the National Council (Vsenarodna Rada).

Judges of oblast (land) and economic courts are appointed for life at the session of the Rada of Territories of the National Council (Vsenarodna Rada).

Judges of the Constitutional Court are appointed in accordance with Article 215 of the Constitution.

Article 171
Certification and Examination Commissions are established for the review of issues on the conduct of court hearings, imposition of disciplinary measures upon judges and termination of their powers.

The procedures for the formation of these Commissions shall be stipulated by law.

Article 172
Judicial power shall be executed by a judge individually, by a collegium of judges and by a jury.

A court's jurisdiction of cases and the procedures for the selection of jurors and their participation in execution of the judicial power shall be established by law.

Article 173
Review of cases in all courts shall be oral and open [public]. Review of cases in closed sessions shall be permitted only with compliance to all judicial procedures and only in cases where a court decides that open review can lead to disclosure of state or any other legally protected secrets or facts of private or family life of citizens. A decision of the court shall be made public.

Legal proceedings shall be adversarial and based on equality of parties.

Article 174
Legal proceedings are conducted in the state language. In places of dense concentration of one or several national groups, legal proceedings may be conducted in the language, spoken by the majority of the population of the particular locality.

Individuals, who participate in the case and who are not fluent in the language of the judicial proceedings, are guaranteed the right of full access to the materials of the case, participation in the court proceedings through an interpreter and the right to speak before the court in one's native language.

No one can be deprived of the right of review of a case by an [appropriate] court as stipulated by law.

Article 175
A court decision shall be motivated, unprejudicial, and based on thoroughly reviewed and objectively proven facts.

A court decision can be appealed through cassation [abrogation] and appellate procedures.

Court decisions, which have entered into force, shall be mandatory for all state bodies, enterprises, institutions, and organizations, local self-governance bodies, citizens and their associations, officials and other individuals and shall be enforceable throughout the territory of Ukraine.

Article 176
Material and moral damages caused by judicial error or by illegal actions of court bodies, the procuracy, or investigative and examination services, shall be reimbursed in full by the state in accordance with the law.

B. The Procuracy

Article 177
The Procurator General of Ukraine and the procurators subordinate to him or her shall be responsible for:

1. the supervision of adherence to the Constitution and the laws of Ukraine of the legal acts and actions by bodies of state executive power and local self-governance;

2. the supervision of maintenance and securing of the rights and freedoms of citizens;

3. the supervision of adherence to laws by those bodies which carry out operational investigations, examinations and preliminary investigations;

4. the investigation of crimes relating to cases which fall within the competence of the organs of the procuracy;

5. the prosecution of state cases in the court;

6. the supervision of adherence to laws in places of execution of punishments as well as application of other methods of force; and

7. the defense of property and other interests of the state.

Article 178
The Procurator General of Ukraine shall be appointed at a joint session of the Chambers of the National Council (Vsenarodna Rada) of Ukraine on the nomination of the Chairman of the Rada of Territories for a term of ten years. The Procurators of the oblasts (lands), rayons (districts), and cities shall be appointed by the Procurator General of Ukraine for terms of ten years.

The Procurator of the Republic of Crimea shall be appointed by the Procurator General of Ukraine on the nomination of the Rada of the Republic of Crimea. Disagreements, lasting for more than three months, between the Procurator General of Ukraine and the Rada of the Republic of Crimea regarding issues about the appointment of the Procurator of the Republic of Crimea, shall be decided by the Rada of Territories of the National Council (Vsenarodna Rada) of Ukraine on the nomination of alternative candidacies by the Rada of the Republic of Crimea and the Procurator General of Ukraine.

Article 179

The procurator, in the exercise of his or her powers, has the right to demand and obtain from any bodies, organizations and officials necessary documents and information.

Article 180

The Procurators and other officials of the procuracies are subject to the conflict of interest requirements stipulated by Article 169 of the Constitution.

The organization, authority, and procedures of the Procuracy of Ukraine shall be set by law.

Part IX
Territorial Structure and Territorial Governance of Ukraine

Chapter 19
The Principles and the System of Territorial Structure

Article 181

Ukraine ist a unified and unitary state. The territorial structure of Ukraine is based upon the principles of integrity of state territory, integrated socio-economic development and administration of its parts taking into account their economic, historic, geographic, and demographic peculiarities, ethnic and cultural traditions.

Article 182

The territorial organization of Ukraine shall be directed at securing the unification of state, regional and local interests.

Article 183

The system of territorial structure of Ukraine is comprised of the oblasts (lands), the Republic of Crimea, cities, rayons, town, and villages.

The status of cities, rayons, towns and villages in the Republic of Crimea is determined by constitutional law.

Chapter 20
The Republic of Crimea
Article 184

The Republic of Crimea has a special, legal status, which is stipulated by this Constitution, by the constitutional law of Ukraine and the Constitution of the Republic of Crimea.

The Constitution of the Republic of Crimea shall correspond to the Constitution and the laws of Ukraine.

Change of the legal status of the Republic of Crimea as well as of its territories is possible only with the consent of the Supreme Rada of the Republic of Crimea, if the majority of the population of the Republic of Crimea have voted in favor of such a decision through a consultative referendum.

The final decision on this issue shall be made by the Rada of the Territories of the National Council (Vsenarodna Rada).

Article 185

The Republic of Crimea, within its jurisdiction as stipulated by this Constitution and the constitutional law of Ukraine, independently decides issues regarding its authority, creates and determines procedures of action for its legislative and executive, as well as local self-governance bodies.

Article 186

Organs of state power of the Republic of Crimea shall function on the basis of the Constitution and the laws of Ukraine, decrees of the President, decrees and resolutions of the Cabinet of Ministers, as well as their own authority.

Article 187

The Republic of Crimea, motivated by the socio-economic interests of developing its territory, upholding the fundamental legislation of Ukraine, state interests, as well as the interests of other oblasts (lands), shall have normative authority over following issues:

1. agriculture and forestry;
2. elementary education, crafts, and vocational training;
3. quarries and peat mines;
4. reclamation;
5. public works, public charity and charitable institutions, folk arts and crafts;
6. city construction and municipial housing;
7. tourism, hotel business, trade fairs and bazaars;
8. museums and local libraries;
9. local municipal and village militia;
10. public transportation, auto roads in the Republic of Crimea – republican lake transportation and water supply;
11. hunting in the forests and fishing in the waters of the oblasts or Republic;
12. sanitary and medical service.

Article 188

The Republic of Crimea shall have administrative authority and control over the following issues:

1. property rights over objects which belong to the Republic of Crimea;

2. adoption of decisions regarding issues of territorial structure of the Republic of Crimea (establishment and changes of the borders among rayons, population centers, relationship of population centers to city categorizations, naming and renaming of cities, rayons, towns, villages) subject to prior approval by the Rada of the Territories;

3. organization and conduct in the Republic of Crimea, of republican elections and referendums;

4. granting approval of appointments of officials of those organizations and institutions directly subordinate to the central organs;

5. composition and adoption of the budget on the basis of a uniform tax policy of Ukraine and establishment of revenues which comprise the revenue aspect of the budget of the Republic of Crimea;

6. development and realization, in accordance with state programs, of programs for development of the economy of the Republic of Crimea; scientific-technical progress, programs of social and cultural development; environmental protection and reasonable use of the environment; and creation and functioning of free economic zones in accordance with the legislation of Ukraine;

7. designation of localities as resort areas, establishment of zones of sanitary protection of the resort areas and their legal status;

8. declaration of quarantines and natural disasters zones;

9. realization of state policies in the field of culture, development of language and national traditions, health protection, physical culture and sports, as well as use and preservation of historic and cultural monuments; participation in the development and realization of the programs of Ukraine in the sphere of demographic and migration policy;

10. maintenance of public order and public security;

11. participation (within its jurisdiction) in the relations of Ukraine with other states and international organizations;

12. establishment and formation of bodies of judicial power in compliance with the judicial system of Ukraine;

13. establishment of honorary titles of the Republic of Crimea and the implementation of other awards.

The President of Ukraine has representation in the Republic of Crimea.

The Representation of the President maintains control over compliance with the Constitution and laws of Ukraine, decrees of the President of Uk-

raine, resolutions and decrees of the Cabinet of Ministers of Ukraine.

The government of the Republic of Crimea has permanent representation in the capital of Ukraine.

Article 189

Constitutional law of Ukraine can provide delegation of additional powers to the Republic of Crimea.

The Republic of Crimea have full authority, except on the issues which are delegated to local self-governance bodies by the laws of Ukraine.

Article 190

The Republic of Crimea shall enjoy financial independence within limits stipulated by the laws of Ukraine.

The Republic of Crimea shall manage local taxes and collections, as well as allocations from state taxes, the amounts of which are determined in accordance with the needs of the Republic of Crimea.

The Republic of Crimea shall own property in compliance with the legislation of Ukraine.

Article 191

The Republic of Crimea have no right to establish custom duties for import or transit of goods. Any other measures which interfere with the free movement of individuals and property on its territory can not be introduced.

Article 192

The Republic of Crimea may conclude mutual agreements with oblasts (lands), barring political ones, on the condition of compliance with the laws of Ukraine.

Article 193

The legislative power in the Republic of Crimea belongs to the Verkhovna Rada of the Republic of Crimea.

The executive power in the Republic of Crimea belongs to the Government of the Republic of Crimea.

The powers, procedures of formation and activities of the Verkhovna Rada and the Government of the Republic of Crimea shall be stipulated by a constitutional law of Ukraine and by the Constitution of the Republic of Crimea.

In the sphere of its jurisdiction, the Verkhovna Rada of the Republic of Crimea shall adopt legislation, and the Government of the Republic of Crimea shall adopt resolutions and regulations, which require mandatory implementation on the territory of the Republic of Crimea.

Chapter 21
Oblasts (Lands)

Article 194

Oblasts (lands) shall independently resolve issues within their jurisdiction as granted to them by the Constitution and laws of Ukraine.

The legal status of oblasts (lands) is stipulated by this Constitution and the constitutional law of Ukraine.

A change in the legal status of oblasts (lands), as well as their territories, is only possible upon the request of the oblast (land) Councils, if the majority of the voting population of the respective oblast (land) have voted in favor of such a decision through a consultative referendum.

The final decision on this issue shall be made by the Rada of Territories of the National Council (Vsenarodna Rada).

Borders between oblasts (lands) and the Republic of Crimea can be changed by agreements between them, with the consent of the Rada of Territories.

Article 195

Oblasts (lands) implement normative regulations, as well as administrative and controlling powers within the limits and on conditions specified for the Republic of Crimea in Articles 187 and 188, with the exception of points 11–13 of Article 188 of this Constitution and issues delegated to the local self-governance bodies by the laws of Ukraine.

In addition, other powers can be granted to oblasts (lands) by the constitutional law of Ukraine.

The rights and duties stipulated by Articles 190–192 of this Constitution also pertain to oblasts (lands).

Article 196

Oblast (land) bodies of state power shall act in accordance with principles of the Constitution and laws or Ukraine, presidential decrees, resolutions and decrees of the Cabinet of Ministers, as well as within their own powers.

Article 197

Oblasts (lands) to resolve issues granted by the Constitution and constitutional laws of Ukraine to their jurisdiction, shall create oblast (land) Radas and oblast (land) state administrations, which shall act on the principle of division of powers.

Article 198

Oblast (land) Radas shall be comprised of deputies who are elected for four year terms from electoral districts of approximately equal numbers of voters.

The numerical composition of oblast (land) Radas shall be designated by the Radas themselves, but shall not exceed fifty deputies.

Article 199

An oblast (land) Rada shall elect, from among its deputies, the Chairman of the oblast (land) Rada.

The Chairman of an oblast Rada organizes the work of the Rada and its bodies; ensures the execution of its adopted decisions; represents the Rada in relations with state organs, public associations, local self-governance bodies, enterprises, institutions, organizations, and citizens as well as with other oblasts and the Republic of Crimea.

Article 200

An oblast (land) Rada executes normative, organizational and control functions within the limits and procedures stipulated by the constitutional law of Ukraine.

Within the sphere of its competence, an oblast (land) Rada shall adopt decisions which are binding for implementation throughout the territory of the oblast (land).

Article 201

The authority of an oblast (land) Rada may be suspended prior to expiration of its term in cases of:

– adoption of a decision directed at violation of the territorial integrity of Ukraine or arbitrary change of its state territorial structure;

– flagrant violations of the Constitution and the laws of Ukraine and failure to bring its decision in accordance with them;

– failure to adopt decisions due to the inability, over the course of two months, to form a majority among its deputy membership.

A decision on the pre-term termination of the authority [of the oblast Rada] and the designation of new elections for the oblast (land) Rada shall be adopted by the Rada of the Territories on the submission of the President.

Article 202

The oblast (land) state administration is the body of executive power.

The oblast (land) state administration is headed by the Head of the oblast (land) state administration, who is elected by the population of the oblast (land) on the basis of universal, equal, and direct suffrage by secret ballot, and approved by a decree of the President of Ukraine.

The composition of the oblast (land) state administration is approved by the oblast (land) Rada upon the request of the Head of oblast (land) state administration.

The oblast (land) administration shall be under the control and shall be subordinated to the oblast (land) Rada, the Cabinet of Ministers, and the President of Ukraine.

Article 203

The Head of the oblast (land) state administration exercises executive power in the oblast (land), controls compliance with the Constitution and the laws of Ukraine, decrees and resolutions of the President of Ukraine, regulations and resolutions of the Cabinet of Ministers of Ukraine, as well as co-ordinates and controls the activities of the appropriate bodies of internal affairs, national security, defense and other bodies, which are subordinate to the central organs of state executive power.

Article 204

The Heads of rayon (city) state administrations are appointed by the President of Ukraine in cities of national importance, and by the Heads of the oblast (land) state administrations, with the approval of the appropriate Rada, in rayons.

The Head of the rayon (town) state administration maintains control over compliance with the Constitution and laws of Ukraine, decrees and resolutions of the President of Ukraine, resolutions and regulations of the Cabinet of Ministers of Ukraine, acts of the oblast (land) Rada and the oblast (land) state administration, as well as coordinates and maintains control over the activities of appropriate state bodies.

Article 205

The oblast (land) Rada may express to confidence in the Head of the oblast (land) state administration with a two-thirds vote of the total number of deputies, which shall result in resignation of the full membership of the administration.

In cases of severe violation of the Constitution, laws of Ukraine, decrees and resolutions of the President, regulations or resolutions of the Cabinet of Ministers of Ukraine, the Head of oblast (land) state administration can be dismissed from his or her position by a decree of the President of Ukraine.

Chapter 21
Local Self-Governance

Article 206

Local self-governance shall be executed by the territorial collectives of citizens of villages, towns, cities, and rayons directly and through their elected bodies.

Local self-governance bodies shall be village, town, rayon, and city Radas.

The system of local self-governance includes local referendums and other forms of territorial self-organization of citizens.

Article 207

Local self-governance bodies have rights as legal entities and are granted their own sphere of competence which cannot be changed except by law or agreement. In the sphere of their competence, these bodies shall act separately and independently. Interference by state organs and their officials with the legal activities of local self-governance bodies shall not be allowed.

Local self-governance bodies of different levels, by mutual agreement and on the basis of agreements, may restructure amongst themselves certain powers, taking into account local demographic, territorial, economic conditions, and peculiarities of nationalities.

Local self-governance bodies may delegate part of their authority to residential self-governance bodies (building, street, block, sub-rayon, neighbourhood, etc. bodies), allocate certain funds to them, as well as material, technical, and other resources necessary for implementation of those powers.

Article 208

Rayon, city (cities of oblast and national importance) Radas shall coordinate the work of village, town, city (rayon cities) Radas in their exercise inter-territorial activities, ensure balancing of village, town, and city budgets.

City Radas of cities of oblast and national importance have the right to resolve the issues regarding liquidation of existing or creation of new rayons within cities or division of cities into other units for the purpose of creation of new territorial administrative bodies.

Article 209

Village, town, rayon, and city Radas shall be composed of council persons who are elected by voters for 2.5 years terms.

Option: Rayon Radas shall be composed of council persons who are elected within certain quotas by the Radas of villages, towns and cities (rayon cities).

The numerical composition of Radas shall be determined by the Radas themselves, but shall not exceed thirty council persons.

The Radas of villages, towns, rayons, and cities shall be headed by the Chairman of the Rada who shall be elected through universal, equal and direct suffrage by secret ballot.

Chairman of the Rada simultaneously shall be the Chairman of the executive body of the village, town, rayon, and city Rada.

Article 210

Local self-governance bodies, in the sphere of their competence, shall resolve economic, social, cultural and environmental protection issues; shall develop, adopt and implement the budgets of their appropriate administrative-territorial units; establish local taxes and collections stipulated by law; shall manage municipal property; and shall resolve other issues pertaining to the needs of the relevant territorial collective of citizens.

Property, revenues and municipal enterprises shall be the exclusive property of the territorial collectives and shall be covered by the same guarantees stipulated by this Constitution for other forms of property.

The relationship of local self-governance bodies with enterprises, institutions, and organizations as well as individuals, whose property of which is not municipal property, shall be on the basis of taxes and agreements.

Within the scope and procedures, stipulated by law, local self-governance bodies exercise those powers delegated to them by organs of the state executive power.

Article 211

Local self-governance shall approve decisions.

Decisions of local self-governance bodies shall be addressed to all persons concerned, and require mandatory implementation on the appropriate territory. They shall not contravene the Constitution, laws of Ukraine or other legal acts.

Decisions of local self-governance bodies, if inconsistent with the Constitution, laws of Ukraine or other legal acts, shall be suspended by the oblast (land) Rada or by the oblast (land) executive committee pending a decision by the appropriate court, under whose competency it lies.

Article 212

The authority of local self-governance bodies may be terminated prior to the expiration of their term by the Rada of Territories on the recommendation of the President if these bodies violate the Constitution, laws of Ukraine or Decrees of the President of Ukraine.

The Rada of Territories can temporarily impose direct rule on the territory of self-governance in cases and according to the procedures established by law.

Article 213

The powers of local self-governance bodies shall be stipulated by the Law of Ukraine "On local self-governance".

The powers of local self-governance bodies of the City of Kiev shall be stipulated by the Law on the Capital of Ukraine – the City of Kiev.

Part X
Constitutional Court

Article 214

The Constitutional Court of Ukraine shall decide on the conformity (constitutionality) of laws and other legal acts of the Constitution of Ukraine and constitutional laws of Ukraine.

Article 215

The Constitutional Court of Ukraine shall consist of 15 judges, including the Chairman of the Constitutional Court.

A citizen of Ukraine can be elected a judge of the Constitutional Court if he or she has the right to vote, has reached a minimum age of 35 years on the day of his or her selection, and has had practical, scientific or pedagogical experience in the area of law for no less than 10 years.

The Chairman of the Constitutional Court is appointed by secret ballot at a joint session of the State Rada and the Rada of Territories of the National Council (Vsenarodna Rada).

The candidacy for the position of Chairman of the Constitutional Court is nominated in the National Council (Vsenarodna Rada) jointly by the Chairman of the National Council (Vsenarodna Rada) and the President. In the case where the Chairman of the National Council (Vsenarodna Rada) and the President cannot reach an agreement regarding a candidacy for the position of Chairman of the Constitutional Court, the proposed candidacies shall be nominated in the National Council (Vsenarodna Rada) as alternatives.

The judges of the Constitutional Court are selected in equal number – 7 judges of the Constitutional Court are nominated by the President of Ukraine and an equal number by the National Council (Vsenarodna Rada). The candidates for the positions of judges of the Constitutional Court are nominated by the Chairmen of the chambers of the National Council (Vsenarodna Rada). The National Council decides on every candidacy individually by secret ballot at a joint session of the State Rada and the Rada of Territories.

The Head and judges of the Constitutional Court of Ukraine shall be appointed for a term of 10 years. Their term can not be renewed.

Article 216

The judges of the Constitutional Court, in executing their duties, shall be independent and are subjected only to the Constitution of Ukraine, laws of Ukraine on the Constitutional Court and constitutional legal proceedings.

The judges of the Constitutional Court shall comply with the conflict of interest rules as stipulated by Article 169 of this Constitution.

The judges of the Constitutional Court shall enjoy parliamentary immunity as stipulated by Article 107 of this Constitution.

Assuming office, a judge of the Constitutional Court shall take the following oath before the National Council (Vsenarodna Rada): "I solemnly swear to honestly and conscientiously fulfill the high duty of a judge of the Constitutional Court of Ukraine, to protect the Constitution of Ukraine, to guarantee its supremacy, to respect and protect the rights and freedoms of individuals and citizens, and the interests of society and state".

Article 217

The authority of a judge of the Constitutional Court shall be terminated before the end of his or her term under the following conditions:

1. his or her resignation;
2. loss of Ukrainian citizenship or permanent relocation to outside of the borders of Ukraine;
3. inability to perform his or her duties on the basis of health;
4. reaching the mandatory retirement age stipulated by law;
5. violation of conflict of interest rules as stipulated by Article 169 of the Constitution;
6. violation of his or her oath; and
7. removal from the office by the process of impeachment.

A decision on the suspension of the authority of a judge of the Constitutional Court before the end of his or her term shall be approved by the National Council (Vsenarodna Rada).

A judge of the Constitutional Court shall continue to perform his or her duties until the appointment of a new judge, but not longer than four months.

Article 218

The Constitutional Court shall review compliance with the Constitution and constitutional laws (constitutionality) of:

1. current laws and other acts of the National Council (Vsenarodna Rada) and their chambers;
2. the Constitution and laws of the Republic of Crimea;
3. decrees of the President and acts of the Cabinet of Ministers;
4. acts of the Ministers and other executives of the central organs of executive power of Ukraine;
5. acts of the oblast (land) Radas and oblast (land) state administrations;
6. acts of local self-government.

These cases shall be reviewed on the recommendation of the President, the Chairman of State Rada, the Chairman of the Rada of Territories, by no less than one-fifth of the membership of State Rada or Rada of the Territories, the Chairman of the Supreme Court (the Chairman of the Supreme Economic Court), Procurator General, the Verkhovna Rada of the Republic of Crimea and oblast (land) Radas.

The Constitutional Court shall review the constitutionality of laws and other legal acts on a citizen's complaint if the case has been reviewed by a general court, the Supreme Court has made final decision and the citizen believes that the law or other legal act, applied in deciding this case, contradicts the Constitution. The Constitutional Court shall adopt, on questions stipulated by this article, a decision which is binding throughout the whole territory of Ukraine for legislative, executive, and judicial organs, local self-governance bodies, enterprises, institutions, and organizations, executives, citizens and their unions.

Article 219

On the request of the National Council (Vsenarodna Rada) and its chambers, the Constitutional Court shall submit conclusions on:

1. the compliance with the Constitution of international, inter-governmental treaties of Ukraine submitted to the National Council (Vsenarodna Rada) for ratification;
2. the spheres of competence of the organs of legislative and executive power of Ukraine, state organs of Ukraine and the Republic of Crimea, bodies of state power, and local and regional self-governance, in case of disputes between them;
3. adherence to the Constitution of Ukraine by the President;
4. adherence to the Constitution of Ukraine by the Prime-Minister, other officials who are elected, nominated or confirmed by the National Council (Vsenarodna Rada) and its chambers (excluding judges of the Constitutional Court);
5. the validity of deputies' mandates in the case of a deputy's disagreement with the decision of the National Council (Vsenarodna Rada).

The Constitutional Court shall also submit conclusions on the other issues stipulated by this Constitution. On those issues stipulated by this article, the Constitutional Court has the right to adopt a decision on its own initiative.

Article 220

The decisions and conclusions adopted by the plenary session of the Constitutional Court shall be final.

The decisions and conclusions adopted by the session of the collegium on the recommendation of the Chairman of the Constitutional Court may be reviewed at the plenary session of the Constitutional Court.

Article 221

Laws and other legislative acts may be held unconstitutional fully or in part by the Constitutional Court, if they do not comply with the Constitution or if, during their consideration, adoption, or enactment, procedures stipulated by the Constitution has been violated.

Decisions of the Constitutional Court regarding inconsistency of laws, other normative acts or particular provisions of the Constitution with laws or duly approved and ratified international treaties of Ukraine, shall suspend the validity of those acts from the moment of their enactment if they have been enacted after the date of the beginning of sitting by the Constitutional Court and, for those that have been enacted prior to the date of the beginning of the sitting by the Constitutional Court, from the date of the adoption of a decision by the Constitutional Court.

Legal consequences, that result from an illegal act, shall be regulated by the body which adopted it and, in case of failure to settle, on its request, by a superior competent body.

Material and moral damage inflicted on physical and legal individuals by unconstitutional acts and actions, shall be reimbursed by the state.

Article 222

The competence of the Constitutional Court, concerning specific cases, shall not extend to court decisions and to acts to examining bodies, preliminary investigations and the procuracy.

Part XI
State Symbols

Article 223

The symbols of statehood of Ukraine shall be the state emblem, flag, and anthem.

Article 224

The state emblem of Ukraine shall be a gold colored trident on a blue shield.

Article 225

The state flag of Ukraine shall be a rectangular cloth, which is composed of two horizontal stripes of equal width: the upper of a blue color, the lower of a yellow color with a gold colored trident in the upper part of the flag positioned one-third the distance from the pole.

The ratio of the width of the flag to the length shall be two to three.

Article 226

The state anthem of Ukraine shall be the national anthem: "Shche ne Vmerla Ukraina".

Article 227

The capital of Ukraine shall be the City of Kiev.

Article 228

The national holiday of Ukraine shall be the Day of Independence – the 1st of December.

Part XII
Procedures for Introducing Changes and Amendments to the Constitution and to Constitutional Laws

Article 229

Changes and amendments to the Constitution may be introduced on the initiative of no less than one-third of the membership of each chamber of the National Council (Vsenarodna Rada) or through a people's initiative procedure supported by the signatures of no less than one million voters.

A law on the introduction of changes and amendments to the Constitution, based upon the people's initiative procedure, shall be adopted by an all-Ukrainian referendum.

A law on the introduction of changes and amendments to the Constitution, based on a parliamentary initiative procedure, shall be adopted by the National Council (Vsenarodna Rada) by no less than two-thirds of the votes of the constitutional membership of each chamber and then shall be confirmed by an all-Ukrainian referendum.

Article 230

No changes or amendments to the Constitution may be introduced if they are directed against the national independence and territorial integrity of Ukraine or if their purpose is to change the constitutional order, restrict constitutionally defined forms of property, or to annul human rights. No amendments to the Constitution shall be allowed under a state of emergency.

A law on the introduction of changes and amendments to the Constitution shall not be subject to approval by the President.

Article 231

Laws, which in the Constitution are described as constitutional, shall be adopted, changed and amended by no less than a two-thirds vote of the constitutional membership of each chamber of the National Council (Vsenarodna Rada).

Constitutional laws may be adopted, changed or amended upon a decision of the Constitutional Court on the constitutionality of the drafts of those laws, changes or amendments.

Constitutional laws, changes or amendments to them shall not require the approval of the President.

One House National Council
(Vsenarodna Rada) (Option)

Part 5*
National Council (Vsenarodna Rada)

Article 1*

The body of legislative power in Ukraine is the National Council (Vsenarodna Rada) of Ukraine.

Article 2*

The National Council (Vsenarodna Rada) is authorized to decide any matters of state of Ukraine, except those which are decided exclusively by an all-Ukrainian referendum or which are mandated by this Constitution to the authority of the President of Ukraine, Government of Ukraine, other state bodies, oblasts (lands), the Republic of Crimea, or local self-governance bodies.

Chapter 15*
Composition and Formation of the
National Council (Vsenarodna Rada)

Article 3*

The National Council (Vsenarodna Rada) is comprised of 350 deputies of Ukraine, who are elected directly by the people through a one mandate constituency for the term of five years.

Any citizen of Ukraine who has the right to vote, has attained the age of twenty-five years of age at the date of the polling, and permanently resides on the territory of Ukraine, may be elected as a Deputy.

Article 4*

Deputies represent the people of Ukraine and are accountable to the voters.

Disputes as to the validity of the mandates of the deputies shall be adjudicated by the Constitutional Court of Ukraine.

Article 5*

The state shall provide the conditions for the uninterrupted and effective execution of authority by the deputies of Ukraine.

Deputies perform their functions on a permanent basis. They must resign from their previous place of work for the duration of their deputy mandates.

Deputies of Ukraine are prohibited from conducting entrepreneurial activities or performing any other activity for remuneration, except for scientific or lecturing activities.

Disputes over the validity of mandates of the deputies of Ukraine are determined by the Constitutional law on the status of the deputy of Ukraine.

Article 6*

Deputies of Ukraine enjoy parliamentary immunity.

They shall bear no legal responsibility for their votes and statements in the National Council (Vsenarodna Rada) and its organs except for the cases of accusations of slander and insult.

Deputies of Ukraine shall have the right not to testify against those individuals who entrusted them, as deputies, with information about facts and trusted them not to reveal those facts.

The powers of the deputies of Ukraine may not be abridged even by the introduction of martial law or a state of emergency.

Deputies of Ukraine may not be indicted, arrested, or subjected to any other treatment limiting their freedom and rights, or subjected to any administrative sanctions imposed by courts without prior consent of the National Council (Vsenarodna Rada).

The appeals for stripping a deputy of Ukraine of his or her parliamentary immunity shall be made to the National Council (Vsenarodna Rada) by the Procurator General of Ukraine or by the Chairman of the Supreme Court of Ukraine.

Article 7*

The mandate of a deputy of Ukraine may be terminated simultaneously with the expiration of the mandate of the National Council (Vsenarodna Rada) or in case of his or her death.

Pre-term termination of the mandate of a deputy of Ukraine, according to a decision of the National Council (Vsenarodna Rada), may be ordered in the following cases:

1. non-performance of deputy's duties for two months, without valid excuses;

2. resignation by his or her personal application;

3. conviction by court sentence directed at one which has come into force;

4. declaration by a court of one's incompetence or status as a missing person;

5. loss of one's Ukrainian citizenship or permanent change of residence outside the borders of Ukraine;

6. one's recall by the electorate.

A decision of the National Council (Vsenarodna Rada) on the pre-term termination of the mandate of a Deputy of Ukraine may be appealed to the Constitutional Court of Ukraine.

Chapter 16*
Powers and Organization of the Work of the National Council (Vsenarodna Rada)

Article 8*

The National Council (Vsenarodna Rada) shall introduce changes and amendments to the Constitution of Ukraine with further approval by an all-Ukrainian referendum.

The National Council (Vsenarodna Rada) shall enact constitutional laws of Ukraine, which are foreseen by Articles 17, 97, 106, 5*, 38*, 157, 169, 183, 184 and 194 of this Constitution.

Article 9*

The National Council (Vsenarodna Rada) enacts the laws of Ukraine.

The Constitution and laws of Ukraine have exclusivity over the following matters:

1. the rights and freedoms of individuals and citizens and guarantees of these rights and freedoms;

2. citizenship, legal rights of citizens and the status of foreigners and persons without citizenship;

3. the principle duties of individuals and citizens;

4. rights of national minorities;

5. status of languages;

6. demographics, migration (including immigration and emigration) policies;

7. principles of budgetary, financial, price, credit, tax and investment policies; principles for establishing a taxation system; types of taxes, duties and mandatory payments; taxpayers and objects of taxation; currency, assaying, value and denomination of national coins, order and sanctioning of issuance of bank notes;

8. unites of weight, size, and time;

9. principles and fundamental directions of foreign policy;

10. principles of the organization of defense, state security and provision of civil order;

11. principles of external economic and customs policy;

12. legal status of state borders;

13. principles of the Ukrainian state-territorial structure and the principles of a balanced policy;

14. principles of the organization of local self-government;

15. establishment of free economic zones;

16. principles of the use of natural resources, exploration of space, organization and use of energy systems; air, maritime, river, rail, auto and pipeline transportation and communications;

17. legal status of ownership and protection of property rights;

18. general provisions and guarantees of entrepreneurship;

19. ecological policy and ecological standards;

20. principles of social policy, social security of citizens, marriage, family, protection of health, upbringing, education and culture and principles of scientific and technical policies;

21. principles of formation and activity of public associations and functioning of the mass media;

22. organization and procedure of elections and referendums;

23. organization and activities of the National Council (Vsenarodna Rada) and legal status of the deputies of Ukraine;

24. principles of the organization and activities of state executive bodies, general provisions of the civil service, and the collection of state statistics and information;

25. definition of crimes and administrative violations, determination of punishment for them and amnesty;

26. judicial system, court procedures, court expertise, the procuracy, the investigation service and notary public; penal bodies and institutions; principles of the organization and activities of the advocacy;

27. methods of use and protection of the state flag, emblem and anthem and legal status of the capital;

28. legal regimes of martial law and state of emergency; and

29. establishment of state awards and special titles.

Exclusive prerogatives of the National Council (Vsenarodna Rada) include the approval of first principles, codes and other codifying acts from all spheres of legislation, including all corrections and additions.

The National Council (Vsenarodna Rada) shall approve laws involving other issues within its competency.

Article 10*

The powers of the National Council (Vsenarodna Rada) shall include:

1. introduction of amendments and additions to the Constitution and Constitutional laws of Ukraine;

2. announcement of the decisions of the all-Ukrainian referendums;

3. approval of the state budget and reports on its execution;

4. implementation of parliamentary control over executive and judicial power by methods and within the scope stipulated by this Constitution; and

5. ratification, adoption, and approval of international, inter-governmental treaties, or Ukraine's adherence to them, as well as denunciation or suspension of such treaties.

Article 11*

The National Council (Vsenarodna Rada) shall be convened in order to decide the following issues:

1. setting the date of the election of the President of Ukraine, declaring the act of election of the President and administering the Presidential oath and recognition or rejection of the resignation of the President of Ukraine;

2. announcing the dissolution of the National Council (Vsenarodna Rada), setting the date of regular or extraordinary elections to the National Council (Vsenarodna Rada);

3. approving decision about holding an all-Ukrainian referendum on the pre-term termination of powers of the President of Ukraine on the demand of no less than two million voters or on the initiative of National Council (Vsenarodna Rada) itself;

4. approving the membership of the Cabinet of Ministers of Ukraine;

5. hearing the President's reports on the domestic and foreign state of Ukraine;

6. appointing the Chairman, and 7 judges of the Constitutional Court of Ukraine; administering the oaths to the judges of the Constitutional Court of Ukraine; accepting or rejecting the resignation of the Chairman and judges of the Constitutional Court of Ukraine appointed by the National Council of Ukraine; appointing of the head and members of the Supreme Court, the Highest Economic Court and the Procurator General of Ukraine;

7. determining the structure, size, and procedures of use of the Armed Forces of Ukraine, National Guard of Ukraine, Security Service of Ukraine, and Border Guards of Ukraine;

8. proclaiming a state of war on the recommendation of the President and approving the President's decision to use the Armed Forces of Ukraine or other military formations in case of armed attack;

9. approving the President's decrees which impose martial law or states of emergency in Ukraine or in particular areas or total or partial mobilization;

10. holding of a second hearing of legislation vetoed by the President, imposing a parliamentary veto on Presidential decrees, which contradict the laws of Ukraine;

11. reviewing the reports and proposals of ad hoc investigative commissions created by the National Council (Vsenarodna Rada) and discussing and adopting appropriate decisions;

12. removing from office through the procedure of impeachment the President, Prime Minister, and officials who have been elected, appointed, or approved by the National Council (Vsenarodna Rada) in cases of their criminal violation of the Constitution and laws of Ukraine;

13. adopting resolutions, statements, declarations, and appeals;

14. hearing the answers and adopting the decisions presented upon the request of the deputies of Ukraine;

15. supervising the defense of rights and freedoms of individuals and citizens in Ukraine;

16. controlling the implementation of the state budget, activities of the National bank and the State Auditing Committee;

17. appointing and dismissing as well as accepting of the resignation of the Chairman of the National bank, Chairman of the State Auditing Committee and the State Comptrollers; reviewing their reports; and electing, appointing, or approving other state officials in cases foreseen by this Constitution;

18. granting preliminary consent to the appointment by the President of Ukraine of the Heads of diplomatic representations of Ukraine abroad and Chiefs of missions of Ukraine to international organizations;

19. adopting the final decisions on the issues of changes in the legal status of the oblasts (lands) and the Republic of Crimea and of their territories (enlargement, liquidation, etc.), and granting consent to change borders among the oblasts (lands) and between the oblasts (lands) and the Republic of Crimea;

20. appointing judges of oblast (land) economic courts, their removal from office through the procedure of impeachment;

21. upon the request of the President of Ukraine, premature termination of authorities of separate oblast (land) Radas and self-governance bodies for their violation of the Constitution, laws of Ukraine, decrees of the President and resolutions of the Cabinet of Ministers; and calling of their new elections.

The National Council (Vsenarodna Rada) may conduct investigations and hearings on any specified questions which are of the state and society interest.

Article 12*

The National Council (Vsenarodna Rada) shall work in sessions.

The sessions of the National Council (Vsenarodna Rada) shall be organized in the form of meetings of the National Council (Vsenarodna Rada), standing and ad hoc commissions.

Article 13*

The National Council (Vsenarodna Rada) shall meet for its first session no later than the thirtieth day after elections.

The National Council (Vsenarodna Rada) is empowered if no less than four-fifths of the total number of the Deputies of Ukraine have been elected as specified by this Constitution.

The National Council (Vsenarodna Rada) shall convene its regular sessions on the first Tuesday of February and the first Tuesday of September of every year.

Extraordinary sessions or meetings of the National Council (Vsenarodna Rada) shall be convened with a specified agenda by the Chairman of the National Council (Vsenarodna Rada) on his or her initiative or at the request of no less than one-third of the Constitutional membership of the National Council (Vsenarodna Rada), or on a proposal of the President. Such sessions or meetings conclude their work after the agenda has been exhausted.

In the case of the introduction of martial law or a state of emergency in Ukraine or in certain areas, the National Council (Vsenarodna Rada) shall assemble within two days without convocation.

Article 14*

A session of the National Council (Vsenarodna Rada) shall be lawful when no less than two-thirds of their Constitutional membership are in attendance and the session is conducted in accordance with the Rules of Procedure of the National Council (Vsenarodna Rada).

Article 15*

The session of the National Council (Vsenarodna Rada) shall be presided over by its Chairman or, in cases stipulated by the Rules of Procedure, other persons specified by them.

The first session of the National Council (Vsenarodna Rada) shall be convened by the Chairman of the National Council (Vsenarodna Rada) of the previous convocation. Prior to the election of the Chairman of the National Council (Vsenarodna Rada) of the new convocation, its session shall be

chaired by the Presidium of the session elected by the National Council (Vsenarodna Rada).

Article 16*

At its first session, the National Council (Vsenarodna Rada) shall elect a Mandate and Tallying Commission.

On the proposal of the Mandate Commission, the National Council (Vsenarodna Rada) shall adopt a decision on the recognition of mandates of the deputies of Ukraine or, in the case of violations of the law on elections, a decision declaring the elections of the particular deputies void.

Article 17*

The sessions of the National Council (Vsenarodna Rada) shall be held publicly and openly. For the conduct of a closed session, the decision of no less than two-thirds of the Constitutional membership of the National Council (Vsenarodna Rada) shall be required.

Voting at the sessions of the National Council (Vsenarodna Rada) shall be personal and shall be conducted openly if other procedures are not stipulated by the Constitution and Rules of Procedure.

Article 18*

The National Council (Vsenarodna Rada) shall adopt acts at its sessions, after discussions, by a majority vote of their Constitutional membership, except in cases stipulated by Articles 24*, 30*, 153, 229, 231 of this Constitution.

Article 19*

The National Council (Vsenarodna Rada) shall elect from among its members a Chairman, Deputy Chairmen, as well as chairmen of the standing commissions of the National Council (Vsenarodna Rada). They may be removed from their positions by the decision of the National Council (Vsenarodna Rada).

The Chairman of the National Council (Vsenarodna Rada) shall:

1. implement general leadership in the preparation of the issues which are subject to consideration at the sessions of the National Council (Vsenarodna Rada) and its Presidium and sign acts approved by the National Council (Vsenarodna Rada) and its Presidium;

2. represent the National Council (Vsenarodna Rada) in relations with bodies and organizations within the state and abroad;

3. establish the secretariat of the National Council (Vsenarodna Rada) and organize its work;

4. administer budget allocations which are appropriated for the maintenance of the National

Council (Vsenarodna Rada) and its operation; and

5. perform other functions stipulated by the Constitution.

The Deputy Chairmen of the National Council (Vsenarodna Rada), perform functions which are determined by the Chairman of the National Council (Vsenarodna Rada).

Article 20*

The National Council (Vsenarodna Rada) shall create its Presidium, composed of the Chairman of the National Council (Vsenarodna Rada), who shall be the Head of the Presidium, Deputy Chairmen of the National Council (Vsenarodna Rada), chairmen of the standing commissions of the National Council (Vsenarodna Rada) and the Secretary of the National Council (Vsenarodna Rada). The Secretary of the National Council (Vsenarodna Rada) shall not be appointed from the corps of deputies.

The Presidium of the National Council (Vsenarodna Rada) is the body subordinate to it, organizes the work of the National Council (Vsenarodna Rada) and its bodies and performs other duties.

Article 21*

The National Council (Vsenarodna Rada) shall create standing commissions from its membership.

The standing commissions shall draft legislation, prepare and conduct a preliminary review of the issues pertaining to the authority of the National Council (Vsenarodna Rada), execute control over the implementation of the laws and other acts of the National Council (Vsenarodna Rada) and its organs.

The standing commissions shall adopt resolutions on issues within their competence. Resolutions of the commissions shall be subject to immediate review by the bodies, organizations, and executives concerned, followed by a report on the results of the review.

The National Council (Vsenarodna Rada), if it deems necessary, may create ad hoc special commissions for the preparation and preliminary review of those issues within its competence.

Article 22*

The National Council (Vsenarodna Rada) may elect from its membership and ad hoc investigative commissions for the conduct of investigations on any specified issues which are of social interest, if no less than one-third of the Constitutional membership of the National Council (Vsenarodna Rada) votes for their establishment.

Decisions of the National Council (Vsenarodna Rada) on the creation of the ad hoc investigative commissions and specification of their mandates shall be considered adopted if no less than two-thirds of the Constitutional membership of the National Council (Vsenarodna Rada) have voted in favor of them.

Recommendations of the ad hoc investigative commissions do not bind the courts.

Article 23*

Deputies of Ukraine have the right to establish parliamentary groups to assist in the organization of work of the National Council (Vsenarodna Rada), facilitating for the deputies of Ukraine the execution of their powers and coordinating their positions on issues which are considered by the National Council (Vsenarodna Rada) and its organs.

Article 24*

The mandate of the National Council (Vsenarodna Rada) terminates on the day of the convening of the first session of the newly elected National Council (Vsenarodna Rada).

The mandate of the National Council (Vsenarodna Rada) may be terminated before the expiration of its term in cases of:

1. self-dissolution;

2. decision of the all-Ukrainian referendum on a no confidence vote in the National Council (Vsenarodna Rada); and

3. its dissolution by the President as stipulated by Article 152 of this Constitution.

Self-dissolution of the National Council (Vsenarodna Rada) shall be conducted by decision of the National Council (Vsenarodna Rada) if, in favor of this decision, there is a vote of no less than two-thirds of the Constitutional membership of the National Council (Vsenarodna Rada).

An all-Ukrainian referendum on a no confidence vote in the National Council (Vsenarodna Rada) shall be conducted in accordance with the procedures established by Article 96 of this Constitution.

If an all-Ukrainian referendum expresses no confidence in the National Council (Vsenarodna Rada), the National Council (Vsenarodna Rada) shall declare its self-dissolution and shall schedule the date of the election of a new National Council (Vsenarodna Rada). The newly elected National Council (Vsenarodna Rada) shall have the mandate for the whole term stipulated in Article 3* of the Constitution.

In cases of dissolution of the National Council (Vsenarodna Rada) by the President, the date of the election of the new National Council (Vsenarodna Rada) shall be set by the President no later than two months after the dissolution of the National Council (Vsenarodna Rada).

Chapter 17*
The Legislative Process

Article 26*

The right to initiate legislation in the National Council (Vsenarodna Rada) shall belong to the people, deputies, permanent commissions, the President of Ukraine, the Cabinet of Ministers of Ukraine, the Verkhovna Rada of the Republic of Crimea.

Draft legislation, submitted to the National Council (Vsenarodna Rada) of Ukraine through a people's initiative procedure, shall have priority for consideration.

The legislative initiative is exercised by introduction to the National Council (Vsenarodna Rada) of a motivated proposal on preparation of draft legislation or texts of the draft legilsation as well as the changes and amendments to them.

Article 26**

Draft legislation shall be submitted to the Presidium of the National Council (Vsenarodna Rada), shall be distributed among the deputies of Ukraine, shall be reviewed first by the appropriate permanent or ad hoc special commission, and shall subsequently be submitted for review by the National Council (Vsenarodna Rada).

The review of the draft legislation at the session of the National Council (Vsenarodna Rada) shall be organized in a manner which shall clearly express the actual will of the majority of the deputies.

Consideration and adoption of draft legislation by the National Council (Vsenarodna Rada) foresees:

– adoption in principle of the principal provisions;

– adoption article-by-article and in its entirety.

Article 27*

A law, after it is discussed and voted on article-by-article and in its entirety, is considered approved by the number of votes stipulated by Article 18* of this Constitution.

Article 28*

Draft legislation, which requires a financial expenditure, shall be submitted to a session of the National Council (Vsenarodna Rada) with the condition that it is accompanied with necessary estimates by the State Auditing Committee and a study by the relevant standing commission regarding ways to finance it.

** Anm. des Hrsg. P. H.: Art. 26 wird auch im Original doppelt aufgeführt.

In adopted legislation, which requires new or additional expenditures, there shall be stipulated the means to finance it.

Article 29*

Ratification, approval, confirmation, denunciation, suspension or joining of international treaties, shall be accomplished through adoption of an appropriate resolution, unless specified within the treaty.

Article 30*

A law shall be signed by the Chairman of the National Council (Vsenarodna Rada) and shall be immediately sent to the President.

The President shall review the law, accept it for implementation, endorse it with his signature and officially publish it within fifteen days from the day he or she received the law. Until such time, the President may exercise his rights to veto law and to return it, with his or her comments, to the National Council (Vsenarodna Rada) for its second review. If, during the second review, the law is adopted by two-thirds of the Constitutional membership of the National Council (Vsenarodna Rada), the President must sign and publish it within ten days.

If the President does not return the legislation for second review within the required time frame, the legislation shall be considered endorsed by the President.

If the President presents a law, unsigned due to its unconstitutionality, to the Constitutional Court, then the designated period for signature of said law remains.

If the President exercises his or her right of veto after recess of a session of the National Council (Vsenarodna Rada), an extraordinary session shall be immediately convened for the second review of the legislation.

A law shall come into force ten days from the moment of publication, unless otherwise stipulated by the law itself, but nevertheless not before the day of publication.

Chapter 18*
Budget. Financial Control

Article 31*

The budgetary system of Ukraine shall be comprised of the state budget, the budgets of the oblasts (lands) and the Republic of Crimea, as well as the budgets of municipalities.

Article 32*

The state budget of Ukraine shall be comprised of revenues and expenditures of the state which shall be realistic, specifically itemized, and balanced.

Expenditures of the state, their size and their purposes, shall be determined exclusively by the Law on the State Budget of Ukraine.

Law establishes the ceiling of the budget deficit. The absorption of the budget deficit at the expense of the emissions of money shall be considered only as an exception and is possible only with the approval of the National Council (Vsenarodna Rada).

The National Council (Vsenarodna Rada) may implement a new accounting of state revenues and may change previous revenues and select new appropriations for the current budgetary year through a supplemental budget.

If the National Council (Vsenarodna Rada) adopts a state budget in which expenditures exceed revenues, the Law on the State Budget shall specify the sources and means for absorbing the deficit. The Law on the State Budget may not etablish new taxes, fines or other payments not authorized by specific legislation.

The general principles of the formation and implementation of the budget of the oblasts (land) and the Republic of Crimea as well as the budgets of municipalities are defined by the Law on the Budgetary System of Ukraine.

Article 33*

The state budget of Ukraine shall be adopted annually for the period of 1 January to 31 December or, under special circumstances, for other periods.

The President, no later than first fifteen days of the fall session, presents to the State Council (Rada) a draft Law on the State Budget for the following year.

The draft budget shall be reviewed by the State Auditing Committee and by the appropriate commissions of the National Council (Vsenarodna Rada).

The Law on the state budget approved in accordance with the procedure provided by Article 27* of the Constitution, shall enter into force on the first of January of the following year and shall not be subject to endorsement by the President.

The procedure of formation and adoption of the state budget shall be established by law.

Article 34*

The President shall submit to the National Council (Vsenarodna Rada) an itemized report on the implementation of the state budget no later than three months after the conclusion of the budgetary year under report.

The submitted report first shall be considered by the State Auditing Committee and the appropriate commissions of the National Council (Vsenarodna Rada). The report shall be adopted taking into consideration their conclusions and must be published.

Article 35*

Monetary circulation and account settlement procedures shall be established by the National Bank of Ukraine, which possesses the exclusive right to issue money.

The National Bank of Ukraine shall report to the National Council (Vsenarodna Rada) of Ukraine.

Article 36*

Financial control over the implementation of the state budget shall be granted to the National Council (Vsenarodna Rada) of Ukraine, which shall implement financial control directly as well as through the State Auditing Committee.

Article 37*

The State Auditing Committee shall be a body of parliamentary control over the financial activity of the state, local and regional self-governance bodies and the use of real estate and movable property under public ownership.

The State Auditing Committee is subordinate and accountable to the National Council (Vsenarodna Rada) of Ukraine.

Article 38*

The State Auditing Committee shall be composed of State Comptrollers, appointed by the National Council (Vsenarodna Rada), from specialists in the fields of finance and law and shall serve for terms of five years. The State Comptrollers shall comply with conflict of interest rules stipulated by Article 169 of this Constitution.

The State Auditing Committee shall be headed by the Chairman of the State Auditing Committee. The Chairman of the State Auditing Committee, his deputy and the State Comptrollers shall be appointed upon nomination by the Chairman of the National Council (Vsenarodna Rada) at its session.

The State Auditing Committee, within the sphere of its competence, shall conduct investigations, having the same powers as the ad hoc investigative commissions of the National Council (Vsenarodna Rada).

The organization, competence and rules of procedure of the State Auditing Committee shall be defined by constitutional law.

Textanhang XIII/4

Drafts for a New Ukrainian Constitution (1995)*

CONSTITUTION OF UKRAINE
(draft)
prepared by the working group of the Constitutional Commission of Ukraine November 15, 1995[1]

We, the Ukrainian people – Ukrainian citizens of all nationalities,

expressing our sovereign will,

standing on the century-old history of national state building,

executing our right to self-determination.

providing for the guarantee of human rights and freedoms, and of the deserved conditions of human life,

providing securing and strengthening of the civil consent in society,

desiring to establish a democratic, social and legal state as an integral part of the world community,

recognizing the responsibility before present and future generations,

acting in accordance with the Act of Declaration of Ukraine's Independence of August 24, 1991, confirmed by a nation-wide vote on December 1, 1991,

adopt this Constitution – the fundamental law of Ukraine.

CONSTITUTION OF UKRAINE
(draft)

We, the Ukrainian people – Ukrainian citizens of all nationalities,

expressing our sovereign will,

standing on the century-old history of Ukrainian state building,

providing for the guarantee of human rights and freedoms, and of the deserved conditions of human life,

providing strengthening of the civil consent in society,

desiring to establish a democratic, social and legal state,

recognizing the responsibility before present and future generations, acting in accordance with the Act of Declaration of Ukraine's Independence of August 24, 1991, approved by a nation-wide vote on December 1, 1991, adopt this Constitution – the fundamental law of Ukraine.

Chapter I
General principles

Article 1
Ukraine is a Democratic, Social and Legal State.

Article 2
The sovereignty of Ukraine covers the entirety of its territory.

Chapter I
General principles

Article 1
Ukraine is a Sovereign, Unitarian, Democratic, Social, and Legal State.

Article 2
The sovereignty of Ukraine covers the entirety of its territory.

The territory of Ukraine is integral, indivisible, and inviolable.

---

* In the left column you will find the draft prepared by the Working Group of the Constitutional Commission with which Commission members held two exchanges of views. The other draft is being prepared by a newly established Sub-Commission of the Constitutional Commission on the basis of this draft. This Sub-Commission has not yet finalised its work and its text therefore stops at Article 101.

[1] The English translation of the Draft is based in part on the translation of the Parliamentary Development Project.

The territory of Ukraine is united, integral, and inviolable.

Article 3
The individual, his/her life and health, honor and dignity, inviolability and security are recognized in Ukraine as the highest social value.

Human rights and freedoms and their guarantees determine the essence and the direction of the activity of the State. The establishment and maintaining of human rights and freedoms is the main duty of the State.

Article 4
Ukraine has single citizenship. The basis for acquiring and termination of Ukrainian citizenship is determined by law.

Article 5
Ukraine is a republic.

The people are the only source of power in Ukraine. The people exercise power directly and through the bodies of state power.

Neither any part of the nation nor a political party, public organization, any group or individual person may usurp state power.

Article 6
State power in Ukraine is exercised on the basis of its separation into legislative, executive and judicial branches.

Bodies of the legislative, executive and judicial branches exercise their authority within the limits determined by the Constitution.

Article 7
The state recognizes and guarantees local self-government.

Article 8
The principle of rule of law exits in Ukraine.

The Constitution is the highest legal authority. The standards of the Constitution are the highest standards of law. Laws and all other legal acts shall be adopted on the basis of the Constitution and shall adhere to it.

Article 9
Generally accepted principles and norms of international law, as well as international treaties of Ukraine are an integral part of its legal system.

If an international treaty establishes different rules from those envisaged by the national legislation of Ukraine, the rules of such international treaty are used.

International treaties shall not contradict the Constitution.

Article 3
An individual, his/her life and health, honor and dignity, inviolability and security are recognized in Ukraine as the highest social value.

Human rights and freedoms and their guarantees determine the essence and the direction of the activity of the State. The establishment and maintaining of human rights and freedoms is the main duty of the State.

Article 4
Ukraine has single citizenship. The basis for acquiring and termination of Ukrainian citizenship is determined by law.

Article 5
Ukraine is a republic.

The people is the only source of power in Ukraine. The people exercise power directly and through the bodies of state power.

Nobody has the right to usurp state power.

Article 6
State power in Ukraine is executed on the basis of its separation into legislative, executive and judicial branches.

Bodies of the legislative, executive and judicial branches execute their authority within the limits determined by the Constitution.

Article 7
The state recognizes and guarantees local self-government.

Article 8
The principle of rule of law exits in Ukraine.

The Constitution is the highest legal authority. The standards of the Constitution are the highest standards of Law and all other legal acts shall be adopted based upon the Constitution and shall adhere to it.

Article 9
International treaties, ratified in accordance with the Constitution of Ukraine, and enforced by Ukraine, are a part of Ukraine's national law.

International treaties shall not contradict the Constitution.

Article 10

Ukrainian language is the state language in Ukraine.

In the areas of dense population of citizens belonging to the one or several national minorities, the language accepted by the majority of the population of such locations or a certain administrative territorial entity may be used in the activity of bodies of state power and state organizations along with the state language.

Article 10

Ukrainian language is the state (official) language in Ukraine.

In the areas of dense population of citizens of one or several national minorities, the language accepted by the majority of the population of a certain location may be used in the activity of bodies of state power and state organization along with the state language.

Article 11

The state assists in the development of ethnic, cultural, linguistic and religious features of all national minorities.

Ukraine provides for the satisfaction of the national, cultural and linguistic needs of Ukrainians who live beyond the state borders.

Article 11

The state assists in the consolidation and development of the Ukrainian nation, its historical consciousness, traditions and culture, as well as in the development of the ethnic, cultural, linguistic and religious features of all national minorities.

Ukraine provides for the satisfaction of the national, cultural, and linguistic needs of Ukrainians who live beyond its borders.

Article 12

Societal life in Ukraine is based upon principles of political, economic and ideological diversity.

The State guarantees freedom of any political activity if it is not prohibited by the Constitution or by law.

The State ensures the equal protection of all forms of property and property management, as well as the social orientation of the economy.

No ideology can be considered mandatory by the State.

Censorship of the mass media by the state is prohibited.

Article 12

Societal life in Ukraine is based upon principles of political, economic and ideological diversity. No ideology can be considered mandatory by the State.

The State guarantees freedom of political activity not prohibited by the Constitution or by law.

The State ensures the equal protection of all forms of property and property management, as well as the social orientation of the economy.

Censorship of the mass media by the state is prohibited.

Article 13

The international political activity of Ukraine is oriented to ensure its national interests and security by means of maintaining peaceful and mutually beneficial cooperation with members of the international community on the basis of strict adherence to the norms and principles of international law.

Article 13

The international political activity of Ukraine is oriented to ensure its national interests and security by means of maintaining peaceful and mutually beneficial cooperation with members of the international community.

Article 14

The people and each individual citizen of Ukraine have the right to resist anyone attempting to subert Ukrainian statehood, constitutional law, to violate its territorial integrity or perform activities aimed at seizing state power, if measures provided by Constitution cannot be used.

Article 14 – excluded.

Article 15

The State symbols of Ukraine are the State Colors, State Coat of Arms and State Anthem. Their description and order of usage are provided by Law.

Article 15

The State Flag of Ukraine is a field with a blue and a yellow horizontal stripe with the Trident of the golden color on the top section.

The capital of Ukraine is Kyiv city.

The State Emblem of Ukraine is a Trident of golden color on a blue shield.

The State Anthem of Ukraine is the national anthem "Ще не вмерла Україна."

The capital of Ukraine is Kyiv City.

Chapter II
Rights and freedoms of a person and citizen

Article 16

All people are born free and equal in their dignity and rights.

The rights and freedoms of a person are irrevocable and inviolable and belong to everyone from birth.

Article 17

The rights and freedoms of a person and citizen established by this Constitution are not comprehensive.

Constitutional rights and freedoms may not be abolished.

Article 18

Every person has the right to free development of his/her personality, as long as he/she does not violate the rights and freedoms of other individuals.

Article 19

Citizens have equal Constitutional rights and freedoms and are equal before law without regard for their race, gender, ethnic or social origin, property and social standing, position, type and nature of occupation, nationality, place of residence, language, religion, political and other beliefs.

Article 20

A citizen of Ukraine may not be deprived of citizenship or of the right to change Ukrainian citizenship.

A citizen of Ukraine may not be expatriated from Ukraine or turned over to a foreign state.

Ukraine guarantees its citizens protection and defense abroad.

Article 21

Foreign citizens and persons without any citizenship shall enjoy the same rights and freedoms and have the same duties as citizens of Ukraine except in cases determined by the Constitution, by law or by international treaties concluded by Ukraine.

Foreign citizens and persons without any citizenship may be granted political asylum.

Chapter II
Rights and freedoms of a person and citizen

Article 16

All people are free and equal in their dignity and rights.

The rights and freedoms of a person are irrevocable and inviolable.

Article 17

The rights and freedoms of a person and citizen established by this Constitution are not comprehensive.

Constitutional rights and freedoms cannot be abolished.

Article 18

Every person has the right to free development of his/her personality, as long as he/she does not violate the rights and freedoms of other individuals.

Article 19

Citizens have equal Constitutional rights and freedoms and are equal before the law.

There are no privileges or restrictions based on race, color of skin, political and other beliefs, gender, ethnic and social origin, property, ownership, position, place of residence, language, religion or other circumstances.

Article 20

A citizen of Ukraine may not be deprived of citizenship or of the right to alter Ukrainian citizenship.

A citizen of Ukraine may not be expatriated from Ukraine or turned over to a foreign state.

Ukraine guarantees its citizens protection and defense abroad.

Article 21

Foreign and persons without any citizenship shall enjoy the same rights and freedoms and have the same duties as citizens of Ukraine except in cases determined by the Constitution, by law or by international treaties concluded by Ukraine.

Foreigners and persons without any citizenship may be granted political asylum.

Article 22

Every person has the irrevocable right to life.

No person may deprive a person of life voluntarily. The duty of the State is to protect human life.

Every person has the right to protect his life and the lives of other persons from infringement.

Article 23

Every person has the right to respect of his dignity.

No person may be subject to torture, violence or such treatment or punishment that dishonors his/her personal dignity.

No person may be subjected to medical, scientific or other experiments without his/her free consent.

Article 24

Every person has the right to freedom and personal invulnerability.

Placing a person under arrest or holding him in custody shall not be permitted unless pursuant to a verdict of a court (or the procurator's sanction that may be appealed to a court) and only in cases provided for by law.

In case of urgent necessity to prevent or stop a crime, authorized bodies may hold a person in custody as a temporary preventive measure. The basis for such actions shall be verified by a court (or by a procurator) within 48 hours. Every detained person shall have the right to challenge his/her detention in court. If a court will not issue a decision on holding a person in custody, a detained person is to be released at once.

Every arrested or detained person shall be informed about the reasons of his/her arrest or detention without delay and receive explanations of his/her rights.

Article 25

Every person is guaranteed the inviolability of his/her place of dwelling.

Entry into a premises or other property in order to make a search and examination shall be prohibited except in cases of a court decision or procurator's sanction.

It is possible to use another order determined by law, of entry into dwellings and other property of a person, and making a search and examination there, in cases of urgency in the direct pursuit of persons suspected of committing a crime, connected with the preservation of life and property.

Article 26

Every person is guaranteed privacy of mail, telephone conversations, telegraph and other mess-

Article 22

Every person has the irrevocable right to life.

No person may deprive a person of life voluntarily.

The duty of the State is to protect human life.

Every person has the right to protect his life and the lives of other persons from infringement.

Article 23

Every person has the right to respect of his/her dignity.

No person may be subject to torture, violence or such treatment or punishment that dishonors his/her personal dignity.

No person may be subjected to medical or scientific experiments without his/her free consent.

Article 24

Every person has the right to personal freedom and invulnerability.

No person may be arrested or held in custody, unless pursuant to the verdict of a court and based only upon reasons set forth by law.

In the event of urgent necessity to prevent or stop a crime, authorized bodies may hold a person in custody as a temporary preventive measure. The basis for such actions shall be confirmed by a court within 48 hours. The detained person shall be released at once, if he/she does not receive a court decision confirming detention within 48 hours.

Every arrested or detained person shall be informed of the reason for his/her arrest or detention without delay, shall receive explanations of his/her rights, and shall have the opportunity to defend him-/herself or have legal counsel from the moment of detention.

Every detained person shall have the right to challenge his/her detention in court.

Article 25

Every person is guaranteed the inviolability of his/her place of dwelling.

Entry into a place of dwelling or other property in order to make a search and examination shall be prohibited except in cases of a court decision.

It is possible to use another order, determined by law of entry into dwellings and other property of a person, and making a search and examination there, in cases of urgency in the direct pursuit of persons suspected of committing a crime, and connected with the preservation of life and property.

Article 26

Every person is guaranteed privacy of mail, telephone conversations, telegraph and other messages. Exceptions may be permitted by court decision (or by procurator's sanction) for preventing crimes or in order to determine the truth when performing investigation and consideration of criminal cases.

Article 27

No person may be subject to interference in one's private and family life.

Gathering, keeping, using and disseminating confidential information about a person without their consent shall be prohibited.

Every citizen shall have the right, in the order determined by law, to examine information and data concerning his/her rights and interests, which is not a state or other secret protected by law, in the bodies of state power, its organizations and establishments, and in bodies of local self-government.

Every person shall have court protection of the right to correct untruthful information as well as the right to be compensated for psychological and material damages caused by the collection, keeping, usage and dissemination of such information.

Article 28

Every person who remains on the territory of Ukraine on a legal basis is guaranteed freedom of movement and of free choice of residence except for the limitations established by law for protection of national security, health, enforcement of epidemics and management of natural disasters as well as for preventing crimes.

Every person is free to leave the territory of Ukraine.

A citizen of Ukraine may not be deprived of the right to return to Ukraine at any time.

Article 29

Every person has the right to freedom of thought and speech, and to the free expression of his/her views and beliefs in any form.

Every person has the right to collect, use and disseminate information orally, in writing, or by other means of his/her choice.

The limitation of this right is determined by law with the aim to protect state and other secrets protected by law as well as for the protection of rights and freedoms of other persons.

---

ages. Exceptions may be determined by law with the purpose to prevent crimes or to determine the truth when performing investigation and consideration of criminal cases.

Article 27

No person may be subject to interference in one's private and family life.

Gathering, keeping, using and disseminating confidential information about a person without their consent shall be prohibited, except in cases determined by law.

Every citizen shall have the right to examine information about him-/herself in the possession of bodies of state power, institutions and organizations, and of bodies of local self-government, unless it is a state secret or other secret protected by law.

Every person is guaranteed court protection of the right to correct untruthful information and to request the extraction of illegally collected information, as well as the right to be compensated for material and psychological damages caused by the collection, maintenance, usage and dissemination of such information.

Article 28

Every person who remains within the territory of Ukraine on a legal basis is guaranteed freedom of movement and free choice of residence, and the right to leave the territory of Ukraine, except for the limitations established by law for the protection of state security, public order, health and the morality of the population, or of the rights and freedoms of others.

A citizen of Ukraine may not be deprived of the right to return to Ukraine at any time.

Article 29

Every person has the right to freedom of thought and speech, and to the free expression of his/her views and beliefs.

Every person has the right to collect, use and disseminate information orally, in writing, or by other means of his/her choice.

The execution of this right can be limited by law in the interests of state security, territorial integrity or the public order with the purpose of preventing disturbances or crimes, to protect health and morality, to protect the reputation or rights of other people, to prevent the announcement of information received confidentially, or to support the authority and impartiality of justice.

Article 30

Every person has the right to freedom of conscience and religion. This right shall include the freedom to profess or not to profess a religion, to exercise individually or collectively religious cults, rites, and conduct religious activity.

No religion may be recognized as mandatory by the State.

No person may be released from one's duties before the State or refuse to obey laws by reason of ones's religious beliefs. In the event performance of military service is contrary to the religious beliefs of a citizen, such service shall be replaced by alternative (non-military) service.

Article 31

Every person has the right of association for the execution and protection of their rights and freedoms, as well as for the satisfaction of their political, economic, social, cultural and other interests.

Political parties in Ukraine assist in the expression of the political will of citizens and participate in elections. Only citizens of Ukraine may be members of political parties.

No person may be forced to join any public association.

All public associations are equal before law.

Article 32

The creation and activity of public associations that have the purpose of changing of the constitutional order by violence, the seizure of state power, abuse of sovereignty and the territorial integrity of Ukraine, undermining of its security, propaganda of war, violence, initiation of inter-ethnic, racial and religious hatred, denial of human rights and freedoms, health, and social morality is not allowed, as well as of paramilitary groups and secret associations.

The creation and activity of any organizational structures of political parties in the bodies of state power and bodies of local self-government (except for the factions in the National Assembly of Ukraine), as well as in military formations, state enterprises, institutions, educational establishments and other state organizations is forbidden.

Public associations may be prohibited and dissolved only by court order.

Article 33

Citizens have the right to participate in the management of state affairs, in the all-Ukrainian and local referendums, elect freely and to be elected to bodies of state power and local self-government.

Citizens have the equal right of access to the

Article 30

Every person has the right to freedom of conscience and religion. This right shall include the freedom to profess or not to profess a religion, to exercise individually or collectively religious denominations, rituals, and conduct religious activity.

No religion may be recognized as mandatory by the State.

No person may be released from one's duties before the State or refuse to obey laws by reason of .one's religious beliefs. In the event performance of military service is contrary to the religious beliefs of a citizen, such service shall be replaced by alternative (non-military) service.

Article 31

Every person has the right to association for the execution and protection of their rights and freedoms, as well as for the satisfaction of their political, economic, social, cultural and other interests.

Political parties in Ukraine assist in the expression of the political will of citizens and participate in elections. Only citizens of Ukraine may be members of political parties.

No person may be forced to join any public association.

All public associations are equal before law.

Article 32

The creation and activity of public associations that have the purpose of changing the constitutional order by violence, as well as the seizure of state power, abuse of sovereignty and the territorial integrity of Ukraine, undermining its security, propaganda of war, violence, initiation of inter-ethnic, racial and religious hatred, denial of human rights and freedoms, health, and social morality. Public associations may not form paramilitary groups.

The creation and activity of organizational structures of political parties within bodies of state power and bodies of local self-government, as well as in military formations, state enterprises, institutions, educational establishments and other state organizations is forbidden.

Public associations may be prohibited and dissolved only by court order.

Article 33

Citizens have the right to participate in the conduct of state affairs without any discrimination both directly and through their freely elected representatives, to elect freely and to be elected to bodies of state power and local self-government.

state service as well as to the service in bodies of local self-government.

Article 34
Citizens shall have the right to gather peacefully and without weapons, to conduct assemblies, meetings, processions and demonstrations.

Bodies of state power or of local self-government shall be informed of the conduct of assemblies, meetings, demonstrations and other actions in public locations.

The right of execution of this right is established by law.

Article 35
Every person has the right to submit individual and joint applications (petitions) to state bodies and organs of local government and their officials, who are required to consider them, give motivated, legally grounded responses in terms defined by law and to take the necessary measures concerning these applications.

Article 36
The right of private property is guaranteed by law.

Every person has the right to own, use and manage his/her property and the results of his/her intellectual work.

With the purpose of securing national interests, the law establishes a comprehensive list of entities which shall not be privatized.

The right of private property for land is granted on the basis and within the limits established by law.

The forced taking of private property may take place only for the reason of a societal need and upon the condition of advance and full reimbursement of its value. The forced taking of private property with subsequent full reimbursement is permitted only under conditions of martial or emergency status.

Confiscation of property may take place only in cases, amounts and in the order established by law in connection with the violation of law only.

Citizens have the right to use objects of state and municipal property in accordance to law.

Article 37
Every person has the right to conduct business activity which is not prohibited by law.

Enterpreneurship activity of Deputies and Senators as well as of Deputies of the Autonomous Republic of Crimea and officials of the bodies of state

Citizens execute the right of access to state service on the general conditions of equality.

Article 34
Citizens shall have the right to gather peacefully and without weapons, to conduct assemblies, meetings, processions and demonstrations.

Bodies of state power or of local self-government shall be informed of the conduct of assemblies, meetings, demonstrations and other actions in public locations.

The right of execution of this right is established by law.

Article 35
Every person has the right to submit individual and joint applications to state bodies and organs of local government and their officials, who are required to consider them and provide a response.

Article 36
The right of private property is guaranteed.

Every person has the right to own, use and manage his/her property and the results of his/her intellectual work.

With the purpose of securing national interests, the law establishes a comprehensive list of entities which shall not be privatized.

The right of private property for land is granted on the basis and within the limits established by law.

The forced taking of private property may take place only for the reason of a societal need and on condition of advance and full reimbursement of its value. The forced taking of private property with subsequent full reimbursement is permitted only under conditions of martial or emergency status.

Confiscation of property may take place only in cases, amounts and in the order established by law in connection with the violation of law.

Citizens have the right to use objects of the state and municipal property in accordance to law.

The use of property shall not restrict the rights, freedoms and dignity of citizens, the interests of society, or aggravate the environmental situation and the natural qualities of land.

Article 37
Every person has the right to conduct business activity which is not prohibited by law.

The State ensures the protection of competition and business activity. The abuse of monopolistic position in the market, the non-legitimate restric-

power and local self-government is prohibited.

Business activity aimed at abuse of monopolistic position in the market and unfair competition is not permitted. Kinds and limits of monopolies are established by law.

The State protects the interests of consumers and performs oversight over the quality and safety of products, and of all kinds of services rendered and supports the activity of public associations of consumers.

tion of competition and unfair competition are not permitted. Types and limits of monopolies are established by law.

The State protects interests of consumers and performs oversight over the quality and safety of products, and of all kinds of services rendered and supports the activity of public associations of consumers.

Article 38

Every person has the right to work, including the right to have the possibility to earn one's living by work which he/she chooses or agrees to freely.

The State creates conditions for full execution of this right by citizens, guarantees equal opportunities in the choice of professions and types of work activity, implements programs for professional training and for refreshment training according to social needs.

Usage of forced labor is prohibited. Military service or alternative service, as well as work or service performed by a person pursuant to a court decision or in accordance with martial or emergency laws is not considered to be forced labor.

Every person has the right to appropriate safe and healthy conditions of work and for a compensation at a level not less then the minimal wage amount established by law.

Women and teenagers may not be employed to do hard or other jobs dangerous to their health.

Citizens are guaranteed protection against unlawful dismissal.

Article 38

Every person has the right to work, including the right to have the possibility to earn one's living by work which he/she chooses or agrees to freely.

The state creates conditions for the full execution of this right by citizens, guarantees equal opportunities in the choice of professions and types of work activity, implements programs for professional training and for refreshment training according to social needs.

Usage of forced labor is prohibited. Military service or alternative service, as well as work or service performed by a person pursuant to a court decision or in accordance with martial or emergency law is not considered to be forced labor.

Every person has the right to appropriate safe and healthy conditions for work and for compensation at a level not less then the minimal wage established by law.

Women and teenagers may not be employed to perform jobs dangerous to their health.

Citizens are guaranteed protection against unlawful dismissal.

Article 39

Employees have the right to go on strike for the protection of their collective economic and social interests.

No person may be forced to take part in, or not to take part in, a strike.

A law establishes the order of execution of this right with the purpose of providing national security, health, rights and freedoms of other persons.

Article 39

Employees have the right to go on strike for the protection of their economic and social interests.

The order of execution of this right shall be established by law, taking into account the necessity to ensure national security, health protection, and the rights and freedoms of other persons.

No person may be forced to take part in, or not to take part in, a strike.

Article 40

Every person has the right to rest.

The maximum amount of working hours and the minimum duration of leisure and annual paid holidays as well as other conditions of exercising this right shall be defined and guaranteed by law.

Article 40

Every person has the right to rest.

The maximum number of working hours and the minimum duration of leisure and annual paid holidays as well as other conditions of exercising this right shall be defined and guaranteed by law.

Article 41

Citizens have the right to social security in old age, in case of sickness, partial or complete dis-

Article 41

Citizens have the right to social security in old age, in case of sickness, partial or complete disability, body debility, accident, loss of a principle family wage earner, unemployment under circumstances independent of the person's will and in other cases provided for by law.

This right is guaranteed by obligatory social insurance on the account of insurance deposits of enterprises, establishments and other organizations, of budgetary and other sources of social welfare.

Pensions and all the kinds of social welfare and assistance that are the main sources of income shall provide a living standard not lower than a minimum established by the State.

Article 42

Every person has the right to housing.

The State and bodies of local government shall provide citizens who need social protection with free or affordable housing.

No person may be forcibly deprived of housing without lawful reasons and in no other way than by court decision.

Article 43

Every person has the right to satisfactory living standards for himself and for his family, i. e. sufficient food, clothing, housing as well as the right to steady improvement of living standards.

Article 44

Every person has the right to health protection and medical care.

The state establishes conditions for effective and available medical care for every person. Medical care shall by provided free of charge in state and municipal institutions. The State assists in the development of private medical institutions. Medical insurance is guaranteed.

The state provides for the development of physical culture, sports, and hygienic-epidemiological welfare.

Article 45

Every person has the right to a safe and healthy environment, and to compensation for damage resulting from the violation of this right.

The law guarantees every person the right to free access to information on the environmental situation, the quality and safety of food products and housing equipment, as well as the dissemination of such information.

Any violations of environmental standards or hiding of ecological information or its abuse shall be prosecuted by law.

---

ability, body debility, accident, loss of a principle family wage earner, unemployment under circumstances independent of the person's will and in other cases provided for by law.

This right is guaranteed by obligatory social insurance on the account of insurance deposits of enterprises, establishments and other organizations, of budgetary and other sources of social welfare.

Pensions and other types of social security and assistance which are the main sources of income shall provide a living standard not lower than a minimum established by the State.

Article 42

Every person has the right to housing.

The law establishes categories of citizens for whom housing shall be provided by the State and by bodies of local self-government free of charge, affordable, or under other conditions.

No persons may be forcibly deprived of housing without lawful reasons and in no other way than by court decision.

Article 43

Every person has the right to satisfactory living standards for himself and for his family, i. e. sufficient food, clothing, housing as well as the right to steady improvement of living standards.

Article 44

Every person has the right to health protection, medical care and medical insurance.

The state establishes conditions for effective and available medical care for every person. Medical care shall be provided free of charge in state and communal institutions. The State assists in the development of private medical institutions.

The state provides for the development of physical culture and sports, and ensures hygienic-epidemiological welfare.

Article 45

Every person has the right to a safe and healthy environment, and to compensation for damage resulting from the violation of this right.

The law guarantees every person the right to free access to information on the environmental situation, the quality of food and housing equipment, as well as the dissemination of such information.

Article 46

Marriage is based on the free consent of a man and a woman. Every person in a marriage has equal rights and duties in family relations.

Family, motherhood, fatherhood and childhood shall be under the protection of law.

Article 47

Children shall be equal before the law regardless of their origin, the public status of their parents as well as whether they are legitimate or illegitimate.

Any violence or exploitation of a child shall be prosecuted by law.

All troubles related to maintaining, raising and bringing up orphans and children deprived of parental care shall be imposed on the state. The state encourages and supports charity regarding these children.

Article 48

Every person has the right to education.

General secondary education shall be obligatory.

The state shall ensure general access to free preschool, elementary, general secondary, and vocational education in state and municipal educational establishments. Citizens have the right to receive free education in state and municipal higher educational establishments on a competitive basis.

The law provides to representatives of national minorities the right to speak and to study using their native language or to study native language at the state and municipal educational establishments as well as through national and cultural societies.

Article 49

Every person is guaranteed the right to engage in scientific, technical, literary, artistic and other kinds of creative activities and teaching, as well as the right to utilize the achievements of the national and international science and culture available from cultural funds.

Historical and cultural heritage is protected by law.

The State shall take measures to return to Ukraine the historical and cultural treasures of the nation which are located beyond its borders.

Article 50

All the rights and freedoms of every person are protected by court.

Every person is guaranteed the right to appeal to the court the decisions, actions or inactivity of bodies of state power, bodies of local self-government and public officials.

Every person has the right to appeal for the protection of his/her rights to the Authorized Rep-

Article 46

Marriage is based on the free consent of a woman and a man. Every person in a marriage has equal rights and duties in family relations.

Family, motherhood, fatherhood and childhood shall be under the protection of the State.

Article 47

Children shall be equal in their rights regardless of their origin, as well as whether they are legitimate or illegitimate.

Any violence or exploitation of a child shall be prosecuted by law.

Maintaining and bringing up orphans and children deprived of parental care shall be imposed upon the State. The State encourages and supports charity regarding such children.

Article 48

Every person has the right to education.

General secondary education is obligatory.

The state shall ensure access to free preschool, elementary, general secondary, and vocational education in state and municipal educational establishments. Citizens have the right to receive free education in state and municipal higher educational establishments on a competitive basis.

The law provides to representatives of national minorities the right to study using their native language or to study native language at the state and municipal educational establishments as well as through national and cultural societies.

Article 49

Every person is guaranteed the right to engage in scientific, technical, literary, artistic and other kinds of creative activities, as well as the right to utilize the achievements of the national and international culture available from cultural funds.

Historical and cultural heritage is protected by law.

The State shall take measures to return to Ukraine the historical and cultural treasures of the nation which are located beyond its borders.

Article 50

All the rights and freedoms of every person are protected by the courts.

Every person is guaranteed the right to appeal to the court from the decisions, actions or inactivity of bodies of state power, bodies of local self-government and public officials.

Every person has the right to appeal for the protection of his/her rights to the Authorized Representative of the National Assembly of Ukraine on Human Rights.

Every person is provided with the right, pursuant to the international agreements signed by Ukraine, to appeal to the international court for his/her rights and freedoms protection, in case all the national mechanisms are exhausted.

Every person is provided with the right to protect his/her rights and freedoms from violence by any means not prohibited by law.

Article 51
Every person has the right to compensation from the state or local self-government for physical or psychological damages, caused by the unlawful decisions, actions or inactivity of bodies of state power and local self-government bodies, as well as their public officials at the time of their service.

Article 52
Every person is guaranteed the right to know his/her rights and obligations.

Laws and normative acts, which determine the citizens' rights and obligations shall be properly announced to the population.

Article 53
The law is not retroactive except for the cases when this law mitigates or disaffirms a person's responsibility.

No person can be prosecuted for actions which were not considered illegal at the time of their performance.

Article 54
Every person has the right to legal assistance. Such legal assistance shall be granted free of charge in cases prescribed by law. Every person is free to choose a lawyer to defend his/her rights and freedoms.

Article 55
No person shall be bound to carry out criminal order or commands.

Issuing or carrying out criminal orders or commands shall entail legal responsibility.

Article 56
The legal responsibility of person has an individual character.

No person may be prosecuted twice for the same offense.

Article 57
The principle of presumption of innocence shall be guaranteed.

---

resentative of the National Assembly of Ukraine on Human Rights.

Every person has the right to appeal to the court or other institutions of the United Nations and Council of Europe for the protection of his/her rights and freedoms.

Every person is provided with the right to protect his/her rights and freedoms from violence by any means and prohibited by law.

Article 51
Every person has the right to compensation from the state or local self-government for physical or psychological damages, caused by the unlawful decisions, actions or inactivity of bodies of state power and local self-government bodies, as well as by their public officials at the time of their service.

Article 52
Every person is guaranteed the right to know his/her rights and obligations.

Laws and normative acts, which determine the citizens' rights and obligations shall be properly announced to the population.

Article 53
The law is not retroactive except for the cases when this law improves the legal situation, or mitigates or disaffirms a person's responsibility.

No person can be prosecuted for actions which were not considered illegal at the time of their performance.

Article 54
Every person has the right to legal assistance. Such legal assistance shall be granted free of charge in cases prescribed by law. Every person is free to choose a lawyer to defend his/her rights and freedoms.

Article 55
No person shall be required to carry out obviously criminal orders or commands.

Issuing or carrying out obviously criminal orders or commands shall entail legal liability.

Article 56
The legal liability of person has an individual character.

No person may be prosecuted twice for the same offense.

Article 57
A person shall be presumed innocent until his/her guilt is proven through due process according

A person shall be presumed innocent until his/her guilt is proven through due process according to law and is determined by the verdict of a court that has taken legal effect.

No person is required to prove his/her innocence.

An accusation may not be grounded on evidence obtained illegally as well as on assumptions. All doubts in proving guilt shall be interpreted in favor of the suspected, the accused or the defendant.

No person may be subjected to criminal punishment unless by the verdict of a court.

In case of repealing the verdict as unlawful, the State shall compensate all material and psychological damages to those who have suffered them.

Article 58
No person shall bear responsibility for the refusal to be a witness or to testify about him-/herself, his/her family members or close relatives, as determined by law.

The suspected, the accused and defendants have the right to legal counsel.

Article 59
A convicted person shall enjoy all rights of the individual and the citizen, except restrictions contained in the verdict of the court and in the law that regulates sentencing.

Article 60
Constitutional rights and freedoms may not be restricted, except in cases prescribed by the Constitution and laws adopted in accordance with it, in order to protect the rights and freedoms of other persons, and health and public security protection.

Such restrictions must be minimal and shall correspond with the principles of a democratic state.

In case of martial law or state of emergency, rights and freedoms may be partially limited, with specific mention of the term of validity of such limitations. Rights and freedoms envisaged by articles 22, 23, 27, 30, 35, 42, 46, 47, 50, 51, 52, 53, 54, 55, 57, 58 of the Constitution may not be limited.

Article 61
Every person is bound to fully comply with the Constitution and laws.

Ignorance of the law shall not exempt one from legal liability.

---

to law and is determined by the verdict of a court that has taken legal effect.

No person is required to prove his/her innocence.

An accusation may not be grounded on illegally obtained evidence as well as on assumptions. All doubts in proving guilt shall be interpreted in favor of the suspected, the accused or the defendant.

No person may be subjected to criminal punishment unless by the verdict of a court.

In the event a verdict is overturned as unlawful, the State shall compensate material and psychological damages to those who have suffered them.

Article 58
No person shall bear responsibility for the refusal to be a witness or to testify about him-/herself, his/her family members or close relatives, as determined by law.

The suspected, the accused and defendants have the right to legal counsel.

Article 59
A convicted person shall enjoy all rights of the individual and the citizen, except restrictions contained in the verdict of the court and in the law.

Article 60
Constitutional rights and freedoms may not be restricted, except in cases prescribed by the Constitution and laws adopted in accordance with it, or in order to protect the rights and freedoms of other persons, as well as health and public security protection.

Such restrictions must be minimal and shall correspond with the principles of a democratic state.

In cases of martial law or state of emergency, rights and freedoms may be partially limited, with specific statement of the term of validity of such limitations. Rights and freedoms envisaged by Articles 22, 23, 27, 30, 35, 42, 46, 47, 50, 51, 52, 53, 54, 55, 57, 58 of the Constitution may not be limited.

Article 61
Defending the Motherland, the independence and territorial integrity of Ukraine, and respect of the state's symbols shall be the duty of all citizens.

Citizens of Ukraine shall perform military service in compliance with the law.

Article 62

Defending the Motherland, the independence and territorial integrity of Ukraine, and respect of the state's symbols shall be the duty of all citizens.

Citizens of Ukraine shall perform military service in compliance with law.

Article 63

Every person shall pay taxes and duties imposed in compliance with law.

Article 64

No person may damage the environment, historic, cultural and spiritual heritage, and shall compensate for the damage caused.

Chapter III
Elections, referendums, legislative initiative of the people

Article 65

The expression of popular will is executed via elections, referendums, people's legislative initiative and other forms of direct democracy.

Article 66

Citizens who have reached 18 years of age as of the day when elections and referendum are held have the right to vote.

Citizens recognized by a court as incompetent do not have the right to vote. Limitations on participation in elections and referendums can be imposed by law on people being imprisoned according to a court's decision.

Article 67

An all-Ukrainian referendum in Ukraine may be called by the National Assembly of Ukraine, by the President of Ukraine on their own initiative or by popular initiative according to the Constitution and laws.

An all-Ukrainian referendum shall be called by the President of Ukraine on popular initiative upon the request of three million citizens who have the right to vote, upon the condition that signatures for the calling of a referendum are collected in no less than two thirds of Oblasts, and with no less than one hundred thousand signatures in each Oblast.

Article 68

Issues on changing Ukraine's territory and Ukraine's joining international alliances are resolved exclusively by an all-Ukrainian referendum.

Article 62

No person may damage the environment, historic, cultural and spiritual heritage, and shall pay compensation for damage caused.

Article 63

Every person shall pay taxes and duties imposed in compliance with the law.

Article 64

Every person is bound to fully comply with the Constitution and laws of Ukraine.

Ignorance of the law shall not exempt one from legal liability.

Chapter III
Elections, referendums, legislative initiative of the people

Article 65

The expression of popular will is executed via elections, referendum, people's legislative initiative and other forms of direct democracy.

Article 66

Citizens who have reached 18 years of age as of the day when elections and referendum are held have the right to vote.

Citizens recognized by a court as incompetent do not have the right to vote.

Article 67

An all-Ukrainian referendum in Ukraine may be called by the National Assembly of Ukraine or by the President of Ukraine on their own initiative or by popular initiative according to the Constitution.

An all-Ukrainian referendum shall be called by the President of Ukraine on popular initiative upon the request of three million citizens who have the right to vote, upon the condition that signatures supporting the calling of a referendum are collected in no less than two thirds of the Oblasts, and with no less than one hundred thousand signatures in each Oblast.

Article 68

Issues on altering Ukraine's territory are resolved exclusively by an all-Ukrainian referendum.

Article 69

A referendum on law drafts on issues of taxation, budget, or an amnesty and clemency is not permitted.

Article 70

The nation executes the legislative initiative by proposing a law draft to the National Assembly of Ukraine. A law draft shall be submitted on behalf of no less than two hundred thousand citizens who have the right to vote.

A law draft on changes and amendments to the Constitution shall be submitted on behalf of no less than one million citizens who have the right to vote.

Chapter IV
The National Assembly of Ukraine (The Verkhovna Rada) of Ukraine

Article 71

The National Assembly (the Verkhovna Rada) of Ukraine is the Parliament of Ukraine and is the body of legislative power of Ukraine.

Article 72

The National Assembly consists of two Chambers: the Chamber of Deputies and the Senate, that act on a permanent basis.

Article 73

The Chamber of Deputies consists of 300 deputies who are elected for a term of four years on the basis of universal, equal and direct suffrage by secret ballot.

In order to be elected as a deputy, a person must be a citizen, must be no younger than 25 years of age on election day and have the right to vote, and must have resided in the territory of Ukraine for no less than the previous five years.

Article 74

The Senate is formed on the basis of equal representation of three Senators from the Autonomous Republic of Crimea, and each Oblast, Kyiv City, as well as two Senators from Sevastopol City, that are elected for a term of four years via indirect elections. A citizen who is no younger than 30 years of age on election day, has the right to vote and has resided in the appropriate territory for the previsious five years may become a Senator.

Former Presidents of Ukraine are life-long members of the Senate upon their consent.

Article 75

Successive elections of Deputies and Senators shall be conducted within the period of no earlier

Article 69

A referendum on draft laws on issues of taxation, budget, or an amnesty is not permitted.

Article 70

The nation executes the legislative initiative by proposing a draft law to the National Assembly of Ukraine. A draft law shall be submitted by no less than two hundred thousand citizens who have the right to vote.

A draft law on changes and amendments to the Constitution shall be submitted by no less than one million citizens who have the right to vote.

Chapter IV
The National Assembly of Ukraine

Article 71

The Legislative Power is exercised by the Parliament – the National Assembly of Ukraine.

Article 72

The National Assembly consists of two Chambers: the Chamber of Deputies and the Senate, that act on a permanent basis.

Article 73

The Chamber of Deputies consists of 300 debuties who are elected for a term of four years on the basis of universal, equal and direct suffrage by secret ballot.

In order to be elected as a deputy, a person must be a citizen, must be no younger than 25 years of age on election day and has the right to vote, and must have resided in the territory of Ukraine for no less than the previous five years.

Article 74

The Senate is formed on the basis of equal representation of three Senators from the Autonomous Republic of Crimea, and each Oblast, Kyiv City, as well as two Senators from Sevastopol City, that are elected for a term of four years via indirect elections. A citizen who is no younger than 30 years of age on election day, has the right to vote and has resided in the appropriate territory for the previous five years may become a Senator.

Former President of Ukraine are life-long members of the Senate upon their consent.

Article 75

Successive elections of Deputies and Senators shall be conducted no earlier than 60 days, and no than 60 days and no later than 45 days prior to the termination of powers of the Chambers.

Extra elections of Deputies shall take place within 60 days from the date of the pre-term termination of powers of the Chamber of Deputies.

The day of elections of deputies and senators is apppointed by the President of Ukraine.

The order to the conduct of elections is determined by law.

Article 76

Deputies and Senators are not charged with imperative mandate.

No person may serve as a Deputy and a Senator simultaneously. Deputies and Senators may not have another representational mandate and be in public service.

Cases of the non-compatibility of mandates of Deputies and Senators with other kinds of activity are determined by law.

Article 77

Deputies and Senators perform their functions on a permanent basis. They receive guaranteed financial compensation established by previous Chamber of Deputies.

Deputies and Senators have equal rights.

Article 78

During the term of their powers, Deputies and Senators have the right to immunity.

Deputies and Senators are not legally liable for the results of voting or expression spoken in Chambers and their bodies, except for a claim for committing slander or insult.

Deputies and Senators may not be brought to criminal responsibility, arrested or inflicted with measures of administrative penalty imposed judicially, without consent of the appropriate Chamber except if they were detained when committing a crime and during subsequent 24 hours.

A proposal for depriving a Deputy or a Senator of their immunity is submitted by the General Procurator of Ukraine to the appropriate Chamber.

Article 79

The Powers of Deputies and Senators are terminated simultaneously with the termination of the powers of the Chamber to which they were elected.

The powers of a Deputy or a Senator are terminated preterm in the following cases:

    1. ceasing of powers by his/her personal application;

    2. conviction of him/her;

---

later than 45 days, prior to the termination of the powers of the Chambers.

Extra elections of Deputies shall take place within 60 days from the date of pre-term termination of the powers of the Chamber of Deputies.

The day of elections of deputies and senators is appointed by the President of Ukraine.

The order of the conduct of elections is determined by law.

Article 76

Deputies and Senators are not charged with imperative mandate.

No person may serve as a Deputy and a Senator simultaneously. Deputies and Senators may not have another representational mandate.

Cases of the non-compatibility of mandates of Deputies and Senators with other kinds of activity are determined by law.

Article 77

Deputies and Senators execute their functions on a permanent basis. The amount of financial compensation for Deputies and Senators shall be established by the previous Chamber of Deputies.

Deputies and Senators are equal in their status.

Article 78

During the term of their powers, Deputies and Senators enjoy the right of immunity.

Deputies and Senators are not legally liable for the results of voting or statements made in Chambers and their bodies, except for a claim for committing slander or insult.

Deputies and Senators may not be detained or arrested without the consent of the appropriate Chamber prior to the verdict of a court, except if they were detained when committing a crime.

Article 79

The Powers of Deputies and Senators are terminated simultaneously with the termination of the powers of the Chamber to which they were elected.

The powers of a Deputy or a Senator are terminated preterm in the following cases:

    1. ceasing of powers by his/her personal application;

    2. conviction of him/her;

3. recognizing him/her incompetent or absent obscurely by court;

4. abolishing of Ukraine's citizenship by him/her or leaving Ukraine for permanent residence abroad;

5. death.

Powers of a Deputy or a Senator are terminated before term upon a decision of the appropriate Chamber of the National Assembly in case of abuse by him without a proper reason of the requirement on non-compatibility of Deputy's mandate with other kinds of activity.

Decision of a Chamber on the pre-term termination of the power of a Deputy or of a Senator is adopted by a majority of the number members of the appropriate Chamber established by the Constitution and can be appealed to court.

Article 80

The powers of the National Assembly of Ukraine include the following:

1. to introduce amendments to the Constitution of Ukraine within the framework and in the order envisaged by Article ... of the Constitution;

2. to call all-Ukrainian referendums on the issues envisaged by Article 68 of the Constitution;

3. to adopt laws;

4. to confirm the state budget and report on its execution;

5. to appoint, approve or elect to positions and discharge from positions persons in cases envisaged by the Constitution;

6. to perform parliamentary oversight in the manner and within the limits established by the Constitution;

7. to ratify and to denunciate international treaties of Ukraine;

8. to hear annual and out of turn messages of the President of Ukraine on the domestic and foreign situation of Ukraine not subjected to discussion;

9. to remove the President of Ukraine from office in the order established by Article 111 of the Constitution;

10. to call for elections of the President of Ukraine pursuant to the terms established by the Constitution;

11. to declare war and to conclude peace upon the President's proposal, to approve the decision of the President of Ukraine on the use of the Armed Forces of Ukraine and other military formations in case of armed aggression towards Ukraine.

The issues envisaged in paragraphs 7, 8, 10, 11 of this Article are considered and resolved in joint meetings of the Chambers of the National Assembly.

3. recognizing him/her incompetent or missing obscurely by court;

4. abolishing of Ukraine's citizenship by him/her or leaving Ukraine for permanent residence abroad;

5. death.

In cases of abuse of the requirement on non-compatibility of a Deputy's or Senator's mandate with other types of activity, his/her powers are terminated pre-term upon the decision of the appropriate Chamber.

The decision of a Chamber on the pre-term termination of the power of a Deputy or of a Senator is adopted by a majority of the members of the appropriate Chamber established by the Constitution, and can be appealed in court.

Article 80

The National Assembly works on a session basis. The opening and closing of sessions is performed in joint meetings of the Chambers.

The National Assembly of Ukraine is legitimate if no less than two-thirds of its members are elected to each Chamber.

The National Assembly of Ukraine convenes for its first session no later than the thirtieth day after elections.

The first meeting of the National Assembly is opened by the eldest Deputy.

Joint meetings of the National Assembly are chaired by the Chairman of the Chamber of Deputies and by the Chairman of the Senate in case of his/her absence.

Voting in joint meetings of the Chambers is separate.

The order of the work of the Chambers of the National Assembly is determined by their Regulations. Joint meetings of the Chambers are conducted according to the Regulations of the Chamber of Deputies.

The National Assembly of Ukraine also performs other powers within the jurisdiction of the Chamber of Deputies and the Senate, according to the Constitution.

Each Chamber can accept for consideration any issue set forth within the jurisdiction of the National Assembly, except those under the jurisdiction of the other Chamber pursuant to Articles 83, 84 and 85 of the Constitution.

Article 81

The National Assembly works on a session basis. The opening and closing of sessions is performed in joint meetings of the Chambers.

The National Assembly of Ukraine convenes for its first session no later than the thirtieth day after elections.

The first meeting of the National Assembly is opened by the most senior Deputy.

Joint meetings of the National Assembly are chaired by the Chairman of the Chamber of Deputies and by the Chairman of the Senate in case of his/her absence.

Voting in joint meeting of the Chambers is separate.

The order of the work of the Chambers of the National Assembly is determined by their Regulations. Joint meetings of the Chambers are conducted according to the Regulation of the Chamber of Deputies.

Article 82

Regular sessions of the National Assembly of Ukraine are commenced each year on the first Tuesday of February and on the first Tuesday of September.

Out of turn sessions of the National Assembly of Ukraine, with mentioning of their agenda, are called by the Chairman of the Chamber of Deputies upon the request of no less than onethird of the membership of each Chamber determined by the Constitution, or by the proposal of the President of Ukraine.

The National Assembly of Ukraine is convened in two days without a call in case of the introduction of martial und emergency status in Ukraine.

In the event of the termination of the powers of the National Assembly or of any of the Chambers in time of martial and emergency status, their powers are extended until the day of the first meeting of the first session of the National Assembly elected after the termination of martial and emergency status.

Article 81

Regular sessions of the National Assembly of Ukraine are commenced each year on the first Tuesday of February and on the first Tuesday of September.

Out of turn sessions of the National Assembly of Ukraine, with mention of their agenda, are called by the Chairman of the Chamber of Deputies upon the request of no less than one-third of the member of each Chamber or upon the request of the President of Ukraine.

The National Assembly of Ukraine is convened in two days without a call in the event of the introduction of martial and emergency status in Ukraine.

In the event of the termination of the powers of the National Assembly or of any of the Chambers in time of martial and emergency status, their powers are extended until the day of the first meeting of the first session of the National Assembly elected after the termination of martial and emergency status.

Article 82

Meetings of the Chambers of the National Assembly are conducted openly. The decision of no less than two-thirds of Deputies of Senators who are present at the meeting is required to conduct the closed meeting of each Chamber.

The voting on meetings of Chambers is personal.

Article 83

Powers of the Chamber of Deputies include the following:

1. to approve the candidacy for appointment of the Prime-Minister of Ukraine by the President of Ukraine;

2. to consider and to adopt a decision on the program of activity of the Cabinet of Ministers of Ukraine;

3. to perform oversight over the activity of the Cabinet of Ministers of Ukraine pursuant to the Article 84 of the Constitution;

4. to approve the most important state programs of economic, scientific and technical, social and national cultural development, and environmental protection;

5. to approve decisions on granting loans and economic assistance to foreign countries by Ukraine and on receiving loans from foreign countries, banks and international financial institutions by Ukraine, as well as oversight over their usage;

6. to approve the general structure and strength of the Armed Forces of Ukraine, the Frontier Troops of Ukraine, the National Guard of Ukraine, and other military formations created according to law;

7. to appoint and to discharge the Director of the Accounting Chamber and of half its membership;

8. to appoint and to discharge the Authorized Representative of the National Assembly of Ukraine on Human Rights; to consider and promulgate annual reports on the protection of human rights and freedoms in Ukraine;

9. to appoint and to discharge the Board Chairman of the National Bank of Ukraine upon the proposal of the President of Ukraine.

Article 83

The powers of the National Assembly of Ukraine include the following:

1. to introduce amendments to the Constitution of Ukraine within the framework and in the order envisaged by Article ... of the Constitution;

2. to call all-Ukrainian referendums on the issues envisaged by Article 68 of the Constitution;

3. to confirm the state budget and report on its execution;

4. to adopt laws;

5. to appoint, approve or elect to positions and discharge from positions persons in cases envisaged by the Constitution;

6. to perform parliamentary oversight in the manner and within the limits established by the Constitution;

7. to ratify and to reject international treaties of Ukraine;

8. to hear annual and out of turn messages of the President of Ukraine on the domestic and foreign situation of Ukraine;

9. to remove the President of Ukraine from office in the order established by Article 111 of the Constitution;

10. to call for elections of the President of Ukraine pursuant to the terms established by the Constitutions;

11. to declare war and to conclude peace upon the President's proposal, to approve the decision of the President of Ukraine on the use of the Armed Forces of Ukraine and other military formations in the event of armed aggression towards Ukraine.

The issues envisaged in paragraphs 7, 8, 10, 11 of this Article are considered and resolved in joint meetings of the Chambers of the National Assembly.

The National Assembly of Ukraine also performs other powers within the jurisdiction of the Chamber of Deputies and the Senate, according to the Constitution.

Each Chamber can accept for consideration any issue within the jurisdiction of the National Assembly, except those under the jurisdiction of the other Chamber.

Article 84

Deputies have the right to make a request on the execution of a Program of Government Activity and other all-state programs adopted by the Chamber.

After discussions of the response of the Cabinet of Ministers upon request, the Chamber of Deputies may consider the question of responsibility of the Cabinet of Ministers following a proposal of no less than 75 Deputies and adopt by majority of

Article 84

Powers of the Chamber of Deputies include the following:

1. to co-ordinate the candidacy for appointment of the Prime-Minister of Ukraine by the President of Ukraine;

2. to consider and to adopt a decision on the program of activity of the Cabinet of Ministers of Ukraine;

3. to perform oversight over the activity of the

its membership, established by Constitution, a res-olution on a no-cinfidence vote.

Adoption of a no-confidence resolution leads to the resignation of the Cabinet of Ministers of Uk-raine.

The issue of responsibility of the Cabinet of Uk-raine may not be considered within a year after the adoption of a Governmental Acitivites Program of twice during a single regular session of the Na-tional Assembly of Ukraine.

Cabinet of Ministers of Ukraine in accordance with the Constitution;

4. to approve the most important state programs of economic, scientific and technical, social and national cultural development, and environmental protection;

5. to approve decisions on granting loans and economic assistance to foreign countries by Uk-raine and on receiving loans from foreign coun-tries, banks and international financial institutions by Ukraine, as well as oversight over their use;

6. to approve the general structure and strength of the Armed Forces of Ukraine, the Frontier Troops of Ukraine, the National Guard of Uk-raine, and other military formations created ac-cording to law;

7. to appoint and to discharge the Director of the Accounting Chamber and of half its members;

8. to appoint and to discharge the Authorized Representative of the National Assembly of Uk-raine on Human Rights; to hear annual reports on the protection of human rights and freedoms in Ukraine;

9. to appoint and to discharge the Board Chair-man of the National Bank of Ukraine upon the proposal of the President of Ukraine.

Article 85

The powers of the Senate are the following:

1. appointment and discharge of the Deputy Director of the Accounting Chamber and of half its membership;

2. confirmation of half of the membership of the Constitutional Court of Ukraine upon the proposal of the Chairman of Senate;

3. appointment and discharge of the Chairman and judges of the Supreme Court of Ukraine upon the President's proposal;

4. giving consent to appointment of the General Procurator of Ukraine by the President of Ukraine and discharging him from the office;

5. approval of membership of the Central Elec-tion Commission on elections to the National As-sembly of Ukraine and of the President of Ukraine following the President's proposal;

6. approval of membership of the National Council on Television and Radio Broadcasting upon a proposal of the President of Ukraine and the Chairman of the Senate;

7. creation of the Defence Council of Ukraine upon the President's proposal;

8. approval of a decision on granting military as-sistance to other countries, on deployment of the Armed Forces of Ukraine to other countries or permission for entry to Ukraine's territory for armed forces of other countries;

Article 85

Deputies have the right to make a request on the execution of the Program of Government Activity and other all-state programs adopted by the Cham-ber of Deputies.

After discussion of the response of the Cabinet of Ministers upon such request, the Chamber of Deputies may consider the question of responsi-bility of the Cabinet of Ministers and for a resolu-tion on a no-confidence vote following a proposal of no less than 100 Deputies and adopted by a ma-jority of its members, established by Constitution.

Adoption of a no-confidence resolution shall re-sult in the resignation of the Cabinet of Ministers of Ukraine.

The issue of responsibility of the Cabinet of Ministers may not be considered within a year after the adoption of a Governmental Activities Pro-gram or twice during a single regular session of the National Assembly of Ukraine.

9. adoption within two days from the moment of submission of decrees of the President of Ukraine on introduction of martial or emergency status in Ukraine or in some part of its territory, on total or partial mobilization, and declaring specific locations as zones of environmental disaster;

10. solution of issues of territorial construction of Ukraine.

Article 86

Meetings of the Chambers of the National Assembly are conducted publicly and openly. For the conduct of a closed meeting a decision of not less then one-third of Deputies or Senators present at a meeting is required.

Voting at meetings of the Chambers is individual.

Article 86

The powers of the Senate are the following:

1. appointment and discharge of the Deputy Director of the Accounting chamber and of half its members;

2. appointment of half of the membership of the Constitutional Court of Ukraine;

3. appointment and discharge of judges of the Supreme Court of Ukraine upon the President's proposal;

4. giving consent to apppointment of the General Procurator of Ukraine by the President of Ukraine;

5. approval of the member of the Central Election Commission on elections to the National Assembly of Ukraine and the President of Ukraine following the proposal of the President;

6. creation of the Defuse Council of Ukraine upon the President's proposal;

7. approval of a decision on granting military assistance to other countries, and on deployment of the Armed Forces of Ukraine to other countries;

8. adoption within two days from the moment of submission of decrets of the President of Ukraine on introduction of martial or emergency status in Ukraine or in some part of its territory, on total or partial mobilization, and declaring specific locations as zones of environmental disaster;

9. creation and dissolution of rayons, etablishment and alteration of bounderies of rayons and towns, consideration of assigning settlements to the category of towns, naming and renaming of settlements and rayons.

Article 87

Each Chamber elects a Chairman of the Chamber and a Deputy Chairmen from its membership.

Chairmen of the Chambers shall:

1. preside at meeting of Chambers;

2. perform supervision over preparation of issues subjected to consideration at meetings of Chambers, sign acts adopted by a Chamber;

3. represent Chambers in relations with other bodies of state power in Ukraine and in inter-parliamentary contacts;

4. form secretariats of the Chambers and organize their work;

Article 87

Each Chamber elects a Chairman of the Chamber and a Deputy Chairman of the Chamber from its membership.

The Chairmen of the Chambers shall:

1. preside at meeting of Chambers;

2. organize preparation of issues for consideration at meetings of Chambers;

3. sign acts adopted by Chambers;

4. represent Chambers in relations with other bodies of state power in Ukraine;

5. perform other functions envisaged by the Constitution and by the rules of Chambers.

5. perform command of budget appropriations assigned for maintenance of Chambers;

6. perform other functions envisaged by the Constitution and by rules of Chambers.

Deputy Chairmen of the Chambers perform powers determined by Chairmen of appropriate Chambers.

Deputy Chairmen of the Chambers perform powers determined by Regulations of the appropriate Chamber.

Article 88

Chambers of the National Assembly of Ukraine approve the list of standing commissions of Chambers and elect chairmen of these commissions.

Standing commissions perform legislative design work, prepare and conduct preliminary consideration of issues set forth to the competence of the National Assembly of Ukraine.

Chambers of the National Assembly of Ukraine can create whenever deemed necessary, temporary special commissions for preparation and preliminary consideration of issues within their competence.

Temporary investigation commissions are created for conducting investigations on issues representing public interest if not less than one third of the membership of appropriate Chambers established by the Constitution have voted in favor of their creation. Temporary investigation commissions perform investigation on the basis envisaged by legislation on criminal proceedings.

Conclusions and recommendations of temporary investigation commissions are not decisive for preliminary criminal investigation and court.

Article 88

Chambers of the National Assembly of Ukraine approve the list of standing commissions of Chambers and elect chairmen of these commissions.

Standing commissions perform law drafting work, and prepare and conduct preliminary consideration of issues within the jurisdiction of the National Assembly of Ukraine.

Chambers of the National Assembly of Ukraine may create, whenever it is deemed necessary, temporary special commissions for the preparation and preliminary consideration of issues within their jurisdiction.

Temporary investigation commissions are created for the clarification of issues which are in the public interest.

Conclusions and recommendations of temporary investigation commissions are not decisive for preliminary investigation and the courts.

Article 89

Powers of the National Assembly of Ukraine are terminated on the date of commencing of the first meeting of first session of the National Assembly of Ukraine of the last convocation.

The Chamber of Deputies can be discharged before term by the President of Ukraine after consultations with the Chairman of the Chamber of Deputies, the Prime-Minister of Ukraine in the following cases:

1. if within three months from the date of first proposal of a candidate to the position of the Prime-Minister the Chamber fails to give consent to the President for such appointment;

2. if the Chamber of Deputies has twice rejected the Program of activity of the Cabinet of Ministers of Ukraine within sixty days after its first submission.

The Chamber of Deputies elected at extraordinary elections conducted after the discharging of previous membership of the Chamber by the President of Ukraine may not be discharged for one year after its election.

Article 89

The powers of each Chamber of the National Assembly of Ukraine are terminated on the date of the opening of the first meeting of the appropriate Chamber of the new convocation.

The Chamber of Deputies can be discharged pre-term by the President of Ukraine after consultations with the Chairmen of Chambers and the Prime-Minister of Ukraine in the following cases:

1. if within three months from the date of the first proposal of a candidate to the position of Prime-Minister, the Chamber fails to give consent to the President for such appointment;

2. if the Chamber of Deputies has twice rejected a Program of activity of the Cabinet of Ministers of Ukraine within sixty days after its first submission.

The Chamber of Deputies elected in special elections conducted after discharge of the previous membership of the Chamber by the President of Ukraine, may not be discharged within a year of its election.

The Chamber of Deputies may not be dis-

The Chamber of Deputies may not be discharged during the last six months of the term of powers of the President of Ukraine.

Article 90
The Chamber of Deputies and the Senate of the National Assembly of Ukraine adopt laws, resolutions and other acts by a majority of votes within the membership of the Chambers established by the Constitution except for cases envisaged by Articles 86, 95, 99, 111, ... of the Constitution.

Article 91
The following is to be determined by the laws of Ukraine exclusively:

1. human and civil rights and liberties, guarantees of these rights and liberties; main obligations of a citizen;
2. citizenship, legal rights of citizens, status of foreigners and persons without citizenship;
3. rights of national minorities;
4. status of languages;
5. legal status of property;
6. state budget, fundamentals of financial, monetary, price establishment, credit, investment activities; system of taxation; kinds of taxes, collections and obligatory payments; currency, probes, kinds, value and manufacturing of coins, order and permission for emission of bank-notes;
7. units of weight, measurement and time;
8. fundamentals and guarantees of enterprise;
9. ecological standards;
10. fundamentals of usage of natural resources, exploration of outer space, organization and usage of power supply systems, those of automobile, rail, air, sea, river, pipeline transport and communications;
11. fundamentals of social protection, labor and employment, marriage, family, motherhood, fatherhood, childhood, health care, up-bringing, education and culture;
12. fundamentals of regulation of demographic and migration processes;
13. fundamentals of creation and activity of public associations and mass media;
14. organization and order of conduct of elections and referendums;
15. organization and activity of the National Assembly and its Chambers, legal status of Deputies and Senators;
16. fundamentals of organization and activity of executive power bodies, state service, organization of state statistics and information;
17. courts, course of justice, expert evaluation under courts, organization and activity of Procurator's Office, investigation and notary service,

charged during the last six months of the term of powers of the President of Ukraine.

Article 90
The Chamber of Deputies and the Senate of the National Assembly of Ukraine adopt laws, resolutions and other acts by a majority of votes within the membership of the Chambers established by the Constitution, except for cases envisaged by Articles 86, 95, 99, 111, ... of the Constitution.

Article 91
The following is to be determined by the laws of Ukraine exclusively:

1. human and civil rights and freedoms, guarantees of these rights and freedoms; the main obligations of a citizen;
2. citizenship, legal status of citizens, status of foreigners and persons without any citizenship;
3. rights of national minorities;
4. status of languages;
5. legal regime of property;
6. state budget, financial, monetary, price, credit, investment regulation; system of taxation; types and amount of taxes, corrections and binding payments; currency, probes, kinds, value, types and manufacturing of coins, order of issue and of emission of banknotes; their kinds and types;
7. units of weight, measurement and time;
8. bases and guarantees of enterpreneurship;
9. order of determining ecological standards;
10. bases of usage of natural resources, continental shelf, exploration of outer space, organization and exploitation of power supply systems, transport and communications;
11. fundamentals of social protection, fundamentals of regulation of labor and employment, marriage, family, motherhood, fatherhood, childhood, up-bringing, education, culture and health care;
12. bases of regulation of demographic and migration processes;
13. bases of establishing and activity of political parties, and other public organizations and associations and mass media;
14. organization and order of the conduct of elections and referendums;
15. organization and activity of the National Assembly and its Chambers, legal status of Deputies and Senators;
16. fundamentals of organization and activity of executive power bodies, state service, organization of state statistics and information;
17. the court system, legal procedure, status of judges, court examination, organization and activ-

bodies and institutions of executing punishments; fundamentals of organization and activity of legal service;

18. fundamentals of territorial arrangement of Ukraine;

19. fundamentals of local self-government;

20. fundamentals of creation and functioning of free economic zones;

21. essentials of foreign affairs;

22. fundamentals of defense, national security and securing of civil order;

23. fundamentals of foreign economic activity and customs service;

24. legal status of state borders;

25. establishment and order to usage and protection of state Colors, Coat of Arms and Anthem;

26. status of a capital city; special status of other cities;

27. legal status of martial and emergency status;

28. establishment of state awards and ranks;

29. actions determined as crimes, administrative and disciplinary violations and responsibility for such actions;

30. amnesty.

ity of the Procurator's Office, investigation and notary service, bodies and institutions of execution of punishments; fundamentals of organization and activity of the bar;

18. fundamentals of the territorial system of Ukraine;

19. bases of local self-government;

20. creation and order of functioning of free economic areas;

21. bases of foreign affairs, foreign economic activity and customs service;

22. fundamentals of defense, national security and securing civil order;

23. legal status of state borders;

24. establishment and order of usage and protection of state symbols;

25. status of the capital of Ukraine; special status of other cities;

26. legal status of martial and emergency state;

27. establishment of state awards;

28. establishment of military ranks, diplomatic ranks and other special ranks;

29. state holidays;

30. those actions which are criminal, administrative or disciplinary offenses, and responsibility for them;

31. amnesty.

Article 92

The right of legislative initiative in the National Assembly of Ukraine belongs to Deputies, Senators, the President of Ukraine, the Cabinet of Ministers of Ukraine and to the Verkhovna Rada of the Autonomous Republic of Crimea.

Popular legislative initiative is exercised according to the Article 70 of the Constitution.

Article 92

The right of legislative initiative in the National Assembly of Ukraine belongs to the President of Ukraine, Deputies and Senators.

Draft laws proposed by the President of Ukraine and determined by him to be urgent, shall be considered by the National Assembly out of turn.

Article 93

Necessary calculations of the Accounting Chamber and reasoning by an appropriate commission on possible ways of financing are supplied with legislation requiring financial expenditures.

Ways of coverage of expenditures shall be determined in an adopted law that includes new or additional expenditures.

Article 93 – excluded

Article 94

In case contradictions arise between the Chambers of the National Assembly concerning a discussed law, a joint agreement commission is established on equal footings. If an agreement commission fails to propose an agreed legislation to the National Assembly, the final decision will be adopted by the Chamber of Deputies by the majority of two thirds of its membership established by the Constitution.

Article 94

In the event that contradictions arise between the Chambers of the National Assembly concerning the discussion of legislation, a final decision shall be adopted by the Chamber of Deputies by a majority of two-thirds of its members, established by the Constitution.

Article 95

A law is signed by the Chairman of the Chamber of Deputies of the National Assembly of Ukraine and submitted to the President of Ukraine without delay.

The President of Ukraine promulgates such law or returns it for further consideration to the National Assembly with his remarks, within fifteen days after its receipt.

If such law was again adopted in the National Assembly by the majority of two thirds of membership of the Chambers established by the Constitution, the President of Ukraine is required to promulgate it within ten days.

In case when the President of Ukraine does not return a law within an established term, such law is considered promulgated by the President of Ukraine.

If the President of Ukraine submits a law not promulgated by him after its second adoption by the National Assembly, to the Constitutional Court, for the reasons of its non-coherence with the Constitution, then the term determined for promulgation of such law is prolonged accordingly.

A law becomes valid ten days after its official publication, if a different time is not established in such law itself, but not earlier than the date of its publication.

Article 96

Other issues of legislative procedures are determined by laws and rules of the Chambers of the National Assembly of Ukraine.

Article 97

The budget system of Ukraine is composed by the State Budget, budgets of the Autonomous Republic of Crimea and local budgets.

Article 98

The state's expenditures, their amounts and purposes are exclusively determined by the Law on the State Budget of Ukraine.

The Law establishes limits of budget deficit. Coverage of budget deficit on the account of

Article 95

A law is signed by the Chairman of the Chamber of Deputies of the National Assembly of Ukraine and submitted to the President of Ukraine without delay.

The President of Ukraine approves and officially promulgates the law or returns it to the National Assembly for further consideration, with his remarks, within fifteen days after receiving such law.

In the event the President of Ukraine does not return a law for further consideration by the National Assembly, the law shall be considered approved by the President and shall be signed and officially promulgated.

If such a law was adopted a second time by the National Assembly by a majority of two-thirds of the members of the Chambers, established by the Constitution, the President of Ukraine is required to approve and officially promulgate the law within ten days from the moment of its receipt. This term shall be interrupted, if the President of Ukraine submitted a law not approved by him to the Constitutional Court to determine its constitutionality.

A law shall go into force within ten days after its official publication, if a different time is not established in the law itself, but not earlier than the date of its publication.

Article 96

The budget system of Ukraine is composed of the State Budget, budgets of the Autonomous Republic of Crimea and local budgets.

Article 97

The expenditures of the State, their amount and purposeful use are determined exclusively by the Law on the State Budget of Ukraine.

The Law establishes marginal amount of budget deficit. Coverage of the budget deficit on the account of emission is possible only as an exclusion and only by the decision of the National Assembly.

In the event of the adoption of a State Budget with expenditures in excess of over revenues by the National Assembly, the Law on the State Budget envisages sources and means for deficit coverage. The Law on the State Budget may not establish new taxes and other collections not envisaged by a separate law.

Article 98

The State Budget of Ukraine is adopted annually by the National Assembly of Ukraine for the period from January 1 to December 31. It can be adopted for another period under special circumstances.

emission is possible only as an exclusion and solely by a decision of the National Assembly.

Proposals on the increase of expenditures in the State Budget should be accompanied with appropriate reasoning.

In case of adoption of a State Budget with exceeding of expenditures over revenues by the National Assembly, the Law on State Budget envisages sources and means for deficit coverage.

The Law on State Budget may not establish new taxes and other collections not envisaged by a separate law.

Article 99

The State Budget of Ukraine is adopted annually by the National Assembly of Ukraine for the period from January 1 to December 31. It can be adopted for a different period under special circumstances.

The President submits a law draft on the State Budget for the next year to the Chamber of Deputies of the National Assembly no later than within the first fifteen days period of the last session.

The Draft is considered by the Accounting Chamber and by appropriate commissions of the National Assembly of Ukraine.

In case of contradictions arise between the Chambers of the National Assembly of Ukraine on the draft law on state Budget, a final decision shall be adopted by the Chamber of Deputies by two-thirds majority of its membership established by the Constitution.

A Law on State Budget adopted by the National Assembly becomes valid from the January 1 of the next year. The President of Ukraine does not have the right of veto concerning a Law on the State Budget.

The order of design and adoption of the State Budget is determined by law.

Article 100

The President of Ukraine submits to the Chamber of Deputies of the National Assembly of Ukraine a report on the execution of the State Budget no later than 3 months after the termination of the period accounted for.

A submitted report is first considered by the Accounting Chamber and appropriate commissions of the Chamber of the National Assembly. Such report is approved while taking into consideration its conclusions and is subjected to publication.

Article 101

Parliamentary oversight over the financial activity of the State and utilization of property is per-

The President submits a law draft on the State Budget for the next year to the Chamber of Deputies of the National Assembly no later than on the fifteenth day of the fall session. The draft Budget shall be submitted, along with the report on the execution of the State Budget of the current year.

Article 99

The President of Ukraine submits to the Chamber of Deputies a report on the execution of the State Budget for the previous year no later than March 31.

A submitted report shall be promulgated.

Article 100

Parliamentary oversight over the financial activity of the State and utilization of property is performed by the Accounting chamber subordinated to the Chamber of Deputies of the National Assembly.

Article 101

Parliamentary oversight over protection of constitutional, human and civil rights is performed by

formed by the Accounting Cahmber subordinated to the Chamber of Deputies of the National Assembly.

The Accounting Chamber, while performing parliamentary oversight, can perform investigations with the same powers and in the same form as temporary investigation commissions of the Chambers of the National Assembly of Ukraine.

The powers, order of organization and activity of the Accounting Chamber are determined by law.

Article 102

Parliamentary oversight over the guarantee of constitutional, human and civil rights is performed by the Representative of the National Assembly of Ukraine in change of human rights. The powers, order or organization and activity of the Agent on Human Rights are determined by law.

Chapter V
The President of Ukraine
Article 103

The President of Ukraine is the head of state.

The President of Ukraine guarantees the state sovereignty and the territorial integrity of Ukraine, compliance with the Constitution and securing civil accord in society.

The President of Ukraine ensures coordination of the activity of state power bodies and their liaison with bodies of local self-government.

Article 104

The President of Ukraine is elected by citizens for a term of five years on the basis of overall, equal and direct right of election by secret ballot.

A citizen of Ukraine no younger than thirty five years of age who has the right to vote, has lived in Ukraine for the previous ten years prior to the date of elections and speaks the state language may be elected President of Ukraine.

The same person may not serve a President for more than two consecutive terms.

The President of Ukraine may not serve as a Deputy or a Senator or have another representative mandate, or hold any position in bodies of state power and public associations as well as perform any other paid work or business activity.

Regular elections of the President of Ukraine shall be conducted no earlier than 45 days, and no later than 30 days, prior to the end of the term of the President of Ukraine. In the event of the extraordinary termination of the powers of the President according to Article 108 of the Constitution of Ukraine, elections of the President of Ukraine shall be conducted within 90 days.

the Authorized Representative of the National Assembly of Ukraine on human rights.**

** Anm. des Hrsg. P.H.: Ende der Varianten, vgl. Sternfußnote S. 217.

The order of conduct of elections of the President of Ukraine is determined by law.

Article 105

A newly-elected President of Ukraine takes office from the moment of his taking the oath before the nation at a ceremonial meeting of the National Assembly on the date of the termination of powers of the previous President.

The Chairman of the Constitutional Court of Ukraine accepts the oath of the President of Ukraine.

The President takes the following oath:

"I swear to the Ukrainian people to serve Ukraine faithfully, to protect its independence, to strictly obey the Constitution of Ukraine and laws of Ukraine, to respect human and civil rights and liberties, and to decently perform the high powers imposed on me."

When elected at an extraordinary election, the President of Ukraine takes the oath within five days after the official announcement of the results of elections.

Article 106

The President of Ukraine enjoys the right of immunity.

Persons guilty of impugning the honor and dignity of the President of Ukraine are accountable according to the law.

The rank of President of Ukraine is protected by law and is maintained by him forever.

Article 107

The President of Ukraine:

1. secures state independence, national security and legal succession of the State;

2. represents the State in foreign relations;

3. supervises foreign policy; makes decisions on recognition of foreign states; conducts negotiations and concludes international treaties on behalf of Ukraine;

4. appoints and discharges heads of diplomatic missions of Ukraine in other countries and of those in international organizations; accepts credentials

and withdrawals of diplomatic representatives of foreign countries accredited in Ukraine;

5. addresses the nation with messages, and the National Assembly of Ukraine with annual and extraordinary reports, on the domestic and international situation in Ukraine;

6. calls National referendums on amendment of the Constitution; appoints National referendums on popular initiative;

7. calls elections of the Chambers of the National Assembly of Ukraine within the terms established by the Constitution;

8. discharges the Chamber of Deputies in cases set forth in Article 89 of the Constitution;

9. appoints the Prime-Minister with the consent of the Chamber of Deputies and discharges him from office;

10. appoints and discharges members of the Cabinet of Ministers of Ukraine;

11. appoints and discharges the Procurator General upon the consent of the Senate;

12. creates, reorganizes and liquidates ministries, department and the other central bodies of the executive branch while acting within the limits of funding envisaged by the State Budget for maintenance of bodies of executive branch; appoints and discharges heads of such bodies, as well as heads of Oblast (region) and rayon (district) state administrations;

13. revokes acts of the Cabinet of Ministers of Ukraine, central and local bodies of executive power and those of the Government of the Autonomous Republic of Crimea;

14. is the Commander-in-Chief of the Armed Forces of Ukraine; appoints and discharges the highest commanders of the Armed Forces of Ukraine;

15. submits a proposal to the National Assembly on the declaration of war and makes decisions on the use of the Armed Forces in the event of armed aggression against Ukraine;

16. in the event of a threat of aggression, or danger to the state independence of Ukraine, adopts a decision on total or partial military mobilization and introduction of martial law in Ukraine or in its separate territories;

17. announces in case of necessity an emergency status in Ukraine or in some of its locations; in cases of necessity declares certain territories of Ukraine to be zones of environmental disaster;

18. appoints one-half of the membership of the Constitutional Court of Ukraine;

19. submits to the Chambers of the National Assembly proposals on election, appointment and approval of candidates to positions in cases envisaged by the Constitution;

20. grants state awards and honorable ranks of Ukraine;

21. resolves issues of acceptance for citizenship of Ukraine and terminating citizenship of Ukraine, the granting of asylum, deportation of foreign citizens and individuals without citizenship;

22. exercises the right to grant pardons;

23. for the exercise of his powers, establishes consultative, advisory and other auxiliary bodies and offices within the limits of the funds stipulated for maintenance of the executive bodies in the State Budget;

24. exercises other authority provided for by the Constitution;

25. the President, on the basis and for the implementation of, the Constitution and laws of Ukraine, issues decrees and directives that are binding throughout the entire territory of Ukraine. The decress by the President issued within the limits of the powers provided for in paragraphs 3, 7, 8, 10, 12, 15, 16, 17, 20, 22 of this Article are co-signed by the Prime Minister and the Minister responsible for their implementation.

Article 108

The President of Ukraine exercises his powers until the entry to office of a newly-elected President.

The powers of the President cease prior to the appointed time in cases of:

1. resignation;
2. inability to exercise his powers for reasons of the health;
3. dismissal by impeachment order;
4. death.

Article 109

The resignation of the President of Ukraine becomes valid from the moment when the application for resignation is proclaimed by him personally at a joint meeting of the Chambers of the National Assembly.

Article 110

The inability of the President of Ukraine to exercise his Powers for reasons of health is to be determined at a joint meeting of the Chambers of the National Assembly on the basis of an application presented in writing by the Supreme Court of Ukraine as well as a medical opinion and the opinion of a specially established temporary parliamentary commission and confirmed by the votes of majority of the members of each Chamber of the National Assembly, provided for by the Constitution.

Article 111

The President may be dismissed from office by the National Assembly by special procedure (impeachment) in the event of his committing a crime.

The dismissal of the President from office by order of impeachment is initiated by petition of no less than one-third of the members of the Chamber of Deputies, provided for by the Constitution.

In order to conduct an investigation, the Chamber of Deputies creates a specially-established temporary commission for the investigation. Opinions and proposals by the commission for investigation are considered at a meeting of the Chamber of Deputies that, in the event that a legal basis exists, adopts a decision to charge the President.

After review of the case material by the Constitutional Court of Ukraine and its opinion on adherence to investigation and trial procedure provided for by the Constitution, a decision on dismissal of the President of Ukraine is made by the Senate by a vote of no less than one-third of the body's members, provided for by the Constitution.

A person dismissed from the Presidential office is subject to responsibility for crimes committed on a general basis.

Article 112

In case of the termination of the President's authority prior to the appointed time according to Articles 108, 109, 110, 111 of the Constitution, the presidential power is vested in the Prime Minister until the election and the entry into office of a new President of Ukraine. While performing this duty, the Prime Minister may not exercise the powers provided for in paragraphs 5, 6, 10, 11, 12, 13 of Article 107 of the Constitution.

A newly-elected President possesses power throughout the period provided for in Article 104 of the Constitution.

Chapter VI
The Cabinet of Ministers of Ukraine and other bodies of the executive branch

Article 113

The Cabinet of Ministers (the Government) of Ukraine is the body of the executive branch in Ukraine.

The Cabinet of Ministers is accountable to the President of Ukraine and is under the control of the National Assembly within the limits provided for by Articles 83 and 84 of the Constitution.

The Cabinet of Ministers of Ukraine follows the Constitution and laws of Ukraine in its activities as well as the decrees and directives of the President of Ukraine.

Article 114

There exists a Prime Minister, Deputy Prime Ministers and ministers, who are included in the membership of the Cabinet of Ministers.

The Prime Minister is responsible for organizing and coordinating the activities of the Cabinet of Ministers, as well as the fulfillment of the Governmental Activities Program approved by the Chamber of Deputies of the National Assembly of Ukraine.

Article 115

A Cabinet of Ministers is established for the period of the term of the President of Ukraine.

The Prime Minister and other persons included in the Cabinet of Ministers have the right to announce their resignation to the President of Ukraine.

Rejection of the Governmental Activities Program by the Chamber of Deputies or adoption of a resolution of denunciation (no-confidence) pursuant to Article 84 of the Constitution entails the resignation of the Cabinet of Ministers which is to be approved by the President of Ukraine.

The Government whose resignation is approved by the President of Ukraine continues, by order of the President, to exercise its power until the beginning of the functioning of a new Cabinet of Ministers.

Article 116

The Cabinet of Ministers of Ukraine:

1. implements the Constitution and laws of Ukraine as well as decrees of the President of Ukraine;

2. takes measures to ensure personal and civil rights and freedoms;

3. organizes the conduct of financial, monetary, pricing, credit, investment, and taxation policies as well as policies concerning the population's labor and employment, social protection, education, science and culture, environment, ecological security and utilization of natural resources;

4. organizes and fulfills national programs on the economic, scientific and technological, social and cultural development of Ukraine as well as regional policies concerning these issues;

5. organizes management of public property entities and promotes development of other forms of property;

6. creates and implements the State Budget;

7. takes appropriate measures to ensure the defense capability and national security of Ukraine, civil order and prevention of crime;

8. organizes and provides the implementation of foreign policy and the international economic policy of Ukraine as well as customs affairs;

9. directs and coordinates the activities of ministries and departments, the Government of the Autonomous Republic of Crimea and other bodies of the executive branch, as well as the state notary office;

10. exercises other powers provided for by the Constitution as well as by the laws and decrees of the President of Ukraine.

The Cabinet of Ministers issues orders and directives that are binding throughout the entire territory of Ukraine.

Article 117
Ministries, departments as well as the other central bodies of the executive branch perform management in the appropriate fields of management. Leaders of the bodies are accountable to the President of Ukraine for the results of the activities.

Article 118
The legislative power in Oblasts, and in the cities of Kyiv and Sevastopol are exercised by leaders of state administrations who are appointed and dismissed by the President of Ukraine on the application of the Cabinet of Ministers.

If necessary, the President of Ukraine appoints heads of state administrations in rayons and cities on the applications of leaders of Oblast state administrations.

Local level bodies of the executive branch are subordinate to higher bodies of the executive branch in the performance of their activities.

Article 119
Leaders of local state administrations ensure adherence to the Constitution and laws of Ukraine as well as to acts of the President of Ukraine and of bodies of the executive branch as well as the keeping and provision of the rights and freedoms of citizens, legality, and law and order; exercise the powers they are vested with for management of public property located on the respective territory; coordinate the activities of factories, institutions and organizations of all property forms, by the bodies of law and order, national security, defense and other local bodies of the executive as well as by the bodies of local self-government.

Leaders of local level state administrations have no right to resolve issues, assigned by the Constitution to the jurisdiction of bodies of local self-government.

Article 120
The arrangement and order of the functioning of the Government of Ukraine is determined by law.

Chapter VII
The Procurator's office
Article 121
The supervision over obeying the laws of Ukraine as well as maintaining prosecution on behalf of the government in courts is exercised by the Procurator General of Ukraine and the procurators subordinated to him.

Article 122
The Procurator General is not dependent on any other bodies and officials and follows the Constitution and laws in exercising his authority.

Article 123
The Procurator General and the procurators who are subordinated to him are responsible for taking measures to ensure compliance with the law, and elimination of violations of the law, notwithstanding their source.

Article 124
The Procurator General of Ukraine is appinted and dismissed by the President of Ukraine on approval by the Senate of the National Assembly of Ukraine.

The General Procurator's term of office is 5 years.

Article 126
The Procurator General annually notifies the National Assembly and the President of Ukraine on the state of law in Ukraine.

Article 127
The jurisdiction, the arrangement of and the order of functioning of the Procurator's Office of Ukraine is determined by law.

Chapter VIII
The system of justice
Article 128
Justice in Ukraine is exercised entirely by courts. The delegation of the courts' functions, as well as their usurpation by other bodies and officials is not permitted.

The courts' decisions shall be made on behalf of the State.

Article 129
The judicial system in Ukraine is established on the basis of territorial and specialization principles.

The Supreme Court of Ukraine is the highest cassation authority.

Establishment of extraordinary, special and other courts not stipulated by the Constitution is prohibited, except instituted cases for martial status.

The jurisdiction, the arrangement of and the order of functioning of courts is determined by law.

Article 130

Judges may not be replaced and hold office for life, except judges appointed for the first time.

Judges of the Supreme Court of Ukraine are appointed to fill the office by the Senate on the application of the President of Ukraine. Judges of other courts are appointed to fill the office by the President of Ukraine in the order provided for by law.

Appointment to fill a judge's office for the first time is made for the term of 3 years.

Judges can be dismissed only in cases and for reasons determined by law.

Article 131

The course of justice is exercised on principles of:

1. equality of all parties before the law and the court;

2. argument of the parties and equality in submission of evidence to the court;

3. access to and openness of trial;

4. promulgation of decisions;

5. possibility of appeal of decisions;

6. enforcement of court decisions throughout the territory of Ukraine.

Article 132

In the course of justice, judges are independent and obey only law. Any form of influence over judges shall be legally prosecuted.

Article 133

Judges have immunity. A judge may not be brought to criminal responsibility, arrested or inflicted with measures of administrative penalty imposed judicially, without the consent of the Senate.

Article 134

The state provides proper conditions for the functioning and activities of the courts. The expenditures for maintenance of courts is determined in the State Budget.

Implementation of decisions is vested in the respective office that is to be created within the system of the executive branch.

Chapter IX
Territorial arrangement of Ukraine
Article 135

The territorial arrangement of Ukraine rests on principles of unity and integrity of the State's territory optimal combination of centralization and decentralization in exercising of state power, socioeconomic development or regions being balanced, taking into account the historic, economic, geographic and cultural traditions of the population.

Article 136

The administrative and territorial arrangement of Ukraine is composed of the Autonomous Republic of Crimea, Oblasts, rayons, cities, municipalities as well as villages.

The capital of State – Kiev city as well as Sevastopol city possess a special status determined by law.

Article 137

Additional territorial entities may be formed within the national territory, in accordance with the laws of Ukraine.

The principles of the territorial arrangement of Ukraine are determined by law.

Chapter X
The Autonomous Republic of Crimea
Article 138

The Autonomous Republic of Crimea is an integral part of Ukraine and resolves issues attributed to its jurisdiction by the Constitution as well as the Constitution of the Autonomous Republic of Crimea.

Article 139

The Constitution and laws of the Autonomous Republic of Crimea are an integral part of the legislation of Ukraine and they may not contradict the Constitution of Ukraine. They are to be based upon and respond to its main principles.

The Constitution of the Autonomous Republic of Crimea as well as amendments to it are approved by the legislature of the Autonomous Republic of Crimea and acquire their validity after their approval by the National Assembly of Ukraine.

Laws of Ukraine adopted on matters attributed to the jurisdiction of the Autonomous Republic of Crimea, remain in force in the Republic until adoption of respective acts by the Autonomous Republic of Crimea.

Article 140

The Autonomous Republic of Crimea possesses its own executive and legislative branches. Their jurisdiction, as well as their order of formation and functioning is determined by the Constitution and the laws of the Autonomous Republic of Crimea.

Courts functioning within the territory of the Autonomous Republic of Crimea are part of the unified judicial system of Ukraine provided for by the Constitution.

Article 141

The Autonomous Republic of Crimea creates, approves and implements the republican budget as well as organizes the republican taxes and fees.

There are republican taxes and fees which are left at the disposal of the Autonomous Republic of Crimea as well as deductions from national taxes, the scope of which is determined by the Law on the State Budget.

The Autonomous Republic of Crimea takes part in the elaboration and implementation of the domestic and international political affairs of Ukraine on issues concerning the interests of the Autonomous Republic of Crimea.

In its bodies of state government and local self-government, the Autonomous Republic of Crimea ensures on its territory compliance with the Constitution and laws of Ukraine as well as the implementation of acts by the President and the Government of Ukraine and also of programs of socioeconomic growth and cultural development.

Article 142

In the event the laws of the Autonomous Republic of Crimea violate the Constitution of Ukraine, the President of Ukraine may suspend their implementation, with simultaneous appeal to the Constitutional Court of Ukraine.

The Autonomous Republic of Crimea can appeal to the Constitutional Court of Ukraine on matters concerning nullification of acts by Ukraine, decrees by the President of Ukraine and acts of bodies of the executive branch in Ukraine on the territory of the Autonomous Republic of Crimea, in the event of their interference in the jurisdiction of the Autonomous Republic of Crimea.

Article 143

There is a Presidential Representative's Office of the President of Ukraine that functions within the Autonomous Republic of Crimea with the Permanent Representative of the President as its director; the legal status of which is determined by law.

The Government of the Autonomous Republic of Crimea has a permanent Presidential Representative's Office in the capital of Ukraine.

Chapter XI
Local self-government

Article 144

Local self-government is the right of territorial communities – residents of villages, municipalities as well as cities – to resolve matters of local importance on their own, within the limits set forth in the Constitution and laws of Ukraine.

Local self-government is exercised by communities directly as well as through bodies of local self-government – Radas of a village, municipality, city or town, rayon, or Oblast.

Radas of a rayon and an Oblast represent the common interests of the communities of villages, municipalities and cities.

Article 145

Membership of a rayon rada includes the chairman of a village, municipality, city or town, and for a city or a town of rayon importance, also includes a chairman of the rayon rada who is to be elected by the population of the rayon.

Membership of an Oblast Rada includes a chairman of the rayon, city or town, and for cities and towns of Oblast importance, also includes a chairman of an Oblast Rada who is to be elected by the population of the Oblast.

Chairmen of a village, municipality, rayon as well as Oblast Radas are the directors of the entities' executive body.

Article 146

Material and financial bases of self-government are realty and movable objects, local budgets, revenues and other funds and natural resources owned in common by territorial communities of villages, municipalities, cities as well as objects of their common property used by rayon or Oblast Radas.

The state supports local self-government financially. The expenses of the local governance bodies originating from the decisions of bodies of state power are reimbursed by the State.

Article 147

Bodies of local government resolve issues concerning municipal economy, social protection, education, culture, health care, environment, civil order, exercise management over municipal property objects, organize, approve and implement budgets of appropriate administrative and territorial entities, establish local taxes and fees provided for by law, as well as resolve other issues of local importance.

Individual authority of bodies of the executive

can be transmitted by a law or an agreement, to bodies of local self-government. The state finances the implementation of state powers and, if necessary, transfers the respective public property to bodies of local self-government.

Bodies of self-government are subject to control by appropriate state administrations regarding issues concerning the exercise of powers transmitted to them.

Article 148

Bodies of local self-government adopt solutions that are binding throughout the appropriate territory.

In the event actions by bodies of local self-government violate the Constitution of Ukraine or other legal acts, the actions may be suspended by leaders of the appropriate state administrations as well as by the Government of the Autonomous Republic of Crimea, with simultaneous appeal in court for nullification.

Article 149

The rights of local self-government are protected by the courts.

Article 150

Additional issues concerning organization of local self-government, their order of formation, as well as the responsibility of the bodies are determined by law.

Chapter XIII
The Constitutional Court

Article 151

The Constitutional Court resolves issues on accordance (constitutionality) of laws and other legal acts to the Constitution and issues official interpretations of the Constitution and laws.

The Constitutional Court is not included in the system of courts of Ukraine and is not dependent on the legislative, executive and judicial branches.

Article 152

The Constitutional Court of Ukraine consists of 14 judges.

Judges of the Constitutional Court are appointed by the President and the Senate in the same proportion – 7 judges each.

Judges of the Constitutional Court are appointed for a term of 10 years and have no right to be re-appointed.

An appointed judge of the Constitutional Court is to be a citizen of Ukraine, aged not less than forty years on the day of appointment and possessing the right to vote as well as the practical, scientific or teaching experience in the domain of law for at least for ten years.

The head of the Constitutional Court and the deputy head are elected by means of voting by the membership of judges for a term of three years at a special meeting of the Constitutional Court.

Article 153

When exercising their powers, judges of the Constitutional Court are independent and obey only the Constitution of Ukraine.

A judge of the Constitutional Court may not be a member of a political party as well as a Deputy or a Senator, hold any office in bodies of the state power as well as in non-governmental amalgamations and also be engaged in other paid work or entrepreneurship, expert scientific work and teaching.

Article 154

Judges of the Constitutional Court enjoy the right to immunity.

Judges of the Constitutional Court may not be charged with criminal responsibility, arrested or inflicted with measures of administrative penalty imposed judicially, without approval by the Constitutional Court.

Article 155

The powers of a judge of the Constitutional Court cease before the appointed time in cases of:

1. application for resignation;
2. inability to exercise his powers for reasons of health;
3. exceeding the age limit of 70 years age;
4. violation of requirements on incompatibility as set forth by Article 153 of the Constitution;
5. oath-breaking.

A decision to terminate the powers of a judge of the Constitutional Court prior to the appointed time in the cases provided for by paragraphs 4 and 5 as well as in the event of commission of a crime, is made by special procedure (impeachment), stipulated by Article 111 of the Constitution.

Article 156

Within the authority of the Constitution Court is:

1. the official interpretation of the Constitution and laws;
2. resolution of the constitutionality of:
 • laws and other legal acts by the National Assembly;
 • the Constitution and laws of the Autonomous Republic of Crimea;
 • decrees of the President of Ukraine;
 • acts of the Cabinet of Ministers.

These matters are considered on an application by the President of Ukraine, the Chairmen of the Chambers of the National Assembly, by at least 45 Deputies or 20 Senators, the Authorized Representative on Human Rights of the National Assembly, the Procurator General of Ukraine, or the Verkhovna Rada of the Autonomous Republic of Crimea.

The Constitutional Court shall consider cases on the constitutionally of laws and other legal acts by citizens' complaints in the event a case complained of by a citizen had been considered by courts of general jurisdiction, and the final court decision on this case was made by the Supreme Court of Ukraine, and if citizen believes that the law or other legal act used in the decision on the case is unconstitutional.

The Constitutional Courts renders decisions on issues set forth in this Article which are binding throughout the territory of Ukraine, are final and may not be appealed.

Article 157

On the application of the Chairman of the Chamber of Deputies of the National Assembly, the Constitutional Court issues a decision on the constitutionality of international treaties of Ukraine submitted for ratification.

Article 158

Entire laws and legal acts, as well as their particular provisions, are considered unconstitutional by the Constitutional Court, if they do not correspond with the Constitution or if there was a violation of the procedure set forth by the Constitution in their consideration, adoption or coming into force.

Decisions of the Constitutional Court on the unconstitutionality of laws, other legal acts and their particular provisions as well as on their non-conformance with international treaties concluded and ratified by Ukraine in a proper manner, dissolve the legal force of these acts either from the moment of their coming into force if they came force after the beginning of the judicial proceeding by the Constitutional Court, or from the date of a Constitutional Court decision if it came into force prior to the date of the beginning of the judicial proceeding by the Constitutional Court.

Legal relations originating from such illegal acts are regulated by the body which adopted this act or, in case of the inability of this body, by application to a competent higher body.

Material and psychological damage to physical as well as legal persons by unconstitutional acts and actions shall be compensated by the State.

Article 159

The jurisdiction, the order of organizing and of functioning of the Constitutional Court as well as the procedure of consideration of cases is determined by the Law of Ukraine "On the Constitutional Court of Ukraine."

Textanhang XIII/5

Constitution of Ukraine (1996)*

The Verkhovna Rada of Ukraine, on behalf of the Ukrainian people – citizens of Ukraine of all nationalities,

expressing the sovereign will of the people,

based on the centuries-old history of Ukrainian state-building and on the right to self-determination realised by the Ukrainian nation, all the Ukrainian people,

providing for the guarantee of human rights and freedoms and of the worthy conditions of human life,

caring for the strengthening of civil harmony on Ukrainian soil,

striving to develop and strengthen a democratic, social, law-based state,

aware of our responsibility before God, our own conscience, past, present and future generations,

guided by the Act of Declaration of the Independence of Ukraine of 24 August 1991, approved by the national vote of 1 December 1991,

adopts this Constitution – the Fundamental Law of Ukraine.

* Adopted at the fifth session of the Supreme Rada of Ukraine on 28 June 1996, official translation.

Chapter I
General Principles

Article 1

Ukraine is a sovereign and independent, democratic, social, law-based state.

Article 2

The sovereignty of Ukraine extends throughout its entire territory.

Ukraine is unitary state.

The territory of Ukraine within its present border is indivisible and invidable.

Article 3

The human being, his or her life and health, honour and dignity, inviolability and security are reognised in Ukraine as the highest social value.

Human rights and freedoms and their guarantees determine the essence and orientation of the activity of the State. The State is answerable to the individual for its activity. To affirm and ensure human rights and freedoms is the main duty of the State.

Article 4

There is single citizenship in Ukraine. The grounds for the acquisition and termination of Ukrainian citizenship are determined by law.

Article 5

Ukraine is a republic.

The people are the bearers of sovereignty and the only source of power in Ukraine. The people power directly and through bodies of state power and bodies of local self-government.

The right to determine and change the constitutional order in Ukraine belongs exclusively to the people and shall not be usurped by the State, its bodies or officials.

No one shall usurp state power.

Article 6

State power in Ukraine is exercised on the principles of its division into legislative, executive and judicial power.

Bodies of legislative, executive and judicial power exercise their authority within the limits established by this Constitution and in accordance with the laws of Ukraine.

Article 7

In Ukraine, local self-government is recognised and guaranteed.

Article 8

In Ukraine, the principle of the rule of law is recognised and effective.

The Constitution of Ukraine has the highest legal force. Laws and other normative legal acts are adopted on the basis of the Constitution of Ukraine and shall conform to it.

The norms of the Constitution of Ukraine are norms of direct effect. Appeals to the court in defence of the constitutional rights and freedoms of the individual and citizen directly on the grounds of the Constitution of Ukraine are guaranteed.

Article 9

International treaties that are in force, agreed to be binding by the Verkhovna Rada of Ukraine, are part of the national legislation of Ukraine.

The conclusion of international treaties that contravene the Constitution of Ukraine is possible only after introducing relevant amendments to the Constitution of Ukraine.

Article 10

The state language of Ukraine is the Ukrainian language.

The State ensures the comprehensive development and functioning of the Ukrainian language in all spheres of social life throughout the entire territory of Ukraine.

In Ukraine, the free development, use and protection of Russian, and other languages of national minorities of Ukraine, is guaranteed.

The State promotes the learning of languages of international communication.

The use of languages in Ukraine is guaranteed by the Constitution of Ukraine and is determined by law.

Article 11

The State promotes the consolidation and development of the Ukrainian nation, of its historical consciousness, traditions and culture, and also the development of the ethnic, cultural, linguistic and religious identity of all indigenous peoples and national minorities of Ukraine.

Article 12

Ukraine provides for the satisfaction of national and cultural, and linguistic needs of Ukrainians residing beyond the borders of the State.

Article 13

The land, its mineral wealth, atmosphere, water and other natural resources within the territory of Ukraine, the natural resources of its continental shelf, and the exclusive (maritime) economic zone, are objects of the right of property of the Ukrainian people. Ownership rights on behalf of the

Ukrainian people are exercised by bodies of state power and bodies of local self-government within the limits determined by this Constitution.

Every citizen has the right to utilise the natural objects of the people's right of property in accordance with the law.

Property entails responsibility. Property shall not be used to the detriment of the person and society.

The State ensures the protection of the rights of all subjects of the right of property and economic management, and the social orientation of the economy. All subjects of the right of property are equal before the law.

Article 14

Land is the fundamental national wealth that is under special state protection.

The right of property to land is guaranteed. This right is acquired and realised by citizens, legal persons and the State, exclusively in accordance with the law.

Article 15

Social life in Ukraine is based on the principles of political, economic and ideological diversity.

No ideology shall be recognised by the State as mandatory.

Censorship is prohibited.

The State guarantees freedom of political activity not prohibited by the Constitution and the laws of Ukraine.

Article 16

To ensure ecological safety and to maintain the ecological balance on the territory of Ukraine, to overcome the consequences of the Chernobyl catastrophe – a catastrophe of global scale, and to preserve the gene pool of the Ukrainian people, is the duty of the State.

Article 17

To protect the sovereignty and territorial indivisibility of Ukraine, and to ensure its economic and informational security are the most important functions of the State and a matter of concern for all the Ukrainian people.

The defence of Ukraine and the protection of its sovereignty, territorial indivisibility and inviolability, are entrusted to the Armed Forces of Ukraine.

Ensuring state security and protecting the state border of Ukraine are entrusted to the respective military formations and law enforcement bodies of the State, whose organisation and operational procedure are determined by law.

The Armed Forces of Ukraine and other military formations shall not be used by anyone to restrict the rights and freedoms of citizens or with the intent to overthrow the constitutional order, subvert the bodies of power or obstruct their activity.

The State ensures the social protection of citizens of Ukraine who serve in the Armed Forces of Ukraine and in other military formations as well as of members of their families.

The creation and operation of any armed formations not envisaged by law are prohibited on the territory of Ukraine.

The location of foreign military bases shall not be permitted on the territory of Ukraine.

Article 18

The foreign political activity of Ukraine is aimed at ensuring its national interests and security by maintaining peaceful and mutually beneficial cooperation with members of the international community, according to generally acknowledged principles and norms of international law.

Article 19

The legal order in Ukraine is based on the principles according to which no one shall be forced to do what is not envisaged by legislation.

Bodies of state power and bodies of local self-government and their officials are obliged to act only on the grounds, within the limits of authority, and in the manner envisaged by the Constitution and the laws of Ukraine.

Article 20

The state symbols of Ukraine are the State Flag of Ukraine, the State Coat of Arms of Ukraine and the State Anthem of Ukraine.

The State Flag of Ukraine is a banner of two equally-sized horizontal bands of blue and yellow.

The Great State Coat of Arms of Ukraine shall be established with the consideration of the Small State Coat of Arms of Ukraine and the Coat of Arms of the Zaporozhian Host, by the law adopted by no less than two-thirds of the constitutional composition of the Verkhovna Rada of Ukraine.

The main element of the Great State Coat of Arms of Ukraine is the Emblem of the Royal State of Volodymyr the Great (the Small State Coat of Arms of Ukraine).

The State Anthem of Ukraine is the national anthem set to the music of M. Verbytskyi, with words that are confirmed by the law adopted by no less than two-thirds of the constitutional composition of the Verkhovna Rada of Ukraine.

The description of the state symbols of Ukraine and the procedure for their use shall be established by the law adopted by no less than two-thirds of the constitutional composition of the Verkhovna Rada of Ukraine.

The capital of Ukraine is the City of Kiev.

Chapter II
Human and Citizens' Rights, Freedoms and Duties

Article 21

All people are free and equal in their dignity and rights.

Human rights and freedoms are inalienable and inviolable.

Article 22

Human and citizens' rights and freedoms affirmed by this Constitution are not exhaustive.

Constitutional rights and freedoms are guaranteed and shall not be abolished.

The content and scope of existing rights and freedoms shall not be diminished in the adoption of new laws or in the amendment of laws that are in force.

Article 23

Every person has the right to free development of his or her personality if the rights and freedoms of other persons are not violated thereby, and has duties before the society in which the free and comprehensive development of his or her personality is ensured.

Article 24

Citzens have equal constitutional rights and freedoms and are equal before the law.

There shall be no privileges or restrictions based on race, colour of skin, political, religious and other beliefs, sex, ethnic and social origin, property status, place of residence, linguistic or other characteristics.

Equality of the rights of women and men is ensured: by providing women with opportunities equal to those of men, in public and political, and cultural activity, in obtaining education and in professional training, in work and its remuneration; by special measures for the protection of work and health of women; by establishing pension privileges, by creating conditions that allow women to combine work and motherhood; by legal protection, material and moral support of motherhood and childhood, including the provision of paid leaves and other privileges to pregnant women and mothers.

Article 25

A citizen of Ukraine shall not be deprived of citizenship and of the right to change citizenship.

A citizen of Ukraine shall not be expelled from Ukraine or surrendered to another state.

Ukraine guarantees care and protection to its citizens who are beyond its borders.

Article 26

Foreigners and stateless persons who are in Ukraine on legal grounds enjoy the same rights and freedoms and also bear the same duties as citizens of Ukraine, with the exceptions established by the Constitution, laws or international treaties of Ukraine.

Foreigners and stateless persons may be granted asylum by the procedure established by law.

Article 27

Every person has the inalienable right to life.

No one shall be arbitrarily deprived of life. The duty of the State is to protect human life.

Everyone has the right to protect his or her life and health, the lives and health of other persons against unlawful encroachments.

Article 28

Everyone has the right to respect of his or her dignity.

No one shall be subjected to torture, cruel, inhuman or degrading treatment or punishment that violates his or her dignity.

No person shall be subjected to medical, scientific or other experiments without his or her free consent.

Article 29

Every person has the right to freedom and personal inviolability.

No one shall be arrested or held in custody other than pursuant to a substantiated court decision and only on the grounds and in accordance with the procedure established by law.

In the event of an urgent necessity to prevent or stop a crime, bodies authorised by law may hold a person in custody as a temporary preventive measure, the reasonable grounds for which shall be verified by a court within seventy-two hours. The detained person shall be released immediately, if he or she has not been provided, within seventy-two hours from the moment of detention, with a substantiated court decision in regard to the holding in custody.

Everyone arrested or detained shall be informed without delay of the reasons for his or her arrest or detention, apprised of his or her rights, and from the moment of detention shall be given the opportunity to personally defend himself or herself, or to have the legal assistance of a defender.

Everyone detained has the right to challenge his or her detention in court at any time.

Relatives of an arrested or detained person shall be informed immediately of his or her arrest or detention.

Article 30
Everyone is guaranteed the inviolability of his or her dwelling place.

Entry into a dwelling place or other possessions of a person, and the examination or search thereof, shall not be permitted, other than pursuant to a substantiated court decision.

In urgent cases related to the preservation of human life and property or to the direct pursuit of persons suspected of committing a crime, another procedure established by law is possible for entry into a dwelling place or other possessions of a person, and for the examination and search thereof.

Article 31
Everyone is guaranteed privacy of mail, telephone conversations, telegraph and other correspondence. Exceptions shall be established only by a court in cases envisaged by law, with the purpose of preventing crime or ascertaining the truth in the course of the investigation of a criminal case, if it is not possible to obtain information by other means.

Article 32
No one shall be subject to interference in his or her personal and family life, except in cases envisaged by the Constitution of Ukraine.

The collection, storage, use and dissemination of confidential information about a person without his or her consent shall not be permitted, except in cases determined by law and only in the interests of national security, economic welfare and human rights.

Every citizen has the right to examine information about himself or herself, that is not a state secret or other secret protected by law, at the bodies of state power, bodies of local self-government, institutions and organisations.

Everyone is guaranteed judicial protection of the right to rectify incorrect information about himself or herself and members of his or her family, and of the right to demand that any type of information be expunged, and also the right to compensation for material and moral damages inflicted by the collection, storage, use and dissemination of such incorrect information.

Article 33
Everyone who is legally present on the territory of Ukraine is guaranteed freedom of movement, free choice of place of residence, and the right to freely leave the territory of Ukraine, with the exception of restrictions established by law.

A citizen of Ukraine may not be deprived of the right to return to Ukraine at any time.

Article 34
Everyone is guaranteed the right to freedom of thought and speech, and to the free expression of his or her views and beliefs.

Everyone has the right to freely collect, store, use and disseminate information by oral, written or other means of his or her choice.

The exercise of these rights may be restricted by law in the interests of national security, territorial indivisibility or public order, with the purpose of preventing disturbances or crimes, protecting the health of the population, the reputation or rights of other persons, preventing the publication of information received confidentially, or supporting the authority and impartiality of justice.

Article 35
Everyone has the right to freedom of personal philosophy and religion. This right includes the freedom to profess or not to profess any religion, to perform alone or collectively and without constraint religious rites and ceremonial rituals, and to conduct religious activity.

The exercise of this right may be restricted by law only in the interests of protecting public order, the health and morality of the population, or protecting the rights and freedoms of other persons.

The Curch and religious organisations in Ukraine are separated from the State, and the school – from the Church. No religion shall be recognised by the State as mandatory.

No one shall be relieved of his or her duties before the State or refuse to perform the laws for reasons of religious beliefs. In the event that the performance of military duty is contrary to the religious beliefs of a citizen, the performance of this duty shall be replaced by alternative (non-military) service.

Article 36
Citizens of Ukraine have the right to freedom of association in political parties and public organisations for the exercise and protection of their rights and freedoms and for the satisfaction of their political, economic, social, cultural and other interests, with the exception of restrictions established by law in the interests of national security and public order, the protection of the health of the population or the protection of rights and freedoms of other persons.

Political parties in Ukraine promote the formation and expression of the political will of citizens, and participate in elections. Only citizens of Ukraine may be members of political parties. Restrictions on membership in political parties are established exclusively by this Constitution and the laws of Ukraine.

Citizens have the right to take part in trade unions with the purpose of protecting their labour and socio-economic rights and interests. Trade unions are public organisations that unite citizens bound by common interests that accord with the nature of their professional activity. Trade unions are formed without prior permission on the basis of the free choice of their members. All trade unions have equal rights. Restrictions on membership in trade unions are established exclusively by this Constitution and the laws of Ukraine.

No one may be forced to join any association of citizens or be restricted in his or her rights for belonging or not belonging to political parties or public organisations.

All associations of citizens are equal before the law.

Article 37

The establishment and activity of political parties and public associations are prohibited if their programme goals or actions are aimed at the liquidation of the independence of Ukraine, the change of the constitutional order by violent means, the violation of the sovereignty and territorial indivisibility of the State, the undermining of its security, the unlawful seizure of state power, the propaganda of war and of violence, the incitement of inter-ethnic, racial, or religious enmity, and the encroachments on human rights and freedoms and the health of the population.

Political parties and public associations shall not have paramilitary formations.

The creation and activity of organisational structures of political parties shall not be permitted within bodies of executive and judicial power and executive bodies of local self-government, in military formations, and also in state enterprises, educational establishments and other state institutions and organisations.

The prohibition of the activity of associations of citizens is exercised only through judicial procedure.

Article 38

Citizens have the right to participate in the administration of state affairs, in All-Ukrainian and local referendums, to freely elect and to be elected to bodies of state power and bodies of local self-government.

Citizens enjoy the equal right of access to the civil service and to service in bodies of local self-government.

Article 39

Citizens have the right to assemble peacefully without arms and to hold meetings, rallies, processions and demonstrations, upon notifying in advance the bodies of executive power or bodies of local self-government.

Restrictions on the exercise of this right may be established by a court in accordance with the law and only in the interests of national security and public order, with the purpose of preventing disturbances or crimes, protecting the health of the population, or protecting the rights and freedoms of other persons.

Article 40

Everyone has the right to file individual or collective petitions, or to personally appeal to bodies of state power, bodies of local self-government, and to the officials and officers of these bodies, that are obliged to consider the petitions and to provide a substantiated reply within the term established by law.

Article 41

Everyone has the right to own, use and dispose of his or her property, and the results of his or her intellectual and creative activity.

The right of private property is acquired by the procedure determined by law.

In order to satisfy their needs, citizens may use the objects of the right to state and communal property in accordance with the law.

No one shall be unlawfully deprived of the right of property. The right to private property is inviolable.

The expropriation of objects of the right of private property may be applied only as an exception for reasons of social necessity, on the grounds of and by the procedure established by law, and on the condition of advance and complete compensation of their value. The expropriation of such objects with subsequent complete compensation of their value is permitted only under conditions of martial law or a state of emergency.

Confiscation of property may be applied only pursuant to a court decision, in the cases, in the extent and by the procedure established by law.

The use of property shall not cause harm to the rights, freedoms and dignity of citizens, the interests of society, aggravate the ecological situation and the natural qualities of land.

Article 42

Everyone has the right to entrepreneurial activity that is not prohibited by law.

The entrepreneurial activity of deputies, officials and officers of bodies of state power and of bodies of local self-government is restricted by law.

The State ensures the protection of competition in entrepreneurial activity. The abuse of a monopolistic position in the market, the unlawful restriction of competition, and unfair competition, shall not be permitted. The types and limits of monopolies are determined by law.

The State protects the rights of consumers, exercises control over the quality and safety of products and of all types of services and work, and promotes the activity of public consumer associations.

Article 43

Everyone has the right to labour, including the possibility to earn one's living by labour that he or she freely chooses or to which he or she freely agrees.

The State creates conditions for citizens to fully realise their right to labour, guarantees equal opportunities in the choice of profession and of types of labour activity, implements programmes of vocational education, training and retraining of personnel according to the needs of society.

The use of forced labour isd prohibited. Military or alternative (non-military) service, and also work or service carried out by a person in compliance with a verdict or other court decision, or in accordance with the laws on martial law or on a state of emergency, are not considered to be forced labour.

Everyone has the right to proper, safe and healthy work conditions, and to remuneration no less than the minimum wage as determined by law.

The employment of women and minors for work that is hazardous to their health, is prohibited.

Citizens are guaranteed protection from unlawful dismissal.

The right to timely payment for labour is protected by law.

Article 44

Those who are employed have the right to strike for the protection of their economic and social interests.

The procedure for exercising the right to strike is established by law, taking into account the necessity to ensure national security, health protection, and rights and freedoms of other persons.

No one shall be forced to participate or not to participate in a strike.

The prohibition of a strike is possible only on the basis of the law.

Article 45

Everyone who is employed has the right to rest. This right is ensured by providing weekly rest days and also paid annual vacation, by establishing a shorter working day for certain professions and industries, and reduced working hours at night.

The maximum number of working hours, the minimum duration of rest and of paid annual vacation, days off and holidays as well as other conditions for exercising this right, are determined by law.

Article 46

Citizens have the right to social protection that includes the right to provision in cases of complete, partial or temporary disability, the loss of the principal wage-earner, unemployment due to circumstances beyond their control and also in old age, and in other cases established by law.

This right is guaranteed by general mandatory state social insurance on account of the insurance payments of citizens, enterprises, institutions and organisations, and also from budgetary and other sources of social security; by the establishment of a network of state, communal and private institutions to care for persons incapable of work.

Pensions and other types of social payments and assistance that are the principal sources of subsistence, shall ensure a standard of living not lower than the minimum living standard established by law.

Article 47

Everyone has the right to housing. The State creates conditions that enable every citizen to build, purchase as property, or to rent housing.

Citizens in need of social protection are provided with housing by the State and bodies of local self-government, free of charge or at a price affordable for them, in accordance with the law.

No one shall be forcibly deprived of housing other than on the basis of the law pursuant to a court decision.

Article 48

Everyone has the right to a standard of living sufficient for himself or herself and his or her family that includes adequate nutrition, clothing and housing.

Article 49

Everyone has the right to health protection, medical care and medical insurance.

Health protection is ensured through state funding of the relevant socio-economic, medical and sanitary, health improvement and prophylactic programmes.

The State creates conditions for effective medical service accessible to all citizens. State and communal health protection institutions provide medical care free of charge; the existing network of such institutions shall not be reduced. The State promotes the development of medical institutions of all forms of ownership.

The State provides for the development of physical culture and sports, and ensures sanitary-epidemic welfare.

Article 50

Everyone has the right to an environment that is safe for life and health, and to compensation for damages inflicted through the violation of this right.

Everyone is guaranteed the right of free access to information about the environmental situation, the quality of food and consumer goods, and also the right to disseminate such information. No one shall make such information secret.

Article 51

Marriage is based on the free consent of a woman and a man. Each of the spouses has equal rights and duties in the marriage and family.

Parents are obliged to support their children until they attain the age of majority. Adult children are obliged to care for their parents who are incapable of work.

The family, childhood, motherhood and fatherhood are under the protection of the State.

Article 52

Children are equal in their rights regardless of their origin and whether they are born in or out of wedlock.

Any violence against a child, or his or her exploitation, shall be prosecuted by law.

The maintenance and upbringing of orphans and children deprived of parental care is entrusted to the State. The State encourages and supports charitable activity in regard to children.

Article 53

Everyone has the right to education.

Complete general secondary education is compulsory.

The State ensures accessible and free pre-school, complete general secondary, vocational and higher education in state and communal educational establishments; the development of pre-school, complete general secondary, extra-curricular, vocational, higher and post-graduate education, various forms of instruction; the provision of state scholarships and privileges to pupils and students.

Citizens have the right to obtain free higher education in state and communal educational establishments on a competitive basis.

Citizens who belong to national minorities are guaranteed in accordance with the law the right to receive instruction in their native language, or to study their native language in state and communal educational establishments and through national cultural societies.

Article 54

Citizens are guaranteed the freedom of literary, artistic, scientific and technical creativity, protection of intellectual property, their copyrights, moral and material interests that arise with regard to various types of intellectual activity.

Every citizen has the right to the results of his or her intellectual, creative activity; no one shall use or distribute them without his or her consent, with the exceptions established by law.

The State promotes the development of science and the establishment of scientific relations of Ukraine with the world community.

Cultural heritage is protected by law.

The State ensures the preservation of historical monuments and other objects of cultural value, and takes measures to return to Ukraine the cultural treasures of the nation, that are located beyond its borders.

Article 55

Human and citizens' rights and freedoms are protected by the court.

Everyone is guaranteed the right to challenge in court the decisions, actions or omission of bodies of state power, bodies of local self-government, officials and officers.

Everyone has the right to appeal for the protection of his or her rights to the Authorised Human Rights Representative of the Verkhovna Rada of Ukraine.

After exhausting all domestic legal remedies, everyone has the right to appeal for the protection of his or her rights and freedoms to the relevant international judicial institutions or to the relevant bodies of international organisations of which Ukraine is a member or participant.

Everyone has the right to protect his or her rights and freedoms from violations and illegal encroachments by any means not prohibited by law.

Article 56

Everyone has the right to compensation, at the expense of the State or bodies of local self-government, for material and moral damages inflicted by unlawful decisions, actions or omission of bodies of state power, bodies of local self-government, their officials and officers during the exercise of their authority.

Article 57

Everyone is guaranteed the right to know his or her rights and duties.

Laws and other normative legal acts that determine the rights and duties of citizens shall be brought to the notice of the population by the procedure established by law.

Laws and other normative legal acts that determine the rights and duties of citizens, but that are not brought to the notice of the population by the procedure established by law, are not in force.

Article 58

Laws and other normative legal acts have no retroactive force, except in cases where they mitigate or annul the responsibility of a person.

No one shall bear responsibility for acts that, at the time they were committed, were not deemed by law to be an offence.

Article 59

Everyone has the right to legal assistance. Such assistance is provided free of charge in cases envisaged by law. Everyone is free to choose the defender of his or her rights.

In Ukraine, the advocacy acts to ensure the right to a defence against accusation and to provide legal assistance in deciding cases in courts and other state bodies.

Article 60

No one is obliged to execute rulings or orders that are manifestly criminal.

For the issuance or execution of a manifestly criminal ruling or order, legal liability arises.

Article 61

For one and the same offence, no one shall be brought twice to legal liability of the same type.

The legal liability of a person is of an individual character.

Article 62

A person is presumed innocent of committing a crime and shall not be subjected to criminal punishment until his or her guilt is proved through legal procedure and established by a court verdict of guilty.

No one is obliged to prove his or her innocence of committing a crime.

An accusation shall not be based on illegally obtained evidence as well as on assumptions. All doubts in regard to the proof of guilt of a person are interpreted in his or her favour.

In the event that a court verdict is revoked as unjust, the State compensates the material and moral damages inflicted by the groundless conviction.

Article 63

A person shall not bear responsibility for refusing to testify or to explain anything about himself or herself, members of his or her family or close relatives in the degree determined by law.

A suspect, an accused, or a defendant has the right to a defence.

A convicted person enjoys all human and citizens' rights, with the exception of restrictions determined by law and established by a court verdict.

Article 64

Constitutional human and citizens' rights and freedoms shall not be restricted, except in cases envisaged by the Constitution of Ukraine.

Under conditions of martial law or a state of emergency, specific restrictions on rights and freedoms may be established with the indication of the period of effectiveness of these restrictions. The rights and freedoms envisaged in Articles 24, 25, 27, 28, 29, 40, 47, 51, 52, 55, 56, 57, 58, 59, 60, 61, 62 and 63 of this Constitution shall not be restricted.

Article 65

Defence of the Motherland, of the independence and territorial indivisibility of Ukraine, and respect for its state symbols, are the duties of citizens of Ukraine.

Citizens perform military service in accordance with the law.

Article 66

Everyone is obliged not to harm nature, cultural heritage and to compensate for any damage he or she inflicted.

Article 67

Everyone is obliged to pay taxes and levies in accordance with the procedure and in the extent established by law.

All citizens annually file declarations with the tax inspection at their place of residence, on their property status and income for the previous year, by the procedure established by law.

Article 68

Everyone is obliged to strictly abide by the Constitution of Ukraine and the laws of Ukraine, and not to encroach upon the rights and freedoms, honour and dignity of other persons.

Ignorance of the law shall not exempt from legal liability.

Chapter III
Elections. Referendum

Article 69
The expression of the will of the people is exercised through elections, referendum and other forms of direct democracy.

Article 70
Citizens of Ukraine who have attained the age of eighteen on the day elections and referendums are held, have the right to vote at the elections and referendums.

Citizens deemed by a court to be incompetent do not have the right to vote.

Article 71
Elections to bodies of state power and bodies of local self-government are free and are held on the basis of universal, equal and direct suffrage, by secret ballot.

Voters are guaranteed the free expression of their will.

Article 72
An All-Ukrainian referendum is designated by the Verkhovna Rada of Ukraine or by the President of Ukraine, in accordance with their authority established by this Constitution.

An All-Ukrainian referendum is called on popular initiative on the request of no less than three million citizens of Ukraine who have the right to vote, on the condition that the signatures in favour of designating the referendum have been collected in no less than two-thirds of the oblasts, with no less than 100 000 signatures in each oblast.

Article 73
Issues of altering the territory of Ukraine are resolved exclusively by an all-Ukrainian referendum.

Article 74
A referendum shall not be permitted in regard to draft laws on issues of taxes, the budget and amnesty.

Chapter IV
Verkhovna Rada of Ukraine

Article 75
The sole body of legislative power in Ukraine is the Parliament – the Verkhovna Rada of Ukraine.

Article 76
The constitutional composition of the Verkhovna Rada of Ukraine consists of 450 National Deputies of Ukraine who are elected for a four-year term on the basis of universal, equal and direct suffrage, by secret ballot.

A citizen of Ukraine who has attained the age of twenty-one on the day of elections, has the right to vote, and has resided on the territory of Ukraine for the past five years, may be a National Deputy of Ukraine.

A citizen who has a criminal record for committing an intentional crime shall not be elected to the Verkhovna Rada of Ukraine if the record is not cancelled and erased by the procedure established by law.

The authority of National Deputies of Ukraine is determined by the Constitution and the laws of Ukraine.

Article 77
Regular elections to the Verkhovna Rada of Ukraine take place on the last Sunday of March of the fourth year of the term of authority of the Verkhovna Rada of Ukraine.

Special elections to the Verkhovna Rada of Ukraine are designated by the President of Ukraine and are held within sixty days from the day of the publication of the decision on the pre-term termination of authority of the Verkhovna Rada of Ukraine.

The procedure for conducting elections of National Deputies of Ukraine is established by law.

Article 78
National Deputies of Ukraine exercise their authority on a permanent basis.

National Deputies of Ukraine shall not have another representative mandate or be in the civil service.

Requirements concerning the incompatibility of the mandate of the deputy with other types of activity are established by law.

Article 79
Before assuming office. National Deputies of Ukraine take the following oath before the Verkhovna Rada of Ukraine:

"I swear allegiance to Ukraine. I commit myself with all my deeds to protect the sovereignty and independence of Ukraine, to provide for the good of the Motherland and for the welfare of the Ukrainian people.

I swear to abide by the Constitution of Ukraine and the laws of Ukraine, to carry out my duties in the interests of all compatriots."

The oath is read by the eldest National Deputy of Ukraine before the opening of the first session of the newly-elected Verkhovna Rada of Ukraine, after which the deputies affirm the oath with their signatures below its text.

The refusal to take the oath results in the loss of the mandate of the deputy.

The authority of National Deputies of Ukraine commences from the moment of the taking of the oath.

Article 80

National Deputies of Ukraine are guaranteed parliamentary immunity.

National Deputies of Ukraine are not legally liable for the results of voting or for statements made in Parliament and in its bodies, with the exception of liability for insult or defamation.

National Deputies of Ukraine shall not be held criminally liable, detained or arrested without the consent of the Verkhovna Rada of Ukraine.

Article 81

The authority of National Deputies of Ukraine terminates simultaneously with the termination of authority of the Verkhovna Rada of Ukraine.

The authority of a National Deputy of Ukraine terminates prior to the expiration of the term in the event of:

1. his or her resignation through a personal statement;

2. a guilty verdict against him or her entering into legal force;

3. a court declaring him or her incompetent or missing;

4. termination of his or her citizenship or his or her departure from Ukraine for permanent residence abroad;

5. his or her death.

The decision about the pre-term termination of authority of a National Deputy of Ukraine is adopted by the majority of the constitutional composition of the Verkhovna Rada of Ukraine.

In the event a requirement concerning incompatibility of the mandate of the deputy with other types of activity is not fulfilled, the authority of the National Deputy of Ukraine terminates prior to the expiration of the term on the basis of the law pursuant to a court decision.

Article 82

The Verkhovna Rada of Ukraine works in sessions.

The Verkhovna Rada of Ukraine is competent on the condition that no less than two-thirds of its constitutional composition has been elected.

The Verkhovna Rada of Ukraine assembles for its first session no later than on the thirtieth day after the official announcement of the election results.

The first meeting of the Verkhovna Rada of Ukraine is opened by the eldest National Deputy of Ukraine.

The operational procedure of the Verkhovna Rada of Ukraine is established by the Constitution of Ukraine and the law on the Rules of Procedure of the Verkhovna Rada of Ukraine.

Article 83

Regular sessions of the Verkhovna Rada of Ukraine commence on the first Tuesday of February and on the first Tuesday of September each year.

Special sessions of the Verkhovna Rada of Ukraine, with the stipulation of their agenda, are convoked by the Chairman of the Verkhovna Rada of Ukraine, on the demand of no fewer National Deputies of Ukraine than one-third of the constitutional composition of the Verkhovna Rada of Ukraine, or on the demand of the President of Ukraine.

In the event of the introduction of martial law or of a state of emergency in Ukraine, the Verkhovna Rada of Ukraine assembles within a period of two days without convocation.

In the event that the term of authority of the Verkhovna Rada of Ukraine expires while martial law or a state of emergency is in effect, its authority is extended until the day of the first meeting of the first session of the Verkhovna Rada of Ukraine, elected after the cancellation of martial law or of the state of emergency.

Article 84

Meetings of the Verkhovna Rada of Ukraine are conducted openly. A closed meeting is conducted on the decision of the majority of the constitutional composition of the Verkhovna Rada of Ukraine.

Decisions of the Verkhovna Rada of Ukraine are adopted exclusively at its plenary meetings by voting.

Voting at the meetings of the Verkhovna Rada of Ukraine is performed by a National Deputy of Ukraine in person.

Article 85

The authority of the Verkhovna Rada of Ukraine comprises:

1. introducing amendments to the Constitution of Ukraine within the limits and by the procedure envisaged by Chapter XIII of this Constitution;

2. designating an All-Ukrainian referendum on issues determined by Article 73 of this Constitution;

3. adopting laws;

4. approving the State Budget of Ukraine and introducing amendments to it; controlling the implementation of the State Budget of Ukraine and

adopting decisions in regard to the report on its implementation;

5. determining the principles of domestic and foreign policy;

6. approving national programmes of economic, scientific and technical, social, national and cultural development, and the protection of the environment;

7. designating elections of the President of Ukraine within the terms envisaged by this Constitution;

8. hearing annual and special messages of the President of Ukraine on the domestic and foreign situation of Ukraine;

9. declaring war upon the submission of the President of Ukraine and concluding peace, approving the decision of the President of Ukraine on the use of the Armed Forces of Ukraine and other military formations in the event of armed aggression against Ukraine;

10. removing the President of Ukraine from office in accordance with the special procedure (impeachment) established by Article 111 of this Constitution;

11. considering and adopting the decision in regard to the approval of the Programme of Activity of the Cabinet of Ministers of Ukraine;

12. giving consent to the appointment of the Prime Minister of Ukraine by the President of Ukraine;

13. exercising control over the activity of the Cabinet of Ministers of Ukraine in accordance with this Constitution;

14. confirming decisions on granting loans and economic aid by Ukraine to foreign states and international organisations and also decisions on Ukraine receiving loans not envisaged by the State Budget of Ukraine from foreign states, banks and international financial organisations, exercising control over their use;

15. apppointing or electing to office, dismissing from office, granting consent to the appointment to and the dismissal from office of persons in cases envisaged by this Constitution;

16. appointing to office and dismissing from officed the Chairman and other members of the Chamber of Accounting;

17. apppointing to office and dismissing from office the Authorised Human Rights Representative of the Verkhovna Rada of Ukraine; hearing his or her annual reports on the situation of the observance and protection of human rights and freedoms in Ukraine;

18. appointing to office and dismissing from office the Chairman of the National Bank of Ukraine on the submission of the President of Ukraine;

19. appointing and dismissing one-half of the composition of the Council of the National Bank of Ukraine;

20. appointing one-half of the composition of the National Council of Ukraine on Television and Radio Broadcasting;

21. appointing to office and terminating the authority of the members of the Central Electoral Commission on the submission of the President of Ukraine;

22. confirming the general structure and numerical strength, and defining the functions of the Armed Forces of Ukraine, the Security Service of Ukraine and other military formations created in accordance with the laws of Ukraine, and also the Ministry of Internal Affairs of Ukraine;

23. approving decisions on providing military assistance to other states, on sending units of the Armed Forces of Ukraine to another state, or on admitting units of armed forcs of other states on to the territory of Ukraine;

24. granting consent for the appointment to office and the dismissal from office by the President of Ukraine of the Chairman of the Antimonopoly Committee of Ukraine, the Chairman of the State Property Fund of Ukraine and the Chairman of the State Committee on Television and Radio Broadcasting of Ukraine;

25. granting consent for the appointment to office by the President of Ukraine of the Procurator General of Ukraine; declaring no confidence in the Procurator General of Ukraine that has the result of his or her resignation from office;

26. appointing one-third of the composition of the Constitutional Court of Ukraine;

27. electing judges for permanent terms;

28. terminating prior to the expiration of the term of authority of the Verkhovna Rada of the Autonomous Republic of Crimea, based on the opinion of the Constitutional Court of Ukraine that the Constitution of Ukraine or the laws of Ukraine have been violated by the Verkhovna Rada of the Autonomous Republic of Crimea; designating special elections to the Verkhovna Rada of the Autonomous Republic of Crimea;

29. establishing and abolishing districts, establishing and altering the boundaries of districts and cities, assigning inhabited localities to the category of cities, naming and renaming inhabited localities and districts;

30. designating regular and special elections to bodies of local self-government;

31. confirming, within two days from the moment of the address by the President of Ukraine, decrees on the introduction of martial law or of a state of emergency in Ukraine or in its particular

areas, on total or partial mobilisation, and on the announcement of particular areas as zones of an ecological emergency situation;

32. granting consent to the binding character of international treaties of Ukraine within the term established by law, and denouncing international treaties of Ukraine;

33. exercising parliamentary control within the limits determined by this Constitution;

34. adopting decisions on forwarding an inquiry to the President of Ukraine on the demand of a National Deputy of Ukraine, a group of National Deputies or a Committee of the Verkhovna Rada of Ukraine, previously supported by no less than one-third of the constitutional composition of the Verkhovna Rada of Ukraine;

35. apppointing to office and dismissing from office the Head of Staff of the Verkhovna Rada of Ukraine; approving the budget of the Verkhovna Rada of Ukraine and the structure of its staff;

36. confirming the list of objects of the right of state property that are not subject to privatisation; determining the legal principles for the expropriation of objects of the right of private property.

The Verkhovna Rada of Ukraine exercises other powers ascribed to its competence in accordance with the Constitution of Ukraine.

Article 86

At a session of the Verkhovna Rada of Ukraine, a National Deputy of Ukraine has the right to present an inquiry to the bodies of the Verkhovna Rada of Ukraine, the Cabinet of Ministers of Ukraine, chief officers of other bodies of state power and bodies of local self-government, and also to the chief executives of enterprises, institutions and organisations located on the territory of Ukraine, irrespective of their subordination and forms of ownership.

Chief officers of bodies of state power and bodies of local self-government, chief executives of enterprises, institutions and organisations are obliged to notify a National Deputy of Ukraine of the results of the consideration of his or her inquiry.

Article 87

The Verkhovna Rada of Ukraine, on the proposal of no fewer National Deputies of Ukraine than one-third of its constitutional composition, may consider the issue of responsibility of the Cabinet of Ministers of Ukraine and adopt a resolution of no confidence in the Cabinet of Ministers of Ukraine by the majority of the constitutional composition of the Verkhovna Rada of Ukraine.

The issue of responsibility of the Cabinet of Ministers of Ukraine shall not be considered by the Verkhovna Rada of Ukraine more than once during one regular session, and also within one year after the approval of the Programme of Activity of the Cabinet of Ministers of Ukraine.

Article 88

The Verkhovna Rada of Ukraine elects from among its members the Chairman of the Verkhovna Rada of Ukraine, the First Deputy Chairman and the Deputy Chairman of the Verkhovna Rada of Ukraine, and recalls them.

The Chairman of the Verkhovna Rada of Ukraine:

1. presides at meetings of the Verkhovna Rada of Ukraine;

2. organises the preparation of issues for consideration at the meetings of the Verkhovna Rada of Ukraine;

3. signs acts adopted by the Verkhovna Rada of Ukraine;

4. represents the Verkhovna Rada of Ukraine in relations with other bodies of state power of Ukraine and with the bodies of power of other states;

5. organises the work of the staff of the Verkhovna Rada of Ukraine.

The Chairman of the Verkhovna Rada of Ukraine exercises authority envisaged by this Constitution, by the procedure established by law on the Rules of Procedure of the Verkhovna Rada of Ukraine.

Article 89

The Verkhovna Rada of Ukraine confirms the list of Committees of the Verkhovna Rada of Ukraine, and elects Chairmen to these Committees.

The Committees of the Verkhovna Rada of Ukraine perform the work of legislative drafting, prepare and conduct the preliminary consideration of issues ascribed to the authority of the Verkhovna Rada of Ukraine.

The Verkhovna Rada of Ukraine, within the limits of ist authority, may establish temporary special commissions for the preparation and the preliminary consideration of issues.

To investigate issues of public interest, the Verkhovna Rada of Ukraine establishes temporary investigatory commissions, if no less than one-third of the constitutional compositions of the Verkhovna Rada of Ukraine has voted in favour thereof.

The conclusions and proposals of temporary investigatory commissions are not decisive for investigation and court.

The organisation and operational procedure of Committees of the Verkhovna Rada of Ukraine, and also its temporary special and temporary investigatory commissions, are established by law.

Article 90

The authority of the Verkhovna Rada of Ukraine is terminated on the day of the opening of the first meeting of the Verkhovna Rada of Ukraine of a new convocation.

The President of Ukraine may terminate the authority of the Verkhovna Rada of Ukraine prior to the expiration of term, if within thirty days of a single regular session the plenary meetings fail to commence.

The authority of the Verkhovna Rada of Ukraine, that is elected at special elections conducted after the pre-term termination by the President of Ukraine of authority of the Verkhovna Rada of Ukraine of the previous convocation, shall not be terminated within one year from the day of its election.

The authority of the Verkhovna Rada of Ukraine shall not be terminated prior to the expiration of term within the last six months of the term of authority of the President of Ukraine.

Article 91

The Verkhovna Rada of Ukraine adopts laws, resolutions and other acts by the majority of its constitutional compositions, except in cases envisaged by this Constitution.

Article 92

The following are determined exclusively by the laws of Ukraine:

1. human and citizens' rights and freedoms, the guarantees of these rights and freedoms; the main duties of the citizen;
2. citizenship, the legal personality of citizens, the status of foreigners and stateless persons;
3. the rights of indigenous peoples and national minorities;
4. the procedure for the use of languages;
5. the principles of the use of natural resources, the exclusive (maritime) economic zone and the continental shelf, the exploration of outer space, the organisation and operation of power supply systems, transportation and communications;
6. the fundamentals of social protection, the forms and types of pension provision; the principles of the regulation of labour and employment, marriage, family, the protection of childhood, motherhood and fatherhood; upbringing, education, culture and health care; ecological safety;
7. the legal regime of property;
8. the legal principles and guarantees of entrepreneurship; the rules of competition and the norms of antimonopoly regulation;
9. the principles of foreign relations, foreign economic activity and customs;

10. the principles of the regulation of demographic and migration processes;
11. the principles of the establishment and activity of political parties, other associations of citizens, and the mass media;
12. the organisation and activity of bodies of executive power, the fundamentals of civil service, the organisation of state statistics and informatics;
13. the territorial structure of Ukraine;
14. the judicial system, judicial proceedings, the status of judges, the principles of judicial expertise, the organisation and operation of the procuracy, the bodies of inquiry and investigation, the notary, the bodies and institutions for the execution of punishments; the fundamentals of the organisation and activity of the advocacy;
15. the principles of local self-government;
16. the status of the capital of Ukraine; the special status of other cities;
17. the fundamentals of national security, the organisation of the Armed Forces of Ukraine and ensuring public order;
18. the legal regime of the state border;
19. the legal regime of martial law and a state of emergency, zones of an ecological emergency situation;
20. the organisation and procedure for conducting elections and referendums;
21. the organisation and operational procedure of the Verkhovna Rada of Ukraine, the status of National Deputies of Ukraine;
22. the principles of civil legal liability; acts that are crimes, administrative or disciplinary offences, and liability for them.

The following are established exclusively by the laws of Ukraine:

1. the State Budget of Ukraine and the budgetary system of Ukraine; the system of taxation, taxes and levies; the principles of the formation and operation of financial, monetary, credit and investment markets; the status of the national currency and also the status of foreign currencies on the territories of Ukraine; the procedure for the formation and payment of state domestic and foreign debt; the procedure for the issuance and circulation of state securities, their types and forms;
2. the procedure for deploying units of the Armed Forces of Ukraine to other states; the procedure for admitting and the terms for stationing units of armed forces of other states on the territory of Ukraine;
3. units of weight, measure and time; the procedure for establishing state standards;
4. the procedure for the use and protection of state symbols;
5. state awards;

6. military ranks, diplomatic and other special ranks;

7. state holidays;

8. the procedure for the establishment and functioning of free and other special zones that have an economic and migration different from the general regime.

Amnesty is declared by the law of Ukraine.

Article 93

The right of legislative initiative in the Verkhovna Rada of Ukraine belongs to the President of Ukraine, the National Deputies of Ukraine, the Cabinet of Ministers of Ukraine and the National Bank of Ukraine.

Draft laws defined by the President of Ukraine as not postponable, are considered out of turn by the Verkhovna Rada of Ukraine.

Article 94

The Chairman of the Verkhovna Rada of Ukraine signs a law and forwards it without delay to the President of Ukraine.

Within fifteen days of the receipt of a law, the President of Ukraine signs it, accepting it for execution, and officially promulgates it, or returns it to the Verkhovna Rada of Ukraine with substantiated and formulated proposals for repeat consideration.

In the event that the President of Ukraine has not returned a law for repeat consideration within the established term, the law is deemed to be approved by the President of Ukraine and shall be signed and officially promulgated.

If a law, during its repeat consideration, is again adopted by the Verkhovna Rada of Ukraine by no less than two-thirds of its constitutional composition, the President of Ukraine is obliged to sign and to officially promulgate it within ten days.

A law enters into force in ten days from the day of its official promulgation, unless otherwise envisaged by the law itself, but not prior to the day of its publication.

Article 95

The budgetary system of Ukraine is built on the principles of just and impartial distribution of social wealth among citizens and territorial communities.

Any state expenditures for the needs of the entire society, the extent and purposes of these expenditures, are determined exclusively by the law on the State Budget of Ukraine.

The State aspires to a balanced budget of Ukraine.

Regular reports on revenues and expenditures of the State Budget of Ukraine shall be made public.

Article 96

The State Budget of Ukraine is annually approved by the Verkhovna Rada of Ukraine for the period from 1 January to 31 December, and under special circumstances for a different period.

The Cabinet of Ministers of Ukraine submits the draft law on the State Budget of Ukraine for the following year to the Verkhovna Rada of Ukraine no later than on 15 September of each year. The report on the course of the implementation of the State Budget of Ukraine in the current year is submitted together with the draft law.

Article 97

The Cabinet of Ministers of Ukraine submits the report on the implementation of the State Budget of Ukraine to the Verkhovna Rada of Ukraine in accordance with the law.

The submitted report shall be made public.

Article 98

The Chamber of Accounting exercises control over the use of finances of the State Budget of Ukraine on behalf of the Verkhovna Rada of Ukraine.

Article 99

The monetary unit of Ukraine is the hryvnia.

To ensure the stability of the monetary unit is the major function of the central bank of the State – the National Bank of Ukraine.

Article 100

The Council of the National Bank of Ukraine elaborates the basic principles of monetary and credit and exercises control over its execution.

The legal status of the Council of the National Bank of Ukraine is determined by law.

Article 101

The Authorised Human Rights Representative of the Verkhovna Rada of Ukraine exercises parliamentary control over the observance of constitutional human and citizens' rights and freedoms.

Chapter V
President of Ukraine

Article 102

The President of Ukraine is the Head of State and acts in its name.

The President of Ukraine is the guarantor of state sovereignty and territorial indivisibility of Ukraine, the observance of the Constitution of Ukraine and human and citizens' rights and freedoms.

Article 103

The President of Ukraine is elected by the citizens of Ukraine for a five-year term, on the basis of universal, equal and direct suffrage, by secret ballot.

A citizen of Ukraine who has attained the age of thirty-five, has the right to vote, has resided in Ukraine for the past ten years prior to the day of elections, and has command of the state language, may be elected as the President of Ukraine.

One and the same person shall not be the President of Ukraine for more than two consecutive terms.

The President of Ukraine shall not have another representative mandate, hold office in bodies of state power or in associations of citizens, and also perform any other paid or entrepreneurial activity, or be a member of an administrative body or board of supervisors of an enterprise that is aimed at making profit.

Regular elections of the President of Ukraine are held on the last Sunday of Octover of the fifth year of the term of authority of the President of Ukraine. In the event of pre-term termination of authority of the President of Ukraine, elections of the President of Ukraine are held within ninety days from the day of termination of the authority.

The procedure for conducting elections of the President of Ukraine is established by law.

Article 104

The newly-elected President of Ukraine assumes office no later than in thirty days after the official announcement of the election results, from the moment of taking the oath to the people at a ceremonial meeting of the Verkhovna Rada of Ukraine.

The Chairman of the Constitutional Court of Ukraine administers the oath to the President of Ukraine.

The President of Ukraine takes the following oath:

"I, (name and surname), elected by the will of the people as the President of Ukraine, assuming this high office, do solemnly swear allegiance to Ukraine. I pledge with all my undertakings to protect the sovereignty and independence of Ukraine, to provide for the good of the Motherland and the welfare of the Ukrainian people, to protect the rights and freedoms of citizens, to abide by the Constitution of Ukraine and the laws of Ukraine, to exercise my duties in the interests of all compatriots, and to enhance the prestige of Ukraine in the world."

The President of Ukraine, elected by special elections, takes the oath within five days after the official announcement of the election results.

Article 105

The President of Ukraine enjoys the right of immunity during the term of authority.

Persons guilty of offending the honour and dignity of the President of Ukraine are brought to responsibility on the basis of the law.

The title of President of Ukraine is protected by law and is reserved for the President for life, unless the President of Ukraine has been removed from office by the procedure of impeachment.

Article 106

The President of Ukraine:

1. ensures state independence, national security and the legal succession of the state;

2. addresses the people with messages and the Verkhovna Rada of Ukraine with annual and special messages on the domestic and foreign situation of Ukraine;

3. represents the state in international relations, administers the foreign political activity of the State, conducts negotiations and concludes international treaties of Ukraine;

4. adopts decisions on the recognition of foreign states;

5. appoints and dismisses heads of diplomatic missions of Ukraine to other states and to international organisations; accepts credentials and letters of recall of diplomatic representatives of foreign states;

6. designates an All-Ukrainian referendum regarding amendments to the Constitution of Ukraine in accordance with Article 156 of this Constitution, proclaims an All-Ukrainian referendum on popular initiative;

7. designates special elections to the Verkhovna Rada of Ukraine within the terms established by this Constitution;

8. terminates the authority of the Verkhovna Rada of Ukraine, if the plenary meetings fail to commence within thirty days of one regular session;

9. appoints the Prime Minister of Ukraine with the consent of the Verkhovna Rada of Ukraine; terminates the authority of the Prime Minister of Ukraine and adopts a decision on his or her resignations

10. appoints, on the submission of the Prime Minister of Ukraine, members of the Cabinet of Ministers of Ukraine, chief officers of other central bodies of executive power, and also the heads of local state administrations, and terminates their authority in these positions;

11. appoints the Procurator General of Ukraine to office with the consent of the Verkhovna Rada of Ukraine, and dismisses him or her from office;

12. appoints one-half of the composition of the Council of the National Bank of Ukraine;

13. appoints one-half of the composition of the National Council of Ukraine on Television and Radio Broadcasting;

14. appoints to office and dismisses from office, with the consent of the Verkhovna Rada of Ukraine, the Chairman of the Antimonopoly Committee of Ukraine, the Chairman of the State Property Fund of Ukraine and the Chairman of the State Committee on Television and Radio Broadcasting of Ukraine;

15. establishes, reorganises and liquidates, on the submission of the Prime Minister of Ukraine, ministries and other central bodies of executive power, acting within the limits of funding envisaged for the maintenance of bodies of executive power;

16. revokes acts of the Cabinet of Ministers of Ukraine and acts of the Council of Ministers of the Autonomous Republic of Crimea;

17. is the Commander-in-Chief of the Armed Forces of Ukraine; appoints to office and dismisses from office the high command of the Armed Forces of Ukraine and other military formations; administers in the spheres of national security and defence of the State;

18. heads the Council of National Security and Defence of Ukraine;

19. forwards the submission to the Verkhovna Rada of Ukraine on the declaration of a state of war, and adopts the decision on the use of the Armed Forces in the event of armed aggression against Ukraine;

20. adopts a decision in accordance with the law on the general or partial mobilisation and the introduction of martial law in Ukraine or in its particular areas, in the event of a threat of aggression, danger to the state independence of Ukraine;

21. adopts a decision, in the event of necessity, on the introduction of a state of emergency in Ukraine or in its particular areas, and also in the event of necessity, declares certain areas of Ukraine as zones of an ecological emergency situation – with subsequent confirmation of these decisions by the Verkhovna Rada of Ukraine;

22. appoints one-third of the composition to the Constitutional Court of Ukraine;

23. establishes courts by the procedure determined by law;

24. confers high military ranks, high diplomatic and other high special ranks and class orders;

25. confers state awards; establishes presidential distinctions and confers them;

26. adopts decisions on the acceptance for citizenship of Ukraine and the termination of citizenship of Ukraine, and on the granting of asylum in Ukraine;

27. grants pardons;

28. creates, within the limits of the funds envisaged in the State Budget of Ukraine, consultative, advisory and other subsidiary bodies and services for the exercise of his or her authority;

29. signs laws adopted by the Verkhovna Rada of Ukraine;

30. has the right to veto laws adopted by the Verkhovna Rada of Ukraine with their subsequent return for repeat consideration by the Verkhovna Rada of Ukraine;

31. exercises other powers determined by the Constitution of Ukraine.

The President of Ukraine shall not transfer his or her powers to other persons or bodies.

The President of Ukraine, on the basis and for the execution of the Constitution and the laws of Ukraine, issues decrees and directives that are mandatory for execution on the territory of Ukraine.

Acts of the President of Ukraine, issued within the limits of authority as envisaged in subparagraphs 3, 4, 5, 8, 10, 14, 15, 17, 18, 21, 22, 23 and 24 of this Article, are co-signed by the Prime Minister of Ukraine and the Minister responsible for the act and its execution.

Article 107

The Council of National Security and Defence of Ukraine is the co-ordinating body to the President of Ukraine on issues of national security and defence.

The Council of National Security and Defence of Ukraine co-ordinates and controls the activity of bodies of executive power in the sphere of national security and defence.

The President of Ukraine is the Chairman of the Council of National Security and Defence of Ukraine.

The President of Ukraine forms the personal composition of the Council of National Security and Defence of Ukraine.

The Prime Minister of Ukraine, the Minister of Defence of Ukraine, the Head of the Security Service of Ukraine, the Minister of Internal Affairs of Ukraine and the Minister of Foreign Affairs of Ukraine, are *ex officio* members of the Council of National Security and Defence of Ukraine.

The Chairman of the Verkhovna Rada of Ukraine may take part in the meetings of the Council of National Security and Defence of Ukraine.

Decisions of the Council of National Security and Defence of Ukraine are put into effect by decrees of the President of Ukraine.

The competence and functions of the Council

of National Security and Defence of Ukraine are determined by law.

Article 108

The President of Ukraine exercises his or her powers until the assumption of office by the newly-elected President of Ukraine.

The powers of the President of Ukraine terminate prior to the expiration of term in cases of:

1. resignation;
2. inability to exercise his or her powers for reasons of health;
3. removal from office by the procedure of impeachment;
4. death.

Article 109

The resignation of the President of Ukraine enters into force from the moment he or she personally announces the statement of resignation at a meeting of the Verkhovna Rada of Ukraine.

Article 110

The inability of the President of Ukraine to exercise his or her powers for reasons of health shall be determined at a meeting of the Verkhovna Rada of Ukraine and confirmed by a decision adopted by the majority of its constitutional composition on the basis of a petition of the Supreme Court of Ukraine – on the appeal of the Verkhovna Rada of Ukraine, and a medical opinion.

Article 111

The President of Ukraine may be removed from office by the Verkhovna Rada of Ukraine by the procedure of impeachment, in the event that he or she commits state treason or other crime.

The issue of the removal of the President of Ukraine from office by the procedure of impeachment is initiated by the majority of the constitutional composition of the Verkhovna Rada of Ukraine.

To conduct the investigation, the Verkhovna Rada of Ukraine establishes a special temporary investigatory commission whose composition includes a special procurator and special investigators.

The conclusions and proposals of the temporary investigatory commission are considered at a meeting of the Verkhovna Rada of Ukraine.

For cause, the Verkhovna Rada of Ukraine, by no less than two-thirds of its constitutional composition, adopts a decision on the accusation of the President of Ukraine.

The decision on the removal of the President of Ukraine from office by the procedure of impeachment is adopted by the Verkhovna Rada of Ukraine by no less than three-quarters of its constitu-

tional composition, after the review of the case by the Constitutional Court of Ukraine and the receipt of its opinion on the observance of the constitutional procedure of investigation and consideration of the case of impeachment, and the receipt of the opinion of the Supreme Court of Ukraine to the effect that the acts, of which the President of Ukraine is accused, contain elements of state treason or other crime.

Article 112

In the event of the pre-term termination of authority of the President of Ukraine in accordance with Articles 108, 109, 110 and 111 of this Constitution, the execution of duties of the President of Ukraine, for the period pending the elections and the assumption of office of the new President of Ukraine, is vested in the Prime Minister of Ukraine. The Prime Minister of Ukraine, for the period of executing the duties of the President of Ukraine, shall not exercise the powers envisaged by subparagraphs 2, 6, 8, 10, 11, 12, 14, 15, 16, 22, 25 and 27 of Article 106 of the Constitution of Ukraine.

Chapter VI
Cabinet of Ministers of Ukraine.
Other Bodies of Executive Power

Article 113

The Cabinet of Ministers of Ukraine is the highest body in the system of bodies of executive power.

The Cabinet of Ministers of Ukraine is responsible to the President of Ukraine and is under the control of and accountable to the Verkhovna Rada of Ukraine within the limits envisaged in Articles 85 and 87 of the Constitution of Ukraine.

The Cabinet of Ministers of Ukraine is guided in its activity by the Constitution and the laws of Ukraine and by the acts of the President of Ukraine.

Article 114

The Cabinet of Ministers of Ukraine is composed of the Prime Minister of Ukraine, the First Vice Prime Minister, three Vice Prime Ministers and the Ministers.

The Prime Minister of Ukraine is appointed by the President of Ukraine with the consent of more than one-half of the constitutional composition of the Verkhovna Rada of Ukraine.

The personal composition of the Cabinet of Ministers of Ukraine is apppointed by the President of Ukraine on the submission of the Prime Minister of Ukraine.

The Prime Minister of Ukraine manages the work of the Cabinet of Ministers of Ukraine and directs it for the implementation of the Programme of Activity of the Cabinet of Ministers of Ukraine adopted by the Verkhovna Rada of Ukraine.

The Prime Minister of Ukraine forwards a submission to the President of Ukraine on the establishment, reorganisation and liquidation of ministries and other central bodies of executive power, within the funds envisaged by the State Budget of Ukraine for the maintenance of these bodies.

Article 115

The Cabinet of Ministers of Ukraine tenders its resignation to the newly-elected President of Ukraine.

The Prime Minister of Ukraine, other members of the Cabinet of Ministers of Ukraine, have the right to announce their resignation to the President of Ukraine.

The resignation of the Prime Minister of Ukraine results in the resignation of the entire Cabinet of Ministers of Ukraine.

The adoption of a resolution of no confidence in the Cabinet of Ministers of Ukraine by the Verkhovna Rada of Ukraine results in the resignation of the Cabinet of Ministers of Ukraine.

The Cabinet of Ministers, whose resignation is accepted by the President of Ukraine, continues to exercise its powers by commission of the President, until a newly-formed Cabinet of Ministers of Ukraine commences its operation, but no longer than for sixty days.

The Prime Minister of Ukraine is obliged to submit a statement of resignation of the Cabinet of Ministers of Ukraine to the President of Ukraine following a decision by the President of Ukraine or in connection with the adoption of the resolution of no confidence by the Verkhovna Rada of Ukraine.

Article 116

The Cabinet of Ministers of Ukraine:

1. ensures the state sovereignty and economic independence of Ukraine, the implementation of domestic and foreign policy of the State, the execution of the Constitution and the laws of Ukraine, and the acts of the President of Ukraine;

2. takes measures to ensure human and citizens' rights and freedoms;

3. ensures the implementation of financial, pricing, investment and taxation policy; the policy in the spheres of labour and employment of the population, social security, education, science and culture, environmental protection, ecological safety and the utilisation of nature;

4. elaborates and implements national pro-

grammes of economic, scientific and technical, and social and cultural development of Ukraine;

5. ensures equal conditions of development of all forms of ownership; administers the management of objects of state property in accordance with the law;

6. elaborates the draft law on the State Budget of Ukraine and ensures the implementations of the State Budget of Ukraine approved by the Verkhovna Rada of Ukraine, and submits a report on its implementation to the Verkhovna Rada of Ukraine;

7. takes measures to ensure the defence capability and national security of Ukraine, public order and to combat crime;

8. organises and ensures the implementation of the foreign economic activity of Ukraine, and the operation of customs;

9. directs and co-ordinates the operation of ministries and other bodies of executive power;

10. performs other functions determined by the Constitution and the laws of Ukraine, and the acts of the President of Ukraine.

Article 117

The Cabinet of Ministers of Ukraine, within the limits of its competence, issues resolutions and orders that are mandatory for execution.

Acts of the Cabinet of Ministers of Ukraine are signed by the Prime Minister of Ukraine.

Normative legal acts of the Cabinet of Ministers of Ukraine, ministries and other central bodies of executive power, are subject to registration through the procedure established by law.

Article 118

The executive power in oblasts, districts, and in the Cities of Kyiv and Sevastopol is exercised by local state administrations.

Particular aspects of the exercise of executive power in the Cities of Kyiv and Sevastopol are determined by special laws of Ukraine.

The composition of local state administrations is formed by heads of local state administrations.

Heads of local state administrations are appointed to office and dismissed from office by the President of Ukraine upon the submission of the Cabinet of Ministers of Ukraine.

In the exercise of their duties, the heads of local state administrations are responsible to the President of Ukraine and to the Cabinet of Ministers of Ukraine, and are accountable to and under the control of bodies of executive power of a higher level.

Local state administrations are accountable to and under the control of councils in the part of the authority delegated to them by the respective district or oblast councils.

Local state administrations are accountable to and under the control of the bodies of executive power of a higher level.

Decisions of the heads of local state administrations that contravene the Constitution and the laws of Ukraine, other acts of legislation of Ukraine, may be revoked by the President of Ukraine or by the head of the local state administration of a higher level, in accordance with the law.

An oblast or district council may express no confidence in the head of the respective local state administration, on which grounds the President of Ukraine adopts a decision and provides a substantiated reply.

If two-thirds of the deputies of the composition of the respective council express no confidence in the head of a district or oblast state administration, the President of Ukraine adopts a decision on the resignation of the head of the local state administration.

Article 119
Local state administration on their respective territory ensure:

1. the execution of the Constitution and the laws of Ukraine, acts of the President of Ukraine, acts of the Cabinet of Ministers of Ukraine and other bodies of executive power;

2. legality and legal order; the observance of laws and freedoms of citizens;

3. the implementation of national and regional programmes for sozio-economic and cultural development, programmes for environmental protection, and also – in places of compact residence of indigenous peoples and national minorities – programmes for their national and cultural development;

4. the preparation and implementation of respective oblast and district budgets;

5. the report on the implementation of respective budgets and programmes;

6. interaction with bodies of local self-government;

7. the realisation of other powers vested by the state and also delegated by the respective councils.

Article 120
Members of the Cabinet of Ministers of Ukraine and chief officers of central and local bodies of executive power do not have the right to combine their official activity with other work, except teaching, scholarly and creative activity outside of working hours, or to be members of an administrative body or board of supervisors of an enterprise that is aimed at making profit.

The organisation, authority and operational procedure of the Cabinet of Ministers of Ukraine, and other central and local bodies of executive power, are determined by the Constitution and the laws of Ukraine.

Chapter VII
Procuracy
Article 121
The Procuracy of Ukraine constitutes a unified system that is entrusted with:

1. prosecution in court on behalf of the State;

2. representation of the interests of a citizen or of the State in cases determined by law;

3. supervision of the observance of laws of bodies that conduct detective and search activity, inquiry and pre-trial investigation;

4. supervision of the observance of laws in the execution of judicial decisions in criminal cases, and also in the application of other measures of coercion related to the restraint of personal liberty of citizens.

Article 122
The Procuracy of Ukraine is headed by the Procurator General of Ukraine, who is appointed to office with the consent of the Verkhovna Rada of Ukraine, and dismissed from office by the President of Ukraine. The Verkhovna Rada of Ukraine may express no confidence in the Procurator General of Ukraine that results in his or her resignation from office.

The term of authority of the Procurator General of Ukraine is five years.

Article 123
The organisation and operational procedure for the bodies of the Procuracy of Ukraine are determined by law.

Chapter VIII
Justice
Article 124
Justice in Ukraine is administered exclusively by the courts. The delegation of the functions of the courts, and also the appropriation of these functions by other bodies or officials, shall not be permitted.

The jurisdiction of the courts extends to all legal relations that arise in the State.

Judicial proceedings are performed by the Constitutional Court of Ukraine and courts of general jurisdiction.

The people directly participate in the administration of justice through people's assessors and jurors.

Judicial decisions are adopted by the courts in the name of Ukraine and are mandatory for execution throughout the entire territory of Ukraine.

Article 125

In Ukraine, the system of courts of general jurisdiction is formed in accordance with the territorial principle and the principle of specialisation.

The Supreme Court of Ukraine is highest judicial body in the system of courts of general jurisdiction.

The respective high courts are the highest judicial bodies of specialised courts.

Courts of appeal and local courts operate in accordance with the law.

The creation of extraordinary and special courts shall not be permitted.

Article 126

The independence and immunity of judges are guaranteed by the Constitution and the laws of Ukraine.

Influencing judges in any manner is prohibited.

A judge shall not be detained or arrested without the consent of the Verkhovna Rada of Ukraine, until a verdict of guilty is rendered by a court.

Judges hold office for permanent terms, except judges of the Constitutional Court of Ukraine, and judges appointed to the office of judge for the first time.

A judge is dismissed from office by the body that elected or appointed him or her in the event of:

1. the expiration of the term for which he or she was elected or appointed;

2. the judge's attainment of the age of sixty-five;

3. the impossibility to exercise his or her authority for reasons of health;

4. the violation by the judge of requirements concerning incompatibility;

5. the breach of oath by the judge;

6. the entry into legal force of a verdict of guilty against him or her;

7. the termination of his or her citizenship;

8. the declaration that he or she is missing, or the pronouncement that he or she is dead;

9. the submission by the judge of a statement of resignation or of voluntary dismissal from office.

The authority of the judge terminates in the event of his or her death.

The State ensures the personal security of judges and their families.

Article 127

Justice is administered by professional judges and, in cases determined by law, people's assessors and jurors.

Professional judges shall not belong to political parties and trade unions, take part in any political activity, hold a representative mandate, occupy any other paid positions, perform other remunerated work except scholarly, teaching and creative activity.

A citizen of Ukraine, not younger than the age of twenty-five, who has a higher legal education and has work experience in the sphere of law for no less than three years, has resided in Ukraine for no less than ten years and has command of the state language, may be recommended for the office of judge by the Qualification Commission of Judges.

Persons with professional training in issues of jurisdiction of specialised courts may be judges of these courts. These judges administer justice only as members of a collegium of judges.

Additional requirements for certain categories of judges in terms of experience, age and their professional level are established by law.

Protection of the professional interests of judges is exercised by the procedure established by law.

Article 128

The first apppointment of a professional judge to office for a five-year term is made by the President of Ukraine. All other judges, except the judges of the Constitutional Court of Ukraine, are elected by the Verkhovna Rada of Ukraine for permanent terms by the procedure established by law.

The Chairman of the Supreme Court of Ukraine is elected to office and dismissed from office by the Plenary Assembly of the Supreme Court of Ukraine by secret ballot, by the procedure established by law.

Article 129

In the administration of justice, judges are independent and subject only to the law.

Judicial proceedings are conducted by a single judge, by a panel of judges, or by a court of the jury.

The main principles of judicial proceedings are:

1. legality;

2. equality before the law and the court of all participants in a trial;

3. ensuring that the guilt is proved;

4. adversarial procedure and freedom of the parties to present their evidence to the court and to prove the weight of evidence before the court;

5. prosecution by the procurator in court on behalf of the State;

6. ensuring the right of an accused person to a defence;

7. openness of a trial and its complete recording by technical means;

8. ensuring complaint of a court decision by appeal and cassation, except in cases established by law;

9. the mandatory nature of court decisions.

The law may also determine other principles of judicial proceedings in courts of specific judicial jurisdiction.

Persons guilty of contempt of court or of showing disrespect toward the judge are brought to legal liability.

Article 130

The State ensures funding and proper conditions for the operation of courts and the activity of judges. Expenditures for the maintenance of courts are allocated separately in the State Budget or Ukraine.

Judges' self-management operates to resolve issues of the internal affairs of courts.

Article 131

The High Council of Justice operates in Ukraine, whose competence comprises:

1. forwarding submissions on the appointment of judges to office or on their dismissal from office;

2. adopting decisions in regard to the violation by judges and procurators of the requirements concerning incompatibility;

3. exercising disciplinary procedure in regard to judges of the Supreme Court of Ukraine and judges of high specialised courts, and the consideration of complaints regarding decisions on bringing to disciplinary liability judges of courts of appeal and local courts, and also procurators.

The High Council of Justice consists of twenty members. The Verkhovna Rada of Ukraine, the President of Ukraine, the Congress of Judges of Ukraine, the Congress of Advocates of Ukraine, and the Congress of Representatives of Higher Legal Educational Establishments and Scientific Institutions, each appoint three members to the High Council of Justice, and the All-Ukrainian Conference of Employees of the Procuracy – two members of the High Council of Justice.

The Chairman of the Supreme Court of Ukraine, the Minister of Justice of Ukraine and the Procurator General of Ukraine are *ex officio* members of the High Council of Justice.

Chapter IX
Territorial Structure of Ukraine

Article 132

The territorial structure of Ukraine is based on the principles of unity and indivisibility of the state territory, the combination of centralisation and decentralisation in the exercise of state power, and the balanced socio-economic development of regions that takes into account their historical, economic, ecological, geographical and demographic characteristics, and ethnic and cultural traditions.

Article 133

The system of the administrative and territorial structure of Ukraine is composed of the Autonomous Republic of Crimea, oblasts, districts, cities, city districts, settlements and villages.

Ukraine is composed of the Autonomous Republic of Crimea, Vinnytsia Oblast, Volyn Oblast, Dnipropetrovsk Oblast, Donetsk Oblast, Zhytomyr Oblast, Zakarpattia Oblast, Zaporizhia Oblast, Ivano-Franivsk Oblast, Kyiv Oblast, Kirovohrad Oblast, Luhansk Oblast, Lviv Oblast, Mykolaiv Oblast, Odesa Oblast, Poltava Oblast, Rivne Oblast, Sumy Oblast, Ternopil Oblast, Kharkiv Oblaqst, Kherson Oblast, Khmelnytskyi Oblast, Cherkasy Oblast, Chernivtsi Oblast and Chernihiv Oblast, and the Cities of Kyiv and Sevastopol.

The Cities of Kyiv and Sevastopol have special status that is determined by the laws of Ukraine.

Chapter X
Autonomous Republic of Crimea

Article 134

The Autonomous Republic of Crimea is an inseparable constituent part of Ukraine and decides on the issues ascribed to its competence within the limits of authority determined by the Constitution of Ukraine.

Article 135

The Autonomous Republic of Crimea has the Constitution of the Autonomous Republic of Crimea that is adopted by the Verkhovna Rada of the Autonomous Republic of Crimea and approved by the Verkhovna Rada of Ukraine by no less than one-half of the constitutional composition of the Verkhovna Rada of Ukraine.

Normative legal acts of the Verkhovna Rada of the Autonomous Republic of Crimea and decisions of the Council of Ministers of the Autonomous Republic of Crimea shall not contradict the Constitution and the laws of Ukraine and are adopted in accordance with the Constitution of

Ukraine, the laws of Ukraine, acts of the President of Ukraine and the Cabinet of Ministers of Ukraine, and for their execution.

Article 136

The Verkhovna Rada of the Autonomous Republic of Crimea, within the limits of its authority, is the representative body of the Autonomous Republic of Crimea.

The Verkhovna Rada of the Autonomous Republic of Crimea adopts decisions and resolutions that are mandatory for execution in the Autonomous Republic of Crimea.

The Council of Ministers of the Autonomous Republic of Crimea is the government of the Autonomous Republic of Crimea. The Head of the Council of Ministers of the Autonomous Republic of Crimea is appointed to office and dismissed from office by the Verkhovna Rada of the Autonomous Republic of Crimea with the consent of the President of Ukraine.

The authority, the procedure for the formation and operation of the Verkhovna Rada of the Autonomous Republic of Crimea and of the Council of Ministers of the Autonomous Republic of Crimea, are determined by the Constitution of Ukraine and the laws of Ukraine, and by normative legal acts of the Verkhovna Rada of the Autonomous Republic of Crimea on issues ascribed to its competence.

In the Autonomous Republic of Crimea, justice is administered by courts that belong to the unified system of courts of Ukraine.

Article 137

The Autonomous Republic of Crimea exercises normative regulation on the following issues:

1. agriculture and forestry;
2. land reclamation and mining;
3. public works, drafts and trades; charity;
4. city construction and housing management;
5. tourism, hotel business, fairs;
6. museums, libraries, theatres, other cultural establishments, historical and cultural preserves;
7. public transportation, roadways, water supply;
8. hunting and fishing;
9. sanitary and hospital services.

For reasons of nonconformity of normative legal acts of the Verkhovna Rada of the Autonomous Republic of Crimea with the Constitution of Ukraine and the laws of Ukraine, the President of Ukraine may suspend these normative legal acts of the Verkhovna Rada of the Autonomous Republic of Crimea with a simultaneous appeal to the Constitutional Court of Ukraine in regard to their constitutionality.

Article 138

The competence of the Autonomous Republic of Crimea comprises:

1. designating elections of deputies to the Verkhovna Rada of the Autonomous Republic of Crimea, approving the composition of the electoral commission of the Autonomous Republic of Crimea;
2. organising and conducting local referendums;
3. managing property that belongs to the Autonomous Republic of Crimea;
4. elaborating, approving and implementing the budget of the Autonomous Republic of Crimea on the basis of the uniform tax and budget policy of Ukraine;
5. elaborating, approving and realising programmes of the Autonomous Republic of Crimea for socio-economic and cultural development, the national utilisation of nature, and environmental protection in accordance with national programmes;
6. recognising the status of localities as resorts; establishing zones for the sanitary protection of resorts;
7. participating in ensuring the rights and freedoms of citizens, national harmony, the promotion of the protection of legal order and public security;
8. ensuring the operation and development of the state language and national languages and cultures in the Autonomous Republic of Crimea; protection and use of historical monuments;
9. participating in the development and realisation of state programmes for the return of deported peoples;
10. initiating the introduction of a state of emergency and the establishment of zones of an ecological emergency situation in the Autonomous Republic of Crimea or in its particular areas.

Other powers may also be delegated to the Autonomous Republic of Crimea by the laws of Ukraine.

Article 139

The Representative Office of the President of Ukraine, whose status is determined by the law of Ukraine, operates in the Autonomous Republic of Crimea.

Chapter XI
Local Self-Government

Article 140

Local self-government is the right of a territorial community – residents of a village or a voluntary association of residents of several villages into one village community, residents of a settlement, and of a city – to indendeply resolve issues of local character within the limits of the Constitution and the laws of Ukraine.

Particular aspects of the exercise of local self-government in the Cities of Kyiv and Sevastopol are determined by special laws of Ukraine.

Local self-government is exercised by a territorial community by the procedure established by law, both directly and through bodies of local self-government: village, settlement and city councils, and their executive bodies.

District and oblast councils are bodies of local self-government that represent the common interests of territorial communities of villages, settlements and cities.

The issue of organisation of the administration of city districts lies within the competence of city councils.

Village, settlement and city councils may permit, upon the initiative of residents, the creation of house, street, block and other bodies of popular self-organisation, and to assign them part of their own competence, finances and property.

Article 141

A village, settlement and city council is composed of deputies elected for a four-year term by residents of a village, settlement and city on the basis of universal, equal and direct suffrage, by secret ballot.

Territorial communities elected for a four-year-term on the basis of universal, equal and direct suffrage, by secret ballot, the head of the village, settlement and city, respectively, who leads the executive body of the council and presides at its meetings.

The status of heads, deputies and executive bodies of a council and their authority, the procedure for their establishment, reorganisation and liquidation, are determined by law.

The chairman of a district council and the chairman of an oblast council are elected by the respective council and lead the executive staff of the council.

Article 142

The material and financial basis for local self-government is movable and immovable property, revenues of local budgets, other funds, land, natural resources owned by territorial communities of villages, settlements, cities, city districts, and also objects of their common property that are managed by district and oblast councils.

On the basis of agreement, territorial communities of villages, settlements and cities may join objects of communal property as well as budget funds, to implement joint projects or to jointly finance (maintain) communal enterprises, organisations and establishments, and create appropriate bodies and services for this purpose.

The State participates in the formation of revenues of the budget of local self-government and financially supports local self-government. Expenditures of bodies of local self-government, that arise from the decisions of bodies of state power, are compensated by the state.

Article 143

Territorial communities of a village, settlement and city, directly or through the bodies of local self-government established by them, manage the property that is in communal ownership; approve programmes of socio-economic and cultural development, and control their implementation; approve budgets of the respective administrative and territorial units, and control their implementation; establish local taxes and levies in accordance with the law; ensure the holding of local referendums and the implementation of their results; establish, reorganise and liquidate communal enterprises, organisations and institutions, and also exercise control over their activity; resolve other issues of local importance ascribed to their competence by law.

Oblast and district councils approve programmes for socio-economic and cultural development of the respective oblasts and districts, and control their implementation; approve district and oblast budgets that are formed from the funds of the state budget for their appropriate distribution among territorial communities or for the implementation of joint projects, and from the funds drawn on the basis of agreement from local budgets for the realisation of joint socio-economic and cultural programmes, and control their implementation; resolve other issues ascribed to their competence by law.

Certain powers of bodies of executive power may be assigned by law to bodies of local self-government. The State finances the exercise of these powers from the State Budget of Ukraine in full or through the allocation of certain national taxes to the local budget, by the procedure established by law, transfers the relevant objects of state property to bodies of local self-government.

Bodies of local self-government, on issues of their exercise of powers of bodies of executive power, are under the control of the respective bodies of executive power.

Article 144

Bodies of local self-government, within the limits of authority determined by law, adopt deci-

274   Ukraine – Verfassung (1996)

sions that are mandatory for execution throughout the respective territory.

Decisions of bodies of local self-government, for reasons of nonconformity with the Constitution or the laws of Ukraine, are suspended by the procedure established by law with a simultaneous appeal to a court.

Article 145
The rights of local self-government are protected by judicial procedure.

Article 146
Other issues of the organisation of local self-government, the formation, operation and responsibility of the bodies of local self-government, are determined by law.

Chapter XII
Constitutional Court of Ukraine
Article 147
The Constitutional Court of Ukraine is the sole body of constitutional jurisdiction in Ukraine.

The Constitutional Court of Ukraine decides on issues of conformity of laws and other legal acts with the Constitution of Ukraine and provides the official interpretation of the Constitution of Ukraine and the laws of Ukraine.

Article 148
The Constitutional Court of Ukraine is composed of eighteen judges of the Constitutional Court of Ukraine.

The President of Ukraine, the Verkhovna Rada of Ukraine and the Congress of Judges of Ukraine each appoint six judges to the Constitutional Court of Ukraine.

A citizen of Ukraine who has attained the age of forty on the day of appointment, has a higher legal education and professional experience of no less than ten years, has resided in Ukraine for the last twenty years, and has command of the state language, may be a judge of the Constitutional Court of Ukraine.

A judge of the Constitutional Court of Ukraine is appointed for nine years without the right of appointment to a repeat term.

The Chairman of the Constitutional Court of Ukraine is elected by secret ballot only for one three-year term at a special plenary meeting of the Constitutional Court of Ukraine from among the judges of the Constitutional Court of Ukraine.

Article 149
Judges of the Constitutional Court of Ukraine are subject to the guarantees of independence and immunity and to the grounds for dismissal from office envisaged by Article 126 of this Constitution, and the requirements concerning incompatibility as determined in Article 127, paragraph two of this Constitution.

Article 150
The authority of the Constitutional Court of Ukraine comprises:

1. deciding on issues of conformity with the Constitution of Ukraine (constitutionality) of the following:

laws and other legal acts of the Verkhovna Rada of Ukraine;

acts of the President of Ukraine;

acts of the Cabinet of Ministers of Ukraine;

legal acts of the Verkhovna Rada of the Autonomous Republic of Crimea.

These issues are considered on the appeals of: the President of Ukraine; no less than forty-five National Deputies of Ukraine; the Supreme Court of Ukraine; the Authorised Human Rights Representative of the Verkhovna Rada of Ukraine; the Verkhovna Rada of the Autonomous Republic of Crimea;

2. the official interpretation of the Constitution of Ukraine and the laws of Ukraine;

On issues envisaged by this Article, the Constitutional Court of Ukraine adopts decisions that are mandatory for execution throughout the territory of Ukraine, that are final and shall not be appealed.

Article 151
The Constitutional Court of Ukraine, on the appeal of the President of Ukraine or the Cabinet of Ministers of Ukraine, provides opinions on the conformity with the Constitution of Ukraine of international treaties of Ukraine that are in force, or the international treaties submitted to the Verkhovna Rada of Ukraine for granting agreement on their binding nature.

On the appeal of the Verkhovna Rada of Ukraine, the Constitutional Court of Ukraine provides an opinion on the observance of the constitutional procedure of investigation and consideration of the case of removing the President of Ukraine from office by the procedure of impeachment.

Article 152
Laws and other legal acts, by the decision of the Constitutional Court of Ukraine, are deemed to be unconstitutional, in whole or in part, in the event that they do not conform to the Constitution of Ukraine, or if there was a violation of the procedure established by the Constitution of Ukraine for

their review, adoption or their entry into force.

Laws and other legal acts, or their separate provisions, that are deemed to be unconstitutional, lose legal force from the day the Constitutional Court of Ukraine adopts the decision on their unconstitutionality.

Material or moral damages, inflicted on physical and legal persons by the acts or actions deemed to be unconstitutional, are compensated by the State by the procedure established by law.

Article 153

The procedure for the organisation and operation of the Constitutional Court of Ukraine, and the procedure for its review of cases, are determined by law.

Chapter XIII
Introducing Amendments to the Constitution of Ukraine

Article 154

A draft law on introducing amendments to the Constitution of Ukraine may be submitted to the Verkhovna Rada of Ukraine by the President of Ukraine, or by no fewer National Deputies of Ukraine than one-third of the constitutional composition of the Verkhovna Rada of Ukraine.

Article 155

A draft law on introducing amendments to the Constitution of Ukraine, with the exception of Chapter I – "General Principles," Chapter III – "Elections, Referendum," and Chapter XIII – "Introducing Amendments to the Constitution of Ukraine," previously adopted by the majority of the constitutional composition of the Verkhovna Rada of Ukraine, is deemed to be adopted, if at the next regular session of the Verkhovna Rada of Ukraine, no less than two-thirds of the constitutional composition of the Verkhovna Rada of Ukraine have voted in favour thereof.

Article 156

A draft law on introducing amendments to Chapter I – "General Principles," Chapter III – "Elections, Referendum," and Chapter XIII – "Introducing Amendments to the Constitution of Ukraine," is submitted to the Verkhovna Rada of Ukraine by the President of Ukraine, or by no less less than two-thirds of the constitutional composition of the Verkhovna Rada of Ukraine, and on the condition that it is adopted by no less than two-thirds of the constitutional composition of the Verkhovna Rada of Ukraine, and is approved by an All-Ukrainian referendum designated by the President of Ukraine.

The repeat submission of a draft law on introducing amendments to Chapters I, III and XIII of this Constitution on one and the same issue is possible only to the Verkhovna Rada of Ukraine of the next convocation.

Article 157

The Constitution of Ukraine shall not be amended, if the amendments foresee the abolition or restriction of human and citizens' rights and freedoms, or if they are oriented toward the liquidation of the independence or violation of the territorial indivisibility of Ukraine.

The Constitution of Ukraine shall not be amended in conditions of martial law or a state of emergency.

Article 158

The draft law on introducing amendments to the Constitution of Ukraine, considered by the Verkhovna Rada of Ukraine and not adopted, may be submitted to the Verkhovna Rada of Ukraine no sooner than one year from the day of the adoption of the decision on this draft law.

Within the term of its authority, the Verkhovna Rada of Ukraine shall not amend twice the same provisions of the Constitution.

Article 159

A draft law on introducing amendments to the Constitution of Ukraine is considered by the Verkhovna Rada of Ukraine upon the availability of an opinion of the Constitutional Court of Ukraine on the conformity of the draft law with the requirements of Articles 157 and 158 of this Constitution.

Chapter XIV
Final Provisions
Article 160

The Constitution of Ukraine enters into force from the day of its adoption.

Article 161

The day of adoption of the Constitution of Ukraine is a national holiday – the Day of the Constitution of Ukraine.

Chapter XV
Transitional Provisions

1. Laws and other normative acts, adopted prior to this Constitution entering into force, are in force in the part that does not contradict the Constitution of Ukraine.

2. After the adoption of the Constitution of

Ukraine, the Verkhovna Rada of Ukraine exercises the authority envisaged by this Constitution.

Regular elections to the Verkhovna Rada of Ukraine shall be held in March 1998.

3. Regular elections of the President of Ukraine shall be held on the last Sunday of October 1999.

4. The President of Ukraine, within three years after the Constitution of Ukraine enters into force, has the right to issue decrees approved by the Cabinet of Ministers of Ukraine and signed by the Prime-Minister of Ukraine on economic issues not regulated by laws, with simultaneous submission of the respective draft law to the Verkhovna Rada of Ukraine, by the procedure established by Article 93 of this Constitution.

Such a decree of the President of Ukraine takes effect, if within thirty calendar days from the day of submission of the draft law (except the days between sessions), the Verkhovna Rada of Ukraine does not adopt the law or does not reject the submitted draft law by the majority of its constitutional composition, and is effective until a law adopted by the Verkhovna Rada of Ukraine on these issues enters into force.

5. The Cabinet of Ministers of Ukraine is formed in accordance with this Constitution within three months after its entry into force.

6. The Constitutional Court of Ukraine is formed in accordance with this Constitution, within three months after its entry into force. Prior to the creation of the Constitutional Court of Ukraine, the interpretation of laws is performed by the Verkhovna Rada of Ukraine.

7. Heads of local state administrations, upon entry of this Constitution into force, acquire the status of heads of local state administrations in accordance with Article 118 of this Constitution, and after the election of chairmen of the respective councils, tender resignations from office of the chairmen of these councils.

8. Village, settlement and city councils and the chairmen of these councils, upon entry of this Constitution of Ukraine into force, exercise the authority as determined by it, until the election of the new composition of these councils in March 1998.

District and oblast councils, elected prior to the entry of this Constitution into force, exercise the authority as determined by it, until the formation of the new composition of these councils in accordance with the Constitution of Ukraine.

City district councils and their chairmen, upon entry of this Constitution into force, exercise their authority in accordance with the law.

9. The procuracy continues to exercise, in accordance with the laws in force, the function of supervision over the observance and application of laws and the function of preliminary investigation, until the laws regulating the activity of state bodies in regard to the control over the observance of laws are put into force, and until the system of pre-trial investigation is formed and the laws regulating its operation are put into effect.

10. Prior to the adoption of laws determining the particular aspects of the exercise of executive power in the Cities of Kyiv and Sevastopol in accordance with Article 118 of this Constitution, the executive power in these cities is exercised by the respective city administrations.

11. Article 99, paragraph one of this Constitution shall enter into force after the introduction of the national monetary unit – the hryvnia.

12. The Supreme Court of Ukraine and the High Court of Arbitration of Ukraine exercise their authority in accordance with the legislation of Ukraine that is in force, until the formation in Ukraine of a system of courts of general jurisdiction, in accordance with Article 125 of this Constitution, but for no more than five years.

Judges of all courts in Ukraine, elected or appointed prior to the day of entry of this Constitution into force, continue to exercise their authority in accordance with the legislation in force, until the expiration of the term for which they were elected or appointed.

Judges whose authority has terminated on the day this Constitution enters into force, continue to exercise their authority for the period of one year.

13. The current procedure for arrest, holding in custody and detention of persons suspected of committing a crime, and also for the examination and search of a dwelling place or other possessions of a person, is preserved for five years after this Constitution enters into force.

14. The use of existing military bases on the territory of Ukraine for the temporary stationing of foreign military formations is possible on the terms of lease, by the procedure determined by the international treaties of Ukraine ratified by the Verkhovna Rada of Ukraine.

Textanhang XIV/1

Republic of Belarus – Declaration of Sovereignty*

Preamble

The Supreme Soviet of the Republic of Belarus, expressing the will of the people of the Republic of Belarus, aware of its responsibility for the destiny of the Belarusian nation, reaffirming its respect for the dignity and the rights of the people of all nationalities residing in the Republic of Belarus, expressing its respect for the sovereign rights of all the peoples of the Union of Soviet Socialist Republics and of the world, considering the Republic a full and independent member of the world community, acting in conformity with the principles of the Universal Declaration of Human Rights and other universally recognized international legal instruments, hereby solemnly proclaims the full state sovereignty of the Republic of Belarus as the supremacy, the independence, and the absolute state power of the Republic within its territory, the competence of its laws, the independence of the Republic in foreign relations, and declares its determination to establish a state, based on law.

Article 1
Sovereignty

(1) The Republic of Belarus is a sovereign state established on the basis of the realization by the Belarusian nation of its inalienable right to self-determination, state-language status of the Belarusian language, and the supremacy of the people in the determination of its destiny.

(2) The inalienable rights of the Republic of Belarus as a sovereign state shall be realized in conformity with the universally recognized norms of international law. The Republic of Belarus shall safeguard and protect the right of the Belarusian people to have its own state.

(3) The Republic of Belarus shall have its own emblem, flag, and anthem.

(4) Any forcible acts against the national statehood of the Republic of Belarus committed by political parties, public associations, or individuals shall be punishable by law.

Article 2
People, Democracy, Representation

(1) The citizens of the Republic of Belarus of all nationalities constitute the Belorusian people, which shall be endowed with the sovereignty and shall be the sole source of state power in the Re-

---

* Adopted: July 27, 1990

public. The sovereignty of the people shall be realized both directly and through representative organs of state power.

(2) The right to act in the name of all the people of the Republic shall be vested exclusively in the Supreme Soviet of the Republic of Belarus.

Article 3
Supreme Goals

The state sovereignty of the Republic of Belarus shall be proclaimed in the name of the supreme goals, i. e., free development and prosperity, a dignified life for every citizen of the Republic on the basis of ensuring human rights of the individual in conformity with the Constitution and its international obligations.

Article 4
Citizenship

Citizenship of the Republic of Belarus shall be an integral part of its sovereignty. The Republic shall protect the honor, the health, the rights, and the legal interests of its citizens, and shall ensure their social protection. They shall enjoy protection of the Republic of Belarus outside its territory. The Republic may confer and terminate citizenship.

Article 5
Economy

(1) The land, its mineral wealth, the other natural resources on the territory of the Republic of Belarus, and its air space shall be the property of the Belarusian people which shall have the exclusive rights of their possession, use, and disposal.

(2) The determination of the legal status of all kinds of property shall be within the exclusive competence of the Republic of Belarus.

(3) The Republic of Belarus shall have the right to its portion of the all-Union property according to the contribution of the Belarusian people and, as a founding Republic of the Soviet Union having legal capacity, shall have the right to its portion of the diamond, currency, and reserves of the USSR.

(4) The Republic of Belarus shall establish the National Bank, accountable to the Supreme Soviet of the Republic, shall organize its financial and credit system, shall confirm the right of ownership of specialized banks based on its territory at the time of the adoption of this Declaration, shall organize its own taxation and customs services, and

shall have the right to establish its own monetary system.

Article 6
Territorial Integrity

(1) The territory of the Republic of Belarus shall be indivisible and inviolable and shall not be altered or used without the consent of the Republic of Belarus.

(2) All questions concerning borders shall be decided only on the basis of the mutual consent of the Republic of Belarus and the adjacent sovereign states by the conclusion of appropriate agreements, subject to ratification by the Supreme Soviet of the Republic of Belarus.

Article 7
Supremacy of the Constitution and Laws

(1) Within the territory of the Republic of Belarus, the Constitution and the laws shall have supremacy.

(2) All citizens and stateless persons, state organs, enterprises, institutions, and organizations based or functioning on the territory of the Republic of Belarus shall obey the laws.

(3) The delimitation of legislative, executive, and judicial power shall be the most important principle of the functioning of the Republic of Belarus as a state, based on law.

(4) The supreme supervision over the strict and uniform observance of the laws shall be exercised by Procurator-General appointed by the Supreme Soviet of the Republic of Belarus.

Article 8
Nature, Military, Chernobyl Disaster

(1) The Republic of Belarus shall independently establish a procedure for organizing nature preservation, utilization of natural resources of the territory of the Republic, and shall ensure ecological security for the people of the Republic. The Republic of Belarus shall have the right to compensation for the damage incurred as a result of activities of all-Union organs, Union republics, and other states.

(2) The Republic of Belarus demands from the Government of the USSR an unconditional and prompt compensation for the damage connected with the elimination of the effects of the Chernobyl disaster.

(3) The Republic of Belarus shall have the sovereign right to determine for its citizens the procedure and conditions of military service, and service in the organs of state and public security, and to decide on the questions of deployment of troops and armaments on its territory.

(4) No military units, military bases or installations of other countries shall be deployed on the territory of the Republic of Belarus without the consent of its Supreme Soviet.

(5) The Republic of Belarus shall use its freedom and sovereignty first and foremost to save the people of the Republic of Belarus from the effects of the Chernobyl disaster.

Article 9
Culture

(1) The Republic of Belarus shall be independent in deciding on the questions of culture and spiritual development of the Belarusian nation, other national communities of the Republic, and in organizing its own system of information, education, and upbringing.

(2) The Republic of Belarus shall ensure functioning of the Belarusian language in all spheres of social life, and the preservation of national traditions and historical symbols.

(3) National, cultural, and historical values on the territory of the Republic of Belarus shall be the exclusive property of the Republic and its citizens.

Article 10
Armed Forces, Nuclear-Free Zone

(1) The Republic of Belarus shall have the right to its own armed forces, internal security forces, organs of state and public security, which shall be controlled by the Supreme Soviet of the Republic of Belarus.

(2) The Republic of Belarus sets the aim to make its territory a nuclear-free zone and to become a neutral state.

Article 11
Voluntary Unions

(1) The Republic of Belarus shall independently exercise the right to enter into voluntary unions with other states and to withdraw freely from these unions.

(2) The Republic of Belarus proposes to commence immediately the elaboration of an agreement on a union of sovereign socialist states.

Article 12
New Constitution

The provisions of the present Declaration shall be implemented by the Supreme Soviet of the Republic of Belarus through the adoption of a new Constitution (Fundamental Law) of the Republic of Belarus, and laws of the Republic of Belarus.

Textanhang XIV/2

Verfassung der Republik Belarus – Entwurf (1992)*

Wir, das Volk der Republik Belarus,
in Verantwortung für die Gegenwart und die Zukunft der Republik,
im Bewußtsein unserer vollen Berechtigung als Subjekt der Weltgemeinschaft und in Bestätigung unserer Treue an humanistische Werte,
auf der Grundlage unseres Grundrechts auf Selbstbestimmung,
in Anlehnung an die jahrhundertealte Geschichte der Entwicklung des belorussischen Staatswesens, eine gerechte Gesellschaftsordnung zu schaffen, die in Statuten des Großfürstentums Litauen, Rußland, Zemajtija, in den Satzungsurkunden der Belorussischen Volksrepublik, in den Verfassungen der Belorussischen Sozialistischen Sowjetrepublik sowie in der Deklaration über die Staatssouveränität der Republik Belarus ihren Ausdruck fanden,
in dem Bestreben, Rechte und Freiheiten eines jeden Bürgers der Republik zu gewährleisten,
getragen vom Wunsch, ein Einvernehmen unter den Bürgern, unerschütterliche Grundlagen der Volksmacht und des Rehtsstaates zu gewährleisten,
nehmen diese Verfassung, das Grundgesetz der Republik Belarus, an.

Abschnitt 1
Grundlagen der Verfassungsordnung

Artikel 1

Die Republik Belarus ist ein unitärer demokratischer Rechtsstaat.

Republik Belarus hat die Hoheit und den vollen Umfang der Macht über ihrem Territorium, sie bestimmt eigenständig die Innen- und die Außenpolitik.

Die Republik schützt ihre Unabhängigkeit und territoriale Integrität, die verfassungsmäßige Gesellschaftsordnung gewährleistet die Gesetzlichkeit und das Recht.

Artikel 2

Die Republik Belarus erkennt den Menschen als den höchsten Wert der Gesellschaft und des Staates an.

Der Staat trägt gegenüber dem Bürger die Verantwortung für die Schaffung der Voraussetzungen für eine freie Entwicklung der Person. Der Bürger trägt gegenüber dem Staat eine Verantwortung für

eine strikte Erfüllung der ihm durch die Verfassung auferlegten Pflichten.

Artikel 3

Die einzige Quelle der Staatsmacht in der Republik Belarus ist das Volk. Das Volk der Republik Belarus übt seine Macht unmittelbar oder über representative Organe in Formen und Grenzen aus, die durch die Verfassung festgesetzt sind.

Im Namen des Volkes der Republik Belarus darf nur der Sojm der Republik Belarus auftreten.

Hier und im weiteren ist die Bezeichnung »Sojm« für alternative Bezeichnungen »die oberste Rada« und »der Oberste Sowjet« stellvertretend.

Beliebige Handlungen zur Erreichung der Staatsmacht durch Gewalt sowie durch andere Verletzungen der Gesetze der Republik Belarus werden strafrechtlich verfolgt.

Artikel 4

Die Demokratie in der Republik Belarus wird auf der Grundlage der Vielfalt der politischen Institute, Ideologien und Meinungen verwirklicht.

Keine Ideologie von einer politischen Partei, einer religiösen oder einer anderen gesellschaftlichen Vereinigung, einer sozialen Gruppe kann als eine für Bürger der Republik Belarus verbindliche festgelegt werden.

Artikel 5

Politische Parteien und andere gesellschaftliche Vereinigungen tragen, soweit sie im Rahmen der Verfassung und der Gesetze der Republik Belarus handeln, zur Ermittlung und zur Äußerung des politischen Willens der Bürger bei und nehmen an Wahlen teil.

Politische Parteien und andere gesellschaftliche Vereinigungen haben das Recht, staatseigene Massenmedien in einem Umfang und einem Verfahren, die durch das Gesetz festgelegt sind, zu nutzen.

Die Gründung und die Tätigkeit der politischen Parteien sowie der anderen gesellschaftlichen Vereinigungen, die eine gewaltsame Änderung der verfassungsmäßigen Staatsordnung zum Zwecke haben, die gegen die Unabhängigkeit des Staates, der Integrität der Republik auftreten und eine Propaganda des Krieges, der nationalen, religiösen und Rassenfeindschaft führen, ist verboten.

Artikel 6

Der Staat beruht auf dem Grundsatz der Trennung der Machtbefugnisse unter der Legislative,

---

* 9. Oktober 1992.

Exekutive und dem Gericht. Die Staatsorgane handeln in Grenzen ihrer Befugnisse selbständig, sie wirken zusammen, indem sie übereinander Kotnrolle ausüben und einen Ausgleich unter sich finden.

Artikel 7

Der Staat, seine Organe und Amtspersonen sind durch Recht gebunden, sie handeln im Rahmen der Verfassung und der in Übereinstimmung mit dieser gefaßten Gesetze.

Rechtsakte bzw. deren einzelne Bestimmungen, die in einem durch die Gesetzgebung vorgesehenen Verfahren als verfassungswidrig anerkannt werden, haben keine Gültigkeit.

Gesetzesakte und Verordnungen der Staatsorgane werden veröffentlicht oder in einem anderen durch das Gesetz vorgesehenen Verfahren kundgetan.

Artikel 8

Die Republik Belarus erkennt die Priorität der allgemein anerkannten Normen des Völkerrechts an und gewährleistet die Übereinstimmung ihrer Gesetzgebung mit diesen Normen.

Falls die Gesetze oder andere Akte der Republik Belarus den durch die Republik Belarus ratifizierten internationalen Verträgen widersprechen, finden die Bestimmungen des internationalen Vertrages Anwendung.

Artikel 9

Das Territorium der Republik Belarus ist eine natürliche Bedingung und eine räumliche Grenze der Selbstbestimmung des Volkes der Republik Belarus, die Grundlage seines Wohlstandes und der Souveränität der Republik.

Das Territorium der Republik ist einheitlich und nicht entfremdbar.

Die territoriale Verwaltungsgliederung der Republik wird durch das Gesetz festgelegt.

Artikel 10

Die Staatsbürgerschaft der Republik wird in Übereinstimmung mit dem einschlägigen Gesetz erworben, aufrechterhalten und verloren.

Dem Bürger der Repulbik Belarus wird der Schutz und die Schirmherrschaft des Staates sowohl auf dem Territorium der Republik wie auch außerhalb ihrer Grenzen garantiert.

Niemand kann die Staatsbürgerschaft der Republik Belarus bzw. das Recht, die Staatsbürgerschaft zu ändern, entzogen werden.

Ein Staatsbürger der Republik Belarus kann nicht einem ausländischen Staat ausgeliefert werden, insofern durch internationale Verträge der Republik Belarus nicht anderes vorgesehen ist.

Artikel 11

Ausländische Bürger und Personen ohne Staatsbürgerschaft haben auf dem Territorium der Republik Belarus Rechte und Freiheiten und tragen die gleichen Pflichten wie die Bürger der Republik, soweit durch Gesetze und internationale Verträge nicht anderes festgelegt ist.

Artikel 12

Die Republik Belarus kann unter Beachtung der durch das Gesetz festgelegten Bedingungen den in den anderen Ländern aus politischen, konfessionellen Gründen oder wegen ihrer nationalen Zugehörigkeit verfolgten Personen ein Asylrecht gewähren.

Artikel 13

Der Staat gewährt allen gleiche Rechte zur Ausübung der wirtschaftlichen und anderen Tätigkeit, mit Ausnahme derjenigen, die durch das Gesetz verboten ist, und garantiert den gleichen Schutz und gleiche Bedingungen für die Entwicklung aller Eigentumsformen.

Der Staat gewährleistet die Regelung der wirtschaftlichen Tätigkeit im Interesse des Menschen und der Gesellschaft.

Durch das Gesetz können Objekte bestimmt werden, die nur Staatseigentum sein können, und es kann ein exklusives Recht des Staates auf Ausübung einzelner Tätigkeiten verankert sein.

Artikel 14

Der Staat regelt die Beziehungen zwischen den sozialen, nationalen und anderen Gemeinschaften auf der Grundlage der Grundsätze der Gleichheit vor dem Gesetz, der Achtung der Rechte und Interessen.

Artikel 15

Der Staat trägt die Verantwortung für die Erhaltung des kulturgeschichtlichen Erbes, für eine freie Entwicklung der Kulturen aller nationalen Gemeinschaften, die auf dem Territorium der Republik leben.

Artikel 16

Alle Religionen und Konfessionen sind gleich vor dem Gesetz. Eine Gewährung jeglicher Vorzüge oder Einschränkungen für eine Religion oder Konfession gegenüber den anderen ist nicht zulässig.

Eine Tätigkeit von konfessionellen Gemeinschaften, deren Organe und Vertreter, die gegen die Souveränität der Republik Belarus, deren verfassungsmäßige Ordnung und den inneren Frieden gerichtet ist, bzw. mit Verletzung der Rechte und Freiheiten der Bürger verbunden ist, ist verboten.

Die Beziehungen von Staat und Konfessionen werden durch das Gesetz geregelt.

Artikel 17
Die Staatssprache der Republik Belarus ist Belorussisch.

Allen Bürgern der Republik wird nach Maßgabe der Gesetzgebung das Recht garantiert, ihre Muttersprache zu benutzen. (Variante: Der offizielle Status der anderen Sprachen auf dem Territorium der Republik Belarus wird durch das Gesetz geregelt.)

Artikel 18
Die Republik Belarus läßt sich in ihrer Außenpolitik von den Prinzipien der Gleichheit der Staaten, der Nichtanwendung von Gewalt oder Gewaltandrohung, der Unverletzbarkeit der Grenzen, der friedlichen Regelung der Streitigkeiten, der Nichteinmischung in die inneren Angelegenheiten und von den anderen allgemein anerkannten Prinzipien und Normen des Völkerrechts leiten.

Die Republik Belarus stellt es sich zur Aufgabe, ihr Territorium zur atomfreien Zone zu machen.

Die Republik kann Bündnisse eingehen, den Gemeinschaften und anderen zwischenstaatlichen Gebilden zu Bedingungen der Gegenseitigkeit mit den anderen Staaten beitreten sowie aus den Bündnissen, Gemeinschaften und anderen zwischenstaatlichen Gebilden austreten.

Artikel 19
Symbole der Republik Belarus als souveräner Staat sind ihre Staatsfahne, Staatswappen und die Staatshymne. Die Staatsfahne, das Staatswappen und die Staatshymne werden durch das Gesetz festgelegt.

Artikel 20
Die Hauptstadt der Republik Belarus ist die Stadt Minsk.

Abschnitt II
Person, Gesellschaft und Staat
Artikel 21
Die Gewährleistung der Rechte und Freiheiten der Bürger ist das höchste Ziel der Republik Belarus.

Der Staat garantiert Rechte und Freiheiten der Bürger, die in der Verfassung der Republik verankert und durch internationale Verpflichtungen des Staates vorgesehen sind.

Artikel 22
Die Einschränkung der Rechte und Freiheiten der Bürger ist nur in den durch das Gesetz vorgesehenen Fällen im Interesse der nationalen Sicherheit, der öffentlichen Ordnung, des Schutzes der Sittlichkeit, der Gesundheit der Bevölkerung, der Rechte und Freiheiten anderer Personen zulässig.

Artikel 23
Alle sind gleich vor dem Gesetz und haben ohne jegliche Diskriminierung das Recht auf den gleichen Schutz ihrer Rechte und Freiheiten.

Keine Personen, keine sozialen Schichten und Gruppen der Bevölkerung dürfen Vorteile und Privilegien haben, die dem Gesetz widersprechen.

Artikel 24
Jeder Mensch hat das Recht auf Leben.

Der Staat schützt gegen gesetzwidrige Eingriffe.

Die Bürger sollen den anderen Menschen helfen, die sich in einer lebensgefährdeten Lage befinden.

Artikel 25
Der Staat gewährleistet die Freiheit, die Unantastbarkeit und die Würde der Person. Eine Einschränkung bzw. Entzug der persönlichen Freiheit ist nur in den Fällen und in einem Verfahren möglich, die durch das Gesetz festgesetzt sind.

Eine in Haft genommene Person hat das Recht auf eine gerichtliche Prüfung der Gesetzlichkeit deren Festnahme oder Verhaftung.

Niemand darf Folterungen, einer grausamen, unmenschlichen oder menschenunwürdigen Behandlung sowie ohne dessen Einverständnis medizinischen oder anderen Experimenten unterzogen werden.

Artikel 26
Niemand kann eines Verbrechens schuldig anerkannt werden, soweit seine Schuld in einem durch das Gesetz festgelegten Verfahren nicht bewiesen und durch ein rechtskräftig gewordenes Gerichtsurteil festgestellt ist. Der Angeklagte muß nicht seine Unschuld beweisen.

Artikel 27
Niemand darf zur Aussage und Erklärungen gegen sich, seine Familienangehörigen, nahe Verwandten und verschwägerte Personen gezwungen werden. Die unter Verletzung des Gesetzes erhaltenen Beweise haben keine Gültigkeit.

Artikel 28
Ein jeder hat das Recht auf den Schutz gegen eine gesetzwidrige Einmischung in sein privates Leben sowie gegen Anschläge gegen das Geheimnis seiner Korrespondenz, Telefon- und anderen Verbindungen, gegen seine Ehre und Ruf. Die Sammlung, Aufbewahrung und Verwendung der

Information über das private Leben des Bürgers ohne dessen Einverständnis ist nur in Fällen und einem Verfahren zulässig, die durch das Gesetz festgelegt sind.

Artikel 29

Die Unantastbarkeit der Wohnung und des anderen legalen Besitzes der Bürger wird garantiert. Niemand hat das Recht, ohne gesetzliche Berechtigung in die Wohnung und einen anderen legalen Besitz des Bürgers gegen den Willen der darin wohnenden Personen eintreten. Eine Durchsuchung oder andere Handlungen, die mit dem Eindringen in die Wohnung oder einen anderen legalen Besitz des Bürgers verbunden sind, sind nur in Fällen und einem Verfahren zulässig, die durch das Gesetz vorgesehen sind.

Artikel 30

Die Bürger haben das Recht, sich frei zu bewegen und ihren Woühnort in Grenzen der Republik zu wählen, ihn zu verlassen und ungehindert zurückzukehren.

Diese Rechte können nur nur durch das Gesetz eingeschränkt werden.

Artikel 31

Die Bürger haben das Recht, ihre Einstellung zur Religion selbständig zu bestimmen, sich allein oder in Gemeinschaft mit den anderen zu einer beliebigen Religion oder zu gar keiner zu bekennen, ihre Überzeugungen bezüglich ihrer Einstellung zur Religion zum Ausdruck zu bringen und zu verbreiten, an der Ausführung religiöser Kulten, Riten und Zeremonielle teilzunehmen.

Artikel 32

Die Ehe, die Familie, die Mutterschaft, die Vaterschaft, und die Kindheit stehen unter dem Schutz des Staates.

Die Frau und der Mann haben das Recht, nach Erreichen des Ehealters eine Ehe zu schließen. Die Ehe beruht auf der gegenseitigen Einwilligung. Die Eheleute sind in den Familienverhältnissen gleichberechtigt.

Die Eltern oder die Erziehungsberechtigten haben das Recht und sind verpflichtet, die Kinder zu erziehen, sich um ihre Gesundheit, Entwicklung und Bildung zu sorgen, sie auf gesellschaftlich nützliche Arbeit vorzubereiten, ihnen die Achtung gegenüber dem Staat und seinen Gesetzen anzuerziehen. Das Kind darf nicht einer grausamen Behandlung oder Erniedrigungen unterworfen, an die Arbeiten herangezogen werden, die seiner körperlichen, geistigen oder sittlichen Entwicklung Schaden zufügen können. Volljährige Kinder sollen um ihre Eltern sorgen und ihnen Hilfe leisten.

Artikel 33

Jedem wird die Meinungsfreiheit, die Gesinnungsfreiheit und deren freie Äußerung garantiert.

Niemand kann zur Äußerung seiner Anschauung oder zur Absage von dieser gezwungen werden.

Eine Monopolisierung der Massenmedien durch den Staat, gesellschaftliche Vereinigungen oder einzelne Personen ist nicht zulässig.

Artikel 34

Den Bürgern wird das Recht auf den Erhalt, das Aufbewahren und den Vertrieb einer umfassenden und rechtzeitigen Information über die Tätigkeit der Staatsorgane, der gesellschaftlichen Vereinigungen, über das politische, wirtschaftliche und internationale Leben, über den Zustand der Umwelt garantiert.

Die Staatsorgane, gesellschaftliche Vereinigungen und die Amtspersonen müssen dem Bürger die Möglichkeit gewähren, sich mit Materialien vertraut zu machen, die seine Rechte und legitimen Interessen betreffen.

Die Einschränkungen in der Wahrnehmung des Rechts auf den Erhalt der Information aus den Erwägungen des Staats-, Amts- und kommerziellen Geheimnisses werden durch das Gesetz festgelegt.

Artikel 35

Die Freiheit der Versammlungen, Kundgebungen, Straßenumzüge, Demonstrationen und Streikposten wird durch den Staat garantiert. Das Verfahren der Benachrichtigung der Behörden über die in Vorbereitung befindlichen Veranstaltungen wird durch das Gesetz festgelegt.

Artikel 36

Jeder Mensch hat das Recht, sich frei mit den anderen zu vereinigen, einschließlich das Recht, Gewerkschaften zu gründen und ihnen zum Schutz seiner Rechte beizutreten.

Richter, Staatsanwälte und Militärangehörige können nicht Mitglieder politischer Parteien und anderer gesellschaftlicher Vereinigungen sein, die politische Ziele verfolgen.

Artikel 37

Jeder Bürger hat das Recht, an der Erledigung der Staatsangelegenheiten sowohl unmittelbar als auch über frei gewählte Vertreter teilzunehmen. Eine unmittelbare Beteiligung der Bürger an der Verwaltung der Angelegenheiten der Gesellschaft und des Staates wird bei der Durchführung der Volksabstimmungen, Diskussionen über Gesetzesentwürfe und Staats- und lokale Probleme, durch die Arbeit in den Organen der territorialen Selbst-

verwaltung und auf andere durch das Gesetz festgelegte Weisen realisiert.

Artikel 38
Die Bürger der Republik Belarus haben das
Recht, frei zu wählen und in die Organe der
Staatsmacht auf der Grundlage eines allgemeinen,
gleichen, direkten Wahlrechts bei geheimer Ab-
stimmung gewählt zu werden.

Artikel 39
Jeder Bürger hat entsprechend seinen Fähigkei-
ten, seiner beruflichen Eignung das Recht eines
gleichen Zugangs zu beliebigen Funktionen in den
Staatsorganen, Unternehmen, Einrichtungen und
Organisationen.

Artikel 40
Die Bürger haben das Recht, persönliche oder
kollektive Anträge an die Staatsorgane zu richten.
Die Staatsorgane und Amtspersonen sollen den
jeweiligen Antrag behandeln und in einer durch
das Gesetz festgelegten Frist eine sachdienliche
Antwort geben. Die Weigerung, den Antrag zu
behandeln, muß schriftlich begründet werden.

Artikel 41
Jeder Bürger hat das Recht auf Arbeit, einschließlich die Möglichkeit, über seine Fähigkeiten zur produktiven und schöpferischen Arbeit zu
verfügen, das Recht auf freie Wahl der Arbeit und
auf den Verzicht auf die Arbeit, das Recht auf gesunde, sichere und günstige Arbeitsbedingungen.
Der Staat schafft Bedingungen für eine Vollbe-
schäftigung der Bevölkerung, für Vorbereitung der
Bürger zur Arbeit und deren Einstellung, für Be-
rufsausbildung, Weiterbildung und Umschulung
unter Berücksichtigung der gesellschaftlichen Bedürfnisse, garantiert in Übereinstimmung mit dem
Gesetz die Zahlung des Arbeitslosengeldes.
Eine Zwangsarbeit ist verboten. Als Zwangsarbeit gelten nicht: der Militärdienst oder der diesem
alternative Zivildienst, die Arbeit oder der Dienst,
die von der Person durch den Gerichtsbeschluß
oder nach Maßgabe des Gesetzes über den Notstand verlangt werden.

Artikel 42
Die Arbeitnehmer haben das Recht auf ein Entgelt für die geleistete Arbeit entsprechend deren
Umfang, Qualität und gesellschaftlichem Wert, jedoch nicht unter einer durch den Staat festgelegten
Größe, die das Lebensniveau sichert. Frauen und
Männer, Erwachsene und Nichtvolljährige haben
das Recht auf das gleiche Entgelt für die gleichwertige Arbeit.

Die Arbeitnehmer haben das Recht auf den
Schutz ihrer ökonomischen und sozialen Interes-
sen, auf die Führung von Verhandlungen mit den
Arbeitgebern sowie das Recht auf Streik.

Artikel 43
Die Arbeitnehmer haben das Recht auf Erholung. Für die Arbeitnehmer wird dieses Recht
durch die Einführung einer Arbeitswoche von
nicht über 40 Stunden, einer kürzeren Arbeitsdau-
er in der Nachtzeit, durch die Gewährung jährli-
cher bezahlter Urlaube, die Schaffung günstiger
Bedingungen für den Urlaub gewährleistet.

Artikel 44
Der Staat garantiert einem jeden das Recht auf
Eigentum.
Der Eigentümer hat das Recht, das Vermögen
allein oder gemeinsam mit den anderen Personen
zu besitzen und über dieses zu verfügen. Die Unantastbarkeit des Eigentums, das Recht auf dessen
Erbfolge werden durch das Gesetz geschützt. Der
dem Eigentümer zugefügte Schaden wird ihm
nach Maßgabe des Gesetzes erstattet.
Eine Zwangsentfremdung des Eigentums aus
Erwägungen einer gesellschaftlichen Notwendigkeit ist nur bei Einhaltung der Bedingungen und in
einem Verfahren, die durch das Gesetz festgelegt
sind, bei rechtzeitigem und vollem Ausgleich zulässig.
Durch die Wahrnehmung des Eigentumsrechts
darf der Umwelt, den kulturhistorischen Werten
kein Schaden zugefügt werden, die Rechte und
gesetzlich geschützte Interessen der anderen Personen dürfen nicht geschmälert werden.

Artikel 45
Die Bürger haben das Recht auf Gesundheitsschutz, einschließlich unentgeltliche Benutzung
der staatlichen Gesundheitseinrichtungen. Eine
bezahlte medizinische Betreuung gegen Bezahlung ist nach Maßgabe der Gesetzesbestimmungen
sowohl in den staatlichen als auch in den anderen
medizinischen Einrichtungen zulässig.
Das Recht der Bürger auf Gesundheitsschutz
wird auch durch die Entwicklung der Körperkultur
und des Sports, durch Maßnahmen zur Gesundhal-
tung der Umwelt, durch die Möglichkeit der Benutzung der Gesundungsanstalten und die Vervollkommnung des Arbeitsschutzes gewährleistet.

Artikel 46
Jeder Bürger hat das Recht auf eine heile Umwelt und auf die Erstattung des seiner Gesundheit
oder seinem Vermögen durch Mißbrauch der
Umwelt zugefügten Schadens.

Artikel 47

Die Bürger haben das Recht auf Sozialversorgung im Alter, im Krankheitsfall, bei der Invalidität, beim Verlust der Arbeitsfähigkeit, beim Verlust des Ernährers und in anderen durch das Gesetz vorgesehenen Fällen.

Der Staat sorgt insbesondere für die Teilnehmer an den Kriegen und die Kriegsopfer sowie für andere Personen, die ihre Gesundheit beim Schutz der Staats- und gesellschaftlichen Interessen verloren haben.

Artikel 48

Jeder Bürger hat das Recht auf Wohnung. Dieses Recht wird durch den Ausbau des staatlichen Wohnungsfonds, durch die Unterstützung der Bürger durch den Staat bei der Beschaffung des Wohnraums gewährleistet.

Minderbemittelten Personen wird der Wohnraum aus dem staatseigenen Wohnungsfonds zu Vorzugsbedingungen zur Nutzung bereitgestellt.

Niemandem darf der Wohnraum willkürlich entzogen werden.

Artikel 49

Die Bürger haben das Recht auf Bildung. Die Basisschulbildung ist Pflicht. Die Berufsschulbildung, Fachschulbildung und die Hochschulbildung müssen für alle entsprechend ihren Fähigkeiten zugänglich sein.

Die Republik garantiert eine kostenlose Schul- und Berufsschulbildung in den staatlichen Lehranstalten. Je nach Bedürfnissen der Gesellschaft und nach Maßgabe der Gesetzesbestimmungen kann der Unterricht an den Hoch-, Fachschulen und in anderen Lehranstalten kostenlos sein oder gegen Bezahlung erfolgen.

Die Organisationen und Bürger haben das Recht, Lehranstalten zu gründen und sie nach Maßgabe der Gesetzesbestimmungen zu leiten.

Artikel 50

Die Bürger haben das Recht auf Teilnahme am Kulturleben. Die Freiheit des künstlerischen, wissenschaftlichen und technischen Schaffens, die Benutzung der Kulturwerte werden garantiert.

Die Urheberrechte werden durch das Gesetz geschützt.

Artikel 51

Ein jeder, der sich auf dem Territorium der Republik Belarus befindet, soll deren Verfassung und Gesetze beachten und nationale Traditionen achten.

Artikel 52

Jeder Bürger soll die Würde, Rechte, Freiheiten und legitime Interessen der anderen Personen achten.

Artikel 53

Die Bürger sollen historische Denkmäler und andere Kulturwerte schützen.

Artikel 54

Die Unterhaltung und Wiederherstellung der Umwelt ist die Pflicht eines jeden Bürgers.

Artikel 55

Die Bürger sollen die Finanzierung der Staatsausgaben mittragen. Durch das Gesetz werden die Grundlagen, die Höhen und Termine der Entrichtung von Staatssteuern, Gebühren und sonstigen Zahlungen festgelegt. Die Steuerzahler haben das Recht, Rechenschaft über die Verwendung dieser Mittel zu fordern.

Artikel 56

Der Schutz der Republik Belarus ist die Pflicht eines jeden Bürgers. Der Militärdienst wird in den durch das Gesetz festgelegten Grenzen und Arten geleistet.

Artikel 57

Niemand kann zur Ausübung der Pflichten, die nicht durch die Verfassung der Republik Belarus und ihre Gesetze festgelegt sind, oder zum Verzicht auf seine Rechte gezwungen werden.

Artikel 58

Der Staat soll alle ihm zugänglichen Maßnahmen zur Schaffung der inneren und internationalen Ordnung ergreifen, die für eine umfassende Realisierung der durch die Verfassung vorgesehenen Rechte und Freiheiten notwendig ist.

Artikel 59

Staatsorgane, Amts- und andere Personen, die mit Ausübung der Staatsfunktionen betraut sind, sind verpflichtet, in Grenzen ihrer Kompetenz die zur Realisierung und zum Schutz der Rechte und Freiheiten der Bürger erforderlichen Maßnahmen zu treffen.

Diese Organe haften für Handlungen, die Rechte und Freiheiten der Bürger verletzen.

Artikel 60

Den Bürgern wird ein gerichtlicher Schutz der Rechte und Freiheiten, die durch die Verfassung und andere Gesetze vorgesehen sind, durch die durch die Republik Belarus abgeschlossenen internationalen Verträge, durch ein kompetentes unparteiliches Gericht in festgelegten Terminen garantiert.

Zum Zwecke des Schutzes der Rechte, Freiheiten, der Ehre und Würde sind die Bürger berechtigt, auf dem Gerichtswege den materiellen und moralischen Schaden erstatten zu lassen.

Artikel 61

Jeder Bürger hat das Recht auf Rechtshilfe zur Wahrnehmung seiner Rechte und Freiheiten, einschließlich das Recht, jederzeit die Hilfe der Rechtsanwälte und seiner beliebigen anderen Vertreter im Gericht oder in den anderen Staatsorganen, in den Organen der kommunalen Selbstverwaltung, in Unternehmen, Einrichtungen, Organisationen, gesellschaftlichen Vereinigungen und in den Beziehungen mit den Amtspersonen und Bürgern in Anspruch zu nehmen. In den durch das Gesetz vorgesehenen Fällen wird die Rechtshilfe auf Kosten des Staates erwiesen.

Eine Einschränkung oder Widerstand der Erweisung der Rechtshilfe ist in der Republik Belarus verboten.

Artikel 62

Eine Verwirklichung der durch diese Verfassung vorgesehenen Rechte und Freiheiten der Bürger kann nur unter Bedingungen eines Notstandes oder eines Kriegszustandes in einem Verfahren und in Grenzen, die durch die Verfassung und das Gesetz festgelegt sind, ausgesetzt werden.

Bei der Verwirklichung von Sondermaßnahmen während des Notstands können die in Artikeln 25, 26, 34, 35 (Abschnitte I und II) der Verfassung vorgesehenen Rechte nicht eingeschränkt werden.

Abschnitt III
Wahlsystem. Volksabstimmung

Kapitel 1
Wahlsystem

Artikel 63

Die Wahlen der Abgeordneten und anderen Personen in die Staatsämter durch das Volk sind allgemein: Das aktive Wahlrecht haben die Bürger der Republik Belarus, die das Alter von 18 Jahren erreicht haben.

An den Wahlen nehmen Bürger nicht teil, die durch das Gericht als nicht handlungsfähig anerkannt worden sind, Personen, die nach einem Gerichtsurteil in den Orten des Freiheitsentzugs gehalten werden. An der Abstimmung nehmen Personen nicht teil, gegenüber denen in einem durch die Bestimmungen des Strafverfahrensgesetzes festgelegten Verfahren, die Inhaftnahme als Zwangsmaßnahme gewählt wurde. Eine beliebige direkte oder indirekte Beschränkung der Wahlrechte der Bürger der Republik Belarus ist in den anderen Fällen nicht zulässig und wird strafrechtlich verfolgt.

Artikel 64

Die Altersgrenze der Abgeordneten und der anderen in die Staatsämter zu wählenden Personen wird durch entsprechende Gesetze festgelegt.

Die Wahlämter in den repräsentativen Organen können nur Bürger der Republik Belarus bekleiden.

Richter, Staatsanwälte, Militärangehörige im aktiven Wehrdienst können nicht Abgeordnete sein.

Artikel 65

Die Wahlen sind frei: Der Wähler entscheidet selbständig, ob er an den Wahlen teilnimmt und für wen er seine Stimme abgibt.

Es ist verboten, die Wähler an der freien Wahrnehmung des Rechts zu wählen und gewählt zu werden zu hindern.

Artikel 66

Die Wahlen sind gleich: Der Wähler hat bei jeder Wahl eine Stimme.

In den Wahlbezirken soll die Zahl der Wähler in jedem Wahlbezirk annähernd gleich sein, die Abweichungen dürfen zehn Prozent von der durchschnittlichen Zahl der Wähler pro Bezirk nicht überschreiten.

Artikel 67

Die Wahlen der Abgeordneten sind direkt: Die Abgeordneten werden von den Bürgern direkt gewählt.

Artikel 68

Die Abstimmung bei den Wahlen ist geheim: Eine Kontrolle über die Willensäußerung der Wähler während der Abstimmung ist verboten.

Artikel 69

Das Recht, Kandidaten zu nominieren, gehört den Vereinigungen und Gruppen der Bürger nach Maßgabe des Wahlgesetzes.

Artikel 70

Die Kosten für die Vorbereitung und Durchführung der Wahlen trägt der Staat.

In einem Verfahren und in einer Höhe, die durch das Gesetz festgelegt sind, können für diesen Zweck auch eigene Mittel der gesellschaftlichen Vereinigungen und der Bürger der Republik Belarus verwendet werden.

Artikel 71

Die Durchführung der Wahlen wird durch die Wahlkommissionen gewährleistet.

Das Verfahren der Durchführung der Wahlen wird durch die Gesetze der Republik festgelegt.

Die Wahlen finden während des Notstandes oder des Kriegszustandes nicht statt.

Kapitel 2
Volksabstimmung

Artikel 72

Zur Lösung der wichtigsten Fragen des staatlichen und gesellschaftlichen Lebens können auf der Ebene der Republik und auf der lokalen Ebene Volksabstimmungen durchgeführt werden.

Eine Hinderung der Bürger an einer freien Wahrnehmung des Rechtes auf die Teilnahme an der Volksabstimmung ist verboten.

Artikel 73

Die Volksabstimmungen auf der Ebene der Republik werden durch den Sojm der Republik auf den Vorschlag des Präsidenten der Republik bzw. der mindestens 500 Tausend stimmberechtigter Bürger festgesetzt.

Der Sojm der Republik soll spätestens 30 Tage nach der Vorlage durch den Präsidenten oder durch die Bürger der Vorschläge über die Durchführung der Volksabstimmung das Datum der Durchführung der Volksabstimmung festsetzen oder die zur Volksabstimmung anstehende Frage lösen.

Die Frage nach der Durchführung der Volksabstimmung kann auch auf Initiative der Abgeordneten des Sojms und des Ministerrates der Republik Belarus erörtert werden.

Artikel 74

Volksabstimmungen auf lokaler Ebene werden durch entsprechende örtliche Sowjets auf ihre Eigeninitiative bzw. auf Vorschlag von mindestens zehn Prozent stimmberechtigter Bürger, die auf diesem Territorium leben, festgesetzt.

Artikel 75

Die Volksabstimmungen werden auf der Grundlage einer freien, allgemeinen, gleichen und geheimen Abstimmung durchgeführt.

An Volksabstimmungen nehmen stimmberechtigte Bürger der Republik Belarus teil.

Artikel 76

Die Volksabstimmung gilt als stattgefunden, wenn daran mehr als die Hälfte der Bürger teilgenommen hat, die in die Wählerlisten eingetragen worden waren.

Die Entscheidung gilt als getroffen, wenn sie die Mehrheit der Stimmen der Bürger bekam, die an der Abstimmung teilgenommen haben.

Artikel 77

Die durch die Volksabstimmung getroffenen Entscheidungen können nur durch eine Volksab-

stimmung rückgängig gemacht oder geändert werden, soweit durch die Volksabstimmung nichts anderes festgelegt wird.

Artikel 78

Das Verfahren der Durchführung der Volksabstimmungen auf der Ebene der Republik und der Kommunen wird durch das Gesetz der Republik Belarus festgelegt.

Abschnitt IV
Gesetzgebende, vollziehende und Gerichtsgewalt

Kapitel 3
Sojm (die Oberste Rada, der Oberste Sowjet) der Republik Belarus

Artikel 79

Der Sojm der Republik Belarus ist das oberste repräsentative und das einzige gesetzgebende Organ der Staatsgewalt der Republik Belarus.

Artikel 80

Der Sojm ist das ständig arbeitende Organ der Staatsgewalt der Republik Belarus.

Der Sojm besteht aus 160 Abgeordneten, die von den Bürgern der Republik Belarus gewählt werden.

Artikel 81

Die Legislaturperiode des Sojms der Republik beträgt vier Jahre.

Die Wahlen zum neuen Sojm werden spätestens drei Monate vor Ablauf der Legislaturperiode des Sojms festgesetzt.

Artikel 82

Die erste Sitzung des Sojms der Republik wird durch die Zentrale Kommmission für Durchführung der Wahlen und Volksabstimmungen auf der Ebene der Republik spätestens 30 Tage nach der Wahl von mindestens 107 Abgeordneten einberufen.

Artikel 83

Der Sojm der Republik Belarus:

setzt Volksabstimmungen auf der Ebene der Republik an;

nimmt die Verfassung der Republik Belarus an und ändert sie ab;

verabschiedet die Gesetze der Republik Belarus;

deutet die Verfassung und die Gesetze der Republik;

setzt ordentliche Wahlen der Abgeordneten des Sojms der Republik Belarus, der örtlichen Sowjets an;

bildet die Zentrale Kommission für Durchführung der Wahlen, der Volksabstimmungen auf der Ebene der Republik;

bildet und liquidiert Ministerien der Republik Belarus;

wählt den Vorsitzenden der Regierung der Republik Belarus, die Stellvertreter des Vorsitzenden der Regierung der Republik Belarus, den Außenminister, den Finanzminister, den Verteidigungsminister und den Innenminister, bestätigt und ändert auf Vorschlag des Vorsitzenden der Regierung die Zusammensetzung der Regierung;

wählt das Verfassungsgericht der Republik, das Oberste Gericht der Republik, das Oberste Wirtschaftsgericht der Republik, den Generalstaatsanwalt der Republik, den Vorsitzenden des Komitees für Staatssicherheit der Republik, den Rat des Rechnungshofs der Republik, den Vorsitzenden des Vorstandes der Nationalbank der Republik;

legt das Verfahren der Lösung der Fragen der territorialen Verwaltungsgliederung der Republik fest;

legt die Hauptrichtungen der innen- und außenpolitischen Tätigkeit der Republik fest;

beschließt Programme der wirtschaftlichen und sozialen Entwicklung der Republik;

bewilligt den Haushalt der Republik und bestätigt den Bericht über dessen Ausführung;

führt Staatssteuern und Gebühren ein und gewährleistet Kontrolle über Geldemission;

ratifiziert und kündigt internationale Verträge der Republik;

legt die Militärdoktrin, die Struktur und die Organisation der Streitkräfte fest;

erklärt den Krieg und schließt Frieden;

führt Staatsauszeichnungen, Dienstgrade und Titel der Republik ein;

faßt Beschlüsse über die Auflösung des örtlichen Sowjets und setzt neue Wahlen an im Falle einer systematischen oder einer eindeutigen Verletzung der Gesetzgebung durch diesen;

hebt die den Gesetzen nicht entsprechenden Beschlüsse und Verordnungen der Regierung der Republik sowie die Anordnungen des Vorsitzenden des Sojms der Republik auf.

Der Sojm hat das Recht, die Beschlüsse der örtlichen Sowjets aufzuheben, falls sie den Gesetzen nicht entsprechen.

Der Sojm der Republik Belarus kann nach Maßgabe der Verfassung und der Gesetze der Republik Belarus über andere Fragen beschließen.

Die Vollmachten des Sojms können nicht beschränkt oder ausgesetzt werden, außer durch die Verfassung der Republik vorgesehene Gründe.

Artikel 84

Die Vollmachten des Sojms der Republik Belarus können vorfristig eingestellt werden:

1. auf den Beschluß der Volksabstimmung auf der Ebene der Republik;

2. durch den Beschluß des Sojms, der mit einer Stimmenmehrheit von mindestens 107 Abgeordneten angenommen worden ist;

3. durch den Erlaß des Präsidenten bei einem mehr als zweimaligen Ausdruck des Mißtrauens an den Vorsitzenden der Regierung innerhalb eines Jahres.

Artikel 85

Der Sojm der Republik nimmt Gesetze und Beschlüsse an.

Der Sojm der Republik ist beschlußfähig, wenn an seiner Sitzung mindestens 107 Abgeordnete anwesend sind.

Die Gesetzesakte des Sojms der Republik werden durch eine Stimmenmehrheit der gewählten Abgeordneten angenommen, soweit durch die Verfassung nichts anderes vorgesehen ist.

Artikel 86

Der Sojm der Republik wählt aus den Abgeordneten den Vorsitzenden und die Stellvertreter des Vorsitzenden des Sojms für die Legislaturperiode des Sojms.

Artikel 87

Der Vorsitzende des Sojms wird durch den Sojm durch Geheimabstimmung gewählt.

Der Vorsitzende des Sojms ist dem Sojm rechenschaftspflichtig. Durch einen Beschluß des Sojms, der bei der Geheimabstimmung durch eine Mehrheit von mindestens 107 Abgeordneten angenommen wird, kann er seines Amtes enthoben werden.

Artikel 88

Der Vorsitzende des Sojms der Republik:

gewährleistet eine allgemeine Leitung der Vorbereitung der durch den Sojm zu erörternden Fragen;

leitet die Sitzungen des Sojms;

unterzeichnet die durch den Sojm angenommenen Beschlüsse;

stellt dem Sojm Kandidaten für die Ämter der Stellvertreter des Vorsitzenden des Sojms der Republik, des Vorsitzenden, des Stellvertreters des Vorsitzenden und der Mitglieder des Verfassungsgerichts der Republik, des Vorsitzenden des Vorstandes der Nationalbank der Republik, des Vorsitzenden des Komitees für Staatssicherheit der Republik vor;

leitet die Arbeit des Apparats des Sojms.

Der Vorsitzende des Sojms erteilt Anweisungen.

Die Stellvertreter des Vorsitzenden des Sojms führen im Auftrag des Vorsitzenden des Sojms der Republik Belarus einzelne seine Funktionen aus und vertreten den Vorsitzenden im Falle seiner Abwesenheit oder wenn er seine Pflichten nicht ausführen kann.

Artikel 89

Der Sojm der Republik Belarus bildet den Rechnungshof.

Der Rechnungshof gewährleistet die Kontrolle über die Ausführung des Staatshaushalts, die Einhaltung der Gesetze und Beschlüsse des Sojms, durch die die Verhältnisse im Bereich des Staatseigentums, der Finanzen, der Wirtschaft und der Steuern geregelt werden.

Die Vollmachten, die Organisation und das Reglement der Tätigkeit des Rechnungshofes werden durch das Gesetz festgelegt.

Artikel 90

Der Sojm der Republik wählt aus den Abgeordneten ständige Ausschüsse und andere Organe für die Führung der gesetzesvorbereitenden Arbeit, der vorherigen Erörterung und Vorbereitung der zum Aufgabenbereich des Sojms der Republik Belarus gehörenden Fragen, für Ausübung der Kontrolle über die Tätigkeit der Staatsorgane und Organisationen.

Bei Bedarf kann der Sojm der Republik Untersuchungs-, Revisions- und andere provisorische Kommissionen schaffen.

Artikel 91

Zur Organisation der Arbeit des Sojms der Republik Belarus wird die Rada (Variante: das Präsidium) des Sojms gebildet.

Zur Rada gehören der Vorsitzende des Sojms, die Stellvertreter des Vorsitzenden des Sojms und Abgeordnete in einem durch das Reglement des Sojms vorgesehenen Verfahren.

Die Rada des Sojms wird vom Vorsitzenden des Sojms geleitet.

Die Rada des Sojms behält ihre Vollmachten bis zur Eröffnung der ersten Sitzung des Sojms der Republik Belarus der neuen Legislaturperiode.

Artikel 92

Das Recht der gesetzgebenden Initiative im Sojm der Republik gehört den Abgeordneten des Sojms, dem Präsidenten der Republik, der Regierung der Republik, dem Rechnungshof, den ständigen Ausschüssen des Sojms, dem Obersten Gericht der Republik, dem Generalstaatsanwalt der Republik, dem Obersten Wirtschaftsgericht der Republik sowie den wahlberechtigten Bürgern in

einer Zahl von mindestens fünfzigtausend Personen.

Artikel 93

Die Vollmachten des Sojms der Republik Belarus enden mit der Wahl eines neuen Sojms, der berechtigt ist, die erste Sitzung durchzuführen.

Artikel 94

Der Abgeordnete des Sojms kann keine anderen bezahlten Ämter innehaben bzw. eine unternehmersiche Tätigkeit betreiben.

Der Abgeordnete des Sojms der Republik Belarus trägt keine rechtliche Verantwortung für seine in Übereinstimmung mit der Verfassung ausgeübte Tätigkeit im Sojm weder in der Zeit seiner Vollmachten als Abgeordneter, noch nach deren Ende.

Der Abgeordnete des Sojms kann nicht zur strafrechtlichen Verantwortung gezogen und verhaftet werden, ihm kann auf keine andere Weise die Freiheit ohne Einwilligung des Sojms entzogen werden, es sei denn, er wird am Tatort festgenommen.

Artikel 95

Das Ordnungsverfahren der Tätigkeit des Sojms der Republik Belarus, dessen Organe und Abgeordneter wird durch das Reglement des Sojms der Republik festgelegt, das durch den Sojm beschlossen und von dessen Vorsitzenden unterzeichnet wird, sowie durch andere Gesetzesbestimmungen der Republik Belarus.

Kapitel 4
Präsident der Republik Belarus

Artikel 96

Der Präsident der Republik Belarus ist das Staatsoberhaupt. Der Präsident ist Garant der Gewaltentrennung, er gewährleistet die Stabilität und die Kontinuität in der Tätigkeit der Staatsorgane.

Artikel 97

Zum Präsidenten kann ein Bürger der Republik Belarus gewählt werden, der sein 35. Lebensjahr erreicht hat, wahlberechtigt ist und mindestens zehn Jahre in der Republik Belarus gelebt hat.

Artikel 98

Der Präsident der Republik wird unmittelbar vom Volk der Republik Belarus für fünf Jahre gewählt. Eine Person darf höchstens zweimal hintereinander zum Präsidenten gewählt werden.

Kandidaten zum Amt des Präsidenten der Republik werden von mindestens 40 Abgeordneten des Sojms der Republik bzw. von mindestens 25 Tausend Wählern nominiert.

Die Wahlen des Präsidenten der Republik werden durch den Sojm der Republik spätestens vier Monate vor Ablauf der Legislaturperiode des vorigen Präsidenten anberaumt und spätestens einen Monat davor durchgeführt.

Falls das Amt des Präsidenten vakant geworden ist, so werden die Wahlen nicht früher als 30 Tage und nicht später als 70 Tage nach der Eröffnung der Vakanz angesetzt.

Artikel 99

Der Präsident der Republik gilt als gewählt, wenn er mehr als die Hälfte der Stimmen der Bürger der Republik erhalten hat, die an den Wahlen teilnahmen.

Wenn keiner der Kandidaten die erforderliche Stimmenzahl erhalten hat, so wird in einer Zeit von zwei Wochen die zweite Wahlrunde durchgeführt, an der zwei Kandidaten teilnehmen, die die meisten Stimmen erhalten haben. Als gewählt gilt der Kandidat, der in der zweiten Wahlrunde die Mehrheit der Stimmen der Wähler bekam, die an der Abstimmung teilgenommen hatten, unter der Voraussetzung, daß die Zahl der für ihn abgegebenen Stimmen größer ist, als die Zahl der Stimmen gegen ihn.

Falls in der zweiten Wahlrunde kein Kandidat gewählt worden ist, so werden neue Wahlen zum Präsidentenamt durchgeführt.

Artikel 100

Der Präsident der Republik Belarus tritt ins Amt, nachdem er das Eid geleistet hat:

»Bei der Übernahme des Amtes des Präsidenten der Republik Belarus schwöre ich feierlich, dem Volk der Republik zu dienen, die Verfassung und die Gesetze der Republik zu achten, mir auferlegte hohe Pflichten gewissenhaft zu erfüllen«.

Das Eid wird in einem feierlichen Zeremoniell in einer Sondersitzung des Sojms der Republik spätestens 30 Tage nach der Wahl des Präsidenten geleistet. Mit dem Eidspruch des neu gewählten Präsidenten erlöschen die Vollmachten des früheren Präsidenten.

Artikel 101

Der Präsident der Republik Belarus:

repräsentiert die Republik Belarus in ihren Beziehungen mit den anderen Staaten;

unterbreitet dem Sojm der Republik Belarus Berichte über die Lage der Republik, über die Tätigkeit der Staatsorgane und ihr Zusammenwirken;

tritt als Vermittler im Falle der Auseinandersetzungen unter den obersten Staatsorganen der Republik auf und schlägt empfehlende Lösungen vor;

schlägt dem Sojm der Republik Belarus Kandidaturen des Vorsitzenden der Regierung der Republik, des Vorsitzenden des Obersten Gerichts der Republik, des Vorsitzenden des Obersten Wirtschaftsgerichts der Republik, des Generalstaatsanwalts der Republik vor;

nimmt den Rücktritt der Regierung der Republik entgegen;

hat das Recht, an der Arbeit des Sojms der Republik und dessen Organe teilzunehmen, vor ihnen zu beliebiger Zeit Reden zu halten oder Meldungen zu machen;

ernennt die Richter der Republik Belarus, mit Ausnahme derjenigen, deren Wahl zur Kompetenz des Sojms gehört;

entscheidet über die Gewährung der Staatsbürgerschaft der Republik Belarus, deren Aberkennung und über die Asylgewährung;

nimmt in einem durch das Gesetz festgelegten Verfahren Auszeichnungen vor, verleiht Dienstgrade und Titel der Republik;

nimmt Begnadigungen der Bürger vor, die durch die Gerichte der Republik Belarus verurteilt worden sind, und gewährt die Stundung der Ausführung der gefällten Urteile;

bestellt und ruft ab diplomatische Vertreter der Republik in den anderen Staaten und in internationalen Organisationen;

nimmt Beglaubigungs- und Abberufungsurkunden der bei ihm akkreditierten diplomatischen Vertreter der anderen Staaten entgegen;

führt bei Naturkatastrophen und Unfällen, bei denen das Leben, die Gesundheit und die Sicherheit der Bevölkerung gefährdet werden sowie bei den Unruhen, die eine gesicherte Existenz der Gesellschaft bedrohen und bei denen Gewalt seitens einer Gruppe von Personen oder Organisationen angewendet oder angedroht wird, auf dem Territorium der Republik oder in deren einzelnen Regionen einen Notstand ein, wobei diese Entscheidung innerhalb von zwei Tagen dem Sojm der Republik Belarus zur Bestätigung vorgelegt werden muß;

unterzeichnet innerhalb von zehn Tagen die durch den Sojm der Republik angenommenen Gesetze der Republik; er hat das Recht, innerhalb von zehn Tagen das Gesetz mit seinen Einwänden an den Sojm der Republik Belarus zu einer neuen Behandlung und Abstimmung zurückzuschicken. Falls der Sojm der Republik Belarus den von ihm gefaßten Beschluß mit einer Stimmenmehrheit von mindestens 107 Abgeordneten bestätigt hat, so muß der Präsident der Republik Belarus das Gesetz innerhalb von drei Tagen unterzeichnen;

löst in durch die Verfassung vorgesehenen Fällen den Sojm der Republik Belarus auf und setzt neue Wahlen der Abgeordneten des Sojms an;

ist berechtigt, ein Gesetz nicht zu unterzeich-

nen, das zusätzliche durch den Haushalt nicht vorgesehenen Ausgaben zur Folge haben wird. Eine
erneute Vorlage eines solchen Gesetzes dem Präsidenten ist nicht zulässig;

steht dem Komitee für Nationale Sicherheit der
Republik Belarus vor;

führt auf dem Territorium der Republik Belarus
Kriegszustand ein, erklärt eine vollständige oder
teilweise Mobilmachung; mit der Einführung des
Kriegszustandes übernimmt er die Befehlsgewalt
über die Streitkräfte der Republik Belarus;

ist in den durch das Gesetz vorgesehenen Fällen
berechtigt, die Durchführung eines Streiks aufzu-
schieben oder diesen um höchstens zwei Monate
zu stoppen;

übt andere Vollmachten aus, die ihm durch die
Verfassung und die Gesetze der Republik Belarus
auferlegt sind.

Artikel 102

Der Präsident der Republik verabschiedet nach
Maßgabe der Verfassung und Gesetze der Repu-
blik im Rahmen seiner Vollmachten Erlasse und
Anordnungen.

Artikel 103

Der Präsident der Republik darf keine anderen
Ämter bekleiden, außer Gehalt Entgelt erhalten,
mit Ausnahme von Honoraren für wissenschaftliche, Literatur- und Kunstwerke.

Der Präsident der Republik stellt seine Mitgliedschaft in politischen und anderen gesellschaftlichen Vereinigungen, die politische Ziele verfolgen, für die gesamte Dauer der Legislaturperiode
ein.

Artikel 104

Der Präsident der Republik kann zu jeder Zeit
seinen Abschied einreichen. Der Rücktritt des
Präsidenten wird durch den Sojm der Republik
entgegengenommen.

Artikel 105

Der Präsident der Republik kann im Falle einer
Verletzung der Verfassung der Republik bzw. falls
er ein Verbrechen begangen hat, vorfristig abge-
setzt werden sowie seines Amtes durch einen Beschluß des Sojms der Republik, der mit einer
Mehrheit von mindestens 107 Abgeordneten beschlossen sein muß, vorfristig enthoben werden,
wenn er seine Funktionen wegen seines Gesundheitszustandes nicht ausüben kann.

Die Absetzung des Präsidenten kann auf Antrag
von mindestens 25 Abgeordneten des Sojms zur
Erörterung angenomen werden. Der Befund über
die Verletzung der Verfassung durch den Präsidenten der Republik wird vom Verfassungsgericht,
über ein begangenes Verbrechen von einer Son-
derkommission des Sojms vorgelegt.

Im Falle einer Absetzung des Präsidenten wegen
eines Verbrechens wird die Angelegenheit im Wesen der Anklage durch den Sojm der Republik
erörtert.

Artikel 106

Ist das Amt des Präsidenten vakant oder ist der
Präsident nicht imstande, seine Funktionen auszuüben, gehen seine Vollmachten an den Vorsitzenden des Sojms, und wenn dies nicht möglich ist, an
den Vorsitzenden der Regierung der Republik
über.

Kapitel 5
Regierung der Republik Belarus

Artikel 107

Die Regierung der Republik Belarus ist das
oberste Organ der vollziehenden Gewalt in der
Republik Belarus.

Die Regierung setzt sich aus dem Vorsitzenden
der Regierung, den Stellvertretern des Vorsitzenden und den Ministern zusammen. Auf Vorschlag
des Vorsitzenden der Regierung kann der Sojm
der Republik Belarus in die Regierung Leiter anderer Organe und Organisationen aufnehmen.

Artikel 108

Der Vorsitzende der Regierung der Republik
Belarus wird durch den Sojm der Republik Belarus auf den Vorschlag des Präsidenten der Republik gewählt.

Die Stellvertreter des Vorsitzenden, der Außenminister, der Finanzminister, der Verteidigungsminister und der Innenminister werden durch den
Sojm auf Vorschlag des Vorsitzenden der Regierung gewählt. Die anderen Regierungsmitglieder
werden in ihre Ämter vom Vorsitzenden der Regierung bestellt und von diesen Ämtern enthoben.

Artikel 109

Die Regierung der Republik trägt Verantwortung vor dem Sojm und ist ihm gegenüber rechenschaftspflichtig.

Artikel 110

Der Sojm der Republik kann der Regierung der
Republik oder deren einzelnen Mitglieder, die
von ihm gewählt werden, ein Mißtrauensvotum
aussprechen. Der Antrag über das Mißtrauensvotum kann von mindestens 25 Abgeordneten eingebracht werden. Das Vertrauensvotum kann von der
Regierung der Republik gestellt werden.

Wird durch den Sojm der Regierung ein Mißtrauen ausgesprochen, so setzt diese ihre Tätigkeit
fort, bis eine neue Regierung gewählt und bestellt
wird.

Im Falle eines Mißtrauensvotums an die Regierung reicht der Vorsitzende der Regierung dem Präsidenten der Republik eine Erklärung über den Rücktritt der Regierung ein.

Der Vorsitzende der Regierung der Republik hat das Recht, dem Präsidenten der Republik eine Erklärung über seinen Rücktritt oder den Rücktritt der Regierung insgesamt jederzeit einzureichen.

Einzelne Regierungsmitglieder können jederzeit dem Vorsitzenden der Regierung ihren Rücktritt erklären.

Artikel 111

Die Mitglieder der Regierung können nicht andere Ämter innehaben bzw. eine unternehmerische Tätigkeit betreiben.

Artikel 112

Die Regierung der Republik Belarus:

trifft Maßnahmen zur Gewährleistung und Schutz der Rechte und Freiheiten der Bürger, zum Schutz des Eigentums und der öffentlichen Ordnung, zum Schutz der Interessen des Staates, der nationalen Sicherheit und der Verteidigungsfähigkeit;

gewährleistet eine Staatslenkung der wirtschaftlichen und sozialen Entwicklung;

entwickelt und bringt in den Sojm der Republik Vorschläge zu Hauptrichtungen der innen- und außenpolitischen Tätigkeit der Republik, Programme der wirtschaftlichen und sozialen Entwicklung der Republik ein;

legt dem Sojm der Republik zur Erörterung und Bestätigung den Haushalt der Republik vor;

gewährleistet die Leitung des gesamten Systems der Organe der Staatsverwaltung;

organisiert die Leitung der staatseigenen Betriebe, der Einrichtungen und Anstalten; gewährleistet eine rationelle Nutzung und den Schutz der Naturressourcen, den Schutz kulturhistorischer Werte;

trifft Maßnahmen zur Festigung des Geld- und Kreditsystems;

schafft Ämter bei der Regierung der Republik;

trifft Maßnahmen zur Gewährleistung der außenpolitischen und außenwirtschaftlichen Tätigkeit und der kulturellen Beziehungen mit den anderen Staaten;

hat das Recht, Akte der Ministerien, Ämter und örtlichen Organe der Staatsverwaltung abzuschaffen;

suspendiert die Beschlüsse der örtlichen Sowjets bei deren Widerspruch zu den geltenden Gesetzen; solche Beschlüsse müssen dem Sojm oder einem höher gestellten Sowjet zur Erörterung vorgelegt werden;

entscheidet über andere Fragen der Staatsverwaltung.

Artikel 113

Im Rahmen ihrer Kompetenz verabschiedet die Regierung der Republik Beschlüsse, und der Vorsitzende der Regierung erteilt Anordnungen.

Artikel 114

Der Kompetenzbereich der Regierung der Republik Belarus, das Ordnungsverfahren deren Tätigkeit, die Beziehungen zu den anderen Staatsorganen werden durch das Gesetz über die Regierung der Republik Belrus festgelegt.

Kapitel 6
Gericht

Artikel 115

Die Gerichtsgewalt gehört in der Republik nur den Gerichten, die unabhängig von der gesetzgebenden, vollziehenden Gewalt, den Parteien und anderen gesellschaftlichen Vereinigungen handeln.

Die Gerichtsgewalt ist berufen, Rechte und Freiheiten der Bürger sowie legitime Interessen des Staates und der Gesellschaft zu schützen.

Artikel 116

Das Gerichtssystem in der Republik Belarus wird durch das Gesetz festgelegt.

Eine Schaffung von außerordentlichen Gerichten ist verboten.

Artikel 117

Die Richter sind bei der Rechtsprechung unabhängig und sind nur dem Gesetz verpflichtet.

Jegliche Einmischung in die Tätigkeit der Richter bei der Rechtspflege ist unzulässig und hat eine Verantwortung nach Maßgabe der Gesetzesbestimmungen zur Folge.

Artikel 118

Die Richter üben ihre Pflichten unbefristet aus. Einer unbefristeten Wahl oder Bestellung der Richter soll eine Zeit der Ausübung des Richteramtes von bis zu fünf Jahren vorausgehen.

Die Richter dürfen keine unternehmerische Tätigkeit betreiben, keine beliebige andere bezahlte Arbeit ausführen, mit Ausnahme der Unterrichtstätigkeit und der wissenschaftlichen Forschungsarbeit, wobei sie keine Planstellen besetzen dürfen; sie dürfen außer dem Gehalt kein geldliches Entgelt erhalten, mit Ausnahme der Honorare für wissenschaftliche, Literatur- und Kunstwerke.

Artikel 119

Die Gerichte gewährleisten die Rechtsprechung auf der Grundlage der Verfassung, der Gesetze der Republik Belarus und der im Zusammenhang mit diesen angenommenen anderen
Rechtsakten. Falls bei der Behandlung einer Angelegenheit das Gericht befindet, daß der Rechtsakt der Verfassung oder einem anderen Gesetz
nicht entspricht, so wird der Beschluß nach Maßgabe der Verfassung und des Gesetzes gefaßt, und
das Gericht stellt in einem festgelegten Verfahren
die Frage nach der Anerkennung dieses Rechtsaktes für verfassungswidrig.

Artikel 120

Die Gerichtssachen werden im Gericht kollegi-
al, und in den durch das Gesetz vorgesehenen Fällen von den Richtern allein behandelt.

Nach Maßgabe des Gesetzes werden einige Kategorien Gerichtssachen durch das Geschwore-
nengericht behandelt.

Artikel 121

Die Verhandlung ist in allen Gerichten offen. Eine geschlossene Gerichtsverhandlung ist nur in den
durch das Gesetz festgelegten Fällen unter Einhaltung aller Regeln der Prozeßordnung zulässig.

Die Gerichtsbeschlüsse und in den durch das
Gesetz vorgesehenen Fällen deren Entschließungs-
teile werden öffentlich verkündet.

Artikel 122

Die Rechtsprechung erfolgt auf der Grundlage
des Wettstreits und der Gleichheit der Parteien im
Gerichtsprozeß.

Artikel 123

Die Parteien haben das Recht, gegen Beschlüsse, Urteile und andere gerichtliche Entscheidungen Beschwerden einzulegen.

Abschnitt V
Örtliche Selbstverwaltung

Artikel 124

Zum System der örtlichen Selbstverwaltung gehören die örtlichen Sowjets, Verwaltungen, und
Organe der territorialen öffentlichen Selbstverwaltung. Die örtliche Selbstverwaltung wird auch
durch die Durchführung der örtlichen Volksabstimmungen, Versammlungen der Bürger und
über andere Formen der unmittelbaren Demokratie realisiert.

Artikel 125

Die wirtschaftliche Grundlage der örtlichen
Selbstverwaltung bilden Naturressourcen (der Boden, die Bodenschätze, Gewässer, Wälder, die
Pflanzenwelt und die Tierwelt), kommunales und
anderes Eigentum, das als Einkommensquelle der
örtlichen Selbstverwaltung dient, aus der soziale
und wirtschaftliche Bedürfnisse der Bevölkerung
des entsprechenden Territoriums befriedigt werden.

Artikel 126

Die örtlichen Sowjets sind repräsentative Organe der Staatsmacht auf den Territorien der jeweiligen Verwaltungseinheiten.

Die örtlichen Sowjets werden von den Bürgern
für eine Periode von vier Jahren gewählt.

Artikel 127

Die örtlichen Sowjets entscheiden in den Grenzen ihrer Kompetenz über die Fragen der örtlichen
Bedeutung, wobei sie sich von den Interessen der
auf diesem Territorium lebenden Bürger leiten lassen, realisieren die Beschlüsse der höhergestellten
Staatsorgane.

Artikel 128

Die Hauptform der Tätigkeit der örtlichen Sowjets sind Tagungen.

Die örtlichen Sowjets bestätigen in ihren Tagungen Programme der wirtschaftlichen und sozialen Entwicklung, den örtlichen Haushalt und
Berichte über deren Erfüllung; sie setzen in Übereinstimmung mit dem Gesetz lokale Steuern und
Gebühren fest; gewährleisten die Leitung und Verwaltung des kommunalen Eigentums; bestätigen
die Struktur der örtlichen Organe der vollziehenden Gewalt und deren Finanzierung; gewährleisten die Kontrolle über die Tätigkeit dieser Organe; setzen örtliche Volksabstimmungen an.

Artikel 129

Als Organ der vollziehenden Gewalt auf dem
Territorium der Verwaltungseinheit ist die Verwaltung.

Die Verwaltung ist dem jeweiligen örtlichen Sowjet und der höheren Verwaltung in Fragen ihres
Kompetenzbereiches rechenschaftspflichtig.

Artikel 130

Der Vorsitzende der Verwaltung wird durch die
auf dem Territorium der jeweiligen Verwaltungseinheit lebenden Bürger für eine Amtsdauer von
vier Jahren gewählt.

Der Vorsitzende der Verwaltung gewährleistet
die Verwaltung der wirtschaftlichen und sozialen
Entwicklung auf dem jeweiligen Territorium, bestellt für die Ämter und ruft ab die Mitarbeiter der
Organe der vollziehenden Gewalt und trägt Verantwortung für ihre Tätigkeit.

Artikel 131

Der örtliche Sowjet nimmt Beschlüsse an.

Die Beschlüsse des örtlichen Sowjets, die in Grenzen seiner Kompetenz angenommen wird, sind für die örtlichen Organe der vollziehenden Gewalt, die untergeordneten Sowjets, die Organe der gesellschaftlichen Selbstverwaltung, Unternehmen, Einrichtungen und Organisationen unabhängig von ihrer Unterstellung und Eigentumsformen, gesellschaftlichen Vereinigungen, sowie für Amtspersonen und Bürger verbindlich.

Artikel 132

Die mit den Gesetzesbestimmungen im Widerspruch stehenden Beschlüsse der örtlichen Sowjets werden durch den höheren Sowjet oder den Sojm der Republik Belarus rückgängig gemacht.

Der Vorsitzende der Verwaltung kann die Beschlüsse der untergeordneten Sowjets im Falle deren Nichtentsprechung den Gesetzbestimungen aussetzen und anschließend den Vorschlag über die Abschaffung des Beschlusses an den höhergestellten Sowjet zur Erörterung einbringen.

Artikel 133

Der Vorsitzende der Verwaltung erteilt in Grenzen seines Kompetenzbereiches Anordnungen, die für örtliche Organe der vollziehenden Gewalt, die untergeordneten Sowjets, Organe der territorialen gesellschaftlichen Selbstverwaltung, Unternehmen, Einrichtungen und Organisationen unabhängig von ihrer Unterstellung, die gesellschaftlichen Vereinigungen sowie für Amtspersonen und Bürger verbindlich sind.

Artikel 134

Die Anordnungen des Vorsitzenden der Verwaltung werden, falls sie den Gesetzesbestimmungen nicht entsprechen, durch die betreffenden örtlichen Sowjets, die Vorsitzenden der höhergestellten Verwaltungen sowie durch die Regierung aufgehoben.

Artikel 135

Gegen die Beschlüsse der örtlichen Sowjets und die Anordnungen der Vorsitzenden der Verwaltungen, durch die die Rechte und Freiheiten der Bürger eingeschränkt oder auf eine andere Weise verletzt werden, können im Gericht Berufungen eingelegt werden.

Artikel 136

Der Vorsitzende der Verwaltung kann im Falle eines begangenen Verbrechens, einer systematischen oder eindeutigen Verletzung der Gesetzesbestimmungen, einer systematischen Nichterfüllung seiner Pflichten durch den Beschluß des betreffenden Sowjets, der mit einer Mehrheit von mindestens zwei Dritteln der Gesamtzahl der Abgeordneten angenommen worden ist, oder durch die Regierung der Republik Belarus seines Amtes enthoben werden, und falls er seine Pflichten wegen des Gesundheitszustandes nicht erfüllen kann, durch den Beschluß des örtlichen Sowjets entlassen werden.

Artikel 137

Im Falle einer systematischen und eindeutigen Nichteinhaltung der Gesetzesbestimmungen durch den örtlichen Sowjet kann er durch den Sojm der Republik Belarus aufgelöst werden. Andere Gründe für die vorfristige Einstellung der Vollmachten des örtlichen Sowjets werden durch das Gesetz festgelegt.

Artikel 138

Der Kompetenzbereich und das Ordnungsverfahren der Tätigkeit der örtlichen Sowjets, Verwaltungen und Organe der territorialen Selbstverwaltung sowie die Besonderheiten der Organisation und der Tätigkeit der örtlichen Staatsorgane an der ersten territorialen Ebene wird durch das Gesetz festgelegt.

Abschnitt VI
Staatsanwaltschaft

Artikel 139

Die Aufsicht über die genaue und einheitliche Einhaltung der Gesetze auf dem Territorium der Republik Belarus durch die Regierung, andere Staatsorgane sowie örtliche Organe der Staatsverwaltung, örtliche Sowjets, Unternehmen, Organisationen und Einrichtungen, gesellschaftliche Vereinigungen, Amtspersonen und Bürger obliegt dem Generalstaatsanwalt der Republik und den ihm untergeordneten Staatsanwälten.

Die Staatsanwaltschaft gewährleistet die Aufsicht über die Ausführung der Gesetze bei der Untersuchung der Verbrechen, über die Entsprechung der Gerichtsbeschlüsse in Straf-, Zivil- und Ordnungssachen in durch das Gesetz vorgesehenen Fällen, führt eine Voruntersuchung durch, unterstützt die Staatsanklage in den Gerichten.

Artikel 140

Das einheitliche zentralisierte System der Organe der Staatsanwaltschaft wird vom Generalstaatsanwalt der Republik Belarus geleitet, der durch den Sojm der Republik für eine Dauer von zehn Jahren gewählt wird.

Die untergeordneten Staatsanwälte werden vom Generalstaatsanwalt der Republik Belarus bestellt.

Artikel 141

Der Generalstaatsanwalt der Republik und die untergeordneten Staatsanwälte sind in der Ausübung ihrer Vollmachten unabhängig und nur dem Gesetz verpflichtet. Der Generalstaatsanwalt der Republik ist dem Sojm der Republik Belarus rechenschaftspflichtig.

Artikel 142

Der Kompetenzbereich, die Organisation und das Ordnungsverfahren der Organe der Staatsanwaltschaft werden durch das Gesetz festgelegt.

Abschnitt VII
Verfassungsgericht

Artikel 143

Die verfassungsmäßige Kontrolle in der Republik Belarus wird durch das Verfassungsgericht gewährleistet.

Das Verfassungsgericht wird durch den Sojm der Republik Belarus aus hochqualifizierten Fachleuten auf dem Gebiete des Rechts in einer Zahl von 11 Richtern unbefristet gewählt.

Artikel 144

Das Verfassungsgericht wählt aus seinen Mitgliedern den Vorsitzenden des Verfassungsgerichtes und dessen Stellvertreter für eine Zeit von fünf Jahren.

Die zum Verfassungsgericht gewählten Personen dürfen keine andere Amts-, Produktions- und unternehmerische Tätigkeit betreiben außer Unterrichts- und wissenschaftlicher Forschungsarbeit, ohne Planstellen zu besetzen.

Die in das Verfassungsgericht gewählten Personen haben das Recht, jederzeit Rücktritt einzureichen.

Artikel 145

Das Verfassungsgericht der Republik erteilt auf seine eigene Initiative sowie auf Vorschläge des Präsidenten der Republik, des Vorsitzenden des Sojms der Republik, der ständigen Ausschüsse des Sojms der Republik, der mindestens 25 Abgeordneten des Sojms, der Regierung der Republik, des Obersten Gerichts der Republik, des Obersten Wirtschaftsgerichts der Republik, des Generalstaatsanwalts der Republik Befunde:

über die Übereinstimmung der Gesetze, internationalen Verträge und anderen Verpflichtungen der Republik Belarus mit der Verfassung und den Bestimmungen des Völkerrechts, die durch die Republik Belarus ratifiziert worden sind;

über die Übereinstimmung der Rechtsakte der zwischenstaatlichen Gebilde, zu denen Republik

Belarus gehört, der Erlasse des Präsidenten der Republik, der Beschlüsse der Regierung der Republik sowie der Akte des Obersten Gerichts der Republik, des Obersten Wirtschaftsgerichts der Republik, des Generalstaatsanwalts der Republik, die rechtlichen Charakter haben, mit der Verfassung und den Gesetzen der Republik sowie den Bestimmungen des Völkerrechts, die durch die Republik Belarus ratifiziert worden sind.

Das Verfassungsgericht der Republik hat das Recht, nach seinem Belieben die Frage nach der Übereinstimmung der Normakte eines beliebigen anderen Organs der Staatsmacht und der Verwaltung, einer gesellschaftlichen Vereinigung, mit der Verfassung und den Gesetzen der Republik sowie den Bestimmungen des Völkerrechts, die durch die Republik Belarus ratifiziert worden sind, zu erörtern.

Artikel 146

Befindet das Verfassungsgericht der Republik über eine Nichtübereinstimmung des Gesetzes der Republik, deren internationalen oder anderen Verpflichtung sowie eines Rechtsaktes des zwischenstaatlichen Gebildes, zu dem Republik Belarus gehört, bzw. deren einzelner Festlegungen mit der Verfassung der Republik oder mit den Bestimmungen des Völkerrechts, die durch die Republik Belarus ratifiziert worden sind, so wird der betreffende Akt insgesamt oder dessen bestimmter Teil außer Kraft gesetzt.

Der Sojm der Republik Belarus erörtert im Laufe von zwei Monaten den vorgelegten Befund in der Sache und nimmt einen entsprechenden Beschluß an. Falls der Sojm der Republik den Befund ablehnt, so ist das Verfassungsgericht berechtigt, das Gesetz, die internationale Verpflichtung oder den Rechtsakt des internationalen Gebildes, zu dem die Republik gehört, welche durch das Verfassungsgericht als verfassungswidrig anerkannt worden sind, als ungültig insgesamt oder in deren bestimmtem Teil ab dem Zeitpunkt der Beschlußfassung zu erklären, wodurch der verfassungswidrige Akt außer Kraft gesetzt wird.

Artikel 147

Ein Gesetz oder eine internationale bzw. eine andere vertragliche Verpflichtung der Republik, die durch das Verfassungsgericht für verfassungswidrig befunden werden, weil durch diese Rechte und Freiheiten des Menschen verletzt werden, haben keine Gültigkeit als Ganzes oder in deren bestimmtem Teil ab dem Zeitpunkt der Annahme des jeweiligen Aktes.

Andere Rechtsakte der Staatsorgane und der gesellschaftlichen Vereinigungen bzw. deren einzelne

Bestimmungen, die durch das Verfassungsgericht der Republik als mit der Verfassung der Republik Belarus, mit den Gesetzen der Republik bzw. den völkerrechtlichen Bestimmungen im Widerspruch stehend befunden werden, gelten ab dem Zeitpunkt der Beschlußfassung durch das Verfassungsgericht als ungültig.

Artikel 148

Das Verfassungsgericht hat das Recht, Vorschläge über die Notwendigkeit der Vornahme der Änderungen und Ergänzungen in die Verfassung der Republik sowie über die Annahme und Änderungen der Gesetze der Republik einzubringen.

Artikel 149

Das Verfassungsgericht der Republik ist bei der Ausübung seiner Funktionen nur der Verfassung, den ihr entsprechenden Gesetzen und den durch die Republik Belarus ratifizierten völkerrechtlichen Bestimmungen verpflichtet.

Eine direkte oder indirekte Beeinflussung des Verfassungsgerichtes oder dessen Mitglieder, die mit der Tätigkeit zur Ausübung der verfassungsmäßigen Kontrolle im Zusammenhang steht, ist nicht zulässig und wird strafrechtlich verfolgt.

Artikel 150

Die Ausführung des Befundes des Verfassungsgerichtes wird durch die Verfassung und die auf ihrer Grundlage angenommenen Gesetze garantiert.

Der Befund des Verfassungsgerichts ist endgültig, gegen ihn kann keine Beschwerde eingelegt werden.

Artikel 151

Personen, die zum Verfassungsgericht der Republik gewählt sind, können nicht strafrechtlich belangt, verhaftet werden, ihnen darf auf andere Weise persönliche Freiheit ohne Einverständnis des Sojms der Republik Belarus nicht entzogen werden, außer einer Festnahme am Tatort. Der Beschluß zu dieser Angelegenheit gilt als angenommen, wenn mindestens 107 Abgeordnete des Bundestages dafür gestimmt haben.

Artikel 152

Der Kompetenzbereich, die Organisation und das Ordnungsverfahren der Tätigkeit des Verfassungsgerichts werden durch das Gesetz über das Verfassungsgericht der Republik Belarus festgelegt.

Abschnitt VIII
Finanzen und Haushalt

Artikel 153

Die Republik hat ihre eigenen Finanz-, Geld- und Kreditsysteme.

Die Republik kann Abkommen mit den anderen Staaten über die Vereinigung der Finanz-, Geld- und Kreditsysteme sowie über die Festlegung einer einheitlichen Geldeinheit abschließen. Falls ein solches Abkommen abgeschlossen sein wird, nimmt die Republik Belarus an der Kontrolle über die Tätigkeit der gemeinsamen Finanz- und Bankorgane teil.

Zum Bankensystem der Republik Belarus gehören die Nationalbank der Republik Belarus und die Kommerzbanken.

Die Nationalbank der Republik Belarus ist die Zentralbank der Republik und ist dem Sojm rechenschaftspflichtig. Die Nationalbank arbeitet gemeinsam mit der Regierung der Republik die Hauptrichtungen der Finanz-, Geld- und Kreditpolitik aus und legt sie dem Sojm vor.

Artikel 154

Die Einkünfte des Haushalts der Republik werden durch die durch das Gesetz festgelegten Steuern, Gebühren, anderen Pflichtzahlungen, Einkünfte vom Staatseigentum sowie anderen Eingänge gebildet.

Die Staatsausgaben werden aus dem Haushalt der Republik entsprechend dessen Ausgabeteil gewährleistet.

Artikel 155

Der Haushalt der Republik wird durch den Sojm spätestens einen Monat vor Beginn des Finanzjahres verabschiedet.

Im Falle einer Nichtannahme des Haushalts der Republik für das nächste Jahr durch den Sojm ist die Regierung berechtigt, Ausgaben entsprechend dem Haushalt für das vorige Jahr vorzunehmen, wenn der Sojm kein anderes Verfahren für den Ausgabeteil des Haushalts als Ganzes oder dessen einzelner Posten festgelegt hat.

Artikel 156

Territoriale Verwaltungseinheiten der Republik Belarus haben ihre eigenen Haushalte. Das Verfahren der Zusammenstellung, der Bewilligung und der Erfüllung der örtlichen Haushalte wird durch das Gesetz festgelegt.

Artikel 157

Den Bericht über die Erfüllung des Haushalts der Republik legt die Regierung dem Sojm der

Republik Belarus spätestens drei Monate nach Abschluß des Berichtsjahres zur Erörterung vor.

Der Sojm erörtert den Bericht und nimmt darüber spätestens fünf Monate nach Abschluß des Berichtsjahres einen Beschluß an.

Der Bericht über die Erfüllung des Haushalts wird veröffentlicht.

Artikel 158

Beschlüsse, die eine Erhöhung des Ausgabeteils des Haushalts bzw. eine Senkung des Einnahmeteils zur Folge haben, werden durch den Sojm, die Regierung und die örtlichen Sowjets nach Maßgabe ihrer Kompetenz angenommen. Die Beschlüsse, die eine Überschreitung des Grenzdefizits des Haushalts zur Folge haben, können nur durch den Sojm angenommen werden.

Artikel 159

Beschlüsse über Staatsdarlehen, Heranziehung ausländischer Kredite und anderer Finanzverpflichtungen der Republik Belarus, der Gewährung unentgeltlicher Hilfe den anderen Staaten werden durch die Regierung der Republik Belarus im Einvernehmen mit der Nationalbank der Republik Belarus in Grenzen eines Gesamtlimits der Staatsverschuldung, das durch den Sojm der Republik Belarus bestätigt wurde, angenommen.

Abschnitt IX
Geltungsbereich der Verfassung der Republik Belarus und Verfahren deren Abänderung

Artikel 160

Die Verfassung hat die höchste Rechtskraft. Die Gesetze und andere Akte der Staatsorgane der Republik Belarus werden auf der Grundlage und in Übereinstimmung mit der Verfassung der Republik verabschiedet.

Bei einer Abweichung des Gesetzes der Republik von der Verfassung der Republik gilt die Verfassung der Republik.

Artikel 161

Die Frage nach der Abänderung der Verfassung der Republik Belarus wird durch den Sojm der Republik auf Initiative von mindestens 150 Tausend stimmberechtigter Bürger der Republik; von mindestens 15 Abgeordneten des Sojms der Republik; des Präsidenten der Republik; der Regierung der Republik erörtert.

Artikel 162

Das Gesetz über die Abänderung der Verfassung der Republik Belarus kann nach zwei Lesungen und der Billigung durch den Sojm der Republik mit einem Zeitabstand von mindestens drei Monaten angenommen werden.

Änderungen an der Verfassung können nicht während des Notstandes sowie in den letzten sechs Monaten vor Ablauf der Legislaturperiode des Sojms der Republik vorgenommen werden.

Artikel 163

Die Verfassung der Republik Belarus, die Gesetze über die Abänderungen der Verfassung, über das Inkrafttreten der Verfassung und der genannten Gesetze, Akte über die Auslegung der Verfassung der Republik Belarus gelten als angenommen, wenn sie eine Stimmenmehrheit von mindestens 107 Abgeordneten des Sojms bekommen haben.

Textanhang XIV/3

The LAW of the REPUBLIC of BELARUS on the CONSTITUTIONAL COURT of the REPUBLIC of BELARUS (1994)

Part 1
General Provisions

Article 1
The Functions of the Constitutional Court

The control over the constitutionality of normative acts in the Republic of Belarus shall be exercised by the Constitutional Court of the Republic of Belarus.

The Constitutional Court shall be established to safeguard the supremacy of the Constitution of the Republic of Belarus und to assure its direct action on the territory of the Republic, to insure the conformity of acts issued by the government authorities to the Constitution of the Republic of Belarus, to strengthen lawfulness in the law-making and the application of laws, to address other issues provided for by this law.

Article 2
The Basic Principles of the Constitutional Court Activities

The basic principles of the Constitutional Court activities shall be lawfulness, collegiality and transparency.

The Constitutional Court shall be independent in carrying out its functions.

Any pressure on the Constitutional Court or its members relative to the conduct of the constitutional judicial proceedings shall be impermissible and prosecuted by Law.

Article 3
The Language of the Constitutional Judicial Proceedings

Judicial proceedings in the Constitutional Court shall be conducted in compliance with the Law of the Republic of Belarus "On the Languages in the Republic of Belarus".

Article 4
Legislation on the Constitutional Court

The organization and procedure of the Constitutional Court operation shall be established by the Constitution and the present Law.

Article 5
The Jurisdiction of the Constitutional Court

The Constitutional Court shall be competent to consider the cases and to give legal opinion concerning:

the conformity of laws, international treaties and other international obligations of the Republic of Belarus to the Constitution and international legal acts ratified by the Republic of Belarus;

the conformity of the legal acts of intergovernmental formations the Republic of Belarus is part of, the decree of the President of the Republic of Belarus, the resolutions of the Government of the Republic of Belarus, as well as acts of the Supreme Court of Belarus, the Highest Economic Court of the Republic of Belarus, the Procurator General of the Republic of Belarus which are of normative character, to the Constitution of the Republic, the international legal acts ratified by the Republic;

the Constitutional Court shall have the authority to consider the question of the conformity of any act of any public organ or public association to

the Constitution of the Belarus and the international legal acts ratified by the Republic of Belarus.

The Constitutional Court, in respect of the acts mentioned above in the first part of this Article, may discuss the issue of the constitutionality of the acts as a whole or of separate provisions thereof.

Article 6
The Constitutional Court shall consider issues on the corresponding proposals of the initiators.

Other state bodies, public associations as well as citizens shall be entitled to bring a corresponding initiative before the bodies and officials possessing the right to put proposals for the verification of the constitutionality of norms.

The question of the violation of the Constitution by the President of the Republic of Belarus, in case this is not relative to the adoption of a Presidential Decree, shall be examined by the Constitutional Court on the proposal of no less then 70 deputies of the Republic of Belarus. The Constitutional Court shall not be entitled to refuse to consider this question.

Article 7
The Constitutional Court's Right to Address Proposals to the Supreme Soviet of the Republic of Belarus

The Constitutional Court shall have the authority to bring forward proposals to the Supreme Soviet of the Republic of Belarus on the necessity of amendments to the Constitution which are to be considered by the Supreme Soviet of the Republic of Belarus as well as other proposals according to its competence.

Article 8
The Rules of Procedure of the Constitutional Court

The Constitutional Court sessions shall take place when required and may be called by the Chairman of the Constitutional Court on his own initiative or on a demand of at least three judges of the Constitutional Court.

Article 9
The Consequences of the Constitutional Pronouncing an Act to be Unconstitutional or Establishing a Violation by the President of the Republic of Belarus of the Constitution

Should the Constitutional Court declare a norm, an international treaty or other international obligation of the Republic of Belarus to be contradictory to the Constitution as they violate the rights and freedoms of the individual, they shall be considered to be void as a whole or their separate provisions from the moment of their adoption.

Other normative acts of state bodies or public associations, international treaties and other international obligations of the Republic of Belarus found by the Constitutional Court to be contrary to the Constitution, laws or international legal acts, ratified by the Republic of Belarus, are considered to be void as a whole or their separate provisions from a date, established by the Constitutional Court. Normative legal acts of the intergovernmental formations the Republic of Belarus is part of found by the Constitutional Court to be contrary to the Constitution, its laws or international legal acts are considered to be invalid on the territory of the Republic of Belarus as a whole or their separate provisions from a date, established by the Constitutional Court.

The Supreme Soviet of the Republic of Belarus shall, considering the corresponding conclusion of the Constitutional Court, take the decision on the violation by the President of the Republic of Belarus of the Constitution, in case this violation is not relative to a presidential decree.

Article 10
The Binding Force of the Constitutional Court's Decisions and the Terms of Their Consideration

The Constitutional Court's rulings adopted within its jurisdiction shall be binding in the territory of the Republic of Belarus for all the government authorities, enterprises, institutions-organisations, public officials and citizens.

The Constitutional Court's conclusions shall be discussed by the bodies and persons they are addressed to, with the latter being bound to send their response to the Constitutional Court within the prescribed time.

The refusal or evasion of taking the Constitutional Court's conclusion for consideration, violation of the terms, non-fulfillment or improper fulfilment of the Court's decisions shall entail responsibility as stipulated by this law.

Article 11
The Scope of Constitutional Court's Jurisdiction

The limits for the resolution of issues brought before the Constitutional Court shall be determined by the Constitutional Court.

In the consideration of the submitted issues the Constitutional Court shall not be bound by the arguments and opinions of the parties concerned.

The Constitutional Court can also take a decision in respect of the acts based on the verified act or acts, reproducing separate provisions of the latter, even if they have not been mentioned in the motion.

When verifying an act, the Constitutional Court shall take into consideration both its literal meaning and the meaning attributed to it by its application practice.

The Constitutional Court shall not be entitled to make a preliminary check or re of the draft treaties, agreements or other acts the constitutionality of which it may be called upon to consider.

Part 2
The Composition, Procedure of Election and Status of the Constitutional Court Members

Article 12
The Composition of the Constitutional Court

The Constitutional Court shall consist of a Chairman, a Deputy Chairman and nine judges.

The Constitutional Court shall be competent to take decisions and start its activities when no less then 7 of its members have been elected.

Article 13
The Procedure of Election of the Constitutional Court

The Constitutional Court shall be elected by the Supreme Soviet of the Republic of Belarus.

The Chairman of the Constitutional Court shall be elected by the Supreme Soviet of the Republic of Belarus on the proposal of the President of the Republic of Belarus.

The Deputy Chairman shall be elected by the Constitutional Court among the elected judges.

In the event of a judge's withdrawal from the Constitutional Court, another person shall be elected according to the procedure established by the present Article.

In case of the absence of the Chairman of the Constitutional Court or its Deputy, or in case of their inability to exercise their functions, the eldest judge of the Constitutional Court shall enjoy the powers listed in Article 19 of the present Law.

Article 14
The Requirements to a Nominee for the Office of the Constitutional Court's Judge

May elected to be a judge of the Constitutional Court a citizen of the Republic of Belarus, having advanced juridical education and high level of qualification in the legal field and possessing high moral standards.

The maximum age limit for a member of the Constitutional Court shall be 60 years.

Article 15

The Term of Office of a Judge of the Constitutional Court

The Constitutional Court Judges shall be elected for a term of eleven years and may be reelected for another term.

The Chairman of the Constitutional Court shall be elected for a term of five years and may be reelected to this office till the end of his term of office as a judge of the Constitutional Court.

Article 16
Activities Incompatible with the Office of a Constitutional Court Judge

Persons elected to the Constitutional Court shall have no right to engage in business activities or other paid activities, except for teaching and research work on a non-staff basis. They may not be deputies, members of political parties and other politically-committed public associations.

Article 17

The Oath of Office of the Constitutional Court Member

A member of the Constitutional Court shall be competent to take part in the Court's activities only after having taken the Oath of Office.

The Constitutional Court judges shall be sworn in by the Chairman of the Supreme Soviet of the Republic of Belarus.

Each member of the Constitutional Court shall take the oath of the following content:

"I, (surname, first name, patronymic), hereby assume an obligation to the people of the Republic of Belarus to perform the duties of the judge of the Constitutional Court Honestly, conscientiously and impartially, to protect the constitutional order and the supremacy of the Constitution".

Article 18
Early Termination of the Term of Office of the Constitutional Court Members

The term of office of a judge of the Constitutional Court can be terminated by the Supreme Soviet of the Republic of Belarus before the appointed time in the following cases:

1. on his request for resignation;
2. if the state of health prevents him from performing his duties;
3. in case of his death;
4. when he has reached the ultimate age speci-

fied for the office of the Constitutional Court judge;

5. if he has forfeited citizenship of the Republic of Belarus;
6. if his actions discredit the Constitutional Court;
7. when a verdict of guilty passed in respect of him by the court of law has come into legal force.

The term of office of the Chairman or the Deputy Chairman of the Constitutional Court can be terminated by the Supreme Soviet of the Republic of Belarus before the appointed time in case:

1. on his request for resignation from the office of Chairman or Deputy Chairman of the Constitutional Court;
2. of the Chairman or the Deputy Chairman of the Constitutional Court is convicted by a penal court.

Article 19
The Chairman of the Constitutional Court

The Chairman of the Constitutional Court shall enjoy all the rights and bear all the responsibilities of a judge of the Constitutional Court.

The Chairman of the Constitutional Court shall:

– direct the activities of the Constitutional Court and distribute the duties among its members;
– call and chair the meetings of the Constitutional Court;
– take, according to the rules of procedure, measures of encouragement and penalty towards judges of the Constitutional Court;
– exercise overall direction of the secretariat of the Constitutional Court and have the right to hire and dismiss its staff;
– have the right to resign at any time from his office.

The Chairman of the Constitutional Court shall issue instructions on the matters related to the internal activities of the Constitutional Court.

The Chairman of the Constitutional Court shall perform other functions in accordance with the present Law.

Article 20
The Deputy Chairman of the Constitutional Court

The Deputy Chairman of the Constitutional Court shall enjoy all the rights and bear all the responsibilities of a judge of the Constitutional Court, he shall discharge the duties of the Chairman of the Constitutional Court when the latter is absent or following his instructions.

The Deputy Chairman of the Constitutional Court have the right to resign at any time from his office.

Article 21
The Judge of the Constitutional Court

A Judge of the Constitutional Court shall:

1. be entitled to demand the calling of a meeting of the Constitutional Court, to submit issues to be considered, to deliver his separate opinion in respect of the Constitutional Court's decisions;

2. be entitled to take part in all the sittings of the Constitutional Court with the right of a casting vote;

3. enjoy other rights and bear the obligations stipulated by the present Law.

A judge of the Constitutional Court have the right to resign at any time from his office.

When not sitting, the Constitutional Court members ought to refrain from making public statements on the issue being studied or deliberated in the sittings, until a decision is taken on them.

The Constitutional Court judges shall have equal rights in deciding all the issues within the Constitutional Court's competence.

Article 22
The Right of the Constitutional Court Judges to Attend Hearings of Governmental Bodies

The Constitutional Court judges shall have the right to attend open and, when invited, close meetings of any government body.

Article 23
The Inviolability of a Judge of the Constitutional Court

A judge of the Constitutional Court shall be inviolable.

The inviolability of a judge is assured by a special procedure of setting matters related to the abridgement of his personal rights and freedoms and extends to his home and all other legal property as well as to his office, transport, communications, correspondence, effects and documents.

A person elected in the Constitutional Court cannot be convicted, put under arrest or restricted in his rights without consent of the Supreme Soviet of the Republic of Belarus, except in cases when caught in the act.

Criminal proceedings against a judge of the Constitutional Court may be initiated only by the Procurator General of the Republic of Belarus with the consent of the Supreme Soviet of the Republic of Belarus.

Having giving consent for the criminal prosecution or arrest of a judge of the Constitutional Court, the Supreme Soviet should simultaneously take a decision on suspending his term of office.

Article 24
Financing of the Constitutional Court Activities

Financing of the Constitutional Court shall be guaranteed by responsible government bodies in an order, established by the President of the Republic of Belarus.

The salary of the Chairman of the Constitutional Court as well as the level of their medical, social and other types of security may not be lower than that of the President of the Supreme Court of the Republic of Belarus, his first deputy and the judges of the Supreme Court of the Republic of Belarus, respectively.

If necessary, each member of the Constitutional Court should be provided, within six months after his election, a dwelling with modern amenities in the city of Minsk with the expenses paid out of the republican budget.

The Constitutional Court judges shall enjoy the privileges provided by the state functionaries.

Article 25
Guarantees of the Right to Work of the Constitutional Court Judges

On the expiry of their term of office a judge of the Constitutional Court, unless he has reached a pensionable age or in cases listed in provisions 1, 2 and 5 of the first part of article 18 of the present Law, must be reinstated in his former job (office), or, if this is impossible, be provided an equivalent job (office). The order of this placement procedure of a judge of the Constitutional Court shall be established by the President of the Republic of Belarus.

The time of service as a judge of the Constitutional Court shall be included in the length of service in his previous job.

Part 3
The Rules of Procedure in the Constitutional Court

Article 26
The Constitutional Court Sittings

The Constitutional Court sittings shall be conducted in a solemn environment with the observance of all requirements of the juridical etiquette.

All the persons present in the room should show respect for the Constitutional Court and the rules and procedures established for the conduct of the sittings, must obey the orders of the presiding officer.

Close sittings shall be conducted when the Constitutional Court decides so dealing with matters of state secret.

Article 27
The General Rules of Practice in the Constitutional Court

One or more cases may be considered at a sitting of the Constitutional Court. A report shall be made on each issue by a member of the Constitutional Court.

The Constitutional Court shall resign continuously in session, except time for rest or given to the participants in the sitting to prepare the final speech.

A sitting may be suspended on an application of a party for an additional study of materials submitted by the other party and also on the occurrence of circumstances obstructing the normal progress of an issue deliberation. In this case the presiding officer shall announce a suspension of the proceedings for an appointed time. The proceedings shall continue from the point on which it has been postponed.

The consideration of an issue may be discontinued if the Constitutional Court deems it insufficiently prepared or requiring further study, in the event of revocation of the motion to verify the constitutionality of an act, or on other grounds pursuant to in the provisions of article 49 of this Law.

A repeated submission of the issue for consideration by the Constitutional Court in such cases shall be only possible not earlier then three months after the decision of its discontinuance has been taken, prevented the reasons, which have caused the Constitutional Court's decision to discontinue the consideration of the issue, have been eliminated.

Article 28
Presiding over the Constitutional Court Sittings

A sitting of the Constitutional Court shall be chaired by the Chairman of the Constitutional Court and in his absence or on his commission – by the Deputy Chairman of the Constitutional Court. The judge reporting on the issue may not chair the sitting.

The presiding officer shall conduct the sitting, take measures neccessary to insure proper order, completeness and thoroughness of the deliberation and the recording of its progress and results; rule out every point irrelevant to the case; interrupt, after a warning, speeches of the paticipants on the sitting of these deal with issues unrelated to the case or beyond the Court's competence; deny them the floor, if they wilfully breach the sequence of appearance, use strong or abusive language, or otherwise violate the procedures and practice of the deliberation of cases in the Constitutional Court.

The presiding officer shall have the right to remove from the room of the sitting anyone who breaches the order or does not obey his legitimate instructions.

Article 29
Participants in the Constitutional Court Sittings

Participants in the Constitutional Court sittings shall be parties involved, representatives of the parties, witnesses, experts, specialists.

A sitting may be attended by the President of the Republic of Belarus, the Chairman of the Supreme Soviet of the Republic of Belarus, the Chairman of the Supreme Court, the Chairman of the Highest Economic Court, The Procurator General and the Minister of Justice of the Republic of Belarus. They shall have the right to state their position on all the issues at stake.

Parties to a sitting of the Constitutional Court shall be:

the President of the Republic in case the question of the violation of the Constitution by him is considered, if this violation is not related to the adoption of a presidential decree;

government officials, who have signs or issued an act the constitutionality of which is checked, or their representatives;

initiators, who have submitted to the Constitutional Court a proposal to verify the constitutionality of an act, or their representatives.

The parties may be represented in the sittings by barristers, specialists and other persons whose commission is confirmed by the parties in writing in conformity with the established procedure.

The parties and their representatives must answer, on call, before the Constitutional Court, give explanations and answer questions. A party shall have the right to state its own position in respect of the case and put questions to the opponent, witnesses and experts, as well as to lodge petitions, submit documents, written comments, other materials related to the issue in question, to gain access to the documents, written comments and other materials presented to the Constitutional Court by the other party.

The parties, their representatives, witnesses, experts and specialists taking part in the sitting of the Constitutional Court shall take the pledge to state all the case-related circumstances known to them accurately and truthfully.

The non-appearance of the parties and their representatives before the Court shall not impede the consideration of the case.

Article 30
Covering Expenses of the Parties

Parties shall cover expenses relative to their participation in a sitting of the Constitutional Court out of their own funds; they may demand reimbursement of the costs by way of civil action.

The expenses of the participants in the proceedings called to appear by the Constitutional Court shall be covered by the republican budget in the order established for covering such expenses by the juridical system.

Article 31
Notification of and Summons to the Constitutional Court Sitting

The parties to a case and other participants if decided so by the Constitutional Court shall be sent a notice of the sitting, the agenda, copies of the motion, of the acts in question and comments on them at the latest ten days before the start of the sitting. If required, the parties may be given other documents and materials.

Any person may be called as a witness at the discretion of the Court, while whose called as experts or specialists should be qualified in their particular field.

Witnesses, experts and specialists shall be obliged to appear before the Court.

Article 32
Recording of the Constitutional Court Sitting

The Constitutional Court sitting shall be recorded. The minutes shall include:

the place and the date of the sitting;

the names of the judges present and absent;

the surname, first name and patronymic and the post of the presiding officer;

the agenda;

the data on the participants in the sitting;

the Constitutional Court actions in their actual sequence and their results;

explanations and statements of the participants in the sitting;

a brief record of the evidence procuced by the witnesses and experts, questions put to them and answers to the questions;

the facts that the participants in the sitting asked to be included in the minutes;

a description of the breaches of order made, other manifestation of disrespect for the Constitutional Court, the warnings made and the penalties imposed;

the issues put to the vote and the results of the voting;

any decision delivered by the Constitutional Court.

The minutes must be drawn up within five days after the end of the sitting. They shall be signed by the person presiding over the Constitutional Court sitting.

The minutes of the Constitutional Court sitting shall be made available to the parties involved in the sitting. The procedure of gaining access to and making copies of the minutes, and other actions relative to their distribution shall be established by the Constitutional Court.

Article 33
The Preparation of the Constitutional Court Sitting

Issues submitted for consideration by the Constitutional Court shall be subject to a preliminary study. The Chairman entrusts one or more judges with the studying of the case and sets time limis for the completion of this work, as a rule, no more then two months after the date of the arrival of the materials at the Constitutional Court. Constitutional Court Chairman may prolong the time limit, but nor more then for a month, if the issue under consideration is especially complicated or of a large scale.

The judge who will be assigned to apport on the question shall have the right to demand the provision of the necessary documents, to order checks, investigations, expert examinations to be carried out, to consult specialists, to make inquiries, to demand the initiators of the proceeding to put the presented documents in conformity with the requirements, to set time limits for the fulfillment of his orders.

No later than ten days before the sitting begins, the judges shall be notified of the time, place and agenda of the sitting and be provided with all the documents necessary for the consideration of the case.

Article 34
The Procedure of the Consideration of Issues by the Constitutional Court

At the appointed time the presiding officer shall open the sitting and announce the agenda. Thereafter he shall make sure that the parties and their representatives, the witnesses and experts are present, check the authority of the representatives of the parties and explain to theim their rights and obligations.

Should a participant fail to appear before the Court or to present a duly certified warrant, the presiding officer should put to the vote a question of the possibility of hearing the case or to the possibility of this person participation in the hearing.

The hearing of each issue shall begin with the report of a judge who states the essence of the question at stake, the reasons and the grounds for its consideration. The parties shall be heard after the judge's report. They may be asked questions. If required, evidence of the witnesses and experts shall be heard and documents of importance to the consideration of the case shall be read.

Having investigated the explanations, evidence and documents, the Constitutional Court will withdraw to consider the judgement. The deliberation of the judges shall be close. During the deliberation the presiding officer shall give the floor to each judge willing to give his opinion relative to the issue under consideration. In the course of the discussion the judges may ask one another to clarify their positions in respect of the case. On completion of the discussion the presiding officer shall put the issue to the vote.

Article 35
The Passing of the Judgement by the Constitutional Court

The Constitutional Court's judgments shall be passed by open ballot. Open balloting shall be performed by the roll-call voting of the judges. The presiding officer shall be the last to cast his vote.

The presiding officer shall put the issue to the vote in the order in which it has been raised. No judge shall have the right to abstain from or not to take part in the voting.

The Constitutional Court's judgement shall be considered passed if it has been voted for by the majority of the judges present in the sitting. If the votes are divided equally, the vote of the presiding officer shall be deciding.

Article 36
The Constitutional Court's Judgments

Any act passed at the Constitutional Court sittings shall be regarded to be its judgment.

In the cases provided for under Article 5 of the present Law the Constitutional Court shall give advisory opinions (conclusions).

Applications and demands to government bodies may be part of other judgments, or may be stated separately in the form of a submission or inquiry.

The analysis of the state of the observance of the constitutional law in the Republic of Belarus shall be drawn in form of a message of the Constitutional Court to the President of the Republic of Belarus and the Supreme Soviet of the Republic of Belarus.

Article 37
The Statement of the Constitutional Court's Judgement

A judgement of the Constitutional Court may be issued as a separate document or in the form of an excerpt from the minutes.

The Constitutional Court may postpone the issuing of the judgement as a separate document for no more than two weeks and issue only an excerpt from the minutes with the wording of the judgement, the order and the time limits of its enforcement.

The judgement of the Constitutional Court shall be stated according to the requirements of the present Law.

The message of the Constitutional Court, its inquiries, demands and other decisions on matters of procedure shall be stated as established by the Constitutional Court.

Article 38
The Pronouncement of the Constitutional Court Judgement and its Entry into Force

The Constitutional Court judgment shall be pronounced at its sitting immediately after the deliberation of the judges; the judgement shall be final and without appeal.

The Constitutional Court judgement shall come into force immediately after it has been pronounced.

Article 39
A Separate Opinion of the Constitutional Court Judges

A judge of the Constitutional Court dissenting from the pronounced judgment may, if he desires so, state his individual opinion in writing and attach it to the minutes of the sitting. His opinion shall be published as an Annexa to the Constitutional Court's judgment.

Article 40
Publication of the Constitutional Court Judgements

The judgements of the Constitutional Court shall have to be officially published according to the procedure, established for the acts of the Supreme Soviet of the Republic of Belarus.

No later than three days after a judgement of the Constitutional Court has been passed it shall be sent to: the President of the Republic of Belarus, the Supreme Soviet of the Republic of Belarus, the Prime-Minister, the Chairman of the Supreme Court of the Republic of Belarus, the Chairman of the Highest Economic Court of the Republic of Belarus, the Procurator General of the Republic of Belarus, the Minister of Justice of the Republic of Belarus and to the parties involved in the proceedings.

On an order of the Constitutional Court Chairman copies of the judgements may also be sent to other government bodies, public associations, enterprises, organizations and government officials.

The Constitutional Court decisions such as its inquires, demands and those related to the matters of procedure shall be distributed according to the order established by the Constitutional Court.

Article 41
Interpretation of the Constitutional Court Judgements

The Constitutional Court judgements may be officially interpreted only by the Constitutional Court itself. The Court shall pass a decision on the interpretation of derived judgements which is to be issued as a separate document.

Article 42
The Revision of the Constitutional Court Judgement

A judgement of the Constitutional Court could be revised on its own initiative upon the discovery of circumstances which were unknown to the Court when the judgement was given, or in the case of a change of the constitutional rule on which the judgement was delivered.

Article 43
Judgement of the Constitutional Court

A judgement shall be given by the Constitutional Court after consideration of the questions listed in article 5 of the present Law.

A Constitutional Court Judgement shall include:

the title of the judgement, the date and plae of its delivery;

the names of the judges of the Constitutional Court who have delivered the judgements;

the list of the parties, of the participants in the sitting;

the question considered, the reasons for its consideration;

the provisions of the Constitution and the present Law giving to the Constitutional Court the right or the obligation to consider this question;

the full title of the act the constitutionality of which has been checked and the source of its promulgation (reception);

the circumstances established during the consideration of the question;

the provisions of the Constitution, of the international legal acts, the present Law which guided the Constitutional Court when taking its decision;

the title and the date of entry into force of a judgement of the Constitutional Court referred to during the preparation of the present judgement;

the wording of the judgement and its substation;

the procedure and the time limit for the enforcement of the judgement, the features of its publication.

When an act the constitutionality of which is declared constitutional in some parts and unconstitutional in the others, or if in respect of the same acts are declared to be constitutional and the others – unconstitutional, it shall be stated in the conclusion of the Constitutional Court.

Article 44
The Constitutional Court's Message

The Constitutional Court shall annually send a message to the President of the Republic of Belarus and the Supreme Soviet of the Republic of Belarus on the state of observance of the constitutional law in the Republic based on the materials studied.

Article 45
The Inquires and Demands of the Constitutional Court

In order to carry out the proceedings and to find a solution to the questions of its competence, the Constitutional Court or – when preparing the deliberations on a concrete case – a judge of the Constitutional Court are entitled to make inquires and adress demands to government bodies.

Article 46
The Constitutional Court Right to Impose Penalties

The Constitutional Court shall have the right to impose penalties on government officials and citizens showing disrespect for the Constitutional Court.

The following circumstances shall be the grounds for the imposition of the penalty:

refusal to consider or failure to consider within the appropriate time limit, without valid excuse, of the inquires or demands of the Constitutional Court;

failure to execute in appropriate time, without valid excuse, orders or requests of a judge of the Constitutional Court for the provision of documents and other materials, for carrying out the required checks, rendering aid and assistance relative to the consideration of a case;

deliberate submission of false information and made-up documents to the Constitutional Court;

non-appearance without valid excuse, refusal to appearer failure to notify about the impossibility of the appearance of a witness, an expert or a specialist before the Constitutional Court;

wilfull violation by a participant in the sitting of the sequence of speeches, the use of strong and abusive language, or unconstitutional utterances, other breaches of order at the Constitutional Court sittings, refusal to obey the presiding officer's instructions on maintaining order.

For each case of misconduct the Constitutional Court shall be entitled to impose penalties on citizens the amount of up to 10 minimum wages, and on government officials – up to 50 minimum wages at the level existing at the time of defence.

The procedure of enforcement of the Constitutional Court decision on penalty payment shall be established by the Constitutional Court.

Article 47
The Contents of a Motion for the Verification of the Constitutionality of an Act

A motion calling for verification of an act should contain:

data on the initiator (initiators) of the motion confirming the authority of submitting it to the Constitutional Court;

the title of the international treaty or act to be verified, information on the sources of its publication;

the grounds for consideration of the issue by the Constitutional Court;

the position of a party, its legal justification with reference to the appropriate legislative regulations;

a list of documents attached thereto.

The motion shall be signed by a government official, a representative of a government body, a group of People's deputies as provided for under Article 6 of the present Law.

Must be attached to every motion for the verification of the constitutionality of an act:

a duly attested copy of the full text of the international treaty or act the constitutionality of which is to be checked in whole or in part, with an indication of the source of publication (reception) of this act;

a warrant or another document confirming the authority of the representative, expert for the cases when such recommendation is enabled by the virtue of the office held.

Must be also attached to the motion a list of witnesses and experts who are proposed to be called to the Constitutional Court sitting, specialist's opinions, as well as other documents and materials to be examined by the Constitutional Court.

The motions and the mandatory appendices thereto shall be presented to the Constitutional Court with no less then 5 copies.

The judgement on the question on the violation by the President of the Republic of Belarus of the Constitution, in case such a violation is not relative to the adoption of a presential decree, shall be stated according to the requirements of the present Article.

Article 48
Revocation of a Motion for Verification of the Constitutionality of an Act

The motion for verification of the constitutionality of an act may be revoked by its initiator before the corresponding issue is included in the agenda of a sitting of the Constitutional Court.

The decision to discontinue constitutional legal proceedings on a case in connection with the revocation of the motion for the verification of the constitutionality of an act shall be made by the Constitutional Court.

Article 49
The Refusal to Accept a Motion for Verification of the Constitutionality of an Act for the Consideration by the Constitutional Court

The Constitutional Court may refuse a motion for verification of the constitutionality of an act if:

the motion is initiated by a body or a person having no authority to do so;

it fails to meet the requirements set forth in Article 47 of the present Law;

the issue is beyond the Constitutional Court's competence;

international treaties or other acts mentioned in the motion have been already checked for constitutionality in whole or in their part by the Constitutional Court and for the time elapsed thereafter there have been no changes in the Constitution or in other legal regulations used as a basis for the Court's judgement;

the matters dealt with in an international treaty or another act, the constitutionality of which is in question, is not provided for by the Constitution of the Republik of Belarus, while the correct method of its settlement cannot be derived from the general principles and the meaning of the Constitution;

the party has not put the documents required for the submission of a motion to verify the constitutionality of an act.

Should the reasons preventing the acceptance of a motion for consideration be identified in the course of the Constitutional Court sitting, the Court shall make a decision to discontinue the consideration of the case.

Part 4
Other Matters of the Constitutional Court Organization and Activities

Article 50
The Regulations of the Constitutional Court

The Constitutional Court shall adopt the regulations which establish the rules of procedure and juridical etiquette, the requirements to the personnel, the specific features of the legal proceedings and other aspects of its internal activities.

Article 51
The Scientific Consultative Council at the Constitutional Court

A Scientific Consultative Council made up of legal scholars and practical lawyers shall be set at the Constitutional Court; its staff and the regulations shall be approved by the Constitutional Court.

Article 52
The Secretariat of the Constitutional Court

The Functions of the Secretariat of the Constitutional Court shall include collection of information, organisational, technical and other activities in order to provide the activities of the Constitutional Court.

The Secretariat of the Court shall be a juridical person, the Secretary General of the Constitutional Court, appointed to this office by the Chairman of the Constitutional Court, shall directly guide its activities.

The staff of the Secretariat of the Constitutional Court shall enjoy the rights and bear the obligations according to the legislation on civil servants.

Article 53
Financing the Constitutional Operations

All the expenses relative to the operation of the Constitutional Court, including the reimbursement of the payments of remuneration to third persons and organizations for consulting services and expert examinations performed under contracts, compensation of the expenses for the appearance of witnesses, experts und specialists before the Constitutional Court, as well as the coverage of other legal costs, shall be financed out of the republican budget.

The expenses relative to the execution of the mandatory judgements of the Constitutional Court shall be paid by government organs, enterprises, institutions and organizations charged with the implementation of these decisions.

Article 54
Protection of the Constitutional Court

The Constitutional Court shall be guarded by the internal affairs bodies of the Republic of Belarus.

Article 55
The Symbols of the Juridical Power of the Constitutional Court

The image of the State Emblem of the Republic of Belarus, the State Flag and the text of the Constitution of the Republic of Belarus shall be available in the hall where the Constitutional Court sits.

The Constitutional Court judges shall sit in judge's gowns the description and pattern of which are to be approved by the President of the Republic of Belarus.

Article 57
The Certificate of a Judge of the Constitutional Court

The Constitutional Court judges shall be issued certificates the description and pattern of which are to be approved by the Constitutional Court.

Nobody shall have the right to demand from a judge of the Constitutional Court other documents confirming his powers, besides the Certificate.

Article 58
The Seat of the Constitutional Court

The seat of the Constitutional Court shall be established in the capital of the Republic of Belarus, the city of Minsk.

The Constitutional Court sittings shall be conducted at the place of its permanent location. This, however, shall not prevent the Constitutional Court from sitting and exercising its functions elsewhere whenever the Court considers it desirable.

Textanhang XIV/4

Constitution of the Republic of Belarus (1994)*

We, the People of the Republic of Belarus (of Belarus),

emanating from the responsibility for the present and future of Belarus,

recognizing ourselves as a subject, with full rights, of the world community and confirming our adherence to values common to all mankind,

founding ourselves on our inalienable right to self-determination,

supported by the centuries-long history of development of Belarusian statehood,

striving to assert the rights and freedoms of every citizen of the Republic of Belarus,

wishing to guarantee civil concord, the unshakable foundation of democracy and of a State ruled by law,

hereby adopt this Constitution as the Fundamental Law of the Republic of Belarus.

Section I
Principles of the Constitutional System

Article 1

The Republic of Belarus shall be a unitary, democratic, social State governed by the rule of law.

The Republic of Belarus shall possess supremacy and complete authority in its territory, and shall independently pursue domestic and foreign policy.

The Republic of Belarus shall defend its independence and territorial integrity, its constitutional system; it shall guarantee legality and law and order.

Article 2

The individual shall be the highest value of society and the State.

The State shall be responsible before a citizen for the creation of conditions for the free and adequate development of the personality. A citizen is responsible before the State for the rigorous fulfillment of responsibilities laid upon him (her) by the Constitution.

Article 3

The people shall be the single source of State power in the Republic of Belarus. The people shall exercise their power directly and through represen-

---

* Adopted at the thirteenth session of the Supreme Council of the Republic of Belarus of the twelfth convocation on the 15 March 1994.

tative bodies in the forms and within the limits established by the Constitution.

Any actions aimed at seizing State power through violent force or through any other violation of the Republic of Belarus laws shall be punishable by law.

Article 4

Democracy, in the Republic of Belarus, shall be realized on the basis of a diversity of political institutions, ideologies, and opinions.

The ideology of political parties, religious or other public associations, social groups may not be established compulsory for the citizens.

Article 5

Political parties and other public associations acting within the framework of the Constitution and laws of the Republic of Belarus shall promote the appearance and expression of the political will of the citizens and participate in elections.

Political parties and other public associations shall have the right to use state mass media according to rules established by the law.

The creation, as well as activity of political parties, including other public associations, which have as a goal a violent change in the constitutional system, or those conducting propaganda of war, national, religious and racial hostility, shall be prohibited.

Article 6

The State shall be founded on the principle of separation of powers: legislative, executive and judicial. State bodies, within the limits of their authorities, shall act independently and cooperate with one another, and restrain and counterbalance one another.

Article 7

The State and all of its bodies and officials shall be bound by the law and act within the limits of the Constitution and the laws adopted in accordance therewith.

Legal acts or separate provisions thereof which are recognized, according to rules established by the law, as contradicting the provisions of the Constitution shall not be valid in law.

Regulatory enactments of state bodies shall be published or become general knowledge by means envisaged by the law.

Article 8

The Republic of Belarus shall recognize the priority of universally-acknowledged principles of international law and ensure that its legislation conform to these principles.

The conclusion of international agreements which contradict the Constitution shall not be admissible.

Article 9

The territory of the Republic of Belarus shall be a framework of natural existence and a space of self-determination of the people, a basis of their well-being and the sovereignty of the Republic of Belarus.

The territory of Belarus shall be an inalienable entity.

The territory shall be divided into regions, districts, cities and other administrative-territorial units. The administrative-territorial division of the State is determined by the law.

Article 10

The protection, as well as the patronage of the State, in the territory of Belarus, and beyond its borders, shall be guaranteed to a citizen of the Republic of Belarus.

No one may be revoked of citizenship of the Republic of Belarus or of the right to change citizenship.

A citizen of the Republic of Belarus may not be expelled to a foreign State, unless otherwise stipulated in international agreements signed by the Republic of Belarus.

The procedure for the acquisition and forfeiture of citizenship shall be carried out in accordance with the law.

Article 11

Citizens of foreign States and stateless persons shall exercise their rights and freedoms and fulfill their responsibilities in the territory of Belarus on a par with the citizens of the Republic of Belarus, if not otherwise established by the Constitution, laws and international agreements.

Article 12

The Republic of Belarus may grant the right of asylum to persons persecuted in other countries for political and religious convictions or because of their national identity.

Article 13

The State shall grant to all equal rights for carrying out economic and other activity, except for that which is forbidden by the law; and it shall guarantee equal protection and equal conditions for the development of all forms of property.

The State shall carry out the regulation of economic activity in the interest of the individual and society.

Legislation may specify the entities to be owned only by the State; and it shall also ensure that the State has the exclusive right to carry out certain types of activities.

Article 14

The State shall regulate relations between social, national and other communities on the basis of the principle of equality before the law and respect of their rights and interests.

Article 15

The State shall be responsible for the maintenance of the historic-cultural heritage and the free development of the cultures of all national communities living in the Republic of Belarus.

Article 16

All religions and denominations shall be equal before the law. The establishment of any sort of advantages or restrictions for a religion or denomination in relation to another religion or denomination is not allowed.

The activity of religious organizations, their bodies and representatives, which is directed against the sovereignty of the Republic of Belarus, its constitutional system or civil concord, or which entails a violation of civil rights and freedoms, shall be forbidden.

Relations between the State and religions shall be regulated by the law.

Article 17

The Belarusian language is the official language of the Republic of Belarus.

The Republic of Belarus shall secure the right of free use of the Russian language as a language of inter-national intercourse.

Article 18

In its foreign policy, the Republic of Belarus shall be inspired by the principles of the equality of States, non-use of force or threat of force, inviolability of frontiers, peaceful settlement of disputes, non-interference in internal affairs and other universally-acknowledged principles and rules of international law.

The Republic of Belarus has a goal to make its territory into a non-nuclear zone, with its State having a status of neutrality.

Article 19

The symbols of the Republic of Belarus, as a sovereign State, shall be its national flag, national emblem and national anthem.

Article 20

The capital of the Republic of Belarus ist the city of Minsk.

The status of the city of Minsk shall be determined by the law.

Section II
The Individual, Society and the State

Article 21

The supreme goal of the State shall be to secure the rights and freedoms of the citizens of the Republic of Belarus.

The State shall guarantee to the citizens of Belarus the rights and freedoms secured in its Constitution and laws, and in international commitments of the State.

Article 22

All shall be equal before the law and have the right, without any discrimination, to equal protection of their rights and legitimate interests.

Article 23

Restriction of personal rights and freedoms shall be only admissible in cases stipulated by the law, in the interest of national security, public order, protection of citizens' morality and health, as well as rights and freedoms of other persons.

No one shall make use of advantages and privileges which contradict the law.

Article 24

Every person shall have the right to life.

The State shall protect the life of the individual against illegal assaults.

Until its abolition, the death penalty may be applied in accordance with the law as an exceptional measure of punishment for very grave crimes and only according to the sentence of a court.

Article 25

The State shall safeguard personal liberty, inviolability, and dignity. The restriction or forfeiture of personal liberty may only occur in the cases and according to the rules established by the law.

A person held in custody shall have the right to judicial examination of the legality of his (her) detention or arrest.

No one shall be subject to torture or any treatment or punishment that is cruel, inhumane, damaging to one's human dignity; no medical or other experiments shall be carried out on a person without his (her) consent.

Article 26

No one shall be considered guilty of a crime until his guilt is proven in law and determined by a court judgement which has come into effect. A defendant shall not be required to prove his (her) innocence.

Article 27

No one shall be forced to give testimony and explanations against himself, members of his family, near relations. Evidence obtained through the violation of the law shall not be valid.

Article 28

Every person shall have the right to seek protection from illegal interference with his (her) private life, including from an invasion of the privacy of his (her) correspondence, telephone and other communcations, as well as from interference with his honour and dignity.

Article 29

The inviolability of the home and other legitimate property of citizens shall be guaranteed. No one shall, without lawful grounds, enter a dwelling and other legal property of a citizen against such citizen's will.

Article 30

Citizens of the Republic of Belarus shall have the right to freely move and choose their place of residence within the borders of the Republic of Belarus, to leave it and to return to Belarus unimpeded.

Article 31

Every person shall have the right to independently determine his (her) relation to religion, to individually or together with others profess any religion or not profess any, to express and disseminate his (her) religious convictions, and to take part in the religious services and ceremonies.

Article 32

Marriage, the family, motherhood, fatherhood, and childhood shall be under the protection of the State.

Woman and man, upon reaching matrimonial age, shall have the right to enter into marriage and found a family based on voluntary consent. The spouses shall have equal rights in family relationships.

Parents or persons in loco parentis shall have the

right and are expected to rear their children, take care of their health, development and tuition. No child shall be subject to cruel treatment or humiliation, forced to engage in work which could harm his (her) physical, mental or moral development. Children are expected to care for their parents, as well as persons in loco parentis, and to render them assistance.

Article 33

Every person is guaranteed freedom of opinions and convictions and has the right to freely voice them.

No one may be forced to express his convictions or to abandon them.

Monopolization of mass media by the State, by public associations or individuals, as well as censorship shall not be admissible.

Article 34

Citizens of the Republic of Belarus shall be guaranteed the right to receive, retain and disseminate complete, reliable and timely information on the activity of State bodies, public associations, on political, economic and international life and on the state of the environment.

State bodies, public associations and officials shall grant a citizen of the Republic of Belarus an opportunity to acquaint himself (herself) with materials which concern his (her) rights and legitimate interests.

Article 35

The freedom of assembly, meetings, street processions, demonstrations and picketing, not violating law and order and the rights of other citizens, shall be guaranteed by the State. The procedure for carrying out the above activities shall be established by the law.

Article 36

Every person shall have the right to freedom of association.

Judges, procurators, officers of the bodies of internal affairs, Supervisory Authority of the Republic of Belarus and the bodies of State security, as well as the military may not join any political parties and other public associations having political aims.

Article 37

Citizens of the Republic of Belarus shall have the right to participate in the solution of State matters, both directly and through freely elected deputies. The direct participation of the citizens in the administration of the affairs of society and the State shall be through referenda, discussions of draft laws and issues of national and local significance,

and through other activities provided for by the law.

Article 38

Citizens of the Republic of Belarus shall have the right to freely elect and be elected to State bodies on the basis of general, equal and direct suffrage by ballot.

Article 39

Citizens of the Republic of Belarus, in accordance with their capabilities and professional training, shall have the right to equal access to any offices in State bodies.

Article 40

Everyone shall have the right to submit personal or collective addresses to State bodies.

State bodies, as well as their officials, are expected to consider an address and give an answer on its merits within a time period set by the law. A refusal to consider a forwarded address shall be justified in writing.

Article 41

Citizens of the Republic of Belarus shall be guaranteed the right to work as the most suitable means for the self-affirmation of a person, that is the right to choose of one's profession, occupation and job in accordance with one's vocation, capabilities, education, professional training and with due regard for public demand, as well as the right to healthy and safe conditions of work.

The government shall create conditions for full employment of the population. In case of a person not being employed for reasons beyond his (her) control, he (she) shall be gauranteed training in new specialities and raising the level of his (her) skill with due regard for societal needs, as well as an unemployment compensation in accordance with the law.

Citizens shall have the right to protection of their economic and social interests, including the right to form professional unions, to conclude collective contracts (agreements) and the right to strike.

Forced labour, other than work or service fixed by a sentence of a court or in accordance with the law on state of emergency and martial law, shall be forbidden.

Article 42

Employees shall have the right to remuneration for fulfilled work in accordance with its quantity, quality and social significance, but the pay shall not be below the government-indicated minimum. Women and men, adults and minors shall have the right to equal compensation for equal work.

Article 43

All working people shall have the right to rest. For employees, this right shall be secured by the establishment of a working week of no longer than 40 hours, by shorter-time night work, by the granting of annual paid leaves and weekly rest-days.

Article 44

The State shall guarantee every person the right to property.

An owner shall have the right to possess, use and dispose of assets individually, as well as jointly with other persons. The inviolability of property and the right to inherit it shall be ensured by the law.

Forced alienation of assets for grounds of societal necessity shall be authorized only under the conditions of and in coformity with the law, with timely and complete compensation for the value of the alienated assets, as well as in conformity with a judgement of a court.

The exercise of the right to property should not cause damage to the environment or to historic-cultural valuables, nor should it infringe upon the legitimate rights and interests of other persons.

Article 45

Citizens of the Republic of Belarus shall be guaranteed the right to health care, including free treatment in state health care institutions.

The right of the citizens of the Republic of Belarus to health care shall also be secured through stimulation of physical training and sports, by improving environment, by the opportunity to use fitness institutions and by improving safety at work.

Article 46

Everyone shall have the right to favorable environment and to compensation for damage caused by the violation of this right.

Article 47

Citizens of the Republic of Belarus shall be guaranteed the right to social security in old age, in case of illness, disability, loss of fitness for work and loss of a bread-winner and in other cases stipulated by the law. The State shall show particular concern for persons whose health has been damaged in the defense of state and societal interests.

Article 48

Citizens of the Republic of Belarus shall have the right to housing. This right shall be secured by the development of state, communal and private housing, and by providing assistance to citizens in acquisition of dwellings.

No one shall be arbitrarily deprived of a dwelling.

Article 49

Everyone shall have the right to education.

Accessible and free general secondary, as well as technical education, shall be guaranteed.

Secondary specialized and higher education shall be accessible for all in accordance with the capabilities of each. Each person may, on a competitive basis, receive the corresponding free education in state educational institutions.

Article 50

Everyone shall have the right to maintain his national identity and, at the same time, no one shall be forced towards the determination or indication of any particular national identity.

Putting an insult upon national dignity shall be prosecuted by law.

Everyone shall have the right to use his native language and to choose a language for communication. The State shall guarantee, in accordance with the law, freedom of the choice of the language for education and teaching.

Article 51

Everyone shall have the right to participate in cultural life. This right shall be secured by the accessibility of the values of home and world culture available through state and public collections, and by the development of a network of cultural and educational institutions.

Freedom of artistic, scientific, technical creativity, as well as teaching shall be guaranteed.

Intellectual property shall be protected by the law.

Article 52

Every one, when in the territory of the Republic of Belarus, shall be obliged to observe its Constitution and laws and to respect its national traditions.

Article 53

Everyone must respect the dignity, rights, freedoms and legitimate interests of others.

Article 54

Everyone is expected to cherish historic-cultural heritage and other cultural valuables.

Article 55

It shall be the duty of every person to protect the environment.

Article 56

Citizens of the Republic of Belarus should take part in providing money for public expenditures by paying state taxes, duties and other payments.

Article 57

It shall be the responsibility and sacred duty of a citizen of the Republic of Belarus to defend the Republic of Belarus.

The mode of military service, the grounds and conditions for exemption from military service or its replacement with an alternative shall be determined by the law.

Article 58

No one shall be forced to fulfill duties which are not envisaged by the Constitution and the laws of the Republic of Belarus, nor shall he be forced to abandon his rights.

Article 59

The State is obliged to take all possible measures to maintain internal and international order necessary to ensure in full the exercise of rights and freedom of citizens of the Republic of Belarus provided for in the Constitution.

Article 60

State bodies, officials and other persons entrusted with the fulfillment of state functions shall be obliged, within the limits of their jurisdiction, to take necessary measures for the exercise and protection of personal rights and freedoms.

These bodies and persons shall be liable for actions which violate personal rights and freedoms.

Article 61

Everyone shall be guaranteed judicial defense of his rights and freedoms before a competent, independent and impartial court within time periods established by the law.

To protect their rights, freedoms, honour and dignity, citizens shall have the right to recover, through judicial settlement, both property damage and material compensation for moral injury.

Article 62

Everyone shall have the right to legal assistance in the exercise and protection of his rights and freedoms, including the right to make use, at any time, of a counsel and one's other representatives in court, before other State bodies, local government authorities, at enterprises, institutions, organizations, public associations, and in relations with officials and citizens. In cases envisaged by the law, legal assistance may be payable at the expense of the State.

Raising difficulties to the rendering of legal assistance shall be prohibited in the Republic of Belarus.

Article 63

The exercise of the envisaged by the present Constitution personal rights and freedoms may be suspended only in the period of a state of emergency or a state of war, according to the procedure and within the limits established by the Constitution and by the law.

In carrying out special measures during a period of a state of emergency, the rights envisaged in Articles 24, 25 (paragraph 3), 26, 31 of the Constitution may not be restricted.

Section III
Electoral System. Referendum

Chapter 1
Electoral System

Article 64

The elections of deputies and other persons, who are elected to State service by the people, shall be held according to the principle of universal suffrage: citizens of the Republic of Belarus who have reached the age of 18 shall have the right to vote.

Citizens recognized by court as incapacitated from voting and persons held in places of confinement as a result of a judgement of a court shall not participate in election. Persons, in respect of whom a detention as a measure of preventive restriction is taken according to the rules of criminal procedure, shall not participate in voting. Any direct or indirect limitation of the right of citizens to vote in other cases shall not be authorized and shall be punishable by law.

Article 65

The age qualifications of the deputies and other persons elected to State service shall be determined by the relevant laws, if not otherwise stipulated by the Constitution.

Article 66

Elections shall be held according to the principle of free suffrage: an elector personally decides whether he (she) will participate in election and for whom he (she) will vote.

Arrangements for and holding of elections shall be open and in public.

Article 67

Elections shall be held according to the principle of equal suffrage: the electorate shall have equal number of votes.

The number of the electors in each constituency shall be approximately equal.

Candidates elected to State service by the people, shall participate in elections on an equal basis.

Article 68
Elections shall be held according to the principle of direct suffrage: deputies shall be elected by the citizens directly.

Article 69
Voting in elections shall be secret: control over voting preferences while voting is in progress shall be prohibited.

Article 70
The right to nominate candidates for deputies shall be vested in public associations, workers' collectives and citizens in accordance with the law.

Article 71
Expenses incurred in preparing for and holding of elections shall be covered by the State within the limits of the funds allotted for the purpose.

Article 72
The holding of elections shall be ensured by election-committees.

The electoral procedures shall be specified by the laws of the Republic of Belarus.

No elections shall be held during a period of a state of emergency or martial law.

Chapter 2
Referendum (Plebiscite)

Article 73
National and local referenda may be held to resolve the most important problems of the State and society.

Article 74
National referenda shall be called by the Republic of Belarus Supreme Council, following the proposal of the President of the Republic of Belarus, or that of no fewer than 450,000 citizens who have the right to vote.

Within thirty days after the President of the Republic of Belarus' or the electorate's lawful proposal has been submitted, the Supreme Council of the Republic of Belarus shall fix the national referendum date.

The issue of holding a national referendum may be considered by the Supreme Council also upon the initiative of no fewer than 70 deputies of the Supreme Council of the Republic of Belarus.

Article 75
Local referenda shall be called by the relevant local representative authorities on their initiative or on the proposal of no less than ten per cent of the citizens who have the right to vote and who live in the territory concerned.

Article 76
Referenda shall be held according to the principle of general, free, equal suffrage by means of ballot.

Citizens of the Republic of Belarus who have the right to vote shall participate in referenda.

Article 77
The decisions adopted through a referendum may be repealed or revised only through another referendum, unless otherwise stipulated by the referendum.

Article 78
The procedures for holding national and local referenda, as well as the list of issues that may not be resolved by a referendum, shall be determined by the law of the Republic of Belarus.

Section IV
Legislative, Executive and Judicial Power

Chapter 3
The Supreme Council of the Republic of Belarus

Article 79
The highest standing representative and the unique legislative body of state authority of the Republic of Belarus shall be the Supreme Council of the Republic of Belarus.

Article 80
The Supreme Council of the Republic of Belarus shall be composed of 260 deputies elected by the citizens of the Republic of Belarus.

Any citizen of the Republic of Belarus who has a right to vote and has entered the age of 21 shall be eligible for a deputy.

Article 81
The term of powers of the Supreme Council of the Republic of Belarus shall be five years.

The powers of the Supreme Council of the Republic of Belarus may be discontinued before their termination, by means of a resolution of the Supreme Council of the Republic of Belarus adopted by a majority of no less than two-thirds of the elected deputies.

Election of a new membership of the Supreme Council of the Republic of Belarus shall be fixed no later than three months before the expiration of the term of powers of the current Supreme Council of the Republic of Belarus.

Article 82
The first sitting of the Supreme Council of the Republic of Belarus shall be summoned by the Central Commission of the Republic of Belarus on Elections and National Referenda no later than thirty days after the elections.

Article 83
The Supreme Council of the Republic of Belarus shall
1. call national referenda;
2. adopt and amend the Constitution;
3. adopt laws and resolutions and supervise their enforcement;
4. give interpretation of the Constitution and laws;
5. appoint regular elections of deputies of the Supreme Council of the Republic of Belarus and local councils, as well as that of President;
6. form the Central Commission on Elections and National Referenda;
7. elect the Constitutional Court of the Republic of Belarus, the Supreme Court of the Republic of Belarus, the Supreme Economic Court of the Republic of Belarus, the Procurator General of the Republic of Belarus, the Chairman and the Council of the Supervisory Authority of the Republic of Belarus, the Chairman and members of the Board of the National Bank of the Republic of Belarus;
8. determine the procedure of the resolution of issues of the administrative-territorial structure of the State;
9. determine the basic orientation of domestic and foreign policy of the Republic of Belarus;
10. approve the national budget and the national account, the normals of allocations from national taxes and receipts among local budgets;
11. impose national taxes and duties, supervise currency issue;
12. ratify and denounce international treaties to which the Republic of Belarus is a party;
13. take decisions on amnesty;
14. determine the military doctrine;
15. declare war and conclude peace;
16. institute State awards, ranks and titles of the Republic of Belarus;
17. adopt resolutions on the dissolution of local councils and fix the date for new elections in a case of systematic or obvious non-fulfillment by them of legislation;
18. abrogate orders of the Chairman of the Supreme Council of the Republic of Belarus in cases when they are inconsistent with the laws and resolutions of the Supreme Council of the Republic of Belarus.

The Supreme Council of the Republic of Belarus may resolve other issues in accordance with the Constitution.

Article 84
Voting at the sittings of the Supreme Council of the Republic of Belarus shall be individual.

Laws and resolutions of the Supreme Council shall be adopted provided that a majority of the elected deputies have voted for them, if not otherwise envisaged by the Constitution.

The adopted laws shall be submitted for the signature of the President within ten days from the date of their adoption.

Article 85
The Supreme Council shall elect, from among deputies of the Supreme Council, Chairman of the Supreme Council, First Vice-Chairman of the Supreme Council and Vice-Chairmen of the Supreme Council.

Article 86
The Chairman of the Supreme Council shall be elected by ballot. He shall be accountable to the Supreme Council.

Article 87
The Chairman of the Supreme Council of the Republic of Belarus shall
1. execute general leadership in the elaboration of the issues subject to consideration of the Supreme Council;
2. preside over sittings of the Supreme Council;
3. represent the Supreme Council in relations with bodies and organizations within the country and abroad;
4. sign resolutions adopted by the Supreme Council;
5. put in to the Supreme Council nominations for First Vice-Chairman and Vice-Chairmen of the Supreme Council, Procurator General, Chairman of the Supervisory Authority;
6. administer the work of the staff of the Supreme Council.

The Chairman of the Supreme Council issues orders.

The First Vice-Chairman and Vice-Chairmen of the Supreme Council of the Republic of Belarus shall fulfill, on the instructions of the Chairman of the Supreme Council, some of his functions and substitute the Chairman of the Supreme Council if he is not available or unable to carry out his duties.

Article 88

The Supreme Council shall elect, from among the deputies, permanent committees and other bodies for doing law-drafting work, for the preliminary consideration and elaboration of issues relating to the jurisdiction of the Supreme Council, and for control over the observance of laws.

If necessary, the Supreme Council may establish investigatory, audit and other ad hoc commissions.

Article 89

A Presidium of the Supreme Council of the Republic of Belarus shall be established to organize the activities of the Supreme Council.

The Presidium of the Supreme Council shall be composed of the Chairman of the Supreme Council, the First Vice-Chairman of the Supreme Council, the Vice-Chairmen of the Supreme Council and deputies, in accordance with the Rules of Procedure envisaged by the Supreme Council.

The President of the Supreme Council shall be headed by the Chairman of the Supreme Council.

Article 90

The right of legislative initiative in the Supreme Council of the Republic of Belarus shall be vested in deputies of the Supreme Council, permanent committees of the Supreme Council, the President, the Supreme Court, the Supreme Economic Court, the Procurator General, the Supervisory Authority, the National Bank, as well as in the citizens, who have the right to vote, in the number of no fewer than 50,000 persons.

Article 91

The Supreme Council of the Republic of Belarus shall retain its powers until the opening of the first sitting of the Supreme Council of a new convocation.

Article 92

A deputy of the Supreme Council shall exercise his (her) powers in the Supreme Council on full-time or, upon his (her) desire, without suspending his (her) activities at an enterprise or in the civil service.

The President, members of the Cabinet of Ministers, judges, as well as other persons appointed to offices by the President or in agreement with him, may not be deputies of the Supreme Council.

Article 93

A deputy of the Supreme Council shall not bear legal responsibility for his (her) activity in the Supreme Council which is carried out in accordance with the Constitution both during his (her) term of office and after it comes to an end.

A deputy of the Supreme Council may not be arraigned on criminal charges, arrested or otherwise deprived of his (her) personal liberty without consent of the Supreme Council, except in the cases of detainment at the crime scene.

Criminal proceedings against a deputy of the Supreme Council may be instituted by the Procurator General with consent of the Supreme Council, and in the period between sessions, with consent of the Presidium of the Supreme Council.

Article 94

Activities of the Supreme Council, bodies thereof and the deputies shall be determined by the Rules of Procedure of the Supreme Council, which shall be adopted by the Supreme Council and signed by its Chairman, as well as by other legislative acts of the Republic of Belarus.

Chapter 4
President of the Republic of Belarus

Article 95

The President of the Republic of Belarus is Head of State and the Executive.

Article 96

A citizen of the Republic of Belarus, of at least 35 years of age who has the right to vote and who has lived in the Republic of Belarus for at least ten years is eligible for President.

Article 97

The President shall be elected directly by the people of the Republic of Belarus. The term of office of President shall be five years. No President can hold office for more than two terms.

Candidates for the Presidency shall be nominated by at least 70 deputies of the Supreme Council or by citizens of the Republic of Belarus, provided that he (she) has won 100,000 signatures of the electorate.

Presidential elections shall be called by the Supreme Council no later than five months and shall be held at least two months before the expiration of the term of office of the foregoing President.

If the Presidency falls vacant, elections shall be held no sooner than thirty days and no later than seventy days from the day of the fall of the vacancy.

Article 98

The elections shall take place provided that more than half the citizens of the Republic of Belarus, from among those who are included on the register of electors, have recorded votes.

The President shall be elected provided that more than half the citizens of the Republic of Belarus, from among those who participated in voting, have recorded votes for him.

If none of the candidates wins the necessary number votes, then, within a two weeks' period, a second ballot shall be conducted between the two candidates who won the greatest number of votes. A candidate for the Presidency shall be elected provided that he (she) wins more than half the votes of the electorate who have recorded votes in the second ballot.

The procedure of holding Presidential elections shall be determined by the law of the Republic of Belarus.

Article 99

The President shall enter upon office after taking the following Oath:

"Assuming the office of President of the Republic of Belarus, I solemnly swear to serve the People of the Republic of Belarus, to abide by the Constitution and laws of the Republic of Belarus, to be conscientious in carrying out the supreme duties that have been placed on me."

The oath shall be administered in a ceremony at a special session of the Supreme Council of the Republic of Belarus no later than two months from the day of the election of the President. From the moment the oath of the President-eledct of the Republic of Belarus is administered, the powers of the foregoing President shall be terminated.

Article 100

The President of the Republic of Belarus shall

1. take measures to protect the sovereignty, national security and territorial integrity of the Republic of Belarus, to assure political and economic stability, the respect of civil rights and freedoms;

2. administer a system of the executive authorities and ensure their cooperation with the representative authorities;

3. establish and abolish ministries, state committees and other central authorities of the Republic of Belarus;

4. appoint and dismiss, with consent of the Supreme Council, the Prime Minister, his Deputies, Ministers of Foreign Affairs, Finance, Defense, Internal Affairs; the Chairman of the Committee of State Security; appoint and dismiss other members of the Cabinet of Ministers; accept the resignation of the officials mentioned in this paragraph;

5. introduce to the Supreme Council the nominations for Chairman ofthe Constitutional Court, Chairman of the Supreme Court, Chairman of the Supreme Economic Court, Chairman of the Board of the National Bank;

6. present annually to the Supreme Council reports on the situation in the State, informs the Supreme Council, on his own initiative or on proposal of the Supreme Council, on the implementation of the internal and external policy in the Republic of Belarus;

7. address messages to the people of the Republic of Belarus and the Supreme Council;

8. inform the Supreme Council on the Programme of Action of the Cabinet of Ministers;

9. have the right to take part in the activities of the Supreme Council and its bodies, to take the floor at any time so as so make a speech or convey a message to them;

10. appoint the judges of the Republic of Belarus, other than those whose election falls within the jurisdiction of the Supreme Council;

11. appoint other officials whose offices are determined in accordance with the law, unless otherwise is stipulated in the Constitution;

12. solve issues of granting of citizenship of the Republic of Belarus, its termination, as well as granting of asylum;

13. reward with State awards, confer ranks and titles;

14. grant pardons to convicted offenders;

15. represent the State in relations with other States and international organizations;

16. conduct negotiations and sign international treaties, appoint and recall diplomatic representatives of the Republic of Belarus in foreign States and in international organizations;

17. accept the credentials and letters of recall of the accredited diplomatic representatives of foreign States;

18. in the event of a natural calamity, catastrophe, as well as disorder involving violence or the threat of violence on the part of a group of individuals or organizations, which endanger human life and health or jeopardize the territorial integrity and existence of the State, declare a state of emergency on the territory of the Republic of Belarus or in selected localities thereof, with the subsequent submission of the decision, no later than within three days, for the approval of the Supreme Council of the Republic of Belarus;

19. have the right, in cases envisaged by the law, to postpone a strike or suspend it for a period not to exceed two months;

20. sign laws and have the right to return a law to the Supreme Council, within a ten days' period, starting the day he receives the law, with his objections for renewed discussion and voting. If the Supreme Council upholds the decision it earlier adopted, by a majority of no less than two-thirds of the elected deputies, the President is obliged to

sign the law within three days; if the law is not returned within the envisaged term, the law is regarded as signed;

21. have the right to cancel acts of the executive authorities subordinate to him;

22. suspend decisions of local councils in cases when the decisions are inconsistent with the law;

23. head the National Security Council of the Republic of Belarus;

24. be the Commander-in-Chief of the Armed Forces of the Republic of Belarus;

25. introduce, in the territory of the Republic of Belarus, in case of a military threat or invasion, martial law; proclaim general or partial mobilization;

26. exercise other powers entrusted to him by the Constitution and laws.

The President shall have no right to delegate to any bodies or officials his powers of the Head of State.

Article 101

The President shall issue, within the limits of his power, edicts and orders and shall organize and supervise their execution.

Article 102

The President may not hold other offices or receive any monetary remuneration (other than his salary), except for royalties for works of science, literature and art.

The President shall suspend his membership in political and other public associations which pursue political goals, for the entire term of his office.

Article 103

The President may, at any time, tender his (her) resignation. The resignation of the President shall be accepted by the Supreme Council.

Article 104

The President may be removed from office if he (she) violates the Constitution or commits a crime, as well as released of his office before the expiration of the term, if he (she) is unable to fulfill his (her) duties due to his (her) state of health, by a resolution of the Supreme Council adopted by a majority of at least two-thirds of the elected deputies of the Supreme Council.

The motion to remove President from office may be made by at least 70 deputies of the Supreme Council. The judgement on whether the President violated the Constitution shall be brought by the Constitutional Court, and the conclusion whether the President committed a crime – by an ad hoc commission of the Supreme Council. From the moment the Constitutional Court brings its judgement on whether the President violated the Constitution; or similarly from the moment the ad hoc commission brings its conclusion on whether the President committed a crime, the President may not exercise his (her) duties until a relevant decision is taken by the Supreme Council.

In case of the President's removal in connection with the commission by him (her) of a crime, the court of trial shall be the Supreme Court.

Article 105

If the Presidency falls avant or if the President is not able to fulfill his (her) duties, his (her) powers until the President-elect takes his (her) oath shall be transferred to the Chairman of the Supreme Council.

In this case, the responsibilities of the Chairman of the Supreme Council shall be transferred to the First Vice-Chairman of the Supreme Council.

Article 106

For the implementation of the executive powers in the fields of economy, foreign policy, defense, national security, protection of public order and other spheres of State administration, a Cabinet of Ministers attached to the Office of the President shall be established.

Article 107

The Cabinet of Ministers shall resign its powers before the President-elect.

Members of the Cabinet of Ministers shall be appointed and dismissed by the President. The Prime Minister, his Deputies, Ministers of Foreign Affairs, Finance, Defense, Internal Affairs, the Chairman of the Committee of State Security shall be appointed and dismissed by the President with consent of the Supreme Council.

The Prime Minister shall administer directly the functioning of the Cabinet of Ministers, sign the acts of the Cabinet of Ministers which have legal force in the whole territory of the Republic of Belarus, execute other functions entrusted to him.

The Supreme Council shall be entitled to receive a report of any member of the Cabinet of Ministers concerning the observance of laws. In the event of a violation by a member of the Cabinet of Ministers of the Constitution and laws, the Supreme Council may raise the issue with the President of the member's dismissal before the member's term of office expires.

Article 108

The jurisdiction of the Cabinet of Ministers and its activities shall be determined, on the basis of the

Constitution, by the Law on the Cabinet of Ministers of the Republic of Belarus.

Chapter 5
Court of Justice

Article 109

Judicial power in the Republic of Belarus shall be vested in courts.

The judicature, within the Republic of Belarus, shall be determined by the law.

The establishment of extraordinary courts shall be prohibited.

Article 110

In administering justice, judges are independent and abide by the law only.

Any interference in judge's activities in the administration of justice shall be inadmissible and shall involve responsibility in law.

Article 111

Judges may not engage in business or carry out other paid work except teaching and research provided that they are not on the staff.

The reasons for election (appointment) of judges and their dismissal shall be determined by the law.

Article 112

The courts shall administer justice in conformity with the Constitution, laws and other ensuing regulatory enactments.

If in trial of a specific case, a court comes to the conclusion that a regulatory enactment is in conflict with the Constitution or other law, the court makes a ruling in accordance with the Constitution and the law, and brings up a question, in the established procedure, for the recognition of the given regulatory enactment as unconstitutional.

Article 113

A trial in court shall be conducted collegially and, in cases stipulated by law, by a judge individually.

Article 114

Trials in all courts shall be open.

A hearing in camera shall be admissible only in cases established by the law, with the observance of all rules of judicial proceedings.

Article 115

Justice shall be administered on the basis of the competition and equality of the parties involved in the trial.

Article 116

The parties shall have the right to appeal judicial decisions, sentences and other rulings.

Section V
Local Government and Self-Government

Article 117

Local government, as well as self-government shall be exercised by the citizens through local councils, executive and administrative bodies, and through bodies of public territorial self-government, local referenda, meetings and other forms of direct participation in state and public affairs.

Article 118

Local councils of deputies shall be elected by the citizens of the relevant administrative-territorial units for a term of four years.

Article 119

Local councils of deputies, executive and administrative bodies, within the limits of their jurisdiction, shall resolve issues of local significance, proceeded from national interests and the interests of the population residing in the relevant territory, and execute decisions of higher state authorities.

Article 120

The following issues shall come within the exclusive jurisdiction of local councils of deputies:

– the approval of the programmes of economic and social development, local budgets and accounts;

– the imposition of local taxes and duties in conformity with the law;

– the establishment, within the legally defined limits, of the rules of the management and disposal of municipal property;

– the calling for local referenda.

Article 121

Local councils of deputies, executive and administrative bodies, on the basis of legislation in force, shall adopt decisions which are valid in the corresponding territory.

Article 122

Decisions of local councils of deputies which are inconsistent with the legislation shall be repealed by higher councils of deputies.

Decisions of local executive and administrative bodies which are inconsistent with the legislation shall be repealed by the relevant councils of deputies and by higher executive and administrative bodies, as well as by the President of the Republic of Belarus.

Decisions of local councils of deputies, their executive and administrative bodies which are limiting or breaking civil rights and freedoms and legitimate interests of the citizens, as well as in other envisaged by the legislation cases, may be appealed in court.

Article 123

In case of the systematic and obvious non-fulfillment, by a local council of deputies, of the legislation, this body may be dissolved by the Supreme Council. Other grounds for the early discontinuance of the powers of local councils of deputies shall be determined by the law.

Article 124

The jurisdiction, rules of establishment and activities of the bodies of local government and self-government shall be determined by the law.

Section VI
State Control and Supervision

Chapter 6
The Constitutional Court of the Republic of Belarus

Article 125

Control over the constitutionality of regulatory enactments in the State shall be exercised by the Constitutional Court of the Republic of Belarus.

Article 126

The Constitutional Court of the Republic of Belarus shall be elected by the Supreme Council of the Republic of Belarus from among qualified lawyers, in the number of 11 judges. The term of office for the members of the Constitutional Court shall be 11 years. The age limit of a member of the Constitutional Court shall be 60 years.

Persons elected to the Constitutional Court may not engage in business or carry out other paid activities except teaching or research work provided that they are not on the staff.

Persons elected to the Constitutional Court shall be entitled to resign at any time.

Direct or indirect pressure on the Constitutional Court or its members in connection with the execution of constitutional supervision shall be inadmissible and shall involve responsibility in law.

Article 127

The Constitutional Court, on proposals of the President, the Chairman of the Supreme Council,

permanent committees of the Supreme Council, at least 70 deputies of the Supreme Council, the Supreme Court, the Supreme Economic Court, the Procurator General, shall decide on

– the conformity between the laws, international agreements, other obligations of the Republic of Belarus and the Constitution, international legal acts ratified by the Republic of Belarus;

– the conformity between the legal inter-state acts, to which the Republic of Belarus is a party, the edicts of the President, the regulations of the Cabinet of Ministers, as well as the orders of the Supreme Court, of the Supreme Economic Court, of the Procurator General, which have regulatory character, and the Constitution, laws, international legal acts ratified by the Republic of Belarus.

The Constitutional Court shall be entitled, at its discretion, to consider the issue on the conformity between the regulatory enactments of a State body, public association and the Constitution, laws, international legal acts ratified by the Republic of Belarus.

Article 128

Regulatory enactments, international agreements and other obligations recognized by the Constitutional Court as unconstitutional, so far as they violate human rights and freedoms, shall be considered null and void, totally or in a special part of them, from the moment of the adoption of the relevant act.

Other regulatory enactments of state bodies and public associations, other international agreements or obligations recognized by the Constitutional Court as inconsistent with the Constitution, the laws or international legal acts ratified by the Republic of Belarus shall be considered vitiated, totally or in a special part therof, from the moment determined by the Constitutional Court.

The regulatory and legal inter-state acts to which the Republic of Belarus is a party recognized by the Constitutional Court as inconsistent with the Constitution, laws or international legal acts shall be regarded as invalid in the territory of the Republic of Belarus, totally or in special part thereof, from the moment determined by the Constitutional Court.

The Constitutional Court shall pass decisions by a simple majority of votes of full court.

Article 129

Conclusions of the Constitutional Court shall be final and subject to no appeal or protest.

Article 130

The Constitutional Court shall be entitled to

submit motions to the Supreme Council on the necessity of the amendment to the Constitution, as well as on the adoption and modification of laws. Such motions shall be subject to compulsory consideration by the Supreme Council.

Article 131

Persons elected to the Constitutional Court may not be arraigned on criminal charges, arrested or otherwise deprived of personal liberty without consent of the Supreme Council, except in the cases of their detainment at the crime scene.

Criminal proceedings against a member of the Constitutional Court may be instituted by the Procurator General with consent of the Supreme Council.

Article 132

The jurisdiction, administration and activities of the Constitutional Court shall be determined by the law.

Chapter 7
The Procurator's Office

Article 133

Supervision over the strict and uniform observance of laws by all ministries and other subordinate to the Cabinet of Ministers bodies, local representative and administrative bodies, enterprises, organizations and institutions, public associations, officials and citizens shall be vested in the Procurator General of the Republic of Belarus and procurators subordinate to him.

The Procurator's Office shall supervise the process of law in investigation of crimes, the conformity between the law and the judgements in civil and criminal cases and cases involving administrative offences; in the instances envisaged by the law carry out preliminary inquiry, support public prosecution in courts.

Article 134

The unified and centralize system of the bodies of the Procurator's Office shall be with the Procurator General at the head, who is elected by the Supreme Council.

Subordinate procurators shall be appointed by the Procurator General.

Article 135

The Procurator General and subordinate procurators shall be independent in the exercise of their powers and are guided only by the law. The Procurator General shall be accountable to the Supreme Council.

Article 136

The jurisdiction, administration and activities of the bodies of the Procurator's Office shall be determined by the law.

Chapter 8
The Supervisory Authority of the Republic of Belarus

Article 137

Supervision over the national budget execution, use of state property, observance of the acts of the Supreme Council governing state property relationships, as well as economic, fiscal and tax relations shall be exercised by the Supervisory Authority.

Article 138

The Supervisory Authority shall be established by the Supreme Council; it shall function under its administration and be accountable to it.

Article 139

The Chairman of the Supervisory Authority shall be elected by the Supreme Council for the term of five years.

Article 140

The jurisdiction, administration and activities of the Supervisory Authority shall be determined by the law.

Section VII
Financial and Credit System of the Republic of Belarus

Article 141

The financial and credit system of the Republic of Belarus shall include the budget system, the banking system, as well as outside-the-budget funds, funds of enterprises, institutions, organizations and citizens.

A unique fiscal, tax, monetary and hard currency policy shall be pursued in the territory of the Republic of Belarus.

Article 142

The budget system of the Republic of Belarus shall include the national and local budgets.

Budget revenues shall be raised from the taxes determined by the law, from other compulsory payments, as well as from other income.

National expenditures shall be authorized from the national budget on the expenditure side.

In accordance with the law, in the Republic of Belarus, outside-the-budget funds may be created.

Article 143

The rules of drawing up, approval and execution of the budgets and state outside-the-budget funds shall be determined by the law.

Article 144

A national account shall be submitted for the Supreme Council's consideration no later than five months from the last day of the fiscal year of account.

Local accounts shall be submitted for the consideration of the relevant councils of deputies by the time fixed by legislation.

National and local accounts shall be published.

Article 145

The banking system of the Republic of Belarus shall include the National Bank of the Republic of Belarus and other banks. The National Bank shall govern credit relations, currency circulation, determine the rules of settlements and have the exclusive right to issue currency.

Section VIII
The Application and Amendment of the Constitution of the Republic of Belarus

Article 146

The Constitution shall have the supreme legal force. Laws and other acts of state bodies shall be issued on the basis of and in conformity with the Constitution of the Republic of Belarus.

In case of a conflict between a law and the Constitution, the Constitution shall be given priority; in case of a conflict between a law and other regulatory enactment, the law shall be given priority.

Article 147

Motions to amend and supplement the Constitution shall be considered by the Supreme Council on the initiative of at least 150,000 citizens of the Republic of Belarus having the right to vote, at least 40 deputies of the Supreme Council, the President, the Supreme Court.

Article 148

A law on amendment and addenda to the Constitution may be adopted after it has been debated and approved twice by the Supreme Council with at least three month's interval.

Amendments and addenda to the Constitution shall not be made during a period of a state of emergency, as well as during the last six months of the term of powers of a Supreme Council.

Article 149

The Constitution, laws on amendments and addenda thereto, on putting the Constitution and the mentioned laws in force, as well as acts on interpreting of the Constitution shall be regarded as adopted if at least two-thirds of the elected deputies of the Supreme Council have voted in favour of them.

Amendments and addenda to the Constitution may be passed by a referendum. A decision to amend or supplement the Constitution by means of a referendum shall be passed if the majoraty of citizens, included on the register of electors, vote in favour of it.

The Chairman of the Supreme Council
of the Republic of Belarus
15 March 1994   M. GRIB
Minsk

REPUBLIC OF BELARUS LAW
on the Procedure of Governing the Entry into Force of the Constitution of the Republic of Belarus

Article 1

The Republic of Belarus Constitution shall come into force on the day of its publication, except for separate provisions thereof which come into force in accordance with the rules and in the period established by the present law.

Article 2

The day on which the Constitution of the Republic of Belarus is adopted shall be declared a National Holiday Day.

Article 3

Since the day when the Constitution of the Republic of Belarus enters into force, the Constitution of the Republic of Belarus, dated 1978, with subsequent amendments shall cease its force, if not otherwise envisaged in the present law and in the Republic of Belarus Law On Attributing of a Status of a Constitutional Law to the Declaration of National Sovereignty of the Republic of Belarus declared by the Republic of Belarus Supreme Soviet, dated 25 August 1991.

Article 4

The laws contained in the Republic of Belarus Constitution shall be adopted within a period of two years from the day the Constitution enters into force. To secure strict enforcement of the adopted Constitution of the Republic of Belarus, the Constitutional Court of the Republic of Belarus shall be established within a month's period from the day the Republic of Belarus Constitution comes into force.

Article 5

Laws and other regulatory enactments, before they are brought into line with the Constitution of the Republic of Belarus, shall be valid in the part thereof where it does not conflict the Constitution of the Republic of Belarus.

Article 6

For two years after the Constitution of the Republic of Belarus enters into force, the laws regulating transition to the realization of the rights envisaged in the articles 30 (in its part concerning the rights to freely move and choose the place of residence within the borders of the Republic of Belarus) and 46 of the Constitution of the Republic of Belarus, shall be adopted. The transition shall be completed within a five years' term after the relevant laws come into force.

Article 7

Powers of the people's deputies of the Republic of Belarus shall be preserved up to the first sitting of the Republic of Belarus Supreme Council of the 13th convocation.

Powers of the Republic of Belarus Supreme Soviet of the 12th convocation, its Presidium, the Chairman of the Supreme Soviet of the Republic of Belarus, envisaged by the Constitution of the Republic of Belarus, dated 1978, with subsequent amendments and addenda shall be preserved up to the moment the President of the Republic of Belarus comes into office; and powers of the Council of Ministers of the Republic of Belarus – up to the moment the Cabinet of Ministers of the Republic of Belarus is formed according to the rules envisaged by the Constitution, dated 1994.

After the President of the Republic of Belarus comes into office, the Republic of Belarus Supreme Soviet of the 12th convocation, its Presidium and the Chairman of the Supreme Soviet of the Republic of Belarus shall exercise their powers envisaged by the Constitution, dated 1994.

Officials elected or appointed by the Supreme Soviet of the Republic of Belarus of the 12th convocation shall preserve their powers for a term established by legislation.

Article 8

It is authorized hereby that officials forms, seals, stamps and other official documents may bear the words "Soviet of People's Deputies" instead of the "Council of Deputies" during the period of 1994–1995.

Article 9

The Chairman of the Supreme Council of the Republic of Belarus is hereby entrusted to sign the Constitution of the Republic of Belarus.

The Chairman of the Supreme Council
of the Republic of Belarus

15 March 1994   M. GRIB
Minsk

Textanhang XIV/5

Constitution of the Republic of Belarus
Draft revised Constitution (1996)*

Amendments proposed by the Agrarian and Communist groups of parliamentarians

We, the People of the Republic of Belarus (of Belarus),

emanating from the responsibility for the present and future of Belarus;

recognizing ourselves as a subject, with full rights, of the world community and confirming our adherence to values common to all mankind;

founding ourselves on our inalienable right to self-determination;

supported by the centuries-long history of development of Belarusian statehood;

striving to assert the rights and freedoms of every citizen of the Republic of Belarus;

wishing to guarantee civil concord, the unshakable foundation of democracy and of a State ruled by law;

hereby adopt this Constitution as the Fundamental Law of the Republic of Belarus.

---

* Proposed by the Agrarian and Communist Groups of Parliamentarians.

Chapter 1
Principles of the constitutional system

Article 1

The Republic of Belarus shall be a unitary, democratic, social State governed by the rule of law.

The Republic of Belarus shall possess supremacy and complete authority in its territory, and shall independently pursue domestic and foreign policy.

The Republic of Belarus shall defend its independence and territorial integrity, its constitutional system; it shall guarantee legality and law and order.

Article 2

The individual shall be the highest value of society and the State.

The State shall be responsible before a citizen for the creation of conditions for the free and adequate development of the personality. A citizen is responsible before the State for the rigorous fulfillment of responsibilities laid upon him(her) by the Constitution.

Article 3

The people shall be the single source of State power in the Republic of Belarus. The people exercise their power directly and through representative bodies in the forms and within the limits established by the Constitution.

Any actions aimed at seizing State power through violent force or through any other violation of the Republic of Belarus laws shall be punishable by law.

Article 4

Democracy, in the Republic of Belarus, shall be realized on the basis of a diversity of political institutions, ideologies, and opinions.

The ideology of political parties, religious or other public associations, social groups may not be established compulsory for the citizens.

Article 5

Political parties and other public associations acting within the framework of the Constitution and laws of the Republic of Belarus shall promote the appearance and expression of the political will of the citizens and participate in elections.

Political parties and other associations shall have the right to use state mass media according to rules established by the law.

The creation, as well as activity of political parties, including other public associations, which have as a goal a violent change in the constitutional system, or those conducting propaganda of war, national, religious and racial hostility, shall be prohibited.

Article 6

The State shall be founded on the principle of separation of powers: legislative, executive and judicial. State bodies, within the limits of their authorities, shall act independently and cooperate with one another, and restrain and counterbalance one another.

Article 7

The State and all of its bodies and officials shall be bound by the law and act within the limits of the Constitution and the laws adopted in accordance therewith.

Legal acts or separate provisions thereof which are recognized, according to rules established by the law, as contradicting the provisions of the Constitution shall not be valid in law.

Regulatory enactments of state bodies shall be published or become general knowledge by means envisaged by the law.

Article 8

The Republic of Belarus shall recognize the priority of universally-acknowledged principles of international law and ensure that its legislation conform to these principles.

The conclusion of international agreements which contradict the Constitution shall not be admissible.

Article 9

The territory of the Republic of Belarus shall be a framework of natural existence and a space of self-determination of the people, a basis of their well-being and the sovereignty of the Republic of Belarus.

The territory of Belarus shall be an inalienable entity.

The territory shall be divided into regions, districts, cities and other administrative-territorial units. The administrative-territorial division of the State is determined by the law.

Article 10

The protection, as well as the patronage of the State, in the territory of Belarus, and beyond its borders, shall be guaranteed to a citizen of the Republic of Belarus.

No one may be revoked of citizenship of the Republic of Belarus or of the right to change citizenship.

A citizen of the Republic of Belarus may not be expelled to a foreign State, unless otherwise stipulated in international agreements signed by the Republic of Belarus.

The procedure for the acquisition and forfeiture of citizenship shall be carried out in accordance with the law.

Article 11
Citizens of foreign States and stateless persons shall exercise their rights and freedoms and fulfill their responsibilities in the territory of Belarus on a par with the citizens of the Republic of Belarus, if not otherwise established by the Constitution, laws and international agreements.

Article 12
The Republic of Belarus may grant the right of asylum to persons persecuted in other countries for political and religious convictions or because of their national identity.

Article 13
The State shall grant to all equal rights for carrying out economic and other activity, except for that which is forbidden by the law; and it shall guarantee equal protection and equal conditions for the development of all forms of property.

The State shall carry out the regulation of economic activity in the interest of the individual and society.

Legislation may specify the entities to be owned only by the State; and it shall also ensure that the State has the exclusive right to carry out certain types of activities.

Article 14
The State shall regulate relations between social, national and other communities on the basis of the principle of equality before the law and respect of their rights and interests.

Article 15
The State shall be responsible for the maintenance of the historic-cultural heritage and the free development of the cultures of all national communities living in the Republic of Belarus.

Article 16
All religions and denominations shall be equal before the law. The establishment of any sort of advantages or restrictions for a religion or denomination in relation to another religion or denomination is not allowed.

The activity of religious organizations, their bodies and representatives, which is directed against the sovereignty of the Republic of Belarus, its constitutional system or civil concord, or which entails a violation of civil rights and freedoms, shall be forbidden.

Relations between the State and religions shall be regulated by the law.

Article 17
The Belarusian language and the Russian language shall be the official languages of the Republic of Belarus.

Article 18
In its foreign policy, the Republic of Belarus shall be inspired by the principles of the equality of States, non-use of force or threat of force, inviolability of frontiers, peaceful settlement of disputes, non-interference in internal affairs and other universally-acknowledged principles and rules of international law.

The Republic of Belarus has a goal to make its territory into a non-nuclear zone, with its State having a status of neutrality.

Article 19
The symbols of the Republic of Belarus, as a sovereign State, shall be its national flag, national emblem and national anthem.

Article 20
The capital of the Republic of Belarus is the city of Minsk.

The status of the city of Minsk shall be determined by the law.

Chapter 2
The Individual, Society and the State
Article 21
The supreme goal of the State shall be to secure the rights and freedoms of the citizens of the Republic of Belarus.

The State shall guarantee to the citizens of Belarus the rights and freedoms secured in its Constitution and laws, and in international commitments of the State.

Article 22
All shall be equal before the law and have the right, without any discrimination, to equal protection of their rights and legitimate interests.

Article 23
Restriction of personal rights and freedoms shall be only admissible in cases stipulated by the law, in the interest of national security, public order, protection of citizens' morality and health, as well as rights and freedoms of other persons.

No one shall make use of advantages and privileges which contradict the law.

Article 24

Every person shall have the right to life.

The State shall protect the life of the individual against illegal assaults.

Until its abolition, the death penalty may be applied in accordance with the law as an exceptional measure of punishment for very grave crimes and only according to the sentence of a court.

Article 25

The State shall safegaurd personal liberty, inviolability, and dignity. The restriction or forfeiture of personal liberty may only occur in the cases and according to the rules established by the law.

A person held in custody shall have the right to judicial examination of the legality of his (her) detention or arrest.

No one shall be subject to torture or any treatment or punishment that is cruel, inhumane, damaging to one's human dignity; no medical or other experiments shall be carried out on a person without his (her) consent.

Article 26

No one shall be considered guilty of a crime until his guilt is proven in law and determined by a court judgement which has come into effect. A defendant shall not be required to prove his (her) innocence.

Article 27

No one shall be forced to give testimony and explanations against himself, members of his family, near relations. Evidence obtained through the violation of the law shall not be valid.

Article 28

Every person shall have the right to seek protection from illegal interference with his (her) private life, including from an invasion of the privacy of his (her) correspondence, telephone and other communications, as well as from interference with his honour and dignity.

Article 29

The inviolability of the home and other legitimate property of citizens shall be guaranteed. No one shall, without lawful grounds, enter a dwelling and other legal property of a citizen against such citizen's will.

Article 30

Citizens of the Republic of Belarus shall have the right to freely move and choose their place of residence within the borders of the Republic of Belarus, to leave it and to return to Belarus unimpeded.

Article 31

Every person shall have the right to independently determine his (her) relation to religion, to individually or together with others profess any religion or not profess any, to express and disseminate his (her) religious convictions, and to take part in the religious services and ceremonies.

Article 32

Marriage, the family, motherhood, fatherhood, and childhood shall be under the protection of the State.

Woman and man, upon reaching matrimonial age, shall have the right to enter into marriage and found a family based on voluntary consent. The spouses shall have equal rights in family relationships.

Parents or persons in loco parentis shall have the right and are expected to rear their children, take care of their health, development and tuition. No child shall be sucject to cruel treatment or humiliation, forced to engage in work which could harm his (her) physical, mental or moral development. Children are expected to care for their parents, as well as persons in loco parentis, and to render them assistance.

Article 33

Every person is guaranteed freedom of opinions and convictions and has the right to freely voice them.

No one may be forced to express his convictions or to abandon them.

Monopolization of mass media by the State, by public associations or individuals, as well as censorship shall not be admissible.

Article 34

Citizens of the Republic of Belarus shall be guaranteed the right to receive, retain and disseminate complete, reliable and timely information on the activity of State bodies, public associations, on political, economic and international life and on the state of the environment.

State bodies, public associations and officials shall grant a citizen of the Republic of Belarus an opportunity to acquaint himself (herself) with materials which concern his (her) rights and legitimate interests.

Article 35

The freedom of assembly, meetings, street processions, demonstrations and picketing, not violating law and order and the rights of other citizens, shall be guaranteed by the State. The procedure for carrying out the above activities shall be established by the law.

Article 36

Every person shall have the right to freedom of association.

Judges, procurators, officers of the bodies of internal affairs, Supervisory Authority of the Republic of Belarus and the bodies of State security, as well as the military may not join any political parties and other public associations having political aims.

Article 37

Citizens of the Republic of Belarus shall have the right to participate in the solution of State matters, both directly and through freely elected deputies. The direct participation of the citizens in the administration of the affairs of society and the State shall be through referenda, discussions of draft laws and issues of national and local significance, and through other activities provided for by the law.

Article 38

Citizens of the Republic of Belarus shall have the right to freely elect and be elected to State bodies on the basis of general, equal and direct suffrage by secret ballot.

Article 39

Citizens of the Republic of Belarus, irrespective of their race, sex, ethnic origins and religious beliefs, in accordance with their capabilities and professional training, shall have the right to equal access to any offices in State bodies.

Article 40

Everyone shall have the right to submit personal or collective addresses to State bodies.

State bodies, as well as their officials, are expected to consider an address and give an answer on its merits within a time period set by the law. A refusal to consider a forwarded address shall be justified in writing.

Article 41

Citizens of the Republic of Belarus shall be guaranteed the right to employment as the most suitable means for the self-affirmation of a person, that is the right to choose one's profession, occupation and job in accordance with one's calling, capabilities, education, professional training and with due regard for public demand, as well as the right to healthy and safe conditions of work.

The government shall create conditions for full employment of the population. In case of a person not being employed for reasons beyond his (her) control, he (she) shall be guaranteed training in new specialities and raising the level of his (her) skill with due regard for societal needs, as well as an unemployment compensation in accordance with the law.

Forced labour, other than work or service fixed by a sentence of a court or in accordance with the law on state of emergency and martial law, shall be forbidden.

Article 42

Citizens shall have the right to protection of their economic and social interests, including the right to form professional unions, to conclude collective contracts (agreements) and the right to strike.

Article 43

Employees shall have the right to remuneration for fulfilled work in accordance with its quantity, quality and social significance, but the pay shall not be below the government-indicated minimum. Women and men, adults and minors shall have the right to equal compensation for equal work.

Article 44

All working people shall have the right to rest. For employees, this right shall be secured by the establishment of a working week of no longer than 40 hours, by shorter-time night work, by the granting of annual paid leaves and weekly rest-days.

Article 45

The State shall guarantee every person the right to property. An owner shall have the right to possess, use and dispose of assets individually, as well as jointly with other persons. The inviolability of property and the right to inherit shall be guaranteed. The content and the amount of property shall be specified by the law.

Forced alienation of assets for grounds of societal necessity shall be authorized only under the conditions of and in conformity with the law, with timely and complete compensation for the value of the alienated assets, as well as in conformity with a judgement of a court.

The exercise of the right to property should not cause damage to the environment or to historic-cultural valuables, nor should it infringe upon the legitimate rights and interests of other persons.

Article 46

Citizens of the Republic of Belarus shall be guaranteed the right to health care, including free treatment in state health care institutions.

The right of the citizens of the Republic of Belarus to health care shall also be secured through stimulation of physical training and sports, by improving environment, by the opportunity to use fitness institutions and by improving safety at work.

Article 47

Everyone shall have the right to favorable environment and to compensation for damage caused by the violation of this right.

Article 48

Citizens of the Republic of Belarus shall be guaranteed the right to social security in old age, in case of illness, disability, loss of fitness for work and loss of a bread-winner and in other cases stipulated by the law. The State shall show particular concern for persons whose health has been damaged in the defense of state and societal interests.

Article 49

Citizens of the Republic of Belarus shall have the right to housing. This right shall be secured by the development of state, communal and private housing, and by providing state assistance to citizens in acquisition of dwellings.

No one shall be arbitrarily deprived of a dwelling, except by a court decision or in accordance with the law prescribing a different procedure which is not in conflict with the principles of social justice.

Article 50

Everyone shall have the right to education.

Accessible and free general secondary, as well as technical education, shall be guaranteed.

Secondary specialized and higher education shall be accessible for all in accordance with the capabilities of each. Each person may, on a competitive basis, receive the corresponding free education in state educational institutions.

Article 51

Everyone shall have the right to maintain his national (ethnic) identity and, at the same time, no one shall be forced towards the determination or indication of any particular national (ethnic) identity.

Putting an insult upon national dignity shall be prosecuted by law.

Everyone shall have the right to use his native language and tho choose a language for communication. The State shall guarantee, in accordance with the law, freedom of the choice of the language for education and teaching.

Article 52

Everyone shall have the right to participate in cultural life. This right shall be secured by the ac-cessibility of the values of home and world culture available through state and public collections, and by the development of a network of cultural and educational institutions.

Freedom of artistic, scientific, technical creativity, as well as teaching shall be guaranteed.

Intellectual property shall be protected by the law.

Article 53

Every one, when in the territory of the Republic of Belarus, shall be obliged to observe its Constitution and laws and to respect its national traditions.

Article 54

Everyone must respect the dignity, rights, freedoms and legitimate interests of others.

Article 55

Everyone is expected to cherish historic-cultural heritage and other cultural valuables.

Article 56

It shall be the duty of every person to protect the environment.

Article 57

Citizens of the Republic of Belarus should take part in providing money for public expenditures by paying state taxes, duties and other payments.

Article 58

It shall be the responsibility and sacred duty of a citizen of the Republic of Belarus to defend the Republic of Belarus.

The mode of military service, the grounds and conditions for exemption from military service or its replacement with an alternative shall be determined by the law.

Article 59

No one shall be forced to fulfill duties which are not envisaged by the Constitution and the laws of the Republic of Belarus, nor shall he be forced to abandon his rights.

Article 60

The State is obliged to take all possible measures to maintain internal and international order necessary to ensure in full the exercise of rights and freedom of citizens of the Republic of Belarus provided for in the Constitution.

Article 61

State bodies, officials and other persons entrusted with the fulfillment of state functions shall be obliged, within the limits of their jurisdiction, to take necessary measures for the exercise and protection of personal rights and freedoms. These bodies and persons shall be liable for actions which violate personal rights and freedoms.

Article 62

Everyone shall be guaranteed judicial defense of his rights and freedoms before a competent, independent and impartial court within time periods established by the law.

To protect their rights, freedoms, honour and dignity, citizens shall have the right to recover, through judicial settlement, both property damage and material compensation for moral injury.

Article 63

Everyone shall have the right to legal assistance in the exercise and protection of his rights and freedoms, including the right to make use, at any time, of a counsel and one's other representatives in court, before other State bodies, local government authorities, at enterprises, institutions, organizations, public associations, and in relations with officials and citizens. In cases envisaged by the law, legal assistance may be payable at the expense of the State.

Raising difficulties to the rendering of legal assistance shall be prohibited in the Republic of Belarus.

Article 64

The exercise of the envisaged by the present Constitution personal rights and freedoms may be suspended only in the period of a state of emergency or a state of war, according to the procedure and within the limits established by the Constitution and by the law.

In carrying out special measures during a period of a state of emergency, the rights envisaged in Articles 24, 25 (paragraph 3), 26, 31 of the Constitution may not be restricted.

Chapter 3
Electoral System

Article 65

The elections of deputies and other persons, who are elected to State service by the people, shall be held according to the principle of universal suffrage: citizens of the Republic of Belarus who have reached the age of 18 shall have the right to vote.

Citizens recognized by court as incapacitated from voting and persons held in places of confinement as a result of a judgement of a court shall not participate in election. Persons, in respect of whom

a detention as a measure of preventive restriction is taken according to the rules of criminal procedure, shall not participate in voting. Any direct or indirect limitation of the right of citizens to vote in other cases shall not be authorized and shall be punishable by law.

Article 66

The age qualifications of the deputies and other persons elected to State service shall be determined by the relevant laws, if not otherwise stipulated by the Constitution.

Article 67

Elections shall be held according to the principle of free suffrage: an elector personally decides whether he (she) will participate in election and for whom he (she) will vote.

Arrangements for and holding of elections shall be open and in public.

Article 68

Elections shall be held according to the principle of equal suffrage: the electorate shall have equal number of votes.

The number of the electors in each constituency shall be approximately equal.

Candidates elected to State service by the people, shall participate in elections on an equal basis.

Article 69

Elections shall be held according to the principle of direct suffrage: deputies shall be elected by the citizens directly.

Article 70

Voting in elections shall be secret: control over voting preferences while voting is in progress shall be prohibited.

Article 71

The right to nominate candidates for deputies shall be vested in public associations, workers' collectives and citizens in accordance with the law.

Article 72

Expenses incurred in preparing for and holding of elections shall be covered by the State within the limits of the funds allotted for the purpose.

Article 73

The holding of elections shall be ensured by election-committees.

The electoral procedures shall be specified by the laws of the Republic of Belarus.

No elections shall be held during a period of a state of emergency or martial law.

Article 74

National and local referenda may be held to resolve the most important problems of the State and society. The procedure of holding republican and local referenda shall be determined by a law of the Republic.

Chapter 4
The Supreme Council of the Republic of Belarus

Article 75

The highest standing representative and the unique legislative body of state authority of the Republic of Belarus shall be the Supreme Council of the Republic of Belarus.

Article 76

The Supreme Council of the Republic of Belarus shall be composed of 260 deputies elected by the citizens of the Republic of Belarus.

Any citizen of the Republic of Belarus who has a right to vote and has entered the age of 21 shall be eligible for a deputy.

Article 77

The term of powers of the Supreme Council of the Republic of Belarus shall be five years.

The powers of the Supreme Council of the Republic of Belarus may be discontinued before their termination, by means of a resolution of the Supreme Council of the Republic of Belarus adopted by a majority of no less than two-thirds of the elected deputies.

Election of a new membership of the Supreme Council of the Republic of Belarus shall be fixed no later than three months before the expiration of the term of powers of the current Supreme Council of the Republic of Belarus.

Article 78

The first session of the Supreme Council of the Republic of Belarus shall be summoned by the Central Commission of the Republic of Belarus on Elections and National Referenda no later than thirty days after at least 173 deputies of the Supreme Council have been elected.

Article 79

The Supreme Council of the Republic of Belarus shall have exceptional jurisdiction to:

1. adopt the Constitution of the Republic and amend it unless otherweise prescribed therein;
2. adopt laws of the Republic;
3. call national referenda;
4. decide on holding elections of deputies of the Supreme Council and local councils, as well as set up the Central electoral Committee and hold national referenda;
5. appoint the Prime Minister, approve the appointments for the Cabinet of Ministers and the program of its activities;
6. set up and dissolve ministries of the Republic;
7. elect members of the Constitutional Court of the Republic of Belarus;
8. elect the Supreme Court of the Republic of Belarus, the Supreme Economic Court of the Republic of Belarus, the Procurator General of the Republic of Belarus;
9. elect the Chairman and the members of the Board of Managers of the National Bank of the Republic of Belarus, the Chairman and members of the Supervisory Authority of the Republic;
10. determine the priorities in foreign and domestic policy;
11. approve the Republic's plan of economic and social development, the state budget, as well as reports thereupon;
12. set the Republican taxes and duties, exercise control over currency issue;
13. decide upon the military policy;
14. ratify and denounce international treaties to which the Republic of Belarus is a party;
15. determine the procedure of solving the problems of the administrative-territorial structure of the Republic;
16. institute State awards, ranks and titles of the Republic of Belarus;
17. take decisions on amnesty;
18. veto instructions by the Chairman of the Supreme Council, presidium thereof, as well as resolutions and instructions of the Cabinet;
19. veto resolutions passed by Councils of local deputies in cases when they are inconsistent with the Republican Constitution and laws. The Supreme Council of the Republic of Belarus may resolve other issues in accordance with the Constitution.

Article 80

The Supreme Council of the Republic adopts laws and resolutions. The Supreme Council shall be empowered to pass acts on condition that at least 50% of the listed deputies are present at the sitting unless otherwise provided for by the Constitution. The adopted laws and resolutions shall be signed by the Chairperson of the Supreme Council.

Article 81

The Supreme Council shall elect, from among its members, the Chairperson of the Supreme

Council, First Vice-Chairperson of the Supreme Council and Vice-Chairpersons of the Supreme Council.

Article 82

The Chairperson of the Supreme Council shall be the highest official of the Republic representing it while dealing with other countries. The Chairperson of the Supreme Council of the Republic of Belarus shall be ˚elected by secret ballot from among the deputies for a term of 5 years and not more than for two consecutive terms.

The Chairperson of the Supreme Council is answerable to the Supreme Council. In case the Chairperson violates the Republic' Constitution he or she can be recalled by the decision of at least two-thirds (173) deputies.

A conclusion on whether the Chairperson has violated the Constitution shall be given by the Republic's Constitutional Court after at least 70 deputies or two Standing Parliamentary Committees apply to it.

Article 83

The Chairperson of the Supreme Council shall:

1. execute general leadership in the elaboration of the issues subject to consideration of the Supreme Council;

2. sign the laws of the Republic and other acts adopted by the Supreme Council and its Presidium;

3. report at least once a year to the Supreme Council on the situation in the Republic and on the most important issues of home and foreign affairs;

4. represent the country in the relations with organisations and bodies inside the country and abroad;

5. conduct the sittings of the Supreme Council or assign some of his deputies to do so;

6. submit to the Supreme Council nominations for First Vice-Chairman and Vice-Chairmen of the Supreme Council, Procurator General, Chairman of the Supervisory Authority;

7. conduct negotiations and sign international treaties;

8. issue instructions;

9. appoint judges of the regional city and district courts as well as judges of the regional and city economic courts;

The First Vice-Chairperson and Vice-Chairpersons of the Supreme Council of the Republic of Belarus shall fulfill, on the instructions of the Chairperson of the Supreme Council, some of his/her functions and substitute the Chairperson of the Supreme Council if he/she temporarily is not available or unable to carry out his duties.

Article 84

The right of legislative initiative in the Supreme Council of the Republic of Belarus shall be vested in deputies of the Supreme Council, permanent committees of the Supreme Council, the Cabinet, the Supreme Court, the Supreme Economic Court, the Procurator General, as well as in the citizens, who have the right to vote, in the number of no fewer than 50000 persons.

Article 85

The Supreme Council shall elect, from among the deputies, permanent committees and other bodies for doing law-drafting work, for the preliminary consideration and elaboration of issues relating to the jurisdiction of the Supreme Council, and for control over the observance of laws.

If necessary, the Supreme Council may establish investigatory, audit and other ad hoc commissions.

Article 86

A Presidium of the Supreme Council of the Republic of Belarus shall be established to organize the activities of the Supreme Council.

The Presidium of the Supreme Council shall be composed of the Chairperson of the Supreme Council, the First Vice-Chairperson of the Supreme Council, the Vice-Chairpersons, Chairpersons of the Standing Committees and other deputies, in accordance with the Rules of Procedure envisaged by the Supreme Council.

The Presidium of the Supreme Council shall be headed by the Chairperson of the Supreme Council.

The Presidium of the Supreme Council shall retain its jurisdiction until the opening of the first session of the next convocation's Supreme Council.

Article 87

The jurisdiction of the deputies shall terminate as soon as a new Supreme Council valid for the opening of the first session is elected.

Article 88

A deputy of the Supreme Council shall exercise his (her) powers in the Supreme Council on full-time basis or, upon his (her) desire, without suspending his (her) activities at an enterprise or in the civil service.

Article 89

A deputy of the Supreme Council shall not bear legal responsibility for his (her) activity in the Supreme Council which is carried out in accordance with the Constitution both during his (her) term of office and after it comes to an end.

A deputy of the Supreme Council may not be arraigned on criminal charges, arrested ot otherwise deprived of his (her) personal liberty without the consent of the Supreme Council, except in the cases of detainment at the crime scene.

Criminal proceedings against a deputy of the Supreme Council may be instituted by the Procurator General with consent of the Supreme Council, and in the period between sessions, with the consent of the Presidium of the Supreme Council.

Article 90

Activities of the Supreme Council, bodies thereof and the deputies shall be determined by the Rules of Procedure of the Supreme Council and other laws of the Republic.

Chapter 5
Cabinet of Ministers of the Republic of Belarus

Article 91

The Republic's Cabinet of Ministers shall be the supreme executive and administrative body of state power in the Republic.

Article 92

The candidatures to the Cabinet of Ministers shall be proposed by the Chairperson thereof.

The Chairperson of the Cabinet of Ministers shall submit the work-programme of the government for the Supreme Council's approval.

The Cabinet of Ministers shall terminate its office at the first session of the new Parliament.

Article 93

The Cabinet of Ministers shall bear responsibility before the Parliament and shall report to it.

Article 94

The Parliament can pronounce a vote of no-confidence to the Cabinet's entire body or to some of its individual members.

In case a vote of no-confidence is pronounced to the entire Cabinet, the Chairperson of the Parliament nominates a new candidature for the Head of the Cabinet to be approved by the Parliament.

The Cabinet in its entirety or individual members thereof can submit their resignation to the Supreme Council any time.

Article 95

The Cabinet of Ministers of the Republic shall:

1. take measures to secure the protection of citizen's rights and liberties, interests of the state, property, public order, national security and defense;

2. elaborate and submit for the Parliament's approval the priorities of economic and social development, the Republic's state budget, take action to implement the Parliament's decisions;

3. in accordance with the Republic's laws, exercise the state management of the country's economy and social welfare, provide for rational use and conservation of natural resources, take measures to consolidate the currency and credit system, organize management of state-run enterprises, institutions and organisations;

4. set up, if need be, committees, chief organs and other agencies under its own jurisdiction;

5. exercise control over the executive and administrative activities of the local Soviets of deputies;

6. abolish regulations issued by ministries and agencies of the Republic, by executive and administrative bodies of the local Soviets of deputies;

7. deal with other issues of state government.

Article 96

The Cabinet of Ministers, within its jurisdiction, may issue resolutions and instructions which are to be fulfilled by all on the Republic's territory.

Article 97

Ministries of the Republic shall govern the industries of which they are in charge or exercise inter-branch government, while reporting to the Council of Ministers.

Ministries shall bear responsibility for the condition and progress in the branches and fields of government they run.

Article 98

The jurisdiction of the Cabinet of Ministers, its rules of Procedure, Cabinet's relationship with other state bodies as well as the list of Ministries to be shall be defined on the basis of the Constitution by the Law on the Cabinet of Ministers.

Chapter 6
Court of Justice

Article 99

Judicial power in the Republic of Belarus shall be vested in courts. The judicature, within the Republic of Belarus, shall be determined by the law.

The establishment of extraordinary courts shall be prohibited.

Article 100

In administering justice, judges are independent and abide by the law only.

Any interference in judge's activities in the administration of justice shall be inadmissible and shall involve responsibility in law.

Article 101

Judges may not engage in business or carry out other paid work except teaching and research provided that they are not on the staff. The reasons for election (appointment) of judges and their dismissal shall be determined by the law.

Article 102

The courts shall administer justice in conformity with the Constitution, laws and other ensuing regulatory enactments.

If in trial of a specific case, a court comes to the conclusion that a regulatory enactment is in conflict with the Constitution or other law, the court makes a ruling in accordance with the Constitution and the law, and brings up a question, in the established procedure, for the recognition of the given regulatory enactment as unconstitutional.

Article 103

A trial in court shall be conducted collegially and, in cases stipulated by law, by a judge individually.

Article 104

Trials in all courts shall be open.

A hearing in camera shall be admissible only in cases established by the law, with the observance of all rules of judicial proceedings.

Article 105

Justice shall be administered on the basis of the competition and equality of the parties involved in the trial.

Article 106

The parties shall have the right to appeal judicial decisions, sentences and other rulings.

Chapter 7
Constitutional Supervision

Article 107

Control over the constitutionality of regulatory enactments in the State shall be exercised by the Constitutional Court of the Republic of Belarus.

Article 108

The Constitutional Court of the Republic of Belarus shall be elected by the Supreme Council of the Republic of Belarus from among qualified lawyers in the number of 11 judges. The term of office for the members of the Constitutional Court shall be 11 years. The age limit of a member of the Constitutional Court shall be 70 years.

Candidatures for a judge of the Constitutional Court can be nominated by the members of Parliament themselves or they may be asked to do so by state bodies of republican level, as well as by the Standing Committees of the Parliament.

Judges of the Constitutional Court may not engage in business or carry out other paid activities except teaching or research work. Judges of the Constitutional Court shall be entitled to resign at any time. Direct or indirect pressure on the Constitutional Court or its members in connection with the execution of constitutional supervision shall be inadmissible and shall involve responsibility in law.

Article 109

The Constitutional Court, on proposals of the Chairperson of the Parliament, permanent committees of the Supreme Council, at least 40 deputies of the Supreme Council, the Supreme Court, the Supreme Economic Court, the Procurator General, public associations of republican level as well as citizens following the procedure established by law, shall decide on:

– the conformity between the laws, international agreements, other obligations of the Republic of Belarus and the Constitution, international legal acts ratified by the Republic of Belarus;

– the conformity between the legal inter-state acts, to which the Republic of Belarus is a party, the resolutions by the Cabinet of Ministers, as well as the orders of the Supreme Court, of the Supreme Economic Court, of the Procurator General, and the Constitution, laws, international legal acts ratified by the Republic of Belarus;

– whether the Chairperson of the Parliament has violated the Constitution.

Article 110

The Constitutional Court shall invariably make conclusions on whether issues put to a republican referendum are not in conflict with the Constitution and whether they are correctly stated Constitution-wise.

The Constitutional Court shall be entitled, at its discretion, to consider the issue on the conformity between the regulatory enactments of a State body, public association and the Constitution, laws, international legal acts ratified by the Republic of Belarus.

Article 111

Regulatory enactments, international agreements and other obligations recognized by the Constitutional Court as unconstitutional, so far as the violate human rights and freedoms, shall be considered null and void, totally or in a special part of them, from the moment of the adoption of the relevant act.

Other regulatory enactments of state bodies and public associations, other international agreements or obligations recognized by the Constitutional Court as inconsistent with the Constitution, the laws or international legal acts ratified by the Republic of Belarus shall be considered vitiated, totally or in a special part thereof, from the moment determined by the Constitutional Court.

The regulatory and legal inter-state acts to which the Republic of Belarus is a party recognized by the Constitutional Court as inconsistent with the Constitution, laws or international legal acts shall be regarded as invalid in the territory of the Republic of Belarus, totally or in special part thereof, from the moment determined by the Constitutional Court.

The Constitutional Court shall pass decisions by a simple majority of votes of full court.

Article 112
Judgements of the Constitutional Court shall be final and subject to no appeal or protest.

Article 113
The Constitutional Court may submit proposals to the Parliament on the necessity of amending and changing the Constitution and on adopting and changing laws. Such proposals shall be invariably considered by the Parliament.

Article 114
Judges elected to the Constitutional Court may not be arraigned on criminal charges, arrested ot otherwise deprived of personal liberty without the consent of the Supreme Council, except in the cases of their detainment at the crime scene. Criminal proceedings against a member of the Constitutional Court may be instituted by the Procurator General with the consent of the Supreme Council.

Article 115
The Chairperson of the Constitutional Court and his/her deputies shall be elected by members thereof for a term of three years. The jurisdiction, structure and activities procedures of the Court shall be determined by law.

Chapter 8
The Procurator's Office

Article 116
Supervision over the strict and uniform observance of laws by all ministries and other subordinate to the Cabinet of Ministers bodies, local representative and administrative bodies, enterprises, organizations and institutions, public associations, officials and citizens shall be vested in the Procurator General of the Republic of Belarus and procurators subordinate to him.

The Procurator's Office shall supervise the process of law in investigation of crimes, the conformity between the law and the judgements in civil and criminal cases and cases involving administrative offences; in the instances envisaged by the law carry out preliminary inquiry, support public prosecution in courts.

Article 117
The unified and centralize system of the bodies of the Procurator's Office shall be with the Procurator General at the head, who is elected by the Supreme Council.

Subordinate procurators shall be appointed by the Procurator General.

Article 118
The Procurator General and subordinate procurators shall be independent in the exercise of their powers and are guided only by the law. The Procurator General shall be accountable to the Supreme Council.

Article 119
The jurisdiction, administration and activities of the bodies of the Procurator's Office shall be determined by the law.

Chapter 9
The Supervisory Authority of the
Republic of Belarus

Article 120
Supervision over the national budget execution, use of state property, observance of the acts of the Supreme Council governing state property relationships, as well as economic, fiscal and tax relations shall be exercised by the Supervisory Authority.

Article 121
The Supervisory Authority shall be established by the Supreme Council; it shall function under its administration and be accountable to it.

Article 122
The Chairperson of the Supervisory Authority shall be elected by the Supreme Council for the term of five years.

Article 123

The jurisdiction, administration and activities of the Supervisory Authority shall be determined by the law.

Chapter 10
Local Government and Self-Government

Article 124

Local government, as well as self-government shall be exercised by the citizens through local councils, executive and administrative bodies, and through bodies of public territorial self-government, local referenda, meetings and other forms of direct participation in state and public affairs.

Article 125

Local councils of deputies shall be elected by the citizens of the relevant administrative-territoral units for a term of four years.

Article 126

Local councils of deputies, executive and administrative bodies, within the limits of their jurisdiction, shall resolve issues of local significance, proceeded from national interests and the interests of the population residing in the relevant territory, and execute decisions of higher state authorities.

Article 127

The following issues shall come within the exclusive jurisdiction of local councils of deputies:
– the approval of the programmes of economic and social development, local budgets and accounts;
– election of administrative bodies and officials of the local Soviets of deputies;
– the imposition of local taxes and duties in conformity with the law;
– the establishment, within the legally defined limits, of the rules of the management and disposal of municipal property;
– the calling for local referenda.

Article 128

Local councils of deputies, executive and administrative bodies, on the basis of legislation in force, shall adopt decisions which are valid in the corresponding territory.

Article 129

Decisions of local councils of deputies which are inconsistent with the legislation shall be repealed by higher councils of deputies.

Decisions of local executive and administrative bodies which ware inconsistent with the legislation shall be repealed by the relevant councils of deputies and by higher executive and administrative bodies, as well as by the President of the Republic of Belarus.

Decisions of local councils of deputies, their executive and administrative bodies which are limiting or breaking civil rights and freedoms and legitimate interests of the citizens, as well as in other envisaged by the legislation cases, may be appealed in court.

Article 130

In case of the systematic and obvious non-fulfillment, by a local council of deputies, of the legislation, this body may be dissolved by the Supreme Council. Other grounds for the early discontinuance of the powers of local councils of deputies shall be determined by the law.

Article 131

The jurisdiction, rules of establishment and activities of the bodies of local government and self-government shall be determined by the law.

Chapter 11
Financial and Credit System of the Republic of Belarus

Article 132

The financial and credit system of the Republic of Belarus shall include the budget system, the banking system, as well as outside-the-budget funds, funds of enterprises, institutions, organizations and citizens. A unique fiscal, tax, monetary and hard currency policy shall be pursued in the territory of the Republic of Belarus.

Article 133

The budget system of the Republic of Belarus shall include the national and local budgets.

Budget revenues shall be raised from the taxes determined by the law, from other compulsory payments, as well as from other income.

National expenditures shall be authorized from the national budget on the expenditure side.

In accordance with the law, in the Republic of Belarus, outside-the-budget funds may be created.

Article 134

The rules of drawing up, approval and execution of the budgets and state outside-the-budget funds shall be determined by the law.

Article 135

A national account shall be submitted for the Supreme Council's consideration no later than five months from the last day of the fiscal year of account.

Local accounts shall be submitted for the considerations of the relevant councils of deputies by the time fixed by legislation.

National and local accounts shall be published.

Article 136

The banking system of the Republic of Belarus shall include the National Bank of the Republic of Belarus and other banks. The National Bank shall govern credit relations, currency circulation, determine the rules of settlements and have the exclusive right to issue currency.

Chapter 12
The application and amendment of the Constitution of the Republic of Belarus

Article 137

The Constitution shall have the supreme legal force. Laws and other acts of state bodies shall be issued on the basis of and in conformity with the Constitution of the Republic of Belarus.

In case of a conflict between a law and the Constitution, the Constitution shall be given priority; in case of a conflict between a law and other regulatory enactment, the law shall be given priority.

Article 138

Motions to amend and supplement the Constitution shall be considered by the Supreme Council on the initiative of at least 250 000 citizens of the Republic of Belarus having the right to vote, at least 70 deputies of the Supreme Council, the Supreme Court.

Article 139

A law on amendment and addenda to the Constitution may be adopted after it has been debated and approved twice by the Supreme Council with at least three months' interval.

Amendments and addenda to the Constitution shall not be made during a period of a state of emergency, as well as during the last six months of the term of powers of a Supreme Council.

Article 140

The Constitution, laws on amendments and addenda thereto, on putting the Constitution and the mentioned laws in force, as well as acts on interpreting of the Constitution shall be regarded as adopted if at least two-thirds of the elected deputies of the Supreme Council have voted in favour of them.

Amendments and addenda to the Constitution may be passed by a referendum. A decision to amend or supplement the Constitution by means of a referendum shall be passed if two-thirds of citizens included into the register of electors, vote in favour of it.

Textanhang XIV/6

The Law of the Republic of Belarus "On ammendment and addenda to the Constitution of the Republic of Belarus" Draft revised Constitution (1996)*

We, the People of the Republic of Belarus (of Belarus), we manating from the responsibility for the present and future of Belarus;

recognizing ourselves as a subject, with full rights, of the world community and conforming our adherence to values common to all mankind;

founding ourselves on our inalienable right to self-determination;

supported by the centuries-long history of development of Belarusian statehood;

striving to assert the rights and freedoms of every citizen of the Republic of Belarus;

wishing to guarantee civil concord, the unshakable foundation of democracy and of a State ruled by law;

hereby adopt this Constitution as the Fundamental Law of the Republic of Belarus.

Section I
Principles of the constitutional system

Article 1

The Republic of Belarus shall be a unitary, democratic, social State governed by the rule of law.

The Republic of Belarus shall possess supremacy

---

* Proposed by the President of the Republic.

and complete authority in its territory, and shall independently pursue domestic and foreign policy.

The Republic of Belarus shall defend its independence and territorial integrity, its constitutional system; it shall guarantee legality and law and order.

Article 2

The individual, his/her rights, freedoms and guarantees for their enjoyment shall be the highest value of society and the State.

The State shall be responsible before a citizen for the creation of conditions for the free and adequate development of the personality. A citizen is responsible before the State for the rigorous fulfillment of responsibilities laid upon him/her by the Constitution.

Article 3

The people shall be the single source of State power and bearer of the sovereignty in the Republic of Belarus. The people shall exercise their power directly and through representative bodies in the forms and within the limits established by the Constitution.

Any actions aimed at seizing State power through violent force or through any other violation of the Republic of Belarus laws shall be punishable by law.

Article 4

Democracy, in the Republic of Belarus, shall be realized on the basis of a diversity of political institutions, ideologies, and opinions.

The ideology of political parties, religious or other public associations, social groups may not be established compulsorily for the citizens.

Article 5

Political parties and other public associations acting within the framework of the Constitution and laws of the Republic of Belarus shall promote the appearance and expression of the political will of the citizens and participate in elections.

Political parties and other public associations shall have the right to use state mass media according to rules established by the law.

The creation, as well as activity of political parties, including other public associations, which have as a goal a violent change in the constitutional system, or those conducting propaganda of war, national, religious and racial hostility, shall be prohibited.

Article 6

The State power in the Republic of Belarus shall be exercised on the basis of its separation into legis-

lative, executive and judicial power. State bodies, within the limits of their authorities, shall act independently and cooperate with one another, and restrain and counterbalance one another.

Article 7

In the Republic of Belarus, there shall be established the principle of the supremacy of law.

The State and all of its bodies and officials shall act within the limits of the Constitution and the legislative acts adopted in accordance therewith.

Legal acts or separate provisions thereof which are recognized, according to rules established by the law, as contradicting the provisions of the Constitution shall not be valid in law.

Regulatory enactments of state bodies shall be published or become general knowledge by means envisaged by law.

Article 8

The Republic of Belarus shall recognize the priority of universally-acknowledged principles of international law and ensure that its legislation conform to these principles.

The Republic of Belarus may join and abandon voluntarily interstate establishments in accordance with the rules of international law.

The conclusion of international agreements which contradict the Constitution shall not be admissible.

Article 9

The territory of the Republic of Belarus shall be a framework of natural existence and a space of self-determination of the people, a basis of their well-being and the sovereignty of the Republic of Belarus.

The territory of Belarus shall be an inalienable entity.

The territory shall be divided into regions, districts, cities and other administrative-territorial units. The administrative-territorial division of the State is determined by the law.

Article 10

The protection, as well as the patronage of the State, in the territory of Belarus, and beyond its borders, shall be guaranteed to a citizen of the Republic of Belarus.

No one may be revoked of citizenship of the Republic of Belarus or of the right to change citizenship.

A citizen of the Republic of Belarus may not be expelled to a foreign State, unless otherwise stipulated in international agreements signed by the Republic of Belarus.

The procedure for the acquisition and forfeiture of citizenship shall be carried out in accordance with the law.

Article 11

Citizens of foreign States and stateless persons shall exercise their rights and freedoms and fulfill their responsibilities in the territory of Belarus on a par with the citizens of the Republic of Belarus, if not otherwise established by the Constitution, laws and international agreements.

Article 12

The Republic of Belarus may grant the right of asylum to persons persecuted in other countries for political and religious convictions or because of their national identity.

Article 13

There may be State and private property.

The State shall grant to all equal rights for carrying out economic and other activity, except for that which is forbidden by law; and it shall guarantee equal protection and equal conditions for the development of all forms of property.

The State shall foster co-operation in all its forms and types.

The State shall guarantee everyone equal opportunities for the unrestrained use of capacities and assets for business undertakings and other not prohibited by law economic activity.

The State shall regulate economic activity in the interest of the individual and society; it shall secure guidance and co-ordination of the State and private economic activity to achieve social goals.

Mineral wealth, waters, forests shall constitute exclusive State property.

Legislation may specify also other entities to be owned only by the State or establish a special procedure for their conversion into private property; as well as it may also secure the exclusive right of the State to carry out certain types of activities.

The State shall guarantee the working people the right to participate in the management of enterprises, organizations and institutions with the aim to increase the efficiency of their work, to share the profit (revenue) and to raise the socio-economic standard of life of the working people.

Article 14

The State shall regulate relations between social, national and other communities on the basis of the principle of equality before the law and respect of their rights and interests.

Article 15

The State shall be responsible for the maintenance of the historic-cultural heritage and the free development of the cultures of all national communities living within the Republic of Belarus.

Article 16

All religions and denominations shall be equal before the law. The establishment of any sort of advantages or restrictions for a religion or denomination in relation to another religion or denomination is not allowed.

The activity of religious organizations, their bodies and representatives, which is directed against the sovereignty of the Republic of Belarus, its constitutional system or civil concord, or which entails a violation of civil rights and freedoms, as well as which is harmful for their health and morals shall be forbidden.

Relations between the State and religions shall be regulated by the law.

Article 17

The Belarusian language is the official language of the Republic of Belarus. The Russian language shall have equal status with the Belarusian one.

Article 18

In its foreign policy, the Republic of Belarus shall be inspired by the principles of the equality of States, non-use of force or threat of force, inviolability of frontiers, peaceful settlement of disputes, non-interference in internal affairs and other universally-acknowledged principles and rules of international law.

The Republic of Belarus has a goal to make its territory into a non-nuclear zone, with its State having a status of neutrality.

Article 19

The symbols of the Republic of Belarus, as a sovereign State, shall be its national flag, national emblem and national anthem.

Article 20

The capital of the Republic of Belarus is the city of Minsk.

The status of the city of Minsk shall be determined by the law.

Section II
The Individual, Society and the State

Article 21

The supreme goal of the State shall be to secure the rights and freedoms of the citizens of the Republic of Belarus.

The State shall guarantee the citizens of Belarus the rights and freedoms secured in its Constitution and laws, and in international commitments of the State.

Everyone shall have the right to an adequate life standard, inclusive of sufficient food, cloths, housing facilities, as well as of constant improvement of the necessary conditions for that.

Article 22
All shall be equal before the law and have the right, without any discrimination, to equal protection of their rights and legitimate interests.

Article 23
Restriction of personal rights and freedoms shall be only admissible in cases stipulated by the law, in the interest of national security, public order, protection of citizens' morality and health, as well as rights and freedoms of other persons.

No one shall make use of advantages and privileges which contradict the law.

Article 24
Every person shall have the right to life.

The State shall protect the life of the individul against illegal assaults.

Until its abolition, the death penalty may be applied in accordance with the law as an exceptional measure of punishment for particularly grave crimes and only according to the sentence of a court.

Article 25
The State shall safeguard personal liberty, inviolability, and dignity. The restriction or forfeiture of personal liberty may only occur in the cases and according to the rules established by the law.

A person held in custody shall have the right to judicial examination of the legality of his/her detention or arrest.

No one shall be subject to torture or any treatment or punishment that is cruel, inhumane, damaging to one's human dignity; no medical or other experiments shall be carried out on a person without his/her consent.

Article 26
No one shall be considered guilty of a crime until one's guilt is proven in law and determined by a court judgement which has come into effect. A defendant shall not be required to prove his/her innocence.

Article 27
No one shall be forced to give testimony and explanations against oneself, members of oneself

family, near relations. Evidence obtained through the violation of the law shall not be valid.

Article 28
Every person shall have the right to seek protection from illegal interference with his/her private life, including from the invasion of privacy of his/her correspondence, telephone and other communications, as well as from interference with his/her honour and dignity.

Article 29
The inviolability of the home and other legitimate property of citizens shall be guaranteed. No one shall, without lawful grounds, enter a dwelling and other legal property of a citizen against such citizen's will.

Article 30
Citizens of the Republic of Belarus shall have the right to freely move and choose their place of residence within the borders of the Republic of Belarus, to leave it and to return to Belarus unimpeded.

Article 31
Every person shall have the right to independently determine his/her relation to religion, to individually or together with others profess any religion or not profess any, to express and disseminate his/her religious convictions, and to take part in the religious services and ceremonies.

Article 32
Marriage, the family, motherhood, fatherhood, and childhood shall be under the protection of the State.

Woman and man, upon reaching matrimonial age, shall have the right to enter into marriage and found a family based on voluntary consent. The spouses shall have equal rights in family relationships.

Parents or persons in loco parentis shall have the right and are expected to rear their children, take care of their health, development and tuition. No child shall be subject to cruel treatment or humiliation, forced to engage in work which could harm his/her physical, mental or moral development. Children are expected to care for their parents, as well as persons in loco parentis, and to render them assistance.

Children may be separated from their families against the will of the parents and other persons substituting them based on the court decision only, provided that the parents or other persons substituting them failed to fulfill their duties.

The youth shall be guaranteed the right for their spiritual and moral development.

The State shall create due conditions for the unrestricted and efficient participation of the youth in political, social, economic and cultural development.

Article 33

Every person is guaranteed freedom of opinions and convictions and has the right to freely voice them.

No one may be forced to express one's convictions or to abandon them.

Monopolization of mass media by the State, by public associations or individuals, as well as censorship shall not be admissible.

Article 34

Citizens of the Republic of Belarus shall be guaranteed the right to receive, retain and disseminate complete, reliable and timely information on the activity of State bodies, public associations, on political, economic and international life and on the state of the environment.

State bodies, public associations and officials shall grant a citizen of the Republic of Belarus an opportunity to acquaint himself/herself with materials which concern his/her rights and legitimate interests.

The use of information may be restricted by legislation so as to protect the honour, dignity, personal and family life of citizens, as well as them to enjoy their rights completely.

Article 35

The freedom of assembly, meetings, street processions, demonstrations and picketing, not violating law and order and the rights of other citizens, shall be guaranteed by the State. The procedure for carrying out the above activities shall be established by the law.

Article 36

Every person shall have the right to freedom of association.

Judges, procurators, officers of the bodies of internal affairs, the Committee for State Control of the Republic of Belarus and the bodies of State security, as well as the military may not join any political parties and other public associations having political aims.

Article 37

Citizens of the Republic of Belarus shall have the right to participate in the solution of State matters, both directly and through freely elected deputies. The direct participation of the citizens in the administration of social and public affairs shall be through referenda, discussions of draft laws and issues of national and local significance, and through other activities provided for by the law.

Article 38

Citizens of the Republic of Belarus shall have the right to freely elect and be elected to State bodies on the basis of general, equal, direct or indirect suffrage by ballot.

Article 39

Citizens of the Republic of Belarus, in accordance with their capabilities and professional training, shall have the right to equal access to any offices in State bodies.

Article 40

Everyone shall have the right to submit personal or collective addresses to State bodies.

State bodies, as well as their officials, are expected to consider an address and give an answer on its merits within a time period set by the law. A refusal to consider a forwarded address shall be justified in writing.

Article 41

Citizens of the Republic of Belarus shall be guaranteed the right to work as the most suitable means for the self-affirmation of a person, that is the right to choose one's profession, occupation and job in accordance with one's vocation, capabilities, education, professional training and with due regard for public demand, as well as the right to healthy and safe conditions of work.

The government shall create conditions for full employment of the population. In case of a person not being employed for reasons beyond his/her control, he/she shall be guaranteed training in new specialities and raising the level of his/her skill with due regard for social needs, as well as an unemployment compensation in accordance with the law.

Citizens shall have the right to protection of their economic and social interests, including the right to form professional unions, to conclude collective contracts (agreements) and the right to strike.

Forced labour, other than work or service fixed by a sentence of a court or in accordance with the law on state of emergency and martial law, shall be forbidden.

Article 42

Employees shall be guaranteed the fair share of renumeration for the economic results of work in accordance with its quantity, quality and social significance, but the pay shall not be below the level that could secure them and their families free and adequate existence.

Women and men, adults and minors shall have the right to equal compensation for equal work.

Article 43

All working people shall have the right to rest. For employees, this right shall be secured by the establishment of a working week of no longer than 40 hours, by shorter-time night work, by the granting of annual paid leaves and weekly rest-days.

Article 44

The State shall guarantee every person the right to property and assist in its acquisition.

An owner shall have the right to possess, use and dispose of assets individually, as well as jointly with other persons. The inviolability of property and the right to inherit it shall be ensured by the law.

Property which has been acquired legally shall be protected by the State.

The State shall encourage and protect savings of its citizens.

Forced alienation of assets for grounds of social necessity shall be authorized only under the conditions of and in conformity with the law, with timely and complete compensation for the value of the alienated assets, as well as in conformity with a judgement of a court.

The exercise of the right to property should not contradict social well-being and public safety, should not cause damage to the environment or to historic-cultural valuables, nor should it infringe upon the legitimate rights and interests of other persons.

Article 45

Citizens of the Republic of Belarus shall be guaranteed the right to health care, including free treatment in state health care institutions.

The State shall create conditions for the medical service accessible to all citizens.

The right of the citizens of the Republic of Belarus to health care shall also be secured through stimulation of physical training and sports, by improving environment, by the opportunity to use fitness institutions and by improving safety at work.

Article 46

Everyone shall have the right to favorable environment and to compensation for damage caused by the violation of this right.

The State shall exercise control over the rational use of natural resources with the aim to protect and improve living conditions, as well as to safeguard and restore the environment.

Article 47

Citizens of the Republic of Belarus shall be guaranteed the right to social security in old age, in case of illness, disability, loss of fitness for work and loss of a bread-winner and in other cases stipulated by the law. The State shall show particular concern for persons whose health has been damaged in defense of the national and public interests.

Article 48

Citizens of the Republic of Belarus shall have the right to housing. This right shall be secured by the development of state and private housing facilities, and by providing assistance to citizens in acquisition of dwellings.

To the citizens in need of social protection, the State and local self-government shall grant housing free of charge or at reasonable price in accordance with law.

No one shall be arbitrarily deprived of a dwelling.

Article 49

Everyone shall have the right to education.

Accessible and free general secondary, as well as technical education, shall be guaranteed.

Secondary specialized and higher education shall be accessible for all in accordance with the capabilities of each. Each person may, on a competitive basis, receive the corresponding free education in state educational institutions.

Article 50

Everyone shall have the right to maintain his national identity and, at the same time, no one shall be forced towards the determination or indication of any particular national identity.

Putting an insult upon national dignity shall be prosecuted by law.

Everyone shall have the right to use his native language and to choose a language for communication. The State shall guarantee, in accordance with the law, freedom of the choice of the language for education and teaching.

Article 51

Everyone shall have the right to participate in cultural life. This right shall be secured by the accessibility of the values of home and world culture available through state and public collections, and by the development of a network of cultural and educational institutions.

Freedom of artistic, scientific, technical creativity, as well as teaching shall be guaranteed.

Intellectual property shall be protected by the law.

The State shall promote cultural development, scientific and technological researches for the sake of common interest.

Article 52

Every one, when in the territory of the Republic of Belarus, shall be obliged to observe its Constitution and laws and to respect its national traditions.

Article 53

Everyone must respect the dignity, rights, freedoms and legitimate interests of others.

Article 54

Everyone is expected to cherish historic-cultural heritage and other cultural valuables.

Article 55

It shall be the duty of every person to protect the environment.

Article 56

Citizens of the Republic of Belarus should take part in providing money for public expenditures by paying state taxes, duties and other payments.

Article 57

It shall be the responsibility and sacred duty of a citizen of the Republic of Belarus to defend the Republic of Belarus.

The mode of military service, the grounds and conditions for exemption from military service or its replacement with an alternative shall be determined by the law.

Article 58

No one shall be forced to fulfill duties which are not envisaged by the Constitution and the laws of the Republic of Belarus, nor shall one be forced to abandon one's rights.

Article 59

The State is obliged to take all possible measures to maintain internal and international order necessary to ensure in full the exercise of rights and freedom of citizens of the Republic of Belarus provided for in the Constitution.

Article 60

State bodies, officials and other persons entrusted with the fulfillment of state functions shall be obliged, within the limits of their authority, to take necessary measures for the exercise and protection of personal rights and freedoms.

These bodies and persons shall be responsible for actions which violate personal rights and freedoms.

Article 61

Everyone shall be guaranteed judicial defense of his rights and freedoms before a competent, independent and impartial court within time periods established by the law.

To protect their rights, freedoms, honour and dignity, citizens shall have the right to recover, through judicial settlement, both property damage and material compensation for moral injury.

Article 62

Everyone shall have the right to legal assistance in the exercise and protection of one's rights and freedoms, including the right to make use, at any time, of a counsel and one's other representatives in court, before other State bodies, local government authorities, at enterprises, institutions, organizations, public associations, and in relations with officials and citizens. In cases envisaged by the law, legal assistance may be payable at the expense of the State.

Raising difficulties to the rendering of legal assistance shall be prohibited in the Republic of Belarus.

Article 63

The exercise of the envisaged by the present Constitution personal rights and freedoms may be suspended only in the period of a state of emergency or a state of war, according to the procedure and within the limits established by the Constitution and by the law.

In carrying out special measures during a period of a state of emergency, the rights envisaged in Articles 24, 25 (paragraph 3), 26, 31 of the Constitution may not be restricted.

Section III
Electoral System. Referendum

Chapter 1
Electoral System

Article 64

The elections of deputies and other persons, who are elected to State service by the people, shall be held according to the principle of universal suffrage: citizens of the Republic of Belarus who have reached the age of 18 shall have the right to vote.

Citizens recognized by court as incapacitated from voting and presons held in places of confinement as a result of a judgement of a court shall not participate in elections. Persons, in respect of whom a detention as a measure of preventive restriction is taken according to the rules of criminal procedure, shall not participate in voting. Any direct or indirect limitation of the right of citizens to vote in other cases shall not be authorized and shall be punishable by law.

Article 65
The age qualifications of the deputies and other persons elected to State service shall be determined by the relevant laws, if not otherwise stipulated by the Constitution.

Article 66
Elections shall be held according to the principle of free suffrage: an elector personally decides whether he/she will participate in election and for whom he/she will vote.

Arrangements for and holding of elections shall be open and in public.

Article 67
Elections shall be held according to the principle of equal suffrage: he electorate shall have equal number of votes.

Candidates elected to State service shall participate in elections on an equal basis.

Article 68
Election of deputies shall be according to the principle of direct suffrage: deputies shall be elected by the citizens directly.

Article 69
Voting in elections shall be secret: control over voting preferences while voting is in progress shall be prohibited.

Article 70
The right to nominate candidates for deputies shall be vested in public associations, workers' collectives and citizens in accordance with the law.

Article 71
Expenses incurred in preparing for and holding of elections shall be covered by the State within the limits of the funds allotted for the purpose. In envisaged by the law cases, expenses incurred in preparing for and holding of elections may be covered at the expense of the funds of voluntary associations, enterprises, institutions, organizations and citizens.

Article 72
The holding of elections shall be ensured by election-committees, unless other is envisaged by the Constitution.

The electoral procedures shall be specified by the laws of the Republic of Belarus.

No elections shall be held during a period of a state of emergency or martial law.

Chapter 2
Referendum

Article 73
National and local referenda may be held to resolve the most important problems of the State and society.

Article 74
National referenda shall be called by the President of the Republic of Belarus on his/her own initiative, as well as following the proposal of the Senate and the House of Representatives to be approved at their separate sittings by two fifths of the complete membership of each of the Houses, or that of no fewer than 450 000 citizens who have the right to vote inclusive of no less than 50 000 citizens of each of the regions and the city of Minsk.

Within thirty days after the Senate and the House of Representatives' or the electorate's lawful proposals have been submitted, President is obliged to fix the national referendum date.

The date of referendum shall be fixed within three months from the day when the Presidential edict on referendum has been issued.

Decisions that have been reached by the national referendum shall be signed by the President of the Republic of Belarus.

Article 75
Local referenda shall be called by the relevant local representative authorities on their initiative or on the proposal of no less than ten per cent of the citizens who have the right to vote and who live in the territory concerned.

Article 76
Referenda shall be held according to the principle of general, free, equal suffrage by means of ballot.

Citizens of the Republic of Belarus who have the right to vote shall participate in referenda.

Article 77
The decisions adopted through a referendum may be repealed or revised only through another referendum, unless otherwise stipulated by the referendum.

Article 78
The procedures for holding national and local referenda, as well as the list of issues that may not be

resolved by a referendum, shall be determined by the law of the Republic of Belarus.

Section IV
President, Parliament, Government, Court of law

Chapter 3
The President of the Republic of Belarus

Article 79

The President of the Republic of Belarus is Head of State, a guarantor of the Constitution of the Republic of Belarus, of human and civil rights and freedoms.

President shall personify the unity of the people, guarantee the realization of the main trends of the domestic and foreign policy, represent the Republic of Belarus in relations with other States and international organizations. President shall take measures to protect the sovereignty of the Republic of Belarus, its national security and territorial integrity, he/she shall secure political and economic stability, succession and interaction of the bodies of State power, shall mediate between the bodies of State power, between the State and the society.

President shall have immunity, his/her honour and dignity shall be protected by the law.

Article 80

A citizen of the Republic of Belarus by birth, of at least 35 years of age, who has the right to vote and who has permanently lived in the Republic of Belarus for at least ten years exactly before the election is eligible for President.

Article 81

President shall be elected for five years directly by the people of the Republic of Belarus according to the principle of general, free, equal and direct suffrage by means of ballot. No President can hold office for more than two terms.

A candidate for the Presidency shall be nominated by citizens of the Republick of Belarus, provided that he/she has won 100 000 signatures of the electorate.

Presidential elections shall be called by the House of Representatives no later than five months and shall be held at least two months before the expiration of the term of office of the foregoing President.

If the Presidency falls vacant, elections shall be held no sooner than thirty days and no later than seventy days from the day of the fall of the vacancy.

Article 82

The elections shall take place, provided that more than half the citizens of the Republic of Belarus, from among those who are included on the register of electors, have recorded votes.

President shall be elected, provided that more than half the citizens of the Republic of Belarus, from among those who participated in voting, have recorded votes for him.

If none of the candidates wins the necessary number of votes, then, within a two weeks' period, a second ballot shall be conducted between the two candidates who won the greates number of votes. A candidate for the Presidency shall be elected, provided that he/she wins more than half the votes of the electorate who have recorded votes in the second ballot.

The procedure of holding Presidential elections shall be determined by the law of the Republic of Belarus.

Article 83

President shall enter upon office after taking the following Oath:

"Assuming the office of the President of the Republic of Belarus, I solemnly swear to truthfully serve the People of the Republic of Belarus, to respect and protect the human and civil rights and freedoms, to abide by the Constitution of the Republic of Belarus, to be pious and conscientious in carrying out the supreme duties that have been placed on me."

The oath shall be administered in a ceremony in the presence of the deputies of the House of Representatives and the Senators, the judges of the Supreme and Constitutional Courts within two months from the day of Presidential election. From the moment the oath of the President-elect of the Republic of Belarus is administered, the powers of the foregoing President shall be terminated.

Article 84

The President of the Republic of Belarus shall

1. appoint national referenda;

2. appoint regular and extraordinary elections to the House of Representatives, the Senate and local representative bodies, convene the first session after the elections and the extraordinary sessions of the both Houses of Parliament;

3. dissolve the Houses in cases and in the procedure envisaged by the Constitution;

4. appoint six members of the Central Committee of the Republic of Belarus on Elections and National Referenda;

5. establish, abolish and reorganize the Administration of the President of the Republic of Be-

larus, other bodies of public administration, as well as advisory and consultative and other bodies under the auspices of President;

6. appoint, with consent of the House of Representatives, the Prime Minister of the Republic of Belarus; determine, in the proposal of the Prime Minister, the structure of the Government of the Republic of Belarus and dismiss the Vice-Prime Ministers, ministers and other members of Government, take decision on resignation of the Government or its members;

7. appoint, with the consent of the Senate, the Chairman and the members of the Supreme Court, the Procurator General, the Chairman and members of the Board of the National Bank;

8. appoint the Chairman and the five members of the Constitutional Court, other judges of the Republic of Belarus;

9. dismiss the Chairman of the Supreme Court, the Procurator General, the Chairman and the members of the Board of the National Bank for reasons envisaged by the law, on notification of the Senate;

10. appoint and dismiss the Chairman of the Committee for State Control;

11. address to the people of the Republic of Belarus messages on the situation in the State and on the main trends in internal and foreign policy;

12. addrees messages to the Parliament to be listen to without discussion at the sittings of the House of Representatives and the Senate; have the right to participate in the session of the Parliament and its bodies, to appear any time before them with a speech or information;

13. be entitled to preside over the meetings of the Government of the Republic of Belarus;

14. appoint the heads of the bodies of public administration and determine their status; appoint representatives of President in the Parliament and other officials whose office is determined by the legislation, unless otherwise is envisaged in the Constitution;

15. solve issues of granting citizenship of the Republic of Belarus, its termination, as well as that of granting asylum;

16. fix national and public holidays, reward with State awards, confer ranks and titles;

17. grant pardons to convicted offenders;

18. conduct negotiations and sign international treaties, appoint and recall diplomatic representatives of the Republic of Belarus in foreign States and on international organizations;

19. accept the credentials and letters of recall of the accredited diplomatic representatives of foreign States;

20. in the event of a natural calamity, cata-strophe, as well as disorder involving violence or the threat of violence on the part of a group of individuals or organizations, which endanger human life and health or jeopardize the territorial integrity and existence of the State, declare a state of emergency within the territory of the Republic of Belarus or within certain localities thereof, with the subsequent submission of the decision, no later than within three days, for the approval of the Senate;

21. have the right, in cases envisaged by the law, to postpone a strike or suspend it;

22. sign laws and have the right to return a law or its certain provisions with his/her own objections to the House of Representatives;

23. be entitled to repeal the Government acts;

24. directly or through the established by him/her bodies, exercise control over the observance of legislation by the local bodies of government and self-government; have the right to suspend decisions of local councils of deputies and to cancel decisions of local executive and administrative bodies in the event them being inconsistent with the law;

25. form and head the National Security Council of the Republic of Belarus; appoint and dismiss the Secretary of State of the National Security Council;

26. be the Commander-in-Chief of the Armed Forces of the Republic of Belarus;

27. introduce, within the territory of the Republic of Belarus, in the event of a military threat or invasion, martial law; proclaim general or partial mobilization;

28. exercise other powers entrusted to him by the Constitution and laws. President shall have no right to delegate his powers to any bodies or officials.

Article 85

President shall issue, on the basis of and in accordance with the Constitution, edicts and orders which have binding force within the entire territory of the Republic of Belarus.

In cases stipulated by the Constitution, President shall issue decrees having the force of a law. President himself/herself or by the agency of the established by him/her bodies shall secure application of decrees, edicts and orders.

Article 86

President may not hold other offices or receive any monetary remuneration (other than his salary), except for royalties for works of science, literature and art.

President shall suspend his membership in political and other voluntary associations which pursue political goals, for the entire term of his/her office.

Article 87

President may, at any time, tender his/her resignation. The resignation of the President shall be accepted by the House of Representatives.

Article 88

President may be early dismissed on the reason of his/her sustained incapacity through illness to exercise the duties of President. Decision on the Presidential early resignation shall be taken by the majority of at least two thirds of the envisaged by the Constitution membership of the House of Representatives (complete membership) and the majority of at least three-quarters of the envisaged by the Constitution membership of the Senate (complete membership) on the ground of the decision of an ad-hoc commission formed by the both Houses.

President shall be legally liable for the high treason and other grave crime and may be dismissed in this connection. In this case, a decision to bring an accusation and to hold an inquiry according to the motion of at least one third of the deputies shall be deemed adopted, provided that at least two thirds of the complete membership of the House of Representatives have voted in favour of it. An inquiry shall be organized by the Senate. President shall be deemed dismissed from his/her office, provided that at least three-quarters of the complete membership of the Senate have voted in favour of it, and also at least two thirds of the complete membership of the House of the Representatives.

The Senate and the House of Representatives' failure to come to a decision on the Presidential dismissal from the office within a month from the day when the accusation has been brought shall signify declining accusation. Moving motion on Presidential dismissal from his/her office may not be initiated during the period when the issue of early termination of the powers of the Parliament is being considered in compliance with the Constitution.

In case of Presidential dismissal in connection with the commission by him/her of a crime, the court of trial shall be the Supreme Court.

Article 89

If the Presidency falls vacant or if President is not able to fulfill his/her duties, his/her powers until the President-elect takes his/her oath shall be transferred to the Prime Minister of the Republic of Belarus.

Chapter 4
Parliament, National Assembly

Article 90

Parliament, the National Assembly, shall be a representative and legislative body of the Republic of Belarus.

Parliament shall consist of two Houses, the House of Representatives and the Senate.

Article 91

The House of Representatives shall be composed of 110 deputies. The deputies of the House of Representatives shall be elected on the principle of general, equal, free, direct suffrage by ballot.

The Senate shall be a House of territorial representation. The Senate shall be composed of nine Senators from each of the regions and the city of Minsk. Six Senators from each of the regions and the city of Minsk shall be elected by ballot at the session of the local councils of deputies of the basic level of each of the regions and the city of Minsk. One third of the membership of the Senate shall be appointed by the President of the Republic of Belarus. Ex-Presidents shall be Senators for life, unless they give up.

Election of a new membership of Parliament shall be appointed no later than four months and shall be held within 30 days before the expiration of the term of powers of the current Parliament.

Extraordinary elections to the Houses of Parliament shall be held within three months from the day of early termination of the powers of the Houses of Parliament.

Article 92

Any citizen of the Republic of Belarus who has entered the age of 21 shall be eligible for a deputy of the House of Representatives.

Any citizen of the Republic of Belarus who has entered the age of 30 and has resided in the territory of a respective region or the city of Minsk for at least five years shall be eligible for a Senator.

Deputies of the House of Representatives shall exercise their powers in Parliament on regular basis, unless other is stipulated in the Constitution. A deputy of the House of Representatives shall be entitled to be at the same time a member of Government.

One and the same person shall not be entitled to be a member of the two Houses of Parliament simultaneously. A deputy of the House of Representatives shall not be entitled to be a member of a local council of deputies. A Senator shall not be entitled to be simultaneously a member of Government. Combining the duties of a deputy of the House of

Representatives or a Senator and that of President or a judge shall be inadmissible.

Article 93

The term of powers of Parliament shall be four years.

The term of powers of Parliament may be extended legally only when war breaks out.

The first sessions of the Houses of Parliament after elections shall be summoned by President and they shall start their work within 30 days after the elections. Counting 30 days for the convocation and commencement of the first session of the House of Representatives shall start beginning with the day of the second round of voting on the new membership of it. Provided that the second round of voting on the membership of the House of Representatives does not take place, counting 30 days shall start beginning with the day of the first round of the general elections in the Republic of Belarus. Counting 30 days for the convocation and commencement of the first session of the Senate shall start beginning from the day of the first sitting of the local councils of deputies of the basic level aimed at election of Senators from regions or the city of Minsk.

The powers of the House of Representatives or that of the Senate may be early terminated in cased and in the procedure stipulated in the Constitution. With the termination of the powers of the House of Representatives or that of the Senate, on the decision of President there may be terminated also the powers of the Senate or that of the House of Representatives.

Article 94

The powers of the House of Representatives may be early terminated when the vote of confidence to the Government is expressed or when they failed to approve the appointment of a Prime Minister twice.

The powers of the House of Representatives or that of the Senate may also be early terminated based on the Constitutional Court judgement in the event of systematic and fragrant violations of the Constitution by the Houses of Parliament.

Decision on the matter shall be taken by President in official consultation with the Chairmen of both of the Houses.

The Houses may not be dissolved in the period of a state of emergency or a state of martial law, during the last six months of Presidential powers, in the period when the Houses are deliberating on the issue of early Presidential resignation or dismissal from office.

It is not admissible to dissolve the Houses within a year from the day of their first sittings.

Article 95

The Houses shall be summoned for two regular sessions a year.

The first session shall be opened on October the second, it will last for no more than 80 days.

The second session shall be opened on April the second, it will last for no more than 90 days.

If October the second or April the second falls a day off, the session shall be opened on the first working day that follows it.

In the event of special necessity, the House of Representatives or the Senate shall be summoned for an extraordinary session with a definite issue on the agenda, to the demand of President or that of at least two thirds of a complete membership of each of the Houses.

Extraordinary sessions shall be opened and closed by the agency of Presidential edicts.

Article 96

The House of Representatives shall elect, from among its members, Chairman and Vice-Chairman of the House of Representatives.

The Senate shall elect, from among its members, Chairman and Vice-Chairman of the Senate.

Both Chairmen of the House of Representatives and of the Senate, Vice-Chairmen shall preside over the sittings and shall be in charge of the daily routine of the Houses.

The House of Representatives and the Senate shall elect, from among their members, permanent committees and other bodies for doing law-drafting work, for the preliminary consideration and elaboration of issues relating to the authority of the Houses.

Article 97

The House of Representatives shall

1. consider, on Presidential motion or on the initiative of at least 150 000 citizens of the Republic of Belarus entitled to elect, draft laws on amendment and addenda to the Constitution, in interpretation of the Constitution;

2. consider draft laws, inclusive that to approve the main trends of internal and foreign policy of the Republic of Belarus, the military doctrine, the ratification and denunciation of international treaties, the main content of the civil rights, freedoms and duties and the principles of their enjoyment; the laws on citizenship, status of aliens and stateless persons, national minorities rights, national budget and the national account; laws to fix national taxes and duties, regulate labour and employment; laws on marriage, family, childhood, motherhood, fatherhood, upbringing, education, culture and health care; laws to determine the

procedure of resolution of the issues of administrative-territorial structure of the State; laws on local self-government, judicial system and status of judges, criminal responsibility, amnesty, legal regime of a state of martial law and state of emergency, State awards; as well as draft laws on interpretation of laws;

3. appoint Presidential election;

4. give consent to President to the appointment of the Prime Minister;

5. listen to a report by the Prime Minister on the programme of activity of the Government and approve or reject the programme; rejection of a programme by the House for a second time means a vote of no confidence in the Government;

6. consider, on the initiative of the Prime Minister, the issue of confidence in the Government;

7. on the initiative of at least one third of the complete membership of the House of Representatives, vote for no confidence in the Government; the issue of the responsibility of the Government may not be raised within a year after the programme of its activity has been approved;

8. bring, by the majority of at least two thirds of the complete membership of the House of Representatives, accusation against President in high treason or other grave crimes; take decision, by the majority of at least two thirds of its complete membership, on Presidential dismissal from office based on the relevant resolution of the Senate;

9. accept Presidential resignation;

10. cancel orders by the Chairman of the House of Representatives.

The House of Representatives may take decisions on other issues, provided that this is envisaged by the Constitution.

Article 98

The Senate shall

1. approve or reject the draft laws on amendments and addenda to the Constitution passed by the House of Representatives, as well as that on interpretation of the Constitution and other draft laws;

2. give its consent to the appointment by President of the Chairman and members of the Supreme Court, the Procurator General, the Chairman and the members of the Board of the National Bank;

3. elect six judges of the Constitutional Court;

4. elect six members of the Central Commission for Elections and National Referenda of the Republic of Belarus;

5. cancel decisions of the local councils of deputies that are contradictory to the legislation; take decision on dissolution of a local council of de-

puties and appointment of new elections in the event of systematic and fragrant violations by the council of the rules of law, as well as in other cases envisaged by the law;

6. deliberate on the accusation of high treason or other grave crime against President that has been brought by the House of Representatives; take decision of its investigation. On suffucent grounds, by at least three-quarters of its complete membership, the Senate shall take decision on Presidential dismissal from office;

7. consider Presidential edicts on the introduction of the state of emergency and take a relevant decision within three days after them have been moved.

The Senate shall be entitled to take decisions on other issues, provided that it is envisaged by the Constitution.

Article 99

The right of legislative initiative shall be vested in President, deputies of the House of Representatives, the Senate, Government, as well as in the citizens, who have the right to vote, in the number of no fewer than 50 000 persons, and shall be exercised at the House of Representatives.

Draft laws aimed at the cut of public funds, involvement in or raise of expenditures may be submitted to the House of Representatives with the Preisdential consent or that of the Government, on the instruction of President only.

President or the Government, on the Presidential instruction, shall be entitled to move motions on the urgent consideration of a draft law to the House of Representatives and the Senate. In this event, the House of Representatives and the Senate should deliberate on the draft within ten days from the day it has been submitted for their consideration, unless other is stipulated in the Constitution.

On Presidential demand or, with Presidential consent, that of the Government, the House of Representatives and the Senate at their sittings shall take decisions by putting the entire draft or a part of it which has been moved by President or the Government to the vote, while retaining only the amendments to have been proposed or adopted by President or the Governments.

Article 100

Every draft law, unless otherwise is stipulated in the Constitution, shall be considered in the House of Representatives first, and then in the Senate.

A draft law, except for the cases envisaged by the Constitution, shall become a law since it has been passed by the House of Representatives and approved by the Senate by the majority of the complete membership of each of the Houses.

Draft laws passed by the House of Representatives shall be within five days submitted for the consideration of the Senate to be deliberated during the period of no more than 20 days, unless other is envisaged by the Constitution.

A law shall be deemed approved by the Senate, provided that it has been voted for by the majority of the complete membership of the Senate, or if the Senate has failed to consider it within 20 days or within 10 days, when declared urgent, from the day it is brought in. In the event a draft law has been declined by the Senate, the Houses may establish, on the parity principle, a conciliation committee to settle disagreement. The text of the draft law drawn up by the conciliation committee shall be submitted to the both Houses for their approval.

If the agreed text of a draft law has not been accepted by the conciliation committee, President or, on his instructions, the Government may demand the final decision to be taken by the House of Representatives. A law shall be deemed adopted by the House of Representatives, provided that at least three fifths of the complete membership of the House of Representatives have voted for it, unless other is envisaged by the Constitution.

A law adopted by the House of Representatives and approved by the Senate or a law adopted by the House of Representatives in the procedure envisaged by the present Article shall be submitted to President to be signed within ten days' period. President shall sign it, provided that he/she agrees with the text of the law.

A law shall be deemed signed, provided that President does not return it within two weeks after it has been submitted for his signature. A law shall be deemed not signed and shall not enter into force, provided that it could not be returned to the Parliament on the ground of termination of the session.

President not agreeing to the text of the law shall return the text bearing his/her objections to the House of Representatives to be considered within thirty days. Provided that the law has been adopted by the House of Representatives by the majority of no less than two thirds of its complete membership, it shall be submitted, alongside with Presidential objections, within five days also to the Senate to be considered a second time within twenty days. The law is deemed adopted, provided that the two thirds of the complete membership of the Senate have approved it. The law, since the House of Representatives and the Senate have overcome the Presidential objections, shall be signed by President within five days. The law shall also come into force, provided that it has not been signed by President within this period.

The Houses shall follow the same procedure in considering the Presidential objections against certain provisions of a law to be returned for balloting for a second time. In this case, the law shall be signed by President and shall enter into force, except for the provisions bearing the Presidential objections, before the relevant decision of the House of Representatives and the Senate.

The Presidential objections in regard to the amendments and addenda to the Constitution, to the interpretation of the Constitution, as well as to passing basic laws shall be discussed for a second time and voted by at least three-quarters of the complete membership of the Houses.

Article 101

By the law adopted by the majority of at least three fifths of the complete membership of the Houses, the House of Representatives and the Senate, on Presidential proposal, may delegate to President the legislative powers to issue decrees having the force of a law. The law should identify the subject-matter of regulation and the term of Presidential powers to issue decrees.

Delegating Presidential powers to issue decrees providing for amendment and addenda of the Constitution, its interpretation, amendment and addenda of the basic laws, approval of national budget and national account, alteration of the procedure of Presidential elections is not admissible. The law to delegate Presidential legislative powers may neither allow him/her to alter his law, nor entitle him/her to take measures having retroactive force.

On grounds of exceptional necessity and urgency, President may, on his/her own initiative or on the Government proposal, issue temporary decrees having force of a law. When issued on the Government proposal, the decrees shall be signed by the Prime Minister. Temporary decrees should be submitted for the following consideration by the House of Representatives and then by the Senate. The decrees shall remain in force, unless the Houses abrogate them. The Houses may regulate in law the relationship established on the base of the decrees which have been abrogated.

Article 102

Deputies of the House of Representatives and Senators shall enjoy immunity while they express their views and exercise their authorities. It does not apply to them being accused of slander and abuse.

Deputies and Senators may be arrested, deprived of freedom otherwise during the term of their office only with preliminary consent of the relevant House, except in the event of treason or other grave crime, as well as when caught red-handed.

The court of trial, in the event a Deputy, or a Senator has committed a crime, shall be the Supreme Court.

Article 103

Sittings of the Houses shall be in public. The Houses may take decisions on sittings in private in the national interest by the majority of their complete membership. In the course of sittings, including those in private, President, his/her representatives, the Prime Minister and members of Government may take the floor out of succession of registered speakers so many times as they may need it.

A sitting once a month shall be reserved for the questions of Deputies and Senators and the answers of the Government.

A Deputy of the House of Representatives or a Senator shall be entitled to address a request to the Prime Minister, members of Government, state bodies established or elected by the Parliament. The request should be put on the agenda of the a House. An answer to the request should be given within twenty days of a session in the procedure established by a House of Parliament.

A sitting shall be deemed lawful, provided that at least two thirds of the complete membership of each of a House are present.

Voting in the House of Representatives and in the Senate shall be open and shall be done by a Deputy or a Senator in person by way of casting votes in favor or against. Balloting shall take place only with the aim to solve personnel issues.

Article 104

Decisions of the House of Representatives shall take the a form of laws and resolutions. The House of Representatives shall adopt resolutions on the issues of instructive and supervisory nature. Decisions of the Senate shall take the form of resolutions.

Decisions of the Houses shall be deemed adopted, provided that the majority of the complete membership of the Houses has voted in favour of them, unless other is envisaged by the Constitution.

Laws on main trends of internal and foreign policy of the Republic of Belarus, on military doctrine of the Republic of Belarus shall be basic and deemed passed, provided that at least three fifths of the complete membership of the Houses have voted for them.

Laws shall subject to immediate promulgation since they have been signed, and they shall enter into force in ten days after promulgation, unless other term is established in the law itself. Presiden-

tial decrees shall be promulgated and they shall enter into force in the same way.

A law shall not be retroactive, except in the event if it mitigates or abrogates legal liability of citizens.

Article 105

Activities of the House of Representatives, the Senate, the bodies their of, the Deputies and the Senators shall be determined by the Rules of Procedure of the Houses, which shall be signed by the Chairmen of the Houses.

Chapter 5
Government, the Cabinet of Ministers of the Republic of Belarus

Article 106

Executive power in the Republic of Belarus is vested in Government, the Cabinet of Ministers, which is the central body of public administration.

For its activity, Government shall be accountable to the President of the Republic of Belarus and responsible to the Parliament of the Republic of Belarus.

Government shall resign its powers before the President-elect of the Republic of Belaurs.

Government of the Republic of Belarus shall comprise the Prime Minister, Vice-Prime Ministers and Ministers. Heads of other central bodies of public administration may also be members of Government.

The Prime Minister of the Republic of Belarus shall be appointed by the President of the Republic of Belarus with consent of the House of Representatives. A decision on this issue shall be taken by the House of Representatives within two weeks since the day the nomination for Prime Minister has been suggested. In the event the nominees for the Prime Minister have been rejected by the House of Representatives twice, the President of the Republic of Belarus shall be entitled to appoint the acting Prime Minister of the Republic of Belarus, to dissolve the House of Representatives and to appoint new elections.

The activities of the Government shall be governed by the Prime Minister of the Republic of Belarus.

The Prime Minister shall

1. administer directly the Government activity and bear personal responsibility for its functioning;

2. sign the ordinances of the Government;

3. within a month since his/her appointment, present a report on the Government programme to the Parliament, and when rejected he/she shall present a report on the Government programme for a second time within two months;

4. inform Preisdent about the main trends of the Government activites and all its major decisions;

5. exercise other functions related to the organization of the Government and its activities.

Either Government or any member of Government shall be entitled to tender his/her resignation before President, provided that he/she considers it impossible to exercise further the responsibilities vested on him/her. Government shall tender its resignation before President in the event of the vote of no confidence to Government by the House of Representatives.

The Prime Minister may raise the issue of confidence in the Government before the House of Representatives on the ground of a submitted programme or on a special occasion. Since Parliament have denied confidence in the Government, President shall be entitled to accept the Government resignation within ten days or to dissolve the Houses and to appoint new elections. While its resignation has been denied, Government shall continue exercising its powers.

President shall be entitled, on his/her own initiative, to taken decision on Government resigation and to dismiss from office any member of the Government.

In the event of its resignation or withdrawal of powers, the Government of the Republic of Belarus, on Presidential instructions, shall continue exercising its powers until a new Government has been formed.

Article 107

Government of the Republic of Belarus shall

– administer a system of public administration bodies and other executive authorities subordinated to it;

– draw up the main trends of internal and foreign policy and take measures for their realization;

– draw up and submit a draft national budget and national account to President for his/her presentation before the Parliament;

– secure pursuance of a uniform economic, fiscal, monetary policy, as well as State policy in the sphere of science, culture, health service, ecology, social security and payment of work;

– take measures to secure civil rights and freedoms; to protect national interest, national security; as well as to support defence capacity; to safeguard property, public order; and to prevent crime;

– stand on behalf of the owner in regard to the assets in the ownership of the Republic of Belarus, organize management of State property;

– secure the application of the Constitution and laws; Presidential decrees, edicts and orders;

– abrogate the acts of ministries and other central bodies of public administration;

– exercise other powers vested on it by the Constitution, laws and Presidential acts.

Article 108

The Government of the Republic of Belarus shall issue ordinances which are binding within the entire territory of the Republic of Belarus.

The Prime Minister shall issue orders within the limits of his/her authority.

Authority of Government, its organization and activities shall be determined, on the basis of the Constitution, by the law on the Cabinet of Ministers of the Republic of Belarus.

Chapter 6
Court of Justice

Article 109

Judicial power in the Republic of Belarus shall be vested in courts.

Judicial system shall be organized on the principles of territoriality and specialization.

The judicature, within the Republic of Belarus, shall be determined by the law.

The establishment of extraordinary courts shall be prohibited.

Article 110

In administering justice, judges are independent and abide by the law only.

Any interference in judge's activities in the administration of justice shall be inadmissble and shall involve responsibility in law.

Article 111

Judges may not engage in business or carry out other paid work except teaching and research.

The reasons for election (appointment) of judges and their dismissal shall be determined by the law.

Article 112

The courts shall administer justice in conformity with the Constitution and other ensuing regulatory enactments.

If in trial of a specific case, a court comes to the conclusion that a regulatory enactment is in conflict with the Constitution, the court makes a ruling in accordance with the Constitution and brings up a question, in the established procedure, for the recognition of the given regulatory enactment as unconstitutional.

Article 113

A trial in court shall be conducted collegially and, in cases stipulated by law, by a judge individually.

Article 114

Trials in all courts shall be open.

A hearing in camer shall be admissible only in cases established by the law, with the observance of all rules of judicial proceedings.

Article 115

Justice shall be administered on the basis of the competition and equality of the parties involved in the trial.

The parties shall have the right to appeal against judgements, sentences and other court rulings.

Article 116

Control over the constitutionality of regulatory enactments in the State shall be exercised by the Constitutional Court of the Republic of Belarus.

The Constitutional Court of the Republic of Belarus shall be formed from among highly qualified law experts with academic degrees, in the number of 12 judges.

The Chairman and five judges of the Constitutional Court shall appointed by the President of the Republic of Belarus, another six judges shall be elected by the Senate. The term of office for the members of the Constitutional Court shall be 11 years. The age limit of a member of the Constitutional Court shall be 75 years.

The Constitutional Court, on Presidential proposal, that of the House of Representatives, the Senate, the Supreme Court of the Republic of Belarus and the Cabinet of Ministers of the Republic of Belarus, shall decide on

– the conformity between laws; Presidential decrees and edicts; international agreements, other obligations of the Republic of Belarus and the Constitution international legal acts ratified by the Republic of Belarus;

– the conformity between the legal inter-state acts, to which the Republic of Belarus is a party, the Presidential edicts based on the law, the Constitution and the international legal acts ratified by the Republic of Belarus, the laws and decrees;

– on the conformity between the ordinances of the Cabinet of Ministers, the acts of the Supreme Court, that of the Procurator General and the Constitution, the international legal acts ratified by the Republic of Belarus, the laws, decrees and edicts.

– on the conformity between the acts of any other State body and the Constitution, the inter-

national legal acts ratified by the Republic of Belarus, the laws, decrees and edicts.

The regulatory acts or their certain provisions recognized as inconsistent with the Constitution shall be invalidated in the procedure established by law.

In cases envisaged by the Constitution, the Constitutional Court, on Presidential proposal, shall decide on the availability of the facts of systematic and fragrant violation of the Constitution of the Republic of Belarus by the Houses of Parliament.

The jurisdiction, organization and the activities of the Constitutional Court shall be determined by law.

Section V
Local Government and Self-Government

Article 117

Local government, as well as self-government shall be exercised by the citizens through local councils, executive and administrative bodies, and through bodies of public territorial self-government, local referenda, meetings and other forms of direct participation in state and public affairs.

Article 118

Local councils of deputies shall be elected by the citizens of the relevant administrative-territorial units for a term of four years.

Article 119

Local councils of deputies, executive and administrative bodies, within the limits of their authority, shall resolve issues of local significance, proceeded from national interests and the interests of the population residing within the relevant territory, and execute decisions of higher state authorites.

Article 120

The following issues shall come within the exclusive authority of local councils of deputies:

– the approval of the programmes of economic and social development, local budgets and accounts;

– the imposition of local taxes and duties in conformity with the law;

– the establishment, within the legally defined limits, of the rules of the management and disposal of municipal property;

– the calling for local referenda.

Article 121

Local councils of deputies, executive and administrative bodies, on the basis of legislation in force, shall adopt decisions which are valid within the corresponding territory.

Article 122

Decisions of local councils of deputies which are inconsistent with the legislation shall be repealed by higher representative bodies.

Decisions of local executive and administrative bodies which are inconsistent with the legislation shall be repealed by the relevant councils of deputies and by higher executive and administrative bodies, as well as by the President of the Republic of Belarus.

Decisions of local councils of deputies, (...) executive and administrative bodies which are limiting or breaking civil rights and freedoms and legitimate interests of the citizens, as well as in other envisaged by the legislation cases, may be appealed in court.

Article 123

In the event of the systematic and obvious non-fulfillment, by a local council of deputies, of the legislation, this body may be dissolved by the Senate. Other ground for the early discontinuance of the powers of local councils of deputies shall be determined by law.

Article 124

The authority, rules of establishment and activities of the bodies of local government and self-government shall be determined by the law.

Section VI
The Procurator's Office.
The Committee of State Control

Chapter 7
The Procurator's Office

Article 125

Supervision over the strict and uniform observance of laws, decrees and edicts by all ministries and other subordinate to the Cabinet of Ministers bodies, local representative and administrative bodies, enterprises, organizations and institutions, public associations, officials and citizens shall be vested in the Procurator General of the Republic of Belarus and procurators subordinate to him.

The Procurator's Office shall supervise the process of law in investigation of crimes, the conformity between the law and the judgements in civil and criminal cases and cases involving administrative offences; in the instances envisaged by the law carry out preliminary inquiry, support public prosecution in courts.

Article 126

The unified and centralize system of the bodies of the Procurator's Office shall be with the Procurator General at the head to be appointed by President with consent of the Senate.

Subordinate procurators shall be appointed by the Procurator General.

Article 127

The Procurator General and subordinate procurators shall be independent in the exercise of their powers and are guided by legislation. The Procurator General shall be accountable to President.

Article 128

The jurisdiction, organization and activities of the bodies of the Procurator's Office shall be determined by law.

Chapter 8
The Committee of State Control

Article 129

State control over the national budget execution; the use of state property; observance of Presidential acts, that of Parliament, Government and other state bodies governing state property relationships, as well as economic, fiscal and taxation relations shall be exercised by the Committee of State Control.

Article 130

The Committee of State Control shall be established by President.

The Chairman of the Committee of State Control shall be appointed by President.

Article 131

The competence, organization and activities of the committee of State Control shall be determined by law.

Section VII
Financial and Credit System of the Republic of Belarus

Article 132

The financial and credit system of the Republic of Belarus shall include the budget system, the banking system, as well as outside-the-budget funds, funds of enterprises, institutions, organizations and citizens.

A uniform fiscal, taxation, monetary and hard currency policy shall be pursued within the territory of the Republic of Belarus.

Article 133

The budget system of the Republic of Belarus shall include the national and local budgets.

Budget revenues shall be raised from the taxes determined by the law, from other compulsory payments, as well as from other income.

National expenditures shall be authorized from the national budget on the expenditure side.

In accordance with the law, in the Republic of Belarus, outside-the-budget funds may be created.

Article 134

The rules of drawing up, approval and execution of the budgets and state outside-the-budget funds shall be determined by law.

Article 135

A national account shall be submitted for the consideration of Parliament no later than five months from the last day of the fiscal year of account.

Local accounts shall be submitted for the consideration of the relevant councils of deputies by the time fixed by legislation.

National and local accounts shall be published.

Article 136

The banking system of the Republic of Belarus shall include the National Bank of the Republic of Belarus and other banks. The National Bank shall govern credit relations, currency circulation, shall determine the rules of settlements and have the exclusive right to issue currency.

Section VIII
The application and amendment of the Constitution of the Republic of Belarus

Article 137

The Constitution shall have the supreme legal force. Laws, decrees, edicts and other acts of state bodies shall be issued on the basis of and in conformity with the Constitution of the Republic of Belarus.

In case of a conflict between a law, decree or an edict and the Constitution, the Constitution shall be given priority.

In case of a conflict between a decree or an edict and a law, the law shall be only given priority, provided that the authority to issue a decree or an edict has been given by the law.

Article 138

Motions to amend and supplement the Constitution shall be considered by the Houses of Parliament on Presidential initiative or that of at least 150 000 citizens of the Republic of Belarus having the right to vote.

Article 139

A law on amendment and addenda to the Constitution may be adopted after it has been debated and approved twice by the Parliament with at least three months' interval.

Amendments and addenda to the Constitution shall not be made during a period of a state of emergency, as well as during the last six months of the term of powers of the House of Representatives.

Article 140

The Constitution, laws on amendments and addenda thereto, laws on putting the Constitution and the mentioned laws in force, as well as acts on interpreting Constitution shall be regarded as adopted if at least three-quarters of the complete membership of each of the Houses of Parliament have voted in favour of them.

Amendments and addenda to the Constitution may be passed by a referendum. A decision to amend or supplement the Constitution by means of a referendum shall be passed if the majority of citizens, included on the register of electors, have voted in favour of it.

Sections I, II, IV, VIII of the Constitution, provided that they have been passed by a referendum, may not be reconsidered by Parliament.

Section IX
Final and transitional provisions

Article 141

The 1994 Constitution of the Republic of Belarus with amendments and addenda adopted by the national referendum (the present Constitution) shall enter into force on the day of its publicaiton, except for certain provisions thereof which come into force within the period established by the present Constitution. Simultaneously, the Law of the Republic of Belarus "On the Procedure Governing the Entry into Force of the Constitution of the Republic of Belarus" shall cease to apply.

Article 142

The laws, edicts and other acts applied within the territory of the Republic of Belarus before the present Constitution has been entered into force shall be applied in the part thereof not to contradict the Constitution of the Republic of Belarus.

Article 143

Within a month period since the present Constitution has entered into force, the Supreme Council of the Republic of Belarus and the President of the Republic of Belarus shall form the House of Representatives from among the deputies of the Supreme Council elected by the date of the 1996 national referendum. Part of the deputies of the Supreme Council shall comprise the State. One third of the membership of the Senate shall be appointed by President according to a procedure stipulated for in the Article 91 of the present Constitution.

In this event, the deputies of the Supreme Council of the Republic of Belarus shall preserve their powers. Their term of powers, as well as that of the deputies of the House of Representatives and the Senators shall be counted as from the day when the present Constitution has entered into force.

Provided that on the reason of discrepancies between President and the Supreme Council during the mentioned period the House of Representatives and the Senate have not been formed, President, in accordance with point 2 and 3 of the Article 84 of the present Constitution, shall dissolve the Supreme Council and shall appoint Parliamentary elections within a month.

Article 144

The President of the Republic of Belarus elected in accordance with the 1994 Constitution of the Republic of Belarus shall exercise the powers stipulated for the present Constitution as from the day of its entry into force. Presidential term of office shall be counted as from the day of the present Constitution has entered into force.

Article 145

The Cabinet of Ministers of the Republic of Belarus as from the day of the entry into force of the present Constitution shall acquire rights and responsibilities established by it.

Article 146

President, Parliament, the Government, within two months since the present Constitution has entered into force, shall establish and form the bodies mentioned in it in the procedure established by the present Constitution.

The President of the Republic of Belarus
A. Lukashenko

Textanhang XV/1

Draft Constitution of the Republic of Moldova (1993)*

Preamble

Being aware of the Decree of Sovereignity and the Declaration of Independence of the Republic of Moldova; taking into consideration the irreversible processes of democratization, the assertion of freedom, independence and national unity, of the creation of states with the Rule of Law in Europe and in the world; reaffirming the equality of rights of nations and their right to self dated the nation; in conformity to the Charter of the United Nations, in Helsinki Final Act and the norms of the International Law; we, the people of the Republic of Moldova assert the text of the Constitution of the Republic of Moldova as follows:

---

* Adopted by the Parliament of the Republic of Moldova on 11 March 1993 to be published in the press and debated during 2 months by the population of the Republic.

Title I
General Principles

Article 1
The state Republic of Moldova

Version proposed by the Commission for the elaboration of the Constitution draft:

1. Moldova is a sovereign, independent, national, unitary and indivisible state;

2. The governing mode of the state is a republic.

3. The Republic of Moldova is a democratic, law-governed state where the dignity of a citizen, his liberties and rights, free development of a human being, the justice and the political pluralism represent the supreme values and are guaranteed to everybody.

Version proposed by the "Conciliation" group of deputies:

1. Moldova ist a sovereign, independent, unitary and indivisible state.

Paragraphs (2) and (3) are accepted in the version proposed by the Commission for the elaboration of the Constitution draft.

Article 2
Sovereignty and the state power

1. The national sovereignty belongs to the people of the Republic of Moldova and shall be exercised directly (by a referendum inclusively) and through its representative bodies in the ways established by the Constitution.

2. No social groups, no political parties or other social organizations, neither a certain person can exercise the state power on behalf of themselves. The usurpation of the state power constitutes the most severe crime against the people.

Article 3
The Territory

1. The territory of the Republic of Moldova is inalienable.

2. The frontiers of the country are sanctioned by an organic Law with the observance of the unanimously recognized principles and norms of the International Law.

3. No foreign population shall be displaced or colonized on the territory of the Republic of Moldova.

Article 4
Equality of citizens before the Law

1. The respect and the protection of a person constitutes one of the primary duties of the State.

2. All citizens of the Republic of Moldova are equal before the Law indifferent of their origin, social and patrimonial state, their race and nationality, sex, education, language, religion, occupation, place of residence and other circumstances.

Article 5
Democracy and Political pluralism

1. The democracy in the Republic of Moldova is exercised in conditions of political pluralism, incompatible with the dictator-ship and totalitarism.

2. No ideology shall be pronounced as an official ideology of the state.

3. The parties and the social political organizations shall be founded and carry out their activity in legal conditions.

Article 6
Separation of state power

1. In the Republic of Moldova the state power is divided into the legislative, the executive and the judiciary one.

2. The Parliament is the supreme and unique body which exercises the legislative power.

3. The executive power shall be exercised by the Government.

4. Justice shall be carried out exclusively by juridical bodies.

Article 7
The Constitution as the Fundamental Law

The Constitution of the Republic of Moldova is the fundamental Law of the country. No laws or other juridical documents in controversy with the provisions of the Constitution shall have any juridical power.

Article 8
Observance of the International Law and of International Treaties

1. The Republic of Moldova assumes the obligation to respect the Charter of the United Nations and to observe in its relations with other states the principles as follows: sovereign equality; mutual renouncement to an application of force or threats with force; territorial inviolability of states, peaceful settlement of litigations, non-interference into the internal affairs of other states, oservance of human rights and liberties of a person; equality of rights and the right of nations to determine their destiny, cooperation between states; implementation of the commitments implied by the unanimously recognized principles and forms of the International Law, by the International treaties to which the Republic of Moldova is a party.

2. The international provisions will have a priority should there appear any discrepancies between the international treaties to which the Republic of Moldova is a party and the internal laws.

Article 9
The Fundamental Principles regarding the Property

1. The goods can be either public or private property. The economic life of the Republic of Moldova shall be based on an equality of rights of all types and forms of ownership.

2. No property shall be used to the detriment of a person's rights, his liberty and dignity.

3. The economy shall be regulated by such main factors as the market, the free economic initiative and the loyal competition. The state shall participate to the regulation of the economic activity within the limits forseen by Law.

Article 10
Responsibility of the State before citizens and the society

1. The state is the official representative of the society and through its bodies and institutions expresses the wish of the society. The state, its bodies,

institutions and officials are responsible before the citizens and the society.

2. the duty of the State shall be:

a) to defend the sovereignty, the independence and the territorial integrity of the Republic of Moldova;

b) to protect and guarantee the human rights;

c) to defend the constitutional system, the democracy, the legality and the Law and order;

d) to ensure a rational exploitation and use of the national patrimony to the interest of the people;

e) to undertake measures aimed at the economic development and social protection adequate to ensure a decent living standard for people;

f) to ensure the development of culture and science, a rational use of the creative and productive potentials;

g) to ensure the protection of environment and the ecological equilibrium;

h) to undertake measures ensuring the public hygiene and health;

i) to collaborate with other states in order to consolidate the international peace and security and to ensure the prosperity of the Republic of Moldova.

Article 11
The Unity of the National and the Right to identity

The version of the Commission for the elaboration of the Constitution draft:

1. The unity of the nation of the Republic of Moldova constitutes the basis of the state. Moldova ist a common, indivisible Motherland for all its citizens

Paragraph (2) ist accepted in the version of the Commission for the elaboration of the Constitution draft.

2. The state recognizes and guarantees the right to preserve, develop and express their ethnic identity, as well as their cultural linguistic and religious identities to all citizens

The version of the "Viata satului" group of deputies:

1. The unity of the nation of the Republic of Moldova constitutes the basis of the state. Moldova is a common Motherland for Moldovans and other minorities residing in its territory.

Paragraph (2) is accepted in the version of the Commission for the elaboration of the Constitution draft.

The version of the "Christian Democratic Popular Front" group of deputies:

1. The unity of the Nation of the Republic of Moldova composed in its majority by romanians

and people of other ethnic origin constitutes the basis of the state.

Paragraph (2) is accepted in the version proposed by the Commission for the elaboration of the Constitution draft.

Article 12
The Republic of Moldova neutral state

1. In order to affirm its independence and to ensure the inviolability of its territory, the Republic of Moldova proclaims itself permanently neutral.

2. The Republic of Moldova shall not admit the displacement of any foreign military bases on its territory. Moldova shall not create other military forces except those meant for the maintenance of public order and for national defence.

3. The structure of the national defence system, the way to prepare the population, the economy and the territory for the defence, as well as the status of the military personnel shall be determined by the organic Law.

Article 13
The state symbols

1. The Republic of Moldova has its own emblem, flag and anthem.

2. The state emblem of the Republic of Moldova represents a shield horizontally cut, red chromatic at the top and blue at the bottom. A head of a bison is placed in the middle carrying a star with eight rays. On the right side of the bison there is a rose with five petals and on the left there is a half moon. All these elements are golden. The shield itself is placed on the chest of a natural eagle with a golden cross in its beak and a green olive branch in one claw and a golden sceptre in another.

3. The state flag of the Republic of Moldova – a tricolour represents a rectangular piece of drapery including three stripes of equal dimensions arranged vertically in the sequence as follows: blue, yellow, red. In the centre of the yellow stripe the state emblem of the Republic of Moldova is impressed. The proportion between the emblem width and the length of the flag is 1:5 and the proportion between the width and the length of the flag is 1:2.

4. The anthem of the Republic of Moldova is approved by the Law.

5. The emblem, the flag and the anthem are the state symbols of the Republic of Moldova and are protected by Law.

Article 14
The official language; Use of other languages

The version of the Commission for the elaboration of the Constitution draft:

1. The state official language of the Republic of Moldova is Romanian.

2. The use of the languages on the territory of the Republic of Moldova is regulated by the Law.

The version of the "Viata satului" group of deputies:

1. The state official language of the Republic of Moldova is the moldovan language.

Paragraph (2) is accepted in the version of the Commission for elaboration of the Constitution draft.

Article 15
The Capital

The city Chişinău is the capital of the Republic of Moldova.

Title II
The Man, the State, the Society

Chapter I
General Statements

Article 16
Human rights and liberties

1. The constitutional indications regarding the rights and liberties of citizens are interpreted and treated in conformity to the Universal Delcaration of Human rights, to the Pacts and other treaties to which Moldova is a Party.

2. Certain restrictions can be applied to a citizen only when these restrictions are established by the Law and are meant to ensure the rights and liberties of other people or when the application of certain restrictions is demanded by some society necessity or by the necessity to secure the public order and the general prosperity.

Article 17
Citizenship of the Republic of Moldova

1. Citizenship of the Republic of Moldova can be conferred or denied only in cases foreseen by the respective Law.

2. Nobody can be denied the citizenship of the Republic of Moldova or deprived of the right to renounce it in an arbitrary way.

3. Citizens of the Republic of Moldova can not be extradited or expelled from the country.

4. Foreign citizens and the apatrizi (people without citizenship) can be extradited only in conformity to an international convention or in conditions of reciprocity.

Article 18
Restrictions in respect to a double citizenship and the protection of the citizens

1. The citizens of the Republic of Moldova can not be simultaneously citizens of other states exept in cases foreseen by international treaties to which the Republic of Moldova is a Party.

2. The citizens of the Republic of Moldova will benefit from the protection of the state both within the country and abroad.

Article 19
The rights and duties of foreign citizens and apatrizi

1. The foreign citizens and the apatrizi have rights and duties similar to the citizens of the Republic of Moldova with the exeptions established by Law.

2. A right to an asylum will be granted or denied in conformity to the Law provided the international treaties (conventions) to which Moldova is a Party are observed.

Article 20
Access to justice

1. Each person has the right to appeal to court in order to defend his rights, liberties and his legitimate interests.

2. No law can prevent a person to benefit from the right to appeal to Court.

Chapter II
The Fundamental Rights and Liberties

Article 21
The right to life and to a physical and psychological integrity

1. The state guarantees a person the right to life and to a physical and psychological integrity.

2. No citizen can be subjected to tortures or some other punishment or to inhuman, degrading treatments.

3. The capital punishment as an exeption until its complete annulment, can be applied in conformity to the Law after the adoption of a juridical verdict.

Article 22
Freedom and the personal security of an individual

1. The freedom and the personal security of an individual are inviolable.

2. The search, the seizure or the arrest of a person are allowed only in cases foreseen by the

Law and provided the legal procedure is observed.

Article 23
The presumption of innocence

1. A person will be considered innocent up to the moment when the juridical verdict comes into force.

2. A punishment can be inflicted or applied only in conformity to the law and on basis of Law.

Article 24
The right to defence

1. The right to defence is guaranteed.

2. Interference into the activity of persons carrying out the defence within the foreseen limits is punished in conformity to the Law.

Article 25
The right to free travelling

1. The right to a free movement around the country and abroad is guaranteed. The common Law will establish the conditions of the implementation of this right.

2. Each citizen of the Republic of Moldova has the right to settle his house or residence in whatever cummunity of the country he choses. Each citizen will benefit from the right to emigrate and to return back to the country.

Article 26
Inviolability of housing

1. A citizen's housing and residence are inviolable. Nobody will have the right to penetrate or stay in a person's dwelling or residence without his consent except in cases foreseen by Law.

2. A search of somebody's house can be carried out only when authorized by a mandate issued in conformity to the Law.

Article 27
Inviolability of correspondence

The privacy of letters, telegramms, other mail, of the telephone conversations as well as of the other legal means of communication is inviolable with the exception of cases foreseen by the Law.

Article 28
Freedom to an opinion

1. Every citizen is guaranteed the freedom of thought, of an opinion as well as the freedom to express himself in the society by speech, image or other possible means.

2. The freedom of expression will in no case be directed to harm smb's honour, the personal life of some other person or infringe on somebodies right to a personal vision.

3. The defamation of the country and its people, instigations to war or aggression, to national hatred, racial or religious hatred, incitement to discrimination, to territorial separatism, to violence in public as well as obscene actions are forbidden and punished by the Law.

Article 29
Freedom of creation

1. A right to an artistic or scientific creation is guaranteed indifferently of the way of expression. The creation will not be subjected to any censorship.

2. The state will contribute to the development and propagation of both national and international cultural and scientific achievements.

Article 30
The freedom of spirit

1. The freedom of spirit is guaranteed; it should manifest itself in tolerance and mutual respect.

2. The religious faiths are free and organize themselves in conformity to their own statutes within the framework of the Law in action.

3. Actions aimed at feud between religious faiths are forbidden.

4. The religious faiths are autonomous in respect to the state and benefit of its support. The state facilitates the religious activity in the army, in hospitals, in penitentiaries, asylums and orphanages.

Article 31
Freedom of Assembly

1. The rallies, the demonstrations, all other kinds of processions or meetings are free and shall be organized and carried out in a peaceful manner with no use of arms.

2. The bodies responsible for the maintenance of public order shall have to be informed about the goal, place and time of the intended rallies.

3. The public authorities shall change the place of rallies for reasons of security or maintenance of public order.

Article 32
Freedom of Parties and other social-political organizations

1. Citizens have the freedom to join the parties and other social-political organizations, trade unions or other kinds of associations.

2. The parties or the organizations, the goals or the activity of which are against the political pluralism, against the principles of a law-governed state, are anticonstitutional.

3. The political parties and the social-political organizations are equal before the Law.

4. The state ensures the observance of the rights and legitimate interests of the political parties and of the social-political organizations.

5. Interference of public authorities and of official persons into the activity of the political parties and of the social-political organizations shall be admitted only in cases foreseen by the Law. The same is true regarding the interference of the political parties and socio-political organizations into the activity of the public authorities and that of the official persons.

6. The judges, the lawyers, the military men, the policemen and other categories of public officers determined by the Law shall not be members of political parties.

7. The associations with a secret character are forbidden.

8. The activity of political parties created by foreign citizens is forbidden.

9. The laws, other instruments of the state, as well as the actions of the public authorities that lead to the creation of a political system with a single party are considered anticonstitutional.

Article 33
The right to information

1. A person's right to have an access to all kinds of information of social interest or related to the national patrimony can not be infringed upon.

2. The public authorities are obliged within the limits of their competence to ensure a correct information of the people about the public affairs and about the problems of personal interest.

3. The right to information will not prejudice the protection measures in respect to young people or the national security.

4. The means of public information are free from any censorship.

5. The means of public information, state or private, are obliged to ensure a correct information of the public opinion.

Article 34
The right to participate in administration

1. Citizens of the Republic of Moldova have the right to directly participate to the administration of the state and of the society or through their representatives.

2. Each citizen is ensured a free access to a public post.

Article 35
The right to submit petitions

1. The citizens have the right to submit petitions to public authorities exclusively on behalf of those who sign them.

2. The legally created organizations dispose of a right to submit petitions exclusively on behalf of the personnel they represent.

3. The right to submit petitions is imposed no taxes.

4. The public authorities are obliged to answer a petition in terms and conidtions foreseen by the Law.

Article 36
The right of a person infringed by a public authority

1. A person whose right was infringed on by a public authority through an administrative instrument or by neglecting the solution of an application in due legal terms is in right to obtain the recognition of the claimed right, the annulment of the instrument and the repair of the damage.

2. The conditions and the limits of the exercise of this right will be determined by the Law.

3. In conformity to the Law the state bears patrimonial responsibility for the prejudices caused by the juridical errors committed during the lawsuits.

Article 37
The right to vote and the right to be elected

1. Citizens of the Republic of Moldova who by the day of elections have attained the age of 18 years acquire the right to vote. The exception will make the mentally defective individuals kept under interdiction as well as persons condemned through a definite juridical verdict to a loss of their right to vote.

2. The right to vote is universal, equal, direct, free and secret.

3. The right to be elected is guaranteed to the citizens of the Republic of Moldova who possess a right to vote and who have their residence in Moldova.

4. The age limit of a citizen who stands as a candidate for different public functions will be determined by the Law.

Article 38
Protection of the private property

1. The right to property as well as the claims of the creditors to the state are guaranteed. The contents and the limits of such rights are determined by the Law.

2. The private property is protected by the Law indifferently on the position of a person. The foreign citizens and the apatrizi will not aquire a right to ownership over a plot of land.

3. No person can be expropriated except in cases when the social welfare is in question which is to be determined legally and when a proper idemnity is paid in advance.

6. A right to ownership imposes the observance of all assignments regarding the protection of the environment and the guarantee to a good neighbourhood as well as the observance of all tasks incumbent on him in conformity to the Law.

7. The property acquired illicitly can not be confiscated. The illicit character of the acquisition will be presumed.

8. The goods designated for the accomplishment of an offence or used for such purposes as well as those which have been acquired in result of a committed crime will be confiscated only in conformity with the provisions of the Law.

9. The right to inheritance of the private property is guaranteed.

Article 39
The right to education

1. The right to education is materialised in the general compulsory education, in high school and vocational school education, in the higher education as well as in other forms of training and improvement.

2. Education of the citizens of the Republic of Moldova is determined by the Law.

3. The state education is free of charge in conformity to the Law.

4. The educational institutions inclusively the private ones are created and carry out their activity in conditions of the Law.

5. The institutions of higher education enjoy the right to an autonomy within the limits determined by the Law.

6. The state will ensure within the limits foreseen by the Law the freedom of the religious education in conformity to the requests specific for a certain faith.

7. Parents have a priority in choosing the sphere of education of their children.

Article 40
Labour and social protection of labour

1. The right to labour shall not be infringed upon. Citizens dispose of freedom to choose a profession and a job.

2. The employees have the right to social protection of labour. The protection measures concern the security and hygiene of labour, the labour regime of women and young people, the set-up of a minimum wage, the paid leave, the remuneration of labour done in hard conditions and other specific situations.

3. The duration of a working week shall not exceed 40 hours.

4. All people without any discrimination shall enjoy the right of an equal wage for an equal work.

5. The right to joint negotiations concerning the labour questions, as well as the compulsory character of collective conventions shall be guaranteed.

6. The economic enterprises shall have the duty to create normal conditions of labour for the employees.

Article 41
Interdiction of forced labour

1. The forced labour is forbidden.

2. The activities enumerated below shall not be considered forced labour:

a) military service or the work carried out instead of the compulsory service by those who, in conformity to the Law, do not carry out the compulsory military service;

b) the labour of a convict performed in normal conditions during his detention or in conditions of a restricted freedom;

c) the labour imposed by the necessity to repair the damages caused by calamities or other disasters as well as the labour classified by the Law as a normal civil duty.

Article 42
The right to a strike

1. The right to a strike is admitted.

2. A strike can be started provided a resolution has been legitimately adopted by the corresponding trade union bodies for reasons of protection of the professional, economic and social interests of the workers.

3. A right to a strike can be limited in case of the state employees and of the employees of state enterprises engaged in the supply of society with vital services and materials.

4. The employees engaged in the public order maintenance bodies and in juridical institutions, the service men shall be deprived of a right to strikes.

5. The law will determine the conditions of the exertion of a right to a strike as well as the responsibility for an illegitimate start of a strike.

Article 43
The right to an assistance and to the social protection

The citizens have the right to a pension, to a paid maternity leave, to a free of charge medical care in the state medical units, to an unemployment compensation and other means of assistance and social protection foreseen by the Law.

Article 44
A right to the health protection

1. The right to the health protection is guaranteed.

2. The structure of the national system of health protection and measures for the protection of the physical and mental health of citizens are determined by the Law.

Article 45
Social services for children and young people

1. The children and the young people benefit of a special assistance for the realization of their rights.

2. The state makes allocations for children and allowances for care of sick children and handicapped. Other forms of social assistance of children and young people are determined by the Law.

3. The exploitation of the child labour, the use of minors in activities harmful for their health or morality which can endanges their life or normal development are forbidden.

4. The public authorities will have the duty to create conditions for the young generation to freely participate in the political, social, economic, cultural and sports life of the country.

Article 46
Protection of the handicapped individuals

1. The handicapped individuals will benefit of a special protection ensured by the whole society. The state will ensure normal conditions of treatment, readjustment, education, training and social integration for such individuals.

2. No individual can be subjected to a forced medical treatment except for the cases foreseen by the Law.

Article 47
The family

1. The family is created on basis of a marriage, freely consented between spouses on basis of their equality of rights and on the right and duty of parents to ensure the upbringing education and training of children.

2. The conditions of a marriage set-up, its break or annulment are determined by the Law.

Article 48
The protection of the family and of the orphans

1. Through economic measures and other means the state will facilitate the creation of families and the fulfillment of their corresponding duties.

2. The state will protect the maternity, the children and the young people stimulating the development of the necessary institutions.

3. The state and the society will assume all the assignments regarding the support, training and the education of orphans and abandoned children. The state will stimulate and encourage the charity activities for the sake of such children.

Article 49
Restrictions set on the exertion of certain rights and liberties

1. The exertion of certain rights or liberties can be restricted only by the Law provided it is done for the following purposes: for the defence of the national security, of order, for the protection of the public health or morality, for the protection of rights and liberties of the citizens, for the performance of a penal inquiry, for the prevention of the consequences of a calamity or of a severe catastrophy.

2. Should a restriction be made it will be done by taking into consideration the situation which generated it and will not infringe on the existence of the right or liberty altogether.

Chapter III
Fundamental duties

Article 50
Fidelity to the country

1. The fidelity to the country is sacred.

2. The citizens holding public functions as well as the service men bear responsibility for a faithful fulfilment of their duties and in cases requested by the Law will swear on oath of loyalty.

Article 51
The defence of the country

1. The defence of the country is a right and a sacred duty of every citizen.

2. The military service will be done in conformity to the Law following the set terms and regulations.

Article 52
Observance of the Constitution and of the Laws
The observance of the Constitution, of its Supremacy and of the Laws is obligatory.

Article 53
Exertion of the rights and duties in a system
1. Every citizen has certain duties in respect to the state and society which directly derive from the guaranteed rights and liberties.
2. The exertion of their rights and liberties by citizens without taking into consideration their duties will be considered amoral.
3. The observance of the rights and legitimate interests and of the dignity of other citizens is obligatory.

Article 54
Financial contributions
1. The citizens of the Republic of Moldova are obliged to contribute to the coverage of the public spendings by paying certain taxes and charges.
2. A legal system of taxation shall have to ensure a proper set of fiscal charges.
3. Any other charges except the ones set by the Law shall be forbidden.

Article 55
The protection of the environment and of the monuments
Each person is obliged to protect the environment, to contribute to the conservation and preservation of the monuments of history and culture.

Title III
The Public Authorities

Chapter IV
The Parliament

Section I
Organizing and functioning

Article 56
The Parliament as the supreme representative body with legislative power
1. The Parliament is the supreme representative body of the Republic of Moldova and shall be the only legislative authority of the state.
2. The Parliament shall include 95 deputies.

Article 57
Elections to the Parliament
1. The Parliament shall be elected by an universal, equal, direct and secret vote, freely expressed.
2. The organic Law shall regulate the nomination of the candidates to deputies, the organization and the run of the elections.

Article 58
The duration of a mandate
1. The Parliament is elected for a four years mandate, which shall be prolonged by the organic Law in case of war or a catastrophe.
2. The election of the deputies to the Parliament shall be held in a three months period of time after the expiration of the mandate or after the dissolution of the body of previous legislature.
3. The newly elected Parliament is convened by the chairman of the Parliament of former legislature within at least 30 days since the elections.
4. The mandate of the Parliament shall be prolonged up to a legal convocation of its new composition. In this period of time the Constitution shall not be revised and no organic laws shall be adopted, modified and abrogated.
5. The bills of the legislative proposals on the agenda of the former Parliament shall be examined by the Parliament of the new legislature.

Article 59
The Internal Structure
1. The Parliament shall create standing commissions entitled to work out bills, to examine in advance and to prepare the questions within its competence, to implement the adopted laws and resolutions, to exert control over the activity of the state bodies and organizations.
2. The Parliament shall create inquiring commissions, revision commissions or other special commissions.
3. The activity of the Parliament, of its standing and special commissions shall be set up by an organic Law.

Article 60
The Public Character of the Sittings
1. The sittings of the Parliament are public.
2. The President of the Republic of Moldova and the members of the government have the right to attend the sittings of the Parliament.
3. The Parliament shall pass a decision to hold certain sittings behind closed doors.

Article 61
Presiding of the Sittings

The first sitting of the Parliament of the new legislature shall be presided by the chairman of the Parliament of the previous legislature. After the elections of the new chairman and the deputy chairman of the Parliament the sittings shall be presided by one of them.

Article 62
Acknowledgement of the powers of deputies

At the proposal of the Central Electoral Commission the Parliament acknowledges the powers of deputies or does not acknowledge them in case a certain electoral legislation has been violated.

Article 63
The Chairman of the Parliament. His status and role

1. The chairman of the Parliament shall be elected out of the members of the Parliament for a four year period of time by secret vote and by a majority of votes.

2. The chairman of the Parliament shall be accountable to the Parliament and for grounded reasons shall be voked by a secret vote with a majority of two thirds of the deputies present.

3. The chairman of the Parliament will carry out the following;

a) represent the Parliament in the relaitons with institutions and organizations both within the country and abroad;

b) nominate the candidates for the deputy chairman of the Parliament;

c) perform a general management of the preparation of items to be discussed in the Parliament;

d) Dispose of the budgetary allocations distributed for the support and activity of the Parliament;

e) submit to the Parliament nominations of candidates to be elected or nominated in the positions foreseen by the Law;

f) exert other powers set by the Constitution and by the Law.

4. On the assignment of the chairman of the Parliament the deputy chairman will carry out certain duties of the chairman and will substitute him when he is unable to exert his duties.

Article 64
Fundamental functions

The Parliament will carry out the following fundamental functions:

a) adopt laws, resolutions and motions;

b) announce and run referendums;

c) ensure the unity of the legislative regulations over the entire territory of the country;

d) exert parliamentary control over the executive and juridical powers in the ways and within the limits foreseen by the present constitution;

e) exert a parliamentary control over the activity of the National Bank, the Departament of the State Control, the Departament of the Protection of Environment and National Resources;

f) determine the main directions of the internal and external policy of the state;

g) ratify, denounce, suspend and annul the effect of the international treaties signed by the Republic of Moldova;

h) approve the budget of the state and exert control over it;

i) exert control over the allocation of the state loans, the economic assistance and other aide to foreign states, over the signing of agreements regarding the state loans and credits from foreign sources;

j) will select and nominate state officials in cases foreseen by the Law;

k) will approve the orders and medals of the Republic of Moldova;

l) will declare a partial or a general mobilization;

m) will declare the state of war;

n) will initiate the investigation and the audience of each question referring to the interests of the society;

o) will perform other functions set by the Constitution and by the Law.

Article 65
The sessions

1. The chairman can summon the Parliament for two ordinary sessions for year. The minimum duration of a session is four months.

2. The Parliament can assemble for extraordinary sessions at the request of the president of the Republic of Moldova or at the request of the chairman of the Parliament or of one third of deputies.

Section 2
The status of a deputy

Article 66
The representative mandate

1. In exercising their mandate the deputies are at the service of the people.

2. Any imperative mandate is considered nul.

Article 67
A mandate of a deputy

1. A deputy will begin to exercise his mandate

since the date of the legal convocation of the Parliament provided his mandate was validated.

2. A mandate will expire at the date of the legal convocation of the newly elected Parliament or in case of dismission, loss of the electoral rights, of incompatibility or demise.

Article 68
Incompatibilities and immunities

1. A deputy's function is incompatible with the exertion of any other remunerated functions with the exception of an activity in the higher education sphere, a scientific or creative activity.

2. An organic law will determine other incompatibilities.

3. With the exception of cases of a flagrant breach of justice a deputy can't be seized, arrested or searched. Neither can he be sued in a law court without the approval of the Parliament after he was listened to.

Article 69
Independence of opinions

A deputy will not be persecuted or sued for his votes or his political opinions expressed while he is exercising his mandate.

Section 3
Legislation

Article 70
The categories of laws

1. The Parliament will adopt constitutional laws, organic laws and ordinary laws.

2. The constitutional laws are those laws which revise the Constitution; as well as other laws qualified by the Constitution as such.

3. An organica law will regulate as follows:

a) the electoral system;

b) the organization and performance of a referendum;

c) the organization of the Government;

d) the organization and the activity of the Constitutional Court, of the Supreme Council of Magistrates, of the juridical bodies;

e) the organization of the local administration, the territorial administration as well as the organization of a general regime concerning the local autonomy;

f) the organization and the activity of the political parties;

g) the procedure of the settlement of an exclusive economic zone;

h) the general juridical regime regarding the property and the inheritance;

i) the general regime regarding the labour relations, the trade unions and the social protection;

j) the general organization of education;

k) the general regime of beliefs;

l) the curfew regime and the state of emergency;

m) the offences, punishments and the regime of their execution;

n) the declaration of amnesty or of a collective reprieve.

o) other spheres in respect to which the Constitution foresees the adoption of organic laws.

4. No organic laws shall be adopted during a state of siege, emergency, war and in other cases determined by the Constitution.

Article 71
A legislative initiative

The deputies of the Parliament, the president of Republic of Moldova the Government, the Suprem Court of Justice will enjoy the right to a legislative initiative.

Article 72
Adoption of the laws and resolutions

1. The organic laws and the resolution regarding the election of the Parliament will be adopted with a majority vote of deputies.

2. The ordinary laws and the resolutions will be adopted by a majority of votes of all deputies present at the session.

3. The laws are submitted to the President of the Republic of Moldova for the promulgation.

Article 73
Enforcement of a Law

An organic Law will determine the ways of enforcement of laws.

Chapter V
The President of the Republic of Moldova

Article 74
The role of the president

1. The President of the Republic of Moldova is the chief of the state.

2. The President of Republic of Moldova shall represent the state and will be the garantee of the national independence, of the unity and the territorial integrity of the state.

3. The President of the Republic of Moldova will see to it that the Constitution is observed and that the public authorities function well. For this purpose the President will carry out a mediation function between the state powers and between the state and the society.

Article 75
The election of the President

1. The President of the Republic of Moldova is elected by a universal, equal, secret and freely cast vote.

2. Candidates to the post of the President of the Republic of Moldova can be the persons who by birth have obtained the citizenship of the Republic, have attained the age of 35 years and have by or are residents within this country for at least 10 years and speak the romanian language. The way of the nomination of the candidates will be determined by the Law.

3. No person can exercise the function of the President of the Republic of Moldova more than two mandates.

Article 76
Validation of the mandate and the oath swearing

1. The Constitutional Court will validate the result of the elections for the function of the President of the Republic of Moldova.

2. The candidate whose election has been validated swears an oath in front of the Parliament and the Constitutional Court no later than 45 days after the elections with the contracts as follows:

"I swear to faithfully serve the people of the Republic of Moldova, to respect the Constitution and the laws of the country, to protect the democracy, the human rights and liberties, the sovereignty, independence, the unity and territorial integrity of Moldova".

Article 77
The duration of the mandate

1. The mandate of the President of the Republic of Moldova durates 4 years and the President shall assume office since the date when he was sworn in.

2. The President of the Republic of Moldova will exercise his mandate up to the moment when new President is sworn in.

3. In case of war or a catastrophe the mandate of the President of the Republic of Moldova can be prolonged by an organic Law.

Article 78
Incompatibilities and immunities

1. The post of the President of Republic of Moldova will be incompatible with the exertion of any other leading positions in the state and in the public activity of the country.

2. The President of the Republic of Moldova benefits of an immunity. He will not be sued in Court for his political views expressed while exercising his mandate.

3. The Parliament together with the Constitutional Court can decide by a vote of two thirds of deputies to charge the President of the Republic of Moldova with betrayal infringment of the Constitution and committing other serious offences.

The trial will be conducted by the Supreme Court of Justice within the conditions of Law. The President will be deprived of his right on the date when the final accusation resolution is passed.

Article 79
Nomination of the Government

1. The President of the Republic of Moldova nominates a candidate for the function of the prime minister and appoints the Government in conformity to the vote of confidence granted to him by the Parliament.

2. In case of a reshuffle of posts in the government or a vacancy the President will revoke and nominate certain members of the Gonverment proposed by the prime minister in conformity to the vote of confidence granted to him by the Parliament.

Article 80
Attendance of the sittings of the Government. Delivery of consultations of the Government

1. The President of the Republic of Moldova can attend the sittings of the Government when questions of national importance connected with the foreign policy, the defence of the country, the maintenance of public order are debated. At the request of the prime minister he can attend other sittings as well.

2. The President of the Republic of Moldova will preside the sittings of the Government he attends.

3. The President of the Republic of Moldova can consult the Government in urgent questions and in questions of major importance.

Article 81
Messages, reports, informations

The President of the Republic of Moldova addresses messages regarding the major political problems of the nation and submits to the Parliament annual reports, informs the Parliament about the most important problems regarding the internal and external policy of the state.

Article 82
Dissolution of the Parliament

1. Having consulted the chairman of the Parliament the chairmen of the commissions and the leaders of the parliamentary factions the President

of the Republic of Moldova by a Decree signed also by the Chairman of the Parliament can dissolve the Parliament should the latter not give a vote of confidence to the creation of the Government as late as sixty days since the first request and should two requests of such kind be rejected.

2. The Parliament can be dissolved only once per year.

3. The Parliament will not be dissolved during the last six months of the mandate of the President of the Republic of Moldova and neither during a siege, an emergency situation or the war.

Article 83
Functions to be fulfilled in the sphere of the foreign policy

1. The President of the Republic of Moldova shall carry out talks and negotiations, sign international treaties on behalf of the Republic of Moldova and in a settled manner and in due terms determined by the Law submit them for ratification by the Parliament.

2. The President at the proposal of the Government and the approval of the respective parliamentary commission will accredit and recall the diplomatic representatives of the Republic of Moldova and approve the creation, the dissolution or the change of the ranks of the diplomatic mission.

3. The President will receive the credentials of the diplomatic representatives of other states in the Republic of Moldova.

Article 84
Functions to be fulfilled in the sphere of the defence

1. The President of the Republic of Moldova is the Commander – in – chief of the armed forces.

2. Having previously got the approval of the Parliament the President can declare a partial or a general mobilization.

3. The President can take other measures in order to ensure the security of the state and the public order.

4. In case of an armed agression against the country the President will take measures aimed to reject the aggression which he will immediately communicate to the Parliament. When out of session the Parliament will be convoked within 24 hours since the start of the aggression.

Article 85
Other functions

1. The President of the Republic of Moldova will also carry out the following:
   a) confer decorations and titles of honour;
   b) grant reprieve;

   c) confer citizenship of the Republic of Moldova and political asylum;
   d) confer supreme military ranks;
   e) suspend the acitivity and annul the resolutions and the indications issued by the Government or by the bodies subordinated to the Government in conditions foreseen by the Law;

2. The President also exercises other functions set by the Constitution and the Laws in action.

Article 86
The vacancy of the post

1. The post of the President of the Republic of Moldova turns out vacant in case of resignation, dimissal from the post, a total impossibility to fulfill his functions, or in case of demise.

2. Within a three months period of time since the post of the President of the Republic of Moldova turned out vacant the elections of a new President will be organized in conformity to the Law.

Article 87
The Interim Post

Should the post of the President of the Republic of Moldova become vacant or should the President temporarily be unable to exercise his functions the chairman of the Parliament or the prime minister will respectively take the interim post.

Article 88
The Responsibility of the Interim President

Should the person ensuring the interim position of the President of the Republic of Moldova commit grave mistakes which violate the provisions of the Constitution, the provisions foreseen in item 3 of article 78 and article 86 will be applied.

Article 89
Signing of the laws

1. The President of the Republic of Moldova signs the laws of the Republic.

2. In case the President has objections in respect to a certain law he has the right to return it within a two weeks period of time to the Parliament for re-examination and for a repeated discussion and vote. Should the Parliament stick to the previously adopted resolution with a two thirds majority of votes the President will have to sign the Law.

Article 90
The documents issued by the President

In exercising his functions, on basis of the Constitution and other laws the president issues decrees and orders.

Chapter VI
The Government

Article 91
The role of the Government

1. The Government will ensure the realization of the internal and external policy of the state and will exercise a general control over the public administration.

2. In fulfilling its functions the Government will follow a programme approved by the Parliament.

Article 92
The Structure

The Government will include the Prime Minister, the ministers and other members appointed by an organic Law.

Article 93
Authorization

1. The President of the Republic of Moldova will nominate a candidate for the prime minister.

2. In a 10 days period of time since his nomination a prime minister will request the vote of confidence of the Parliament, in respect to the programme of activity of the Government.

3. The programme of activity of the Government will be debated at a sitting of the Parliament. The latter will give its vote of confidence to the programme of activity of the Government by a majority of votes.

Article 94
Incompatibilities

1. The position of a member of Government will be incompatible with the exercising of other authoritative public positions. It will also be incompatible with other remunerated positions in the sphere of trade.

2. An organic Law will determine other incompatibilities.

Article 95
Termination of the Government membership

The function of a member of Government terminates in result of a resignation, loss of electoral rights, in result of incompatibility or demise and other cases foreseen by the organic Law.

Article 96
The prime minister

1. The prime minister will lead the Government and will coordinate the activity of its members showing respect to their functions.

2. Should the prime minister turn out to be in one of the situations foreseen in article 95, or

should he be unable to exercise his functions the President of the Republic of Moldova will nominate another member of the Government as an interim prime minister to carry out the functions of the prime minister up to the creation of a new Government. The interim activity can be terminated should the prime minister be able to resume his activity earlier.

3. The resignation of the prime-minister will be accompanied by the resignation of the whole Government.

Article 97
The documents adopted by the Government

1. The Government can adopt resolutions and instructions.

2. The resolutions are adopted in order to facilitate the application of the Law.

3. The resolutions and the instructions passed by the Government are signed by the prime minister and respectively by the ministers who are entitled to implement them.

Article 98
Termination of a mandate

The Government will exercise its mandate up to the moment when the elections for the Parliament are validated.

2. The Government the mandate of which has terminated in conformity to paragraph (1) will fulfill only the activity referring to the administration of the public affairs up to the moment when the members of the new Government will be sworn.

Chapter VII
The Relations between the Parliament and the Government

Article 99
Delivery of information to the Parliament

1. The Government will be responsible before the Parliament and will present all the information and the documents requested by the Sfatul Tarii and its commissions.

2. The members of the Government will have an access to the works of the Parliament. Their presence will be obligatory should they be requested to attend the sittings of the Parliament.

Article 100
Questions and Interpellations

1. The Government and each of its members are obliged to answer the questions or the interpellations addressed by the deputies.

2. The Parliament can adopt a motion which will express its position in respect to the problem which constituted the object of the interpellation.

Article 101
Expression of non-confidence

1. The Parliament can express non-confidence to certain members of the Government or to the entire Government.

2. The expression of non-confidence in respect to the Government will be adopted with a majority of votes.

3. After the expression of non-confidence certain members of the Government or the entire Government will be dismissed. However, they will continue to exercise their functions up to the moment when new members will be nominated or up to the moment when a new Government will be formed.

Chapter VIII
The public administration

Section 1
Central and specialized public administration

Article 102
The structure and the role

1. The ministries constitute the central bodies of the executive power of the state. On basis of the laws these bodies implement the policy of the Government, its resolutions and instructions and ensure the leadership of the sectors they are in charge of.

2. In order to guide, coordinate and to control the sectors of the organization of the economy and other areas which are not under direct subordination of ministries, special departments, state services and inspectorates will be created within the Law.

Sections 2
Local public administration

Article 103
The basis principles

The public administration of the administrative territorial units is founded on basis of the local autonomy principle and on basis of the decentralization principle.

Article 104
Administrative territorial distribution

The version of the commission for the elaboration of the constitution draft:

1. The territory of the Republic of Moldova is divided into regions, towns and communities.

2. The status of the communities located on the Nistru river left side and the status of certain communities at the South of the Republic of Moldova will be set by constitutional laws.

3. Within the conditions of the law certain towns can be conferred the status of a city.

The version proposed by the "Viaţa Satului" group of deputies:

1. The territory of the Republic of Moldova is devided into regions, towns and villages.

Paragraphs (2) and (3) are accepted in the version proposed by the commission for the elaboration of the Constitution draft.

Article 105
The community and the town authorities

1. The elected local councils and the mayors represent the authorities of the public administration which are meant to realize the local autonomy in communities and in towns.

The law will determine the way of election of the local councils and the mayors.

2. The local councils and the mayors will function as autonoms administrative authorities and will solve the public problems in communities and towns within the Law.

1. A regional council represents the authority of the public administration with the power to coordinate the activity of the community and town councils aimed at the realization of the public services of regional interest.

2. A regional council is elected and acts within the Law.[*]

Article 107
The Prefect

The version of the Commission for the elaboration of the Constitution draft supported by the "conciliation" group of deputies:

1. The President of Republic of Moldova will nominate a prefect for each region at the proposal of the Government.

2. The prefect will be the local representative of the President of the Republic and will carry out the leadership of the decentralized public services of the ministries and other central bodies located in these administrative territorial units.

3. The duties of a prefect will be determined by the Law. The version proposed by the commission for the revision and finalization of the Constitution draft:

1. The Government will nominate a prefect per each region.

2. The prefect will be the local representative of the Government and will carry out the leadership of the decentralized public services of the ministries and other central bodies located in these administrative territorial units.

3. The duties of a prefect will be determined by the Law.

---

[*] Anm. des Hrsg. P. H: Im Original fehlt Art. 106

Chapter IX
The judicial authority

Section 1
The judicial institutions
Article 108
Realization of justice
1. Justice is being realized on behalf of the Law.
2. The judges are independent and will obey only the Law.

Article 109
The judicial institutions
1. Justice is realized through the Supreme Court of Justice, the Appeal Court, the Courts of inquiry and the law-courts.
2. For certain categories of cases specialized institutions can function in conformity to the Law.
3. The creation of extraordinary institutions will be forbidden.
4. The creation of the judicial institutions, their competence and the trial procedure will be determined by the organic Law.

Article 110
The status of judges
1. The judges engaged in the judicial institutions with the exception of judges indicated in item 2 are appointed by the Parliament at the proposal of the Superior Council of Magistrates and in conformity to the Law they will be immovable.
2. The judges who for the first time passed a preliminary contest are appointed to their post by the Parliament at the proposal of the Superior Council of Magistrates for a period of 5 years.
3. The promotion of judges, their transfer and sanctioning will be made in conformity to the Law.
4. A post of a judge is incompatible with any other public or private function with the exception of the teaching activity in the sphere of higher education.

Article 111
The public character of the judicial debates
In all judicial institutions the judicial processes are public. The sittings of the Court behind closed doors are admitted only in cases foreseen by the Law with the observance of all the regulations of the procedure.

Article 112
The language used in the judicial processes and the right to an interpreter
1. The judicial processes are carried out in the romanian language.
2. Persons who don't understand or speak the romanian language have the right to use an inter-

preter in order to make themselves familiar with all the instruments and proceedings of their dossier as well as to speak or make conclusions.

Article 113
Modes of contesting a verdict
The interested sides and the competent state institutions can subject the juridical verdicts to a contest in conditions foreseen by the Law.

Section 2
The Superior Council of Magistracy
Article 114
The composition
1. The superior council of magistrates will include the magistrates elected by the Parliament for a 5 years period of time.
2. The Law determines the organizing procedure and the mode of activity of the Superior Council of Magistrates.

Article 115
The functions
1. The superior council of Magistrates will propose to the Parliament of the Republic of Moldova the nomination of judges with the exception of those on probation, in conditions foreseen by Law.
2. The superior council of magristrates performs a role of a council of discipline of judges. Other powers of the Superior council of magistrates are determined by the Law.

Section 3
The version of the Commission for the revision and finalization of the Constitution draft

The Public Prosecutor's Office
The investigation institutions
The Bar

Article 116
The Public Prosecutor's office.
The investigation institutions. The Bar.
The status of the Public Prosecutor's office, the investigation institutions and the Bar will be determined by the Law.
The version of the "Viaţa satului" group of deputies:
The Prosecutor's Office

Article 116a
The role of the Prosecutor
1. The prosecutor of the Republic of Moldova and the prosecutors subordinated to him will exer-

cise a supervision aimed to ensure an exact and uniform enforcement of laws by the ministries and departments, local self-administrative bodies, other state administration bodies, economic administration and control bodies, enterprises, associations, cooperative organizations whatever their subordination membership, property type and ways of activity may be, as well as by parties, other organizations and social political movements, decision-making bodies and citizens.

2. The competence and the ways of activity of the prosecutor's office will be determined by the Law.

3. The prolongation of a prosecutor's mandate will be 5 years.

4. A prosecutor's post will be incompatible with any other public or private function with the exeption of the teaching and scientific activity.

5. The workers of the prosecutor's office will not be members of any parties, other social political movements and organisations.

Title IV
Economy and the public finances

Article 117
The Economy

1. The economy of the Republic of Moldova is a market economy based on the private or public property.

2. The state will have to ensure

a) the freedom of trade and of the entrepreneur activity, the protection of a loyal competition, the creation of a favourable framework for the development of all producing factors;

b) the protection of the national interests in the economic, financial and currency activity;

c) the stimulation of the scientific research;

d) the exploitation of raw materials to the benefit of the nation;

e) the restoration and the protection of the environment and preservation of the ecological balance;

f) the creation of necessary conditions for the rise of the living standard;

g) the inviolability of the investments of foreign physical and juridical persons.

Article 118
The Property

The version of the Commission for the revision and finalization of the Constitution draft.

1. The state protects all types of ownership.

2. The state guarantees the functioning and the development of all types of ownership in equal juridical conditions.

3. The public property belongs to the state to the administrative territorial units' to the citizens organisations and associations.

4. The goods which are social property are inalienable. Within the Law they can be entrusted for administration or rented to physical or juridical persons.

5. The private propriety is inviolable in conditions of the Law. The private goods which can not be under pursue will be determined by the Law.

6. The private goods together with the public goods, the forms of mixed ownership included, constitute a source of common ownership to the creation of which also participate the foreign physical and juridical persons.

The version of the "Christian Democratic Popular Front" group of deputies:

3. The public property belongs to the state or to the administrative territorial units.

Paragraphs (1), (2), (4), (5), (6) are accepted in the version proposed by the Commission for the revision and finalization of the Constitution draft.

Article 119
The Property of Foreign Citizens and of the Apatrizi

1. The Republic of Moldova protects the property of other states, of the international organizations as well as the property of foreign citizens and apatrizi on its territory.

2. The Law will regulate the mode and the conditions of excersing the right to ownership of foreign physical and juridical persons as well as of apatrizi on the territory of the Republic of Moldova.

Article 120
The external economic activity

The economic activity outside the country cannot be the state monopoly with the exception of cases foreseen by the Law.

Article 121
The financial system

1. The Law regulates the creation, the administration, the use and the control of the financial resources of the state, of the administrative territorial units and of the public institution.

2. "Leul" and its subdivision "banul" will be the national currency of the Republic of Moldova.

3. The National Banc of the Republic of Moldova will have the exclusive right to issue money and will be responsible before the Parliament for its activity.

4. The issue of supplementary monetary units in order to resolve the budget deficit is forbidden.

Article 122
The national public budget

1. The revenues and the spendings of the State are established exclusively for the national public budget of the Republic of Moldova.

2. The national public budget includes the state budget, the social insurance budgets and the local budgets of the communities, towns and regions.

3. The Government will annually work out the draft of the state budget and the budget of the social state insurance which will be submitted to the Parliament for their approval.

4. No budget spendings can be approved withouth establishing the source of its financing.

5. The state will finance the economic activity and other activities within the limits approved by the Parliament.

Article 123
The State Budget

1. The revenues and the spendings of the state budget should be strictly balanced, its constituing parts being described in a detailed manner in order to prevent the creation of hidden funds.

2. Should the Law for the state budget be not adopted as early as the beginning of a new financial year then the Government can make spendings from the budget for the previous year for purposes as follows:

a) the support of the public institutions foreseen by the Law;

b) the fulfilment of the previously assumed state commitments;

c) financing of the construction sites and of the works begun previously;

Article 124
Execution of the state budget

1. It will be the competence of the Government and of the local public administration, bodies to execute the budget.

2. The Government will present a detailed report regarding the execution of the state budget to the Parliament as late as a 2 months period of time after the end of the previous financial year.

Article 125
The local budgets

The local budgets are worked out, approved and executed in conditions of the Law.

Article 126
Taxes and Charges

1. The taxes and charges and all the other revenues of the state budget and of the social insur-

ance budget will be determined exclusively by the Law.

2. The local taxes and charges are determined by the local of regional councils within and in conditions of the Law.

Title V
The constitutional court

Article 127
The status

1. The constitutional Court is the unique authority of the constitutional jurisdiction in the Republic of Moldova.

2. The constitutional Court is independent on every other public authority and subordinates only to the Constitution.

3. The Constitutional Court guarantees the supremacy of the Constitution, ensures the realization of the principle of the separation of the state power into the legislative, executive and judicial powers and guarantees the responsibility of the state in respect to the citizen and of a citizen in respect to the state.

Article 128
Objectives and duties

1. The Constitutional Court will carry out the following:

a) control whether the laws and decrees of the President of the Republic of Moldova, the international treaties to which the Republic of Moldova is a Party are in compliance with the Constitution.

b) see to it that the procedure for the parliamentary elections the elections of the President of the Republic of Moldova be respected, confirm the results of the suffrage, determine the circumstances which justify the interim in the function of the President of the Republic of Moldova;

c) express its attitude and consultation in respect to a proposal of suspension from office of the President of the Republic of Moldova;

d) see that the procedure of the organization and the run of a referendum be respected and confirm the results of a referendum;

e) ensure that the conditions for exercizing the constitutional legislative initiative be observed by the citizens.

2. The Constitutional Court will carry out its activity both on its own initiative and on the initiative of other bodies foreseen in the Law regarding the Constitutional Court.

Article 129
The Structure

1. The Constitutional Court will include nine

judges who in conformity to the law who will be irremovable.

2. Six judges will be appointed by the Parliament, the other three will be appointed by the President of the Republic of Moldova.

3. The judges included in the Constitutional Court will elect by a secret vote the chairman of this body for a period of 4 years.

Article 130
Conditions to be observed in the process of nomination of judges

The Constitutional Court will include judges possessing a higher juridical education who are of high professional competence their juridical activity being no less than 15 years, the scientific activity and the activity as a lecturer of jurisprudence included.

Article 131
Incompatibility

The post of a judge of the Constitutional Court will be incompatible with every other public or private function with the exception of a post of a lecturer in higher education institution and of the scientific activity.

Article 132
Independence

The judges included in the Constitutional Court are independence in exercising their mandate and subordinate exclusively to the Law.

Article 133
The Resolutions of the Constitutional Court

1. The laws and other normative instruments or certain parts of the latters will become null since the moment of the adoption of a corresponding decision of the Constitutional Court.

2. The resolutions of the Constitutional Court are definitiv and can not be contested.

Title VI
Revision of the constitution

Article 134
The initiative for a revision

1. The revision of the Constitution can be initiated by:

a) a number of citizens of the Republic of Moldova with a right to vote no less than 250000 people.

b) by a number of at least 1/3 deputies of the Parliament;

c) the President of the Republic of Moldova;

d) the chairman of the Parliament;

e) the Constitutional Court;

f) the Supreme Court of Justice.

2. The citizens initiating the revision of the Constitution will have to originate from at least half of the regions and cities of the country where at least 15000 signatures in favour of such an initiative have been obtained.

3. The drafts of the constitutional laws will be submitted to the Parliament only along with the resolution of the Constitution. Court adopted in a plenary sitting with a vote of at least six judge.

Article 135
The Limits of a revision

1. The statements of the Constitution concerning the national character of the state, its independence, the unity and non-partition of the state, the republican mode of governing, the territorial integrity, the independence of justice, the political pluralism and the official language will not be subjected to a revision.

2. No revision will be made should it lead to the violation of the fundamental human rights and liberties of citizens or the guarantee of such.

3. The Constitution will not be subjected to any revision in a state of siege, during a state of emergency, in war time, nor when the territorial integrity of the country is endangered.

Article 136
The Law regarding the modification of the Constitution

1. The Parliament will have the right to adopt a law regarding the modifications of the Constitution within a period of time of at least 6 months since the day the corresponding initiative has been submitted. The Law will be adopted with a majority of two thirds of deputies.

2. Should the Parliament adopt no corresponding Constitutional Law within a year period of time since the submission of the initiative regarding the modification of the Constitution the proposal will be considered null.

Title VII
Final and transitional statements

(to be specified on basis of the proposals submitted to the constitutional Committee)

The draft of the Constitution was elaborated by taking into consideration the proposals reflected in the initial drafts submitted by: the Department for the legislative problems and maintenance of Law and order of the Secretariat of the Parliament;

the Government;

the Academy of Sciences;

the independent group of authors including

Mr Ilie Rotari, Ilie Teaca, Tudor Negru, Tamara Gortopan, Vladimir Dimitrisin, Sveatoslav Cazacu.

Also taken into consideration was a project of the above mentioned working groups to the elaboration of which contributed the people as follows: Boris Negru, Nicolae Doru, Vladimir Mocreac, Nicolae Osmochescu, Tudor Negru, Ion Paduraru, Mihai Petrachi, Ilie Rotari, Iulia Sircu, Ilie Teaca.

Taken into consideration were also the remarks and proposals made at the sitting of the Constitutional Commission as well as those submitted by the working groups.

The draft of the Constitution was finalized by the working group headed by Boris Negru and including the people as follows: Alexandru Arseni, Mihai Cotorobai, Raisa Grecu, Tudor Negru, Nicolae Osmochescu, Mihai Petrachi, Ion Plamadeala, Ilie Teaca.

Victor Puscas deputy chairman of the Parliament coordinated the activity of the working group.

Textanhang XV/2

Draft Constitution of the Republic of Moldova (1994)*

Preamble

Being aware of the Decree of sovereignty and the Declaration of Independance of the Republic of Moldova; taking into consideration the irreversible processes of democratization, the assertion of freedom, independence and national unity, of the creation of states with the Rule of Law in Europe and in the world; reaffirming the equality of rights of nations and their right to self determination; in conformity to the Charter of the United Nations, the Helsinki Final Act and the norms of the International Law; we, the people of the Republic of Moldova assert the text of the Constitution of the Republic of Moldova as follows:

Title I
General Principles

Article 1
The state the Republic of Moldova

1. The Republic of Moldova is sovereign, independent, unitary and indivisible state.
2. The Governing mode of the state is a republic.
3. The Republic of Moldova is a democratic, law-governed state where the dignity of a citizen, his rights and liberties, free development of a human being, the justice and the political pluralism represent the supreme values and are guaranteed to everybody.

Article 2
Sovereignty and State Power

1. The national sovereignty belongs to the

people of the Republic of Moldova and shall be exercised directly (by a referendum inclusively) and through its representative bodies in the ways established by this Constitution.

2. No social groups, no political parties nor other social organizations, neither a certain person can exercise the state power on behalf of themselves. The usurpation of the state power constitutes the most grave crime against the people.

Article 3
The Territory

1. The territory of the Republic of Moldova is inalienable.
2. The frontiers of the country are sanctioned by an organic Law with the observance of the unanimously recognized principles and norms of the International Law.
3. No foreign population shall be displaced or colonized on the territory of the Republic of Moldova.

Article 4
Equality of Citizens before Law

1. The respect and the protection of a person constitutes one of the primary duties of the State.
2. All citizens in the Republic of Moldova are equal before Law indifferently of their race, nationality, ethnic origin, language, religion, sex, politics, property or social origine.

Article 5
Democracy and Political Pluralism

1. The Democracy in the Republic of Moldova is exercised in conditions of political pluralism, incompatible with dictatorship and totalitarism.
2. No ideology shall be pronounced as an official ideology of the State.

---

* Translation provided by the Moldovan authorities.

3. The parties and the socio-political organizations shall be founded and carry out their activity in legal conditions.

Article 6
Separation and Collaboration of powers
The Legislative, the Executive and the Judicial Powers are separated and shall collaborate in the exercise of their prerogatives in conformity with the provisions of the Constitution.

Article 7
The Constitution as the Fundamental Law
The Constitution of the Republic of Moldova is the Fundamental Law of the country. No laws or other juridical documents in controversy with the provisions of the Constitution shall have any juridical power.

Article 8
Observance of International Law and International Treaties
1. The Republic of Moldova assumes the obligation to respect the Charter of the United Nations and the treaties to which she is a party, to observe in her relations with other states the unanimously recognized principles and norms of International Law.
2. The coming into force of an international treaty containing provisions which contradict with the Constitution shall be preceded by a revision of the latter.

Article 9
The Fundamental Principles regarding Property
1. The goods can be either public or private property.
2. No property shall be used to the detriment of a person's rights, liberty or dignity.
3. The economy shall be regulated by such main factors as the market, free economic initiative and loyal competition. The State shall participate in the regulation of the economic activity within the limits foreseen by Law.

Article 10
The Unity of the Nation and the Right to Identity
1. The unity of the nation of the Republic of Moldova constitutes the basis of the State. The Republic of Moldova is a common, indivisible Motherland for all her citizens.
2. The State recognizes and guarantees the right to preserve, develop and express the ethnic, cultural, linguistic and religious identity to all the citizens.

Article 11
The Republic of Moldova as a Neutral State
1. The Republic of Moldova proclaims itself permanently neutral.
2. The Republic of Moldova shall not admit the displacement of any foreign military bases on its territory. The Republic of Moldova shall not create other military forces except those meant for the maintenance of public order and for national defence.

Article 12
The State Symbols
1. The Republic of Moldova has its own flag, emblem and anthem.
2. The state flag of the Republic of Moldova is a tricolour: the colours are arranged vertically as follows: blue, yellow, red.
3. The emblem and the anthem of the Republic of Moldova is approved by Law.
4. The flag, the emblem and the anthem are the state symbols of the Republic of Moldova and are protected by Law.

Article 13
The Official Language; Use of other Languages
1. The State official language of the Republic of Moldova is Romanian (Moldovan).
2. The use of the languages on the territory of the Republic of Moldova is regulated by Law.

Article 14
The Capital
The city Chişinău is the capital of the Republic of Moldova.

Title II
The Men, the State, the Society

Chapter I
General Statements

Article 15
Human rights and liberties
1. The constitutional indications regarding the rights and liberties of citizens are interpreted and treated in conformity to the Universal Declaration of Human rights, to the Pacts and other treaties to which Moldova is a Party.
2. Certain restrictions can be applied to a citizen only when these restrictions are established by Law and are meant to ensure the rights and liberties of other people or when the application of certain restrictions demanded by some society necessity or the necessity to secure the public order and the general prosperity.

Article 16
Citizenship of the Republic of Moldova

1. Citizenship of the Republic of Moldova can be conferred, kept or denied only in cases foreseen by the respective Law.

2. The citizenship of the Republic of Moldova cannot be taken back from the individual who obtained it by birth.

3. Nobody can be denied the citizenship of the Republic of Moldova or deprived of the right to renounce it in an arbitrary way.

4. Citizens of the Republic of Moldova can not be extradited ot expelled from the country.

5. Foreign citizens and the apatrizi (people without citizenship) can be extradited only in conformity to an international convention or in conditions of reciprocity.

Article 17
Restrictions in respect to a double citizenship and the protection of the citizens

1. The citizens of the Republic of Moldova can not be simultaneously citizens of other states exept in cases foreseen by international treaties to which the Republic of Moldova is a Party.

2. The citizens of the Republic of Moldova will benefit from the protection of the state both within the country and abroad.

Article 18
The rights and duties of foreigns citizens and apatrizi

1. The foreign citizens and the apatrizi have rights and duties similar to the citizens of the Republic of Moldova with the exeptions established by Law.

2. A right to an asylum will be granted and denied in conformity to Law provided the international treaties (conventions) to which Moldova is Party are observed.

Article 19
Access to justice

1. Each person has the right to an effective satisfaction from the part of the competent juridical institutions against facts that violate his legal rights, liberties and interests.

Article 20
The right of each individual to know his rights and duties

The state guarantees each individual the right to know the rights and duties. On this purpose the state will publish and make accessible all the laws and other authoritative norms.

Chapter II
The Fundamental Rights and Liberties

Article 21
The right to life and to a physical and psychological integrity

1. The state guarantees a person the right to life and a physical and psychological integrity.

2. No citizen can be subjected to tortures or some other punishment or to inhuman, degrading treatments.

3. The capital punishment as an exeption until its complete annulment, can be applied in conformity to Law after the adoption of a juridical verdict.

Article 22
Freedom and the personal security of an individual

1. The freedom and the personal security of an individual are inviolable.

2. The search, the seizure or the arrest of a person are allowed only in cases foreseen by Law and provided the legal procedure is observed.

3. The seizure cannot surpass 24 hours.

4. The arrest is one on bases of a warrant for the duration of 30 days at the most. The arrested person shall have the right to complain the legality of the warrant to the judge, who is obliged to pronounce himself with motivated decisions. The prolongation of the arrest is sanctioned only by the court.

5. The seized or the arrested individual is immediately informed about the reasons of his seizure or arrest. The accusation is presented to him in the shortest possible term. The accusation is pronounced only in a solicitor's presence, chose or appointed by the office.

6. The release of the seized or arrested person is obligatory when reasons of such measures are missing.

Article 23
The presumption of innocence

A person charged with a perpetration of an act with criminal character will have the right to be considered innocent up to the moment his guiltness is established in a trial, in which all the necessary defence guarantees were ensured.

Article 24
The principle of punishment

No one will be condamned for actions or omissions, which were not considered as having criminal character at the time they were commited.

A more severe penalty, than the one was applicable at the time the crime was commited will not be carried out either.

Article 25

1. The right to defence is guaranteed.

2. Every person has the right to act independently by the means of Law, in case when his rights and liberties were violated.

3. During the trial both sides have the right to be assisted by a solicitor, chosen or named by law.

4. Interference into the activity of persons carrying out the defence within the foreseen limits is punished in conformity to Law.

Article 26
The right to free traveling

1. The right to a free movement around the country and abroad is guaranteed. The common Law will establish the conditions of the implementation of this right.

2. Each citizen of the Republic of Moldova has the right to settle his house or residence in whatever community of the country he choses. Each citizen will benefit from the right to emigrate and return back to the country.

Article 27
Inviolability of housing

1. A citizen's housing and residence are inviolable. Nobody will have the right to penetrate or stay in a person's dwelling or residence without his consent.

2. The instructions of the paragraph 1 may be broken according to Law in the following cases.

a) for the execution of an warrant for arrest or of a juridical decision.

b) forestalling the danger concerning the life, the physical integrity and good of one person.

c) to defend the national security or public order.

d) to prevent from spreading an epidemy.

3. A search of somebody's house can be carried out only when authorized by a mandate issued in conformity to Law.

4. A search of somebody's house at nighttime is forbidden except the case of flagrante dicto.

Article 28
Inviolability of correspondence

The privacy of letters, telegramms, other mail, of the telephone conversations as well as of the othe legal means of communication is inviolable with the exception of cases foreseen by the Law.

Article 29
Freedom to an opinion

1. Every citizen is guaranteed the freedom of thought, of an opinion as well as the freedom to express himself in the society by speech, image or other possible means.

2. The freedom of expression will in no case be directed to harm somebody's honour, the personal life of some other person or infringe on right to a personal vision.

3. The defamation of the country and its people, instigations to war or aggression, to national hatred, racial or religious hatred, incitement to discrimination, to territorial separatism, to violence in public as well as obscene actions are forbidden and punished by the Law.

Article 30
Freedom of creation

1. A right to an artistic or scientific creation is guaranteed indifferently of the way of expression. The creation will not be subjected to any censorship.

2. The state will contribute to the development and propagation of both national and international cultural and scientific achievements.

3. The right of the citizen to the intellectual property, their material and moral interests which occur from different kind of intellectual creative work are defended by Law.

Article 31
The freedom of consciousness

1. The freedom of consciousness is guaranteed; it should manifest itself in tolerance and mutual respect.

2. The religious faiths are free and organize themselves in conformity to their own statutes within the framework of the Law in action.

3. Actions aimed at feud between religious faiths are forbidden.

4. The religious faiths are autonomous in respect to the state and benefit of its support. The state facilitate the religious activity in the army, in hospitals, in penitentiaries, asylums and orphanages.

Article 32
Freedom of Assembly

1. The rallies, the demonstrations, all other kinds of processions or meetings are free and shall be organized and carried out in a peaceful manner with no use of arms.

2. The bodies responsible for the maintenance of public order shall have to be informed about the goal, place and time of the intended rallies.

3. The public authorities shall change the place of rallies for reasons of security or maintenance of public order.

Article 33
Freedom of Parties and other social-political organizations

1. Citizens have the freedom to join the parties and other social-political organizations, trade unions or other kinds of associations.

2. The parties or the organizations, the goals or the activity of which are against principles of a law-governed state, are anticonstitutional.

3. The political parties and the social-political organizations are equal before Law.

4. The state ensures the observance of the rights and legitimate interests of the political parties and of the social-political organizations.

5. Interference of public authorities and of official persons into the activity of the political parties and of the social-political organizations shall be admitted only in cases foreseen by Law. The same is true regarding the interference of the political parties and socio-political organizations into the the activity of the public authorities and that of the official persons.

Article 34
Trade unions

1. Every employee will have the right to found and affiliating with trade unions for the defence of his interests.

2. The trade unions are founded and function according to their statutes within the conditions determined by the Law. They contribute to the defence of the professional, economic and social interests of the employees.

Article 35
The right to information

1. A persons's right to have an access to all kinds of information can not be infringed upon.

2. The public authorities are obliged within the limits of their competence to ensure a correct information of the people about the public affairs and about the problems of personal interest.

3. The right to information will not prejudice the protection measures in respect to the citizens or the national security.

4. The means of public information are free from any censorship.

5. The means of public information, state or private, are obliged to ensure a correct information of the public opinion.

Article 36
The right to participate in administration

1. Citizens of the Republic of Moldova have the right to directly participate to the administration of the state and of the society or through their representatives.

2. Each citizen is ensured a free access to a public post.

Article 37
The right to submit petitions

1. The citizens have the right to submit petitions to public authorities exclusively on behalf of those who sign they.

2. The legally created organizations dispose of a right to submit petitions exclusively on behalf of the personnel they represent.

Article 38
The right of a person infringed by a public authority

1. A person whose right was infringed on by a public authority through an administrative instrument or by neglecting the solution of an application in due legal terms is in right obtain the recognitions of the claimed right, the annulment of the instrument and the repair of the damage.

2. In conformity to the Law the state bears patrimoni responsability for the prejudices ceased by the juridical error committed during the lawsuits.

Article 39
The right to vote and the right to be elected

1. People's will constitutes the basis of the state power. The will is expressed by free elections which take place periodically, by universal, equal, direct, secret and freely case vote.

2. Citizens of the Republic of Moldova who by the of elections have attained the age of 18 years acquire the right to vote. Exception shall make those kept under intution in the mode established by law.

3. The right to be elected is guaranteed to the citizens of the Republic of Moldova who possess a right to vote.

4. The age limit of a citizen who stands as a candidate for different public functions will be determined by the Law.

Article 40
Protection of the private property

1. The right to property as well as the claims of creditors to the state are guaranteed.

2. The private property is protected by Law indifferently on the position of a person.

3. No person can be expropriated except in cases the social welfare is in question which ist to be determined legally and when a proper idemnity is paid in advance.

4. The right to ownership imposes the observance of all assignments regarding the protection of the environment of the guarantee to a good neigh-

bourhood as well as the observance of all tasks incumbent on him in conformity to Law.

5. The property acquired licitly cn not be confirmed. The licit character of the acquisition shall be presumed.

6. The goods designated for the accomplishment of the offence or used for such purposes as well as those which have been acquired in result of a committed crime shall be confirmed only in conformity with the provisions of the Law.

7. The right to inheritance of the private property is guaranteed.

Article 41
The right to education

1. The right to education is materialised in the general compulsory education, in high school and vocational school education, in the higher education as well as in other forms or training and improvement.

2. The state education is free of charge.

3. The educational institutions inclusively the private zones are created and carry out their activity in conditions of Law.

4. The institutions of higher education enjoy the right to an autonomy. The higher state education is equally accessible for everyone, one the basis of merit.

5. The state will ensure within the limits foreseen by Law the freedom of the religious education in conformity to the requests specific for a certain faith.

6. Parents have a priority in choosing the sphere of education of their children.

Article 42
Labour and social protection of labour

1. The right to labour shall not be infringed upon. Citizens dispose of freedom to choose a profession and a job.

2. The employees have the right to social protection labour. The protection measures concern the security and hygiene of labour, the labour regime of women and young people, the set-up of a minimum wage, the weekly rest, the paid leave, the remuneration of labour done in hard conditions and other specific situations.

3. The duration of a working week shall not exceed 4 hours.

4. The right to joint negociations concerning the labour questions, as well as the compulsory character of collective conventions shall be guaranteed.

Article 43
Interdiction of forced labour

1. The forced labour is forbidden.

2. The activities enumerated below shall not be considered forced labour.

a) military service or the work carried out instead of the compulsory service by those who, in conformity to the Law do not carry out the compulsory military service;

b) the labour of a convict performed in normal conditions during his detention or in conditions of a restricted freedom;

c) the labour imposed by the necessity to repair the damages caused by calamities or other disasters as well as the labour bour classified by Law as a normal civil duty.

Article 44
The right to a strike

1. The right to a strike is admitted.

A strike can be started only for reasons of protection of the professional, economic and social interests of the employees.

2. The employees engaged in the public order maintenance bodies and in juridical institutions, the service men, shall be deprived of a right to strikes.

3. The law will determine the conditions of the exertion a right to a strike as well as the responsability for an illegitimate start of a strike.

Article 45
The right to an assistance and to the social protection

1. The State is obliged to take the necessary measures in order to guarantee the citizens a decent level of life, which will insure the health and the welfare of their families, including food, clothes, dwelling, health protection, as well as other social services.

2. The citizens have the right for ensurance in case of unemployment, illness, disablement, widowhood, old age or, in other cases, loss of means of sustenance, as a result of some circumstances independent of their will.

Article 46
The right to the health protection

1. The right to the health protection is guaranteed.

2. The structure of the national system of health protection and measures for the protection of the physical and mental health of citizens are determined by Law.

Article 47
The right to a healthy environment

1. Each person has the right to a healthy environment, safe for life and health from the ecologi-

cal point of view as well as to safe food and household equipment.

2. The state guarantees each person the right to a free access and to the spreading of veridic information about the state of the environment, the conditions of life and work, the quality of food and household equipment.

3. Physical or juridical individuals are responsable damages caused to the health and to the wealth of a person as a result of an ecologic damage.

4. The hiding and the falsification of information about the factors that are to the prejudice of people's health is forbidden by Law.

Article 48
Social services for children and young people
1. The children and the young people benefit of a special assistance for the realisation of their rights.

2. The state makes allocations for children and allowances for care of sick children and handicapped. Other forms of social assistance of children and young people are determined by Law.

3. The exploitation of the child labour, the use of mind in activities harmful for their health or morality which can endanger their life or normal development are forbidden.

4. The public authorities have the duty to create conditions for the young generation to freely participate in the political, social, economic, cultural and sports life of the country.

Article 49
Protection of the handicapped individuals
1. The handicapped individuals will benefit of a special protection ensured by the whole society. The state will ensure normal conditions of treatment, readjustment, education, train and social integration for such individuals.

2. No individual can be subjected to a forced medical treatment except for the cases foreseen by Law.

Article 50
Family and private life
1. The State respects and protects the family and the private life.

2. The physical individual has the right to dispose of his own personality if he doesn't encraoch upon the rights and ahe liberties of others, public order or good morals.

Article 51
The family
1. The family is created on basis of a marriage, freely consented between spouses on basis of their equality of right and on the right and duty of parents to ensure the upbringing education and training of children.

2. The conditions of a marriage set-up, its break or annulment are determined by Law.

Article 52
The protection of the family and of the orphans
1. Through economic measures and other means the state facilitates the creation of families and the fulfillment of their corresponding duties.

2. The state will protect the maternity, the children and the young people stimulating the development of the necessary institutions.

3. The state and the society will assume all the assignments regarding the support, training and the education of orphans and abandoned children. The state will stimulate and encourage the charity activities for the sake of such children.

Article 53
Restrictions set on the exertion of certain rights and liberties
1. The exertion of certain rights or liberties can be restricted only by Law when it is done for the following purposes: for the defence of the national security, of order, for the protection of the public health or morality, for the protection of rights and liberties of the citizens, for the performance of a penal inquiry, for prevention of the consequences of a calamity or of a severe catastrophy.

2. The restriction should be made by taking into consideration the situation which generated it and will not infringe on the existence of the right or liberty altogether.

Chapter III
Fundamental Duties
Article 54
Fidelity to the country
1. The fidelity to the country is sacred.

2. The citizens holding public functions as well as the servicemen bear responsability for a faithful fulfilment of their duties and in cases requested by Law will swear an oath of loyalty.

Article 55
The defence of the country
1. The defence of the country is a right and a sacred duty of every citizen.

2. The military service will be done in conformity to Law following the set terms and regulations.

Article 56
Exertion of the rights and duties in a system

1. Every citizen has certain duties in respect to the state and society which directly derive from the guaranteed rights and liberties.

2. The observance of the rights and legitimate interest and the dignity of other citizens is obligatory.

Article 57
Financial contributions

1. The citizens are obliged to contribute to the coverage of the public spendings by paying certain taxes and charges.

2. A legal system of taxation shall have to ensure a proper set of fiscal charges.

3. Any other charges except the ones set by the Law shall be forbidden.

Article 58
The protection of the environment and of the monuments

Each person is obliged to protect the environment, to contribute to the conservation and preservation of the monuments of history and culture.

Title III
The public authorities

Chapter IV
Section I
Organizing and functioning

Article 59
The Parliament as the supreme representative body with legislative power

1. The Parliament is the supreme representative body of Republic of Moldova and shall be the only legislative authority of the state.

2. The Parliament shall include 95 deputies.

Article 60
Elections in the Parliament

1. The Parliament shall be elected by an universal, equal, direct and secret vote, freely expressed.

2. The organic Law shall regulate the nomination of the candidates to deputies, the organization and the run of the elections.

Article 61
The Duration of a Mandate

1. The Parliament is elected for a four years mandate which shall be prolonged by organic Law in case of war or a catastrophe.

2. The election of the deputies to the Parliament shall be held in a three months period, after the expiration of the mandate or after the dismissal of the body of previous legislature.

3. The newly elected Parliament is convened by the chairman of the Parliament of former legislature within at least 30 days since the elections.

4. The mandate of the Parliament shall be prolonged up to a legal convocation of its new composition. In this period, the Constitution shall not be revised and no organic laws shall be adopted, modified and abrogated.

5. The bills of the legislative proposals on the agenda of the former Parliament shall be examined by the Parliament of the new legislature.

Article 62
The Internal Structure

1. The structure and functioning of the Parliament are settled by its regulations. The financial resources of the Parliament are foreseen in the budget approved by the Parliament.

2. The Parliament shall create a permanent bureau, commissions and parliamentary groups respecting its political configuration.

3. The Chairman of the Parliament is elected for the period his mandate is valid, the other members of the permanent bureau are elected at the proposal of the Chairman of the Parliament.

4. The Chairman and the other members of the permanent bureau shall be revoked before the expiration of the mandate they were elected for.

Article 63
The Public Character of the Sittings

1. The sittings of the Parliament are public.

2. The Parliament has the right to pass a decision to hold certain sittings behind closed doors.

Article 64
Acknowledgement of the Members of Parliament Powers

At the proposal of the Central Electoral Committee the Constitutional Court decides to acknowledge the powers of the Members of Parliament or not, in case the electoral legislation has been violated.

Article 65
Fundamental Functions

The Parliament shall carry out the following fundamental functions:

a) adopt laws, resolutions and motions;

b) announce and run legislative referendums;

c) ensure the unity of the legislative regulations over the entire territory of the country;

d) exert parliamentary control over the executive power and over the administrative public authorities in the ways and within the limits foreseen by the present Constitution;

e) ratify, denounce, suspend and annul the effect of the international treaties signed by the Republic of Moldova;

f) approve the budget of the State and exert control over it;

g) exert control over the allocation of the state loans, the economic assistance and other aids to foreign states, over the signing of agreements regarding the state loans and credits from foreign sources;

h) select and nominate state officials in cases foreseen by Law;

i) approve the awards of the Republic of Moldova;

j) declare a partial or a general mobilization;

k) declare the state of war;

l) initiate the investigation and the examination of each question concerning the interests of the society;

m) suspend the activity of local public administration bodies in cases forseen by Law.

n) perform other functions set by the Constitution and Law.

Article 66
The Sessions

1. The Parliament assembles for two ordinary sessions per year. The first session begins in February and can't surpass the end of July.

The second session begins in September and cannot surpass the end of December.

2. The Parliament can assemble for extraordinary sessions at the request of the President of the Republic of Moldova or of the Chairman of the Parliament, or at the request of one third of its members.

Section 2
The Statute of a Member of Parliament

Article 67
The Representative Mandate

1. In exercising their mandate, the Members of Parliament are at the service of the people.

2. Any imperative mandate shall be considered nul.

Article 68
A Mandate of a Member of Parliament

1. A member of Parliament shall begin to exercise his/her functions since the date of legal convocation of the Parliament, in case his/her mandate was validated.

2. A mandate shall expire at the date of the legal convocation of the newly elected Parliament or in case of dismissal, loss of the electoral rights, of incompatibility or demise.

Article 69
Incompatibility and Immunity

1. A member of Parliament function is incompatible with the exertion of any other remunerated function.

2. An organic Law shall determine other incompatibilities.

3. With the exception of cases of a flagrant breach of justice, a member of Parliament cannot be restrained, arrested or searched. Neither can he/she be sued in a law court without the approval of the Parliament after he/she was listened to.

Article 70
Independence of Opinions

A member of Parliament shall not persecuted or sued for his/her votes or his/her political opinions while he/she is exercising the mandate.

Section 3
Legislation

Article 71
The Categories of Laws

1. The Parliament shall adopt constitutional laws, organic laws and ordinary laws.

2. The constitutional laws are those laws which revise the Constitution.

3. An organic law shall regulate as follows:

a) the electoral system;

b) the organization and performance of a referendum;

c) the organization and the activity of the Constitutional Court of the Supreme Council of Magistrates, of the juridical bodies, of the administrative solicitor's office;

d) the organization of the Government;

e) the organization of the local administration, the territorial administration, as well as the organization of a general regime concerning the local autonomy;

f) the organization and the activity of the political parties;

g) the procedure of an exclusive economic zone settlement;

h) the general juridical regime regarding the property and the inheritance;

i) the general regime regarding the labour relations, the trade unions and the social protection;

j) the general organization of education;

k) the general regime of beliefs;

l) the curfew regime, the state of emergency and the state of war;

m) the offences, punishments and the regime of their execution;

n) the declaration of amnesty or of a collective reprieve;

o) other spheres in respect to which the Constitution foresees the adoption of organic laws.

4. No organic laws shall be adopted during a state of siege, emergency, war and in other cases determined by the Constitution.

Article 72
A legislative initiative
The deputies of the Parliament, the Government, will enjoy the right a legislative initiative.

Article 73
Adoption of laws and resolutions
1. The organic laws will be adopted with majority vote of deputies.

2. The ordinary laws and the resolutions will be adopted by a majority of votes of all deputies present at the session.

3. The laws are submitted to the President of the Republic of Moldova for the promulgation.

Article 74
Enforcement of a Law
The law is published in the official monitor of the Republic of Moldova and it is enforced the date it is published or the date it is stipulated in its text.

Chapter V
The President of the Republic of Moldova

Article 75
The President of the Republic of Moldova – the head of the state
1. The President of the Republic of Moldova is the head of the state.

2. The President of Republic of Moldova shall represent the state and will be the garantee of the national independence, of the unity and the territorial integrity of the state.

Article 76
The election of the President
1. The President of the Republic of Moldova is elected by a universal, equal, secret and freely cast vote.

2. Candidates to the post of the President of the Republic of Moldova can be the persons who by birth have obtained the citizenship of the Republic, have attained the age of 35 years and have been or are residents within this country for at least 10 years and speak the romanian language. The

way of the nomination of the candidates will be determined by the Law.

3. That candidate is declared to be elected who has obtained not less than half of the electors' votes that have taken part in the elections.

4. If no candidate obtains such a majority, the second ballot is organized, between the first two candidates that have achieved the highest number of votes in the first ballot, the candidate who obtains more votes shall then be elected.

5. No person can exercise the function of the President of Republic of Moldova more than two mandates.

Article 77
Validation of the mandate and the oath sewaring
1. The Constitutional Court will validate the result of the elections for the function of the President of the Republic of Moldova.

2. The candidate whose election has been validated swears an oath in front of the Parliament and Constitutional Court no later than 45 days after the elections with the contents as follows:

"I swear to faithfully serve the people of the Republic of Moldova, to respect the Constitution and the laws of the country, to protect the democracy, the human rights and liberties, the sovereignty, independence, the unity and territorial integrity of Moldova".

Article 78
The duration of the mandate
1. The mandate of the President of the Republic of Moldova durates 4 years and the President shell assume office since the date when he was sworn in.

2. The President of the Republic of Moldova will exercise his mandate up to the moment when the new President is sworn in.

3. In case of war or a catastrophe the mandate of the President of the Republic of Moldova can be prolonged by an organic Law.

Article 79
Incompatibilities and immunities
1. The post of President of Republic of Moldova shall be incompatible with the exertion of any other positions in the state activity.

2. The post of the President' of Republic of Moldova benefit of an immunity. He shall not be sued in Court for his political views expressed while exercising his mandate.

Article 80
Dismissal
1. The President of the Republic of Moldova can be dismissed by the Parliament, in case of com-

mitting some grave actions that encroach upon the Constitutional stipulations, by gathereing two thirds of deputies' votes.

2. The proposal of dismissal can be initiated by at least one third of deputies and the President has to be informed without delay. The President can give the Parliament the explanations as for the actions that are imputed to him.

3. If the proposal of dismissal is approved, a referendum is organized in at the most thirty days, for determining the President.

Article 81
Nomination of the Government

1. After having consulted the Parliament majority, the President of the Republic of Moldova nominates a candidate for the function of the prime minister and appoints the Government in conformity to the vote of confidence granted to him by the Parliament.

2. In case of a reshuffle of posts in the government or a vacancy the President shall revoke and nominate certain members of the Government proposed by the prime minister.

Article 82
Attendance of the sittings of the Government. Delivery of consultations to the Government

1. The President of the Republic of Moldova can attend the sittings of the Government when questions of foreign policy, defence of the country, maintenance of public order or other problems of national importance are debated.

2. The President of the Republic of Moldova shall preside the sittings of the Government he attends.

3. The President of the Republic of Moldova can consult the Government in urgent questions and in questions of major importance.

Article 83
Messages, reports, informations

The President of the Republic of Moldova addresses the Parliament messages regarding the major political problems of the nat nation.

Article 84
Dissolution of the Parliament

1. In case of impossibility to form the Government within the period of 30 days or case the procedure of law endorsement is blocked for more than three months, the President of the Republic of Moldova has the right to dissolute the Parlia-

ment, after having consulted the permanent Bureau and the leaders of the parliamentary groups.

2. The Parliament can be dissolved only once per year.

3. The Parliament shall not be dissolved during the last six months of the mandate of the President of the Republic of Moldova and neither during a siege, an emergency situation or war.

Article 85
Referendum

The President of the Republic of Moldova has the right to demand the people to express their will concerning the problem of national interest, in the referendum, after having consulted the Parliament.

Article 86
Functions to be fulfilled in the sphere of the foreign policy

1. The President of the Republic of Moldova shall carry out talks and take part in negotiations, sign international treaties on behalf of the Republic of Moldova and in a settled manner and in due terms determined by the Law submit them for ratification by Parliament.

2. The President at the proposal of the Government shall accredit and recall the diplomatic representatives of the Republic of Moldova and approve the creation, the dissolution or the change of ranks of the diplomatic mission.

3. The President shall receive the credentials of the diplomatic representatives of other states in the Republic of Moldova.

Article 87
Functions to be fulfilled in the sphere of the defence

1. The President of the Republic of Moldova is the Commander-in-chief of the armed forces.

2. Having previously got the approval of the Parliament the President can declare a partial or a general mobilization.

3. The President of the Republic of Moldova can take other ensure the security of the state and the public order, according to the law and its conditions.

4. In case of an armed agression against the country the President of the Republic of Moldova shall take measures aimed to reject the aggression which he will immediately communicate to the Parliament. When out of session the Parliament will be convoked within 24 hours since the start of the aggression.

Article 88
Other functions
1. The President of the Republic of Moldova will also carry out the following:

a) confer decorations and titles of honour;

b) confer supreme military ranks, in accordance with Law and its conditions;

c) confer citizenship of the Republic of Moldova and political asylum;

d) assign public functions under the conditions provided by the law.

2. The President also exercises other functions set by the Constitution and the Laws in action.

Article 89
The vacancy of the post
1. The post of the President of the Republic of Moldova turns out vacant in case of resignation, dismissal from the post, a total impossibility to fulfill his functions or, in case of demise.

2. Within a three months period of time since the post of the President of the Republic of Moldova turned out vacant the elections of a new President will be organized in conformity to the Law.

Article 90
The Interim Post
Should the post of the President of the Republic of Moldova become vacant or should the President temporarily be unable to exercise his functions the chairman of the Parliament or the prime minister will respectively take the interim post.

Article 91
Responsability of the Interim President
Should the person ensuring the interim position of the President of the Republic of Moldova comit grave mistakes which violate the provisions of the Constitution, the provisions foreseen in item of article 80 and 89 shall be applied.

Article 92
Signing of the laws
1. The President of the Republic of Moldova shall promulgate laws of the Republic.

2. In case the President shall have objections in respect to a certain law he will have the right to return it back to the Parliament within two weeks period of time for re-examination, discussion and its revocation. Should the Parliament stick to the prexious adopted resolution, the President shall have to promulgate the law.

Article 93
The documents issued by the President
1. Exercising his functions, the President of the Republic Moldova shall issue decrees that will be published in the official Monitor of the Republic of Moldova. Unpublished decrees shall be considered as non-existing.

2. The decrees issued by the President exercising his function provided article 86 items (1) and (2), the article 87 items (2), (3) and (4) and in the article 88 letters a); b); c); e) shall be signed the prime-minister well.

Chapter VI
The Government

Article 94
The role of the Government
1. The Government shall ensure the realization of the internal and external policy of the state and shall exercise a general control over the public administration.

2. In fulfilling its functions the Government will follow a programme accepted by the Parliament.

Article 95
The Structure
The Government will include the Prime Minister, the ministers and other members appointed by an organic Law.

Article 96
Authorzation
1. The President of the Republic of Moldova will nominate a candidate for the prime minister.

2. In a 10 days period of time the candidate for the function of prime minister will request the vote of confidence of the Parliament in respect to the programme of activity of the whole list of the Government.

3. The programme of activity and the list of the Government will be debated at a sitting of the Parliament. The latter will give its vote of confidence to the Government by a majority of votes.

Article 97
Incompatibilities
1. The position of a member of Government will be incompatible with the exercising of other authoritative public positions. It will also be incompatible with other remunerated positions in the sphere of trade.

2. An organic Law will determine other incompatibilities.

Article 98
Termination of the Government membership
The function of a member of Government terminates in result of a resignation, of a revocation

loss of electoral rights, in result of incompatibility and other cases foreseen by the Law.

Article 99
The prime minister

1. The prime minister will lead the Government and will coordinate the activity of its members showing respect to their functions.

2. Should the prime minister turn out to be in one of the situations foreseen in article 95, or should he be unable to exercise his functions, the President of the Republic of Moldova will nominate another member of the Government as an interim prime minister to carry out the functions of the prime minister up to the creation of a new Government. The interim activity can be terminated if the prime minister will be able to resume his activity earlier.

3. The resignation of the prime-minister will be accompanied by the resignation of the whole Government.

Article 100
The documents adopted by the Government

1. The Government can adopt resolutions and instructions.

2. The resolutions are adopted in order to facilitate the application of the Law.

3. Orders are issued on the basis of a special abilitation Law, in the limits and the conditions foreseen by the above mention.

4. The resolutions and the instructions passed by the Government are signed by the prime minister and respectively by the ministers who are entitled to implement them and are published in the offical Monitor of the Republic of Moldova.

Article 101
Termination of a mandate

1. The Government will exercise its mandate up to the moment when the elections for the Parliament are validated.

2. The Government, the mandate of which has terminated in conformity to paragraph (1) will fulfil only the activity referring to the administration of the public affairs up to the moment when the members of the new Government will be sworn.

Chapter VII
The Relations between the Parliament and the Government

Article 102
Delivery of information to the Parliament

1. The Government will be responsable before the Parliament and presents all the information and the documents requested by it and its commissions.

2. The members of the Government will have an access to the works of the Parliament. Their presence will be obligatory should they be requested to attend the sittings of the Parliament.

Article 103
Questions and interpellations

1. The Government and each of its members are obliged to answer the questions or the interpellations addressed by the deputies.

2. The Parliament can adopt a motion which will express its position in respect to the problem which constituted the object of the interpellation.

Article 104
Expression of non-confidence

1. The Parliament can express non-confidence to the Government at the proposal of at least of one fourth of the deputies, with the vote of their majority.

2. The initiative of expressing non-confidence will be examined three days later, after it was presented to the Parliament.

Article 105
The legislative delegation

1. The Parliament can adopt a special abilitation law of the Government for issuing orders in domains that don't make the subject of organic laws.

2. The abilitation law will establish the domain and the final date orders can be issued.

Chapter VIII
The Public Administration

Article 106
Central and Specialized Public Administration

1. The ministries constitute the central bodies of state power. On basis of Laws, these bodies implement the policy of the Government its resolutions and instructions and ensure the leadership of the sectors they ar ein charge of.

2. In order to guide, coordinate and control the sectors of the organization of the economy and other areas which are not under direct subordination of ministries, administrative authorities shall be created by Law.

Article 107
Local Public Administration

1. Administrative territorial organizing of the Republic of Moldova is foreseen by the organic Law.

2. The administrative territorial administration and the status of the communities located on the left side of the river Nistru, and the status of certain communities in the South of the Republic of Moldova shall be set by organic laws.

Chapter IX
The Judicial Authority

Section 1
The Judicial Institutions

Article 108
Realization of Justice

1. Justice is being realized on behalf of Law.
2. The judges are independent, impartial and shall obey only the Law.

Article 109
The Judicial Institutions

1. Justice is realized through the Supreme Court of Justice, the Appeal Court, the Courts of inquiry and the Law-courts.
2. For certain categories of causes, specialized institutions can function in conformity to Law.
3. The creation of the extraordinary institutions shall be forbidden.
4. The creation of the judicial institutions, their competence and the trial procedure shall be determined by the organic Law.

Article 110
The Status of Judges

1. The judges engaged in the judicial institutions are appointed by the President of the Republic of Moldova at the proposal of the Superior Council of Magistrates and in conformity to Law they shall be immovable.
2. The President and the members of the Supreme Court of Justice are appointed by the Parliament of the Republic of Moldova at the proposal of the Superior Council of Magistrates.
3. The promotion and the transfer of the judges shall be made according to their agreement.
4. The sanctioning of judges shall be made in conformity to Law.
5. A post of a judge is incompatible with any other public or private function with the exception of the teaching activity in the sphere of higher education.

Article 111
The Public Character of the Judicial Debates

In all judicial institutions, the judicial processes are public. The sittings of the Court behind close doors are admitted only in cases foreseen by Law with the observance of all the regulations of the procedure.

Article 112
The Language used in the Judicial processes and the Right to an Interpreter

1. The judicial processes are carried out in Romanian.
2. Persons who do not speak Romanian have the right to use an interpreter in order to make themselves familiar with all the instruments and proceedings of their dossiers, as well as to speak or make conclusions.

Article 113
Modes of Contesting a Verdict

The interested sides and the competent state institutions can subject the judicial verdicts to a contest in conditions foreseen by Law.

Article 114
The Obligatory Character of the Sentences and of other final Juridical Decisions

The honouring of the sentences and of other final decisions of the juridical institutions, the collaboration in accordance with their will during the trial, the execution of the sentence and of other final juridical decisions is obligatory.

Section 2
The Superior Council of Magistracy

Article 115
The Composition

1. The Superior Council of Magistrates shall include the magistrates elected by the Parliament for a 5 year period.
2. The Law determines the organizing procedure and the mode of activity of the Superior Council of Magistrates.

Article 116
The Functions

1. The Superior Council of Magistrates shall propose to the President of the Republic of Moldova the appointment of judges with the exception of those on probation in conditions foreseen by Law.
2. The Superior Council of Magistrates shall perform the role of a council of discipline of judges. Other functions of the Superior Council of Magistrates are determined by Law.

Section 3
The Public Prosecutor's Office

Article 117
The Place and the Role of
Public Prosecutor's Office

1. The body system of the Public Prosecutor's Office consists of the General Prosecutor's Office, the territorial Prosecutor's Office and specialized ones.

2. The General Prosecutor of the Republic of Moldova is appoint by the Parliament at the proposal of the President of the Republic of Moldova.

3. The subordinated Prosecutors are appointed by the General Prosecutor of the Republic of Moldova and shall be subordinated to him.

4. The duration of a prosecutor's mandate shall be 5 years.

5. A prosecutor's post shall be incompatible with any other public of private job with the exception of the teaching and scientific activity.

6. The subordination of the judicial procedure shall be determined by the organic Law.

Title IV
Economy and the Public Finances

Article 118
The Economy

1. The economy of the Republic of Moldova is a market economy based on the private or public property.

2. The state will have to ensure

a) the freeodom of trade and of the entrepreneur activity, the protection of a loyal competition, the creation of a favourable framework for the development of all producing factors;

b)the protection of the national interests in the economic, financial and currency activity;

c) the stimulation of the scientific research;

d) the exploitation of raw materials to the benefit of the nation;

e) the restoration and the protection of the environment and preservation of the ecological balance;

f) increasing the number of jobs, the creation of necessary conditions for the rise of the living standards;

g) the inviolability of the investments of foreign physical and juridical persons.

Article 119
The Property

1. The state protects all types of ownership.

2. The state guarantees the realization of the right to ownership in all forms required by its holders which do not contradict the interests of the society;

3. The public property belongs to the state or to the administrative territorial units;

4. The mineral wealth of all natures, the ways of communication, the air space, the waters which can be used in the public interests, the natural resources of the economic zone and of the continental plateau as well as other goods established by the Law are the exclusive object of the public property.

Article 120
The Property of Foreign Citizens and
of the Apatrizi

1. The property of other states, of the international organizations as well as the property of foreign citizens and apatrizi is guaranteed in the Republic of Moldova.

2. The Law will regulate the mode and the conditions of exercising the right to ownership of foreign physical and juridical persons as well as of apatrizi on the territory of the Republic of Moldova.

Article 121
The external economic activity

1. The Parliament will confirm the main directions of external economic activity, the principles of utilization of the foreign loans and credits.

2. The government ensures the protection of the national interests in the external economic activity, promotes a flexible and protectionist policy proceeding from the national interests.

3. The Republic of Moldova guarantees the inviolability of the investments of foreign physical and juridical persons.

Article 122
The financial–credit system

1. The state will exercise control of the creation, administration and use of the public finances.

2. "Leul" will be the national currency of the Republic of Moldova.

3. The National Bank of the Republic of Moldova will have the exclusive right to issue money and will be carried out in conformity with the decision of the Parliament.

Article 123
The National Public Budget

1. The national public budget includes the state budget, the social insurance budgets and the local budgets of the communities, towns and regions.

2. The Government will annually work out the draft of the state budget and the budgets of the so-

cial state insurance which will be submitted to the Parliament for their approval.

3. Should the Law for the State budget and the Law for the budget of the social state insurance be adopted at least three days before the expiration of the budget exercise, the state budget and the budget of the social state insurance of the precedent year are applied subsequently until the adoption of the new budgets.

4. The local budgets are worked out, approved and executed in condition of the Law.

5. No budget spendings can be approved without establishing the source of its financing.

Article 124
Taxes and charges

1. The taxes and charges and all the other republican and local revenues will be determined exclusively by the respective representative bodies within and in conditions of the Law.

2. All other are forbidden.

The Constitutional Court

Article 125
The status

1. The Constitutional Court is the unique authority of the constitutional jurisdiction in the Republic of Moldova.

2. The Constitutional Court is independent on every other public authority and subordinates only to the Constitution.

3. The Constitutional Court guarantees the supremacy of the Constitution, ensures the realization of the principles of the separation of the state power into the legislative, executive and juridical powers.

Article 126
Objectives and duties

1. The Constitutional Court

a) Controls on request or on its initiative whether the laws, regulation and decision of the Parliament, the decrees of the President of the Republic of Moldova, ordinances and decisions of the Government, the International Treaties to which the Republic of Moldova is a Party are in compliance with the Constitution;

b) express its attitude in respect of the initiatives of revision of the Constitution;

c) see that the procedure of the organization and the run of a referendum be respected and confirm the result of the referendum.

d) interpret the Constitution;

e) see to it that the procedure for the parliamen-

tary elections, the elections of the President of the Republic of Moldova be respected, confirms the result of the suffrage;

f) state the existence of the circumstances justifying the dissolution of the Parliament, suspension from office of the President of the Republic of Moldova or the interim in function of the President of Moldova;

g) settle the exceptions of the juridical acts which are not in compliance with the Constitution at the request of the juridical instances or citizens;

h) take the decisions concerning the compliance of certain political parties with the Constitution.

2. The Constitutional Court will carry out its activity both on its own initiative and on the initiative of other bodies foreseen by the Law regarding the Constitutional Court.

Article 127
The structure

1. The constitutional Court will include nine judges who in conformity to the law will be irremovable.

2. Six judges will be appointed by the Parliament, the other three will be appointed by the President of the Republic of Moldova.

3. The judges included in the Constitutional Court will elect by secret vote the chairman of this body.

Article 128
Condition to be observed in the process of nomination of judges

The Constitutional Court will include judges possessing a higher juridical education who are of high professional competence, their juridical activity being no less than 15 years, the scientific activity and the activity as a lecturer of jurisprudence included.

Article 129
Incompatibility

The post of a judge of the Constitutional Court will be incompatible with every other public or private function with the exception of a post of a lecturer in higher education institutions and of the scientific activity.

Article 130
Independence

The judges included in the Constitutional Court are independent in exercising their mandate and subordinate exclusively to the Law.

Article 131
The Resolutions of the Constitutional Court

1. The laws and other normative instruments or certain parts of the latters will become null since the moment of the adoption of a corresponding decision of the Constitutional Court.

2. The resolution of the Constitutional Court are definitive and can not be contested.

Title VI
Revision of the Constitution

Article 132
The initiative for a revision

1. The revision of the Constitution can be initiated by:

a) a number of no less than 250 000 citizens of the Republic of Moldova with a right to vote.

b) by a number of at least 1/3 of deputies of the Parliament.

2. The citizens initiating the revision of the Constitution will have to originate from at least half of the regions and cities of the country where at least 15 000 signaturers in favour of such an initiative have been obtained.

3. The drafts of the constitutional laws will be submitted to the Parliament only along with the resolution of the Constitutional Court adopted in a plenary sitting with a vote of at least six judges.

Article 133
The Limits of a revision

1. The statements of the Constitution concerning the independent, sovereign and indivisible character of the state, as well as those concerning the territory, its administrative organization, per-

manent neutrality of the state can be subjected to revision only when approved by the referendum, with a majority vote of the citizens included in the electoral lists.

2. No revision will be made should it lead to the violation of the fundamental human rights and liberties of citizens or the guarantee of such.

3. The Constitution will not be subjected to any revision in a state of siege, during a state of emergency, in war time, nor when the territorial integrity of the country is endangered.

Article 134
The Law regarding the modification of the Constitution

1. The Parliament will have the right to adopt a law regarding the modification of the Constitution within a period of time of all least 6 months since the day the corresponding initiative has been submitted. The Law will be adopted with a majority of two thirds of deputies.

2. Should the Parliament adopt no corresponding Constitutional Law within a year period of time since the submission of the initiative regarding the modification of the Constitution the proposal will be considered null.

Title VII
Final and Transitional Statements

(to be specified on basis of the proposals submitted by the deputies of the Parliament of the Republic of Moldova)

The draft of the Constitution of the Republic of Moldova was finalized by the Committee for the editing and finalization of the draft of the Constitution.

Textanhang XVI

Draft Constitution of the Republic of Kyrgzystan (1992)*

We, the People of Kirghizstan in order to secure the national revival of the Kirghiz the defence and development of interests of representatives of all other nationalities who form the People of Kirghizstan, guided by the ancestors' precepts to live in unity peace, concord;

to provide our adherence to human rights and to the idea of national statehood;

full of determination to develop the economy, political and legal institutions, culture in order to ensure worthy standards of living for everybody;

announcing our adherence to moral principles common to all mankind, national traditions and spiritual values of Islam;

full of desire to establish ourselves among other peoples of the world as an independent democratic civil society;

do ordain and establish this Constitution.

---

* Translation provided by the Kirghiz authorities.

Chapter I
Republic Kirghizstan

Section 1
General provisions

Article 1

1. The Republic Kirghizstan shall be a democratic republic built on the basis of a legal secular state.

2. Citizens of the Republic Kirghizstan shall form the People of the Republic Kirghizstan. The People of the Republic Kirghizstan shall bear sovereignty and the only source of state power in the Republic Kirghizstan.

3. The sovereignty of the Republic Kirghizstan shall not be limited and shall extend to all the territory.

4. People shall exercise its power directly and through the system of state bodies on the basis of the Constitution and laws of the Republic Kirghizstan.

5. In order to expose the will of the People, laws and other issues of State life may be put to referendum. The basis and procedure of holding a referendum shall be established by the Constitutional Act.

6. Citizens of the Republic Kirghizstan shall elect the President, the Deputies of the Parliament and other their representatives into State bodies and bodies of social self-government.

Election shall be free and shall be held on the basis of universal equal and direct suffrage by secret ballot. To be eligible for elections a citizen must have attained the age of 18.

Article 2

1. The State and its bodies shall serve to the whole society but not to a certain group of it.

2. No group of the People, no unit and no person shall have the right to assume power in the State. Usurpation of the State Power shall be a felony.

Article 3

1. The territory of the Republic Kirghizstan within the present boundaries shall be inviolable and indivisible.

2. The main territorial units of the Republic Kirghizstan shall be dubans (oblasts), aimaks (regions) and cities.

Article 4

1. In the Republic Kirghizstan land its minerals, waters, forests, fauna and flora – all natural resources shall be the property of the People of the Republic Kirghizstan.

2. No person shall have the right to administer the Property of the People of Kirghizstan without the consent of the Republic Kirghizstan.

3. Land and its minerals may become private property, property of regional and other self-governing units, it may be leased in concession to foreign physical persons and legal entities since the owners and lease holders shall guarantee the conservation of this national property and shall use it taking into account the interests and traditions of the People of Kirghizstan.

Article 5

1. The official language of the Republic Kirghizstan is the Kirghiz language.

2. The Republic Kirghizstan is obliged to care for preservation and equal development of all the languages which are used by the Population of the Republic and is obliged to create conditions for learning them.

Article 6

1. The Republic Kirghizstan is named "The Republic Kirghizstan". The terms "The Republic Kirghizstan" and Kirghisztan are equal.

2. The state symbols of the republic Kirghizstan are the state flag, emblem and anthem.

3. The State flag of the Republic Kirghizstan is a rectangle of red cloth with a round solar disk in the centre and forty equal golden rays radiating from it. Inside the solar disk there is the top (tundue) of a Kirghiz yurt painted in red.

4. The capital of the Republic Kirghizstan is the city of Bishkek.

Section 2
State structure and its function

Article 7

1. The State Power in the Republic Kirghizstan shall be based on the following principles:
– nation-wide election of the head of the State
– the President of the Republic Kirghizstan who shall secure unity and coordinated activity of all types of state power and firmness of the Constitution;
– the division of Power on legislative, executive and judicial;
– the division of the State Power and local self-government.

2. The State Power in the Republic Kirghizstan shall be vested:

The Legislative Power – in the Parliament

The Executive Power – in the Government and local state administration

The Judicial Power – in the Supreme Court courts and judges of the system of Justice.

3. In the Republic Kirghizstan local self-government shall act (function) independently alongside with the State Power.

Local self-government shall interact with the State Power.

Article 8

1. In the Republic Kirghizstan the activity of the State shall not be subordinate to ideological principles and institutions.

2. Religion, all cults (worships) shall be disestablished. The State shall secure non-intereference in religious activity.

3. Political parties may participate in the activity of the State only in the forms provided by the Constitution:

to nominate for the election to the Parliament, state posts, and bodies of local government;

to form groups in governmental bodies of Power.

The amalgamation of State and Party institutions as well as the subordination of State activity to party programs shall be prohibited.

4. The formation of Party organisations and their activity in state establishments and institutions shall be prohibited.

Officials shall have the right to carry out their party duties not in connection with offical functions.

5. Military men, officials in bodies of internal (domestic) affairs and national security, judges must abstain from membership and open support to a certain political party.

Article 9

1. The Republic Kirghizstan shall not pursue the policy of expansion, aggression and claim to territorial title decided by means of military force.

It shall reject any kind of militarisation of State life, subordination of the state, its activity to the purposes of war holding. Military forces of Kirghizstan shall be organised in accordance with the principles of self-defense and defensive sufficiency.

2. The right of war except aggression against Kirghizstan and other circumstances envisaged by the international norms shall not be acknowledged.

The ratification of international treaties and agreements which make the participation of the Military forces of the Republic Kirghizstan in the defense of other countries possible as well as the permission in each case when a military unit crosses over the boundaries of Kirghizstan shall be granted by the decision of the Parliament taken by a majority of not less than 2/3 of the total number of Deputies.

3. Use of military force for the solution of internal political conflicts shall be prohibited. Military men may be used for liquidation of the consequences of natural disasters and in other similar cases envisaged directly by Law.

4. The Republic Kirghizstan shall seek universal and just peace, mutual cooperation, the solution of global and regional conflicts by peaceful measures, it shall follow universally recognised principles of the International Law.

Actions that can upset peaceful communal life of the People shall be incompatible with the Constitution.

Article 10

1. A state of emergency in Kirghizstan may be imposed only in case of aggression against the Republic Kirghizstan, natural disasters, direct threat of the constitutional structure, break of public order accompanied with violence and menace to people's life under the circumstances as well as within the terms specified in the Constitutional Act.

2. A state of emergency on the whole territory of the Republic Kirghizstan may be imposed only by the Parliament. In respect to certain locations under the circumstances requiring immediate action it may be declared by the President, who is committed to inform the Parliament about it the very day. The Parliament shall confirm the act of the President within three days.

With the absence of such confirmation at the appointed term, the state of emergency shall be abolished.

3. Recess of the session during the state of emergency shall not be allowed. In case the session is not held and a state of emergency has been imposed by the President, the Parliament shall be convened without declaring the convocation not later than the day following the introduction of the state of emergency.

No changes in the structure, functions, and powers of State bodies established by the Constitution shall be allowed during a state of emergency.

Article 11

1. Budgetary means, state property, property or regional and other self-governing units shall be intended for the needs of the state and local government.

2. The system of taxes levied into state and local budgets shall be established by Law.

3. The establishment of crippling[1] tax which makes impossible for a taxpayer to get normal in-

---

[1] in the text provided: cripping

come from his activity or to keep property belong to him shall not be allowed.

Article 12

1. The Constitution shall have the highest legal force and its direct effect in the Republic Kirghizstan.

2. Codes and other codified Laws having power of general provisions for other Laws and legal normative acts shall be adopted on the basis of the Constitution.

3. Norms of the International Law generally recognised and ratified by the Republic Kirghizstan shall become a component part of legislation of the Republic Kirghizstan.

Chapter II
Citizens

Section 1
Citizenship

Article 13

1. The belonging of a citizen to the Republic Kirghizstan and his status shall be determined as citizenship.

2. The belonging of citizens of the Republic Kirghizstan to citizenship of other countries shall not be recognised except the cases envisaged by intergovernmental treaties of the Republic Kirghizstan.

3. No citizen of the Republic Kirghizstan shall be deprived of his citizenship or of the right to change his citizenship.

4. The Republic Kirghizstan shall secure defense and protection to its citizens outside its territory.

Article 14

1. Every citizen of the Republic Kirghizstan by virtue of his citizenship shall enjoy the rights and hold (bear) duties.

2. Citizens of other countries and stateless persons when in Kirghizstan shall enjoy the rights of the citizens on the bases under the conditions and in the procedure envisaged by Law, international treaties and agreements concluded on the principles of mutuality.

Section 2
The rights and freedoms of an individual

Article 15

1. Dignity of an individual in the Republic Kirghizstan shall be absolute and inviolable.

2. The basic rights and freedoms of an individ-

ual in the Republic Kirghizstan shall belong to each person from birth. They shall be recognised as absolute, inalienable and protected by Law and courts from infringement of the side of whomever it may be.

3. Every person in the Republic Kirghizstan shall be equal before law and court. No person shall be subject to any kind of discrimination encroachment on his rights and freedoms under the motive of origin, sex, nationality, language, attitude or religion and politics or other status or circumstances of private or social character.

4. The rights and freedoms of an individual in the Republic Kirghizstan shall be in force. They as such shall determine the meaning, context (contest) and application of Laws, shall oblige the legislative, executive Power, local government and shall be guaranteed by justice.

5. In the Republic Kirghizstan peoples customs and traditions which do not contradict the rights and freedoms of an individual shall be ecnouraged by the State.

Article 16

In the Republic Kirghizstan economic, social, political, legal and other conditions shall be created for national revival and all-round development of the Kirghiz and they shall secure national interests of every citizen in the Republic.

Article 17

1. The Republic Kirghizstan shall recognise and guarantee the basic rights and freedoms of an individual in accordance with generally accepted norms of the international law, international treaties and agreements on the problem of human rights, ratified by the Republic Kirghizstan.

2. Every person in the Republic Kirghizstan shall have the right to:
– life, physical and moral immunity;
– personal freedom and security;
– free development of his personal;
– freedom of conscience, spiritual, religious, cultural freedom;
– freedom of expression and dissemination of his thoughts, ideas and opinions;
– freedom of literary, artistic, scientific and technical creative work, freedom of the Press, transference and dissemination of information;
– freedom of movement, choice of stay and residence on the whole territory of Kirghizstan;
– free departure and return;
– freedom of assembly;
– to associate peacefully without weapon, to hold freely meetings and demonstrations;
– inviolability of the home;

– freedom and privacy of correspondence;

– dignity, freedom of private life, personal and family secrecy;

– privacy of post telephone and telegraphic communications;

– to have property, to hold use and administrate it on one's own account;

– economic freedom, free usage of one's abilities and property for any type of economic activity;

– tho choose type of job and work, trade or profession.

Enumeration in the Constitution of the rights and freedoms shall not be interpreted as negation and violation of other generally accepted norms and freedoms of an individual.

3. Citizens of the Republic Kirghizstan and their associations shall be allowed any type of activity except the activity prohibited and limited by the present Constitution and Laws of the Republic Kirghizstan.

Article 18

1. In the Republic Kirghizstan no laws shall be published (promulgated) that abolish or infringe the rights and freedoms of an individual.

2. Certain limitations and also the conditions and procedure for carrying out the rights and freedoms may be established only by laws in case when it in accordance with the Constitution and generally accepted international legal norms is necessary for the defense of the constitutional system, ennuance of security and Public Order, conservation of health and morals of the Population.

Article 19

1. Restrictions connected with physical and moral inviolability of a person shall be allowed only on the basis of the Law by the sentence of a court as punishment for the crime committed.

No person may be subject to tortures, sufferings or inhuman humiliating punishments. No methods of punishment shall be allowed which contradict the sense of humanity.

2. Medical, biological, physiological experiments on people shall be prohibited except when there is voluntary agreement properly expressed and confirmed by the person under experiment.

3. No person may be adjudged guilty of a crime and subject to punishment until his guilt is proven in the procedure envisaged by Law and confirmed by the decision of a court. Any action which is inclined to make a person responsible for the crime before the verdict has been passed by a court shall not be allowed and it shall be the basis for compensating through court of material and moral damage to the victim.

Article 20

1. Private property shall be acknowledged and guaranteed in the Republic Kirghizstan as an integral right of an individual, natural source of his well-being, commercial and creative activity, guaranty of his economic and personal independence.

2. Property shall be inviolable. No person may be deprived of his property. Deprivation of property against the will of the owner shall be allowed only by the sentence of a court in exceptional circumstances envisaged directly by Law.

Article 21

The Republic Kirghizstan may give political asylum to foreign citizens and state-less persons under the motives of violation of human rights.

Section 3
The rights and freedoms of a citizen

Article 22

Enjoyment by citizens of the Republic Kirghizstan of their rights and freedoms shall be inseparable from their duties the performance of which shall be necessary for the security of private and state interests.

Article 23

Citizens of the Republic Kirghizstan are obliged to observe the Constitution and laws of the Republic, to respect freedoms, dignity and honour of other persons. Any calls, acts, claims from whom ever it may be, shall be invalid in case they reject the supremacy of the Constitution and the necessity to obey it.

Article 24

Laws of the Republic Kirghizstan on the rights and duties of citizens shall be equally applied to all citizens and shall create preference and privileges to none of them except those envisaged by the Constitution and by Law for social security of citizens.

Article 25

Citizens of the Republic Kirghizstan shall have the right and duty to defend their motherland. Citizens shall carry military service within the limits and in the form established by Law.

Article 26

Citizens of the Republic Kirghizstan are obliged to pay taxes and dues.

Article 27

1. Citizens of the Republic Kirghizstan shall bear solidly all burdens called by natural disasters and catastrophes.

2. Ashar and other traditions to unify forces and means for gratuitous mutual aid shall be established in Kirghizstan.

Article 28
1. The family shall be the primary cell of society. The family, maternity and children shall be the object of care for the whole society and preferable protection by Law. Child-care and up-bringing shall be the natural right and civil duty of parent.
2. Respect for old people, care of relatives shall be the sacred tradition of the People of Kirghizstan.

Article 29
1. In the Republic Kirghizstan social maintenance in old age, in sickness and in the event of complete or partial disability or loss of the breadwinner shall be guaranteed at the expense of the state.
2. Pensions, social maintenance in accordance with economic possibilities of society must secure standards of living not lower than minimum wage established by Law.
3. Voluntary social insurance, organisation of additional forms of social maintenance and charity shall be encouraged.

Article 30
1. Citizens of the Republic Kirghizstan shall have the right to work protection in all the forms and varieties, to working conditions corresponding to the norms of security and hygiene as well as to social insurance against unemployment.
2. The State shall care for professional training and improvement of skills of citizens, it shall encourage and promote international agreements and international organisations, which are purposed to consolidate and regulate the right to work.

Article 31
Citizens of the Republic Kirghizstan who work under labour agreements shall have the right to bonuses (monetary reward) not lower than a minimum wage established by the State.

Article 32
Citizens of the Republic Kirghizstan shall have the right to strike. The procedure and conditions for holding strikes shall be determined by Law.

Article 33
1. Citizens of the Republic Kirghizstan shall have the right to rest and leisure.
2. Maximum duration of working time, minimum weekly rest and paid annual holidays as well as other basic provisions of carrying out the right to rest shall be established by Law.

Article 34
1. Every citizen of the Republic Kirghizstan has the right to education.
2. General secondary education shall be compulsory. Every person shall have the right to get it free at state education establishments.
3. The State shall secure to everybody in accordance with his abilities access to professional, vocational and higher education.
4. Organisations and citizens shall have the right to establish paid educational institutions on the basis and in the procedure envisaged by Law.

Article 35
Citizens of the Republic Kirghizstan have the right to housing. The state shall assist for the fulfilment of the right to housing with supply and sale of dwellings out of state housing fund, it shall encourage individual housing construction.

Article 36
1. Citizens of the Republic Kirghizstan shall have the right to health protection, they shall use freely the network of health-building institutions.
2. Paid medical service shall be allowed on the basis and in the procedure established by Law.

Article 37
Citizens of the Republic Kirghizstan shall have the right to the environment favourable to life and health and to compensation for the damage caused to one's health or property by actions in the sphere of privacy.

Article 38
1. Art, culture and science shall be free (independent).
2. Citizens have the right to broad access to the cultural treasures, to study art and science. The state is obliged to create favourable conditions and possibilities for broad access of all citizens to cultural treasures.

Article 39
Social activity of the state must not lead to substitution by state care of economic freedom and activity, possibility of a citizen to achieve by himself economic well-being for himself and his family.

Article 40
1. It is the duty of the State and all its bodies and officials to protect fully and absolutely the rights

and freedoms of citizens, to stop infringement in this sphere and to restore a violated provision.

2. The Republic Kirghizstan shall guarantee the protection by the court of all the rights and freedoms of citizens envisaged by the Constitutions and Laws.

Article 41

A citizen shall be considered innocent (not guilty) of a crime until his guilt is proved by the sentence of a court currently in force.

Article 42

A citizen of the Republic Kirghizstan shall have the right to skilled juridical aid and defense carried out in accordance with Law and secured by the State. With the absence of means with citizens, juridical (legal) aid and defense shall be secured to them at the expense of the State.

Article 43

Promulgation of Laws and other nominative legal acts concerning the rights, freedoms and duties of an individual and citizen shall be compulsory condition for their application.

Chapter III
President

Article 44

1. The President of the Republic Kirghizstan shall be the head of the Government, its supreme official and he shall represent the Republic Kirghizstan inside the country and in the international relations.

2. The President of the Republic Kirghizstan shall guarantee unity of statehood, firmness of the constitutional system; he shall come out (stand) in the capacity of the guarantor of the Constitution and Laws, the rights and freedoms of citizens of the Republic Kirghizstan shall secure coordinated functioning and interaction of state bodies.

Section 1
Election of the President

Article 45

1. The President of the Republic Kirghizstan shall hold his office during the term of four years.

2. One and the same Person shall not be elected President for two terms running.

3. No person except a citizen of the Republic Kirghizstan who shall not be younger than 40 years and not older than 65 years shall be eligible to the office of President; who shall have command of the official languages and have been fifteen years a resident within the Republic before his nomination to that Office.

4. The President of the Republic Kirghizstan shall not be Deputy of the Parliament, occupy any other office; he shall not be engaged in free enterprise activity.

Article 46

1. New elections of a President of the Republic Kirghizstan shall be held two months before the expiration of the Powers of the President of the Republic Kirghizstan.

2. The President of the Republic Kirghizstan shall be elected by citizens of the Republic Kirghizstan by a majority of votes on the basis of universal, equal and direct suffrage by secret ballot. Elections of the President shall be considered passed in case not less than 50 percent of the total number of voters of the republic have taken part in it.

3. The number of candidates to the post of President of the Republic Kirghizstan shall not be limited. If none of the candidates attains a majority vote of the electors during the first round, the two candidates who have obtained the largest number of votes of the electors participated in the election shall be submitted for the second time. The candidate who obtains a majority of votes of the electors in the second ballot shall be considered elected as President.

Article 47

1. The results of the election of the President of the Republic Kirghizstan shall be confirmed at the Supreme Court of the Republic Kirghizstan not later than 7 days after the end.

2. After the Chairman of the Supreme Court of the Republic Kirghizstan declares the vote to be final at the session of the Parliament, the Speaker of the Parliament shall swear the President in.

3. Before he enters on the execution of his office, the President shall take the following oath to the People of Kirghizstan:

I, President of the Republic Kirghizstan, in the face of my people and sacred Motherland of Ala-Too, before Allah do swear in all sincerity:

To abide the Constitution of the Republic Kirghizstan and the Laws, to protect the sovereignty and independence of the Kirghiz State,

to respect and ensure the rights and freedoms of all citizens of the Republic Kirghizstan entrusted to me by confidence of the whole People.

4. The term of the presidential mandate shall come into force from the moment of swearing. The Powers of the President shall terminate the

moment a newly elected President enters his office.

Section 2
Powers of the President

Article 48

1. The President of the Republic Kirghizstan shall:

1) determine the structure of the government of the Republic Kirghizstan and the shall submit it to the confirmation by the Parliament;

2) appoint, with the consent of the Parliament, the Prime Minister of the Republic Kirghizstan;

3) approve the candidatures of the first Vice Prime Minister, Vice Prime Ministers of the Republic Kirghizstan, Chairmen of State Committees and Chiefs of administrative institution of the Republic Kirghizstan,

4) remove from office the First Vice-Prime Minister of the Republic Kirghizstan, Vice-Prime Ministers of the Republic Kirghizstan, Ministers of the Republic Kirghizstan, Chairmen of State Committees of the Republic Kirghizstan and Chiefs of Administrative institutions of the Republic Kirghizstan.

5) accept resignation of the Government, on his own initiative he shall, with the consent of the Parliament, decide on taking off the Powers of the Government before the end of the term.

2. The President of the Republic Kirghizstan shall:

1) appoint and relieve the Procurator General of the Republic Kirghizstan;

2) appoint and relieve Chairmen of the Board of the Kirghiz National Bank;

3) appoint and relieve akims of local State administration;

4) submit to the Parliament the candidatures to the office of the Chairman of the Supreme Court of the Republic Kirghizstan, his First Deputy and Deputies – Chairmen of Boards of the Supreme Court of the Republic Kirghizstan Judges of the Supreme Court of the Republic Kirghizstan;

5) with the consent of the Parliament appoint Chairmen and their Deputies and Judges of courts of dubans, the city of Bishkek, aimaks, towns of the Republic Kirghizstan and relieve them in the events envisaged by Law;

6) appoint and recall diplomatic representatives in foreign countries and international organisations;

7) receive the letters of Credence or Recall of diplomatic representatives of foreign countries and international organisations accredited to him.

8) confer high State military ranks, diplomatic ranks, class titles and other special ranks.

3. The President of the Republic of Kirghizstan shall:

1) decide issues relating to granting and withdrawign citizenship of the Republic of Kirghizstan, granting asylum, grant pardon;

2) award orders and medals as well as other rewards of the Republic Kirghizstan, honorary titles and State monetary rewards of the Republic Kirghizstan;

4. The President of the Republic of Kirghizstan shall:

1) on his own initiative submit draft laws to the Parliament;

2) within two week term sign laws adopted by the Parliament or return back to the Parliament with his objections for second consideration. If the Parliament by a majority of two-thirds of the total number of the deputies confirm their previously taken decision the President of the Republic Kirghizstan shall sign the law; if the President of the Republic Krighizstan within the two week term did not express his attitude towards the law, the law shall come into effect without the signature of the President;

3) address to the People with an annual report on the stay of affairs in the Republic announced in the Parliament;

4) hold international negotiations and sign international treaties of the Republic of Kirghizstan, submit them to the ratification by the Parliament;

5) invalidate or suspend the effect of acts of the Government of the Republic Kirghizstan, Ministries, State Committees and administrative institutions of the Republic Kirghizstan, akims of local State administration.

5. The President of the Republic Kirghizstan shall:

1) fix the date for Parliamentary elections

2) be empowered to convoke a session of the Parliament ahead of time (schedule).

3) put issues of state life to nation-wide referendum;

4) dissolve the Parliament ahead of term in the events envisaged by Article 67 of this Constitution.

6. The President of the Republic Kirghizstan in the emergency situations envisaged by Law shall notify of a possibility of declaring a state of emergency and in case of need to impose it in certain locations without preliminary approval of which he shall immediately inform the Parliament.

7. The President of the Republic Kirghizstan shall declare universal or partial mobilisation; he shall announce a state of war in case of armed attack against the Republic Kirghizstan and shall immediately submit this question to the Parliament,

he shall, in the interests of State defense and security of citizens, declare martial law and shall immediately submit the question to the decision (consideration) of the Parliament.

Article 49

The President of the Republic Kirghizstan shall be the Commander-in-Chief of the armed forces of the Republic Kirghizstan.

Article 50

1. The President of the Republic Kirghizstan shall direct the State Council attached to him, members of which shall be the Vice-President, the Prime Minister as well as heads of oblasts of the city of Bishkek and other persons appointed by the President.

2. The President of the Republic Kirghizstan may establish coordinated consultative bodies in order to ensure timely competent solutions on issues of state Power and local self-government on all territorial levels as well as to respond in State Policy to the interests of social groups and sections of the population of the State.

Article 51

1. The President of the Republic Kirghizstan, on the basis and for the fulfillment of the Constitution of the Republic Kirghizstan and Laws of the Republic Kirghizstan, shall issue decrees which have compulsory force on all the territory of the State.

2. The President of the Republic Kirghizstan shall issue resolutions and instructions on separate questions which are under his jurisdiction.

Article 52

The President of the Republic Kirghizstan may transfer the fulfilment of his powers and duties envisaged by point 7 section 2 and by point 4 section 4 of Article 48 to the Speaker of the Parliament.

Article 53

1. In case of inability of the President to discharge the Powers and Duties of the said office, the same shall devolve on the Vice-President of the Republic Kirghizstan and in case of inability of the latter to discharge the Powers and Duties of the President, the same shall devolve on the Speaker of the Parliament. In case of inability of the Speaker of the Parliament to discharge the Powers of the President the same shall devolve to the Prime Minister.

2. The election of a new President under this circumstance shall be held within three months.

Article 54

1. Dignity and Honour of the President of the Republic Kirghizstan shall be protected by Law.

2. The President of the Republic Kirghizstan shall have the right of inviolability and immunity.

Article 55

1. The Powers of the President may be stopped as a result of retirement in accordance with a petition made by him to the Parliament, inability to discharge Powers and Duties on the account of a disease, in case of removal of the President from his office or of his death.

2. In case of the inability of the President to discharge his Powers and Duties on the account of a disease, the Parliament, by virtue of the conclusion of a medical commission organised by it, shall decide on the off-term removal of the President of the Republic Kirghizstan from his Office by not less than 2/3 of votes of the total number of Deputies of the Parliament.

3. The President of the Republic Kirghizstan may be removed from his office only by the Parliament by a majority of not less than 3/4 of votes of the total number of the Deputies in case of breach of the oath given to the People of Kirghizstan on the basis of a resolution of the Constitutional Chamber of the Supreme Court of the Republic Kirghizstan.

Article 56

1. The Vice-President of the Republic Kirghizstan shall be elected by citizens of the Republic Kirghizstan together with the President of the Republic Kirghizstan for a term of four (4) years.

2. A citizen of the Republic Kirghizstan who has attained the age of 35 and is not older than 65, who has command of the Official language and has resided as a minimum for the last 10 (ten) years in Kirghizstan shall be eligible for election to the post of Vice-President.

3. The Vice-President of the Republic Kirghizstan shall not be Deputy of the Parliament, shall not hold any other office, and not be engaged in commercial activity (free enterprise).

Article 57

1. The Vice-President of the Republic Kirghizstan shall exercise on a commission from the President of the Republic Kirghizstan his separate Powers and shall act as President in case of temporary absence of the latter or in case of inability of the President to discharge his Powers and Duties established in accordance with point 1 Article 53.

2. The Vice-President of the Republic Kirghizstan shall have the right to inviolability and immunity.

Chapter 4
The Parliament

Section 1
The election of the Parliament

Article 58

1. The Parliament of the Republic Kirghizstan shall be a permanently functioning supreme representative body. The Legislative Power as well as function of control shall be vested in the Parliament.

2. The Parliament shall consist of 105 deputies who are elected from territorial and regional electoral districts as well as appointed by the president of the Republic Kirghizstan for a term of six years in the following procedure:

78 deputies – from territorial electoral districts formed with equal number of electors on the whole territory of the Republic.

21 deputies – from regional electoral districts in the number of 3 from the city of Bishkek, Galal-Abad, Issik-kul, Narin, Osh, Talass and Chy regions.

6 deputies – shall be appointed by the President out of the number experts noted in the Republic in different areas of activity.

One third of the Deputies of shall be elected every two years in the procedure envisaged by Law.

Article 59

1. Election of the Deputies of the Parliament shall be held at electoral districts on the basis of universal equal direct suffrage by secret ballot.

2. Citizens of the Republic Kirghizstan who have attained the age of 18 shall have the right to vote (elect).

3. An elector from every electoral district shall have one vote. Electors shall participate in the election directly and on equal grounds.

Article 60

1. A citizen of the Republic Kirghizstan who has attained the age of 25 and resided as a minimum for the last five years in Kirghizstan shall be eligible for a Deputy of the Parliament.

2. Ex-President of the Republic Kirghizstan shall be a Deputy of the Parliament for life in case he does not relinquish this right.

3. A Deputy of the Parliament shall be a respresentative of the whole People of Kirghizstan, he shall not be bound by instructions and com-

missions and shall be subordinate to the Constitution of the Republic Kirghizstan and to his own conscience.

4. A Deputy of the Parliament shall have the right to inviolability and immunity. He shall not be subject to persecution for his opinion expressed in accordance with his activity or about the results of voting in the Parliament. A Deputy shall not be detained or arrested, subject to search or individual examination except when caught in the act. Provisional commissions of the Parliament shall examine the validity of measures taken by competent bodies and in case these measures are not taken by the court, the Parliament shall abolish (invalidate) ist. A Deputy shall be called to criminal responsibility as well as administrative responsibility imposed by legal procedure only by consent of the Parliament.

5. A Deputy of the Parliament shall not hold other posts in state administration, legal bodies, he shall not be engaged in commercial activity.

6. A Deputy may be unseated only in case of retirement, a commitment of a crime, of recognition of his inability and not otherwise than by motivated resolution of the Parliament.

Article 61

A Deputy of the Parliament shall have to inquiry to (with) corresponding bodies and officials of State Administration who are obliged to respond to the inquiry at the Session of the Parliament.

Section 2
The Powers of the Parliament

Article 62

The Parliament shall keep within its exclusive competence the following questions and decide thereon:

1. to amend the Constitution of the Republic Kirghizstan in the procedure established by the Constitution.

2. to enact (pass) Laws of the Republic Kirghizstan, to make additions and supplements to them.

3. to approve the Budget of the Republic Kirghizstan and to require an account on it.

4. to change the boundaries of the Republic Kirghizstan.

5. to found and abolish oblasts, regions, to establish regional division of oblasts and cities, to form regions in the cities, to found towns, regions and cities in oblasts, regions in cities and other settlements.

6. to fix and declare the date of elections of the President of the Republic Kirghizstan.

7. to organise a central commission on election and referendum holding.

8. to elect the Chairman of the Supreme Court of the Republic Kirghizstan, his first deputy and deputies chairmen of boards of the Supreme Court and judges of the Supreme Court of the Republic Kirghizstan nominated by the President of Republic Kirghizstan.

9. to determine the structure of the Government of the Republic Kirghizstan.

10. to approve the appointment of the Prime Minister of the Republic Kirghizstan.

11. to agree upon the off-term removal of the Government.

12. to ratify and denounce the international treaties, to decide issues of war and peace.

13. to institute military ranks, diplomatic ranks, class ranks and other special titles of the Republic Kirghizstan.

14. to constitute state rewards and honorific titles of the Republic Kirghizstan.

15. to issue acts on amnesty.

16. to declare a state of emergency or to confirm the act of the President of the Republic Kirghizstan on this issue. The resolution of the Parliament on the decision of the President to impose a state of emergency shall be adopted by a majority of not less than 2/3 of the total number of the Deputies of the Parliament present and voting.

17. to declare a martial law, to impose a state of war and to make a resolution on its introduction by the President of the Republic Kirghizstan.

18. to hear accounts of bodies organised or elected by it as well as the accounts of officials appointed or elected by it; to decide in case of emergency by a majority of 2/3 from the total number of the Deputies by secret ballot the issue on the trust to the Government of the Republic or to a certain member of the Government.

19. to put issues of state life to nation-wide referendum.

20. to decide the question of Removal of the President from his office in case envisaged in point 3 Article 55 of the present Constitution as well as to consider his petition for retirement.

Article 63

1. The Parliament shall elect from amoung the Deputies the Speaker, his First Deputy and Deputy, shall organise Standing Committees and provisional commissions.

2. The Speaker of the Parliament shall be elected by secret ballot. He shall be subordinate to the Parliament and may be removed from his office under the decision of the Parliament taken by a majority of not less than 2/3 of the total number of the deputies.

3. The Speak of the Parliament shall (guide) direct sessions of the Parliament, shall give general leadership to the preparation of the issues liable to consideration at the sessions of the Parliament and its presidium, he shall be in charge of their internal order, shall sign resolutions and decisions taken by the Parliament and its Presidium.

4. The Vice-Speaker shall be elected by open voting, he shall on the commission from the Speaker (on behalf of the Speaker) carry out his separate functions, he shall acts as Speaker in case of his absence or inability to discharge his Powers.

Article 64

1. The Speaker, his deputy, chairmen of committees shall form the Presidium of the Parliament.

2. The Presidium of the Parliament shall be the body accountable to the Parliament and shall secure the organisation of its work.

3. The Presidium shall hold preparation to the session of the Parliament, coordinate the activity of committees and provisional commissions, shall organise and hold nation-wide discussions of draft laws of the Republic Kirghizstan and other important issues of State life.

4. The Presidium shall publish texts of Laws of the Republic Kirghizstan and of other acts adopted by the Parliament.

Article 65

Committees and provisional commissions of the Parliament shall hold the process of drafting, shall preliminarily consider the issues referred to competence of the Parliament and shall supervise the implementation of laws and resolutions.

Article 66

The procedure for the activity of the Parliament shall be determined by regulations (time limit).

Article 67

The Parliament may be dissolved ahead of time in accordance with the decision taken by a majority of not less than 3/4 of the total number of the deputies or on the results of nation-wide referendum, held at the initiative of the President as well as in case of inability of the Parliament to approve the appointment of the Prime-Minister after it has rejected three candidatures to that office within three month.

Section 3
Legislative activity of the Parliament

Article 68

The right to legislation initiative shall be vested in the Deputies of the Parliament, the President of the Republic Kirghizstan and in the Government of the Republic Kirghizstan.

Article 69

A bill submitted to the Parliament shall be considered by the Committees which shall estimate general provisions of the bill. After the bill has been considered by the Committees, not later than within a month, it shall be moved to the Presidium of the Parliament which shall also estimate the provisions of the bill shall then refer it to the Parliament. In case the Presidium finds it necessary, the bill shall be put to nation-wide discussion.

Article 70

1 A bill shall be considered passed in case a majority of the total number of the Deputies of the Parliament voted for it.

2. In case of amending the Constitution of the Republic Kirghizstan and adoption of Constitutional of the Republic Kirghizstan and adoption of Constitutional Acts and making changes in them it shall be recognised that not less than 3/4 of the total number of the Deputies vote for it.

3. Amending the Constitution and Constitutional Acts shall not be allowed during a state of emergency and martial law.

Article 71

1. The Parliament may delegate for the term of 3 months its Legislative Powers on separate issues to the President of the Republic Kirghizstan with their further approval by the Parliament.

2. Legislative Powers of the Parliament shall not be delegated on the issues of amending the Constitution, adoption of Constitutional Acts, adoption and amending Codes of the Republic Kirghizstan, establishment of the procedure and conditions for carrying out the rights and freedoms of citizens on the issue of justice, penal (criminal) juridical and administrative legislation.

Article 72

A Law shall come into force from the moment of promulgation in case nothing different has been envisaged in the law itself or in the resolution of the Parliament on the procedure of its implementation.

Article 73

A referendum on the issue of abolishing or amending the law adopted by the Parliament shall be held on the demand of not less than 100 000 electors or 1/3 of the total number of the Deputies of the Parliament.

Chapter V
The Executive Power

Article 74

The executive Power in the Republic Kirghizstan shall be vested in the Government of the Republic Kirghizstan, its bodies subordinate to it, in state committees, administrative institutions, local state administration.

Section 1
Government
Article 75

1. The Government of the Republic Kirghizstan shall be the highest body of the executive state power of the Republic Kirghizstan.

2. The Government shall consist of the Prime-Minister of the Republic Kirghizstan, First Deputy Prime Minister of the Republic Kirghizstan, Vice-Prime Ministers, Ministers and chairmen of state committees of the Republic Kirghizstan.

3. The Government shall act within the term of the Powers and Duties of the President of the Republic Kirghizstan.

4. The structure of the government shall be determined by the President of the Republic Kirghizstan by the proposal of the Prime Minister and shall be confirmed by the Parliament.

Article 76

1. The Prime Minister of the Republic Kirghizstan shall appoint the first deputy Prime Minister, Vice-Prime Minister, ministers and chairmen of state committees who shall come into Office after they have been confirmed by the President of the Republic Kirghizstan.

2. The removal from office of the First Deputy Prime Minister, Vice-Prime Minister, Ministers and chairmen of state committees shall be made by the decision of the Prime Minister which shall be confirmed by the President of the Republic Kirghizstan.

Article 77

1. The President of the Republic Kirghizstan shall exercise control over the work of the government of the Republic Kirghizstan. He shall have right to preside at the session of the Parliament.

2. The Prime-Minister shall submit to the Parliament an annual report on the work of the Government. The Parliament shall have the right to demand a report from the Government or its separate members.

Article 78

1. The government of the Republic Kirghizstan shall decide all issues of state governing, except

the power to give orders and exercise control attributed by the Constitution to the competence of the President of the Republic Kirghizstan and the Parliament.

2. The Government of the Republic Kirghizstan shall:

work out the budget of the Republic Kirghizstan, submit it to the Parliament and secure its execution;

pursue the implementation on the territory of the Republic Kirghizstan of single financial, credit and monetary policy based on common currency;

organise and manage state property;

undertake measures to ensure the country's defense, national security to implement foreign policy of the Republic Kirghizstan;

take measures to secure legality, the rights and freedoms of citizens, to enforce property and public order and to combat crimes.

Article 79

The government of the Republic Kirghaizstan shall issue resolutions and instruction which are to be executed on the whole territory of the Republic Kirghizstan by all bodies, organisations, officials and citizens as well as it shall elaborate, examine and secure their implementation.

Article 80

1. The Government of the Republic Kirghizstan shall unify and direct the activity (work) of the Ministries, state committees, administrative institution and bodies of local state administration.

2. Ministries, State Committees and administrative institutions shall within their competence issue decrees and instructions on the basis and for the implementation of the Constitution, Laws of the Republic Kirghizstan resolutions of the Parliament, acts of the President, resolutions and instructions of the government of the Republic Kirghizstan, shall organise, examine and secure their execution.

Article 81

1. The government shall coordinate and direct the activity of local state administration.

2. The Government shall hear the reports of heads of local state administration and in emergency cases shall submit a proposal to the President on their removal from office as well as it shall invalidate the acts of heads which contradict the legislation with further confirmation of the President.

Section 2
Local State Administration

Article 82

1. The Executive Power in oblasts (dubans), regions (aimaks) and cities shall be vested in local state administration guided by heads who shall act as direct representatives of the President of the Republic Kirghizstan.

2. The Executive Power in villages and settlements shall be vested in chairmen of settlement councils (bolushy).

Article 83

1. Heads of oblasts (akyms) and the city of Bishkek shall be appointed and relieved of their positions by the President of the Republic Kirghizstan, heads of regions and cities and districts in a city shall be appointed and relieved of their positions by the President in consultation with heads of oblasts and the city of Bishkek.

2. Heads of local state administration and chairmen of settlement councils shall work under general leadership of the government.

3. Decisions of heads and chairmen of settlement councils taken within their competence shall be obligatory for execution on the corresponding territory.

Article 84

Local state administration shall have no right to undertake measures preventing in any way persons and their property from free movement through territorial units of the Republic or limiting the right of citizens to work or hold activity in any part of the territory of the Republic.

Chapter IV
Courts and justice

Section 1
Principles of justice

Article 85

1. In the Republic Kirghizstan justice shall be administered only by the courts.

2. In the Republic Kirghizstan there are the following courts: the Supreme Court of the Republic Kirghizstan and local courts/oblast court, court of the city of Bishkek, regional court, city court./

3. All judges shall be appointed for an unlimited term, their independence shall be secured by the constitution and Laws.

4. Judges shall be relieves of their position on the results of testing, for violation of legality or for commitment of a compromising offence incompatible with their high title as well as on the basis of

an accusatory decision of the court which came into force.

5. A Judge shall enjoy inviolability and immunity corresponding to inviolability and immunity of the Deputy of the Parliament. He may be called to criminal and administrative responsibility only by consent of the Constitutional Chamber of the Supreme Court of the Republic Kirghizstan.

6. In the Republic Kirghizstan honourable old men courts, commercial courts, and other courts of arbitration shall be organised and shall function for the purposes of third-party hearing of disputes.

7. Judges shall be subordinate only to the Constitution, Laws and their own conscience.

Article 86

1. Judiciary acts which have come into force shall be binding upon all state bodies, subjects engaged in business activity, public organisations, officials and citizens and shall be executed on the whole territory of the Republic.

2. Non-execution of a judiciary act which came into force as well as interference with (into) the activity of courts shall lead to responsibility established by Law.

Article 87

1. A citizen shall have the right to protection by the courts against any public encroachments of his honour and dignity. Under no circumstances shall they be denied this protection by the courts.

2. Defense (Protection) shall be an inviolable right of a person at any stage and in any state of the process of consideration of the case.

3. Every person shall have the right to be heard at trial.

Article 88

1. In accordance with presumption of innocence all the load of submission and ground of testimony on criminal and administrative cases shall be laid on the prosecution.

2. Testimony got by means of breaking the Law shall be considered as non-existing, reference to it in trial shall not be allowed.

Article 89

1. Principles of justice established by the Constitution shall be universal (general) and single for all courts and judges in the Republic Kirghizstan.

2. Unity of justice in the Republic Kirghizstan shall be secured by the Supreme Court of the Republic Kirghizstan. Judiciary resolutions of the Supreme Court, adopted on reviewing cases as well as

in its decisions on judiciary practice shall be binding for application upon all courts and judges on reviewing similar (corresponding) cases.

Article 90

Supervision over legality in the Republic Kirghizstan shall be vested in Procurator-General of the Republic Kirghizstan. All bodies and establishments of the procurator's office shall be subordinate to the Procurator-General of the Republic.

Section 2
The Supreme Court

Article 91

1. The Supreme Court of the Republic Kirghizstan shall be the highest judicial body of the Republic Kirghizstan. The Supreme Court of the Republic Kirghizstan shall exercise constitutional control in the Republic Kirghizstan and supervision over judicial activity of all courts of the Republic Kirghizstan.

2. The Supreme Court shall consist of:
the Constitutional Chamber
Judicial board on criminal cases
Judicial board on civil cases
Judicial board on economic disputes
Judicial board on labour and social disputes

Article 92

1. A citizen of the Republic Kirghizstan with the high legal education and experience in juridical practice for not less than 10 years, who has reached the age of 35 and is not older than 70 may be appointed a judge of the Supreme Court.

2. The Parliament shall nominate the judges of the Supreme Court upon the presentation by the President of the Republic Kirghizstan.

3. The Chairman of the Supreme Court, First Vice-Chairman of the Supreme Court, and deputy chairmen of the Supreme Court – chairmen of judicial boards – shall be lected by the Parliament from among the judges of the Supreme Court upon the presentation by the President – for the term of 5 years.

4. The Constitutional Chamber of the Supreme Court shall consist of: The Chairman of the Supreme Court, First Vice-chairman of the Supreme Court, deputy chairmen of the Supreme Court – chairmen of judicial boards of the Supreme Court [by position] and seven judges of the Constitutional Chamber of the Supreme Court, nominated from among the number of judges of the Supreme Court by the Parliament upon the presentation by the President.

Article 93

The Chairman of the Supreme Court of the Republic Kirghizstan shall preside at the sittings of the Constitutional Chamber, and in case of his absence – the First Vice-Chairman of the Supreme Court.

Article 94

1. The Constitutional Chamber of the Supreme Court shall exercise the following powers:

1) to decide disputes connected with the effect application and interpretation of the Constitution.

2) to acknowledge as incompatible (unconstitutional) with the Constitution laws and other normative legal acts in case of their divergence with the Constitution.

3) to decide all issues based on applications of citizens in connection with violation of the constitutional rights and freedoms;

4) to take decisions on legal practice;

5) to make conclusions on the validity of the election of the President of the Republic Kirghizstan;

6) to make conclusions on the question of removal of the President of the Republic Kirghizstan from his office;

7) to make conclusions on the procedure for amending the Constitution of the Republic Kirghizstan;

2. The Constitutional Chamber of the Supreme Court shall exercise supervision over the activity of judicial boards of the Supreme Court. The Constitutional Chamber on its own initiative may take into consideration any case on which a decision has been made by Judicial Boards of the Supreme Court as well as on the protests of the Chairman, First Vice-Chairman and Deputy Chairmen of the Supreme Court of the Republic Kirghizstan.

3. The decision of the Constitutional Chamber of the Supreme Court shall be final and shall not be liable to appeal.

Article 95

If during consideration of a judiciary case in any legal instance there arises a question on the constitutionality of a law or any other act which can affect the decision of the case then its consideration shall be adjourned by the decision of the court and an inquiry shall be referred to the Constitutional Chamber of the Supreme Court; consideration shall continue on the receipt of an answer to the inquiry.

Article 96

Judicial Boards of the Supreme Court of the Republic Kirghizstan on criminal cases, civil cases, economic disputes and on labour and social disputes shall be supervisory and appellate instances for oblast (duban) courts, courts of the city of Bish-

kek, regional courts (aimak), third-party arbitration and local courts; separate cases in view of their specified importance and complexity may be considered as by courts of the first instance (in this case their decisions shall not be liable to appeal and protest, as they may be considered by the Constitutional Chamber in the procedure of supervision.

Section 3
Local courts

Article 97

Judges of local courts shall be appointed by the President of the Republic Kirghizstan by consent of the Parliament.

Article 98

A citizen of the Republic Kirghizstan with high legal education and experience in juridical practice for not less than 3 years who has reached the age of 25 and is not older than 60 may be appointed judge of a local court.

Article 99

Regional (aimak) and city courts shall consider as courts of the first instance, criminal and civil cases, labour and social disputes except cases attributed by Law to an oblast (duban) courts and the court of the city of Bishkek.

Oblast (duban) courts and the court of the city of Bishkek shall consider as courts of the first instance, criminal and civil cases, labour and social disputes, attributed by Law to their ... as well as economic disputes. They shall be appellate instance for region and city courts.

Section 4
Honourable old man courts and other third-party arbitration

Article 100

1. Honourable old man and other citizens who have great authority with people may be appointed judges, the decision taken at the meeting of citizens, by people's representation or any other representative body of local self-government on the territory of villages, settlements, cities.

2. Honourable old man courts shall consider referred to their consideration by agreement of the parties, property family disputes as well as other cases provided by Law with the purpose to reconcile the parties and make a fair decision not contradicting the Law.

Article 101

1. In the Republic Kirghizstan commercial courts and other third party arbitrations may be es-

tablished for consideration of juridical cases by specialists who enjoy the confidence of arguing parties.

2. Commercial courts and other arbitrage established as juridical entities shall act on the basis of their statutes and shall be liable to registration.

Article 102

1. Decisions of an Honourable old men court, commercial courts and other arbitrage shall be final decisions and shall be binding in the procedure envisaged for the execution of decisions of courts of the Republic Kirghizstan and they may be protested in the order of supervision only at the Supreme Court of the Republic Kirghizstan and they may be protested in the order of supervision only at the Supreme Court of the Republic Kirghizstan in case when the decision of a court of arbitration is incompatible with the Constitution and the Law and violates the rights and freedoms of an individual.

2. The establishment of third party arbitration shall not deprive any arguing party of the right to apply for dispute settlement to corresponding bodies of justice of the Republic Kirghizstan if application to third party arbitration is not envisaged directly by the treaty of the parties.

Chapter VII
Civil service

Article 103

1. Civil service in the Republic Kirghizstan shall be established for execution of state functions and shall be exercised by state bodies and officials in the interests of the Republic.

2. State employees shall be citizens who are paid from the budget and exercise their duties on the basis of administrative subordination and staff (official) discipline.

Article 104

1. Civil service in the Republic Kirghizstan shall be organised on the principles of loyalty to the Constitution, legality, high skills, individual responsibility.

2. Employed for civil service shall be citizens with necessary professional training, corresponding business and moral traits of character.

3. Foreign citizens may be employed for civil service in the Republic Kirghizstan only in exceptional cases envisaged by Law.

4. Employment for civil service shall usually be held on the basis of competition and contracts.

Article 105

1. The State shall provide for material and other conditions which shall secure the necessary prestige and status of state employees.

2. State employees shall be prohibited to combine their job with activity in organisations and establishments subordinate to or under the control of corresponding bodies of civil service.

Article 106

1. State employees shall be obliged not to allow the violation of the rights and freedoms of an individual, not to humiliate the dignity and honour of a citizen, to prevent bureaucratism and proscratination, not to commit other actions compromising the State and its bodies.

2. State employees when called to responsibility shall enjoy all guarantees and freedoms envisaged by the Constitution and Law without any exemptions. Establishment of particular procedures and rights to prosecution of state employees to responsibility or for their release shall not be allowed.

Chapter VII
Local self-government

Article 107

Issues of life of the population in villages, settlements, cities, regions, oblasts which are of local importance shall be decided on the basis of local self-government (functioning) acting concurrently with the State Power.

Article 108

Local self-government in villages, settlement shall be exercised by chairmen of settlement councils (bolushies) and in regions (aimaks), oblasts (dubans) and in the city of Bishkek by People ('s representatives bodies).

Article 109

1. Citizens of the Republic Kirghizstan who have reached the age of 25 may be elected bolushies; citizens of the Republic Kirghizstan who have reached majority may be elected ockuls.

2. Bolushies and ockuls shall be elected by the population of a corresponding territory for the term of 4 years.

Citizens who have reached majority shall participate in their election.

Article 110

Laws of the Republic Kirghizstan shall establish the basis for organisation and activity of local self-government as well as they shall regulate the relations between local self-government and bodies of local state administration.

Article 111

Bolushy shall be the head of local self-government and shall exercise functions of local state administration in the village and settlement and he shall subordinate in his activity to the akim of the region (aimak).

Article 112

People's representatives shall have no right to annul or change the decisions of people's representatives bodies unter following territorial units and of bolushies as heads of local self government.

Article 113

1. Bolushies and people's representatives bodies shall:

1) approve programs of social and economic development of the territory and social protection of the population;

2) approve local budget and report on its execution;

3) hold local referendums.

2. People's representatives bodies of regions (aimaks), cities, oblasts (dubans) shall have the right to express non-confidence to the akim of the relevant territorial unit by a majority of 2/3 of the total number of ockuls.

3. People's representatives bodies shall work (act) independently from local state administration.

Article 114

People's representatives bodies and bolushies within their powers shall adopt acts obligatory for execution.

Chapter IX
The Procedure for Amending the Constitution of the Republic Kirghizstan

Article 115

1. Amendments and additions to the present Constitution shall be adopted (passed) by the Parliament on the initiative of the President of the Republic Kirghizstan, not less than 1/3 of the Deputies of the Parliament of the Republic Kirghizstan and not less than 200000 citizens of the Republic Kirghizstan.

2. Proposals for amending the Constitution of the Republic Kirghizstan shall be considered by the Parliament of the Republic Kirghizstan on receipt the conclusion of the Supreme Court of the Republic Kirghizstan not earlier than in 3 months, but not later than 6 months from the date of their receipt.

3. The wording of amendments and additions which enter the Constitution shall not be changed in the course of their discussion in the Parliament.

Article 116

1. Amendments and additions to the Constitution of the Republic Kirghizstan shall be considered passed in case 3/4 of the total number of the Deputies of Parliament vote for them and they shall come into force after they have been approved by people's (representatives bodies) of 4 oblasts (dubans).

2. If in the course of a year since the date of adoption by the Parliament the Law on amending the Constitution has not been approved by people's representatives bodies of not less than 4 dubans, the amendments and additions shall not be considered passed.

Article 117

No amendments shall enter into chapters three, four and nine of the Constitution of the Republic Kirghizstan.

Textanhang XVII

The Constitution of Georgia (1995)[*]

Chapter One
General provisions

Article 1

1. Georgia is an independent, unified and indivisible, law-based state.

2. The form of government is a democratic Republic.

3. As the name of the state can be equally used »GEORGIA« or the »REPUBLIC OF GEORGIA«.

Article 2

1. The people are the only source of the state power in Georgia. The state power is exercised only in the framework of the Constitution.

2. Power is exercised by the people through referendum and through their representatives.

3. Neither person, nor group of people has right to seize the national power or unlawfully to take the state power.

4. The State exercises its functions on the basis of the principle of the separation of power.

Article 3

1. The Constitution is the supreme law of the state. All other legal acts shall be issued in accordance with its provisions.

2. Georgia recognizes and observes generally recognized norms and principles of international law. Legally signed and published international treaties are part of domestic laws. They have juridical force superior to other normative acts.

Article 4

Georgia observes universally recognized rights and freedoms of an individual as everlasting and the Most High values. The people and the state are bounded by these rights and freedoms as well as by directly acting legislature in exercising state power.

Article 5

Transfer of the national territory is not permitted. Disputed state borders can be changed only by the mutual agreement of neighboring states. The procedures for resolving such disputes shall be determined by organic law.

---

[*] Der endgültige (deutlich abweichende) Verfassungstext trat am 10. Oktober 1995 in Kraft.

Article 6

The Georgian Language is the State Language of the Republic of Georga, except within Abkhazia, where the state languages are Georgian and Abkhazian.

Article 7

The State and the Church are independent and separate.

Article 8

Tbilisi is the capital of Georgia.

Article 9

The State symbols of Georgia are determined by organic law.

Chapter Two
A Man and State
(Version: Basic Rights and Freedoms)

Article 10

1. In Georgia Single citizenship there is established.

2. A man can not be a citizen of Georgia and a citizen of any foreign state at the same time (simultaneously).

3. The order of naturalization and loss of citizenship is determined by organic law.

Article 11

1. The state shall protect its citizens irrespective of their location.

2. No one may be deprived of his citizenship.

3. Expulsion of a citizen of Georgia from its territory is prohibited.

4. Extradition of a citizen of Georgia to a foreign state is prohibited, except in hard criminal cases defined by international agreement.

Article 12

Every body is born free and is equal before a law, regardless of race, skin color, language, sex, religion, political and other beliefs, national, ethnic and social status origin property and title status or place of residence.

Article 13
(Version 1)

1. A person's life is inviolable.

2. Capital punishment is prohibited.

Article 13
(Version 2)

1. A person's life is inviolable.

2. Execution of a special punishment – capital punishment – can be permitted for extremely dangerous a crimes by a person, considered by a court to be extremely dangerous to the society.

Article 14

Everybody has the right of free personal development in accordance of his physical, moral and mental abilities.

Article 15

1. A person's dignity is inviolable.

2. Torture, inhumane, brutal or degrading treatment or punishment is inadmissible.

Article 16

1. The freedom of a person is inviolable.

2. Arrest or other kinds of restrictions of personal freedom is prohibited without substantiated and legal decision of the court.

3. In argent cases determined by law and by the officials authorized the law a temporary detention of a person is permissible. The detained person must be conveyed to the nearest court for a hearing as soon as possible but not later than 48 hours. If the legality of the detention is not confirmed within the next 24 hours by the court the detained person must be released immediately.

4. Physical or moral coercion of a detained or otherwise freedom restricted person is punishable by law.

5. A detained person must be immediately made aware of his rights and the basis of his detention in a way understandable for him. The detained person may demand the assistance of an attorney: his demand shall be satisfied.

6. The maximum time of preliminary detention can not exceed a ...** day period.

Article 17

1. Everyone enjoys the freedom of thought, conscience, religion and belief, and may not be compelled to express any opinion on them.

2. Persecution of a person for reasons of religion or belief is prohibites. These rights may not be restricted unless the exercised of these rights encroaches on the rights of other persons.

Article 18

1. The place of residence of a person is inviolable.

2. Inspection, search or restriction of access to a

** Anm. des Hrsg. P. H.: In der Originalvorlage fehlt die Bezeichnung der Tage.

residence is admissible according the decision of the court or the cases and rules provided in the law.

Article 19

1. Property is inviolable. Rights to inheritance is recognized and guaranteed.

2. The state equally protects the right of ownership regardless of who is the owner.

3. Taking of property for public use is permissible by decision of a court only in cases determined by organic law without its decision in extreme necessities determined by organic law only if total and immediate compensation is made.

Article 20

1. Everyone lawfully within the territory of Georgia is allowed to freely choose his place of residence and is free to move within that territory and to leave the country within the limits determined by law in order to insure security, health and justice.

2. Every citizen of Georgia has a right to leave Georgia and return if he follows his obligations under the law.

3. Restriction of these rights because of political or ideological motives is not permissible.

Article 21

1. Freedom of intellectual creativity and intellectual property rights is guaranteed.

2. Arrest and prohibition of distribution of creative work is not permissible if the existence and distribution of such creative work does not encroach on the law-protected rights of other citizens.

Article 22

Freedom and secrecy of private correspondence and any other forms of exchange of private information is guaranteed. Their restriction is possible only upon the decision of the court in cases and rules determined by law.

Article 23

Everybody has the right to freely receive and spread the information, to express and disseminate his opinion orally, in the written or in any other form.

2. Mass media is free. Censorship is not permissible.

3. Monopolization of the mass media or the means of spreading information by the state, legal or natural persons is not permissible.

Article 24

1. Everybody except for members of the armed forces, of the police or of the security service, has the right to hold a public assembly without arms either indoors or outdoors without prior permission.

2. (Version 1). Limitations can be determined by the law in case a public assembly are held outdoors.

3. (Reading 2) Prior notification of the authorities is necessary if a public assembly is planned to be held in a space for movement of people and traffic. The government may halt a public assembly only in the case when it gets to be of a criminal character.

Article 25

1. Everybody has a right to create and join any association, including trade unions.

2. Citizens have the right to create and join political parties in accordance with law. A list of state bodies where the creation and functioning of political parties is prohibited as well as the list of offices in case of occupation of that a citizen does not allow to be members of any political party or take part in its activities is defined by law.

Article 26

The rights given in Articles 23, 24 and 25 of the constitution do not restrict the state to establish restrictions on the political activity of aliens.

Article 27

1. Citizen who has achieved the age of 18 has a right to participate in referendums and elections of state and self-governing bodies.

2. Only a person who is confirmed to be incompetent by the court or is sentenced to prison by court decision is deprived of participation in elections and referendum while in prison.

Article 28

1. Each citizen is allowed to hold any official state post if he satisfies established requirements.

2. The requirements of posts of state run institutions are defined by the law.

Article 29

1. Each person is considered innocent until his guilt is proven in accordance with law and sentence is fixed by court decree entered into legitimate force.

2. No one is obligated to prove his innocence.

3. Everyone charged with a criminal offence has the right to examine or have examined witness against him and to obtain the attendance and examination of witness on his behalf under the same conditions as witness against him.

4. Evidence obtained by violating the law has no juridical power.

5. Nobody can be brought before the court twice for one and the same crime.

6. No one will answer for the action if it was not considered as the violation of the law at the moment it was performed. A law is not retroactive if it does not lessen the responsibility or remit a punishment.

7. No one is obligated to give evidence against himself or relatives defined by the law.

8. The right to adequate defence is guaranteed at every stage of a case.

9. Procedure of correction of court error is determined by the law.

Article 30

1. Each citizen has the right in accordance with law to become acquainted with an information on himself existing at state institutions if they do not contain any state, professional or commercial secrecy as well as with official records existing there.

Article 31

1. Labor is free.

2. The state is obligated to foster the development of free enterprise and competition.

3. On the basis of international agreements regulating labor relationships, the state guarantees the labor activities of immigrants and protects the labor rights of the citizens of Georgia abroad.

4. All employes are guaranteed safe and healthy working conditions. The conditions of minor and women's work is determined by law.

Article 32

1. The state is obligated to help the unemployed citizens find work, and provide old and unable people with a minimum standard of living.

2. The conditions of provisions of minimum standard of living and the status of unemployed are determined by law.

Article 33

The right of strike is recognized. Rules for realizing the right is determined by the law which also creates guarantees of activities of the jobs having vital importance.

Article 34

1. Each citizen has the right to get an education. Freedom of choice in education is recognized.

2. Primary education is universal. The state provides free primary education. Citizens have the right to free secondary and high education at state educational institutes within the framework and by the rules established by law.

3. The state renders help to educational institutions and performs their certification according the rules established by law.

Article 35

Marriage is based on equality of rights and freedom of will.

Article 36

1. Each citizen has the right to use natural and cultural environments and is obligated to protect them.

2. In order to protect the environment providing for the human health and taking into consideration ecological and economical interests of the society the state guarantees the defence ot the environment and the rational use of nature.

Article 37

1. The freedom of social economic and cultural development of the national minorities acknowledged and protected.

2. Every person has a right to use his native language in public. Within any local self-governing unit where any of the national minorities exceed 20 per cent of all citizens, in case there is a request of the national minority, their native language must be introduced as legal and administrative use togehter with the state language, in organs of a self-government and state offices that jurisdiction are extended only on this unit.

3. Within multilingual local self-governing units the distribution of the means for cultural-educational institutions is performed in accordance with the national structure.

Article 38

1. Each citizen is obligated to defend Georgia.

2. Each male citizen is obligated to perform in military service or alternative service; the form of alternative service is determined by law.

3. The release from military service is possible only by religious or ethnical grounds by decision of a court.

Article 39

Everybody is obligated to pay taxes in the amount and rule determined by law.

Article 40

The state does not reject universally recognized rights, freedoms and guaranties of a man and a citizen: those not mentioned here are proceeded from the principles admitted in this constitution.

Article 41

1. To protect his rights and freedoms, each person is allowed to appeal to an independent and unbiassed court, which is obligated to create equal conditions for parties to the case.

2. Everyone must be judged only by the court having jurisdiction over his case.

3. Each person who suffers damage illegally caused by official bodies and officers is guaranteed to take full compensation through the court from the state resources.

Article 42

Performance of one's own rights and freedoms shall not have an injurious effect on the rights of others.

Article 43

Proceeded from their contents the main rights and freedoms given in the Constitution apply to legal persons as well.

Article 44
(Version 1)

1. During a state of emergency or a state of war to restrict the rights and freedoms given in articles 13, 14, 16, 18, 19, 20, 22, 23, 24, 29, 30 and 32 is allowed within the framework and by the rules established by the law.

2. If there exists a state of emergency or a state of war, elections of the Parliament, the President, regional and local self-governing bodies must be held after the state of emergency or martial law is removed.

Article 44
(Version 2)

1. During a state of emergency or martial law the Parliament is authorized by Article 62 of this Constitution to restrict the action of the articles 13, 14, 16, 18, 19, 20, 22, 23, 29, 30 and 32 of the Constitution either in the whole republic or in any part of it.

2. If there exists a state of emergency or martial law, elections of the Parliament, the President, regional and local self-governing bodies must be held after the state of emergency or martial law is removed.

3. If the Parliament does not hold a sitting during the state of emergency or martial law, President of the Republic, upon the demand of the government restricts the action of the rights and freedoms mentioned in the first paragraph of this Article and immediately presents to the Parliament to approve.

Article 45

1. Foreign citizens and persons not having status of the citizen of Georgia have the rights and obligations equal to the rights and obligations of citizens of Georgia with some exceptions which proceed from the Constitution and laws.

2. The Republic of Georgia gives shelter to foreign citizens and persons not having the status of

a citizen of Georgia in accordance with the law and the norms of international justice, acknowleged universally.

3. (Version 1) Any political exile, finding refuge within the territory of the Republic of Georgia shall not be extradited to another state if he had not committed a terrorist or other act of violence (reading: serious criminal offence).

3. (Version 2) Any political exile, finding refuge within the territory of the Republic of Georgia shall be extradited to another state only in accordance with the law and international treaties.

Chapter Three
The Parliament of Georgia

Article 46
The Parliament of Georgia exercises the legislative power and other functions enumerated in the Constitution.

Article 47
1. The Parliament of Georgia consists of two chambers – the Council of the Republic and the Senate.

2. The procedure of electing Deputies and Senators is determined by the Constitution and organic law.

3. The internal structure of each chamber, the order to work and the organization are determined by the Constitution and by the appropriate chamber regulations adopted by the majority of the total number in each chamber.

Article 48
1. The Council of the Republic consists of 120 Deputies elected for a term of four years by proportional system on the basis of free, universal, equal and direct suffrage by secret ballot.

2. A Citizen having reached the age of 23 with the right to vote may be elected as a Deputy.

3. The right of participation in the elections is given to a political party which has not less than 5 members in the Council of the Republic, or to a party upon an initiative confirmed by the signatures of not less than ten thousand voters.

4. Political party or bloc of political parties who receives less votes than four per cent, do not get a mandate of a Deputy.

5. Elections of the Council of the Republic are held in May of the fourth year after holding the previous elections and out of term elections are held in not more than 45 days after dismissing the Council of the Republic. If the date of holding elections falls during a state of emergency or a state of war, elections are held in not more than 60 days

after the end of this situation. The date of elections is set by the President of the Republic at least 60 days before the next elections. Out of term elections are set at least 30 days before.

6. The authority of the Council of the Republic ceases immediately after the first meeting of the newly elected Council of the Republic and in the case of its pre-term dismissal – from this moment.

Article 49
1. The Senate consists of Senators elected in the Lands for a term of six years by secret ballot by the members of representative bodies of local self-governments. The Former Presidents of the Republic become Senators with an indefinite term by right if their authority did not cease in accordance of Article 77.2 of the Constitution.

2. A citizen who has attained 30 years and has the right to vote can be elected as a senator, if before the elections he has lived for at least the previous year in the Land where he is a candidate of a member of the Senate and is a member of the representative body of local self-government of this Land or was elected as a senator from this Land.

3. Four Senators are elected from each Land, three Senators from Tskhinvali Region, except that from Abkhazia, Adjara and Tbilisi, four additional senators are elected by their supreme representative bodies.

4. One third of the members of the Senate are re-elected every two years. The President of the Republic announces such elections at least 30 days before the elections.

Article 50
The first sitting of newly elected Council of the Republic shall be held within 25 days after the elections. The day of the first sitting is appointed by the President of the Republic.

Article 51
1. A member of the Parliament of Georgia is the representative of the whole Georgia, uses free mandate and his call up is impermissible.

2. A member of the Parliament is not answerable for the ideas and opinions expressed in or out of the Parliament, while performing his duties.

3. Bringing an action against a member of the Parliament, his detention or arrest, or the search of his person or flat, is permissible only with the consent of the chamber of the Parliament of which he is a member, except in cases when he is caught in the commission of a crime. In such a case, the appropriate chamber should be notified immediately. If the appropriate chamber of the Parliament does not give its agreement, the member of the Parliament must be immediately released.

4. A member of the Parliament has the right not to give evidence on facts disclosed to him as a member of the Parliament. To the extent that this right to refuse to give evidence exists, no seizure of documents may take place. A member of the Parliament preserves this right after the expiration of his duties.

Article 52

1. A member of the Council of the Republic may not occupy any other position, carry out commercial activities, or receive another salary or compensation from any other occupation.

2. A person cannot simultaneously be a member of the Council of the Republic and the Senate, or a member of the Parliament and a territorial representative body.

3. Demands of the first part of this article are spread on the chairman, the deputy-chairman, and the secretary of the Senate, and also upon the chairmen of the constant commissions of the Senate. In such case, the chairman, the deputy-chairman, the secretary, and the chairmen of the constant commissions of the Senate are considered in resignation from the position they occupied.

4. The members of the Parliament receive a salary determined by law. If a senator occupies any other post he may not receive the salary established for members of the Parliament.

5. In case of requirements of this Article are violated, the question of the pre-term expiration of duties of a member of the Parliament is decided by the Constitutional Court.

Article 53

1. The question of the recognition of the authority of a member of the Parliament, or the pre-term expiration of his duties, is decided the appropriate chamber. This decision may be appealed to the Constitutional Court.

2. The pre-term expiration of duties of a member of the Parliament is possible in the following cases:

a) A member's resignation;

b) Recognition of the validity of charges by a court conviction against him;

c) His inability to work as recognized by a court;

d) Occupation of post or activities incompatible with the status of a Deputy;

e) If he is declared by a competent body as dead.

3. Pre-term expiration of duties of a member of the Council of the Republic also takes place in the case of dismissal of the Council of the Republic.

Article 54

1. The chairman of a chamber, the deputy-chairman and the secretary of a chamber are chosen by secret ballot, and are elected by a majority of the total number of chamber members.

2. The chairman, the deputy-chairman and the secretary of the Council of the Republic are elected for a term equal to the term of authority for the Council of the Republic. The chairman, the deputy-chairman and the secretary of the Senate are elected for a term of two years, immediately after the renewal of one third of the Senate members.

3. The chairman of the Council of the Republic and the chairman of the senate lead chamber work, guarantee free expression of opinions, sign acts adopted by their chamber, and perform other duties as required by the appropriate chamber regulations.

4. For a period determined by the regulations of each chamber, a deputy-chairman shall assume the position of the chairman of the chamber when ordered by the chairman of the chamber or upon his pre-term expiration.

5. The chairman of the Council of the Republic on behalf of both chambers carries out the complete administrative functions of the Parliament. He guarantees the inviolability of the Parliament, and without his permission no one has the right to search or arrest anyone within the Parliament house.

Article 55

1. Constant commissions are rejected in the Council of the Republic for the term of its authority and in the Senate, for a term of two years. The constant commissions shall prepare questions about legislative work, and help to fulfill the decisions of the legislature, and carry out common control of executive body activity.

2. Each chamber of the Parliament has the right to create investigative and other temporary commissions in the cases considered by the Constitution and the chamber regulations, and a chamber of the Parliament is obligated to create such a commission if requested by one fourth of the total number of the chamber. In such cases, the representatives of the parliamentary majority shall not compose more than one half of the total number of members of such a commission.

3. Investigative commissions shall function in accordance with the procedures of the penal law. Their conclusions are not binding on courts.

Article 56

1. A Parliamentary faction in the Council of the Republic may be constituted by not less than twelve members of the Council.

2. The competences, order of the creation and activities of a faction are determined by law and by the regulations of the Chamber.

3. The creation of factions in the Senate is impermissible.

Article 57

1. The Right to Question: A member of the Parliament has the right to ask questions of any representative of a state power, and shall receive complete answers to his questions. The right can be applied to courts and judges only according to the provisions of Article 101.2 of the Constitution.

2. The Right of Interpellation: A group of at least 12 deputies, or a Parliamentary faction, has the right to interpellate the Prime Ministers or separate members of the cabinet. The Prime Minister and ministers shall answer such questions at the sitting of the Council of the Republic. After the debate the Council of the Republic adopts a resolution.

Article 58

1. Chambers hold their sittings separately.

2. Chambers sit jointly in the following cases:

a) In the cases of the discussion of the questions on war and peace, and emergency situations.

b) For the discussion of a questions of amnesty.

c) Taking the oath by the President.

d) For hearing Presidential reports.

e) In other cases determined by the Constitution and Law.

3. Joint sittings are held by the regulations passed jointly by the Council of the Republic and the Senate, and are presided over by the chairman of the Council of the Republic.

Article 59

1. Sittings of the Parliament and its chambers are public. By a vote of the absolute majority of all members of a chamber, a sitting or a part of it may be closed.

2. Members of each chamber have right to attend sittings of the other chamber without obstacle. Officials that are elected, appointed and confirmed by a chamber are authorized, and may be required, to attend sittings of their respective chambers and their commissions. They may address their chambers and commissions, and are to be granted the right to speak at their first request.

3. Voting is always open or name except cases envisaged by the Constitution.

Chambers just keep a journal of their proceedings, and publish them periodically, except for its secretly known issues.

Article 60

1. The Council of the Republic by its rights gathers for the following session twice a year. The fall session opens on the first Tuesday of September and closes on the third Friday of December and Spring session opens on the third Tuesday of January and closes on the last Friday of June.

2. The President of the Republic by the request of the Prime Minister, the chairman of the Council of the Republic and not less than one fourth Deputies or on own initiative convenes out of term session within the sessions and during the following session – out of term sitting. If after submitting the written request within 24 hours the act of convocation was not published the chamber gathers by its right.

3. The out of term sitting is held only by the determined agenda and closes at its expiration.

4. The announcement of war and the state of emergency or the state of war causes meeting of both chambers of the Parliament by its rights at the out of term joint sitting within 24 hours and continuation of work of the Council of the Republic until the end of the situation.

Article 61

1. Decisions on war and peace and emergency situations are adopted at the joint sitting of the chambers of the Parliament by a vote of the majority of the total number of each chamber.

2. If the Council of the Republic is dismissed the duties of the Parliament which are determined by this Article and Articles 44 and 68 of the Constitution are carried out by the Senate, who makes denoted decisions by the majority of two third of total number of the Senate.

Article 62

1. In the cases envisaged by the Article 77.2 of the Constitution, the Senate decides on the issue of impeachment upon the submission of a charge by the Council of the Republic.

2. The submission of charge by the Council of the Republic is considered if it is signed by at least one fourth of total number of the Council of the Republic. The chairman of the Council of the Republic convenes immediately the sitting of the chamber which appoints the date for consideration of a charge. A charge must be considered promptly after its submission, but in no case shall the charge be resolved later than 30 days after its submission. The decision of the chamber about submission of a charge is considered adopted of supported by at least two third of total number of the chamber.

3. In the cases of passing the decision of submitted charge to the President by the Council of

the Republic the decision is passed to the Senate within 5 days which is obliged to hold a sitting immediately after its adoption. The sitting of the Senate is convened by its chairman. The decision on submitted charge must be considered promptly by the Senate after its submission, but in no case shall it be resolved later than 30 days after its submission. The decision of the Senate about confirmation of the submitted charge to the President of the Republic and his removal from the post is considered adopted if supported by at least two third of the total number of the Senate.

4. If within in the time established for the procedures of either chamber under this Article that chamber does not act, proceedings under this Article shall be terminated, and the same charge may not be brought again for at least next six months.

5. Discussion of the submitted charge to the President of the Republic and passing of the decision is impermissible in the Parliament in the case of situation envisaged by the Articles 82, 84.4 and 85.4 of the Constitution.

6. No court has jurisdiction over the procedures governed by this article.

Article 63

1. Ratification and Denunciation of International agreements and treaties are performed by organic law.

2. It is obligatory to ratify such International agreements and treaties which:

a) are of political or military character;

b) concern territorial integrity, citizenship or human rights and freedoms pointed in the second chapter of the Constitution;

c) charge the state with financial duties;

d) require a change of the internal legislation or adoption of necessary laws and acts possessing the power of law for fulfillment of charged obligations.

3. The Parliament must be immediately notified about conclusion of other International agreements and treaties.

4. Those provisions of International agreements and treaties which contradict the Constitution enter into force only after revision of the Constitution. Conclusion whether there is any contradiction to the Constitution is made by the Constitutional Court after appealing to it.

Article 64

1. Except for those bills and resolutions required by the Constitution to be passed by a qualified majority, a bill or resolution is considered passed in the Council of the Republic if supported by the absolute majority of all those present, but

not less than one forth of total number of the Council of the Republic.

2. As referred to in this Constitution, an »organic law« shall be considered passed in the Council of the Republic if supported by a majority of the total number of the Council of the Republic.

3. The decision of the chambers on revision of the Constitution and submission of an appropriate bill for referendum is considered passed if supported by at least two-thirds of the total number of each chamber.

4. The decision of the Senate on the renunciation of a bill and amendments in it, passed either according to the procedures of Article 64.1 or according to the procedures of Article 64.2, is considered passed if supported by the majority of total number of the chamber.

5. Except for those resolutions required by the Constitution to be passed by a qualified majority, a resolution is considered passed in the Senate if supported by the absolute majority of all those present, but not less then one fourth of total number of the Senate.

6. The order of adoption of the other kinds of decision is determined by the regulations of the chambers.

Article 65

1. The adoption of law by the Parliament begins with submission of the bill to the Council of the Republic.

2. The right of legislative initiative is vested in a member of the Parliament, a Parliamentary faction of Deputies, a commission of the Council of the Republic, the President of the Republic, the Cabinet of Ministers, a representative body of a Land, or 15 thousand voters.

3. If required by the President of the Republic or by the Cabinet of Ministers the Council of the Republic shall consider a bill submitted by the President of the Republic or by the Cabinet of Ministers out of turn and/or in accelerated way.

Article 66

1. The approved bill by the Council of the Republic is passed to the Senate within 5 days.

2. If the Senate does not renounce the entered bill within 30 days, it is passed to the President of the Republic. In case of a bill adopted by the Council of the Republic by an accelerated procedure, this time is reduced to 15 days.

3. The renounce bill by the Senate is returned to the Council of the Republic with its remarks within 5 days. The Council of the Republic votes on the Senate remarks and passes the final wording of the bill to the President of the Republic.

4. The President of the Republic either signs and issues the law within ten days or returns it to the Council of the Republic with his remarks.

5. If the President of the Republic returns the law to the Council of the Republic, the Council then votes on the President's remarks. Adoption of the remarks requires the same number of votes as for the initial approval of the given bill. The Council of the Republic then passes the final wording of the bill to the President of the Republic, who is required to sign and publish the law within 7 days.

6. If the President of the Republic does not publish the law within determined period, then the law is signed and published by the chairman of the Council of the Republic by right.

7. The law enters into force only on the 15th day after its official publishing, unless another date is provided.

Article 67

1. In order to carry out its program, and upon the consent of the President of the Republic, the Cabinet of Ministers may request that Parliament authorize it, by an organic law to issue law-decrees. The purpose, content, and scope of the powers conferred must be set forth, as well as the period for which the power is conferred. This power ends at the moment the Cabinet of Ministers is dismissed or is resigned.

2. The period of conferral may not exceed 12 months. In the event of a pre-term dismissal of the Council of the Republic, this period ends at the moment the Council is dismissed.

3. The period of conferral may be extended, or an additional delegation under Article 67.1 may be granted, only upon the presentation of a new program which is accepted according to the procedures established in Article 84.

4. The law-decree enters into force only if submitted to the Council of the Republic, and then from the moment of its publication, unless a later date is indicated. During the period indicated under Article 67.1, the Parliament retains the power only to abrogate law-decrees by law in part or in whole.

5. At the expiration of the time limit referred to in the Article 67.1, the law-decrees may be abrogated or modified only by law.

Article 68

1. During the state of emergency or state of war the Cabinet of Ministers is authorized to enact decrees which have the power of law. Such decrees must be immediately submitted to the Council of the Republic. The President presides over the Cabinet of Ministes during the discussion and adoption of such decrees, which go into effect if signed by the President of the Republic, and countersigned by the Prime Minister or an appropriate minister.

2. The Council of the Republic is obliged to discuss and adopt the decision within 15 days after publication of the decrees. If the Council of the Republic does not ratified the decree it is considered nullified from the day of its adoption.

3. The decree enters into the force from the day of its publishing and period of its action ends simultaneously with the end of the state of emergency or state of war.

Article 69

The Council of the Republic may not delegate to the Cabinet of Ministers legislative authority that this Constitution requires to be determined by organic law, nor may the Cabinet of Ministers issue decrees within the domain of subjects required to be determined by organic law.

Article 70

1. After an initial failure of a bill brought by the Cabinet of Ministers, the Cabinet of Ministers may authorize the Prime Minister to submit to the Council of the Republic the same bill, and join to it to a question of confidence in the Cabinet of Ministers.

2. If within 48 hours after raising the question of confidence, a vote of non-confidence has not been submitted to the Council of the Republic, or if a vote has been submitted and the Council did not vote no confidence, the bill is considered approved and is passed to the Senate. After one such vote, raising a question of confidence on the same bill is impermissible.

3. Submission of this question on non-confidence and the passing of a decision takes place by the procedures of Article 85.1, and Article 86 of this Constitution.

Chapter Four
The President of the Republic

Article 71

1. The President of the Republic is the head of State, and a guarantor of the constitutionality of the activities of the State.

2. The President of the Republic represents the Republic within the country and in foreign relationships.

Article 72

1. The President shall be elected in free, universal, equal and direct suffrage by secret ballot with a

term of five years. One and the same person can only serve two consecutive terms as President.

2. Any citizen of Georgia may be elected President of the Republic, who is eligible to vote, has attained thirty-five years of age, has lived in Georgia for at least fifteen years and is living in Georgia on the day the elections are scheduled.

3. The right to nominate a candidate to the President of the Republic is vested in a Political party or an initiative group, the initiative confirmed by the signatures of 25 thousand electors, at least 50 members of Parliament among them. Each member of Parliament has the right to support several nominated candidates.

4. A candidate is considered elected who received the absolute majority of votes of the participants, on condition that more than a half of the total number of electors have participated in the elections.

5. If elections are considered having held, but none of the candidates received the necessary votes, then the second round of the elections is held in two weeks' time.

6. The second round of the elections is held with the two candidates who had the best results in the first round. The candidate who receives more votes will be considered elected President on condition that at least one-third of total number of electors had participated in the elections.

7. In the case elections are acknowledged unheld or are held but the only candidate balloting in the first round couldn't receive enough votes, new elections are to be held.

8. During the state of emergency or state of war, no elections can be held.

9. The first round of the regular elections of the President is held on the second Sunday of April in five (version: four) years time since previous elections.

10. The orders and means of the elections of the President of the Republic are determined by organic law.

Article 73

1. Before the authority of the newly elected President begins on the day of May, 26, he must make his program speech and swear a solemn oath, before a joint sitting of Parliament:

»I, The President of the Republic of Georgia, solemnly pledge before my Nation and my Home country to defend Constitution of Georgia, independence, unity and inseparability of my country. I will honestly perform the duties of a President. I will protect the welfare and security of my people, and will care for the renascence and power of my nation and my homeland«.

2. In the event of special elections the ceremony mentioned in the first paragraph of this article is hold on the third Sunday after the day of President election.

Article 74

1. The President of the Republic can hold no other position, cannot carry out commercial activity or receive another salary or compensation from any other occupation.

2. The President of the Republic has no right to be in any political party.

Article 75

1. In fulfillment of his functions under Article 71 of the Constitution, the President:

a) Concludes international agreements and treaties, negotiates with foreign states; with consent of the Senate appoints and relieves ambassadors and other diplomatic agents; receives and accredit ambassadors and other diplomatic representatives of foreign states and international organizations;

b) Appoints and relieves, submits to the Council of the Republic or the Senate officials in cases determined by the Constitution and law;

c) Shall call a referendum in those cases envisaged by the Constitution;

d) In the events of war-state, massive disorder, military coup, armed rising – declares a state of emergency throughout the whole territory of the State or its parts and immediately submits it to the Parliament for approval;

e) In case of an armed assault on the Republic, he declares war, and when appropriate, concludes the peace, and immediately submits these decisions to the Parliament for confirmation;

f) Signs and issues laws in the order determined by the Article 66 of the Constitution;

g) In cases determined in the Constitution presides over sessions of the Cabinet of Ministers.

h) Dissolves the Council of the Republic in cases determined by the Constitution. It is impossible to dissolve the Council of the Republic during a state of emergency or state of war; also in case defined in the Article 62 of the Constitution, from the moment the Parliament was proposed to incriminate the President to the moment Parliament makes decision;

i) The right of pardon;

j) Awards state honors, awards high-ranking military and special titles, and highest diplomatic ranks;

k) Is the commander-in-chief of the military forces, presides over the National Security Council created in accordance with an organic law;

l) Carries out other rights and duties vested in him by the Constitution.

2. The President of the Republic, in the cases determined by the Constitution and within the Constitution, issues legal acts, and signs decrees passed at the Cabinet of Ministers.

3. At least once a year reports to the joint sitting of the chambers of the Parliament on major domestic and foreign affair issues situation in the country.

4. The expenses to keep the President and his staff are determined by the law on the budget.

Article 76

1. The President of the Republic declares the referendum within 90 days after received of request to hold referendum. Referendum can be held only in connection with:

a) introduction of amendments to the Constitution as determined in Chapter 11 of the Constitution;

b) changes in State borders as determined Article 5 of the Constitution;

c) cancellation of a law or its parts, upon request of no less than 300 thousand voters.

2. Holding of the referendum on budget and tax law, amnesty and pardon, laws on ratification or denunciation of international treaties and agreements, also on questions restricting basic human rights and freedoms protected by the Constitution is prohibited.

3. Holding of the referendum is prohibited if the Constitutional Court declares the subject to be submitted to the referendum unconstitutional.

4. Questions connected with declaration and holding of the referendum are determined by organic law.

Article 77

1. The President has personal immunity during his term and it is prohibited to arrest him or to institute criminal proceedings against him.

2. The Parliament has the right to relieve the President of the Republic according to the procedures of Article 62 of the Constitution and according to the order determined by an organic law, for gross or continuing violation of the Constitution and laws, or high treason.

Article 78

1. In cases the President is unable to perform his official duties or pre-term expiration, the powers of the President are delegated to the chairman of the Senate and in cases he is also unable to perform the duties, or pre-term expiration the powers are delegated to the Prime Minister.

2. A person holding the Position of the President of the Republic cannot use the rights formulated by the Article 75.1, items c, d, h.

3. Chairman of the Council of the Republic ensures to hold the elections of the President of the Republic within 60 days since the date of expiration the duties of the President.

Chapter Five
The Cabinet of Ministers

Article 79

The Cabinet of Ministers of the Republic of Georgia, in the frame of the Constitution and laws, leads the executive power, and exercises domestic and foreign policy.

Article 80

1. The Cabinet of Ministers is composed of the Prime Minister and Ministers. Prime Minister is the head of the Cabinet of Ministers and is responsible for its activities to the Council of the Republic. Ministers are responsible jointly for activities of the Cabinet of Ministers and individually for the activities of their institutions.

2. A citizen who has a right to be elected in the Council of the Republic, can be nominated to the position of Prime Minister or minister. Only civil persons can be appointed as the Prime Minister and ministers, except for the position of minister of defense; former military serviceman or persons equated to them can be appointed only if they have resigned from their offices at least one years before appointment.

3. The Prime Minister and member of the Cabinet of Ministers may not occupy any other position, carry out commercial activities, or receive another salary or compensation from any other occupation.

Article 81

1. The structure, design and activities of the Cabinet of Ministers should be determined by cabinet regulations.

2. The armed forces, the state security forces, and the police shall not be united.

Article 82

1. Within 5 days after the resignation of the Cabinet of Ministers or after the authority of the newly elected Council of the Republic on the basis of a power determined by Article 71 of the Constitution is recognized, the President of the Republic appoints the Prime Minister, who is in charge to set up the Cabinet of Ministers. Within 7 days after the nomination of the Prime Minister, the President appoints Ministers, presented by the

Prime Minister; the Prime Minister submits for confirmation whole personnel of the Cabinet of Ministers to the Council of the Republic. The Cabinet of Ministers has to receive confirmation by voting within 3 days after its submission.

2. In case of rejection of the Cabinet of Ministers for, the procedure for the formation of the Cabinet of Ministers is repeated according to the paragraph 1 of this article.

3. In case of second rejection of the Cabinet of Ministers for, within following 7 days the Council of the Republic elects the Prime Minister, who is charged to set up the Cabinet of Ministers. In order to submit the candidate of the Prime Minister, the should be supported by at least 25 Deputies. After the Prime Minister is elected, within following 5 days he submits for confirmation whole personnel of the Cabinet of Ministers to the Council of the Republic. The confirmation should be voted not later then 3 days, since its submission.

4. In case if the Prime Minister is not elected by the Council of the Republic, or if the Cabinet of Ministers is not receiving confirmation after the election of the Prime Minister, within following 3 days the President dissolves the Council of the Republic and declares new elections.

Article 83

1. The Cabinet of Ministers is authorized to commence its work from the day of its confirmation till the confirmation of the new Cabinet of Ministers.

2. The Cabinet of Ministers is considered resigned if it has not received confidence of the Council of the Republic or has received no confidence.

3. The resignation of the Prime Minister, death or inability to discharge his duties causes the resignation of the Cabinet of Ministers. The Prime Minister or the President shall immediately inform this fact to the Council of the Republic.

Article 84

1. After confirmation of the Cabinet of Ministers the Prime Minister has a right to make a change in the composition of the Cabinet of Ministers after consultation with the President of the Republic; if more than one third of the Cabinet is changed, the Prime Minister, within 7 days, must submit the issue of confidence on the Cabinet of Ministers to the Council of the Republic.

2. The Prime Minister is authorized after discussions in the Cabinet of Ministers to submit the issue of confidence on the Cabinet of Ministers to the Council of the Republic, caused by its program or its general political declaration.

3. The voting must be held not earlier than 3 days and not later than 10 days after the issue of confidence is presented.

4. If the Cabinet of Ministers does not receive confidence and if after such decision within 15 days a new Cabinet is not formed by the Council of the Republic, according to the rule prescribed in Article 82.3 of the Constitution, the Prime Minister is authorized to appeal to the President for dissolution of the Council of the Republic. Within 3 days the President of the Republic dissolves the Council of the Republic and declares new elections.

Article 85

1. In the Council of the Republic at least 25 Deputies have right to submit the motivated issue of no confidence on the Cabinet of Ministers. On this issue the voting must be held not earlier then 3 days and not later then 10 days after its submission. Each Deputy during one session has right to sign once the submission of no confidence, besides the case, prescribed in Article 70 of the Constitution.

2. The Council of the Republic is authorized to declare no confidence by the procedures of Article 85.1 on the Cabinet of Ministers if the Council simultaneously elects a new Prime Minister. The resolution on the election of a new Prime Minister and the issue of no confidence on the Cabinet of Ministers is passed by one voting.

3. Within 7 days after the Prime Minister is elected, the Prime Minister shall submit, after consultation with the President of the Republic, the whole personnel of the Cabinet to the Council of the Republic for confirmation. Not later then after 3 days after this discussion, a vote on confirmation shall be taken.

4. If the Cabinet of Ministers does not receive confirmation, the President of the Republic, within following 3 days, dissolves the Council of the Republic and declares new elections of the Council of the Republic.

Article 86

Decisions on issues prescribed in Articles 82, 84, 85 of the Constitution, are adopted by the Council of the Republic by secret voting as resolutions.

Article 87

1. In order to ensure the performance of obligations defined by the Constitution and law the Cabinet of Ministers issues resolutions.

2. The Prime Minister and Ministers within the frames of their competence, issue orders.

Article 88

1. Except as required by law, the Cabinet of Ministers is responsible for public administration.

2. Institutions, bodies or organs of government power are established by law only.

3. The Cabinet of Ministers has no power to recall rights vested in any administrative body by the Constitution and law, or to make decisions on questions that must be decided by these state bodies.

Chapter Six
The Constitutional Court

Article 89

1. The Constitutional Court consists of eight members. Two of them are nominated for a term of nine years by the President of the Republic. The Council of the Republic, the Senate and the Supreme Court nominate the rest, by two each.

2. The Constitutional Court elects its chairman from its members with a term of four years and six months. Election of one and the same person as a chairman for the second term is prohibited.

3. A member of the Constitutional Court must be a citizen of Georgia who has attained the age of thirty five years, has higher legal education, at least five years of experience in this field, and is in command of the legal state language.

4. To nominate or to elect as a member of the Constitutional Court a person who has already once held this post is prohibited.

5. The office of a member of the Constitutional Court cannot be combined with any other offices or paid activities, except pedagogical activities. He can not be a member of a political party, or participate in political activities.

6. A member of the Constitutional Court ist independent in carrying out his activities and makes decisions on the ground of the Constitution and his own trust. Impeachment shall be the only way to release a member of the Constitutional Court from his post.

Article 90

1. The jurisdiction of the Constitutional Court covers the entire territory of Georgia and on the ground of any constitutional complaint received according to rules established by organic law, the Constitutional Court is authorized:

a) To recognized as unconstitutional normative acts of the Parliament, the President of the Republic, the Cabinet of Ministers, Land bodies, as well as the normative acts passed by corresponding bodies before the Constitution comes in force;

c) To recognize as unconstitutional the question that shall be submitted to the referendum;

d) To settle quarrels between the state bodies and the state and local bodies about their authorities;

e) To make decisions about the Constitutional complaint of a private person whose rights listed in Chapter 2 of the Constitution having been violated;

f) To decide other questions it has to determine according the Constitution and organic law.

2. The decision of the Constitutional Court is final and obligatory for all. Any act or private norm recognized as unconstitutional loses its force from the moment the corresponding decision of the Constitutional Court is announced.

Article 91

Allowed to make the Constitutional complaint to the Constitutional Court are:

a) The President of the Republic, the Prime-Minister, one third (version: one fifth) of the members of the Council of the Republic and one third (version: one fifth) of the members of the Senate, the Commissar of the Republic concerning the questions meant in Article 90.1, paragraphs a, b, c, d;

b) Land bodies in cases given under Article 90.1, paragraphs c, d;

c) natural and legal bodies concerning questions meant by Article 91.1, paragraph e;

d) other persons, determined by law, in cases meant by Article 90.1, paragraph f.

Article 92

1. In case, a court discussion a special matter, on the base of the request from one of the sides of the legal action decides that the law or other act having the force of law, which the court has to use to solve the matter does not correspond the Constitution, the court stops the case and addresses the Constitutional Court. The legal action will continue after the Constitutional Court makes its decision.

2. To recognize a statement as unconstitutional doesn't mean that resolutions and decisions announced before on the base of the statement are removed.

Article 93

The organization of the Constitutional Court, rules of Court proceeding, means of realizing decisions, as well as the status of the members of the Constitutional Court are determined by the organic law.

Chapter Seven
The Judiciary

Article 94

1. The judiciary power in Georgia is exercised by the Supreme Court of Georgia and by other courts, both general and specialized, which are under its supervision.

2. The creation of special or emergency courts is prohibited.

3. Specialized courts which adhere to the basic procedures and fundamental constitutional norms governing the general courts may be authorized.

4. Organization and competence of all courts is determined by an organic law, and legal procedure by an organic law and other laws.

Article 95

1. All courts make their decision in the name of Georgia, and execution of these decisions are binding the whole territory of the country.

2. A court decision can be suspended, changed or abolished only by the decision of a court.

Article 96

1. Consideration of a case at every court is public. Court decisions in every case are to be made public. Exceptions may be authorized only by an organic law.

2. Parties enjoy equal and competitive rights when considering a case in court. Restriction of any rights granted by law to participants in any proceeding is prohibited.

Article 97

1. Proceedings in any court shall be in Georgian, except within Abkhazia, where proceedings shall be in Georgian and Abkhazian.

2. Every person participating in a case who does not have command of the legal language of the court is provided with an interpreter, at the expense of the state.

Article 98

A state prosecution at the court is supported by the General Prosecutor of Georgia, and by other prosecutors subordinated him. The General Prosecutor is responsible to the Minister of Justice. His competences shall be defined by an organic law.

Article 99

1. A judge can be citizen of Georgia who has attained the age of 30, who has higher legal education, at least five years experience in this field, and is in command of the legal state language.

2. The office of the judge cannot be combined with any other offices or paid activities, except pedagogical activities. A judge cannot be a member of a political party, or participate in political activities.

Article 100

1. A judge is independent in carrying out his activities, and adheres only to the Constitution and law. He conducts the trial by his inner convictions on the basis of valid evidence and in accordance with the Constitution and law.

2. Judges may not provide any explanation or justification for a decision other than that which appears in the judgment and decision itself. Any effort to require such an explanation shall be punished according to law. Any pressure or other interference with a judge to influence a decision is forbidden and shall be punished according to law.

3. An organic law shall establish a special rule of election, election or appointment, and discharge of the judges. The period of service should not be less than 10 years.

4. Dismissal of a judge from the consideration of a case, his discharge, and removal before the appointed period may be allowed only in the cases stipulated in an organic law.

5. The state is obliged to create to the judge worthy conditions of activities which guarantees his independence. There must be singled out as a single article in the state budget the charges necessary for the appropriate functions of the courts.

6. The reduction of the judge salary and reduction of his privileges is not permitted.

Article 101

1. The judges are immune from criminal prosecution, and cannot be detained or arrested without the consent of the Board of Justice, except in cases when he is caught in the commission of a crime, in which case the facts of the detention or arrest must be immediately communicated to the Board of Justice.

2. The judge must be immediately released if the Board of Justice does not agree to his arrest, or detention, and cannot be indicted for these crimes.

3. The personal search of a judge, or his car, or his apartment, or office, is permitted only with the permission of the Prosecutor General of Georgia.

4. The state must provide safety of the person and family of a judge.

Article 102

1. The Supreme Court of Georgia in accordance with a determined procedure supervises the enforcement of justice at every court of Georgia

and considers the cases determined by organic law in the first instance.

2. The Supreme Court of Georgia has appellate jurisdiction over all cases arising in the lower courts of Georgia, under regulations prescribed by law.

3. The Chairman and judges of the Supreme Court of Georgia can be removed before the appointed time from office only by impeachment.

4. Judges of other courts are appointed and submitted to the Senate for confirmation by the President of the Republic.

Article 103

1. For the preparation and selection of candidates for judges on the competitive basis, for the submission an issue of discharging the judges before the appointed time, for the consideration and resolution the issues of disciplinary responsibility of the judges and for the supporting of an another organizational, systematic and methodical activities of the courts the Board of the Justice has been created.

2. The Chairman of the Supreme Court of Georgia, who simultaneously is the chairman of the board of justice, the Chairmen of the Supreme Courts of Abkhazia and Adjara and minister of justice of Georgia are members of the Board of the Justice by their office.

3. Five members of the Board of the Justice selected from lawyers and having appropriate experience in this field, after the recommendation of the President are appointed with the term of eight years by the Council of the Republic, and the other five member are appointed by the Senate. The Chairman of the Supreme Court of Georgia is chairman of the Board of the Justice.

4. The order and competence of the Board of Justice is determined by organic law.

Chapter Eight
State Finances and Control

Article 104

1. The Parliament of Georgia annually passes the law on budget; There is reflected all incomes and expenses of the State, and also there balance.

2. The orders of making and passing of the budget of the Republic of Georgia are determined by the Constitution and law.

Article 105

1. To submit the draft on budget to the Council of the Republic only the Cabinet of Ministers has a right.

2. The Cabinet of Ministes is obligated to submit the draft on budget to the Council of the Re-

public not later than 3 months before the end of the current budget year. At the same time the Cabinet of Ministers submits the preliminary accounts on the current budget year.

3. Introduction of changes to the draft on budget which result in an increase in expenses and reduction of incomes of the State without the consent of the Cabinet of Ministers is impermissible.

4. If the Parliament can not to pass the law on budget by the beginning of the new budget year, the Cabinet of Ministers is authorized to cover necessary expenditures in accordance with the relative budget of the previous fiscal year to carry out state obligations, but these expenditures may be vetoed by the President.

5. In case the Parliament neither proved the budget nor declared a vote of no confidence on the Cabinet of Ministers during the 60 days from the beginning of the budget year the President of the Republic dissolves the Council of the Republic and declares new elections.

Article 106

1. It is prohibited to make any state loan or assume any financial obligation, without the agreement of the majority of total number of the Council of the Republic. It is prohibited to make transfers of expenses from one part of the budget to another part without the agreement of the Council of the Republic.

2. The Cabinet of Ministers may demand a discharge of additional state expenditures from Parliament if it shows the sources of covering these expenses.

3. The Cabinet of Ministers submits the full report on fulfillment of the budget of the Republic to Parliament for confirmation not later than 80 days from the end of the budget year.

Article 107

1. The state taxes and the structures and order of introduction of non-state taxes are established only by law.

2. No release from state taxes and no expenditure from the state treasury are permitted without the approval of law.

Article 108

1. The right to issue money is vested only in National Bank of Georgia and it determines the order of circulation of money and payments.

2. The name and units of money is determined by law.

Article 109

1. The highest body of the National Bank is the Board of the National Bank, one half of its mem-

bers elected by the Council of the Republic, another half-by the Senate upon the nomination of the President of the Republic for a term of 7 years. To relieve a member of the Board of the National Bank before term expiration is realized by the decision of the corresponding Chamber taken by the majority of the total number of its members upon the nomination of the President of the Republic.

2. The President of the National Bank is appointed and relieved by the President of the Republic, upon nomination of the Board of the National Bank.

3. The National Bank submits the report on its activities to the Parliament annually.

4. The arrangement, authority and order of activities of the National Bank, also the bank system is determined by law.

Article 110

1. Supreme financial-economic oversight of state revenues and expenditures of the state means is carried out by the Chamber of Control of Georgia.

2. The chairman of the Chamber of Control is appointed by the Council of the Republic, upon nomination of the President of the Republic, for a term of 5 years. He has the legal immunity just the same a members of the Parliament do and his pre-term expiration is allowed by means of impeachment only.

3. The Chamber of Control is authorized to check:

a) the financial-economic activities of state institutions, enterprises, and organizations, also of those enterprises part of belongings of which is a property of the state;

b) the state of usage and protection of state finances and other state material assets;

c) the activities of other financial-economic control bodies.

4. Twice an year – while submitting the preliminary and total report on fulfillment of the budget – the Chamber of Control submits report on his own activity to the Council of the Republic.

5. The arrangement and order of activities of the Chamber of Control is determined by an organic law.

Chapter Nine

Article 111

1. Georgia has a sovereign right to wage defensive war in case of armed aggression.

2. Georgia has military forces for protection of the sovereignty of the Republic and its territory, and for fulfillment of international obligations.

3. The structure and amount of military forces and military statutes is approved by the Council of Republic upon the nomination of the National Defence.

Article 112

1. The Council of the National Defence is created for military construction and to organize the defense of the Republic; is leaded by the President of the Republic.

2. The Council of the National Defense consists of the President of the Republic, the Prime Minister, minister of Defense, and three members appointed by the Council of the Republic, upon nomination of the President of the Republic.

3. The authority and the order of activity of the National Defense is determined by organic law.

Article 113

The use of military forces during the state of emergency or when fulfilling international obligations without permission of the Parliament of Georgia is prohibited.

Chapter Ten
Territorial Settlement

Article 114

1. Territorial units in Georgia are: a village, community, settlement, city, region, Land.

2. Titles and borders of the Lands, and the order of creation of other territorial units, into consideration social economic, historical and geographic conditions, are determined by organic law.

Article 115

1. Citizens of Georgia permanently residing in the Lands of Abkhazia and Adjara autonomously manage state affairs as through their representatives so directly within the framework of the Constitution and laws.

2. The legal state of Abkhazia, territorial settlement, the order of creation of state bodies and their authorities, are determined by the basic law of Abkhazia which works out the highest representative body of Abkhazia and after its passing by the Parliament of Georgia confirms the population of Abkhazia by referendum.

3. The legal state of Adjara is determined by organic law on the status of Adjara which is passed by the Parliament of Georgia with the consent of the highest representative body of Adjara.

Article 116

The frame and guarantees of autonomous self-government for citizens of Georgia residing in the

Tskhinvali region determine organic law; it is necessary the agreement of Senators elected from Tskhinvali region for passing this law.

Article 117

1. The highest representative body of the Land is the Council of the Land which consists:

(version 1) of representatives elected by the population of the Land on the basic of free, universal, equal and direct suffrage by secret ballot.

(version 2) of representatives elected by the members of the self-governing representative bodies among themselbes in proportion to the number of the electorate of each electoral district.

2. The highest executive body of Land – executive committee – is headed by the chairman – one of the representatives, nominated by the President of the Republic with the consent of the Senate. All other members are appointed or relieved by the Council of the Land recommended by the chairmen.

3. On the Lands of Abkhazia and Adjara, also Tskhinvali region the President of the Republic, with the consent of the Senate appoints Commissars of the Republic, in order to guarantee the control of the Constitutional laws of Georgia and other normative acts being fulfilled and defended. The Commissars are responsible for realizing State Policy. Their authorities and order of activities are defined by organic law.

4. Orders of creation and activities of the Land bodies and their competence are determined by organic law.

Article 118

1. The President of the Republic with the consent of the Senate has the right of pre-term expiration of the highest representative body of a Land when the action is motivated by State security or in cases when representative body:

a) is actually not acting or is regularly unable to make decisions;

b) regularly or roughly violates legislation of the Republic.

2. In case of pre-term expiration elections must be held in two-months term after such matter. The President of the Republic declares the elections not later than within 45 days before the elections.

Article 119

It is impossible to include into the sphere of normative regulation of Lands the following items, which are in the special legislative competence of the Republic of Georgia:

a) legislative regulation of citizenship of Georgia, human rights and freedoms, emigration and immigration, enter and leave Georgia, foreign nationals and stateless persons temporarily or permanently residing on the territory of Georgia;

b) the status of State boundaries, regime and its protections; the status of territorial waters, airspace and of the continental shelf and their protection;

c) State defense and security; military forces; military industry and trade of arms;

d) the issues of war and truce; determination of legislative regime for a state of emergency and state of war and to give them force;

e) foreign policy and international relations;

f) custom and tariff regime, foreign trade;

g) State finances and State loans; issue of money; the basic principles of legislation on bank, credit and insurance;

h) standards and models; geodesy and cartography; fix the sharp time; State statistics;

i) universal system and regime of energy; communications; merchant fleet; flags of ships; the control of airspace, transit and air transport; meteorological service;

j) railway auto routes of the whole State importance;

k) fishing in ocean and open sea;

l) boundary-sanitary cordon;

m) legislation on pharmaceutical medicines;

n) certification and accredit of secondary and high schools; academic, scientific and professional titles and honors;

o) legislation on intellectual ownership;

p) basic principles of law on administration, labor and land;

q) legislation on trade; criminal law; civil law; penitence and procedure legislation;

r) criminal police and investigation.

Article 120

1. In order to lead State policy in the best way it is possible to create districts of schools, courts and other special functions.

1. (version 2): first sentence must be began with words: »After abolition regions – administrative – territorial units – ...« It must be added at the end: »The Head of the region is appointed and relieved by the President of the Republic with consent of the Senate.«

2. Districts of special function, except of the district of courts, are created by the Council of the Land and approved by the Senate. They also determine orders and frameworks of passing them part of competence of governing bodies of appropriate Lands.

3. The Head and members of the administration of the special function districts are nominated by the executive committee of the Land.

4. The expenses to keep the administration and the staff of the special function district are defined in the Land budget.

Article 121

1. Regulations of local affairs on the level of city, settlement, community and village – not included in community, is fulfilled by the self-governing of residents, without damaging the sovereignty of the state.

2. The population govern the processes themselves and at the same time with the assistance of the representative body, which they elect by free, universal, equal and direct suffrage, by secret ballot.

Article 122

Bodies of self-governing govern municipal property independently, fix the local taxes and fees in the order, which is defined by the law, prove local budget, keep public order, solve problems of conditions of life, communl service and others.

Article 123

The orders of creating and competence of self-governing bodies, their relation with the State bodies are determined by organic law, which envisages traditions and specific peculiarities of different parts of Georgia.

Article 124

1. To remove the acts of the self-governing body is possible by means of court decision only.

2. To authorize self-governing bodies with other special duties is possible only in cases when necessary expenses are allotted from State budget in advance.

Chapter Eleven
Revision of the Constitution

Article 125

1. To submit the bill on revision of the Constitution are allowed:

a) the President of Republic;

b) more than a half of the total number of any chamber of the Parliament;

c) 50 000 electors;

2. Any bill on revision of the Constitution shall be submitted to the Council of the Republic, that publishes it within two weeks. Discussing of the bill at the Parliament begins 6 months after it has been published.

3. The bill an revision of the Constitution is considered passed and the decision about the referendum is made ift at least two-thirds of the total number of each chamber voted for. The decision must be made by the chambers not later than two months after the discussion begins. Otherwise the decision will be considered negative.

Article 126

1. The bill approved by the Parliament comes into force and becomes a part of the Constitution when it is approved by the referendum also.

2. The referendum is considered held, if more than a half of the electors have participated in it. The bill is considered approved if more than a half of the participants of the referendum voted for.

3. Orders and period of the referendum shall be defined by organic law.

Article 127

1. Revision of the Articles *** of the Constitution is prohibited. To pass to the referendum bills not corresponding these Articles is also prohibited.

2. Announcement of a state of emergency or state of war stops the process of revision of the constitution until the end of such situation.

Textanhang XVIII

Draft Constitution of the Republic of Tajikistan (1993/94)

Preamble

We, the people of Tajikistan, as an inseparable part of the world community,

– holding ourselves responsible and duty bound to past, present and future generations;

– aiming to ensure the sovereignty and development of our state;

– recognizing the rights and freedoms of the individual as sacred;

– affirming the equality of rights and friendship of all nations and nationalities living in Tajikistan;

– seeking to build a just society, adopt and proclaim this Constitution.

*** Anm. des Hrsg. P. H.: In der Originalvorlage fehlt die Bezeichnung der Artikel.

Chapter One
Fundamentals of the
Constitutional Structure

Article 1

Tajikistan is a sovereign, democratic, law-governed, secular, and unitary republic. The names Republic of Tajikistan and Tajikistan are of equal validity.

Article 2

The state language of Tajikistan is Tajik-Farsi. All nationalities and peoples living on the territory of the republic are entitled to freely use of their mother tongue.

The procedure for the use of languages is defined by law.

Article 3

The state symbols of Tajikistan are the flag, emblem and the national anthem.

Article 4

The capital of Tajikistan is the city of Dushanbe.

Article 5

The rights and freedoms of the individual are sacred. The recognition, observance and protection of human and civil rights and freedoms shall be the obligation of the state.

Article 6

In Tajikistan the people are the expression of sovereignty and the sole source of state power, which will exercise them directly or through their representatives in the framework of the Constitution.

No social association, group of people or individual shall have the right to seize state power. The seizure of state power is the gravest crime.

Only the president and the Majlisi-Milli (National Assembly) shall have the right to speak on behalf of all the people of Tajikistan.

Article 7

The territory of Tajikistan is indivisible and inviolable. Encouragement of separatism which violates the unity of the state is prohibited.

The state shall ensure the sovereignty, independence and territorial integrity of Tajikistan.

Article 8

In Tajikistan public life shall develop on the basis of political and ideological diversity.

No ideology, including religious ideology, shall be granted the status of state ideology.

Social associations may be established and may function within the framework of the Constitution and the law. The state shall provide equal opportunities for their activities.

Religious organizations shall be separated from the state and shall not interfere with the state affairs.

The establishment and functioning of social associations which encourage racism, nationalism, social and religious enmity and hatred, and advocate the forcible overthrow of the constitutional structure and the formation of armed groups is prohibited.

Article 9

State power shall be exercised on the basis of the separation of legislative, executive and judicial powers.

Article 10

The Constitution of Tajikistan has supreme legal authority and its norms are direct-acting. Laws and other legal acts which run counter to the Constitution shall have no legal validity.

The state and all its bodies, officials, citizens, and their associations are duty bound to observe and implement the Constitution and laws of the republic.

International legal documents recognized by Tajikistan are a constituent part of the republic's legal system. If the republic's laws do not conform with recognized international legal documents, the norms of the international documents shall apply.

International laws and documents recognized by Tajikistan shall apply the following official publication.

Article 11

Tajikistan shall implement a peaceful policy, respecting the sovereignty and independence of other states of the world, and will determine foreign relations on the basis of international norms.

Proceeding from the supreme interests of the people, Tajikistan may join or withdraw from international associations and organizations and establish relations with foreign countries.

The state shall cooperate with compatriots living abroad.

Article 12

The state shall protect the family as the basis of society.

Article 13

The economy of Tajikistan shall be based on various forms of ownership.

The state shall guarantee freedom of economic activity, enterpreneurship, equality of rights, and protection of all forms of ownership, including private ownership.

Exceptional ownership of the state is specified by law.

Article 14

The state shall guarantee the use of land, other natural resources and the environment in the interests of people of Tajikistan.

Chapter Two
Rights, Freedoms, Responsibilities of a Person and a Citizen

Article 15

Each person and his natural rights – life, honour, dignity and freedom are inviolable.

The rights and freedoms of the individual are guaranteed, regulated and protected by the Constitution and laws, international legal documents recognized by Tajikistan.

The Constitution and laws admit limitations of rights and freedoms only with the purpose of providing rights and freedoms of other citizens, social order, protection of the constitutional structure and territorial integrity of the republic.

Article 16

A person is considered to be a citizen of Taijkistan who on the day of the adoption of this Constitution is a citizen of the Republic of Tajikistan.

Membership of the citizens of Tajikistan to the citizenship of another state is not recognized, except in cases stipulated by law and intergovernmental agreements of Tajikistan.

The procedure for getting and losing citizenship is defined by law.

Article 17

A citizen of Tajikistan outside the country should be protected by the state. No citizen of the republic shall be extradited to a foreign state. The extradition of a criminal to a foreign state shall be resolved on the basis of mutual agreement.

Foreign citizens and stateless pesons shall have the same rights, freedoms, responsibilities and duties as a citizen of Tajikistan, except in cases stipulated by law.

Tajikistan shall offer political asylum to foreign citizens whose human rights are violated.

Article 18

All shall be equal before the law and the courts. The state shall guarantee the rights and freedoms of every person regardless of nationality, race, sex, language, religious beliefs, political stance, social status, knowledge or property.

Article 19

Each person shall have the right to life. No one may be deprived of life except by order of a court for the gravest crime.

Article 20

The state shall protect the freedom, inviolability, and dignity of the individual. No one may be subjected to torture, cruelty, or any other inhumane treatment. It is forbidden to subject a person to forced medical or scientific experiments.

Article 21

Each person is guaranted judicial protection.

Each person is entitled to demand that his case be considered by a competent and impartial court.

No one may be arrested, kept in custody, or exiled without a legal reason. Each person is entitled to legal assistance from the moment of his arrest and to complain to a court on the basis of law.

Article 22

No one shall be judged guilty of a crime except by sentence of a court in accordance with the law.

No one may be tried twice for a crime.

A law adopted after an illegal act has been committed by a person and which envisages severe punishment shall not have retrospective effect. If after an illegal act has been committed a law is passed which envisages either no punishment or a light punishment, the new law shall apply.

Total confiscation of the property of a convicted person is prohibited.

Article 23

The law shall safeguard the rights of the victim. The state shall guarantee judicial protection and compensation to the victim.

Article 24

A person's home shall be inviolable. It is forbidden to forcibly enter the home of a person except in cases prescribed by law.

No one may be deliberately deprived of a home.

Article 25

Secrecy of private correspondence, telephone conversations, and the postal and communication rights of each person shall be ensured, except in cases prescribed by the law.

Article 26

Each citizen has the right to travel, freely choose his place of residence, to leave the republic, or to return to it.

Article 27

Each person shall have the right to form a family. Men and women who have reached a marriageable age shall have the right to freely marry without any hindrance. Husband and wife shall have equal rights in marriage and in divorce.

Article 28

Mother and child are entitled to special care and protection by the state.

Parents shall be responsible for the upbringing of their children, and adult children of working age shall be responsible for providing assistance and taking care of their parents.

The state shall be responsible for the protection, upbringing, and education of orphan children.

Article 29

The collection, storage, utilization, or dissemination of information about a person's private life without his consent are forbidden.

Article 30

State bodies, social associations and officials shall be obliged to ensure that each person has the opportunity to seek and see documents affecting his rights and interests, except in cases prescribed by the law.

Article 31

Each person has the right to freely determine his position toward religion, to profess any religion individually or together with others, or not to profess any, and to take part in religious customs and ceremonies.

Article 32

Each citizen hs the right to take part in political life and state administration directly or via their representatives.

Citizens have equal rights to state service.

Each citizen has the right to elect or be elected from the age of 18 years. A citizen can be elected to Majlisi Nili when he reaches the age of 25.

Citizens deemed incompetent by a court or who are deprived of liberty in accordance with a court sentence do not have the right to take part in elections and referendums.

Elections and referendums are held on the basis of universal, equal and direct suffrage in a secret ballot.

Article 33

The formation of social associations, joining and leaving them by citizens is voluntary.

Article 34

Citizens have the right to take part peacefully without weapons in meetings, rallies, demonstrations and processions. No one can be forced to take part in the above-mentioned activities.

Article 35

Each person is guaranteed freedom of speech, publication and the right to utilize means of information.

State censorship and prosecution for criticism is prohibited.

The list of information constituting a state secret is specified by law.

Article 36

Each person has the right to ownership and inheritance.

No one is permitted to suspend and limit an individual's right to ownership. The property of an individual is only taken away on the basis of law and the consent of the owner for the requirement of the state and society by paying full compensation.

Any material and spiritual damage inflicted on an individual as a result of illegal actions by state bodies, social associations or individuals will be compensated in accordance with law.

Article 37

Each person has the right to work, to choose his profession or work, and to protection of labour. Wages for labour cannot be less than the minimum wage.

Any limitation is prohibited in labour relations. Equal wages shall be paid for the same work.

Forced labour is not permitted, except in cases defined by law.

Using women and child labour is prohibited in heavy and underground work and in harmful conditions.

Article 38

Each person has the right to entrepreneurial activities and is allowed to utilize paid labour in accordance with the law.

Article 39

Each person has the right to housing. This right is ensured by means of construction of state, public, cooperative and private housing.

Article 40

Citizens have the right to leisure. These rights are ensured by establishing working days and weeks, paid annual holidays, weekly days off and other conditions prescribed by law.

Article 41

Each person has the right to health care. This

right is ensured by providing free medical assistance in state medical establishments and by measures aimed at protecting the environment. Other forms of medical assistance are defined by law.

Article 42
Each person is guaranteed social security in old age, in the event of sickness and disability, loss of ability to work, loss of a guardian, or other instances prescribed by the law.

Article 43
Each person has the right to participate freely in his society's culture, arts, and in scientific and technical creation and to utilize their achievements.

The state protects cultural and spiritual riches. Intellectual property is protected by law.

Article 44
Each person has the right to education. The state guarantees access to free general education.

Other forms of acquiring education is defined by law.

Article 45
On the territory of Tajikistan each person is obliged to observe the Constitution and the laws and to recognize the rights, freedoms, dignity, and honour of others.

Ignorance of the law is no defencae.

Article 46
Protecting the homeland; safeguarding the interests of the state; and strengthening its independence, security, and defence capabilities are the sacred duties of citizens.

The procedure for military service is specified by law.

Article 47
The protection of the environment, land and other natural resources; and the historical and cultural heritage and their efficient utilization are the duties of each person.

Article 48
Each person is obliged to pay taxes and duties specified by law. Laws introducing new taxes or aggravating the economic situation of the tax payer cannot be retroactive.

Chapter Three
Majlisi Mili (The National Assembly)

Article 49
Majlisi Mili is the highest representative and legislative body of the Republic of Tajikistan.

Majlisi Mili is elected for a five-year term.

The establishment and activity of Majlisi Mili is specified by law.

Article 50
The poser of Majlisi Mili:

1. The enactment and amendment of laws and orders and their annulment;

2. Interpretation of the Constitution and laws;

3. Determination of the basic directions of the home and foreign policy of the republic;

4. Establishment of the Central Election and Referendum Commission;

5. Specifying the referendum;

6. Specifying the date for election of the president;

7. Specifying the date for election of higher and local representative bodies;

8. Approving the establishment and abolition of ministries and state committees;

9. Ratification of the decrees of the president on appointment and dismissal of the prime ministers, first deputy prime ministers and deputy prime ministers, ministers, and chairmen of the state committees;

10. Election and removal of chairman, deputy chairman, and judges of the Constitutional Court; chairman, deputy chairmen, and judges of the Supreme Court; procurator general of the republic and his deputies; and chairman and deputy chairmen of the national bank at the proposal of the president;

11. Ratification of the socio-economic programs and the state budget; approval of loans and economic assistance to other states; determining the possible amount of the state budget deficit and the sources of compensating it; determining the taxation policy;

12. Specifying the monetary system;

13. Specifying or changing the structure and establishment of border administrative units and changing them;

14. Ratification and annulment of international treaties;

15. Establishment of courts;

16. Ratification of the decrees of the president on the state of war, peace, and state of emergency;

17. Establishing state awards;

18. Establishing military and diplomatic ranks and special titles;

19. Approval of state symbols;

20. Approval of the seal of the state;

21. Declaration of general amnesty;

22. Implementation of other duties prescribed by law.

Article 51

The basic form of the activity of Majlisi Mili is the session.

The first session of Majlisi Mili is convened one month after the election of people deputies by the Central Election and Referendum commission.

A session of the Majlisi Mili convenes only when attended by at least two-thirds of the people's deputies.

Article 52

For the purpose of organizing the work of Majlisi Mili and the implementation of the powers stipulated by the Constitution and the laws, the Presidium of Majlisi Mili under the leadership of the chairman of Majlisi Mili will be established.

Composition of the Presidium of Majlisi Mili include chairman of Majlisi Mili, first deputy chairman, deputy chairmen, and chairmen of the committees and standing commissions of Majlisi Mili.

Majlisi Mili can elect other people's deputies as members of the Presidium of Majlisi Mili.

Article 53

Authority of the Presidium of Majlisi Mili:

1. To convene Majlisi Mili;
2. To prepare for the sessions of Majlisi Mili;
3. To coordinate the work of the committees and standing commissions of Majlisi Mili;
4. To propose for public discussion drafts laws and other important state and public issues;
5. To organize inter-parliamentary relations;
6. To oversee the activities of publications of Majlisi Mili and to appoint or dismiss editors-in-chief of the publications;
7. To approve the appointment or recall of the heads of diplomatic missions of Tajikistan in foreign countries and republican missions at international organizations;
8. To implement other powers stipulated by the Constitution and other laws.

The Presidium of Majlisi Mili adopts decisions.

Article 54

Majlisi Mili elects from among the people's deputies chairman of Majlisi Mili, first deputy chairman, deputy chairmen, and chairmen of the committees and standing committees of Majlisi Mili. One of the deputy chairmen of Majlisi Mili will be a people's deputy representing the Gorno-Badakhshan Autonomous Oblast.

The chairman of Majlisi Mili will be elected by secret ballot by a majority of the total number of people's deputies.

Article 55

Authority of the chairman of Majlisi Mili:

1. To exercise general leadership and direction over issues which will be discussed at sessions of Majlisi Mili;
2. To preside at sessions and the Presidium of Majlisi Mili;
3. To nominate the first deputy chairman, deputy chairmen, and chairmen of the committees and standing commissions of Majlisi Mili;
4. To sign the decisions of Majlisi Mili and its Presidium;
5. To represent Majlisi Mili in the country and abroad;
6. To sign inter-parliamentary agreements;
7. To direct the apparatus of Majlisi Mili and to give orders;
8. To implement other powers stipulated in the Constitution and laws.

Article 56

The first deputy chairman and chairmen of Majlisi Mili will carry out the chairman's duties at the chairman's authorization. In the absence of the chairman, the first deputy chairman carries out his duties.

Article 57

Majlisi Mili will elect, from the people's deputies, members of committees and standing commissions tasked with preparing draft laws, implementing supervisory duties and preparing issues for discussions.

Majlisi Mili, if necessary, will establish auditing and investigation commissions and other temporary commissions.

Article 58

A people's deputy has the right to ask for information from any official needed to carry out his duties.

A people's deputy can express his opinions freely and vote according to his beliefs.

Article 59

A people's deputy who is working for the Supreme council permanently cannot hold any other post, except for scientific and creative activities, and cannot engage in entrepreneurial activities.

A citizen of Tajikistan cannot hold two representative positions of authority simultaneously.

Article 60

A people's deputy has the right of immunity. He cannot be taken into custody, arrested or receive a court-imposed penalty without the sanction of Majlisi Mili. A people's deputy cannot be arrested with the exception of arrest while committing a crime.

The authority of people's deputy will terminate at his resignation, when a court proclaims him incapable, or by a valid decision of Majlisi Mili.

The legal status of a people's deputy is defined by law.

Article 61

The people's deputies, the president, government, and the Council of People's Deputies of the Gorno-Badakhshan Autonomous Oblast have the right to legislate.

Article 62

The laws of Tajikistan and the decisions of Majlisi Mili are adopted by the majority of vote of the total number of people's deputies.

Laws whose adoption is envisaged in the Constitution will be adopted with at least two-thirds votes of the total number of the people's deputies voting in favor.

Article 63

The laws or Tajikistan are presented to the president for consent. If the president does not agree with the law he should return it within 15 days to Majlisi Mili with his objections. If Majlisi Mili once again approves the law with at least a two-thirds majority of people's deputies, the president will sign it. If the president does not return the law within the prescribed period he is duty bound to sign it.

The laws of Tajikistan and the decisions of Majlisi Mili are to be adopted in the state language and will be published in official publications.

Article 64

Majlisi Mili can be voluntarily suspended before its term ends by a vote of at least two-thirds of the people's deputies. In any case the authority of the people's deputies of Tajikistan terminates on the first day of the session of new Majlisi Mili.

Chapter Four
The President of the Republic

Article 65

The president is the head of the state and the executive authority (the government).

The government of the republic consists of the prime minister, first deputy and deputy prime ministers, ministers, chairmen of the state committees.

The president is the protector of the Constitution and laws and the rights and freedoms of the citizens and the guarantor of the national independence, unity and territorial integrity, stability and continuity of the state; he ensures the functioning of the bodies of state power and the observance of the international treaties of Tajikistan.

Article 66

The president is elected by the citizens of Tajikistan on the basis of universal, direct and equal suffrage in a secret ballot for a five-year term.

Any citizen aged between 35 and 65 who knows the state language and has lived on the territory of Tajikistan at least for the past 10 years can be nominated to the post of the president.

Only a person whose nomination is signed by at least 5 percent of the electorate shall be eligible for candidacy to the post of president. A person may not be elected to the office of president for more than two consecutive terms.

Article 67

The election of the president is only deemed valid if more than half of the electorate takes part in it.

A candidate who wins the votes of more than half of the voters taking part in the election shall be the president.

The procedure for the election of the president is specified by law.

Article 68

Before assuming office the president takes the following oath in Majlisi Mili:

»As president, I do solemnly swear to comply with the Constitution and the laws of the republic; to guarantee the rights, freedoms and dignity of the citizens; to protect the territory and the political, economic and cultural independence of Tajikistan; to serve the nations sincerely«.

The authority of the president terminates with the swearing-in of the new president.

Article 69

The President cannot take any other job. He cannot serve as a deputy of a representative nor engage in entrepreneurial activity.

The salary of the president is fixed by Majlisi Mili.

Article 70

The powers of the president of the republic:

1. To represent Tajikistan internally and in international relations;

2. To establish or abolish ministries and state committees with the approval of Majlisi Mili;

3. To appoint and dismiss the prime minister, first deputy , deputy prime ministers, chairmen of

the state committees and to propose them for approval to Majlisi Mili;

4. To form the executive apparatus of the presidency;

5. To appoint and dismiss the Mirs of oblasts, towns and rayons and propose them for approval to the local Majlis;

6. To nominate the chairman and judges of the constitutional court; chairman, deputy chairman and judges of the supreme court; chairman, deputy chairman and judges of the supreme economic court; the procurator general and his deputies; the president of the National Bank and his deputies and propose them for appointment and recall to Majlisi Mili;

7. To appoint and dismiss the judges of the courts of the Gorno-Baqdakhshan Autonomous Oblast, oblasts, towns and rayons at the proposal of the justice minister with the exception of judges of the towns and rayons of the Gorno-Badakhshan Autonomous Oblast;

8. To propose socioeconomic programs and the state budget to Majlisi Mili for approval. To resolve the issues of state loans and economic assistance to other states with the approval of Majlisi Mili and to propose to Majlisi Mili the issue of the possible amount of state budget deficit and the source of compensating it;

9. To make proposals to Majlisi Mili to determine the monetary system;

10. To sign the laws;

11. To annul or suspend documents of state administration when they contradict the Constitution and laws;

12. To implement foreign policy and to sign international treaties and propose them for approval of Majlisi Mili;

13. To appoint with the approval of the Presidium of Majlisi Mili the heads of diplomatic missions in foreign countries and representatives of the republic in international organizations;

14. To accept the credentials of foreign diplomatic missions in Tajikistan;

15. To be the supreme commander of the armed forces of Tajikistan; to appoint and dismiss chief commanders of the armed forces of Tajikistan;

16. In the event of real danger threatening the security of the state the president declares a state of war and immediately proposes the decree to Majlisi Mili for approval;

17. To declare a state of emergency throughout the republic or in seperate parts of it and propose it to Majlisi Mili immediately;

18. To establish and lead the security Council;

19. To offer political asylum;

20. To resolve the issues of confirming or depriving of citizenship;

21. To issue pardons;

22. To award special higher military ranks, diplomatic ranks and professional ranks and titles;

23. To award state prizes, medals and honourable titles of Tajikistan to the citizens;

24. To implement other powers prescribed in the Constitution and laws.

Article 71

The president adopts orders and edicts within the framework of his authority, informs Majlisi Mili about the country's situation and submits those issues, which he regards necessary and important to Majlisi Mili for discussion.

Article 72

In the event of the president's death, resignation, removal from office or inability to perform the duties of the president, the duties of the president will be assumed by the chairman of Majlisi Mili until new presidential elections. Presidential elections will be held within three months in the above-mentioned circumstances.

Issues surrounding the resignation or inability to perform the duties of the president will be resolved by the majority of people's deputies at a session of Majlisi Mili.

Article 73

The president enjoys immunity.

If the president breaks the oath or commits a crime, he can be removed from office by Majlisi Mili, taking into account the conclusion of the Constitutional Court by the support of at least two-thirds of people's deputies.

A charge of breaking the oath or committing a crime against the president can be put forward by at least one-third of people's deputies. In such circumstances the duties of the chairman of the special session of Majlisi Mili will be assumed by the chairman of the Supreme Court. The people's deputies will take an oath that they will act with a clear conscience and within the framework of law and justice during the discussion of this usse.

The investigation will be continued after the removal of the president from office; he will receive a copy of the accusation; and the criminal case will be sent to the court.

Chapter Five
The Government

Article 74

The composition of the government will be formed by the president and submitted for approval to Majlisi Mili.

Members of government cannot perform any

other duties, be the deputies of representative authorities, or engage in entrepreneurship.

The government ensures the effective leadership of economic, social and cultural spheres and implementation of laws and decrees of Majlisi Mili and orders and decrees of the president of Tajikistan.

Article 75

The government issues orders and decrees in accordance with the laws of the republic, the implementation of which is necessary in the territory of Tajikistan.

The government places its authorities before the newly elected president.

The law determines the structure, activity and authority of the government.

Chapter Six
The Local Authority

Article 76

Tajikistan consists of Gorno-Badakhshan Autonomous Oblast, oblasts, towns, rayons, settlements and villages.

The law regulates the structure of border and administrative units and the legal situation of Gorno Badakhshan Autonomous Oblast.

Article 77

The local authority consists of representative and executive authorities and functions within the framework of its authorities. They will ensure the implementation of the Constitution, and implementation of laws and decrees of Majlisi Mili and the president.

Article 78

The local representative power is Majlis (Assembly). The population elects the deputies of Majlis for a term of five years.

The mir governs the local executive power.

The mir also governs the representative and executive authorities in the border and administrative units.

The local Majlis will approve the decree of the president on appointing the mir of Gorno Badakhshan Autonomous Oblast, oblasts, towns and rayons.

The local Majlis will elect the mir of a settlement and village by a recommendation of the above authorities.

The mir is responsible to the local Majlis and cannot take any actions that are against the Constitution and laws.

The law regulates the structure, authorities and the activity of the local power.

Article 79

The representative authority and mir would adopt the legal documents within the framework of their authority, the implementation of which is necessary in that territory.

If the documents do not conform to the Constitution and laws, the documents of the representative authorities and mir would be revoked by the above authorities or the court.

Article 80

Majlisi Mili can dissolve the local Majlis and hold new elections if the local Majlis does not fulfill the demands of the Constitution and laws.

Chapter Seven
The Court

Article 81

The judicial power is independent and protects rights and freedoms of a person, the interests of the state, organizations and establishments, law and justice.

The court's justice is implemented by the Constitutional Court, Supreme Court, Supreme Economic Court, Court of the Gorno-Badakhshan Autonomous Oblast, courts of oblast, city of Dushanbe, towns and rayons.

The creation of emergency courts is not permitted.

Article 82

Citizens who have reached the age of 25 and are no older than 60 and have at least five years' experience in the legal profession may be elected as judges of the Supreme Court, Supreme Economic Court, courts of oblasts, and the city of Dushanbe.

Citizens who have reached the age of 25 and are no older than 60 and have at least three years' experience in the legal profession can be elected town and rayon judges.

Article 83

The judges of Court of the Gorno Badakhshan Autonomous Oblast, courts of oblasts, the city of Dushanbe, courts of towns and rayons are appointed and dismissed by the president of the republic by the consent of the Minister of Justice.

The judges of courts of towns, rayons of the Gorno Badakhshan Autonomous Oblast are appointed and dismissed by the mir of Gorno-Badakhshan Autonomous Oblast by consent of the Minister of Justice.

The law determines the structure and activity of the court.

Article 84

The term of authority of the judges of the Constitutional Court, Supreme Court and Supreme Economic Court is 10 years.

The term of authority of the judges of the courts in Gorno Badakhshan Autonomous Oblast, oblasts, the city of Dushanbe, towns and rayons is five years.

Article 85

Judges are independent and are subordinate only to the Constitution and law. Interference in the activity is not permitted.

Article 86

Judges consider cases collectively or individually.

Court proceedings are carried out on the basis of an adversarial system and the equal rights of the parties.

The examination of cases in all courts is open, except those cases stipulated in law.

Court proceedings will take place in the state language or the language of the majority population of the place.

People who do not know the language of the court proceedings will be provided with translators.

Article 87

The Constitutional Court consists of seven judges.

Citizens who have reached the age of 30 and who are no older than 60 may be judges of the Constitutional Court.

The judges of the Constitutional Court will be elected from lawyers who have more than 10 years' experience in the legal profession.

The powers of the Constitutional Court:

1. To determine the conformity with the Constitution, laws and legal documents of Majlisi Mili, the President, Supreme Court, Supreme Economic Court and other state and social authorities and agreements which have not entered into force in the Republic of Tajikistan;

2. To resolve disputes between state power and authorities;

3. Application to the session of Majlisi Mili related to charges against the president of treason and breaking the oath;

4. Implementation of other duties stipulated by law.

Those documents that are considered contradictory to the Constitution by the Constitutional Court will be invalidated.

The decision of the Constitutional Court which has been adopted within the framework of its authorities is final.

Article 88

Judges cannot perform other duties, except scientific, teaching and creative work. Judges cannot be deputies of representative authorities, members of parties and political organizations and cannot engage in entrepreneurship.

Article 89

Judges enjoy immunity. A judge may not be subjected to arrest and criminal proceedings without the permission of that authority which has elected him. A judge may not be arrested except while committing a crime.

Article 90

Legal assistance is recognized in all stages of the court proceedings.

Chapter Eight
Procurator's Office

Article 91

The procurator-general and procurators who are subordinate to him ensure the thorough control and observance of laws within the framework of their authority.

Article 92

The procurator-general heads a single centralized system of the Procurator's Office of Tajikistan. The prosecutor-general is responsible to Majlisi Mali.

Article 93

The Procurator-general of Tajikistan would be elected for a term of five years.

The procurator-general appoints and removes from office those procurators who are subordinate to him. The term of authority of procurators if five years.

The law regulates activity, authority and structure of the Procurator's Office.

Article 94

The procurator is functioning independently without interference from the state bodies and officials and only subordinated to law.

Article 95

The prosecutor may not perform other duties except scientific, teaching and creative work.

The procurator may not be a deputy of representative authorities, members of parties, political organizations and to engage in entrepreneurship.

Chapter Nine
State of Emergency

Article 96

A state of emergency is declared as a temporary measure to ensure the citizen's and state's security in the instance of direct threat to the rights and freedoms of citizens, state's independence, its territorial integrity and natural disasters as a result of which the constitutional authorities of the republic are unable to act normally.

The period of the state of emergency is three months. The president could prolong this period in necessary circumstances. He immediately submits the decree to Majlisi Mili for approval.

Article 97

During the state of emergency the rights and freedoms stipulated in Article 17, 18, 19, 20, 21, 22, 24, 27 and 31 of the Constitution would not be limited.

The president informs the United Nations Organization about the declaration of state of emergency and its duration.

The law determines the legal regime of state of emergency.

Chapter Ten
Procedure of Introducing Amendments to the Constitution

Article 98

Amendments and addenda to the Constitution take place by means of referendum.

The referendum would take place by the support of two-thirds of the people's deputies.

The procedure of referendum would be determined by law.

Article 99

The president or at least one-third of people's deputies of Tajikistan submit addenda and amendments to the Constitution.

Proposals related to addenda and amendments to the Constitution would be published in press three months before the referendum.

Article 100

The form of republic's administration, territorial integrity, democratic, law-based and secular nature of the state are irrevocable.

The following group of people have prepared the draft Constitution of the Republic of Tajikistan.

Dostiyev, first deputy chairman of Majlisi Mili of the Republic of Tajikistan, head of the group and members of the working group.

Textanhang XIX/1

Verfassung der Mongolei (1992)*

Wir, das mongolische Volk, machen es uns zu unserer ehrenwertesten Aufgabe,

– die Souveränität und die Gleichberechtigung unseres Landes zu festigen,

– die Menschenrechte, die Freiheit, die Gerechtigkeit und die nationale Einheit zu achten und zu ehren,

– die nationalen, geschichtlichen und kulturellen Traditionen zu verehren und fortzuführen,

– die Errungenschaften der Kultur und Zivilisation der Menschheit hoch zu halten,

– in unserer Heimat eine menschliche bürgerliche demokratische Gesellschaft zu begründen und weiter zu entfalten.

Deshalb wird allen dieses Grundgesetz verkündet.

Erstes Kapitel
Rechtliche Grundlagen der Mongolei

Artikel 1

1. Die Mongolei ist eine souveräne und gleichberechtigte Republik.

2. Der Schutz der Demokratie, der Gerechtigkeit, der Freiheit, der Gleichheit und der nationalen Einheit sowie die Achtung des Rechts sind die Grundprinzipien des Wirkens der Staatsmacht.

Artikel 2

1. Die Mongolei bildet hinsichtlich des Staatsaufbaus eine Einheit.

---

* Arbeitsübersetzung aus dem Mongolischen (Quelle: Ardyn Erca, 14. Januar 1992).

2. Eine Unterteilung des Territoriums der Mongolei wird nur durch die Staatsmacht vorgenommen.

Artikel 3

1. In der Mongolei liegen alle staatlichen Rechte in der Kompetenz des Volkes. Das mongolische Volk nutzt diese Rechte durch die unmittelbare Teilnahme an Staatsangelegenheiten sowie durch seine Organisationen gewählter staatlicher Vertreter.

2. Es ist verboten, staatliche Kompetenzen mit unrechtmäßigen Mitteln zu erlangen bzw. ein solches anzustreben.

Artikel 4

1. Die Integrität des Territoriums der Mongolei und die Staatsgrenzen sind unantastbar.

2. Die Grenzen der Mongolei werden durch Gesetz festgelegt.

3. Es ist verboten, daß ohne den Erlaß eines Gesetzes ausländische Streitkräfte die Landesgrenzen mit dem Ziel des Transit bzw. einer Stationierung auf dem Territorium der Mongolei passieren.

Artikel 5

1. Die Mongolei hat eine allseitig auf die Weltwirtschaft ausgerichtete und mit den spezifischen Besonderheiten des eigenen Landes verbundene Multizweigwirtschaft.

2. Der Staat gestattet Gemein- und Privateigentum in beliebigen Zweigen und schützt die Rechte der Eigentümer durch Gesetz.

3. Eigentümerrechte können nur auf durch Gesetz festgelegter Grundlage beschränkt werden.

4. Der Staat hat die Wirtschaft so zu regulieren, daß sie im Einklang mit den Interessen des Schutzes der nationalen wirtschaftlichen Sicherheit und der gesellschaftlichen Entwicklung aller Zweige der Wirtschaft sowie der Bevölkerung steht.

5. Der Viehbestand ist ein nationaler Reichtum und befindet sich unter staatlichem Schutz.

Artikel 6

1. In der Mongolei unterliegen der Boden, das Bodeninnere, der Wald, das Wasser, die Fauna und Flora sowie andere Naturreichtümer der ausschließlichen Kompetenz des Volkes und werden vom Staat geschützt.

2. Mit Ausnahme der den Bürgern der Mongolei übereigneten Teile sind der Boden, ebenso das Bodeninnere und seine Reichtümer, der Wald, die Wasserressourcen sowie die jagdbaren Tiere Eigentum des Staates.

3. Mit Ausnahme der Weiden, der nationalen Besitztümer und der Teile für spezielle Landesbedürfnisse kann anderer Boden Bürgern der Mon-

golei übereignet werden. Das betrifft nicht Eigentum an Bodeninnerem. Bürgern ist es nicht gestattet, Ausländern bzw. Staatenlosen privates Bodeneigentum mit dem Ziel des Verkaufs, Tauschs, Verschenkens oder Verpfändens zu überlassen sowie ohne Genehmigung der bevollmächtigten staatlichen Organe zur Nutzung zu übergeben.

4. Im Zusammenhang mit staatseigenem Boden ist es möglich, Verpflichtungen aufzuerlegen bzw. diesen Boden bei besonderen staatlichen Interessen auszutauschen oder zurückzunehmen. Falls o. g. Boden nicht in Übereinstimmung mit der Gesundheit der Bevölkerung, den Interessen der Umwelt und der nationalen Sicherheit genutzt wird, können die Nutzungsrechte entzogen werden.

5. Die Staatsmacht kann gegen Ausländer und Staatenlose bei Verletzung dieser Bestimmung staatliche Bußgelder und andere im Gesetz genannte Ordnungsmaßnahmen zur Anwendung bringen.

Artikel 7

1. Das geschichtliche, kulturelle, wissenschaftliche und geistige Erbe des mongolischen Volkes steht unter dem Schutz des Staates.

2. Von Bürgern erbrachte geistige Schätze und Autoreneigentum sind nationaler Reichtum der Mongolei.

Artikel 8

1. Offizielle Staatssprache ist Mongolisch.

2. Das im Punkt 1 dieses Artikels Festgelegte berührt nicht das Recht aller anderssprachigen Minderheiten der Bevölkerung, in der eigenen Muttersprache zu lernen, zu korrespondieren und in dieser kulturelle, künstlerische und wissenschaftliche Tätigkeiten zu vollführen.

Artikel 9

1. In der Mongolei achten der Staat die Religion und die Religion den Staat.

2. Es ist nicht gestattet, daß sich staatliche Organisationen in politische Aktivitäten der Religion und der Klöster einmischen.

3. Die Beziehungen zwischen Staat und Klöstern werden durch Gesetz geregelt.

Artikel 10

1. Die Mongolei führt eine friedliebende Außenpolitik auf der Grundlage der Achtung der allgemein anerkannten Normen und Prinzipien des Völkerrechts durch.

2. Die Mongolei wird ihre in internationalen Verträgen übernommenen Verpflichtungen aufrichtig und ehrlich erfüllen.

3. Internationale Verträge der Mongolei treten

nach Ratifizierung oder mit einem Überleitungsgesetz in Kraft und sind der inneren Gesetzgebung gleichgeordnet.

4. Im Widerspruch zu Verfassung der Mongolei stehende internationale Verträge und andere Dokumente sind gegenstandslos.

Artikel 11

1. Die Verteidigung der Unabhängigkeit des Vaterlandes und der Schutz der nationalen Sicherheit sowie der öffentlichen Ordnung sind Pflicht des Staates.

2. Die Mongolei unterhält zu ihrer Verteidigung Streitkräfte. Die Struktur der Streitkräfte, ihre Organisation und die Prinzipien des Dienstes in ihnen werden durch Gesetz festgelegt.

Artikel 12

1. Symbol der Unabhängigkeit und Gleichberechtigung der Mongolei sind das Staatswappen, das Banner, die Flagge, das Siegel und die Hymne.

2. Staatswappen, Banner, Flagge, Siegel und Hymne symbolisieren historische Traditionen, Bestrebungen, Einheit, Gerechtigkeit und Optimismus des mongolischen Volkes.

3. Das Staatswappen ist von runder Gestalt mit einem weißen, vom unendlichen mongolischen Ornament »Tumen nasan« Lotos als Untergrund. Der Haupthintergrund ist von blauer Farbe, die den wahrhaft blauen Himmel als traditionelles mongolisches Heiligtum symbolisiert.

In der Mitte des Wappens steht eine Kombination eines geflügelten Pferdes und des Goldenen Sojombo als Ausdruck der Unabhängigkeit, der Souveränität und des Geistes der Mongolei.

Im oberen Teil des Wappens symbolisiert das »Tschandman« (dreifache Gemme) Vergangenheit, Gegenwart und Zukunft.

Im unteren Teil des Wappens befindet sich, umwunden mit einem seidenen Hadag als Ausdruck für Hochachtung und Respekt, das Zeichen des Rades als Symbol für fortdauernde Prosperität. Dieses Zeichen steht vor dem Hintergrund des »Hügelornaments«, das seinerseits die »Mutter Erde« darstellt.

4. Das Weiße Traditionsbanner des geeinten Mongolischen Staates ist das Symbol der Ehre des Staates.

5. Die Staatsflagge ist rot-blau-rot. Die Mitte der Flagge, die ein Drittel einnimmt, ist von der wahrhaft blauen Farbe des Himmels. Beide Seiten sind von roter Farbe als Symbol für Fortschritt und Prosperität. Auf dem dem Flaggstock zugewandten roten Streifen befindet sich das Goldene Sojozoo. Das Verhältnis von Länge und Breite der Flagge ist 2:1.

6. Das Staatssiegel hat einen Handgriff in Form eines Löwen und ist von quadratischer Gestalt mit dem Staatswappen in der Mitte und der Inschrift »Mongolei« an beiden Seiten. Der Präsident ist der Bewahrer des Staatssiegels.

7. Die Prozedur der feierlichen Anwendung der Staatssymbole sowie Text und Melodie der Staatshymne werden durch Gesetz geregelt.

Artikel 13

1. Der Ort, an dem die höchsten Staatsorgane ständig ansässig sind, ist die Hauptstadt. Hauptstadt der Mongolei ist die Stadt Ulaanbaatar.

2. Die Rechtsgrundlagen für die Hauptstadt der Mongolei werden durch Gesetz bestimmt.

Zweites Kapitel
Rechte und Freiheiten der Menschen
Artikel 14

1. In der Mongolei haben alle ansässigen Menschen entsprechend Gesetz vor dem Gesetz und dem Gericht die gleichen Rechte.

2. Kein Mensch darf aufgrund von Nationalität, Herkunft, Sprache, Hautfarbe, Alter, Geschlecht, gesellschaftlicher Herkunft und Lage, Vermögen, Beschäftigung, Dienststellung, Glauben, Ideologie und Erziehung unterschiedlich behandelt werden. Jeder Mensch ist eine Person mit allen Rechten.

Artikel 15

1. Die Grundlagen und Ordnungen des Erhalts, des Verbleibs in sowie des Ausscheidens aus der Staatsbürgerschaft der Mongolei werden ausschließlich durch Gesetz bestimmt.

2. Es ist verboten, Bürgern der Mongolei die Staatsbürgerschaft abzuerkennen, diese aus dem Vaterland zu verbannen sowie an andere Staaten auszuliefern.

Artikel 16

Den Bürgern der Mongolei sind nachstehende Grundrechte und Freiheiten garantiert:

a) Das Recht auf Leben. Mit Ausnahme der Vollstreckung der Todesstrafe aufgrund eines in Kraft getretenen Gerichtsurteils für außerordentlich schwere Verbrechen gemäß Strafgesetz der Mongolei ist in allen anderen Fällen jeder Angriff auf menschliches Leben strengstens verboten.

b) Das Recht auf Leben in einer gesunden und ungefährlichen Umwelt und den Schutz vor Umweltverschmutzung und -katastrophen.

c) Das Recht, bewegliches und unbewegliches Eigentum auf ehrliche Weise zu erwerben, zu besitzen und zu vererben. Es ist verboten, Privateigentum auf nicht mit dem Gesetz übereinstimmende Weise einzuziehen bzw. zu enteignen. Falls der Staat oder seine bevollmächtigten Organe aus dringendem öffentlichem Interesse Privateigentum enteignen, ist eine Entschädigung zu zahlen.

d) Das Recht auf freie Wahl von Beruf und Arbeit, Gewährleistung von ungefährlichen Arbeitsbedingungen, Entlohnung, Urlaub und die Führung eines privaten Unternehmens. Niemand darf auf eine nicht durch Gesetz begründete Weise zur Arbeit verpflichtet werden.

e) Das Recht, im Alter, bei Verlust der Arbeitsfähigkeit, bei der Geburt und der Pflege von Kindern sowie in anderen durch Gesetz festgelegten Fällen materielle und finanzielle Hilfe zu erhalten.

f) Das Recht auf Schutz der Gesundheit und medizinische Hilfe. Die Bedingungen und Vorschriften für die Gewährung von kostenloser medizinischer Hilfe an Bürger werden durch Gesetz festgelegt.

g) Das Recht auf Bildung. Vom Staat wird für alle eine kostenlose Allgemeinbildung gewährt. Bürger können in Übereinstimmung mit den staatlichen Anforderungen private Schulen gründen und betreiben.

h) Das Recht, sich kulturell, künstlerisch und wissenschaftlich zu betätigen, schöpferische Werke zu verfassen und daraus Einkünfte zu beziehen. Urheberrechte werden durch Gesetz garantiert.

i) Das Recht, an der Tätigkeit der Gerichte oder Volksvertretungen zur Leitung des Staates teilzunehmen und die Staatsorgane zu wählen bzw. in diese gewählt zu werden. Das aktive Wahlrecht kann mit 18 Jahren wahrgenommen werden. Das passive Wahlalter wird durch Gesetz in Abhängigkeit von den Anforderungen an die Tätigkeit in staatsverwaltenden Organen und Ämtern festgelegt.

j) Das Recht, auf der Grundlage gemeinsamer und eigener Interessen und Anschauungen Parteien und andere öffentliche Organisationen zu gründen und sich auf freiwilliger Basis zu Vereinigungen zusammenzuschließen. Die Parteien und alle anderen öffentlichen Organisationen müssen im Rahmen der öffentlichen und staatlichen Sicherheit handeln und die Gesetze befolgen. Es ist nicht gestattet, jemanden für den Zusammenschluß zu einer beliebigen Partei oder anderen öffentlichen Organisation bzw. für die Mitgliedschaft in einer solchen zu benachteiligen bzw. zu diskriminieren. Bei einer Tätigkeit in bestimmten staatlichen Positionen tritt ein Ruhen einer Parteimitgliedschaft ein.

k) Im staatlichen, wirtschaftlichen, öffentlichen und kulturellen Leben sowie in den Beziehungen in der Familie haben Mann und Frau gleiche Rechte. Mit einer Heirat begründen Männer und

Frauen, die das vom Gesetz gesetzte Alter erreicht haben, gleichberechtigte und freiwillige Beziehungen. Der Staat schützt die Interessen von Familie, Müttern und Kindern.

l) Das Recht, an staatliche Organisationen und Amtsträger Anträge und Beschwerden zu richten und eine Entscheidung dazu zu erhalten. Die Staatsorgane und Amtsträger haben die Pflicht, die Anträge und Beschwerden der Bürger in Übereinstimmung mit dem Gesetz zu entscheiden.

m) Das Recht auf (persönliche) Unverletzlichkeit und Freiheit. Es ist verboten, außerhalb der durch Gesetz festgelegten Grundlagen und Ordnungen willkürlich Jemanden zu durchsuchen, festzunehmen, in Haft zu halten, zu verhören und in seinen Rechten und Freiheiten zu begrenzen. Es ist kategorisch untersagt, jemanden zu foltern, unmenschlich und grausam zu behandeln oder in seiner Ehre zu erniedrigen. Haftgründe sind einem Verhafteten, den Angehörigen seiner Familie und seinen Anwälten in der gesetzlich festgelegten Frist mitzuteilen. Die Unantastbarkeit des Bürgers persönlich, seiner Familie, des Briefgeheimnisses und der Wohnung werden durch das Gesetz geschützt.

n) Das Recht, im Falle der Verletzung der in der Gesetzgebung der Mongolei und in internationalen Konventionen festgeschriebenen Rechte und Freiheiten vor Gericht seine Rechte anzuklagen, durch Unrecht zugefügten Schaden ersetzt zu bekommen, sich selbst bzw. Familie, Eltern sowie Kinder belastende Aussagen zu verweigern, sich selbst zu verteidigen, Rechtsbeistand zu erhalten, Beweise prüfen zu lassen, Ehrengerichte anzurufen, bei der Verhandlung seines Falles vor Gericht anwesend zu sein, gegen Entscheidungen des Gerichts Protest einzulegen, um Milde zu bitten. Es ist verboten, von jemanden Aussagen gegen sich selbst zu fordern, Druck bzw. Gewalt zum Erreichen von Aussagen anzuwenden. Es ist unzulässig, jemanden vor dem Beweis seiner Schuld durch ein rechtmäßiges Gericht eines Verbrechens für schuldig zu zählen. Verboten ist, Urteile gegen Straftäter auf Familienangehörige sowie Verwandte auszudehnen.

o) Glaubensfreiheit

p) Die Freiheit, seinen Glauben und seine Überzeugungen frei zu vertreten, zu reden, zu publizieren und friedliche Demonstrationen und Versammlungen durchzuführen. Die Ordnung über Demonstrationen und Versammlungen wird durch Gesetz geregelt.

q) Das Recht, Informationen zu suchen und zu erhalten mit Ausnahme jener, die mit Geheimnissen im Zusammenhang stehen, die der Staat und seine Organe entsprechend dem Gesetz zu schützen haben. Mit dem Ziel des Schutzes der Menschenrechte, der Würde und des Ansehens der Person sowie der Verteidigung des Staates, der nationalen Sicherheit und der öffentlichen Ordnung sind durch Gesetz jene Geheimnisse des Staates, der Individuen und von Organisationen zu bestimmen und zu schützen, die nicht für eine Offenlegung bestimmt sind.

r) Das Recht, sich frei auf dem Territorium des Landes zu bewegen, seinen ständigen oder zeitweiligen Wohnsitz zu wählen, ins Ausland zu reisen, dort zu leben und in die Heimat zurückzukehren. Das Recht, ins Ausland zu reisen und dort zu leben, kann nur durch Gesetz mit dem Ziel des Schutzes der Sicherheit der Nation und der Bevölkerung sowie der Verteidigung der öffentlichen Ordnung beschränkt werden.

Artikel 17

1. Die Bürger der Mongolei haben bei der Respektierung von Recht und Humanismus strikt folgende grundlegende Pflichten zu erfüllen:

a) die Verfassung und andere Gesetze zu achten und einzuhalten;

b) die Würde, das Ansehen, die legitimen Rechte und Interessen anderer zu achten;

c) durch Gesetz auferlegte Steuern zu zahlen;

d) das Vaterland zu schützen und entsprechend Gesetz Wehrdienst zu leisten.

2. Für jeden Bürger soll es hohe Verpflichtung sein zu arbeiten, seine Gesundheit zu schützen, seine Kinder aufzuziehen und zu erziehen, Natur und Umwelt zu schützen.

Artikel 18

1. Die Rechte und Pflichten von sich auf das Territorium der Mongolei aufhaltenden Ausländern werden durch das Recht der Mongolei sowie durch Verträge geregelt, die mit den Staaten abgeschlossen wurden, deren Bürger sie sind.

2. Die Mongolei hält sich bei der Regelung von Rechten und Pflichten ausländischer Bürger mittels internationaler Verträge an die Prinzipien der gleichen Behandlung in Bezug auf die Staaten, deren Bürger sie sind.

3. Die Rechte und Pflichten von Staatenlosen, die sich auf dem Territorium der Mongolei aufhalten, werden durch das Recht der Mongolei geregelt.

4. Ausländern oder Staatenlosen, die wegen ihrer Überzeugung, politischer oder anderer gerechter Aktivitäten verfolgt werden, kann in der Mongolei auf der Grundlage eines begründeten Antrages Asyl gewährt werden.

5. Bei der Gewährung der Grundrechte und Freiheiten entsprechend Artikel 16 der Verfassung an in der Mongolei sich aufhaltende Ausländer und Staatenlose kann der Staat ausgehend von der Ge-

währleistung der nationalen Sicherheit und dem Schutz der öffentlichen Ordnung in Bezug auf andere Rechte mit Ausnahme der unveräußerlichen und in internationalen Konventionen, deren Partner die Mongolei ist, festgeschriebenen Rechte bestimmte Einschränkungen vornehmen.

Artikel 19

1. Der Staat ist gegenüber den Bürgern dafür verantwortlich, wirtschaftliche, soziale, rechtliche und andere Garantien für die Absicherung der Menschenrechte und Freiheiten zu schaffen, gegen die Verletzung von Menschenrechten und Freiheiten zu kämpfen und verletzte Rechte wieder herzustellen.

2. Menschenrechte und Freiheiten, die durch die Verfassung bzw. andere Gesetze erklärt worden sind, dürfen im Falle von Krieg oder Notlagen nur durch Gesetz eingeschränkt werden. Ein solches Gesetz darf die Rechte auf Leben, Gewissensfreiheit, Glaubensfreiheit wie auch die Rechte auf Nichtanwendung von Folter, inhumaner Behandlung und Verurteilung nicht berühren.

3. Bei der Ausübung seiner Rechte und Freiheiten darf niemand die nationale Sicherheit und die Rechte und Freiheiten anderer verletzen und die öffentliche Ordnung stören.

Drittes Kapitel
Staatsaufbau

1. Der Große Staatshural

Artikel 20

Der Große Staatshural ist das höchste Organ der Staatsmacht. Gesetzgebende Gewalt wird nur durch den Großen Staatshural ausgeübt.

Artikel 21

1. Der Große Staatshural hat eine Kammer und besteht aus sechsundsiebzig Mitgliedern.

2. Die Mitglieder des Großen Staatshurals werden durch die wahlberechtigten Bürger der Mongolei für einen Zeitraum von vier Jahren auf der Grundlage des allgemeinen, freien und direkten Wahlrechts bei geheimer Stimmabgabe gewählt.

3. Bürger der Mongolei, die fünfundzwanzig Lebensjahre erreicht haben und wahlberechtigt sind, können in den Großen Staatshural gewählt werden.

4. Die Wahlordnung für den Großen Staatshural wird durch Gesetz bestimmt.

Artikel 22

1. Im Falle, daß ordentliche Wahlen zum Großen Staatshural aufgrund außerordentlicher Um-

stände wie plötzliche Gefahr in einem Teil oder im ganzen Land nicht durchgeführt werden können, verlängert der Große Staatshural seine Befugnisse bis zu dem Zeitpunkt, da die außerordentlichen Umstände zu bestehen aufhören und die neugewählten Mitglieder des Großen Staatshurals vereidigt sind.

2. Wenn mindestens zwei Drittel der Mitglieder des Großen Staatshurals konstatieren, daß der Große Staatshural nicht in der Lage ist, seine Kompetenzen voll wahrzunehmen bzw. wenn der Präsident unter bestimmten Umständen nach Beratung mit dem Vorsitzenden des Großen Staatshurals einen solchen Vorschlag äußert, kann ein Beschluß für die Selbstauflösung erfolgen. In diesem Fall behält der Große Staatshural bis zur Verteidigung der neugewählten Mitglieder seine Vollmachten.

Artikel 23

1. Ein Mitglied des Großen Staatshurals ist ein Abgeordneter des Volkes und hat die Interessen aller Bürger und des Landes zu achten und zu vertreten.

2. Die Rechte eines Mitglieds des Großen Staatshurals beginnen mit der Ablegung des Eides vor dem Staatswappen und enden mit der Verteidigung der in den nächsten Großen Staatshural gewählten Mitglieder.

Artikel 24

1. Der Vorsitzende und der Vizevorsitzende des Großen Staatshurals werden aus der Zahl und auf der Grundlage der Vorschläge der Mitglieder des Großen Staatshurals in geheimer Wahl gewählt.

2. Die Amtszeit des Vorsitzenden und des Vizevorsitzenden des Großen Staatshurals beträgt vier Jahre. Sie können auf vom Gesetz vorgeschriebener Grundlage vor Ablauf dieser Frist abgelöst werden.

Artikel 25

1. Der Große Staatshural kann beliebige Fragen der staatlichen Innen- und Außenpolitik aufgreifen und erörtern. Bei folgenden Fragen kommt ihm das ausschließliche Entscheidungsrecht zu:

a) Annahme, Ergänzung und Veränderung von Gesetzen;

b) Bestimmung der Grundlagen der staatlichen Innen- und Außenpolitik;

c) Ausrufung der Wahlen des Präsidenten, des Großen Staatshurals und seiner Mitglieder;

d) Bestimmung und Veränderung der Struktur und der Zusammensetzung der Ständigen Kommissionen des Großen Staatshurals, der Regierung und anderer nach dem Gesetz des Großen Staats-

hural unmittelbar verantwortlicher Organisationen;

e) Bestätigung der Vollmachten des gewählten Präsidenten, Annahme seines Rücktritts bzw. seine Abberufung;

f) Ernennung, Annahme des Rücktritts und Abberufung des Premiers, der Mitglieder der Regierung und der Leitungen anderer nach dem Gesetz des Großen Staatshural unmittelbar verantwortlicher Organisationen;

g) Bestimmung der staatlichen Finanz-, Markt-, Steuer- und Geldpolitik sowie der Grundrichtungen der wirtschaftlichen und gesellschaftlichen Entwicklung des Landes. Bestätigung des Arbeitsprogramms der Regierung und des Staatshaushalts sowie der Berichte über ihre Erfüllung;

h) Kontrolle der Erfüllung der Gesetze und der anderen Beschlüsse des Großen Staatshurals;

i) Festlegung der Staatsgrenze;

j) Festlegung der Struktur, der Zusammensetzung und der Vollmachten des Nationalen Sicherheitsrats der Mongolei;

k) Bestätigung und Veränderung der administrativ-territorialen Untergliederung des Landes auf Vorschlag der Regierung;

l) Bestimmung der rechtlichen Grundlagen des Systems, der Struktur und des Wirkens der Organe der örtlichen Selbstverwaltung und Administration;

m) Stiftung von staatlichen Ehrentiteln, Orden und Medaillen sowie Einführung hoher militärischer Ränge; Festlegung von Rängen in einigen speziellen Bereichen des Staatsdienstes;

n) Erlaß von Amnestien;

o) Auf Vorschlag der Regierung Ratifizierung und Kündigung von internationalen Verträgen der Mongolei, Herstellung und Abbruch diplomatischer Beziehungen mit anderen Staaten;

p) Durchführung von Volksbefragungen, Erklärung der Ergebnisse einer solchen Befragung für gültig, wenn die Mehrheit der wahlberechtigten Bürger teilgenommen hat, und die Frage für entschieden, die die Mehrheit der abgegebenen Stimmen erreicht hat;

q) Erklärung des Kriegszustandes im Falle der Bedrohung der Souveränität und Unabhängigkeit des Staats wie auch einer bewaffneten Intervention durch andere Länder; Erklärung der Beendigung des Kriegszustandes;

r) Erklärung des Ausnahmezustandes oder des Kriegszustandes auf dem Territorium des ganzen Landes oder in Teilen dieses Territoriums entsprechend Abschnitt 1. und 2. dieses Artikels; Bestätigung und Außerkraftsetzung dazu ergangener Erlasse des Präsidenten.

2. Der Ausnahmezustand kann unter folgenden

außerordentlichen Umständen ausgerufen werden, um Folgen zu beseitigen und das Leben der Bevölkerung und der Gesellschaft zu normalisieren:

a) Auftreten von Naturkatastrophen oder anderen unvorhergesehenen Gefahren, die unmittelbar Leben, Gesundheit, Wohlergehen und Sicherheit der Bevölkerung im ganzen Lande als auch in einzelnen Teilen des Landes bedrohen bzw. bedrohen lassen;

b) Unvermögen der Vertreter der Staatsmacht, im Rahmen der durch Gesetz gegebenen Mittel öffentlichen Unruhen zu begegnen, die durch organisierte, gewalttätige und illegale Handlungen von Organisationen oder Gruppen von Menschen hervorgerufen wurden und die die durch die Verfassung gegebene Ordnung, das Rechtssystem oder den Bestand der Gesellschaft bedrohen;

3. Im Fall, daß öffentliche Unruhen zu einem bewaffneten Konflikt führen, daß die reale Gefahr eines bewaffneten Konflikts im ganzen Lande bzw. in Teilen seines Territoriums droht oder wenn eine bewaffnete Aggression von außen vorliegt bzw. eine solche droht, kann der Kriegszustand erklärt werden.

4. Andere Vollmachten, die Organisationsstruktur und das Statut des Großen Staatshurals werden durch Gesetz bestimmt.

Artikel 26

1. Der Präsident, die Mitglieder des Großen Staatshurals und die Regierung haben das Recht der Gesetzesinitiative.

2. Bürger und andere Organisationen übermitteln ihre Vorschläge zu Gesetzentwürfen jenen, die das Recht der Gesetzesinitiative haben.

3. Gesetze der Mongolei werden durch den Großen Staatshural offiziell veröffentlicht und treten, so nicht anders bestimmt wurde, 10 Tage nach ihrer Veröffentlichung in Kraft.

Artikel 27

1. Der Große Staatshural übt seine Vollmachten mittels seiner Tagungen und durch andere Organisationsformen aus.

2. Ordentliche Tagungen des Großen Staatshurals werden einmal in sechs Monaten abgehalten und dauern nicht weniger als 75 Werktage.

3. Außerordentliche Sitzungen können auf Forderung von nicht weniger als einem Drittel der Mitglieder des Großen Staatshurals oder auf Initiative des Präsidenten bzw. des Vorsitzenden des Großen Staatshurals einberufen werden.

4. Der Präsident beruft die erste Tagung des Großen Staatshurals innerhalb von dreißig Tagen nach den Wahlen ein. Die nachfolgenden Tagungen werden durch den Vorsitzenden des Großen Staatshurals einberufen.

5. Im Falle einer Erklärung des Ausnahme- oder Kriegszustandes durch den Präsidenten versammelt sich der Große Staatshural ohne besondere Festlegung innerhalb von zweiundsiebzig Stunden nach dieser Erklärung zu einer außerordentlichen Tagung.

6. Die Anwesenheit einer Mehrheit der Mitglieder des Großen Staatshurals ist notwendig, um die Tagung als beschlußfähig zu zählen. Beschlüsse werden mit einer Mehrheit der anwesenden und ihre Stimme abgebenden Mitglieder gefaßt, falls es durch die Verfassung oder andere Gesetze nicht anders festgelegt ist.

Artikel 28

1. Der Große Staatshural bildet Ständige Komitees, die sich mit speziellen Fragen befassen.

2. Die Vollmachten der Ständigen Komitees, ihre Struktur und ihr Statut werden durch den Großen Staatshural festgelegt.

Artikel 29

1. Die Mitglieder des Großen Staatshurals erhalten aus dem Staatshaushalt Diäten während ihrer Amtsperiode. Die Mitglieder des Großen Staatshurals dürfen keine Tätigkeiten ausüben sowie keine Posten bekleiden, die im Widerspruch zur Erfüllung ihrer durch Gesetz festgelegten Pflichten stehen.

2. Die Immunität der Mitglieder des Großen Staatshurals wird durch das Gesetz geschützt.

3. Falls ein Mitglied des Großen Staatshurals eine Straftat begeht, ist diese Frage auf einer Tagung des Großen Staatshurals zu erörtern und über eine zeitweilige Aufhebung der Immunität zu entscheiden. Falls ein Mitglied durch Gerichtsbeschluß eines Verbrechens für schuldig gesprochen wird, schließt der Große Staatshural diesen aus dem Bescheid seiner Mitglieder aus.

II. Der Präsident

Artikel 30

1. Der Präsident ist das Oberhaupt des Staates und Symbol der Einheit des Volkes.

2. Als Präsident wird ein geborener Bürger der Mongolei, der ein Alter von fünfundvierzig Jahren erreicht hat und in den letzten fünf Jahren ständig in seiner Heimat ansässig war, für eine Amtsperiode von vier Jahren gewählt.

Artikel 31

1. Die Wahl des Präsidenten ist zweistufig.

2. Die Parteien, die Sitze im Großen Staatshural

erhalten haben, nominieren einzeln oder kollektiv einen Kandidaten für die Wahl in das Amt des Präsidenten.

3. In der direkten Stufe der Wahl nehmen die wahlberechtigten Bürger an der Wahl des Präsidenten auf der Grundlage des allgemeinen, freien und direkten Wahlrechts mit geheimer Stimmabgabe teil.

4. Der Große Staatshural bestätigt den Kandidaten als gewählt, der eine Mehrheit der Stimmen der Wähler, die an den Wahlen teilgenommen haben, erreicht hat und verabschiedet ein Gesetz über die Anerkennung seiner Vollmachten als Präsident.

5. Falls keiner der Kandidaten für das Amt des Präsidenten eine Mehrheit der Stimmen der Wähler erreicht hat, so stellen sich die beiden Kandidaten, die die meisten Stimmen auf sich vereinigen konnten, erneut zur Stimmabgabe. Der Kandidat, der bei der zweiten Stimmabgabe die Mehrheit der Stimmen der Wähler erreicht hat, wird vom Großen Staatshural als Präsident bestätigt. Ein Gesetz über die Anerkennung seiner Vollmachten wird verabschiedet.

6. Falls bei der zweiten Stimmabgabe keiner der Kandidaten für das Amt des Präsidenten eine Mehrheit der abgegebenen Stimmen erreicht, werden erneut Wahlen ausgeschrieben.

7. Der Präsident kann einmal in dieses Amt wiedergewählt werden.

8. Der Präsident darf kein Mitglied des Großen Staatshurals sein, zu gleicher Zeit das Amt des Premiers oder eines Mitglieds der Regierung bekleiden oder einer beliebigen Beschäftigung nachgehen, die nicht in seinen durch Gesetz gegebenen Pflichten vorgesehen ist. Falls der Präsident einer anderen Beschäftigung nachgeht oder ein anderes Amt bekleidet, so muß er diese mit dem Tag der Ablegung des Amtseides aufgeben.

Artikel 32

1. Die Vollmachten des Präsidenten beginnen mit der Ablegung des Amtseides und enden mit der Ablegung des Amtseides des neugewählten Präsidenten.

2. Der Präsident legt innerhalb von dreißig Tagen vor dem Großen Staatshural folgenden Amtseid ab: »Ich schwöre, die Unabhängigkeit und die Souveränität der Mongolei, die Freiheit und die nationale Einheit ihres Volkes zu achten und zu schützen, die Verfassung zu achten und zu befolgen, die Pflichten des Präsidenten redlich zu erfüllen.«

Artikel 33

1. Der Präsident übt nachstehend genannte Rechte aus:

a) Gegen vom Großen Staatshural bestätigte Gesetze und andere Beschlüsse in deren Gesamtheit bzw. gegen einzelne ihrer Teile sein Veto einzulegen. Das vom Präsidenten eingelegte Veto ist im Großen Staatshural zu behandeln. Wenn zwei Drittel der auf der Tagung anwesenden Mitglieder ein eingelegtes Veto ablehnen, so gelten das genannte Gesetz oder der genannte Beschluß als in Kraft getreten;

b) Nach Konsultation mit der Partei, die eine Mehrheit der Sitze im Großen Staatshural besetzt, bzw., falls keine Partei eine Mehrheit erreichen konnte, nach Konsultation mit allen Parteien, die Sitze im Großen Staatshural einnehmen, den Vorschlag für die Ernennung des Premierministers sowie den Vorschlag zum Rücktritt der Regierung im Großen Staatshural einzubringen;

c) Der Regierung in Fragen, die unter seine Vollmachten fallen, Orientierungen zu geben. Wenn der Präsident in diesem Zusammenhang ein Dekret erläßt, so tritt dieses nach Gegenzeichnung durch den Premierminister in Kraft;

d) Mit vollem Recht das Land in den internationalen Beziehungen zu vertreten und mit Zustimmung des Großen Staatshurals im Namen der Mongolei internationale Verträge zu unterzeichnen;

e) Mit Zustimmung des Großen Staatshurals die Chefs der diplomatischen Missionen der Mongolei in anderen Staaten zu ernennen bzw. abzuberufen;

f) Die Akkreditierungsschreiben bzw. Abberufungsschreiben der Leiter der diplomatischen Missionen anderer Staaten in der Mongolei entgegenzunehmen;

g) Höchste staatliche und militärische Ränge sowie Orden und Medaillen zu verleihen;

h) Das Begnadigungsrecht auszuüben;

i) Fragen der Gewährung und der Entlassung aus der Staatsbürgerschaft der Mongolei sowie der Gewährung von Asyl in diesem Lande zu entscheiden;

j) Dem Nationalen Sicherheitsrat der Mongolei vorzusitzen;

k) Die allgemeine oder teilweise Mobilisierung zu erklären;

l) Beim Entstehen von außerordentlichen Umständen entsprechend Punkt zwei und drei des Artikels fünfundzwanzig der Verfassung, wenn der Große Staatshural in den Ferien ist und es die Umstände dringend erfordern, auf dem gesamten Territorium des Landes bzw. in einzelnen seiner Teile den Kriegszustand auszurufen sowie Anweisungen zur Aufnahme militärischer Operationen zu geben. Vom Präsidenten über den Ausnahmezustand oder den Kriegszustand erlassene Dekrete sind innerhalb einer Woche im Großen Staatshural zu erörtern und zu bestätigen oder außer Kraft zu setzen. Falls der Große Staatshural keinen Beschluß faßt, verlieren diese Dekrete ihre Gültigkeit.

2. Der Präsident ist der Oberkommandierende der Streitkräfte der Mongolei.

3. Der Präsident kann sich mit Adressen an dem Großen Staatshural oder das Volk wenden, er kann nach eigenem Ermessen an den Tagungen des Großen Staatshurals teilnehmen, über wichtige Fragen der inneren und äußeren Lage des Landes informieren und Vorschläge unterbreiten.

4. Andere Vollmachten bzw. Rechte können dem Präsidenten nur durch Gesetz übertragen werden.

Artikel 34

1. Im Rahmen seiner Vollmachten erläßt der Präsident Dekrete in Übereinstimmung mit dem geltenden Recht.

2. Falls ein Dekret nicht mit dem geltenden Recht übereinstimmt, so erklären der Präsident selbst oder der Große Staatshural dieses als außer Kraft gesetzt.

Artikel 35

1. Der Präsident ist dem Großen Staatshural gegenüber verantwortlich.

2. Falls der Präsident seinen Amtseid bricht oder der Verfassung bzw. seinen Vollmachten zuwider handelt, so erörtert der Große Staatshural dieses auf der Grundlage der Schlußfolgerungen des Verfassungsgerichts (Verfassungsaufsicht) und beschließt mit absoluter Mehrheit seiner auf der Tagung anwesenden Mitglieder eine Amtsenthebung.

Artikel 36

1. Person, Residenz und Transportmittel des Präsidenten sind unantastbar.

2. Würde und Immunität des Präsidenten werden durch das Gesetz geschützt.

Artikel 37

1. Bei Abwesenheit des Präsidenten übt der Vorsitzende des Großen Staatshural dessen Vollmachten aus.

2. Im Falle eines erzwungenen oder freiwilligen Rücktritts des Präsidenten oder seines Ablebens übt der Vorsitzende des Großen Staatshurals die Vollmachten des Präsidenten bis zur Ablegung des Amtseides durch den neugewählten Präsidenten aus. In diesem Zusammenhang hat der Große Staatshural Präsidentenwahlen innerhalb von vier Monaten festzulegen und durchzuführen.

3. Die Ordnung zur Ausübung der Vollmachten des Präsidenten durch den Vorsitzenden des Großen Staatshurals wird durch Gesetz festgelegt.

III. Die Regierung der Mongolei
Artikel 38

1. Die Regierung der Mongolei ist das höchste staatliche Exekutivorgan.

2. Entsprechend ihrer Pflicht, in Übereinstimmung mit den Gesetzen des Staates die wirtschaftliche, gesellschaftliche und kulturelle Entwicklung zu lenken, übt die Regierung folgende Vollmachten aus:

a) Die Erfüllung der Verfassung und der anderen Gesetze zu organisieren und zu beaufsichtigen;

b) Eine einheitliche wissenschaftliche und technologische Poltik, die Grundrichtungen der wirtschaftlichen und gesellschaftlichen Entwicklung des Landes, den Staatshaushalt, den Kredit und den Finanzplan auszuarbeiten, diese im Großen Staatshural einzubringen und die dort gefaßten Beschlüsse zu verwirklichen;

c) Maßnahmen zur zweiglichen, überzweiglichen und territorialen Entwicklung auszuarbeiten und zu verwirklichen;

d) Maßnahmen zum Schutz der Umwelt und zum rationellen Gebrauch sowie zur Wiederherstellung der Naturreichtümer zu ergreifen;

e) Die zentralen Organe der staatlichen Verwaltung direkt zu leiten und die örtlichen Verwaltungsorgane in ihrer Tätigkeit anzuleiten;

f) Die Verteidigungskraft des Landes zu stärken und die nationale Sicherheit zu gewährleisten;

g) Maßnahmen zum Schutz der Rechte und Freiheiten der Menschen, zur Festigung der öffentlichen Ordnung und zum Kampf gegen das Verbrechen zu ergreifen und zu verwirklichen;

h) Die Außenpolitik des Staates durchzuführen;

i) Nach Zustimmung des Großen Staatshurals und bei späterer Ratifizierung durch diesen internationale Verträge der Mongolei und Regierungsabkommen abzuschließen, zu realisieren und zu tätigen.

3. Die konkreten Vollmachten, die Organisationsstruktur und das Statut der Regierung werden durch Gesetz bestimmt.

Artikel 39

1. Die Regierung besteht aus dem Premierminister und den Mitgliedern.

2. Der Premierminister übermittelt nach Konsultation mit dem Präsidenten des Großen Staatshurals seine Vorschläge über Struktur, Zusammensetzung und Veränderungen der Regierung.

3. Der Große Staatshural erörtert einzeln die vom Premierminister vorgeschlagenen Kandidaturen und beschließt über diese.

Artikel 40

1. Die Dauer der Vollmachten der Regierung beträgt vier Jahre.

2. Die Vollmachten der Regierung beginnen mit der Ernennung des Premierministers durch den Großen Staatshural und enden mit der Ernennung eines neuen Ministerpräsidenten.

Artikel 41

1. Der Premierminister steht der Regierung vor und ist dem Großen Staatshural gegenüber für die Arbeit zur Erfüllung der Gesetze verantwortlich.

2. Die Regierung ist für ihre Artikel dem Großen Staatshural gegenüber verantwortlich.

Artikel 42

Die Unantastbarkeit des Premierministers und der Mitglieder der Regierung werden durch das Gesetz geschützt.

Artikel 43

1. Der Premierminister kann dem Großen Staatshural vor Ablauf der Amtszeit seinen Rücktritt vorschlagen, wenn er einschätzt, daß die Regierung nicht in der Lage ist, ihre Vollmachten auszuüben.

2. Die Regierung hat als Ganzes zurückzutreten, wenn der Premierminister oder zu gleicher Zeit eine Hälfte der Mitglieder der Regierung zurücktreten.

3. Der Große Staatshural hat nach eigener Initiative zum Rücktritt der Regierung, nach einem entsprechenden Vorschlag des Präsidenten oder entsprechender Mitteilung des Premierministers innerhalb von fünfzehn Tagen die Frage des Rücktritts der Regierung zu erörtern und zu entscheiden.

4. Wenn mehr als ein Viertel der Mitglieder des Großen Staatshurals eine offizielle Initiative zum Rücktritt der Regierung einbringen, so ist dies im Großen Staatshural zu erörtern und zu entscheiden.

Artikel 44

Wenn die Regierung einen Beschlußentwurf bezüglich der Aussprache des Vertrauens oder Mißtrauens einbringt, so hat der Große Große Staatshural diese Frage auf der Grundlage von Artikel vierundvierzig, Punkt drei zu entscheiden.

Artikel 45

1. Die Regierung erläßt im Rahmen ihrer durch die Gesetze gegebenen Vollmachten Beschlüsse und Verfügungen, die vom Premierminister bzw. vom für die Erfüllung verantwortlichen Minister unterzeichnet werden.

2. Falls Beschlüsse und Verfügungen der Regierung nicht mit der Gesetzgebung übereinstimmen, werden sie von der Regierung selbst oder vom Großen Staatshural für ungültig erklärt.

Artikel 46

1. Die Ministerien und andere staatliche Dienststellen der Mongolei werden dem Gesetz entsprechend organisiert.

2. Die staatlichen Angestellten der Mongolei sind Bürger der Mongolei und wirken strikt im Rahmen der Verfassung und anderer Gesetze zum Nutzen ihres Volkes und der Bürger sowie geleitet von den staatlichen Interessen.

3. Die Bedingungen für die Bestätigung und die Arbeit staatlicher Angestellter werden durch Gesetz festgelegt.

IV. Richterliche Gewalt (Rechtsprechung)

Artikel 47

1. Richterliche Gewalt (Rechtsprechung) wird in der Mongolei ausschließlich durch Gerichte ausgeübt.

2. Es ist unter allen Bedingungen verboten, außerhalb der Gesetze Gerichte zu bilden und anderen Organisationen Vollmachten der Rechtsprechung zu übertragen.

3. Gerichte werden nur auf der Grundlage der Verfassung und anderer Gesetze gebildet.

Artikel 48

1. Das Gerichtssystem besteht aus dem Obersten Gericht des Landes, den Gerichten der Aimags und der Hauptstadt, den Sonon- und Zwischensumgerichten und den Distriktgerichten. Spezielle Gerichte wie Gerichte für Strafsachen, Zivilgerichte und Verwaltungsgerichte können gebildet werden. Die Aktivitäten und Entscheidungen der speziellen Gerichte dürfen nicht außerhalb der Aufsicht des Obersten Gerichts liegen.

2. Die Organisation der Gerichte und die rechtliche Grundlage ihrer Aktivitäten werden durch Gesetz bestimmt.

2. Die Gerichte werden aus dem Staatshaushalt finanziert. Der sichert ökonomische Garantien für die Tätigkeit der Gerichte ab.

Artikel 49

1. Richter sind unabhängig und lassen sich nur durch das Gesetz leiten.

2. Der Präsident, der Premierminister, die Mitglieder des Großen Staatshurals und der Regierung, Amtsträger von staatlichen Einrichtungen, Parteien und gesellschaftlichen Organisationen sowie andere Bürger haben nicht das Recht, sich in die richterliche Rechtsprechung einzumischen oder diese zu beeinflussen.

3. Die Aufgabe der Gewährleistung der Unabhängigkeit der Richter und der Eigenständigkeit der Gerichte übt der Generalrat der Gerichte aus.

4. Der Generalrat der Gerichte befaßt sich, ohne in die rechtsprecherische Tätigkeit der Richter und Gerichte einzugreifen, ausschließlich mit solchen Angelegenheiten wie der Nominierung von Juristen als Richter, der Vertretung der Interessen der Richter und der Gewährleistung der Bedingungen für die Selbständigkeit der Gerichte.

5. Die Organisationsstruktur des Generalrates der Gerichte und das Statut für seine Tätigkeit werden durch Gesetz geregelt.

Artikel 50

1. Das Oberste Gericht der Mongolei ist das höchste Gerichtsorgan und übt folgende Vollmachten aus:

a) Im Rahmen der durch Gesetz übertragenen Rechte Strafsachen und Rechtsstreitfälle zu überprüfen und zu entscheiden;

b) Entscheidungen von Gerichten niederer Instanzen mittels Einspruch und Revision zu kontrollieren;

c) Bezüglich des Schutzes der Gesetze und der dort verkündeten Rechte und Freiheiten des Menschen die vom Verfassungsgericht und der Generalstaatsanwaltschaft übermittelten Fragen zu prüfen und zu entscheiden;

d) Offizielle Interpretationen der richtigen Anwendung der Gesetze mit Ausnahme der Verfassung zu geben;

e) Alle anderen mit dem Recht verbundenen Fragen zu entscheiden.

2. Die Entscheidung des Obersten Gerichts des Landes ist die letztinstanzliche gerichtliche Entscheidung. Alle anderen Gerichte und Personen haben diese unbedingt zu erfüllen. Falls eine Entscheidung des Obersten Gerichts des Landes mit dem Gesetz kollidiert, so erklärt das Oberste Gericht des Landes selbst diese für ungültig. Falls eine Gesetzesinterpretation des Obersten Gerichts des Landes mit dem Gesetz kollidiert, so genießt das Gesetz Vorzug.

3. Das Oberste Gericht des Landes und alle anderen Gerichte haben kein Recht, Gesetze anzunehmen, die nicht verfassungskonform sind und nicht in offiziellen Publikationen veröffentlicht wurden.

Artikel 51

1. Das Oberste Gericht des Landes besteht aus dem Chefrichter (Oberrichter) und den Richtern.

2. Der Präsident ernennt die Richter für das Oberste Gericht des Landes nach deren Vorstellung durch den Generalrat der Gerichte im Gro-

ßen Staatshural und die Richter anderer Gerichte nach Vorschlag des Generalrates der Gerichte. Der Oberste Richter wird durch den Präsidenten für den Zeitraum von sechs Jahren auf Vorschlag und aus der Zahl der Mitglieder des Obersten Gerichts des Landes ernannt.

3. Zu Richtern am Obersten Gericht des Landes können Bürger der Mongolei mit juristischer Hochschulbildung ernannt werden, die das fünfunddreißigste Lebensjahr vollendet und nicht weniger als zehn Jahre in einem juristischen Beruf gearbeitet haben; zu Richtern an anderen Gerichten Bürger der Mongolei mit juristischer Hochschulbildung, die das fünfundzwanzigste Lebensjahr vollendet und nicht weniger als drei Jahre in einem juristischen Beruf gearbeitet haben.

4. Die Entlassung von Richtern an Gerichten aller Instanzen ist nicht gestattet, es sei denn, es liegen in der Verfassung und im Gerichtsgesetz vorgesehene Gründe, in Kraft getretene gerichtliche Entscheidungen oder der eigene Wunsch vor.

Artikel 52

1. Gerichte aller Instanzen haben auf der Grundlage der Prinzipien der Kollektivität rechtliche Fälle und Dispute zu erörtern und zu entscheiden.

2. Bei der Anwendung der kollektiven Rechtsprechung in Gerichten der ersten Instanz ist die Teilnahme von Vertretern der Bürger daran in Übereinstimmung mit den durch das Gesetz vorgegebenen Vorschriften gestattet.

3. In einigen durch das Gesetz vorgegebenen speziellen Fällen können Richter allein Entscheidungen treffen.

Artikel 53

1. Die Gerichte führen ihre Verhandlungen in mongolischer Sprache.

2. Personen, die der mongolischen Sprache nicht mächtig sind, werden mit Hilfe eines Übersetzers mit allen Dokumenten des Falles vertraut gemacht und haben das Recht, vor dem Gericht ihre nationale Sprache zu gebrauchen.

Artikel 54

Verhandlungen vor den Gerichten sind für die Öffentlichkeit zugänglich mit Ausnahme jener Fälle, die im Gesetz speziell vorgegeben sind.

Artikel 55

1. Der Angeklagte hat das Recht, sich selbst zu verteidigen.

2. Bei der Wahrnehmung dieses Rechtes ist dem Angeklagten auf der Grundlage eines eigenen Wunsches bzw. in Übereinstimmung mit den ge-

setzlichen Vorschriften eine rechtskundige Hilfe zur Verfügung zu stellen.

Artikel 56

1. Der Staatsanwalt kontrolliert die Registrierung der Fälle, die Untersuchungen sowie die Strafvollstreckung und nimmt im Namen des Staates an den Sitzungen des Gerichtes teil.

2. Der Generalstaatsanwalt des Landes und seine Stellvertreter werden mit Zustimmung des Großen Staatshurals vom Präsidenten für den Zeitraum von sechs Jahren ernannt.

3. Das Organisationssystem der Staatsanwaltschaft der Mongolei, ihre Struktur und die rechtlichen Grundlagen ihres Organs werden durch Gesetz bestimmt.

Viertes Kapitel
Administrative und territoriale Einheiten der Mongolei und ihre Verwaltungskörperschaften

Artikel 57

1. Das Territorium der Mongolei ist verwaltungsmäßig in Aimags und die Hauptstadt unterteilt; die Aimags sind in Sums (Somone), die Sums in Bags, die Hauptstadt in Düüregs (Stadtbezirke) und die Düüregs in Choroos (Stadtviertel) unterteilt.

2. Die rechtliche Grundlage der Städte und Siedlungen, die auf dem Gebiet administrativ-territorialer Einheiten gelegen sind, werden durch Gesetz festgelegt.

3. Fragen der Veränderung der administrativ-territorialen Unterteilung entscheidet unter Berücksichtigung der wirtschaftlichen Struktur und der Lage der Bevölkerung der Große Staatshural auf der Grundlage von Vorschlägen der örtlichen Churale und der Bürger.

Artikel 58

1. Aimags, die Hauptstadt, Sums und Düüregs sind administrative, territoriale, wirtschaftliche und soziale Komplexe mit durch Gesetz bestimmten eigenen Funktionen und Verwaltungen.

2. Die Grenzen der Aimags, der Hauptstadt, der Sums und der Düüregs werden auf Vorschlag der Regierung durch den Großen Staatshural festgelegt.

Artikel 59

1. Die Verwaltung der administrativen und territorialen Einheiten basiert auf der Kombination von örtlicher Selbstverwaltung und staatlicher Anleitung.

2. Organe der örtlichen Selbstverwaltung sind in den Aimags, der Hauptstadt, den Sums und den Düüregs die Hurale der Vertreter der Bürger des Gebiets, in den Bags und Choroos die Gesamthurale (hier Versammlungen) der Bürger sowie in deren sitzungsfreier Zeit die Präsidien der Hurale.

3. Die Hurale der Vertreter (der Bürger) in den Aimags und in der Hauptstadt werden für einen Zeitraum von vier Jahren gewählt. Die Anzahl der Vertreter in diesen Hurale sowie in den Huralen der Sums und Düüregs und die Wahlordnung werden durch Gesetz geregelt.

Artikel 60

1. Die staatliche Verwaltung auf den Territorien der Aimags, der Hauptstadt, der Sums, der Düüregs, der Bags und der Choroos wird durch den Verwaltungschef des Aimags, der Hauptstadt, des Sums, des Düüregs, des Bags, des Choroos ausgeübt.

2. Kandidaturen für die Verwaltungschefs werden durch die Hurale des Aimags, der Hauptstadt, des Sums, des Düüregs, des Bags, des Choroos unterbreitet. Die Verwaltungschefs der Aimags und der Hauptstadt werden durch den Premierminister, die der Sums und Düüregs durch die Verwaltungschefs der jeweiligen Aimags oder der Hauptstadt, die der Bags und Choroos durch die Verwaltungschefs der jeweiligen Sums oder Düüregs für einen Zeitraum von vier Jahren ernannt.

3. Im Falle einer Ablehnung der Kandidaturen der Verwaltungschefs in den abgeordneten Einheiten durch den Premierminister oder die Verwaltungschefs übergeordneter Einheiten sind entsprechend Punkt zwei dieses Artikels neue Kandidaten vorzuschlagen, für deren Ernennung übt der bisherige Verwaltungschef seine Vollmachten weiter aus.

Artikel 61

1. Neben der Realisierung der Beschlüsse des jeweiligen Hurals ist der entsprechende Verwaltungschef als Vertreter der staatlichen Gewalt in seiner Tätigkeit der Regierung und den übergeordneten Verwaltungschef gegenüber für Einhaltung der Gesetzlichkeit sowie die Erfüllung der Beschlüsse der Regierung und der übergeordneten Verwaltungsorgane verantwortlich.

2. Der Verwaltungschef hat das Recht, gegen die Beschlüsse der Hurale des Aimags, der Hauptstadt, des Sums, des Düüregs, des Bags oder des Choroos sein Veto einzulegen.

3. Falls ein Hural mit der Mehrheit seiner Mitglieder ein solches Veto zurückweist und der jeweilige Verwaltungschef keine Möglichkeit sieht, den genannten Beschluß zu erfüllen, so kann er dem Hural, dem Premierminister oder den Verwaltungschef der übergeordneten Einheit seinen Rücktritt anbieten.

4. Amtssitz des Verwaltungschefs des Aimags, der Hauptstadt, des Sums oder des Düüregs ist das Amt, in dem das Siegel aufbewahrt wird. Über die Struktur und den Stellenplan dieses Amtes wird durch die Regierung individuell oder auf der Grundlage eines gemeinsamen Standard entschieden.

Artikel 62

1. Die Organe der örtlichen Selbstverwaltung entscheiden eigenständig Fragen der wirtschaftlichen und gesellschaftlichen im Maßstab des Aimags, der Hauptstadt, des Sums, des Düüregs, des Bags oder des Choroos. Zugleich organisieren sie die Teilnahme der Bevölkerung an der Realisierung bedeutender Aufgaben, die zentral oder von übergeordneten Einheiten gestellt wurden.

2. Die übergeordneten Verwaltungsorgane haben kein Recht, Fragen zu entscheiden, die unter die Kompetenz der Organe der örtlichen Selbstverwaltung fallen. Die örtlichen Selbstverwaltungsorgane können in Übereinstimmung mit der Verfassung unabhängig Beschlüsse fassen und Maßnahmen festlegen, die konkrete Fragen des Lebens auf ihrem Territorium betreffen, so das Gesetz und die Beschlüsse der höchsten Staatsorgane nichts anderes bestimmen.

3. Falls der Große Staatshural oder die Regierung es als notwendig ansehen, kann die Lösung einiger Fragen, die unter ihre Kompetenz fallen, den Huralen bzw. Verwaltungschefs der Aimags und der Hauptstadt übertragen werden.

Artikel 63

1. Hurale der Aimags, der Hauptstadt, der Sums, der Düüregs, der Bags und der Choroos erfassen im Rahmen ihrer Vollmachten Resolutionen, Verwaltungschefs Verfügungen.

2. Die Resolutionen der Hurale und Verfügungen der Chefs der Verwaltungen haben mit dem Gesetz, den Dekreten des Präsidenten, den Beschlüssen der Regierung und der Organe der übergeordneten Einheiten in Übereinstimmung zu stehen und sind auf dem jeweiligen Territorium bindend.

3. Administrative und territoriale Einheiten, Vollmachten, Organisationsstruktur und Statut ihrer Verwaltungsorgane werden durch Gesetz festgelegt.

Fünftes Kapitel
Verfassungsaufsicht
(Verfassungsgericht) der Mongolei

Artikel 64

1. Das Verfassungsgericht der Mongolei ist das Organ mit allen Vollmachten der höchsten Instanz zur Kontrolle der Erfüllung der Verfassung, zur Be-

urteilung von Verletzungen ihrer Bestimmungen zur Schlichtung von Streitfällen. Es hat die unbedingte Erfüllung der Verfassung zu garantieren.

2. Das Verfassungsgericht und seine Mitglieder lassen sich bei der Erfüllung ihrer Pflichten auch von der Verfassung leiten. Sie sind unabhängig von beliebigen Organisationen, offiziellen Persönlichkeiten und anderen Personen.

3. Die Unabhängigkeit der Mitglieder des Verfassungsgerichts wird durch die Verfassung und andere Gesetze garantiert.

Artikel 65

1. Das Verfassungsgericht besteht aus neun Mitgliedern. Von diesen werden drei auf Vorschlag des Großen Staatshurals, drei auf Vorschlag des Präsidenten und drei auf Vorschlag des Obersten Gerichts des Landes durch den Großen Staatshural für einen Zeitraum von sechs Jahren ernannt.

2. Zu Mitgliedern des Verfassungsgerichts werden Bürger der Mongolei ernannt, die das fünfundvierzigste Lebensjahr vollendet haben und über eine hohe juristische und politische Qualifikation verfügen.

3. Der Vorsitzende des Verfassungsgerichts wird mit Mehrheit aus der Zahl der neun Mitglieder gewählt. Er kann einmal wiedergewählt werden.

4. Falls der Vorsitzende oder Mitglieder des Verfassungsgerichts das Recht verletzen, können sie aufgrund einer Entscheidung des Verfassungsgerichts und der Meinung der Organisationen, die sie ursprünglich vorgeschlagen haben, durch den Großen Staatshural abberufen werden.

5. Der Präsident, Mitglieder des Großen Staatshurals, der Premierminister, Mitglieder der Regierung und Richter des Obersten Gericht des Landes dürfen nicht für das Verfassungsgericht erneuert werden.

Artikel 66

1. Das Verfassungsgericht überprüft und entscheidet auf eigene Initiative bzw. auf der Grundlage von Petitionen der Bürger oder Anfragen des Großen Staatshurals, des Präsidenten, des Premierministers, des Obersten Gerichts des Landes und des Generalstaatsanwalts des Landes Streitfälle in Zusammenhang mit Verletzungen der Verfassung.

2. Das Verfassungsgericht beurteilt auf der Grundlage von Punkt eins dieses Artikels folgende Streitfragen und übermittelt die Ergebnisse des Großen Staatshurals:

a) Die Verfassungskonformität von Gesetzen, Verordnungen sowie anderen Entscheidungen des Großen Staatshurals und des Präsidenten, von Beschlüssen der Regierung und von internationalen Verträgen der Mongolei;

b) Die Verfassungskonformität von Volksbefragungen und Beschlüssen der zentralen Wahlkommission Bezug auf Wahlen zum Großen Staatshural, seiner Mitglieder des Präsidenten.

c) Rechtsverletzungen oder Rechtsbrüche durch den Präsidenten, den Vorsitzenden oder die Mitglieder des Großen Staatshurals, den Premierminister oder die Mitglieder der Regierung, den Obersten Richter des Obersten Gerichts und den Generalstaatsanwalt des Landes;

d) Die Gründe für eine Amtsenthebung des Präsidenten, des Vorsitzenden des Großen Staatshurals und des Premierministers sowie einer Abberufung von Mitgliedern des Großen Staatshurals.

3. Falls Schlußfolgerungen gemäß Punkt 2a und b dieses Artikels durch den Großen Staatshural nicht bestätigt werden, behandelt das Verfassungsgericht diese erneut und fällt eine endgültige Entscheidung.

4. Falls das Verfassungsgericht die Nichtkonformität von Gesetzen, Verordnungen, anderer Entscheidungen des Großen Staatshurals und des Präsidenten, von Beschlüssen der Regierung und internationalen Verträgen der Mongolei mit der Verfassung festgestellt, sind die genannten Gesetze, Verordnungen, Ratifizierungen und Entscheidungen als ungültig anzusehen.

Artikel 67

Entscheidungen des Verfassungsgerichts treten unverzüglich in Kraft.

Sechstes Kapitel
Ergänzungen und Veränderungen der Verfassung der Mongolei

Artikel 68

1. Vorschläge für Ergänzungen und Veränderungen der Verfassung können von allen zur Gesetzesinitiative berechtigten Organen und Amtsträgern ausgehen. Sie sind dem Verfassungsgericht und dem Großen Staatshural einzureichen.

2. Über die Notwendigkeit einer Veränderung oder Ergänzung der Verfassung wird mit einer Mehrheit von mindestens zwei Dritteln der Mitglieder des Großen Staatshurals entschieden oder eine Volksbefragung durchgeführt. Eine Volksbefragung erfolgt auf der Grundlage der Festlegungen des Punktes 2a des Artikels fünfundzwanzig.

Artikel 69

1. Veränderungen oder Ergänzungen der Verfassung werden mit einer Mehrzeit von mindestens drei Vierteln der Gesamtzahl der Mitglieder des Großen Staatshurals bestätigt.

2. Veränderungen und Ergänzungen der Verfassung werden im Großen Staatshural in zwei Lesungen erörtert. Falls keine Mehrheit von mindestens drei Vierteln der Gesamtzahl der Mitglieder des Großen Staatshurals erreicht wird, dürfen diese Entwürfe zu Beginn der Amtsperiode des nächstgewählten Großen Staatshurals in neuer Zusammensetzung nicht erneut zur Erörterung gestellt werden.

3. Der Große Staatshural darf im Zeitraum von sechs Wochen vor den nächsten Wahlen keine Veränderungen oder Ergänzungen der Verfassung beschieden.

4. Beschlossene Veränderungen oder Ergänzungen der Verfassung haben die gleiche Gültigkeit wie die Verfassung selbst.

Artikel 70

1. Gesetze, Verordnungen und andere Entscheidungen staatlicher Organe wie auch die Aktivitäten öffentlicher Organisationen und der Bürger müssen vollständig mit der Verfassung konform gehen.

2. Die Verfassung der Mongolei tritt am 12. Februar 1992, 12.00 Uhr mittags oder im ersten Frühjahrsmonat des Schwarzen Tigers des Jahrs des Affen (Wasser) des 12. sechzigjährigen Zyklusses am Tag des ... gelben Pferdes zur Stunde des Pferdes im ganzen Land in Kraft.

Laßt uns sie kennen und befolgen!

Großer Volkshural der Mongolischen Volksrepublik

13. Januar 1992

Textanhang XIX/2

Gemeinsame Erklärung
der Republik Mongolei und des Freistaates Bayern über Zusammenarbeit bei Projekten aus den Bereichen Bildung und Wissenschaft (1995)

Die Republik Mongolei, vertreten durch das Ministerium für Wissenschaft und Bildung und der Freistaat Bayern in der Bundesrepublik Deutschland, vertreten durch das Bayerische Staatsministerium für Unterricht, Kultus, Wissenschaft und Kunst

– getragen von dem Gedanken der Vertiefung freundschaftlicher Beziehungen zwischen der Republik Mongolei und dem Freistaat Bayern –

erklären gemeinsam folgendes:

1. Zur Förderung der Zusammenarbeit auf den Gebieten der Bildung und Wissenschaft arbeiten die Republik Mongolei und der Freistaat Bayern eng zusammen bei Projekten aus folgenden Feldern:

– Lehrerfortbildung und Curriculumentwicklung

– Verwaltung im Bereich von Schulen und Hochschulen

– Obst- und Gemüsebau

– Deutsch-Mongolisches Übersetzungs- und Informationszentrum in Ulan Bator.

2. Die Projekte werden von einem Projektrat nach den Bedürfnissen beider Seiten betreut und geleitet. Vorsitzender des Projektrates ist ein Vertreter der mongolischen Seite.

3. Dem Projektrat gehören an:

– Vier Vertreter der mongolischen Seite, die von der mongolischen Seite benannt werden.

– Drei Vertreter der bayerischen Seite, die vom Bayerischen Staatsministerium für Unterricht, Kultus, Wissenschaft und Kunst benannt werden.

Der Projektrat tagt grundsätzlich jährlich, möglichst abwechselnd in der Mongolei und in Bayern.

Der Projektrat hat insbesondere folgende Befugnisse:

– Betreuung und Begleitung der Projekte

– Entscheidung grundsätzlicher Fragen

– Festlegung des Jahresarbeitsprogramms

– Bestellung von Experten (siehe Ziff. 4)

– Bestellung der mongolischen Geschäftsführer für die vereinbarten Projekte (siehe Ziff. 5).

Beschlüsse werden im Geist partnerschaftlicher Zusammenarbeit gefaßt und sind an die verfügbaren Mittel gebunden.

4. Zur Förderung der Projekte werden fachlich geeignete Persönlichkeiten (Experten) von Bildungseinrichtungen und anderen Institutionen in der Mongolei und in Bayern bestellt.

5. Die laufenden Geschäfte der Projekte, einschließlich der Aufsicht über Personal und Sachausstattung, werden von den mongolischen Geschäftsführern wahrgenommen. Sie erfüllen ihre Aufgaben in enger Zusammenarbeit mit den Experten.

6. Die mongolische Seite ist bereit, folgende Leistungen zu erbringen:

– Bereitstellung der Infrastruktur, einschließlich angemessener, möblierter Räume, der erforderlichen Kommunikationseinrichtungen sowie der notwendigen mongolischen Fachliteratur

– Übernahme der laufenden Kosten der Projekte

– Gestellung der erforderlichen mongolischen Mitarbeiter je nach den Aufgaben (einschließlich Mitarbeiter für Verwaltung, Sekretariat, Bibliothek und sonstige Dienste)

– Angemessene Unterbringung der bayerischen Experten zu ortsüblichen Preisen.

7. Die bayerische Seite ist bereit, folgende Leistungen zu erbringen:

– Beschaffung der erforderlichen technischen Ausstattung (insbesondere Personal-Computer und Faxgeräte) entsprechend dem gemeinsam festgestellten Bedarf

– Bereitstellung der notwendigen deutschen Fachliteratur

– Bereitstellung weiterer Ausstattung im Rahmen der finanziellen Möglichkeiten entsprechend dem gemeinsam festgestellten Bedarf

– Entsendung von bayerischen Experten

– Betreuung mongolischer Fachleute in Bayern

– fachliche Betreuung des Projekts auf der bayerischen Seite durch geeignete Kooperationspartner

8. Die von beiden Partnern eingebrachten Geräte und Materialien sind in den Räumen der Projekte unterzubringen.

9. Die Projekte sind auf drei Jahre angelegt. Bei Vorliegen wichtiger Gründe ist rechtzeitig über eine Verlängerung der Projekte zu verhandeln.

Der Arbeitsbeginn ist für den 01. Oktober 1995 vorgesehen.

Der Text der Gemeinsamen Erklärung wird in

mongolischer und duetscher Sprache gleichlautend ausgefertigt, wobei jeder Wortlaut gleichermaßen verbindlich ist.

München, den 27. September 1995
Für die Republik Mongolei
Minister für Wissenschaft und Bildung der Republik Mongolei

Sanjbegziin Tumur-Ochir
Für den Freistaat Bayern

Bayerischer Staatsminister für Unterricht, Kultus, Wissenschaft und Kunst

Hans Zehetmair

Textanhang XX

Constitution de la République Azerbaïdjanaise (1996)[*]

Le peuple d'Azerbaïdjan, poursuivant la tradition séculaire de son système d'Etat, se fondant sur les principes consacrés dans l'Acte constitutionnell »Sur l'indépendance d'Etat de la République azerbaïdjanaise«, désirant assurer le bien-être de tous et de chacun, instaurer la justice, la liberté et la sécurité, reconnaissant sa responsabilité devant les générations passées, présentes et futures, exerçant son droit souverain, déclare solennellement les résolutions suivantes:

– défendre l'indépendance, la souveraineté et l'intégrité territoriale de la République azerbaïdjanaise;

– garantir, dans le cadre de la Constitution, un régime démocratique;

–parvenir à l'établissement d'une société civile;

– construire un Etat de droit, laïc, assurant la primauté des lois en tant qu'expression de la volonté du peuple;

– assurer à tous un niveau de vie digne, conformément à un ordre économique et social juste,

– en conservant l'attachement aux valeurs communes à l'humanité, vivre dans les conditions d'amitié, de paix et de sécurité avec les autres peuples et à cette fin réaliser une coopération mutuellement avantageuse.

Au nom des hautes résolutions ci-dessus énumérées, la présente Constitution est adoptée par la voie du scrutin populaire – le référendum.

Titre premier
Dispositions générales
Chapitre I
Le pouvoir du peuple
Article 1
La source du pouvoir

I. En République azerbaïdjanaise, le peuple

d'Azerbaïdjan est l'unique source du pouvoir d'Etat.

II. Le peuple d'Azerbaïdjan est composé des citoyens de la République azerbaïdjanaise résidant sur le territoire de la République azerbaïdjanaise et en dehors de ses limites, en les considérant comme soumis à l'Etat d'Azerbaïdjan et à ses lois, ce qui n'exclut pas les normes établies par le droit international.

Article 2
La souveraineté du peuple

I. Le peuple d'Azerbaïdjan a le droit souverain de déterminer son destin et d'instaurer sa forme de gouvernement librement et de façon indépendante.

II. Le peule d'Azerbaïdjan exerce son droit souverain par le scrutin populaire – référendum et par l'intermédiaire de ses représentants, élus sur la base du suffrage universel, égal et direct, par la voie du scrutin libre, secret et personnel.

Article 3
Les questions réglées par voie du scrutin populaire – référendum

I. Le peuple d'Azerbaïdjan par la voie du référendum peut décider de toute question concernant ses droits et intérêts.

II. Les questions suivantes sont réglées uniquement par la voie du référendum:

1. l'adoption de la Constitution de la République azerbaïdjanaise et sa révision;

2. la modification des frontières d'Etat de la République azerbaïdjanaise.

Article 4
Le droit de représenter le peuple

Nul, en dehors des représentants plénipotentiaires élus par le peuple, ne possède le droit de représenter le peuple, de parler au nom du peuple et de faire des appels au nom du peuple.

---

[*] Adoptée par referendum le 5 novembre 1995.

Article 5
L'unité de peuple

I. Le peuple d'Azerbaïdjan est un.

II. L'unité du peuple d'Azerbaïdjan constitue le fondement de l'Etat d'Azerbaïdjan. La République azerbaïdjanaise est la patrie une et indivisible de tous les citoyens de la République azerbaïdjanaise.

Article 6
L'interdiction d'usurper le pouvoir

I. Aucune partie du peuple d'Azerbaïdjan, aucun groupe social ou organisation, aucune personne ne peut usurper une compétence pour exercer le pouvoir.

II. L'usurpation du pouvoir est le crime le plus grave contre le peuple.

Chapitre II
Les fondements de l'Etat

Article 7
L'Etat azerbaïdjanais

I. L'Etat azerbaïdjanais est une république démocratique, de droit, laïque et unitaire.

II. En République azerbaïdjanaise, le pouvoir d'Etat n'est limité dans les questions intérieures que par le droit et dans les questions extérieures que par les dispositions découlant des traités internationaux auxquels la République azerbaïdjanaise est partie.

III. Le pouvoir d'Etat en République azerbaïdjanaise est organisé sur la base de la séparation des pouvoirs:

– le pouvoir législatif est exercé par la Milli Medjlis de la République azerbaïdjanaise;

– le pouvoir exécutif appartient au Président de la République azerbaïdjanaise;

– le pouvoir judiciaire est exercé par les tribunaux de la République azerbaïdjanaise.

IV. Conformément aux dispositions de la présente Constitution, les pouvoirs législatifs, exécutifs et judiciaires coopèrent entre eux et sont indépendants dans le cadre de leurs attributions.

Article 8
Le Chef de l'Etat azerbaïdjanais

I. Le Chef de l'Etat azerbaïdjanais est le Président de la République azerbaïdjanaise. Il représente l'Etat azerbaïdjanais à l'intérieur du pays et dans les relations extérieures.

II. Le Président de la République azerbaïdjanaise incarne l'unité du peuple d'Azerbaïdjan et garantit la continuité du système d'Etat azerbaïdjanais.

III. Le Président de la Républqieu azerbaïdjanaise est le garant de l'indépendance et de l'intégri-té territoriale de l'Etat azerbaïdjanais, du respect des accords et traités internationaux auxquels la République azerbaïdjanaise est partie.

IV. Le Président de la République azerbaïdjanaise est la garant de l'indépendance du système judiciaire.

Article 9
Les Forces armées

I. La République azerbaïdjanaise, en vue de garantir sa sécurité et de sa défense crée les Forces armées et d'autres formations armées.

II. La République azerbaïdjanaise rejette la guerre comme moyen de porter atteinte à l'indépendance des autres Etats et comme mode de règlement des conflits internationaux.

III. Le Président de la République azerbaïdjanaise est le Commandant en chef suprême des Forces armées de la République azerbaïdjanaise.

Article 10
Les principes des relations internationales

La République azerbaïdjanaise construit ses relations avec les autres Etats sur la base des principes prévus dans les normes de droit international universellement reconnues.

Article 11
Le territoire

I. Le territoire de la République azerbaïdjanaise est un, indivisble et inviolable.

II. Les eaux intérieures de la République azerbaïdjanaise, le secteur de la mer (lac) Caspienne appartenant à la République azerbaïdjanaise, l'espace aérien au-dessus de la République azerbaïdjanaise sont des parties constitutives du territoire de la République azerbaïdjanaise.

III. Le territoire de la République azerbaïdjanaise est inaliénable. La République azerbaïdjanaise ne transmet à quiconque son territoire en aucune partie ni en aucune forme; les frontières d'Etat ne peuvent être modifiées que par la voie du référendum, organisé sur décision du Milli Medjlis de la République azerbaïdjanaise pour toute la population de l'Azerbaïdjan, sur la base de l'expression de la volonté du peuple d'Azerbaïdjan.

Article 12
Le but supérieur de l'Etat

I. La garantie des droits et libertés de l'homme et du citoyen est le but supérieur de l'Etat.

II. Les droits et libertés de l'homme et du citoyen, énumérées dans la présente Constitution, sont appliqués conformément aux traités internationaux auxquels la République azerbaïdjanaise est partie.

Article 13
La propriété

I. En République azerbaïdjanaise, la propriété est inviolable et protégée par l'Etat.

II. La propriété peut être publique, privé ou municipale.

III. La propriété ne peut être utilisée pour porter atteinte aux droits et libertés de l'homme et du citoyen, aux intérêts de la société et de l'Etat, à la dignité de l'individu.

Article 14
Les ressources naturelles

Sans préjudice pour les droits et intérêts des personnes physiques et morales quelles qu'elles soient, les ressources naturelles appartiennent à la République azerbaïdjanaise.

Article 15
Le développement économique et l'Etat

I. En République azerbaïdjanaise, le développement de l'économie, fondée sur différents types de propriété, sert l'élévation du bien-être du peuple.

II. L'Etat azerbaïdjanais, sur la base des relations de marché, crée les conditions pour développer l'économie, garantit la liberté de l'entreprise, ne permit pas le monopole et la concurrence déloyale dans les relations économiques.

Article 16
Le développement social et l'Etat

I. La République azerbaïdjanaise se soucie de l'élévation du bien-être du peuple et de chaque citoyen, de sa protection sociale et d'un niveau de vie digne.

II. La République azerbaïdjanaise accorde une aide au développement de la culture, de l'enseignement, de la santé, de l'art, protège la nature, l'héritage historique matériel et culture du peuple.

Article 17
La famille et l'Etat

I. La famille, comme cellule fondamentale de la société se trouve sur la tutelle particulière de l'Etat.

II. Le souci des enfants et de leur éducation est le devoir des parents. L'Etat contrôle l'exécution de ce devoir.

Article 18
La religion et l'Etat

I. En République azerbaïdjanaise la religion est séparée de l'Etat. Toutes les croyances sont égales devant la loi.

II. La diffusion et la propagande de religions portant atteinte à la dignité de l'individu et contraires aux principes de l'humanité sont interdites.

III. Le système d'enseignement d'Etat a un caractère laïc.

Article 19
L'unité monétaire

I. L'Unité monétaire de la République azerbaïdjanaise est le manag.

II. Le droit d'émettre la monnaie et de la retirer de la circulation appartient uniquement à la Banque nationale. La Banque nationale de la République azerbaïdjanaise est propriété exclusive de l'Etat.

III. L'utilisation sur le territoire de la République azerbaïdjanaise en qualité de moyens de paiement de monnaies autres que le manag est interdite.

Article 20
Les limitations imposées aux emprunts d'Etat

Les dettes contractées en vue de contribuer à une rébellion contre l'Etat azerbaïdjanais ou à un coup d'Etat ne peuvent être reconnues comme obligatoires par la République azerbaïdjanaise et remboursées par la République azerbaïdjanaise.

Article 21
La langue d'Etat

I. La langue d'Etat de la République azerbaïdjanaise est la langue azerbaïdjanaise. La République azerbaïdjanaise garantit le développement de la langue azerbaïdjanaise.

II. La République azerbaïdjanaise garantit la libre utilisation et le développement des autres langues pratiquées par la population.

Article 22
La capitale

La capitale de la République azerbaïdjanaise est Bakou.

Article 23
Les symboles de l'Etat azerbaïdjanais

I. Les symboles d'Etat de la République azerbaïdjanaise sont le Drapeau d'Etat de la République azerbaïdjanaise, les Armes d'Etat de la République azerbaïdjanaise et l'Hymne d'Etat de la République azerbaïdjanaise.

II. Le Drapeau d'Etat de la République azerbaïdjanaise est composé de trois bandes horizontales de largeur égale. La bande supérieure est de couleur bleu ciel, la bande moyenne du couleur rouge, la bande inférieure de couleur verte, au milieu de la bande rouge de chaque côté du drapeau apparaît en couleur blanche une demi-lune avec une étoile à huit branches. La largeur du Drapeau par rapport à sa longueur est de 1:2.

III. La forme du Drapeau d'Etat de la République azerbaïdjanaise et des Armes d'Etat de la République azerbaïdjanaise, la musique et le texte de l'Hymne d'Etat de la République azerbaïdjanaise sont fixés par une Lois constitutionnelle de la République azerbaïdjanaise.

Titre second
Droits, libertés et obligations fondamentales

Chapitre III
Droits fondamentaux et libertés fondamentales de l'homme et du citoyen

Article 24
Le principe fondamental des droits et des libertés du citoyen

I. Chacun dès le moment de sa naissance possède des droits et libertés auxquels on ne peut porter atteinte, inviolables et inaliénables.

II. Les droits et libertés incluent également la responsabilité et les obligations de chacun devant la société et les autres personnes.

Article 25
Le droit à l'égalité

I. Tous sont égaux devant la loi et le tribunal.

II. L'homme et la femme possèdent des droits et des obligations égales.

III. L'Etat garantit l'égalité des droits et des libertés de chacun indépendamment de la race, de la nationalité, de la religion, de la langue, du sexe, de l'origine, de la situation patrimoniale, de la situation professionelle, des convictions, de l'appartenance à des partis politiques, syndicats et autres associations. Il est interdit de limiter les droits et libertés de l'homme et du citoyen en fonction de l'appartenance raciale, nationale, de la religion ou de la langue, de l'appartenance à un sexe, de l'origine, des convictions, de l'appartenance politique ou sociale.

Article 26
La défense des droits et libertés de l'homme et du citoyen

I. Chacun possède le droit de défendre ses droits et libertés par des procédés et moyens non interdits par la loi.

II. L'Etat garantit la défense des droits et libertés de chacun.

Article 27
Le droit à la vie

I. Chacun possède le droit à la vie.

II. L'exclusion de l'anéantissement de soldats ennemis en période d'agression armée contre l'Etat, de l'application de la peine de mort par jugement du tribunal entré en vigueur et des autres cas prévus par la loi, le droit de toute personne à la vie est inviolable.

III. En qualité de châtiment exceptionnel, la peine de mort, jusqu'à son abolition complète, peut être établie par la loi uniquement pour les infractions particulièrement graves contre l'Etat ainsi que contre la vie et la santé de l'homme.

IV. A l'exception des cas prévus par la loi de légitime défense, d'extrême nécessité, de capture et de garde d'un criminel, de prévention de l'évasion d'un détenu d'un lieu de détention, de répression d'insurrection contre l'Etat ou de coup d'Etat, d'exécution d'un ordre donné par une personne habilitée en période d'état d'urgence et de siège, d'agression armée contre le pays, l'emploi d'armes contre l'homme est interdit.

Article 28
Le droit à la liberté

I. Chacun possède le droit à la liberté.

II. Le droit à la liberté ne peut être limité par voie de garde à vue, d'arrestation ou de privation de liberté que selon les modalités prévues par la loi.

III. Quiconque se trouve légalement sur le territoire de la République azerbaïdjanaise peut librement circuler, choisir son lieu de résidence et sortir hors des frontières de la République azerbaïdjanaise.

IV. Le citoyen de la République azerbaïdjanaise possède le droit à tout moment de rentrer sans entrave dans son pays.

Article 29
Le droit de propriété

I. Chacun possède le droit de propriété.

II. Aucun type de propriété ne possède de primauté. Le droit de propriété, y compris le droit de propriété privée, est protégé par la loi.

III. Des biens mobiliers et immobiliers peuvent être propriété de chacun. Le droit de propriété inclut le droit du propriétaire de posséder, de jouir et de disposer des biens individuellement ou conjointement avec d'autres.

IV. Nul en dehors d'une décision du tribunal ne peut être privé de sa propriété. La confiscation totale d'un bien est interdite. L'aliénation d'une propriété pour les besoins de l'Etat ou de la société ne peut être permise que sous condition d'une indemnisation juste et préalable de son coût.

V. L'Etat garantit le droit de succession.

Article 30
Le droit de propriété intellectuelle

I. Chacun possède le droit à la propriété intellectuelle.

II. Le droit d'auteur, le droit de brevet et les autres types de propriété intellectuelle sont protégés par l'Etat.

Article 31
Le droit de vivre en sécurité

I. Chacun possède le droit de vivre en sécurité.

II. Il est interdit, à l'exception des cas prévus par la loi, d'attenter à la vie d'une personne, à sa santé physique et spirituelle, à sa propriété, à son logement, d'utiliser la violence à son égard.

Article 32
Le droit à l'inviolabilité personnelle

I. Chacun possède le droit à l'inviolabilité personnelle.

II. Chacun possède le droit de conserver un secret personnel ou de famille. A l'exception des cas prévus par la loi, l'immixtion dans la vie privée est interdite.

III. La collecte, la conservation, l'utilisation et la diffusion d'informations relatives à la vie privée d'une personne sont interdites sans son accord.

IV. L'Etat garantit le droit de chacun à la conservation du secret de la correspondance, des entretiens téléphoniques, des communications postales, télégraphiques et des informations transmises par d'autres moyens de communication. Ce droit peut être limité, selon les modalités prévues par la loi, pour prévenir une infraction ou établir la vérité en période d'investigation d'une infraction.

Article 33
Le droit à l'inviolabilité du domicile

I. Chacun possède le droit à l'inviolabilité du domicile.

II. A l'exclusion des cas établis par la loi ou de l'exécution d'une décision judiciaire, nul ne peut pénétrer dans un domicile contre la volonté des personnes qui y vivent.

Article 34
Le droit au mariage

I. Chacun possède le droit de fonder une famille dès qu'il a atteint l'âge fixé par la loi.

II. Le mariage est conclu sur la base du consentement volontaire. Nul ne eut être contraint au mariage.

III. La famille et le mariage sont placées sous la tutelle de l'Etat. La maternité, la paternité et l'enfance sont protégées par la loi. L'Etat accorde une aide aux familles nombreuses.

IV. Les droits des époux sont égaux. L'entretien des enfants, leur éducation sont tant un devoir qu'une obligation pour les parents.

V. Le respect des parents, leur entretien est un devoir des enfants. Les enfants capables de travailler, âgés de plus de 18 ans, sont tenus d'entretenir leurs parents inaptes au travail.

Article 35
Le droit au travail

I. Le travail est le fondement du bien-être personnel et social.

II. Chacun possède le droit de choisir librement lui-même sur la base de ses aptitudes au travail son type d'activité, sa profession ou son emploi et son lieu de travail.

III. Nul ne peut être contraint au travail.

IV. Les contrats de travail sont conclus librement. Nul ne peut être contraint de conclure un contrat de travail.

V. Sur la base d'une décision judiciaire, des cas de mise au travail forcé sont permis, dans les conditions et les délais prévus par la loi; la mise au travail en liaison avec l'exécution des ordres de personnes habilitées en période de service militaire, la contrainte des citoyens à exécuter des travaux déterminés en période d'état d'urgence ou de siège sont permis.

VI. Chacun possède le droit de travailler dans des conditions de sécurité et d'hygiène, de recevoir une rémunération pour son travail, sans quelque discrimination que ce soit qui ne soit pas inférieure au salaire minimum établi par l'Etat.

VII. Les chômeurs ont le droit de recevoir une aide sociale de l'Etat.

VIII. L'Etat utilise toutes ses possibilités pour éliminer le chômage.

Article 36
Le droit de grève

I. Chacun possède le droit de faire grève individuellement ou conjointement avec d'autres.

II. Le droit de grève des travailleurs liés par un contrat de travail ne peut être limité que dans les cas prévus par la loi. Les militaires et les civils servant dans les Forces armées et les autres formations armées de la République azerbaïdjanaise ne peuvent faire grève.

III. Les conflits individuels et collectifs du travail sont réglés selon les modalités établies par la loi.

Article 37
Le droit au repos

I. Chacun possède le droit au repos.

II. Sont garantis au travailleur ayant un contrat de travail une journée de travail quotidienne fixée par la loi, mais n'excédant pas 8 heures, des jours de repos et des jours fériés, l'attribution d'un congé payé d'au moins 21 jours au moins une fois dans l'année.

Article 38
Le droit à la protection sociale

I. Chacun possède le droit à la protection sociale.

II. Accorder une assistance à celui qui en a besoin est, en premier lieu, le devoir des membres de sa famille.

III. Chacun a le droit de recevoir une assistance sociale lorsqu'il atteint l'âge fixé par la loi, en cas de maladie, d'invalidité, de perte du soutien de famille, de parte de capacité de travail, de chômage et dans les autres cas prévus par la loi.

IV. Le montant minimal des pensions et des allocations sociales est établi par la loi.

V. L'Etat crée les possibilités de développer différentes activités de bienfaisance, d'assurance sociale volontaire et d'autres formes de protection sociale.

Article 39
Le droit de vivre dans un environnement sain

I. Chacun possède le droit de vivre dans les conditions d'un environnement sain.

II. Chacun possède le droit de recueillir les informations sur l'état véritable de l'environnement et d'obtenir réparation du préjudice causé à sa santé ou à ses biens en relation avec une infraction écologique.

Article 40
Le droit à la culture

I. Chacun possède le droit de participer à la vie culturelle, d'utiliser les établissements culturels et les valeurs culturelles.

II. Chacun doit se comporter avec respect à l'égard de l'héritage historique et culturel, et spirituel, en avoir soin, conserver les monuments de l'histoire et de la culture.

Article 41
Le droit à la protection de la santé

I. Chacun possède le droit à la protection de la santé et de recevoir une aide médicale.

II. L'Etat prend les mesures nécessaires pour développer tous les types de protection de la santé, fonctionnant sur la base de types différents de propriété garantit la prospérité sanitaire et épidémiologique, crée les possibilités pour différentes formes d'assurance médicale.

III. Les fonctionnaires ayant dissimulé les faits et les circonstances constituant un danger pour la vie et la santé des personnes encourent une responsabilité sur la base de la loi.

Article 42
Le droit à l'enseignement

I. Chaque citoyen possède le droit de recevoir un enseignement.

II. L'Etat garantit l'enseignement secondaire général obligatoire gratuit.

III. Le système de l'enseignement est contrôlé par l'Etat.

IV. L'Etat garantit la poursuite de l'enseignement aux personnes talentueuses indépendamment de leur situation matérielle.

V. L'Etat établit les normes minimales d'enseignement.

Article 43
Le droit au logement

I. Nul ne peut être privé illégalement de son logement.

II. L'Etat contribue à la construction de logements, prend des mesures spéciales pour la réalisation du droit au logement.

Article 44
Le droit à l'appartenance nationale

I. Chacun possède le droit de conserver son appartenance nationale;

II. Nul ne peut être contraint de modifier son appartenance nationale.

Article 45
Le droit d'utiliser la langue maternelle

I. Chacun possède le droit d'utiliser sa langue maternelle. Chacun possède le droit de recevoir l'éducation, l'enseignement et de s'occuper de création dans n'importe quelle langue selon son désir.

II. Nul ne peut être privé du droit d'utiliser sa langue maternelle.

Article 46
La protection de l'honneur et de la dignité

I. Chacun possède le droit de défendre son honneur et sa dignité.

II. La dignité de l'individu est protégée par l'Etat. Aucune circonstance ne peut servir de motif pour abaisser la dignité de l'individu.

III. Nul ne peut être soumis à la torture et à d'autres types de peines causant des souffrances, nul ne peut être soumis à des traitements ou peines dégradant la dignité humaine. Des expériences médicales, scientifiques et autres ne peuvent être effectuées sur quiconque sans son consentement.

Article 47
La liberté de la pensée et de la parole

I. Chacun possède le droit à la liberté de pensée et de parole.

II. Nul ne peut être contraint d'exprimer ses opinions et convictions ou de les renier.

III. Est interdite l'agitation ou la propagande incitant à la discorde et à la haine raciale, nationale religieuse et sociale.

Article 48
La liberté de conscience

I. Chacun possède la liberté de conscience.

II. Chacun possède le droit de déterminer librement son attitude à l'égard de la religion, de professer individuellement ou conjointement avec d'autres toute religion ou de n'en professer aucune, d'exprimer et de diffuser ses convictions liées à son attitude à l'égard de la religion.

III. L'exercice des rites religieux est libre s'il ne viole pas l'ordre social et n'est pas contraire à la moralité publique.

IV. La croyance ou les convictions religieuses ne peuvent justifier des infractions.

Article 49
La liberté de réunion

I. Chacun possède le droit de s'assembler librement.

II. Chacun a le droit, après avoir informé préalablement les organes d'Etat compétents, de se rassembler avec d'autres pacifiquement, sans armes, de tenir des réunions, meetings et manifestations, des marches et d'établir des piquets.

Article 50
La liberté de l'information

I. Chacun possède la liberté, par la voie légale, de rechercher, d'obtenir, de transmettre, de produire et de diffuser librement l'information.

II. La liberté de l'information de masse est garantie. La censure d'Etat dans les moyens d'information de masse, y compris dans la presse, est interdite.

Article 51
La liberté de création

I. Chacun possède la liberté de création.

II. L'Etat garantit le libre exercice de la création littéraire et artistique, scientifique et technique et des autres types de création.

Article 52
Le droit à la citoyenneté

La personne ayant avec la République azerbaïdjanaise un lien politique et juridique, ainsi que des droits et obligations mutuels, est citoyen de la République azerbaïdjanaise. La personne née sur le territoire de la République azerbaïdjanaise ou de citoyens de la République azerbaïdjanaise est citoyen de la République azerbaïdjanaise. La personne dont un des parents est citoyen de la République azerbaïdjanaise est citoyen de la République azerbaïdjanaise.

Article 53
La garantie du droit à la citoyenneté

I. Le citoyen de la République azerbaïdjanaise ne peut en aucune circonstance être privé de la citoyenneté de la République azerbaïdjanaise.

II. Le citoyen de la République azerbaïdjanaise ne peut en aucune circonstance être expulsé de la République azerbaïdjanaise ni extradé dans un Etat étranger.

III. La République azerbaïdjanaise garantit la protection juridique et accorde l'assistance aux citoyens de la République azerbaïdjanaise résidant temporairement ou en permanence hors de ses frontières.

Article 54
Le droit de participer à la vie politique
de la société et de l'Etat

I. Les citoyens de la République azerbaïdjanaise possèdent le droit de participer sans entrave à la vie politique de la société et de l'Etat.

II. Opposer de sa propre initiative une résistance à une rébellion contre l'Etat ou à un coup d'Etat est le droit de chaque citoyen de la République azerbaïdjanaise.

Article 55
Le droit de participer à l'administration
de l'Etat

I. Les citoyens de la République azerbaïdjanaise possèdent le droit de participer à l'administration de l'Etat, ils peuvent exercer ce droit directement ou par l'intermédiaire de leurs représentants.

II. Les citoyens de la République azerbaïdjanaise ont le droit de servir dans les organes de l'Etat. Les fonctionnaires des organes d'Etat sont nommés parmi les citoyens de la République azerbaïdjanaise. Les étrangers et les apatrides peuvent être admis dans la fonction publique selon les modalités établies par la loi.

Article 56
Le droit de vote

I. Les citoyens de la République azerbaïdjanaise possèdent le droit d'élire et d'être élus dans les organes d'Etat ainsi que de participer au référendum.

II. Ne possèdent pas le droit de participer aux élections ainsi que de participer au référendum les citoyens dont l'incapacité par décision du tribunal.

III. Le droit de participer aux élections des militaires, des juges, des fonctionnaires, des serviteurs du culte, des personnes privées de liberté par jugement du tribunal entré en vigueur et des autres personnes mentionnées dans la présente Constitution et la loi peut être limité.

Article 57
Le droit de recours

I. Les citoyens de la République azerbaïdjanaise possèdent le droit de s'adresser personnellement aux organes d'Etat, ainsi que de leur présenter des requêtes écrites individuelles et collectives. Une réponse doit être donnée à chaque requête selon les modalités et dans les délais établis par la loi.

II. Les citoyens de la République azerbaïdjanaise possèdent le droit de critiquer le fonctionnement ou l'activité des organes d'Etat, de leurs fonctionnaires, des partis politiques, des syndicats, des autres associations, ainsi que l'activité ou le travail de citoyens particuliers. La poursuite pour critique est interdite. Les insultes ou les calomnies ne peuvent être considérées comme une critique.

Article 58
Le droit d'association

I. Chacun possède le droit de s'associer librement avec d'autres.

II. Chacun possède le droit de créer n'importe quelle association, y compris parti politique, syndicat et autre association, ou d'adhérer à une association existant déjà. La libre activité de toutes les associations est garantie.

III. Nul ne peut être contraint d'adhérer à une association quelconque ou d'en rester membre.

IV. Les associations ayant pour but de renverser par la violence le pouvoir d'Etat légal sur tout ou partie du territoire de la République azerbaïdjanaise sont interdites. Il ne peut être mis fin que par une procédure judiciaire à l'activité des associations violant la Constitution et les lois.

Article 59
Le droit à la liberté d'entreprise

Chacun peut exercer une activité d'entreprise ou un autre type d'activité économique non interdite par la loi en utilisant, selon les modalités établies par la loi, ses possibilités, capacités et biens, individuellement ou conjointement avec d'autres.

Article 60
La garantie judiciare des droits et des libertés

I. La protection judiciaire des droits et libertés de chacun est garantie.

II. Chacun peut intenter un recours au tribunal contre les décisions et les actes (ou inactions) des organes d'Etat, des partis politiques, des syndicats, des autres associations et des fonctionnaires.

Article 61
Le droit de recevoir une aide juridique

I. Chacun possède le droit de recevoir une aide juridique qualifiée.

II. Dans les cas prévus par la loi, l'aide juridique est accordée gratuitement, au compte de l'Etat.

III. Chaque personne, dès le moment de la garde à vue, de l'arrestation, de l'inculpation de la part des organes d'Etat compétents pour commission d'une infraction, a le droit de recourir à l'assistance d'un défenseur.

Article 62
L'inadmissibilité de la modification de la compétence judiciaire

Chacun possède le droit à l'examen de sa cause par le tribunal établi par la loi. L'examen par un autre tribunal de la cause d'une personne sans son consentent est interdit.

Article 63
La présomption d'innocence

I. Chacun a le droit à la présomption d'innocence.

II. Toute personne accusée d'avoir commis une infraction est présumée innocente tant que sa culpabilité n'a pas été établie selon la procédure fixée par la loi et qu'il n'y a pas à son encontre de jugement d'un tribunal ayant acquise force de chose jugée.

III. La personne accusée d'avoir commis une infraction n'est pas tenue de prouver son innocence.

IV. Les preuves obtenues en violation de la loi ne peuvent être utilisées pour l'exercice de la justice.

V. Nul ne peut, sans jugement d'un tribunal, être considéré coupable d'avoir commis une infraction.

Article 64
L'inadmissibilité d'un second jugement pour une seule et même infraction

Nul ne peut être condamné une seconde fois pour une seule et même infraction.

Article 65
Le droit de faire appel

Toute personne condamnée par un tribunal a le droit, selon la procédure établie par la loi, de s'adresser au tribunal supérieur en vue de faire réviser le jugement prononcé à son encontre, ainsi que de solliciter la grâce et une réduction de peine.

Article 66
L'inadmissibilité de l'obligation de témoigner contre des parents

Nul ne peut être contraint de témoigner contre soi-même, sa femme (son mari), ses enfants, ses parents, ses frères et sœurs. La liste complète des parents contre lesquels la présentation d'un témoignage n'est pas obligatoire est déterminée par la loi.

Article 67
Les droits des personnes gardées à vue, arrêtées at accusées d'avoir commis une infraction

A toute personne gardée à vue, arrêtée ou accusée d'avoir commis une infraction, les services compétents doivent immédiatement expliquer ses droits et les motifs de sa garde à vue, de son arrestation ainsi que de son inculpation.

Article 68
Le droit d'exiger réparation du préjudice

I. Les droits des personnes victimes d'infractions ainsi que d'abus de pouvoir son protégés par l'Etat. La victime possède le droit de participer à l'instance judiciare et d'exiger la réparation du préjudice qui lui a été causé.

II. Chacun possède le droit à la réparation par l'Etat du préjudice causé en résultat d'actes illégaux ou d'inactions des organes d'Etat ou de leurs fonctionnaires.

Article 69
Les droits des étrangers et des apatrides

I. Les étrangers et les apatrides se trouvant en République azerbaïdjanaise peuvent jouir de tous leurs droits et doivent exécuter toutes les obligations à égalité avec les citoyens de la République azerbaïdjanaise, si la loi ou un traité international auquel la République azerbaïdjanaise est partie n'en a disposé autrement.

II. Les droits et libertés des étrangers et des apatrides résidant en permanence ou temporairement sur le territoire de la République azerbaïdjanaise ne peuvent être limités que conformément aux normes du droit international et aux lois de la République azerbaïdjanaise.

Article 70
Le droit à l'asile politique

I. Conformément aux normes du droit international universellement reconnues la République azerbaïdjanaise accorde l'asile politique aux étrangers et aux apatrides.

II. L'extradition en faveur d'autres Etats de personnes poursuivies pour leurs convictions politiques ainsi que pour des actes non considérés comme infraction en République azerbaïdjanaise est interdite.

Article 71
La protection des droits et des libertés de l'homme et du citoyen

I. Le respect et la protection des droits et libertés de l'homme et du citoyen consacrés par la Constitution sont le devoir des organes des pouvoirs législatif, exécutif et judiciaire.

II. Nul ne peut limiter et suspendre l'exercice des droits et libertés de l'homme et du citoyen.

III. L'exercice des droits et libertés de l'homme et du citoyen peut être limité ou suspendu partiellement et temporairement uniquement en cas de déclaration de guerre, de l'état de siège ou d'urgence, ainsi que de la mobilisation, en tenant compte des obligations internationales de la République azerbaïdjanaise. La population est informée préalablement des droits et libertés dont l'exercice est limité ou suspendu.

IV. Nul ne peut être contraint dans aucune circonstance de dévoiler ses convictions religieuses et autres, ses pensées et être poursuivi pour elles.

V. Aucune disposition de la Constitution ne peut être interprétée comme une disposition visant à supprimer des droits et libertés de l'homme et du citoyen.

VI. Sur le territoire de la République azerbaïdjanaise les droits et libertés de l'homme et du citoyen ont un effet direct.

VII. Les litiges liés à la violation des droits et libertés de l'homme et du citoyen sont réglés par les tribunaux.

VIII. Nul ne peut être responsable d'un acte qui, au moment de sa commission, n'était pas considéré comme une infraction. Si, après la commission de l'infraction, la responsabilité pour cet acte a été supprimée out atténuée par une nouvelle loi, celle-ci s'applique.

Chapitre IV
Obligations fondamentales des citoyens

Article 72
Les fondements des obligations du citoyen

I. Chacun est tenu devant l'Etat et la société par les obligations découlant directement de ses droits et libertés.

II. Chacun doit respecter la Constitution et les lois de la République azerbaïdjanaise, respecter les droits et les libertés des autres personnes, exécuter les autres obligations établies par la loi.

III. L'ignorance de la loi n'exonère pas de la responsabilité.

Article 73
Les impôts et les autres taxes d'Etat

I. Le devoir de chacun est de payer intégralement et en temps opportun les impôts et les autres taxes d'Etat établis par la loi.

II. Nul ne peut être contraint de payer les impôts et les autres taxes d'Etat en l'absence de fondement prévu par la loi et au delà du montant mentionné dans la loi.

Article 74
La fidélité à la Patrie

I. La fidélité à la Patrie est sacrée.

II. Les personnes travaillant dans les organes du pouvoir législatif exécutif ou judiciaire par voie d'élection ou de nomination sont responsables de l'exécution précise et honnête de leurs obligations et prêtent serment dans les cas établis par la loi.

III. La personne travaillant dans les organes du pouvoir législatif, exécutif ou judiciaire par voie d'élection ou de nomination, qui a prêté serment de fidélité à la Constitution de la République azerbaïdjanaise, est considérée comme ayant quitté cette fonction et ne peut plus l'occuper à l'avenir si elle est accusée de crime contre l'Etat, y compris d'insurrection contre l'Etat et de coup d'Etat et condamnée sur la base de cette accusation.

Article 75
Le respect des symboles d'Etat

Chaque citoyen doit respecter les symboles d'Etat de la République azerbaïdjanaise: ses Drapeau, Armes et Hymne.

Article 76
La défense de la Patrie

I. La défense de la Patrie est le devoir de chaque citoyen. Les citoyens en accomplissent le service militaire selon les modalités établies par la loi.

II. Si les convictions du citoyen sont opposées à l'accomplissement du service militaire, le remplacement du service militaire actif par un service militaire alternatif est permis dans les cas établis par la législation.

Article 77
La protection des monuments de l'histoire et de la culture

La protection des monuments de l'histoire et de la culture est le devoir de chacun.

Article 78
La protection de l'environnement

La protection de l'environnement est le devoir de chacun.

Article 79
L'inadmissibilité de l'exécution d'obligations contraires à la loi

Nul ne peut être contraint d'exécuter des obligations contraires à la Constitution et aux lois de la République azerbaïdjanaise.

Article 80
La responsabilité

La violation de la présente Constitution et des lois de la République azerbaïdjanaise, y compris l'abus des droits et libertés et l'inexécution des obligations prévues par la Constitution et les lois de la République azerbaïdjanaise, entraîne la responsabilité prévue par la loi.

Titre trois
Le pouvoir d'Etat

Chapitre V
Le pouvoir législatif

Article 81
L'exercice du pouvoir législatif

Le pouvoir législatif en République azerbaïdjanaise est exercé par le Milli Medjlis de la République azerbaïdjanaise.

Article 82
La composition du Milli Medjlis de la République azerbaïdjanaise

Le Milli Medjlis de la République azerbaïdjanaise est composé de 125 députés.

Article 83
Les bases de l'élection des députés au Milli Medjlis de la République azerbaïdjanaise

Les députés du Milli Medjlis de la République azerbaïdjanaise sont élus sur la base de systèmes électoraux majoritaires et proportionnels et du suffrage universel, égal et direct, par la voie du scrutin libre, secret et personnel.

Article 84
La durée du mandat du Milli Medjlis de la République azerbaïdjanaise

I. La durée du mandat de la législature du Milli Medjlis de la République azerbaïdjanaise est de 5 ans.

II. L'élection de la législature du Milli Medjlis de la République azerbaïdjanaise a lieu tous les 5 ans le premier dimanche de novembre.

III. La durée du mandat des députés au Milli Medjlis de la République azerbaïdjanaise est limitée à la durée du mandat du Milli Medjlis de la République azerbaïdjanaise.

IV. Si une nouvelle élection a lieu pour pourvoir à un siège vacant de député au Milli Medjlis de la République azerbaïdjanaise, la durée du mandat du nouveau député élu est limitée à la durée restant à couvrir du mandat du député remplacé.

Article 85
Les exigences à l'égard des candidats à la députation au Milli Medjlis de la République azerbaïdjanaise

I. Tout citoyen de la République azerbaïdjanaise qui a atteint l'âge de 25 ans peut être élu selon la procédure établie par la loi député au Milli Medjlis de la République azerbaïdjanaise.

II. Ne peuvent être élus députés les personnes ayant une double citoyenneté, ayant des obligations à l'égard d'autres Etats, travaillant dans le système du pouvoir exécutif ou judiciaire, exerçant une autre activité rémunérée, a l'exception d'une activité scientifique, artistique et pédagogique, les serviteurs du culte, les personnes dont l'incapacité a été attestée par le tribunal, condamnées pour des infractions graves, purgeant une peine dans les lieux de privation de liberté par un jugement du tribunal entré en vigueur.

Aticle 86
La vérification et la validation des résultats de l'élection

La régularité des résultats des élections est vérifiée et validée par la Cour constitutionnelle de la République azerbaïdjanaise selon la procédure établie par la loi.

Article 87
L'achèvement du mandat des députés au Milli Medjlis de la République azerbaïdjanaise

I. Le mandat des députés au Milli Medjlis de la République azerbaïdjanaise prend fin le jour de la première séance de la nouvelle législature du Milli Medjlis de la République azerbaïdjanaise.

II. L'élection aux sièges vacants au Milli Medjlis de la République azerbaïdjanaise n'a pas lieu s'il reste moins de 120 yours avant l'expiration du mandat du Milli Medjlis de la République azerbaïdjanaise.

III. Le Milli Medjlis de la République azerbaïdjanaise peut délibérer après la validation des mandats de 83 de ses députés.

Article 88
Les sessions du Milli Medjlis de la République azerbaïdjanaise

I. Le Milli Medjlis de la République azerbaïdjanaise se réunit chaque année en deux sessions ordinaires.

La session de printemps commence le 1er février et se poursuit jusqu'au 31 mai.

La session d'automne commence le 30 septembre et se poursuit jusqu'au 30 décembre.

Si le 1er février et le 30 septembre tombent un jour férié, la session commence le premier jour ouvrable suivant.

La première séance du Milli Medjlis de la République azerbaïdjanaise est convoquée au plus tard une semaine à compter du jour de la validation des mandats de 83 députés au Milli Medjlis de la République azerbaïdjanaise.

Si, après l'élection du Milli Medjlis de la République azerbaïdjanaise, les mandats de 83 de ses députés ne sont pas validés avant le 1er février, la Cour constitutionnelle de la République azerbaïdjanaise fixe la date de la première séance du Milli Medjlis de la République azerbaïdjanaise.

II. Les sessions extraordinaires du Milli Medjlis de la République azerbaïdjanaise sont convoquées par le président du Milli Medjlis de la République azerbaïdjanaise à la demande du Président de la République azerbaïdjanaise ou de 42 députés au Milli Medjlis de la République azerbaïdjanaise.

III. L'ordre du jour de la session extraordinaire est fixé respectivement par ceux qui en demandent la convocation. La session extraordinaire s'achève après l'examen des questions inscrites à l'ordre du jour.

Article 89
La privation du mandat de député au Milli Medjlis de la République azerbaïdjanaise et la cessation du mandat de député

I. Le député du Milli Medjlis de la République azerbaïdjanaise est privé de son mandat dans les cas suivants:

1. par la révélation d'un décompte irrégulier des voix au moment de l'élection;

2. par la perte de la citoyenneté de la République azerbaïdjanaise ou l'acquisition de la citoyenneté d'un autre Etat;

3. par la commission d'une infraction et l'existence d'un jugement du tribunal entré en vigueur;

4. par l'occupation d'une fonction dans les organes d'Etat, en devenant serviteur du culte, par l'exercice d'une activité d'entrepreneur, commercicale ou d'une autre activité rémunérée (à l'exception d'une activité scientifique, pédagogique et artistique);

5. par la démission pour convenance personnelle;

6. par la suppression du parti auquel il appartient.

La décision relative à la privation du mandat de député au Milli Medjlis de la République azerbaïdjanaise est prise selon la procédure établie par la loi.

II. En cas d'incapacité permanente des députés du Milli Medjlis de la République azerbaïdjanaise d'exercer leur mandat, et dans les autres cas prévus par la loi, leurs mandats sont considérés comme ayant cessé. La procédure d'adoption d'une telle décision est établie par la loi.

Article 90
L'inviolabilité du député

I. La personne du député du Milli Medjlis de la République azerbaïdjanaise est inviolable pendant la duré de son mandat. En dehors des cas d'arrestation en flagrant délit, le député du Milli Medjlis de la République azerbaïdjanaise, pendant la durée de son mandat, ne peut être poursuivi, arrêté, des sanctions administratives dans l'ordre judiciaire ne peuvent lui être infligées, il ne peut faire l'objet de perquisition et de fouille. Le député au Milli Medjlis de la République azerbaïdjanaise peut être gardé à vue s'il est arrêté sur le lieu de l'infraction. Dans ce cas, le service détenant le député au Milli Medjlis de la République azerbaïdjanaise est tenu d'en informer immédiatement le Procureur général de la République azerbaïdjanaise.

II. L'inviolabilité du député au Milli Medjlis de la République azerbaïdjanaise ne peut être levée que par décision du Milli Medjlis de la République azerbaïdjanaise sur la base d'un demande du Procureur général de la République azerbaïdjanaise.

Article 91
L'interdiction d'engager des poursuites contre le député au Milli Medjlis de la République azerbaïdjanaise

Les députés au Milli Medjlis de la République azerbaïdjanaise ne peuvent être poursuivis pour leur activité au Milli Medjlis de la République azerbaïdjanaise, leurs votes au Milli Medjlis de la République azerbaïdjanaise et les pensées exprimées au Milli Medjlis de la République azerbaïdjanaise. Aucune explication et témoignage liés à ces circonstances ne peut être exigé d'eux sans leur consentement.

Article 92
L'organisation de l'activité du Milli Medjlis de la République azerbaïdjanaise

Le Milli Medjlis de la République azerbaïdjanaise fixe les modalités de son activité, y compris élit son président et ses vice-présidents, organise des commissions permanentes et autres commissions, crée une Chambre des comptes.

Article 93
Les actes du Milli Medjlis de la République azerbaïdjanaise

I. Le Milli Medjlis de la République azerbaïdjanaise, dans les questions relevant de sa compétence, adopte des lois constitutionnelles, des lois et des résolutions.

II. Les lois constitutionnelles, lois et résolutions sont adoptées par le Milli Medjlis de la République azerbaïdjanaise selon la procédure établie par la présente Constitution.

III. Les députés du Milli Medjlis de la République azerbaïdjanaise exercent personnellement le droit de vote.

IV. Les lois et les résolutions du Milli Medjlis de la République azerbaïdjanaise ne peuvent prévoir la fixation de missions concrètes aux organes du pouvoir exécutif et aux tribunaux.

Article 94
Les règles générales établies par le Milli Medjlis de la République azerbaïdjanaise

I. Le Milli Medjlis de la République azerbaïdjanaise établit des règles générales sur les questions suivantes:

1. L'exercice des droits et des libertés de l'homme et du citoyen consacrés dans la présente Constitution, les garanties par l'Etat de ces droits et libertés;

2. l'élection du Président de la République azerbaïdjanaise;

3. l'élection du Milli Medjlis de la République azerbaïdjanaise et le statut des députés au Milli Medjlis de la République azerbaïdjanaise;

4 le référendum;

5. l'organisation judiciaire et le statut des juges; la Prokuratura; le barreau et le notariat;

6. la procédure judiciaire, l'exécution des décisions judiciaires;

7. l'élection des municipalités et le statut des municipalités;

8. le régime de l'état d'urgence; le régime de l'état de siège;

9. les distinctions officielles;

10. le statut des personnes physiques et morales;

11. les objets du droit civil;

12. les marchés, les contrats de droit civil, la représentation et la succession;

13. le droit de propriété, y compris le régime juridique de la propriété d'Etat, privée et municipale, le droit de la propriété intellectuelle; les autres droits patrimoniaux; le droit des obligations;

14. les relations familiales, y compris la tutelle et la curatelle;

15. les fondements de l'activité financière, les impôts, droits et taxes;

16. les relations de travail et la protection sociale;

17. la définition des crimes et des autres infractions; l'établissement de la responsabilité pour leur commission;

18. la défense et le service militaire;

19. la fonction publique;

20. les fondements de la sécurité;

21 l'organisation territoriale, le régime de la frontière d'Etat;

22. la ratification et la dénonciation des traités internationaux;

23. les télécommunications et le transport;

24. les statistiques, la méteorlogie et la normalisation;

25. les douanes;

26. le commerce et l'activité boursière;

27. les banques, la comptabilité, les assurances.

II. Les lois sont adoptées à la majorité de 83 voix sur les questions mentionnées aux alinéas 2, 3 et 4 du présent article, à la majorité de 63 voix sur les autres questions.

III. Le paragraphe premier du présent article peut être complété par une loi constitutionnelle.

Article 95
Les questions réglées par le Milli Medjlis de la République azerbaïdjanaise

I. Le règlement des questions suivantes relève de la compétence du Milli Medjlis de la République azerbaïdjanaise:

1. l'organisation de l'activité du Milli Medjlis de la République azebaïdjanaise;

2. l'instauration, sur proposition du Président de la République azerbaïdjanaise, des représentations diplomatiques de la République azerbaïdjanaise;

3. les divisions administratives territoriales;

4. la ratification et la dénonciation des traités internationaux;

5. l'approbation, sur la base d'une proposition du Président de la République azerbaïdjanaise, du budget de la République azerbaïdjanaise et le contrôle de son exécution;

6. l'amnistie;

7. l'approbation, sur la base d'une proposition du Président de la République azerbaïdjanaise, de la doctrine militaire de la République azerbaïdjanaise;

8. la ratification, dans les cas prévus par la présente Constitution, des décrets du Président de la République azerbaïdjanaise;

9. l'accord, sur proposition du Président de la République azerbaïdjanaise, pour la nomination du Premier ministre de la République azerbaïdjanaise;

10. la nomination, sur proposition du Président de la République azerbaïdjanaise, des juges à la Cour constitutionnelle de la République azerbaïdjanaise, à la Cour suprême de la République azerbaïdjanaise et à la Cour économique de la République azerbaïdjanaise;

11. l'accord, sur proposition du Président de la République azerbaïdjanaise, pour la nomination et la cessation de fonctions du Procureur général de la République azerbaïdjanaise;

12. le destitution, dans le cadre de la procédure d'impeachment, du Président de la République azerbaïdjanaise, sur la base des propositions de la Cour constitutionnelle de la République azerbaïdjanaise;

13. la destitution des juges, sur proposition du Président de la République azerbaïdjanaise;

14. le vote sur la question de confiance à l'égard du Cabinet des ministres de la République azerbaïdjanaise;

15. la nomination et la cessation de fonctions, sur proposition du Président de la République azerbaïdjanaise, des membres de la Direction de la Banque nationale de la République azerbaïdjanaise;

16. l'accord, sur proposition du Président de la République azerbaïdjanaise, pour confier aux Forces armées de la République azerbaïdjanaise l'exercice des missions non liées à leur destination principale;

17. l'autorisation, sur la base d'une demande du Président de la République azerbaïdjanaise, de déclarer la guerre et de conclure la paix;

18. l'organisation du référendum;

19. la création d'une Chambre d'audit.

II. Si la présente Constitution n'en a disposé autrement, sur les questions mentionnées aux alinéas 1 à 5 du présent article des lois sont adoptées à la majorité de 83 voix, sur les autres questions, des résolutions sont adoptées selon la même procédure.

III. Des résolutions sont également adoptées sur les autres questions attribuées par la présente Constitution à la compétence du Milli Medjlis de la République azerbaïdjanaise.

IV. Le paragraphe premier du présent article peut être complété par une loi constitutionnelle.

Article 96
Le droit d'initiative législative

I. Le droit d'initiative législative au Milli Medjlis de la République azerbïdjanaise (droit de présenter au Milli Medjlis de la République azerbaïdjanaise des projets de lois et d'autres questions) appartient aux députés au Milli Medjlis de la République azerbaïdjanaise, au Président de la République azerbaïdjanaise, à la Cour suprême de la République azerbaïdjanaise et à l'Ali Medjlis de la République autonome du Nakhitchevan.

II. Les projets de lois ou les projets de résolutions présentés à la discussion du Milli Medjlis de la République azerbaïdjanaise à titre d'initiative législative du Président de la République azerbaïdjanaise, de la Cour suprême de la République azerbaïdjanaise ou l'Ali Medjlis de la République autonome du Nakhitchevan sont mis en discussion et mis aux voix tels quels.

III. Les amendements à ces projets de lois ou projets de résolution sont apportés avec l'accord de l'organe exerçant le droit d'initiative législative.

IV. Les projets de lois ou projets de résolution présentés au titre de l'initiative législative par le Président de la République azerbaïdjanaise, la Cour suprême de la République azerbaïdjanaise ou l'Ali Madjlis de la République autonome du Nakhitchevan sont mis aux voix au Milli Medjlis de la République azerbaïdjanaise dans le délai de deux mois.

V. Après déclaration de l'urgence du projet par le Président de la République azerbaïdjanaise, la Cour suprême de la République azerbaïdjanaise ou l'Ali Medjlis de la République autonome du Nakhitchevan, ce délai est de 20 jours.

Article 97
Le délai de présentation des lois à la signature

I. Les lois sont présentées au Président de la République azerbaïdjanaise pour signature dans les 14 jours qui suivent leur adoption.

II. Le projet de loi, déclaré urgent, est présenté au Président de la République azerbaïdjanaise pour signature dans les 24 heures qui suit son adoption.

Article 98
L'entrée en vigueur des actes du Milli Medjlis de la République azerbaïdjanaise

Si une autre modalité n'est pas prévue dans la loi ou la résolution même du Milli Medjlis de la République azerbaïdjanaise, la loi et la résolution entrent en vigueur à compter du jour de leur publication.

Chapitre VI
Le pouvoir exécutif

Article 99
Le titulaire du pouvoir exécutif

En République azerbaïdjanaise, le pouvoir exécutif appartient au Président de la République azerbaïdjanaise.

Article 100
Les exigences à l'égard du candidat à la Présidence de la République azerbaïdjanaise

Peut être élu Président de la République azerbaïdjanaise tout citoyen de la République azerbaïdjanaise, ayant au moins 35 ans, résidant de façon permanente sur le territoire de la République azerbaïdjanaise depuis plus de 10 ans, possédant le droit de vote, et également non condamné pour crime grave, n'ayant pas d'obligations à l'égard d'autres Etats, ayant une instruction supérieure et n'ayant pas la double citoyenneté de la République azerbaïdjanaise.

Article 101
Les bases de l'élection du Président de la République azerbaïdjanaise

I. Le Président de la République azerbaïdjanaise est élu pour un mandat de 5 ans, au suffrage universel, égal et direct, au scrutin libre, personnel et secret.

II. Le Président de la République azerbaïdjanaise est élus à la majorité des deux tiers des électeurs participants au scrutin.

III. Si cette majorité n'est pas atteinte au premier tour du scrutin, le second tour est tenu le second dimanche après le premier tour de scrutin. Ne participent au second tour que les deux candidats ayant obtenu le plus grand nombre de voix au premier tour, ou les deux candidats venant après les deux candidats ayant obtenu le plus grand nombre de voix et ayant retiré leur candidature.

IV. Le candidat ayant obtenu au second tour la majorité simple des voix est considéré élu Président de la République azerbaïdjanaise.

V. Nul ne peut être élu Président de la République azerbaïdjanaise successivement plus de deux fois.

VI. La procédure d'application du présent article est établie par la loi.

Article 102
Les résultats de l'élection du Président de la République azerbaïdjanaise

Les résultats de l'élection du Président de la République azerbaïdjanaise sont proclamés officiellement par la Cour constitutionnelle de la République azerbaïdjanaise dans le délai de 7 jours après le jour du scrutin.

Article 103
Le serment de la personne élue Président de la République azerbaïdjanaise

I. La personne élue Président de la République azerbaïdjanaise, dans le délai de 3 jours à compter de la proclamation des résultats de l'élection du Président de la République azerbaïdjanaise, avec la participation des juges à la Cour constitutionnelle de la République azerbaïdjanaise, prononce le serment suivant: »En exerçant les attributions de Président de la République azerbaïdjanaise, je jure de respecter la Constitution de la République azerbaïdjanaise, de défendre la souveraineté et l'intégrité territoriale de l'Etat, de servir dignement le peuple«.

II. Le Président de la République azerbaïdjanaise est considéré comme entré en fonction à compter du jour de la prestation de serment.

Article 104
L'incapacité permanente du Président de la République azerbaïdjanaise à exercer ses fonctions

I. Le Président est considéré comme ayant cessé son mandat de façon anticipée, en cas de démission, de perte totale, pour raisons de santé, de la capacité d'exercer ses attributions, de destitution dans les cas et selon la procédure prévus par la présente Constitution.

II. En cas de démission du Président de la République azerbaïdjanaise, sa déclaration de démission est présentée à la Cour constitutionnelle de la République azerbaïdjanaise. La Cour constitutionnelle de la République azerbaïdjanaise, après avoir attesté que le Président de la République azerbaïdjanaise a présenté personnellement une déclaration de démission, prend la décision d'accepter la démission du Président de la République azerbaïdjanaise. Dès ce moment, le Président est considéré comme ayant cessé ses fonctions en raison de sa démission.

III. Après présentation d'une information sur la perte totale par le Président de la République azerbaïdjanise, pour raisons de santé, de la capacité de remplir ses obligations, le Milli Medjlis de la République azerbaïdjanise s'adresse à la Cour constitutionnelle de la République azerbaïdjanaise pour éclaircir ce fait. La Cour constitutionnelle de la République azerbaïdjanaise prend une décision sur cette question à la majorité de 6 voix. Si la Cour constitutionnelle de la République azerbaïdjanaise ne confirme ce fait, la question est considérée comme close.

Article 105
L'exercice des attributions du Président de la République azerbaïdjanaise en cas de cessation de fonctions

I. En cas de cessation anticipée des fonctions de Président de la République azerbaïdjanaise, l'élection extraordinaire du nouveau Président de la République azerbaïdjanaise a lieu dans le délai de trois mois. Dans ce cas, jusqu'à l'élection du nouveau Président de la République azerbaïdjanaise, les attributions du Président sont exercées par le président du Milli Medjlis de la République azerbaïdjanaise.

II. Si pendant cette période, le président du Milli Medjlis de la République azerbaïdjanaise –

Président de la République azerbaïdjanaise par intérim démissionne, perd totalement pour raisons de santé la capacité d'exercer ses attributions, les attributions de Président de la République azerbaïdjanaise sont exercées par le Premier ministre de la République azerbaïdjanaise.

III. En cas d'impossibilité pour le Premier ministre de la République azerbaïdjanaise d'exercer les obligations de Président de la République azerbaïdjanaise, pour les raisons mentionnées au second paragraphe du présent article, le Milli Medjlis de la République azerbaïdjanaise prend une résolution relative à l'exercice des attributions de Président de la République azerbaïdjanaise par une autre autorité.

Article 106
L'inviolabilité du Président de la République azerbaïdjanaise

Le Président de la République azerbaïdjanaise bénéficie de l'inviolabilité. L'honneur et la dignité du Président de la République azerbaïdjanaise sont protégés par la loi.

Article 107
La destitution du Président de la République azerbaïdjanaise

I. La question de la destitution du Président de la République azerbaïdjanaise pour commission d'un crime grave peut être soumise au Milli Medjlis de la République azerbaïdjanaise à l'initiative de la Cour constitutionnelle de la République azerbaïdjanaise, sur la base de conclusions de la Cour suprême de la République azerbaïdjanaise présentées dans les 30 jours.

II. Le Président de la République azerbaïdjanaise peut être destitué par une résolution du Milli Medjlis de la République azerbaïdjanaise prise à la majorité de 95 voix de députés. Cette résolution est signée par le Président de la Cour constitutionnelle de la République azerbaïdjanaise. Si dans le délai d'une semaine la Cour constitutionnelle de la République azerbaïdjanaise ne se prononce pas pour la signature de cette résolution, celle-ci n'entre pas en vigueur.

III. La résolution sur la destitution du Président de la République azerbaïdjanaise doit être prise dans le délai de deux mois à compter de la demande de la Cour constitutionnelle de la République azerbaïdjanaise au Milli Medjlis de la République azerbaïdjanaise. Si, pendant ce délai, la résolution mentionnée n'est pas adoptée, l'accusation formulée contre le Président de la République azerbaïdjanaise est considérée comme rejetée.

Article 108
La subsistance du Président de la République azerbaïdjanaise

Le Président de la République azerbaïdjanaise et sa famille sont pris en charge par l'Etat. La sécurité du Président de la République azerbaïdjanaise et de sa famille est assurée par des services spéciaux de protection.

Article 109
Les attributions du Président de la République azerbaïdjanaise

Le Président de la République azerbaïdjanaise:

1. fixe la date des élections au Milli Medjlis de la République azerbaïdjanaise;

2. présente à l'approbation du Milli Medjlis de la République azerbaïdjanaise le budget d'Etat de la République azerbaïdjanaise;

3. approuve les programmes économiques et sociaux d'Etat;

4. en accord avec le Milli Medjlis de la République azerbaïdjanaise, nomme le Premier ministre de la République azerbaïdjanaise et met fin à ses fonctions;

5. nomme les membres du Cabinet des ministres de la République azerbaïdjanaise et met fin à leurs fonctions; préside dans les cas nécessaires les séances du Cabinet des ministres de la République azerbaïdjanaise;

6. prend la décision relative à la démission du Cabinet des ministres de la République azerbaïdjanaise;

7. crée les organes centraux et locaux du pouvoir exécutif dans la limite des crédits prévus pour le pouvoir exécutif par le budget d'Etat de la République azerbaïdjanaise;

8. annule les arrêtés et ordonnances du Cabinet des ministres de la République azerbaïdjanaise, du Cabinet des ministres de la République autonome du Nakhitchevan, les actes des organes centraux et locaux du pouvoir exécutif;

9. présente des propositions au Milli Medjlis de la République azerbaïdjanaise pour la nomination aux fonctions de juges à la Cour constitutionnelle de la République azerbaïdjanaise, à la Cour suprême de la République azerbaïdjanaise et à la Cour économique de la République azerbaïdjanaise; nomme les juges des autres tribunaux de la République azerbaïdjanaise; en accord avec le Milli Medjlis de la République azerbaïdjanaise nomme le Procureur général de la République azerbaïdjanaise et met fin à ses fonctions;

10. présente les propositions au Milli Medjlis de la République azerbaïdjanaise pour la nomination et la cessation de fonctions des membres de la Direction de la Banque nationale de la République azerbaïdjanaise;

11. présente à l'approbation du Milli Medjlis de la République azerbaïdjanaise la doctrine militaire de la République azerbaïdjanaise;

12. nomme le haut commandement des Forces armées de la République azerbaïdjanaise et met fin à ses fonctions;

13. forme l'appareil exécutif du Président de la République azerbaïdjanaise et nomme ses dirigeants;

14. nomme les représentants plénipotentiaires du Président de la République azerbaïdjanaise et met fin à leurs fonctions;

15. présente au Milli Medjlis de la République azerbaïdjanaise la proposition relative à l'établissement des représentations diplomatiques de la République azerbaïdjanaise dans les Etats étrangers et auprès des organisations internationales, nomme et rappelle les représentants diplomatiques de la République azerbaïdjanaise dans les Etats étrangers et auprès des organisations internationales;

16. reçoit les lettres de créances et de rappel des représentants diplomatiques des Etats étrangers;

17. conclut les accords internationaux et intergouvernementaux, présente pour ratification et dénonciation les traités internationaux au Milli Medjlis de la République azerbaïdjanaise, signe les décrets de ratification des traités internationaux;

18. décide du référendum;

19. signe et publie les lois;

20. règle les questions de citoyenneté;

21. règle les questions d'octroi de l'asile politique;

22. exerce la grâce;

23. décerne les distinctions officielles;

24. attribue les titres militaires supérieurs et les titres supérieurs spéciaux;

25. déclare la mobilisation générale ou partielle, ainsi que la démobilisation;

26. prend la décision d'appeler les citoyens de la République azerbaïdjanaise au service militaire et de les verser dans la réserve à la fin du service militaire;

27. crée le Conseil de sécurité de la République azerbaïdjanaise;

28. présente la proposition au Milli Medjlis de la République azerbaïdjanaise de donner son accord pour confier aux Forces armées de la République azerbaïdjanaise l'exercice de missions non liées à leur destination principale;

29. déclare l'état d'urgence et l'état de siège;

30. avec l'accord du Milli Medjlis de la République azerbaïdjanaise, déclare la guerre et conclut la paix;

31. crée des services spéciaux de protection, dans la limite des crédits prévus à cette fin par le budget d'Etat de la République azerbaïdjanaise;

32. dans l'ordre administratif, règle les autres questions non attribuées par la présente Constitution à la compétence du Milli Medjlis de la République azerbaïdjanaise et aux organes judiciares de la République azerbaïdjanaise.

Article 110
La signature des lois

I. Le Président de la République azerbaïdjanaise signe les lois dans le délai de 56 jours à compter de leur transmission. Si la loi soulève des objections de la part du Président de la République azerbaïdjanaise, celui-ci, sans signer la loi, la renvoie dans le délai mentionné au Milli Medjlis de la République azerbaïdjanaise avec ses objections.

II. Si le Président de la République azerbaïdjanaise ne signe pas les lois constitutionnelles, elles n'entrent pas en vigueur. Si le Milli Medjlis de la République azerbaïdjanaise adopte lors d'un nouveau scrutin à la majorité de 95 voix les lois précédemment adoptées à la majorité de 83 voix et à la majorité de 83 voix les lois précédemment adoptées à la majorité de 63 voix, ces lois entrent en vigueur après ce second scrutin.

Article 111
La déclaration de l'état de siège

En cas d'occupation effective d'une partie du territoire de la République azerbaïdjanaise, de déclaration par un Etat étranger ou par des Etats étrangers de la guerre contre la République azerbaïdjanaise, de l'apparition d'un danger réel d'agression armée contre la République azerbaïdjanaise, de blocus du territoire de la République azerbaïdjanaise, ainsi qu'en cas d'existence de menace réelle d'un tel blocus, le Président de la République azerbaïdjanaise déclare sur tout ou partie du territoire de la République azerbaïdjanaise l'état de siège et, dans les 24 heures, présente à la ratification du Milli Medjlis de la République azerbaïdjanaise le décret qu'il a adopté.

Article 112
L'application de l'état d'urgence

En cas de calamités naturelles, d'épidémies, d'épizooties, de grandes catastrophes écologiques et autres, ainsi que de commission d'actes visant à violer l'intégrité territoriale de la République azerbaïdjanaise, d'insurrection contre l'Etat ou de coup d'Etat, de désordres de masse accompagnés de violence, d'apparition d'autres conflits et créant une menace pour la vie et la sécurité des citoyens ou pour le fonctionnement normal des institutions d'Etat, le Président de la République azerbaïdjanaise déclare l'état d'urgence dans des localités déterminées de la République azerbaïdjanaise et dans

les 24 heures présente à la ratification du Milli Medjlis de la République azerbaïdjanaise le décret qu'il a pris.

Article 113
Les actes du Président de la
République azerbaïdjanaise

I. Le Président de la République azerbaïdjanaise prend, pour l'établissement de règles générales, des décrets et, sur les autres questions, des ordonnances.

II. Si une autre modalité n'est pas prévue dans les décrets et ordonnances Président de la République azerbaïdjanaise, ceux-ci entrent en vigueur à compter du jour de leur publication.

Article 114
Le statut du Cabinet des ministres de la
République azerbaïdjanaise

I. En vue d'organiser l'exercice des attributions exécutives, le Président de la République azerbaïdjanaise crée le Cabinet des ministres de la République azerbaïdjanaise.

II. Le Cabinet des ministres de la République azerbaïdjanaise est l'organe supérieur du pouvoir exécutif du Président de la République azerbaïdjanaise.

III. Le Cabinet des ministres de la République azerbaïdjanaise est subordonné au Président de la République azerbaïdjanaise et lui rend compte.

IV. Le mode de fonctionnement du Cabinet des ministres de la République azerbaïdjanaise est fixé par le Président de la République azerbaïdjanaise.

Article 115
La composition du Cabinet des ministres
de la République azerbaïdjanaise

Le Cabinet des ministres de la République azerbaïdjanaise est composé du Premier ministre de la République azerbaïdjanaise, des vice-premiers ministres, des ministres et des dirigeants des autres organes centraux du pouvoir exécutif.

Article 116
La démission du Cabinet des ministres de
la République azerbaïdjanaise

Le jour de l'entré en fonctions du nouveau Président de la République azerbaïdjanaise élu et du début de l'exercice de ses attributions, le Cabinet des ministres de la République azerbaïdjanaise démissionne.

Article 117
Les séances du Cabinet des ministres de
la République azerbaïdjanaise

Le Premier ministre de la République azerbaïdjanaise préside, en règle générale, les séances du Cabinet des ministres de la République azerbaïdjanaise.

Article 118
La procédure de nomination du premier ministre de la République azerbaïdjanaise

I. Le Premier ministre de la République azerbaïdjanaise est nommé par le Président de la République azerbaïdjanaise avec l'accord du Milli Medjlis de la République azerbaïdjanaise.

II. La proposition relative à la candidature au poste de Premier ministre de la République azerbaïdjanaise est présentée au Milli Medjlis de la République azerbaïdjanaise par le Président de la République azerbaïdjanaise un mois au plus tard à compter du début de l'exercice de ses attributions ou deux semaines au plus tard après la démission du Cabinet des ministres de la République azerbaïdjanaise.

III. Le Milli Medjlis de la République azerbaïdjanaise donne son accord sur la candidature au poste de Premier ministre de la République azerbaïdjanaise au plus tard une semaine à compter du jour de la présentation de cette candidature. Si cette procédure n'est pas respectée ou si, trois fois consécutives, l'accord pour la nomination à la fonction de Premier ministre de la République azerbaïdjanaise n'est pas donné sur les candidatures présentées par le Président de la République azerbaïdjanaise, le Président de la République azerbaïdjanaise peut nommer le Premier ministre de la République azerbaïdjanaise sans l'accord du Milli Medjlis de la République azerbaïdjanaise.

Article 119
Les attributions du Cabinet des ministres de la République azerbaïdjanaise

Le Cabinet des ministres de la République azerbaïdjanaise:

– établit le projet de budget d'Etat de la République azerbaïdjanaise et le présente au Président de la République azerbaïdjanaise;

– assure l'exécution du budget d'Etat de la République azerbaïdjanaise;

– assure la mise en œuvre de la politique financière, du crédit et monétaire;

– assure la mise en œuvre des programmes économiques d'Etat;

– assure la mise en œuvre des programmes sociaux d'Etat;

– dirige les ministères et les autres organes centraux du pouvoir exécutif, annule leurs actes;

– règle les autres questions attribuées par le Président de la République azerbaïdjanaise à sa compétence.

Article 120
Les actes du Cabinet des ministres de la République azerbaïdjanaise

I. Le Cabinet des ministres de la République azerbaïdjanaise adopte sur l'établissement de règles générales des arrêtés, sur les autres questions des ordonnances.

II. Si une autre modalité n'est pas prévue dans les arrêtés et ordonnances du Cabinet des ministres de la République azerbaïdjanaise, ceux-ci entre en vigueur au jour de leur publication.

Article 121
Les exigences à l'égard des candidats aux fonctions de membres du Cabinet des ministres de la République azerbaïdjanaise

I. Est nommé à la fonction de Premier ministre de la République azerbaïdjanaise un citoyen de la République azerbaïdjanaise, âgé d'au moins 30 ans, possédant le droit de vote, ayant une instruction supérieure, n'ayant pas d'obligations à l'égard d'autres Etats.

II. Est nommé à la fonction de vice-premier ministre de la République azerbaïdjanaise, de ministre, de dirigeant d'un organe central du pouvoir exécutif un citoyen de la République azerbaïdjanaise, âgé d'au moins 25 ans, possédant le droit de vote, ayant une instruction supérieure, n'ayant pas d'obligations à l'égard d'autres Etats.

Article 122
Les exigences à l'égard des membres du Cabinet des ministres de la République azerbaïdjanaise

Le Premier ministre de la République azerbaïdjanaise, les vice-premiers ministres, les ministres et les dirigeants des autres organes centraux du pouvoir exécutif ne peuvent occuper d'autre fonction pourvue par voie d'élection ou de nomination, ne peuvent exercer d'activité d'entreprise, commerciale ou une autre activité rémunérée, à l'exception d'une activité scientifique, pédagogique et artistique, ne peuvent recevoir d'autre rétribution en dehors de leur traitement de fonction et des moyens reçus au titre d'une activité scientifique, pédagogique et artistique.

Article 123
L'inviolabilité du Premier ministre de la République azerbaïdjanaise

I. Pendant la durée de son mandat, la personne du Premier ministre de la République azerbaïdjanaise est inviolable.

II. Le Premier ministre de la République azerbaïdjanaise ne peut être poursuivi, arrêté, inculpé en dehors des cas d'arrestation en flagrant délit, des sanctions administratives dans l'ordre judiciaire ne peuvent lui être infligées, il ne peut faire l'objet de perquisition ni de fouille.

III. Le Premier ministre de la République azerbaïdjanaise peut être gardé à vue s'il est arrêté en flagrant délit. Dans ce cas, le service qui le détient doit immédiatement informer le Procureur général de la République azerbaïdjanaise.

IV. L'inviolabilité du Premier ministre de la République azerbaïdjanaise peut être levée par le Président de la République azerbaïdjanaise uniquement sur la base d'une demande du Procureur général de la République azerbaïdjanaise.

Article 124
Le pouvoir exécutif local

I. Le pouvoir exécutif dans les circonscriptions territoriales est exercé par les chefs du pouvoir exécutif.

II. Les chefs du pouvoir exécutif sont nommés et révoqués par le Président de la République azerbaïdjanaise.

III. Les attributions du pouvoir exécutif dans les circonscriptions territoriales sont fixées par le Président de la République azerbaïdjanaise.

Chapitre VII
Le pouvoir judiciaire

Article 125
L'exercice du pouvoir judiciaire

I. Seuls les tribunaux exercent au moyen de la justice le pouvoir judiciaire en République azerbaïdjanaise.

II. La Cour constitutionnelle de la République azerbaïdjanaise, la Cour suprême de la République azerbaïdjanaise, la Cour économique de la République azerbaïdjanaise, les tribunaux de droit commun et les tribunaux spécialisés de la République azerbaïdjanaise exercent le pouvoir judiciaire.

III. Le pouvoir judiciare est exercé par l'intermédiaire des procédures judiciaires constitutionnelle, civile et pénale et d'autres formes prévues par la loi.

IV. La Prokuratura de la République azerbaïdjanaise et la défense participent à l'exercice de la justice, à l'exception de la procédure judiciaire constitutionnelle.

V. L'utilisation, en vue de modifier la compétence des tribunaux et de créer des tribunaux d'exception, de moyens juridiques non prévues par la loi est interdite.

Article 126
Les exigences à l'égard des candidats
aux fonctions de juge

I. Peuvent être juges les citoyens de la République azerbaïdjanaise, ayant atteint 30 ans, possé-

dant le droit de vote, ayant une instruction juridique supérieure et une ancienneté d'au moins 5 ans dans une spécialité juridique.

II. Les juges ne peuvent occuper d'autre fonction pourvue par voie d'élection ou de nomination, ne peuvent exercer d'activité d'entreprise, commerciale ou une autre activité rémunérée, à l'exception d'une activité scientifique, pédagogique et artistique, ne peuvent exercer d'activité politique et appartenir à des partis politiques, ne peuvent recevoir aucune rétribution en dehors de leur traitement et des moyens reçus au titre d'une activité scientifique, pédagogique et artistique.

Article 127
L'indépendance des juges, les principes
fondamentaux et les conditions d'exercice
de la justice

I. Les juges sont indépendants, sont soumis uniquement à la Constitution et aux lois de la République azerbaïdjanaise, sont inamovibles pendant la durée de leur mandat.

II. Les juges examinent les affaires impartialement, équitablement, en respectant l'égalité en droits des parties, sur la base des faits et conformément à la loi.

III. La limitation directe ou indirecte de la procédure judiciaire par une partie quelconque et pour quel que motif que ce soit, l'action illégale, la pression, la menace et l'ingérence sont interdits.

IV. La justice est exercée sur la base de l'égalité en droits des citoyens devant la loi et le tribunal.

V. La procédure judiciaire dans tous les tribunaux est publique.

L'audition des affaires à huis clos n'est permise qu'au cas où le tribunal présume que la procédure publique peut donner lieu à la révélation d'un secret d'Etat, professionnel ou commercial ou établit la nécessité de préserver un secret de la vie personnelle ou familiale.

VI. La procédure judiciaire des affaires péales hors du tribunal est interdite, à l'exception des cas prévus par la loi.

VII. La procédure judiciaire est exercée sur la base du principe de contradiction.

VIII. Le droit à la défense de chacun est garanti à tous les stades de la procédure judiciaire.

IX. La justice est fondée sur la présomption d'innocence.

X. En République azerbaïdjanaise, la procédure judiciaire est conduite dans la langue d'Etat de la République azerbaïdjanaise ou dans la langue de la population constituant la majorité dans la localité concernée. Le droit de prendre complètement connaissance des pièces de l'affaire, de participer aux actes judiciaires à l'aide d'un interprète, d'intervenir devant le tribunal dans la langue maternelle est garanti aux personnes parties à l'instance judiciaire ne connaissant pas la langue dans laquelle se déroule la procédure judiciaire.

Article 128
L'inviolabilité des juges

I. Les juges sont inviolables.

II. Le juge ne peut être poursuivi que selon les modalités prévues par la loi.

III. Il ne peut être mis fin au mandat des juges que conformément aux motifs et règles prévus par la loi.

IV. En cas de commission de crimes par des juges, le Président de la République azerbaïdjanaise, sur la base des conclusions de la Cour suprême de la République azerbaïdjanaise, prend l'initiative de proposer au Milli Medjlis de la République azerbaïdjanaise de destituer le juge. Les conclusions correspondantes de la Cour suprême de la République azerbaïdjanaise doivent être présentées au Président de la République azerbaïdjanaise relativement à sa demande dans le délai de 30 jours après la présentation de celle-ci.

V. La décision relative à la destitution des juges à la Cour constitutionnelle de la République azerbaïdjanaise, à la Cour suprême de la République azerbaïdjanaise, à la Cour économique de la République azerbaïdjanaise est prise par le Milli Medjlis de la République azerbaïdjanaise à la majorité de 83 voix; la décision relative à la destitution des autres juges est prise par le Milli Medjlis de la République azerbaïdjanaise à la majorité de 63 voix.

Article 129
Les décisions des tribunaux et leur exécution

Les tribunaux prennent, au nom de l'Etat, des décisions dont l'exécution est obligatoire.

Article 130
La Cour constitutionnelle de la République azerbaïdjanaise

I. La Cour constitutionnelle de la République azerbaïdjanaise est composée de 9 juges.

II. Les juges à la Cour constitutionnelle de la République azerbaïdajanaise sont nommés par le Milli Medjlis de la République azerbaïdjanaise sur proposition du Président de la République azerbaïdjanaise.

III. La Cour constitutionnelle de la République azerbaïdjanaise, sur la base d'une demande du Président de la République azerbaïdjanaise, du Milli Medjlis de la République azerbaïdjanaise, de la Cour suprême de la République azerbaïdjanaise, du Procureur général de la République azerbaïdja-

naise, de l'Ali Medjlis de la République autonome du Nakhitchevan règle les questions:

1. relatives à la conformité des lois de la République azerbaïdjanaise, des décrets et ordonnances du Président de la République azerbaïdjanaise, des résolutions du Milli Medjlis de la République azerbaïdjanaise, des arrêtés et ordonnances du Cabinet des ministres de la République azerbaïdjanaise, des actes juridiques normatifs des organes centraux du pouvoir exécutif à la Constitution de la République azerbaïdjanaise;

2. à la conformité des décrets du Président de la République azerbaïdjanaise, des arrêtés du Cabinet des ministres de la République azerbaïdjanaise, des actes juridiques normatifs des organes centraux du pouvoir exécutif aux lois de la République azerbaïdjanaise;

3. relatives à la conformité des arrêtés du Cabinet des ministres de la République azerbaïdjanaise, des actes juridiques normatifs des organes centraux du pouvoir exécutif aux décrets et ordonnances du Président de la République azerbaïdjanaise;

4. relatives à la conformité, dans les cas prévus par la loi, des actes de la Cour suprême à la Constitution et aux lois de la République azerbaïdjanaise;

5. relatives à la conformité des actes municipaux à la Constitution de la République azerbaïdjanaise et aux lois de la République azerbaïdjanaise, aux décrets du Président de la République azerbaïdjanaise, aux arrêtés du Cabinet des ministres de la République azerbaïdjanaise (en République autonome du Nakhitchevan, également à la Constitution et aux lois de la République autonome du Nakhitchevan et arrêtés du Cabinet des ministres de la République autonome du Nakhitchevan);

6. relatives à la conformité des traités internationaux de la République azerbaïdjanaise non encore entrés en vigueur à la Constitution de la République azerbaïdjanaise; à la conformité des accords intergouvernementaux de la République azerbaïdjanaise à la Constitution aux lois de la République azerbaïdjanaise;

7. relatives à l'interdiction des partis politiques et des autres associations;

8. relatives à la conformité de la Constitution et des lois de la République autonome du Nakhitchevan, des résolutions de l'Ali Medjlis de la République autonome du Nakhitchevan, des arrêtés et ordonnances du Cabinet des ministres de la République autonome du Nakhitchevan à la Constitution de la République azerbaïdjanaise; à la conformité des lois de la République autonome du Nakhitchevan, des arrêtés du Cabinet des ministres de la République autonome du Nakhitchevan aux lois de la République azerbaïdjanaise; de la conformité des arrêtés du Cabinet des ministres de la Ré-

publique autonome du Nakhitchevan aux décrets du Président de la République azerbaïdjanaise et arrêtés du Cabinet des ministres de la République azerbaïdjanaise;

9. relatives au règlement des litiges liés à la délimitation des attributions entre les pouvoirs législatif, exécutif et judiciaire.

IV. La Cour constitutionnelle de la République azerbaïdjanaise donne l'interprétation de la Constitution et des lois de la République azerbaïdjanaise sur la base des demandes du Président de la République azerbaïdjanaise, du Milli Medjlis de la République azerbaïdjanaise, du Cabinet des ministres de la République azerbaïdjanaise, de la Cour suprême de la République azerbaïdjanaise, de la Prokuratura de la République azerbaïdjanaise et de l'Ali Medjlis de la République autonome du Nakhitchevan.

V. La Cour constitutionnelle de la République azerbaïdjanaise exerce également les autres attributions prévues par la présente Constitution.

VI. La Cour constitutionnelle de la République azerbaïdjanaise prend les décisions sur les questions relevant de sa compétence. Les décisions de la Cour constitutionnelle de la République azerbaïdjanaise ont force obligatoire sur tout le territoire de la République azerbaïdjanaise.

VII. Les lois et les autres actes ou leurs dispositions particulières, les accords intergouvernementaux de la République azerbaïdjanaise cessent d'être en vigueur dans le délai fixé dans la décision de la Cour constitutionnelle de la République azerbaïdjanaise et les traités internationaux de la République azerbaïdjanaise n'entrent pas en vigueur.

Article 131
La Cour suprême de la République azerbaïdjanaise

I. La Cour suprême de la République azerbaïdjanaise est l'organe judiciaire supérieur pour les affaires civiles, criminelles, administratives et autres relevant de la procédure des tribunaux de droit commun et spécialisés; elle exerce la surveillance de l'activité des tribunaux de droit commun et spécialisés dans l'ordre processuel établi par la loi; elle donne des explications relatives aux questions concernant la pratique des tribunaux.

II. Les juges à la Cour suprême de la République azerbaïdjanaise sont nommés par le Milli Medjlis de la République azerbaïdjanaise sur proposition du Président de la République azerbaïdjanaise.

Article 132
La Cour économique de la République azerbaïdjanaise

I. La Cour économique de la République azer-baïdjanaise est l'organe judiciaire supérieur pour l'examen des litiges économiques. Elle exerce la surveillance de l'activité des tribunaux spécialisés correspondants selon les modalités établies par la loi.

II. Les juges à la Cour économique de la République azerbaïdjanaise sont nommés par le Milli Medjlis de la République azerbaïdjanaise sur proposition du Président de la République azerbaïdjanaise.

Article 133
La Prokuratura de la République azerbaïdjanaise

I. La Prokuratura de la République azerbaïdjanaise exerce, selon les modalités prévues par la loi, la surveillance de l'exécution stricte et uniforme et de l'application des lois; dans les cas prévus par la loi, elle engage l'action pénale et mène l'instruction; elle soutient l'accusation publique devant les tribunaux, il intente une action devant le tribunal; il fait opposition à la décision du tribunal.

II. La Prokuratura de la République azerbaïdjanaise est un organe centralisé unique, fondé sur la subordination des procureurs territoriaux et spécialisés au Procureur général de la République azerbaïdjanaise.

III. Le Procureur général de la République azerbaïdjanaise est nommé et révoqué par le Président de la République azerbaïdjanaise avec l'accord du Milli Medjlis de la République azerbaïdjanaise.

IV. Les vice-procureurs généraux de la République azerbaïdjanaise, les procureurs exerçant la direction des prokuratura républicaines spécialisées, le procureur de la République autonome du Nakhitchevan sont nommés et révoqués par le Président de la République azerbaïdjanaise sur proposition du Procureur général de la République azerbaïdjanaise.

V. Les procureurs territoriaux et spécialisés sont nommés et révoquées par le Procureur général de la République azerbaïdjanaise en accord le Président de la République azerbaïdjanaise.

Chapitre VIII
La République autonome du Nakhitchevan

Article 134
Le statut de la République autonome du Nakhitchevan

I. La République autonome du Nakhitchevan est un Etat autonome au sein de la République azerbaïdjanaise.

II. Le statut de la République autonome du

Nakhitchevan est établi par la présente Constitution.

III. La République autonome du Nakhitchevan est une partie intégrante inséparable de la République azerbaïdjanaise.

IV. La Constitution de la République azerbaïdjanaise, les lois de la République azerbaïdjanaise, les décrets du Président de la République azerbaïdjanaise et les arrêtés du Cabinet des ministres de la République azerbaïdjanaise ont force obligatoire sur le territoire de la République autonome du Nakhitchevan.

V. La Constitution et les lois de la République autonome du Nakhitchevan adoptées par l'Ali Medjlis de la République autonome du Nakhitchevan ne doivent pas être contraires respectivement à la Constitution et aux lois de la République azerbaïdjanaise; les arrêtés pris par le Cabinet des ministres de la République autonome du Nakhitchevan à la Constitution et aux lois de République azerbaïdjanaise, aux décrets du Président de la République azerbaïdjanaise et aux arrêtés du Cabinet des ministres de la République azerbaïdjanaise.

Article 135
La séparation des pouvoirs dans la République autonome du Nakhitchevan

I. Le pouvoir législatif en République autonome du Nakhitchevan est exercé par l'Ali Medjlis de la République autonome du Nakhitchevan, le pouvoir exécutif par le Cabinet des ministres de la République autonome du Nakhitchevan, le pouvoir judiciaire par les tribunaux de la République autonome du Nakhitchevan.

II. L'Ali Medjlis de la République autonome du Nakhitchevan est autonome dans le règlement des questions attribuées à sa compétence par la Constitution et les lois de la République azerbaïdjanaise; le Cabinet des ministres de la République autonome du Nakhitchevan est autonome dans le règlement des questions attribuées à sa compétence par la Constitution et les lois de la République azerbaïdjanaise, les décrets du Président de la République azerbaïdjanaise; les tribunaux de la République autonome du Nakhitchevan sont autonomes dans le règlement des questions attribuées à sa compétence par la Constitution et les lois de la République azerbaïdjanaise.

Article 136
L'autorité supérieure en République autonome du Nakhitchevan

L'autorité supérieure de la République autonome du Nakhitchevan est le président de l'Ali Medjlis de la République autonome du Nakhitchevan.

Article 137
L'Ali Medjlis la République autonome du Nakhitchevan

I. L'Ali Medjlis de la République autonome du Nakhitchevan est composé de 45 membres.

II. La durée du mandat de l'Ali Medjlis de la République est de 5 ans.

III. L'Ali Medjlis de la République autonome du Nakhitchevan élit le président de l'Ali Medjlis de la République autonome du Nakhitchevan et les vice-présidents, organise des commissions permanentes et autres.

Article 138
Les règles générales établies par l'Ali Medjlis de la République autonome du Nakhitchevan

I. L'Ali Medjlis de la République autonome du Nakhitchevan établit les règles générales relatives aux questions suivantes:

1. les élections à l'Ali Medjlis de la République autonome du Nakhitchevan;

2. les impôts;

3. les orientations du développement économique de la République autonome du Nakhitchevan;

4. la protection sociale;

5. la protection de l'environnement;

6. le tourisme;

7. la santé, la science, la culture.

II. Sur les questions mentionnées au présent article, l'Ali Medjlis de la République autonome du Nakhitchevan adopte des lois.

Article 139
Les questions réglées par l'Ali Medjlis de la République autonome du Nakhitchevan

I. L'Ali Medjlis de la République autonome du Nakhitchevan règle les questions suivantes:

1. l'organisation de l'activité de l'Ali Medjlis de la République autonome du Nakhitchevan;

2. l'approbation du budget de la République autonome du Nakhitchevan;

3. l'approbation des programmes économiques et sociaux de la République autonome du Nakhitchevan;

4. la nomination et la cessation de fonctions du Premier ministre de la République autonome du Nakhitchevan;

5. l'approbation de la composition du Cabinet des ministres de la République autonome du Nakhitchevan;

6. la confiance au Cabinet des ministres de la République autonome du Nakhitchevan;

II. Sur les questions mentionnées au présent article, l'Ali Medjlis de la République autonome du Nakhitchevan adopte des résolutions.

Article 140
Le Cabinet des ministres de la
République autonome du Nakhitchevan

I. La composition du Cabinet des ministres de la République autonome du Nakhitchevan est approuvée par l'Ali Medjlis de la République autonome du Nakhitchevan sur proposition du Premier ministre de la République autonome du Nakhitchevan.

II. Le Premier ministre de la République autonome du Nakhitchevan est nommé par l'Ali Medjlis de la République autonome du Nakhitchevan sur la base d'une proposition du Président de la République azerbaïdjanaise.

III. Le Cabinet des ministres de la République autonome du Nakhitchevan:

– établit le projet de budget de la République autonome du Nakhitchevan et le présente à l'Ali Medjlis de la République autonome du Nakhitchevan;

– exécute le budget de la république autonome;

– assure la mise en ouvre des programmes économiques de la république autonome;

– assure la mise en oeuvre des programmes sociaux de la république autonome;

– règle les autres questions attribuées à sa compétence par le Président de la République azerbaïdjanaise.

IV. Le Cabinet des ministres de la République autonome du Nakhitchevan adopte des arrêtés et des ordonnances.

Article 141
Le pouvoir exécutif local dans la
République autonome du Nakhitchevan

En République autonome du Nakhitchevan, les chefs du pouvoir exécutif local sont nommés par le Président de la République azerbaïdjanaise sur proposition du président de l'Ali Medjlis de la République autonome du Nakhitchevan.

Titre quatre
L'autonomie locale

Chapitre IX
Les municipalités

Article 142
L'organisation de l'autonomie locale

I. L'autonomie locale est exercée par les municipalités.

II. Les municipalités sont formées sur la base de l'élection.

III. La procédure d'élection des municipalités et le statut des municipalités sont établis par la loi.

Article 143
L'organisation de l'activité des municipalités

I. Les municipalités exercent leur activité lors des séances et par les commissions permanentes et autres.

II. Les séances de la municipalité sont convoquées par le président de la municipalité.

Article 144
Les attributions des municipalités

I. Lors des séances des municipalités sont réglées les questions suivantes:

1. la validation des mandats des membres de la municipalité, la perte de leur mandat et la cessation de leur mandat dans les cas établis par la loi:

2. l'approbation du règlement de la municipalité;

3. l'élection du président de la municipalité et des vice-présidents, des commissions permanentes et autres;

4. l'établissement des impôts et taxes locaux;

5. l'approbation du budget local et des comptes-rendus de son exécution;

6. la possession de la propriété municipale, la jouissance et la disposition de celle-ci;

7. l'adoption et l'exécution des programmes locaux de protection sociale et de développement social;

8. l'adoption et l'exécution des programmes locaux de développement économique;

9. l'adoption et l'exécution des programmes écologiques locaux.

II. Des attributions complémentaires peuvent être déléguées aux municipalités par les pouvoirs législatif et exécutif. Les moyens financiers correspondants doivent être affectés aux municipalités pour l'exercice de ces attributions. L'exercice de ces attributions est contrôle respectivement par les pouvoirs législatif et exécutif.

Article 145
Les décisions des municipalités

I. Sur les questions examinées lors des séances de la municipalité sont prises des décisions.

II. Les décisions de la municipalité sont prises à la majorité simple des voix des membres de la municipalité.

III. Les décisions relatives aux impôts et taxes locaux sont prises à la majorité des deux tiers des voix des membres de la municipalité.

Article 146
La garantie de l'indépendance des municipalités

La protection judiciaire des municipalités, la compensation des dépenses supplémentaires entraînées par les décisions des organes de l'Etat sont garanties.

Titre cinq
Le droit et la loi

Chapitre X
Le système de législation

Article 147
La force juridique de la Constitution de la République azerbaïdjanaise

I. La Constitution de la République azerbaïdjanaise possède une force juridique supérieure.

II. La Constitution de la République azerbaïdjanaise possède une force juridique directe.

III. La Constitution de la République azerbaïdjanaise est la base du système de législation de la République azerbaïdjanaise.

Article 148
Les actes entrant dans le système de législation de la République azerbaïdjanaise

I. Le système de législation est composé des actes juridiques normatifs suivants:

1. la Constitution;
2. les actes adoptés par référendum;
3. les lois;
4. les décrets;
5. les arrêtés du Cabinet des ministres de la République azerbaïdjanaise;
6. les actes normatifs des organes centraux du pouvoir exécutif.

II. Les traités internationaux auxquels la République azerbaïdjanaise est partie sont partie intégrante inséparable du système de législation de la République azerbaïdjanaise.

III. Dans la République autonome du Nakhitchevan, la Constitution et les lois de la République autonome du Nakhitchevan, les arrêtés du Cabinet des ministres de la République autonome du Nakhitchevan également possèdent force juridique.

IV. Le système de législation de la République autonome du Nakhitchevan doit être conforme au système de législation de la République azerbaïdjanaise.

V. Les organes locaux du pouvoir exécutif peuvent adopter dans les limites de leurs attributions des actes de caractère normatif qui ne soient pas contraires aux actes entrant dans le système de législation.

Article 149
les actes juridiques normatifs

I. Les actes juridiques normatifs doivent être fondés sur le droit et la justice (attitude égale à l'égard d'intérêts égaux).

II. L'application et l'exécution des actes adoptés par référendum sont obligatoires pour les citoyens, les pouvoirs législatif, exécutif et judiciaire, les personnes morales et les municipalités uniquement s'ils sont publiés.

III. Les lois ne doivent pas être contraires à la Constitution. L'application et l'exécution uniquement des lois publiées sont obligatoires pour tous les citoyens, les pouvoirs législatif, exécutif et judiciaire, les personnes morales et les municipalités.

IV. Les décrets du Président de la République azerbaïdjanaise ne doivent pas être contraires à la Constitution et aux lois de la République azerbaïdjanaise. L'application et l'exécution uniquement des décrets publiés sont obligatoires pour tous les citoyens, les organes du pouvoir exécutif, les personnes morales.

V. Les arrêtés du Cabinet des ministres de la République azerbaïdjanaise ne doivent pas être contraires à la Constitution, aux lois de la République azerbaïdjanaise et aux décrets du Président de la République azerbaïdjanaise l'application et l'exécution uniquement des arrêtés publiés du Cabinet des ministres publiés sont obligatoires pour tous les citoyens, les organes centraux et locaux du pouvoir exécutif, les personnes morales.

VI. Les actes des organes centraux du pouvoir exécutif ne doivent pas être contraires à la Constitution, aux lois de la République azerbaïdjanaise, aux décrets du Président, aux arrêtés du Cabinet des ministres de la République azerbaïdjanaise.

VII. Les actes juridiques normatifs améliorant la situation juridique des personnes physiques et morales, supprimant ou réduisant leur responsabilité juridique possèdent un effet rétroactif. Les autres actes juridiques normatifs n'ont pas d'effet rétroactif.

Article 150
Les actes des municipalités

I. Les actes adoptés par les municipalités doivent être fondés sur le droit et la justice (attitude égale à l'égard d'intérêts égaux), ne doivent pas être contraires à la Constitution et aux lois de la République azerbaïdjanaise, aux décrets du Président de la République azerbaïdjanaise, aux arrêtés du Cabinet des ministres de la République azerbaïdjanaise (et dans la République autonome du Nakhitchevan, également à la Constitution et aux lois de la République autonome du Nakhitchevan, aux arrêtés du Cabinet des ministres de la République autonome du Nakhitchevan).

II. L'exécution de l'acte adopté par une municipalité est obligatoire pour les citoyens vivant sur son territoire et les personnes morales situées sur ce territoire.

Article 151
La force juridique des actes internationaux

Au cas où survient une contradiction entre des actes juridiques normatifs faisant partie du système de la législation de la République azerbaïdjanaise (y compris la Constitution de la République azerbaïdjanaise et les actes adoptés par voie de référendum) et des traités internationaux auxquels la République azerbaïdjanaise est partie, les traités internationaux s'appliquent.

Chapitre XI
Modifications à la Constitution de la République azerbaïdjanaise

Article 152
La procédure d'adoption des modifications à la Constitution de la République azerbaïdjanaise

Les modifications au texte de la Constitution de la République azerbaïdjanaise sont adoptées uniquement par voie de référendum.

Article 153
L'initiative pour apporter des modifications à la Constitution de la République azerbaïdjanaise

Si des modifications au texte de la Constitution de la République azerbaïdjanaise sont proposées par le Milli Medjlis de la République azerbaïdjanaise ou le Président de la République azerbaïdjanaise, un avis de la Cour constitutionnelle de la République azerbaïdjanaise sur les modifications proposées doit être reçu antérieurement.

Article 154
La limitation des attributions de la Cour Constitutionnelle de la République azerbaïdjanaise

La Cour constitutionnelle de la République azerbaïdjanaise ne peut prendre de décision relative aux modifications du texte de la Constitution de la République azerbaïdjanaise adoptées par voie de référendum.

Article 155
La limitation de l'initiative pour proposer des modifications à la Constitution de la République azerbaïdjanaise

Les propositions relatives à la modification des articles 1, 2, 6, 7, 8 et 21, à la limitation des disposi-

tions prévues au Chapitre III de la présente Constitution ne peuvent être soumises au référendum.

Chapitre XII
Compléments à la Constitution de la République azerbaïdjanaise

Article 156
La procédure d'adoption des compléments à la Constitution de la République azerbaïdjanaise

I. Les compléments à la Constitution de la République azerbaïdjanaise sont adoptées sous forme de Lois constitutionnelles par le Milli Medjlis de la République azerbaïdjanise à la majorité de 95 voix.

II. Les Lois constitutionnelles de la République azerbaïdjanaise relatives aux compléments à la Constitution de la République azerbaïdjanaise sont mises aux vois au Milli Medjlis de la République azerbaïdjanaise à deux reprises. Le second scrutin a lieu 6 mois après le premier scrutin.

III. Les Lois constitutionnelles de la République azerbaïdjanaise relatives aux compléments à la Constitution de la République azerbaïdjanaise sont présentées à la signature du Président de la République azerbaïdjanaise selon la procédure prévue par la présente Constitution pour les lois, tant après le premier qu'après le second scrutin.

IV. Les Lois constitutionnelles de la République azerbaïdjanaise relatives aux compléments à la Constitution de la République azerbaïdjanaise entrent en vigueur par leur signature par le Président de la République azerbaïdjanaise après le second scrutin.

V. Les Lois constitutionnelles de la République azerbaïdjanaise sont partie intégrante de la Constitution de la République azerbaïdjanaise et ne doivent pas être contraires au texte fondamental de la Constitution de la République azerbaïdjanaise.

Article 157
L'initiative des propositions de compléments à la Constitution de la République azerbaïdjanaise

Les compléments à la Constitution de la République azerbaïdjanaise peuvent être présentés par le Président de la République azerbaïdjanaise ou par au moins 63 députés au Milli Medjlis de la République azerbaïdjanaise.

Article 158
La limitation de l'initiative pour proposer des compléments à la Constitution de la République azerbaïdjanaise

Le Président de la République azerbaïdjanaise

ou les députés au Milli Medjlis de la République azerbaïdjanaise ne peuvent présenter de propositions visant à compléter la Constitution de la République azerbaïdjanaise en ce qui concerne les dispositions exprimées respectivement aux Chapitres VI et V de la présente Constitution.

Dispositions transitoires

1. La Constitution de la République azerbaïdjaenaise entre en vigueur après son adoption par référendum, à compter du jour de sa publication officielle. Dès le jour de l'entrée en vigueur de la présente Constitution, la Constitution (Loi fondamentale) de la République azerbaïdjanaise adoptée le 21 avril 1978 cesse d'avoir effet.

2. Le Président de la République azerbaïdjanaise élu avant l'entrée en vigueur de la présente Constitution de la République azerbaïdjanaise exerce les attributions assignées par la présente Constitution à la compétence du Président de la République azerbaïdjanaise.

3. Le paragraphe V de l'article 101 de la présente Constitution s'applique au Président de la République azerbaïdjanaise élu après l'adoption de la présente Constitution.

4. Le mandat des députés du peuple de la République azerbaïdjanaise et du Milli Medjlis créé par le Soviet suprême de la République azerbaïdjanaise expire le jour de la première séance du Milli Medjlis de la République azerbaïdjanaise nouvellement élu.

La première séance du Milli Medjlis de la République azerbaïdjanaise nouvellement élu a lieu une semaine après l'élection d'au moins 83 députés du Milli Medjlis de la République azerbaïdjanaise. La première session du Milli Medjlis de la République azerbaïdjanaise dure jusqu'au 31 mai 1996.

L'article 85 de la loi de la République azerbaïdjanaise »Sur les élections au Milli Medjils de la République azerbaïdjanaise«, adoptée le 15 août 1995, reste en vigueur jusqu'à l'expiration du mandat de la première législature du Milli Medjlis de la République azerbaïdjanaise élu sur la base de cette loi.

5. Le Cabinet des ministres de la République azerbaïdjanaise, à compter du jour de l'adoption de la présente Constitution, exerce les attributions établies par présente Constitution.

6. Les mandats des Soviets locaux des députés du peuple de la République azerbaïdjanaise cessent à compter du jour de l'entrée en vigueur de la présente Constitution.

Les attributions assignées par la législation de la République azerbaïdjanaise à la compétence des Soviets locaux des députés du peuple de la République azerbaïdjanaise sont exercées par les organes locaux du pouvoir exécutif.

7. La loi sur l'autonomie locale doit être adoptée et les élections des municipalités organisées dans le délai de 2 ans après l'entrée en vigueur de la présente Constitution.

8. Les lois et les autres actes juridiques normatifs en vigueur sur le territoire de la République azerbaïdjanaise avant l'adoption de la présente Constitution restent en vigueur dans les parties non contraires à la présente Constitution.

9. Les tribunaux de la République azerbaïdjanaise fonctionnant avant l'entrée en vigueur de la présente Constitution exercent la justice conformément aux attributions et aux principes établis par la présente Constitution.

10. La législation relative au statut des juges, à l'organisation judiciaire et à la réforme judiciaire conforme à la présente Constitution doit être adoptée et les juges de la République azerbaïdjanaise à nouveau nommés dans le délai d'un an à compter du jour de l'entrée en vigueur de la présente Constitution.

Jusqu'à l'adoption de cette législation, la nomination des juges et la cessation de leurs fonctions sont effectuées sur la base de la législation valide avant l'entrée en vigueur de la présente Constitution.

11. La loi de la République azerbaïdjanaise sur la Cour constitutionnelle de la République azerbaïdjanaise doit être adoptée et la Cour constitutionnelle de la République azerbaïdjanaise créé dans le délai d'un an à compter du jour de l'entrée en vigueur de la présente Constitution de la République azerbaïdjanaise. Jusqu'à la création de la Cour constitutionnelle de la République azerbaïdjanaise, les attributions de la Cour constitutionnelle de la République azerbaïdjanaise prévues par la présente Constitution ne sont pas exercées. La question prévue à l'alinéa 7 du paragraphe 3 de l'article 130 de la présente Constitution est réglée par la Cour suprême de la République azerbaïdjanaise.

12. La Cour supérieure d'arbitrage de la République azerbaïdjanaise à compter du jour d'entrée en vigueur de la présente Constitution est dénommée Cour économique de la République azerbaïdjanaise et exerce les attributions définies par la législation en vigueur.

Das Gesetz zur freiwilligen Finanzierung von Parteien und politischen Bewegungen in Italien

von

Dr. Fulco Lanchester[*]

Professor für Italienisches und Vergleichendes Verfassungsrecht, Rom

1. Die Finanzierung der Politik

1.1 Strategische Bedeutung der Materie

Das Thema der Finanzierung der Politik hat in den gegenwärtigen pluralistisch-demokratischen Rechtsordnungen eine strategische Rolle. Innerhalb dieser Ordnungen nehmen die politischen Parteien öffentliche Aufgaben wahr, indem sie einerseits das politische Angebot artikulieren und bündeln, und andererseits durch die Aufstellung von Kandidaten für öffentliche Ämter an der Auswahl der politischen Klasse mitwirken. Die Novellierung des politischen Lebens der Parteien und deren Finanzierung ist also zur Erhaltung und Entwicklung des demokratischen Systems[1] existentiell. Insbesondere wirkt das Finanzierungsgesetz auf die Konkurrenzfähigkeit der Parteien und wird von Konzeptionen gerechtfertigt, die auf verschiedene Art und Weise auf das Gleichheitsprinzip einerseits und auf das freie Meinungsäußerungsprinzip[2] ande-

---

[*] Professore ordinario di Diritto costituzionale italiano e comparato nell' Università di Roma *„La Sapienza“*. Übersetzt von Dr. Simona Rossi.

[1] Ein Überblick über rechtsvergleichende Literatur in: *D. T. Tsatsos, D. Schefold, H.-P. Schneider* (Hrsg.), Die Parteien in den demokratischen Ordnungen der Staaten der Europäischen Gemeinschaft, Baden-Baden, Nomos, 1990; *P. Ridola*, Partiti politici, in Enciclopedia del diritto, Bd. XXXII; *E. Bettinelli*, Alla ricerca del diritto dei partiti politici, in Rivista trimestrale di diritto pubblico, 1985, n. 4, S. 100 ff., *F. Lanchester*, Il problema del partito politico: regolare gli sregolati, in Quaderni costituzionali, 1988, n. 3, S. 437 ff.

[2] Ein weiterer Überblick in *D. T. Tsatsos, D. Schefold, H. P. Schneider* (Hrsg.), Die Parteien in den demokratischen Ordnungen der Staaten der Europäischen Gemeinschaft, a. a. O., in Italien s. *M. S. Giannini*, Finanziamento pubblico ai partiti e destinazione dei fondi, Giur. it., 1984, I, 2, S. 357 ff.; *S. Alagna*, Partiti politici (finanziamento dei), in Norissimo dig. appendice, Utet, Torino, 1984, S. 747 ff.; *G. F. Ciaurro*, Finanziamento pubblico dei partiti politici, in Encicl. giur. Treccani, Roma, 1989, Bd. XIV; *G. Spagnolo*, I reati di illegale finanziamento dei partiti politici, Cedam, Padova, 1990, S. VII–102; *L. Concas*, Un caso singolare di depenalizzazione: il reato di omessa o infedele denunzia di finanziamenti privati previsto dalla

rerseits aufbauen. Der Wahlkampf ist der Ort, an dem sich die einzelnen Wahlberechtigten die Informationen verschaffen, die notwendig sind, um eine politisch bewußte
Entscheidung treffen zu können, und in dem Kandidaten und organisierte Bürger politische Vorschläge anbieten. In diesem Rahmen ist das Umfeld der sog. „begleitenden
technischen Regelung" immer wichtiger, und die Frage der Transparenz des politischen Marktes sogar ausschlaggebend geworden.

Die auf verschiedenen Ebenen steigenden Kosten der alltäglichen Parteitätigkeit
und der Wahlkampagnen stehen in umgekehrtem Verhältnis zur Krise der politischen
Partizipation. Die De-Ideologisierung der Politik bringt die Steigerung von disfunk-
tionalen Phänomenen mit sich. Man sollte sich deswegen nicht darüber wundern, daß
in den letzten Jahren viele europäische sowie extra-europäische Länder von Skandalen
erschüttert wurden, die sich aus einem nicht korrekten Verhältnis zwischen Geld und
Politik ergaben. Man sollte sich aber fragen, warum dieses Phänomen in Italien ein
solches Übermaß erreicht hat, das das ganze Regime in eine heftige Krise gestürzt hat.
Die Beantwortung dieser Frage würde uns weit weg vom Hauptthema führen. Wir
können aber festhalten, daß die Novellierung der Parteienfinanzierung vom Wesen
des politischen und Parteiensystems beeinflußt worden ist.

In einer Ordnung, in der die Parteien ideologisch gespalten und zugleich gegenüber der bürgerlichen Gesellschaft sehr strukturiert sind, müßte jegliche Kontrolle als
verdächtig beargwöhnt werden. Dies hat zu einer Novellierung geführt, aufgrund derer Kontrollen entweder nicht erfolgen oder bloße Formalität sind, während die Regelungen an sich Finanzierungen mit Zusatzcharakter unterstützen, dies jedoch, ohne
gesetzwidrige Finanzierungsformen zu beseitigen.

1.2 *Das Umfeld der hier erörterten Novellierung*

Welcher auch immer der gewählte Ausgangspunkt sein mag, ist es offenkundig, daß
die hier diskutierte Novellierung das strategische Umfeld der öffentlich-rechtlichen
Wahlen betrifft, und sich insbesondere auf die Regelung der Mitwirkung an der Willensbildung des politisch aktiven Bürgers und auf dessen Willensäußerung durch Wahl
und Gesetzgebung[3] bezieht. Die die Parteienfinanzierung regelnden Vorschriften
greifen in den Bereich des Wahlgesetzes im weiten Sinne ein, nicht nur aufgrund ihrer
natürlichen Begriffbezogenheit, sondern auch gemäß Art. 48 und 49, die im IV. Teil

---

normativa sul finanziamento dei partiti politici (Nota a Trib. P. Cagliari 19 marzo 1991, Loi), Riv. giur. sar-
da, 1991, S. 205; *L. Cozzolino*, Sulla sindacabilità degli atti parlamentari erogativi del contributo statale al
finanziamento dei partiti politici (nota a Pret. Roma, 9 Agosto 1990, Associaz. laica – verde civica antiproi-
bizionista Pres. Camera deputati), Giur. cost., 1991, S. 4176; *L. Balsamo*, I reati di illecito finanziamento ai
partiti politici (insieme a dubbi e contraddizioni il sospetto di una assurada disparità di trattamento fra politici e l'art. 4, co. 3I, 18 novembre 1981, n. 659, Giust. pen., 1994, II, S. 577; *F. Nuzzo*, Finanziamento pri-
vato dei partiti politici e l'art. 4, comma 3. Gesetz v. 18. novembre 1981, n. 659, in Giust. pen.,1994, II,
577; *F.M. Iacoviello*, Un delitto-simbolo: il finanziamento illecito a partiti politici (nota a sent. Cass.,
sez. VI, 13 gennaio 1994, Patanè), Cass. pen., 1995, 1622; *C. de Rose* (Hrsg.), Il finanziamento dei partiti
politici negli Stati membri dell'Unione, Cons. Stato, 1995, II, S. 775.
   [3] Hierzu vgl. *F. Lanchester*, Sistemi elettorali e forma di governo, Bologna, Il Mulino, 1981; drs. Voto
(diritto di) in Ecicl. del dir., Bd. XLVI, S. 1107 f.

der italienischen Verfassung enthalten sind, einem Teil, der den politischen Beziehungen gewidmet ist.

Aus der besonderen Rechtsnatur der in diesem Teil enthaltenen Verfassungsnormen folgt aufgrund Art. 72 IV der italienischen Verfassung[4] hinsichtlich des Gesetzgebungsverfahrens, daß dieses Gesetz von den Kammern verabschiedet werden muß (Kammerentschließungsvorbehalt). Es ist deshalb von besonderem Interesse hervorzuheben, daß das Gesetz n. 2, 1997 im gesetzgebenden Ausschuß beschlossen wurde, um, ohne dies offenzulegen, die kontroverse Diskussion so wenig wie möglich zu beleben.

2. Die ehemals geltende gesetzliche Regelung

Im Rahmen des Umfelds des Gesetzes n. 2, 1997, aber noch vor dessen Inhaltsanalyse, sind die ehemals geltenden gesetzlichen Regelungen zu erörtern. Insbesondere soll auf das Gesetz n. 195 vom 2. Mai 1974 „Über den staatlichen Beitrag zur Finanzierung der politischen Parteien" hingewiesen werden, weil für dieses der Mangel und die Grenzen der Modernisierung des politischen Systems Italiens symptomatisch sind. Das Gesetz n. 195, 1974 wurde, wobei der Gesamtzusammenhang des Integrationsprozesses zwischen den politischen Kräften einerseits und ihrer Partizipationskrise andererseits im Auge behalten werden sollte, im Schatten etlicher Skandale verabschiedet. Dieses Gesetz sah in der staatlichen Parteienfinanzierung im wesentlichen eine Kostenerstattung für den Wahlkampf und einen Zuschuß für die laufende Parteitätigkeit. Obwohl sich das Gesetz – wenn auch ungenau – auf die politischen Parteien aufgrund ihres Wahlergebnisses bezog, wies es den Beitrag im wesentlichen über den Umweg der Fraktionen ohne jegliche Kontrolle zu.

Eine solche als polemisch zu bezeichnende Lösung mußte auf die weitere Entwicklung Einfluß haben. Einerseits gab es wiederholt Versuche, das Gesetz, das – für manche – die Parteiherrschaft besiegelte, durch einen Volksentscheid abzuschaffen. Andererseits wurde das Beitragssystem modifiziert und die Verbote und Kontrollen wurden – scheinbar – verschärft.

Weiterhin wurde das Gesetz n. 195, 1974 schon 1978 dem kassatorischen Volksentscheid unterworfen[5]. Bei dem Volksentscheid über die staatliche Parteienfinanzierung (der gleichzeitig mit dem Volksentscheid über das „Gesetz Reale" erfolgte) sprachen sich 43,6% der Stimmen für die Aufhebung des Gesetzes aus, während 56,4% dagegen waren. Ein solches Ergebnis gab positive Signale, die aber nur teilweise durch die Änderungen der 80er Jahre von der politischen Klasse rezipiert wurden. Z. B. hat das Gesetz n. 422 (vom 1. August 1980) die staatliche Wahlkampfkostenerstattung an die politischen Parteien für die Wahlen für das europäische Parlament und die (italienischen) Regionalräte erhöht. Das folgende Gesetz n. 659 vom 18. November 1981 erhöhte

---

[4] „Das normale Verfahren der Prüfung und Annahme durch die Kammer selbst wird immer angewandt bei Gesetzentwürfen über Verfassungsgesetzgebungsbefugnisse, über die Ermächtigung zur Ratifizierung internationaler Verträge und über die Genehmigung von Haushaltsabschlüssen und -voranschlägen."

[5] D. P. R. 14. aprile 1978, n. 107 (GBl. 15 aprile, n. 104) zur Durchführung des Volksentscheides für die Kassation des Gesetzes n. 195, 2 maggio 1974 betreffend die staatliche Finanzierung von politischen Parteien.

die staatlichen Zuschüsse auf nationaler und regionaler Ebene, und als eine Art Ausgleich verschärfte es die Grenzen der Finanzierung sowie die Strafsanktionen.

Zusammengefaßt besiegte das Gesetz 1974 nicht etwa illegale Finanzierungsformen, sondern ließ – dank des Schutzes der Parlamentshoheit – neben der Wahlkampfkostenerstattung zusätzliche Finanzierungsformen zu.

Stattdessen fügte sich der Volksentscheid von 1993, der Art. 3 und 9 vom Gesetz n. 195, 1974 aufhob, vollständig in die Regimeskrise ein, die in jener Zeit die Ordnung und insbesondere das Parteiensystem überrollte, und er wurde zu ihrem Symbol, ebenso wie die als Volksentscheid gestellte Frage über die im Gesetz über die Senatswahl von 1984 enthaltenen Artikel, die die Proporzquote vorsahen.

Nachdem der Beitrag für laufende Tätigkeiten der Parteien abgeschafft wurde, blieb nur die Wahlkampfkostenerstattung, so daß die Parteien nur durch das Wiederholen der Volkswahlbefragung drei Jahre lang finanziell überleben konnten. 1996 hatten die seit 1993 zahlreichen Wahlen auf nationaler, regionaler und europäischer Ebene sowie die Kommunalwahlen die Kassen neuer politischer Organisationen aufgezehrt und die Nachfolger der älteren Parteien mußten sich mit ihren finanziellen Schwierigkeiten weiter befassen.

Wenn wir uns diesen Zusammenhang vor Augen halten, spiegelt Art. 20 der Regierungsanordnung n. 83, 1995 („Dringende Maßnahmen über die Parität des Zugangs zu Informationsmitteln während der Wahl- und Volksentscheidskampagne") die Schwierigkeiten wider, in die die politischen Kräfte verwickelt waren. In der Tat sah Art. 20 die Zahlung der Zuschüsse an die politischen Parteien innerhalb von 5 Tagen nach der Listenaufstellung hälftig als Vorschüsse vor.

Diese aufgrund Art. 23 der o. g. Regierungsanordnung von der Abwesenheit der politischen Parteien in der Abgeordnetenkammer und im Senat abhängige vorschußweise Zahlung zeigt für die Zeit des Anordnungserlasses die Dringlichkeit auf, mit der man an stabilere Lösungen denken mußte. Im Sommer 1996 verlor die Anordnung über die sog. *par condicio* rückwirkend ihre Gültigkeit und blieb nur noch als „vorläufige Brücke" für die Wahlen 1996. Danach hat die Perspektive einer Legislaturperiode ohne staatliche Finanzierung gerade im Sommer 1996 unter allen politischen Akteuren eine erfreuliche Einigkeit im Hinblick auf das Projekt eines „freiwilligen Beitrags" hergestellt.

In diesem kultivierten Umfeld entsteht also das neue Gesetz betreffend die „freiwillige Finanzierung von Parteien und politischen Bewegungen". Das Gesetzgebungsverfahren wurde in der Zeit August bis September durch eine Polemik der nationalen Presse gestoppt, aber dann in einem – wie schon gezeigt – nicht ganz so öffentlichen gesetzgebenden parlamentarischen Ausschuß fortgesetzt. Seine Verabschiedung im Dezember 1996 – kurz vor den Weihnachtsferien – ist das Symptom einer vielleicht notwendigen Stabilisierung, die aber sicherlich nicht tugendhaft ist, sondern voller Probleme.

Tatsächlich scheint das hier erläuterte Gesetz auf bedeutungsvolle Weise die Zeit der größten Instabilität des italienischen politischen Systems nach dem Zweiten Weltkrieg abzuschließen. Weiterhin scheint das Gesetz, jedenfalls im gewissen Ausmaß, eine Restrukturierung der politischen Kräfte zu signalisieren und das Bestreben diese zu stärken. Bedeutend ist das Gesetz auch, weil es das im Januar 1997 endgültig verabschiedete Gesetz über die Bildung der aus den Mitgliedern beider Kammern beste-

henden für die Verfassungsreformen zuständigen parlamentarischen Ausschüsse (Bica-
merale bzw. Gemeinsamer Ausschuß) angekündigt hat.

3. Der Inhalt des Gesetzes

Um die Polemik über den nicht loyalen Umgang mit dem Volkswillen, d.h. mit
dem Ergebnis des Volksentscheids von 1993 auszuweichen, wollte der Gesetzgeber eine Art „freiwilligen Beitrag" an die politischen Kräfte einführen. Art. 1 sieht vor, daß
die Steuerzahlen 4 pro mille „der Einkommensteuer politischen Bewegungen und
Parteien" zuwenden können, und daß der Finanzminister innerhalb von 30 Tagen ab
Inkrafttreten dieses Gesetzes eine Verordnung erläßt, die die Kriterien, Fristen und
Bedingungen für die Anwendung der vorgeschriebenen Normen festlegt. Das Bei-
tragsschema scheint dem der Kirchen und religiösen Konfessionen zu ähneln. Im Unterschied zu den für die religiösen Konfessionen vorgesehenen 8 pro mille (Art. 47,
Gesetz n. 222, 1985), die aufgrund der Option der Steuerzahler verteilt werden, ist im
Fall der Beiträge an die politischen Parteien und Bewegungen die Höhe des Zuschus-
ses aufgrund der Zahl der Steuerzahler bestimmt, die ausdrücklich erklären, 4 pro mille der eigenen Einkommensteuer den Parteien zuzuwenden. Aus diesem Grunde läßt
sich nur ex post der Gesamtbetrag feststellen, der zwischen den jeweiligen berechtigten Subjekten aufgeteilt wird.

Art. 2 sieht vor, daß die politischen Bewegungen und die Parteien an der in Art. 1
vorgesehenen jährlichen Aufteilung nur dann teilhaben, wenn sie bis zum 31. Oktober
eines jeden Jahres mindestens einen gewählten Abgeordneten oder Senator stellen.

An der Verteilung der Mittel haben gemäß Art. 3 die politischen Bewegungen und
die Parteien teil, die dies beantragt haben. Der Antrag soll von ihren Vertretungsbe-
rechtigten oder Rechtsvertretern aufgrund ihrer internen Satzung unterzeichnet werden und an den Präsidenten der jeweiligen Kammer gerichtet werden. Für diesen
Zweck gibt jeder Wahlkandidat an die Abgeordnetenkammer oder den Senat eine Erklärung „für Zwecke dieses Gesetzes zu einer politischen Bewegung oder Partei" ab,
und „eine ähnliche Erklärung der Kandidaten für die Nachwahlen für beide Kammern". Diese Erklärung zwingt den Parlamentarier nicht dazu, in der Partei oder Bewegung zu verbleiben, für die er seine Erklärung abgegeben hat, sondern legt für die
gesamte Mandatsperiode den Betrag fest, der auf die Kasse derjenigen politischen Organisationen entfällt, für die sich der Kandidat am Anfang entschieden hat. Dies führt
zu erheblichen Bedenken im Hinblick auf die Verfassungsmäßigkeit nach Art. 67 der
italienischen Verfassung, Bedenken mit denen wir uns noch befassen werden.

Art. 3 sieht weiter vor, daß bei erstmaliger Anwendung und innerhalb von 30 Tagen
„jeder Abgeordnete dem Präsidenten der Kammer, der er angehört, für Zwecke dieses
Gesetzes mitteilt, für welche politische Bewegung oder Partei er sich entscheidet".
Der Übergangscharakter dieser Norm rechtfertigt teilweise das Fehlen von Kritik im
Parlament, andererseits erklärt er einige Änderungen, die im Laufe des Januars 1997
erfolgt sind. Jedenfalls handelt es sich um eine Maßnahme, die dazu tendiert, die Par-
teienzugehörigkeit zu stabilisieren und zu strukturieren, Parteizugehörigkeit die –
wie die Geschichte der Fraktionen in der XII. Legislaturperiode aufgezeigt hat – von
der Änderung des Wahlsystems geschwächt wurden.

Die Erklärungen der Kandidaten und die Zahl der gültig für die Parteien auf nationaler Ebene abgegebenen und für die Abgeordnetenkammer auf die Proporzquote bezogenen Stimmen werden an den Haushaltsminister weitergeleitet. Nach Art. 3 bestimmt er vor dem 30. November eines jeden Jahres durch Verordnung den Betrag und seine Verteilung, aufgrund der Erklärungen, die die Kandidaten bei ihrer Kandidatur abgegeben haben.

Somit erfolgt die Verteilung überwiegend aufgrund der nationalen Proporzquote der Abgeordnetenkammer, in zweiter Linie an die Parteien sprachlicher Minderheiten und erst dann an diejenigen, die nicht am Porporz teilgenommen haben. Die Aufteilung wird am 31. Januar eines jeden Jahres auf einmal geleistet.

Art. 4 sieht eine Überleitungsregelung bezüglich der vorzeitigen Verteilung in der Höhe von Lit. 160 Milliarden für das Finanzjahr 1997 vor. Solche Bestimmungen betonen, warum zumindest für das erste Jahr von einem freiwilligen Beitrag nicht die Rede sein kann, sondern daß es sich um einen Willensakt des Staates handelt, schließlich wurde – im Laufe des Gesetzgebungsverfahrens – der auf den Beitrag bezogene Satz „mit Ausgleichsvorbehalt" übernommen.

Art. 5 und 6 behandeln die freiwilligen Beiträge der natürlichen und juristischen Personen (Kapitalgesellschaften) und der Personengesellschaften, während Art. 8 Bestimmungen über den Rechenschaftsbericht, die Prüfer und die Dezentralisierung enthält. Mit Dezentralisierung ist gemeint, daß nach dem vierten Geltungsjahr des Gesetzes zumindest 30% des Beitrages an die dezentral organisierten Strukturen verteilt werden.

Letztlich legt Art. 9 den Gesamtumfang der Mittel auf höchstens 110 Milliarden Lit. pro Jahr fest.

4. Schlußfolgerung

Ein kurzer Kommentar zum Gesetz n. 2, 1997 ist angezeigt.

Erstens hat sich im letzten Jahr – und dies trotz eines trügerischen Scheins – das Parteiensystem stabilisiert. Das hier besprochene Gesetz ist ein Symptom der Stärkung der Parteien, aber auch deren Unfähigkeit, die aufgezwungene Diät einzuhalten, die sich aus dem Verlust des vom Gesetz n. 195, 1974 vorgesehenen Beitrages ergibt. Darum kann das Gesetz n. 2 von 1997 kritisiert werden, nicht, weil es die Finanzierung an sich vorsieht (der Notwendigkeit der Finanzierung stimme ich zu), sondern weil es einige tradierte Probleme nicht löst. Man hat nicht nur geglaubt, die Probleme allein durch die Verteilung von Geldern zu lösen, ohne an andere Arten von Leistungen zu denken, vielmehr sieht es so aus, als ob die Befürchtungen und die heuchlerische Regellosigkeit, die von Anfang an die gesetzliche Regelung des italienischen Parteiensystems charakterisiert hat, wieder auftauchen.

Zweitens scheint mir die polemische Argumentation irrelevant, die vorträgt, daß es für den Gesetzgeber unmöglich sei, in eine Materie einzugreifen, über die die Wähler ihren Willen ausgedrückt haben. Diese Argumentation ist unzutreffend, denn selbst wenn ein solcher Wille für bindend erklärt würde, könnte er nicht die folgende Legislaturperiode binden. Jedenfalls konnte die Verpflichtung den Beitrag nicht vollständig für das Jahr 1997 miteinbeziehen.

Drittens scheint mir das Gesetz in zweierlei Hinsicht unzureichend. Es befaßt sich nicht ausreichend mit dem reellen Problem der Finanzierung der Politik und es ist in vielen Aspekten unklar, weil es keine Regelungen über seine Ausführung enthält.

Außerdem ist meines Erachtens das Gesetz aus zwei Gründen verfassungswidrig. Formell wurde das Gesetzgebungsverfahren von Art. 72 IV der italienischen Verfassung nicht eingehalten (Kammerentschließungsvorbehalt, s. o.). Inhaltlich ist das Gesetz verfassungswidrig, weil es die Wahlkandidaten dazu verpflichtet, sich zu einer Partei zu bekennen und die ganze Tätigkeit des Abgeordneten für die Dauer der Legislaturperiode bindet (letzteres verstößt gegen Art. 67 italienische Verfassung).

Viertens scheint es auch bedenklich, daß das Gesetz dem Finanzminister die Aufgabe der Festlegung des Ausführungsverfahrens zuweist. Dies birgt Gefahren für den Datenschutz.

Schließlich scheint das Gesetz die Probleme der Haushaltskontrolle nicht gelöst zu haben, denn sie treten noch hinter der Parlamentshoheit zurück.

All dies zeigt, nachdem nunmehr die akute Krise überwunden ist, daß sich die Hoffnungen der politischen Parteien nicht erfüllt haben. Der Finanzierungssektor ist ohne überschaubare Regeln nicht reglementierbar. Allein solche Regeln wären in der Lage, die vielen Disfunktionen des Systems zu beseitigen, das zu „Tangentopoli" geführt hat.

Proposition de concept d'omission inconstitutionnelle en Espagne

par

José Julio Fernández Rodríguez

Área de Derecho Constitucional
Universidad de Santiago de Compostela

Sommaire:

I. Introduction

L'étude de l'inconstitutionnalité par omission est, dans la plupart des systèmes juridiques, peu abondante et limitée à des réflexions succintes. Cette situation est d'autant plus frappante que cette figure revêt, dans quelques-unes de ses articulations, une

grande importance, en plus qu'elle est susceptible d'être analysée du point de vue technico-juridique, même si des conditionnements politiques de nature diverse essaie-
ront toujours de la conditionner et de restreindre sa potentialité.

Les recherches sur ce type d'inconstitutionnalité doivent partir de l'analyse du
concept; il s'ensuit donc, comme l'indique *Lois Estévez*, que nous nous situons à la limite d'un processus de déduction qui sera ultérieurement réalisé[1]. Préciser le concept
d'une manière positive, c'est-à-dire en indiquant son contenu son l'étendue qu'il
contient, et d'une manière négative, c'est-à-dire en signalant la différence existant avec
d'autres institutions se profilant d'une façon similaire, doit représenter deux points à
traiter obligatoirement au cours de cette étude.

Comme dernière question à introduire, nous offrons deux points supplémentaires:
Le premier est que nos propos de départ sont fondés sur la considération de la Constitution comme authentique norme juridique et non comme une simple somme de
principes programmatiques. Le second est que notre intention est d'établir une série
de réflexions de natures théorique et abstraite, détachées d'un système national
concret, tout en cherchant une approche dogmatique du thème.

II. L'Expression »Inconstitutionnalité par Omission«

Avant d'exposer le concept que nous proposons, il convient tout d'abord de s'arrê-
ter sur la terminologie employée lorsque nous nous référons à l'institution prise en
considération. Cette terminologie (»inconstitutionnalité par omission«) est communément acceptée par les divers auteurs de traités. Un certain nombre de réflexions sur
celle-là sera donc utile, spécialement sur le terme »omission« (»omissao« en portugais,
»omissione« en italien, »omisión« en espagnol, »unterlassung« en allemand).

En ce qui concerne le mot »inconstitutionnalité«, l'usage que nous en faisons n'est
pas problématique puisque nous faisons allusion à une conduite transgressant la
Constitution[2]. Ces transgressions ont différentes causes se présentant d'une manière
nuancée. Les conséquences de ces infractions peuvent également être très distinctes.
Cependant, elles supposent toutes une attaque des préceptes fondamentaux du système juridique et une agression des valeurs vitales émanant des décisions politiques essentielles présentes dans le texte constitutionnel.

Par contre, le terme »omission« s'avère beaucoup plus problématique, puisqu'il fait
allusion à une inactivité, à une inaction, à quelque chose qui cesse d'être fait ou dit. La
conduite humaine peut être structurée de deux manières essentielles: La positive (»facere«) et la négative (»non facere«). Aussi bien l'une que l'autre sont, dans des conditions normales, des manifestations de volonté s'extériorisant différemment. La première entraînera un élément physique issu de cette action; la seconde sera dépourvue
de cet élément physique, ce qui ne l'empêche tout de même pas d'avoir son reflet et sa
répercussion dans le monde extérieur. Les deux proviendront de l'être humain, diri-

---

[1] José Lois Estevez, *Grandes problemas del Derecho Procesal*, Porto, Santiago de Compostela, page 212.
[2] »Inconstitucionalidade verifica-se desde que os órgãos do poder, por acção ou omissão, deixam de res-
peitar os imperativos da Constituição a que están adstritos« (Jorge Miranda, »Inconstitucionalidade por
omissão«, *Estudos sobre a Constituição*, vol. I, Livraria Petrony, Lisboa, 1977, page 334).

gées par sa volonté ou par les circonstances la dominant. Et comme il s'agit de formes de conduite, elles ont été assimilées et sont utilisées pour construire et définir les différentes façons de contrôler la vie de l'homme en société, dans ses rapports avec autrui. En effet, la morale, l'éthique, les règles du traitement social… et également, bien entendu, le droit, prendront en compte ces divers aspects et manifestations de la complexe dynamique humaine dont les origines se situent dans la réalité même. Ces diverses façons de régir la vie en société donneront une grande importance à certaines activités de l'homme lorsque cette inaction altèrera l'ordre des valeurs, établi et protégé par les différents systèmes de contrôle. L'importance de ces inactivités sera étroitement liée à l'inaccomplissement d'une obligation contraignant l'être humain à adopter une conduite précise afin de protéger l'ordre défendu[3].

L'utilisation du terme »omission«, dans un sens juridique, semble provenir du droit romain, où il faisait allusion, selon certains auteurs[4], à l'oubli du testateur par rapport à l'héritier légitime, qui n'était ni institué héritier, ni exclu de l'héritage. Cet oubli était l'idée centrale de la figure de la prétérition et avait d'évidentes et d'importantes conséquences, allant même jusqu'à à provoquer la nullité du testament. D'autres auteurs[5] n'utilisent, en revanche, pour ces cas, que le mot »prétérition«, celui-ci étant le seul à apparaître dans le Digeste[6], semble-t-il, le terme »omission« n'apparaissant que dans des textes littéraires latins[7]. Quoi qu'il en soit, nous nous limitons au domaine du droit privé, en ce qui concerne cette possible utilisation terminologique, sans aucune liaison avec les idées qui nous intéressent, si ce n'est la présence d'une obligation assujettissant le testateur et dont la violation, due à un »cesser de faire«, entraîne des conséquences juridiques. Par contre, ce qui est utilisé, bien que rarement, dans un sens que nous pourrions dénommer juridique-public, c'est le verbe »omitto«[8], où se trouve la racine

---

[3] Un point de départ distinct, quoiqu'avec des conséquences similaires, apparaît chez Alfonso Tesauro quand, en se rapportant aux événements juridiques, il indique que »«l'omissione non è il modo di comportarsi di un soggetto e, per ciò stesso, una manifestazione di volontà negativa che si contrappone a quella positiva in cui si concreta l'azione. L'omisione è l'opposto dell'azione, la sua negazione, cioè una non-azione, un non-comportamento: più propriamente, è la mancanza dell'azione che un soggetto ha l'obbligo di porre inessere e, per ciò stesso, è la mancanza del comportamento che un soggetto ha l'obbligo di tenere… L'omissione, pertanto, se non è il modo di comportarsi di un soggetto non è, nemmeno, il nulla. L'omissione… è un avvenimento che ha rilevanza giuridica in quanto si concreta nel non porre in essere un determinato comportamento, una determinata azione, una determinata situazione ovvero nel non impedire il verificarsi di un determinanto evento. L'omissione, però, pur concretandosi in un avvenimento diverso e distinto dall'azione, di regola, ha valore in quanto trova la causa del suo verificarsi nell'azione del soggetto che pone in essere l'omissione e non è, invece, dovuta ad altra causa a lui estranea« (Alfonso Tesauro, *Istituzioni di Diritto Pubblico*, UTET, Turin, 1973, pages 75–76).

[4] Manuel Jesús García Garrido, *Diccionario de Jurisprudencia Romana*, Dykinson, 2% ed., Madrid, 1986, page 259.

[5] Alvaro D'ors, *Derecho Privado Romano*, EUNSA, Pamplona, 1986, page 314 et suivantes.; José Arias Ramos, *Derecho Romano*, Revista de Derecho Privado, Madrid, 1947, page 551 et suivantes.

[6] D. 28, 2; 28, 3.

[7] D'après le dictionnaire étymologique latin de Raimundo de Miguel et du Marquis de Morante (édité par A. Jubera à Madrid, en 1889), l'origine de l'emploi écrit du mot doit être cherchée chez L. Aurelio Symmachus, l'un des orateurs les plus éminents de son époque, dernier défenseur du paganisme et habile politicien, dont le *cursus honorum*, entamé à la epoque de Valentinien I, a été celui de questeur, de préteur, de pontife, d'intendant de la Lucanie, de proconsul d'Afrique, de préfet de Rome et, au temps de Théodose, consul.

[8] *Vocabularium Iurisprudentiae Romanae (VIR)*, Walter de Gruyter, Berlin, 1983.

de »omissio-onis«. Parmi ces quelques utilisations, il convient de souligner que certaines d'entre elles font allusion à »neglegere«[9], même si –j'insiste–nous sommes presque exclusivement dans le champ du droit privé. De plus, nous nous situons au niveau de personnes physiques et non d'organes.

L'utilisation juridique de l'idée d'omission dans la science du droit canon est, à nos yeux, d'une plus grande importance. En effet, l'omission d'évêques et de prêtres manquant à leurs obligations sera ici prise en compte, outre certaines inactivités dans le droit de sanction de l'Église qui normaliseront des conduites ou les aggraveront. La sanction pour l'autorité qui manque à ses devoirs par omission apparaît déjà clairement dans la conformation même de cette grande partie du »ius commune«.

Nous croyons toutefois que le sens juridique-pénal d'omission a été celui qui fut pris en considération et transposé au droit constitutionnel pour se référer à l'institution que nous sommes en train d'envisager. Dans le domaine du droit pénal, les délits et les contraventions peuvent aussi bien venir d'actions que d'omissions de nature dolosive ou fautive, du moment qu'elles soient prévues, bien évidemment, par la loi. Elles constituent les deux types de conduite humaine et sont également des manifestations de volonté. Le correctionnaliste espagnol *Silvela* affirmait au début de ce siècle que l'omission était »la inactividad de la voluntad que deja de traducir la idea de la ley en hechos reales«[10]. Il comprenait par là l'omission comme la non-réalisation de la loi, contrairement à l'action, qui était la réalisation de la volonté du sujet agissant. La doctrine pénale a considéré que l'omission importante pour cette branche du droit, possédait une nature normative et non préjuridique, c'est-à-dire que l'omission donnant lieu à la réaction du système pénal était l'omission de l'action à laquelle la loi est tenue. L'existence d'un »devoir faire« provenant d'une norme est donc indispensable. Ce »devoir faire«, imposant la norme, trouve sa raison d'être dans la défense d'un bien juridique considéré comme digne de protection. Dans les délits d'omission, le danger pour le bien juridique existe préalablement et c'est précisément ce danger qui est à l'origine de l'attente d'une conduite le conjurant, au sein du système juridique. Dans certains cas, le type de délit n'exige que l'infraction d'une norme obligatoire qui impose de faire quelque chose; dans d'autres hypothèses, il est, par contre, nécessaire que l'inactivité provoque un résultat; et dans les délits de perpétration par omission (»comisión por omisión«), une violation d'une norme obligatoire supposant l'infraction d'une norme prohibitive est exigée, le sujet actif se trouvant en position de garant[11].

Comme nous l'avons déjà dit précédemment, nous comprenons que cette idée d'omission pénale a été celle qui fut transposée au droit constitutionnel afin de dénommer l'institution que nous sommes en train d'examiner. L'expression pénale est

---

[9] D. 10, 2, 27.

[10] L. Silvela, *El Derecho Penal estudiado en principios y en la legislación vigentes en España*, vol. I, Madrid, 1903, page 179.

[11] Avec un caractère général, référé à l'omission en tant que forme de la conduite humaine, concept, éléments constitutifs, causalité, importance juridique-penale et antijuridicité de l'omission et types de délits omissifs, on peut consulter, notamment, Agustín Fernandez Albor, »Asistencia médica y omisión del deber de socorro«, en *Estudios penales y criminológicos*, tomo VII, Université de Santiago de Compostela, 1984; Gonzalo Rodríguez Mourullo, *La omisión del deber de socorro en el Código Penal*, Madrid, 1966; Sáinz Cantero, »El delito de omisión del deber de socorro«, *Revista General de Legislación y Jurisprudencia*, 1960; Jesús María Silva Sánchez, *El delito de omisión*, Bosch, Barcelona, 1986.

antijuridique et reprochable, aspect forcément présent dans une inactivité inconstitutionnelle. Le fond est le même, quoique la simplification soit peut-être excessive: Transgression du système juridique à cause d'un »cesser de faire« de la part de celui qui est obligé d'agir, obligation tirant son origine d'une norme en vigueur au moment où l'infraction a lieu. Malgré cela, il ne fait aucun doute que le droit pénal et l'omission pénale concernent des personnes physiques et uniques pouvant être des sujets passifs de la responsabilité criminelle. En revanche, celui qui encourt une inconstitutionnalité par omission est, en principe, le pouvoir législatif, laissant, pour l'instant, de côté les responsabilités de l'exécutif; il s'ensuit toutefois que la terminologie employée semble, jusqu'à un certain point, critiquable. Les termes »abandon« ou »inactivité« auraient peut-être été plus satisfaisants pour le droit constitutionnel puisqu'ils sont pourvus d'une généralité transposable, sans traumatisme d'aucun type, aux pouvoirs publics. Mais nous continuons à utiliser l'expression habituellement acceptée pour l'institution à présent étudiée, celle-ci étant déjà assumée avec ce sens dans diverses langues.

La présence d'omissions revêtant une importance juridique dans différents secteurs du système juridique est, de nos jours, un fait indéniable: Omissions de normes juridiques, omissions de dispositions non normatives, omissions d'actes politiques, etc. Tout ceci a donné lieu à des tentatives d'analyses générales du problème, quoique sans entrer dans des questions constitutionnelles, parmi lesquelles la plus connue est, sans doute, celle réalisée par *Montané de la Roque*[12], même si elle est principalement axée sur des questions administratives.

III. Diverses propositions de concept dans la doctrine.

Si nous faisons un effort de systématisation, nous pouvons diviser les différentes conceptualisations en deux grands groupes: Le premier est intégré par ceux qui conçoivent la figure avec un caractère étendu, le deuxième par ceux qui la comprennent avec une dimension plus réduite. Dans le premier cas, la transgression des normes constitutionnelles peut être due à l'inactivité des pouvoirs publics dans un sens général, à laquelle s'ajouteraient la non-émission de certains actes politiques et administratifs et même la non-émission de décisions judiciaires. Le concept est ainsi lié à l'inaccomplissement générique d'une obligation de développement ou d'une obligation d'agir, d'origine constitutionnelle, sans précisions ultérieures. Dans le second groupe, l'inconstitutionnalité par omission se limiterait à l'inertie du pouvoir législatif. Dans de tels cas, cette idée est généralement disjointe, une autre série de variables qui doivent nécessairement coïncider, pour qu'une authentique violation de la Constitution[13] se produise effectivement, y étant ajoutée. Voyons à présent quelques auteurs qui repré-

---

[12] Pierre Monatané de la Roque, *L'inertie des Pouvoirs Publics*, Dalloz, Paris, 1950.

[13] L'auteur péruvien Eto Cruz rassemble les deux postures dans ses réflexions lorsqu'il affirme que deux types de manifestations de la figure peuvent en ressortir: Celle qu'il appelle *lato sensu* et la *stricto sensu*. Cette dernière a trait à l'organe législatif et c'est celle qui assume. Quant à l'autre, il y voit deux »aspects«: L'inconstitutionnalité par omission d'actes politiques et l'indirecte -illégalité par omission, omissions d'actes administratifs, omissions de la fonction jurisdictionnelle et omissions de réformes constitutionnelles-(Gerardo Eto Cruz, »La inconstitucionalidad por omisión«, *Doctrina Constitucional*, Instituto de divulgación y Estudios jurídico constitucionales (INDEJUC), Trujillo (Perú), 1992, page 246 et suivantes).

sentent concrètement les deux tendances, qui ne s'appuient pas sur de simples formalités, mais qui mettent plutôt l'accent sur le fond et le sens de l'institution. Notre démarche n'est pas exhaustive, nous avons simplement cherché des cas illustrant les deux tendances, cette approche nous paraissant plus effective.

Parmi les concepts du premier groupe (conception ample), nous avons celui de *Trocker* qui, après avoir indiqué que le concept d'omission se distingue sans doute (sic) de celui d'inertie et de celui d'inactivité, fait remarquer que »l'omissione consiste in un non-fare che costituisce violazione di un obbligo di attività discendente da una norma costituzionale«[14]. En marge de la généralité, l'absence de la moindre référence temporelle, qui semble implicite dans l'idée de »violazione«, l'inexistence d'une allusion à la responsabilité et à la considération en termes globaux de toutes les normes du texte fondamental, sont critiquables et contraires à un effort de précision que nous considérons comme inévitable dans ce travail.

L'auteur portugais *Miranda* ferait aussi partie de ce groupe en estimant que »a inconstitucionalidade por omiss'o é a inconstitucionalidade negativa, a que resulta da inércia ou do silêncio de qualquer órg'o de poder, o qual deixa de praticar em certo tempo o acto exigido pela Constituiç'o«[15]. La référence à tout organe de pouvoir démontre clairement que Miranda soutient un concept ample de l'institution, concept qu'il s'agit de délimiter à l'aide d'un point de repère temporel (ne pas réaliser l'acte à un moment donné) qu'il faudra probablement préciser au cas par cas.

De la même manière, il existe des conceptions amples de la figure en Amérique latine. Tel est le cas de *Sagüés* qui, bien que n'entrant pas dans l'aspect conceptuel de façon spécifique, indique que »aludimos a la inconstitucionalidad por omisión cuando el comportamiento inconstitucional no se traduce por actos, sino por abstinencia de conducta«[16]. *Bidart Campos*, également argentin, affirmait que l'inconstitutionnalité par omission » sobreviene cuando el órgano que conforme a la Constitución debe hacer algo, se abstiene de cumplirlo«[17]. Au Brésil, *Rodrigues Machado* parle d'omission dans la fonction législative, dans la fonction politique ou de gouvernement, dans la fonction administrative et dans la fonction juridictionnelle[18]. La législation de ce pays présente aussi une idée ample de la figure.

La proposition du maître italien *Mortati*, figurant dans l'un des travaux les plus importants sur la matière, existant à ce jour[19], fait allusion, d'une façon générique, à »ogni specie d'astensione dal disporre quanto sarebbe prescritto, a termini di Costituzione«.

---

[14] Nicolò Trocker, »Le omissione del legislatore e la tutela giurisdizional dei diritti di libertà (Studio comparativo sul diritto tedesco)«, *Archivio giuridico*, 1970, page 88 et suivantes.

[15] Jorge Miranda, *Manual de Direito Constitucional*, Coimbra Editora, Coimbra, 1993, vol. II, page 338.

[16] Néstor Pedro Sagüés, »Inconstitucionalidad por omisión de los poderes Legislativo y Ejecutivo. Su control judicial«, *Ius et Veritas. Revista de la Facultad de Derecho de la Pontificia Universidad Católica del Perú*, n°5, page 39 et suivantes.

[17] Germán J. Bidart Campos, »La justicia constitucional y la inconstitucionalidad por omisión«, *Anuario jurídico*, UNAM, México, n VI, 1979, page 9 et suivantes. Également *El Derecho*, vol. 78, Buenos Aires, page 785 et suivantes.

[18] Marcia Rodrigues Machado, »Inconstitucionalidade por omissão«, *Revista da Procuradoria Geral do Estado de São Paulo*, n° 30, décembre 1988, page 42.

[19] Constantino Mortati, »Appunti per uno studio sui rimedi giurisdizionali contro comportamento omissivi del legislatore«, en *Problema di Diritto Publico nell'attuale experienza costituzionale republicana. Raccolta di Scritti*, vol. III, Giuffrè, Milano, 1972, page 923 et suivantes.

La généralité avec laquelle elle est tracée nous inciterait à l'inclure dans le premier groupe, mais il s'agirait en fait d'une erreur, car on peut déduire de l'ensemble du travail qu'elle ne se réfère qu'au législateur. C'est pourquoi nous l'incluons dans un espace intermédiaire, entre les deux positions.

Quant au second groupe (conception réduite), il convient de mentionner *Silvestri* qui, lorsqu'il traite un type déterminé de sentences du tribunal constitutionnel italien[20], écrit: »In primo senso generale e approssimativo si può dire che costituisce omissione legislativa la mancata emanazione de leggi ordinarie in funzione attuativa de istituti o principi contenuti nella Carta costituzionale«. Nous remarquons ici que la transgression, d'après lui, se produit à cause du manque d'émanation d'une loi ordinaire. Quoique ceci suppose déjà une concrétion par rapport à des positions antérieures, la seconde partie de la définition, de par son imprécision et une ampleur exagérée, nous semble critiquable. En effet, se référer à des figures ou à des principes constitutionnels sans explication ultérieure s'avère incorrect, d'autant plus que l'omission inconstitutionnelle ne peut avoir trait qu'à des normes concrètes et déterminées et non à des principes généraux issus du sens global des prescriptions constitutionnelles à l'aide d'une méthode inductive.

D'une manière similaire, bien que peut-être plus acceptable, *Picardi* à l'occasion d'un célèbre hommage rendu au professeur *Mortati*[21], signale que »per omissione del legislatore si intende una situazione caratterizzata, per un verso, da un precetto costituzionale che descrive un determinato comportamento del legislatore (emanare norme legislative di attuazione), per altro verso, un comportamento concreto del legislatore che contrasta, in tutto o in parte, con quello descritto dal precetto costituzionale«. Les allusions au législateur et à la norme législative le situent clairement dans ce deuxième groupe. De même, nous considérons, comme tout à fait plausible, la structure interne de cette définition, présidée par une rigoureuse logique de cause à effet.

Le professeur de Coimbra, *Gomes Canotilho*, est encore plus clair dans sa conceptualisation. C'est ainsi que, dans un travail important[22] qui peut aujourd'hui être qualifié de produit de son temps, il affirme: »A omiss'o legislativa significa que o legislador n'o faz algo que positivamente lhe era imposto pela constituiç'o. N'o se trata, pois, apenas de um simples negativo n'o fazer; trata-se, sim, de n'o fazer aquilo a que, de forma concreta e explícita, estava constitucionalmente obrigado. Já por esta definiç'o restritiva de omiss'o se pode verificar que a inconstitucionalidade por omiss'o, no seu estrito e rigoroso sentido, deve conexionar-se com uma exigência concreta constitucional de acç'o (verfassungsrechtliche Handlungsgebote)«. Dans une autre étude[23], il dit que »entender-se-á, principalmente, mas n'o exclusivamente, como omiss'o legislativa inconstitucional, o n'o cumprimento de imposiç'es constitucionais permanentes e concretas«. Complétant son affirmation un peu plus loin, il ajoute que: »A omissão le-

---

[20] Gaetano Silvestri, »Le sentenze normative della Corte Costituzionale«, *Giurisprudenza Costituzionale*, 1981, page 1684 et suivantes.

[21] Nicola Picardi, »Le sentenze integrative de la Corte Costituzionale«, *Aspetti e tendenze del Diritto Costituzionale. Scritti in onore di C. Mortati*, vol. IV, Roma, 1977, page 599 et suivantes.

[22] Jose Joaquim Gomes Canotilho, *Constituição dirigente e vinculação do legislador*, Coimbra Editora, Coimbra, 1982, page 331.

[23] Jose Joaquim Gomes Canotilho, *Direito Constitucional*, Livraria Alemdina, 6 ed., Coimbra, 1993, page 1089 et suivantes.

gislativa existe quando o legislador não cumpre ou cumpre incompletamente o dever constitucional de emanar normas destinadas a actuar as imposições constitucionais permanentes e concretas«. De la même manière, il comprend que cette omission existe dans le cas de non-accomplissement de celles qu'il appelle »ordens de legislar«, c'est-à-dire des »imposições concretas mas não permanentes«. Nous observons donc que le concept, l'un des plus rigoureux que la doctrine nous offre et qui est repris par divers auteurs brésiliens, tourne autour des impositions constitutionnelles concrètes, permanentes ou non, se traduisant par une exigence d'action. Nous entendons néanmoins que d'autres données, tout aussi nécessaires dans la définition, peuvent être recueillies, tel que nous le reflèterons dans notre proposition.

Pour en venir à la doctrine espagnole, évoquons *Aguiar de Luque*[24], lequel parle de »violación constitucional provocada por la inactividad del órgano legislativo pese a la existencia de un mandato constitucional explícito al respecto«. Les critiques que nous avons émises en ce qui concerne une absence de concrétion, peuvent être reproduites, tout en les complétant avec certains éléments qui permettent de réduire un peu l'excessive indétermination de la proposition. Nous nous référons à l'allusion de l'organe législatif et du mandat constitutionnel explicite à ce sujet. Une vision semblable apparaît dans la sentence 24/1982 du tribunal constitutionnel espagnol: »La inconstitucionalidad por omisión sólo existe cuando la Constitución impone al legislador la necesidad de dictar normas de desarrollo constitucional y el legislador no lo hace«[25].

Dans la doctrine péruvienne, *Morón Urbina* la considère comme l'inaction législative dans la réglementation des principes contenus dans le texte constitutionnel[26]. En marge d'une certaine imprécision, avec laquelle nous ne sommes pas d'accord, la référence aux principes constitutionnels nous semble peu conforme à l'institution, tel que nous l'avons précédemment signalé. L'emploi du terme »réglementation« nous paraît également censurable; en effet, nous le comprenons avec un sens technico-juridique concret, ne se limitant pas au champ de l'inaction législative inconstitutionnelle, même si cet emploi peut répondre à une formation juridique avec un fondement différent et des précisions terminologiques distinctes.

Dans ces deux manières, l'une ample, l'autre plus réduite, de concevoir la nature de l'omission inconstitutionnelle, se situe peut-être une posture différente pour déterminer comment et qui doit mener à bien le programme et le projet de la norme fondamentale, ainsi que le degré de responsabilité qui s'acquiert dans cette importante mission. Quoi qu'il en soit, la généralité se manifestant dans la posture »étendue« de l'institution ne nous paraît pas admissible, puisqu'elle peut donner lieu à des références à propos de situations qui, dans le fond, ne sont pas anticonstitutionnelles. En outre, nous estimons nécessaire une concrétion qui n'est pas souvent observée. En effet, l'absence d'allusions temporelles et la non discrimination entre les prescriptions constitutionnelles sont des éléments engendrant une insécurité dans une matière qui, à cause

---

[24] Luis Aguiar de Luque, »El Tribunal Constitucional y la función legislativa: El control del procedimiento legislativo y de la inconstitucionalidad por omisión«, *Revista de Derecho Político*, nº 24, 1981, page 11 et suivantes.

[25] Sentence 24/1982, du 13 mai, fondement juridique 3. Dans un sens très similaire, Sentence 87/1989, du 11 mai.

[26] J. C., Morón Urbina, »La omisión legislativa como un caso de inconstitucionalidad«, *Revista Jurídica del Perú*, n III-IV, juillet-décembre 1988, page 349 et suivantes.

de ses implications et de ses connexions, devrait être traitée avec une plus grande précision. Il est cependant possible, d'un autre point de vue, de penser que la relativité enveloppant la figure implique, et requiert même, une étude qui ne soit pas excessivement précise et concrète. Mais nous ne sommes pas de cet avis, c'est d'ailleurs ce que nous allons démontrer par la suite.

IV. Proposition de concept

Nous considérons donc que la définition la plus opportune serait celle qui conduirait le concept à l'inactivité législative et qui comprendrait les divers éléments dont la coïncidence s'avère absolument nécessaire pour pouvoir parler d'une authentique violation de la norme fondamentale, et non d'une simple absence de procédé, demeurant au niveau de la simple omission sans entrer dans le champ de l'inconstitutionnalité, étant donnée la complexité du thème. La présence des deux idées devient par là inévitable.

Selon cet état de faits, nous conceptualisons l'inconstitutionnalité comme le manque de développement de la part du pouvoir législatif, au cours d'une période excessivement longue, des normes constitutionnelles au développement obligatoire et concret, de telle façon que leur application efficace soit impossible. Il convient, après cette affirmation, de procéder à un affinage des termes de la définition proposée, afin d'en faire un commentaire clair, pouvant ainsi préciser le contenu que nous donnons à la figure. Il existe, grosso modo, deux éléments à ressortir de la définition: La première idée (manque de développement) fait allusion à l'omission, le reste à l'inconstitutionnalité. Examinons-les.

1. *Le manque de développement*

Nous concevons le manque de développement dans un sens plutôt large, puisqu'il englobe, outre l'absence totale de législation sur le thème en question, la présence d'une réglementation partielle. Nous comprenons cette dernière sous deux aspects, étant donné qu'elle peut avoir trait à une double réalité: à une réglementation qui oublie une partie inséparable de cette matière ou à une autre qui traite partiellement ses destinataires, avec la violation résultant du principe d'égalité.

2. *L'inconstitutionnalité*

a) *Inactivité du pouvoir législatif*

Passons maintenant à l'inconstitutionnalité. Il faut, tout d'abord, indiquer que le susdit manque de développement se réfère au pouvoir législatif qui doit être, dans la distribution des fonctions de l'état démocratique de droit, celui qui crée des normes, au degré de loi, développant les préceptes constitutionnels, lesquels requièrent un tel procédé. Selon les propos de *Gomes Canotilho*, il y a lieu d'indiquer que, si l'on prend comme point de départ le postulat démocratique et celui de l'état de droit, la »actualizaç'o« des impositions constitutionnelles présuppose une réserve totale de loi, dans le sens où toute la conformation concrétisante doit être une loi du parlement[27]. Dans un autre ordre de considérations, essayer de déterminer si l'inertie du pouvoir législatif est conscient ou inconscient, c'est-à-dire volontaire ou non, n'a pas de sens, bien que cela ait déjà été fait à plusieurs reprises. Nous croyons que des questions de »conscience« d'un organe constitutionnel ne sont pas applicables au phénomène juridique, ni presque à aucun autre, même s'il est vrai qu'elles peuvent avoir une influence sur les dimensions de la responsabilité politique, mais après un processus d'individualisation. Aller plus loin sur cette voie dépasse la finalité de ce travail.

Le pouvoir législatif possède, dans l'état démocratique, une légitimité totale pour mener à terme le développement des dispositions constitutionnelles, du fait qu'il est directement élu par le peuple, titulaire de la souveraineté. Il a été dit en Espagne, avec raison, que si le parlement représente le peuple espagnol et si celui-ci est, selon le deuxième alinéa de l'article premier de la propre Constitution, le titulaire de la souveraineté nationale, la conclusion évidente est que le parlement, en tant qu'institution, incarne cette même souveraineté nationale et demeure l'organe à travers lequel cette souveraineté se matérialise et s'exprime[28]. Les autres pouvoirs de l'état affichent une légitimité que nous pourrions appeler indirecte, pour l'opposer à la directe, laquelle appartient au législatif[29].

Le système parlementaire englobe non seulement les schémas formels du traditionnel état de droit, mais il possède aussi un poids matériel issu de ses origines anglo-saxonnes (idée du *rule of law*, à partir de laquelle se construit le processus politique de législation sur le modèle du processus judiciaire et où le droit part du droit judiciaire, de l'expérience d'injustice que le peuple possède, en opposition à l'imposition unilatérale du souverain dans la théorie initiale de l'état de droit allemand). Le parlement est, d'après ce que disait *Fischbach*, dans la période tumultueuse de l'entre-deux-guerres, le creuset où se fondent et s'harmonisent les intérêts et les aspirations des différentes classes du peuple[30]. Il revient à l'authentique produit du parlement, la loi, norme qui »peut tout«, en respectant les limites constitutionnelles, d'être le véhicule menant à bien le développement constitutionnel, le récipient le contenant, en plus d'être l'expression de la volonté populaire et une source privilégiée et irremplaçable[31]. Dans un système où règne la démocratie et l'état de droit, les propos de *Kirchmann*, tribut d'une autre époque, en deviennent désuets: La loi positive est l'arme sans volonté, aussi bien soumise au savoir du législateur qu'à la passion du despote[32]. Nous pensons que la vision de *Leibholz*, moins radicale mais tout aussi critique envers la loi, n'a pas d'inci-

---

[27] Jose Joaquim Gomes Canotilho, *Constituição dirigente e vinculação do legislador, op. cit.*, page 26.

[28] Jordi Solé Tura, Miguel A. Aparicio Pérez, *Las Cortes Generales en el sistema constitucional*, Tecnos, 2 ed., Madrid, 1988, page 177.

[29] Otto Bachof ne pense pas ceci, comme on peut voir dans son livre *Grundgesetz und Richtermacht*, J.C.B. Mohr (Paul Siebeck), Tübingen, 1959.

[30] Oskar Georg Fischbach, *Derecho Político general y Constitucional comparado*, Labor, 2 ed., Barcelona, 1934, page 77.

[31] Sentence du tribunal constitutionnel espagnol 17/1981, du premier juin, fondement juridique 4.

[32] Julius Hermann von Kirchmann, *La jurisprudencia no es ciencia*, Centro de Estudios Constitucionales, 3 ed., Madrid, 1983, page 27.

dence sur notre propre problématique, quoiqu'il s'agisse bien d'une vérité mais sous un autre angle[33]. Par conséquent, aux effets de l'inconstitutionnalité par omission, semble s'imposer la vision classique de la norme légale au sein de l'état constitutionnel, nos yeux se dirigent par conséquent, et exclusivement, vers le pouvoir législatif.

Malgré tout cela, nul ne peut ignorer l'actuelle distorsion de la classique distribution des fonctions et des compétences parmi les pouvoirs constitués. La complexité croissante de la réalité et la domination d'une solide majorité parlementaire gouvernementale, appuyée par un parti ou une coalition, constituent deux importantes raisons expliquant l'expansion du pouvoir exécutif aux dépens du parlement. Cet état de fait peut réduire la légitimité rationnelle et démocratique d'action des organes de l'état. Il ne fait cependant aucun doute que la réalité se présente à nous de cette façon, c'est pourquoi il faudra considérer de nouvelles responsabilités de l'exécutif quant au développement constitutionnel, bien que ces responsabilités ne nous semblent pas articulables, juridiquement parlant, en tout cas suffisamment, pour être exigées par les hypothétiques mécanismes contrôlant l'inconstitutionnalité par omission. Par conséquent, et comme le parlement conserve sa force pour réagir face au reproche que l'organe de justice constitutionnel lui ferait, à cause d'une situation d'omission transgressant la Constitution, nous circonscrivons le domaine de l'inconstitutionnalité par omission au champ d'action, ou plutôt, d'inaction du pouvoir législatif.

Une hypothèse discutable se pose lorsqu'une procédure législative est déclenchée et qu'en même temps, se produit le contrôle d'une inactivité violant la norme fondamentale, à cause du non développement du précepte que l'on essaie de développer dans cette procédure législative ouverte et pas encore terminée. D'après nous, le contrôle de l'inconstitutionnalité par omission doit se poursuivre, dans la mesure où l'on ne sait pas comment prendra fin la susdite procédure et si, à la fin de celle-ci, la disposition constitutionnelle en question pourra être pleinement efficace; en effet, la législation produite peut s'avérer très défectueuse dans ce sens.

b) *Période temporelle excessive*

En second lieu, l'inactivité doit être liée à une période excessivement prolongée. L'on trouve ici la grande relativité de l'institution et la nécessité d'un procédé casuistique qui analyserait individuellement les circonstances de chaque hypothèse, ce qui peut se traduire en diverses positions, en fonction du cas, quoiqu'il existe apparemment une certaine similitude du point de vue technique. Les préceptes constitutionnels qui requièrent un développement n'envisagent pas, sauf en ce qui concerne des cas spéciaux tels que l'article 117.1 de la *Bonner Grundgesetz* (bien qu'indirectement), de délais péremptoires au cours desquels les pouvoirs constitués devraient agir, ils leur concèdent plutôt la liberté suffisante pour mener à terme leur projet juridique et politique. Il ne semble pas pouvoir en être autrement, étant donnée l'indispensable liberté de conformation dont doit disposer la majorité parlementaire provenant des élections, afin que son programme d'action puisse prendre effet. Mais ceci ne peut en aucun cas

---

[33] Cet auteur estime que la loi est une menace pour la liberté dans l'état démocratique moderne des partis (Gerhard Leibholz, *Problemas fundamentales de la democracia moderna*, Instituto de Estudios Políticos, Madrid, 1971, page 15 et suivantes).

retarder *sine die* la réalisation du texte constitutionnel. C'est pourquoi, pour que les deux réalités ne soient pas oubliées et soient rendues compatibles, nous nous décidons pour une conception ouverte dans la définition de la période de temps devant s'écouler afin que les parties de la Constitution qui en ont besoin puissent prendre effet. »Pendant une période excessivement longue« est une expression permettant des modulations et pouvant être comprise comme une période irraisonnablement longue; a priori, elle manque de concrétion, ce qui donne à l'organe compétent la possiblité de déterminer si ce laps de temps s'est écoulé ou non, tout en tenant compte des diverses circonstances existantes, circonstances de nature variée.

Les grandes difficultés de la tâche ne nous échappent pas; en effet, elle va approcher, et même dépasser, le terrain juridique, recevant par conséquent les influences des phénomènes politiques. Mais nous n'admettons pas pour autant la présence de l'insécurité juridique dans la définition. Le cours historique, et le contexte régnant, au moment d'effectuer le contrôle, en détermineront, outre la propre nature des choses, le résultat. L'importance de la figure non développée aura également son influence sur la modulation du délai. De tels obstacles doivent être assumés par l'herméneutique constitutionnelle où, en plus des principes généraux d'interprétation, des connaissances techniques très importantes sont requises, ainsi qu'un degré élevé de sensibilité juridique, politique et sociale[34].

Même en introduisant ces éléments de modération, qui sont peut-être de réalisme, il ne faut pas oublier que la nécessité de développement, et les circonstances le retardant, ne sont pas des intérêts équivalents devant être pondérés comme dans une situation exclusivement politique, sinon que l'un est le principe (nécessité de développement) et l'autre l'exception (retard dans ce développement), en vertu des exigences du droit. L'exception, si elle veut s'imposer, a donc besoin d'une justification.

c) Préceptes de développement obligatoire et concret: Les commandes au législateur

En troisième lieu, l'absence de développement dont nous avons parlé se réfère aux préceptes constitutionnels requérant concrètement ce procédé. Toutes les normes constitutionnelles ne possèdent pas le même caractère, juridiquement parlant, si bien que diverses typologies peuvent être établies, en fonction de différents critères. De cette façon, un certain nombre de normes, étant donnée leur formulation, se présente à nous comme une sorte de commandes constitutionnelles ou de commandes au législateur, comme des exigences constitutionnelles se développant ultérieurement[35]. Il s'agit de normes à l'efficacité limitée, ayant besoin d'une activité pour compléter cette efficacité à laquelle toute norme est destinée. A travers ces expressions, nous voulons nous rapporter à une articulation technique quant à la manière dont se présente le pré-

---

[34] Héctor Fix Zamudio, Jorge Carpizo, »Algunas reflexiones sobre la interpretación constitucional en el ordenamiento mexicano«, dans l'ouvrage collectif *La interpretación constitucional*, Instituto de Investigaciones Jurídicas de la UNAM, México D. F., page 21.

[35] Nous anticipons maintenant le concept de la commande au législateur: Norme constitutionelle à l'efficacité limitée résultant, vue la prévision explicite ou implicite y apparaissant, d'un développement obligatoire et concret pour qu'elle soit pleinement efficace.

cepte, une articulation qui nous apporte des connotations matérielles et qui entraîne la naissance d'une obligation pesant sur le législateur. Cette exigence de développement postérieur peut aussi bien être explicite qu'implicite, mais son caractère impératif doit toujours être évident, dans le cas où la disposition n'en présenterait pas expressément le caractère facultatif. Il existe évidemment un autre type de normes constitutionnelles pouvant être développées du fait de leur caractère incomplet, ce qui peut être très positif. Il est même possible d'affirmer que toute norme constitutionnelle est susceptible d'être développée. Toutefois, nous parlons à présent de celles dont le développement est obligatoire en vertu de leur formulation même. C'est pour cela que la définition d'omission inconstitutionnelle contient cette idée de caractère obligatoire dont le but est de souligner le lien qui pèse sur les pouvoirs constitués quand il s'agit de donner leur efficacité à de telles normes. Nous introduisons aussi le point de la concrétion pour montrer que l'on ne se trouve pas devant des principes constitutionnels de nature générale. Ceux-ci ne prétendent pas avoir une législation de développement déterminée, ils cherchent plutôt à entrer en vigueur dans toute le système et à être exécutés au niveau des diverses applications de la loi fondamentale.

Ces commandes au législateur sont des préceptes qualifiés par la doctrine de genre de »normes incomplètes« et qui requièrent, pour qu'elles soient efficaces, l'*interpositio legislatoris*. Leur sens général sera par là matérialisé et complété, les prévisions des législateurs étant réalisées. La Constitution est en effet une norme, mais dotée de fonctions et d'objectifs la caractérisant et la spécifiant. C'est la raison pour laquelle elle n'épuise pas la réglementation des matières abordant les pouvoirs constitués pour la mise en oeuvre du programme constitutionnel et son ajustement à la situation concrète du temps historique s'écoulant. La Constitution doit être, dans ce sens, »ouverte«, par le biais des clauses *open-ended*.

Ce type de normes constitutionnelles est, avant tout, une articulation technique. Des normes constitutionnelles de divers genres, en fonction d'une perspective matérielle, peuvent donc se présenter sous cette forme. Nombreux sont les cas d'un droit fondamental n'étant pas de première génération et d'une norme d'organisation essentielle n'épuisant pas la réglementation.

Nous considérons plus complète l'analyse que nous avons faite sur la base de l'existence de normes à l'efficacité limitée qu'une autre, réalisée par un auteur, tournant autour de normes constitutionnelles exigibles et non exigibles, dont l'élément de différenciation réside dans la possibilité d'application directe à cause du contenu de cette même norme. De cette façon, l'omission inconstitutionnelle se produirait avec un caractère exclusif par rapport aux préceptes non directement exigibles. Devant cela, nous croyons que, bien que le contenu d'une norme soit suffisamment »dense« pour rendre possible son application directe, cela ne doit pas signifier, en tout cas, qu'elle possède une efficacité totale et une plénitude conforme à la volonté des législateurs. C'est pourquoi elle peut également requérir, et non seulement rendre possible, un développement ultérieur. Tel est le cas d'un droit fondamental qui sera pris en compte par un organe d'application pour la résolution d'un cas concret, mais qui nécessitera une loi postérieure pour une pleine effectivité et une plus grande protection.

Nous avons vu, jusqu'à présent, en marge de l'inactivité du pouvoir législatif, deux des éléments essentiels de la définition: La commande au législateur, contenue dans une norme constitutionnelle à l'efficacité limitée, et l'écoulement du temps qui détermine la fraude constitutionnelle. L'un comme l'autre sont indispensables. L'un sans l'autre rendrait insensée l'inconstitutionnalité par omission.

d) Inefficacité de la norme constitutionnelle

En quatrième et dernier lieu, nous avons la partie finale de la définition proposée ci-dessus. Elle a trait à l'absence d'une application efficace des normes constitutionnelles au développement obligatoire et concret, à cause de l'inactivité du pouvoir législatif. Nous voici devant la conséquence de tous les points antérieurs: L'existence de normes du texte fondamental nécessitant *interpositio legislatoris*, unie à l'abandon de l'organe chargé de cette *interpositio*, provoque le manque d'efficacité de ces normes ou une efficacité amoindrie. Cette caractéristique de l'efficacité est l'un des fondements de la logique juridique des normes, lesquelles ne naissent pas pour remplir une simple condition d'existence au sein du système mais pour que leur application soit reflétée dans la société et, de cette façon, accomplir leur *ratio essendi* principale, réglant ainsi réellement la coexistence.

Nous considérons la validité et l'efficacité[36] comme des traits d'une norme totalement différents, car, quoiqu'ils s'influencent réciproquement, ils ne sont pas interdépendants, possédant même une propre vie (une norme peut être valable et non efficace, et vice versa). *Spagna Musso* signale d'ailleurs que »una norma giuridica se costantemente disapplicata, e quindi inoperante, no per questo è giuridicamente inesistente«[37]. Celui qui nie l'efficacité d'un précepte juridique, en ne l'accomplissant pas, n'a pas à rejeter sa validité, bien qu'il faille reconnaître qu'une norme dotée de l'inefficacité la plus absolue finit par devenir un non-sens qui influera sur la validité et qu'il faut donc bannir, sauf si de fortes raisons extra-juridiques incitent au contraire. Il s'agit de l'un des raisonnements qui nous fait penser à une authentique fraude constitutionnelle dans quelques-unes des possibles hypothèses d'inconstitutionnalité par omission.

Une posture factice sur ce point, comme celle qu'adopte *Rossi*[38], entraînerait une identification entre validité et efficacité, laquelle serait constatée après la naissance de la norme. Nous la considérons irrecevable puisque, comme nous l'avons déjà dit, la validité est indépendante de l'efficacité, puisqu'elle s'établit en fonction de la compétence de l'organe qui la dicte. Par contre, l'efficacité des normes se réfère exclusivement à l'accomplissement réel de droit au sein de la société... L'efficacité consiste essentiellement en la conformité ou en l'ajustement entre la conduite des destinataires et la prescription de la norme[39]. L'absence de développement empêchera les citoyens de respecter le précepte constitutionnel, et pas précisément à cause d'un hypothétique désaccord concernant le contenu mais plutôt à cause du manque de réglementation.

---

[36] Á propos de la problématique générale entre validité et efficacité, voir Antonino Spadaro, *Limiti del giudizio costituzionale in via incidentale e ruolo dei giudici*, Edizioni Scientifiche italiane, Napoli, 1990, page 45 y suivantes.

[37] Enrico Spagna Musso, »Appunti per una teoria giuridica dell'anomia costituzionale«, *Aspetti e tendenze del Diritto Costituzionale. Scritti in onore di Costantino Mortati*, vol. I, Giuffrè, Milano, 1977, page 284.

[38] A. Ross, »El concepto de validez y el conflicto entre el positivismo jurídico y el derecho natural«, *El concepto de validez y otros ensayos*, Centro Editor de América Latina, Buenos Aires, 1969.

[39] Manuel Segura Ortega, *Teoría del Derecho*, Centro de Estudios Ramón Areces, Madrid, 1991, page 143.

Cette dernière partie de la définition que nous sommes en train de commenter puorsuit également un but de délimitation. En effet, lorsque nous disons que l'inactivité du législateur, quant aux normes constitutionnelles exigeant un tel comportement, entraîne l'inefficacité de ces dernières, nous devons écarter les cas où, en dépit de l'absence d'un développement adéquat, le précepte constitutionnel entre dans une vigueur telle qu'il accomplit les prévisions constitutionnelles quant à leur applicabilité. On pourrait dire qu'il jouit réellement d'une pleine efficacité. Les raisons peuvent en être diverses: La formulation même, la dimension d'application que les tribunaux lui accordent, une meilleure acceptabilité sociale, etc. Il n'y aura donc pas, dans ce type d'hypothèses, d'omission inconstitutionnelle, bien que nous soyons bien conscients de la difficulté de trouver, dans la pratique, une situation de ce type, sans son le développement approprié postconstitutionnel. Mais, même si elle peut se trouver, l'absence de base légale rendrait possible l'altération de ces critères d'application, ce qui nous renverrait à la fraude de la Constitution et à l'omission inconstitutionnelle. La nécessité d'agir casuistiquement pour la solution pratique des hypothétiques suppositions d'omission inconstitutionnelle semble, une nouvelle fois, s'imposer.

En définitive, comme idée finale résumant la situation, l'inactivité du législateur, l'écoulement du temps engendrant la fraude constitutionnelle, l'exigence constitutionnelle d'agir et l'inefficacité, centre de notre proposition, sont les clefs de voûte de la violation de la Constitution par omission.

V. Délimitation négative

On peut dire que la configuration négative d'un concept, c'est-à-dire déterminer en quoi il se distingue d'autres concepts aux possibles traits semblables, est une exigence du raisonnement humain, d'autant plus lorsque ce concept entre dans le domaine de l'abstrait, voire du mystère. Cette manière d'agir nous sera très utile pour l'analyse de la figure que nous réalisons. Venons-y.

1. Omission législative »simple«

La première distinction peut être établie par rapport à l'absence de développement législatif d'un précepte constitutionnel ne présentant pas encore les traits nécessaires pour être considéré inconstitutionnel. Nous faisons référence à des situations où le manque d'écoulement du temps, mesuré, tel qu'il a déjà été indiqué, en fonction des circonstances et du contexte socio-politique, provoque que le retard de l'organe législatif entre dans la légitime liberté de conformation du projet constitutionnel de la part des pouvoirs constitués, le(s) parti(s) vainqueur(s) lors des élections correspondantes ayant un poids spécial spécifique, état de fait absolument défendable si les limites constitutionnelles et légales sont respectées[40]. Il est bien clair qu'une telle situation

---

[40] Rappelons que »la democracia, especialmente la de tipo parlamentario, es por naturaleza un Estado de partidos« (Hans Kelsen, *Teoría General del Estado*, Editora Nacional, 15 ed., México D. F., 1979, page 464.

peut arriver à être inconstitutionnelle, avec le cours du temps, élément qu'il faudra évaluer, comme nous le savons, cas par cas, en fonction des diverses circonstances enveloppant l'hypothèse en question.

De la même manière, et d'un autre point de vue, une omission législative se rapporte à une réalité plus vaste que celle comprise dans l'omission inconstitutionnelle, laquelle est l'un des cas intégrant celle-là et dont le trait le plus remarquable est la note de l'inconstitutionnalité, déterminée par la coïncidence des éléments analysés ci-dessus. Par conséquent, il y aura des omissions législatives qui ne seront pas des omissions inconstitutionnelles. En revanche, ces dernières seront toujours incluses dans la catégorie des omissions législatives.

2. *Omission du développement d'une norme*

Quoique nous nous trouvions dans le paragraphe correspondant à la délimitation négative de l'inconstitutionnalité par omission, c'est-à-dire de ce qui n'est pas omission transgressant la loi fondamentale, nous avons choisi d'y introduire la partie ayant trait à quelque chose qui n'est pas proprement contraire à l'omission inconstitutionnelle. En effet, elle aidera aussi à éclaircir le concept que nous prétendons traiter en profondeur.

L'expression »omission du développement d'une norme« fait allusion à une situation aux profils étendues, qu'il faut donc caractériser largement. Une approche du concept serait le non développement normatif quand celui-ci est obligatoire, sans spécifications ultérieures. Les hypothèses englobant ce phénomène sont ainsi des plus diverses. L'une d'entre elles est l'omission législative ou absence de titre obligatoire de normes élevées au rang de loi. Et un type d'omission législative est l'omission inconstitutionnelle, qui se produit, comme nous l'avons dit précédemment, lorsque l'on y ajoute les notes envisagées dans la définition d'inconstitutionnalité par omission. Celle-ci se présente donc comme l'un des cas entrant dans le domaine de l'omission du développement d'une norme. Les deux seules connexions entre les deux activités proviendraient de l'obligation de développement normatif et du non-accomplissement de cette même obligation.

3. *L'idée de lacune*

La figure de la lacune, mot transposé au monde du droit comme recours à une métaphore, a fait l'objet d'un traitement abondant dans la science juridique, sous des angles différents et en ayant à l'esprit leurs diverses méthodes d'intégration[41]. La conception prédominante est peut-être celle qui fait allusion aux lacunes par rapport à la loi ou aux normes, et non au système juridique dans son ensemble. La plénitude a été argumentée à partir de positions variées. Ainsi, selon certains auteurs, ce qui n'est pas réglementé n'entre pas dans le champ du droit, cet ensemble appartenant au domaine de

---

[41] Joaquín Arce y Flórez-Valdés, *Los principios generales del Derecho y su formulación constitucional*, Civitas, Madrid, 1990, page 27.

l'extrajuridique (*Bergbohm*, »espace juridiquement vide«[42]). Pour d'autres, partant du fait que les normes interdisent ou contraignent de se conduire d'une façon déterminée, ce qui n'est pas réglementé signifie qu'un comportement est permis ou n'est pas obligatoire, dans une argumentation logique à *sensu contrario* (»théorie de la norme générale exclusive«[43]). Finalement, on dit que la plénitude signifie que le droit est capable de combler les lacunes existantes en apportant une solution au fait non réglementé (c'est le cas de *P. Virga* dans son *Diritto costituzionale*[44]). Cette dernière approche, la plus répandue, nous conduit à l'auto-intégration et à l'hétéro-intégration, étant renforcée par le devoir inexcusable de résoudre auquel les juges sont tenus. Cela suppose également le dépassement d'une idée de plénitude du positivisme étatique, considéré à d'autres époques comme la panacée des maux et des défauts du droit.

D'un autre point de vue, une lacune serait une *absence de réglementation dans une hypothèse de fait, susceptible d'être disciplinée juridiquement*. On peut en déduire l'existence de situations intégrées aux rapports sociaux qui ne sont pas importantes pour le droit, ce dernier ne les prenant donc pas en considération. *Larenz* s'exprime dans ce sens quand il affirme que l'expression de lacune fait allusion à un état incomplet, une question qui, conformément à la conception de la communauté juridique et culturelle de chaque époque, a besoin d'une telle réglementation[45]. A côté de cette espèce de lacunes, appelées »propres« par *Zitelmann*, nous avons celles qui consistent en une incomplète réglementation d'une matière considérée dans son ensemble et qui sont qualifiées comme »impropres« par l'auteur antérieur.

Ce schéma peut être transposé au domaine de la Constitution, bien qu'avec les nuances nécessaires et pertinentes, étant donnée l'importance juridique et politique de la norme fondamentale. Sachant cela, *Wróblewsky* estime que les lacunes constitutionnelles sont individualisées par la particularité même des fonctions d'interprétation constitutionnelle: La fonction d'orientation, la fonction d'application et la fonction de contrôle[46]. En principe, pour accepter les lacunes »propres« dans la Constitution, il faut partir d'un concept matériel de celle-ci, exigeant des contenus minimaux précis. Il s'agirait là du concept »idéal« de Constitution dont parlait *Schmitt* dans sa Théorie de la Constitution et qui est aujourd'hui parfaitement acceptable à partir des postulats de la démocratie[47]. Quant à l'intégration des lacunes constitutionnelles, elle doit se faire sans avoir recours à des normes de la législation ordinaire, dans le cas d'une utilisation

---

[42] Karl Bergbohm, *Jurisprudenz und Rechtsphilosophie*, 1892; Santi Romano, *Osservazione sulla completezza dell'ordinamento statale*, Modena, 1925. Les deux cités par Norberto Bobbio dans sa *Teoría General del Derecho*, Debate, Madrid, 1991, page 230.

[43] E. Zitelmann, *Lücken im Recht*, Leipzig, 1903; Donato Donati, *Il problema delle lacune dell'ordinamento giuridico*, Milano, 1910.

[44] »Pertanto potrà, se mai, parlarsi di lacune della legge, como imperfezione o insoddisfazione del diritto positivo rispetto alla disciplina dei rapporti sociali, no già di lacune dell'ordinamento, perchè non esistono ipotessi per le quali una regolamentazione occorra e non si possa trovare« (Pietro Virga, *Diritto costituzionale*, Edizioni Universitarie, 3 ed., Palermo, 1955, page 407).

[45] Karl Larenz, *Metodología de la ciencia del Derecho*, Ariel, 2 ed., Barcelona, 1994, page 363.

[46] Jerzg Wróblewsky, *Constitución y teoría general de la interpretación jurídica*, Civitas, Madrid, 1985, page 93 et suivantes. Ceci ne signifie pas que l'interprétation constitutionnelle ne fasse pas partie du genre de l'interprétation juridique (Carmelo Carbone, *L'interpretazione delle norme costituzionali*, Padova, 1951, pages 10–12).

[47] Manuel Aragón, *Constitución y democracia*, Tecnos, Madrid, 1989, page 25 et suivantes.

de l'analogie[48], ou aux principes constitutionnels, si le recours aux principes généraux du droit est employé. De la même façon, et en marge de ce qui a été avancé auparavant, l'organe de contrôle de la constitutionnalité peut aussi occasionner des lacunes avec sa manière d'agir et ses déclarations de nullité. Ceci a été étudié par la doctrine allemande par rapport aux dites »lacunes de collision« (Kollisionslücke)[49].

Une fois réalisée cette vision générale de l'institution de la lacune, divers traits distinctifs, mais aussi similaires, quant à l'omission inconstitutionnelle, semblent s'imposer.

Evidemment, en ce qui concerne la lacune »propre«, aucune connexion ne peut être établie, vu le concept que nous avons offert. En effet, il part du manque de développement d'un précepte existant dans la Constitution et la lacune »propre« suppose l'inexistence dans la norme suprême d'un contenu déterminé et exigé par une perspective matérielle, lequel, du fait de son inexistence, ne peut être développé. Le professeur *Miranda* s'exprime dans ce sens lorsqu'il déclare que »as lacunas s'o situaç'es constitucionalmente relevantes n'o previstas« et »as omiss'es legislativas reportam-se a situaç'es previstas«[50].

Les problèmes se posent donc avec les lacunes »impropres«. Les connexions se situent au niveau de l'absence d'une réglementation complète causant des distorsions ou empêchant l'application ou la pleine efficacité d'une figure. Nous nous trouvons dans le domaine de l'inactivité et de l'inertie des pouvoirs publics, si bien que des matières requérant une discipline juridique, tout au moins d'une manière suffisante, manquent d'une telle réglementation. Toutefois, ces similitudes ne doivent pas cacher les divergences que l'on peut trouver. Dans ce sens, il convient de faire mention des trois différences que signale *Mortati*: En premier lieu, l'omission, contrairement à la lacune, est le produit du non-accomplissement d'une obligation; en second lieu, les omissions sont toujours le résultat d'un acte volontaire, »mentre le lacune potrebbero verificarsi in modo involontario«; finalement, et comme différence essentielle, la sentence abordant une lacune remplit une fonction de complément du système juridique, face à laquelle elle déclare l'inconstitutionnalité d'une omission, pouvant donner lieu, à son tour, à une lacune[51]. Nous estimons que les considérations du professeur italien sont globalement recevables; nous entendons même que l'accent aurait dû être mis sur la première et non la dernière, puisque celle-là, c'est-à-dire celle qui affirme que l'omission est le produit du non-accomplissement d'une obligation et pas la lacune, nous paraît la différence essentielle, l'existence d'une obligation du législateur à réglementer toutes les hypothèses méritant une considération juridique, et par rapport auxquelles se produit la lacune de la loi, ne pouvant être admise. Par contre, comme nous l'avons déjà vu, l'obligation de développer les normes constitutionnelles l'exigeant existe bien. Nous voyons aussi peu évidente la dernière distinction concernant les différents effets des sentences traitant l'une et l'autre institution, de telle façon que celle déclarant l'inconstitutionnalité d'une omission puisse donner lieu à une lacune. Nous ne pensons pas

---

[48] La technique de l'analogie est parfaitement résumée par l'aphorisme latin »in casibus omissis deducenda est legis ratio a similibus«.

[49] Knittel, »Die verfassungsgerichtliche Normenkontrolle als Ursache von Gesetzeslücken«, JZ, 1967, page 79 et suivantes.

[50] Jorge Miranda, *Manual de Direito Constitucional*, vol. II, *op. cit.*, page 270.

[51] Constantino Mortati, »Appunti per uno studio...«, *op. cit.*, page 927.

qu'une lacune soit issue d'une déclaration judiciaire d'inconstitutionnalité, nous estimons qu'il s'agit plutôt de quelque chose qui lui est antérieur, son existence étant indépendante du travail de la judicature, bien que celle-ci, de par sa façon d'agir, la rende plus évidente.

Dans ce sens, une omission inconstitutionnelle ne se traduit pas forcément par une lacune, étant donné que le non-accomplissement d'une obligation de développement de la norme fondamentale ne suppose pas un vide dans la législation, grâce à la possibilité que la réglementation préconstitutionnelle en la matière continue en vigueur, étant en accord avec le contenu de la Constitution.

Au surplus, il convient de souligner qu'une lacune »impropre« constitutionnelle n'empêche pas la pleine efficacité applicative d'une norme du texte fondamental car la pratique, dans un sens large, comble ce vide en apportant l'effectivité pertinente au précepte. Face à cela, nous avons l'omission inconstitutionnelle qui suppose, comme nous l'avons définie antérieurement, l'inefficacité de la disposition constitutionnelle. Si elle était vraiment efficace, en dépit de l'absence d'un développement adéquat, nous ne nous retrouverions pas avec une inconstitutionnalité par omission, tel que cela a été indiqué ci-dessus.

Malgré ce qui a été dit, il existe des auteurs qui ne distinguent pas les deux figures, comprenant que ce ne sont pas des phénomènes divers. Tel est le cas du juriste italien *Silvestri*[52], de l'espagnole *Ahumada Ruiz*[53] ou de son compatriote *Ezquiaga* qui, en analysant la jurisprudence de notre tribunal constitutionnel, identifie différentes situations où ce tribunal reconnaît l'existence d'une lacune, parmi lesquelles se trouve, sans autres spécifications, le non développement de la part du législateur d'une prévision constitutionnelle[54].

4. Inactivité de l'administration

Il est également intéressant, dans un effort de conceptualisation négative de notre figure, d'aborder, quoique sommairement, la non action de l'administration, base du thème portant sur le silence administratif. Le droit administratif englobe diverses obligations d'agir de l'administration, allant de la prestation générique de services publics à la nécessité de dicter l'acte administratif requis par un particulier. En même temps, et dans certaines occasions, il prévoit des conséquences à l'omission de ces obligations qui vont également de la responsabilité tout aussi générique de l'administration au thème du silence administratif, soit positif, soit négatif. Cependant, nous ne le considérons pas lié à la figure de l'inconstitutionnalité par omission, si ce n'est l'idée générale de non-accomplissement, de la part d'un organe public, d'un devoir positif d'agir, ayant des conséquences juridiques.

---

[52] Gaetano Silvestri, »Le sentenze normative della Corte Costituzionale«, *op. cit.*

[53] Mª Ángeles Ahumada Ruiz, »El control de constitucionalidad de las omisiones legislativas«, *Revista del Centro de Estudios Constitucionales*, n 8, janvier-avril 1991, page 169 et suivantes.

[54] »Una fuente clásica de lagunas en el ordenamiento es la falta de desarrollo legislativo de previsiones formuladas en textos legales jerárquicamente superiores que imposibilitan su ejercicio efectivo. Es el típico caso de laguna técnica« (F. Ezquiaga Ganuzas, *La argumentación en la Justicia Constitucional española*, IVAP, Oñati, 1987, page 40).

Nous mettonsenavant ce manque de connexion, non seulement parce que les impositions concrètes d'agir de l'administration ne sont pas d'origine constitutionnelle, sur laquelle l'énonciation des principes généraux de procédure adminstrative fait des réserves, mais aussi du fait de la différence radicale entre les principes globaux régissant la conduite de l'exécutif et du législatif.

Le point de départ pour se rendre compte de cette différence de principes recteurs est le principe même de légalité, clef de voûte du dit état de droit, principe qui se référait à l'administration dans son sens le plus primitif. Celle-ci, grâce à un tel principe et contrairement à ce qui se passait auparavant, apparaît en vertu du droit et non par l'action d'un souverain personnel. *Merkl* se prononce dans ce sens lorsqu'il affirme que le droit administratif n'est pas condicio sine qua non pour l'existence de l'administration, mais plus précisément condicio per quam[55].

L'administration, en vertu d'un tel schéma, et en faisant abstraction de constructions déjà dépassées, comme celles de *Stahl* et de *Meyer*, va être positivement liée à la légalité. Ceci signifie qu'elle pourra seulement agir quand le système juridique le lui permettra ou, pour utiliser une terminologie de *Hauriou*, quand elle sera protégée par le »bloc de légalité«, lequel correspond au »principe de juridicité« de *Merkl*, authentique promoteur de cette doctrine, tel que nous l'avons reçue. Ainsi, une norme l'établissant expressément sera nécessaire pour toute action. *García de Enterría* le conçoit également ainsi: »El Derecho condiciona y determina, de manera positiva, la acción administrativa, la cual no es válida si no responde a una previsión normativa«[56]. En somme, elle ne pourra faire que ce qui lui est permis.

Face à ce schéma, nous avons le pouvoir législatif, possesseur, dans un état démocratique de droit, d'une légitimité directe, produit de ce rôle de représentant d'un peuple qui détient la souveraineté. La théorie de la représentation, au moyen de laquelle ce qui est fait par le représentant est imputé au représenté, trouve ici son exemple de droit public le plus important et sa consécration la plus élevée. Le parlement, respectant les limites constitutionnelles, peut tout et son produit, la loi, possède une force incontestable, en plus d'apparaître comme l'expression de la volonté populaire, ces propos tirant leur source de la construction de *Rousseau* de la loi comme expression de la volonté générale. Comme nous l'avons déjà signalé, le système parlementaire n'est pas une simple somme de schémas formels, mais il contient aussi une importante charge matérielle tirant son origine des racines anglo-saxonnes. De cette manière, le parlement, élu correctement, ne suscite pas la méfiance des classes démocratiques et se présente comme le champion de la liberté et l'ennemi de l'autoritarisme, ce à quoi le pouvoir législatif peut difficilement tendre, tel que cela est configuré dans l'expérience et la théorie politique occidentales. En revanche, le pouvoir exécutif, lui, est capable de créer des susceptibilités dans des cercles démocratiques et de prendre le chemin de l'autoritarisme plus facilement. Il va donc de soi que le législatif est négativement lié au système juridique et qu'il est à même de faire tout ce qui n'est pas interdit et pratiquement, tout ce qui n'est pas interdit au niveau constitutionnel.

---

[55] Adolf Merkl, *Teoría General del Derecho Administrativo*, Revista de Derecho Privado, Madrid, 1953.

[56] Eduardo García de Enterría, Tomás-Ramón Fernández Rodríguez, *Curso de Derecho Administrativo*, vol. I, Civitas, 4 ed., Madrid, 1988, page 418.

Allant dans le même sens, *Stern* affirme que la législation n'est pas une simple exécution de la Constitution. La relation entre Constitution et législation est différente à celle existant entre la législation et l'administration, quoique celle-ci ne soit pas non plus une simple exécution de la loi… Ce serait mal comprendre la Constitution que de lui imputer un contenu sur la base duquel le contenu des lois pourrait être immédiatement déduit de la Constitution. Le législateur a une marge d'action politique propre. C'est un organe véritablement politique ayant la pleine responsabilité de ses actes[57]. Le législateur est lié à la Constitution, il la développe et ne l'exécute pas.

De ce qui a été exposé, nous pouvons déduire le manque d'utilité des diverses constructions et de moyens de solution en ce qui concerne l'immobilisme de l'administration, tel que le cas du silence administratif.

5. Les conflits négatifs de compétence

Nous sommes de nouveau confrontés à une question qui concerne, dès son origine, un organe administratif et non le pouvoir législatif, ce qui fait que les propos tenus précédemment pourraient également s'appliquer dans le cas présent. Le susdit conflit n'est pas dû au non-accomplissement d'une commande concrète au législateur provoquant l'inefficacité du précepte constitutionnel, mais à quelque chose de tout à fait différent. En effet, le cadre de la délimitation des compétences entre les organes de l'état, ou entre l'état central et les autres entités territoriales dotées d'une autonomie politique, se trouve déjà plus ou moins délimité. En se fondant sur une telle distribution des fonctions, l'action d'un organe administratif est demandée, mais celui-ci rejette la requête, estimant que cette activité est du ressort d'un autre organe. Alors, si ce second organe refuse aussi d'agir, le conflit négatif fait son apparition, lequel devra être résous par l'organe judiciaire constitutionnel, du moment que l'action soit sollicitée par une personne légitimée. A aucun moment, un problème d'absence de développement législatif ne se produit.

Se référant au système espagnol, *Pérez Royo* indique que le conflit négatif de compétence est une inconstitutionnalité n'affectant pas la loi mais plutôt des normes ou des actes de rang inférieur à la loi et dont la constitutionnalité provient de l'absence de prise en charge de la part de l'administration -que ce soit la centrale ou l'autonome- de la compétence résultant du jeu conjoint de la Constitution espagnole et du statut d'autonomie correspondant. Ce après quoi, il signale qu'il ne s'agit donc pas d'inconstitutionnalité de loi, mais de quelque chose de totalement différent[58].

6. Inexécution de lois existantes

Nous nous trouvons ici face à une situation où s'est déjà produit le développement correspondant de la Constitution au nom de l'obtention d'une plus grande efficacité

---

[57] Klaus Stern, *Derecho del Estado de la República Federal Alemana*, Centro de Estudios Constitucionales, Madrid, 1987, page 224.

[58] Javier Pérez Royo, »Inconstitucionalidad por omisión«, *Enciclopedia Jurídica Básica*, vol. II, Civitas, Madrid, 1995, page 3501.

de celle-ci. Mais cette législation existante n'a pas d'exécution correspondante de la part du pouvoir exécutif, qui en a la compétence. De cette façon, l'on pourrait penser que, par une voie indirecte, une inexécution de la Constitution se produirait. Cela s'avère incorrect car, tout d'abord, la Constitution ne s'exécute pas, elle se développe; ensuite, c'est le pouvoir législatif qui est chargé de réaliser un tel développement, pas l'exécutif; enfin, le développement a déjà été effectué et, avec lui, l'obtention d'un degré d'efficacité plus élevé. La responsabilité pour l'inexécution de lois existantes se situe en dehors du domaine du droit constitutionnel. Nous serions alors devant une figure différente à celle de l'inconstitutionnalité par omission, et qui pourrait s'appeler illégalité par omission, dont la solution, s'il y en a une, devrait être cherchée dans le droit administratif.

La position défendue par *Kelsen*, déjà classique en ce qui concerne cette question, consiste à reconduire les problèmes d'inconstitutionnalité médiate à des problèmes de légalité. Ainsi, lorsque la loi prévoit l'émission d'un règlement ou d'un acte, nous sommes face à un problème de légalité, compétence de la justice administrative et non de la justice constitutionnelle[59].

7. *Le non développement du Droit Communautaire*

Les systèmes nationaux des différents états membres de l'Union Européenne et le système communautaire sont, en principe, deux systèmes distincts. Les voies qui ont été ouvertes, en leur jour, par les différents systèmes nationaux ont permis l'entrée du droit propre de ces organisations au territoire régional, auparavant dénommées Communautés Européennes, aujourd'hui fondues dans l'»Union« du traité de Maastricht. Il s'agit d'un droit se dirigeant non seulement aux états mais aussi aux particuliers. La coexistence des deux systèmes a entraîné, et continuera à entraîner, des collisions et des problèmes devant être abordés par la jurisprudence. Néanmoins, cette porte d'incorporation dont nous sommes en train de parler ne signifie pas, et ne peut arriver à signifier, une confusion entre les systèmes. C'est pour cela qu'il ne faut pas penser que les traités fondamentaux, par lesquels l'Union Européenne est actuellement régie, appartiennent au niveau constitutionnel des états membres[60]. De là que la liaison avec le thème de l'omission inconstitutionnelle disparaisse ou, plutôt, n'apparaisse jamais.

Malgré tout, il est intéressant de rappeler que le droit communautaire contient, comme élément particulièrement important, le non-accomplissement des devoirs juridiques par omission. Il prévoit aussi quelques voies de procédure pour faire face à des situations de ce type. Tel est le cas du recours pour non-accomplissement de l'article 171 du traité de Rome:

»Si le tribunal de justice déclare qu'un état membre a manqué à l'une des obligations qui lui incombe, en vertu du traité en présence, cet état sera obligé d'adopter les mesures nécessaires pour l'exécution de la sentence du tribunal de justice.«

---

[59] Hans Kelsen, »La garantie jurisdictionnelle de la Constitution«, *Revue de Droit Public*, 1928, page 206 et suivantes.

[60] La jurisprudence constitutionnelle espagnole le confirme ainsi (sentences 28/1991, 64/1991).

Ce précepte est complété par l'article 170 qui établit la capacité d'ester en justice comme demandeur pour ce recours et des formalités préalables consistant à soumettre l'affaire à la commission. Comme nous le voyons, cette réglementation, du fait qu'elle renvoie à une obligation générique d'adopter les mesures nécessaires, ne semble pas présenter les mécanismes de contrainte juridique suffisants pour en assurer l'effectivité pertinente. Malgré cela, de telles prévisions ne sont pas restées lettre morte, sinon qu'elles ont trouvé leur véritable application dans l'action du tribunal de justice des communautés européennes. Pour ne citer qu'un exemple connu, nous mentionnerons la sentence du 19 novembre 1991, affaire Francovich et affaire Bonifaci, même si force nous est de reconnaître que l'exécution du jugement a connu, *grosso modo*, d'importants problèmes.

Le traité de Maastricht insiste sur cette réglementation en ajoutant un deuxième chapitre à l'article 171 du traité constitutif de la Communauté Economique Européenne visant à assurer l'effectivité de la norme. Nous le reproduisons ci-après pour mieux discerner le mécanisme qui essaie de répondre à l'omission étatique et qui est constitué avec une évidente vocation de contrainte:

»Si la commission estime que l'état membre affecté n'a pas pris de telles mesures, elle émettra, après avoir donné à l'état en question la possibilité de présenter des observations, un avis motivé précisant les aspects concrets où l'état membre affecté n'a pas exécuté la sentence du tribunal de justice.

Si l'état membre affecté n'a pas pris les mesures impliquant l'exécution de la sentence du tribunal dans les délais établis par la commission, celle-ci pourra soumettre l'affaire au tribunal de justice. La commission indiquera le montant qu'elle considèrera approprié aux circonstances pour la somme forfaitaire ou l'amende coercitive devant être payée par l'état membre affecté.

Si le tribunal de justice déclare que l'état membre affecté n'a pas exécuté la sentence, il pourra lui imposer le règlement d'une somme forfaitaire ou d'une amende coercitive. Cette procédure sera réputée sans préjudice de ce qui est arrêté dans l'article 170.«

Il faudra attendre pour voir si le mécanisme établi est réellement efficace ou s'il va dépendre des intérêts politiques du moment.

Il existe également, dans les deux premiers paragraphes de l'article 175 du traité de la Communauté Européenne, un recours pour inactivité ou omission quant aux cas où la violation du traité ne trouve pas de réponse au conseil ou à la commission, la référence au parlement européen étant la seule nouveauté du traité de l'Union Européenne:

»Dans le cas où, en violation de ce traité, le parlement européen, le conseil ou la commission s'abstiendraient de se prononcer, les états membres et les autres institutions de la communauté pourraient recourir au tribunal pour qu'il déclare cette violation.

Ce recours ne sera admissible que si l'institution en question a été requise préalablement pour qu'elle agisse. Si, après un délai de deux mois, à partir de cette mise en demeure, l'institution n'a pas défini sa position, le recours pourra être interjeté dans un nouveau délai de deux mois.«

8. La Non-Exécution de Principes Constitutionnels

Face à l'inconstitutionnalité par omission, qui part du manquement à une obligation concrète de développement, issue d'une norme constitutionnelle tout aussi concrète, nous avons le non-accomplissement des principes constitutionnels menant forcément à l'abstraction, quant à l'exigence d'une activité ultérieure. Nous ne faisons pas allusion à l'existence, dans la loi fondamentale, de principes programmatiques qui ne soient pas des normes juridiques, mais plutôt à des normes d'assignation de fins, c'est-à-dire à des normes constitutionnelles avec une portée de principe directeur ou directrice d'action, fondée sur un projet d'avenir. De tels préceptes ne cherchent pas un développement *ad hoc*, concret, mais ils essaient plutôt d'être pris en compte dans toute la législation.

C'est à eux que se réfère *Fernández Segado* lorsqu'il distingue les mandats constitutionnels concrets des mandats constitutionnels abstraits, ou, ce qui revient au même, les mandats contenant des devoirs de législation abstraits[61]. *Gomes Canotilho* y fait également allusion mais en leur donnant les noms de »normas-fim« et de »normas-tarefa«[62]. Il sépare ainsi les omissions législatives résultant de la violation de préceptes constitutionnels concrètement impositifs du non-accomplissement de ces normes, abstraitement impositives[63]. Il est même possible de citer ceux qu'*Heller* appelle principes éthiques du droit, bien qu'il ne faille pas perdre de vue leur conception constitutionnelle, proche de l'idée de constitution »réelle«.

Comme nous venons de le dire, le non-accomplissement de cette série de normes de principes est étranger à l'inconstitutionnalité par omission, qui se rattache au besoin d'un développement concret postérieur que réclament les commandes au législateur. La réalisation des principes généraux n'est pas déterminée, en revanche, par une façon concrète d'agir postérieurement mais tout autant par une situation globale de respect au moment d'élaborer les différents secteurs du système par l'application des diverses normes juridiques à la réalité, les deux occasions devant être prises en compte.

9. Omission applicative

Une question distincte de celle que nous sommes en train d'étudier est la non-application des préceptes constitutionnels par les instances qui en ont la charge. Ici, il n'y a pas de problème d'absence de développement normatif entraînant l'inefficacité des dispositions de la loi fondamentale. Le problème est que cette inefficacité est due à l'attitude des pouvoirs publics qui refusent d'appliquer une certaine réglementation constitutionnelle, même s'il existe bien les conditions nécessaires pour ce faire et que cette réglementation soit d'une application préceptive. Nous voyons donc à quel point

---

[61] Francisco Fernández Segado, »Los nuevos desafíos de nuestro tiempo para la protección jurisdiccional de los derechos«, *Revista Vasca de Administración Pública*, mai-août 1994, page 70.

[62] »Aqueles preceitos constitucionais que, de uma forma global e abstracta, fixam essencialmente os fins e as tarefas prioritárias do Estado« (José Joaquim Gomes Canotilho, *Direito Constitucional, op. cit.*, pages 178–179).

[63] *Ibidem*, page 1089.

l'inefficacité est présente dans les deux cas, quoiqu'elle réponde à des motivations qui n'ont aucun point en commun.

Face à cette situation que nous avons appelée »omission applicative«, il ne semble pas exister de mécanismes juridiques appropriés pour la déplacer, en marge de la responsabilité juridique ou politique pouvant en résulter. Hormis cela, l'opinion publique doit réclamer l'application de la Constitution et sa législation de développement, application qu'exige, en principe, toute norme juridique en vigueur. Un autre problème sera la désuétude où quelques normes arrivent à tomber, pour plusieurs raisons, allant de l'éloignement progressif de la réalité au manque de volonté politique de procéder à leur application. Dans certains cas, de telles raisons pourraient justifier l'«oubli« de cette réglementation, une sorte d'habitude contraire ou, tout au moins, étrangère à la prévision de la loi fondamentale, se produisant alors. Dans un contexte pareil, une mise à jour des normes déphasées, au moyen des différentes possibilités de réforme, peut s'avérer nécessaire[64]. En tout cas, nous sommes confrontés à des questions s'éloignant du concept d'inconstitutionnalité par omission.

10. Le non-accomplissement du besoin générique d'action des pouvoirs constitués

La possible passivité dans l'indispensable activité générique que les pouvoirs publics doivent réaliser pour appliquer le projet constitutionnel à la réalité, fait aussi partie de cette délimitation négative de l'omission inconstitutionnelle. En effet, à côté du non-accomplissement des obligations concrètes de développement que prescrit une Constitution, et dont la violation pour inactivité peut occasionner une inconstitutionnalité par omission, un nombre important d'actions de nature différente, et plutôt indéterminées, doit être indispensable. Ces actions peuvent aller de la simple information institutionnelle à la production d'une série d'actes de nature législative. On pourrait y trouver le développement de préceptes qui n'en ont pas besoin, soit parce qu'ils présentent la caractéristique de l'accomplissement, étant donc pleinement efficaces, soit parce qu'un tel développement ne doit pas être considéré implicitement ou explicitement obligatoire. L'inaction, dans ces cas-là, ne serait pas une manière de violer la Constitution.

De nouveau, comme avec le non-accomplissement des principes constitutionnels, la note de la généralité sert à distinguer clairement ces hypothèses de la problématique liée à l'omission inconstitutionnelle. Une Constitution cherche à régir et à présider la vie de la communauté pour laquelle elle a été donnée. Réussir à être le centre et le point de repère de toute le système juridique et de son élaboration systématique exige une infinité d'actions les plus diverses faisant partie du monde du droit, celui-ci en étant le noyau primordial. Evidemment, l'accomplissement convenable des obligations de développement contenant des préceptes bien déterminés de la loi fondamentale est une pièce essentielle de cette mission. Mais elle n'est pas, en elle-même, suffi-

---

[64] Dans ce sens, nous devons insister sur une certaine doctrine qui voit l'omission législative comme le non-accomplissement de l'obligation du législateur d'améliorer ou de corriger les norme de prognosis (Badura, Stettner), doctrine à laquelle adhère Gomes Canotilho (*Direito Constitucional, op. cit.*, page 1091).

sante, elle requiert, en effet, beaucoup plus de comportements et d'activités, qu'ils soient l'oeuvre de personnes particulières ou des pouvoirs publics. Cette exigence générique pesant sur l'état est étrangère aux hypothèses pouvant donner lieu à l'idée, que nous souhaitons transmettre, d'omission inconstitutionnelle.

11. »Anomie«[65] constitutionnelle

Cette expression fait référence à l'existence d'une omission dans la propre Constitution. *Spagna Musso* s'exprime de la manière suivante pour sa conceptualisation: »Mancanza nell'ambito di una comunità statale, quale che sia il suo regime politico, di disciplina giuridico-costituzionale per specifici rapporti sociali operanti in ordine a materia costituzionale, il «vuoto normativo-costituzionale» incolmabile anche mediante il ricorso all'applicazione, in via analogica, o di disposti normativi regolanti rapporti sociali similari oppure di principi generali dell'ordinamento giuridico statale«[66].

Il est donc évident que cette idée est inéluctablement liée à la Constitution dans un sens matériel. En effet, nous sommes en train de réitérer nos propos antérieurs lorsque nous nous référions aux lacunes »propres« de la Constitution. Pour l'accepter, il faut partir d'un concept matériel de Constitution, c'est-à-dire d'un concept qui unit, à l'idée de Constitution, un contenu déterminé. L'absence de certains des contenus qu'un texte fondamental doit matériellement avoir entraînerait cette situation d'«anomie« constitutionnelle. La distinction avec la figure de l'inconstitutionnalité par omission est, par conséquent, simple, comme il a été démontré antérieurement, quand les lacunes »propres« dans la Constitution avaient été évoquées, même si le fait d'identifier »anomie« à »lacune«[67] semble incorrect. Le problème peut venir d'une confusion terminologique, puisque la figure que nous étudions est l'omission inconstitutionnelle, l'anomie étant une omission constitutionnelle dans la Constitution. L'adjectif »constitutionnel«, dans cette utilisation, n'a donc pas le sens qui lui est communément attribué (quelque chose de conforme à la Constitution), il signifie plutôt autre chose (appartenant à la Constitution, c'est-à-dire à l'omission dans la propre Constitution).

12. Omission d'un acte politique

L'origine de la doctrine des actes politiques ou de gouvernement doit être cherchée dans le travail du conseil d'état français à l'époque de la Restauration de la dynastie des Bourbons, à cause de la crise où cet organe était plongé, à la suite de l'effondrement de l'empire napoléonien[68]. Cette première construction a été effectuée en suivant la théorie du mobile politique, d'une telle manière que, lorsque les pouvoirs publics réalisaient un acte fondé sur une finalité politique, celui-ci échappait au contrôle conten-

---

[65] Nous prenons le mot de l'italien, concrètement du travail Enrico de Spagna Musso, »Appunti per una teoria giuridica dell'anomia costituzionale«, *op. cit.*, page 281 et suivantes.

[66] *Ibidem*, page 281.

[67] Pour les relations entre les deux concepts, *ibidem*, page 287 et suivantes.

[68] José Luis Carro Fernández-Valmayor, »La doctrina del acto político«, *Revista de Administración Pública*, mai-août 1967, page 73 et suivantes.

tieux-administratif. L'évolution déterminera l'abandon de cette première doctrine des actes politiques ou de gouvernement, la théorie de la nature de l'acte s'imposant, laquelle défend l'existence d'une nature différente entre les actes politiques et les administratifs. Cette posture déterminera l'introduction d'une liste de matières précises, libres de contrôle, se réduisant peu à peu. En revanche, des positions fondées sur la cause de l'acte ou sur le degré de liberté affiché par l'organe politique ont été maintenues en Italie. Il ne manque pas non plus d'opinions niant l'existence scientifique de cette figure et attribuant son introduction à des raisons d'opportunité politique.

En Espagne, ce thème est inclus dans la loi de juridiction contentieux-administrative de 1956, concrètement dans l'article 2.b, ce dernier faisant l'objet d'une interprétation restreinte de la part de la jurisprudence de la Cour Suprême. Celle-ci va comprendre que la fonction politique ne se manifeste qu'au moment des grandes décisions que prend le Conseil des ministres et non lors des typiques actes administratifs, ni des règlements, qui seront justiciables. Aujourd'hui, à la lumière de la réglementation constitutionnelle (articles 24.1, 103.1, 106.1), la virtualité de la doctrine politique est niée, celle-ci étant inutile lorsqu'il ne s'agit pas d'actes tirant leur origine de l'administration.

En marge de la polémique à propos de l'existence ou non dans les systèmes juridiques actuelles de ce type d'actes et de leur opportunité même, ce qui nous intéresse de préciser maintenant, même si nous sommes conscients d'un certain manque de rigueur sur ce point, c'est qu'un acte politique apparaît comme une décision de l'exécutif livrée à son arbitre, étant, de ce fait, incontrôlable judiciairement et restreint au domaine de la responsabilité politique. Il n'y a pas de commande au législateur engendrant une obligation juridique de développement concret, il ne s'agit juste que d'une action fondée sur l'obligation politique ou, parfois, même pas sur telle obligation. L'omission des préceptes de cet acte politique ne sera donc jamais une omission inconstitutionnelle, dotée de la caractérisation que nous lui accordons.

Entwicklungen des Verfassungsrechts im Außereuropäischen Raum

I. Amerika

Neuere Entwicklungen im amerikanischen Verfassungsrecht

von

Dr. David P. Currie*

Professor für Rechtswissenschaften an der Universität von Chicago

Demokratie, Föderalismus, Gewaltenteilung; Grundrechte, Gleichheitssatz, richterliches Prüfungsrecht. Die Grundprinzipien der amerikanischen Verfassung gleichen denjenigen des deutschen Grundgesetzes. Die Einzelheiten sind unterschiedlich. Die amerikanischen Staaten nehmen keinen Teil an der Gesetzgebung des Bundes; der Bund führt seine eigenen Gesetze aus; der Präsident ist vom Kongreß unabhängig. Die Grundrechte sind nur Abwehrrechte; die amerikanische Verfassung kennt keine objektive Wertordnung, keine Drittwirkung, keine staatlichen Schutzpflichten, keine Sozialstaatsklausel. Es gibt keine abstrakte Normenkontrolle, keine Organstreite, keine Bund-Länder Streitigkeiten über die Grenzen der Kompetenzen des Bundes und der Einzelstaaten. Aber die Grundprinzipien der beiden Verfassungen sind gleich.

In der Verfassungsgeschichte der Vereinigten Staaten hat es bisher sechs große Wenden gegeben. Die erste umfaßte die Unabhängigkeitserklärung, den Revolutionskrieg, und die erste Verfassung, die Articles of Confederation: die Gründung einer neuen Nation. Die zweite war die Verstärkung des Bundes durch die Annahme der jetzigen Verfassung im Jahre 1788 und ihre weite Auslegung durch den Supreme Court während der Amtszeit des großen Chief Justice John Marshall.[1] Die dritte war die Begrenzung der Macht der Einzelstaaten durch die sogenannten »Civil War Amendments«[2] nach dem Bürgerkrieg, die vierte die richterliche Umwandlung des 14. Amendment von einer Vorschrift zur Gleichberechtigung der Schwarzen in eine Waffe gegen den Sozialstaat.[3] Die fünfte war die Abschaffung der Schranken der Kom-

---

* Edward H. Levi Distinguished Service Professor of Law, The University of Chicago; Humboldt-Preisträger und Gastprofessor an der Eberhard-Karls-Universität Tübingen 1996. Dieser Aufsatz beruht auf einem Vortrag, der im Juli 1996 im Max-Planck Institut Hamburg und an der Universität Bayreuth gehalten wurde. Für den Anreiz und die Gelegenheit, diese Gedanken zu entwickeln, möchte ich Prof. Dr. Klaus Hopt und Prof. Dr. Dr. h.c. Peter Häberle sowie der Alexander Humboldt-Stiftung herzlich danken.

[1] S. z.B. McCulloch v. Maryland, 17 U.S. 316 (1819).

[2] Verf. der USA, Zusatzartikel 13–15.

[3] S. z.B. Plessy v. Ferguson, 163 U.S. 537 (1896); Lochner v. New York, 198 U.S. 45 (1905).

petenzen der Staaten und des Bundes im wirtschaftlichen und sozialen Bereich während der »New Deal« Revolution der 30er Jahre dieses Jahrhunderts.[4] Seit der sechsten Wende hat sich der Supreme Court immer stärker für die Durchsetzung der Grundrechte, den Schutz der Minderheiten und die Integrität des demokratischen Prozesses eingesetzt – wie Chief Justice Harlan F. Stone schon 1938 voraussagte.[5]

Seit 1969 haben vier republikanische Präsidenten zehn neue Richter zum Supreme Court zum Teil mit dem ausdrücklichen Ziel ernannt, eine siebte, konservative Wende herbeizuführen. Inwieweit ist es ihnen gelungen?

I.

Die größte Neuigkeit in der Rechtsprechung des Supreme Court ist die Wiedergeburt des verfassungsrechtlichen Föderalismus im Fall *United States v. Lopez*.[6]

Die Verfassung verleiht dem Bund nur beschränkte Kompetenzen. Wie im deutschen Grundgesetz werden sie ausschöpfend aufgezählt; alles andere bleibt den Einzelstaaten vorbehalten.[7] »Die dem Bund delegierten Kompetenzen«, schrieb James Madison im Jahre 1788, »sind wenige und bestimmt«; diejenigen, die den Staaten verblieben, seien »zahlreich und unbestimmt«.[8] Während der ersten 150 Jahre wurden sie entsprechend ausgelegt.[9]

Während der Großen Depression der 30er Jahre kam diese Auffassung jedoch unter erheblichen Druck. Nur Maßnahmen des Bundes, dachten viele, könnten die wirtschaftliche Krise überwinden. Als der Supreme Court mehrere Vorschriften seiner sogenannten »New Deal« für verfassungswidrig erklärte,[10] drohte Präsident Franklin Roosevelt damit, zusätzliche Richter zu ernennen, um die mißliebigen Stimmen zu übertönen.

Der eingeschüchterte Supreme Court änderte seine Rechtsprechung. Plötzlich durfte der Bund fast alles regeln. Besonders eklatant war die erweiterte Auslegung der Handelsklausel, die dem Kongreß ermächtigt, den zwischenstaatlichen Handel zu regeln. Im berühmten Fall *Wickard v. Filburn* entschied der Supreme Court, daß der Bund den Weizen beschränken dürfte, den ein Bauer für sein eigenes Vieh anbaute; denn wenn er weniger Weizen pflanzte, würde er mehr kaufen müssen – vielleicht aus anderen Staaten.[11]

Wenn der Kongreß alles regeln darf, was eine so entfernte Auswirkung auf den zwischenstaatlichen Handel hat, so darf er trotz der sorgfältigen Aufzählung begrenzter Bundeskompetenzen wohl alles regeln; und fast 60 Jahre lang fand der Supreme Court fast jede Regelung innerhalb der Bundeskompetenzen.[12]

---

[4] S. West Coast Hotel v. Parrish, 300 U.S. 379 (1937); Labor Board v. Jones & Laughlin Steel Corp., 301 U.S. 1 (1937).

[5] United States v. Carolene Products Co., 304 U.S. 144 (1938).

[6] 115 S.Ct. 164 (1995).

[7] Verf. der USA, Art. I, § 8 & Zusatzartikel 10.

[8] The Federalist, Nr. 45.

[9] S.z.B. United States v. E.C. Knight Co., 156 U.S. 1 (1895).

[10] S.z.B. Schechter Poultry Corp. v. United States, 295 U.S. 495 (1935).

[11] 317 U.S. 111 (1942).

Aber der Föderalismus lebte noch im Kongreß. Trotz der weiten Auslegung der Bundesbefugnisse blieben das Privatrecht, das Strafrecht, sogar das Handels- und Gesellschaftsrecht hauptsächlich Landesrecht. Normalerweise setzte sich der Kongreß nur insofern ein, als die Einzelstaaten nicht imstande waren, eine Angelegenheit ausreichend zu regeln. In der Bundesrepublik steht das Subsidiaritätsprinzip ausdrücklich in der Verfassung[13] und wird nicht beachtet. In den USA ist es umgekehrt: Das Prinzip steht nirgendwo in der Verfassung aber wird politisch respektiert.

Das Gesetz im *Lopez*-Fall war eine Ausnahme: der Kongreß hatte es verboten, Schußwaffen in Schulen zu tragen.

Das leuchtet ein. Schußwaffen gehören nicht ins Klassenzimmer. Aber warum sollte ausgerechnet der Bund den Waffenbesitz in den Schulen regeln? Vier der neun Richter hatten eine Antwort parat: Wo es Waffen gibt, gibt es Gewalt; wo es Gewalt gibt, wird nicht gelernt; wenn nicht gelernt wird, wird weniger produziert; und wenn weniger produziert wird, gibt es weniger Handel zwischen den Staaten.

Für die anderen fünf Richter ging dies zu weit. Wenn diese Konsequenzenkette ausreichte, so könnte der Bund doch alles regeln. Das Einbringen von Schußwaffen in die Schulen sei keine wirtschaftliche Tätigkeit; seine Wirkungen auf den zwischenstaatlichen Handel seien zu indirekt, um ein bundesgesetzliches Verbot zu rechtfertigen.

Daß es endlich wieder Grenzen der Bundeskompetenzen gibt, wie die Verfassung vorschreibt, ist natürlich erfrischend. Aber handelt es sich hier wirklich um eine Wende? Zwei Mitglieder der knappen Mehrheit – zwei der konservativen neuen Richter, die in den letzten Jahren ernannt worden waren – betonten in einem Sondervotum, daß sie keine Absicht hätten, an schon Entschiedenes zu rütteln. Es sei zu spät zu verneinen, daß der Kongreß die ganze Wirtschaft regeln dürfe – einschließlich des Weizenbaus im Fall *Wickard v. Filburn*. Auch konservative Richter haben den New Deal also bestätigt.

Eine Wende schon – aber eine kleine!

II.

In den letzten Jahren hat der Supreme Court auch die Selbständigkeit der Einzelstaaten wieder gestärkt.

Im Jahre 1793 entschied der Supreme Court, ein Staat sei verklagbar; vor Bundesgerichten genieße er keine Immunität (»sovereign immunity«).[14] Dieser Schluß war zwar mit dem Text der Verfassung,[15] aber weder mit ihrer Entstehungsgeschichte noch mit der angelsächsischen Tradition vereinbar. Er wurde bald durch die Annahme des 11. Amendment und die Rechtsprechung des Supreme Court geändert; weder seine eigenen Bürger[16] noch die eines anderen Staates[17] dürfen einen Staat ohne seine Zustimmung verklagen.

---

[12] S. z.B. Katzenbach v. McClung, 379 U.S. 294 (1964).

[13] Art. 72 Abs. 2 GG.

[14] Chisholm v. Georgia, 2 U.S. 419 (1793).

[15] Verf. der USA, Art. III, §2.

[16] Hans v. Louisiana, 134 U.S. 1 (1890).

[17] Verf. der USA, Zusatzartikel 11.

In den letzten Jahren hat der Kongreß mehrmals versucht, diese Regel durch einfaches Gesetz zu ändern. Vor ein paar Jahren segnete der Supreme court diese Entwicklung mit knapper Mehrheit und ohne ausreichende Begründung: die Handelsklausel, so die damalige Mehrheit, ermächtige den Kongreß, die Immunität des Staates zu beseitigen.[18]

Im Frühjahr 1996 wich der Supreme Court von dieser Rechtsprechung entschieden ab: Was außerhalb der im Artikel III aufgeführten Kategorien von Streitigkeiten liegt, gehöre nicht zur Gerichtsbarkeit der Bundesgerichte; der Kongreß dürfe es diesen Gerichten nicht anvertrauen.[19]

Auch diese Entscheidung ist richtig und deshalb zu begrüßen. Zwar finde ich die Immunität eines Staates altmodisch und ungerecht. Sie hindert die Durchsetzung der Verfassung und ist mit dem Begriff des Rechtsstaates schwer vereinbar, und sie sollte abgeschafft werden. Aber solange diese Immunität in der Verfassung steht, erfordert das Rechtsstaatsprinzip, daß sie respektiert wird.

III.

Noch wichtiger für den Föderalismus ist eine zweite Immunität der Einzelstaaten: die Immunität vor Regelung oder Besteuerung durch den Bund (»intergovernmental immunity«).

Schon 1819 entschied der Supreme Court, die Staaten dürften den Bund nicht besteuern; denn sonst könnten sie ihn durch unvertretbare Steuern vernichten.[20] Um so deutlicher gilt dieses Prinzip auch umgekehrt:[21] weil Bundesrecht Landesrecht bricht,[22] können sich die Einzelstaaten – im Gegensatz zum Bund – durch Gesetz nicht schützen.

Aus denselben Gründen sollte diese Immunität auch für Regelungen gelten, und so hat der Supreme Court im Fall des Bundes entschieden: ein Staat dürfe nicht verlangen, daß ein Postwagenfahrer einen Führerschein hat.[23] Was die Einzelstaaten betrifft, ist die Rechtsprechung vielmehr unbeständig. Die Kompetenz des Bundes, die Staaten selber zu regeln, hat der Supreme Court 1968 bejaht,[24] 1976 verneint,[25] 1985 wieder bejaht.[26] Die Staaten bräuchten keinen verfassungsrechtlichen Schutz, schrieben fünf Richter; sie könnten sich durch ihre Vertreter im Kongreß politisch verteidigen.

Diese Argumentation ist nicht überzeugend. Die Aufzählung der Bundeskompetenzen im ersten Artikel beweist, daß die Verfassungsgründer politischen Mitteln nicht trauten, um die Interessen der Einzelstaaten zu schützen; sie begrenzten die Kompetenzen des Bundes durch die Verfassung selbst.

[18] Pennsylvania v. Union Gas Co., 491 U.S. 1 (1989).
[19] Seminole Tribe v. Florida, 116 S.Ct. 1114 (1996).
[20] McCulloch v. Maryland, 17 U.S. 316 (1819) (»the power to tax involves the power to destroy«).
[21] Collector v. Day, 78 U.S. 113 (1871).
[22] Verf. der USA, Art. VI.
[23] Johnson v. Maryland, 254 U.S. 51 (1920).
[24] Maryland v. Wirtz, 392 U.S. 183 (1968).
[25] National League of Cities v. Usery, 426 U.S. 833 (1976).
[26] Garcia v. San Antonio Metropolitan Transit Authority, 469 U.S. 528 (1985).

Daß es noch Grenzen der Kompetenz des Bundes gibt, die Staaten zu regeln, hat der Supreme Court neulich im Fall *New York v. United States* bestätigt. Der Bund dürfe zwar die Beseitigung radioaktiver Abfälle selbst dann regeln, wenn es sich um die Tätigkeit des Staates handele. Aber die Staaten seien keine Bundesbehörden; der Bund dürfe ihnen keine Weisungen geben. Der Bund dürfe selber regeln; er dürfe nicht verlangen, daß die Staaten es tun.[27]

Auch dies leuchtet ein. Wenn der Bund die Abfälle des Staates nicht regeln dürfte, könnte er die Umwelt nicht schützen. Wenn er nicht fordern darf, daß die Staaten die Tätigkeit privater Produzenten regelt, ist es unerheblich: der Bund kann sie selber regeln.

IV.

Wörtlich enthält die Handelsklausel nur eine Ermächtigung des Kongresses, den auswärtigen und zwischenstaatlichen Handel zu regeln. Im Gegensatz zu den Vorschriften über internationale Verträge, die Verteidigung und das Geldwesen[28] schließt sie konkurrierende Kompetenzen der Einzelstaaten nicht ausdrücklich aus. Aber der Zweck dieser Klausel war es, den Handel vor hemmenden Maßnahmen der Staaten zu befreien. Um dieses Ziel zu erreichen, hat der Supreme Court aufgrund dieser Vorschrift eine Menge Landesgesetze für verfassungswidrig erklärt, weil sie den zwischenstaatlichen oder auswärtigen Handel diskriminiere oder – gemäß einer Abwägung der gegenseitigen Interessen – unverhältnismäßig beeinträchtige.[29] Dadurch hat der Supreme Court den gemeinsamen Markt gesichert, den die Verfassung vorsieht; und dies ist eine große Leistung.

Aber in den letzten Jahren hat das Gericht eine neue Ausnahme vom Prinzip des freien Handels angekündigt – die sogenannte »market participant« Ausnahme. Die Handelsklausel, so der Supreme Court, beschränke den Staat nur, wenn er die Tätigkeit anderer regele – nicht, wenn er selbst als Unternehmer handele. In diesem Fall dürfe der Staat den zwischenstaatlichen Handel sogar diskriminieren: z.B. dürfe er den Zement, den er selber produziert, seinen eigenen Bürgern vorbehalten.[30]

Als Begründung erklärten die Richter, in Fällen dieser Art sorge der Markt für Effizienz; verfassungsrechtliche Schranken seien nicht nötig. Aber wie der EG-Vertrag anerkennt,[31] werden auch unternehmerische Entscheidungen eines Staates oft mehr politisch als wirtschaftlich bestimmt; wie der Zement-Fall selber beweist, besteht immer die Gefahr, daß der Staat seine eigenen Bürger bevorzugen wird.

Wie die oben erörterten Entwicklungen, wirkt auch die »market participant« Ausnahme zugunsten der Einzelstaaten. Aber mit dem Grundsatz des freien Handels und daher mit dem Geist des amerikanischen Föderalismus ist sie meines Erachtens nicht im Einklang.

---

[27] 505 U.S. 144 (1992). S. auch Printz v. United States, 65 U.S.L. Week 4731 (1997).

[28] Verf. der USA, Art. I, § 10.

[29] S. z.B. Philadelphia v. New Jersey, 437 U.S. 617 (1978); Southern Pacific Co. v. Arizona, 325 U.S. 761 (1945).

[30] Reeves v. Stake, 447 U.S. 429 (1980).

[31] EGV, Art. 37.

V.

Das Demokratieprinzip bleibt (wie während der Amtszeit des Chief Justice Earl Warren[32]) im Aufwind – aber knapp.

In den Vereinigten Staaten ist es heutzutage Mode, für eine Begrenzung der Amtsdauer der Abgeordneten im Kongreß und in den Landtagen (»term limits«) zu plädieren. Demzufolge hatte der Staat Arkansas verordnet, ihre Vertreter im nationalen Repräsentantenhaus dürften nicht mehr als dreimal gewählt werden. Mit einer Mehrheit von fünf gegen vier hat der Supreme Court dieses Gesetz für verfassungswidrig erklärt.[33]

Die Verfassung selbst schreibt drei Voraussetzungen vor, die jeder Kandidat erfüllen muß: er muß mindestens 25 Jahre alt und seit sieben Jahren amerikanischer Staatsbürger sein, und er muß seinen Wohnsitz in dem Staate haben, den er vertreten wird.[34] Diese Aufzählung, so der Supreme Court, sei ausschließend; andere Voraussetzungen seien nicht zulässig. Solange die durch die Verfassung vorgeschriebenen Voraussetzungen erfüllt seien, wie der Verfassungsvater James Madison zur Zeit der Gründung schrieb, dürfe das Volk wählen, wen es will.

Auch dies halte ich für völlig richtig.

VI.

Im Gegensatz zum Föderalismus und der Demokratie hat die Gewaltenteilung in den letzten Jahren weitere Einbußen einstecken müssen.

Durch die Verfassung werden die Gesetzgebung dem Kongreß, die ausführende Gewalt dem Präsidenten und die Rechtsprechung den Gerichten anvertraut, damit Rechtsnormen von gewählten, repräsentativen, deliberativen Kammern gesetzt, von einer unabhängigen, gewählten, einheitlichen Exekutive durchgeführt und von unabhängigen, auf Lebenszeit ernannten Richtern angewandt und geprüft werden.

Schon 1914 hat der Kongreß jedoch eine Handelskommission (Federal Trade Commission) gegründet, um ein gesetzliches Verbot des unlauteren Wettbewerbs auszuführen. Die Mitglieder dieser Kommission werden vom Präsidenten mit Zustimmung des Senats auf sieben Jahre ernannt und sind nur wegen Unfähigkeit oder Amtsmißbrauch abzusetzen. Sie sind also weder vom Volk gewählt, noch dem Präsidenten untergeordnet, noch lebenslang im Amt.

Die Kommission ist befugt, durch Rechtsverordnungen zu bestimmen, welche Wettbewerbsmethoden als »unlauter« gelten sollen; Klagen gegen diejenigen Personen zu erheben, die gegen diese Verordnungen verstoßen; und selber zu entscheiden, ob ihre eigenen Klagen begründet sind. Die Handelskommission ist also ermächtigt, gesetzgebende, ausführende und rechtsprechende Kompetenzen gleichzeitig auszu-

---

[32] S. z.B. Baker v. Carr, 369 U.S. 186 (1962); Reynolds v. Sims, 377 U.S. 533 (1964) (gleiche Verteilung der Parlamentssitze).

[33] U.S. Term Limits, Inc. v. Thornton, 115 S.Ct. 1842 (1995).

[34] Verf. der USA, Art. I, §2. Ähnliche Voraussetzungen für Senatoren finden sich im Art. I, §3.

üben – ein offensichtlicher Verstoß, würde man meinen, gegen Artikel I, II und III der Verfassung sowie den Grundsatz der Gewaltenteilung.

Seit den 30er Jahren ist es trotzdem klar, daß der Supreme Court derlei Kommissionen für verfassungsmäßig hält;[35] und seitdem haben die Richter wenig getan, um die Lage zu verbessern.

Zwar zog der Supreme Court in den 70er Jahren Grenzen zur Kompetenz des Kongresses, rechtsprechende Befugnisse an Verwaltungsbehörden zu übertragen, deren Mitglieder die Voraussetzungen des Richteramtes nicht erfüllten.[36] Leider haben spätere Entscheidungen diese Grenzen wieder aufgeweicht.[37] Leider ist es nicht mehr der Fall, daß alle Bundesrichter von den anderen Branchen unabhängig sind, wie sie gemäß der Verfassung eigentlich sein müssen.

Zwar hat sich der Supreme Court in den letzten Jahren auch bemüht, eine Machtkonzentration im Kongreß zu verhüten. Laut neueren Entscheidungen darf der Kongreß Beamte weder ernennen[38] noch erlassen,[39] noch Exekutivakte einseitig beseitigen;[40]denn dies würde das Recht des Präsidenten untergraben, durch ein suspensives Veto an die Gesetzgebung teilzunehmen.

Aber die Entscheidung des Supreme Court im Fall *Morrison v. Olson* hat den Zustand der Gewaltenteilung in den USA erheblich verschlechtert. Gemäß einer gesetzlichen Ermächtigung wurde ein unabhängiger Sonderstaatsanwalt ernannt, um einen Strafprozeß gegen einen stellvertretenden Justizminister zu führen, und das Gericht hat das ermächtigende Gesetz für verfassungsmäßig erklärt.[41]

Meines Erachtens ist diese Entscheidung eindeutig falsch. Die Strafverfolgung gehört zur Exekutivgewalt, und diese zum Präsidenten. Ohne die Staatsanwälte kontrollieren zu dürfen, kann er seine verfassungsrechtliche Pflicht nicht erfüllen, sicherzustellen, daß die Gesetze treu ausgeführt werden.[42]

Anlaß für die Errichtung einer unabhängigen Staatsanwaltschaft war die Furcht, daß ein Präsident die Missetaten seiner eigenen Mitarbeiter nicht eifrig genug verfolgen würde. Aber die Verfassung hat dieser Gefahr schon vorgebeugt: durch Staatsanklage darf jeder Minister oder Beamter wegen schwerer Missetaten vom Repräsentantenhaus angeklagt und vom Senat des Amtes enthoben werden.[43] Ein Sonderstaatsanwalt ist überhaupt nicht nötig.

So ist Föderalismus in den Vereinigten Staaten wieder einigermaßen lebendig. Aber die Gewaltenteilung hinkt schwer; sie muß wiederbelebt werden.

---

[35] S. Lichter v. United States, 334 U.S. 742 (1948); Humphrey's Executor v. United States, 295 U.S. 602 (1935); Crowell v. Benson, 285 U.S. 22 (1932).

[36] Northern Pipeline Construction Co. v. Marathon Pipe Line Co., 458 U.S. 50 (1982).

[37] Thomas v. Union Carbide Agricultural Products Co., 473 U.S. 568 (1985); Commodity Futures Trading Commission v. Schor, 478 U.S. 833 (1986).

[38] Buckley v. Valeo, 424 U.S. 1 (1976).

[39] Bowsher v. Synar, 478 U.S. 714 (1986).

[40] INS v. Chadha, 462 U.S. 919 (1983).

[41] 487 U.S. 654 (1988).

[42] Verf. der USA, Art. II, §3.

[43] Verf. der USA, Art. I, §§2, 3; Art. II, §4.

VII.

Der englische Begriff der Rede- und Pressefreiheit war sehr eng. Er umfaßte nur ein Verbot der Vorzensur, und Verleumdung war überhaupt nicht geschützt. Dementsprechend erließ der Kongreß im Jahre 1798 den berüchtigten Sedition Act, nach dem es strafbar war, falsche und beleidigende Informationen über die Regierung, den Präsidenten, oder den Kongreß zu verbreiten. Dieses Gesetz wurde angewendet, um jede Kritik der Regierung zu unterbinden.

Schon damals war der Sedition Act heftig umstritten. Er sei, so seine Gegner, mit dem Zweck des 1. Amendment nicht vereinbar, das Volk informieren zu lassen, um den demokratischen Prozeß zu fördern – geschweige denn mit der freien Entwicklung der Persönlichkeit. Schon 1801 hat Präsident Thomas Jefferson aus verfassungsrechtlichen Gründen alle Menschen begnadigt, die aufgrund dieses Gesetzes verurteilt worden waren. Im Jahre 1964 bestätigte der Supreme Court im Fall *New York Times Co. v. Sullivan* die Verfassungswidrigkeit des Sedition Act: sogar die persönliche Ehre eines Beamten vermöge es normalerweise nicht zu rechtfertigen, eine Kritik der Regierung irgendwie zu dämpfen.[44]

Seitdem ist in diesem wichtigen Bereich glücklicherweise wenig passiert. Im Augenblick gibt es viel Lärm über zwei Urteile des Supreme Court in bezug auf die sogenannte »flag burning«: darf man als Protest gegen etwas, was der Staat getan oder unterlassen hat, die Flagge der USA verbrennen?

Ich finde es widerlich, daß jemand die Fahne nicht respektiert. Aber diese Proteste gehören zum Bereich der politischen Auseinandersetzung, also zum Kern der Meinungsfreiheit. So gravierend wäre es jedoch nicht, wenn man die Flagge nicht verbrennen dürfte. Die Frage ist nicht, *was* gesagt werden darf, sondern *wie* es gesagt wird; dieselbe Auffassung darf anders ausgedrückt werden. Aber die Verbrennung einer Flagge dramatisiert, was sonst nicht so frappierend wäre: »Ich bin Kriegsgegner« bewirkt viel weniger als »Soldaten sind Mörder«.

Die zu prüfenden Vorschriften, so der Supreme Court, diskriminierten aufgrund der Ansichten des Redners. Man dürfe eine alte Fahne verbrennen, um sie in aller Ehre zu vernichten – nur nicht, um gewisse Gedanken mitzuteilen. Durch diese Diskriminierung verzerrten die Verbote die politische Debatte; und deshalb hat sie der Supreme Court für verfassungswidrig erklärt.[45]

Ich halte diese Entscheidungen für richtig, aber für viel Lärm um nichts – sowie die neuere Kontroverse darüber, ob Fluchwörter oder nackte Körper aus dem Internet zu verbannen sind. Meines Erachtens liegen beide Fragen so weit vom Kern der Meinungsfreiheit, daß es fast egal ist, wie sie entschieden werden.

Das Schlimmste aber ist, daß einige Abgeordnete und Senatoren im Kongreß jetzt versuchen, die Verfassung selber abzuändern, um die Entscheidungen des Supreme Court zum Thema »flag burning« rückgängig zu machen. Dies wäre scheußlich. Erstens gehören nur fundamentale Grundsätze, nicht Einzelheiten oder Bagatellen, in eine Verfassung. Zweitens sollte man das 1. Amendment überhaupt nicht antasten. Der schlichte Wortlaut sollte heilig bleiben, damit das teuere Grundrecht nicht stück-

---

[44] 376 U.S. 254 (1964).
[45] Texas v. Johnson, 491 U.S. 397 (1989); United States v. Eichman, 497 U.S. 310 (1990).

weise abgeschwächt wird. Denn wie das deutsche Bundesverfassungsgericht im *Lüth*-Fall schrieb, bleibt die Meinungsfreiheit für eine Demokratie »schlechthin konstituierend«[46] – in dem Maße, daß sie der High Court von Australien unlängst für implizit geschützt erklärte, obgleich die australische Verfassung sie nirgendwo ausdrücklich erwähnt.[47]

Aber daß wir jetzt über derlei triviale Fragen streiten, halte ich für einen Beweis dafür, daß die Meinungsfreiheit in den USA heutzutage in blühendem Zustand ist. Gott sei dank, daß wir in diesem Bereich keine Wende erfahren haben.

VIII.

Viel interessanter sind die neueren Entwicklungen auf dem Gebiet des Verhältnisses zwischen Staat und Kirche.

Zwei Klauseln des 1. Amendment betreffen dieses Thema: die »free-exercise« und die »establishment« Klauseln. Gemäß der einen darf der Kongreß die freie Ausübung der Religion nicht kürzen; gemäß der anderen darf er kein Gesetz erlassen, das ein »establishment of religion« betrifft. Unter anderem bedeutet dies, daß er keine Staatskirche errichten darf, aber es bedeutet auch viel mehr.

Beide Klauseln binden auch die Einzelstaaten über das 14. Amendment.

Was diese Klauseln bedeuten, ist heftig umstritten. Es ist nicht einmal leicht, sie miteinander zu vereinbaren. Denn was die eine verlangt, scheint die andere zu verbieten. Manchmal hat der Supreme Court gesagt, der Staat dürfe die Religion wegen dieser Klauseln weder hindern noch fördern, aber das ist unmöglich. Wenn der Staat die Vielweiberei verbietet, hindert er die Religion derjenigen, die sie aus religiösen Gründen praktizieren – es sei denn, es gibt eine Ausnahme, die ihre Religion bevorzugt und dadurch fördert. Wenn der Staat private Schulen subventioniert, ist es umgekehrt: nehmen auch konfessionelle Schulen an der staatlichen Hilfe teil, so wird die Religion gefördert; werden sie ausgenommen, so wird die Religion diskriminiert und gehindert.

Früher hat der Supreme Court die Religion mal bevorzugt, mal benachteiligt: katholische Schulen dürften nicht subventioniert werden;[48] amische Kinder müßten nur acht Jahre in die Schule.[49] In den letzten Jahren hat der Supreme Court zunehmend anerkannt, daß die zwei Religionsklauseln eine strikte staatliche Neutralität verlangen: aufgrund seiner Religion dürfe niemand bevorzugt oder benachteiligt werden – was ausdrücklich im Art. 3 Abs. 3 des deutschen Grundgesetz steht, aber der Rechtsprechung des Bundesverfassungsgerichts nicht entspricht.[50]

Gemäß der neueren Urteilen darf man die Kosten der geistlichen sowie der weltlichen Erziehung steuerrechtlich abziehen.[51] Auch die brennende Kirche darf die Feu-

---

[46] BVerfGE 5, 7, 198 (1958).
[47] Nationwide News Pty Ltd v. Wills, 108 ALR 681 (1992).
[48] Lemon v. Kurtzmann, 403 U.S. 602 (1971).
[49] Wisconsin v. Yoder, 406 U.S. 205 (1972).
[50] BVerfGE 32, 98 (1971) (Gesundbeter).
[51] Mueller v. Allen, 463 U.S. 388 (1983).

erwehr löschen.[52] Wenn eine öffentliche Universität Studentenzeitschriften subventioniert, darf er religiöse Zeitschriften nicht ausnehmen.[53] Und auch Indianer, die verbotene Drogen beim Gottesdienst verwenden, sind strafbar.[54]

Problematisch wird diese Art von Neutralität, wenn man an den Wein beim Abendmahl oder an die Vertraulichkeit der Beichte denkt – oder an das Recht der Kirche zu entscheiden, ob Frauen Priester werden dürfen. Aber im allgemeinen bin ich der Meinung, daß diese wiederbelebte Neutralität zu begrüßen ist; denn die Alternativen halte ich für noch schlimmer.

Jedenfalls steht eines eindeutig fest: wie das offizielle Schulgebet[55] und die Zehn Gebote[56] gehört das christliche Kreuz nicht ins öffentliche Klassenzimmer – ganz abgesehen davon, ob es die Freiheit des Andersdenkenden auch beeinträchtigt.[57] Denn es ist dem Staate durch die »establishment« Klausel schlicht verboten, die Religion als solche – d.h. nicht wie alles andere – zu fördern.

Am interessantesten ist der Versuch des Kongresses, die Entscheidung des Supreme Court im Fall der Indianer und den Drogen durch einfaches Gesetz zu beseitigen. Laut dem Religious Freedom Restoration Act vom Jahre 1993 darf selbst ein allgemeines Strafgesetz die freie Ausübung einer Religion nur aus zwingenden Gründen einschränken.[58]

Ich halte dieses Gesetz für eindeutig verfassungswidrig. Der Kongreß ist befugt, die Verfassung durchzusetzen,[59] aber nicht zu ändern.[60]

Ein umstrittenes Urteil der 60er Jahre scheint zwar das Gesetz zu rechtfertigen. Der Kongreß hatte versucht, spanisch sprechenden Staatsbürgern das Stimmrecht zu sichern, selbst wenn sie kein Englisch konnten. Der Supreme Court erklärte dieses Gesetz für verfassungsmäßig, ohne selber zu entscheiden, ob der Ausschluß der spanischsprachigen Wähler gegen die Verfassung verstieß. Es genüge, daß der Kongreß ohne Willkür zu diesem Schluß gekommen sei; eine vertretbare legislative Auslegung des Gleichheitssatzes müßten die Gerichte akzeptieren.[61]

Glücklicherweise gab es auch andere Gründe für diese Entscheidung, denn diese Begründung ist mit dem Rechtsstaatsprinzip nicht vereinbar. Letzten Endes muß der Supreme Court, nicht der Kongreß entscheiden, was die Verfassung bedeutet.[62] Und so hat der Supreme Court (im Juli 1997) entscheiden[62a]

---

[52] S. Everson v. Board of Education, 330 U.S. 1 (1947).

[53] Rosenberger v. University of Virginia, 115 S.Ct. 2510 (1996).

[54] Employment Division v. Smith, 494 U.S. 872 (1990).

[55] Engel v. Vitale, 370 U.S. 421 (1962); Abington School District v. Schempp, 374 U.S. 203 (1963).

[56] Stone v. Graham, 449 U.S. 30 (1980).

[57] Vgl. BVerfG, NJW 1995, 2477.

[58] 42 U.S.C. §§ 2000-bbff.

[59] Verf. der USA, Zusatzartikel 14, § 5.

[60] Um die Verfassung zu ändern, bedarf es nicht nur einer Zweidrittelmehrheit beider Kammern des Kongresses, sondern auch der Zustimmung drei Viertel der Staaten. Verf. der USA, Art. V.

[61] Katzenbach v. Morgan, 384 U.S. 641 (1966).

[62] S. Marbury v. Madison, 5 U.S. 137 (1803).

[62a] City of Boerne v. Flores, 65 U.S.L. Week 4612 (1997).

IX.

Der Gleichheitssatz des 14. Amendment[63] wurde kurz nach dem Bürgerkrieg im Jahre 1868 angenommen. Sein deutliches Ziel war die Gleichberechtigung der Schwarzen.

Am Anfang wurde diese Klausel sehr eng ausgelegt: Getrennte Schulen für Schwarze seien z. B. mit dem Gleichheitssatz vereinbar, vorausgesetzt, sie seien ebensogut wie die Schulen der Weißen.[64]

Von dieser Rechtsprechung wich der Supreme Court 1954 im berühmten Fall *Brown v. Board of Education* ab: rassengetrennte Schulen seien *per se* ungleich.[65] Seitdem ist es unbestritten, daß Schwarze durch den Staat nirgendwie zu benachteiligen sind.

Auch andere Gruppen, die früher diskriminiert wurden, sind heute durch den Gleichheitssatz stark geschützt – z. B. Frauen,[66] nichteheliche Kinder,[67] und überraschenderweise auch Ausländer[68] – es sei denn, daß es sich um politische Rechte handelt, die fast selbstverständlich den Staatsbürgern vorbehalten sind.[69]

Seit 25 Jahren ist die brennende Frage auf diesem Gebiet die Frage der »affirmative action«: inwieweit dürfen Schwarze oder Mitglieder anderer Gruppen, die einst diskriminiert wurden, jetzt bevorzugt werden – entweder als Ausgleich für ehemalige Benachteiligung oder um der Vielfalt willen, d. h. um zu sichern, daß nicht alle Studenten oder Professoren weiße Männer sind?

In diesem Bereich hat sich die Rechtsprechung in den letzten Jahren erheblich geändert. Vor fünfzehn Jahren wurde »affirmative action« weitgehend akzeptiert. Man brauche zwar einen zwingenden Grund, um Minderheiten zu benachteiligen. Es sei hingegen viel leichter, ihre Bevorzugung zu rechtfertigen, weil die Mehrheit sich politisch verteidigen könne.[70]

Neulich hat der Supreme Court jedoch das Ruder umgeworfen und die Kosten dieser Art der Bevorzugung betont. Unter anderem ist der Ausgleich in diesen Fällen sehr grob: einige Schwarze werden bevorzugt, weil andere einst benachteiligt wurden; einige Weiße werden benachteiligt, die für die Benachteiligung Schwarzer nicht verantwortlich waren. Viele finden dies ungerecht, weil die Grundrechte persönliche, nicht Gruppenrechte sind.

Diese Auffassung hat dem Supreme Court zum Schluß verholfen, daß verschiedene »affirmative action« Maßnahmen mit der Verfassung nicht in Einklang seien.[71] Der Gleichheitssatz schütze auch Weiße vor Diskriminierung aufgrund ihrer Rasse; auch eine Bevorzugung Schwarzer bedarf eines zwingenden Grundes.[72] Das bedeutet, daß »affirmative action« nur selten akzeptabel ist; und das ist eine bedeutende Wende.

---

[63] »Kein Staat darf ... irgend jemandem ... den gleichen Schutz der Gesetze versagen.« Verf. der USA, Zusatzartikel 14, § 1.

[64] Vgl. Plessy v. Ferguson, 163 U. S. 537 (1896).

[65] 347 U. S. 483 (1954).

[66] United States v. Virginia, 116 S. Ct. 2264 (1996).

[67] Weber v. Aetna Casualty & Surety Co., 406 U. S. 164 (1972).

[68] Graham v. Richardson, 403 U. S. 365 (1971).

[69] Foley v. Connelie, 435 U. S. 291 (1978).

[70] Fullilove v. Klutznick, 448 U. S. 448 (1980).

[71] S. z. B. City of Richmond v. J. A. Croson Co., 488 U. S. 469 (1989).

[72] Adarand Constructors, Inc. v. Peña, 115 S. Ct. 2097 (1995).

X.

Neben dem Gleichheitssatz schreibt das 14. Amendment auch vor, kein Staat dürfe irgend jemandem Leben, Freiheit oder Eigentum ohne »due process of law« nehmen.

Dies klingt wie eine prozessuale Garantie: Nur nach einem gebührenden Verfahren darf man bestraft werden. Denn auch auf Englisch bedeutet »process« ein Verfahren.[73]

Schon 1857 gab der Supreme Court dieser Klausel im berüchtigten Fall *Dred Scott v. Sandford* einen weiteren Sinn: ein Gesetz, das die Sklaverei in Gebieten verbot, die dem Bund gehörten, sei mit »due process« nicht vereinbar.[74]

Diese Auslegung wurde 1905 im gleichfalls berüchtigten Fall *Lochner v. New York* bestätigt, wo das Gericht eine gesetzliche Beschränkung der Arbeitszeit eines Bäckers als verfassungswidrig verwarf. Das Gesetz sei willkürlich, und die due process Klausel verbiete alle willkürlichen Gesetze.[75]

Progressive Beobachter waren entsetzt. Erstens sei die Beschränkung der Arbeitszeit nicht willkürlich; zweitens habe »due process« mit dem materiellen Inhalt eines Gesetzes überhaupt nichts zu tun.

In beider Hinsicht hatten die Kritiker recht, und gegen Ende der 30er Jahre hat der Supreme Court diesen Begriff der »substantive due process« abgeschafft.[76] Er blieb fast 40 Jahre verschwunden.

Dann ist dieser reaktionäre Begriff plötzlich auf der anderen Seite der politischen Skala aufgetaucht. Aufgrund der »due process« Klausel entschied der Supreme Court 1973, eine Frau habe das fundamentale Recht zu entscheiden, ob sie ein Kind kriegen werde oder nicht. Ein allgemeines Abtreibungsverbot sei mit der Verfassung nicht zu vereinbaren.[77]

»Substantive due process« ist ebenso unvertretbar auf der linken wie auf der rechten Seite – eine reine Erfindung der Richter, die Anmaßung einer Kompetenz, die ihnen die Verfassung nicht gibt. Es war also zu hoffen, daß die neuen konservativen Richter, die seit dieser Entscheidung ernannt worden waren, den Fehler korrigieren und den ganzen falschen Begriff in den Eimer schmeißen würden.

Das haben sie nicht getan. Aus Gründen der Rechtssicherheit *(stare decisis)* hielten drei dieser neuen Richter an der vorigen Rechtsprechung,[78] wie zwei von ihnen auch bezüglich der Handelsklausel im Fall *Lopez* taten. Das Gericht hat den Begriff des »substantive due process« nicht nur bestätigt, sondern sogar ausgeweitet. Im Frühjahr 1996 erklärte es ein Strafschadensersatzurteil in Höhe von $ 2 000 000 wegen reparierten Lackschäden an einem neuen BMW für verfassungswidrig;[79] das war die erste Anwendung des »substantive due process« im Geschäftsbereich seit 60 Jahren.

Auf diesem Gebiet hat also leider keine Wende stattgefunden, obgleich der Richter Byron White vor ein paar Jahren ernsthaft dafür plädiert hatte:

---

[73] S. z. B. Gideon v. Wainwright, 372 U.S. 335 (1963).

[74] 60 U.S. 393 (1857).

[75] 198 U.S. 45 (1905).

[76] S. United States v. Carolene Products Co., 304 U.S. 144 (1938); Olsen v. Nebraska, 313 U.S. 236 (1941).

[77] Roe v. Wade, 410 U.S. 113 (1973).

[78] Planned Parenthood v. Casey, 505 U.S. 833 (1992).

[79] BMW of North America, Inc. v. Gore, 116 S. Ct. 1589 (1996).

»The Court is most vulnerable and comes closest to illegitimacy when it deals with judge-made constitutional law having little or no cognizable roots in the language or design of the Constitution.«[80]

D.h., es sei nicht nur illegitim, sondern auch für das Gericht selbst gefährlich, Schranken der legislativen Kompetenzen zu erfinden, die die Verfassung nicht errichtet. Und schon die Entscheidungen über rassengetrennte Schulen beweisen, daß es nie zu spät ist, fundamentale Fehler bei der Auslegung der Verfassung zu korrigieren.

XI.

Zuletzt kommen wir zur Frage der sexuellen Identität, die in den letzten Jahren sehr heiß geworden ist: wie sollte sich der Staat gegenüber dem sexuellen Verkehr zwischen Personen gleichen Geschlechts verhalten?

Unlängst kam die Frage vor den Supreme Court, ob ein Staat den homosexuellen Verkehr verbieten durfte. Ja, sagte eine knappe Mehrheit der Richter. Trotz der »due process« Klausel habe niemand ein fundamentales Recht auf den homosexuellen Verkehr; aus moralischen Gründen dürfe ihn der Staat bestrafen.[81]

Trotzdem haben einige Gemeinden jegliche Diskriminierung Homosexueller verboten. Darauf reagierte der Staat Colorado mit einer Änderung seiner Verfassung, wonach weder der Landtag noch die Gemeinden diese Gruppe vor Diskriminierung schützen dürften. Im Jahre 1996 erklärte der Supreme Court diese Abänderung für verfassungswidrig. Es sei willkürlich, Homosexuelle vom politischen Prozeß auszuschließen; die neue Vorschrift verstoße gegen den Gleichheitssatz des 14. Amendment.[82]

Ich finde diese Entscheidung erstaunlich, insbesondere für ein vermeintlich konservatives Gericht. Die amerikanische Verfassung enthält keine Garantie der Selbstbestimmung auf Gemeindeebene; die Gemeinden genießen keinen verfassungsrechtlichen Schutz vor dem Staat.[83] *Jede* Vorschrift einer Verfassung beschränkt den politischen Prozeß. Ein Verbot der Vielweiberei oder des Alkoholkonsums schließt die Befürworter des Verbotenen vom normalen Gesetzgebungsverfahren aus; aber niemand bezweifelt, daß ein Staat diese Angelegenheiten auf Verfassungsebene regeln darf.

Es sei willkürlich, entschied die Mehrheit der Richter, ausgerechnet Homosexuelle auf diese Weise zu diskriminieren. Aber vor nur ein paar Jahren hatte dasselbe Gericht entschieden, der homosexuelle Verkehr dürfe bestraft werden. Wenn moralische Gründe ausreichen, um die Bestrafung einer Tätigkeit zu rechtfertigen, so würde man vermuten, sie begründe auch die Entscheidung, die Täter vor Diskriminierung nicht zu schützen.

Im Gegensatz zu Colorado ist der Staat Hawaii gerade dabei, gleichgeschlechtliche Ehen aus Gleichheitsgründen zu legalisieren. Es wird manchmal behauptet, andere Staaten müßten diese Ehen anerkennen, selbst wenn ihre eigenen Bürger nach Hawaii reisen, um dort zu heiraten. Dies würde bedeuten, daß in diesem Bereich Hawaii das

---

[80] Bowers v. Hardwick, 478 U.S. 186 (1986).
[81] Bowers v. Hardwick, 478 U.S. 186 (1986).
[82] Romer v. Evans, 116 S.Ct. 1620 (1996).
[83] Vgl. Art. 28 Abs. 2 GG.

Recht für die ganze Nation bestimmte. Und das wäre mit dem Recht eines jeden Staates, seine eigenen Angelegenheiten selber zu regeln – also mit einem fundamentalen Grundsatz des Föderalismus – nicht vereinbar.

Auf ähnliche Weise bestimmt zwar der winzige Staat Delaware das Gesellschaftsrecht für andere Staaten, aber nur, weil die anderen das Delaware-Recht freiwillig anwenden.[84] Mit Hilfe des Supreme Court setzte einst der Staat Nevada zwar auch das Ehescheidungsrecht für ganz Amerika.[85] Aber das geschah aufgrund der »full faith and credit« Klausel, die erfordert, daß jeder Staat die Gerichtsurteile der anderen Staaten respektiert.[86] Die Ehe*scheidung* erfolgt durch richterliche Entscheidung; wo ein gerichtliches Verfahren schon stattgefunden hat, ist es ineffizient, den ganzen Prozeß zu wiederholen. Die Ehe*schließung* hingegen ist kein Urteil, sondern ein einfacher Verwaltungsakt. Wo es kein Verfahren gegeben hat, besteht kein Grund dafür, die Interessen eines Staates dem eines anderen unterzuordnen. Der Supreme Court hat längst entschieden, ein betroffener Staat müsse die Gesetze eines anderen Staates nicht anwenden.[87]

Deshalb bin ich fest davon überzeugt, daß der Supreme Court den Staaten erlauben wird, die Eheverhältnisse ihrer eigenen Bürger weiter zu regeln.

Schlußbemerkung

Wo sind wir dann? Haben wir schon eine siebte Wende in der Verfassungsgeschichte erlebt? Davon gibt es bisher nur ein paar Andeutungen.

Von einer Wiedergeburt des Föderalismus kann man schon sprechen. Der Supreme Court hat sowohl Grenzen der Bundeskompetenzen als eine gewisse Selbständigkeit der Einzelstaaten wieder anerkannt. Aber selbst konservative Richter wollen auf diesem Gebiet nicht weit zurückgehen. Der »New Deal« wird von der neuen Rechtsprechung nicht betroffen; der Bund darf die ganze Wirtschaft noch regeln.

Die Gewaltenteilung bleibt unausreichend gesichert. Zwar darf sich der Kongreß keine exekutiven Kompetenzen anmaßen, aber er darf die Exekutive zersplittern und rechtsprechende Befugnisse an Beamte übertragen, die im Sinne der Verfassung nicht unabhängig sind – trotz der unzweideutigen Vorschriften der Artikel II und III.

Die Redefreiheit bleibt weitgehend geschützt; von den neuen konservativen Richtern ist sie nicht gefährdet. Die Trennung zwischen Staat und Kirche ist weniger streng wie früher; das Stichwort ist nicht mehr Trennung, sondern Neutralität, was meiner Meinung nach dem Sinn der Verfassung besser entspricht.

»Substantive due process« lebt in progressivster, linkster Form: in den meisten Fällen ist das Recht auf Abtreibung verfassungsrechtlich geschützt. Was den homosexuellen Verkehr anbelangt, sind die vermeintlich konservativen Richter noch fortschrittlicher als ihre Vorgänger.

---

[84] S. Currie, Die Vereinheitlichung des amerikanischen Privatrechts, JuZ 1996, 930.
[85] Sherrer v. Sherrer, 334 U.S. 343 (1948). S. Currie, oben Anm. 84.
[86] Verf. der USA, Art. IV, § 1.
[87] Pacific Employers Insurance Co. v. Industrial Accident Commission, 306 U.S. 493 (1939).

Aber was ein weiser französischer Verfassungsrichter einmal gesagt hat, gilt auch für den Supreme Court:

»Toute loi anticonstitutionnelle est mauvaise; mais toute loi mauvaise n'est pas nécessairement anticonstitutionnelle.«

Schade, daß auch die neuen »konservativen« Richter am Supreme Court dies nicht verstehen.

L'évolution constitutionnelle au Canada depuis le référendum de 1995 sur la souveraineté du Québec

par

José Woehrling[*]

Montréal

Sommaire

Introduction

Depuis 1990, plusieurs événements importants ont accéléré l'évolution de la crise constitutionnelle que vit le Canada depuis 1982. On sait qu'à cette date le gouvernement fédéral et les neuf provinces anglaises ont adopté, malgré l'opposition énergique du gouvernement québécois, une série d'importantes modifications à la Constitution de 1867[1] dont certaines venaient ammoindrir les pouvoirs traditionnels du Québec,

---

[*] Professeur de droit public à la Faculté de droit de l'Université de Montréal.
[1] *Loi constitutionelle de 1867*, L. R. C. (1985), app. II, n° 5 (antérieurement désignée *British North America*

notamment dans le domaine de la protection de la langue française qui est crucial pour cette province, la seule dont la population soit majoritairement francophone[2]. Ce véritable coup de force constitutionnel avait été rendu possible par la situation de vulnérabilité dans laquelle se trouvait à l'époque le gouvernement du Québec. Il était en effet formé par le Parti québécois (PQ), dont le programme consiste à réaliser l'indépendance du Québec, et celui-ci venait de subir en mai 1980 un grave échec politique en perdant le référendum par lequel il cherchait à obtenir de la population québécoise le mandat de réaliser la souveraineté politique du Québec, combinée avec une association économique et monétaire avec le Canada[3].

Aux élections de 1985, le Parti québécois était remplacé au pouvoir par le Parti libéral du Québec (PLQ), qui s'est toujours présenté comme résolument partisan du maintien du Québec dans la fédération canadienne. Entre 1986 et 1990, le gouvernement de M. Bourassa allait déployer des efforts considérables pour obtenir du Canada anglais la satisfaction d'un certain nombre d'exigences constitutionnelles en échange desquelles il accepterait de donner l'accord du Québec à la *Loi constitutionnelle de 1982*[4]. Dans un premier temps, en 1987, le gouvernement québécois réussit à conclure avec gouvernement fédéral et ceux des neuf provinces anglophones un accord (appelé l'»Accord du lac Meech«) en vertu duquel on convenait de modifier la

---

Act, 1867). Pour une description générale de l'histoire constitutionnelle canadienne et une analyse des institutions actuelles, voir: Jacques-Yvan Morin et José Woehrling, *Les Constitutions du Canada et du Québec. Du Régime français à nos jours*, 2ème édition, 2 tomes, Montréal, Éditions Thémis, 1994.

[2] D'après les résultats du recensement de 1991, au Québec, le français est la langue maternelle de 81,6% de la population et l'anglais celle de 8,8%, quelque 8,1% ayant une autre langue maternelle. Ailleurs au Canada, le français est la langue d'usage de 3,6% de la population et l'anglais de 88,6%. Si l'on inclut le Québec, l'usage du français au Canada atteint 24,1% et celui de l'anglais 68,9%. Près de 90% des francophones du Canada résident aujourd'hui au Québec. D'un recensement à l'autre, la part des francophones diminue dans les autres provinces. À part le Nouveau-Brunswick, où ils constituent 31% de la population, la présence des francophones est devenue marginale dans chacune des autres provinces: à Terre-Neuve, en Saskatchewan, en Alberta et en Colombie-Britannique, leur part est de 1% ou moins; à l'Ile-du-Prince-Édouard, en Nouvelle-Écosse et au Manitoba, elle n'atteint pas 3%; en Ontario elle est descendue à moins de 4%.

[3] Au référendum du 20 mai 1980, tenu seulement au Québec, à l'initiative du gouvernement provincial, la question posée était la suivante: »Le Gouvernement du Québec a fait connaître sa proposition d'en arriver, avec le reste du Canada, à une nouvelle entente fondée sur le principe de l'égalité des peuples; cette entente permettrait au Québec d'acquérir le pouvoir exclusif de faire ses lois, de percevoir ses impôts et d'établir ses relations extérieures, ce qui est la souveraineté – et, en même temps, de maintenir avec le Canada une association économique comportant l'utilisation de la même monnaie; aucun changement de statut politique résultant de ces négociations ne sera réalisé sans l'accord de la population lors d'un autre référendum; en conséquence, accordez-vous au Gouvernement du Québec le mandat de négocier l'entente proposée entre le Québec et le Canada?«. Les résultats furent les suivants: 59,56% de »non« et 40,44% de »oui« (le taux de participation s'était établi à 85,61%). Cependant, de façon paradoxale, après avoir rejeté clairement le projet souverainiste du Parti québécois, la population allait maintenir celui-ci au pouvoir lors des élections qui suivirent, en avril 1981.

[4] *Loi constitutionnelle de 1982*, L. R. C. (1985), app. II, n° 44 (les articles 1 à 34 de cette loi forment la *Charte canadienne des droits et libertés*). Les cinq exigences formulées en 1986 par le gouvernement de M. Bourassa étaient les suivantes: 1) la reconnaissance du Québec comme société distincte; 2) la garantie d'un rôle accru des autorités provinciales en matière d'immigration; 3) la participation du gouvernement québécois à la nomination de trois des neuf juges de la Cour suprême du Canada; 4) la limitation du »pouvoir de dépenser« du gouvernement fédéral (c'est-à-dire le pouvoir de ce gouvernement d'intervenir financièrement dans les domaines relevant de la compétence exclusive des provinces); 5) la reconnaissance d'un droit de veto au Québec sur la réforme des institutions fédérales et la création de nouvelles provinces.

Constitution pour donner satisfaction aux demandes du Québec. Cependant, pour entrer en vigueur selon la procédure de modification adoptée en 1982, l'Accord du lac Meech devait être ratifié, dans un délai maximal de trois ans, par les deux Chambres du Parlement fédéral et chacune des dix assemblées législatives provinciales. Au cours de ce délai, les critiques contre l'Accord se sont multipliées au Canada anglais et lors de l'arrivée à terme de l'échéance, deux provinces (le Manitoba et Terre-Neuve) n'avaient pas encore approuvé l'Accord, ce qui entraînait son échec. Il est vrai que ces deux provinces représentent moins de 8% de la population canadienne mais les sondages montrent que, dans les sept autres provinces anglophones qui l'avaient entériné, une large majorité de la population était fortement opposée à l'Accord du Lac Meech, désavouant ainsi les positions adoptées par les dirigeants politiques provinciaux. En fait, la controverse autour de l'Accord du Lac Meech a révélé l'incompatibilité profonde qui existe entre les aspirations constitutionnelles du Québec et celles du Canada anglais. Cette opposition porte principalement sur la répartition des pouvoirs au sein du système fédéral et la reconnaissance du Québec comme société distincte[5].

I. Les résultats du référendum du 30. October 1995 sur la souveraineté du Québec et la relance des discussions en vue de la réform de la Constitution canadienne.

Un peu plus de deux ans après l'échec de l'Accord du lac Meech, une deuxième tentative de réforme constitutionnelle, appelée »l'Accord de Charlottetown«, faisait l'objet d'une entente entre le gouvernement de M. Bourassa, le gouvernement fédéral et ceux des neuf provinces anglaises. Soumis à référendum dans l'ensemble du Canada le 26 octobre 1992, l'Accord de Charlottetown a cependant été rejeté par la population de façon décisive tant au Québec que dans le reste du Canada[6]. Ainsi, entre 1986 et 1992, on as pu assister à l'échec de deux tentatives majeures de réforme de la Constitution canadienne, chacune destinée – en tout ou en partie – à renouveler les rapports entre le Québec et le Canada anglais. Ce nouvel échec a sans doute contribué à la défaite du Parti libéral du Québec et au retour du Parti québécois au gouvernement lors des élections du 12 septembre 1994. À peine installé au pouvoir, le nouveau gouvernement, dirigé par M. Jacques Parizeau, a fait connaître son intention d'organiser un

---

[5] Ces points de désaccord, et certains autres, entre le Québec et le reste du Canada sont analysés plus loin.

[6] Le référendum du 26 octobre 1992 sur l'Accord de Charlottetown portait sur un projet contenant de très nombreuses modifications constitutionnelles qui intéressaient non seulement le Québec, mais également les autres provinces, le gouvernement fédéral et les peuples autochtones du Canada. L'Accord de Charlottetown a été rejeté au Québec par une majorité de 56,7% des électeurs. Au niveau du Canada tout entier, le Québec compris, l'Accord a été rejeté par 55,07% des électeurs; en exceptant le Québec, dans le reste du Canada, la majorité contre l'Accord a été de 54,3%. Sur les circonstances entourant l'Accord du lac Meech et l'Accord de Charlottetown et, de façon plus générale, sur l'évolution constitutionnelle au Canada de 1867 à nos jours, voir: José Woehrling, »La Constitution canadienne et l'évolution des rapports entre le Québec et le Canada anglais de 1867 à nos jours«, (1992) 10 *Revue française de droit constitutionnel* 195 et suiv; José Woehrling, »La crise constitutionnelle et le réaménagement des rapports entre le Québec et le Canada anglais«, (1993) 7–8 *Revue internationale d'études canadiennes / International Journal of Canadian Studies* 9 et suiv.

nouveau – et deuxième – référendum sur l'accession du Québec à la souveraineté avant la fin de l'année 1995. Le référendum annoncé eut lieu le 30 octobre 1995. Nous commencerons par en analyser les résultats pour constater que le caractère très serré de ceux-ci, loin de décourager les tenants de la souveraneté, les amènera presque sûrement à organiser un troisième référendum dans quatre ou cinq ans, dont il est permis de penser qu'il leur sera cette fois favorable (I). Pour éviter un tel résultat, le reste du Canada fera sûrement une ultime tentative de réforme de la Constitution destinée à satisfaire certaines revendications du Québec, afin d'arracher aux souverainistes une partie de leurs appuis. Les chances de réussite d'une telle tentative paraissent cependant fort limitées, à cause des difficultés du *processus* de modification constitutionnelle au Canada, et surtout parce que, sur le *fond des problèmes*, les positions du Québec et du reste du Canada sont le plus souvent aux antipodes (II). Enfin, nous terminerons en analysant les stratégies post-référendaires adoptées par le gouvernement canadien et destinées, d'une part, à satisfaire certaines revendications du Québec pour désamorcer le mouvement souverainiste et, d'autre part, à reserrer les conditions d'un prochain référendum sur la souveraineté pour décourager le mouvement souverainiste (III).

II. Les complexités politiques et juridiques de la réforme constitutionnelle au Canada

Comme l'illustrent l'échec de l'Accord du lac Meech et celui de l'Accord de Charlottetown, toute tentative de renouvellement du fédéralisme canadien destinée à convaincre les Québecois de renoncer à la séparation se heurtera à deux obstacles: d'une part, les difficultés d'un processus de modification constitutionnelle particulièrement rigide et exigeant; d'autre part, l'absence de consensus, entre le Québec et le reste du Canada, sur les grandes questions de fond de la réforme constitutionnelle.

A. Les difficultés du processus de modification constitutionnelle au Canada

La procédure de modification constitutionnelle qui figure dans la Partie V de la *Loi constitutionnelle de 1982* comporte diverses modalités exigeant le consentement, d'une part, des deux chambres législatives fédérales (le Sénat et la Chambre des communes), et, d'autre part, des assemblées législatives d'un nombre variable de provinces: toutes les provinces pour certaines modifications; uniquement les provinces »concernées« par la modification en cause dans certains autres cas; enfin, dans les cas les plus fréquents, sept provinces (sur dix) au moins, représentant au moins 50% de la population canadienne (modalité dite »7 et 50«).

Le processus de modification de la Constitution donne inévitablement lieu à des marchandages au cours desquels chacun des protagonistes réclame la satisfaction de ses propres exigences en échange de son consentement aux modifications recherchées par les autres. La Constitution canadienne n'impose pas que les modifications constitutionnelles soient adoptées séparément les unes des autres (une à la fois, si l'on préfère), comme c'est le cas par exemple en Suisse pour les révisions partielles (article 121 (3) de la Constitution fédérale du 29 mai 1874). Dès lors, les négociations aboutissent à des projets de réforme très complexes, contenant un grand nombre de modifications diverses, qui doivent être adoptés ou rejetés comme un tout. Or les tentatives de réforme complexes sont évidemment plus difficiles à réaliser que des réformes limitées.

En outre, on constate que les projets très complexes nécessitent presque forcément le consentement unanime des autorités fédérales et de toutes les provinces. En effet, dès lors qu'on décide de faire adopter simultanément, de façon non dissociable, plusieurs modifications dont une seule requiert l'unanimité, c'est l'ensemble de toutes les modifications qui requiert cet accord unanime (y compris celles qui auraient pu être adoptées séparément selon une procédure moins exigeante). Ainsi, l'Accord du lac Meech constituait un projet de modification unique contenant au total cinq catégories de dispositions, dont certaines relevaient de la procédure »7 et 50«, les autres tombant sous le coup de la procédure de l'unanimité. Les premiers ministres s'étant entendus pour lier les différentes dispositions de l'Accord de façon à ce que celui-ci soit adopté ou rejeté comme un tout, l'unanimité devenait nécessaire pour adopter l'ensemble. À l'avenir, le phénomène du marchandage constitutionnel continuera d'entraîner la multiplication des modifications complexes (ou »macro-réformes«).

Il faut également souligner que les tentatives de réforme constitutionnelle provoquent désormais l'intervention presque automatique de nombreux groupes d'intérêt qui exigent d'être consultés sur les modifications en discussion, voire de participer directement aux négociations. L'Accord du lac Meech avait ainsi entraîné l'intervention des associations féministes du Canada anglais qui s'opposaient à la limitation du pouvoir de dépenser du gouvernement fédéral (de crainte que celui-ci ne soit empêché de mettre sur pied de nouveaux programmes sociaux et d'en assurer l'implantation partout au Canada) et à la reconnaissance du caractère distinct du Québec (dont elles estimaient qu'il pourrait menacer le droit des femmes à l'égalité). De même, les Anglo-Québécois sont intervenus pour dénoncer l'Accord dans le mesure où ils considéraient que les dispositions reconnaissant le caractère distinct du Québec menaçaient leurs droits linguistiques. Enfin, de nombreuses minorités culturelles et ethniques ont eu le sentiment que l'Accord du lac Meech rabaissait le statut qui leur a été octroyé avec l'article 27 de la *Charte canadienne des droits et libertés*, qui prévoit le maintien et la promotion du multiculturalisme. Toutes légitimes que soient de telles interventions, elles augmentent considérablement les difficultés de fonctionnement de la procédure de modification.

Par ailleurs, de nombreux constitutionnalistes du Canada anglais estiment que l'accord des peuples autochtones est également requis pour toute modification de la Constitution affectant leurs intérêts, soit parce qu'une convention constitutionnelle serait apparue à cet effet, soit du moins parce que les autorités fédérales, qui jouent à leur égard un rôle fiduciaire, devraient refuser toute modification constitutionnelle qui ne recevrait pas l'approbation des représentants des peuples autochtones.[7]

Enfin, si elle n'impose jamais le recours à la démocratie directe, la *Loi constitutionnelle de 1982* ne l'interdit pas non plus. Rien n'empêche donc un gouvernement fédéral ou

---

[7] L'article 35.1 de la *Loi constitutionnelle de 1982* prévoit la *participation* des représentants des peuples autochtones aux discussions relatives à la modification des dispositions constitutionnelles qui les concernent plus particulièrement; cet article ne prévoit cependant pas la nécessité de leur *consentement* à de telles modifications.

provincial d'organiser un référendum consultatif avant de soumettre un projet de modification constitutionnelle au vote des deux Chambres du Parlement ou de l'assemblée législative[8]. C'est bien ce qui s'est produit avec l'Accord de Charlottetown qui a d'abord fait l'objet d'une entente entre le Premier ministre fédéral et ses dix homologues provinciaux et que les signataires ont ensuite décidé de soumettre à référendum, pour éviter qu'on leur fasse le reproche de ne pas avoir associé la population à la décision[9]. Aujourd'hui, la plupart des observateurs s'accordent pour dire que le référendum sur l'accord de Charlottetown a créé un précédent politique incontournable, voire une convention constitutionnelle. Toute nouvelle tentative de réforme constitutionnelle importante devra également être soumise au peuple. Cependant, le précédent de Charlottetown montre précisément qu'il est beaucoup plus difficile d'obtenir l'accord du peuple que celui de la seule classe politique: les électeurs ne sont pas prêts aux mêmes compromis que les élites politiques (l'Accord de Charlottetown, rejeté par la population, avait cependant obtenu l'assentiment des onze premiers ministres). Cette constatation se vérifie d'ailleurs dans la plupart des pays où la modification constitutionnelle se fait par référendum, comme l'Australie ou la Suisse: le peuple est généralement conservateur et méfiant dans ce domaine et il a tendance à refuser plutôt qu'à accepter les modifications qui lui sont soumises.

En conclusion, sur le plan du *processus*, une réforme de la Constitution destinée à éviter la sécession du Québec sera donc extrêmement difficile à réaliser, puisqu'elle exigera un degré exceptionnel d'accord entre les différens »acteurs« constitutionnels, ceux-ci englobant la classe politique fédérale et provinciale, les représentants des peuples autochtones et, enfin, la population elle-même. Cependant, ces obstacles processuels ne seraient pas insurmontables s'il existait un consensus sur le *fond* des réformes à réaliser. Or c'est loin d'être le cas. Pour le constater, il faut analyser à présent les positions en présence sur les grands problèmes qui feront l'objet de la négociation.

B. *L'absence de consensus sur le fond de la réforme constitutionnelle*

Si de nouvelles négociations constitutionnelles doivent avoir lieu dans l'avenir, il est exclu qu'elles soient limitées aux seules demandes du Québec. Comme les épisodes de Meech et de Charlottetown l'ont montré, le reste du Canada n'accepte plus l'idée d'un »Quebec Round«, c'est-à-dire de négociations portant uniquement sur la situation du Québec. Par conséquent, d'autres »demandeurs« de réformes constitution-

---

[8] De fait, la Colombie-Britannique et l'Alberta ont adopté des lois qui imposent la tenue d'un référendum avant que l'assemblée législative provinciale ne puisse approuver une modification constitutionnelle.

[9] Lors du référendum sur l'Accord de Charlottetown, rien n'avait été précisé sur le type de majorité populaire nécessaire pour ratifier l'Accord. Étant donné les résultats négatifs du référendum, la question n'a pas été vidée, mais elle se posera à l'avenir s'il y a un nouveau référendum pour modifier la Constitution. Il semble assez clair qu'il devra alors s'agir d'une double majorité: une majorité au niveau pan-canadien bien sûr, mais également dans chacune des »régions« du Canada. Les quatre »régions« traditionnelles sont le Québec, l'Ontario, les provinces de l'Atlantique (Terre-Neuve, Nouvelle-Écosse, Nouveau-Brunswick et Ile-du-Prince-Édouard) et les provinces de l'Ouest (Manitoba, Saskatchewan, Alberta et Colombie-Britannique). Il faut cependant souligner que depuis quelques années la Colombie-Britannique réclame d'être considérée comme une cinquième »région«, ce qu'elle a obtenu dans le cadre d'une loi fédérale adoptée en février 1996, dans laquelle est institué un système de »vetos régionaux«; voir *infra*, partie III. A.

nelles vont également ajouter leurs propres revendications, principalement les provinces de l'Ouest et les peuples autochtones. Comme par le passé, les peuples autochtones feront tout ce qui est en leur pouvoir pour faire échouer la réforme constitutionnelle si celle-ci ne contient pas également la reconnaissance de leur droit »inhérent« à l'autonomie gouvernementale. Pour leur part, les provinces de l'Ouest s'objecteront à toute réforme constitutionnelle dans laquelle elles n'obtiendraient pas la réforme du Sénat canadien qu'elles désirent. Par conséquent, si l'on tient également compte des demandes du Québec, les principaux problèmes sur lesquels portera toute future négociation constitutionnelle entre le Québec et le reste du Canada sont les suivants:

- la reconnaissance du caractère distinct du Québec;
- la reconnaissance d'un droit de veto du Québec sur certaines modifications constitutionnelles;
- la décentralisation des pouvoirs;
- la limitation du pouvoir fédéral de dépenser;
- la réforme du Sénat;
- la reconnaissance des droits des peuples autochtones.

Pour chaque problème, on examinera les positions en présence et l'on verra également s'il est possible de trouver une solution par d'autres moyens qu'une modification formelle de la Constitution (pour éviter les difficultés de la procédure de modification constitutionnelle mentionnées précédemment).

1. *La reconnaissance du caractère distinct du Québec*

L'Accord du lac Meech et l'Accord de Charlottetown contenaient des dispositions reconnaissant le caractère distinct du Québec qui, plus que tout autre élément de ces deux projets de réforme constitutionnelle, ont provoqué des critiques virulentes dans le reste du Canada. Leurs adversaires ont prétendu qu'elles avaient pour effet de conférer au Québec plus de pouvoirs qu'aux autres provinces et qu'elles lui permettraient de limiter – voire de supprimer – les droits et libertés garantis aux minorités dans la Constitution canadienne. Ces craintes n'étaient cependant guère justifiées. En ce qui concerne le partage des compétences, l'objectif du gouvernement québécois était effectivement de faire ajouter à la Constitution un concept qui lui permettrait d'obtenir une interprétation asymétrique de celle-ci, en vertu de laquelle le Québec se verrait reconnaître des pouvoirs différents – et plus considérables dans certains domaines – que les autres provinces. Cependant, pour éviter une telle conséquence, les négociateurs du Canada anglais avaient fait ajouter à l'Accord du lac Meech et à celui de Charlottetown une disposition qui empêchait de façon très claire qu'on puisse faire découler de la reconnaissance du caractère distinct du Québec une modification quelconque à l'actuelle répartition des pouvoirs entre le Parlement canadien et la législature du Québec. Ensuite, toutes les précautions avaient été prises pour que la reconnaissance du caractère distinct du Québec ne vienne pas diminuer les droits reconnus dans la *Charte canadienne des droits et libertés* ou dans d'autres dispositions constitutionnelles. Pour ce qui est des droits de la minorité anglophone du Québec, ils étaient réaffirmés par la reconnaissance de la dualité linguistique comme étant la »caractéristique fondamentale de la fédération canadienne«. Par conséquent, il était clair que la protection de la minorité anglophone devrait toujours avoir priorité sur la promotion du caractère francophone distinct du Québec. Quant aux autres minorités ethniques et culturelles du Québec, elles sont protégées par l'article 27 de la *Charte canadienne des droits et libertés*, qui garantit »le maintien et la valorisation du patrimoine multiculturel des Canadiens«. Or cet article 27 avait été purement et simplement soustrait à la portée de l'Accord du lac Meech et de l'Accord de Charlottetown, tout comme d'ailleurs les dispositions constitutionnelles qui protègent les droits des peuples autochtones[10].

En fait, la controverse sur l'affirmation du caractère distinct du Québec ne peut se limiter à ces aspects juridiques. Elle est beaucoup plus radicale et concerne la reconnaissance du Québec comme communauté nationale distincte, c'est-à-dire la reconnaissance du caractère binational de la fédération canadienne. Depuis une trentaine d'années, le Québec a cherché à obtenir une telle reconnaissance et à la faire traduire en un »statut particulier«, c'est-à-dire en certains pouvoirs supplémentaires, considérés comme nécessaires à l'épanouissement de la société québécoise. Cependant, à cette revendication de l'égalité entre les deux »peuples fondateurs«, le Canada anglais a toujours opposé le double principe d'égalité des provinces et des individus. L'insistance mise sur l'égalité juridique de toutes les provinces empêche évidemment de reconnaître à l'une d'entre elles un statut ou des pouvoirs particuliers. Mais il s'agit là d'un principe plutôt artificiel, qui ne correspond d'ailleurs pas au droit positif, puisque la Constitution canadienne contient déjà plusieurs dispositions qui traitent certaines provinces différemment des autres, notamment sur le plan des droits linguistiques. Quant à l'égalité des individus, garantie par la Charte constitutionnelle, l'interprétation radicale qu'on lui donne parfois rend également plus difficiles les arrangements institutionnels qui reconnaîtraient au Québec un statut particulier. En effet, comme le montrent certains arguments des opposants à l'Accord du lac Meech, de tels arrangements sont considérés au Canada anglais comme accordant aux Québécois plus de droits qu'aux Canadiens des autres provinces[11]. Une telle interprétation est simpliste parce qu'elle tend à faire croire que l'égalité exige toujours l'identité, alors que l'on sait depuis Aristote que la véritable égalité réclame parfois un traitement différend (pour tenir compte des différences factuelles entre deux personnes ou deux collectivités). On constate donc que, lorsqu'il existe une forte demande d'égalité entre les personnes – et que l'égalité est interprétée comme un traitement uniforme – cette revendication pousse à la centralisation dans la mesure où l'uniformité ne peut être véritablement assurée que par l'existence d'une législation et d'une réglementation uniques. La passion égalitaire dont la démocratie est porteuse ne se concilie pas facilement avec la diversité propre au système fédéral[12].

---

[10] Pour les dispositions constitutionnelles actuelles sur les droits des peuples autochtones, voir *infra*, II. B. 6.

[11] On pourrait ajouter que le principe du »multiculturalisme«, consacré dans l'article 27 de la *Charte canadienne des droits et libertés*, s'oppose également aux notions de »dualité linguistique« et de »deux peuples fondateurs« dans la mesure où il suppose une certaine égalité de toutes les cultures. Pour plus de détails sur la controverse relative à la reconnaissance constitutionnelle du caractère distinct du Québec, voir: José Woehrling, »La tentative de modification constitutionnelle de 1987, la reconnaissance du Québec comme société distincte et la dualité linguistique du Canada«, (1990) 39 *Jahrbuch des Öffentlichen Rechts* 537 et suiv.

[12] Il est ironique de constater que, parmi les opposants les plus acharnés à la reconnaissance du caractère distinct du Québec (pour des raisons d'égalité entre tous les Canadiens), nombreux sont ceux qui réclament une réforme du Sénat selon le modèle »triple E«, qui donnerait à toutes les provinces un nombre égal

Dans un sondage Gallup de la fin du mois de novembre 1995, seulement 39% des répondants – en dehors du Québec – se déclaraient favorables à la reconnaissance constitutionnelle du caractère distinct du Québec (contre 70% au Québec)[13]. Il semble donc exclu qu'une telle modification constitutionnelle puisse passer le test d'un référendum populaire en dehors du Québec (mêmer si les politiciens du Canada anglais parvenaient à s'entendre en nombre suffisant pour y consentir). Par ailleurs, étant donné le caractère symbolique d'une telle reconnaissance, il faut souligner que seule son inscription formelle dans la Constitution satisferait les Québécois. La reconnaissance du caractère distinct dans une simple résolution de la Chambre des communes et du Sénat, comme celle qui a été adoptée à la fin de 1995 (pour donner suite aux promesses de M. Chrétien durant la campagne référendaire), ne sera évidemment pas considérée comme suffisante.

2. *La reconnaissance au Québec d'un droit de veto sur certaines modifications constitutionnelles*

Depuis 1982, les gouvernements québécois successifs – formés par le Parti libéral ou par le Parti québécois – réclament un droit de veto sur certaines modifications constitutionnelles actuellement soumises à la procédure »7 et 50«; il s'agit notamment de la création de nouvelles provinces et de la réforme des institutions fédérales (Sénat, Chambre des communes et Cour suprême). Une telle exigence soulève beaucoup d'opposition dans le reste du Canada parce qu'elle va à l'encontre de l'égalité de toutes les provinces, qui y est désormais considérée comme un principe fondamental. Dans un sondage Gallup réalisé en novembre 1995, seulement 10% des répondants, en dehors du Québec (contre 66% au Québec), se sont déclarés favorables à l'octroi d'un droit de veto au Québec[14]. Sur le plan juridique une telle modification nécessiterait l'accord unanime des autorités fédérales et des dix provinces.

Une façon de tourner la difficulté, qui a déjà été tentée avec l'Accord du lac Meech et celui de Charlottetown, consisterait à octroyer le droit de veto réclamé par le Québec non seulement à ce dernier, mais également à toutes les autres provinces. Cependant, dans la mesure où cela signifierait qu'on passe de l'exigence de la majorité à celle de l'unanimité pour toutes les modifications en cause, la Constitution canadienne deviendrait beaucoup trop rigide. Quant au Québec, s'il obtenait ainsi un droit de veto

---

de représentants à la Chambre haute. Ici, c'est l'égalité formelle de toutes les provinces qui entraînerait une considérable inégalité de représentation entre les Canadiens puisque les 140 000 habitants de l'Ile-du-Prince-Édouard enverraient au Sénat le même nombre de représentants que les 9 millions d'Ontariens ou les 7,5 millions de Québécois. Sans doute peut-on dire qu'il s'agirait d'une mesure destinée à compenser les inégalités entraînées par la représentation des provinces à la Chambre des communes selon leur population; mais cela est également vrai de la reconnaissance au Québec d'un statut particulier, qui viendrait compenser l'inégalité provenant du fait qu'il est la seule province majoritairement francophone au sein de la fédération canadienne.

[13] *La Presse* (de Montréal), 27 novembre 1995, p. A-7. Ces résultats sont confirmés par un autre sondage, publié dans le magazine *McLean's* du 25 décembre 1995 (pp. 14 et suiv.), selon lequel 43% des répondants – en dehors de Québec – se déclarent favorables à la reconnaissance constitutionnelle du caractère distinct du Québec, contre 75% au Québec.

[14] Résultats là encore confirmés par le sondage du magazine *McLean's, supra*, note 13, selon lequel les chiffres sont respectivement 18% et 68%.

élargi, ce serait au prix de la reconnaissance du même droit à toutes les autres provinces, ce qui risquerait de constituer par la suite un grave inconvénient s'il cherchait à
obtenir une modification dans un des domaines soustraits à la règle de la majorité et
ajoutés à celle de l'unanimité.

3. La décentralisation des pouvoirs

Depuis trente ans, tous les gouvernements québécois ont tenté d'obtenir les nouvelles compétences législatives considérées comme nécessaires à l'épanouissement politique, social, économique et culturel de la société québécoise. À cette fin, ils ont exigé soit une décentralisation générale des pouvoirs, valable pour toutes les provinces
(dans la mesure où les autres provinces le voudraient également), soit la création d'un
statut particulier pour le Québec ou, si l'on veut, d'un fédéralisme »asymétrique« où le
Québec se verrait reconnaître davantage de pouvoirs que les autres provinces. Parmi
les principales modifications réclamées, on trouve notamment l'accès par la province à
toutes les formes de taxation, y compris indirecte, à l'exception des droits de douane;
la compétence provinciale exclusive en matière de mariage et de divorce; la compétence provinciale exclusive en matière de formation de la main d'oeuvre et de développement régional; une compétence provinciale élargie en matière d'immigration
(domaine où existe actuellement une compétence concurrente avec primauté fédérale); la compétence concurrente en matière de communications, la primauté législative étant réservée aux provinces; la compétence provinciale exclusive sur l'exploration, l'exploitation, le dévelopment, la conservation, la gestion, le commerce et l'aménagement des ressources naturelles situées sur le territoire d'une province; la compétence provinciale exclusive sur les pêcheries; la répartition territoriale du golfe du
Saint-Laurent entre les provinces riveraines et la compétence provinciale sur les ressources au large des côtes. Dans le domaine des relations internationales, le Québec
voudrait exercer les pouvoirs correspondant aux compétences lui appartenant en matière interne, notamment pour ce qui est de la conclusion des traités et l'ouverture de
représentations à l'étranger.

Jusqu'à présent, aucune de ces revendications du Québec pour une plus grande décentralisation des pouvoirs n'a abouti[15]. Le gouvernement fédéral s'est toujours opposé à l'idée d'une décentralisation générale, valable pour toutes les provinces. Quant aux
autres provinces, elles considèrent le fait d'accorder au Québec un statut particulier
comme incompatible avec le principe de l'égalité des provinces. En outre, jusqu'à récemment, les revendications québécoises se heurtaient au point de vue de la majorité
des autres Canadiens, qui semblaient désireux de voir s'établir une plus grande centralisation, notamment dans certains domaines comme l'éducation, la culture, les communications et la politique sociale, à l'égard desquels le Québec, au contraire, réclame
une plus grande décentralisation. En effet, beaucoup de Canadiens, en dehors du
Québec, considèrent qu'un rôle accru d'Ottawa dans ces domaines est souhaitable

---

[15] Cependant, pour satisfaire les revendications des provinces de l'Ouest, la *Loi constitutionnelle de 1982* a
augmenté la compétence des provinces sur les ressources naturelles non renouvelables, les ressources forestières et l'énergie électrique.

pour assurer une plus grande égalité entre les citoyens et consolider l'identité nationale canadienne face à l'influence des États-Unis.

Cependant, l'opinion publique canadienne-anglaise semble avoir commencé à évoluer sur cette question. Un sondage Gallup de novembre 1995 indique qu'une majorité de Canadiens (54%) estime maintenant qu'il faut donner plus de pouvoirs aux provinces. Les opinions varient cependant de façon sensible d'une province à l'autre. En Ontario, seulement 39% des répondants sont de cet avis, alors qu'au Québec, il s'agit de 78%, 58% dans les provinces des Prairies, 55% dans les provinces de l'Atlantique et 45% en Colombie-Britannique[16].

Deux principales raisons expliquent cette évolution de l'opinion au Canada anglais en faveur d'une plus grande décentralisation du fédéralisme canadien: d'une part, la crise fiscale et budgétaire qui frappe les gouvernements, tant fédéral que provinciaux, et, d'autre part, la continentalisation de l'économie.

En premier lieu, le gouvernement fédéral a commencé depuis quelques années à limiter progressivement le montant des transferts financiers qu'il effectue au profit des provinces en vertu de son pouvoir de dépenser (le statut de ce pouvoir est analysé plus loin). En effet, le budget fédéral a été constamment déficitaire depuis 1975 et le déficit accumulé est désormais tel que près de 30% des revenus fiscaux fédéraux doivent être consacrés au service de la dette publique. Sur le plan constitutionnel, le problème vient du fait que, tout en limitant sa contribution, le gouvernement fédéral prétend continuer à imposer des normes nationales, contraignantes et onéreuses pour les provinces, dans des domaines, comme les soins de santé ou l'assistance sociale, où les provinces ont une compétence législative exclusive en vertu de la Constitution. Cette attitude gêne les efforts que font les gouvernements provinciaux pour limiter leurs propres dépenses dans ces domaines. Elle a provoqué le mécontentement de plusieurs provinces du Canada anglais, notamment l'Alberta et la Colombie-Britannique, et explique l'augmentation des pressions pour un désengagement fédéral[17]. De façon plus générale, les milieux neo-libéraux du Canada sont également en faveur de la décentralisation pour des raisons de réduction de l'intervention étatique.

En second lieu, la continentalisation de l'économie nord-américaine a été accélérée par la conclusion du traité de libre-échange avec les États-Unis (ALÉ), puis de l'accord de libre-échange nord-américain, qui inclut en plus le Mexique (ALÉNA). Elle entraîne le renforcement des échanges nord-sud, alors que les échanges est-ouest, à l'intérieur du Canada, perdent de leur importance relative. L'économie canadienne évolue par conséquent vers une fragmentation en sous-ensembles différents, axé chacun sur le commerce avec les États-Unis et le Mexique et, de façon plus générale, avec le

---

[16] Selon les résultats du sondage du magazine *McLean's* paru en décembre 1995, *supra*, note 13, 71% des répondants approuvent la décentralisation des pouvoirs en faveur des provinces, à condition qu'elle profite également à toutes les provinces; 22% seulement seraient prêts à reconnaître au Québec un statut ou des pouvoirs particuliers, non étendus aux autres provinces.

[17] Ainsi, en continuant à vouloir imposer des normes fédérales de gratuité et de »non-assignation de résidence« dans le domaine des soins de santé et de l'aide sociale, tout en diminuant sa participation financière à ces programmes, le gouvernement canadien est entré en conflit, en 1995–1996, avec le gouvernement de l'Alberta, qui voulait permettre la surfacturation *(extra billing)* par les cliniques médicales privées, et le gouvernement de la Colombie-Britannique, qui avait décidé d'imposer une exigence de résidence minimale de trois mois aux demandeurs d'aide sociale.

monde extérieur, plutôt que sur les échanges intérieurs[18]. Sur le plan législatif et régle-
mentaire, dans un nombre croissant de domaines, la diversité des situations provinciales ou régionales exige des politiques propres à chacune, si bien que les mesures
adoptées à Ottawa pour l'ensemble du Canada se révèlent inefficaces voire indésirables
pour certaines d'entre elles (ainsi, par exemple, pendant le début des années 1990, la
Banque du Canada a imposé des taux d'intérêt élevés, justifiés par la surchauffe économique qui existait en Ontario, mais qui se sont révélés désastreux pour les autres provinces où cette politique a étranglé la reprise économique).

Sur le plan de la technique juridique, un déblocage est théoriquement possible dans
le domaine du partage des compétences, dans la mesure où une certaine décentralisation pourrait être réalisée sans modification constitutionnelle formelle et, qui plus est,
de façon asymétrique (c'est-à-dire de façon variable selon les provinces). En effet, il
existe diverses techniques en droit constitutionnel canadien qui permettent aux deux
ordres de gouvernement de se déléguer - de façon indirecte – leurs compétences res-
pectives. Cela permettrait à certaines provinces de se faire déléguer des compétences
par Ottawa, qui ne les perdrait cependant pas de façon définitive. D'autres provinces
pourraient au contraire déléguer certaines de leurs compétences au gouvernement
central. Cette façon de faire aurait de plus l'avantage de sauvegarder, au moins for-
mellement, le principe de l'égalité entre les provinces. Pour qu'une telle solution
aboutisse, il faudrait cependant qu'il existe chez les politiciens fédéraux, ce qui ne semble guère être le cas à l'heure actuelle, la volonté d'abandonner aux provinces certaines
compétences, ainsi que les ressources financières permettant de les exercer (sous forme
d'un transfert de points d'impôts). Tout effort sérieux de décentralisation se heurterait
également à l'opposition des provinces moins riches, qui veulent qu'Ottawa continue
à exercer son rôle de redistributeur de la richesse, par l'intermédiaire du système de la
péréquation[19]. De façon plus générale, le sentiment d'identité nationale de nombreux
Canadiens anglais est davantage associé à l'État central et à ses institutions qu'aux pouvoirs publics provinciaux[20]. Ils verraient donc toute dimininution du rôle et des pouvoirs d'Ottawa comme une attaque contre l'identité nationale.

4. *La limitation du pouvoir fédéral de dépenser*

La »pouvoir de dépenser« désigne le pouvoir des autorités fédérales d'affecter leurs
ressources financières à des objectifs qui relèvent de la compétence exclusive des pro-

---

[18] Sur ce point, voir notamment: Thomas J. Courchesne, *Celebrating Flexibility: An Interpretive Essay on the Evolution of Canadian Federalism*, Montréal, C.D. Howe Institute, 1995, pp. 43 suiv.

[19] Le but du système de la péréquation est de permettre à toutes les provinces d'assurer à leurs citoyens les services publics à un niveau considéré comme normal, sans que les provinces moins nanties n'aient à imposer à cette fin des impôts trop élevés. À l'heure actuelle, sept provinces sur dix reçoivent des paiements de péréquation, les trois autres étant l'Ontario, l'Alberta et la Colombie-Britannique. Parmi les sept provinces récipiendaires, le Québec est la seule qui pourrait actuellement se retirer de ce système sans trop d'inconvénients, les six autres provinces étant fortement dépendantes des transferts fédéraux. Lors du »rapatriement« de la Constitution, le principe de la péréquation a été inscrit à l'article 36 de la *Loi constitutionnelle de 1982*, dans des termes qui sont cependant trop vagues et trop »politiques« pour que cette disposition puisse avoir des effets juridiques véritablement contraignants pour les pouvoirs publics.

[20] Les Québécois, au contraire, accordent principalement leur confiance et leur loyauté à l'État provincial, ce qui est fort compréhensible puisque c'est le seul État qu'ils contrôlent de façon démocratique.

vinces, comme l'éducation ou la santé. Ces subventions fédérales versées aux provinces sont généralement conditionnelles au respect de certaines normes nationales, élaborées par le gouvernement canadien (par opposition aux paiements de péréquation, que les provinces peuvent affecter librement aux fins qu'elles déterminent). Il est évidemment très difficile pour les provinces de refuser de telles subventions. Pourtant, en les acceptant, elles acceptent de se plier aux normes fédérales dans l'exercice des compétences que la Constitution leur attribue de façon exclusive. De plus, elles risquent, au bout d'un certain temps, de voir le fédéral se retirer unilatéralement du programme, ou diminuer sa participation, à un moment où il n'est plus politiquement possible de le supprimer[21].

L'Accord du lac Meech et l'Accord de Charlottetown prévoyaient qu'une province qui refuserait de participer aux futurs programmes créés par le gouvernement fédéral dans un domaine de compétence provinciale exclusive, recevrait une »juste« compensation, c'est-à-dire correspondant au montant que le fédéral aurait dépensé chez elle si celle-ci avait accepté le programme. Les adversaires de cette réforme considéraient que cette limitation du pouvoir fédéral de dépenser menaçait la capacité d'Ottawa de créer à l'avenir de nouveaux programmes sociaux (par example, un programme national de garderies) et d'en imposer l'implantation uniforme partout au Canada. Il semble cependant que cette crainte était exagérée. En effet, l'Accord du lac Meech et l'Accord de Charlottetown prévoyaient également qu'une province qui se retirerait d'un programme à frais partagés et qui recevrait une compensation financière devrait affecter celle-ci à »un programme ou une mesure compatible avec les objectifs nationaux«.

Comme on l'a constaté plus haut, même si le pouvoir de dépenser du fédéral n'a pas été limité sur le plan juridique, ce pouvoir a subi, depuis quelques années, à cause de la crise des finances publiques, une notable diminution sur le plan financier[22].

---

[21] Les trois programmes partagés les plus importants portent sur l'assurance-hospitalisation, les soins médicaux et l'enseignement postsecondaire. Les subventions fédérales versées dans le cadre des deux premiers sont conditionnelles au respect de certaines »normes nationales« (universalité, accessibilité, intégralité, transférabilité et gestion publique), établies dans la *Loi canadienne sur la santé*, L.R.C. (1985), c. C-6, alors que la contribution au troisième est restée inconditionnelle jusqu'à présent. Depuis 1977, le financement fédéral de ces trois programmes, qualifiés depuis lors d'»établis«, a pris la forme d'un transfert de points d'impôts assorti de versements en espèces basés sur la population de chaque province. En outre, la contribution fédérale ne dépend plus des coûts effectifs, mais elle est calculée à partir des coûts de l'année de base 1976, ajustés en fonction de la croissance du produit national brut. Par ailleurs, dans le cadre du *Régime d'assistance publique du Canada*, L.R.C. (1985), c. C-1, le fédéral a conclu avec les différentes provinces, en 1967, des accords bilatéraux, en vertu desquels il contribue aux coûts d'un certain nombre de programmes d'assistance publique et de protection sociale. Depuis le 1er avril 1996, les trois programmes »établis« et le régime d'assistance publique ont été amalgamés dans un transfert unique, appelé »Transfert canadien en matière de santé et de programmes sociaux« (ou »Transfert social canadien«). Sur cette réforme, voir: Thomas J. Courchesne, *Redistributing Money and Power: A Guide to the Canada Health and Social Transfer*, Montréal, C.D. Howe Institute, 1995.

[22] La contribution fédérale aux trois »programmes établis« a été gelée à son niveau de l'année 1989–1990, ce qui signifie que tout versement en espèces (par opposition au transfert de points d'impôts) cessera d'ici un certain nombre d'années, variable selon la province considérée. En outre, en 1990, le Parlement fédéral a modifié le régime d'assistance publique du Canada pour limiter la progression des versements effectués aux trois provinces les plus riches, soit l'Ontario, l'Alberta et la Colombie-Britannique. Pour l'ensemble des provinces, le montant total des transferts inclus dans le nouveau »Transfert social canadien« a diminué de 38,5 milliards de dollars en 1995–1996 à 36 milliards en 1996–1997. Pour l'assurance-maladie

Il faut souligner que, sur cette question du pouvoir de dépenser, il n'y a pas, comme sur d'autres problèmes, une opposition entre le Québec et le reste du Canada. Les positions sont plus complexes; l'opposition existe entre les provinces riches et les provinces pauvres ainsi qu'entre les socio-démocrates, favorables au pouvoir de dépenser, et les neo-libéraux, qui sont évidemment favorables à sa limitation ou même à sa disparition, pour des raisons qui tiennent cependant moins à une certaine conception du fédéralisme qu'à l'objectif de restreindre le plus possible l'intervention de l'État.

Enfin, il faut signaler que la limitation *concrète* du pouvoir de dépenser n'exige aucune modification constitutionnelle formelle; il suffirait que les autorités fédérales acceptent de changer leurs pratiques dans ce domaine; la limitation *juridique* du pouvoir de dépenser, par contre, exigerait une modification constitutionnelle[23].

5. La réforme du Sénat

Depuis une dizaine d'années, la réforme du Sénat est devenue le cheval de bataille des provinces de l'Ouest (et, dans une moindre mesure, des provinces de l'Atlantique), qui y voient le moyen d'acquérir une plus grande influence sur le processus décisionnel fédéral. En effet, à cause de leur moindre population, ces provinces (parfois qualifiées de »périphériques«) n'envoient à la Chambre des communes qu'un nombre de députés trop restreint pour pouvoir y exercer une influence comparable à celle des deux grandes provinces du Canada »central«, le Québec et l'Ontario. Les provinces de l'Ouest favorisent donc la formule »triple E«, qui désigne un sénat »élu, égal et efficace«, où chaque province serait représentée par le même nombre de sénateurs, ceux-ci étant élus au suffrage universel direct[24]. En outre, ce nouveau Sénat devrait exercer les mêmes pouvoirs que la Chambre des communes. Dans un tel Sénat (inspiré de la Chambre haute australienne), les provinces »périphériques« seraient majoritaires et pourraient s'opposer aux décisions prises par le Québec et l'Ontario et ainsi empêcher

---

(medicare), la contribution fédérale est tombée de 50% à 25%; pour le régime d'assistance sociale, de 50% à 39% en moyenne.

[23] Sur le plan juridique, les problèmes soulevés par le pouvoir de dépenser sont loin d'avoir été entièrement clarifiés. En jurisprudence, bien qu'il n'existe pas de décision véritablement concluante sur ce point, la tendance est de reconnaître qu'un ordre de gouvernement peut dépenser dans des domaines qui relèvent de l'autre ordre de gouvernement dans la mesure où, ce faisant, il ne *légifère pas* relativement à un sujet de compétence appartenant à ce dernier. Il est vrai que la distinction entre une loi autorisant des dépenses assorties de conditions et une loi de réglementation n'est pas toujours facile à faire et c'est précisément cette incertitude qui a amené jusqu'à présent le gouvernement fédéral à recourir habituellement à la négociation avec les provinces pour exercer un pouvoir dont l'étendue et les limites ne sont pas clairement précisées.

[24] La répartition actuelle des 104 sièges du Sénat est la suivante: Ontario et Québec, 24 chacun; Nouveau-Brunswick et Nouvelle-Écosse, 10 chacun; Ile-du-Prince-Édouard, 4; Colombie-Britannique, Alberta, Saskatchewan et Manitoba, 6 chacun; Terre-Neuve, 6; Yukon et Territoires du Nord-Ouest, 1 chacun. Actuellement, la Constitution prévoit que les sénateurs sont nommés par le gouvernement fédéral. En pratique, depuis 1867, tous les gouvernements ont procédé à des nominations partisanes, presque toujours destinées à servir de récompense politique. Cette pratique a fait en sorte que les sénateurs, qui ne sont pas élus par la population des provinces, ne peuvent pas davantage prétendre parler au nom des gouvernements provinciaux. Par conséquent, les sénateurs ne sont investis d'aucune légitimité politique et, pour cette raison, en vertu d'une convention constitutionnelle non écrite, le Sénat doit normalement s'abstenir d'exercer les pouvoirs que la Constitution lui reconnaît en matière législative et qui sont, à peu de choses près, les mêmes que ceux de la Chambre des communes.

des politiques comme la »politique nationale de l'énergie«, adoptée dans les années soixante-dix par le gouvernement libéral de M. Trudeau, et qui a eu pour effet de détourner la manne pétrolière des provinces productrices vers le Canada »central«.

Cependant, l'égalité de représentation de toutes les provinces au Sénat entraînerait des conséquences difficiles à accepter sur le plan démocratique. En effet, les six plus petites provinces (les quatre provinces atlantiques, le Manitoba et la Saskatchewan) détiendraient ensemble 60% des voix au Sénat, alors qu'elles ne représentent que 17,4% de la population canadienne. Une telle formule serait au surplus inacceptable pour les Québécois, en ne leur laissant que le dixième des sièges du Sénat.

De façon plus générale, l'élection des sénateurs au suffrage direct ne paraît pas être une bonne solution dans le cadre canadien. Bien qu'éminemment démocratique, cette modalité entraînerait de graves inconvénients dans le contexte d'un sytème parlementaire de type britannique, caractérisé par le principe de la responsabilité ministérielle, le bipartisme et la discipline de parti. Du point de vue de la composition partisane, un Sénat élu au suffrage universel risque en effet d'être trop *semblable* à la Chambre des communes, ce qui lui enlèverait sa raison d'être, ou, au contraire, trop *différent*, ce qui pourrait amener les deux chambres à s'affronter et à se neutraliser mutuellement. En effet, dans la mesure où elles seront pareillement élues au suffrage direct et posséderont donc une légitimité démocratique semblable, aucune des deux chambres ne se sentira tenue de céder à l'autre. En outre, la discipline de parti amènera les sénateurs à agir en s'alignant sur la politique partisane plutôt que sur la défense des intérêts des provinces ou des régions. Comme le montre l'exemple du Sénat australien, dont le fonctionnement est généralement dominé par la politique partisane, l'élection des sénateurs a pour conséquence *d'affaiblir* leur capacité d'agir en tant que représentants des États-membres de la fédération. Par ailleurs, il serait illogique de donner au Sénat une forte légitimité démocratique sans lui reconnaître également des pouvoirs importants. Plus précisément, dans la mesure où le Sénat et la Chambre des communes sont l'un et l'autre élus, il est difficile de ne pas reconnaître à celui-ci les mêmes pouvoirs qu'à celle-là. Or on se bute ici une grave difficulté: dans un système parlementaire, les deux chambres ne sauraient véritablement avoir des pouvoirs égaux. Un tel système exige au contraire que la Chambre basse ait des pouvoirs supérieurs à ceux de la Chambre haute, car c'est de la première qu'émane le gouvernement et, par conséquent, c'est devant elle seule qu'il est responsable[25].

6. *La reconnaissance des droits des peuples autochtones*

Les peuples autochtones du Canada ont vivement combattu l'Accord du lac Meech, leur principal grief se situant sur le plan de la symbolique constitutionnelle. En effet, de tous les groupes opposés à l'Accord du lac Meech, les autochtones sont le seul qui revendique, lui aussi, d'être reconnu comme une »société distincte«, parce qu'il est le seul, avec le Québec, à avoir des ambitions »nationales« ou, du moins, certaines revendications en matière d'autonomie gouvernementale. De fait, entre 1983 et 1987, à

---

[25] Pour une étude plus systématique des problèmes soulevés par la réforme du Sénat, voir: José Woehrling, »La problématique de la Chambre haute fédérale et la réforme du Sénat canadien«, dans *Présence du droit public et des droits de l'homme* (Mélanges offerts à Jacques Velu), Bruxelles, Bruylant, 1992, pp. 495 et suiv.

l'occasion de quatre conférences constitutionnelles successives (dont la dernière avait précédé de quelques semaines seulement l'Accord du lac Meech), les leaders autochtones ont tenté, sans succès, d'obtenir du gouvernement fédéral et des gouvernements provinciaux la consécration de leur droit »inhérent« à l'autonomie gouvernementale (c'est-à-dire un droit de se gouverner qui prendrait sa source non dans la Constitution canadienne, mais dans le fait que les autochtones étaient présents sur le territoire avant l'arrivée des Européens). Les autochtones considéraient que leur reconnaissance comme »société distincte« aurait favorisé ces revendications sur un plan politique.

Tout comme la limitation du pouvoir fédéral de dépenser, la reconnaissance des droits des peuples autochtones constitue un problème sur lequel il n'y a pas, comme sur d'autres questions, une opposition entre le Québec et le reste du Canada. La question autochtone jouera néanmoins un rôle important dans les futures négociations entre le Québec et le reste du Canada, ne fût-ce que parce qu'elle s'ajoutera inévitablement à l'ordre du jour des discussions et que les peuples autochtones continueront de tout mettre en oeuvre pour empêcher une réforme constitutionnelle qui ne leur donnerait pas également satisfaction[26].

Les revendications des peuples autochtones sont de nature territoriale, financière, socio-économique, écologique et politico-administrative, mais c'est uniquement sous ce dernier aspect qu'elles exigent une modification constitutionnelle pour être satisfaites; c'est pourquoi nous n'en traiterons qu'à cet égard. La légitimité politique et morale de ces revendications est basée sur le principe du titre ancestral (ou aborigène). Celui-ci est fondé sur le fait que les autochtones ont précédé les Européens dans l'occupation et l'utilisation du territoire et que les droits ainsi acquis persistent jusqu'à ce qu'ils soient abolis avec l'accord des intéressés.

Sur le plan politique et administratif, les autochtones réclament soit l'entier pouvoir, soit une participation aux décisions qui les intéressent. Sur cet aspect, les positions des différents groupes varient beaucoup en fonction de leur taille, de leur extension géographique et de leur niveau de mobilisation idéologique. Certains se contenteraient d'être consultés sur les questions présentant un intérêt pour eux. D'autres réclament l'entière souveraineté sur toutes les questions qui relèvent normalement des gouvernements provinciaux, en plus de vouloir exercer certaines compétences relevant des autorités fédérales, notamment en matière de droit pénal et de relations internationales. Entre ces deux extrêmes, on trouve toutes sortes de propositions intermédiaires, notamment celle d'assurer aux autochtones une représentation garantie au sein des assemblées législatives ou d'autres instances décisionnelles.

Sur le plan constitutionnel, les peuples autochtones du Canada ont réussi à faire inscrire à l'article 35 de la *Loi constitutionnelle de 1982* une garantie de leurs droits exi-

---

[26] Quelque 55 000 Amérindiens et 7000 Inuit, répartis en onze nations, vivent au Québec (où ils comptent pour 0,8% de la population); 18 000 d'entre eux, appartenant aux communautés crie, naskapi et inuit, sont établis dans la partie septentrionale du territoire québécois. En vertu de la *Convention de la Baie-James et du Nord-ouest québécois* et de la *Convention du Nord-Est québécois*, les Cris, les Naskapis et les Inuit bénéficient d'une certaine autonomie en matière d'éducation et d'administration locale ou régionale, ainsi que d'un soutien pour contrer la diminution progressive de leurs activités traditionnelles. En outre, le 20 mars 1985, l'Assemblée nationale du Québec a adopté une résolution reconnaissant notamment le droit des nations autochtones à l'autonomie au sein du Québec.

stants (c'est-à-dire non éteints avant l'entrée en vigueur de celle-ci), qu'ils soient »ancestraux« (c'est-à-dire fondés sur l'occupation ou l'utilisation traditionnelle du territoire) ou issus de traités conclus entre les Autochtones et les autorités canadiennes. Selon les tribunaux, cette disposition accorde à ces peuples une protection contre toute législation – fédérale ou provinciale – qui aurait pour effet d'éteindre ou de nier ces droits, ou de leur imposer des restrictions jugées non raisonnables. En 1983, une modification constitutionnelle est venue préciser que cette protection comprend les droits issus d'accords sur des revendications territoriales (ce qui a notamment eu pour effet de garantir aux nations autochtones que ces ententes ne seront pas modifiées sans leur consentement). Par contre, comme on l'a noté précédemment, depuis cette époque, les peuples autochtones ont cherché en vain à obtenir la reconnaissance, dans la Constitution, de leur droit »inhérent« à l'autonomie gouvernementale. Une des principales difficultés de cette revendication consiste dans le fait que les groupes autochtones, comme on vient de le souligner, donnent au concept d'»autonomie gouvernementale« un contenu très variable.

L'Accord de Charlottetown, rejeté par la population lors du référendum de 1992, prévoyait effectivement la consécration du droit »inhérent« des peuples autochtones à l'autonomie gouvernementale et la création, à cet effet, d'un troisième niveau de gouvernement. Il était prévu que, pendant une période de cinq ans, les onze gouvernements et les intéressés devraient négocier afin de préciser la teneur de ce droit, à défaut de quoi celui-ci deviendrait exécutoire et pourrait alors être défini par les tribunaux. Outre le fait qu'un tel projet aurait ainsi délégué un pouvoir trop considérable aux tribunaux, trois autres aspects étaient de nature à inspirer des inquiétudes. En premier lieu, il n'était pas clairement précisé dans quelle mesure les lois autochtones devraient être compatibles avec les lois fédérales et provinciales. Ensuite, l'Accord prévoyait que les autorités autochtones pourraient déroger à la *Charte canadienne des droits et libertés*, ce qui inquiétait vivement les femmes autochtones qui avaient peur que l'égalité sexuelle ne soit pas toujours respectée par les futurs gouvernements autochtones. Enfin, il semble que l'Accord aurait permis aux gouvernements autochtones de refuser les droits politiques aux non-autochtones vivant sur leur territoire; il se serait donc agi de gouvernements fondés sur une forme d'appartenance raciale. Il faut souligner que, lors du référendum de 1992, même les peuples autochtones ont majoritairement voté contre l'Accord, bien que celui-ci leur faisait réaliser des gains considérables, encore impensables il y a peu de temps (mais certains dirigeants autochtones n'étaient pas satisfaits et voulaient obtenir davantage).

III. Les stratégies post-référendaires du gouvernement canadien

Depuis le référendum d'octobre 1995, le gouvernement fédéral canadien a donc commencé à mettre en oeuvre deux stratégies post-référendaires. D'une part, il a adopté certaines mesures, et en a annoncé d'autres, qui sont destinées à satisfaire certaines des revendications québécoises, dans l'espoir de voir ainsi diminuer les appuis à la souveraineté dans l'électorat nationaliste (cette première stratégie est communément appelée le »plan A«). D'autre part, le gouvernement fédéral a également indiqué son intention d'adopter des règles destinées à encadrer plus rigoureusement toute future démarche du gouvernement québécois ayant pour objectif de réaliser la sécession du Québec, ainsi qu'à souligner les dangers politiques et économiques que fera courir aux Québécois une sécession non approuvée par le reste du Canada (il s'agit du »plan B«).

A. *Les mesures destinées à satisfaire certaines revendications du Québec pour désamorcer le mouvement souverainiste*

À la toute fin de la campagne référendaire d'octobre 1995, devant la montée des appuis à la souveraineté dans les sondages, M. Chrétien s'était engagé à reconnaître le caractère distinct de la société québécoise, à attribuer au Québec un droit de veto sur certaines modifications à la Constitution canadienne et, enfin, à limiter l'intervention fédérale résultant de l'exercice du pouvoir de dépenser dans certains domaines de compétence provinciale.

Dès les lendemains du référendum, le gouvernement fédéral a fait adopter par la Chambre des communes, le 29 novembre 1995, et par le Sénat, le 14 décembre suivant, une résolution reconnaissant »que le Québec forme, au sein du Canada, une société distincte« et dans laquelle les deux chambres »incite[nt] tous les organismes des pouvoirs législatif et exécutif du gouvernement à prendre note de cette reconnaissance et à se comporter en conséquence«[27]. Cependant, sur le plan juridique, la résolution n'a pas de caractère contraignant et, par conséquent, elle est dénuée de toute portée véritable. Quant au plan symbolique, seule une véritable constitutionnalisation de la reconnaissance du caractère distinct du Québec serait de nature à satisfaire les Québécois. Le gouvernement fédéral a annoncé son intention, dans un avenir non précisé, d'entreprendre les démarches nécessaires pour modifier la Constitution dans ce but; il faut cependant rappeler que l'accord de sept provinces au moins, représentant au moins la moitié de la population, est nécessaire pour y parvenir. Certains gouvernements provinciaux, comme ceux du Nouveau-Brunswick et de Terre-Neuve, ont indiqué qu'ils étaient disposés à donner leur consentement, mais d'autres, comme celui de la Colombie-Britannique, manifestent beaucoup de réticence, voire une franche opposition. Au surplus, comme on l'a déjà noté, les sondages montrent qu'une forte proportion de la population du Canada anglais rejette vigoureusement toute reconnaissance constitutionnelle du caractère distinct du Québec.

Pour ce qui est du droit de veto réclamé par le Québec, le gouvernement de M. Chrétien a également renoncé pour le moment à tenter de l'inscrire dans la Constitution (tout en annonçant, là encore, son intention de le faire à l'avenir). Partant du fait que la *Loi constitutionnelle de 1982* accorde aux autorités fédérales un droit de veto sur toutes les modifications constitutionnelles, il a fait adopter par le Parlement canadien une loi[28] prévoyant que le gouvernement fédéral devra s'abstenir de donner son accord

[27] *Hansard*, 29 novembre 1995, pp. 16 971–16 974; *Débats du Sénat*, 14 décembre 1995, 1400. La résolution ajoute que »la société distincte comprend notamment une majorité d'expression française, une culture qui est unique et une tradition de droit civil«; elle prévoit également que »la Chambre [le Sénat] s'engage à se laisser guider par cette réalité«.

[28] *Loi concernant les modifications constitutionnelles*, L. C. 1966, ch. 1. Adoptée par la Chambre des communes le 13 décembre 1995 et par le Sénat le 2 février 1996, la loi est entrée en vigueur ce même jour.

aux modifications constitutionnelles qui n'auraient pas obtenu le consentement du Québec, de l'Ontario, de la Colombie-Britannique, d'au moins deux des quatre provinces de l'Atlantique (Terre-Neuve, Nouveau-Brunswick, Nouvelle-Écosse et Ile-du-Prince-Édouard) et d'au moins deux des trois provinces des Prairies (Manitoba, Saskatchewan et Alberta), représentant dans ces deux derniers cas au moins la moitié de la population de la région considérée. Ce faisant, on s'inspire de la formule des »vetos régionaux« qui avait déjà été envisagée lors des discussions constitutionnelles des années 1970, avec cette différence que la Colombie-Britannique, qui faisait partie d'une des quatre régions traditionnelles – les provinces de l'Ouest –, forme désormais une nouvelle et cinquième »région«. En pratique, cette formule donne également un droit de veto »informel« à l'Alberta, puisque cette province abrite 54,6% de la population totale des trois provinces des Prairies. Une telle solution ne répond cependant pas aux demandes du Québec, puisque le droit de veto qui lui est ainsi reconnu n'est pas constitutionnellement garanti, mais repose sur une loi fédérale ordinaire, si bien qu'il est à la merci d'un changement de gouvernement à Ottawa. Par ailleurs, tant que cette loi sera en vigueur, elle aura pour effet de rendre beaucoup plus ardues les modifications constitutionnelles auxquelles elle s'applique, parmi lesquelles certaines sont réclamées par le Québec.

Enfin, dans le discours du trône du 27 février 1996, qui contenait un exposé de la politique gouvernementale pour la seconde moitié de la législature, le gouvernement de M. Chrétien a annoncé certaines mesures de »modernisation« du système fédéral, en particulier les suivantes:

- l'engagement du gouvernement fédéral de ne pas utiliser à l'avenir son pouvoir de dépenser pour créer de nouveaux programmes à frais partagés dans des domaines de compétence provinciale exclusive sans le consentement de la majorité des provinces; en outre tout nouveau programme devra être conçu de telle sorte que les provinces qui s'en dissocieront obtiendront une compensation, à condition qu'elles adoptent un programme équivalent ou comparable;
- l'intention du gouvernement fédéral de se retirer d'un certain nombre de domaines relevant de la compétence des provinces et dans lesquels il est actuellement présent en y exerçant son pouvoir de dépenser; les domaines mentionnés sont la formation professionnelle, les forêts, les mines et les loisirs;
- l'intention du gouvernement fédéral d'entreprendre des discussions avec les provinces pour déterminer les principes devant sous-tendre la politique sociale et la politique en matière de santé publique.

Comme on le constate, l'engagement relatif à la limitation du pouvoir fédéral de dépenser reprend une des mesures contenues dans l'Accord du lac Meech, tout en y ajoutant une limitation supplémentaire de ce pouvoir tenant à la nécessité de l'accord d'une majorité de provinces. Cependant, en l'absence d'une garantie constitutionnelle, rien n'assure aux provinces qu'un tel engagement sera respecté à l'avenir. Quant aux intentions fédérales concernant la politique sociale et de santé, elles manifestent la détermination du gouvernement Chrétien de continuer à réclamer le respect de normes nationales dans ces domaines de compétence provinciale exclusive, normes qu'Ottawa est cependant disposé désormais à fixer après négociation avec les provinces, plutôt qu'unilatéralement. Dans l'ensemble, les mesures annoncées font preuve d'une indéniable bonne volonté et de la recherche de mécanismes plus consensuels, mais elles ne répondent pas aux demandes traditionnelles du Québec en matière de décentralisation (voir *supra*).

Un sondage CROP/La Presse, dont les résultats ont été publiés le 26 octobre 1996, révèle que 68% des Québécois sont insatisfaits des initiatives fédérales qui viennent d'être rapportées. Et il ne s'agit pas seulement des souverainistes (insatisfaits à 75%); les deux tiers (66%) de ceux qui déclarent avoir voté NON au référendum d'octobre 1995 partagent également ce sentiment, ainsi qu'une majorité de non-francophones (56%). Seulement 15% des francophones sont satisfaits des initiatives du gouvernement fédéral[29]. Par conséquent, il est manifeste que les mesures adoptées jusqu'à présent dans le cadre du »plan A«, pour désamorcer le mouvement souverainiste, ne sont pas suffisantes pour atteindre leur objectif. Par ailleurs, comme on le soulignera plus loin, le même sondage révèle également que, depuis octobre 1995, les appuis à la souveraineté ont diminué de 49,4% à 45%.

B. *Les mesures destinées à reserrer les conditions d'un prochain référendum sur la souveraineté pour décourager le mouvement souverainiste*

Depuis octobre 1995, de nombreuses voix se sont élevées, principalement à l'extérieur du Québec, pour demander que le gouvernement fédéral fasse clairement connaître les règles qu'il entend faire respecter dans l'éventualité d'un nouveau processus d'accession du Québec à la souveraineté. De même, on le presse d'annoncer des positions très fermes pour les négociations qui suivraient un éventuel référendum positif sur l'indépendance du Québec. Ceux qui prônent ces mesures, appelées »plan B«, estiment qu'elles permettront d'atteindre deux objectifs: d'une part, grâce à l'existence de règles claires et connues d'avance, réduire les inconvénients résultants inévitablement de l'incertitude politique et économique créée par un nouveau référendum; d'autre part, faire connaître aux Québecois tentés de voter pour la souveraineté tous les risques et les dangers qu'entraînerait une telle décision pour eux (en espérant les faire ainsi changer d'avis)[30].

Pour ce qui est des règles que les autorités fédérales devraient imposer pour encadrer un prochain référendum au Québec, on suggère notamment que la question posée devrait être approuvée par Ottawa, pour éviter toute manipulation des électeurs par le gouvernement souverainiste du Québec; qu'une majorité spéciale ou renforcée des voix en faveur de la souveraineté (davantage que 50% des voix plus une) devrait être exigée; qu'un éventuel référendum positif au Québec devrait être confirmé – et pourrait être annulé – par un référendum pancanadien; que la Cour suprême du Canada devrait dès maintenant être consultée sur les règles juridiques applicables à la sécession du Québec; enfin, que toute entente entre le Québec et le reste du Canada résultant

---

[29] *La Presse* (de Montréal), samedi 26 octobre 1996, p. B-1.

[30] Parmi les promoteurs du »plan B«, on trouve notamment les professeurs Peter Hogg et Patrick Monahan et l'ancien secrétaire général du gouvernement fédéral, M. Gordon Robertson; voir: Peter W. Hogg, »The Effect of a Referendum on Quebec Sovereignty«; Gordon Robertson, »Contingency Legislation for a Quebec Referendum«; Patrick J. Monahan & Michael J. Bryant, »Planning for Plan B« dans *Focus on Plan B* dans (1996) 4 *Canada Watch* 89–112 (York University – Centre for Public Law and Public Policy and the Robarts Centre for Canadian Studies).

des négociations qui suivraient un référendum positif devrait ensuite être entérinée selon la procédure de modification constitutionnelle applicable à la sécession d'une province, c'est-à-dire la procédure de l'unanimité.

En ce qui concerne les positions de négociation à adopter par Ottawa, elles devraient principalement porter sur la part de la dette publique canadienne assumée par un Québec souverain (qui devrait être au moins équivalente à la proportion de la population québécoise par rapport à la population canadienne) et sur l'éventuelle »partition« du territoire québécois lors de la sécession (les régions frontalières du Québec votant majoritairement contre la sécession devraient pouvoir se séparer à leur tour d'un Québec souverain et maintenir leur appartenance au Canada; ceci s'appliquerait notamment aux deux tiers septentrionaux du territoire québécois actuel, traditionnellement et majoritairement occupés par les peuples autochtones[31]). Enfin, le gouvernement canadien devrait faire connaître clairement son intention de ne conclure aucune entente économique ou politique avec un Québec souverain. On a vu précédemment que, lors de la campagne référendaire d'octobre 1995, pour rassurer les électeurs inquiets des conséquences d'une éventuelle séparation, les leaders souverainistes ont affirmé avec insistance que le Canada anglais ne pourrait faire autrement que de conclure un »nouveau partenariat«, politique et économique, avec un Québec souverain.

Des différentes mesures proposées qui font partie de ce »plan B«, une seule a été adoptée jusqu'à présent par le gouvernement du Canada: il s'agit d'une demande d'avis consultatif déposée en octobre 1996 devant la Cour suprême du Canada et destinée à faire dire à celle-ci qu'une sécession unilatérale, non approuvée par le reste du Canada, serait illégale[32]. Si le gouvernement canadien n'est pas allé plus loin jusqu'à présent, dans l'application du »plan B«, c'est que les politiciens fédéraux comprennent qu'une telle attitude, surtout si les conditions imposées au Québec paraissent trop sévères, risque de se retourner contre ses auteurs en provoquant la colère de nombreux Québécois et en faisant ainsi augmenter les appuis à la souveraineté. Cependant, avec le temps qui passe, les pressions sur le gouvernement fédéral s'accentueront suffisamment pour qu'il doive se résoudre à passer à l'action[33]. C'est pourquoi il importerait

---

[31] Voir *supra*, note 25. Les Cris de la Baie-James ont tenu leur propre référendum le 24 octobre 1995 et ont voté à 96,3% contre leur séparation du Canada (à la même époque, les Inuit du Nord québécois, à l'occasion d'un autre référendum, se sont prononcés dans le même sens avec une majorité de 95%). Sur les problèmes que soulèverait l'opposition des peuples autochtones établis sur le territoire québécois en cas de tentative de sécession unilatérale du Québec, voir: José Woehrling, »Les aspects juridiques d'une éventuelle sécession du Québec«, (1995) 74 *Revue du Barreau canadien* 293 et suiv., aux pp. 326 et suiv. Certaines intentions »partitionnistes« ont également été exprimées dans les municipalités de l'ouest de Montréal, où une très forte majorité de la population est anglophone, et dans l'Outaouais, une région du Québec frontalière de l'Ontario et de la région de la capitale nationale du Canada – Ottawa –, où résident de nombreux fonctionnaires fédéraux qui craignent de perdre leur emploi en cas d'accession du Québec à la souveraineté (on y a voté contre la souveraineté à 72,5% en octobre 1995).

[32] En substance, les questions posées à la Cour sont les suivantes: Le Québec peut-il, en vertu de la Constitution du Canada ou du droit international, faire unilatéralement sécession du Canada? En cas de conflit entre le droit interne canadien et le droit international quant au droit du Québec à la sécession, lequel des deux l'emporterait?

[33] Un sondage de la firme Environnics, publié dans *La Presse* (de Montréal) du 17 novembre 1996, révèle qu'un an après le référendum d'octobre 1995 une majorité des Canadiens des autres provinces favorise la ligne dure à l'égard du mouvement souverainiste québécois. 63% des répondants se disent favorables à la

que le gouvernement du Québec prenne les devants et fixe lui-même, publiquement, les principes qu'il entend suivre dans sa démarche d'accession à la souveraineté[34].

Conclusion

Les tentatives de modifier la Constitution qui devront être entreprises dans les années à venir seront cruciales pour le maintien du Québec dans la fédération canadienne ou, au contraire, sa sécession. Mais les chances que les Québécois et les autres Canadiens puissent s'entendre paraissent très minces. Les sondages d'opinion montrent que la population dans le reste du Canada n'est pas prête à accepter les modifications constitutionnelles qu'une majorité de Québécois considère comme étant les conditions minimales du maintien du Québec dans la fédération.

Par conséquent, une première hypothèse consiste à prévoir que le reste du Canada ne fera pas d'offres constitutionnelles aux Québécois ou, pire encore, leur fera des offres que ces derniers considéreront comme inacceptables, même ceux qui souhaitent sincèrement le renouvellement du fédéralisme (quant aux souverainistes convaincus, aucune offre ne leur semblera de toute façon suffisante ..). Il y aura donc un troisième référendum, à l'occasion duquel une majorité se prononcera pour le OUI, un certain nombre de ceux qui ont voté pour le NON la dernière fois étant désormais convaincus que la souveraineté est inévitable comme le seul moyen de mettre fin à l'impasse politique et constitutionnelle.

Une autre façon de prévoir le déroulement des événements est plus optimiste pour les tenants du maintien du Québec au sein du Canada. Elle s'appuie sur l'idée que les 10% de votes supplémentaires que la souveraineté a gagné en 1995, par rapport à 1980, sont des votes fragiles et volatiles, qui pourraient disparaître aussi vite qu'ils sont apparus en fin de campagne référendaire (rappelons qu'au début de la campagne, l'appui à la souveraineté se situait autour de 42%; un sondage publié le 26 octobre 1996 indique que, depuis octobre 1995, les appuis à la souveraineté ont diminué de 49,4% à 45%[35]). Elle s'appuie également sur les enquêtes d'opinion qui montrent qu'une majorité de Québécois veut continuer à utiliser le dollar canadien, conserver la nationalité et le passeport canadiens et maintenir l'union économique et monétaire avec le Canada *après* l'accession du Québec à la souveraineté[36]. Durant la campagne référendaire, les porte-paroles du OUI ont constamment affirmé que le Canada accepterait facilement de conclure avec un Québec souverain un nouveau »partenariat«, comportant le maintien de l'union économique, du dollar canadien, de la citoyenneté et d'un lien

---

ligne dure, communément appelée »plan B«, alors qu'à peine 13% expriment leur accord pour des changements dans le sens des revendications du Québec (24% sont sans opinion ou refusent de répondre).

[34] Sur cette question, voir: José Woehrling, »Ground Rules for the Next Referendum on Quebec's Sovereignty« dans (1996) 4 *Canada Watch* (York University – Centre for Public Law and Public Policy and the Robarts Centre for Canadian Studies), 89–97.

[35] *Supra*, note 29.

[36] Selon un sondage CROP-*L'actualité, supra*, note 13, l'association économique avec le Canada paraît essentielle au succès d'un Québec souverain pour 73% des répondants et 62% d'entre eux considèrent qu'un Québec souverain devrait continuer à utiliser le dollar canadien; 78% des répondants souhaitent conserver la nationalité canadienne dans un Québec souverain; 16% seulement souhaitent y renoncer.

politique de nature plus ou moins »confédérale«. Dans trois ou quatre ans, si les négociations avec le reste du Canada pour le renouvellement du fédéralisme échouent à nouveau, il sera beaucoup plus difficile pour les souverainistes de convaincre les Québécois que ce même Canada serait prêt à négocier un nouveau partenariat avec un Québec souverain[37]. Autrement dit, l'échec prévisible des tentatives de renouvellement constitutionnel pourrait, selon les autres facteurs avec lesquels il se combinera, aussi bien favoriser la séparation du Québec que la rendre plus difficile.

---

[37] Durant la campagne référendaire, le débat entre tenants et adversaires de la souveraineté du Québec a beaucoup porté sur la nature des institutions communes qui devraient être considérées comme nécessaires pour permettre le maintien de l'intégration économique et monétaire à son niveau actuel. Les opposants à la souveraineté estiment que seules des institutions véritablement fédérales, similaires à celles qui existent présentement, permettraient d'arriver à ce résultat. Quant aux tenants de la souveraineté, ils ne s'entendent pas tous sur ce problème. Certains estiment qu'il suffirait d'institutions intergouvernementales de coordination, du type de celles qui existent actuellement en vertu de l'Accord de libre-échange nord-américain (ALÉNA), alors que d'autres semblent penser qu'il faudrait une intégration institutionnelle plus poussée, de nature supraétatique, similaire à celle de l'Union européenne. Sans entrer dans les détails de ce débat, on peut se contenter de souligner que, dans le cas d'une éventuelle association économique entre le Canada et un Québec souverain, la principale difficulté consisterait à déterminer le mode de prise de décision. Si les décisions devaient être prises par consensus – ce qui constitue le mode de fonctionnement normal entre deux États souverains –, cela reviendrait à donner au Québec un poids décisionnel disproportionné par rapport à son importance économique et démographique vis-à-vis du Canada. En outre, une relation bilatérale fondée sur un double droit de veto comporterait des risques de blocage évidents, susceptibles de paralyser le fonctionnement de l'association. Au sein de l'Union européenne, la prise de décision est progressivement passée de l'unanimité à la majorité qualifiée; une telle évolution est cependant difficilement imaginable à l'intérieur d'une association bilatérale Canada-Québec. Par ailleurs, un Québec souverain n'accepterait que difficilement un système où les deux partenaires obtiendraient dans les institutions communes une représentation proportionnelle à leur importance démographique et économique respective, puisque cela le replacerait à peu près dans la même situation que celle qu'il occupe actuellement au sein de la fédération canadienne (évidemment, le véritable résultat du changement dépendrait des abandons de souveraineté que les deux partenaires consentiraient au profit des institutions communes de l'association Québec-Canada). Ces difficultés politiques et institutionnelles pourraient amener le Canada et le Québec à devoir accepter un niveau d'intégration économique moindre qu'à l'heure actuelle, ce qui n'irait pas sans dommages pour les économies des deux pays.

Verfassungsentwicklung in Venezuela

von

Norbert Lösing[1]

I. Einführung

185 Jahre sind seit der Unabhängigkeitserklärung Venezuelas[2] vergangen, dem Land, welches am 21. Dezember 1811 die erste Verfassung Lateinamerikas erlassen hat[3]. Lange Zeit galt Venezuela als eine der stabilsten Demokratien Lateinamerikas. Das durch umfangreiche Rohstoffreserven (Erdöl, Gold, Diamanten) begünstigte Land bezeichnete man in den siebziger Jahren als das »neue El Dorado« Lateinamerikas. Viel von diesem Glanz ist in den letzten Jahren abgebröckelt. Wirtschaftliche, soziale und politische Krisen haben im Jahre 1992 zu zwei Putschversuchen geführt, 1993 wurde der damalige Präsident seines Amtes enthoben[4], die Justiz steht vor dem Kollaps[5], die Inflationsrate[6] ist derzeit die höchste in Lateinamerika und die Korruption in der öffentlichen Verwaltung[7] hat nach Angaben von Transparency International[8] ein unerträgliches Maß erreicht. Die Regierung von Präsident Caldera ist bemüht, die politische Stabilität wieder herzustellen und neben der Durchführung wirt-

---

[1] Rechtsassessor, bis Mai 1997 Direktor des rechtspolitischen Dialogprogrammes für Lateinamerika der Konrad-Adenauer-Stiftung e.V. Herrn *Alán R. Brewer-Carías* gebührt Dank für die Überlassung aller venezolanischen Verfassungen und Herrn *Nelson Rodriguez* für die Informationen über die Verzögerung der Wahl der Richter am Obersten Gerichtshof.

[2] Erklärung vom 05. Juli 1811 der »*Confederación Americana de Venezuela*«.

[3] Veröffentlicht in der »*Gazeta de Caracas*« am *27. Dezember 1811*. Zum Teil wird die Verfassung von Cundinamarca, ebenfalls von 1811, als die erste geltende Verfassung Lateinamerikas bezeichnet. Es handelt sich hierbei allerdings um eine Provinzverfassung.

[4] Carlos Andrés Pérez wurde wegen einer Korruptionsaffäre angeklagt, des Amtes enthoben und 1996 verurteilt.

[5] Vgl. z.B. El Universal vom 31. Oktober 1996, S. 1 und 14.

[6] 1996 ca. 120%.

[7] 20% der berufstätigen Bevölkerung arbeitet in der öffentlichen Verwaltung! In der Zentralverwaltung sind es 800.000 Mitarbeiter und in den Estados (Provinzen) 400.000. Quelle: *Comisión Andina de Juristas, Informativo Andino Nr. 119*, Dezember 1996, S. 7.

[8] In einer von TI veröffentlichten Tabelle (10 Punkte für Länder ohne Korruption bis zu 0 Punkte für Länder mit extremer Korruption) erhielt Venezuela die Punktzahl von 2,66; nach Indonesien mit 1,94; China mit 2,16 und Pakistan mit 2,25. (Zum Vergleich: Deutschland erhielt die Punktzahl 8,14).

schaftlicher und rechtlicher Reformen steht auch die aktuelle Verfassung von 1961 erneut auf dem Prüfstand. Wurde diese Verfassung 1991 noch gelobt als der Grundstein der venezolanischen Demokratie[9] und Stabilität, änderte sich diese Perzeption nach den Ereignissen von 1992[10]. Bereits zwischen 1989 und 1992 hatte eine bikammerale Kommission (Vertreter der Abgeordnetenkammer und des Senates) die Verfassung analysiert und einen ausführlichen Reformvorschlag entworfen, der trotz einiger guter Ansätze[11] und der beunruhigenden Entwicklung im Land u.a. am mangelnden politischen Willen der Parteien, substantielle Änderungen herbeizuführen[12], scheiterte. Die entscheidende Rolle für das Scheitern spielte jedoch die Presse, die in den Reformvorschlägen eine angebliche Beschneidung der Pressefreiheit zu erkennen glaubte[13] und daraufhin gegen die Reform insgesamt stark polemisierte. Richtig ist, daß die venezolanische Krise nicht, jedenfalls nicht allein auf Mängel der Verfassung zurückzuführen ist[14]. Trotzdem ist sie Grundlage und Quelle für das Instrumentarium, mit dem eine Krise verhindert bzw. bewältigt werden soll. Gegenstand einer Verfassung sind die Grundfragen des staatlichen Herrschaftssystems einschließlich der Stellung des einzelnen[15]. Ihre Funktion ist, dem Staat eine rechtliche Grundordnung zu geben. Dazu gehört es, die zunächst allenfalls faktisch vorhandene Staatsgewalt rechtlich (neu) zu konstituieren und zu organisieren: Staatsorgane sind zu schaffen und zu besetzen, Befugnisse zuzuordnen und die Bedingungen ihrer Wahrnehmung zu regeln. Als Grundlage der staatlichen Rechtsordnung überhaupt muß die Verfassung ferner

---

[9] *Caldera, R.*: »*Preservemos la Constitución*« in: El Universal vom 23.01.91, S. 1–4; *Escovar Salom, R.*: »*La Constitución treinta años después*« in: El Nacional vom 28.01.91 S. A-4.

[10] Vgl. z.B. *Alvarez, A.*: *Crisis política y solución constituyente*; ebenso *Kornblith, M.*: *Reforma Constitucional, crisis política y estabilidad de la democracia en Venezuela* in: Politeia nr. 15, Instituto de Estudios Políticos, Universidad Central de Venezuela, Caracas 1993.

[11] Zum Teil wurden auch weniger sinnvolle Vorschläge gemacht wie z.B. die Bildung einer Hohen Justizkommission als Organ über dem Obersten Richterrat mit ähnlichen und weitergehenden Kompetenzen (insbesondere im Disziplinarbereich). Auch sollten sehr umfangreiche plebiszitäre Elemente in die Verfassung eingeführt werden. U.a. wurde die Regelung eines »Widerrufsreferendums« vorgeschlagen, mit dem Wahlmandate jederzeit widerrufen werden könnten (durch eine entsprechende Abwahl des Mandatsinhabers vor Ablauf der Wahlperiode). Dieser Vorschlag birgt die erhebliche Gefahr der Förderung einer populistischen Politik. Das Reformprojekt wurde vom Kongreß am 27. März 1992 zur ersten Lesung zugelassen. Bereits am 28. Juli 1992 verabschiedete das Abgeordnetenhaus das Projekt in zweiter Lesung. Am 3. September beendete der Senat seine erste Lesung. Seitdem ruht das Reformvorhaben in einer Kommission.

[12] Vgl. hierzu *Combellas, R.*: *Una Constitución para el Futuro*, Caracas 1994, S. 16.

[13] Der Entwurf sah ein Gegendarstellungsrecht vor, welches bereits vom Interamerikanischen Menschenrechtsabkommen vorgeschrieben wird. (Artículo 14. IAMRK- Derecho de Rectificación o Respuesta: » 1. Toda persona afectada por informaciones inexactas o agraviantes emitidas en su perjuicio a través de medios de difusión legalmente reglamentados y que se dirijan al público en general, tiene derecho a efectuar por el mismo órgano de difusión su rectificación o respuesta en las condiciones que establezca la ley. 2. En ningún caso la rectificación o la respuesta eximirán de las otras responsabilidades legales en que se hubiese incurrido. 3. Para la efectiva protección de la honra y la reputación, toda publicación o empresa periodística, cinematográfica, de radio o televisión tendrá una persona responsable que no esté protegida por inmunidades ni disponga de fuero especial).

[14] *Ayala Corao, C. M.*: *Reformas al Sistema de Gobierno*, in: Una Constitución para el Ciudadano, Caracas 1994, S. 203.

[15] *Jellinek, G.*: *Allgemeine Staatslehre*, 3. Auflage 1914, S. 534; zitiert in *Sachs, M., derselbe, Grundgesetz*, München 1996, Einführung, Rdz. 1.

die Geltungsvoraussetzungen für staatliche Rechtsakte festlegen[16]. Sie soll die staatliche Gewalt eingrenzen und zur Rechtssicherheit im Sinne von Verläßlichkeit und Voraussehbarkeit der Rechtsordnung beitragen. Hierzu muß sie verbindliche und nachvollziehbare Entscheidungen treffen und die Institutionen schaffen, die sie realisieren und durchsetzen können. Die venezolanische Verfassung von 1961 ist dieser Verpflichtung nur teilweise nachgekommen. Sie läßt zu viele grundsätzliche Fragen offen oder überträgt deren Lösung auf den einfachen Gesetzgeber: Zentralismus oder Föderalismus? Marktwirtschaft oder Planwirtschaft? Unbedingter Vorrang der Verfassung und des Rechts oder Ausnahmen zugunsten »der Staatsraison«[17]? Diese zum Teil historisch erklärbaren Unterlassungen sind nicht allein verantwortlich für das Auseinanderfallen von Verfassungstext und Verfassungsrealität. Der fehlende oder verspätete Erlaß von notwendigen Ausführungsgesetzen, die überspitzt formalistische Auslegung verschiedener Verfassungsbestimmungen und die extrem häufige und langandauernde Einschränkung von Grundrechten haben ein Verfassungsgefühl in Venezuela nicht entstehen lassen[18] [19].

Soll die dringend erforderliche Reform des Staates in ihrer ganzen Reichweite realisiert werden, wird eine Reform der Verfassung daher unumgänglich sein. Grund genug, die Verfassungsentwicklung und die Verfassung von 1961 etwas genauer zu durchleuchten.

---

[16] *Sachs, M.*: *Grundgesetz*, München 1996, Einführung, Rdz. 5.

[17] Diese Möglichkeit eröffnet zumindest Art. 118 Verf. 1961: »Cada una de las ramas del Poder Público tiene sus funciones propias; pero los órganos a los que incumbe su ejercicio colaborarán entre sí en la realización de los fines del Estado«.

[18] In diesem Sinne auch *De León, I.*: *Consideraciones generales acerca de la Constitución Económica Venezolana*, unveröffentlichtes Manuskript, Caracas 1994, S. 14.

[19] Eine historische Ursache für ein mangelndes Verfassungsgefühl in Lateinamerika meint der Mexikaner Octavio Paz zu identifizieren: »*Jede einzelne der neuen Nationen (Lateinamerikas) hatte, am Tage nach ihrer Unabhängigkeit, eine mehr oder weniger (eher weniger als mehr) liberale und demokratische Verfassung. In Europa und den Vereinigten Staaten von Amerika entsprachen die Verfassungen einer historischen Realität: Sie waren ein Ausdruck des Aufstiegs des Bürgertums, eine Konsequenz der industriellen Revolution und der Zerschlagung der alten Regime. In Lateinamerika dienten sie (die Verfassungen) lediglich zur Einkleidung der Überreste der Kolonialherrschaft in ein modernes Gewand. Die liberale und demokratische Ideologie drückte nicht unsere historische Situation aus, sondern verdeckte sie. Die politische Lüge fand damit eine fast verfassungsmäßige Verwurzelung in unseren Gesellschaften. Der moralische Schaden ist unkalkulierbar und erreicht die tiefsten Zonen unseres Seins. Wir bewegen uns in der Lüge mit Natürlichkeit... Von daher ist der Kampf gegen die offizielle und verfassungsmäßige Lüge der erste Schritt eines jeden ernsten Reformversuches*«. Diese drastische Darstellung des Auseinanderfallens von Verfassungstext und Verfassungsrealität, des mangelnden Willens zur Verfassung, ist wohl nicht auf alle Länder Lateinamerikas undifferenziert übertragbar, sie enthält jedoch eine Prise Wahrheit auch für Venezuela.

(spanischer Text: »Cada una de las nuevas naciones (hispanoamericanas) tuvo al otro día de la Independencia, una constitución más o menos (casi siempre menos que más) liberal y democrática. En Europa y en los Estado Unidos esas leyes correspondían a una realidad histórica: eran la expresión del ascenso de la burguesía, la consecuencia de la Revolución industrial y la destrucción del antiguo régimen. En Hispanoamérica sólo servían para vestir a la moderna las supervivencias del sistema colonial. La ideología liberal y democrática, lejos de expresar nuestra situación histórica concreta, la ocultaba. La mentira política se instaló en nuestros pueblos casi constitucionalmente. El daño moral ha sido incalculable y alcanza a zonas muy profundas de nuestro ser. Nos movemos en la mentira con naturalidad...De ahí que la lucha contra la mentira oficial y constitucional sea el primer paso de toda tentativa seria de reforma«) in: *Paz. O.*: *El laberinto de la soledad*, Madrid 1993, S. 265.

II. Ein kurzer Überblick zur venezolanischen Verfassungsgeschichte

Venezuela hatte in seiner noch jungen Geschichte insgesamt 25 Verfassungen. Der ersten Verfassung von 1811 folgten die Texte von: 1819, 1821, 1830, 1857, 1858, 1864, 1874, 1881, 1891, 1893, 1901, 1904, 1909, 1914, 1922, 1925, 1928, 1929, 1931, 1936, 1945, 1947, 1953 und die heute gültige Verfassung von 1961[20]. Nicht jede neue« Verfassung bedeutete allerdings grundlegende Änderungen. Dementsprechend differenziert Brewer-Carias auch nur sechs verschiedene Perioden in der Verfassungsentwicklung Venezuelas:

1. *Die erste Periode der Unabhängigkeit und des Aufbaus staatlicher Institutionen mit den Verfassungen von 1811, 1819 und 1821*

Neben dem kolonialen Erbe, welches die Verfassung von 1811 insbesondere im Bereich der staatlichen Gliederung (Cabildos und Ayuntamientos der Provinzen) prägte, wurde diese erste Verfassung auch durch die Virginia Bill of Rights vom 12. Juni 1776 sowie die Amerikanische Verfassung von 1787 und die französische Erklärung der Menschen- und Bürgerrechte von 1789[21] stark beeinflußt. So fanden Grundsätze wie der Vorrang des Gesetzes[22], die Gewaltenteilung[23] und die Idee des Föderalismus[24] (letztere aus der amerikanischen Verfassung) Eingang in den Verfassungstext. Auch das Souveränitätsverständnis entsprach dem der französischen Revolution. Besonders betont wurde in der ersten Verfassung die Gewaltenteilung, sie kennzeichnete sich aber durch eine starke Legislative und relativ schwache Exekutive und Judikative aus. Die legislative Gewalt teilte sich in zwei Kammern, die das Monopol über die Gesetzesinitiative hatten. Die exekutive Gewalt wurde gespalten auf drei gleichrangige Personen (Art. 72 Verf. 1811)[25]. Sie mußten sich praktisch das Präsidentenamt teilen und für ihre Entscheidungen zuvor eine Einigung erzielen. Dies war eine entscheidende Schwächung der jungen Republik, insbesondere im Hinblick auf die noch laufenden Kämpfe gegen die spanische Kolonialmacht. Auch die föderale Struktur[26] in dieser Phase

---

[20] Alle Verfassungen Venezuelas sind abgedruckt in *Brewer-Carias, A.: Las Constituciones de Venezuela*, San Cristobal / Madrid 1985.

[21] Siehe z.B. *Calcaño de Temeltas, J.: Justicia Constitucional en Venezuela*, Caracas 1993, S. 1; *Brewer-Carias, A.: Reflexiones sobre la Revolución Americana (1776) y la Revolución Francesa (1789) y sus aportes al constitucionalismo moderno*, Caracas 1992, S. 17 ff., der die venezolanische Verfassung von 1811 als die dritte republikanische Verfassung der Welt bezeichnet. *Derselbe* in: *Las Constituciones de Venezuela*, San Cristobal (Venezuela) / Madrid (Spanien) 1985, S. 18.

[22] Art. 100 der Verfassung von 1811: »El Poder Ejecutivo, conformándose a las leyes y resoluciones que en las varias ocurrencias le comunique el Congreso...«.

[23] Kapitel II (Art. 3 bis 71) der Verfassung von 1811 regelt die Legislative Gewalt (zwei Kammern), Kapitel III (Art. 72 bis 109) die Exekutive Gewalt und Kapitel IV (Art. 110 bis 118) die Judikative Gewalt.

[24] Präambel und Kapitel V (Art. 119 bis 134).

[25] Diese Schwächung führte nach Ansicht von Simón Bolívar zum Scheitern der ersten Republik, wie er in seinem Manifest von Cartagena »Memoria dirigida a los ciudadanos de la Nueva Granada por un caraqueño« festhielt. (abgedruckt in *Simón Bolívar. Escritos Fundamentales*, Caracas 1982, S. 57 u ff.).

[26] In der Präambel der Verfassung von 1811 behalten sich die Provinzen all jene Kompetenzen vor, die nicht ausdrücklich an den Bund abgetreten worden sind: Preliminar: Bases del Pacto Federativo que ha de constituir la Autoridad General de la Confederación. »En todo lo que por el Pacto Federal no estuviere ex-

führte zu einer Schwächung des Staates, die auf die persönlichen Machtinteressen der lokalen »Caudillos« (Provinzfürsten) der einzelnen Provinzen, die die Föderation bildeten, zurückzuführen war. Bereits am 4. April 1812 wurde die Verfassung praktisch außer Kraft gesetzt, als der Kongreß im Hinblick auf die Landung der königlichen spanischen Armee in Coro im Februar 1812 zur Rückeroberung ihrer Kolonialgebiete, alle Kompetenzen auf die Exekutive übertrug, die ihrerseits am 23. April Francisco de Miranda zum »Generalísimo« ernannte. Francisco de Miranda wurde von der Bindung an Verfassung und Gesetze befreit und mit diktatorischer Macht ausgestattet[27]. Damit reißt in den Worten von Brewer-Carias[28] der »Verfassungsfaden« zum ersten Mal in der Geschichte Venezuelas nach nur knappen vier Monaten Geltung der Verfassung von 1811. Trotzdem übten ihre Regelungen einen entscheidenden Einfluß auf alle späteren Verfassungen aus. Die darin aufgezählten Grundrechte[29] Freiheit, Gleichheit, Eigentum und Sicherheit (Art. 152 mit Definitionen jeweils in Art. 153, 154, 155 und 156) wurden in den späteren Verfassungen übernommen und fortentwickelt. Bemerkenswert ist ebenfalls, daß bereits diese frühe Verfassung in ihren Artikeln 199[30] und 227[31] die Nichtigkeit von materiell und / oder formell verfassungswidrigen Gesetzen vorsah.

Noch während des andauernden Unabhängigkeitskrieges wurde die zweite Verfassung erlassen, die »Constitución de Angostura« vom 11. August 1819. Sie stellte die Aufzählung der bereits aus der Verfassung von 1811 bekannten Grundrechte voran (Titel 1, Sektion 1, Art. 1–16 der Verf. von 1819) und konzentrierte die Kompetenzen auf den Zentralstaat (Titel 2, Sektion 1, Art. 1–4 der Verf. von 1819). Die Dreiteilung der Exekutiven wurde aufgegeben und das Präsidialsystem in seiner jetzt noch gültigen Form eingeführt. Mit der Schlacht von »Carabobo« am 24. Juni 1821 errang Venezuela (im Rahmen Großkolumbiens) endgültig seine Unabhängigkeit von Spanien. Am 30. August erließ der Kongreß Großkolumbiens in Cúcuta die Verfassung von

---

presamente delegado a la Autoridad general de la Confederación, conservará cada una de las Provincias que la componen su Soberanía, Libertad e Independencia...«.

[27] Kommunikation des Kriegssekretärs José de Sata y Bussy an Francisco de Miranda vom 23. April 1812: »Acaba de nombraros el Poder Ejecutivo de la Unión, General en Jefe de las armas de toda la Confederación Venezolana, con absolutas facultades para tomar cuantas providencias juzguéis necesarias a salvar nuestro territorio invadido por los enemigos de la libertad colombiana; y bajo este concepto no os sujeta a ley alguna ni reglamento de los que hasta ahora rigen estas Repúblicas, sino que, al contrario, no consultaréis más que la Ley suprema de salvar la patria; y a este efecto os delega el Poder de la Unión sus facultades naturales y las extraordinarias que le confirió la representación nacional por decreto de 4 de este mes, bajo vuestra responsabilidad« abgedruckt in: *Archivo del General Miranda*, Band XXIV, La Habana 1950, S. 396f. Es handelt sich damit de facto um eine Ausrufung eines Notstandes und die Aufhebung der Geltung der Verfassung inklusive aller seiner Grundrechte.

[28] *Brewer-Carias, A.: Las Constituciones de Venezuela*, S. 27.

[29] Die Verfassung enthielt weitere Grundrechte, insbesondere strafprozessuale Verfahrensrechte und noch stark eingeschränkte Rechte auf Meinungs- und Versammlungsfreiheit.

[30] Art. 199 Verfassung von 1811: »Para precaver toda transgresión de los altos poderes que nos han sido confiados, declaramos: Que todas y cada una de las cosas constituidas en la anterior declaración de derechos están exentas y fuera del alcance del Poder general ordinario del Gobierno y que, conteniendo o apoyándose sobre los indestructibles y sagrados principios de la naturaleza, toda ley contraria a ellas que se expida por la legislatura federal o por las provincias será absolutamente nula y de ningún valor«.

[31] Art. 227 Verfassung von 1811: »...pero las leyes que se expidieran contra el tenor de ella no tendrán ningún valor sino cuando hubieren llenado las condiciones requeridas para una justa y legítima revisión y sanción«.

1821, welche vom erneut designierten Präsidenten Bolívar am 6. Oktober 1821 unterzeichnet wurde. Gewaltenteilung, Präsidentialismus, ein Zweikammersystem und ein zentralistisch organisierter Staat[32] wurden beibehalten. Der Text von 1821 enthielt eine Ewigkeitsklausel, die damit die Unabhängigkeit, die Gewaltenteilung, den Schutz von Freiheit, Sicherheit, Eigentum und Gleichheit und das repräsentative Regierungssystem festzuschreiben suchte[33].

2. *Die zweite Periode der Konsolidierung der autonomen Republik Venezuela mit den Verfassungen von 1830, 1857 und 1858*

Während Simón Bolívar weiter an Befreiungskämpfen gegen die Spanier teilnahm, bröckelte die Einheit Großkolumbiens aufgrund der verschiedenen Interessen der einzelnen Provinzfürsten. Die Verfassung von 1821 teilte das Schicksal ihrer Vorgängerinnen und erlangte nie wirkliche Geltung. Am 23. November 1829 beschloß eine »Bürgerversammlung« in Valencia, Provinz Carabobo (Venezuela) die Trennung von Kolumbien, Beschluß der am 25. und 26. November 1829 in Caracas von einer zweiten »Bürgerversammlung« bestätigt wurde[34]. Am 22. September 1830 erließ der Venezolanische Kongreß[35] in Valencia (Venezuela) eine neue Verfassung. Diese Verfassung, die erstmals auch von der »Constitución de Cádiz« von 1812 beeinflußt wurde[36], übte nicht zuletzt auch wegen ihrer langen Geltung[37]eine Vorbildfunktion für spätere Verfassungen aus. Die schon damals offene und bis heute ungelöste Frage der Organisation des Staates[38] wurde durch Einführung einer »zentral-föderalen-Formel«[39] überbrückt. Demnach war Venezuela als »Einheitsstaat« in Provinzen aufgeteilt. Obschon die Gouverneure vom Präsidenten ernannt wurden[40] und von diesem abhingen, gestand man den Provinzen umfangreiche Autonomien zu[41]. Die Aufteilung des Parlaments in zwei Kammern und das Präsidialsystem wurden beibehalten (Präsident und

---

[32] Trotz der in Art. 150 vorgesehenen Einteilung in 6 oder mehr Departaments bleibt der Staat zentralistisch organisiert. Die Departamentführer (Intendentes) werden mit Einverständnis des Senates vom Präsidenten gewählt und sind von diesem abhängig (Art. 151 und 152).

[33] Art. 190 der Verf. von 1821: »...nunca podrán alterarse las bases contenidas en la sección primera del título I, y en la segunda del título II«.

[34] *Gil Fortoul, J.: Historia Constitucional de Venezuela*, Band I, Berlin 1904, S. 470ff.

[35] Dieser Kongreß war aufgrund eines Dekretes von General Páez gewählt worden. Aus »wirtschaftlichen« Gründen war das Wahlrecht auf solche Personen beschränkt worden, die ein gewisses Kapital vorweisen konnten.

[36] Z.B. im Hinblick auf Schaffung und Organisation der Provinzversammlungen.

[37] Bis 1857.

[38] Auch in der Verfassung von 1961 wurde praktisch eine »zentral-föderale-Formel« vorgesehen, da zu dem Zeitpunkt und bis heute noch keine Einigkeit über die Form der Staatsorganisation herrscht.

[39] *Brewer-Carías, A.: Las Constituciones...*, S. 47.

[40] Die Ernennung erfolgte aus einer von den jeweiligen Provinzversammlungen vorgelegten Liste, Art. 117, Abs. 15 der Verf. von 1830.

[41] Vgl. Titel XXIII der Verfassung von 1830 »De la administración interior de las provincias«. Zur Finanzierung ihrer Aufgaben konnten die Provinzen und Gemeinden eigene Steuern erheben; Art. 161 Abs. 11 Verf. 1830: »...Establecer impuestos provinciales o municipales en sus respectivas provincias para proveer a sus gastos...«.

Vize-Präsident), wobei die unmittelbare Wiederwahl[42] des Präsidenten seitdem ausgeschlossen ist[43].

Mit der nächsten Verfassung von 1857 begann eine neue Epoche der Verfassungsinstabilität, gekennzeichnet durch häufige territoriale Veränderungen und die föderalen Kriege. Die Verfassung von 1857 wurde nach der »Märzrevolution« im Jahre 1858 von der Verfassung vom 24. Dezember 1858 bereits abgelöst. Diese Verfassung führte zu einer Stärkung der föderalen Staatsstruktur und damit der regionalen »Caudillos«, aber auch zu einer Erweiterung der Grundrechte[44]. Erstmals wurde in Venezuela das gleiche Wahlrecht für alle (männlichen) Bürger in einer Verfassung festgeschrieben[45]. Auch dieser Verfassung blieb es versagt, eine reale Geltung zu erlangen. Die internen, bürgerkriegsähnlichen Auseinandersetzungen zogen sich bis 1863 hin, Jahr in dem die Föderalen Armeen die Kontrolle über das ganze Land erringen konnten.

3. Die dritte Periode, in der sich eine bundesstaatliche Gliederung entwickelte mit den Verfassungen von 1864, 1874, 1881, 1891 und 1893

Im »Abkommen von Coche« zwischen den Vertretern der Zentralregierung und den Föderalisten wurde 1863 die Einberufung einer neuen Versammlung beschlossen. Am 28. März 1864 wurde die neue Verfassung verkündet. Erstmals wurden die Regierungen der einzelnen Provinzen[46] in direkter und geheimer Wahl bestimmt (Art. 13 Abs. 23). Die Justiz war Sache der Provinzen (Art. 91) und es wurde ein Bundesgericht mit ausschließlicher Zuständigkeit für Angelegenheiten der Nation eingerichtet (Art. 89ff.). Das Präsidial- und das Zweikammersystem wurden beibehalten und bei den Grundrechten neben den bereits zuvor bekannten eine eingeschränkte Religionsfreiheit[47] gewährt (Art. 14 Abs. 13). Obwohl die verfassungsmäßige Regierung bereits im Juni 1864 gestürzt wurde, blieb die Verfassung, zumindest auf dem Papier, bis 1874 gültig. Unter der Präsidentschaft von Guzmán Blanco wurden in diesem Jahre einige wenige aber entscheidende Artikel reformiert[48]. So wurde das Wahlge-

---

[42] Art. 108 Verf. 1830: »El Presidente durará en sus funciones cuatro años y no podrá ser reelegido inmediatamente, sino después de un periodo constitucional por lo menos«.

[43] Bis heute ist eine unmittelbare Wiederwahl nicht möglich.

[44] Titel V der Verf. von 1858, Art. 13 bis 29. U.a. wurde in Art. 15 auch die Vereinigungs- und Versammlungsfreiheit wieder eingeführt: »Todos los venezolanos tienen el derecho de asociarse o reunirse, sin armas, con cualquier objeto público o privado, y el de representar a las autoridades lo que estimen conveniente«.

[45] Art. 11 Verf. 1858: »Son ciudadanos y, por lo tanto, tienen el derecho de elegir para el ejercicio de los poderes públicos: 1. Todos los venezolanos mayores de veinte años. 2. Los que sin tener esta edad sean o hayan sido casados«.

[46] Brewer-Carías spricht von »autonomen feudal-föderalen Einheiten«, siehe *Brewer-Carías, A.: Las Coonstituciones...*, S. 63.

[47] Die Religionsfreiheit wird insoweit gewährt, als die Ausübung eines anderen als des katholischen Glaubens nur in Tempeln, nicht aber in der Öffentlichkeit erlaubt wird. Art. 14 Abs. 13 Verf. 1864: »La libertad religiosa, pero sólo la Religión Católica, Apostólica y Romana, podrá ejercer culto público fuera de los templos«.

[48] Die »neue« Verfassung wurde vom Kongreß am 23. Mai 1874 verkündet und von Guzmán Blanco am 27. Mai unterzeichnet.

heimnis abgeschafft und die Stimmabgabe mußte fortan unterzeichnet[49] werden (Art. 13, Abs. 23 und Art. 63 Verf. 1874). Nach einer kurzen Zwischenetappe übernahm Guzmán Blanco 1879 erneut die Macht. 1881 wurde eine neue Verfassung erlassen für die Vereinten Staaten von Venezuela, die sich nunmehr aus neun Gliedstaaten zusammensetzten[50]. Trotz Beibehaltung des bundesstaatlichen Charakters erweiterte man die Kompetenz der Zentralregierung. Aufgrund der Einführung eines Bundesrates[51] wurde die Verfassung von 1881 auch »die Schweizer Verfassung« genannt[52]. Wichtigste Kompetenz dieses Bundesrates war die Wahl des Präsidenten (Art. 62 Verf. 1881). Es gelang Guzmán Blanco, im Wechsel mit von ihm eingesetzten Kandidaten, die Macht praktisch bis 1890 innezuhalten. Im Bereich der Grundrechte folgte die Verfassung ihrer Vorgängerin, gewährte nunmehr allerdings die uneingeschränkte Religionsfreiheit. 1890 wurde Raimundo Andueza Palacio zum neuen Präsidenten gewählt. In der 1891 angestrengten Verfassungsreform wurde das Verfahren zur Verfassunsgreform vereinfacht, um die Wahlperiode des Präsidenten zu verlängern. Bevor diese erneute Reform jedoch gelang, übernahm der General Joaquín Crespo die Macht. Per Dekret ordnete er geheime Wahlen für eine verfassungsgebende Versammlung an. Am 12. Juni 1893 erließ diese Versammlung die neue Verfassung. Der Bundesrat fiel einer Streichung zum Opfer und die Wahlperiode für Präsident, Abgeordnete und Senatoren wurde auf vier Jahre festgelegt, wobei die Wahlen geheim waren (Art. 24, 29, 71 und Art. 13 Abs. 24 Verf. 1893). Konflikte zwischen der Zentralregierung und den einzelnen Provinzregierungen führten zur »Revolution der liberalen Restauration« und zur Machtübernahme des Generals Castro im Oktober 1899. Mit Dekret vom 3. Oktober 1900 verordnete er die Wahl einer verfassungsgebenden Versammlung, die ab dem 20. Februar 1901 tagen sollte.

4. Die vierte Periode mit der Rückkehr und Konsolidierung eines autokratischen und zentralisierten Staates mit den Verfassungen von 1901, 1904, 1909, 1914 und 1922

Am 26. März 1901 verkündete die Versammlung die neue Verfassung, die von Cipriano Castro, dem zuvor ernannten Präsidenten, am 29. März unterschrieben wurde. Nachdem auch diese Verfassung die direkte Wiederwahl des Präsidenten nicht vorsah, ließ Castro die Verfassung im Jahre 1904 ändern. Er verlängerte so seine Amtsperiode bis zum Jahre 1911[53]. Gleichzeitig wurde das Staatsgebiet erneut aufgeteilt in dreizehn Gliedstaaten und die gemeindliche Autonomie von den Gemeinden auf die Distrikte übertragen, wo sie bis zur Verfassung von 1953 angesiedelt blieb[54]. Als General Castro

---

[49] Die Öffentlichkeit der Stimmabgabe sollte Guzmán Blanco's anhaltenden Einfluß zementieren. Art. 13 Abs. 23 der Verf. von 1874 lautet: »...A establecer en las elecciones populares el sufragio directo, público, escrito y firmado por el sufragante o por otro ciudadano autorizado por él, a presencia de la Junta que presida la votación y al acto de efectuarse ésta...«.

[50] Ein Bundesstaat erhielt den Namen »Guzmán Blanco« (Art. 1 Verf. 1881).

[51] Art. 61 ff. Verf. 1881.

[52] *Brewer-Carías, A.: Las Constituciones...*, S. 77.

[53] Art. 146 Verfassung 1901 und Art. 132 Verfassung 1904.

[54] Vgl. Darstellung in *Brewer-Carías, A.: Las Constituciones...*, S. 85.

erkrankte und sich zur Behandlung nach Europa begab, übernahm der Vizepräsident, General Juan Vicente Gomez, 1909 die Macht, die er bis zu seinem Tode im Jahre 1935 nicht mehr abgab, auch wenn er sie z.T. über Strohmänner ausübte. In diesem Zeitraum, der gekennzeichnet war durch zahlreiche Menschenrechtsverletzungen, wurde die Verfassung insgesamt sieben Mal geändert (1909, 1914, 1922, 1925, 1928, 1929 und 1931). Im Art. 36 Verf. 1925 wurde erstmals die Möglichkeit der Suspendierung der Grundrechte durch den Präsidenten vorgesehen. Diese besteht in abgeänderter Form (Kontrolle durch den Kongreß) bis heute. Interessanterweise wurde in der Verfassung von 1925 erstmals der Umweltschutz erwähnt und zwar in Form der sozialen Bindung des Eigentums[55]. Die Diktatur des Generals Gomez endete 1935 mit seinem Tod.

5. Die fünfte Periode der Transition von autokratischen Regimen zur Demokratie mit den Verfassungen von 1936, 1945, 1947 und 1953

Im oben erwähnten Zeitraum erfolgte die Transition von einer Diktatur zur Demokratie. Nach dem Tode des Generals Gomez übernahm General Eleazar Lopez Contreras die Präsidentschaft. Der Kongreß, der noch in der gleichen Zusammensetzung tagte wie unter Gomez, erließ am 16. Juli 1936 eine neue Verfassung, die erstmals in der Geschichte Venezuelas soziale Grundrechte enthielt[56]. Obwohl auch das Regime von Lopez Contreras autoritäre Charakterzüge trug[57], wurden die politischen Grundrechte erstmals wieder ausgeübt[58]. Die Vorgänger der aktuellen politischen Parteien und auch der Gewerkschaften entwickelten sich in dieser Periode. Regelungen zum Schutz der Arbeitnehmer wurden getroffen und die Sozialbindung des Eigentums erweitert. Art. 32 Abs. 2 Verf. 1936 setzt die Grundlage für die Bodenreform[59], indem er die Förderung kleiner und mittlerer Landwirtschaftsbetriebe vorschrieb und hierzu die Enteignung von brachliegendem Land zuließ. Der Staat reservierte sich nunmehr eine umfangreiche Eingriffsmöglichkeit in die Wirtschaft, indem er sich das Betreiben bestimmter Industriezweige vorbehielt[60] und die Freiheit der Unternehmen zum Wohle des öffentlichen Interesses (und nicht mehr nur der öffent-

---

[55] Art. 32 Abs. 2 Verf. 1925: »…También estarán obligados los propietarios a observar las disposiciones sobre higiene pública, conservación de bosques y aguas, y otras semejantes que establezcan las leyes en beneficio de la comunidad.« Diese Klausel wird auch in den folgenden Verfassungen beibehalten.

[56] Art. 32 Abs. 8 Verfassung 1936.

[57] Die Meinungsäußerungsfreiheit wurde insofern eingeschränkt, als die Verbreitung von kommunistischem oder anarchistischem Gedankengut verboten wurde; vgl. Art. 32 Abs. 6 Verf. 1936: »…Se considerarán contrarias a la independencia, a la forma política y a la paz social de la Nación, las doctrinas comunista y anarquista, y los que las proclamen, propaguen o practiquen serán considerados como traidores a la Patria y castigados conforme a las leyes«.

[58] *Brewer-Carías, A.: Las Constituciones…*, S. 91.

[59] Art. 32 Abs. 2 Verf. 1936: »…La Nación favorecerá la conservación y difusión de la mediana y de la pequeña propiedad rural, y podrá, mediante los trámites legales y previa indemnización, expropiar tierras no explotadas de dominio privado, para dividirlas o para enajenarlas en las condiciones que fije la ley…«.

[60] Art. 32 Abs. 9 Verf. 1936: »La libertad de industria y la de trabajo no tendrán más limitaciones que las que impongan el interés público o las buenas costumbres. Ein embargo, el Poder Federal queda facultado para gravar ciertas especies con el objeto de crear rentas al Erario, y reservarse el ejercicio de determinadas industrias para asegurar los servicios públicos y la defensa y crédito de la Nación«.

lichen Ordnung wie in den vorangegangenen Verfassungen) und zum Schutz der guten Sitten einschränken konnte. Diese Eingriffsmöglichkeiten, von denen der venezolanische Staat umfangreichen Gebrauch gemacht hat, sind auch in den späteren Verfassungen beibehalten worden. Die durch den 2. Weltkrieg ausgelöste Wirtschaftskrise führte 1939 zur Aufhebung der wirtschaftlichen Grundrechte und zur Notstandsgesetzgebung (in Form von Gesetzes-Dekreten) in Wirtschaftssachen, die noch heute die Grundlage der wirtschaftlichen Gesetze in Venezuela bildet[61]. Unter der Präsidentschaft von General Medina Angrita wurde die Verfassung erneut geändert und die Verfassung von 1945 erlassen. Diese erweiterte u.a. nochmals die Interventionsmöglichkeiten des Staates in die Wirtschaft[62], stärkte den Zentralstaat[63] und eliminierte die Einschränkungen der Meinungsfreiheit[64]. Nach nur wenigen Monaten Geltung kam es zu einem Militärputsch durch eine »Junta«, die von Rómulo Betancourt angeführt wurde[65], dem damaligen Vorsitzenden der Oppositionspartei Acción Democrática. Sie stellte den ersten »Bruch des Verfassungsfadens« in diesem Jahrhundert dar. Bis zum Erlaß der neuen Verfassung von 1947 regierte die »Junta« per Dekret, gegen die nicht nur de facto keinerlei Rechtsmittel zur Verfügung standen, sondern deren Anfechtbarkeit selber per Dekret ausgeschlossen wurde[66]. An der Wahl der einberufenen verfassungsgebenden Versammlung durften sich erstmals auch Frauen beteiligen. Die Verfassung von 1947, die am 5. Juli in Kraft trat, kennzeichnete sich durch die Regelung umfangreicher sozialer Rechte[67]. Erneut wurden die Eingriffsmöglichkeiten in die Wirtschaft erweitert, die nunmehr eine staatliche Planung und Lenkung im Interesse des Wachstums und der gerechteren sozialen Verteilung vorsahen[68]. Der Präsident wurde in direkten, geheimen und gleichen Wahlen gewählt[69], was in den späteren Verfassungen beibehalten wird. Die unmittelbare Wiederwahl wurde erneut ausgeschlossen und die Wahlperiode auf fünf Jahre festgelegt. Die Verfassung überdauerte jedoch keine Wahlperiode, da sie bereits am 24. November 1948 nach einem erneuten Militärputsch einer »Junta« außer Kraft gesetzt wurde. In ihrem »Verfassungsdokument« zur »Begründung der vorläufigen Regierungsübernahme« erklärte die »Militärjunta« die Verfassung von 1936 in ihrer Fassung von 1945 zum gültigen Grundgesetz. Dieses Verfassungsdokument wurde noch zwei Mal ergänzt, bis 1953, nach der Regierungsübernahme von Marcos Pérez Jiménez, eine neue Verfassung erlassen wurde. In einer durch Wahlbetrug überschatteten Wahl[70] wurde die verfassungsge-

---

[61] Vgl. *Brewer-Carías, A.: Evolución del Régimen Legal de la Economía*, 1939–1979, Valencia 1980.

[62] Art. 32 Abs. 9 Verf. 1945.

[63] Art. 15 und 78 Verf. 1945.

[64] Aus diesem Grunde wurde Medina auch als der Initiator des politischen Liberalisierungsprozesses bezeichnet. Vgl. *Levine, D.H.: Conflict and Political Change in Venezuela*, Princeton 1973, S. 27.

[65] An dem Putsch war auch der spätere Diktator Marcos Pérez Jiménez beteiligt.

[66] Mit Dekret 369 vom 09.07.46 wurden Rechtsmittel gegen alle Dekrete und Akte der Junta und der von ihr eingerichteten Institutionen ausgeschlossen, soweit die Dekrete selber diese nicht ausdrücklich vorsahen. Der Unrechtsstaat trat damit offen zutage. Auf der anderen Seite gewährte die »Junta« erstmals auch den Frauen das Wahlrecht zur Wahl der neuen verfassungsgebenden Versammlung.

[67] Vgl. insbesondere Art. 51und 52 der Verf. 1947, die den Staat verpflichten, ein Gesundheits- und Sozialversicherungssystem aufzubauen.

[68] Vgl. Art. 65ff, insbesondere Art. 73 Verf. 1947.

[69] Art. 192 Verf. 1947.

[70] *Brewer-Carías, A.: Las Constituciones…*, S. 99.

bende Versammlung zusammengestellt, die am 13. April 1953 die neue Verfassung verkündete. Vorbild war die Verfassung von 1945, die jedoch in entscheidenden Punkten verändert wurde. Neben der Änderung der Bezeichnung »Vereinte Staaten Venezuelas« in »Republik Venezuela« wurde der Zentralismus erneut betont durch die Abschaffung der Residualkompetenz für die Gliedstaaten. Diese wurde der Zentralregierung zugeordnet[71]. Im Bereich der Grundrechte kam es zu starken Einschränkungen, die sich direkt in den Formulierungen der Verfassung offenbaren. Art. 35, Abs. 2 Verf. 1953 gewährte das Recht auf Freiheit und persönliche Sicherheit: »Freiheitsentziehung und Festnahme waren nur unter Beachtung der entsprechenden Gesetze möglich«. Gemäß Ziffer d des Art. 35, Abs. 2 Verf. 1953 durfte niemand mehr seiner Freiheit entzogen oder festgehalten werden, wenn in rechtskräftiger richterlicher Entscheidung die Festnahme aufgehoben wurde[72]. Demnach war die richterliche Entscheidung nicht zur Bestätigung einer Festnahme notwendig, sondern zur Erlangung der Freilassung nach einer Festnahme. Wann die Entscheidung eingeholt werden konnte oder mußte, stand nicht fest. Ein nicht rechtskräftiges Urteil reichte noch nicht aus für eine Freilassung, womit die Unschuldsvermutung nicht nur keine Geltung hatte, sondern praktisch bei einer Festnahme in eine »Schuldvermutung« umgekehrt wurde. Die in den vorangegangenen Verfassungen noch ausführlich geregelten Verfahrensgrundrechte wurden beschnitten und der Grundrechtskatalog verkümmerte zu einer unvollständigen Aufzählung einzelner Rechte, die fast vollständig unter einem schlichten Gesetzesvorbehalt standen[73]. José Rodriguez Iturbe beschreibt denn auch die Diktatur von Marcos Pérez Jiménez als eine der blutigsten Etappen in der Geschichte Venezuelas, die bis zum erneuten Staatsstreich am 23. Januar 1958 dauerte.

6. Die sechste Periode der Entwicklung des demokratischen Staates und die aktuelle Verfassung von 1961

Die Verfassungsentwicklung Venezuelas bis 1958 ist gekennzeichnet durch politische Instabilität und darauf beruhende häufige Verfassungswechsel. Sie bestätigt zumindest teilweise die bereits von Ferdinand Lassalle geprägte Aussage, daß Verfassungsprobleme keine Probleme des Rechts sondern solche der Macht sind. Die von Georg Jellineck vom Staat geforderte »Selbstbindung« an das Recht ist in den ersten fünf Verfassungsperioden nur sporadisch vorgekommen. Eher wurde das Recht (die Verfassung) den Bedürfnissen der jeweils Regierenden angepaßt. Die Verfassungen haben damit keine normative Kraft entwickeln können[74] und es ist auch nicht das von Konrad Hesse[75] für einen Verfassungsstaat eingeforderte Verfassungsgefühl bzw. der

---

[71] Art. 60 Abs. 29 Verf. 1953.

[72] Art. 35 Abs. 2, Ziffer d Verf. 1953: »...En consequencia nadie podrá: Continuar detenido después de decisión judicial firme que revoque la detención ni después de ser concedida legalmente la libertad bajo fianza o cumplida la pena impuesta«.

[73] Vgl. insbesondere die Absätze 10 bis 13 des Art. 35 Verf. 1953.

[74] Mit Ausnahme der Verfassung von 1830, die auf einem relativ breiten Konsens beruhte und daher immerhin eine Geltungsdauer von 27 Jahren hatte.

[75] *Hesse, K.: La fuerza normativa de la Constitución* in: Escritos de Derecho Constitucional, Centro de Estudios Constitucionales, Madrid 1992, S. 67.

Wille zur Verfassung entstanden. Die politische Auseinandersetzung in Venezuela war, insbesondere in den vierziger Jahren dieses Jahrhunderts, durch äußerste Rücksichtslosigkeit gekennzeichnet. Die verschiedenen politischen Parteien bekämpften sich mit dem Ziel, den vermeintlichen »Feind« und Konkurrenten zu vernichten[76]. Der für den Erlaß einer dauerhaften und auch effektiven Verfassung notwendige Grundkonsens[77] in der Bevölkerung und zwischen den politischen Akteuren konnte somit nicht entstehen. Der neue Verfassungsgeber stand daher im Hinblick auf die noch junge aber sehr bewegte Verfassungsgeschichte Venezuelas vor einer schwierigen Herausforderung. Dieser begegnete man zunächst mit einem politischen Abkommen, dem »Pacto de Punto Fijo«. Diese Vereinbarung wurde am 31. Oktober von den drei wichtigsten demokratisch orientierten Parteien Venezuelas[78] unterzeichnet. »Ausgehend von der Verantwortung, die öffentliche Meinung im Sinne einer Konsolidierung der Demokratie zu orientieren[79]«, vereinbarten die Parteien einen »Modus vivendi«, der ein demokratisches Miteinander ermöglichen sollte. Man vereinbarte u.a. die vorläufige Weitergeltung der Verfassung von 1953, die Durchführung von Wahlen, die Respektierung der Wahlergebnisse, eine Beteiligung der drei Parteien an einer späteren Regierung und die Erarbeitung eines neuen Verfassungstextes durch den neugewählten Kongreß (und nicht durch eine verfassungsgebende Versammlung). Dieser wurde bereits im Dezember 1958 gewählt und am 02. Februar tagte erstmals eine bikammerale Komission zur Reform der Verfassung. Man einigte sich auf den Text der Verfassung von 1947 als Arbeitsgrundlage, da an der Debatte zu dieser Verfassung alle Partner des »Pacto de Punto Fijo« teilgenommen hatten. Ergebnis war die noch heute gültige Verfassung vom 23. Januar 1961.

III. Die Verfassung von 1961

Die Verfassung teilt sich auf in zwölf Titel, achtundzwanzig Kapitel und 252 Artikel. Titel I enthält die Grundlagen staatlicher Ordnung, Regelungen zum Staatsgebiet und die Aufteilung in Föderation[80], Gliedstaaten und Gemeinden. Titel II regelt Fragen zur Staatsangehörigkeit und Titel III enthält eine Aufzählung der Grundpflichten und der Grundrechte, inklusive der politischen, wirtschaftlichen und sozialen Rechte. In Titel IV werden allgemeine Regelungen zur Staatsgewalt und die Kompetenzen der Föderation festgehalten. Titel V regelt Organisation und Kompetenzen der legislativen Gewalt der Föderation sowie das Gesetzgebungsverfahren. Titel VI die exekutive Gewalt und Titel VII die Judikative. In Titel VIII befinden sich die Bestimmungen zum Finanzwesen und in Titel IX werden der Ausnahmezustand definiert und die damit zusammenhängenden besonderen Kompetenzen des Präsidenten festgehalten.

---

[76] *Brewer-Carías, A.: Sumario de la Constitución de 1961*, San Cristóbal / Caracas 1983, S. 10; *Betancourt, R.: La Revolución Democrática en Venezuela*, Band I, Caracas 1968, S. 9.

[77] *Lösing, N.: Estado de Derecho, los países del este y del sur*, in: *Combellas, R.: El Nuevo Derecho Constitucional Latinoamericano*, Band I, Caracas 1996, S. 109.

[78] AD, COPEI und URD.

[79] *Brewer-Carías, A.: Sumario de la Constitución de 1961*, San Cristóbal / Caracas 1983, S. 12.

[80] Art. 2 Verf. 1961: »La República de Venezuela es un estado federal, en los términso consagrados por esta Constitución«.

Titel X enthält die Verfahren[81] zur Verfassungsänderung, Titel XI das Widerstandsrecht und die Klausel der Unverletzlichkeit der Verfassung und Titel XII die Schlußbestimmungen mit dem Hinweis auf die Übergangsregelungen, die Verfassungsrang
erhalten.

1. Die Präambel

Jede Verfassung ist ein Balanceakt zwischen der Reglementierung des Ist-Zustandes
und der Aufzeigung eines Soll-Zustandes. Die Redaktion einer Präambel bietet die
Gelegenheit den Soll-Zustand darzulegen, ohne dadurch individuell einklagbare
Rechte zu formulieren. Der Vorspruch ist allerdings Bestandteil der Verfassung und
hat durch die darin geäußerten Feststellungen auch Einfluß auf die Verfassungsinterpretation[82]. Aufgrund der bewegten Verfassungsgeschichte Venezuelas wurden in der
Präambel die Werte Unabhängigkeit, Feiheit, Frieden und Stabilität der Institutionen
ganz bewußt aufgenommen. Den neueren Verfassungsentwicklungen folgend wurden auch Schutz der Menschenwürde, soziale Gerechtigkeit und die Realisierung des
Gleichheitsgrundsatzes als oberste Staatsziele erwähnt. Demokratie wird als die einzige und unverzichtbare Herrschaftsform festgeschrieben und die Wirtschaft in den
Dienst des Menschen gestellt.

2. Föderalismus

Die Furcht vor demokratiegefährdenden Konflikten und Auseinandersetzungen
beinflußte die Diskussion der Verfassungskommission insbesondere beim Thema Föderalismus. Zwischen den Extrempositionen vom Abgeordneten Escovar Salom[83], der
den Föderalismus abschaffen und von Jóvito Villalba[84], der einen wirklichen Föderali-
lismus in der Verfassung verankern wollte, wurden zahlreiche Vorschläge für einen
»Föderalismus sui generis« gemacht, die schwer miteinander vereinbar waren. Eine
Mehrheit für oder gegen den Föderalismus ließ sich nicht finden, so daß in Art. 2 der
Verfassung zunächst eine Kompromißformel gefunden wurde: »Die Republik Vene-

---

[81] Die Verfassung von 1961 sieht zwei Verfahren zur Änderung vor, die »enmienda« (Art. 245), die mit
absoluter Mehrheit der jeweiligen Parlamentsmitglieder (beide Kammern des Nationalkongresses und
Landesparlamente) und von zwei Dritteln der Landesparlamente angenommen werden muß und die »reforma« (Art. 246), die mit zwei/drittel Mehrheit beider Kammern des Nationalkongresses angenommen
werden und in einem anschließenden Referendum abgestimmt werden muß.

[82] Im konkreten Falle Venezuelas vgl. *Planchart, M. G.:Reflexiones sobre el Control de la Constitucionalidad
y la Interpretación Constitucional*, Caracas 1990, S. 25.

[83] Für Escovar Salom bedeutete Föderalismus Dispersion und damit Auseinanderbrechen der Repu-
blik. Ebenso sah er bei einer föderalen Struktur die Gefahr der Rückständigkeit der Provinz und der
schnelleren Entwicklung der Stadt. Föderalismus sei geeignet für bevölkerungsstarke und weiträumige
Staaten wie die USA oder die URSS, nicht jedoch für Venezuela. Die Lösung sei in einer angemessenen
Aufteilung zwischen Nationalstaat und Gemeinde zu suchen. Vgl. Diskussionsbeiträge von *Ramón Escovar
Salom* in den Akten der Verfassungskommission, abgedruckt in: *La Constitución de 1961 y la evolución consti-
tucional de Venezuela*, Band I, Volumen I, Caracas 1971, S. 19.

[84] Siehe Diskussionsbeiträge von *Jóvito Villalba* in: *La Constitución de 1961 y la evolución constitucional de
Venezuela*, Band I, Volumen I, Caracas 1971, S. 17, 19 und 23.

zuela ist ein föderaler Staat im Rahmen der in der Verfassung vorgesehenen Bestim-
mungen«. Dabei verstanden viele Mitglieder der Verfassungskommission den Föderalismus lediglich als Instrument zur Einschränkung der Oligarchie[85], nicht aber als den
Zusammenschluß verschiedener Staaten zu einem Bundesstaat. Dieses Verständnis erklärt sich aus den Erfahrungen mit dem »Regionalcaudillismus« in den ersten Jahrzehnten der Unabhängigkeit. Die Angst vor dem Wiederaufblühen regionaler Machtambitionen bestimmte auch die weitere Arbeit der Verfassungskommission.

Die öffentlichen Gewalten wurden auf drei Ebenen verteilt, dem Zentralstaat, den
Gliedstaaten (Estados) und den Gemeinden (Municipios), wobei die wichtigsten
Kompetenzen beim Zentralstaat blieben[86] und einige Aufgaben auf die Gemeinden
übertragen wurden. Die Gliedstaaten gingen praktisch leer aus.

a) Die Gliedstaaten

Venezuela besteht aus zwanzig Gliedstaaten und dem Bundesdistrikt. An ihrer Spitze stehen ein Gouverneur und ein Landesparlament. Die Justiz bleibt Bundesangelegenheit. Die Gliedstaaten erhalten keine eigenen Einnahmequellen und für sie bleibt
praktisch nur eine bedeutungslose Residualkompetenz gem. Art. 17 Abs. 7 Verf. 1961.
Sie bleiben damit lediglich Ausführungsorgane des Zentralstaates. Art. 22 Verf. 1961
ermächtigt den späteren Gesetzgeber ein Gesetz zur Wahl der Gouverneure (Oberhaupt der Gliedstaaten) zu erlassen. Dies geschah erst 1988. Bis dahin wurden die
Gouverneure entsprechend der Verfassungsbestimmung vom Präsidenten ins Amt berufen und ihres Amtes enthoben. Zu den »wichtigsten« Aufgaben des Gouverneurs
zählt die Ausführung der Anweisungen, die er von der zentralen Exekutiven erhält,
Art. 23, Abs. 1 Verf. 1961. In seiner Verwaltungstätigkeit wird der Gouverneur vom
jeweiligen Landesparlament überprüft. Dabei wird insbesondere die Verwendung der
vom Zentralstaat zugeordneten Finanzmittel kontrolliert. Die Zuordnung erfolgt gemäß Art. 229 Verf. 1961. Danach werden mindestens 15% des Gesamthaushaltes[87] zu
30% in gleichen Anteilen und zu 70% im Verhältnis zur Bevölkerungszahl an die
Gliedstaaten und das Bundesdistrikt verteilt. Ein Teil dieses sog. »Situado Constitucional« geht an die Gemeinden. Art. 137 Verf. 1961 ermöglicht dem Nationalen Gesetzgeber, Kompetenzen an die Gliedstaaten abzutreten. Hierzu ist eine zwei-drittel-
Mehrheit notwendig. Interpretierten einige Verfassungsrechtler den Art. 137 als Möglichkeit zur einheitlichen Übertragung von Kompetenzen an die Gliedstaaten durch
eine entsprechende Abstimmung im Kongreß[88], hielten andere ein Gesetz für notwendig. Letztere Meinung setzte sich durch und im Jahre 1989 (28 Jahre nach Erlaß
der Verfassung!) wurde ein Gesetz zur Dezentralisierung (Ley Orgánica de la Descentralización=LOD) erlassen. Dieses Gesetz ermöglicht die Übertragung von Kompe-

---

[85] Vgl. z.B. Diskussionsbeiträge vom Senator *Ambrosio Oropeza* und vom Abgeordneten *Gonzalo Barrios*
in: *La Constitución de 1961...*, Band I, Volumen I, S. 19 und 22.

[86] Art. 136 Verf. 1961.

[87] Der Anteil am Bundeshaushalt für die Bundesländer ist durch das Gesetz von 1989 stufenweise auf
20% erhöht worden.

[88] So z.B. *Rachadell, M.: Federalismo, Descentralización, Reforma Constitucional en Venezuela*, unveröffentlichtes Manuskript, Caracas 1994, S. 23ff.

tenzen an die einzelnen Gliedstaaten, soweit diese mit der Übertragung einverstanden sind. Zu den übertragbaren Kompetenzen zählen einige der in Art. 136, Abs. 8 Verf. 1961 (Kassieren der Gebühren für gestempeltes Papier / Gebührenmarken), Art. 136, Abs. 10 Verf. 1961 (Verwaltung und Abbau von Steinen, die für den Bau genutzt werden) genannten sowie die Verwaltung über Straßen und Brücken. Im Bereich der Dienstleistungen sind Übertragungen ebenfalls nach Vereinbarung mit den einzelnen Gliedstaaten möglich. Von den Möglichkeiten haben aber nur einige Gliedstaaten gebrauch gemacht. Ergebnis dieser »Abkommensdezentralisierung« ist die Notwendigkeit der Beibehaltung einer zentralen Verwaltung in den Bereichen, die noch nicht von allen Gliedstaaten angenommen worden sind (bisher praktisch noch alle). Ein weiterer Nachteil ist die Unübersichtlichkeit des Dezentralisierungsprozesses, der zwar schon eine Unmenge an Abkommen, Erklärungen und Dekreten erzeugt[89], jedoch nur in wenigen Fällen zu einer reellen Übertragung von Kompetenzen geführt hat.

b) Die Gemeinden

Die »Gemeindeordnung« ist in einem nationalen Gesetz geregelt. Die verfassungsrechtliche Stellung der Gemeinden ist wesentlich stärker als die der Gliedstaaten. Ihnen werden eigene Einnahmen (Art. 31 Verf. 1961) und Autonomie in Sachen der örtlichen Angelegenheiten (Art. 30 Verf. 1961) zugestanden. Zu dieser Autonomie zählt auch die Befugnis, die gemeindlichen Vertreter in Wahlen zu bestimmen (Art. 29, Abs. 1 Verf. 1961). Zu den Sachen der örtlichen Angelegenheiten[90] gehören Bauwesen, Grundversorgung, Verkehr, Kultur, Hygiene, Sozialhilfe, gemeindliche Kreditinstitute, Tourismus und die Gemeindepolizei[91].

3. Grundrechte und -pflichten

In Titel III der Verfassung sind neben den allgemeinen Vorschriften (Kapitel I) die Pflichten in Kapitel II, die individuellen Grundrechte in Kapitel III, die sozialen Rechte in Kapitel IV, die wirtschaftlichen Rechte in Kapitel V und die politischen Rechte in Kapitel VI aufgezählt. Mit Verkündung der Verfassung wurde am gleichen Tag ein Dekret[92] erlassen, mit dem die Grundrechte zunächst außer Kraft gesetzt wurden. Erst am 8. Januar 1962 wurden die Einschränkungen teilweise wieder aufgehoben[93]. Außer Kraft für dreißig Jahre (!) blieben die wirtschaftlichen Grundrechte.

---

[89] Vgl. den Dezentralisierungsbericht des »Dezentralisierungsministers« von 1993/1994.

[90] Art. 30 Verf. 1961: »...materias propias de la vida local, tales como urbanismo, abastos, circulación, cultura, salubridad, asistencia social, institutos populares de crédito, turismo y policía municipal«.

[91] Zur Problematik der Zersplitterung der Polizei durch ihre gemeindliche Organisation vgl. *Lösing, N.: Realidad y Perspectivas de la Policía en América Latina*, in: *Waldmann, P.* (Hrsg.): *Justicia en la Calle, Ensayos sobre la Policía en América Latina*, Medellín 1996, S. 387f.

[92] Dekret Nr. 445 vom 23. Januar 1961.

[93] Dekret Nr. 674 vom 08. Januar 1962.

a) *Allgemeine Vorschriften*

Art. 43 Verf. 1961 gewährt das Recht auf freie Entfaltung der Persönlichkeit, in den durch die Rechte anderer, der öffentlichen und der sozialen Ordnung bedingten Grenzen[94]. Mit dieser Regelung wird das Kapitel der allgemeinen Vorschriften eröffnet. Es enthält (u.a.) weiterhin Bestimmungen zum Rückwirkungsverbot von Gesetzen (Art. 44 Verf. 1961), zum Verhältnis der Rechte der gebürtigen und eingebürgerten Venezolaner (Art. 45 Verf. 1961), zur Geltung der Rechte für Ausländer (Art. 45 Verf. 1961), zur Nichtigkeit von Handlungen der öffentlichen Gewalt, die gegen die Grundrechte verstoßen und der strafrechtlichen, zivil- und verwaltungsrechtlichen Verantwortung der Beamten, die einen solchen Verstoß begehen (Art. 46 Verf. 1961). Art. 49 Verf. 1961 enthält eine Rechtsweggarantie und kündigt ein zügiges Verfahren zum Schutze der Grundrechte an (mit Ausnahme der Freiheit, die in der 5. Übergangsbestimmung durch ein Habeas Corpus-Verfahren geschützt wird). Damit verankert die Verfassung von 1961 das auch in anderen lateinamerikanischen Ländern bekannte »Amparo-Verfahren«. Die Verabschiedung des betreffenden Ausführungsgesetzes[95] unterblieb jedoch[96] bis 1988! Eine unmittelbare Anwendung der Verfassungsvorschrift wurde vom Obersten Gerichtshof, der eine extrem formalistische Ansicht der Verfassung vertrat, (und auch heute z. T. noch vertritt), in seiner Erklärung vom 14. Dezember 1974 zunächst ausgeschlossen[97]. Einige Richter gewährten jedoch auch später noch Rechtsschutz über Art. 49 Verf. 1961 und mit Unterzeichnung der Interamerikanischen Menschenrechtskonvention im Jahre 1978, (die ein Recht auf ein zügiges Verfahren zum Schutz der Grundrechte vorschreibt), hätte die Rechtsunsicherheit spätestens beendet sein müssen. Dies war jedoch nicht der Fall und erst das »Amparo-Gesetz« von 1988 garantierte den vorgeschriebenen Rechtsweg. Hier wird die Spannung zwischen normativer Verfassung und realer Verfassung deutlich. Der von der normativen Verfassung angekündigte Rechtsschutz für die Grundrechte greift (wenn auch immer noch lückenhaft[98]) erst nach 1988, nachdem das angekündigte Ausführungsgesetz endlich erlassen wurde.

---

[94] Art. 43 Verf. 1961: »Todos tienen Derecho al libre desenvolvimiento de su personalidad, sin más limitaciones que las que derivan del derecho de los demás y del orden público y social«.

[95] Zum jetzigen Amparoverfahren vgl. *Linares Benzo, G. J.: El Proceso de Amparo en Venezuela*, Caracas 1993.

[96] Daher auch noch nicht erwähnt in: *Fix Zamudio, H.: Die Verfassungskontrolle in Lateinamerika*, in: Horn/Weber (Hrsg.): *Richterliche Verfassungskontrolle in Lateinamerika, Spanien und Portugal*, Baden-Baden 1989, S. 149f.

[97] *Vegas Rolando, N.: El Amparo Constitucional y Jurisprudencia*, Caracas 1991, S. 16.

[98] Auch das Habeas-Corpus-Verfahren weist erhebliche Lücken auf. Eine richterliche Entscheidung über die Rechtmäßigkeit einer Festnahme muß erst acht Tage nach Freiheitsentziehung durch die Polizei eingeholt werden und der Richter hat weitere acht Tage um zu entscheiden. Wie lückenhaft der Schutz ist, zeigt das Beispiel des trotz eindeutiger Verfassungswidrigkeit (es verstößt zumindest gegen das spätere Amparogesetz und wäre damit unwirksam) noch geltenden »Ley de Vagos y Maleantes«. Danach ist eine administrative Freiheitsentziehung von mehreren Jahren möglich, wenn gewisse Voraussetzungen gegeben sind wie z.B. fehlender Wohnsitz, fehlende Ausweispapiere oder das »Bekanntsein als Übeltäter«. Vgl. z.B. *Mendoza, R.: La efectividad del Habeas Corpus en Venezuela*, Caracas 1995.

b) Die Pflichten

In Art. 51 bis 57 Verf. 1961 sind die Pflichten der Venezolaner (und der Ausländer) aufgezählt. Zu ihnen gehört der Verfassungs- und Gesetzesgehorsam, die Ableistung des Wehrdienstes, die Verpflichtung zur Arbeit, zur Bildung und zur Beteiligung an den öffentlichen Ausgaben.

c) Individuelle Grundrechte

Hier knüpft die Verfassung an den Grundrechtskatalog von 1947 an und garantiert das Recht auf Leben (Art. 58 Verf. 1961), Ehre, Ansehen und Privatssphäre (Art. 59 Verf. 1961), Freiheit und persönliche Sicherheit[99] (Art. 60 Verf. 1961), Unverletzlichkeit der Wohnung (Art. 62 Verf. 1961) und der Post (Art. 63 Verf. 1961), Bewegungsfreiheit (Art. 64 Verf. 1961), Religionsfreiheit (Art. 65 Verf. 1961) und Meinungsfreiheit (Art. 66 Verf. 1961). Wie schon in vorangegangenen Verfassungen ist ein Petitionsrecht vorgesehen (Art. 67 Verf. 1961), eine allgemeine Rechtsweggarantie (Art. 68 Verf. 1961), das Recht auf den gesetzlichen Richter (Art. 69 Verf. 1961) sowie die Vereinigungs- und Versammlungsfreiheit (Art. 70 und 71 Verf. 1961). Die Geltung dieser Rechte wurde nach 1961 im Rahmen häufiger Ausnahmezustände eingeschränkt und der mangelnde effektive Rechtsschutz führte zu zahlreichen konsequenzlosen Verletzung derselben.

d) Soziale Grundrechte

Bei der Einbeziehung sozialer Grundrechte folgte die Verfassung von 1961 dem Muster der Verfassung von 1947. Sie war zuvor in diesem Bereich durch die Verfassung von Querétaro von 1917 beinflußt worden, die als erste soziale Grundrechte und zahlreiche arbeitsrechtliche Bestimmungen in ihren Text aufnahm. In Art. 72 bis 94 Verf. 1961 sind soziale Grundrechte aufgeführt, die von der Förderung von gemeinnützigen Vereinigungen (Art. 72 Verf. 1961), über den Schutz der Familie (Art. 73 Verf. 1961), der Mutter- und Kindschaft (Art. 74 und 75 Verf. 1961) und der Gesundheit (Art. 76 Verf. 1961) auch Rechte auf Bildung und Berufsfreiheit (Art. 78–78 Verf. 1961), Kultur (Art. 83 Verf. 1961), Arbeit (Art. 84 bis 93 Verf. 1961) und Sozialversicherung (Art. 94 Verf. 1961) enthalten. Alle Rechte bedürfen der gesetzlichen Ausformung, sie stehen allerdings nicht unter dem Vorbehalt der Finanzierbarkeit. Lediglich die Einrichtung des Sozialversicherungssystems ist in einzelnen Stufen vorgesehen und bis zu ihrer vollständigen Verwirklichung soll gem. Art. 94, Satz 2 Verf. 1961 die Sozialhilfe den notwendigen Schutz bieten. Versprechen wie eine angemessene Entlohnung der Lehrkräfte (Art. 81, Satz 2 Verf. 1961) oder der Arbeitnehmer insgesamt (Art. 87 Verf. 1961) konnten nicht eingehalten werden. Der Mindestlohn in Venezuela liegt derzeit bei monatlich ca. einhundert US $. Das öffentliche Gesundheitssystem ist kollabiert und das Ausbildungssystem befindet sich in einer bereits langan-

---

[99] Hier werden in verschiedenen Absätzen zahlreiche Verfahrensgrundsätze festgehalten. Der Schutz der Freiheit ist jedoch nicht ausreichend, da Freiheitsentzug nicht einer richterlichen Entscheidung vorbehalten bleibt.

haltenden Krise. Normative Verfassung und Verfassungsrealität klaffen damit auch hier weit auseinander.

e) Wirtschaftliche Grundrechte

Auch im Bereich der Wirtschaftsverfassung bestand bei den Verfassungsgebern offensichtlich kein Konsens. Trotzdem entschied man sich nicht für eine allgemeine Klausel, etwa der Geltung einer sozialen Marktwirtschaft in Verbindung mit einem gewissen Sozialbindungen unterworfenen Eigentumsschutz, sondern man suchte die verschiedenen Alternativen der Wirtschaftspolitik detailliert aufzunehmen. Ergebnis ist auch hier eine erhebliche Rechtsunsicherheit und mangelnde Voraussehbarkeit der staatlichen Wirtschaftspolitik, die starken Schwankungen unterworfen ist. Nach der Rechtsprechung des Obersten Gerichtshofes sind diese Schwankungen verfassungsrechtlich gedeckt, wie er in seiner Entscheidung[100] vom 5. Oktober 1970 feststellte: »...Die wirtschaftlichen Aktivitäten des öffentlichen Sektors können in dem Maße steigen, wie die des privaten Sektors sinken und umgekehrt. Dies hängt vom Gebrauch der in der Verfassung vorgesehenen Kompetenzen durch die öffentliche Gewalt ab...«. Die in der Präambel angekündigte Unterordnung der Wirtschaft in den Dienst der sozialen Gerechtigkeit findet ihre Regulierung in Art. 95 Verf. 1961. Sie ist Leitmotiv der Wirtschaftsverfassung und spiegelt sich in den umfangreichen Eingriffsmöglichkeiten des Staates in die Wirtschaft wider. Diese haben verschiedene Autoren[101] dazu veranlaßt, das venezolanische Wirtschaftssystem als ein gemischtes System zwischen Markt- und Planwirtschaft zu bezeichnen. Tatsache ist, daß Art. 96 Verf. 1961 grundsätzlich eine freie Wirtschaft garantiert, diese aber Gesetzesschranken zum Schutze der Sicherheit, Gesundheit und sozialer Interessen unterwirft[102]. Der Staat kann gewisse Industriezweige aus Gründen des nationalen Interesses für sich reservieren und fördert gem. Art. 97 Verf. 1961 den Aufbau einer staatlich kontrollierten Schwerindustrie[103]. Art. 98 Verf. 1961 schreibt staatlichen Schutz für die Privatinitiative vor, eröffnet aber gleichzeitig die Möglichkeit einer staatlichen Planung, Rationalisierung und Förderung der Produktion im Interesse der wirtschaftlichen Entwicklung[104]. Das Eigentum wird in Art. 99 Verf. 1961 Sozialbindungen unterworfen (öffentlicher Nutzen und allgemeines Interesse) und gem. Art. 101 Verf 1961 ist eine Enteignung von Grundvermögen ohne vorherige Entschädigung dann möglich, wenn sie der Agrarreform, der Verbesserung oder Erweiterung von Wohngebieten

---

[100] Entscheidung des Obersten Gerichtshofs vom 5.10.70 in der Gazeta Oficial Nr. 1447, Extra vom 15.12.10.

[101] Zitiert in: *Linares Benzo, G.J.*: Lo que la libertad económica saca del juego, in: *Combellas, R.* (Hrsg.): *El Nuevo Derecho Constitucional Latinoamericano*, Volumen II, Caracas 1996, S. 1084f.

[102] Art. 96 Verf. 1961: »Todos pueden dedicarse libremente a la actividad lucrativa de su preferencia, sin más limitaciones que las previstas en esta Constitución y las que establezcan las leyes por razones de seguridad, de sanidad u otras de interés social...«.

[103] Art. 97 Verf. 1961: »...El Estado podrá reservarse determinadas industrias, explotaciones o servicios de interés público por razones de conveniencia nacional y propenderá a la creación y desarrollo de una industria básica pesada bajo su control«.

[104] Art. 98 Verf. 1961: »El Estado protegerá la iniciativa privada, sin perjuicio de la facultad de dictar medidas para planificar, racionalizar y fomentar la producción, y regular la circulación, distribución y consumo de la riqueza, a fin de impulsar el desarrollo económico del país«.

oder dringenden nationalen Interessen dient. Die Verfassung von 1961 ist bereits integrationsfreundlich, wie sich aus ihrem Art. 108 ergibt, der die Förderung der wirtschaftlichen Integration vorsieht. Obwohl die Eingriffsmöglichkeiten des Staates im Rahmen der Wirtschaftsverfassung sehr umfangreich sind und die Regelungen allgemein gehalten wurden, wurde mit Verkündung der Verfassung am 23. Januar 1961 ein Dekret erlassen, mit dem die Grundrechte aufgehoben wurden[105]. Die wirtschaftlichen Grundrechte blieben für dreißig Jahre außer Kraft und wurden erst 1991 per Dekret Nr. 1724 vom 4. Juli in Kraft gesetzt. Bereits 1994 wurden sie erneut durch Dekret Nr. 51 vom 26. Februar aufgehoben und erst Ende 1996 wieder in Kraft gesetzt. Insgesamt haben die Wirtschaftsgrundrechte damit ca. drei Jahre formelle Geltung gehabt.

f) Politische Grundrechte

Zu den in den Art. 110 bis 116 Verf. 1961 aufgezählten Grundrechten gehören das aktive und passive Wahlrecht (Art. 110 bis 113 Verf. 1961), das Recht zur Bildung politischer Parteien (Art. 114 Verf. 1961), das Demonstrations- (Art. 115 Verf. 1961) und das Asylrecht (Art 116 Verf. 1961).

4. Die Gewaltenteilung und der venezolanische Präsidentialismus

Die Öffentlichen Gewalten in Venezuela teilen sich in die klassischen Bereiche Exekutive, Legislative und Judikative auf. Regierungsform ist der Präsidentialismus, auch wenn nach Ansicht von Carlos Ayala Corao und Alan Brewer Carías[106] der Präsident in Venezuela einer stärkeren parlamentarischen Kontrolle unterworfen ist als in den anderen lateinamerikanischen Ländern[107] und sie deshalb von einem gemischten Präsidentialismus (mit parlamentarischen Elementen) sprechen. Es wäre sicherlich verfehlt, dem Präsidenten eine omnipotente Stellung zuzuschreiben, er ist jedoch der wichtigste Machtfaktor im politischen System. Der Präsident ist Staats- und Regierungsoberhaupt in einer Person und wird direkt von der Bevölkerung gewählt (Art. 183 Verf. 1961). Die Amtsperiode beträgt, genau wie bei den Kongreßmitgliedern, fünf Jahre. Eine unmittelbare Wiederwahl ist nicht möglich (Art. 185 Verf. 1961). Er hat weitreichende sachliche Entscheidungsbefugnisse, weitgehende Möglichkeiten im Bereich der Ressourcenallokation und personellen Zugriff auf die gesamte Exekutive. Per Dekret kann der Präsident die Grundrechte (mit Ausnahme der Art. 58 Verf. 1961: Schutz des Lebens und Art. 60, Abs. 3 Verf. 1961: Verbot der Folter und Isolierungshaft und Art. 60, Abs. 7: Verbot der lebenslangen Haft und unmensch-

---

[105] Dekret Nr. 445 vom 23. Januar 1961.

[106] Brewer-Carías spricht von einer grundsätzlich schwachen Exekutive in der venezolanischen (normativen) Verfassungsgeschichte (mit Ausnahme der Diktaturen). Auch die Verfassung von 1961 sehe eine schwache Exekutive vor aus Furcht vor dem Wiederaufleben eines Caudillismus. Vgl. *Brewer-Carías, A.: Sumario de la Constitución de 1961*, San Critóbal/Caracas 1983, S. 55ff.

[107] Carlos Ayala Corao spricht deshalb auch von einem »gemischten System«. Vgl. *Ayala Corao, C.: El régimen presidencial en Venezuela y los planteamientos para su reforma*, in: Formas de Gobierno: Relaciones Ejecutivo-Parlamento, Serie Lecturas Constitucionales Andinas 2, Lima 1993, S. 114.

licher Strafen) im Falle eines (auch wirtschaftlichen) Notstandes aufheben. Von dieser
Möglichkeit ist häufig Gebrauch gemacht worden, zuletzt am 26. Februar 1994. Zusammen mit der parlamentarischen Übertragung von Gesetzgebungsbefungnissen an
den Präsidenten durch ein »Notgesetz« (Ley de emergencia) kann dessen Position erneut erheblich gestärkt werden. Insgesamt ist in der Verfassungspraxis der venezolanische Präsidentialismus dadurch gekennzeichnet, daß das Parlament nur eine schwache
Stellung innehat. Selbst in der Domäne des Parlaments, der Gesetzgebung, ist der Präsident sehr weitgehend involviert[108]. Ein hoher Anteil der materiellen Gesetze Venezuelas ergehen als »Decretos« (gesetzesvertretende Verordnungen). Hier meint Brewer-Carías[109]denn auch: »Es sei außergewöhnlich, wenn ein Gesetz vom Kongreß beschlossen werde«. Die Auseinandersetzung zwischen Präsident und Kongreß bei der
Aufhebung der Grundrechte im Jahre 1994 bestätigt die in der Realität schwache Position des Kongresses. Nachdem Präsident Caldera gemäß Art. 190 Abs. 6 i.V.m. Art
240, 241 Verf. 1961 einige Grundrechte aufgehoben hatte, wurde das entsprechende
Dekret gemäß Art. 242 Verf. 1961 beiden Kammern des Kongresses zur Bestätigung
vorgelegt. Diese hoben das Dekret auf und noch am selben Tag erließ der Präsident
ein gleichlautendes Dekret, in dem er erneut bestimmte Grundrechte außer Kraft
setzte. Er drohte gleichzeitig mit der Durchführung einer (in der Verfassung nicht vorgesehenen) Volksabstimmung über die Notwendigkeit des Dekretes und mit Auflösung des Kongresses im Falle der Bestätigung des Dekretes durch die Volksabstimmung. Der Kongreß gab daraufhin seinen Widerstand gegen das Dekret auf. Eine Klage (einiger betroffener Anwälte) vor dem Obersten Gerichtshof über die Verfassungswidrigkeit des erneuten Dekretes wurde bis heute nicht entschieden.

Der Kongreß ist in zwei Kammern aufgeteilt (Art. 138 Verf. 1961), die Abgeordnetenkammer und der Senat. Neben der Gesetzgebungskompetenz können die Kammern eine gewisse Kontrolle über die Exekutive ausüben. Der Senat muß die Aus-
landsreisen des Präsidenten genehmigen (Art. 150, Abs. 7 Verf. 1961) und kann mit
der Mehrheit seiner Mitglieder die Durchführung eines Gerichtsverfahrens gegen den
Präsidenten autorisieren (Art. 150, Abs. 8 Verf. 1961). Die Abgeordnetenkammer
kann mit zwei-drittel-Mehrheit seiner Mitglieder ein Mißtrauensvotum gegen die
Minister aussprechen, die daraufhin ihr Amt verlieren (Art. 153, Abs. 2 Verf. 1961).
Gemeinsam können beide Kammern des Kongresses Untersuchungen durchführen
und sie üben eine politische Kontrolle aus, indem sie die Minister zur Berichtserstat-
tung zitieren können. Der Präsident ist verpflichtet, entweder persönlich oder durch
einen Minister jedes Jahr über das vorangegangene Jahr Bericht zu erstatten (Art. 191
Verf. 1961). Trotz der relativ eingeschränkten Kompetenzen ist die Schwäche des
Kongresses z.T. »hausgemacht«. Er kommt seiner wichtigsten Aufgabe, der Gesetzgebung, entweder gar nicht oder nur zögernd nach. Die Schwerfälligkeit der Institution
führt dazu, daß sie wichtigen Entwicklungen hinterherhinkt. Der Bürger erkennt damit keine ernsthaften Beiträge des Kongresses zur Lösung der aktuellen Krise, vielmehr delegiert dieser die Aufgaben an die Exekutive. Es besteht von Seiten des Präsidenten auch nach Erklärung eines Notstandes kein Anspruch auf die Verabschiedung
eines »Notgesetzes« mit entsprechender Übertragung von legislativen Kompetenzen.

---

[108] *Spoerr, W.: Demokratie in Venezuela: Präsidentialismus, Parteien und Wahlen,* in: VRÜ 1990, S. 28.
[109] *Brewer-Carías, A.: Instituciones políticas y constitucionales,* 2. Aufl., Caracas/San Cristóbal 1985, S. 447.

Trotzdem geschah dies »zur schnelleren Lösung« der Bankenkrise, die im Jahre 1994 mit der Schließung zahlreicher Banken ihren Höhepunkt fand[110].

5. Justiz

Die venezolanische Justiz steht seit Jahren im Kreuzfeuer heftiger Kritik. Eine im Jahre 1992 durchgeführte Umfrage ergab, daß 87% der Befragten nicht an einen wirksamen gerichtlichen Rechtsschutz glauben. Nur 1% meint, es gäbe ehrliche Richter[111]. Die Justiz gilt als ineffizient, politisiert und korrupt, z.T. sogar als völlig zusammengebrochen[112]. 1996 wurde daher eine Reform der Justiz erneut in der Öffentlichkeit diskutiert. Zum Teil wurde sogar der Erlaß eines »Notgesetzes« oder (erneut) die Bildung einer »Hohen Justizkommission« zur Reform der Justiz gefordert[113]. Diese Kommission soll repräsentativ sein für die venezolanische Gesellschaft und sowohl aus Mitgliedern der Justiz und der Anwaltschaft als auch aus Vertretern von Exekutive, Legislative, Gewerkschaften, Unternehmerschaft und Presse bestehen. Ihre Aufgabe soll die Überprüfung der Amtsausübung der Richter sein. Ziel beider Vorschläge ist die vereinfachte Entfernung von »ungeeigneten« Richtern aus dem Dienst und damit die Herbeiführung eines Personalwechsels in der Justiz. Die strukturellen Probleme der Justiz werden damit allerdings nicht behoben[114]. Die Gründe der Krise sind vielfältig[115] und liegen nur zum Teil in der Verfassung.

a) Allgemeine Vorschriften und richterliche Unabhängigkeit

Die Judikative Gewalt in Venezuela besteht aus dem Obersten Gerichtshof und den allgemeinen Gerichten (Art. 204 Verf. 1961). Unter dem gleichen Verfassungstitel sind auch die Staatsanwaltschaft (Ministerio Público, Art. 218–222 Verf. 1961) und der Richterrat oder Rat der Justiz (Consejo de la Judicatura, Art. 217 Verf. 1961) aufgeführt. »In der Ausübung ihrer Funktionen sind die Richter« laut Art. 205 Verf. 1961 »unabhängig von den anderen Organen der Staatsgewalt«[116]. Vergleicht man diese Formulierung z.B. mit Art. 97 Abs. I des deutschen Grundgesetzes (»Die Richter sind unabhängig und nur dem Gesetz unterworfen«) und setzt man sie in Bezug zu Art. 118

---

[110] Zur Bankenkrise in Venezuela vgl. *Schaeffler, K.: El sistema bancario de Venezuela*, in: *Sistemas Bancarios y Financieros en América Latina*, Buenos Aires 1995, S. 249ff.

[111] Umfrage des Instituts DATOS vom August 1992.

[112] *Petit Da Costa, J.* in: El Capital vom 21 März 1994, »*La reforma judicial que no llega*«.

[113] Dieser Vorschlag, der vom aktuellen Präsidenten Rafael Caldera stammt, war bereits von der bikammeralen Kommission zur Reform der Verfassung in den Jahren 1989–1992 aufgenommen worden. Er wurde als einer der »radikalsten« und »originellsten« Beiträge zur Reform der Justiz gewertet. Vgl. *Comebellas, R.: Una Constitución para el futuro*, Caracas 1994, S. 77.

[114] Auch die Verfassungsmäßigkeit der Vorschläge erscheint äußerst zweifelhaft und sie sind bestimmt nicht geeignet, die richterliche Unabhängigkeit zu fördern.

[115] Neben dem geringen Budget für die Justiz, der schlechten Ausbildung der meisten Richter und des Hilfspersonals, der unzureichenden Bezahlung, der mangelnden Ausstattung und der schwerfälligen Organisation der einzelnen Gerichte sind insbesondere veraltete und extrem formalistische Verfahrensrechte für die Misere der Justiz verantwortlich.

[116] Art. 205 Verf. 1961: »En el ejercicio de sus funciones los jueces son autónomos e independientes de los demás órganos del Poder Público«.

Verf. 1961 (»Jeder Zweig der öffentlichen Gewalt hat seine eigenen Funktionen; aber die Organe, denen die Ausübung der jeweiligen Gewalt zusteht, werden miteinander kooperieren in der Realisierung der Staatsziele«[117]), erkennt man die wesentlich schwächere verfassungsrechtliche Ausformulierung der sachlichen Unabhängigkeit der einzelnen Richter in Venezuela. Auch die persönliche Unabhängigkeit der Richter, festgehalten in Art. 208 Verf. 1961, enthält keine gleichwertige Garantie wie Art. 97 II des deutschen Grundgesetzes. In Venezuela ist demnach eine Entlassung oder Amtsenthebung aus Gründen und unter den Formen, welche das entsprechende Gesetz bestimmt, möglich[118]. In Deutschland verlangt die Verfassung zusätzlich eine richterliche Entscheidung, wie Art. 97 II GG zu entnehmen ist. Das venezolanische Entlassungs- und Amtsenthebungsverfahren (zeitlich beschränkte Suspendierung) wird vor dem Obersten Richterrat, in seiner Zusammensetzung als Disziplinargericht (alle fünf Mitglieder im Plenum), durchgeführt. Auch wenn die Mitglieder des Obersten Richerrates die Befähigung zum Richteramt haben müssen sind unter ihnen, wie Art. 217 Verf. 1961 vorschreibt, Vertreter der anderen Zweige der öffentlichen Gewalt (d.h. der Exekutiven und der Legislativen). Gegen die Entscheidung ist nur im Falle der Entlassung ein Rechtsmittel vor dem politisch-verwaltungsrechtlichen Senat des Obersten Gerichtshofs möglich. Bei einer vorläufigen Suspendierung, die von drei Monaten bis zu einem Jahr gehen kann, ist kein Rechtsmittel vorgesehen (Art. 79 Ley Orgánica del Consejo de la Judicatura LOCJ, Verfassungsgesetz des Obersten Richterrates). Die Verfassung bietet damit nur einen lückenhaften Schutz der richterlichen Unabhängigkeit, der sich auch in der entsprechenden Gesetzgebung widerspiegelt. Wie wichtig ein Schließen dieser Lücken ist, zeigt eine weitere Tatsache. Die Verf. 1961 kündigt ein Gesetz zur Regelung der Richterlaufbahn sowie zur Sicherung der Auswahl der geeigneten Kandidaten und der Unabhängigkeit der Richter an. Dieses Gesetz wurde erst im Dezember 1980, d.h. 19 Jahre (!) nach Verkündung der Verfassung, erlassen. Danach dauerte es noch weitere 10 Jahre, bis 1991 eine verwaltungstechnische Regelung über das Verfahren der Stellenausschreibungen getroffen wurde, welche nunmehr seit 1992 zur Anwendung kommt[119]. Bis 1979 wurden die Richter vom Obersten Gerichtshof aus einer Kandidatenliste ausgewählt, die das Justizministerium vorlegte. Ab 1980 und bis 1992 ernannte der Oberste Richterrat die Richter (fast) ausschließlich nach parteipolitischen Kriterien. Erst seit 1992 erfolgt die Auswahl durch eine Auswahlprüfung. Ein Teil der zur Zeit amtierenden Richter sind nur provisorisch in ihrem Amt[120]. Ihre Stellung hängt damit jeweils von einer Vertragsverlängerung durch den Obersten Richterrat ab. Diese Unsicherheit beeinflußt zusätzlich ihre persönliche Unabhängigkeit[121].

---

[117] Art. 118 Verf. 1961: »Cada una de las ramas del Poder Público tiene sus funciones propias; pero los órganos a los que incumbe su ejercicio colaborarán entre sí en la realización de los fines del Estado«.

[118] Art. 208 Verf. 1961: »Los jueces no podrán ser removidos ni suspendidos en el ejercicio de sus funciones sino en los casos y mediante el procedimiento que determina la ley«.

[119] *Klein, B.: Die Justizreform im Rahmen der venezolanischen Verfassungsreform,* unveröffentlichtes Manuskript, Caracas 1994, S. 8.

[120] In ihrem Bericht aus dem Jahre 1992 spricht die Comisión Andina de Juristas von einem Anteil von ca. 45% provisorischer Richter in der Justiz. Vgl. *Venezuela, adminsitración de justicia y crísis institucional, Comisión Andina de Juristas,* Lima 1992, S. 48.

[121] Zur Problematik der richterlichen Unabhängigkeit vgl. weiterhin *Fernández, F.M.: Independencia ju-*

b) Der Oberste Gerichtshof

Der Oberste Gerichtshof ist das höchste Gericht Venezuelas und übt Funktionen als Verfassungs- und als Kassationsgericht aus (Art. 215 Verf. 1961). Es wird ausdrücklich eine Verwaltungsgerichtsbarkeit vorgesehen, die sowohl dem Obersten Gerichtshof als auch den dafür durch Gesetz bestimmten Gerichten übertragen wird (Art. 206 Verf. 1961). Gemäß Art. 212 besteht der Oberste Gerichtshof aus Senaten (Salas), die mit mindestens fünf Richtern besetzt sein müssen (Art. 212 Verf. 1961). Art. 24 der Ley Orgánica de la Corte Suprema de Justicia (LOCSJ, Gerichtsverfassungsgesetz für den Obersten Gerichtshof) konkretisiert die Vorschrift, indem er neben dem Plenum einen politisch-verwaltungsrechtlichen Senat, einen Zivil- und einen Strafsenat mit jeweils fünf Richtern vorsieht. Dem Plenum des Gerichtshofes, bestehend aus den Richtern der drei Senate, obliegen die in Art. 215 Abs. 1 bis 6 Verf. 1961 aufgeführten Kompetenzen. Zu ihnen zählen die Durchführung von Gerichtsverfahren gegen den Präsidenten (nach Durchführung eines Vorverfahrens[122] muß die Genehmigung des Senates eingeholt werden, Art. 215 Abs. 1 Verf. 1961) und die Durchführung von gerichtlichen Vorverfahren und im Falle politischer Delikte auch des Hauptverfahrens gegen Mitglieder des Obersten Gerichtshofes, des Kongresses, gegen Minister, gegen den Generalstaatsanwalt, den »Procurador General« (einer Art Bundesanwalt), den »Contralor General« (einer Art Präsident eines Bundesrechnungshofes), gegen die Gouverneure der Gliedstaaten und die Leiter der Auslandsvertretungen. (Abs. 2). Weiterhin muß das Plenum über die teilweise oder vollständige Verfassungswidrigkeit und damit Nichtigkeit von Gesetzen und anderen Handlungen der Legislativen Gewalt und die Verfassungs- und Gesetzmäßigkeit der gliedstaatlichen und gemeindlichen Gesetze und Verordnungen entscheiden (Abs. 3 und 4). Es hat die Konflikte zwischen gleichrangigen Gesetzen zu lösen (Abs. 5) und die Nichtigkeit von verfassungswidrigen Verordnungen und sonstigen Handlungen der Exekutiven festzustellen (Abs. 6). Die Feststellung der Nichtigkeit von Verwaltungsakten obliegt dem politisch-verwaltungsrechtlichen Senat (Abs. 7), ebenso die Entscheidung von Organstreitigkeiten und Konflikten zwischen Gliedstaaten untereinander oder mit Gemeinden und Streitigkeiten der Gemeinden untereinander (Abs. 8). Weitere Aufgaben der jeweiligen Senate sind die Lösung von Zuständigkeitskonflikten bei den ordentlichen oder besonderen Gerichten und die Entscheidung der eingereichten Kassationsrechtsmittel (Abs. 9 und 10). Abs. 11 eröffnet weitere Kompetenzzuweisungen durch die einfachen Gesetze. Die LOCSJ regelt die Verfahren vor dem Obersten Gerichtshof, soweit diese von den allgemeinen Prozeßrechten abweichen. Der Oberste Gerichtshof ist aufgrund seiner umfangreichen Kompetenzen völlig überlastet. Genaue Statistiken zum Eingang und zur Erledigung von Fällen sind nicht erhältlich. Der Eingang liegt bei jährlich ca. 4000 bis 7000 Fällen, die sich auf die einzelnen Senate verteilen. Die Verfassungsgerichtsbarkeit, die entweder in der Kompetenz des Plenums oder des

---

dicial y control disciplinario de los jueces en Venezuela, in: Revista del Colegio de Abogados del Distrito Federal, Enero-Diciembre 1993, Nr. 152, S. 95 ff.

[122] Im Vorverfahren stellt der Oberste Gerichtshof zunächst fest, ob genügend Anhaltspunkte für die Durchführung eines Hauptverfahrens vorliegen. Dies wurde im Falle von Carlos Andrés Pérez im Jahre 1993 bejaht.

politisch-verwaltungsrechtlichen Senates liegt, kann aufgrund dieser Überlastung ihre wichtige Aufgabe nicht in ausreichendem Maße erfüllen[123].

c) Die Verfassungskontrolle in Venezuela

Es gibt drei verschiedene Wege, die Verfassungskontrolle in Venezuela[124] auszuüben: 1) Auf dem sog. direkten Weg der Popularklage vor dem Obersten Gerichtshof (konzentrierte Verfassungskontrolle). 2) Im Rahmen der diffusen Kontrolle die jeder Richter in Form einer Inzidentkontrolle durchführen kann und 3) Durch den »Amparo Constitucional«, einer Art Verfassungsbeschwerde, die vor verschiedenen Gerichten erhoben werden kann. Man spricht in Venezuela daher auch von einem gemischten System der Verfassungskontrolle. Neben der diffusen Kontrolle nach nordamerikanischem, existiert auch die konzentrierte Verfassungskontrolle nach europäischem Muster. Die diffuse Kontrolle, geregelt in Art. 20 der venezolanischen Zivilprozeßordnung, ermöglicht es jedem Richter, ein Gesetz im konkreten Fall nicht anzuwenden, wenn er es für verfassungswidrig hält. Da das Urteil nur Wirkung »inter partes« hat, bleibt das Gesetz allgemein gültig. Eine Besonderheit des venezolanischen diffusen Kontrollsystems ist das »Amparo-Verfahren« nach Art. 3, 4 und 5 des Amparogesetzes (Ley de Amparo) von 1987. In diesem Verfahren kann ein Richter wegen angeblicher Verfassungswidrigkeit sowohl die Nichtanwendbarkeit eines Gesetzes auf einen konkreten Fall feststellen als auch die Vollstreckung eines Urteils oder eines Verwaltungsaktes aussetzen. Diese Entscheidung hat nur Auswirkungen »inter partes«. Mit Wirkung »erga omnes« sind die Entscheidungen des Obersten Gerichtshofes ausgestattet, die aufgrund einer Popularklage zur Verfassungswidrigkeit eines Gesetzes oder einer sonstigen Handlung der öffentlichen Gewalt erfolgt[125]. Diese Kompetenz ergibt sich aus Art. 215, Abs. 3, 4 und 6 Verf. 1961 in Verbindung mit Art. 112 der LOCSJ[126]. Bemerkenswert ist dabei, daß der Oberste Gerichtshof auch für die verfassungsrechtliche Überprüfung gemeindlicher Satzungen zuständig ist. Er ist damit eindeutig überfordert und auch die verfassungsrechtlich bedenkliche Einrichtung von »Notsenaten« (vier Richter des jeweiligen Senates und ein Ersatzrichter, bei dem der Ersatzrichter der vortragende Richter ist[127]) hat keine ausreichende Entlastung gebracht. Das gilt ebensowenig für die Schaffung von »Juzgados de sustanciación«, die Verfahren zur Entscheidungsreife bringen sollen, bevor sie dem Plenum oder den Se-

---

[123] Ebenso *Ayala Corao, C.: Algunas consideraciones sobre la jurisdicción constitucional en Venezuela*, in: Una mirada a los Tribunales Constitucionales, Lima 1995, S. 257 und 278, der der venezolanischen Verfassungsrechtsprechung jedoch auch einige wichtige Fortschritte in den letzten Jahren zugesteht.

[124] Zur geschichtlichen Entwicklung der Verfassungskontrolle in Venezuela vgl. *Ayala Corao, C.: Orígen y evolución del control constitucional en Venezuela*, in: Anuario de Derecho Constitucional Latinoamericano 1996, Medellín 1996, S. 247 ff.

[125] Vgl. hierzu *Brewer-Carías, A.: El sistema mixto o integral de control de constitucionalidad en Colombia y Venezuela*, in: Anuario de Derecho Constitucional Latinoamericano 1996, Medellín 1996, S. 163 ff.

[126] Art. 112 LOCSJ: »Toda persona natural o jurídica plenamente capaz, que sea afectada en sus derechos o intereses por ley, reglamento, ordenanza u otro acto de efectos generales emanado de alguno de los cuerpos deliberantes nacionales, estadales o municipales o del Poder Ejecutivo Nacional, Puede demandar la nulidad del mismo, ante la Corte, por razones de inconstitucionalidad o de ilegalidad, salvo lo previsto en las Disposiciones Transitorias de esta Ley«.

[127] Vgl. Art. 25 LOCSJ.

naten vorgelegt werden. Gegen die Entscheidungen dieser »Juzgados des sustancia-ción« ist ein Rechtsmittel vor dem jeweiligen Senat oder das Plenum des Gerichts vor-gesehen (Art. 28 LOCSJ). Die Überlastung des Obersten Gerichtshofes verlangt drin-gend nach einer Reform. Diese könnte durch die Einrichtung weiterer Senate begon-nen werden. Die Verfassung ermöglicht in ihrem Art. 216 Verf. 1961 auch die Über-tragung von Kompetenzen des Plenums auf eine »Sala Federal« (Bundessenat). Diese würde sich allerdings aus dem Präsidenten des Obersten Gerichtshofes, den Richtern des politisch-verwaltungsrechtlichen Senates und jeweils zwei Richtern der anderen Senate zusammensetzen. Eine wirkliche Entlastung würde dadurch auch nicht eintre-ten. Aktuelle Ansätze zur Reform der Verfassungsgerichtsbarkeit gehen daher auch hin zur Gründung eines getrennten Verfassungsgerichtes oder zumindest eines Verfas-sungssenates nach dem Muster des Senates in Costa Rica[128]. Hierzu ist eine Verfas-sungsreform allerdings unumgänglich[129].

d) Die allgemeinen Gerichte

Die 1200 allgemeinen Gerichte Venezuelas sind aufgeteilt in die »Oberen Gerichte« (Tribunales Superiores), die Gerichte der ersten Instanz (Tribunales de primera In-stancia), die Distrikts- oder Departementsgerichte (Tribunal de Distrito o Departa-mento), die Stadt- oder Gemeindegerichte (Tribunales de Municipio o de Parroquia) und neuerdings auch die Friedensrichter (Juzgados de Paz). Die Gerichte sind zustän-dig für die Zivil-, Handels- und Strafrechtssprechung. Die sachliche Zuständigkeit hängt dabei vom Streitwert oder von der Schwere des Delikts ab. Friedensrichter sind bei geringem Streitwert und bei Nachbarstreitigkeiten zuständig. Neben den oben er-wähnten Gerichten gibt es noch ein »Tribunal de Salvaguarda«, einem Gericht zum Schutze des öffentlichen Eigentums, vor dem Korruptionsfälle angeklagt werden und die Militärgerichtsbarkeit.

Die Verfassung von 1961 sieht in ihrem Art. 206 weiterhin eine Verwaltungsrecht-sprechung vor. Diese obliegt dem Obersten Gerichtshof und den dafür vorgesehenen Gerichten.

e) Der Oberste Richterrat

Der Oberste Richterrat ist zuständig für die Verwaltung der 1200 Gerichte, die Durchführung der Auswahlverfahren für die Ernennung von Richtern und die Durch-führung der Disziplinarverfahren. Seine Kompetenzen sind in der Ley Orgánica del Consejo de la Judicatura aufgeführt. Zu ihnen gehört auch die Schaffung neuer und Schließung alter Gerichte. Gemäß Art. 217 Verf. 1961 ist der Oberste Richterrat damit betraut, die Unabhängigkeit, Effizienz, Disziplin und Würde der Gerichte zu sichern und den Richtern die Garantien der juristischen Laufbahn zu gewähren. Für den

---

[128] Zum Verfassungssenat in Costa Rica vgl. *Lösing, N.: Der Verfassungssenat in Costa Rica, Beispiel für eine erfolgreiche Verfassungsrechtsprechung in Lateinamerika*, in: VRÜ 28. Jahrgang, 2. Quartal 1995, S. 166 ff.

[129] Carlos Ayala Corao sieht auch eine Alternative in der Reform der LOCSJ, mit der zumindest die Amparoverfahren vereinheitlicht werden könnten und vor einem dazu gegründeten Senat verhandelt wer-den könnten. Vgl. *Ayala Corao, C.: Algunas consideraciones sobre la jurisdicción constitucional de Venezuela*, in: Una Mirada a los Tribunales Constitucionales, Lima 1995, S. 284.

Obersten Gerichtshof ist der Richterrat nicht zuständig. Dieser verwaltet sich selbständig, was immer wieder zu Kompetenzkonflikten mit dem Richterrat führt. Die fünf Mitglieder des Richterrates müssen die Befähigung zum Richter am Obersten Gerichtshof haben und sie sind Vertreter der verschiedenen öffentlichen Gewalten.

f) Die Staatsanwaltschaft

In Venezuela herrscht (noch) ein inquisitorisches, schriftliches Strafverfahren, so daß die Aufgaben der venezolanischen Staatsanwaltschaft (Art. 218 bis 222 Verf. 1961) nicht mit denen der deutschen Staatsanwaltschaft verglichen werden können. Der Generalstaatsanwalt (Fiscal General de la República) wird vom Parlament in gemeinsamer Sitzung beider Kammern für die Dauer der Regierungsperiode (fünf Jahre) ernannt. Unter seinem Vorsitz wacht die Staatsanwaltschaft über die Respektierung der verfassungsmäßigen Garantien und Rechte und übt eine Kontrolle über die Justizverwaltung und die Einhaltung der Gesetze innerhalb der Strafverfahren und des Strafvollzugs aus. Sie wirkt als Ombudsmann in den Fällen, in denen ihr Grund- und Menschenrechtsverletzungen bekannt werden, die durch staatliche Organe verübt wurden. In diesen Fällen kann die Staatsanwaltschaft Maßnahmen gegen die verantwortlichen Beamten ergreifen[130]. Die Staatsanwaltschaft kann auch als Ankläger in einem Strafverfahren auftreten. Die Durchführung der Ermittlungen obliegen ihr jedoch nicht. Der Generalstaatsanwalt ist unabhängig von den übrigen Organen der Exekutiven und keiner Weisung unterworfen. Die zur Zeit in Venezuela diskutierte Reform der Strafprozeßordnung sieht eine Änderung der Aufgaben der Staatsanwaltschaft vor. Sie soll Herrin des Ermittlungsverfahrens werden und für die Anklage zuständig sein. Eine Verfassungsreform ist hierzu zwar nicht unbedingt notwendig, aber sinnvoll.

IV. Ausblick

Jede Verfassung spiegelt bestimmte historische Gegebenheiten wider und ist geprägt durch die politischen, wirtschaftlichen und sozialen Rahmenbedingungen zum Zeitpunkt ihres Erlasses. Sie ist ebenfalls Ausdruck einer vorhandenen Realität. Die venezolanische Verfassung von 1961 bildet insofern keine Ausnahme. Sie ist gekennzeichnet durch den unbedingten Willen der Verfassungsgeber zum Aufbau und Erhalt einer Demokratie[131] und den Wunsch, Auseinandersetzungen und Konflikte bei ihrer Erstellung zu vermeiden, um die junge Demokratie nicht erneut durch Partei- und Ideologiekonfrontationen zu gefährden[132]. Dies ist insofern gelungen, als die Verfassung von 1961 diejenige mit der längsten Geltungsdauer in der venezolanischen Verfassungsgeschichte und die Demokratie, trotz zweier Putschversuche im Jahre 1992,

---

[130] Im ersten Amtsjahr von Escovar Salom wurden mehr als 500 Verfahren wegen Korruption gegen Beamte eröffnet. Vgl. *Comisión Andina de Juristas: Venezuela, Administración de Justicia y Crísis institucional*, Lima 1991, S. 43.

[131] Dieser Wille wurde »Der Geist des 23. Januar« genannt (*Andueza, J.G.: La Constitución de 1961 y la evolución constitucional de Venezuela*, Actas de la Comisión Redactora del Proyecto, Band I, Volumen I, Caracas 1971, S. XXV) und spiegelt sich z.B. in der Stärkung des Parlaments gegenüber der Exekutiven wider, als Reaktion auf die vorangegangenen Diktaturen. Siehe aber auch z.B. Art. 3, 4, 241, 242, 250 Verf. 1961.

[132] *Brewer-Carías, A.: Sumario de la Constitución de 1961*, San Cristóbal / Caracas 1983, S. 19 und 21.

die noch aktuelle Herrschaftsform ist. Inwieweit die Verfassung aber tatsächliche Geltung errungen hat und zur Lösung politischer, sozialer und wirtschaftlicher Konflikte nach 1961 beigetragen hat, ist damit jedoch noch nicht beantwortet. Die Konfliktscheue der Verfassungsgeber hat nämlich in einigen Bereichen einen nicht vorhandenen Konsens vorgetäuscht. Problemfelder wurden nicht gelöst, sondern auf später vertagt. Worauf sich der Verfassungsgeber nicht einigen konnte, wurde dem späteren Gesetzgeber überlassen. Wichtige Themen wie die Bundesstaatlichkeit wurden daher nicht ausreichend, sondern praktisch nur als »Desideratum« geregelt[133]. Viele der Verfassungsnormen bedürfen zu ihrer Verwirklichung des Erlasses von Ausführungsgesetzen, die z.T. erst 1988 erlassen wurden, z.T. auch heute noch nicht existieren. Im Jahre 1971 schrieb Juan José Rachadell[134] bereits: »Unserer Verfassung fehlen die Brücken zur Gesellschaft, d.h. die Ausführungsgesetze«. Alán Randolf Brewer-Carías[135] meinte 1983: »...die Verfassung ist mangelhaft verwirklicht worden, dies ist sowohl auf eine fehlende als auch auf eine fehlerhafte Umsetzung zurückzuführen...« und 1995 schrieb Ricardo Combellas[136]: »...die Verfassung ist in fünf wichtigen Säulen in mehr als dreißig Jahren nicht in angemessener Form umgesetzt worden...« Die Verfassung bietet allerdings auch keine ausreichende Grundlage für eine »angemessene Umsetzung«. Sie kann die Erwartungen, die an eine Verfassung gestellt werden, nicht in ausreichender Weise erfüllen. Nach Josef Isensee[137] »ist der Verfassungsstaat die Wirklichkeit der Freiheit. Er legitimiert sich aus der vorstaatlichen Idee der Freiheit. Er sieht seine Aufgabe darin, sie als unverfügbare Vorgegebenheit zu achten und ihr die rechtlichen Rahmenbedingungen und die notwendigen institutionellen wie sozialen Voraussetzungen zu gewährleisten. Die Verfassung stellt jedoch auch die Gefahren der staatlichen Gewalt in Rechnung, die nicht nur schützen, sondern auch unterdrücken kann. Sie schafft ein System der rechtsstaatlichen Bindungen, Begrenzungen und Kontrollen«. Um ein solches System zu schaffen muß die Verfassung allerdings in grundsätzlichen Bereichen verbindliche Entscheidungen treffen. Werden diese offen gelassen, wie dies z.T. in der venezolanischen Verfassung geschehen ist, kann diese ihre Aufgabe nicht erfüllen.

Dort, wo die venezolanische Verfassung verbindlich (i.S. von eindeutig) ist, klaffen normative Verfassung und Verfassungsrealität zum Teil weit auseinander. Zwar besteht zwischen den realen Zuständen und der normativen Verfassung notwendig Spannung, doch darf diese ein bestimmtes Maß nicht überschreiten, ohne daß die effektive Geltung der Norm gefährdet würde[138]. Widerspricht die Rechtsprechung der normativen Verfassung in grundsätzlichen Aspekten wie z.B. in der Feststellung der Unzulässigkeit eines »Amparo-Verfahrens« vor Regelung des entsprechenden Ausführungsge-

[133] *Rachadell, M.: Federalismo, Descentralización y Reforma Constitucional en Venezuela*, unveröffentlichtes Manuskript, Caracas 1994, S. 12.

[134] *Rachadell, J.J.: La Constitución de 1961 y la evolución constitucional de Venezuela*, Actas de la Comisión Redactora del Proyecto, Band I, Volumen I, Caracas 1971, S. XIX.

[135] *Brewer-Carías, A.: Sumario...*, S. 77.

[136] *Combellas, R.: Venezuela en la encrucijada; Retos de la era pospopulista*, Caracas 1995, S. 58.

[137] *Isensee, J.: Die Staatlichkeit der Bundesrepublik Deutschland*, in: *Isensee/Kirchhof* (Hrsg.): Handbuch des Staatsrechts, Band I, Grundlagen von Staat und Verfassung, Heidelberg 1987, S. 641.

[138] *Scheuner, U.: Staatstheorie und Staatsrecht*, 1978, S. 173; zitiert in: *Isensee, J.: Die Staatlichkeit der Bundesrepublik Deutschland*, S. 643.

setzes, obschon die Verfassung eine solche Zulässigkeit ausdrücklich vorschreibt[139], werden die Spannungen zwischen normativer Verfassung und realer Verfassung (i.S. einer Verfassung in ihrer angewandten Form durch die Auslegung der Richter) unerträglich.

Auch Verfassungstext und Verfassungsrealität klaffen weit auseinander. Die Nichteinhaltung der sozialen Versprechen der Verfassung von 1961 und die mangelhafte Respektierung und Durchsetzungsmöglichkeit anderer Grundrechte hat das Maß einer zulässigen Spannung weit überschritten.

Letztendlich bieten weder Verfassung noch Verfassungsrealität Rechtssicherheit für eine anhaltende wirtschaftliche Entwicklung. Produktive Investitionen bleiben daher aus oder müssen durch umfangreiche Konzessionen erkauft werden. Solange die Verfassung so umfangreiche und praktisch kaum kontrollierbare staatliche Interventionen in die Wirtschaft zuläßt, das Parlament seine Gesetzgebungsbefugnisse auch im Wirtschaftsbereich per »Notstandsgesetz« (Ley de Emergencia) auf den Präsidenten überträgt und die Justiz nicht in zügigen und transparenten Verfahren die Konflikte zwischen Staat und Bürger sowie zwischen den Bürgern untereinander löst, ist eine dauerhafte Erholung und Entwicklung Venezuelas gefährdet. Es bleibt daher zu hoffen, daß die andauernde Verfassungsreformdiskussion und die erstrebten und begonnenen Justiz- und Wirtschaftsreformen zu einem glücklichen Ende gebracht werden können.

Textanhang

Verfassung Venezuelas (1961)

The Congress of the Republic of Venezuela having called for the vote of the Legislative Assemblies of the States of Anzoategui, Apure, Aragua, Barinas, Bolivar, Carabobo, Cojedes, Falcon, Guarico, Lara, Merida, Miranda, Monagas, Nueva Esparta, Portuguesa, Sucre, Tachira, Trujillo, Yaracuy, and Zulia, and having seen the favorable result of the voting,

in representation of the Venezuelan people, for whom it invokes protection of God Almighty;

with the aim of maintaining the independence and territorial integrity of the Nation, strengthening its unity, ensuring the freedom, peace, and stability of its institutions;

protecting and uplifting labor, upholding human dignity, promoting the general wellbeing and social security, achieving an equitable participation by all in the enjoyment of wealth, according to the principles of social justice; and promoting the development of the economy in the service of man;

maintaining social and legal equality, without discrimination on account of race, sex, creed, or social conditions;

cooperating with all other nations, and especially with the sister republics of the Hemisphere, in the aims of the international community, on the basis of mutual respect for sovereignty, the self determination of peoples, the universal guarantee of the individual and social rights of the human person, and the repudiation of war, of conquest, and of eocnomic predominance as an instrument of international policy;

supporting the democratic order as the soul and irrenouncable means of ensuring the rights and dignity of citizens and favoring the peaceful extension to all the peoples of the earth;

and preserving and increasing the moral and historical patrimony of the Nation forged by the people in their struggles for freedom and justice and by the thoughts and deeds of the great servant

---

[139] Art. 50 S. 2 Verf. 1961: »La falta de ley reglamentaria de estos derechos no menoscaba el ejercicio de los mismos«.

of their country, whose highest expression is Simon Bolivar, the Liberator,
decrees the following

Constitution
Title I
The Republic, its Territory and Political Divisions

Chapter I
Fundamental Provisions

Article 1
The Republic of Venezuela is irrevocably and forever free and independent from any domination or protection by a foreign power.

Article 2
The Republic of Venezuela is a federal state, within the terms affirmed by this Constitution.

Article 3
The government of the Republic of Venezuela is and always shall be democratic, representative, responsible, and alternating.

Article 4
Sovereignty resides in the people, who exercise it, by means of suffrage, through the branches of the Public Power.

Article 5
The national flag, with the colors yellow, blue, and red; the national hymn „Glory to a brave people", and the coat of arms of the Republic, are the symbols of our country.

The law shall determine their characteristics and regulate their use.

Article 6
The official language is Spanish.

Chapter II
The Territory and Political Divisions

Article 7
The national territory is that which belonged to the Captaincy General of Venezuela before the political transformation initiated in 1810, with the modifications resulting from treaties validly concluded by the Republic.

The sovereignty, authority and vigilance over the territorial sea, the contiguous maritime zone, the continental shelf, and the air space, as well as the ownership and exploitation of property and resources contained within them, shall be exercised to the extent and conditions determined by law.

Article 8
The national territory may never be ceded, transferred, or leased or alienated in any way, even partially or temporarily, to a foreign power.

Foreign States may acquire, within a specified area, under guarantees of reciprocity and with limitations established by law, only real property that is necessary for the seat of their diplomatic and consular representation. The acquisition of real property by international organizations may be authorized only in accordance with conditions and restrictions established by law. In all these cases sovereignty over the land is retained.

Article 9
The national territory is divided for the purposes of the political organization of the Republic into the States, the Federal District, the Federal Territories, and the Federal Dependencies.

Article 10
States may merge, alter their present boundaries, and grant compensations or cessions of territory through agreements approved by their Legislative Assemblies and ratified by the Senate. Alterations of boundaries, compensations or cessions of territory between the Federal District or the Federal Territories or Dependencies and the States may be accomplished through agreements between the National Executive and the respective States, ratified by the corresponding Legislative Assemblies and by the Senate.

Article 11
The city of Caracas is the capital of the Republic and the permanent seat of the supreme branches of the National Power.

The provisions of this article shall not prevent the temporary exercise of the National Power in other places in the Republic.

A special law shall coordinate the different jurisdictions existing within the metropolitan area of Caracas, without impairing municipal autonomy.

Article 12
The Federal District and the Federal Territories shall be organized by organic laws in which municipal autonomy shall be maintained.

Article 13
A special law may give a Federal Territory the status of a State, alloting to it all or a part of the respective Territory.

Article 14

The Federal Dependencies are those portions of the territory of the Republic not included in the States, Territories and Federal District, as well as the islands which may be formed or appear in the territorial sea or in the sea covering the continental shelf. Their system of government and administration shall be established by law.

Article 15

The law may establish a special juridical system for those territories which, by the free determination of their inhabitants and with the approval of Congress, are incorporated into the Republic.

Chapter III

The States

Article 16

The States are autonomous and equal as political entities. They are obligated to maintain the independence and integrity of the Nation; and to comply with and enforce the Constitution and the laws of the Republic.

They shall give faith and credit to the public acts issuing from the national authorities, the other States, and the Municipalities and shall see that they are executed.

Each State may preserve its present name or change it.

Article 17

The following are within the competence of each State:

1. The organization of its public powers, in conformity with this Constitution;

2. The organization of its Municipalities and other local entities and their political and territorial division, in accordance with this Constitution and the national laws.

3. The administration of its property and expenditure of the constitutional allotment and other revenues pertaining to it, subject to the provisions of Articles 229 and 235 of this Consitution;

4. The use of the public credit, subject to the limitations and requirements established by national laws;

5. The organization of the urban and rural police and determination of what branches of this service shall be within municipial jurisdiction;

6. Matters entrusted to it in accordance with Article 137;

7. Anything which, in conformity with this Constitution, does not pertain to national or municipal jurisdiction.

Article 18

The States may not:

1. Create custom houses or taxes on imports, export taxes, or taxes on transit of foreign or domestic goods, or on other revenue items under national or municipal jurisdiction;

2. Tax consumer goods before they enter into circulation within their territory;

3. Prohibit consumption of goods produced outside their territory, or tax them differently from those produced within their jurisdiction;

4. Levy taxes on livestock or on their products or by-products.

Article 19

The Legislative Power in each State is exercised by a Legislative Assembly whose members must meet the same requirements as those indicated in this Constitution to be a Deputy, and they shall be elected by direct vote with proportional representation of minorities, according to law.

The Legislative Assembly is competent to examine and control any act of the public state administration.

Members of the Legislative Assemblies shall enjoy immunity within the territory of the respective State from ten days before the beginning of sessions until ten days after their termination or after a member ceases to function. This immunity is governed by the rules of this Constitution relative to the immunity of Senators and Deputies, in so far as applicable.

Article 20

The powers of the legislative Assembly are:

1. To legislate on matters within state competence;

2. To approve or disapprove annually the actions of the Governor, in a special session called for that purpose;

3. To sanction the Budget Law of the State;

The total expenditures authorized by the Budget Law may in no case exceed the estimate of revenues for the respective period made by the Governor in the bill submitted to the Legislative Assembly;

4. Any others attributed to it by law.

Article 21

The government and administration of each State pertains to a Governor, who in addition to being executive head of the State is the agent of the National Executive in his repsective district.

To be a Governor one must be a Venezuelan by birth, over thirty years of age and a layman.

Article 22

The law may establish the manner of electing and removing Governors, in accordance with the principles set forth in Article 3 of this Constitution. The respective bill must first be introduced to the Chambers in joint session, by a vote of two thirds of their members. The respective law shall not be subject to veto by the President of the Republic. Until the law provided in this article is enacted, the Governors shall be freely appointed and removed by the President of the Republic.

Article 23

The powers and duties of a Governor are:

1. To comply with and enforce this Constitution and the laws, and to execute and see to the execution of orders and resolutions received from the National Executive;

2. To appoint and remove the officials and employees under him, if their designation is not attributed to some other authority, without prejudice to laws governing the administrative career;

3. To submit to the Legislative Assembly a report of his administration for the year immediately preceding;

4. To submit to the Legislative Assembly the bill for the Budget Law.

Article 24

Disapproval of the acts of a Governor shall mean his immediate removal in the event that the latter is expressly agreed upon by a vote of two thirds of the members of the Legislative Assembly.

Chapter IV
Municipalities

Article 25

The Municipalities constitute the primary and autonomous political unit within the national organization. They are juridical persons and their representation shall be exercised by those agencies determined by law.

Article 26

The organization of Municipalities and other local entities shall be governed by this Constitution, by rules following constitutional principles established in national organic laws, and by legal provisions enacted by the States in conformity therewith.

Article 27

The law may establish different systems for the organization, government, and administration of Municipalities, based on population, economic development, geographical location, and other important factors. In all cases the municipal organization must be democratic and respond to the actual nature of the local government.

Article 28

Municipalities may be grouped into Districts. Municipalities may also be constituted as joint communities (mancomunidades) for specified purposes within their competence.

Article 29

Municipal autonomy includes:

1. Election of its authorities;

2. Free action on matters within its competence;

3. The creation, collection and expenditure of its revenues;

Acts of Municipalities may not be challenged except before jurisdictional authorities, in accordance with this Constitution and the laws.

Article 30

The government and administration of interests peculiar to the entity are within municipal competence, particularly in relation to its property and revenues and matters proper to local life, such as urban development, supplies, traffic, culture, health, social assistance, public credit institutions, tourist travel, and municipal police.

The law may grant municipalities exclusive competence in specific matters and may also impose on them a compulsory minimum of services.

Article 31

Municipalities shall have the following revenues:

1. The proceeds from their communal lands (ejidos) and their own property;

2. Excise taxes from the use of their property and services;

3. Licenses on industry, commerce and vehicles, and taxes on urban real property and public entertainment;

4. Fines imposed by municipal authorities and others attributed to them by law;

5. State or national subsidies and donations;

6. Any other special taxes, excises and contributions that are imposed according to law.

Article 32

The communal lands (ejidos) are inalienable and imprescriptible. They may be alienated only for constructions in those cases established by municipal ordinances and after compliance with formalities indicated therein. Those specified by law may also be alientated for purposes of agrarian reform, but there must always be left untouched lands required for the development of urban centers.

Article 33

Municipalities may make use of public credit subject to such limitations and requirements as are imposed by law.

Article 34

Municipalities shall be subject to the limitations established in Article 18 of this Constitution and they may not impose on the products of agriculture, stock-raising, or fishing of edible animals, taxes other than those on retail trade.

Title II
Nationality

Article 35

The following are Venezuelans by birth:

1. Those born in the territory of the Republic;

2. Those born in foreign territory of a native-born Venezuelan father and mother;

3. Those born in foreign territory of a native-born Venezuelan father or a native-born Venezuelan mother, provided they establish their residence in the territory of the Republic or declare their intention of accepting Venezuelan nationality;

4. Those born in foreign territory of a naturalized Venezuelan father or naturalized Venezuelan mother, provided that before reaching eighteen years of age they establish their residence in the territory of the Republic and before reaching twenty-five years of age they declare their intention of accepting Venezuelan nationality.

Article 36

Foreigners who obtain a certificate of naturalization are Venezuelans by naturalization.

Foreigners who by birth have the nationality of Spain or of a Latin American State shall be entitled to special facilities in obtaining a certificate of naturalization.

Article 37

The following are Venezuelans by naturalization whenever they declare their intention to be such:

1. A foreign woman married to a Venezuelan;

2. Foreign minors as of the date of naturalization of the person who has parental authority over them, if they reside in the territory of the Republic and make the declaration before they reach twenty-five years of age; and

3. Foreign minors adopted by Venezuelans, if they reside in the territory of the Republic and make the declaration before reaching twenty-five years of age.

Article 38

A Venezuelan woman who marries a foreigner retains her nationality unless she declares her intention to the contrary and, according to the national law of ther husband, she acquires his nationality.

Article 39

Venezuelan nationality is lost:

1. By voluntary option or acquisition of another nationality;

2. By revocation of naturalization by judicial sentence according to law.

Article 40

Venezuelan nationality by birth is recovered whenever the person who lost it becomes domiciled in the territory of the Republic and declares his intention to recover it, or whenever he remains in the country for a period of not less than two years.

Article 41

The declarations of intention contemplated in Articles 35, 37, and 40 shall be made in proper form by the interested party if over eighteen years of age, or by his legal representative if he has not reached that age.

Article 42

The law shall enact, in accordance with the spirit of the foregoing provisions, the substantive and procedural rules relating to the acquisition, option, loss, and recovery of Venezuelan nationality, shall resolve conflicts of nationality, shall establish the requirements, favorable circumstances and formalities, and shall regulate the loss and voidance of naturalization by indication of intention and by obtaining a naturalization certificate.

Title III
Duties, Rights and Guarantees

Chapter I
General Provisions

Article 43

Everyone has the right to the free development of this personality, with no other limitations than those deriving from the rights of others and from the public and social order.

Article 44

No legislative provision shall have retroactive effect except when it imposes a lesser penalty. Procedural laws shall apply from the time they enter into force, even in cases that are pending; but in criminal trials evidence already introduced, insofar as it is beneficial to the defendant, shall be weighed in accordance with the law in force at the time the trial began.

Article 45

Foreigners have the same duties and rights as Venezuelans, with those limitations and exceptions established by this Constitution and the laws.

Political rights are reserved to Venezuelans, except as provided in Article 111.

Venezuelans by naturalization who entered the country before reaching seven years of age and resided therein permanently until attaining majority shall enjoy the same rights as Venezuelans by birth.

Article 46

Every act of the Public Power which violates or impairs the rights guaranteed by this Constitution is void, and the public officials and employees who order or execute it shall be held criminally, civilly or administratively liable, as the case may be, and orders of superiors manifestly contrary to the Constitution and the laws may not serve as an excuse.

Article 47

In no case may Venezuelans or foreigners claim indemnity from the Republic, the States, or Municipalities for damages, loss or expropriation that have not been caused by legitimate authorities in the exercise of their public office.

Article 48

Every agent of authority who executes measures restricting freedom must be identified as such when so demanded by the persons affected.

Article 49

The courts shall protect every inhabitant of the Republic in the enjoyment and exercise of the rights and guarantees established in this Constitution, in conformity with the law.

Proceedings shall be brief and summary and the competent judge shall have the power to reestablish immediately the infringed juridical situation.

Article 50

The enunciation of rights and guarantees contained in this Constitution must not be construed as a denial of others which, being inherent in the human person, are not expressly mentioned herein.

The lack of a law regulating these rights does not impair the exercise thereof.

Chapter II
Duties

Article 51

Venezuelans have the duty to honor and defend their country, and to safeguard and protect the interests of the Nation.

Article 52

Both Venezuelans and foreigners must comply with and obey the Constitution and the laws, and the decrees, resolutions and orders issued by legitimate agencies of the Public Power in the exercise of their functions.

Article 53

Military service is compulsory and shall be rendered without distincton as to class or social condition, in the periods and occasions fixed by law.

Article 54

Labor ist a duty of every person fit to perform it.

Article 55

Education is compulsory within the degree and conditions fixed by law. Parents and representatives are responsible for compliance with this duty, and the State shall provide the means by which all may comply with it.

Article 56

Everyone is obligated to contribute to the public expenditures.

Article 57

The obligations that pertain to the State with respect to the assistance, education and well-being of the people do not exclude those which, by virtue of social solidarity, are incumbent on individuals according to their capacity. The law may impose compliance with these obligations in those cases where it may be necessary. It also may impose on persons who aspire to practice specified professions, the duty of rendering service for a certain time in places and under conditions indicated.

Chapter III
Individual Rights

Article 58

The right to life is inviolable. No law may establish the death penalty nor any authority carry it out.

Article 59

Every person has the right to be protected against injury to his honor, reputation or private life.

Article 60

Personal liberty and safety are inviolable, and consequently:

1. No one may be arrested or detained, unless caught *in flagrante*, except by virtue of a written order of an official authorized to decree the detention, in the cases and with the formalities prescribed by law. The summary proceedings may not be prolonged beyond the maximum legally fixed limit.

The accused shall have access to the charges against him in the summary hearing and to all means of defense prescribed by law as soon as the corresponding writ of detention is issued.

In the event that a punishable act has been committed, the police authorities may adopt provisional measures of necessity or urgency, indispensable to ensure investigation of the act and trial of the guilty parties. The law shall fix a brief and peremptory time limit in which the judicial authorities must be notified of such measures, and shall also establish a period in which the latter shall rule on them, it being understood that they have been revoked and are without effect, unless confirmed within that period.

2. No one may be deprived of his liberty for obligations the non-compliance with which has not been defined by law as a crime or misdemeanor.

3. No one may be held incommunicado nor subjected to torture or to other proceedings which cause physical or moral suffering. Any physical or moral attack inflicted on a person subjected to restriction of his liberty is punishable.

4. No one may be required to take an oath nor compelled to make a statement or to acknowledge guilt in a criminal trial against himself, nor against his spouse or the person with whom he lived as married, nor against his relatives within the fourth degree of consanguinity or second of affinity.

5. No one may be convicted in a criminal trial without first having been personally notified of the charges and heard in the manner prescribed by law.

Persons accused of an offense against the *res publica* may be tried *in absentia*, with the guarantees and in the manner prescribed by law.

6. No one shall continue to be held after the issuance of an order for release by a competent authority or after fulfilling the penalty imposed. The establishment of bail required by law for granting provisional liberty of the person detained shall not be subject to a tax of any kind.

7. No one may be sentenced to perpetual or infamous punishment. Punishment involving restriction of liberty may not exceed thirty years.

8. No one may be tried for the same acts by virtue of which he has been judged previously.

9. No one may be the object of forced recruitment nor subjected to military service except for terms outlined by law.

10. Measures of social interest against dangerous individuals may be taken only by fulfillment of conditions and formalities established by law. Such measures shall in all cases be directed toward readaptation of the individual to life in society.

Article 61

Discriminations based on race, sex, creed, or social condition shall not be permitted.

Documents of identification for acts of civil life shall contain no mention of any kind respecting filiation.

No official form of address shall be used other than „citizen" (ciudadano) and „you" (usted), except in diplomatic formulas.

Titles of nobility or hereditary distinction shall not be recognized.

Article 62

The home is inviolable. It may not be broken into except to prevent the consummation of a crime or to carry out decisions of the courts, in accordance with the law.

Sanitary inspections which are to be made in conformity with the law may be undertaken only after prior notice from the officials who order them or who are to make them.

Article 63

Correspondence in all its forms is inviolable. Letters, telegrams, private papers and any other means of correspondence may not be seized except by judicial authority, with the fulfillment of legal formalities and always maintaining secrecy respecting domestic and private affairs that have no relation to the corresponding proceeding. Books, receipts and accounting documents may be inspected or audited only by competent authorities, in conformity with the law.

Article 64

Every one may travel freely through the national territory, change his domicile or residence, leave and return to the Republic, bring his property into the country or take it out, with no other limitations than those established by law. Venezuelans may enter the country without the necessity of any authorization whatever. No act of the Public Power may establish against Venezuelans the penalty of banishment from the national territory, except as commutation of some other punishment and at the request of the quilty party himself.

Article 65

Everyone has the right to profess his religious faith and to practice his religion privately or publicly, provided it is not contrary to the public order or to good customs.

Religious faiths shall be subject to the supreme inspection of the National Executive, in conformity with the law.

No one may invoke religious beliefs or disciplines in order to avoid complying with the laws or to prevent another from exercising his rights.

Article 66

Everyone has the right to express his thoughts by the spoken word or in writing and to make use of any means of dissemination, without prior censorship; but statements which constitute offenses are subject to punishment, according to law.

Anonymity is not permitted. Likewise, propaganda for war, that which offends public morals, and that for the purpose of inciting disobedience of the laws shall not be permitted, but this shall not repress analysis or criticism of legal principles.

Article 67

Everyone has the right to present or address petitions to any public entity or official, concerning matters that are within their competence, and to obtain appropriate reply.

Article 68

Everyone may utilize the agencies of the administration of justice in order to protect his rights and interests, under the terms and conditions established by law, which shall fix rules that ensure the exercise of this right by anyone who does not have sufficient means to do so.

Defense is an inviolable right at every stage and grade of a trial.

Article 69

No one may be judged except by his regular judges nor sentenced to a punishment not established by a pre-existing law.

Article 70

Everyone has the right of association for lawful ends, in conformity with the law.

Article 71

Everyone has the right to meet with others, publicly or privately without previous permission, for lawful ends and without arms. Meetings in public places shall be governed by law.

Chapter IV
Social Rights

Article 72

The State shall protect associations, corporate bodies, societies and communities that have as their purpose the better fulfillment of the aims of human beings and of social life, and shall promote the organization of cooperatives and other institutions devoted to the improvement of the public economy.

Article 73

The State shall protect the family as the fundamental nucleus of society, and shall see to the betterment of its moral and economic position.

The law shall protect marriage, shall promote the organization of the unattachable family patrimony, and shall provide whatever may help every family to acquire comfortable and hygienic housing.

Article 74

Motherhood shall be protected, regardless of the civil status of the mother. Necessary measures shall be enacted to ensure full protection to every child, without discrimination of any kind, from his conception until he is full grown, under favorable material and moral conditions.

Article 75

The law shall provide whatever may help every child, regardless of his filiation, to know his parents so that the latter may fulfill their duty of aiding, feeding, and educating their children, and so that infancy and youth may be protected against abandonment, exploitation or abuse.

Filiation by adoption shall be protected by law. The State shall share with the parents, in a subsidiary manner and according to the possibilities of the latter, the responsibility incumbent on them in the rearing of children.

The support and protection of minors shall be the object of special legislation and of special courts and agencies.

Article 76

Everyone shall have the right to protection of his health.

The authorities shall oversee the maintenance of public health and shall provide the means of prevention and attention for those who lack them.

Everyone is obliged to submit to health measures established by law, within limits imposed by respect for the human person.

Article 77

The State shall strive to improve the living conditions of the rural population.

The law shall establish an exceptional system required for the protection of Indian communities and their progressive incorporation into the life of the Nation.

Article 78

Everyone has the right to an education. The State shall create and maintain schools, institutions and services sufficiently endowed to ensure an access to education and to culture, with no other limitations than those deriving from the vocation and from aptitudes.

Education provided by public institutions shall be gratuitous in all phases. However, the law may establish exceptions with respect to higher and special education, when persons with means are concerned.

Article 79

Every natural or juridical person may freely devote himself to the arts or sciences, and, by demonstration of his capacity, establish professorships and educational establishments under the supreme inspection and supervision of the State.

The State shall stimulate and protect private education provided in accordance with the principles contained in this Constitution and the laws.

Article 80

Education shall have as its aim the full development of the personality, the training of citizens adapted to life and for the practice of democracy, the promotion of culture, and the development of a spirit of human solidarity.

The State shall organize and guide the educational system toward achieving the fulfillment of the aims set forth herein.

Article 81

Education shall be entrusted to persons of recognized morality and proven fitness for teaching, according to law.

The law shall guarantee to teachers occupational stability and a labor system and standard of living in accord with their elevated mission.

Article 82

The law shall determine what professions require a degree and the conditions that must be met to practice them.

Professional association (colegiación) is compulsory for the practice of university professions so designated by law.

Article 83

The State shall promote culture in its diverse forms and shall see to the protection and conservation of works, objects and monuments of historic or artistic value found within the country and shall strive to use them in the promotion of education.

Article 84

Everyone has the right to work. The State shall endeavor to achieve that every fit person may obtain employment that will provide him with a worthy and decent living.

Freedom of labor shall not be subject to any other restrictions than those established by law.

Article 85

Labor shall be the object of special protection. The law shall provide whatever is necessary to improve the material, moral and intellectual conditions of workers. The provisions established by law in favor of or to protect workers cannot be renounced.

Article 86

The law shall limit the maximum duration of working hours. Save for exceptions provided for, the normal duration of work shall not exceed eight hours a day or forty-eight hours a week, and for night work, in those cases in which this is permitted, it shall not exceed seven hours a day or forty-two hours a week.

All workers shall be entitled to a remunerated weekly day of rest and to paid vacations in conformity with the law.

A progressive diminution in working hours shall be promoted, within the scope of the social interest and in determined areas of activity, and suitable provisions shall be made for a better utilization of leisure time.

Article 87

The law shall provide means conducive to obtaining fair wages; it shall establish norms for ensuring to every worker at least a minimum wage; it shall guarantee equal wages for equal work, without discrimination of any kind; it shall fix the participation that should pertain to workers in the profits of enterprises; and it shall protect wages and social benefits by making them unattachable in the proportion and cases specified and by any other privileges and guarantees that it may prescribe.

Article 88

The law shall adopt measures intended to guarantee stability of labor and shall establish the benefits to compensate for seniority of service of a worker and to protect him in case of unemployment.

Article 89

The law shall determine the responsibility incumbent on the natural or juridical person to whose profit a service is rendered through an intermediary or contractor, without prejudice to the joint and several liability of the latter.

Article 90

The law shall favor the development of the collective relationships of labor and shall establish adequate regulation of collective negotiations and the peaceful solution of disputes. Collective agreements are to be supported and the union clause may be included therein, under the conditions prescribed by law.

Article 91

Unions of workers and of employers shall not be subject to any other requirements, as to their existence and operation, than those established by law for the purpose of ensuring a better accomplishment of their proper functions and of guaranteeing the rights of their members. The law shall protect in their employment, in a special manner, the promotors and directors of labor unions during the time and under the conditions required for ensuring union freedom.

Article 92

Workers have the right to strike, under conditions fixed by law. In public services this right shall be exercised in those cases which the law may determine.

Article 93

Women and minor workers shall receive special protection.

Article 94

A system of social security shall be developed progressively, designed to protect all inhabitants of the Republic against work accidents, illness, disability, old age, death, unemployment, and any other risks that can be covered by social security, and also against the charges derived from family life.

Persons who lack the economic means and who are not in a position to obtain them shall have the right to social assistance if they are incorporated in the social security system.

Chapter V
Economic Rights

Article 95

The economic system of the Republic shall be based on principles of social justice that ensure to all a dignified existence useful to the community.

The State shall promote economic development

and the diversification of production, in order to create new sources of wealth, to increase the income level of the population, and to strengthen the economic sovereignty of the country.

Article 96

Everyone may freely engage in the lucrative activity of his choice, with no other limitations than those provided in this Constitution and those established by law for reasons of safety, health, or others of social interest.

The law shall enact rules to prevent usury, undue price increases and, in general, abusive maneuvers directed toward obstructing or restricting economic freedom.

Article 97

Monopolies shall not be permitted. There may be authorized, in conformity with the law, only exclusive concessions, for a limited period, for the establishment and exploitation of works and services of public interest.

The State may reserve to itself specified industries, exploitations or services of public interest, for reasons of national advantage, and shall promote the creation and development of a basic heavy industry under its control.

The law shall govern matters relating to industries promoted and directed by the State.

Article 98

The State shall protect private initiative, without prejudice to its power to enact measures for planning, rationalizing and promoting production and to regulate the circulation, distribution and consumption of wealth, in order to stimulate the economic development of the country.

Article 99

The right to own property is guaranteed. By virtue of its social function property shall be subject to the taxes, restrictions and obligations imposed by law for purposes of public benefit or the general interest.

Article 100

Rights in scientific, literary, and artistic works, inventions, names, trademarks, and slogans shall be entitled to protection for the time and under the conditions indicated by law.

Article 101

The expropriation of any kind of property may be declared only on grounds of public benefit, by final judgment and the payment of fair compensation. In the expropriation of real property, for reasons of agrarian reform or the expansion and improvement of towns, and in those cases of serious national interest specified by law, deferment of payment may be established for a specified time, or partial cancellation by the issuance of bonds of compulsory acceptance, with sufficient guarantee.

Article 102

Confiscation may not be decreed or executed except in those cases permitted by Article 250. There are excepted from this, with respect to foreigners, those measures accepted by international law.

Article 103

Lands acquired for purposes of exploration or exploitation of mining concessions, including hydrocarbons and other combustible minerals, shall revert to full ownership by the Nation, without indemnity of any kind, when the respective concession is terminated for any reason.

Article 104

Railways, highways, pipelines and other means of communication or transportation constructed by enterprises exploiting natural resources shall be at the service of the public, under the conditions and with the limitations established by law.

Article 105

The system of latifundia is contrary to the social interest. The law shall provide whatever is conducive to its elimination, and shall establish norms directed toward granting land to rural workers and inhabitants who lack it, as well as providing them with the means necessary for making it productive.

Article 106

The State shall give attention to the protection and conservation of the natural resources within its territory, and the exploitation thereof shall be directed primarily toward the collective benefit of Venezuelans.

Article 107

The law shall establish rules relative to the participation of foreign capital in the national economic development.

Article 108

The Republic shall favor Latin American economic integration. To this end it shall strive to coordinate resources and efforts to promote economic development and increase the common well-being and security.

Article 109

The law shall regulate the composition, organization, and powers of the advisory bodies deemed necessary to hear the opinions of private economic sectors, the consuming public, organizations of workers, professional associations, and the universities, in matters of interest to economic life.

Chapter VI
Political Rights

Article 110

Voting is a right and a public function. Its exercise shall be compulsory, within the limits and conditions established by law.

Article 111

All Venezuelans who have reached eighteen years of age and who are not subject to civil interdiction or political disqualification are voters.

Voting in municipal elections may be extended to foreigners, under residence and other requirements that the law may establish.

Article 112

Voters who can read and write and who are over twenty-one years of age may be elected to and are fit to hold public office, with no other restrictions than those established in this Constitution and those derived from the requirements of fitness prescribed by law for holding specified positions.

Article 113

Legislation on voting shall ensure freedom and secrecy of the vote, and shall include the right of proportional representation of minorities.

Electoral bodies shall be composed in such a way that no political party or group predominates, and their members shall be entitled to the privileges established by law to ensure independence in the performance of their functions.

Competing political parties have the right of supervision over the electoral process.

Article 114

All Venezuelans qualified to vote have the right to associate together in political parties in order to participate, by democratic methods, in the guidance of national policy.

The lawmaker shall regulate the organization and activities of political parties in order to safeguard their democratic character and to guarantee their equality before the law.

Article 115

Citizens have the right to demonstrate peacefully and without arms, with no other requirements than those established by law.

Article 116

The Republic recognizes asylum in behalf of any person subject to persecution or who is in danger, for political reasons, under the conditions and requirements established by law and rules of international law.

Title IV
The Public Power

Chapter I
General Provisions

Article 117

The Constitution and the laws define the powers of the Public Power, and their exercise must be subject thereto.

Article 118

Each of the branches of the Public Power has its own functions, but the agencies on which their exercise is incumbent shall collaborate with each other in the accomplishment of the aims of the State.

Article 119

Any usurped authority is without effect and its acts are null and void.

Article 120

Any decision arrived at through direct or indirect requisition by force or by a meeting of individuals with subversive intent is null and void.

Article 121

The exercise of the Public Power carries with it individual responsibility for abuse of power or for violation of the law.

Article 122

The law shall establish the administrative career with standards for entrance, advancement, transfer, suspension and retirement of employees in the National Public Administration, and shall provide for their incorporation in the social security system.

Public employees are in the service of the State, and have no political partisanship.

Every political official or employee is obligated to comply with the requirements established by law for holding his position.

Article 123

No one may hold more than one remunerated public position at the same time, except for academic, temporary, welfare, teaching, aldermanic or electoral positions specified by law. Acceptance of a second position not excepted by this article implies resignation from the first, save in those cases provided for in Article 141 or in the cases of alternates as long as a principal is not definitively replaced.

Article 124

No one in the service of the Republic, of the States, the Municipalities, or of any other public juridical person, may make a contract with them, either directly or through an intermediary or in representation of another, with such exceptions as may be established by law.

Article 125

No public official or employee may accept offices, honors, or compensation from foreign governments without prior authorization from the Senate.

Article 126

Withouth the approval of Congress no contract involving the national interest may be entered into, except those that are necessary for the normal conduct of the public administration or those permitted by law. They may in no case relate to the granting of new concessions of hydrocarbons or other natural resources specified by law, unless authorized by the Chambers in joint session, duly informed by the National Executive as to all pertinent circumstances, and under the conditions they fix without waiving the fulfillment of legal requirements.

Likewise, no contract involving the national, state, or municipal interest may be entered into with foreign states or public agencies, or with companies not domiciled in Venezuela, and they may not be transferred thereto without the approval of Congress.

The law may require specified conditions as to nationality, domicile, or others, or may require special guarantees, in contracts involving the public interest.

Article 127

In contracts involving the public interest, when not unnecessary because of the nature thereof, there shall be considered incorporated, even if not expressly stated, a clause by which any questions and disputes which may arise concerning such contracts and which are not amicably settled by the contracting parties shall be decided by competent courts of the Republic, in accordance with its laws, and they may not for any reason or cause give rise to foreign claims.

Article 128

International treaties or conventions concluded by the National Executive must be approved by a special law in order to be valid, unless they concern the execution or completion of pre-existing obligations of the Republic, the application of principles expressly recognized by it, the execution of ordinary acts in international relations, or the exercise of powers which the law expressly bestows on the National Executive. However, the Delegated Committee of Congress may authorize the provisional execution of international treaties or conventions when urgency so requires, and these are to be submitted in all cases to the subsequent approval or disapproval of Congress.

In all cases, the National Executive shall report to Congress, at its next sessions, all international juridical agreements entered into, with a precise indication of their nature and contents, whether subject to its approval or not.

Article 129
In international treaties, conventions and agreements concluded by the Republic, there shall be inserted a clause by which the parties bind themselves to decide by peaceful means recognized by international law or previously agreed to by them, if such is the case, all controversies that may arise between the parties by reason of their interpretation or execution, if not inapplicable, and if permitted by the procedure followed in their conclusion.

Article 130
Since the Republic possesses the Right of Ecclesiastical Patronage, this will be exercised according to law. However, treaties or concentions may be concluded to regulate relations between the Church and the State.

Article 131
Military and civilian authority may not be exercised simultaneously by one and the same official, except by the President of the Republic, who shall be, by reason of his office, Commander in Chief of the National Armed Forces.

Article 132
The National Armed Forces form a non-political, obedient, and non-deliverative institution, organized by the State to ensure the national defense, the stability of democratic institutions, and respect for the Constitution and the laws, the observance of which shall always be above any other obligation. The National Armed Forces shall be in the service of the Republic, and in no case in that of any person or political partisanship.

Article 133
Only the State may possess arms of war. All those in existence, that are manufactured, or that are imported into the country shall become the property of the Republic, without compensation or proceedings. The manufacture, trade in, possession, and use of other arms shall be regulated by law.

Article 134
The States and Municipalities may organize only police forces, according to law.

Article 135
The constitutional terms of the National Power shall be five years, save for special provision in this Constitution.

The terms of the state and municipal public powers shall be fixed by national law and may not be less than two nor more than five years.

Chapter II
Competence of the National Power
Article 136
The following are within the competence of the National Power:

1. The International relations of the Republic;

2. The protection and supreme supervision of the general interests of the Republic, the preservation of the public peace, and the correct application of the laws throughout the national territory;

3. The flag, coat of arms, hymn, holidays, decorations and honors of a national character;

4. The naturalization, admission, extradition, and expulsion of foreigners;

5. The identification and national police services;

6. The organization and government of the Federal District, and of the Federal Territories and Dependencies;

7. The monetary system and the circulation of foreign currencies;

8. The organization, collection, and control of taxes on income, capital, and estates and gifts; of charges imposed on imports and for registrations and fiscal stamps, and those levied on the production and consumption of goods which are in whole or in part reserved to the National Power, such as taxes on alcohol, liquors, cigarettes, matches and salt beds; on mines and hydrocarbons, and other taxes, excises, and revenues not attributed to the States or to Municipalities, which the law imposes as national in character;

9. The organization and operation of the customs;

10. the operation and administration of mines and hydrocarbons, salt beds, public lands, and oy-

ster and pearl beds; and the conservation, development, and utilization of forests, waters and other natural resources of the country.

The National Executive may, in conformity with the law, sell, lease or make free grants of public lands; but salt beds may not be alienated, and mining concessions may not be granted for an indefinite period.

The law shall establish a system of special appropriations in behalf of States within whose territory property mentioned herein is located, without prejudice to establishing other special appropriations in behalf of other States. In all cases these appropriations shall be subject to the coordination standards provided in Article 229 of this Constitution.

Public lands existing on marine, river, or lake islands may not be alienated, and concessions for their use may be granted only in a way not involving a transfer of the ownership of the land, directly or indirectly;

11. The organization and operation of the National Armed Forces;

12. The system of weights and measures;

13. The national census and statistics;

14. The establishment, coordination and unification of technical standards and procedures for engineering works, architecture, and urban development;

15. The execution of public works of national interest;

16. The bases and directives for national education;

17. The technical direction, establishment of administrative standards, and the coordination of services devoted to the protection of public health. The law may provide for the nationalization of these public services in accordance with the collective interest;

18. The conservation and stimulation of agricultural, livestock, fishery, and forest production;

19. The promotion of low-cost housing;

20. Matters relating to land transportation, air, maritime, river and lake navigation, and to docks and other port works;

21. The opening and maintenance of national means of communication; air traction cable and railways, even if located within the boundaries of a State, with the exception of urban streetcars or cable cars which are concessions of and regulated by the respective Municipalities;

22. The mails and telecommunications;

23. The administration of justice and the creation, organization and competence of the courts; the prosecution service (Ministerio Público);

24. Legislation regulating the guarantees affirmed in this Constitution; civil, commercial, criminal, and penitentiary, legislation and procedures; legislation on elections; legislation on expropriation by reason of public or social benefit; on public credit; on intellectual, artistic, and industrial property; agrarian legislation; on immigration and settlement; on tourism; on labor, welfare, and social security; on plant and animal hygiene; on notaries and public registers; on banks and other institutions of credit; on lotteries, racetracks, and betting in general; and legislation relating to all matters within the national competence.

25. Any other matter which the present Constitution assigns to the National Power or which pertains to it by its nature of kind.

Article 137

Congress, by a vote of two thirds of the members of each Chamber, may grant to the States or Municipalities specific matters of national competence, in order to promote administrative decentralization.

Title V
The National Legislative Power

Chapter I
General Provisions

Article 138

The Legislative Power is exercised by Congress, consisting of two Chambers: the Senate and the Chamber of Deputies.

The Senate and Chamber of Deputies shall meet in joint session in those cases indicated in this Constitution and the laws, and to enact the regulations for Congress or whenever both Chambers decide that it is necessary.

The President of the Senate and the President of the Chamber of Deputies shall preside over Congress as President and Vice President respectively. The regulations shall establish the manner of filling their temporary or occasional vacancies.

The Delegated Committee of Congress and all other Committees formed by the Chambers shall perform the functions given to them by this Constitution and the regulations.

Article 139

Congress shall legislate on matters of national competence and on the functioning of the different branches of the National Power.

It is a privilege of Congress to decree amnesties, which is to be done by special law.

Congress also exercises control of the National Public Administration within the terms established by this Constitution.

Article 140

The following may not be elected Senators or Deputies:

1. The President of the Republic, the Ministers, the Secretary to the President of the Republic, and the Presidents and Directors of the Autonomous Institutes until three months after permanent separation from their posts;

2. The Governors and Secretaries of Government of the States, the Federal District, and Federal Territories until three months after permanent separation from their posts, if the representation corresponds to their jurisdiction, or while holding the position if another jurisdiction is concerned; and

3. National, state, or municipal officials and employees and those of autonomous institutes or of enterprises in which the State has a deciding participation, if the election will take place in the jurisdiction where they serve, except in cases of a temporary, electoral, welfare, teaching, or academic positions, or of legislative or municipal representation.

The law may establish the ineligibility of certain electoral officials.

Article 141

Senators and Deputies may accept the post of Minister, Secretary to the President of the Republic, Governor, chief of diplomatic mission, or President of an Autonomous Institute, without losing their invested office.

To hold the new post they must be separated from the respective Chamber, but may be reincorporated when the new functions terminate. Acceptance of different mandates by popular election, in those cases permitted by law, does not authorize holding the positions simultaneously.

Article 142

Senators or Deputies may not be held liable at any time for votes cast or opinions expressed in the exercise of their functions. They shall be liable only to their respective body in accordance with this Constitution and the regulations.

Article 143

Senators and Deputies shall be entitled to immunity from the date they are proclaimed elected until twenty days after the end of their term or their resignation, and consequently they may not be arrested, detained, confined, or subjected to criminal trial, search of their person or home, nor restrained in the performance of their functions.

In case of a serious offense *in flagrante* committed by a Senator or Deputy, a competent authority may hold him in custody at his residence and immediately notify the respective Chamber or the Delegated Committee of the fact, with a duly substantiated report. This measure shall cease if within a period of ninety-six hours the respective Chamber or the Delegated Committee does not authorize it to continue until a decision is reached in the seizure.

Public officials or employees who violate the immunity of Senators and Deputies shall be held for criminal liability and punished according to law.

Article 144

The court that hears accusations or denouncements of any member of Congress shall undertake the necessary proceedings and transmit them to the Supreme Court of Justice for the purposes of section 2 of Article 215 of this Constitution. If the Court rules that there are grounds for continuation of the case, the trial will not be held until the holding of the accused is first accepted by the respective Chamber or by the Delegated Committee.

Article 145

The Chambers or the Delegated Committee may not agree to holding the accused except at a session expressly convoked, at least twenty-four hours in advance, and by a deliberated decision approved by an absolute majority of the members.

Article 146

In those cases in which the holding of the accused has been approved by the Delegated Committee, the respective Chamber may revoke this at its sessions immediately following.

Article 147

Parliamentary immunity is suspended for a Senator or Deputy while he is holding a public office that involves separation from the Chamber or while enjoying leave of absence for a time exceeding twenty days, providing his respective alternate has been called upon to serve, in accordance with regulations.

Alternates shall be entitled to immunity while representing their principals, from the time they are called upon to serve until twenty days after the representation ceases.

Chapter II
The Senate

Article 148

To form the Senate two Senators shall be elected from each State by universal and direct vote and two from the Federal District, plus the additional Senators resulting from the application of the principle of representation of minorities as established by law, which shall also determine the number and manner of election of alternates.

The membership of the Senate also includes those citizens who have held the office of the Presidency of the Republic by popular election or have held it, in accordance with Article 187 of this Constitution, for more than half a term, unless they have been convicted of an offense committed in the performance of their functions.

Article 149

To be a Senator a person must be a Venezuelan by birth and over thirty years of age.[1]

Article 150

The powers of the Senate are:

1. To initiate the discussion of bills relating to treaties and international agreements;

2. To authorize the National Executive to alienate real property from the private domain of the Nation, with the exceptions established by law;

3. To authorize public officials or employees to accept posts, honors, or recompense from foreign governments;

4. To authorize the use of Venezuelan military missions abroad or of foreign missions within the country, at the request of the National Executive;

5. To authorize the promotion of officers of the Armed Forces from Colonel or Naval Captain inclusive;

6. To authorize the President of the Republic to leave the national territory;

7. To authorize the appointment of the Attorney General of the Republic and the chiefs of permanent diplomatic missions;

8. To authorize, by a vote of the majority of its members, the trial of the President of the Republic following a ruling by the Supreme Court of Justice that there are grounds therefor. If the trial is authorized, the President of the Republic is thereby suspended from office.

9. To grant to illustrious Venezuelans who have rendered eminent services to the Republic, the honors of the National Pantheon, when twenty-five years has elapsed since their death;

10. Any others indicated in this Constitution or the laws.

Chapter III
The Chamber of Deputies

Article 151

To form the Chamber of Deputies there shall be

elected by universal and direct vote and with proportional representation of minorities the number of Deputies determined by law on the basis of a required population, which may not exceed one percent of the total population of the country.

The law shall fix the number and manner of election of alternates.

At least two Deputies shall be elected in each State.

One Deputy shall be elected in each Territory.

Article 152

In order to be a Deputy a person must be a Venezuelan by birth and over twenty-one years of age.[2]

Article 153

The following are powers of the Chamber of Deputies:

1. To initiate the discussion of the budget and of any bill concerning the system of taxation;

2. To adopt a vote of censure of the Ministers.

A motion of censure may only be discussed two days after it is presented to the Chamber, which may decide, by two thirds of the Deputies present, that the vote of censure includes removal of the Minister. It may, in addition, order his trial.

3. Any others indicated in this Constitution and the laws.

Chapter IV
Common Provisions

Article 154

The regular sessions of the Chambers shall begin, without the necessity of prior convocation, on March 2 of each year or the most immediately subsequent day possible and shall last until the following July 6. These regular sessions shall resume each year from October 1, or the most immediately subsequent day possible, until November 30, both inclusive. In the last year of a constitutional term the regular sessions shall last from March 2 until August 15. In any case, the Chambers in joint session, by a vote of an absolute majority of their members, may prolong these periods, when necessary, for the despatch of pending matters.

Article 155

Congress shall meet in extraordinary sessions to deal with matters stated in the convocation and others connected therewith. It also may consider those declared to be urgent by either Chamber.

---

[1] See Amendment No. 1 dated May 11, 1973

[2] See Amendment No. 1 dated May 11, 1973

Article 156

The requirements and procedures for the installation and other sessions of the Chambers, and for the functioning of their Committees, shall be determined by the regulations.

A quorum may in no case be less than the absolute majority of the members of each Chamber.

Article 157

The Chambers shall open and close simultaneously, and they must meet in the same town. Any difference that may arise between them shall be resolved in joint session, by the vote of an absolute majority of those present.

Article 158

The following are exclusive powers of each of the legislative bodies:

1. To issue its regulations and apply the sanctions established therein against those who infringe them. The temporary separation of a Senator or Deputy may be approved only by a two-thirds vote of those present;

2. To rule on the qualifications of its members and take cognizance of their resignations;

3. To organize its police services;

4. To remove obstacles that may prevent the exercise of its functions;

5. To approve and execute its budget of expenses on the basis of the annual item fixed in the respective law;

6. To execute and order the execution of resolutions concerning its functioning and the exclusive powers previously enunciated.

Article 159

Acts of the legislative bodies in the exercise of their exclusive powers shall not be subject to the veto, examination or control of the other powers, except in regard to what this Constitution provides concerning the abuse of powers.

Article 160

The legislative bodies or their committees may undertake any investigations deemed feasible, in conformity with the regulations.

All officials of the public administration and of the autonomous institutes are obligated, under penalty of sanctions prescribed by law, to appear before them and to furnish such information and documents as are required for fulfillment of their functions.

This obligation is also incumbent on private individuals, limited by the rights and guarantees established by this Constitution.

In all cases the interested party shall be notified of the purpose of his summons at least forty-eight hours in advance.

Article 161

Exercise of the right of investigation to which the preceding article refers does not affect the powers pertaining to the Judicial Power in accordance with this Constitution and the laws.

Judges are obligated to adduce evidence for which they receive a request from the legislative bodies.

Chapter V
Enactment of laws

Article 162

Acts approved by the Chambers as co-legislative bodies are termed laws. Laws which systematically cover rules relating to a given subject may be termed Codes.

Article 163

Organic laws are those which are so designated by this Constitution and those which are invested with this character by an absolute majority of each Chamber when the respective bill is introduced therein.

Laws which are enacted on matters governed by organic laws are subject to the rules contained in the latter.

Article 164

Bills may be introduced in either Chamber, except those which by a special provision of this Constitution must necessarily be introduced either in the Senate or the Chamber of Deputies.

Article 165

The introduction of bills pertains to:

1. The Delegated Committee of Congress or the Permanent Committees of either Chamber;

2. The National Executive;

3. Senators and Deputies numbering not less than three;

4. The Supreme Court of Justice, when matters relating to judicial organization or procedures are concerned;

5. Not less than twenty thousand voters, identified according to law.

Article 166

Every bill shall have at least two discussions in each Chamber, on different days and in full chamber, in accordance with the rules established in this Constitution and in the respective regulations.

Article 167

When a bill is approved in one of the Chambers

it shall be sent to the other. If the latter approves it without modifications, it becomes sanctioned as law. If it is approved with modifications it is returned to the Chamber where it originated.

If the Chamber of origin accepts the modifications, it is thereby sanctioned as law. Otherwise, the Chambers in joint session shall decide by majority vote what is to be done with the articles on which there are differences and others having a connection with them, and they may agree on a text different from that adopted by either Chamber. When the differences have been settled, the Presidency will declare it sanctioned as law.

Article 168

A bill approved by one Chamber may be approved by the other in a single discussion if declared urgent by two thirds of the members.

Article 169

Bills rejected may not be considered again in either Chamber during the sessions of the same year, unless presented by an absolute majority of one of them.

The discussion of bills that were pending at the end of one session may be continued in the following sessions if so decided by the respective Chamber.

Article 170

Ministers have the right to a voice in the discussion of laws. Any Magistrate of the Supreme Court of Justice and designated by that body has the same right, in the discussion of laws relating to judicial organization and procedure.

Article 171

The text of laws shall be preceded by the following phrase: „The Congress of the Republic of Venezuela, Decrees".

Article 172

As soon as a law is sanctioned it shall be issued in duplicate in the final text resulting from the discussions. Both copies are to be signed by the President, the Vice President, and the Secretaries of the Congress, and shall bear the date of final approval. For purposes of promulgation, one copy is to be sent by the President of the Congress to the President of the Republic.

Article 173

The President of the Republic shall promulgate the law within ten days after the date of receipt, but within that period, with the approval of the Council of Ministers, he may ask Congress for its reconsideration, giving an explanation with reasons, in order to amend certain provisions or withdraw its sanction of all or a part of the law.

The Chambers in joint session shall decide on the points raised by the President of the Republic and may write a new text for the provisions objected to and those connected therewith.

When a decision has been adopted by two thirds of those present, the President of the Republic shall proceed with the promulgation of the law within five days following its receipt, and he may not offer new objections.

When the decision has been reached by simple majority, the President of the Republic may choose between promulgating the law or returning it to Congress within the same five-day period for a new and final reconsideration. The decision of the Chambers in joint session is definitive, even by simple majority, and promulgation of the law must be made within five days following its receipt.

In any case, if the objection is based on unconstitutionality, the President of the Republic may, within the period fixed for promulgation of a law, have recourse to the Supreme Court of Justice, requesting its decision as to the alleged unconstitutionality. The Court shall decide within a period of ten days, counted from the date of receipt of the communication from the President of the Republic. If the Court denies the claim of unconstitutionality, or does not decide within the aforementioned period, the President of the Republic must promulgate the law within five days after the decision of the Court or the expiration of the period indicated.

Article 174

A law becomes promulgated by being published with the corresponding „be it enacted" („cúmplase") in the Official Gazette of the Republic.

Article 175

Whenever the President of the Republic does not promulgate a law within the periods indicated, the President and Vice President of Congress shall proceed with its promulgation, without prejudice to the liability incurred by the President of the Republic for its omission. In such cases the promulgation of the law may be made in the Official Gazette of the Republic or in the Gazette of Congress.

Article 176

The occasion for the promulgation of a law approving an international treaty, convention or agreement is left to the discretion of the National Executive, in conformity with international usage and the convenience of the Republic.

Article 177

Laws may be repealed only by other laws, and they may be amended wholly or in part. A law which has been partially amended shall be published in a single text which incorporates the amendments approved.

Chapter VI
The Delegated Committee of Congress

Article 178

During an adjournment of the Chambers there shall function a Committee composed of the President, Vice President, and twenty-one members of Congress who, with their respective alternates, shall be elected in a manner that reflects as far as possible the political compositions of the Congress. The respective regulations shall establish the time and manner of electing the Delegated Committee and its internal operation.

Article 179

The following are the powers of the Delegated Committee of Congress:

1. To watch over the observance of the Constitution and citizens' guarantees and to adopt for these purposes such measures as may be called for;

2. To exercise the functions of investigation invested in the legislative bodies;

3. To designate special committees consisting of members of Congress;

4. To convoke Congress into extraordinary session when the importance of a matter so demands;

5. To authorize the National Executive, by a favorable vote of two thirds of its members, to create, modify or abolish public services, in case of proven urgency;

6. To authorize the National Executive to decree credits outside the budget;

7. To authorize the President of the Republic to leave the national territory temporarily;

8. Any others conferred on it by this Constitution and the laws.

Article 180

The Delegated Committee shall report its actions to Congress.

Title VI
The National Executive Power

Chapter I
The President of the Republic

Article 181

The Executive Power is exercised by the Presi-dent of the Republic and any other officials determined by this Constitution and the laws.

The President of the Republic is the chief of State and of the National Executive.

Article 182

To be elected President of the Republic a person must be a Venezuelan by birth, over thirty years of age, and a layman.[3]

Article 183

The election of President of the Republic shall be by universal and direct vote, in conformity with the law. The candidate who obtains the relative majority of votes shall be proclaimed elected.

Article 184

Whoever is holding the office of the Presidency at the time of an election or who held it for more than one hundred days of the immediately preceding year, or his relatives within the third degree of consanguinity or second of affinity, may not be elected President of the Republic.

Likewise, anyone who was holding the position of Minister, Governor, or Secretary to the Presidency of the Republic on the day of becoming a candidate or at any time between that date and the election, may not be elected President of the Republic.

Article 185

Anyone who has occupied the Presidency of the Republic for a constitutional term or for more than half thereof may not again be President of the Republic or hold such office within ten years following the termination of his mandate.

Article 186

The elected candidate shall assume the office of President of the Republic by taking an oath before the Chambers meeting in joint session within the first ten days in which they are to inaugurate their regular sessions for the year in which a constitutional term begins. If by any circumstance he is unable to take the oath before the Chambers in joint session, he shall do so before the Supreme Court of Justice. Whenever the President elect does not take office within the period provided for in this article, the outgoing President shall resign his powers before the person called upon to replace him provisionally in case of absolute vacancy, in accordance with the following article, who shall hold office as Chargé of the Presidency of the Republic, until the President-elect assumes the post.

---

[3] See Amendment No. 1 dated May 11, 1973

Article 187

Whenever there is an absolute vacancy before the President elect takes office a new universal and direct election will be held on the date indicated by the Chambers in joint session. If the absolute vacancy occurs after the assumption of office the Chambers shall, within the next thirty days, proceed to elect a new President by secret vote and in joint session, for the remainder of the constitutional term. In this case the provisions of the sole paragraph of Article 184 do not apply.

In either case, until a new President is elected and assumes office, the Presidency shall be occupied by the President of Congress; if he is not available, by the Vice President of Congress, and in his default, by the President of the Supreme Court of Justice.

Article 188

Temporary absences of the President of the Republic shall be filled by a Minister designated by the President himself, and in his default, by the person called upon to fill an absolute vacancy in accordance with the preceding article. If the temporary vacancy is prolonged for more than ninety consecutive days, the Chambers in joint session shall decide whether an absolute vacancy shall be considered to exist.

Article 189

The President, or whoever is acting in his stead, may not leave the national territory without authorization of the Senate or of the Delegated Committee. Likewise, he may not do so without such authorization within six months following the date on which he leaves office.

Chapter II
Powers of the President of the Republic

Article 190

The powers and duties of the President of the Republic are:

1. To enforce this Constitution and the laws;
2. To appoint and remove the Ministers;
3. To exercise, as Commander in Chief of the National Armed Forces, the highest-ranking authority over them;
4. To fix the size of the National Armed Forces;
5. To direct the foreign affairs of the Republic and make and ratify international treaties, conventions or agreements;
6. To declare a state of emergency and order the restriction or suspension of guarantees in those cases provided for in this Constitution;
7. To adopt measures necessary for the defense of the Republic, the integrity of its territory or its sovereignty, in the event of international emergency;
8. To enact extraordinary measures in economic or financial matters whenever the public interest so requires and he has been authorized to do so by special law;
9. To convoke Congress into extraordinary sessions;
10. To regulate the laws in whole or in part, without altering their spirit, purpose or reasoning;
11. To order, in case of proven emergency during an adjournment of Congress, the creation of and appropriation for new public services, or the modification or abolishment of those in existence, with the authorization of the Delegated Committee;
12. To administer the National Public Finances;
13. To negotiate national loans;
14. To decree credits outside the Budget, with the authorization of the Chambers in joint session, or of the Delegated Committee;
15. To make contracts in the national interest permitted by this Constitution and the laws;
16. To appoint, with the authorization of the Senate or of the Delegated Committee of Congress, the Attorney General of the Republic and the chiefs of permanent diplomatic missions;
17. To appoint and remove the Governors of the Federal District and the Federal Territories;
18. To appoint and remove, in accordance with the law, those national officials and employees whose appointment is not vested in some other authority;
19. To assemble in convention any or all of the Governors of the federal entities to secure a better coordination of the plans and tasks of the public administration;
20. To submit to Congress, personally, or through one of the Ministers, special reports and messages;
21. To grant pardons;
22. Any others indicated in this Constitution or the laws.

The President of the Republic shall exercise in Council of Ministers the powers enumerated in sectionhs 6, 7, 8, 9, 10, 11, 13, 14, and 15 and those which he is empowered by law to exercise in the same manner.

Acts of the President of the Republic, with the exception of those indicated in sections 2 and 3 of this article, must be countersigned by the appropriate Minister or Ministers in order to be valid.

Article 191

Within the first ten days following the installation of Congress in regular sessions, the President of the Republic, personally or through one of the Ministers, shall submit each year to the Chambers meeting in joint session, a message in which he shall give an accounting of the political and administrative aspects of his actions during the immediately preceding year. In this message the President shall outline the features of the plan for economic and social development of the Nation.

The message corresponding to the last year of a constitutional term must be submitted within the first five days following the installation of Congress.

Article 192

The President of the Republic is responsible for his acts, in conformity with this Constitution and the laws.

Chapter III
The Ministers

Article 193

The Ministers are the direct agents of the President of the Republic, and when meeting together comprise the Council of Ministers. The President of the Republic shall preside over meetings of the Council of Ministers, but he may designate a Minister to preside whenever he is unable to attend a meeting. In such cases, decisions taken shall not be valid if they are not confirmed by the President of the Republic. An organic law shall determine the number and organization of the Ministries and their respective competence, as well as the organization and functioning of the Council of Ministers.

Article 194

The President of the Republic may appoint Ministers of State without assigning them a specific Department. In addition to participating in the Council of Ministers and advising the President of the Republic on matters entrusted to them, the Ministers of State may take charge of matters assigned to them by law.

Article 195

To be a Minister a person must be a Venezuelan by birth, over thirty years of age, and a layman.

Article 196

Ministers are responsible for their acts, in conformity with this Constitution and the laws, even when they act under the express orders of the President. Ministers who were in attendance are jointly and severally liable for decisions of the Council of Ministers, with the exception of those who made known their adverse or negative vote.

Article 197

Each Minister shall submit to the Chambers in joint session, within the first ten days of a regular session, a reasoned and adequate report on the action of his Department during the immediately preceding calendar year and on its plans for the following year. He shall also submit an accounting of funds that have been handled. The reports for the last year of a constitutional term must be submitted within the first five days following the installation of Congress.

Article 198

No pronouncement of the legislative bodies concerning the reports or accounts shall free a Minister from responsibility for the acts of his Department. In every case, and as long as prescription has not taken effect, the legislative bodies may undertake an investigation and examination of those acts, even if they pertain to previous fiscal periods.

Article 199

Ministers have the right to a voice in the Chambers and in their Committees, and they are obligated to attend them when called upon to report or to answer interpellations.

Chapter IV
The Office of Attorney General of the Republic

Article 200

The Office of Attorney General of the Republic shall be in charge of and under the direction of the Attorney General of the Republic, with the collaboration of other officials specified by law.

Article 201

The Attorney General of the Republic must have the same qualifications as those required of a Magistrate of the Supreme Court of Justice, and he shall be appointed by the President of the Republic with the authorization of the Senate.

If during an adjournment of the Chambers there is an absolute vacancy of the position of Attorney General of the Republic, the President of the Republic shall make a new appointment with the authorization of the Delegated Committee of Congress. Temporary and occasional absences shalls be filled in the manner determined by law.

Article 202

The functions of the Attorney General of the Republic are:

1. To represent and defend the patrimonial in-

terests of the Republic judicially and extrajudicially;

2. To render opinions in those cases and with the effects indicated in the laws;

3. To give legal advice to the National Public Administration;

4. Any others attributed to him by law.

All legal advisory services of the National Public Administration shall collaborate with the Attorney General of the Republic in carrying out his functions, in the manner determined by law.

Article 203

The Attorney General of the Republic may attend, with the right to a voice, meetings of the Council of Ministers when called upon by the President of the Republic.

Title VII
The Judicial Power and Public Ministry

Chapter I
General Provisions

Article 204

The Judicial Power is exercised by the Supreme Court of Justice and by other courts prescribed by organic law.

Article 205

In carrying out their functions judges are autonomous and independent from the other branches of the Public Power.

Article 206

The contentious-administrative jurisdiction is vested in the Supreme Court of Justice and in other courts determined by law.

The agencies of the contentious-administrative jurisdiction are competent to annul general or individual administrative acts that are contrary to law, including misuse of power; to issue judgments requiring the payment of sums of money and the reparation of damages originating in responsibility for administration; and to provide for whatever is necessary for the restablishment of subjective juridical situations injured by administrative activity.

Article 207

The law shall provide the necessary steps for the establishment of a judicial career and to ensure the fitness, stability and independence of judges, and shall establish rules relating to the competence, organization and functioning of the courts insofar as this is not provided for in this Constitution.

Article 208

Judges may not be removed or suspended from office except in those cases and according to procedure determined by law.

Article 209

All other authorities of the Republic shall offer judges the collaboration they may require for a better fulfillment of their functions.

Article 210

The law shall prescribe matters relating to inspection of the functioning of the Courts, the means for attending to their functional and administrative needs, and the organization of auxiliary judicial services, all without impairing the autonomy and independence of judges.

Chapter II
The Supreme Court of Justice
Article 211

The Supreme Court of Justice is the highest Tribunal of the Republic. No recourse of any kind will be heard or admitted against its decisions.

Article 212

The Supreme Court of Justice shall function in Divisions (Salas), the composition and competence of which shall be determined by law. Each Division shall have at least five Magistrates.

Article 213

To be a Magistrate of the Supreme Court of Justice a person must be a Venezuelan by birth, a lawyer, and over thirty years of age.[4]

In addition to these qualifications, the organic law may require practice of the legal profession, holding of a judgeship, or university teaching of legal subjects for a specified time.

Article 214

Magistrates of the Supreme Court of Justice shall be elected by the Chambers in joint session for terms of nine years, but they are renewed by thirds every three years. Alternates are to be appointed in the same manner to fill absolute vacancies among the Magistrates; temporary or occasional vacancies are to be filled in the manner prescribed by law.

Article 215

The powers of the Supreme Court of Justice are:

1. To declare whether or not there are grounds for the trial of the President of the Republic or

---

[4] See Amendment No. 1 dated May 11, 1973

person acting in his stead, and if there are, to continue trying the case, with the authorization of the Senate, until final sentence is issued;

2. To declare whether or not there are grounds for the trial of members of Congress or of the Court itself, of the Ministers, the Prosecutor General, the Attorney General or Comptroller General of the Republic, the Governors, or chiefs of diplomatic missions of the Republic, and if there are, to transmit the case to the competent regular court, if a common offense, or continue trying the case until final sentence if a political offense, except as provided in Article 144 with respect to members of Congress;

3. To declare the total or partial nullity of national laws and other acts of the legislative bodies that are in conflict with this Constitution;

4. To declare the total or partial nullity of state laws, municipal ordinances, and other acts of the deliberative bodies of the States and Municipalities that are in conflict with this Constitution;

5. To settle conflicts that exist between different legal provisions and declare which of them is to prevail;

6. To declare the nullity of regulations and other acts of the National Executive when they violate this Constitution;

7. To declare the nullity of administrative acts of the National Executive whenever there are grounds therefor;

8. To settle controversies in which one of the parties is the Republic or a State or Municipality, when the other party is one of these entities, except for controversies between Municipalities in the same State, in which case the law may provide that the case be heard by another Court;

9. To decide conflicts of competence between Courts, either regular or special, when there is no other common superior court in order of rank;

10. To hear cases in cassation;

11. Any others vested in it by law.

Article 216

The powers enumerated in sections 1 to 6 of the preceding article shall be exercised by the plenary Court. Decisions shall be rendered by an absolute majority of all Magistrates.

The organic law may grant the powers enumerated in sections 2, 3, 4, 5, and 6 to a Federal Division (Sala Federal) presided over by the President of the Court and composed of Magistrates who have competence in contentious-administrative matters, to a number not less than two representatives of each of the other Divisions.

Chapter III
The Council on the Judiciary

Article 217

The respective organic law shall create a Council on the Judiciary (Consejo de la Judicatura), the organization and powers of which shall be fixed for the purpose of ensuring the independence, efficiency, discipline, and decorum of the Courts and of guaranteeing the benefits of a judicial career to judges. On it there must be adequate representation of the other branches of the Public Power.

Chapter IV
The Public Ministry

Article 218

The Public Ministry shall oversee the strict observance of the Constitution and the laws, and shall be in charge of and under the direction and responsibility of the Prosecutor General (Fiscal General) of the Republic, with the help of such officials as are specified by the organic law.

Article 219

The Prosecutor General of the Republic must have the same qualifications as those of Magistrates of the Supreme Court of Justice, and shall be elected by the Chambers in joint session within the first thirty days of each constitutional term. In the event of an absolute vacancy of the Prosecutor General, a new election shall be held for the remainder of the constitutional term. Temporary and occasional absences of the Prosecutor General of the Republic, and the interim vacancy before an absolute vacancy is filled, shall be filled in the manner determined by law.

Article 220

The powers of the Public Ministry are:

1. To see that constitutional rights and guarantees are respected;

2. To see that there is speed and proper conduct in the administration of justice and that the courts of the Republic apply the laws correctly in criminal trials and those with which the public order and good morals are concerned;

3. To take criminal action in those cases in which action by a party is not necessary to initiate and prosecute them, without prejudice to the right of courts to act directly when so indicated by law;

4. To see to the correct enforcement of the laws and the guarantee of human rights in jails and other prison establishments;

5. To initiate actions on which there are grounds for enforcing civil, criminal, administra-

tive, or disciplinary liability incurred by public officials in carrying out their functions; and

6. Any others conferred on it by law.

The powers given to the Public Ministry shall not impair the exercise of rights and actions pertaining to private individuals or to other officials in accordance with this Constitution and the laws.

Article 221

The authorities of the Republic shall give to the Public Ministry whatever collaboration it may require in duly carrying out its functions.

Article 222

The Prosecutor General of the Republic shall submit a report of his activities to Congress annually, within the first thirty days of its regular sessions.

Title VIII
The Public Finances

Chapter I
General Provisions

Article 223

The system of taxation shall seek a fair distribution of burdens in accordance with the economic capacity of the taxpayer, based on the principle of progessive rates, as well as the protection of the national economy and the raising of the standard of living of the people.

Article 224

No tax or other contribution may be collected that is not established by law, and no exemptions or exonerations may be granted therefrom except in the cases provided in such a law.

Article 225

No tax payable in personal services may be established.

Article 226

A law which establishes or amends a tax or other contribution must fix a period of time before it shall take effect. If this is not done, it shall not take effect until sixty days after it has been promulgated.

This provisions does not limit the extraordinary powers which are granted to the National Executive in the cases provided in this Constitution.

Article 227

No expenditure shall be made from the National Treasury that has not been provided for in the Budget Law. Credits additional to the budget may be decreed only for necessary expenditures not pro-

vided for or for which the items were insufficient, and provided that the Treasury has the funds to meet the respective expenditure. To do this requires a prior favorable vote of the Council of Ministers and the authorization of the Chambers in joint session or, if adjourned, of the Delegated Committee.

Article 228

The National Executive shall submit the proposed Budget Law to Congress, at the time indicated in the organic law.

The Chambers may alter budgetary items but may not authorize expenditures that exceed the amount of estimated revenues in the respective proposed Budget.

Article 229

The Budget Law shall include annually, bearing the name of allotment (situado), an item which is to be distributed among the States, the Federal District, and the Federal Territories, in the following manner: 30 percent of the amount in equal parts and the remaining 70 percent to be divided in proportion to the population of each of the entities mentioned. This item shall not be less than 12 1/2 percent of the total estimated ordinary revenues in the respective budget, and this minimum percentage shall be increased annually and consecutively, beginning with the budget for 1962, by at least 1/2 percent until it reaches a definitive minimum of 15 percent. The respective organic law shall determine the share corresponding to municipal entities under this allotment.

The law may enact rules to coordinate the expenditure of this allotment with administrative plans outlined by the National Power, and may fix limits on the emoluments to be paid to officials and employees of federal and municipal entities.

In the event of a decrease in revenues that requires a readjustment of the Budget, the allotment will be readjustes proportionally.

Article 230

Autonomous institutions may be created only by law, and in conformity with the respective organic law.

Autonomous institutions, as well as the interests of the State in corporate bodies or entities of any nature, shall be subject ot the control of Congress, in the manner prescribed by law.

Article 231

Loans may be contracted only for income producing works, except in case of evident national necessity or advantage.

Public credit operations shall require, in order to

be valid, a special law which authorizes them, save for exceptions established in the organic law.

Article 232
The State shall recognize no other obligations than those contracted by legitimate agencies of the Public Power, in accordance with the laws.

Article 233
The provisions which govern the National Public Finances shall govern the Public Finances of the States and Municipalities insofar as they are applicable.

Chapter II
The Office of Comptroller General of the Republic

Article 234
The Office of the Comptroller General of the Republic is entrusted with the control, supervision, and auditing of the national revenues, expenditures, and assets, and of operations connected therewith.

The law shall determine the organization and functioning of the Office of the Comptroller General of the Republic, and the occasions, form, and scope of its intervention.

Article 235
The functions of the Office of Comptroller General of the Republic may be extended by law to the autonomous institutions, as well as to state or municipal administrations, without impairing the autonomy which is guaranteed to them by this Constitution.

Article 236
The Office of the Comptroller General of the Republic is a subsidiary agency of Congress in its function of controlling the Public Finances, and shall be entitled to autonomy of office in carrying out its powers.

Article 237
The Office of Comptroller General of the Republic shall function under the direction and responsibility of the Comptroller General of the Republic.

To be Comptroller General of the Republic one must be a Venezuelan by birth, over thirty years of age, and a layman.

Article 238
The Chambers in joint session shall elect the Comptroller General of the Republic within the first thirty days of each constitutional term.

In the event of an absolute vacancy in the post of Comptroller General of the Republic, the Chambers in joint session shall conduct a new election for the remainder of the constitutional term.

Temporary and occasional absences of the Comptroller General of the Republic and the interim vacancy before an absolute vacancy is filled, shall be filled in the manner determined by law.

Article 239
The Comptroller General of the Republic shall submit to Congress annually a report of the activities of his Office or concerning the account or accounts that have been submitted to Congress by agencies and officials required to do so. He shall also submit such reports as may be requested by Congress or the National Executive at any time.

Title IX
Emergency

Article 240
The President of the Republic may declare a state of emergency in the event of internal or external conflict or whenever well-founded reasons exist that either of these may occur.

Article 241
In case of emergency, of disorder that may disturb the peace of the Republic, or of grave circumstances that affect economic or social life, the President of the Republic may restrict or suspend the constitutional guarantees, or some of them, with the exception of those proclaimed in Article 58 and in sections 3 and 7 of Article 60.

The Decree shall state the reasons on which it is based, the guarantees that are restricted or suspended, and whether it shall be in force in all or a part of the national territory.

The restriction or suspension of guarantees does not interrupt the functioning nor affect the prerogatives of the branches of the National Power.

Article 242
The Decree which declares a state of emergency or orders the restriction or suspension of guarantees shall be issued in Council of Ministers and submitted for consideration of the Chambers in joint session or of the Delegated Committee, within ten days after its publication.

Article 243
The Decree of restriction or suspension of guarantees shall be revoked by the National Executive, or by the Chambers in joint session, when the reasons which brought it about have ended. Cessa-

tion of the state of emergency shall be declared by the President of the Republic in Council of Ministers and with the authorization of the Chambers in joint session or of the Delegated Committee.

Article 244

If there are well-founded indications of imminent disturbance of the public order, which do not justify the restriction or suspension of constitutional guarantees, the President of the Republic, in council of Ministers, may adopt necessary measures to prevent such events from occurring.

Such measures shall be limited to the detention or confinement of the guilty parties, and must be submitted to the consideration of Congress or of the Delegated Committee within ten days following their adoption. If either body declares them to be unjustified, they shall terminate immediately; if to the contrary, they shall be maintained up to a limit of not more than ninety days. The law shall regulate the exercise of this power.

Title X
Amendments and Reform of the Constitution

Article 245

Amendments to this Constitution shall be made in the following manner:

1. The initiative may come from one fourth of the members of one of the Chambers, or from one fourth of the Legislative Assemblies of the States, by decisions taken in not less than two discussions by an absolute majority of the members of each Assembly;

2. The amendment shall be initiated in regular sessions but action thereon may continue in subsequent extraordinary sessions;

3. The bill containing the amendment shall be introduced in the Chamber where it was proposed, or in the Senate if it was proposed by the Legislative Assemblies, and it shall be discussed according to the procedure established in this Constitution for the enactment of laws;

4. If the amendment is approved by Congress, the Presidency thereof shall transmit it to all the Legislative Assemblies for ratification or rejection in regular sessions, by resolutions considered in at least two discussions and approved by an absolute majority of their members;

5. The Chambers meeting in joint session, in their regular sessions of the following year, shall count the votes of the Legislative Assemblies and declare the amendment approved if it has been ratified by two thirds of the Assemblies;

6. The amendments will be numbered conse-

cutively and will be published at the end of the Constitution, without altering the text of the latter, but with a footnote to the amended article or articles giving the number and date of the amendment.

Article 246

This Constitution may also be subject to a general reform, in accordance with the following procedure:

1. The initiative must come from one third of the members of Congress, or from an absolute majority of the Legislative Assemblies by resolutions adopted in at least two discussions by an absolute majority of the members of each Assembly;

2. The initiative shall be transmitted to the Presidency of Congress, which shall convoke the Chambers in joint session by at least three days' advance notice, to decide on whether the said initiative is in order. The initiative will be admitted by a two thirds vote of those present;

3. If the initiative is admitted, discussion of the bill shall begin in the Chamber indicated by Congress, and shall follow the procedure established in this Constitution for the enactment of laws;

4. The approved bill shall be submitted to referendum at a time fixed by the Chambers in joint session so that the people may decide in favor or against the reform. The count of the votes will be communicated to the Chambers in joint session, which will declare the new Constitution as sanctioned if it was approved by a majority of the voters of the entire Republic.

Article 247

Rejected initiatives of amendment or reform may not be reintroduced during the same constitutional term.

Article 248

The President of the Republic may not veto amendments or reforms and is obligated to promulgate them within ten days following their sanction. If he does not do so the provisions of Article 175 shall apply.

Article 249

The provisions relating to cases of urgency in the procedure for the enactment of laws shall not be applicable to amendments and reforms of the Constitution.

Title XI
Inviolability of the Constitution

Article 250

This Constitution shall not lose its effect even if its observance is interrupted by force or it is repealed by means other than those provided therein. In such eventuality, every citizen, whether or not vested with authority, has the duty to collaborate in the reestablishment of its effective validity.

Those who are found responsible for the acts indicated in the first part of the preceding paragraph and also the principal officials of governments subsequently organized shall be judged in accordance with this Constitution itself and laws enacted in conformity therewith, if they have not contributed to the reestablishment of its force and effect. Congress may decree, by resolution approved by an absolute majority of its members, the confiscation of all or a part of the property of such persons and of those who have been unlawfully enriched under the protection of usurpation, in order to reimburse the Republic for damages incurred by it.

Title XII
Final Provisions
Article 251
The transitory provisions shall be enacted in a separate text. They shall have the validity of constitutional principles and shall be sanctioned by the same formalities as those by which the present Constitution is adopted. Their text is not subject to amendment except by the procedure provided in Title X.

Article 252
The constitutional order that has been in effect up to the promulgation of this Constitution is hereby repealed.

Done, signed, and sealed in the Federal Legislative Palace, in Caracas, on the twenty-third day of January of nineteen hundred and sixty one. --- 151st year of Independence and 102nd year of Federation.

(Here follow the signatures of the President and Vice President of Congress, Senators and Deputies, the President of the Republic, and the Ministers.)

THE CONGRESS OF THE REPUBLIC OF VENEZUELA
in conformity with the provisions of Article 251 of the Constitution and having called for the vote of the Legislative Assemblies of the States of Anzoátegui, Apure, Aragua, Barinas, Bolívar, Carabobo, Cojedes, Falcón, Guárico, Lara, Mérida, Miranda, Monagas, Nueva Esparta, Portuguesa, Sucre, Táchira, Trujillo, Yaracuy, and Zulia, and in view of the favorable result of the voting,

decrees the following

TRANSITORY PROVISIONS OF THE CONSTITUTION
First
Until the laws are enacted as provided in Chapter IV of Title I of the Constitution, the present municipal system and organization of the Republic shall remain in force.

Second
Foreigners included in numerals 2 and 3 of Article 37 who become twenty-five years of age within one year following the date this Constitution takes effect, may make the declaration of intention within that period.

Third
Until a law establishes the special facilities to which Article 36 of the Constitution refers, the acquisition of Venezuelan nationality by those who by birth had the nationality of Spain or of a Latin American State shall continue to be governed by the legal provisions now in effect.

Fourth
Until a law establishes the appropriate substantive and procedural rules, the loss of nationality through revocation of naturalization shall be subject to current provisions of law, but an interested party may appeal from an administrative decision to the Supreme Court of Justice within a period of six months following the date of publication of the revocation in the Gaceta Oficial.

Fifth
The protection of personal liberty, until a special law is enacted to govern this in conformity with the provisions of Article 49 of the Constitution, shall be upheld by the following rules.

Every person who becomes subject to deprivation or restriction of his liberty, in violation of constitutional guarantees, has the right to ask the Judge of First Instance in Criminal Matters who has jurisdiction at the place where the act was executed which caused the request or where the aggrieved person is to be found, to issue a writ of *habeas corpus*.

When the request is received, which may be made by any person, the Judge shall immediately order the official in whose custody the aggrieved person is held, to report within twenty-four hours as to the grounds for deprivation or restriction of liberty, and shall initiate a summary verification.

The Judge shall decide, within a period of not more than ninety-six hours after the request was submitted, on the immediate release of the aggrieved or end of the restrictions imposed, if he finds that the legal formalities for deprivation or restriction of liberty were not met. The judge may subject this decision to the granting of bail or prohibition of departure from the country by the aggrieved person, for a period of not more than thirty days, if this is considered necessary.

The decision issued by the Judge of First Instance shall be referred to the Superior Court to which the case must be sent on the same or the following day. Such referral shall not prevent immediate execution of the decision. The Superior Court shall render its decision within seventy-two hours following the date of receipt of the case.

Sixth

Until ordinary legislation fixes the time limits and periods to which the last paragraph of numeral 1 of Article 60 of the Constitution refers, police authorities who have adopted preventive detention measures must place the accused at the disposition of the appropriate Court within a time limit of not more than eight days, together with the action that has been taken, for purposes of prosecution of the summary proceedings. The examining Court must decide, with respect to the detention, within a time limit of ninety-six hours, except in serious and complex cases which require a longer time, which in no case shall exceed eight days. Only the police authorities are empowered to take the measures provided for in Article 60 of the Constitution, since according to law they are auxiliary officials of the Administration of Justice.

Seventh

The measures calling for banishment from the country adopted between January 23, 1958 and July 31, 1960 shall remain in effect as long as they are not revoked by the Executive Power or by decision of the Chambers in joint session, but they cannot be prolonged beyond the present constitutional term.

Persons subjected to deprivation or restriction of liberty for reasons of public order must be set free or submitted to the Courts of the Republic within a period of two months following the promulgation of the Constitution.

Eighth

The provisions of the sole paragraph of Article 148 of the Constitution are declared applicable to the present President of the Republic as soon as his term has expired and, as soon as this provision takes effect, to the citizen who constitutionally occupied the Presidency of the Republic for the 1936–1941 term and to the citizen who was elected President

of the Republic by popular vote for the constitutional term which began in 1948.

Ninth

Senators and Deputies who on the date of promulgation of the Constitution are holding public offices not excepted in Articles 123 and 141 of the Constitution may be reincorporated in their respective Chamber during the course of the next regular sessions.

Tenth

Until the law provides therefor, persons who have failed to comply with the provisions of Article 160 of the Constitution shall be subject to the penalty provided in Article 239 of the Penal Code.

If an official of the public administration or of an autonomous institution is concerned, he shall also be removed from office.

Eleventh

Bills relating to treaties and international conventions and those concerning the system of taxation which on the date of promulgation of this Constitution are under consideration in the Chambers may continue to be discussed even though the first of these was initiated in the Chamber of Deputies and the second in the Senate.

Twelfth

The Chambers, if they have met by the date of promulgation of the Constitution, or in subsequent regular or extraordinary sessions, shall before adjournment conduct the election in joint session of the Delegated Committee provided for in Article 178.

Before conducting the election, the Chambers in joint session shall enact pertinent regulations.

Thirteenth

Whenever the law requires the authorization, approval or sanction of the National Congress for the validity of an act, the decision shall be taken by the Chambers in joint session, unless from the nature of the act itself it appears that it should follow the procedure for the enactment of laws.

Fourteenth

Judges shall continue to hold office for the term established in legislation in force.

However, the Judicial Council, without prejudice to its other legal powers, may, within the year following the promulgation of the Constitution, remove, following summary investigation, those who have been guilty of any serious act affecting the dignity or decorum of the judiciary or who have shown manifest incapacity or deficiency in carrying out their functions.

The designation of a new judge and his alternates shall be made according to law.

Fifteenth

The present sitting Members (Vocales) of the Federal Courts and the Court of Cassation shall comprise the Supreme Court of Justice for the remainder of the present constitutional term. The Court shall be installed within thirty days after the Constitution takes effect, and shall elect a President and two Vice Presidents from its members.

Until the Organic Law of the Supreme Court of Justice is enacted, the following provisions shall govern: The Court will function in three autonomous Divisions (Salas), known as the Politico-Administrative Division, the Division of Civil, Commercial, and Labor Cassation, and the Division of Penal Cassation. The first of these Divisions shall consist of the sitting Members of the present Federal Court and shall have the powers conferred on that body by current legislation, and those established by numerals 2 and 4 to 9 of Article 215 of the Constitution; the other two Divisions shall be composed of the sitting Members of the respective Divisions of the present Court of Cassation and shall have the powers conferred on that body by current laws. The plenary Court shall have the powers conferred by numerals 1 and 3 of Article 215 of the Constitution.

The present alternates of the Federal Court shall fill absolute vacancies of Magistrates of the Politico-Administrative Division; and those of the Court of Cassation, such vacancies of the Magistrates of the Cassation Divisions.

The installation of the Supreme Court of Justice shall be governed, insofar as applicable, by the provisions of the Organic Law of the Court of Cassation. Action taken by the plenary Court and by the Politico-Administrative Division shall be governed, insofar as applicable, by the Organic Law of the Federal Court, and that of the Cassation Divisions, by the Organic Law of the Court of Cassation.

When the Magistrates are elected for the next constitutional terms, the Chambers shall indicate those who are to serve nine, six, and three years respectively, for the purposes provided in Article 214 of the Constitution.

The plenary Court shall settle questions that may arise concerning the application of the system outlined in this provision, and shall also settle those that may arise concerning the powers of the Prosecutor General of the Republic and of the Attorney General of the Republic.

Sixteenth

The citizen elected to hold the position of Attorney General of the Nation for the present constitutional term shall continue to perform, with the name of Prosecutor General of the Republic, the functions conferred on the Public Ministry by the Constitution until the end of that term. He shall likewise perform the functions conferred by the Constitution on the Office of Attorney General of the Republic until the President of the Republic makes the appointment provided for in Article 201 of the Constitution. In the latter case, both officials shall perform the functions respectively conferred by the Constitution, in accordance with laws in force, insofar as they are applicable according to the individual nature of each institution, until the appropriate organic laws are promulgated.

Seventeenth

The citizen elected to hold the position of Comptroller of the Nation for the present constitutional term shall continue to perform, with the name of Comptroller General of the Republic, the functions conferred by the Constitution on the Office of Comptroller General of the Republic.

Until an organic law provides therefor, the citizen elected to hold the position of Assistant Comptroller of the Nation for the present constitutional term shall continue to perform, with the name of Assistant Comptroller of the Republic, the functions indicated by law. Temporary or occasional absences of the Assistant Comptroller shall be filled by an official from the Office of Comptroller called upon by the Comptroller General of the Republic. In case of absolute vacancy, the Chambers in joint session or the Delegated Committee shall elect the person to replace him.

Eighteenth

Until an organic law fixes the time for submission of the bill for the Budget Law, it shall be submitted anually within the first fifteen days of the regular sessions of the Chambers.

Nineteenth

The next constitutional term shall commence on March 2, 1964. On that date the Chambers shall be installed. The inauguration of the President of the Republic shall be conducted according to Article 186 of the Constitution. The election of the Magistrates of the Supreme Court of Justices shall be held within the first thirty days of the beginning of the constitutional term.

The terms of the present deputies to the Legislative Assemblies and members of the Municipal

Councils shall end on January 1, 1964, unless a law provides for their renewal at an earlier date.

Twentieth

The property referred to in Decree No. 28 of February 6, 1958 of the Junta de Gobierno shall revert to the national patrimony.

This measure includes all property of the person to whom the Decree mentioned refers and to detained persons for whom intermediaries were named, in accordance with that Decree, before the promulgation of the Constitution.

The Attorney General of the Republic shall take the measures necessary for carrying out this provision, and the inventories that are prepared shall serve as title of ownership by the State of such property, for all legal purposes.

Twenty-first

There shall also revert to the national patrimony, to the amount determined by the Investigating Committee provided for in the Law against Unlawful Enrichment by Public Officials or Employees, the property belonging to persons summoned before it for investigation up to the date of promulgation of the Constitution and by reason of acts or occurrences prior to January 23, 1958.

In its decision, which shall have the effect of a permanent final judgment, the Investigating Committee shall determine what property must revert to the national patrimony in accordance with this provision and what amounts shall be due to the National Treasure by those who have unlawfully enriched themselves to an amount greater than the value of property reverted to the national patrimony. Interested parties may appear before the Supreme Court of Justice, in the Politico-Administrative Division, within thirty consecutive days after publication of the decision, to demonstrate the partial or complete lawfulness of their enrichment. The Court shall examine and decide on the appeal in accordance with the procedure established in Article 25 of the Organic Law of the Federal Court.

The Committee shall decide the cases currently investigated in accordance with this provision, within a period of three months counting from the date the Constitution takes effect. This period may be extended, in each case, by the Supreme Court of Justice, in its Politico-Administrative Division, upon reasoned application by the Investigating Committee.

The Attorney General of the Republic may also appear before the Supreme Court of Justice whenever he considers that a decision of the Investigat-

ing Committee is contrary to the interests of the Republic.

Whenever by virtue of a decision of the Investigating Committee there are grounds for the suspension of all or any of the preventive measures taken on property of a person investigated, this suspension may not be carried out except in the event the Attorney General of the Republic has not appeared before the Supreme Court of Justice within the period provided in this provision.

If the Supreme Court of Justice decided that there has been no unlawful enrichment or that its amount was less than that estimated by the Investigating Committee, it shall fix the amount to be returned to the appellant to the extent that he has not unlawfully enriched and shall so inform the National Executive in order that he shall determined the manner and time of payment, in accordance with Article 16 of the Organic Law of the National Finances. However, the Court may order that such payment shall be made, wholly or in part, from property which belonged to the person investigated, provided that its restitution is not contrary to the public or social interest.

In each case the Committee shall also decide on the claims of third parties asserting rights *in rem* to property covered by a decision and may order the cumulation of actions pending in the Courts if it deems this suitable. Such third parties may also appear within thirty consecutive days before the Supreme Court of Justice, in its Politico-Administrative Division, to validate their rights, and that body shall examine the claims pursuant to the Article 25 cited above. If the claims of a third party are ruled in order, the National Executive may provide for their payment in the manner and time he shall specify or may authorize the delivery or auction of the property claimed, without prejudice to the contents of this provision. The Committee may declare as simulated any transfers of property made by investigated persons after December 1, 1957.

Property which was acquired by investigated persons before taking the offices they held or before committing the acts on which the measures are based may be included in the decision of the Investigating Committee only if the other property is not sufficient to cover the amount of the unlawful enrichment, except as established in this provision with respect to property of public or social interest.

The circumstance that judicial action has been taken against some of the persons included under this provision shall not prevent the application thereof. Suits initiated in applying provisions of the Law against Unlawful Enrichment of Public Officials or Employees, against persons coming under the present transitory provision, shall be suspended and the cases shall be transmitted to the Investigating Committee. The application of this provision does not prevent the taking of criminal actions for which there may be grounds according to law.

For purposes of carrying out the measures outlined herein, the rule contained in Article 44 of the Constitution shall not apply and the Investigating Committee as well as the Supreme Court shall be subject only to the procedural provisions indicated herein.

Twenty-second

Article 44 and the last part of Article 42 of the Law against the Unlawful Enrichment of Public Officials and Employees shall be applicable to the persons to whom the eighteenth provision refers and to those who have been unlawfully enriched according to decisions of the Investigating Committee or the Supreme Court of Justice.

Twenty-third

The existing juridical system shall remain in effect until it is amended or repealed by competent organs of the Public Power, or until it is repealed expressly or by implication by the Constitution.

Done, signed and sealed in the Federal Legislative Palace, in Caracas, on the twenty-third day of January of nineteen hundred and sixty one — 151st year of Independence and 102nd year of Federation.

(Here follow the signatures of the President and Vice President of Congress, and of the Senators and Deputies.)

Note: The official text followed in this translation was published in the Gaceta Oficial de la República de Venezuela on January 23, 1961.

Amendment No. 1*

Official Gazette of the Republic of Venezuela Caracas: Friday 11 May 1973

THE CONGRESS OF THE REPUBLIC OF VENEZUELA

Having called for the vote of the Legislative Assemblies of the States of Anzoátegui, Apure, Aragua, Barinas, Bolívar, Carabobo, Cojedes, Falcón, Guárico, Lara, Mérida, Miranda, Monagas, Nueva Esparta, Portuguesa, Sucre, Táchira, Tru-

jillo, Yaracuy, and Zulia, and in view of the favorable result of the voting,

decrees the following

AMENDMENT NO. 1 OF THE CONSTITUTION

Article 1

An amendment is introduced to the Constitution, which shall bear No. 1, worded thus:

„No one may be elected President of the Republic, Senator or Deputy to the Congress, or Magistrate of the Supreme Court of Justice who has been convicted by final sentence, pronounced by regular courts, to imprisonment for more than three years for crimes committed in the peformance of public duties or in connection therewith.

Decisions of the competent agencies shall have no recourse other than that of appeal before the Supreme Court of Justice, *en banc*, exercised, by any elector. The Court shall decide within ten days following the receipt of the petition. Such an appeal may not delay execution of any decision made by the competent agency."

Article 2

Let the Constitution be published in its entirety, followed by the sanctioned amendment, making reference by footnote in Articles 149, 152, 182 and 213 of the text of the Constitution to the number and date of this amendment.

Done, signed, and sealed in the Federal Legislative Palace, in Caracas, on the ninth day of May in the year nineteen hundred and seventy three. – 164th year of Independence and 115th year of Federation.

(Here follow the signatures of the President and Vice President of Congress and of the Senators and Deputies.)

Palace of Miraflores, in Caracas, on the ninth day of May in the year nineteen hundred and seventy three. – 164th year of Independence and 115th year of Federation.

Let it be carried out.

(Here follow the signatures of the President of the Republic and the Ministers.)

Note: The official text followed in this translation was published in the Gaceta Oficial de la República de Venezuela on May 11, 1973.

---

* Anm. des Hrsg., P.H.: Amendment No. 2 vom 26. März 1983 wird hier nicht abgedruckt.

Die Verfassung der Republik Paraguay vom 20. Juni 1992

von

Jorge Silvero Salgueiro[1]

Inhalt

I. Einleitung

Seit der Unabhängigkeitserklärung von Spanien 1811 hat sich in Paraguay eine autoritäre politische Tradition entwickelt, welche die institutionelle – und rechtliche – Entwicklung des Landes geprägt hat. Die letzte Militärregierung unter General *Alfredo Stroessner*, die das Land in die außenpolitische Isolation brachte, dauerte von 1954 bis 1989 und wurde aufgrund regimeinterner Konflikte durch einen Militärputsch ge-

---

[1] Rechtsanwalt (Katholische Universität – Paraguay); LL.M. (Heidelberg).

stürzt. Dies stellte einen Wendepunkt in der nationalen Geschichte dar: Unmittelbar nach dem Putsch wurde unter einer Übergangsregierung eine politische Öffnung eingeleitet, die zu demokratischen Reformen führte[2].

Doch heute ist festzustellen, daß die politische Entwicklung in den sieben Jahren, die seit dem Putsch vergangen sind, sowohl durch deutliche Fortschritte als auch durch ambivalente Tendenzen im Sinne der weiteren Demokratisierung des Landes geprägt war. Im Grunde geht es in Paraguay darum, eine demokratische Ordnung neu zu etablieren. Daher ist der gegenwärtige Wandlungsprozeß von grundlegender Art und gerade deswegen mit erheblichen Schwierigkeiten auf der Ebene der politischen Wirklichkeit befrachtet. Hier sind nicht nur tiefgreifende autoritäre Orientierungs- und Verhaltensmuster der Bevölkerung – und speziell der politischen Akteure –, sondern auch die unter der Diktatur etablierte Machtstruktur und die damit verbundenen Korruptionsgeflechte zu nennen. Ferner stellt eine auf wirtschaftlicher und sozialer Ebene sich verschlechternde Entwicklungssituation einen weiteren Belastungsfaktor für die Demokratie dar[3].

Trotz aller Schwierigkeiten sind seit 1989 wichtige demokratische Bedingungen geschaffen worden. Als erstes bedeutendes Zeichen der neuen Verhältnisse fand 1990 eine Reform des Wahlgesetzes[4] statt, welche es den Bürgern zum ersten Mal in der Geschichte des Landes ermöglichte, die Bürgermeister in direkten Kommunalwahlen zu wählen.

Darüber hinaus stellte eine Verfassungsreform nach über dreißig Jahren Diktatur einen unverzichtbaren Schritt zur Demokratisierung des politischen Systems und zum Aufbau eines Rechtsstaates dar; denn die vorherige Verfassung von 1967[5] enthielt vielfältige autoritäre Elemente, die zu einer erheblichen Machtkonzentration seitens der Exekutive führten und damit eine effektive Gewaltenteilung sowie die Gewährleistung der Grundrechte verhinderten. 1991 kam es also zur Wahl einer verfassungsgebenden Nationalversammlung. Ungeachtet des Umstandes, daß die mit dem alten Regime verbundene *Colorado*-Partei auch in der verfassunggebenden Versammlung die Mehrheit stellte, nahm die Versammlung eine Totalrevision der Verfassung von 1967 vor und verwirklichte die umfassendste Verfassungsreform in der Geschichte Paraguays. Die neue Verfassung[6] wurde am 20. Juni 1992 in Kraft gesetzt.

Im Mai 1993 fanden die ersten weitgehend freien Parlaments- und Präsidentswah-

---

[2] Zum politischen Übergangsprozeß in Paraguay vgl. *Diego Abente (Hrsg.)*, Paraguay en Transición, Caracas 1993; *Benjamín Arditi*, Adios a Stroessner, Asunción 1992; *Victor Flecha/Carlos Martini*, Historia de la Transición, Asunción 1994; *Domingo Rivarola*, Una sociedad conservadora ante los desafíos de la modernidad, 2. Aufl., Asunción 1994; *Carlos Mateo Balmelli*, Aktuelle Verfassungsdiskussion in Lateinamerika, 1993; *CIDSEP (Hrsg.)* 1991: Constitución y Cambio, 2 Bd., Asunción 1991.

[3] Vgl. hierzu *Susana Sottoli*, Paraguay nach Stroessner: Fortschritte und Probleme des Demokratisierungsprozesses, in: Joachim Betz/Stefan Brüne, Jahrbuch Dritte Welt 1997, Munich 1996.

[4] Vgl. hierzu *Justo Prieto*, Comentarios al Código Electoral del 90. Asunción 1990. *Justo Prieto/Benjamín Arditi*, Paraguay: Hacia la consolidación democrática, San José 1990.

[5] Vgl. hierzu *Justo Prieto*, Constitución y Regimen Político en el Paraguay, Asunción 1987; *ders.*, El Sistema Constitucional Paraguayo, in: *García Belaúnde, D./Fernández Segado, F./Hernandez Valle, R. (Hrsg.)*, Los sistemas constitucionales iberoamericanos, Madrid 1992; *SIJAU (Hrsg.)*, Paraguay: un desafio a la Responsabilidad Internacional, Montevideo 1987.

[6] Vgl. hierzu *Victor Flecha/Carlos Martini/Jorge Silvero Salgueiro*, Autoritarismo, Transición y Constitución en el Paraguay, Asunción 1993; *Carlos Alberto González*, Aktuelle Diskussion über die Verfassungsreform in Paraguay, in: Mols/Thessing (Hrsg.), Der Staat in Lateinamerika, Mainz 1995.

len statt. Am 15. August desselben Jahres trat eine neue, zivile Regierung ihr Amt an. In der Folgezeit standen die Bemühungen um die Herstellung einer demokratischen Staatsordnung im Mittelpunkt der Innenpolitik. Zwar sind hierbei in den vergangenen Jahren erhebliche Fortschritte gemacht worden, aber die Reformen werden noch lange Zeit in Anspruch nehmen und weitere Transformationen sowohl auf der institutionellen Ebene als auch auf der Ebene der politischen Kultur verlangen, um die verfassungsrechtlichen Normen in die politische Wirklichkeit umzusetzen.

Im folgenden wird die neue Verfassung Paraguays vorgestellt. Dafür geht es zunächst um einen Überblick über ihren formalen Aufbau sowie über die wichtigsten Neuerungen auf unterschiedlichen Ebenen. Dann werden die Reformen der Staatsstrukturprinzipien, die Grundrechte und der Grundrechtsschutz sowie die Änderungen auf der Ebene der Staatsorganisation ausführlicher thematisiert. Schließlich werden die wichtigsten Verfassungsentwicklungen in der Periode 1992–1996 dargestellt und die Ergebnisse der Untersuchung kurz zusammengefaßt.

II. Der Aufbau der Verfassung von 1992

Die Verfassung von 1992 beginnt mit einer Präambel und enthält 311 Artikel. Sie ist damit die längste Verfassung in der Geschichte Paraguays[7] und eine der längsten in Lateinamerika[8].

Formal gliedert sich die Verfassung in zwei Hauptteile, welche ihrerseits in Titel aufgegliedert werden. Innerhalb der Titel gibt es Kapitel, die in *Secciones* unterteilt sind. Anders als in den vorhergehenden paraguayischen Verfassungen steht der Grundrechtsteil an der Spitze der Verfassung: Der erste Hauptteil (136 Artikel) ist nach 3 einleitenden Artikeln, die die Staats- und Regierungsform charakterisieren, ausschließlich den Grundrechten gewidmet. Sowohl die hervorgehobene Stellung des Grundrechtsteils als auch sein Gewicht innerhalb der Gesamtverfassung stehen im Einklang mit dem Versuch, in den neueren Verfassungen Lateinamerikas den Grundrechten und ihrem Schutz einen höheren Stellenwert beizumessen.

Der zweite Hauptteil (155 Artikel) behandelt schwerpunktmäßig die Struktur und Organisation der Staatsgewalten. Er enthält darüber hinaus Vorschriften über die territoriale Gliederung des Staates, Staatsangehörigkeit, Internationale Beziehungen, Wirtschaftspolitik, Streitkräfte, Ausnahmezustand, Verfassungsänderungen und Übergangs- und Schlußbestimmungen.

III. Überblick über die wichtigsten Neuerungen der Verfassung von 1992

Die wichtigsten Punkte, die durch die Verfassung von 1992 reformiert wurden, lassen sich folgendermaßen zusammenfassen:

---

[7] Die paraguayischen Verfassungen von 1870, 1940 und 1967 enthielten jeweils 129, 94 und 239 Artikel.

[8] Vergleichbar beispielsweise mit der brasilianischen Verfassung von 1988 (315 Artikel), der kolumbianischen Verfassung von 1991 (439 Artikel) und der guatemaltekischen Verfassung von 1985 (303 Artikel).

a) Auf der Ebene der Staatsstrukturprinzipien
- Einführung eines durch pluralistische und partizipative Komponente erweiterten Verständnisses des Demokratieprinzips;
- Ausdrückliche Erwähnung des Rechtsstaatsprinzips;
- Einführung des Dezentralisations- und des Sozialstaatsprinzips;
- Einführung von Normen zur Gewährleistung einer effektiveren Gewaltenteilung.

b) Auf der Ebene der Grundrechte und ihres Schutzes
- Ausweitung des Katalogs der sozialen Grundrechte (etwa die Einführung des Rechts auf Arbeit);
- Verstärkung bzw. Verbesserung des verfassungsrechtlichen Schutzes von Grundrechten durch Neuregelung des *Habeas-Corpus-* und *Amparo*-Verfahrens und der Klage wegen Verfassungswidrigkeit. Einführug des *Habeas-Data*-Verfahrens.

c) Auf der Ebene der Staatsorganisation
- Einschränkung der Machtbefugnisse des Präsidenten;
- Neue Kontrollbefugnisse des Parlaments;
- Umfassende Umstrukturierung der rechtsprechenden Gewalt zur Gewährleistung ihrer Unabhängigkeit.

d) Weitere Reformpunkte
- Einführung der verfassungsrechtlichen Möglichkeit der Übertragung von Souveränitätsrechten auf supranationale Organisationen;
- Trennung von Staat und Kirche.

Die wichtigsten dieser Reformen werden im folgenden näher erläutert.

IV. Die Reformen auf der Ebene der Staatsstrukturprinzipien

Gemäß Art. 1 und 3 der Verfassung von 1992 bilden die Prinzipien der Demokratie, des dezentralisierten Einheitsstaates, des sozialen Rechtsstaates und der Gewaltenteilung die Grundlagen der verfassungsmäßigen Ordnung der Republik Paraguay. Dabei werden ein modifiziertes Demokratieprinzip einerseits und zwei neue Staatsstrukturprinzipien andererseits eingeführt, nämlich das Dezentralisations- und das Sozialstaatsprinzip. Außerdem ist das Rechtsstaatprinzip erstmals in einer paraguayischen Verfassung ausdrücklich genannt.

1. Ein erweitertes Verständnis des Demokratieprinzips

Die neue Verfassung definiert in Art. 1 die Regierungsform von Paraguay als repräsentative, partizipative und pluralistische Demokratie, die sich auf die Anerkennung der Würde des Menschen gründet. Da bislang das demokratische Prinzip in der verfassungsrechtlichen Tradition Paraguays lediglich auf der Basis der Repräsentativität konzipiert wurde, stellt diese Formulierung zwar ein neues und erweitertes Verständnis von Demokratie dar; das Repräsentationsprinzip bleibt allerdings nach wie vor die Grundregel der Ausgestaltung der Demokratie.

Die entscheidenden Elemente des repräsentativen Demokratiebegriffs finden sich in Art. 2 und Art. 3 der Verfassung. Sie besagen, daß die Souveränität beim Volk liegt, welches die Staatsgewalt in Wahlen ausübt. Diese Postulate kommen insbesondere in der Konstituierung der Exekutivgewalt und der gesetzgebenden Gewalt zum Tragen, da der Präsident und die Mitglieder des Parlaments direkt vom Volk gewählt werden und damit beide Verfassungsorgane über eine unmittelbare demokratische Legitimation verfügen. Die Parlaments- und Präsidentschaftswahlen von 1993 fanden unter diesen verfassungsrechtlichen Normen statt. Insofern als die Wahlen sich als hinreichend frei und kompetitiv bezeichnen lassen[9], vermochten die neukonstituierten Staatsorgane durch den Wahlprozeß ihre demokratische Legitimation zu erhalten.

Dennoch ist die Verwirklichung des Demokratieprinzips in Paraguay auf real-politischer Ebene mit erheblichen Problemen belastet. Hier ist in erster Linie das unter der *Stroessner*-Diktatur eingerichtete Machtbündnis zwischen dem Militär, dem Staatsapparat und der regierenden *Colorado*-Partei zu nennen. Der Fortbestand der Machtstruktur wirkt in der Tat gegen die Verfahrensbedingungen demokratischer politischer Willensbildung. Beispielsweise ermöglichen die starke Stellung des Militärs als Machtfaktor im politischen System und die Tatsache, daß die Streitkräfte der zivilen Kontrolle weitgehend entzogen bleiben, die ständige, verfassungswidrige Beteiligung von Militärs am politischen Geschehen. Aufgrund der Neigung der Streitkräfte bzw. von Sektoren der Streitkräfte, direkt oder indirekt die politische Macht zu ergreifen, sind Rückschläge in der demokratischen Entwicklung Paraguays nicht auszuschließen[10].

In Verbindung mit dem Gedanken der partizipativen Demokratie wurden direktdemokratische Elemente in der Verfassung festgeschrieben, nämlich: die Institution des Referendums (Art. 121), die zum ersten Mal in die verfassungsmäßige Ordnung aufgenommen wurde sowie das Volksbegehren (Art. 123), welches dem Wähler das Recht einräumt, unter bestimmten Voraussetzungen Gesetzesinitiativen einzubringen. Außerdem wird das Recht auf Beteiligung an der politischen Willensbildung über die politischen Parteien hinaus auf politische Gruppen bzw. Bewegungen erweitert (Art. 125). Dadurch erhielt die bereits von der Reform des Wahlgesetzes von 1990 vorgesehene Wahlbewerbung unabhängiger Kandidaturen verfassungsrechtlichen Charakter. Dies ermöglichte zum Beispiel das Aufkommen einer neugegründeten unabhängigen Organisation, *Alianza Encuentro Nacional*, als dritte politische Kraft in der von den etablierten Parteien dominierten politischen Landschaft Paraguays.

Das Pluralismusprinzip als Komponente des Demokratiebegriffes und im weiteren Sinne als Ordnungsprinzip wird in einigen Passagen der Verfassung zum Ausdruck gebracht und zwar in Verbindung mit unterschiedlichen Themenbereichen. So garantiert Art. 25 den ideologischen Pluralismus im Sinne von Meinungsfreiheit; in Art. 27

---

[9] Der Wahlverlauf wurde von mehreren internationalen Missionen beobachtet, die zu dem Ergebnis kamen, daß die festgestellten Unregelmäßigkeiten nicht so schwerwiegend gewesen seien, als daß sie den Ausgang der Wahlen beeinflußt hätten (dazu vgl. *Detlef Nolte*, Paraguay, in: von Gleich, A./Krumwiede, H.-W./Nolte, D./Sangmeister, H. (Hrsg.), Lateinamerika Jahrbuch 1994 und 1995, Frankfurt, 1994, S. 128–133 und 1995, S. 120–125). Allerdings wurden die Wahlen auf nationaler Ebene scharf kritisiert, insbesondere hinsichtlich der Einmischung des Militärs zugunsten der *Colorado*-Partei im Wahlkampf.

[10] Im April 1996 kam es aufgrund eines militärischen Aufstands zu einer schweren innenpolitischen Krise, die sich als die stärkste Bedrohung der Demokratie seit dem Sturz *Stroessners* bezeichnen läßt. Obwohl die verfassungsmäßige Ordnung im Verlauf der Krise doch bewahrt blieb, und diese nach vier Tagen beigelegt war, wurde dabei die Schwäche der zivilen politischen Institutionen offengelegt, dazu vgl. *Susana Sottoli* 1996 (FN 3). Zur Rolle des Militärs als politischer Akteur im Transitionsprozeß vgl. *Carlos María Lezcano/Carlo Martini*, Fuerzas Armadas y Democracia, Asunción 1994.

und 31 werden Bestimmungen über Medienpluralismus festgelegt. Schließlich schreibt Art. 124 den Parteienpluralismus vor, d. h. die Sicherung der größtmöglichen Freiheit und Konkurrenz sowohl innerhalb als auch unter den politischen Parteien.

2. *Dezentralisierter Einheitsstaat als Staatsform*

Der Einheitsstaat ist die historisch gewachsene Staatsform Paraguays seit der Unabhängigkeitserklärung. Nun hat sich die Verfassung von 1992 für die Staatsform des dezentralisierten Einheitsstaates entschieden. Eine solche Charakterisierung wirft unmittelbar die Frage nach der Harmonisierung des Dezentralisations- und Einheitsstaatsprinzip[11] innerhalb der verfassungsmäßigen Ordnung auf. Eine Antwort darauf ist sowohl in der Struktur und Organisation der Staatsgewalt als auch in der territorialen Gliederung des Staates zu suchen.

Das Einheitsstaatsprinzip findet grundsätzlich in der Verteilung der Staatsfunktionen seinen Niederschlag, da diese nur horizontal erfolgt. So werden alle Gesetzgebungskompetenzen vom nationalen Parlament wahrgenommen; alle Rechtsprechungszuständigkeiten werden durch nationale Gerichte ausgeübt; und alle Exekutivkompetenzen liegen in den Händen des Staatspräsidenten. Eine vertikale Aufteilung dieser Funktionen, wie man sie in einem Bundesstaat vorfindet, ist in der verfassungsmäßigen Ordnung Paraguays also ausgeschlossen; es gibt nur eine horizontale Gewaltenteilung.

Betrachtet man die neue politisch-administrative Organisation Paraguays unter territorialen Gesichtspunkten, so kommt darin das Dezentralisationsprinzip besonders deutlich zum Ausdruck, da die Verfassung von 1992 den Departementen zum ersten Mal in der Geschichte Selbstverwaltungsrechte eingeräumt und das schon bestehende Recht der Gemeinden[12] auf Selbstverwaltung verstärkt hat. Dementsprechend stellen Departemente und Gemeinden dezentralisierte Gebietskörperschaften dar. Diese Rechtsstellung wird dadurch verstärkt, daß Gouverneure, Bürgermeister und Mitglieder der Departementeräte und Gemeinderäte direkt vom Volk gewählt werden. Also verfügen beide Gebietskörperschaften über eine eigene demokratische Legitimation, welche als Ausdruck der politischen Dezentralisation angesehen werden kann.

Zwar lassen sich aus dieser Sicht die Hauptanwendungsbereiche des Dezentralisations- und Einheitsstaatsprinzip eindeutig differenzieren, aber eine gewisse Spannung zwischen den beiden Prinzipien, insbesondere bei der kürzlich reformierten Rolle des Departements als Verwaltungsorgan, ist immerhin festzustellen. Umstritten ist dabei

---

[11] Vgl. hierzu *Olinda Bareiro/Marcelo Duarte*, Paraguay: el no debate de la descentralización, in: *Nohlen (Hrsg.)*, Descentralización política y consolidación democrática, Caracas 1991; *Mabel Causarano*, Notas sobre la Reforma Politico-administrativa del Estado. Contenidos y alcances de las principales medidas, Asunción 1992; *Andrew Nickson*, Democratizacion y Descentralización en Paraguay, Asunción 1993.

[12] Zum Kommunalrecht in Paraguay vgl. *Enrique Marín Fontclara/Jorge Silvero Salgueiro/Enrique Sosa Arrúa*, La Organización Municipal en Paraguay, Asunción 1990; *Enrique Sosa Arrúa*, Gobierno Municipal y participacion ciudadana, Asunción 1990; *Jorge Silvero Salgueiro*, Obstáculos y perspectivas para la autonomía municipal, Asunción 1990; *ders.*, El municipio paraguayo, in: *Decidamos*, Problemas municipales y propuestas vecinales de solución, Asunción 1993.

der Bereich der Selbstverwaltungsaufgaben des Departements, welcher vor allem die Förderung der sozialen und wirtschaftlichen Entwicklung des Departements anbelangt, aber von den Verwaltungskompetenzen der Exekutive unscharf abgegrenzt ist; die Folge hiervon ist, daß es auf der Departementsebene zu zahlreichen Überschneidungen von mittelbarer und unmittelbarer Staatsverwaltung kommt.

3. Die ausdrückliche Erwähnung des Rechtsstaatsprinzips

Im Gegensatz zu den früheren Verfassungen Paraguays, die das Wort Rechtsstaat nicht kannten, wird das Rechtsstaatsprinzip in klarer Abgrenzung zum Willkürstaat in Art. 1 der Verfassung von 1992 erstmals ausdrücklich erwähnt. Zwar mag man rechtsstaatliche Elemente (etwa Anspruch auf den gesetzlichen Richter, Schutz vor Verhaftung, rechtliches Gehör, Anspruch auf ein faires Verfahren) in den vorangegangenen Verfassungen teilweise erkennen[13], jedoch fanden sie in den letzten sechzig Jahren keine entsprechende Umsetzung in der Verfassungspraxis. Der Begriff des Rechtsstaates selbst wurde bislang nur selten in der juristischen Literatur Paraguays als Staatsstrukturprinzip umfassend behandelt.

Zu den verfassungsrechtlich anerkannten Elementen des Rechtsstaates in seinem formellen und materiellen Verständnis gehören beispielsweise die Gewaltenteilung (Art. 3), die Unabhängigkeit der Gerichte (Art. 248), die Bindung der Staatsorgane an das geltende Recht (Art. 257), eine öffentliche rechtliche Entschädigung (Art. 17 (11), 39, 106), der Rechtsschutz gegen Akte öffentlicher Gewalt (Art. 16), der Anspruch auf ein rechtsstaatliches Verfahren (Art. 17), die Verfassungsbindung der Gesetzgebung (Art. 202 (1)) und die Normierung von Grundrechten.

Nach der Rechtsprechung des 1995 neukonstituierten Obersten Gerichtshofs setzt die Geltung des Rechtsstaates voraus, daß »alle Staatsorgane an die Gesetze und an die Verfassung gebunden sind«. »In einem Rechtsstaat sind alle staatlichen Handeln der gerichtlichen Kontrolle unterworfen und deshalb sind alle staatliche Akte justiziabel«. (Entscheidung No. 184 vom 31. August 1995, S. 3 und 17). Der Oberste Gerichtshof hat auch den Zusammenhang zwischen dem Rechtsstaatsprinzip und folgenden Grundsätzen hervorgehoben: »das Gesetzmäßigkeitsprinzip als Element des Rechtsstaates« (Entscheidung No. 389 vom 24. November 1995, S. 3); »die Grundrechte als Fundament des Rechtsstaates« (Entscheidung No. 208 vom 17. August 1995, S. 23).

4. Das Sozialstaatsprinzip in der Verfassung von 1992

Das Sozialstaatsprinzip wurde von der neuen Verfassung erstmals in die verfassungsmäßige Ordnung Paraguays eingeführt und stellt eine der wichtigsten Neuerungen der Reform von 1992 dar. Die Einbeziehung sozialstaatlicher Normen richtet sich vor allem auf die Herstellung sozialer Sicherheit und sozialer Gerechtigkeit.

---

[13] Hierzu vgl. *Justo Prieto* 1992 (FN 5), S. 668; *Salvador Villagra Maffiodo*, Principios de Derecho Administrativo, Asunción 1983, S. 16 und 377.

Was soziale Gerechtigkeit angeht, so hat Art. 95 das Bestehen der gesetzlichen Sozialversicherung in ihren Grundlagen bestätigt, die aus dem Jahre 1943 stammt. Diese umfaßt Altersrenten- und Invalidenversicherung, Kranken- und Schwangerschafts- sowie Arbeitsunfallversicherung. Eine Arbeitslosenunterstützung oder die Absicherung eines sozialen Mindeststandards sind nicht vorgesehen. Die gesetzliche Zwangsmitgliedschaft in der Sozialversicherung bleibt ebenfalls bestehen. Nur Arbeitnehmer und ihre Familien dürfen der Sozialversicherung angeschlossen sein; Arbeitgeber, Selbständige, usw. sind also ausgeschlossen.

Der Anteil der durch Sozialversicherung geschützten ökonomischen aktiven Bevölkerung beträgt nur 14%[14]. Dies ist u. a. auf die einseitige Anbindung des Sicherungssystems an die im formellen Wirtschaftssektor Beschäftigten zurückzuführen. Die Struktur und Dynamik des Arbeitsmarktes und der Wirtschaft des Landes ist jedoch dadurch charakterisiert, daß der informelle Sektor, das heißt der Teil des Arbeitsmarktes, in dem zeitlich befristete, schlecht bezahlte und sozial nicht abgesicherte Beschäftigungen angeboten werden, einen großen Teil der Wirtschaftstätigkeit ausmacht und einen bedeutenden Prozentsatz der Bevölkerung umfaßt. Vor diesem Hintergrund ist der von der neuen Verfassung eingeführte Zusatz zum Art. 95 zu verstehen, mit dem ein Ausbau der Sozialversicherung durch Einbeziehung weiterer Bevölkerungsgruppen gefördert wird.

In Zusammenhang mit der Herstellung sozialer Gerechtigkeit stehen einige Förderungsverpflichtungen, die dem Schutz des Schwächeren dienen und damit als Korrektiv existierender Ungleichheiten wirken sollen. So wird der Staat beispielsweise in Art. 6 dazu verpflichtet, die Lebensqualität der Bürger durch die Formulierung von Politik zu fördern, die benachteiligende Bedingungen wie etwa extreme Armut, körperliche bzw. altersbedingte Behinderungen beseitigen.

Sozialstaatlich motiviert sind ebenfalls jene Normbereiche, die in Verbindung mit sozialen Grundrechten Staatsaufgaben bestimmen. So enthält beispielsweise Art. 100 sowohl das Recht auf Wohnung als auch die staatliche Verpflichtung zur Planung von Sozialwohnungen.

Die Frage, ob eine unmittelbar staatliche Verpflichtung auf der Ebene der Rechtsanwendung in Betracht kommen kann, läßt sich noch nicht abschließend beantworten; bisher liegt keine Entscheidung vor, die einen unmittelbaren Anspruch auf staatliche Leistungen anerkennt, dessen Grundlage sich aus dem Sozialstaatsprinzip in Verbindung mit den Grundrechten ergibt.

V. Die Grundrechte und ihr Schutz

1. Ausgangspunkt der Reform

Die verfassunggebende Nationalversammlung von 1992 hat eine umfassende Reform im Bereich der Grundrechte durchgeführt. Erstens wurde die Funktion der Grundrechte als fundamentales Element der demokratischen Ordnung stärker betont;

---

[14] *Carmelo Mesa-Lago*, Social Security in Latin America, in: IDB: Economic and Social Progress in Latin America and the Caribbean, 1991 Report, Washington, 179–216.

zweitens wurde eine Rekonstruktion der klassischen Freiheits- und Gleichheitsrechte vorgenommen; drittens wurde der Katalog der sozialen Grundrechte erweitert, und viertens wurde das verfassungsrechtliche Schutzsystem der Grundrechte deutlich verstärkt.

Die Reichweite der Reform ist allerdings nicht nur aus der Schwäche des Grundrechtssystems in der Verfassung von 1967 zu begründen, da nur wenige Artikel (etwa Art. 71) die Möglichkeit zu Beschränkungen der Grundrechte gaben. Vielmehr stellte das willkürliche Grundrechtsverständnis des autoritären Regimes Stroessner den Ausgangspunkt der Reform dar, denn dieses erlaubte die systematische Praxis von Menschenrechtsverletzungen[15] seitens des Staates und versuchte, sie rechtlich abzusichern. So konnte die Grundrechtsordnung der Verfassung von 1967 sowohl aus rechtspolitischen Gründen als auch aufgrund ihrer mangelnden Umsetzung in der Verfassungspraxis nicht unverändert bleiben, wenngleich sie keine strukturellen Mängel aufwies, wie dies etwa beim staatsorganisatorischen Teil der Fall war[16].

Freilich fand das überwiegend von der Exekutive des autoritären Regimes entwickelte Grundrechtsverständnis weitere Unterstützung in der Legislative und in der Rechtsprechung. Im Mittelpunkt stand die Vorstellung des Vorrangs der staatsorganisatorischen vor den grundrechtlichen Normen. Dem Leben oder der Freiheit des Individuums gingen also Rechtsgüter wie »innere Ordnung« oder »Sicherheit des Staates« vor. Infolgedessen ist im Fall einer Kollision der genannten Normen die unmittelbare Grundrechtsbindung der drei Staatsgewalten, welche in der Verfassung von 1967 vorgesehen war, praktisch leergelaufen. Im Verfassungsalltag haben sich daraus zwei Folgen ergeben; zum einen wurde der Weg für Grundrechtsverletzungen frei, und zum anderen war die Würde des Menschen der öffentlichen Gewalt untergeordnet.

Seitens der Legislative wurde diese Praxis durch Gesetze[17] gefördert, die die Exekutive um der Sicherheit des Staates und den Schutz seiner Organe willen ermächtigten, in die Grundrechte des einzelnen einzugreifen. Von seiten der Justiz wurden alle Klagen systematisch zurückgewiesen, die die Grundrechte gegen die vollziehende Gewalt geltend zu machen versuchten. Ihre Rechtfertigung fanden solche Entscheidungen im Rahmen des über dreißig Jahre geltenden Ausnahmezustands, unter dem das Handeln der Exekutive »nicht justiziabel« sei. Als Folge davon erhielt die Exekutive praktisch unbeschränkte Eingriffsbefugnisse: Sie verfügte über eine übermächtige Stellung im System der Gewaltenteilung, sowie über fast unbegrenzte Befugnisse zur Entscheidung über die Achtung von Grundrechten[18].

Allerdings wurden die Reformen auf der Ebene der Grundrechte nicht nur im Hinblick auf vergangene Mißstände, sondern auch im Hinblick auf die im Zuge der Demokratisierung neuentstandenen Verhältnisse unternommen. Mit der Etablierung liberaler Freiheits-und Beteiligungsrechte kam eine breite Palette von sozialen und

---

[15] *Deutsche Sektion der Internationalen Juristen-Kommission (Hrsg.)*, Menschenrechtsprobleme in Lateinamerika, Heidelberg 1991.

[16] Dazu siehe weiter unter Punkt VI.

[17] Beispielsweise das Gesetz Nr. 294 vom 17. 10. 1955 *Defensa de la Democracia«* (Verteidigung der Demokratie); das Gesetz Nr. 209 vom 18. 9. 1970 »*De Defensa de la Paz Pública y Libertad de las Personas«* (Zur Verteidigung des öffentlichen Friedens und der Freiheit des Menschen).

[18] Vgl. hierzu *Justo Prieto*, El Sistema Institucional, in: *SIJAU (Hrsg.) (FN 5)*, S. 29 ff.; *Rodrigo Campos Cervera*, Prólogo, in: *Justo Prieto 1987 (FN 5)*, S. 7 ff.

politischen Interessen zum Ausdruck, die sich nunmehr am Entscheidungsprozeß beteiligen durften und damit eine »pluralistische Rekonstruktion« der früher unterdrückten gesellschaftlichen und politischen Organisationen bzw. Gruppen ermöglichten[19]. Dabei konnten u. a. die tradierten sozialen Entwicklungsdefizite und Ungleichheiten Paraguays frei thematisiert werden. Die Ausarbeitung der neuen Verfassung wurde insofern davon geprägt, als die Berücksichtigung der existierenden sozialen Probleme Paraguays im Mittelpunkt der Diskussion in der verfassunggebenden Nationalversammlung stand[20]. Dies schlug sich insbesondere in einem erweiterten sozialrechtlichen Katalog, in neuen staatlichen Förderungsverpflichtungen sowie in Staatszielbestimmungen nieder, die sich auf die Verbesserung bzw. Bewältigung armutsbedingter sozialer Defizite richten.

2. *Das Grundrechtsverständnis der Verfassung von 1992*

Sowohl in formeller als auch in materieller Hinsicht stellt das Grundrechtsverständnis der Verfassung von 1992 eine Aufwertung der Grundrechte dar.

Eine grundlegende Abweichung von dem früheren Verständnis der Grundrechte ist darin zu sehen, daß die demokratische Ordnung sich gemäß Art. 1 ausdrücklich auf die »Anerkennung der Würde des Menschen« gründet. Der untrennbare Zusammenhang zwischen Organisations- und Grundrechtsordnung wird dadurch hervorgehoben; beide sind als eine rechtliche Einheit zu verstehen, wobei die Bestimmungen über die Staatsorganisation – anders als bisher – nicht mehr prinzipiell den Grundrechtsvorschriften übergeordnet sind[21].

Weiterhin wird die Funktion der Grundrechte als fundamentaler Bestandteil der verfassungsmäßigen Ordnung dadurch deutlich gemacht, daß die Anerkennung der Menschenwürde gerade in dem Artikel verankert wird, in dem die Staats- und Regierungsform definiert wird. Dabei geht es darum, der Staatsgewalt durch die Grundrechte Schranken zu ziehen und sie in ihrer Ausübung zu determinieren. Aus dem Grundrechtsteil ergeben sich nach dem Obersten Gerichtshof Anforderungen an »die Staatsorganisation, die die Freiheit, die Gleichheit und die Gerechtigkeit beachten muß« (Entscheidung No. 348 vom 7. November 1995, S. 10).

Dem Rechtsgut Menschenwürde wird von der Verfassung in rechtlicher Hinsicht mehrfache Bedeutung zuerkannt. Es handelt sich um ein Verfassungsprinzip, welches eine besondere Bedeutung für die Verfassungsinterpretation gewinnt: Dafür spricht bereits seine Stellung in der Verfassung neben den anderen Prinzipien. Zugleich aber handelt es sich um ein Grundrecht, aus dem klagbare, subjektive Rechte des einzelnen Menschen abgeleitet werden können, denn Art. 33 normiert ein Grundrecht auf den Schutz der Menschenwürde durch den Staat.

Das Verhältnis der Menschenwürde zur verfassungsmäßigen Ordnung beeinflußt ebenfalls die Frage nach dem Rechtscharakter der Grundrechte. Ausgangspunkt dafür

---

[19] Vgl. hierzu *Carlos Martini* 1993: *La Transición a la Democracia*, in: *Flecha / Martini / Silvero* (FN 6), S. 47 ff.

[20] Vgl. hierzu *Carlos Alberto González* (FN 6), S. 115 ff.

[21] Die These »des Vorrangs der politischen Interessen von Grundrechten« wurde in der Entscheidung des Obersten Gerichtshofes No. 208 vom 17. August 1995, S. 23 ausdrücklich abgelehnt.

ist die Vorstellung, daß die Würde des Menschen von der Verfassung nicht verliehen, sondern lediglich anerkannt wird. Die gleiche Sichtweise gilt für andere Grundrechte (etwa Art. 4), die der menschlichen Person »inhärent« sind. In diesem Zusammenhang werden die Grundrechte als dem Staat vorausliegende Rechte des Individuums begriffen, und damit auch naturrechtliche Vorstellungen geprägt. Dieser Ansatz ist allerdings bereits in der Verfassung von 1967 zu finden. So wurde Art. 45 beispielsweise aus der Verfassung von 1967 übernommen, der besagt, daß die in der Verfassung enthaltenen Grundrechte und Garantien andere Rechte nicht ausschließen, die der menschlichen Person inhärent sind, auch wenn sie in der Verfassung nicht ausdrücklich genannt werden.

Mit ihrer Aufnahme in den Verfassungstext werden nach Auffassung des Obersten Gerichtshofs (Entscheidung No. 184 vom 31. Juli 1995, S. 19) die Naturrechte allerdings *positiviert*, d. h. sie gehören zum Bestand des positiven objektiven Verfassungsrechts und gewinnen damit einen wirksamen Geltungsanspruch, da ihnen erst durch die Verfassung Bindungswirkung zukommt. Demzufolge sind sie für die Staatsgewalten verbindlich. In diesem Sinne besagt der zweite Teil des Art. 45: »Das Fehlen des entsprechenden Ausführungsgesetzes darf nicht geltend gemacht werden, um ein Recht oder eine Garantie zu verneinen bzw. zu vermindern«.

Der verbindliche Charakter der grundrechtlichen Normen geht ferner aus der in der verfassungsrechtlichen Ordnung festgelegten Normenhierarchie hervor. So bestimmt der Eingangsartikel des Staatsorganisationsteils (Art. 137), daß die Verfassung das höchstrangige Gesetz Paraguays ist und daß die Verfassung, die von Paraguay ratifizierten internationalen Verträge und Abkommen, die Gesetze und weitere rechtliche Vorschriften – in dieser Reihenfolge – die Stufen der Normenhierarchie des positiven nationalen Rechts ausmachen.

Außerdem wird die grundrechtliche Bindung der drei Staatsgewalten durch die Verpflichtung aller Staatsorgane, die Verfassung zu achten (Legislative Art. 202 Nr. 1; Exekutive Art. 238 Nr. 2; Judikative Art. 247), sichergestellt. Die Schaffung der Verfassungsgerichtsbarkeit soll ebenfalls zur gerichtlichen Durchsetzbarkeit der grundrechtlichen Normen beitragen[22].

Freilich wirft die Interpretation der Grundrechte in der Verfassung von 1992 das Problem ihrer gerichtlichen Konkretisierung auf. Dies gilt insbesondere für die sozialen Grundrechte (etwa das Recht auf Wohnung), die offensichtlich eine Tätigkeit der Gesetzgebung bzw. der Verwaltung verlangen. Deshalb entfalten diese Grundrechte nur eine eingeschränkte Bindungswirkung, ohne aber dadurch ihre rechtliche Bedeutung zu verlieren. Vielmehr entfalten sie ihre Wirksamkeit im Rahmen der sozialstaatlichen Verfassungsordnung schrittweise und mit ihrer Umsetzung durch den Gesetzgeber.

3. Die Grundrechte im einzelnen

Das in der früheren Verfassung enthaltene Kapitel über Individualrechte wurde in der Verfassung von 1992 in drei neue Kapitel umgestaltet, die über »das Leben und die

---

[22] Dazu siehe weiter unter Punkt VI.3.

Umwelt«, »die Freiheit« und »die Gleichheit« handeln. Im folgenden wird auf einige dieser Grundrechte ausführlicher eingegangen.

Die Grundrechte auf Leben und körperliche Unversehrtheit, die sich schon in der Verfassung von 1967 als Schutzrechte (Art. 50) fanden, wurden in die neue Verfassung – allerdings umformuliert – übernommen. Die Neuformulierung dieses Rechtes erfolgt im Eingangsartikel des Grundrechtsteils (Art. 4), wo das Recht und seine Reichweite festgelegt werden: »Das Recht auf Leben ist der menschlichen Person inhärent. Der Schutz des Lebens wird im allgemeinen[23] von der Empfängnis an garantiert« ... »Jede Person wird vom Staat in ihrer körperlichen, geistig-seelischen Unversehrtheit geschützt« ... »Die Todesstrafe wird abgeschafft«. Weiterhin widmet die Verfassung dem Recht auf Leben noch zwei Artikel, die neben der Abschaffung der Todesstrafe Neuerungen im Bereich des Lebensschutzes verwirklichen. Es handelt sich zum einen um ausdrückliche Verbote bestimmter Eingriffe in das Leben, zum anderen um Staatszielbestimmungen über die Qualität des Lebens[24]. Unter den Verboten gegen Lebensverletzungen besagt Art. 5: »Niemand darf der Folter oder einer grausamen, unmenschlichen, erniedrigenden Strafe oder Behandlung unterworfen werden«. Weiterhin: »Völkermord, Folter, das Verschwindenlassen von Menschen, sowie Entführungen und Tötungsdelikte aus politischen Motiven verjähren nicht«.

Insgesamt läßt sich die Neuformulierung des Rechts auf Leben sowie die Einführung der Verbote von Eingriffen in das Recht auf Leben und körperliche Unversehrtheit in der neuen Verfassung hauptsächlich als Reaktion auf die vom autoritären Regime durchgeführten Menschenrechtsverletzungen erklären.

Ein *Grundrecht auf eine menschenwürdige Umwelt* wurde ebenfalls in die neue Verfassung aufgenommen und steht in engem Zusammenhang mit dem Recht auf Leben. Überdies stellt die Verankerung des Themas *Umweltschutz* in der Verfassung ein Novum der Reform von 1992 dar. Das Recht auf eine menschenwürdige Umwelt ist danach nicht nur ein Grundrecht der Bürger, sondern zugleich Staatszielbestimmung, Gesetzgebungsauftrag und Richtlinie für die Regierungspolitik.

Art. 7 enthält das Recht auf eine intakte Umwelt im folgenden Wortlaut: »Jede Person hat das Recht, in einer gesunden, ökologisch ausgeglichenen Umwelt zu leben«. Dies kann so verstanden werden, daß in erster Linie das Leben und die Gesundheit der Menschen vor umweltbedingten Schäden und Gefahren geschützt werden sollen. In diesem Sinne ist die Ausrichtung des Rechtes auf Umwelt durch einen anthropozentrischen Ansatz geprägt. Dennoch schließt dies nicht aus, daß die Umwelt um ihrer selbst willen geschützt wird. So sieht Art. 8 die Regulierung, Einschränkung oder gegebenenfalls das Verbot jeglicher Tätigkeiten vor, die in irgendwelcher Weise eine Störung des ökologischen Gleichgewichts verursachen. Weiterhin werden ausdrückliche Verbote in bezug auf die Herstellung bzw. den Handel mit biologischen, chemischen und nuklearischen Waffen sowie die Einführung von Giftmüll in das Staatsgebiet festgelegt. Der Verkehr mit genetischen Ressourcen wird vom Gesetz reglementiert.

---

[23] Dieser Artikel läßt den Schutz des Rechts auf Leben zwar schon vor der Geburt beginnen, aber er wird mit der Einführung des Ausdrucks »im allgemeinen« – in Anlehnung an die Interamerikanischen Menschenrechtskonvention (Pakt von San José de Costa Rica) – relativiert, denn nun besteht die Möglichkeit, bestimmte Eingriffe in den Schutzbereich per Gesetz zuzulassen.

[24] Dazu siehe unter Punkt IV.4.

Die Figur der ökologischen Straftat wird zum ersten Mal in der Verfassung eingeleitet (Art. 8), wenngleich ihre Definition bzw. Ausgestaltung als Gesetzgebungsauftrag festgelegt werden[25].

Dem Thema der *Freiheit* ist das längste Kapitel im Grundrechtsteil der Verfassung (Art. 9–45) gewidmet. Dabei werden klassische Freiheitsrechte und justizielle Gewährleistungen neugeregelt bzw. durch die Einführung neuer Rechte ergänzt.

Zu Beginn des Kapitels wird das Recht der Person auf Freiheit und Sicherheit festgeschrieben (Art. 9). Freiheitsbeschränkungen dürfen nur aufgrund eines förmlichen Gesetzes und nur unter Beachtung der darin vorgesehenen Formen vorgenommen werden, Art. 11. Weiterhin finden sich die formalen Voraussetzungen für Verhaftungen in Art. 12 und ein Rückwirkungsverbot für belastende Gesetze in Art. 14. Detaillierte strafprozessuale Garantien sind in Art. 17 geregelt. Der Strafvollzug ist ausdrücklich auf Resozialisierung und auf den Schutz der Gesellschaft ausgerichtet (Art. 20).

Neben der Religions- und Kultusfreiheit hat nunmehr auch die Weltanschauungsfreiheit explizit Erwähnung in Art. 24 gefunden. Das Recht auf die eigene Identität wurde im Zusammenhang mit dem Recht auf die freie Entfaltung der Persönlichkeit eingeführt (Art. 25). Im Unterschied zu der Verfassung von 1967 wird der Meinungs- und Pressefreiheit[26] der Stellenwert von Grundrechten ohne Gesetzesvorbehalte zugemessen, da die Verfassung keine Eingriffe durch Gesetz vorsieht.

Eine weitere Neuerung stellt die Normierung der Versammlungs- und Demonstrationsfreiheit (Art. 32), dar, deren Ausübung keiner vorherigen Erlaubnis mehr bedarf.

Weitere klassische Rechte wie etwa das Recht auf die Unverletzlichkeit der Wohnung (Art. 34) und die Garantie des Brief-, Post- und Fernmeldegeheimnisses (Art. 36) wurden durch eine Neufassung verstärkt.

Bemerkenswert im Sinne der Förderung pluralistischer Vorstellungen in einer von militaristischen bzw. autoritären Verhaltensweisen geprägten Gesellschaft ist die Einführung des Rechts auf Wehrdienstverweigerung aus Gewissensgründen (Art. 37) sowie die Schaffung eines Zivildienstes (Art. 129).

Schließlich werden das alte Petitionsrecht (Art. 40), das Recht der Vereinigungsfreiheit (Art. 42) und das Asylrecht (Art. 43) neu gefaßt.

Das rechtliche *Gleichheitsprinzip* wurde in einem eigenen neuen Kapitel (Art. 46–48) als auch an verschiedenen anderen Stellen der Verfassung geregelt. Während der einleitende Satz des Art. 46 die rechtliche Gleichheit im formellen Sinne formuliert (»Jeder Einwohner der Republik ist gleich in seiner Würde und seinen Rechten«), wird in Art. 47 die Schutzwirkung der Gleichheit als Gewährleistung präzisiert: Der Staat gewährleistet allen Einwohnern der Republik den gleichen Zugang zu den Gerichten und zum öffentlichen Dienst, die Gleichheit vor dem Gesetz sowie die gleichen Chancen auf Teilhabe an der Kultur und an den Naturschätzen des Landes.

Die besondere Bedeutung des Gleichheitsprinzips liegt allerdings darin, daß die in der Gesellschaft bestehenden Benachteiligungssituationen aufgehoben werden sollen. So enthält Art. 46 ein neues Staatsziel, demzufolge der Staat die faktisch bestehenden Ungleichheiten beseitigen soll. In diesem Sinne bestimmt Art. 46, daß begünstigende

---

[25] Zwar wurde ein Gesetz über die ökologische Straftat Ende 1995 vom Parlament erlassen, aber die Exekutive hat ihr Veto dagegen eingelegt.

[26] Vgl. hierzu *Juan Bautista Rivarola Paoli*, El Derecho de Información, Asunción 1995.

(Schutz)Maßnahmen zur Förderung benachteiligter Gruppen nicht unter das Diskriminierungsverbot fallen, sondern als zulässige Regelungen zum Ausgleich bestehender Ungleichheiten verstanden werden sollen. Somit sind positive Diskriminierungsmaßnahmen *(reversed discrimination)* verfassungsrechtlich gerechtfertigt.

. Das gilt insbesondere für die *Gleichberechtigung zwischen Frauen und Männern*[27]: Art. 48 besagt, daß Männer und Frauen gleiche bürgerliche, politische, soziale, wirtschaftliche und kulturelle Rechte haben. Weiterhin wird die Gleichberechtigung als Staatsziel verankert: Danach sollen zum einen staatliche Maßnahmen zur Durchsetzung der tatsächlichen Gleichberechtigung ergriffen werden, zum anderen, ist Partizipation der Frauen in allen Bereichen des Lebens zu fördern. Dabei geht es darum, die Verhältnisse von Männern und Frauen real anzugleichen. Zu diesem Zweck sind Antidiskriminisierungs-Gesetze bzw. kompensatorische Gesetzgebungsmaßnahmen zulässig. Die Neuregelung der Stellung der Frauen läßt sich als ein unmittelbares Ergebnis des in Gang gesetzten Demokratisierungs-und Liberalisierungsprozesses Paraguays insofern verstehen, als es den Frauenorganisationen unter den neuen Umständen gelungen ist, ihre Interessen zu artikulieren und sie im verfassunggebenden Prozeß durchzusetzen.

Die *sozialen Grundrechte* sind in den Kapiteln über »Familienrechte«, »Gesundheit«, »Erziehung und Kultur«, »Arbeit«, »wirtschaftliche Rechte und Agrarreform« verankert, welche insgesamt zweiundsechzig Artikel umfassen. Im Vergleich zu der Verfassung von 1967 wurde hierbei lediglich ein neues Kapitel angefügt, nämlich das über die Rechte der Indianer. Dabei wurde ihre rechtliche Ordnung anerkannt, soweit sie mit den in der Verfassung von 1992 garantierten Grundrechten vereinbar ist (Art. 63).

Der erweiterte Katalog von sozialen Grundrechten besteht also sowohl aus neuformulierten, aus der vorherigen Verfassung stammenden Rechten als auch aus neu eingeführten Rechten. Unter den »alten« Rechten sind beispielsweise das Recht auf Gesundheit (Art. 68), auf Erziehung (Art. 73) und auf Wohnung (Art. 100) zu erwähnen. Das Recht auf Arbeit (Art. 86), das Recht, eine Familie zu gründen (Art. 50) und – in Verbindung damit – das Recht aller Personen, frei die Zahl der Kinder zu bestimmen (Art. 61), werden neu garantiert, ebenso die Rechte der Minderjährigen (Art. 54), das Recht auf Altersversorgung (Art. 57) und das Recht von Behinderten auf Fürsorge und Chancengleichheit (Art. 58).

Zu den sozialen Normen zählen ferner zahlreiche Staatszielbestimmungen, welche eine inhaltliche Orientierung für die Staatstätigkeit in bezug auf existentielle Bedürfnisse aller Menschen geben. In diesem Sinne legen etwa Art. 68 ff. Richtlinien für das Gesundheitswesen sowie Art. 73 die Ziele im Erziehungsbereich fest.

Zwar haben die meisten sozialen Grundrechte in der neuen Verfassung einen Anspruch auf Universalität, da sie als »Jedermann« Rechte konzipiert sind und keine Eingrenzung der Berechtigung in persönlicher Hinsicht vorsehen. Aber es werden auch Förderungsverpflichtungen verfassungsrechtlich niedergelegt, welche explizit die staatliche Unterstützung für jene Personengruppen vorschreiben, die sich in einer schwachen Position in der Gesellschaft befinden. So werden beispielsweise alleinerzie-

---

[27] Zur Stellung der Frauen in Paraguay vgl. *Flacso/Instituto de la Mujer-Ministerio de Asuntos Sociales de España (Hrsg.),* Mujeres Latinoamericanas en Cifras-Paraguay, Santiago de Chile 1993, mit weiteren Nachweisen.

hende Frauen (Art. 53), Behinderte (Art. 58), Kinder, die im schulpflichtigen Alter sind und aus armen Familien kommen (Art. 75), und Frauen in der Landwirtschaft (Art. 115 Nr. 9) ausdrücklich als prioritäre Zielgruppen staatlichen Handelns identifiziert. In welcher Weise eine solche Förderung konkret erfolgen soll, bleibt in der Regel offen. Weiterhin sollen die ärmsten Bevölkerungsgruppen bei bestimmten sozialpolitischen Maßnahmen – wie etwa bei der Vergabe von Stipendien im Erziehungsbereich (Art. 80) oder beim sozialen Wohnungsbau (Art. 100) – bevorzugt werden.

4. Das System des Grundrechtsschutzes

Den verfassungsrechtlichen Rechtschutzgarantien ist das letzte Kapitel des Grundrechtsteils gewidmet. Gemäß Art. 131 stellen sie die Rechtsbehelfe für die Durchsetzung der in der Verfassung niedergelegten Grundrechte dar. Es sind vier Schutzverfahren vorgesehen: die Feststellung der Verfassungswidrigkeit von Rechtsnormen (z.B. von Gesetzen und Verwaltungsakten) und gerichtlichen Entscheidungen (Art. 132)[28], das *Habeas Corpus* (Art. 133), das *Amparo* (Art. 134) und das *Habeas Data* (Art. 135).

Das *Habeas Corpus*, welches aus dem englischen *writ of habeas corpus* stammt, dient wesentlich der Sicherung der persönlichen Freiheit. Die neue Regelung unterscheidet drei Varianten dieses Rechtsbehelfs, nämlich das präventive *(preventivo)*, wiedergutmachende *(reparador)* und allgemeine *(genérico)* Habeas Corpus-Verfahren. Beim präventiven *Habeas Corpus* geht es um den gerichtlichen Schutz der Freiheit vor einer mit hoher Wahrscheinlichkeit drohenden, unzulässigen Freiheitsentziehung. Die zweite Variante dient dem Schutz gegen eine bereits erfolgte willkürliche Verhaftung. Das allgemeine *Habeas Corpus* richtet sich schließlich auf die Beseitigung von Handlungen bzw. Situationen, die die körperliche und geistig-seelische Integrität des Menschen gefährden bzw. beeinträchtigen, beispielsweise in dem in Art. 133 vorgesehene Fall einer Mißhandlung festgehaltener Personen. Die *Habeas Corpus*-Klage kann von jedermann sowohl beim örtlich zuständigen erstinstanzlichen Gericht als auch beim Obersten Gerichtshof (Art. 259 Nr. 4) erhoben werden, wobei auf jede Formalität verzichtet werden darf.

Beim *Amparo*-Verfahren[29] handelt es sich um den Schutz der verfassungsrechtlichen bzw. gesetzlichen, individuellen Rechte vor Verletzungen und unmittelbar bevorstehenden Bedrohungen, welche durch die Handlung oder das Unterlassen einer Behörde bzw. einer Privatperson verursacht werden. Ausgenommen ist hierbei der Schutz vor unzulässiger Freiheitsentziehung bzw. willkürlicher Verhaftung, welcher im *Habeas Corpus*-Verfahren gewährleistet wird. Das *Amparo* ist als Eilverfahren ausgestattet und verfolgt die Wiederherstellung des Zustandes, der vor der Rechtsverletzung bzw. Rechtsgefährdung bestanden hat. Über die *Amparo*-Klage hat das örtlich zuständige erstinstanzliche Gericht zu entscheiden. Falls der Richter eine von ihm in einem *Amparo*-Verfahren anzuwendende Norm für mit der Verfassung unvereinbar hält, kann er

---

[28] Dazu siehe weiter unter Punkt VI.3.
[29] Vgl. hierzu *Enrique A. Sosa*, La Acción de Amparo. Derecho Paraguayo y Comparado, Asunción 1988.

diese dem Verfassungssenat des Obersten Gerichtshofes zur Entscheidung vorlegen. Die Figur der Richtervorlage ist also im *Amparo*-Verfahren vorgesehen, aber sie wird erst auf Gesetzesebene (Gesetz Nr. 600 vom 16. 07. 95) detailliert.

Ein Urteil im Amparo-Verfahren entfaltet keine materielle Rechtskraft und schließt damit nicht aus, daß über dieselbe Sache in einem späteren ordentlichen Verfahren erneut entschieden werden darf. Die Details des *Amparo*-Verfahrens sind in der paraguayischen ZPO geregelt, nämlich dem *Código Procesal Civil*[30] vom 4. 11. 1988 (Art. 565–588).

Ein neuer Rechtsbehelf der Verfassung von 1992 ist das sog. *Habeas Data*, welches jedermann ein Recht auf Auskunft über die Erhebung und Verarbeitung seiner persönlichen Daten einräumt, die entweder in amtlichen Unterlagen oder in privaten, zur Verfügung gestellten Archiven enthalten sind. Im *Habeas Data*-Verfahren kann die Aktualisierung, die Berichtigung oder gegebenenfalls die Beseitigung der Daten verlangt werden, soweit sie falsche Informationen darstellen oder die Grundrechte des Betroffenen verletzen[31].

VI. Die Reformen auf der Ebene der Staatsorganisation

Gemäß der Verfassungstradition Paraguays werden die Staatsfunktionen nach dem Prinzip der Gewaltenteilung zwischen den Organen der Exekutive, der Legislative und der Judikative verteilt. Die vollziehende Gewalt ist monokratisch organisiert, da nach Art. 226 nur der Staatspräsident diese Gewalt ausübt[32]. Die gesetzgebende Gewalt wird vom Kongreß wahrgenommen, der aus dem Senat und dem Abgeordnetenhaus (Art. 182) besteht. An der Spitze der Judikative steht der Oberste Gerichtshof (*Corte Suprema de Justicia* – Art. 259 Nr. 1). Für die Ausübung der Staatsfunktionen gelten nach Art. 3 die Prinzipien der Spezialisierung, der Koordinierung und der »*checks and balances*«. Festgeschrieben wird ebenfalls die Unabhängigkeit der Gewalten voneinander.

Darüber hinaus werden im Rahmen der von der Verfassung von 1992 entworfenen Organstruktur des Staates nicht nur bereits bestehende Organe teilweise reformiert, sondern auch neue Organe geschaffen, wie beispielsweise der Volksanwalt (*Defensor del Pueblo* – Art. 276), der Rat für den Richterstand (*Consejo de la Magistratura* – Art. 262), die Geschworenenkammer zur Beurteilung von Richtern (*Jurado de Enjuiciamiento de Magistrados* – Art. 253) und die *Contraloría General de la República* (Art. 281).

---

[30] Vgl. hierzu *Laconich Arquimedes*, Código Procesal Civil, Asunción 1989; RabelsZ 53 (1989) S. 552.

[31] Im Rahmen eines *Habeas-Data*-Verfahrens förderten die Justizbehörden im Dezember 1992 in einem Polizeizentrum am Rand der Hauptstadt Paraguays die Geheimarchive der *Stroessner*-Diktatur zutage. Die von einem Strafrichter sichergestellten Unterlagen vermittelten zahlreiche Informationen über die während der Diktatur vorgenommenen Menschenrechtsverletzungen. Dazu vgl. *Amnesty International*, Jahresbericht, 1993, S. 428; *Der Spiegel* 18/1993, S. 164.

[32] Zur monokratischen Organisation der Exekutive unter der Verfassung von 1870 vgl. *Luis De Gasperi*, Paraguay, in: Rechtsvergleichendes Handwörterbuch für das Zivil- und Handelsrecht des In- und Auslandes, Berlin 1929, S. 880.

1. *Die Exekutive*[33]

Paraguay praktiziert seit 1844 ein auf dem Prinzip der strikten Gewaltenteilung basierendes präsidentielles Regierungssystem. Die Mitglieder der Regierung, d. h. der Staatspräsident und die Minister dürfen dem Kongreß auf keinen Fall angehören und umgekehrt. Daher ist in der Verfassung die Inkompatibilität von Regierungsamt und Mandat vorgesehen (Art. 197 Nr. 8, 198, 199 und 237).

Bemerkenswert ist in diesem Zusammenhang, daß einige Zuständigkeiten des Staatspräsidenten, die ihm von der vorherigen Verfassung eingeräumt wurden und zu einer erheblichen Machtkonzentration führten, ihm von der neuen Verfassung entzogen worden sind. Beispielsweise kann der Präsident nicht mehr – wie es früher der Fall war – das Parlament auflösen und mittels Dekreten regieren. Ebensowenig kann er allein den Ausnahmezustand[34] ausrufen und damit die Grundrechte außer Kraft setzen. Als Reaktion auf die langjährige Diktatur wurde außerdem von der neuen Verfassung die Wiederwahl des Präsidenten verboten.

Diese Änderungen sollten jedoch nicht zur falschen Vorstellung verleiten, daß der Staatspräsident über eine schwache Stellung im Staatsgefüge verfügt. Die Machtbefugnisse des Präsidenten werden zwar von der neuen Verfassung zur Gewährleistung des Gleichgewichtes zwischen den Gewalten eingeschränkt, aber die sowohl in der verfassungsrechtlichen als auch in der politischen Tradition des Landes verankerte dominierende Stellung der Exekutive im politischen System bleibt in gewissem Maße bestehen. Der Präsident vereinigt in sich nach wie vor die Funktionen des Staatsoberhauptes, des Regierungschefs (Art. 238 Nr. 1) und des Oberbefehlshabers der Streitkräfte (Art. 238 Nr. 9). Er ernennt und entläßt die Minister (Art. 238 Nr. 6), er erteilt die Richtlinien der Politik und besitzt das Gesetzesinitiativrecht (Art. 238 Nr. 12), das Vetorecht (Art. 238 Nr. 4) und das Gnadenrecht (Art. 238 Nr. 10).

Ebensowenig berührt die neu eingeführte Figur des Vizepräsidenten die Stellung des Präsidenten, da der Vizepräsident erst im Vakanzfall eine bedeutsame Rolle spielt (Art. 239).

2. *Die Legislative*[35]

Was die Zuständigkeiten des Kongresses angeht, so hat ihn die Verfassung, neben den traditionellen Aufgaben der Gesetzgebung (Art. 202 Nr. 2), der Verabschiedung des Haushaltes (Art. 202 Nr. 5) und der Ratifizierung von Verträgen (Art. 202 Nr. 9), neue Kontrollbefugnisse eingeräumt. Der Senat und das Abgeordnetenhaus besitzen nach Art. 193 das Zitierrecht gegenüber Ministern und höheren Beamten. Wenn der Kongreß der Interpellation mit der Zweidrittelmehrheit seiner Stimmen ein Mißtrauensvotum folgen läßt, wird dem Staatspräsidenten empfohlen, den betroffenen Minister oder Beamten zu entlassen. Der Präsident kann diese Empfehlung annehmen, muß es aber nicht. Weiterhin kann der Kongreß Untersuchungsausschüsse bilden, die

---

[33] Zur Exekutive vlg. *Luis Lezcano Claude*, El Poder Ejecutivo en Paraguay, Asunción 1989.

[34] Vgl. hierzu *Emilio Camacho*, Constitucion y Estado de Excepción, Asunción 1990.

[35] Zur Legislative vgl. *Esteban Caballero Carrizosa/Alejandro Vial (Hrsg.)*, Poder Legislativo en el Cono Sur, 2 Bd., Asunción 1994.

das Beweiserhebungsrecht gegenüber Privaten und Beamten besitzen. Die Einbeziehung dieser parlamentarischen Elemente soll die Rolle des Kongresses im politischen System verstärken.

Demselben Zweck dient die Übernahme der sog. politischen Klage (*Juicio Político – Art. 225*) in die neue Verfassung. Danach hat das Abgeordnetenhaus das ausschließliche Recht, durch Klage beim Senat den Präsidenten, Vizepräsidenten, die Minister und die Mitglieder des Obersten Gerichtshofs unter anderem wegen schlechter Amtsführung oder wegen Begehung eines Deliktes bei Ausübung ihrer Funtionen oder wegen gewöhnlicher Straftaten zur Verantwortung zu ziehen. Kommt der Senat zu dem Ergebnis, daß die Klage begründet ist, entbeht er den Angeschuldigten seines Amtes. Ein mögliches Verfahren vor den ordentlichen Gerichten bleibt davon unberührt. Für die Entscheidung ist eine Zweidrittelmehrheit erforderlich.

Darüber hinaus sieht die Verfassung von 1992 die Figur des Volksanwaltes vor, der als Beauftragter des Parlaments für die Verteidigung der in der Verfassung aufgezählten Rechte zuständig ist. Ferner wurde ein weiteres Kontrollorgan, die *Contraloría General de la República*, eingerichtet. Beide Organe sind autonom; für ihre Besetzung ist das Parlament zuständig.

3. Judikative[36]

Im Bereich der rechtsprechenden Gewalt wurden durch die Reform von 1992 wichtige Änderungen vorgenommen, um die Unabhängigkeit der Judikative zu gewährleisten. Dabei wurden einige strukturelle Mängel der Verfassung von 1967 behoben, die die Entstehung einer unabhängigen Justiz verhindert hatten.

Nach der früheren Verfassung verfügte der Staatspräsident über eine entscheidende Rolle bei der Ernennung von Richtern, da er das Vorschlagsrecht zur Ernennung aller Richter besaß. Außerdem konnte er die Mitglieder des Obersten Gerichtshofs im Einverständnis mit dem Senat auf 5 Jahre und die erstinstanzlichen Richter und Berufungsrichter mit Zustimmung des Obersten Gerichtshofs auf 5 Jahre berufen.

Die neue Verfassung hat dieses Ernennungssystem insofern verändert, als die Mitglieder des Obersten Gerichtshofs nunmehr vom Senat im Einverständnis mit dem Staatspräsident auf Lebenszeit gewählt (Art. 264 Nr. 1) und die übrigen Richter vom Obersten Gerichtshof auf 5 Jahre ernannt werden (Art. 251). Weiterhin wurde dem Präsident das Vorschlagsrecht zur Ernennung aller Richter entzogen und dieses einem neu geschaffenen, ständigen Organ zugewiesen, nämlich dem Rat für den Richterstand. Nur einer von den acht Mitgliedern des Rates für den Richterstand ist Vertreter der Exekutive. Die weiteren Mitglieder vertreten jeweils den Obersten Gerichtshof, den Kongreß, die Juristischen Fakultäten und die Anwaltskammer (Art. 262).

Darüber hinaus garantiert die neue Verfassung die Unabsetzbarkeit der Richter zwar nur für die Zeit ihrer Ernennung, aber wenn ein Richter zwei Mal in seinem Amt bestätigt wurde, wird er auf Lebenszeit ernannt. Innerhalb der fünfjährigen Amtsperiode darf kein Richter ohne seine eigene Zustimmung versetzt werden (Art. 252). Diese Maßnahmen sind nicht nur vor dem Hintergrund der richterlichen

---

[36] Zur Rechtsprechung vgl. *Marcos Riera Hunter*, La independencia del Poder Judicial, Asunción 1991.

Unabhängigkeit, sondern allgemein im Rahmen der Korruptionsbekämpfung und der Verbesserung der Funktionsfähigkeit der Judikative zu sehen. Darauf zielt auch die Einrichtung einer besonderen Geschworenenkammer zur Beurteilung von Richtern, denn sie ist für die Beurteilung und die Amtsenthebung von Richtern zuständig. Allerdings werden Leistungserfolge im Sinne einer wirksamen und unabhängigen Justiz wahrscheinlich noch geraume Zeit beanspruchen.

Neu ist insbesondere die ökonomische Unabhängigkeit der dritten Gewalt. Nach Art. 249 hat sie ein eigenes Budget, das nicht weniger als 3 Prozent des Staatsbudgets umfassen darf. Es wird vom Obersten Gerichtshof eingerichtet und verwaltet.

Um strukturellen Problemen wie Wahlbetrug und Manipulation bei der Organisation der Wahlen zu entgehen, ist eine besondere Wahlgerichtsbarkeit geschaffen worden (Art. 273), an deren Spitze der Oberste Wahlgerichtshof steht (*Tribunal Superior de Justicia Electoral* – Art. 274). Dieser ist für die Ausschreibung, die Organisation, die Leitung und die Überprüfung der allgemeinen Wahlen zuständig.

An der Spitze der Judikative steht der Oberste Gerichtshof *(Corte Suprema de Justicia)*, welcher das höchste Gericht für die Auslegung der Gesetze ist (Art. 247). Die Verfassung von 1992 hat dieses Organ neu organisiert. Es kann nicht mehr nur im Plenum, sondern auch in Senaten entscheiden. Zu diesem Zweck ist die Einrichtung eines Verfassungssenates innerhalb des *Corte Suprema de Justicia* vorgesehen (Art. 258). Durch das Organgesetz des *Corte Suprema de Justicia* wurden zwei weitere Senate geschaffen, der Zivil- und Handelssenat sowie der Strafsenat. Der *Corte Suprema de Justicia* setzt sich aus neun Richtern zusammen (Art. 258). Jeder Senat besteht wiederum aus drei Richtern.

Für die Verfahren vor dem *Corte Suprema de Justicia* gilt das Enumerativprinzip. Seine Zuständigkeiten sind in Art. 259 und 260 sowie in § 3 und §§ 11–15 des Organgesetzes des *Corte Suprema de Justicia* aufgezählt und werden auf das Plenum bzw. die verschiedenen Senate aufgeteilt.

Das Plenum entscheidet u. a. über Streitigkeiten zwischen der Zentralgewalt und den Gebietskörperschaften (Departemente und Munizipien)und über Streitigkeiten zwischen den einzelnen Gebietskörperschaften; sowie über Asylrecht und Staatsangehörigkeit.

Was die Senate anbelangt, stellen der Zivil- und Handelssenat und der Strafsenat die oberste Instanz in ihren jeweiligen Fachgerichtsbarkeiten dar. Die Einrichtung des Verfassungssenats ihrerseits kann als eine der wichtigsten Reformen von 1992 angesehen werden, denn sie bedeutet, trotz einiger Schwächen in Hinblick auf die Bindungswirkung seiner Entscheidungen, einen Fortschritt in Richtung einer effizienten Verfassungsrechtsprechung in Paraguay. Zu seinen Zuständigkeiten gehört die Überprüfung der Verfassungsmäßigkeit von Gesetzen (Normenkontrolle), von rechtskräftigen Gerichtsentscheidungen sowie von Verwaltungsakten (Art. 260). Dafür sind zwei Rechtswege eröffnet, die in der paraguayischen ZPO geregelt sind (Art. 538–564): Zum einen die Klage wegen Verfassungswidrigkeit *(acción de inconstitucionalidad)* und zum anderen die Beschwerde gegen Verfassungswidrigkeit *(recurso de inconstitucionalidad)*, wobei es sich bei dem zweiten Weg um eine Inzidentprüfung handelt. Jedoch ist der Verfassungssenat in beiden Fällen darauf beschränkt, über die Anwendung oder Nichtanwendung der angefochtenen Vorschrift im jeweiligen Rechtsstreit zu entscheiden. Die Wirkung der Entscheidung ist also *inter partes* und erlaubt deswegen die

Aufrechterhaltung verfassungswidriger Gesetze. Dadurch wird die Kontrolle der dritten Gewalt über die Handlung der anderen Gewalten bedeutend eingeschränkt.

VII. Die Entwicklung des Verfassungsrechts 1992–1996

Was die Entwicklung der Verfassung seit ihrem Inkrafttreten im Juni 1992 anbelangt, lassen sich zwei Problembereiche erkennen, nämlich die Konstituierung der in
der neuen Verfassung vorgesehenen Organe und die gesetzliche Umsetzung der Verfassungsaufträge im Parlament.

Gemäß Art. 4 der Übergangsbestimmungen wurde eine einjährige Übergangsperi-
ode vom Inkrafttreten der Verfassung bis zur Konstituierung einer neuen Regierung
durch Parlaments- und Präsidentschaftswahlen vorgesehen. Dieser Zeitraum sollte vor
allem zur Vorbereitung der politischen Parteien auf den Wahlkampf sowie zur Nominierung der Kandidaten dienen. Die Wahlen haben am 15. Mai 1993 stattgefunden.
Anschließend traten die beiden Verfassungsorgane am 1. Juli bzw. 15. August desselben Jahres ihr Amt an. Die Besetzung weiterer neuer Organe (wie etwa des Corte Suprema de Justicia, des Rates für den Richterstand), für welche die Verfassung dem Parlament Zuständigkeiten einräumt, erfolgte gemäß Art. 7 erst nach der Amtsübernah-
me des neuen Parlaments.

Die Konstituierung des *Corte Suprema de Justicia* erforderte demgegenüber umfangreiche politische und legislative Vorbereitungen. Zunächst einmal wurde das Organgesetz des Rates für den Richterstand im Februar 1994 verabschiedet (Gesetz
Nr. 296/94). Danach folgten langwierige Verhandlungen zwischen den führenden
politischen Kräften über die Zusammensetzung des Rates; diese führten schließlich
Ende 1994 zu einem Konsens. Erst dann konnten die Mitglieder des *Corte Suprema de
Justicia* zu Beginn des Jahres 1995 ernannt werden. Das entsprechende Organgesetz
wurde am 23. Juli 1995 vom Parlament verkündet. Es enthält nähere Regelungen
über die interne Strukturierung des *Corte Suprema de Justicia* in Senaten sowie dessen
Zuständigkeiten. Die Neubesetzung der Richterstellen hat Ende 1995 begonnen und
soll voraussichtlich 1996 beendet sein.

Was das tatsächliche Funktionieren des *Corte Suprema de Justicia* seit seiner Konstituierung anbelangt, so ist zu bemerken, daß sich – im Unterschied zu früheren Zeiten[37]
– seine Verfassungsrechtsprechung auf alle Akte der öffentlichen Gewalt erstreckt. So
hat der *Corte Suprema de Justicia* bereits mehrfach parlamentarische Beschlüsse bzw. gerichtliche Urteile wegen Verletzung des Rechtes auf ein faires Verfahren aufgehoben[38]. In einer weiteren Entscheidung hat der *Corte Suprema de Justicia* beispielsweise
ein gerichtliches Urteil für verfassungswidrig erklärt, welches das Handeln der Enque-
te-Kommission *(Comisiones Conjuntas de Investigación)* bei einem Fall für nichtig erklärt

---

[37] Innerhalb eines Zeitraums von fünfzehn Jahren (1967–1982) wurden dreizehn gerichtliche Urteile
vom *Corte Suprema de Justicia* aufgehoben und nicht ein einziges Mal Gesetze bzw. exekutivische Beschlüsse. Dazu vgl. *Juan Carlos Mendonca*, Inconstitucionalidad: Aspectos processales, Asunción 1983, Seite I.

[38] Dabei ging es um eine vom Parlament im Rahmen seiner Befugnisse beschlossene Entlassung von
zwei Bürgermeistern (s. Entscheidung des *Corte Suprema de Justicia* No. 184 vom 31. Juli 1995 und Zeitschrift *La Ley* 1995, No. 3, S. 421–429), sowie um einen von einem Richter angeordneten Verhaftungsbe-
fehl (s. *La Ley* 1995, No. 3, 430–431).

hatte, in dem eine gerichtliche Untersuchung hinsichtlich desselben Gegenstandes vorlag. Darüber hinaus hat der *Corte Suprema de Justicia* bei derselben Entscheidung die verfassungsrechtlichen Aufgaben und Befugnisse der Untersuchungskommissionen klargestellt. Allerdings ist noch kein Fall vorgekommen, in dem der *Corte Suprema de Justicia* einen von der Exekutive verabschiedeten Beschluß für verfassungswidrig erklärt hat, was in Anbetracht der traditionell dominierenden Stellung der Exekutive im politischen System Paraguays die Unabhängigkeit des *Corte Suprema de Justicia* auf die entscheidende Probe stellen würde.

Die weitere legislative Umsetzung der verfassungsrechtlichen Vorgaben im staatsorganschaftlichen Bereich erfolgte durch Ausarbeitung und Verabschiedung der folgenden Gesetze: Am 11. März 1993 wurde das Organgesetz über die Bildung der Geschworenenkammer zur Beurteilung von Richtern (Gesetz Nr. 131/93) und am 5. April 1993 das Gesetz Nr. 137/93 über »*Las Comisiones Conjuntas de Investigación*«, d. h. die Enquete-Kommissionen, verabschiedet. Das Gesetz zur Regelung und Organisation der *Contraloría General de la República* (Gesetz Nr. 276/94) wurde am 8. Juli 1994 erlassen. Außerdem wurde das Gesetz über die Departements- und Gemeindeaufsicht am 4. April 1994 (Gesetz Nr. 317/94) sowie das Departementsorgangesetz am 7. Dezember 1994 (Gesetz Nr. 426/94)[39] verkündet.

Im Laufe des Prozesses der Konstituierung der neuen Staatsordnung kam es nicht selten zu Spannungen zwischen Parlament und Exekutive, u. a. weil die Opposition über eine Mehrheit im Parlament verfügte. Dies hat sich in dem vom Präsidenten mehrfach (1993: 12 Gesetze; 1994: 14 Gesetze und bis August 1995: 3 Gesetze) eingelegten Veto gegen vom Parlament verabschiedete Gesetze niedergeschlagen, beispielsweise gegen das Gesetz über Umweltstrafrecht im Dezember 1995.

Im Zuge des Implementationsprozesses der in der Verfassung vorgesehenen Organstruktur haben sich nicht nur Reformen auf politisch-institutioneller, sondern auch auf administrativer Ebene als unabdingbar herausgestellt. So ist eine Verwaltungsreform in Gang gesetzt worden, die auf die Verbesserung der Leistungsfähigkeit der öffentlichen Verwaltung abzielt. Dabei wird der Verwaltung auf lokaler Ebene, d. h. in Departementen und Kommunen, erste Priorität eingeräumt[40]. Diese Reform steht im Zusammenhang mit dem in der neuen Verfassung niedergelegten Ziel, einen dezentralen Aufbau der Staatsorganisation und Neuaufteilung der staatlichen Macht zu verwirklichen.

Erwähnenswert ist ferner, daß Paraguay im Juni 1992 dem Internationalen Pakt über bürgerliche und politische Rechte sowie dem Internationalen Pakt über wirtschaftliche, soziale und kulturelle Rechte beitrat. Darüber hinaus wurde im Januar 1993 die Zuständigkeit des Interamerikanischen Menschenrechtsgerichtshofs anerkannt. Damit hat sich das Land an das System des interamerikanischen Menschenrechtsschutzes angeschlossen[41].

---

[39] Vgl. hierzu *Rubén Báez/Juan González/Reinerio Cáceres*, Ley No. 426/94 Orgánica del Gobierno Departamental Comentada, Asunción 1995.

[40] Vgl. hierzu *United Nations Development Programme (Management Development Programme)*, Paraguay: Technical Cooperation Proposals to Enhance Public Sector Management, Washington D. C. 1990; *Andrew Nickson*, Local Government in Paraguay, UNDP/University of Birmingham (im Auftrag des BMZ-Deutschland) 1989.

[41] Vgl. hierzu *Julianne Kokott*, Das interamerikanische System zum Schutz der Menschenrechte, 1986.

Über drei Jahre nach Inkrafttreten der neuen Verfassung läßt sich feststellen, daß das Parlament sich bisher prioritär mit den staatsorganisatorischen Vorgaben der Verfassung beschäftigt hat. Allerdings gibt es auch in diesem Bereich immer noch unerledigte Verfassungsaufträge an den Gesetzgeber, wie u. a. die Ernennung des Volksanwaltes[42]. Darüber hinaus ist die Ausarbeitung von Gesetzen, die sich auf Grundrechte, Staatszielbestimmungen bzw. Förderungsverpflichtungen beziehen, noch nicht zum zentralen Gegenstand parlamentarischer Diskussionen geworden.

VIII. Abschließende Bemerkungen

Zusammenfassend lassen sich drei Hauptthemen der Verfassung erkennen, die im Mittelpunkt des verfassunggebenden Prozesses standen.

Erstens wurde aus der historischen Erfahrung mit autoritären Regimen *die Sicherung der Freiheit* vor allem durch die Herstellung einer effektiveren Gewaltenteilung als Mittel zur Verhinderung von Machtmißbrauch bzw. Machtkonzentration besonders betont. Dazu sollen u. a. ein verstärktes System des Grundrechtsschutzes und die Figur des Volksanwaltes beitragen.

Zweitens wurde eine größere *Effektivität der staatlichen Aufgabenerfüllung* angestrebt, um einem weiteren, während der Diktatur gravierenden Problem, nämlich der politischen und ökonomischen Korruption, entgegenzuwirken. Diese Absicht steckt z. B. hinter der Einrichtung von Kontrollorganen wie der *Contraloria General de la República* und dem Wahlgerichtshof bzw. neuen Kontrollinstrumenten wie der politischen Klage, sowie hinter der Umstrukturierung der Justiz.

Drittens wurde mit der Verfassung von 1992 der Versuch unternommen, ein rechtliches System zu errichten, das dem Staat neue Aufgaben und Verpflichtungen *zur Förderung des Wohlstandes der Bürger* zuweist. Diese Absicht fand ihren Niederschlag insbesondere in der Einführung des sozialstaatlichen Prinzips. Zwar vermag die Verfassungswirklichkeit in Paraguay dem hohen Anspruch der Verfassung insoweit bisher nur unvollständig zu folgen, d. h. Verfassungsrecht und Verfassungswirklichkeit gehen erheblich auseinander. Doch wird mit diesem ambitionierten Programm auch die sogenannte Transformationsfunktion der Verfassung bei der Gestaltung der wirtschaftlichen und gesellschaftlichen Wirklichkeit betont.

Darüber hinaus vermag man neben einigen formalen Mängeln – wie z. B. der großen Normenfülle – weitere Schwächen der Verfassung zu erkennen, etwa die Spannung zwischen dem Dezentralisations- und dem Einheitsstaatsprinzip, die Unklarheit über die Mechanismen zur Durchsetzung von sozialen Grundrechten, die begrenzte Wirkung der Entscheidung des Verfassungssenats des *Corte Suprema de Justicia* bei der Feststellung der Verfassungswidrigkeit von Gesetzen.

Ungeachtet der vorstehend aufgezeigten Probleme läßt sich jedoch nicht verkennen, daß die verfassungsrechtliche Fortentwicklung des demokratischen Rechtsstaates in Paraguay seit 1992 bedeutende Fortschritte gemacht hat.

---

[42] Insoweit ist darauf hinzuweisen, daß die Ernennung des Volksanwaltes wegen mangelnder politischer Verständigung im Parlament im Dezember 1995 gescheitert ist.

Textanhang:

Constitution of the Republic of Paraguay
Approved by the National Constituent Assembly Asunción, 20 June 1992

Preamble

Through their legitimate representatives convening at the National Constituent Assembly; pleading to God; recognizing human dignity for the purpose of ensuring freedom, equality and justice; reaffirming the principles of a representative, participatory, pluralistic republican democracy; upholding national sovereignty and independence; and joining the international community; the Paraguayan people hereby approve and promulgate this Constitution.

Part I
About Basic Principles, Rights, Duties, and Guarantees

TITLE I
ABOUT BASIC PRINCIPLES

Article 1
About the Type of State and Government

The Republic of Paraguay, which is constituted as a social state of law, is and will always be free and independent. It is a united, indivisible, and decentralized state as prescribed by this Constitution and the laws.

The Republic of Paraguay adopts as its system of government a representative, participatory, and pluralistic democracy, which is founded on the recognition of human dignity.

Article 2
About Sovereignty

The sovereignty of Republic of Paraguay rests with the people, who exercise it in accordance with the provisions of this Constitution.

Article 3
About Public Powers

The people exercise public powers through their right to vote. The government exercises the legislative, executive, and judicial powers through a system in which the three branches of government are kept separate, independent, coordinated, and with mutual checks and balances. Neither of these branches may claim for itself or may grant to another branch, any individual, or group, either special powers or all of public powers. Dictatorship is against the law.

TITLE II
RIGHTS, DUTIES, AND GUARANTEES

Chapter I
About Life and the Environment

Section I
ABOUT LIFE

Article 4
About the Right to Life

The right to life is inherent to the human being. Life is protected, in general, after the time of conception. The death penalty is hereby abolished. The State will protect each individual's physical and psychological integrity as well as his honor and reputation. The law will regulate the freedom to dispose of body parts, but only for scientific or medical purposes.

Article 5
About Torture and Other Crimes

No one will be subjected to torture or to cruel, inhuman, or degrading punishment or treatment.

Genocide, torture, the use of force to make people disappear, and homicide for political reasons are crimes that will not fall under the statute of limitations.

Article 6
About the Quality of Life

The State will promote the quality of life through plans and policies that are focused on conditioning, such as extreme poverty and physical impairment stemming from disability or age.

The State will also promote research on population factors and their links with socioeconomic development, the preservation of the environment, and the quality of life for the people.

Section II
ABOUT THE ENVIRONMENT

Article 7
About the Right to a Healthy Environment

Everyone has the right to live in a healthy, ecologically balanced environment.

The preservation, recovery, and improvement of the environment, as well as efforts to reconcile these goals with comprehensive human development, are priority objectives of social interest. The respective laws and government policies will seek to meet these objectives.

Article 8
About Environmental Protection

Those activities that are likely to cause environmental changes will be regulated by law. Similarly, the law may restrict or prohibit those activities that are considered hazardous.

The manufacturing, possession, or use of nuclear, chemical, or biological weapons, as well as the introduction of toxic waste into the country, are hereby prohibited. The law may be extended to other hazardous elements. It will also regulate the trafficking of genetic resources and related technology to protect national interests.

A law will define and establish sanctions for ecological crimes. Any damage to the environment will entail an obligation to restore and to pay for damages.

Chapter II
About Freedom

Article 9
About Individual Freedom and Security

Everyone has the right to have his freedom and security protected.

No one may be forced to do anything that is not mandated by law, and no one may be prevented from doing something that is not prohibited by law.

Article 10
About Proscription of Slavery and Other Forms of Servitude

Slavery, personal servitude, and the trafficking in people are hereby proscribed.

Individuals may be required by law to perform public duties in favor of the State.

Article 11
About Deprivation of Freedom

No one will be deprived of his physical freedom or brought to justice, except under causes and conditions established by this Constitution and the law.

Article 12
About Detention and Arrest

No one will be detained or arrested without a written order issued by a competent authority, except fo those caught in flagrante delicto in relation to a crime punishable with a prison sentence. All arrested persons have the right:

1. To be informed at the time of the arrest of the reason for the arrest, and of his right to remain si-

lent and to be assisted by a defender of his trust. The official conducting the arrest must produce an arrest warrant at the time of the arrest;

2. To have family members of individuals designated by him immediately informed of his arrests;

3. To have free communication except when, by way of an exception, he is ordered to be held incommunicado by virtue of a founded decision issued by a competent judicial authority. His incommunicado status, which cannot exceed the deadline established by law, will not prevent him from contacting his defense attorney;

4. To have an interpreter, if necessary; and

5. To be brought before a competent judge within 24 hours of his arrest so that the judge may take appropriate legal decisions in the case.

Article 13
About Debts Not Being Cause for Imprisonment

No one will be deprived of his freedom by reasons of debt, except in cases when a competent judicial authority issues an arrest warrant against someone who has failed to comply with child support and other sustenance payments or who has to serve time in lieu of fines or judicial bonds.

Article 14
About the Nonretroactivity of Laws

No law will be retroactive, except those which benefit a defendant or convict.

Article 15
About the Prohibition of Taking the Law Into One's Own Hands

No one may take the law into his own hands or use violence to demand his rights. The right to self-defense is, however, guaranteed.

Article 16
About Defense in Court

Everyone has the inalienable right to defend himself and his rights in court. Everyone has the right to have his case heard by competent, independent, and impartial judges and courts.

Article 17
About Procedural Rights

In a criminal process or in any other process in which a punishment or sanction could be handed down, everyone has the right:

1. To be presumed innocent;

2. To stand a public trial, except for special cases in which the presiding judge may consider it necessary to do otherwise to safeguard the rights of others;

3. To be sentenced only at the end of a trial based on a law that was already in force when the criminal offense was committed, and not to be tried by special tribunals;

4. To not stand trial more than once for the same offense. Closed trials cannot be reopened, except to revise sentences to benefit the convicted individual in those cases prescribed in procedural laws;

5. To defend himself or to be assisted by defenders of his choice;

6. To have a public defender at the State's expense if he cannot afford to pay attorney's fees;

7. To have in advance a detailed list of the charges against him, as well as copies of relevant documents, the means, and the essential time that is needed to prepare for his defense while in free communication;

8. To offer, produce, check, and reject evidence;

9. To have the court dismiss any evidence produced or proceedings carried out in violation of legal provisions;

10. To have access, either personally or through his defender, to all proceedings, which, under no circumstance, may be kept secret from him. The pretrial inquest stage cannot extend beyond the deadline established by law;

11. To be indemnified by the State if he was convicted because of a judicial error.

Article 18
About Restrictions on Questioning

No one may be forced to give testimony against himself, against his legitimate or common-law spouse, or against blood relatives of up to the fourth degree and relatives by marriage of up to the second degree.

Illegal acts committed by, or the dishonor brought upon, a defendant will not affect his relatives or next-of-kin.

Article 19
About Preventive Imprisonment

The preventive imprisonment of a defendant will be ordered only when it is essential for the case proceedings. It should in no way extend beyond the minimum sentence established for the crime being investigated, in keeping with the classification of it made by the judge in his respective resolution.

Article 20
About the Objective of Sentences

Prison sentences seek to rehabilitate convicted criminals and to protect society.

Confiscation assets and exile are proscribed as punishments.

Article 21
About the Imprisonment of People

Those people deprived of their freedom will be kept in adequate establishments, in which the mixture of sexes should be avoided. Minors will not share the same establishments with adults.

Those defendants remanded to preventive custody will stay in places other than those designed for convicted inmates.

Article 22
About Reporting on Court Cases

Any publication on pending court cases must not appear to prejudge.

A defendant must not be considered guilty until the sentence against him becomes final.

Article 23
About Efforts To Prove That Allegations are True

Evidence that seeks to prove that allegations are true and notorious will not be admissible in court cases that stem from publications affecting the honor, reputation, and dignity of individuals of those allegations refer to private penal crimes or to private behavior that this Constitution or the laws have declared to be exempted from the authority of the courts.

This type of evidence will be admissible in cases prompted by the publication of public criticism of government officials and in other cases expressly established by law.

Article 24
About Religious and Ideological Freedom

Freedom of religion, worship, and ideology is hereby recognized without any restrictions other than those established in this Constitution and the law. The State has no official religion.

Relations between the State and the Catholic Church are based on independence, cooperation, and autonomy.

The independence and autonomy of all churches and religious denominations, without restrictions other than those imposed by this Constitution and the law, are hereby guaranteed.

No one may be disturbed, questioned, or forced to give testimony by reason of his beliefs or ideology.

Article 25
About the Expression of One's Personality

Everyone has the right to freely express his personality, to be creative, and to forge his own identity and image. Ideological pluralism is hereby guaranteed.

Article 26
About Freedom of Expression and of the Press

The free expression and dissemination of thoughts and opinions without any type of censorship are hereby guaranteed. No law will be passed that could restrict or make these rights unfeasible. There will be no press crimes; they will be considered common crimes committed through the press.

Everyone has the right to generate, process, or disseminate information and to use any legal, effective instrument to achieve these goals.

Article 27
About the Use of the Mass Communications Media

The operation of mass communications media organizations is of public interest; therefore, they cannot be closed or suspended.

No press organization that lacks responsible management will be permitted.

Any discriminatory practice in providing press supplies and the jamming of radio frequencies are hereby prohibited. Any action aimed at obstructing in any way the free circulation, distribution, and sale of periodicals, books, magazines, or other publications managed by responsible directors or authors is also prohibited. A pluralistic system whereby every sector has the right to voice its opinion is hereby guaranteed. Publications will be regulated by law to better protect the rights of children, youths, illiterates, consumers, and women.

Article 28
About the Right To Be Informed

The people's right to receive true, responsible and equitable information is hereby recognized.

Everyone has the right to free access to public sources of information. The laws will regulate the procedures and deadlines required to guarantee this right, as well as punishments for failure to comply with it.

Anyone affected by the dissemination of false, distorted, or ambiguous information has, in addition to other compensatory rights, the right to demand that the offending media organization rectify or clarify the report under the same conditions in which it was originally conveyed.

Article 29
About the Right To Practice Journalism

The practice of journalism, in all its forms, is free and is not subject to prior authorization. In discharging their duties, journalists of mass communications media organizations will not be forced to act against the dictates of their conscience or to reveal their sources of information.

A columnist has the right to publish his opinion uncensored in the newspaper for which he works as long as his work bears his signature. The newspaper management may exempt itself from any responsibility by stating its disagreement with the columnist.

The right each journalist has to the product of his intellectual, artistic, or photographic work, irrespective of his techniques, is hereby recognized under the terms of the law.

Article 30
About Electromagnetic Communications Signals

The transmission and programming of electromagnetic communication signals fall within the public domain of the State which, exercising its national sovereignty, will promote the full use of these signals in keeping with the rights of the Republic and ratified international agreements.

The law will ensure equal opportunities for everyone to have free access to the electromagnetic spectrum, as well as the electronic instruments used to collect and to process public information, without limitations other than those imposed by international regulations and technical rules. Government officials may not violate personal or family privacy or the other fundamental rights established by this Constitution.

Article 31
About State Mass Communications Media

The infrastructure and operation of mass media organizations subordinated to the State will be regulated by law. Guarantees and equal opportunities must be given to all social and political sectors, ensuring them democratic and pluralistic access to these organizations.

Article 32
About Freedom of Assembly and Demonstration

Everyone has the right to assemble and to demonstrate peacefully, without carrying weapons and with legal purpose, without having to ask the authorization of the respective authorities. Everyone has the right to not attend this type of meeting. The law can only regulate the exercise of this right in areas of public traffic control, at certain hours, to preserve public order and the rights of others as established by law.

Article 33
About the Right to Privacy

Personal and family privacy, as well as the respect of private life, are inviolable. Individual behavior that does not affect public order established by law or the rights of third parties are exempted from the authority of public officials.

The protection of the privacy, dignity, and private image of each individual is hereby guaranteed.

Article 34
About the Inviolability of Private Premises

Every private premises is inviolable. Private premises can only be raided or closed by court order in accordance with the law. By way of exception, they can be raided or closed without a court order in case of flagrante delicto or to prevent the imminent perpetration of a crime or to avoid personal harm or property damage.

Article 35
About Identification Documents

Identification documents, personal certificates, or licenses, cannot be seized or retained by government officials, who cannot deprive any individual of these documents except in those cases established by law.

Article 36
About the Inviolability of Personal Documents and Private Correspondence

Personal documents are inviolable. Records, regardless of the technique used; accountings; printed matter; correspondence; writings; telephonic, telegraphic, or any other type of communications; collections or reproductions; and testimonies or objects of testimonial value, as well as their respective copies, cannot be reviewed, reproduced, intercepted, or seized unless a court order is issued in specific cases established in the law, and then only when action are essential for clearing up matters falling within the jurisdiction of the respective competent authorities. The law will establish special procedures for reviewing commercial accounting books and mandatory record books.

Evidence obtained in violation of the above provisions is not admissible in court.

In every case, strict reservation will be observed regarding matters irrelevant to the investigation.

Article 37
About the Right to Conscientious Objection

The right to conscientious objection for ethical or religious reasons is hereby recognized for those cases in which this Constitution and the law permits.

Article 38
About the Right To Defend Common Interests

Everyone has the right, either individually or within a group, to demand that public officials adopt measures to defend the environment, the preservation of the habitat, public health, national cultural heritage, the interests of consumers, and other areas that, because of their legal nature, pertain to the community and are related to the quality of life and to property belonging to the community.

Article 39
About the Right to Just, Adequate Indemnification

Everyone has the right to just, adequate indemnification for damage or prejudice he may have sustained as a result of actions by the State. The law will regulate this right.

Article 40
About the Right To Petition Authorities

Everyone, either individually or within a group, and without having to meet any special requirement, has the right to make written petitions to government authorities, who will have to respond within the established legal deadline. If no response is received within this deadline, it will be assumed that the petition has been denied.

Article 41
About the Right to Move From One Place to Another and To Reside in the Fatherland

Every Paraguayan has the right to reside in his fatherland. Residents may freely move from one place to another throughout the national territory to change their place of residence, to leave the Republic or return to it, and, in accordance with the law, to incorporate their assets into the country or to remove them. Migration will be regulated by law, taking into account these rights.

The entry into the country of foreigners having no final residence papers will be regulated by law, taking into account international conventions governing this matter.

Foreigners who have been granted final residence papers cannot be forced to leave the country, except when an order to this effect has been issued through a court ruling.

Article 42
About Freedom of Association

Everyone is free to join associations or unions with legal purposes. No one can be forced to join any association. The law will establish procedures for joining professional associations.

Secret associations, as well as those of a paramilitary nature, are hereby prohibited.

Article 43
About the Right to Asylum

Paraguay recognizes the right to territorial and diplomatic asylum to anyone persecuted for political reasons or for related common crimes for his opinions or beliefs. Government authorities will have to immediately issue the respective personal and safe-conduct documents.

No one who has been granted political asylum will be forced to go to the country whose authorities are persecuting him.

Article 44
About Taxes

No one will be forced to pay taxes or to provide personal services that had not been previously and expressly established by law. No one will be forced to post excessive bail bonds or to pay outrageous fines.

Article 45
About Undeclared Rights and Guarantees

The right and guarantees contained in this Constitution must not be interpreted to preclude others that, despite being inherent to human personality, are not specified herein. The lack of a law of implementation is no excuse to either deny or curtail any right or guarantee.

Chapter III
About Equality

Article 46
About All Persons Being Equal

All residents of the Republic are equal as far as dignity and rights are concerned. No discrimination is permitted. The State will remove all obstacles and prevent those factors that support or promote discrimination.

Guarantees aimed at preventing unfair inequalities will not be considered discriminatory, but egalitarian factors.

Article 47
About Guarantees for Equality

The State will guarantee every inhabitant of the Republic:

1. Equality in access to justice, for which purpose it will remove every obstacle that could prevent it;
2. Equality before the law;
3. Equal access to a nonelective public office, without any requirement other than being competent for the job; and
4. Equal opportunities in the benefits of nature, in material assets, and in culture.

Article 48
About Equal Rights for Men and Women

Men and women have equal civil, political, social, and cultural rights. The State will create conditions conducive to, and will create adequate mechanisms for, making this equality true and effective by removing those obstacles that could prevent or curtail this equality as well as by promoting women's participation in every sector of national life.

Chapter IV
About Family Rights

Article 49
About Protection of the Family

The family is the foundation of society. Full protection for the family will be promoted and guaranteed. The family is the stable union of a man and a woman, their children, and the community formed by either of the parents with their descendants.

Article 50
About the Right To Constitute a Family

Everyone has the right to constitute a family, in its formation and development under which a man and a woman will have the same rights and obligations.

Article 51
About Legal Marriages and the Effects of Common-Law Marriages

The law will establish the formalities to be observed for the marriage between a man and a woman, the requirements for it, and the causes for separation or dissolution and its effects, as well as property management provisions and other rights and obligations for both spouses.

A common-law marriage between a man and a woman having no legal impediments to get married and engaging in a stable, monogamous relationship will produce similar effects to that of a legal marriage, in accordance with the provisions established by the law.

Article 52
About the Union in Marriage

The union in marriage by a man and woman is one of the fundamental factors in the formation of a family.

Article 53
About Children

Every parent has the right and obligation to care for, to feed, to educate, and to support his children while they are minors. The laws will punch those parents who fail to comply with their duty to provide their children with food.

Children who are no longer minors must provide assistance to their parents if necessary.

The laws will regulate the assistance that should be given to large families and to women who head families.

All children are equal before the law. This makes it possible for every child to investigate who his parents are. It is hereby forbidden to classify a child in any personal documentation.

Article 54
About the Required Protection for a Child

Families, society, and the State have the obligation of guaranteeing a child the right to a harmonious, comprehensive development, as well as the right to fully exercise his rights by protecting him against abandonment, undernourishment, violence, abuse, trafficking, or exploitation. Anyone can demand that a competent authority comply with these guarantees and punish those who fail to comply with them.

In case of conflict, the rights of a child will prevail.

Article 55
About Maternity and Paternity

Responsible maternity and paternity will be protected by the State, which will promote the creation of the necessary institutions to this end.

Article 56
About Youth

The State will promote conditions conducive to the active participation by the young people in the political, socioeconomic, and cultural development of the country.

Article 57
About Senior Citizens

Every senior citizen has the right to receive full protection by his family, society, and the State. State organizations will promote the well-being of senior citizens by providing them with social services to meet their needs for food, health, housing, culture, and leisure.

Article 58
About the Rights of Exceptional People

Families, society, and the State will guarantee health care for exceptional persons, as well as education, recreation, and professional training so that they may be fully integrated into society.

The State will formulate a policy for the prevention, treatment, rehabilitation, and integration into society of physically disabled and psychologically or sensorially impaired individuals, who will be entitled to receive the specialized care they need. These people are entitled to equal opportunities to enjoy the rights guaranteed by this Constitution to every inhabitant of the Republic, seeking to offset their disadvantages.

Article 59
About Family Property

Family property is hereby recognized as an institution of a social interest. The law will implement a system under which it will operate. Family property will consist of the family house or estate and its furniture and working tools, which cannot be subjected to any attachment.

Article 60
About Protection Against Violence

The State will promote policies aimed at preventing violence within the family and other causes that undermine family solidarity.

Article 61
About Family Planning and Maternal-Child Health Care

The State recognizes the right of everyone to freely and responsibly decide the number of children they plan to have, as well as the time span between one child and another. Through a coordinated effort with the appropriate organizations, they are also entitled to receive education, scientific guidance, and adequate services.

Special plans will be implemented to ensure reproductive health and maternal-child health care for low-income people.

Chapter V
About Indian Peoples

Article 62
About Indian Peoples and Ethnic Groups

This Constitution recognizes the existence of Indian peoples, who are ethnic groups whose culture existed before the formation and constitution of the State of Paraguay.

Article 63
About Ethnic Identity

The right of Indian peoples to preserve and to develop their ethnic identity in their respective habitat is hereby recognized and guaranteed. They also have the right to freely apply their systems of political, socioeconomic, cultural, and religious organization, and to voluntarily observe customary practices in their domestic coexistence as long as they do not violate the fundamental rights established by this Constitution. Indian customary rights will be taken into account when deciding conflicts of jurisdiction.

Article 64
About Property Owned by the Community

Indian peoples have the right, as communities, to a shared ownership of a piece of land, which will be sufficient both in terms of size and quality for them to preserve and to develop their respective lifestyles. The State will provide them with land, free of charge. Their land, which will be exempt from attachments, cannot be divided, transferred, or affected by the statute of limitations. Nor can it be leased or used as collateral for contractual obligations. It will also be exempt from taxes.

The removal of transfer of Indian groups from their habitat, without their express consent, is hereby prohibited.

Article 65
About the Right to Participate

The right of Indian peoples to participate in the political, socioeconomic, and cultural life of the country in accordance with their customary practices, the Constitution, and the laws, is hereby guaranteed.

Article 66
About Education and Assistance

The State will respect the cultural heritage of Indian peoples, especially regarding their formal education. At their request, the State will also defend them against demographic decline, the degradation of their habitat, environmental contamination, economic exploitation, and cultural alienation.

Article 67
About Exemptions

Members of Indian groups are exempted from the obligation to provide social services, civil or military, as well as from discharging those public duties established by law.

Chapter VI
About Health

Article 68
About Health Rights

The State will protect and promote human health as a fundamental right of each person and in the best interests of the community.

No one will be deprived of public assistance to prevent or treat diseases, pests, or plagues or of aid in case of disasters or accidents.

Everyone must observe the health measures established by law, within a framework of respect for human dignity.

Article 69
About the National Health System

The State will promote a national health system to implement comprehensive health actions through policies that will result in concerted actions and in the coordination of related programs and resources from the private and public sectors.

Article 70
About a Social Welfare System

The law will establish social welfare programs by implementing strategies based on health education and community participation.

Article 71
About the Drug Trade, Drug Addiction, and Rehabilitation

The State will repress the production and illegal trafficking in narcotic substances and other dangerous drugs and act against the laundering of money obtained through these activities. Similarly, it will also fight the illegal consumption of these drugs. The laws will regulate the use of these drugs for medical purposes.

Preventive education programs and rehabilitation programs for addicts will be established with the participation of private organizations.

Article 72
About Quality Control

The State will implement quality control procedures for food, chemical, pharmaceutical, and biological products throughout the production, import, and marketing stages. It will also enable low-income sectors to have access to basic medical supplies.

Chapter VII
About Education and Culture

Article 73
About the Right to Education and its Goals

Everyone has the right to a comprehensive, permanent educational system, conceived as a process within the cultural context of the community. The system is designed to promote the full development of human personality, to preserve freedom and peace, to promote social justice, solidarity, cooperation, and integration of all peoples, and to strengthen our commitment to the fatherland and our cultural identity. It also seeks to promote the intellectual moral, and civic growth of the individual, as well as the elimination of any educational programs of discriminatory nature.

The elimination of illiteracy and the implementation of job training programs are permanent objectives of the educational system.

Article 74
About the Right To Learn and the Freedom To Teach

The right to learn and to have equal access opportunities to the benefits of humanistic culture, science, and technology, without any discrimination, is hereby guaranteed.

Freedom to teach, without any requirement other than having ethical integrity and being competent for the job, as well as the right to have a religious education and ideological pluralism are also guaranteed.

Article 75
About Educational Responsibility

The responsibility for education rests with society, especially with each family, municipal government, and with the State.

The State will implement programs to provide nutritional supplements and school supplies to low-income students.

Article 76
About the Obligation of the State

Elementary education is mandatory. It is free in public schools. The State will promote secondary, technical, agricultural, industrial, and higher or university education, as well as scientific and technological research.

It is an essential responsibility of the State to organize the educational system, which encompasses the public and private sectors, as well as activities conducted both inside and outside schools.

Article 77
About Teaching in a Negative Language

Teaching in the early school process will be in the official language of which the student is a native speaker. Students will also be taught to learn and to use both official languages of the Republic.

Ethnic minorities, whose native language is not Guarani, may choose either of the two official languages.

Article 78
About Technical Education

The State will promote job training through technical education programs in order to develop the human resources required to achieve national development.

Article 79
About Universities and Higher Education Institutes

Universities and higher education institutes will be primarily designed to train professionals, to conduct scientific and technological research, and to engage in extension programs.

Universities are autonomous institutions. Therefore, they will establish their own bylaws and forms of government and will draft their own study plans in accordance with the national education policy and development plans. Freedom of teaching is hereby guaranteed. Universities, whether public or private, will be created by law. The law will also determine which professions require that an individual must have an university degree in order to practice them.

Article 80
About Funds for Scholarship and Aid

The law will provide for the allocation of funds for scholarships and other types of aid, seeking to promote the intellectual, scientific, technical, or artistic skills of individuals, preferentially of those having meager resources.

Article 81
About the Cultural Heritage

Necessary measures will be adopted for the preservation, redemption, and restoration of objects, documents, or places having a historical, archaeological, paleontological, artistic, or scientific value, as well as their respective physical surroundings, which are part of the cultural heritage of the nation.

The State will define and register those items within the country, and, if necessary, it will take steps to repatriate those located abroad. The appropriate organizations will be charged with safeguarding and redeeming the various forms of unwritten culture and of the collective memory of the nation, in cooperation with individuals seeking the same objective. The inappropriate or misleading use of these assets, their destruction, deliberate alteration or removal from their original locations, or their sale for export purposes are hereby prohibited.

Article 82
About Recognition of the Catholic Church

The role played by the Catholic Church in the historical and cultural formation of the Republic is hereby recognized.

Article 83
About Cultural Dissemination and Tax Exemptions

Objects, publications, or activities playing a significant role in cultural and educational dissemination will not be affected by municipal or fiscal taxes. The law will regulate these exemptions and will establish a system of benefits for introducing and incorporating into the country the necessary elements for the promotion of the arts and scientific and technological research, as well as for their dissemination both domestically and abroad.

Article 84
About the Promotion of Sports

The State will promote all sports, especially those of an amateur nature that enhance physical education, by providing them with economic support and tax exemptions to be established by law. It will also support national participation in international competitions.

Article 85
About a Minimum Share of the Budget

Resources allocated in the National Budget for education will not be lower than 20 percent of the total amount earmarked for the central government, loans and donations excluded.

Chapter VIII
About Labor

Section I
ABOUT LABOR RIGHTS

Article 86
About the Right to Work

Every inhabitant of the Republic has the right to a legal job, freely chosen, which he performs under decent, fair conditions.

The laws will protect every form of work. The rights of workers are inalienable by law.

Article 87
About Full Employment

The State will promote policies aimed at promoting full employment and professional training for human resources, and it will give preference to Paraguayan workers.

Article 88
About Nondiscrimination

No discrimination will be permitted against workers for reasons of race, sex, age, religion, social status, political, or union preference.

Special protection will be given to the work of physically or mentally handicapped individuals.

Article 89
About the Work of Women

Workers of both sexes have the same labor rights and obligations, but maternity will be subject to special protection and will include health care services and the appropriate leave, which will not be less than 12 weeks. A woman may not be removed from her work during pregnancy of during her maternity leave.

A law will establish a system of paternity leave.

Article 90
About the Work of Minors

Priority will be given to the right of working minors to guarantee their normal physical, intellectual, and moral development.

Article 91
About the Hours of Work and Rest

The maximum duration of a regular work schedule will not exceed eight hours daily, 48 hours weekly of daytime work, except for those legally established otherwise for special reasons. A law will establish more favorable schedules for unhealthy, hazardous, painful, or nighttime jobs, or those carried out in rotating shifts.

Annual and other types of leave will be remunerated in accordance with the law.

Article 92
About Remuneration for Work

A worker is entitled to a remuneration that will assure him and his family a free, decent life. The law will establish an adjustable basic vital salary, an annual year-end bonus, family allowances, and salaries above the basic pay for hours of hazardous or risky work, overtime, night and holiday work. Equal work basically merits equal pay.

Article 93
About Additional Benefits to Workers

The State will establish a system of benefits for companies that motivate their workers through remuneration additional to their salaries and other legal benefits.

Article 94
About Job Security and Severance Pay

The right to job security is guaranteed to every worker in accordance with the law, as well as his right to receive severance pay in case of dismissal without legal cause.

Article 95
About Social Security

A mandatory comprehensive social security system for employees and their families will be established by law. Its extension to every sector of the population will be promoted.

Social security services may be public, private, or mixed, but in every case they will be supervised by the State.

The financial resources of the social security system will not be diverted from their specific goals and will be made available for those purposes. This will not preclude lucrative investments that could cause these funds to increase.

Article 96
About Union Freedom

Every public and private worker has the right to organize unions without any prior authorization. Members of the Armed Forces and the police are excluded from this right. Similarly, employers also have the same freedom to form organizations. No one may be forced to join any union.

For a union to be recognized and to operate all that is required is that it be registered at the respective administrative office.

Democratic practices established by law will be observed in the election of union officials, as well as in union operational procedures. The laws will also guarantee job security for union leaders.

Article 97
About Collective Bargaining Agreements

Every union has the right to promote collective actions and to conclude agreements on the terms under which work will be performed.

The State will favor conciliatory solutions to labor conflicts and social agreements. Arbitration will be optional.

Article 98
About the Right To Call a Strike or a Lockout

Every public or private worker has the right to call a strike in case of conflict of interests. Employers also have the right to call a lockout under the same conditions.

The right to call a strike does not benefit members of the Armed Forces or of the police.

The law will regulate the exercise of this right so that it may not affect essential public services.

Article 99
About Compliance With Labor Provisions

Compliance with labor provisions and with safety and health conditions at the workplace will

be supervised by authorities created by law, which will also establish sanctions for those violating these provisions.

Article 100
About the Right to Have a House

Every inhabitant of the Republic has the right to decent housing facilities.

The State will establish conditions conducive to the implementation of this right and will promote housing projects of social interest specially designed for low-income families through adequate methods of financing.

Section II
ABOUT PUBLIC FUNCTIONS

Article 101
About Public Officials and Employees

Public officials and employees are at the service of the country. Every Paraguayan has the right to hold a public office and job.

The law will regulate the various areas in which these officials and employees can provide their services.

Article 102
About the Labor Rights of Public Officials and Employees

Public officials and employees are entitled to the rights established under the Labor Rights Section of this Constitution, under a standardized system for the various careers and within the limits established by law and safeguarding acquired rights.

Article 103
About a Retirement System

The law will regulate a retirement system for public officials and employees within the framework of the national social security system. The system should guarantee that the self-supported, state-owned organizations created to this end will allow those who are contributing to the system, as well as those who are already retired, to administer these funds under the supervision of the State. Anyone providing some kind of service to the State will be eligible to join the system.

The laws will guarantee the updating of retirement annuities to conform to benefits given to public officials and employees on active duty.

Article 104
About the Mandatory Declaration of Assets and Income

Public officials and employees, including those holding an elective office; those working for state-owned, binational, self-supported, or decentralized companies, and, in general, those who are regularly receiving remunerations from the State, must sign a sworn statement declaring their assets and income by no later than 15 days after their installation and within 15 days after stepping down.

Article 105
About the Prohibition of Earning Two Wages

No individual may hold or receive simultaneously, as a public official or employee, more than one salary or remuneration, except for that which he may obtain through a teaching job.

Article 106
About the Responsibility of Public Officials and Employees

No public official or employee is exempt from liability for his actions. He will be held personally liable for any violation, crime, or minor offense he may have committed while in office. This will not relieve the State from its collateral responsibility. The State will have, however, the right to demand that the offender reimburse it for the payments made because of his wrongdoing.

Chapter IX
About Economic Rights and Agrarian Reform

Section I
ABOUT ECONOMIC RIGHTS

Article 107
About Free Enterprise

Everyone has the right to engage in any legal economic activity of his choice within a system of equal opportunities.

Competition at the market is hereby guaranteed. The creation of monopolies and the artificial increase or decrease of prices that distort free competitions will not be permitted. Usury and the unauthorized trading in harmful items will be punishable under criminal laws.

Article 108
About the Free Circulation of Goods

Goods that are produced or manufactured locally, as well as those foreign goods that have been legally introduced into the country, will freely circulate within the Republic.

Article 109
About Private Property

Private property is hereby guaranteed. The content and limits of it will be established by law, tak-

ing into account its socioeconomic function so that everyone may have access to it.

Private property is inviolable.

No one may be deprived of his property, except by virtue of a court ruling. Expropriation for reasons of public use or social interest will be permitted, however, by law on a case-by-case basis. The law will guarantee that, prior to expropriation, just compensation is given to the owner in amounts established either by mutual agreement or through a court ruling, with the exception of unproductive latifundia earmarked for agrarian reform. Expropriation procedures will be established by law.

Article 110
About Copyrights and Intellectual Property Rights

Every author, inventor, producer, or businessman will be entitled to the exclusive ownership of his work, invention, brand, or commercial name, in accordance with the law.

Article 111
About the Transfer of State-Owned Companies

Whenever the State decides to transfer a state-owned company or its shares in such a company to the private sector, it will give preferential option of purchase to the workers and sectors that are directly linked with the company. A law will regulate the way in which this option will be established.

Article 112
About the State Domain

The State has the right of domain over all deposits of hydrocarbons and solid, liquid, or gaseous minerals that are naturally embedded in the territory of the Republic, with the exception of rocky, earthy, or calcareous substances.

The State will grant concessions to individuals or to public, private, or private companies, whether national or foreign, for the prospecting, exploration, research, or exploitation of deposits for a limited period of time.

The law will regulate an economic system that should adequately consider the interests of the State, the concessionaires, and the owners of land that may be affected.

Article 113
About the Promotion of Cooperatives

The State will promote cooperative enterprises and other forms of association for the production of goods and services based on solidarity and social benefits. The State will guarantee the free organization and autonomy of these enterprises.

The principles of cooperativism, as instruments for national economic development, will be disseminated through the education system.

Section II
ABOUT AGRARIAN REFORM

Article 114
About the Objectives of Agrarian Reform

Agrarian reform is one of the fundamental factors for achieving well-being in rural areas. It consists of the effective particiaptions by the peasant population in the socioeconomic development of the nation. To this end, equitable distribution systems of landownership and possession will be adopted; credit and technical, educational, and health assistance will be organized; the creation of agricultural cooperatives and similar associations will be promoted; and the increased production, industrialization, and rationalization of the market will be promoted for the integrated development of the agricultural sector.

Article 115
About the Basis of Agrarian Reform and Rural Development

Agrarian reform and rural development will be implemented on the following bases:

1. The adoption of a tax system and other measures designed to promote production, to discourage latifundia owners, and to guarantee the development of small and medium-sized rural property, in accordance with the characteristics of each zone;

2. The rationalization and standardization of land use and farming practices to prevent soil degradation, as well as the promotion of intensive, diversified agricultural activities;

3. The promotion of small and medium-sized agricultural companies;

4. The planning of peasant settlements; the awarding of plots of land with their respective deeds to the beneficiaries of the agrarian reform; and the planning of the required infraestructural facilities for making the settlement permanent, especially roads, education, and health;

5. The establishment of systems and organizations to ensure fair prices to primary producers;

6. The granting of low-cost loans for agriculture without the participation of any middleman;

7. The defense and preservation of the environment;

8. The creation of agricultural insurance;

9. Support for peasant women, especially for those who are heads of families;

10. Participation by peasant women on an equal footing with peasant men in agrarian reform planning;

11. Participation by the subjects of agrarian reform in the respective process, and the promotion of peasant organizations charged with defending socioeconomic and cultural interests;

12. Preferential support for Paraguayan citizens in agrarian reform plans;

13. Education for the farmer and his family to prepare them for becoming active agents of national development;

14. The creation of regional centers for the study and classification of soils for the purpose of raising the most suitable crop for each region;

15. The adoption of policies to promote the people's interest in agricultural activities by creating professional training centers in rural areas; and

16. The promotion of internal migration, in response to demographic and socioeconomic demands.

Article 116
About Unproductive Latifundia

In order to progressively eliminate unproductive latifundia, the law will take into account the natural qualities of the land, the needs of the population engaging in agricultural activities, and sound recommendations for a balanced development of agricultural, forestal, and industrial activities, as well as the sustainable exploitation of natural resources and the preservation of the ecological balance.

The expropriation of unproductive latifundia within the framework of the agrarian reform will be established by law on a case-by-case-basis. The respective law will establish the method and terms of payment.

Chapter X
About Political Rights and Duties

Article 117
About Political Rights

Citizens of either sex have the right to participate in public matters, directly or through their representatives, in accordance with the provisions of this Constitution and the law. The access of women to public functions will be promoted.

Article 118
About Suffrage

Suffrage is a right, a duty, and a public function of a voter. It is the basis of a democratic, representative democracy. It is based on universal, free, direct, equal, and secret voting, as well as on a publicly supervised vote count and a proportional representation system.

Article 119
About Suffrage in Intermediate Organizations

The same principles and rules of suffrage will be applicable to elections in intermediate, political, union, and social organizations.

Article 120
About Voters

Every Paraguayan citizen, 18 years old and residing in the national territory, is eligible to vote.

Citizens can not only elect, but can also be elected without restrictions, other than those established in this Constitution and the law.

Foreigners with final residence papers will have the same rights in municipal elections.

Article 121
About Referendums

A legislative referendum, approved by law, can bei either binding or nonbinding. A law will regulate this institution.

Article 122
About Matters That Cannot Be Submitted to a Referendum

The following matters cannot be submitted to a referendum:

1. International relations, treaties, conventions, or agreements;

2. Expropriations;

3. National defense;

4. Limitations to real estate property;

5. Tax, monetary, and banking systems; loan agreements; the National General Budget; and

6. National, departmental, and municipal elections.

Article 123
About Popular Initiative

Voters are hereby given the right to propose draft laws to Congress through popular initiative. A law will establish the procedures as well as the number of voters who must sign such proposals.

Article 124
About the Nature and Functions of Political Parties

Political parties are legal organizations falling under public law. They must reflect pluralism, participate in the formation of elective officials, provide guidance for national, departmental, or municipal policies, and participate in the civic training of citizens.

Article 125
About Freedom of Association in Political Parties and Movements

Every citizen has the right to freely organize political parties and movements, to democratically participate in the election of official to the posts defined in the Constitution and the law, and to have a voice in national politics. A law will regulate the formation of these organizations to ensure their democratic nature.

The legal status of political parties and movements can be revoked only through a court decision.

Article 126
About Prohibitions Affecting Political Parties and Movements

In discharging their functions, political parties or movements cannot:

1. Receive economic aid, directions, or instructions from foreign organizations or states;

2. Establish structures which, directly or indirectly, may entail the use of, or a call for, violence as a method of political action; and

3. Be constituted with the intention of forcibly replacing the system of freedom and democracy, or of endangering the existence of the Republic.

Chapter XI
About Duties

Article 127
About Compliance With the Law

Everyone must comply with the law. Free criticism of the law is permitted, but one may not advocate disobedience.

Article 128
About the Preeminence of General Interest and the Duty To Cooperate

In no case will the interests of individuals prevail over general interest. Everyone must cooperate in promoting the good of the country by providing services and carrying out functions defined as public duties, which this Constitution and the law may establish.

Article 129
About Military Service

Every Paraguayan must be prepared for and must complete his services for the armed defense of the Fatherland. To this end, mandatory military service is hereby established. A law will regulate the conditions under which this duty will be discharged.

Military service must be based on full respect of human dignity. In time of peace, it will not exceed 12 months.

Women will not be required to provide military service, but as aides, if necessary, during an armed international conflict.

Conscientious objectors will provide services to benefit the civilian population in aid centers designated by law and operated under civilian jurisdiction. The laws implementing the right to conscientious objection will be neither punitive nor impose burdens heavier than those imposed by military service.

Personal military service, not determined by law or which is set up for the benefit or profit of private citizens or organizations, is hereby prohibited.

The law will regulate the contribution of foreigners to national defense.

Article 130
About the Glorious Sons of the Fatherland

Veterans of the Chaco War and of other armed international conflicts that may be waged in the defense of the Fatherland will enjoy honors and privileges, pensions to enable them to lead a decent life, preferential, free, and complete health care, as well as other benefits established by the law.

The economic benefits to which a veteran is entitled will be inherited by his widow or by his children if the latter are minors or handicapped. These benefits will also be extended to the heirs of veterans who already passed away before the promulgation of this Constitution.

The economic benefits awarded to the glorious sons of the Fatherland will not suffer restrictions and will be immediately implemented without requirements other than an adequate certification.

Former Bolivian prisoners of war who, since the signing of the peace treaty, have permanently resided in the Republic will be entitled to the same economic benefits and health care services granted to the Chaco War veterans.

Chapter XII
About Constitutional Guarantees

Article 131
About Guarantees

The guarantees established in this chapter, which will be regulated by law, are designed to enforce the rights contained in this Constitution.

Article 132
About Unconstitutionality

The Supreme Court of Justice has the power to declare any legal provision or decision by the courts unconstitutional, within the manner and scope established in this Constitution and the law.

Article 133
About Habeas Corpus

This guarantee can be petitioned by the affected party using any tangible means, either personally or through another person, without the need for a power of attorney and before any court of first instance within the respective judicial district.

Habeas corpus may be:

1. Preventive: Whereby any person facing the imminent danger of being illegally deprived of his freedom may request the court to examine the legitimacy of the circumstances that, in his opinion, are threatening his freedom; he may also request the court to halt these restrictions.

2. Restorative: Whereby any person who has been illegally deprived of his freedom may request that the circumstances of the case be corrected. The judge will order that the detainee be brought before him, as well as a report by the public or private agent who made the detention, within 24 hours of the filing of the habeas corpus petition. If the affected agent failed to comply with the court order, the judge will report to the petitioner's place of detention, and afte evaluating the merits of the case, order the release of the petitioner as if he had been brought before the judge and the report had been filed. If there is no legal cause for the deprivation of freedom, the judge will order the petitioner's immediate release; if there is a written order by a court authority, he will refer the case files to the judge who ordered the detention.

3. Generic: Whereby anyone may demand the correction of circumstances that, despite not falling within the above categories, may restrict freedom or threaten personal security. Similarly, this guarantee may also be applied to cases of physical, psychological, or moral abuse against individuals who have been legally deprived of their freedom. The law will regulate the various types of habeas corpus, which will be applicable even in a state of exception. Habeas corpus proceedings will be brief, summary, and free of charge. A judge may ex-officio begin these proceedings.

Article 134
About Amparo

Anyone who considers himself seriously affected by a clearly illegitimate act or omission of an individual or government official, or who may be in imminent danger that the rights and guarantees of this Constitution or the laws may be curtailed, and who in light of the urgency of the matter cannot seek remedy through regular legal channels, may file a petition for amparo before a competent judge. Proceedings will be brief, summary, and free of charge, and will include actions in those cases established by the law.

The judge is empowered to safeguard rights, guarantee, or immediately restore the legal situation that existed prior to the violation.

If the subject matter is an electoral issue, the electoral courts will have jurisdiction over the case.

A petition for amparo cannot be filed in relation to a case that is already being heard by the courts, against actions taken by judicial organizations, or in the process of discussion, approval, and promulgation of the laws.

The law will regulate the respective proceedings. Court rulings in amparo cases will not be final.

Article 135
About Habeas Data

Everyone may have access to information and data available on himself or his assets in official or private registries of a public nature. He is also entitled to know how the information is being used and for what purpose.

He may request a competent judge to order the updating, rectification, or destruction of these entries if they are wrong or if they are illegitimately affecting his rights.

Article 136
About the Competence and Responsibility of Judges

No competent judge may refuse to hear the actions or remedies described in the previous articles. If he does so without legal cause, he will stand trial, and, if appropriate, he will removed from office.

In his ruling, the judge must also pass judgment on the responsibilities of those officials who committed the illegal action, and if there is prima facie evidence of the perpetration of a crime, he will order the suspension or arrest of preventive measure aimed at ensuring a more effective compliance with these responsibilities. Additionally, if it falls within his jurisdiction, he will order the respective pretrial inquest and will hear the opinion of the prosecuting attorney. If it does not fall within his jurisdiction, he will refer the case files to the competent judge.

Part II
About the Political Organization of the Republic

TITLE I
ABOUT THE NATION AND THE STATE

Chapter I
About General Principles

Article 137
About the Supremacy of the Constitution

The Constitution is the supreme law of the Republic. The Constitution, the international treaties, conventions, and agreements that have been approved and ratified by Congress, the laws dictated by Congress, and other related legal provisions of lesser rank make up the national legal system. This listing reflects the descending order of preeminence.

Anyone who, overlooking the procedures established in this Constitution, attempts to change this order will be committing crimes that are classifiable and punishable by law.

This Constitution will not lose its force even if it were no longer observed following a forcible action or if it were to be repealed by means other than those established herein.

Any measure or action by authorities going against the provisions of this Constitution will not be valid.

Article 138
About the Validity of the Legal System

Citizens are hereby authorized to resist usurpers through every means available to them. If a person or a group of persons, acting the name of any principle or representation contrary to this Constitution, was to seize public power, their actions will be null, non-binding, and of no value, and therefore, exercising their right to resist oppression, the people will be excused from having to comply with such actions.

Those foreign states that, under any circumstance, may have dealt with such usurpers will not be able to demand compliance with any pact, treaty, or agreement signed with or authorized by an usurping government as if these were obligations or commitments of the Republic of Paraguay.

Article 139
About Symbols

The following are symbols of the Republic of Paraguay:

1. The flag of the Republic;

2. The national seal; and

3. The national anthem.

The law will regulate the characteristics of the symbols of the Republic that were not included in the resolution of the Special General Congress on 25 November 1842 and will determine their use.

Article 140
About Languages

Paraguay is a bilingual country with a pluralistic culture.

Its official languages are Spanish and Guarani. The law will establish the procedures for using one or the other.

Indian languages, as well as those of other minority groups, are part of the cultural heritage of the nation.

Chapter II
About International Relations

Article 141
About International Treaties

International treaties that were properly concluded and approved by a law of Congress and the instruments of ratification which have been exchanged or deposited are part of the domestic legal system in keeping with the order or preeminence established under Article 136.

Article 142
About the Renouncement of Treaties

International treaties concerning human rights cannot be renounced, but must follow the procedures established herein for the amendment of this Constitution.

Article 143
About International Relations

In its international relations, the Republic of Paraguay accepts international law and endorses the following principles:

1. National independence;

2. The self-determination of all peoples;

3. Legal equality among all states;

4. International solidarity and cooperation;

5. International protection of human rights;

6. Free navigation of international rivers;

7. Nonintervention; and

8. The condemnation of every form of dictatorship, colonialism, or imperialism.

Article 144
About Relinquising War

The Republic of Paraguay relinquishes war, but it upholds the principle of self-defense. This statement is consistent with the rights and obligations Paraguay has as a member of the United Nations and of the Organization of American States and as a signatory of integration treaties.

Article 145
About a Supranational Legal System

The Republic of Paraguay, on an equal footing with other states, accepts a supranational legal system that would guarantee the enforcement of human rights, peace, justice, and cooperation, as well as political, socioeconomic, and cultural development.

These decisions can be adopted only through an absolute majority vote by each house of Congress.

Chapter III
About Nationality and Citizenship

Article 146
About Natural Nationality

The following are natural Paraguayan nationals:

1. Those persons who were born in the territory of the Republic;

2. Those children who were born abroad to a Paraguayan father or mother, either or both, who were at the service of the Republic;

3. Those children who were born abroad to a Paraguayan father or mother and who have decided to reside permanently in the Republic; and

4. Children of unknown parents within the territory of the Republic.

An interested party may obtain formal recognition of the right granted under Section 3 above by simply making a statement as soon as he reaches the age of 18. If he is still under 18, a statement to this effect by his legal representative will be valid until the minor becomes 18, at which time he may confirm his representative's statement.

Article 147
About the Inviolability of Natural Nationality

No natural Paraguayan national can be deprived of his nationality, but he may voluntarily relinquish it.

Article 148
About Naturalized Nationality

Foreigners may obtain the Paraguayan nationality through naturalization if they meet the following requirements:

1. To be of age;

2. To have had a minimum of three years of residence in the national territory;

3. To exercise regularly any profession, trade, science, art, or industry; and

4. To have good conduct, as defined by the law.

Article 149
About Multiple Nationality

Multiple nationality may be admitted through an international treaty or through reciprocity provisions at constitutional level between the state of birth and that of adoption.

Article 150
About the Loss of Nationality

Naturalized Paraguayan nationals may lose their nationality by virtue of a court ruling based on an unjustified absence from the Republic for more than three years or by the voluntary adoption of another nationality.

Article 151
About Honorary Nationality

Congress may award, by law, honorary Paraguayan nationality to those foreigners who have rendered outstanding services to the Republic.

Article 152
About Citizenship

A citizen is:

1. Every natural Paraguayan national over the age of 18;

2. Every naturalized Paraguayan national after two years of having obtained his naturalization.

Article 153
About the Suspension of Citizenship

The exercise of citizenship will be suspended:

1. If one adopts another nationality, except when international reciprocity is applicable;

2. By reason of incompetence, declared through a court ruling, that would prevent one from acting freely and competently; and

3. When the citizen is serving a prison sentence. The suspension of citizenship will end as soon as the cause that prompted it ends legally.

Article 154
About the Exclusive Jurisdiction of the Judicial Branch

The law will establish provisions concerning the acquisition, recovery, and options of nationality; as well as the suspension of citizenship.

The judicial branch will have exclusive jurisdiction to hear these cases.

Chapter IV
About the Territorial Organization of the Republic

Section I
ABOUT GENERAL PROVISIONS

Article 155
About the Territory, Sovereignty, and Inalienability

The national territory will never be transferred, leased, or alienated in any way, even temporarily, to any other country. States maintaining diplomatic relations with the Republic, as well as international organizations of which the Republic is a member, may only acquire the necessary locations for the seat of their missions in accordance with the provisions of the law. In these cases, national sovereignty over the location will always be preserved.

Article 156
About the Political and Administrative Structure

To set up a political and administrative structure of the State, the national territory will be divided into departments and municipalities that, within the limits of this Constitution and the law, will enjoy political, administrative, and regulatory autonomy in managing their interests and independence in collecting and investing their resources.

Article 157
About the Capital

The City of Asuncion is the capital of the Republic and the seat of the government branches. It is constituted as a municipality independent from the departments. A law will establish its limits.

Article 158
About National Services

The creation and functioning of national services within the jurisdiction of departments and municipalities will be authorized by law.

Departmental services may also be established through agreements between the respective departments and municipalities.

Article 159
About Departments and Municipalities

The creation, merger, or modification of departments and their capitals or of municipalities or districts, will be determined by law taking into account their socioeconomic, demographic, ecological, cultural, and historical conditions.

Article 160
About Regions

Departments may be organized in regions to promote a better development of their respective communities. Their form and function will be regulated by law.

Section II
ABOUT DEPARTMENTS

Article 161
About Departmental Governments

The government of each department will be headed by a governor and by a departmental board. They will be elected directly by the citizens residing in the respective departments through elections that will be held simultaneously with the national general elections, and their term will last five years.

The governor will represent the executive branch in implementing the national policy. He cannot be reelected.

The laws will determine the composition and functions of the departmental boards.

Article 162
About Requirements

To become a governor, one must:

1. Be a natural Paraguayan citizen.
2. Be at least 30 years old.
3. Be a native of the department, and have resided there for at least one year. If the candidate is not a native of the department, he must have resided there for at least five years. These two terms will be computed backwards from the date set for the election.
4. The causes for ineligibility of candidates for the post of governor will be the same to those applicable to the president and vice president of the Republic.

To become a member of a departmental board, a candidate must meet all the requirements for the office of governor, except for the minimum age, which is 25.

Article 163
About Jurisdiction

A departmental government will have jurisdiction:

1. To coordinate activities among the various municipalities within the department, to organize joint departmental services such as public works, power supply, potable water, and others that would serve more than one municipality; as well as to promote associations to promote cooperation among them;

2. To prepare a departmental development plan, which must be reconciled with the National Development Plan, and to draft an annual departmental budget that will be taken into account in the National General Budget;

3. To coordinate departmental action with the activities of the central government, especially concerning national health and educational offices located within the department;

4. To appoint members of the Departmental Development Council; and

5. To exercise other powers established by this Constitution and the law.

Article 164
About Resources

Departmental administrations will have the following resources:

1. Their apportionment of the taxes and contributions established and regulated by this Constitution and the laws;

2. The funds or subsidies assigned to them by the central government;

3. Their own income as determined by the law, as well as donations and legacies, and

4. Other resources established by law.

Article 165
About Intervention

The executive branch, with the prior concurrence of the Chamber of Deputies, may intervene in departmental and municipal governments in the following cases:

1. At the request of the respective departmental board or city council supported by an absolute majority or vote of their members;

2. If the departmental board or city council has been disintegrated to such extent that it can no longer function; and

3. If there are serious irregularities in the implementation of the budget or in the administration of departmental or municipal assets, after hearing the opinion of the comptroller general of the Republic.

The intervention will not last for more than 90 days and, if a case described in section three above is proved, the Chamber of Deputies, by an absolute majority vote of its members, will remove the governor, mayor, departmental board, or municipal council. In this case, the Superior Electoral Court will call a new election of authorities to replace those who have been removed from office within 90 days following the resolution of the Chamber of Deputies.

Section III
ABOUT MUNICIPALITIES

Article 166
About Autonomy

Municipalities are local government organizations with legal status which, within their jurisdiction, have political, administrative, and regulatory autonomy, as well as independence in collecting and investing their resources.

Article 167
About Municipal Governments

Municipal governments will be exercised by a mayor and councilmen, who will be elected directly by legally qualified voters.

Article 168
About Municipal Powers

Acting within their territorial jurisdiction and in accordance with the laws, municipalities wil have the following powers:

1. Free management of matters falling within their competence, especially those concerning urban affairs, the environment, food supplies, education, culture, sports, tourism, health and social assistance, credit institutions, and inspection and police bodies;

2. The administration and disposition of their assets;

3. The drafting of their budgets, with both income and expenses;

4. The apportionment of the national income;

5. The regulation of rates charged for municipal services, which cannot be higher than their actual cost;

6. The issuance of bylaws, regulations, and resolutions;

7. Access to national or international, private or public credit;

8. The regulation and supervision of traffic, of the public transit system, and of other matters relating to the circulation of vehicles; and

9. All other powers established by this Constitution and the law.

Article 169
About Real Estate Tax

Municipal and departmental governments will be entitled to all taxes directly affecting real estate property. Municipalities will be charged with collecting these taxes. Each municipality will retain 70 percent of real estate tax revenues collected within its jurisdiction; 15 percent will got to the respective departmental government, and 15 percent will be distributed among low-income municipalities in accordance with the law. `

Article 170
About the Protection of Resources

No state institution nor an autonomous, self-supported, or decentralized company may collect municipal income or revenues.

Article 171
About Categories and Systems

The various municipal categories and systems will be established by law, taking into account population, economic development, geographical location, and ecological, cultural, and historical conditions; as well as other decisive factors for their development.

Municipalities may associate with each other to pursue their goals and, through law, may associate with municipalities abroad.

Chapter V
About Public Force

Article 172
About Its Composition

Public force consists exclusively of military and police forces.

Article 173
About the Armed Forces

The Armed Forces constitute a national institution that will be organized as a permanent, professional, nondeliberative, obedient force, subordinated to the State, to the provisions of this Constitution, and to the law. Its mission is to safeguard the national territorial integrity and to defend the legitimately constituted authorities in accordance with this Constitution and the law. The law will determine its organization and personnel.

Military personnel on active duty will conform their actions to the law and regulations. They cannot join any political party or movement or engage in any type of political activity.

Article 174
About Military Courts

Military courts will hear only crimes and disciplinary violations of a military nature, which according to the law, were committed by military personnel on active duty. Their decisions can be overturned by courts of law. When the offense is question is punishable both under civilian and military penal laws, it will not be considered to be a military crime, unless it was committed by a serviceman on active duty while discharging his military duties. In cases where there is doubt as to whether a crime is civilian or military, it will be considered to be civilian. Only in cases of an armed international conflict, will military courts have jurisdiction over civilians and retired military personnel.

Article 175
About the National Police

The National Police are a professional, nondeliberative, obedient, permanent institution. They are subordinate to the executive branch and charged with safeguarding national domestic security. Within the framework of this Constitution and the law, their mission is to preserve the established legal order and the rights and security of individuals and organizations and their property, to seek crime prevention, to enforce the orders issued by competent authorities, and, under court supervision, to investigate crimes. The law will regulate their organization and powers.

The leader of the National Police will be a senior career officer. Policemen on active duty cannot join any political party or movement or engage in any type of political activity.

The creation of independent police bodies will be established by law, which will outline their respective powers and jurisdictions within the municipal framework and within the other branches of government.

Chapter VI
About the State Economic Policy

Section I
ABOUT NATIONAL ECONOMIC DEVELOPMENT

Article 176
About the Economic Policy and the Promotion of Development

The promotion of socioeconomic and cultural development is a fundamental goal of the economic policy.

The State will promote economic development through the rational use of available resources to support an orderly, sustained growth of the economy, to create new sources of jobs and wealth, to increase the national wealth, and to ensure the well-being of the people. Development will be promoted through comprehensive programs that will be instrumental in coordinating and guiding national economic activities.

Article 177
About the Nature of Development Plans

National development plans will be indicative for the private sector, but mandatory for the public sector.

Section II
ABOUT FINANCIAL ORGANIZATION

Article 178
About the Resources of the State

To achieve its goals, the State establishes taxes, contributions, and other revenues. It exploits directly or through concessionaires those assets falling under its private domain, over which it establishes royalties, compensations, or other rights under terms that are fair and beneficial to the national interest. It organizes the exploitation of public services and collects taxes on them. It obtains domestic or international loans earmarked for national development programs. It regulates the country's financial system, and it organizes and builds the monetary system.

Article 179
About the Creation of Taxes

Every tax, irrespective of its nature or name, will be exclusively established by law in accordance with fair socioeconomic principles and with policies that are favorable to national development.

The determination of taxable matters, taxpayers, and the nature of the tax system can also be done only by law.

Article 180
About Double Taxation

The same taxable activity cannot be subjected to double taxation. In its international relations, the State may sign agreements aimed at avoiding double taxation on a reciprocal basis.

Article 181
About Equality Concerning Taxation

Taxation must be based on equality. No tax will have a confiscating nature. Creation and enforcement will be conmensurate with the tax base and with the general conditions of the country's economy.

TITLE II
ABOUT THE STRUCTURE AND ORGANIZATION OF THE STATE

Chapter I
About the Legislative Branch

Section I
ABOUT GENERAL PROVISIONS

Article 182
About Its Composition

The legislative branch will be exercised by Congress, which consists of the Senate and of the Chamber of Deputies.

Members and alternate members of both chambers will be directly elected by the people in accordance with the law.

Alternative members will replace members in case of death, resignation, or disability of the latter for the remainder of the constitutional term or for as long as the disability lasts, if of a temporary nature. All other cases will be resolved in accordance with the internal regulations of each chamber.

Article 183
About a Joint Congressional Session

Only when the two chambers convene as the Congress, will it have the following powers:

1. To administer the oath of office to the president of the Republic, the vice president, and the justice of the Supreme Court of Justice;

2. To grant or to deny the appropriate authorization to the president of the Republic in those cases established in this Constitution;

3. To authorize the entry of foreign Armed Forces into the national territory and to authorize the departure abroad of national forces, except for cases of mere courtesy;

4. To receive chiefs of state or of government of other countries; and

5. Other powers established in this Constitution.

The president of the Senate and of the Chamber of Deputies will preside over the meetings of Congress as president and vice president, respectively.

Article 184
About Sessions

Both chambers of Congress will convene in ordinary sessions that will go from 1 March to 20 December every year. Both chambers will call special sessions or will extend their ordinary sessions through a decision approved by one-fourth of the members of either house, by two-thirds of the Standing Congressional Committee, or by an executive branch decree. The president of Congress, or of the Standing Committee, must call the session within the peremptory term of 48 hours.

The same procedure will be followed to extend sessions. Special sessions will be called to discuss a specific order to the day and will adjourn as soon as the items included on the agenda have been discussed.

Article 185
About Joint Sessions

The two chambers will convene in joint sessions in those cases outlined in this Constitution or in the Congressional Bylaws, which will establish the required formalities.

A legal quorum will exist if half plus one of the total number of members of each house is present. Except for those cases in which this Constitution requires a specific majority vote, all decisions will be taken by a simple majority vote of all members in attendance.

For the purpose of voting by each house of Congress, a simple majority vote consists of half plus one of those members in attendance; a two-thirds majority consists of two-thirds of those members in attendance; absolute majority consists of the legal quorum; and a two-thirds absolute majority consists of two-thirds of the total number of members of each house.

The provisions of this article will also apply to joint sessions of both chambers of Congress.

The same system of quorum and majorities will be applicable to any elective body established by this Constitution.

Article 186
About Committees

The two chambers will convene in plenary sessions or in unicameral or bicameral committees.

The composition of these committees will be, as much as possible, proportional to the blocs represented in the chambers.

At the start of every annual session, each chamber will designate standing advisory committees. These may request reports and opinions of individuals or of public or private organizations in order to produce recommendations or to pave the way for the implementation of other congressional powers.

Article 187
About the Election and Term in Office

Senators and deputies, and their respective alternates, will be chosen in elections held simultaneously with that of the president of the Republic.

The term in office of legislators, which will be five years, will begin on 1 July. They may be reelected.

A definitive or temporary vacancy at the Chamber of Deputies will be filled by an alternate member who was elected for the same department of the member leaving office, while a vacancy at the Senate will be filled by an alternate member included in the list proclaimed by the Electoral Court.

Article 188
About the Swearing-In Ceremony

During their inauguration ceremony at the chambers of Congress, senators and deputies will be administered the oath of office and will pledge to act in accordance with the provisions of this Constitution.

Neither of the two chambers may convene, deliberate, or adopt decisions without the presence of an absolute majority of its members. A lesser number in attendance may, however, urge all absent members to attend the session under the terms established by each house.

Article 189
About Life Senatorships

Former presidents of the Republic who were democratically elected will be national senators for life, except for those who were impeached from office. They will not count toward a quorum. They will have the right to speak, but not to vote.

Article 190
About Bylaws

Each chamber will draft its own bylaws. By a two-thirds majority of its members, a chamber may admonish or reprimand any of its members for misconduct in exercising their functions, and it may suspend them for up to 60 days without pay. By an absolute majority, it may remove a member for mental or physical disability, based on a declaration of such condition by the Supreme Court of Justice. Cases of resignation will be decided by a simple majority vote.

Article 191
About Immunities

No charges may be pressed in court against a member of Congress for the opinions he may have expressed in discharging his duties. No senator or deputy may be arrested from the day of his election until the end of his term, unless he is caught in flagrante delicto in relation to a crime meriting a prison sentence. In this case, the official intervening in the case will place the legislator under house arrest and will immediately report the arrest to the respective chamber and to a competent judge, to whom he will submit the case files as soon as possible.

If a court of law orders a pretrial inquest against a senator or a deputy, the presiding judge will send a copy of the case files to the respective chamber, which will examine the merits of the inquest and, by a two-thirds majority vote, will decide whether the senator or deputy involved should be stripped of his immunity in order to stand trial. If the chamber votes against the legislator, it will suspend his immunity so that he may be brought to trial.

Article 192
About Requests for Information

Each chamber may ask other branches of government, as well as autonomous, self-supported, decentralized companies, or public officials, to submit reports on matters of public interest that it might deem necessary, with the exception of matters pertaining to jurisdictional activities.

The affected parties will have to submit the respective report within a established deadline, which will not be under 15 days.

Article 193
About Summoning and Interpellation

Each chamber, by an absolute majority, may individually summon and interpellate ministers and other senior administration officials and directors and administration of autonomous, self-supported, or decentralized companies, as well as directors and administrators of organization charged with administering state funds and those in which the State is a majority shareholder, when the chamber is discussing a law or is studying a matter pertaining to their respective activities. The respective questions must be conveyed to the summoned official at least five days in advance. Except for those cases in which the summoned individual may claim a legal cause for being excused, it will be mandatory for him to appear before the respective chamber, to answer the questions, and to provide all the informations he has been asked to give.

The law will determine the participation of majority and minority blocs in the formulation of the questions.

Neither the president of the Republic, the vice president, nor the members of the judicial branch may be summoned or interpellated on matters pertaining to their jurisdictional activity.

Article 194
About a Vote of Censure

If a summoned official fails to appear before the respective chamber, or if this chamber considers his briefing to be unsatisfactory, the two chambers, by a two-thirds absolute majority, will issue a vote a censure against him and will recommend that the president of the Republic or the official's immediate supervisor remove him from office.

If a motion of censure is not approved, no other motion may be proposed during that same period of sessions on the same subject with regard to the same minister or official.

Article 195
About Investigating Committees

Both chambers of Congress may create joint investigating committees on any matter of public interest, as well as on the conduct of their members.

Directors and administrators of autonomous, self-supported, or decentralized companies, those of companies in which the State is a majority shareholder, and those charged with administering state funds, as well as public officials and private citizens, must appear before the two chambers to supply the information and documents they are asked to give. The law will establish sanctions for those failing to comply with this obligation.

The president of the Republic, the vice president, cabinet ministers, and judges may not be investigated on matters pertaining to their jurisdiction.

The activities of congressional investigating committees will not affect either the exclusive powers of the judicial branch or the rights and guarantees contained in this Constitution. Their conclusions will not be binding for the courts and will not undermine court decisions. The outcome of the investigations may, however, be passed on to the courts.

The judges will order, in accordance with the law, those actions and discovery proceedings that are required for the purpose of the investigation.

Article 196
About Incompatibilities

Advisers of public offices or officials and employees who are on the payroll of the State of municipalities, irrespective of their positions and the nature of their remunerations, may be elected to a legislative office but cannot exercise legislative functions as long as their appointment to such positions is in force.

Part-time teaching and scientific research are exempted from the incompatibilities established in this article.

No senator or deputy may participate in companies exploiting public services or in concessionaires of the State or serve as legal advisers or as representatives of such companies, either personally or through a proxy.

Article 197
About Causes for Ineligibility

The following cannot be candidates for deputies or senators:

1. Those sentenced to a prison term by a final court decision until their prison term ends;

2. Those who, by virtue of a court decision, have been disqualified to hold public office, until the period of disqualification ends;

3. Those who have been sentenced for having committed electoral crimes until the term established by the sentence ends;

4. Judges, members of the Attorney General's Office, the Special Government Attorney for Patrimonial Affairs [Procurador General de la Republica], the Public Defender, the Comptroller Genral of the Republic, the Deputy Comptroller General, and members of the Superior Electoral Court;

5. Ministers or clergymen of any religion;

6. Representatives or proxies of national or foreign companies, corporations, or organizations that are concessionaires of services for the State or that administer projects or supply goods to the State;

7. Police or military personnel on active duty;

8. Candidates for president or vice president of the Republic; and

9. Owners or partners of communications media organizations.

Those affected by the causes for ineligibility described in Setions 4 through 7 have until 90 days prior to the registration of electoral slates at the Superior Electoral Court to remove the ineligibility causes.

Article 198
About Relative Ineligibility

Cabinet ministers, ministerial under secretaries; presidents of councils; or general managers of decentralized, autonomous, self-supported, binational or multinational companies, as well as those of companies in which the State is a majority shareholder; governors; and mayors, are ineligible to run for deputy or senator if they do not resign their posts at least 90 days prior to the election.

Article 199
About Leave of Absence

A senator or deputy will only be granted leave of absence when he is to be appointed to a ministerial or diplomatic post. In order to exercise these duties, he will have to request a leave of absence from the respective chamber, where he may be reinstated as soon as he ends such functions.

Article 200
About the Election of Authorities

Each chamber will name its authorities and appoint its employees.

Article 201
About the Loss of Congressional Seats

In addition to those cases described earlier, a senator or deputy may lose his seat in the following cases:

1. Because of a violation of the causes for ineligibility and incompatibility established in this Constitution, and

2. Because of tangible evidence of improper use of the influence stemming from his office.

Senators and deputies will not be forced to serve mandatory terms in office.

Article 202
About the Duties and Powers of Congress

Congress has the following duties and powers:

1. To ensure observance of this Constitution and the laws;

2. To dictate codes and other laws, and to amend or repeal them in accordance with this Constitution;

3. To establish a division of the territory of the Republic into political units; as well as regional, departmental, and municipal organizations;

4. To legislate on tax matters;

5. To annually approve the national general budget law;

6. To dictate the electoral law;

7. To determine a legal system for the sale or purchase of fiscal, departmental, or municipal assets;

8. To issue internal resolutions or agreements and to release declarations pursuant to its powers;

9. To approve or to reject treaties or other international agreements signed by the executive branch;

10. To approve or to reject loan agreements;

11. To authorize, for a limited period of time, concessions for the exploitation of national or multinational public services or of assets belonging to the State, as well as for the extraction and processing of solid, liquid, or gaseous minerals;

12. To dictate organizational laws for the administration of the Republic, for the creation of decentralized organizations, and for the organization of public credit;

13. To issue emergency laws in case of public disaster or calamity;

14. To administer the constitutional oath of office to the president of the Republic, to the vice president, and to other officials in accordance with the provisions of this Constitution;

15. To receive annually from the president of the Republic, at the start of each regular period of sessions, a report on the general situation of the country, on its administration, and government plans;

16. To accept or to reject the resignation of the president of the Republic or of the vice president;

17. To agree on, or to make appointments as prescribed in this Constitution and to appoint congressional representatives to serve on other State organizations;

18. To grant amnesties;

19. To decide on moving the capital of the Republic to another area of the national territory, by an absolute two-thirds majority vote of the members of each chamber;

20. To approve or reject, either partially or totally, after hearing the respective report by the Comptroller General of the Republic, the report on the details and justification of public financial income and expenses related to the implementation of the budget;

21. To regulate river, maritime, air, and space navigation; and

22. All other powers established in this Constitution.

Section II
ABOUT THE FORMATION AND APPROVAL OF LAWS

Article 203
About Their Origin and Initiative

A law may be originated by a proposal from a member of either of the chambers of Congress, from the executive branch, by popular initiative, or by the Supreme Court of Justice, under the cases and terms established in this Constitution and the law.

Exceptions concerning those laws that are to be exclusively originated by one chamber or another or by the executive branch have been expressly established in this Constitution.

Every draft law submitted to Congress must have a preamble.

Article 204
About the Approval and Promulgation of a Law

As soon as a draft law has been approved by the chamber where it originated, it will be immediately submitted to the consideration of the other chamber. If the other chamber approves it too, the draft law will have been passed. If the executive branch approves it too, the new law will be promulgated and published within five days.

Article 205
About Automatic Promulgation

Any draft law passed by Congress that was not vetoed or returned by the executibe branch to the originating chamber within six working days if it has less than 10 articles, within 12 days if it has 11 to 20 articles, or within 20 days if it has more than 20 articles, will be considered to have been approved. In all these cases, the law will be considered to have been automatically promulgated and its publication will be ordered.

Article 206
About the Rejection of an Entire Draft Law

When a draft law approved by one chamber is completely rejected by the other, it will be returned to the originating chamber for reconsideration. If the originating chamber passes the draft law again by an absolute majority, it will be sent again to the reviewing chamber, which can only reject it again through a two-thirds absolute majority. If not, the draft law will be considered to have been passed.

Article 207
About Procedures for Partially Changing a Draft Law

A draft law approved by the originating chamber that has been partially changed by the reviewing chamber will be returned to the originating chamber, which may only discuss those changes introduced by the reviewing chamber.

The following procedures will be observed in these cases:

1. If the originating chamber concurs with all the changes, the draft law will have been approved.

2. If the originating chamber rejects all the changes by an absolute majority, the draft law will be sent again to the reviewing chamber. If this chamber reaffirms its changes by the same majority vote, the draft law will have been approved; otherwise, the draft law version of the originating chamber will have been approved.

3. If some of the changes were accepted and some rejected, the draft law will be returned again to the reviewing chamber, which may only discuss the rejected changes. If the reviewing chamber, by an absolute majority vote, reaffirms or withdraws the rejected changes, the draft law will have been approved.

A draft law approved in any of the forms described in this article will be passed to the executive branch for its promulgation.

Article 208
About Partial Objections

A draft law that has been partially vetoed by the executive branch will be returned to the originating chamber, which will study and pass judgment on the objections. If this chamber, by absolute majority, overrides the executive veto, the draft law will be passed on to the reviewing chamber, which will also pass judgment on the objections. If the reviewing chamber, by the same majority vote, also

overrides the executive veto, the original version of the law will have been approved, and the executive branch will have to promulgate it by ordering its publication within five days. If both chambers fail to agree to override the objections, the respective draft law cannot be reconsidered during that period of sessions.

The executibe branch objections may be totally or partially accepted or rejected by the two chambers. If they were totally or partially accepted, the two chambers may decide, by absolute majority, to approve the unquestioned portion of the draft law, which will then have to be promulgated by the executive branch.

The originating chamber will have to consider these objections within 60 days. The reviewing chamber will also have 60 days.

Article 209
About Total Objection

If a draft law is totally rejected by the executive branch, it will be returned to the originating chamber, which will discuss it again. If the originating chamber, by an absolute majority, reaffirms its earlier approval, the draft law will be passed on to the reviewing chamber. If this chamber approves it too, by the same majority, the executive branch will have to promulgate it within five working days and will order its publication. If the two chambers fail to agree to override the total rejection, that draft law cannot be considered again during that period of sessions.

Article 210
About Assigning Urgent Status to Draft Laws

The executive branch may request that some of the draft laws it submits to Congress be discussed urgently. In these cases, these draft laws will be considered by the originating chamber within 30 days of receipt, and the reviewing chamber will also have 30 days. The draft law will be considered to have been approved if it was not rejected within the above deadline.

The executive branch may at any stage of the congressional process having submitted a draft law ask. Congress to consider it urgently. In these cases, the above deadline will be computed from the time of receipt of the request by the executive branch.

Either chamber may, by a two-thirds majority, revoke the urgent status of a draft law at any time and order that regular procedures be followed from there on.

The executive branch may ask Congress to assign urgent status to only three draft laws during a regular period of legislative sessions, except when the originating chamber, by a two-thirds majority, agrees to assign urgent status to more draft laws.

Article 211
About Automatic Approval
If a draft law submitted to either chamber was approved by the originating chamber during its period of regular sessions, the draft law will then be passed to the reviewing chamber, which will have to consider it within the peremptory term of three months. Once elapsed, and after the president of the originating chamber has sent written notification to his counterpart of the reviewing chamber, it will be assumed that the reviewing chamber has approved the draft law, which will thus be passed to the executive branch for promulgation and publication. The computation of the above term will be suspended from 21 December to 1 March. The reviewing chamber may consider the draft law during the next regular period of session starting on 1 March, as long as it can complete the entire process within the established peremptory term of three months.

Article 212
About the Withdrawal or Renouncement of a Draft Law
The executive branch may withdraw or renounce those darft laws it has submitted to Congress, except when they have already been approved by the originating chamber.

Article 213
About Publication
A law is not enforceable until it is promulgated and published. If the executive branch fails to promulgate and publish the law in accordance with the terms and conditions established in this Constitution, the president of Congress or the president of the Chamber of Deputies will promulgate it and order its publication.

Article 214
About Formulas
The formula used to approve a laws is: »The Paraguayan National Congress hereby approves with the force of law.« The formula to be used to promulgate them is: »Be it enacted as a law of the Republic; Be it published and registered at the Official Record.«

Article 215
About Powers Delegated to Committees
Each chamber, by an absolute majority vote, may delegate to committees the discussions of draft laws, resolutions, or declarations. By a simple majority vote it may withdraw them at any time prior

to the approval, rejection, or sanction by the committee.

Neither chamber may delegate the discussion of the National General Budget, codes, international treaties, draft laws on taxes or military matters, draft laws pertaining to the organization of the government branches, or those originated by popular initiative.

Article 216
About the National General Budget
The executive branch will submit to Congress by no later than 1 September each year a draft law on National General Budget, and Congress must consider it an absolute priority. A bicameral committee will be created that, upon receipt of the draft law, will study it and file reports to the respective chambers in no later than 60 days. Upon receipt of these reports, the Chamber of Deputies will begin to study the draft law in plenary sessions and will have to make its decision in no later than 15 consecutive days. The Senate will then have an equal period to study the draft law with any changes introduced by the Chamber of Deputies. If the Senate approves it, the draft law will have been passed. Otherwise, the Senate will return the draft law with its objections to the Chamber of Deputies, which will pass judgment – in no later than 10 days – on those specific points of disagreement with the Senate. The procedures established under Article 208, Sections 1 through 3, will be implemented, always within the period of 10 days.

All the deadlines established in this article are of a peremptory nature, and any failure to consider any draft law within these deadlines will be interpreted as approval. The chambers may only totally reject the draft budget law submitted by the executive branch by a two-thirds absolute majority of each chamber.

Article 217
About the Period of Enforcement of the Budget
If the executive branch, for any reason, fails to submit a draft law on the National General Budget to Congress within the established deadline or if the draft law has been rejected in accordance with the previous article, the ongoing budget law will continue in force.

Section III
ABOUT THE CONGRESSIONAL STANDING COMMITTEE

Article 218
About Its Composition
Fifteen days before the summer recess, by an ab-

solute majority, the Senate will appoint six members and three alternate members, and the Chamber of Deputies will appoint 12 members and six alternate members to serve on the Congressional Standing Committee, which will exercise its functions from the start of the summer recess to the day of resumption of regular sessions.

The members of the Standing Committee will convene and appoint a president and other authorities and will notify in writing the other branches of government.

Article 219
About Its Powers

The Congressional Standing Committee has the following powers:

1. To safeguard the Constitution and the law;

2. To dictate its own bylaws;

3. To call preparatory sessions of the two chambers to ensure that the opening of the annual period of sessions is held on time;

4. To call and to organize special sessions of the two chambers, in accordance with the provisions of this Constitution;

5. To authorize the president of the Republic, during the congressional recess period, to leave the national territory in those cases established in this Constitution; and

6. Other powers established in this Constitution.

Article 220
About Final Reports

At the end of its tenure, the Congressional Standing Committee will submit a final report on its activities to each chamber, before which it will be liable for the measures it may have adopted or authorized.

Section IV
ABOUT THE CHAMBER OF DEPUTIES

Article 221
About Its Composition

The Chamber of Deputies will bear the departmental representation. It will consist of at least 80 members and 80 alternate members, who will be elected directly by the people in departmental electoral districts. The City of Asuncion will be an electoral district with representation at the Chamber of Deputies. Each department will be represented by at least one member and one alternate member. Before each election, and taking into account the number of voters residing in each department, the Superior Electoral Court will determine the number of seats to which each department will be entitled. As the number of voters in-

creases, the number of deputies may be increased accordingly, by law.

To be eligible to be a deputy or alternate deputy, a person must be a natural Paraguayan citizen who is at least 25 years old.

Article 222
About the Exclusive Powers of the Chamber of Deputies

The Chamber of Deputies has the following exclusive powers:

1. To initiate the consideration of draft laws concerning departmental or municipal legislation;

2. To appoint or propose the appointment of magistrates and officials, in accordance with the provisions of this Constitution and the law;

3. To agree to State intervention in departmental or municipal governments; and

4. Other exclusive powers included in this Constitution.

Section V
ABOUT THE CHAMBER OF SENATORS

Article 223
About Its Composition

The Senate will consist of 45 members and at least 30 alternate members, who will be elected directly by the people in one national district. As the number of voters increases, the number of senators may be increased accordingly, by law.

To be eligible to be a senator or alternate senator, a person must be a natural Paraguayan citizen who is at least 35 years old.

Article 224
About the Exclusive Powers of the Senate

The Senate has the following exclusive powers:

1. To initiate the consideration of draft laws concerning the approval of treaties and international agreements;

2. To agree to promotions within the military and National Police forces from the rank of Army colonel or its equivalent in other military branches and services or from the rank of police inspector [comisario principal] in the National Police;

3. To agree to the appointment of ambassadors and ministers plenipotentiary serving abroad;

4. To appoint or propose the appointment of magistrates and officials in accordance with this Constitution;

5. To authorize the departure abroad of permanent Paraguayan military forces, as well as the entry into the country of foreign military troops;

6. To agree to the appointment of the president and members of the board of directors of the Paraguayan Central Bank;

7. To agree to the appointment of Paraguayan directors of binational enterprises; and

8. Other exclusive powers established by this Constitution.

Section VI
ABOUT IMPEACHMENT

Article 225
About Procedures

The president of the Republic, the vice president, cabinet ministers, justices of the Supreme Court of Justice, the attorney general, the public defender, the comptroller and deputy comptroller general of the Republic, and members of the Superior Electoral Court may be forced to undergo impeachment proceedings for malfeasance in office, for crimes committed in office, or for common crimes.

The Chamber of Deputies, by a two-thirds majority, will press the respective charges. The Senate, by a two-thirds absolute majority, will conduct a public trial of those charged by the Chamber of Deputies and, if appropriate, will declare them guilty for the sole purpose of removing them from office. In cases in which it appears that common crimes have been committed, the files on the respective impeachment proceedings will be referred to a competent court.

Chapter II
About the Executive Branch

Section I
ABOUT THE PRESIDENT AND
VICE PRESIDENT OF THE REPUBLIC

Article 226
About the Exercise of the Executive Branch

The powers of the executive branch are exercised by the president of the Republic.

Article 227
About the Vice President

The vice president of the Republic will immediately assume all presidential powers in case of disability or temporary absence of the president or of permanent vacancy of the presidential office.

Article 228
About Requirements

To become president or vice president of the Republic, one must:

1. Be an natural Paraguayan national;
2. Be at least 35 years old; and
3. Fully exercise one's civil and political rights.

Article 229
About the Duration of the Presidential Term

The president and vice president of the Republic will be in office for the unpostponable term of five years, which will be computed from 15 August following the presidential election. They can in no way be reelected. The vice president is eligible to become president in the next term if he resigns six months prior to the general election. Those have held the office of president for more than 12 months are ineligible to run for vice president of the Republic.

Article 230
About Presidential Elections

The president and vice president of the Republic will be elected jointly and directly by the people, by a simple majority of voters, in general elections held between 90 and 120 days prior to the expiration of the ongoing constitutional term.

Article 231
About Cases When a Presidential
Inauguration Cannot be Held

If the president-elect and vice president-elect have not been proclaimed in the manner established in this Constitution in time for the date set for the inauguration, or if the elections have been nullified, the outgoing president will turn the government over to the Chief Justice of the Supreme Court, who will hold the presidential office until the inauguration. During this period the Chief Justice will take a leave of absence from his judicial duties.

Article 232
About the Inaugural Ceremonies

The president and vice president of the Republic will take the oath of office before Congress, pledging to comply faithfully and patriotically with their constitutional functions. If on the day set for the inauguration Congress fails to have a legal quorum, the swearing-in ceremony will be held before the Supreme Court of Justice.

Article 233
About Leave of Absence

The president of the Republic, or any other official acting in this capacity, may not leave the country without giving prior notification to Congress and to the Supreme Court of Justice. If his absence is for more than five days, authorization from the Senate will be required. During periods of congressional recess, the Congressional Standing Committee will grant the respective authorization.

Under no circumstances will the president and vice president of the Republic simultaneously leave the national territory.

Article 234
About the Presidential Succession

In case of disability or absence of the president of the Republic, he will be replaced by the vice president. If the vice president is also unavailable, the following succession order will be followed: the Senate president, the Chamber of Deputies president, and the Supreme Court chief justice.

The vice president-elect will assume the presidential office if left vacant before or after the proclamation of the president-elect and will hold the office until the end of the constitutional term.

If the office of vice president is left permanently vacant during the first three years of the constitutional term, an election will be held to fill it. If the vacancy occurred during the last two years of the term, Congress – by an absolute majority vote – will designate a vice president to complete the remainder of the term.

Article 235
About Causes for Ineligibility

The following are ineligible to run as candidates for president or vice president of the Republic:

1. Cabinet ministers, vice ministers, under secretaries or officials of equivalent rank, directors general of public offices and presidents of councils; directors, managers, or general administrators of decentralized, self-supported, autonomous, binational, or multinational state-owned companies or those in which the State is a majority shareholder.

2. Judges and members of the Attorney General's Office;

3. The Public Defender, the Comptroller and Deputy Comptroller General of the Republic, the Special Government Attorney for Patrimonial Affairs, the president of Council of Magistrates, and members of the Superior Electoral Court;

4. Representatives or proxies of national or foreign companies, corporations or organizations that are concessionaires of services for the State or that execute projects or supply goods to the State;

5. Ministers or clergymen of any religion;

6. Mayors and governors;

7. Active duty personnel of the Armed Forces or of the National Police, except for those who retire at least one year prior to the day of the election;

8. Owners or partners of communications media organizations; and

9. The spouse, blood relatives to the fourth degree, or relatives by marriage to the second degree of the incumbent president or of anyone who has held the presidential office for any length of time during the year preceding that of the election.

In those cases falling under Sections 1, 2, 3, and 6 of this article, the affected parties must resign and leave their respective offices at least six months before the day of the election, except for cases in which the vice presidency has been left permanently vacant.

Article 236
About Causes of Ineligibility Through Violation of the Constitution

Military or civilian leaders of a coup d'etat, armed revolution, or similar movement aimed at disrupting the order established by this Constitution, who may eventually become president or vice president of the Republic, cabinet minister, or hold a military post requiring a senior rank, will be ineligible for any public office for two consecutive constitutional terms, in addition to their respective civil liability or criminal responsibility.

Article 237
About Incompatibilities

During their tenure, neither the president nor the vice president of the Republic may hold any other public or private office, whether remunerated or not. They must exclusively engage in their presidential functions and may not engage in any trade or industrial or professional activity of any kind.

Article 238
About the Duties and Powers of the President of the Republic

The president of the Republic has the following duties and powers:

1. To represent the State and generally administrate the country;

2. To observe and enforce this Constitution and the law;

3. To participate in the formation of laws in accordance with this Constitution, to promulgate and order their publication, to regulate them, and to ensure their enforcement;

4. To veto, either totally or partially, laws approved by Congress through observations or objections he may deem appropriate;

5. To issue decrees that, in order to be valid, must be countersigned by the respective minister;

6. To appoint or remove cabinet ministers, the Government Special Attorney for Patrimonial Affairs, and other public officials whose appointment or tenure is not otherwise regulated by this Constitution or the law;

7. To oversee the foreign relations of the Republic. In case of foreign aggression he will declare – having first been authorized by Congress – a State of National Defense or make efforts to seek peace, to negotiate and sign international treaties,

to receive heads of foreign diplomatic missions and accredit their consuls, and to appoint ambassadors with the concurrence of the Senate;

8. At the start of every period of sessions, to tell Congress about the activities of the executive branch, to report on the general situation of the Republic, and to explain future government plans;

9. As commander in chief of the Armed Forces, a post that he cannot delegate, he will, under law, issue organize and distribute their forces, appoint and remove the commanders of the Public Force, adopt the necessary measures for national defense, and, by the powers vested upon him, grant military ranks to members of all branches up to colonel or its equivalent and, with the concurrence of the Senate, award higher military ranks;

10. Based on reports by the Supreme Court of Justice, he may pardon or commute sentences imposed by the judges or courts of the Republic;

11. To call special sessions of Congress, either chamber at a time or both at the same time, in which case each chamber will consider only those issues submitted for its consideration;

12. To propose draft laws to Congress and request that some draft laws be considered on an urgent basis in accordance with the provisions of this Constitution;

13. To order the collection and investment of the revenues of the Republic in accordance with the National General Budget and with the laws and to give an annual report to Congress on the implementation of the budget;

14. To prepare and to submit to the two chambers the annual draft of the National General Budget;

15. To ensure that the measures ordered by authorities created under this Constitution are observed; and

16. Other duties and powers established by this Constitution.

Article 239
About the Duties and Powers of the Vice President of the Republic

The vice president of the Republic has the following duties and powers:

1. To immediately replace the president of the Republic in those cases described by this Constitution;

2. As designated by the president of the Republic, to represent him both domestically and internationally with full presidential prerogatives; and

3. To participate in the deliberations of the Council of Ministers and to coordinate relations between the executive and legislative branches.

Section II
ABOUT CABINET MINISTERS AND THE COUNCIL OF MINISTERS

Article 240
About Ministerial Functions

The conduction and management of public business is entrusted to ministers of the executive branch, whose number and functions are determined by law. During the temporary absence of a minister, he will be replaced by a vice minister of his area.

Article 241
About Requirements, Compatibility, and Immunity

To become a minister, one must meet the requirements to become a deputy. Ministers are also affected by the same causes for incompatibility affecting the president of the Republic, except that they may hold a teaching job. Ministers cannot be deprived of their freedom, except when they are involved in cases similar to those when members of Congress are not protected by their immunity.

Article 242
About the Duties and Powers of Ministers

Ministers are the chief administrators of their respective ministries in which, under the leadership of the president of the Republic, they promote and implement policies relating to matters falling within their jurisdiction.

Article 243
About the Duties and Powers of the Council of Ministers

When summoned by the president of the Republic, the ministers will convene as a council to coordinate executive activities, to promote the government policy, and to adopt collective decisions.

The Council is empowered to:

1. Deliberate matters of public interest submitted by the president of the Republic in its capacity as a consultative body, and to consider legislative initiatives; and

2. Periodically publish its resolutions.

Section III
ABOUT THE OFFICE OF THE GOVERNMENT ATTORNEY FOR PATRIMONIAL AFFAIRS [DE LA PROCURADURIA GENERAL DE LA REPUBLICA]

Article 244
About Its Composition

The office of the Government Attorney for Patrimonial Affairs will comprise a government attorney and other officials established by law.

Article 245
About Requirements and Appointments

The Goverment Attorney for Patrimonial Affairs will have to meet the same requirements applicable to the Attorney General. He will be appointed and removed by the president of the Republic. The causes for incompatibility will be established by law.

Article 246
About his Duties and Powers

The Special Government Attorney for Patrimonial Affairs has the following duties and powers:

1. To represent and defend, both in court and out of court, the patrimonial interests of the Republic;

2. To issue opinions in cases and for the purposes established in the laws;

3. To give legal advice to the public administration institutions, as prescribed by the laws; and

4. Other duties and powers established by the laws.

Chapter III
About the Judicial Branch

Section I
ABOUT GENERAL PROVISIONS

Article 247
About its Composition

The judicial branch is the guardian of the Constitution. It interprets the Constitution, complies with it, and orders its enforcement. The judicial branch is in charge of administering justice. It is exercised by the Supreme Court of Justice, and by appellate and lower courts as established by this Constitution.

Article 248
About the Independence of the
Judicial Branch

The independence of the judicial branch is hereby guaranteed. Only the judicial branch may hear and decide on conflictive cases following the procedures established by the law and ensuring the right to defense and equitable solutions. This will not preclude, however, solutions through arbitration on cases falling within the framework of private law.

In no case will members of other branches of government or other officials claim to have judicial powers other than those expressly established by this Constitution, nor can they reopen closed cases, paralyze existing ones, or interfere in any way with ongoing court cases. Acts of this nature are completely null.

Those who seek to curtail the independence of the judicial branch will be ineligible to hold public office for five consecutive years, in addition to other penalties established by the law.

Article 249
About Budgetary Independence

The judicial branch will have its own budget. The National General Budget will allocate the judicial branch an amount that will not be lower than 3 percent of the central government's budget.

The judicial branch budget will be approved by Congress and the Comptroller General with verify al its expenses and investments.

Article 250
About Swearing-In Ceremonies

Justices of the Supreme Court of Justice will take the oath of office before Congress. All other judges will be sworn in before the Supreme Court of Justice.

Article 251
About Appointments

Members of appellate or lower courts of the Republic will be appointed by the Supreme Court of Justice from a list of three candidates proposed by the Council for Magistrates.

Article 252
About the Irremovability of Judges

A judge is irremovable from his post, seat, or rank during the term for which he has been appointed. He cannot be transferred or promoted without his prior, express consent. He is appointed for a five-year term, which begins on the day of his appointment.

Any judge confirmed for two terms following the term of his appointment will be irremovable from his post until he reaches the mandatory retirement age set for justices of the Supreme Court of Justice.

Article 253
About the Trial and Removal of Judges

Judges will be tried and removed from office for crimes or for malfeasance in office, as described in law through a decision of a Trial Jury For Magistrates [Jurado de Enjuiciamiento de Magistrados]. The jury will consist, on an ad hoc basis, of two justices of the Supreme Court of Justice, two members of the Council for Magistrates, and two senators and two deputies who must be attorneys.

The functioning of the Trial Jury for Magistrates will be regulated by law.

Article 254
About Incompatibilities

While in office, judges may not hold another public or private office, whether remunerated or not, with the exception of part-time teaching or scientific research. They may not exercise any trade, industrial or professional activity, or hold an office in other official or private organizations, parties, or political associations or movements.

Article 255
About Immunities

No judge can be accused or interrogated in court for the opinions he may have expressed in the discharge of his duties. He will not be detained or arrested unless he is caught in flagrante delicto in relation to a crime meriting a prison sentence. In this case, the official intervening in the case will place the judge under house arrest, immediately report the case to the Supreme Court of Justice, and submit the case files to the competent judge.

Article 256
About Court Procedure

Court procedure will be orally and publicly held in the manner and to the extent esetablished by law.

Every court ruling must be based on this Constitution and the law. Court rulings may be freely criticized.

Labor proceedings will be orally held and will be based on the principles of expeditiousness, economy, and concentration.

Article 257
About the Obligation To Cooperate With Justice

State organizations must be subordinated to the dictates of the law, and State officials must give each court every cooperation they may require.

Section II
ABOUT THE SUPREME COURT OF JUSTICE

Article 258
Composition and Requirements

The Supreme Court of Justice consists of nine members. It is organized in chambers, one of which will hear constitutional matters. Every year, the members of the Supreme Court will elect one of the justices as their president. Members of the Supreme Court will have the title of minister.

To become a member of the Supreme Court of Justice, one must be: A natural Paraguayan citizen, 35 years old, hold a doctorate in law, and enjoy an honorable reputation. Additionally, one must have practiced law, held a court office, or held a teaching job at a law school for at least 10 years, either jointly, separately, or successively.

Article 259
About the Duties and Powers of the Supreme Court of Justice

The Supreme Court of Justice has the following duties and powers:

1. To supervise every judicial branch organization and to decide, on an unappealable basis, conflicts of jurisdiction and competence, in accordance with the law;

2. To issue its own bylaws and to submit an annual report to the legislative and executive branches on its activities, as well as on the status, and needs of the justice system;

3. To hear and decide the appeals established by law;

4. To hear and decide habeas corpus petitions with original jurisdiction, without detriment to the jurisdiction of other judges and courts;

5. To hear and decide cases of unconstitutionality;

6. To hear and decide on final sentences by virtue of its reviewing power in the manner and to the extent established by law;

7. Acting on its own or at the request of the Trial Jury for Magistrates, by an absolute majority of its members, it will preventively suspend those judges who are standing trial until a final decision is reached on their case;

8. To supervise detention centers and prisons;

9. To hear cases involving conflicts of jurisdiction between the executive branch and departmental governments, or between departmental and municipal governments; and

10. Other powers eestablished by this Constitution and the law.

Article 260
About the Duties and Powers of the Constitutional Chamber

The Constitutional Chamber has the following duties and powers:

1. To hear and resolve cases involving the unconstitutionality of the law and of other related instruments, declaring inapplicability for each specific case of a legal provision that is contrary to this Constitution through rulings that will only affect the case on question; and

2. To decide on unconstitutionality of final or

interlocutory decisions, nullifying those that contradict this Constitution. Petitions of unconstitutionality may be filed directly before the Constitutional Chamber or by way of defense before any other court and at any moment during a case. In such cases, the respective files will be submitted to the Supreme Court.

Article 261
About the Removal and Retirement of Supreme Court Justices

Justices of the Supreme Court of Justice may be removed only through impeachment. Their mandatory retirement age is 75.

Section III
ABOUT THE COUNCIL FOR MAGISTRATES

Article 262
About Its Composition

The Council for Magistrates consists of:

1. A member of the Supreme Court of Justice who has been designated by this Court;

2. A representative of the executive branch;

3. A senator and a deputy, chosen by their respective chambers;

4. Two practicing attorneys, chosen by their peers in a direct election;

5. A law professor at the Law Faculty of the National University, chosen by his colleagues; and

6. A law professor of a private law faculty that must have been functioning for at least 20 years, chosen by his colleagues.

The laws will regulate the appropriate systems of elections.

Article 263
About Requirements and its Duration

The members of the Council of Magistrates must meet the following requirements:

One must be a Paraguayan citizen, at least 35 years old, have a university law degree, and, for at least 10 years, have been a practicing attorney or a law professor or have held a court office, whether simultaneously, separately, or successively.

The council lasts three years and its members will enjoy the same immunities applicable to the justices of the Supreme Court. Incompatibilities will be established by law.

Article 264
About the Duties and Powers of the Council for Magistrates

The Council for Magistrates has the following duties and powers:

1. To propose a list of three candidates – selected on the basis of their abilities, qualifications, and merits – for each seat of the Supreme Court of Justice, and to submit such lists to the Senate, which will appoint said justices with the concurrence of the executive branch;

2. To propose a list of three candidates, following the above selection criteria and guidelines, for each member of appellate and lower courts, as well as for members of the Attorney General's Office;

3. To draft its own bylaws; and

4. Other duties and powers established in this Constitution and the law.

Article 265
About the Court of Audit [Tribunal de Cuentas] and Auxiliary Courts and Organizations

The Court of Audit is hereby established. Its composition and jurisdiction will be established by law.

The structure and functions of the other judicial courts and auxiliary organizations, as well as of the judicial school, will be established by law.

Section IV
ABOUT THE ATTORNEY GENERAL'S OFFICE

Article 266
About Its Composition and Functions

The Attorney General's Office represents society before the State jurisdictional organizations. It enjoys functional and administrative independence in discharging its duties and in exercising its powers. It is exercised by the Attorney General and by state attorneys as established by law.

Article 267
About Requirements

To become Attorney General one must be a Paraguayan citizen, at least 35 years of age, have a law university degree, and, for at least five years, have been a practicing lawyer or a law professor or have held a court office; whether simultaneously, separately, or successively. The Attorney General has the same limitations and immunities as judges.

Article 268
About the Duties and Powers of the Attorney General's Office

The Attorney General's Office has the following duties and powers:

1. To safeguard respect for the law and for constitutional guarantees;

2. To exercise public criminal action to defend

the property of the public and society, the environment, or other general interests, as well as the right of Indian peoples;

3. To exercise criminal action in those cases in which the law does not require the affected party to press charges to start a prosecution. This will not preclude, however, the court or judge from acting ex officio, in accordance with the law;

4. To obtain information from public officials in order to adequately discharge its functions; and

5. Other duties and powers established by law.

Article 269
About the Election and Term of the Attorney General

The Attorney General is irremovable from office. His term will last five years and he may be reelected. He is appointed by the executive branch with the concurrence of the Senate from a list of three candidates proposed by the Council of Magistrates.

Article 270
About State Attorneys

State attorneys are appointed following the procedures established in this Constitution for the appointment of judges. Their term in office, as well as procedures fortheir removal, are also the same to those applicable to judges. Additionally, they have the same limitations and immunities established for judges.

Article 271
About Installation Ceremonies

The Attorney General will take the oath of office before the Senate, while State attorneys will do so before the Supreme Court of Justice.

Article 272
About a Judicial Police Body
[Policia Judicial]

The law may create a judicial police body, subordinated to the judicial branch, which will cooperate directly with the Attorney General's office.

Section V
ABOUT ELECTORAL JUSTICE

Article 273
About Its Jurisdiction

The calling of general, departmental, or municipal elections, as well as the judgment, organization, direction, and supervision of matters and actions related to elections, and the rights and titles of the winners of these elections, fall exclusively within the jurisdiction of the electoral courts.

Electoral courts also have jurisdiction over matters stemming from any type of popular consultation, as well as over elections in the way political parties and movements function.

Article 274
About Its Composition

Electoral justice consists of a Superior Electoral Court, lower courts, and state attorneys, as well as other organizations to be established by law, which will determine its organization and functions.

Article 275
About the Superior Electoral Court

The Superior Electoral Court will consist of three members who may be elected or removed following procedures established for the justices of the Supreme Court of Justice.

To be a member of the Superior Electoral Court one will have to meet the following requirements: be a Paraguayan citizen, be at least 35 years old, hold a law university degree and, for at least 10 years, have been a practicing attorney or a law professor or have held a court office, whether simultaneously, separately, or successively.

The laws will establish those cases in which decisions will be appealable before the Supreme Court of Justice, which will decide the appeal following summary proceedings.

Chapter IV
About Other State Organizations

Section I
ABOUT THE PUBLIC DEFENDER

Article 276
About the Public Defender

The Public Defender is a congressional commissioner charged with defending human rights, with channeling popular complaints, and with protecting community interests. In no case will he perform any judicial or executive function.

Article 277
About His Autonomy, Appointment, and Removal

The Public Defender is both autonomous and irremovable. He will be appointed by a two-thirds majority of the Chamber of Deputies from a list of three candidates proposed by the Senate. He will serve a five-year term. He may be reelected. He may also be removed for malfeasance in office following the impeachment proceedings established in this Constitution.

Article 278
About Requirements, Limitations, and Immunities

The Public Defender must meet the requirements applicable to deputies. He will be liable to the same limitations and immunities as judges. During his tenure, he may not hold any government office or engage in any type of political activity.

Article 279
About his Duties and Powers

The Public Defender has the following duties and powers:

1. To receive and to investigate reports or complaints of human rights violations, as well as other actions as established by this Constitution and the law;

2. To obtain information from officials at all levels, including police and security organizations in general, without any kind of restrictions, so that he may adequately discharge his functions. He will have access to places where human rights violations have been reported. He may also act ex officio;

3. To publicly criticize behavior or actions that are contrary to human rights;

4. To submit an annual report on his activities to the two chambers of Congress;

5. To prepare and to communicate reports on the status of those human rights that, in his opinion, require urgent public attention; and

6. Other duties and powers established by law.

Article 280
About the Regulation of his Functions

The functions of the Public Defender will be regulated by law to ensure his efficiency. Departmental or municipal defenders may be appointed.

Section II
ABOUT THE COMPTROLLER GENERAL OF THE REPUBLIC

Article 281
About the Nature of this Office, Its Compositions, and Term

The Office of the Comptroller General of the Republic is charged with supervising State, departmental, and municipal economic and financial activities in the manner established by this Constitution and the law. It will enjoy functional and administrative autonomy.

The office will consist of a comptroller and deputy comptroller, who will be Paraguayan citizens, at 30 years old, who are graduates in law, economics, business administration, or accounting. Each will be appointed by the Chamber of Deputies, by an absolute majority, from a list of three candidates proposed, also by absolute majority, by the Senate.

The term of office will be five years, and their term will not coincide with that of the president of the Republic. They may be confirmed in their posts for one additional term, following the above procedures. During their tenure, they can be removed only for having committed a crime or for malfeasance in office.

Article 282
About Reports and Opinions

In his capacity as the chief administrator of the State, the president of the Republic will send – within four months into the next year – a report on the implementation of the budget of the previous year. Within the next four months, the comptroller will submit his own report and opinion to Congress so that the two chambers may consider it.

Article 283
About Duties and Powers

The Comptroller General of the Republic has the following duties and powers:

1. To control, monitor, and supervise public property and the assets of the State, of regional or departmental organizations, of municipalities, of the Central Bank of other state-owned or mixed banks, of autonomous, self-supported, or decentralized state-owned companies, and those of state-owned or mixed companies;

2. To control the implementation of, and prepare the final report on, the National General Budget;

3. To control the implementation of, and the final report on, the budgets of all of the organizations mentioned in Section 1 of this article and to review accounts, funds, or inventories;

4. To supervise the national accounts of multinational companies or agencies in which the State may own a share of capital assets, whether directly or indirectly, in accordance with the provisions of the respective treaties;

5. To request reports on fiscal and property management from any individual or public, mixed, or private company managing State funds or assets or public services, from regional or departmental organizations, and from municipal governments, all of which must make available to him all documents and papers required for him to adequately discharge his duties;

6. To receive sworn statements on assets by public officials, to establish registries for such state-

ments, and to issue opinions on the equivalence between the statement on assets a public official signs upon his installation and the one he signs at the end of his tenure.

7. To report to the courts and to the executive branch on crimes that have come to his attention by reason of his specific activities, and he will be held liable, on omission or distortion charges, along with those organizations submitted to his control, if these organizations acted deficiently or negligently; and

8. Other duties and powers established by this Constitution and the law.

Article 284
About Immunities, Limitations, and Removal

Teh comptroller and deputy comptroller will have the same immunities and limitations prescribed for judges. They may be removed only through impeachment proceedings.

Section III
ABOUT THE STATE CENTRAL BANK

Article 285
About the Nature, Duties, and Powers of the Central Bank

A State Central Bank, which will be a technical organization, is hereby established. It will be exclusively charged with issuing currency and, in accordance with the objectives of the national government's economic policy, will participate with other State technical organizations in formulating monetary, credit, and foreign currency exchange policies. The State Central Bank will be responsible for the implementation and development of these policies and for preserving monetary stability.

Article 286
About Prohibitions

The State Central Bank is hereby prohibited from:

1. Issuing loans, either directly or indirectly, to finance unbudgeted public expenses, except for:

a) Short-term advances of budgeted tax revenues for the respective year; and

b) In case of a national emergency, through a substantiated resolution of the executive branch with the Senate's concurrence;

2. To make any decision that may establish, either directly or indirectly, different or discriminatory rules or requirements for individuals, institutions, or organizations engaging in operations of a similar nature; and

3. To operate with individuals or organizations outside the national or financial monetary system, with the exception of international organizations.

Article 287
About Its Organization and Functions

The law will regulate the organization and functions of the State Central Bank, within the limits establishes by this Constitution.

The State Central Bank will report to the executive branch and to Congress on the implementation of the policies entrusted to it.

TITLE III
ABOUT THE STATE OF EXCEPTION

Article 288
About Its Declaration, Causes, Enforcement, and Terms

In case of an armed international conflict, whether formally declared or not, or of a serious internal commotion that imposes an imminent threat to this Constitution or to the regular functioning of the organizations cerated by it, Congress or the executive branch ma declare a state of exeption, in part or in all of the national territory, for a maximum period of 60 days. If the declaration of a state of emergency is made by the executive branch, Congress will have to approve it or reject it within 48 hours.

The 60-day deadline may extended by successive periods of 30 days by an absolute majority of the two houses.

During a period of congressional recess, the executive branch may declare a state of exception only once and for no more than 30 days, but it will have to submit its decision to Congress within eight days. Congress, which may approve or reject the declaration, will automatically convene in a special session for the sole purpose of considering the declaration.

A decree or law declaring a state of exception will contain the reasons or causes prompting it, the duration of the state of exception, and the part of the territory affected, as well as the rights that will be restricted.

During the time a state of exception is in force, the executive branch may order, by decree and on a case-by-case basis, the following measures: The detention of people suspected of particiapting in these events, their transfer from one place of the territory of the Republic to another, as well as prohibitions or restrictions of public meetings or demonstrations.

In all these cases, a suspect will always have the option to leave the country.

The executive branch will immediately inform

the Supreme Court of Justice on the status of those detained by virtue of the state of exception and on their place of detention or banishment, in order to make a court inspection feasible.

Those detained by virtue of a state of exception will be held in healthy, clean quarters, which will be different from those used to house common criminals, or they will be held under house arrest. Banishments will be served in populated, healthy areas.

A state of exception will not disrupt the functioning of the branches of government or the provisions of this Constitution, particularly that concerning habeas corpus.

By an absolute majority vote, Congress may at any time order the lifting of a state of exception of it considers that the causes that prompted it have disappeared.

Within five days of lifting a state of exception, the executive branch will inform Congress on the activities it carried out during the state of exception.

TITLE IV
ABOUT CONSTITUTIONAL REFORM AND AMENDMENTS

Article 289
About Reforms

This Constitution may be reformed only 10 years after its promulgation.

Its reform may be requested by 25 percent of the members of any of the two chambers of Congress, by the president of the Republic, or by 30,000 voters through a signed petition.

By a two-thirds absolute majority vote of their members, the two chambers of Congress may declare the need for constitutional reform.

Once the need for the reform has been declared, the Superior Electoral Court will call general elections that must not coincide with any other scheduled election within a period of 180 days.

The number of members of the National Constituent Assembly will not exceed the total number of the members of Congress. The causes for their ineligibility or incompatibility will be established by law.

Members of a constituent assembly will enjoy the same immunities established for members of Congress.

As soon as the new Constitution is approved by the National Constituent Assembly, it will be considered to have been automatically promulgated.

Article 290
About Amendments

This Constitution may be amended three years

after it has been promulgated, at the initiative of one-fourth of the members of any of the two chambers of Congress, of the president of the Republic, or of 30,000 voters through a signed petition.

The full text of the amendment will have to be approved by an absolute majority by the originating chamber. A similar procedure will be followed at the reviewing chamber. If the majority required for its approval is not met in either of the two chambers, it will be considered that the proposed amendment has been rejected, and it may not be proposed again within a period of one year.

If the amendment has been approved by the two chambers of Congress, the full text of it will be submitted to the Superior Electoral Court, which, within a period of 180 days, will call a referendum. If the outcome of the referendum is in favor of the amendment, it will be considered that it has been approved and promulgated and considered part of the Constitution.

If the amendment repeals any provision of the Constitution, no amendment may again be proposed on the same subject for three years.

The procedures established for the reform of the Constitution, rather than those established for its amendment, will be followed with regard to those provisions affecting the election, composition, term in office, or powers of any of the branches of government or the provisions of Chapters I, II, III and IV of Title II of Part I.

Article 291
About the Powers of the National Constituent Assembly

The National Constituent Assembly is independent from the branches of government. While it is in session, it will limit its action to reforming the Constitution and will refrain from engaging in any other task. It will not claim for itself the powers of the branches of government, and it will neither replace nor reduce or extend the term in office of incumbent officials.

TITLE V
ABOUT FINAL AND TEMPORARY PROVISIONS

Article 1

This Constitution becomes effective today. it will be automatically promulgated at midnight today.

The process followed to draft this Constitution, its approval, promulgation, and its provisions are not subject to review by any jurisdictional body or to any changes, with the exception of the previsions for its reform or amendment.

Article 2

The president of the Republic, the president of Congress, and the chief justice of the Supreme Court will pledge allegiance to this Constitution before the National Constituent Assembly on 20 June 1992.

Article 3

The president of the Republic, senators and deputies will stay in their respective offices until their successors are elected in the general elections scheduled for 1993. Their duties and powers are those established in this Constitution, both for the president of the Republic and for the members of Congress, which cannot be dissolved.

Until the senators and deputies elected in the 1993 general elections are installed, the process for the discussion and approval of laws will conform to the provisions of Articles 154/167 of the 1967 Constitution.

Article 4

The next elections for president and vice president of the Republic, for senators and deputies, and for governors and members of departmental boards will be held simultaneously on a date set by the Electoral Board of the Capital, which must call these elections within the 15 April–15 May period in 1993. The officials elected in these elections will be inaugurated on 15 August 1993, with the exception of the members-elect of Congress, who will be inaugurated on 1 July 1993.

Article 5

All judges and other officials will stay in office until the completion of the term set for them under the 1967 Constitution. If their successors have not yet been appointed by the time their 1967 Constitution term is up, they will stay in office temporarily until their sucessors are appointed.

They may be replaced by other officials or judges who will stay in office temporarily in accordance with the mechanisms established by the 1967 Constitution. Those acting officials or judges will stay in office until their replacements are appointed in accordance with the mechanisms established by this Constitution.

The comptroller general and the deputy comptroller general will also stay in office until the officials mentioned in Article 281 of this Constitution are appointed.

Article 6

Until the 1993 general elections, the president and vice president of the Republic, senators and deputies, governors and members of departmental boards, and the members of the following current electoral bodies will stay in office. The Central Electoral Board, district electoral boards, and electoral courts, in accordance with those provisions of the electoral code, may not contradict this Constitution.

Article 7

No appointments will be made to fill the positions of officials or judges whose appointment requires the participation of Congress or of any of its chambers, of officials of institutions created by this Constitution, or of institutions having a different compositions from that established under the 1967 Constitution, until after the national authorities elected in 1993 have been inaugurated, with the exception of the provisions of Article 9 of this title.

Article 8

Those judges who have been confirmed in keeping with the regular mechanisms established by this Constitution will be entitled to the permanent irremovability status mentioned under Section 2 of Article 252 »About the Irremovability of Judges,« following a second confirmation in office.

Article 9

The members of the Trial Jury for Magistrates will be appointed based on proposals submitted by the respective branches of government within 60 days after the promulgation of this Constitution. Until the members of the Council for Magistrates are appointed, the council will be manned by one law professor for each law faculty. Each professor will be nominated by the respective faculty board. This jury will hear and pass judgment on all pending charges against judges that have not yet been decided by the Supreme Court of Justice. Until the respective law is passed, the proceedings will conform to the provisions of Law 879/81, the Code on Judicial Organization.

The term in office of the members of the Trial Jury for Magistrates appointed under the terms of this article will be established by law.

Article 10

Until the Special Attorney for Patrimonial Affairs is appointed, incumbent officials will have the powers established under Article 246.

Article 11

Until a departmental organizational law is passed, governors-elect and members-elect of departmental boards will guide their actions through the provisions of this Constitution alone.

Incumbent executive branch delegates and those who held the same office in 1991 and 1992 may not run for governor or deputy in the 1993 elections.

Until a departmental organizational law is passed, the departmental boards will consist of a minimum of seven members and a maximum of 21. The Electoral Board of Asuncion will determine the number of members of the departmental boards taking into account the number of voters residing in each department.

Article 12

Legal ownership of the current facilities of executive branch delegates will be automatically transferred without charge to the respective departmental governments.

Article 13

If by 1 October 1992, the Chaco and Nueva Asuncion departments are still not electorally organized, the two deputies corresponding to these departments will be assigned to the departments of Presidente Hayes, Boqueron, and Alto Paraguay, in accordance with the number of voters residing in each department.

Article 14

The office of senator for life will be held by the citizen holding the office of president of the Republic at the time of the approval of this Constitution, but it will not be extended to any previous president.

Article 15

Until such in which another Constituent Assembly is held, those who participate in this Constituent Assembly will bear the title of »Citizen Delegate to the Constituent Assembly.«

Article 16

Those items that were purchased by the Constituent Assembly or that were donated to it will be transferred without charge to the legislative branch.

Article 17

The deposit and conservation of all the documents produced by the National Constituent Assembly, such as diaries and minutes of plenary sessions and those of the drafting committee, will be entrusted to the State Central Bank, in the name of and at the disposal of the legislative branch, until such time as when, by law, they are sent to the National Archives.

Article 18

The executive branch will immediately arrange the publication of 10,000 official copies of this Constitution in Spanish and Guarani.

In case of doubt, the Spanish version will prevail.

The study of the Constitution will be promoted through the educational system.

Article 19

The current constitutional term will also be taken into acount for the purpose of the limits established by this Constitution for the reelection of elective officials of the various branches of government.

Article 20

The president and secretaries of the National Constituent Assembly will sign all of the pages of the original of this Constitution. The single document, which may also be signed by any Constituent Assembly delegate, will be then entrusted to the legislative branch for safe keeping.

This Constitution is hereby approved. Given at the Session Room of the National Constituent Assembly in Asuncion, capital of the Republic of Paraguay, on 20 June 1992.

II. Asien

Verfassungsentwurf für ein freies Burma

(1996)

von

Dr. Friedrich E. Schnapp

Professor für Öffentliches Recht an der Ruhr-Universität Bochum

I. Die allgemeine politische Situation

Burma (jetzt: Union von Myanmar), ein Land mit einer Bevölkerung von ca. 45 Millionen Einwohnern, steht seit dem Militärputsch von 1988 unter der Herrschaft des „State Law and Order Restoration Council" (SLORC). Gemäß einer am Putschtage gegebenen Zusage wurde am 27. Mai 1990 eine freie und geheime Parlamentswahl durchgeführt. Dabei errang die größte regierungskritische Partei, die „National League for Democracy" (NLD), unter ihrer Generalsekretärin Aung San Suu Kyi, allein 392 von 485 Mandaten. Das Parlament trat bis heute nicht zusammen. Vielmehr beriefen die Militärs eine sog. Nationalversammlung mit dem Zweck ein, eine „maßgeschneiderte" Verfassung auszuarbeiten, welche die Militärherrschaft legalisiert und absichert.

Daw Aung San Suu Kyi, Friedensnobelpreisträgerin 1991, ist die Tochter des Nationalhelden General U Aung San, der 1947, kurz vor der Beendigung von Burmas Kolonialstatus, von politischen Gegnern ermordet wurde. Wegen ihres Eintretens für Menschenrechte und ein demokratisches Mehrparteiensystem wurde sie ohne Anklage sechs Jahre lang unter Hausarrest gefangengehalten. Von dem wiederholten offiziellen SLORC-Angebot, das Land zu verlassen, hat sie keinen Gebrauch gemacht.

Die oppositionellen Kräfte, die sich der Verhaftung entziehen konnten, sind in dem „National Council of the Union of Burma" (NCUB) zusammengefaßt, der sich als Exil-Parlament versteht. Nachdem es bereits einige Vorentwürfe für eine künftige Verfassung gegeben hatte, wurde der letzte noch fragmentarische Entwurf auf einem Seminar der Friedrich-Naumann-Stiftung in Manila (23.–29. Oktober 1995) von Repräsentanten des NCUB und zehn internationalen Experten des Verfassungsrechts und der politischen Wissenschaften diskutiert. Die dort gegebenen Anregungen flossen in einen weiteren, von burmesischen Juristen erstellten Entwurf ein, der dem Verfasser mit der Bitte unterbreitet wurde, eine beschlußfähige Fassung zu erarbeiten. Eine gründliche Überarbeitung, die sowohl Straffungen als auch Ergänzungen umfaßte, führte dazu, daß keine der Bestimmungen des Entwurfs ihre ursprüngliche Gestalt behielt. Die Schlußbesprechung des Verfassers mit fünf burmesischen Juristen fand vom 19. Februar bis zum 1. März 1996 in Bangkok statt. Im Mai 1996 hat der Entwurf die Zustimmung des NCUB gefunden.

II. Der Verfassungsentwurf im Überblick

Der Entwurf der Verfassung gliedert sich in 14 Kapitel. Sie behandeln Struktur und Zusammensetzung der Union, Grundrechte, den Kongreß mit seinen zwei Häusern, den Präsidenten, Gesetzgebung, Regierung und Rechtsprechung, weitere Grundsatzbestimmungen (Verteidigung, Finanzwesen usw.), die Mitgliedstaaten, Staatsangehörigkeitsfragen, Notstandssituationen sowie die Verfassungsänderung und enthalten Übergangsbestimmungen.

Vorgesehen ist eine auf Wahlen aufbauende Parteiendemokratie mit bundesstaatlichem Aufbau. Der Entwurf enthält deutliche Merkmale einer rechtsstaatlichen Demokratie mit der Zuerkennung von Grundrechten, richterlicher Unabhängigkeit und freien Wahlen. Den Belangen von ethnischen Minderheiten wird Rechnung getragen.

Der Kongreß (Federal Congress) setzt sich aus zwei Häusern zusammen, der Nationalversammlung und der Volksversammlung, die bei der Gesetzgebungsarbeit zusammenwirken. Der Präsident ist das Staatsoberhaupt und hat vornehmlich repräsentative Funktionen. Ihm ist ein Vizepräsident beigegeben. Der Premierminister hat als Regierungschef eine relativ starke Stellung. Er bestimmt die Richtlinien der Politik und hat eine Reihe von Vorschlagsrechten. Während seiner Amtszeit kann er nur durch ein konstruktives Mißtrauensvotum seines Amtes verlustig gehen.

Die Grundzüge für die Struktur des Obersten Gerichtshofes und der Bundesgerichte sind verfassungsrechtlich festgeschrieben.

III. Staatsformbestimmungen

1. Demokratie

Die Festlegung auf die demokratische Staatsform findet sich in Art. 1, wonach die Bundesunion von Burma ein souveräner demokratischer Staat ist. Da ein verfassungsrechtlicher Begriff von Demokratie sich zwar an Begriffen der allgemeinen Staatslehre orientieren kann, aber von ihnen keine maßgeblich rechtliche Determinierung erfährt, kann die Bedeutung des Demokratieprinzips nur mit Hilfe seiner weiteren Ausformungen im Verfassungstext erschlossen werden.

Eine erste Entscheidung in diese Richtung wird in Art. 3 getroffen, wenn es dort heißt: „Alle Staatsgewalt geht von den Staatsbürgern aus". Das bedeutet die Absage an scheindemokratische Herrschaftsformen; die Bestimmung schreibt fest, daß die demokratische Staatsform ihre Legitimationsgrundlage im Staatsvolk findet. Damit ist zugleich die innerstaatliche Souveränitätsfrage entschieden: Der Souverän ist das Staatsvolk.

Die Formulierung „from the citizens" in dieser Vorschrift ist bewußt gewählt. Mit ihr soll ein Streit darüber vermieden werden, ob auch die Wohnbevölkerung, soweit sie nicht die burmesische Staatsangehörigkeit besitzt, wahlberechtigt ist.

Es gehört zu den Spielregeln jeder modernen Demokratie, daß dem Staatsvolk die Möglichkeit eingeräumt wird, einer politischen Gruppe die Legitimation zur Herrschaft zu versagen und eine andere Gruppe mit politischen Führungsaufgaben zu betrauen, also einen „Machtwechsel ohne Blutvergießen" herbeizuführen. Dazu gehört zum einen ein Mehrparteiensystem (Art. 7a Satz 1), welches die Gründungsfreiheit der Parteien gewährleistet (Art. 7a Satz 2) und diesen die Möglichkeit gibt, frei – allerdings im Rahmen der Gesetze (Art. 7b) – am Prozeß der politischen Willensbildung mitzuwirken, zum anderen die sog. Kommunikationsgrundrechte, d.h. die Meinungs- und Pressefreiheit sowie die Versammlungs- und Vereinigungsfreiheit (vgl. Art. 15 aI und IV, bI).

Wenn in Art. 7b niedergelegt ist, daß die politischen Parteien im Einklang mit grundlegenden demokratischen Prinzipien handeln müssen, dann bezieht sich dies in erster Linie auf die innere Struktur und mit den Modifikationen, die sich aus der Natur von Parteien ergeben. So sind an den Wahlen selbstverständlich nur die Parteimitglieder zu beteiligen, auch kann es innerhalb einer Partei kein Mehrparteiensystem geben. Das Nähere regelt ein Gesetz (Art. 7b).

Die Ausübung von Staatsgewalt findet ihren Ausdruck in Wahlen, die nach allgemeinem Verständnis in regelmäßigen Abständen abgehalten werden müssen (hier: alle vier Jahre, s. Art. 58). Dazu räumt Art. 29 allen volljährigen Staatsbürgern zum einen das Recht ein, sich an der Führung politischer Angelegenheiten selbst oder durch frei gewählte Vertreter zu beteiligen. Zum anderen wird in dieser Bestimmung das aktive und das passive Wahlrecht garantiert. Dieses üben die Staatsbürger in Wahlen aus, welche die in westlichen Demokratien geläufigen Wahlmodalitäten aufweisen. Diese Wahlmodalitäten werden für den Bereich der Staatsorgane wiederholt: Nach Art. 55 besteht die Volksversammlung aus Abgeordneten, die von den Staatsbürgern in allgemeinen, freien, gleichen, unmittelbaren und geheimen Abstimmungen gewählt werden (Art. 58).

Voraussetzung für eine politische Willensbildung ist eine (relative) Offenheit des politischen Prozesses, der das Zustandekommen von Meinungsbildern und den Zusammenschluß politischer Gruppierungen ermöglicht. Damit sind für eine freiheitliche demokratische Ordnung die sog. Kommunikationsgrundrechte unentbehrlich. Das sind insbesondere die Grundrechte der Meinungs- und Pressefreiheit (Art. 15 aI), die Vereinigungsfreiheit (Art. 15 bI) und die Versammlungsfreiheit (Art. 15 aIV). Diese Freiheitsrechte ermöglichen zugleich, daß sich die politische Willensbildung und -äußerung nicht in Wahlen und Abstimmungen erschöpft, sondern daß sich eine „öffentliche Meinung" bilden kann, die eine nicht zu unterschätzende (informelle) Kontrollfunktion erfüllt.

2. Bundesstaatlichkeit

Der bundesstaatliche Charakter kommt bereits in dem Namen „Federal Union of Burma" zum Ausdruck. Aber auch hier gilt gleiches wie beim Demokratieprinzip: es kommt auf die nähere Ausgestaltung durch die Bestimmungen der Verfassung an.

Die grundlegende Vorschrift ist Art. 2, wonach die Bundesunion auf der Grundlage der Gleichberechtigung und der Selbstbestimmung der Mitgliedstaaten gebildet wird. In Absatz (b) dieser Bestimmung ist der Grundsatz der Bundestreue formuliert. Die Union und ihre Mitgliedstaaten sind danach verpflichtet, Angelegenheiten von gemeinsamem Interesse mit wechselseitiger Rücksichtnahme und Unterstützung zu erledigen.

Art. 5 bestimmt, daß sich das Staatsgebiet aus den Territorien der Mitgliedstaaten zusammensetzt und nicht ohne deren Zustimmung geändert werden darf. Nähere Bestimmungen über die Mitgliedstaaten finden sich in Kapitel 3 und 10. Die Teilhabe der Mitgliedstaaten an der Gesetzgebung kommt in Art. 24 zum Ausdruck, der sich über die Gegenstände der konkurrierenden Gesetzgebung verhält. Mitgliedstaaten haben das Recht der Gesetzgebung, soweit die Verfassung nicht der Bundesversammlung (Federal Congress; Kapitel 4) Gesetzgebungsbefugnisse verleiht. Diese hat die Zuständigkeit auf den Gebieten der konkurrierenden Gesetzgebung, wenn die Rechtsetzung durch Einzelstaaten andere Mitgliedstaaten bzw. ihre Bevölkerung oder die wirtschaftlichen Interessen der gesamten Union gefährden würde.

Art. 78 legt den Vorrang des Bundesrechts gegenüber dem Recht der Einzelstaaten fest. In Art. 131a findet sich eine Homogenitätsklausel, wonach die Verfassungen der Einzelstaaten den demokratischen Grundsätzen der Bundesverfassung, wie sie unter III 1 skizziert sind, entsprechen müssen.

3. Rechtsstaatlichkeit

Die Rechtsstaatsidee weist keine unabänderlichen Züge auf; vielmehr können rechtsstaatliche Einzelelemente in unterschiedlicher Ausprägung Eingang in Verfassungen finden. Dabei gibt es Unterprinzipien, die begriffsnotwendig zum Kern der Rechtsstaatlichkeit gehören, und andere, die zu den variablen rechtsstaatlichen Erscheinungsformen gerechnet werden können.

Was die Herrschaft des Rechts als unabdingbare Grundlage von Rechtsstaatlichkeit betrifft, so ist einmal auf die in der Präambel erwähnte „rule of law" hinzuweisen. Des weiteren bestimmt Art. 13, daß die Verfassung das höchstrangige Gesetz in der Union ist. Der Grundsatz der Gewaltenteilung ist in Art. 4 angesprochen, wonach die gesetzgebende, die vollziehende und die richterliche Gewalt bei dem Kongreß, der Bundesregierung und den Gerichten liegt.

Art. 32 enthält eine individuelle Rechtsschutzgewährleistung; danach hat jedermann das Recht, sich zum Zweck der Durchsetzung seiner verfassungsmäßigen Rechte an den Obersten Gerichtshof zu wenden. Dieses Recht darf „unter keinen Umständen" beseitigt, also auch durch eine Verfassungsänderung (Art. 149) nicht aufgehoben werden.

Zum Kreis der rechtsstaatlichen Elemente der Verfassung zählen auch die Prozeßgrundrechte. Der Grundsatz „nulla poena sine lege" findet sich in Art. 23a (siehe auch Art. 21a), das Verbot der Doppelbestrafung in Buchst. d dieses Artikels. Niemand darf wegen einer Straftat, von der er freigesprochen ist, abermals vor Gericht gestellt werden (Art. 23 c).

Alle Gerichtsverhandlungen sind öffentlich (Art. 22d); die Richter der Bundesgerichte sind unabhängig und nur dem Gesetz unterworfen (Art. 101). Abgesehen von vorsätzlicher Rechtsbeugung dürfen Richter für ihre amtlichen Handlungen nicht zur Rechenschaft gezogen werden. Sondergerichte, d.h. solche Gerichte, die in Abweichung von der regulären Zuständigkeitsordnung für besondere Fälle eigens gebildet werden, sind unzulässig. Auch in Notstandsfällen verbleibt die rechtsprechende Gewalt bei den Gerichten (Art. 144).

Die vorstehend skizzierten rechtsstaatlichen Elemente der Verfassung bekommen eine zusätzliche Absicherung dadurch, daß die Verfassung nur unter erschwerten Bedingungen abänderbar ist (Art. 149). Neben einer ausdrücklichen Änderung oder Ergänzung des Wortlauts der Verfassung bedarf es einer qualifizierten Mehrheit bereits für die Gesetzesinitiative (ein Drittel der Abgeordneten entweder der Volks- oder der Nationalversammlung) und der Zweidrittelmehrheit in beiden Häusern für den Gesetzesbeschluß.

IV. Staatsfunktionen

1. Gesetzgebung

Die gesetzgebende Gewalt ist auf zwei Häuser verteilt, die in der Bundesversammlung (Federal Congress: Art. 39ff.) zusammengefaßt sind: die Nationalversammlung (National Assembly: Art. 48ff.) und die Volksversammlung (People's Assembly: Art. 55ff.).

a) Zu der *Nationalversammlung* entsendet jeder Mitgliedstaat vier Vertreter. Der Vorsitzende und sein Stellvertreter werden aus dem Kreis der Abgeordneten gewählt und dürfen nicht aus demselben Mitgliedstaat kommen (Art. 49). Der Vorsitzende hat das Hausrecht und überwacht während der Sitzungen die Einhaltung der Vorschriften. Ohne seine Erlaubnis darf auf dem Grundstück der Volksversammlung keine Durchsuchung oder Festnahme erfolgen.

Die Amtszeit der Abgeordneten beträgt vier Jahre, wobei alle zwei Jahre jeweils eine Hälfte gewählt wird (Art. 50). Für Debatten und Abstimmungen ist ein Anwesenheitsgremium von 30 bzw. 50 v.H. der Mitgliederzahl festgelegt. Beschlüsse bedürfen der Stimmenmehrheit (Art. 52).

b) Die *Volksversammlung* besteht aus Abgeordneten, die in allgemeinen, freien, gleichen und geheimen Wahlen unmittelbar von den Staatsbürgern gewählt werden. Voraussetzung für die Wählbarkeit ist die Staatsangehörigkeit und die Vollendung des 25. Lebensjahrs. Eingebürgerte Staatsangehörige müssen mindestens fünf Jahre vor dem Wahltag ununterbrochen ihren Wohnsitz im Staatsgebiet gehabt haben.

c) Die *Zuständigkeiten auf dem Gebiet der Gesetzgebung* sind auf den Zentralstaat und die Mitgliedstaaten verteilt.

Die Grundnorm findet sich in Art. 79. Danach haben die Einzelstaaten das Recht der Gesetzgebung, soweit die Verfassung nicht der Bundesversammlung Gesetzgebungsbefugnisse verleiht. Anders ausgedrückt: Bei einem Schweigen der Verfassung sind die Einzelstaaten zuständig für die Gesetzgebung. Eine Aufzählung der Materien, für welche die Verfassung eine ausschließliche Gesetzgebungskompetenz der Bundesversammlung vorsieht, findet sich in Art. 73, die Gegenstände der konkurrierenden

Gesetzgebung sind in Art. 74 benannt. Für den Fall, daß eine Einzelgesetzgebung einen anderen Teilstaat bzw. seine Bevölkerung oder das wirtschaftliche Gesamtinteresse gefährden würde, kann der Kongreß auch auf eine Materie der konkurrierenden Gesetzgebungszuständigkeit Zugriff nehmen. In diesem Fall entfaltet Art. 78 eine Sperrwirkung für noch nicht existierende Gesetze der Einzelstaaten; für deren bereits vorhandene Gesetze bewirkt diese Vorschrift eine Aufhebung.

d) Das *Verfahren bei der Gesetzgebung* beschreiben die Art. 67 ff. Das Initiativrecht liegt bei der Regierung, ebenso kann ein Gesetzentwurf von Abgeordneten eines der beiden Häuser eingebracht werden. Jedoch können das Haushaltsgesetz und Steuergesetze nur in der Volksversammlung, Gesetze, die natürliche Ressourcen betreffen, nur in der Nationalversammlung eingebracht werden. Für das Zustandekommen benötigen alle Gesetze die Mehrheit in beiden Häusern. Findet ein Gesetzentwurf in einem der beiden Häuser keine Mehrheit, so kann ein Gemeinsamer Ausschuß angerufen werden (Art. 70; dort auch das weitere Verfahren). Nach einer positiven Abstimmung beider Häuser wird das Gesetz vom Präsidenten unterzeichnet und verkündet (Art. 72).

2. Die vollziehende Gewalt

a) Die Exekutive auf der obersten Ebene wird von der Regierung, bestehend aus den Ministern mit dem Premierminister an der Spitze gebildet. Diese Ämter können nur von Abgeordneten der Volksversammlung bekleidet werden. Die Regierung ist der Volksversammlung verantwortlich (Art. 88).

Der Premierminister wird von der Volksversammlung gewählt und vom Präsidenten ernannt. Dieser ernennt auch auf Vorschlag des Premierministers die übrigen Minister. Art. 95 listet zehn sog. notwendige Ministerien auf.

Der Premierminister, der einen Stellvertreter hat (Art. 91), bestimmt die Richtlinien der Politik, innerhalb derer jeder Minister sein Ressort eigenverantwortlich leitet (Art. 94). Das konstruktive Mißtrauensvotum (Art. 93) ist dem deutschen Vorbild nachempfunden.

3. Die Rechtsprechung

a) An der Spitze der Bundesgerichte, deren Einrichtung und Verfahren durch ein Kongreßgesetz geregelt werden sollen, steht das *Oberste Bundesgericht* (Art. 96, 97). Es besteht aus neun Richtern mit einem von ihnen zu wählenden Präsidenten (Chief Justice) an der Spitze, die auf Vorschlag des Premierministers und nach Zustimmung beider Häuser des Kongresses vom Bundespräsidenten ernannt werden. Sie selbst dürfen keinem der beiden Häuser angehören, müssen burmesische Staatsangehörige sein und sich mindestens zehn Jahre auf dem Gebiet des Rechts betätigt haben.

b) Die Art. 100–106 enthalten Vorschriften, die für alle *Bundesrichter* gelten. Bei ihrer Ernennung dürfen Rasse, Religion, Hautfarbe oder Geschlecht nicht berücksichtigt werden. Sie sind unabhängig und nur dem Gesetz unterworfen. Mit dem Richteramt sind unvereinbar 1. andere besoldete Ämter, 2. leitende Stellungen in Wirtschaftsunternehmen und 3. die Zugehörigkeit zu einer gesetzgebenden Körperschaft oder zu einer Regierung. Die vom Kongreß festzulegende Besoldung muß so bemessen sein, daß sie zu einer unabhängigen Amtsausübung imstande sind. Außer im Falle vorsätzlicher Rechtsbeugung können die Richter für ihre Amtsführung nicht zur Rechenschaft gezogen werden.

Die Amtszeit der Richter endet auf ihr eigenes Verlangen oder mit der Vollendung des 75. Lebensjahres. Im Falle der dauernden Amtsunfähigkeit oder eines groben Fehlverhaltens (act of gross misconduct) ist auf Antrag des Generalbundesanwalts ein Gemeinsamer Ausschuß aus einer gleichen Zahl von Abgeordneten beider Häuser des Kongresses einzusetzen, der das Ergebnis seiner Untersuchungen dem Kongreß unterbreitet.

c) Die *Zuständigkeiten* der Bundesgerichte sind in Art. 107 nur grob und in allgemeiner Form umschrieben, sie bedürfen der näheren Präzisierung in einem Bundesgesetz (Art. 107b).

d) Art. 108 sieht einen *Generalbundesanwalt* (Attorney General) vor, der auf Vorschlag des Premierministers und mit Zustimmung des Kongresses vom Bundespräsidenten zu ernennen ist. Er berät und vertritt die Regierung in allen rechtlichen Angelegenheiten. Er hat im Kongreß ein Anwesenheitsrecht.

4. Der Bundespräsident

Staatsoberhaupt ist der (Bundes-)Präsident (Art. 79). Die Wählbarkeitsvoraussetzungen für ihn und den Vizepräsidenten sind folgende. Er selbst und beide Elternteile müssen burmesische Staatsangehörige sein; er muß im Zeitpunkt der Bewerbung mindestens 35 Jahre alt sein und seinen Wohnsitz mehr als zehn Jahre ununterbrochen in Burma gehabt haben. Er wie auch der Vizepräsident dürfen nicht Mitglied der Regierung oder einer gesetzgebenden Körperschaft sein. Sind sie das im Zeitpunkt ihrer Wahl, dann haben sie das betreffende Amt niederzulegen.

Kandidaten für die Präsidentschaft und für die Vizepräsidentschaft werden von den gesetzgebenden Körperschaften der Mitgliedstaaten vorgeschlagen und von der Nationalversammlung gewählt. Wenn ein Kandidat aus einem Mitgliedstaat das Amt des Präsidenten innegehabt hat, sind Personen aus diesem Staat für die drei anschließenden Amtszeiten von der Wählbarkeit ausgeschlossen. Die Amtszeit beträgt vier Jahre seit dem Amtsantritt.

Der Präsident ist der Oberkommandierende der Streitkräfte des Bundes, er hat das Recht, nach Beratung und mit Zustimmung der Regierung Kriegserklärungen abzugeben und in Friedensverhandlungen einzutreten. Ferner übt er das Begnadigungsrecht aus (Art. 83). Die Vorschrift enthält keine abschließende Aufzählung der präsidialen Befugnisse. Diese ergeben sich zusätzlich aus weiteren Bestimmungen über die Regierungsbildung (z.B. Art. 90) oder das Gesetzgebungsverfahren (Art. 72).

Art. 84 sieht die Amtsenthebung (impeachment) vor. Sie kommt in Betracht, wenn der Präsident Hochverrat begeht, wenn er die Verfassung verletzt oder wenn er sich eines groben Fehlverhaltens schuldig macht. Das Verfahren der Amtsenthebung ist an erschwerte Voraussetzungen geknüpft; es beginnt mit dem Antrag von einem Drittel der Abgeordneten eines der beiden Häuser; es endet für den Fall, daß die Anschuldigungen vom Obersten Gerichtshof für stichhaltig befunden werden, mit der Amtsenthebung.

V. Weitere Grundsatzregelungen

1. Verteidigung

Die Streitkräfte des Bundes dürfen nur zur Verteidigung gegen Gefahren von außen aufgestellt werden. Sie unterstehen der Befehlsgewalt des Verteidigungsministers, der kein aktiver Angehöriger der Streitkräfte sein darf. Zusammen mit der Regierung hat der Verteidigungsminister die Aufgabe, Richtlinien der Verteidigungspolitik zu formulieren, die von den Streitkräften umzusetzen sind.
yy   Die Streitkräfte setzen sich aus der Armee, der Marine und der Luftwaffe zusammen, wobei die Arme-Einheiten sich unter anteiliger Berücksichtigung der Mitgliedstaaten zusammensetzen. Der Kongreß erhält den Auftrag, ein Gesetz über den Aufbau der Streitkräfte zu beschließen. Die Streitkräfte sind von Verfassungs wegen zahlenmäßig beschränkt (0,1 v.H. der Bevölkerungsstärke) und beruhen auf der allgemeinen Wehrpflicht. Näheres regelt ein Bundesgesetz.
Vorgesehen sind Verteidigungsakademien für alle drei Teilstreitkräfte sowie Erziehungsprogramme für das Militärpersonal, die bestimmte Inhalte vermitteln sollen (Art. 117).

2. Das Finanzwesen

Vorgesehen ist eine unabhängige, von politischer Einflußnahme freie Bundesbank (Art. 121). Sie fungiert als Depositbank; Geldentnahmen sind nur auf gesetzlicher Grundlage zulässig.
Der Finanzminister führt die Finanzgesetze aus und bereitet das jährliche Haushaltsgesetz vor, das von der Regierung bei der Volksversammlung eingebracht wird (Art. 119 i.V.m. Art. 69). Die Regierung ist ferner verantwortlich u.a. für den Einzug der Bundessteuern, die Gewährung von Entwicklungshilfe an Mitgliedstaaten, die Aufnahme und Tilgung von Krediten für den Bund und die Besoldung der Angehörigen des Öffentlichen Dienstes des Bundes.
Art. 123 sieht eine finanzielle Unterstützung bzw. einen Finanzausgleich zugunsten solcher Mitgliedstaaten vor, die trotz ordnungsgemäßer Finanzwirtschaft ihren Verpflichtungen nicht nachkommen können. Nach der Vorschrift des Art. 124 ist ein Oberster Rechnungsprüfer einzusetzen.

3. Arbeiter und Bauern

Die Artikel 125 und 126 enthalten Sonderbestimmungen für Arbeiter und Bauern, deren Regelungsgehalt an sich größtenteils schon in den Vorschriften über die Grund- und Freiheitsrechte enthalten sind. Sie sind aber in dem Verfassungsentwurf aufgenommen worden als bewußte Reaktion auf die derzeitigen Zustände und sollen ein politisches Signal setzen.
Art. 125a nimmt die Union in Pflicht, Arbeitsbedingungen zu schaffen, welche der menschlichen Würde der arbeitenden Personen Rechnung tragen. Die folgenden

Absätze können als Konkretisierung dieser allgemeinen Verfassungsdirektive verstanden werden. So enthält Absatz b) den Grundsatz „gleicher Lohn und gleiche Arbeitsbedingungen für gleiche Arbeit". Absatz c) erteilt dem Kongreß den Verfassungsauftrag, Gesetze für ein soziales Sicherungssystem, angemessene Arbeitszeiten und für den Arbeitnehmerurlaub zu schaffen. Das Recht der Koalitionsfreiheit für Arbeitnehmer garantiert Art. 125 d. Nach Absatz e) dieser Vorschrift darf niemand wegen seines Eintretens für Arbeitnehmerrechte diskriminiert werden.

Die Bauern haben nach Art. 126 das Recht, ihre Produkte ungehindert anzubauen, zu ernten und zu verkaufen, alle Steuern und Abgaben in Bargeld zu bezahlen und sich in Bauerngewerkschaften zusammenzuschließen. Wegen des Eintretens für ihre Rechte dürfen sie nicht diskriminiert werden.

4. Der öffentliche Dienst

Durch Art. 127 werden die Zentralregierung und die Regierungen der Mitgliedstaaten verpflichtet, Schulungs- und Fortbildungseinrichtungen für Angehörige des öffentlichen Dienstes zu schaffen. Das Fortbildungsinstitut für höhere Bedienstete untersteht dem Innenministerium. Die Teilnehmer an Kursen für höhere Bedienstete und solche mit besonderen Aufgaben sollen in angemessenem Verhältnis aus den Mitgliedstaaten herangezogen werden.

5. Die Mitgliedstaaten

Die Mitgliedstaaten haben im Rahmen der Verfassung ein Selbstbestimmungsrecht. Ihre Verfassungen müssen den demokratischen Grundsätzen der Verfassung der Union entsprechen. In diesem Rahmen haben sie die Befugnis, gesetzgebende, vollziehende und rechtsprechende Gewalt auszuüben. Ihre gesetzgebenden Körperschaften sollen in ihrer Zusammensetzung Minderheiten berücksichtigen. Eine der beiden Kammern (Häuser) soll sich im proportionalen Verhältnis aus Abgeordneten zusammensetzen, die autonomen Regionen und besonderen Nationalterritorien (Art. 34b) entstammen. Die Stärke der von den Einzelstaaten zu unterhaltenden Sicherheitskräfte soll 0,1 v. H. ihrer Bevölkerung nicht übersteigen. Art. 135 enthält eine Schutzgarantie des Bundes zugunsten der Einzelstaaten für Fälle der äußeren und inneren Gefährdung.

6. Staatsangehörigkeit

Die Staatsangehörigkeit wird erlangt durch Geburt oder Erwerb (Art. 136). Staatsangehöriger ist ferner, wer zum Zeitpunkt des Inkrafttretens der Verfassung die burmesische Staatsangehörigkeit besaß. Frühere burmesische Staatsangehörige, denen vor diesem Zeitpunkt die Staatsangehörigkeit entzogen worden war, sind auf Antrag wieder einzubürgern. Bundesgesetze sollen auch Fremden den Erwerb der burmesischen Staatsangehörigkeit ermöglichen. Art. 138 ermöglicht eine Mehrfach-Staatigkeit.

7. Menschenrechtskommission

Eine aus sieben Mitgliedern bestehende Menschenrechtskommission soll von Amts wegen oder auf eine Beschwerde hin Menschenrechtsverletzungen untersuchen und ihre Untersuchungsergebnisse dem Kongreß unterbreiten. Durch Bundesgesetz sind ihre Befugnisse näher auszugestalten.

8. Notstandsbestimmungen

Nach Art. 141 muß der Präsident auf Ersuchen der Regierung für das ganze Land oder Teile davon den Notstand ausrufen. Voraussetzungen sind alternativ 1. ein (unmittelbar bevorstehender) bewaffneter Angriff von außen, 2. Naturkatastrophen mit Zerstörungen und Todesfällen, 3. ernsthafte Gefährdung von Frieden und Sicherheit der Bevölkerung.

Die Notstandsperiode ist auf sechs Monate begrenzt. Ihre Verlängerung bedarf der Zustimmung des Kongresses. In Notstandszeiten verbleibt die rechtsprechende Gewalt bei den Gerichten. Sondergerichte sind nicht zulässig. Art. 143 stattet die Zentralregierung mit einigen Notstandsvollmachten aus.

VI. Grund- und Freiheitsrechte

1. Unveräußerliche Rechte

Kapitel 1 (Basic Rights) unterteilt die Grundrechte in unveräußerliche Rechte, die allen Menschen zustehen (Jedermannsrechte), Grundfreiheiten und sonstige verfassungsmäßige Rechte, die teils allen Menschen, teils nur den Burmesen zustehen (Bürgerrechte). Zu den ersteren zählen das Recht auf Leben, auf Achtung und Unverletzlichkeit der menschlichen Würde sowie auf Meinungs- und Glaubensfreiheit. Art. 14 a I enthält zum einen einen allgemeinen Gleichheitssatz (Gleichheit vor dem Gesetz), der nach allgemeinem Verständnis dann, wenn sachgerechte Gründe vorliegen, auch Ungleichbehandlungen erlaubt. Des weiteren werden in der Vorschrift aber auch absolute Differenzierungsverbote genannt. Nationale oder gesellschaftliche Herkunft, Religion, gesellschaftlicher Stand, politische Meinung, Sprache, Geschlecht, Alter, Hautfarbe oder Rasse dürfen als solche nicht zum Anlaß von Ungleichbehandlungen gemacht werden. Letzteres gilt dann nicht, wenn die Verfassung selbst Differenzierungen vorsieht. So kann sich ein Minderjähriger nicht auf das Differenzierungsverbot berufen, um – entgegen der Bestimmung des Art. 29 – das aktive Wahlrecht auszuüben.

Nach Art. 14 b darf niemand in der Union versklavt, der Zwangsarbeit, der Folter oder einer grausamen, unmenschlichen oder entwürdigenden Behandlung ausgesetzt werden.

Die in Art. 14 genannten unveräußerlichen Rechte dürfen unter keinen Umständen eingeschränkt oder entzogen werden.

2. Grundfreiheiten

In Art. 15 begegnen einige der klassischen Freiheitsrechte. So hat jedermann das Recht, seine Meinung zu äußern, Informationen zu veröffentlichen und zu verbreiten sowie das Recht, sich Zugang zu ihnen zu verschaffen. Ferner ist das Recht eingeräumt, um politisches Asyl nachzusuchen. Garantiert werden weiter die Freiheit der Religionsausübung und das Recht, sich friedlich zu versammeln.

Eine weitere Gruppe von Grundfreiheiten ist beschränkt auf burmesische Staatsangehörige, so das Recht der Vereinigungsfreiheit und der Freizügigkeit. Letzteres wird weiter spezifiziert durch die Gewährleistung des Rechts, Wohnsitz, Beruf und Beschäftigung in Burma frei zu wählen sowie das Land zu verlassen oder zu ihm zurückzukehren.

Wenn es in Art. 15c heißt, daß die Ausübung dieser Rechte sich im Rahmen der gesetzlichen Ordnung halten muß, dann ist dies als Ausdruck eines Gesetzesvorbehalts zu verstehen, wie er aus den Grundrechtsbestimmungen des Grundgesetzes bekannt ist, gleichzeitig aber auch als konkludente Statuierung des Verhältnismäßigkeitsprinzips; danach muß die Grundrechtsbegrenzung im Hinblick auf das angestrebte (legitime) Ziel und unter Abwägung mit dem Interesse der Allgemeinheit geeignet, erforderlich und zumutbar sein. Eine Spezifizierung dieses öffentlichen Interesses findet sich in Absatz d) dieser Bestimmung, wonach die in Art. 15 genannten Rechte durch förmliches Gesetz beschränkt werden dürfen, wenn ihre Ausübung grundlegenden demokratischen Prinzipien zuwiderläuft oder die öffentliche Gesundheit oder die Moral beeinträchtigt.

3. Justizgrundrechte

Mit besonderer Eindringlichkeit und als Reaktion auf die Erfahrungen mit den Praktiken der Militärdiktatur haben sich die Entwurfsverfasser der Justizgrundrechte angenommen und ihnen drei Artikel gewidmet. Sie sind insbesondere auf Fälle der Freiheitsentziehung gemünzt, enthalten aber auch allgemeine Prozeßgrundsätze.

So darf niemand ohne gesetzliche Grundlage inhaftiert oder zu einer Freiheitsstrafe verurteilt werden. Eine Festnahme ohne gültigen Haftbefehl darf nicht mehr als 24 Stunden dauern. Wenn hinreichende Gründe für eine längere Festnahme vorliegen, muß der Betreffende dem zuständigen Gericht zugeführt und bei einem Richter dieses Gerichts ein Antrag auf Ausstellung eines Haftbefehls eingebracht werden.

Jeder Beschuldigte ist unverzüglich über die Anschuldigung und die ihm zur Last gelegte Tat zu unterrichten. Verurteilungen müssen innerhalb einer angemessenen Zeit (within a reasonable time) erfolgen. Jeder Beschuldigte darf sich mit allen gesetzlichen Mitteln selbst oder mit Hilfe eines selbstgewählten Rechtsbeistandes verteidigen und hat einen Anspruch auf Verhandlung in einer ihm verständlichen Sprache oder auf eine Übersetzung der Verhandlung. Alle Verhandlungen müssen der Öffentlichkeit zugänglich sein.

Eine Bestrafung darf nur erfolgen, wenn die Strafbarkeit zum Zeitpunkt der Straftat gesetzlich vorgesehen war. Niemand darf wegen derselben Tat mehr als einmal oder wegen einer Tat, wegen derer er freigesprochen wurde, bestraft werden. Entwürdigende Strafen sind von Verfassungs wegen verboten.

4. Weitere verfassungsmäßige Freiheitsrechte

Durch Art. 25 wird jedem Bürger das Recht eingeräumt, seine ethnische Kultur sowie die Gebräuche und Überlieferungen seines Volkes zu pflegen. Die Regierungen sind gehalten, derartige Bestrebungen zu unterstützen. Alle Bürger haben das Recht, ihre Bildung frei zu gestalten und jede Art der (Aus-)Bildung frei zu wählen. In diesem Zusammenhang wird das Recht garantiert, im Rahmen der Gesetze private Schulen, Colleges und Universitäten sowie Berufsbildungsstätten zu errichten.

Den Rechten der Kinder ist ein eigener Artikel gewidmet. Alle Kinder haben Anspruch auf den Schutz und die Fürsorge der Gemeinschaft. Pflege und Erziehung der Kinder werden zum natürlichen Recht der Eltern erklärt. Ohne Zustimmung ihrer Eltern oder Vormünder dürfen Kinder nicht von ihren Familien getrennt werden, außer in gesetzlich zu regelnden Fällen, in denen die Erziehungsberechtigten ihre Pflichten vernachlässigen oder die Kinder des Schutzes bedürfen. Kinder sind vor gesellschaftlicher und wirtschaftlicher Ausbeutung zu schützen, ebenso vor abhängiger Arbeit, die ihre Moral, ihre Gesundheit, ihr Leben oder ihr körperliches Wachstum bedroht. Durch ein Bundesgesetz ist eine Altersgrenze festzusetzen, ab welcher Kinder beschäftigt werden dürfen.

Nach Art. 19 darf niemand willkürlichen oder ungesetzlichen Eingriffen in seine Privatsphäre, seine Familie, seine Wohnung oder seinen Schriftverkehr ausgesetzt werden, ebensowenig wie ungesetzlichen Angriffen auf seine Ehre oder seinen Ruf. Jeder Einwohner hat Anspruch auf Schutz vor ungesetzlichen Durchsuchungen seiner Person, seiner Wohnung und seines beweglichen oder unbeweglichen Eigentums.

Art. 20 schützt das rechtmäßig erworbene Eigentum, die Verfügung darüber sowie das Erbrecht. Diese Rechte dürfen nur im Interesse des Gemeinwohls und nur auf gesetzlicher Grundlage entzogen oder beschränkt werden. Dabei sind öffentliche und private Interessen gegeneinander abzuwägen; eine Entziehung privater Rechte ist nur zulässig gegen angemessene Entschädigung in Geld, die gesetzlich festzulegen ist.

VII. Übergangsbestimmungen

Das Recht aus der Zeit vor Annahme der Verfassung bleibt in Kraft, sofern es dieser nicht widerspricht. Ebenso sind alle gerichtlichen Verfahren fortzuführen, bis ein neues Gerichtssystem entsprechend der Verfassung eingeführt ist. Desgleichen bleiben alle Angehörigen des öffentlichen Dienstes in ihren Ämtern.

Alle Verträge, die Burma mit auswärtigen Staaten oder ausländischen Gesellschaften geschlossen hat, sind von der Bundesregierung zu überprüfen. Über das Ergebnis ist dem Kongreß Bericht zu erstatten.

VIII. Schlußbemerkungen

Ob der vorstehend erläuterte Entwurf einer Verfassung die Chance hat, so oder in den wesentlichen Grundzügen in Kraft zu treten, hängt in erster Linie von der politischen Entwicklung ab, d.h. von Fortbestand oder Beendigung der Militärdiktatur.

Politische Beobachter schwanken in der Einschätzung; die Staatenwelt nimmt zur Situation in Burma keinen einheitlichen Standpunkt ein. Die derzeitige Haltung der Militärs – gestützt auf privilegierte Streitkräfte und einen offensichtlich funktionierenden Geheimdienst – ist rigide: Schon das Ausarbeiten eines alternativen Verfassungsentwurfs wie des hier vorgestellten gehört zu der mit Strafe bedrohten (fünf bis zwanzig Jahre Freiheitsstrafe) Kritik an der militärischen Führung des Landes.

Textanhang

Draft Constitution of the Federal Union of Burma (1996)*

Preamble

We, the people of the Union of Burma have clear aspirations on the establishment of basic human rights, the guaranteeing of democratic rights and the rights of all the ethnic nationalities, lasting peace, and in the formation of a union of multiple States that will generate prosperity and unity through a representative government in accordance with a constitution which defends, protects and upholds the rights of all the people, based on freedom, equality before the law, fairness, peace, and the rule of law.

Based on these aspirations, we steadfastly resolve to live together in peace and harmony in this free and fully sovereign Federal Union of Burma, and we accept and adopt this Constitution as the supreme law of the Federal Union.

Chapter 1
Form of the Federal Union

Article 1
The Federal Union of Burma

The Federal Union of Burma shall be a sovereign democratic state.

Article 2
Formation

(a) The Federal Union shall be formed and based on equal rights and the right of self-determination of its Member States in accordance with this Constitution.

(b) The Federal Union and its Member States are obliged to conduct affairs of common interest with mutual loyalty and cooperativeness.

Article 3
Public Authority

All public authority emanates from the citizens.

Article 4
Exercise of public authority

The legislative, executive, and judicial powers shall be vested in the Congress of the Federal Union, the Government of the Federal Union, the Federal Supreme Court and the other courts, as established by this Constitution.

Article 5
Territory

The territory of the Federal Union shall be composed of the whole of the Member States. The territory of the Federal Union shall not be altered without the consent of all of the Member States.

Article 6
Official languages

(a) Both the Burmese and the English languages shall be the official languages of the Federal Union.

(b) In the Member States, the native languages may be used as official languages.

Article 7
Political system

(a) The political system of the Federal Union shall be a multi-party democratic system. The political parties shall have the right to freely form and participate in the political process.

(b) Political parties shall perform and function in accordance with basic democratic principles and with the law enacted by the Federal Congress based on this Article.

---

* March 1996. National Council of the Union of Burma.

Article 8
Flag

The flag of the Federal Union shall be as fol-lows:[*]

....

....

Article 9
State seal

The State seal of the Federal Union shall be as follows:

....

....

Article 10
Executive seal

The seal of the Executive of the Federal Union shall be as follows:

....

....

Article 11
National Anthem

The National anthem of the Federal Union shall be as follows:

....

....

Article 12
Capital City

Greater Rangoon shall be the capital city of the Federal Union. It shall have the status of a Member State.

Article 13
Supreme law

This Constitution shall be the supreme law of the Federal Union.

Chapter 2
Basic Rights

Article 14
Inalienable rights

(a) Every person in the Federal Union
    (i) shall be equal before the law irrespective of national or social origin, religion, social status, political opinion, language, sex, age, colour, or race.
    (ii) shall have the right of life,
    (iii) shall have the freedom of thought and belief, and
    (iv) shall be respected as a human being, and his or her human dignity shall not be violated.

---

[*] Anm. des Hrsg. PH: Im Original offen gelassene Stellen.

(b) No person in the Federal Union
    (i) shall be enslaved,
    (ii) shall suffer forced labour, and
    (iii) shall be subjected to torture, cruel, in-humane or degrading treatment.
(c) These rights shall under no circumstances be encroached upon or withdrawn.

Article 15
Basic Freedoms

(a) Every person in the Federal Union
    (i) shall have the right of freedom of ex-pression, publication and dissemination of and access to information,
    (ii) shall have the right to seek political asylum,
    (iii) shall have freedom of worship and of re-ligious practices, and
    (iv) shall have the right to assemble peace-fully.
(b) Every citizen in the Federal Union
    (i) shall have the right to form and partici-pate freely in associations,
    (ii) shall have the right to move freely within the borders of the Federal Union,
    (iii) shall have the right to freely choose residence, trade and employment within the Federal Union, and
    (iv) shall have the right to leave and return to the Federal Union.
(c) The implementation of these rights shall be in accordance with the laws passed by the Congress of the Federal Union.
(d) If the implemenation of the basic freedoms mentioned in this article contravenes with the basic democratic principles or affects public health or morality, the Congress of the Federal Union may enact laws restricting these rights.

Article 16
Marriage

Every person at full age shall have the right to marry in accordance with his or her own free will without discrimination as to race, religion or social status.

Article 17
Work

Every citizen in the Federal Union shall have the right to work and to choose an occupation free of discrimination on the ground of race, religion, sex, age or colour.

Article 18
Citizenship

Every person in the Federal Union shall have the right to apply for citizenship.

Article 19
Privacy

(a) No person in the Federal Union shall suffer or be subjected to arbitrary or unlawful interference with his or her privacy, family, home or correspondence or to unlawful attacks on his or her honour or reputation.

(b) Every person residing in the Federal Union shall be protected from unlawful searches of the person, home, premises or property.

Article 20
Property

(a) Every citizen shall have the right to own, transfer, and dispose of property legally acquired, and the right of inheritance in accordance with the law.

(b) These rights shall only be revoked or restricted for the public benefit in accordance with the law. The private and public interests must be balanced, and the private rights shall only be revoked, when adequate compensation has been awarded by law.

Article 21
Arrest and detention

(a) No person in the Federal Union shall be detained or imprisoned save pursuant to a law.

(b) Every person arrested or detained shall be treated with the respect due to a human being.

(c) Every person arrested without a warrant shall not be detained for more than 24 hours. If there are sufficient grounds to detain a person for more than 24 hours, the arrested person must be brought before a competent court, and an application to a judge of that court for a detention order, in accordance with existing laws, to continue the detention, must be filed.

Article 22
Criminal charge

(a) Every person charged with an offence shall have the right

(i) to be informed without unreasonable delay of the charge and the specific offence,

(ii) to be tried within a reasonable time,

(iii) not to be compelled to be a witness in proceedings against a person in respect of the same offence,

(iv) of defence to the fullest extent in accordance with the law or through legal assistance of his or her own choice,

(v) to be tried in a language which he or she understands or, failing this, to have the proceeding interpreted to him or her.

(b) All proceedings shall be open to the public.

Article 23
Trial and penalty

(a) A person shall only be tried for an offence under the law existing at the time of the offence.

(b) No penalty degrading to the human dignity of the individual shall be imposed.

(c) A person acquitted of an offence shall not be retried for the same offence.

(d) Nobody may be punished for the same act more than once.

Article 24
Cultural rights

Every citizen shall have the right to promote his or her ethnic culture, customs and traditions. The Government of the Federal Union and State Governments shall support the promotion.

Article 25
Educational rights

(a) Every citizen shall have the right to freely pursue education.

(b) He or she shall have the right to freely choose education, vocational education, or higher education.

(c) Compulsory elementary education shall be arranged free of charge.

Article 26
National language

Every citizen shall have the right to freely study and promote the language and literature of his or her nationality.

Article 27
Educational establishments

The right to establish private schools, colleges and universities, and vocational institutions in accordance with existing laws shall be guaranteed.

Article 28
Rights of children

(a) Every child shall have the right of protection, which is required by his or her status as a minor. The care and upbringing of children is the natural right of parents. Every child is entitled to the care of the community.

(b) Children shall not be separated from their families without the consent of their parents or guardians. In cases where the parents or guardians have neglected their responsibilities or in circumstances where children may need to be protected, separation of the children from their families shall be carried out only in accordance with the law.

(c) Children shall be protected from social and economic exploitation, and from employment that may harm their moral, health, life or physical growth.

(d) The Congress of the Federal Union shall prescribe by law the age limit of children who may be employed for work.

Article 29
Political rights

Every citizen at full age shall have the right

(a) to take part in the conduct of political affairs directly, or through freely elected representatives.

(b) to vote and be elected in periodic elections which shall be general, free, equal, direct, and secret.

Article 30
International Covenants

International Covenants on Human Rights ratified by the Federal Union shall be directly applicable by the courts.

Article 31
Human rights commission

Every person whose human rights have been violated shall have the right to seek protection by the Human Rights Commission.

Article 32
Constitutional remedies

(a) Every person shall have the right to apply to the Supreme Court for the enforcement of his or her constitutional rights.

(b) The power to enforce the rights conferred in sub-paragraph (a) above shall not be suspended under any circumstances.

Article 33
Protection of the Federal Union

Every citizen shall be entitled to the protection of the Federal Union whether within or without the country.

Chapter 3
Composition of the Federal Union

Article 34
Form of the Federal Union

(a) The Federal Union comprises National States and Nationalities States as Member States.

(b) National Autonomous Regions and Special National Territories shall be formed as necessary within the territories of the Member States.

Article 35
National States

National States are

(1) Kachin National State
(2) Karen National State
(3) Karenni National State
(4) Chin National State
(5) Burman National State
(6) Mon National State
(7) Arakan National State
(8) Shan National State
(9) .... State
(10)... State
( ) .... State
( ) .... State

Article 36
Nationalities States

Nationalities States are
(1) ....
(2) ....
(3) ....
(4) ....

Article 37
One nationality one state

Each ethnic nation shall have one state only.

Article 38
New States

(a) The Federal Congress may on application establish new Member States, and may make or impose such terms and conditions as it thinks fit.

(b) The Federal Congress may, with the consent of the Assembly of a Member State and with the approval of a two thirds majority of the electors of that Member State, vote on the question to increase, diminish or otherwise alter the boundaries of that Member State.

(c) The Federal Congress may, with the consent of the Assemblies of the Member States affected and with the approval of a two thirds majority of the electors of those Member States, form a new Member State through unification of two or more Member States, or parts of Member States, or part of a Member State.

Chapter 4
Congress of the Federal Union

Article 39
Formation

The Congress of the Federal Union (Federal Congress) shall be composed of the National Assembly and the People's Assembly.

Article 40
Power

The legislative power of the Federal Union shall be vested in the Federal Congress.

Article 41
Joint sessions of the Federal Congress

(a) Regular joint sessions of the Federal Congress shall be held once a year.

(b) Special joint sessions of the Federal Congress shall be held to handle the following matters:

(i) ratification of an amendment to this Constitution,

(ii) confirmation of the declaration and cancellation of a state of emergency,

(iii) confirmation of the declaration of war and declaration of the end of war,

(iv) confirmation of the appointment of the President of the Federal Union and swearing in of the judges of the Federal Supreme Court.

(c) Sessions of the Federal Congress shall be convened by the President of the Federal Union upon request of the majority of the members of either Assembly, or upon request of the Prime Minister.

Article 42
Quorum

The number of representatives constituting a quorum of the session of the Federal Congress shall be 50 per cent of the members of the National Assembly and 50 per cent of the members of the People's Assembly.

Article 43
Voting

Decisions in the sessions of the Federal Congress shall be made by a majority of votes of the members present of each Assembly.

Article 44
Chairperson

The Chairperson of the National Assembly and the Chairperson of the People's Assembly shall alternatively be the Chairperson of the sessions of the Federal Congress.

Article 45
Debarment

A member of one Assembly shall not be a member of the other Assembly at the same time.

Article 46
Indemnity and immunity

(a) Representatives may not be questioned or held liable or be subject to disciplinary action or otherwise called to account for a vote cast or a statement made in any Assembly or publication thereof.

(b) Representatives may not be called to account or arrested for a punishable offence without the permission of the Federal Congress, unless he or she is apprehended in the act of committing the offence.

Article 47
Remuneration

Representatives of the Federal Congress shall be entitled to adequate remuneration in accordance with the law. Increases of such remuneration shall come into effect no sooner than the next term of the Federal Congress.

National Assembly
Article 48
Formation

The National Assembly shall be composed of four representatives from each Member State.

Article 49
Chairperson and Vice-Chairperson

A Chairperson and Vice-Chairperson shall be elected from amongst the representatives of the National Assembly. The Chairperson and the Vice-Chairperson shall not be from the same Member State.

Article 50
Term of office

The term of office of the representatives shall be four years. Half of the representatives shall be elected every two years.

Article 51
Convening of sessions

(a) At the request of representatives from two Member States, the Chairperson of the National Assembly shall convene the National Assembly.

(b) At the request of the Prime Minister of the Federal Union, the Chairperson of the National Assembly may convene the National Assembly.

Article 52
Quorum and voting

The number of representatives constituting a quorum shall be 30% for debate and 50% for voting. Decisions shall be made by a majority of votes.

Article 53
Authority of the Chairperson

The Chairperson shall have the authority to supervise and to enforce the rules and regulations of the sessions. No search or seizure may take place on the premises of the National Assembly without the permission of the Chairperson.

Article 54
Committees

The National Assembly shall appoint a Committee on Foreign Affairs and a Committee on Defence.

People's Assembly
Article 55
Formation

The People's Assembly shall be composed of representatives elected by the citizens.

Article 56
Chairperson and Vice-Chairperson

A Chairperson and a Vice-Chairperson shall be elected from amongst the representatives of the People's Assembly.

Article 57
Term

The regular term of the People's Assembly shall be four years. The term of office of the representatives shall be the same as that of the People's Assembly.

Article 58
Election of representatives

The representatives shall be elected by general, free, equal, direct and secret elections.

Article 59
Qualification of Representatives

Candidates for the People's Assembly shall be

(a) citizens of the Federal Union having attained the age of 25 years on the day of the election,

(b) in the case of naturalized citizens, residents in the Federal Union for at least five years continuously after naturalization, and having attained the age of 25 years on the day of the election.

Article 60
Convening of sessions

The Chairperson shall convene special or emergency sessions on

(i) the directive of the President,

(ii) the request of the Prime Minister, or

(iii) the request of one fourth of the representatives.

Article 61
Quorum and voting

The number of representatives constituting a quorum of the People's Assembly shall be 30 per cent for debate and 50 per cent for voting. Decisions shall be made by a majority of vote.

Article 62
Elections

Elections to the People's Assembly shall be held three months prior to the expiration of the current term.

Article 63
Sessions following elections

The People's Assembly shall assemble within 30 days following the election.

Article 64
Dissolution

(a) The President shall dissolve the People's Assembly on the advice of the Prime Minister.

(b) Elections shall be held within 60 days following the dissolution.

(c) The President shall appoint a care-taker government following the dissolution of the People's Assembly to administer the country until a new government is formed.

Article 65
Authority of the Chairperson

The chairperson shall have the authority to supervise and to enforce the rules and regulations of the sessions. No search or seizure shall be made on the premises of the People's Assembly without the permission of the chairperson.

Article 66
Commission of Investigation

Upon the motion of one fourth of its members the People's Assembly is obliged to set up a Commission of Investigation. The Federal Congress shall enact a law for the constitution and the mandate of the Commission.

Chapter 5
Federal Legislation

Article 67
The initiation of bills

(a) Bills shall be introduced by the Government of the Federal Union or by representatives of either of the two Assemblies.

(b) Federal budget bills and revenue bills shall only be introduced in the People's Assembly.

(c) Bills relating to natural resources shall only be introduced in the National Assembly.

Article 68
Adoption of a bill

(a) Except for the Federal budget bill, a bill introduced in the People's Assembly receiving a majority vote, and a majority vote of the statutory members in the National Assembly, shall become law.

(b) A bill introduced in the National Assembly

receiving a majority vote, and a majority vote of the statutory members in the People's Assembly, shall become law.

Article 69
Adoption of the budget bill

The annual Federal budget bill shall be introduced in the People's Assembly. The approved bill shall then be forwarded to the National Assembly. If the National Assembly approves it within 14 days, it shall become law. If the bill is not approved by the National Assembly, it shall be returned to the People's Assembly. If further approved by the People's Assembly with a majority of its statutory members, the bills shall become law.

Article 70
Joint Committee

(a) The National Assembly, the People's Assembly, or the Government may demand that a bill be referred to a joint committee when a bill or part of it is adopted by one Assembly only.

(b) The Joint Committee shall be set up with an equal number of representatives from each Assembly.

(c) The Committee shall be dissolved on the completion of its task.

(d) A bill which has not been approved of by the Joint Committee shall be considered a dead bill.

(e) If there are amendments to or alterations of the bill by the Joint Committee, it shall be sent back to the Assembly where it was introduced. If the bill as approved by the original Assembly is approved by the other, it shall become law.

(f) If the bill referred to in sub-paragraph (e) is not adopted in accordance with Article 68, it shall be considered a dead bill.

Article 71
Dead bills

A dead bill shall not be reintroduced in any Assembly within a period of two years from the date of its rejection.

Article 72
Promulgation

The Federal President shall sign and promulgate every bill adopted by the Federal Congress within seven days. A bill shall become law, even if the Federal President does not sign the bill at the end of the seven days period.

Article 73
Exclusive legislation

The Federal Congress shall have exclusive legislative powers in the following areas:

(i) foreign affairs,

(ii) defence of the Federal Union,

(iii) postal services and telecommunications with the exception of local radio and television services,

(iv) currency, money, and coinage,

(v) weights and measures,

(vi) the annual Federal Union budget,

(vii) federal highways, railways, waterways, air and sea transportation,

(viii) postgraduate education,

(ix) trade and commerce with other countries,

(x) citizenship in the Federal Union and immigration,

(xi) police force of the Federal Union,

(xii) state of emergency,

(xiii) census,

(xiv) production, sale, exportation and importation of arms, ammunitions, and explosives,

(xv) election to the People's Assembly,

(xvi) copyright, patents, designs, and trade marks,

(xvii) marriage, divorce and inheritance with regard to mixed marriages,

(xviii) customs, export/import taxation.

Article 74
Concurrent legislative powers

Member States shall possess legislative powers concurrently in relation to the following areas:

(i) purchase and sales tax, business enterprise tax, income tax, liquor and tobacco tax, port tax within the Federal Union,

(ii) protection of the environment,

(iii) drugs,

(iv) registration of births and deaths,

(v) Federal Union energy and development projects within Member States,

(vi) exploration, exploitation, and sale of natural resources within a State,

(vii) investment by foreign governments and companies within a Member State,

(viii) local radio and television services,

(ix) banking services,

(x) transfer of homes, premises and land matters,

(xi) university and vocational education,

(xii) regulations relating to rivers and waterways crossing Member State's borders, domestic sea and coastal transportation,

(xiii) refugee and political asylum matters,

(xiv) criminal law and civil procedural codes, and

(xv) education and vocational trainings for public servants.

Article 75
Concurrent legislation of the Federal Congress

The Federal Congress shall make laws on concurrent matters when a Member State by making the said law would endanger another Member State, or its people, or would endanger the economic interests of the whole Federal Union.

Article 76
Joint agreements

Laws relating to the exploitation and sale of natural resources, foreign investment and production of energy, shall come into force only after, in case of a federal law, the Member States involved, and in case of a state law, the Federal Congress, have agreed upon the said law.

Article 77
Legislative power of Member States

Member States have the right to legislate in so far as this constitution does not confer legislative powers on the Federal Congress.

Article 78
Precedence of federal law

Federal law shall override state law.

Chapter 6
President of the Federal Union

Article 79
Head of State

The Federal President shall be Head of State.

Article 80
Qualifications

(a) A candidate seeking election as a Federal President or Federal Vice-President must

(i) be a citizen of the Federal Union,

(ii) be born of parents both of whom are citizens of the Federal Union,

(iii) have resided continuously in the Federal Union for over 10 years, and

(iv) be over the age of 35 years on the date of his or her submission.

(b) The Federal President or the Federal Vice-President may not be a member of the Government nor of a legislative body of the Federal Union or a Member State. A representative of either Assembly, or a member of the Government, being elected Federal President or Federal Vice-President, shall resign from his or her office in the respective Assembly or the Government.

Article 81
Election

(a) The National Assembly shall elect the Federal President and the Federal Vice-President from amongst the candidates proposed by the legislative bodies of the Member States.

(b) A person from one Member State having been Federal President, no person of that Member State shall be eligible for the presidency for three consecutive terms. The term of the Federal President shall not include the term of the Vice-President.

(c) Details shall be subject of the federal law.

Article 82
Term of office

The term of office of the Federal President shall be four years from the date of taking office.

Article 83
Responsibilities

(a) The Federal President shall be the Supreme Commander of the Federal Armed Forces.

(b) The Federal President, in consultation with and on approval by the government of the Federal Union shall have the right to declare war against foreign countries and enter into agreements on the cessation of war.

(c) The Federal President has the right to grant pardons.

Article 84
Impeachment

(a) If the Federal President

(i) commits an act of high treason,

(ii) violates this Constitution,

(iii) commits an act of gross misconduct,

he or she shall be subject to an inquiry upon the request of at least one third of the representatives of either the National Assembly or the People's Assembly.

(b) A joint committee with equal number of representatives from either of the two Assemblies shall conduct the inquiry. The findings of the inquiry shall be submitted to the Federal Congress.

(c) If the Federal Congress determines that there are grounds to impeach the Federal President, the Chairperson of the Federal Congress shall commence proceedings against the Federal President in the Federal Supreme Court.

(d) The Federal President shall be dismissed from office if he or she is found guilty by the Federal Supreme Court.

(e) The provisions of this Article shall also be applicable to the Federal Vice-President.

Article 85
Vacancy

When a vacancy occurs in the office of the Federal President due to death or inability to continuously perform the responsibilities or by dismissal according to article (84), the vacancy shall be filled as follows:

(a) The Federal Vice-President shall perform the duties of the Federal President until the regular term of the Federal President expires.

(b) The Chairperson of the National Assembly shall perform the duties of the Federal Vice-President.

(c) If a further vacancy occurs during the regular term of the Federal President, new elections according to Article 81 shall take place.

Article 86
Immunity

No person shall be entitled to commence criminal or civil proceedings against the Federal President in respect of the performance of his or her responsibilities.

Article 87
No secondary occupation

The Federal President and Vice-President may not hold any other salaried office nor belong to the management of an enterprise carried out for profit.

Chapter 7
Federal Government

Article 88
Formation

(a) The Government of the Federal Union shall be formed with Ministers headed by the Federal Prime Minister.

(b) No person shall be a Minister unless he or she is a representative of the People's Assembly.

(c) The Federal Government shall be collectively responsible to the People's Assembly.

Article 89
Term

The term of the Federal Government shall be four years and shall not exceed the term of the People's Assembly.

Article 90
Federal Prime Minister

(a) The Federal President shall appoint a representative elected by the People's Assembly as the Federal Prime Minister.

(b) The candidate attaining the votes of the majority of the representatives is elected.

(c) If no candidate has been elected within fourteen days of the ballot, the candidate gaining most votes is elected.

(d) The Deputy Federal Prime Minister and the Federal Ministers shall be appointed or dismissed by the Federal President upon the proposal of the Federal Prime Minister.

(e) No representative of the People's Assembly shall serve as Federal Prime Minister for more than two terms.

(f) At the request of the Federal President, the Federal Prime Minister or the Federal Ministers, shall be obliged to continue in office until a successor has been appointed.

Article 91
Federal Deputy Prime Minister

The Federal Deputy Prime Minister shall perform the duties of the Federal Prime Minister in case the Federal Prime Minister is prevented from performing those duties, and upon the authorization of the Federal Prime Minister.

Article 92
Vacancy

When the office of the Federal Prime Minister becomes vacant, election shall take place as provided for in Article 90.

Article 93
Motion of no Confidence

(a) A no confidence motion against the Government shall be submitted not before 18 months after the formation of the Government.

(b) The People's Assembly may express its lack of confidence only by electing a successor to the Federal Prime Minister with the majority of the representatives.

(c) Not before 48 hours after the successor to the Federal Prime Minister has been elected, a motion of no confidence shall be voted upon. If the motion obtains the vote of the majority of the representatives, the entire government shall resign from office.

(d) The person elected according to sub-paragraph (b) shall be appointed Federal Prime Minister by the Federal President.

Article 94
Power within government

The Federal Prime Minister shall determine the policy guidelines. Within these guidelines every minister shall run the ministry on his or her own responsibility.

Article 95
Ministries

The following Ministries shall be formed as necessary in the Government of the Federal Union:

(i) Ministry of Foreign Affairs.
(ii) Ministry of Defence.
(iii) Ministry of Transport and Communication.
(iv) Ministry of Finance.
(v) Ministry of Interior.
(vi) Ministry of Justice.
(vii) Ministry of Energy and Mining.
(viii) Ministry of Health, Education and Culture.
(ix) Ministry of Forestry, Agriculture and Environment.
(x) Ministry of Information.

Chapter 8
Federal Judiciary

Article 96
Institution of Courts

(a) To exercise federal judicial powers, federal courts shall be established.

(b) The Federal Congress shall enact laws for the establishment and the proceedings of the federal courts.

Federal Supreme Court
Article 97
Establishment

(a) The Federal Supreme Court shall be composed of nine judges.

(b) The Federal President shall appoint those proposed by the Federal Prime Minister and approved of by the Federal Congress as judges of the Federal Supreme Court.

(c) No person from either of the two Assemblies of the Federal Congress shall be proposed as judges of the Federal Supreme Court.

(d) The judges of the Federal Supreme Court shall elect from amongst themselves a judge whom the Federal President shall appoint as Chief Justice.

Article 98
Sittings

The seat of the Federal Supreme Court shall be the capital city. The Court shall also hold sittings at other places, especially on venues of other Federal Courts in Member States.

Article 99
Qualifications

The Judges of the Federal Supreme Court shall be citizens of the Federal Union and shall have practiced for at least ten years in the field of law.

Judges of the Federal Courts
Article 100
Judges

The judges shall be appointed regardless of race, religion, colour, or sex.

Article 101
Independence of Judges

The judges shall be independent and subject only to the law.

Article 102
Debarment from other office

The judges may not

(a) hold any other salaried offices,
(b) hold a management position in an enterprise carried out for profit,
(c) be members of any legislative body or of a government.

Article 103
Remuneration

The judges shall receive remuneration fixed by the Federal Congress, to enable them to independently carry out their duties.

Article 104
Term

The term of the judges shall expire:

(i) at their own request,
(ii) when being permanently incapable to perform their duties,
(iii) committing an act of gross misconduct, or
(iv) when they complete the age of 75 years.

Article 105
Investigation

On request of the Federal Attorney General with regard to Article 104 (ii) and (iii), a joint committee of an equal number of representatives of the National Assembly and the People's Assembly shall be set up. It shall submit the finding of its investigations to the Federal Congress.

Article 106
Immunity

Judges shall at no time be liable for performing their judicial duties, except for intentional infringement of the law.

Jurisdiction of the Federal Courts; Attorney General

Article 107
Jurisdiction of the Federal Courts

(a) The Federal Courts shall have jurisdiction in the following matters:

(i) disputes and complaints concerning this Constitution,

(ii) disputes between Member States,

(iii) disputes between Member States and citizens of other Member States,

(iv) transfer of cases from one state court to another state court,

(v) jurisdiction disputes between Member State courts,

(vi) disputes arising out of contracts between foreign companies and domestic companies or the Federal Union, and

(vii) bankruptcy and insolvency.

(b) The Federal Congress shall provide by law for the exclusive jurisdiction of the Federal Supreme Court.

Article 108
Attorney General

(a) The Federal President shall appoint a person proposed by the Federal Prime Minister and approved of by the Federal Congress, as Attorney General who shall advise and represent the Government of the Federal Union on all legal matters.

(b) The Attorney General has the right to attend sessions of the Federal Congress without the right to debate.

Chapter 9
Basic Provisions concerning the Federal Union Defence

Article 109
Command

(a) The Federal Armed Forces shall be established for the only purpose to defend the Federal Union from external danger. They shall be under the command of the Minister of Defence.

(b) No person in active service in the Federal Armed Forces shall be appointed Minister of Defence.

Article 110
Defence Policy

The Minister of Defence and the Federal Government shall formulate policies of defence which will be implemented by the Federal Armed Forces.

Article 111
Establishment

(a) In accordance with the requirements of the Federal Armed Forces, the Army, the Navy, and the Air Force shall be established.

(b) The Federal Armed Forces units shall be drawn from the Member States on a proportional basis.

(c) The Federal Congress shall enact laws on the organization of the Federal Armed Forces.

Article 112
Defence academies

Separate defence academies shall be established for the Army, the Navy, and the Air Force. Officer cadets from the Member States shall be entitled to attendance on a proportional basis.

Article 113
Strength

The strength of the Federal Armed Forces shall not exceed 0.1 per cent of the population of the Federal Union.

Article 114
Armed Forces Staff

(a) The Staff of the Federal Armed Forces shall consist of one commander from each Member State.

(b) The Chief of Staff shall be selected by the Prime Minister from amongst the members of the staff on an annually rotating basis.

(c) The person selected shall be appointed Chief of Staff by the Federal President.

Article 115
Civil Administration

The Federal Armed Forces shall at all times remain under civil administration.

Article 116
State of emergency

In a state of emergency the Federal President shall take command of the Federal Armed Forces in his or her capacity as the Supreme Commander of the Federal Armed Forces.

Article 117
Educational programs

(a) The Minister of Defence shall provide for regular instruction of the military personnel.

(b) Military training and instruction at all levels shall include the following subjects:

(i) basic principles of democracy and human rights,

(ii) outlines of civil administration.

Article 118
Compulsory service
There shall be a compulsory service in the Federal Armed Forces. Details shall be subject of a federal law.

Financial matters
Article 119
Ministry of Finance
(a) The Ministry of Finance of the Federal Union shall implement financial laws enacted by the Federal Congress.

(b) The Ministry of Finance shall prepare the annual budget bill. The Government shall introduce the budget bill to the People's Assembly.

Article 120
Financial matters
The Government of the Federal Union shall collect the revenue of the Federal Union, grant development aid to Member States, borrow and repay loans on behalf of the Federal Union, pay the expenses of the Federal Union, and salaries of the civil servants of the Federal Union.

Article 121
Federal Bank
To manage the monetary matters of the Federal Union, a Federal Bank shall be established by law. The Bank shall be independent and free from political interference. The Bank shall issue a single official currency.

Article 122
Monetary provisions
(a) All income of the Government of the Federal Union shall be deposited in the Federal Bank.

(b) No person shall withdraw money from the Federal Union Bank except under appropriation made by law.

(c) The Government of the Federal Union is prohibited from declaring moneys to be unlawful.

Article 123
Financial equalization
When a Member State although carrying out its financial matters properly arrives at a situation where it cannot carry out its functions due to a lack of finances for some reason, or where it will reach a situation where it will not be able to carry out its functions, the Government of the Federal Union shall have the responsibility to resolve such situations by either permitting the apportionate use of Federal Union finances, or by arranging proportional assistance from other States.

Article 124
Auditor General
The Federal President shall appoint a person proposed by the Federal Prime Minister and approved of by the Federal Congress as Auditor General. The Auditor General shall have the right to audit all the accounts of the Federal Union. The findings of the Auditor General are to be submitted to the Government of the Federal Union and the Federal Congress.

Workers and Farmers
Article 125
Workers' rights
(a) The Federal Union shall provide for working conditions that guarantee human dignity to all working persons.

(b) Every working person shall be entitled to equal pay and conditions for equal work.

(c) The Federal Congress shall enact laws providing for social security, appropriate working hours and leave for all working persons.

(d) The right to freely form and participate in workers unions shall be guaranteed.

(e) No person shall be discriminated against for seeking workers' rights in accordance with the law.

Article 126
Farmers' rights
(a) Farmers shall have the right

(i) to freely grow and sell their crops and produce,

(ii) to pay all taxes and levies in cash, and

(iii) to freely form and participate in farmers' unions.

(b) Farmers shall not be discriminated against for seeking their rights in accordance with the law.

Civil Servants
Article 127
Training of Civil Servants
(a) The Government of the Federal Union and the Government of every Member State shall establish appropriate institutes for conducting civil service training courses. The institute for senior service courses shall be under the direction of the Ministry of the Interior.

(b) The participants in senior and special service courses shall be drawn from the Member States on a proportional basis.

Article 128
Free choice of department
Civil servants may not be hindered from changing departments.

Human Rights Commission
Article 129
Human Rights Commission

(a) The Federal Prime Minister shall establish a Human Rights Commission consisting of seven members whom the Federal Congress has consented to.

(b) The Commission shall be competent to investigate on its own initiative or on a receipt of a complaint any alleged violation of human rights.

(c) The Human Rights Commission shall submit a report of its activities to the Federal Congress.

(d) The Federal Congress shall enact laws with regard to the competences of the Human Rights Commission.

Chapter 10
Member States of the Federal Union

Article 130
Self-determination

The Member States shall have the right of self-determination in accordance with this Constitution.

Article 131
State Constitutions

(a) The Constitutions of the Member States shall conform to the democratic principles of this Constitution.

(b) The National Autonomous Regions and Special National Territories shall within their areas have the right to manage all affairs of local concern in accordance with the constitution of the respective Member State.

Article 132
Legislative, executive and judicial powers

Member States shall be entitled to legislative, executive, and judicial powers.

Article 133
State Congress

To ensure minority rights, one assembly of State Congress may be based on the population of that Member State, and the other may be composed of representatives from National Autonomous Regions and Special National Territories on a proportional basis.

Article 134
Security forces

Member States may establish security forces, the strength of which may not exceed 0.1 per cent of the state population.

Article 135
Guarantee of Federal Protection

The Federal Union guarantees that it will on request protect any Member State from external and domestic danger.

Chapter 11
Citizenship

Article 136
Federal Union citizens

(a) Citizen of the Federal Union of Burma is anybody, who

(i) possesses Burmese citizenship at the time of the adoption of this Constitution,

(ii) is born of parents both of whom are Burmese citizens,

(iii) has been granted citizenship according to a federal law.

(b) Burmese citizens who have been deprived of their citizenship prior to the adoption of this Constitution, shall have that citizenship restored on application.

Article 137
Foreigners' rights to citizenship

(a) All foreigners born prior to 4 January 1948 in Burma and since then residing continuously in Burma shall be entitled to Burmese citizenship.

(b) Federal legislation shall make it possible for foreigners to acquire Burmese citizenship.

Article 138
Dual citizenship

Burmese citizens acquiring a foreign citizenship may not lose their Burmese citizenship.

Article 139
Member State citizenship

The legislature of the Member States shall be entitled to enact laws for Member State citizenship.

Chapter 12
State of Emergency

Article 140
State of emergency

A state of emergency shall be declared when:

(i) the territory of the Federal Union is attacked by external armed forces or such an attack is imminent,

(ii) massive destruction, death, and injury resulting from natural disasters have occurred,

(iii) peace and security of the population are seriously threatened.

Article 141
Declaration

On request of the Federal Government, the Federal President shall declare the state of emergency for the territory either of the whole Federal Union or part of it.

Article 142
Period

The period of the state of emergency shall be stated in the aforesaid declaration and shall not exceed six months from the date of the declaration. Any prolongation, which may not exceed six months, requires the approval of the Federal Congress.

Article 143
Mandate and responsibility

(a) The Federal Government shall during a state of emergency be entitled to

(i) deploy security forces of the Member States,

(ii) issue directives to State Governments.

(b) The Federal Armed Forces may only be deployed when actions taken by security forces of the Member States are insufficient. Such deployment shall be approved by the Federal Congress.

(c) The Federal Government shall during the state of emergency report on all actions taken to the Federal Congress.

Article 144
Judiciary in the state of emergency

In any state of emergency judicial power shall remain with the courts. Courts for special jurisdiction shall not be admissible.

Chapter 13
Transitional Provisions

Article 145
Laws, courts and legal proceedings

(a) Any law being in force prior to the adoption of this Constitution and not contradicting it shall remain in force.

(b) Courts on all levels shall continue their proceedings until a new judiciary system has been established according to this Constitution.

Article 146
Civil servants

All civil servants carrying out their duties at the time of the adoption of this Constitution shall remain in office.

Article 147
International treaties

All treaties with foreign countries or companies entered into by the Burmese government prior to the adoption of this Constitution shall be reviewed by the Federal Government and then referred to the Federal Congress.

Article 148
Census

After the adoption of this Constitution, the Federal Government shall take measures to carry out a census of the whole population.

Chapter 14
Amendment to the Constitution

Article 149
Adoption of the bill

(a) This Constitution may be amended only by a law expressly modifying or supplementing its text.

(b) Any amendment to this Constitution shall be effected in the following manner.

(i) A bill of amendment shall be introduced in either the People's Assembly or the National Assembly by at least one third of the representatives of the respective Assembly.

(ii) The proposal shall be notified to the respective other Assembly, the Federal Government, and all Member States.

(iii) The Federal Government and the Member States shall submit their comments to the Federal Congress within 45 days from receiving the proposal.

(iv) At a joint session according to Article (41) (b), the bill of amendment must be carried by a vote of two thirds of the representatives of each assembly to become law.

(v) Such law shall then be signed by the Federal President and promulgated in the Federal Law Gazette.

Darstellung und Würdigung der verfassungsrechtlichen Entwicklung des Verhältnisses zwischen den völkerrechtlichen Verträgen und dem nationalen Recht in Australien

von

Dr. Hubertus Kühner

Böblingen

I. Einleitung

Der Einfluß des Völkerrechts auf das nationale Recht hat während der letzten Jahrzehnte mehr und mehr zugenommen. Aufgrund der zunehmenden Verflechtung der wirtschaftlichen Märkte in der Welt, von zunehmenden weltweiten Problemen in den Bereichen der Umwelt-, Entwicklungs-, Kommunikations-, Verkehrs-, Technologie-, Wissenschafts-, Gesundheitspolitik und des organisierten Verbrechens wurde der Bedarf an Regelungen auf der internationalen Ebene immer größer. In vielen Fällen wurde dieser Bedarf durch Völkerrecht befriedigt, insbesondere durch völkerrechtliche Verträge.

Diese Entwicklung traf Australien unvorbereiteter als andere Staaten. Seine geographische Lage und Geschichte brachte es mit sich, daß die Notwendigkeit, völkerrechtliche Verträge abzuschließen, erstmals auftrat, als Australien vom Vereinigten Königreich unabhängig wurde. Daneben trug beispielsweise das Fehlen von Landgrenzen mit anderen Staaten zu einem geringeren Regelungsbedürfnis auf internationaler Ebene bei. In der jüngeren Vergangenheit haben allerdings völkerrechtliche Verträge auch in Australien sowohl in rechtlicher wie politischer Hinsicht zunehmende Bedeutung erlangt. Im folgenden soll daher nach einem Blick auf den theoretischen Hintergrund die Entwicklung des Verhältnisses von völkerrechtlichen Verträgen zum australischen Rechtssystem anhand von richtungsweisenden Urteilen dargestellt und analysiert werden.

II. Grundlagen

Generell gibt es zwei verschiedene Konzepte im Hinblick auf das Verhältnis von Völkerrecht zu nationalem Recht und damit auf die direkte oder nur indirekte Beeinflussung von nationalem Recht. Die beiden Konzepte, der Monismus und der Dualismus[1], basieren auf einem unterschiedlichen Verständnis von Recht: der Monismus geht davon aus, daß Völkerrecht und nationales Recht nur zwei Aspekte eines einheitlichen Rechtssystems sind, während der Dualismus die völlige Trennung der beiden Rechtssphären annimmt.

A. *Monismus/Dualismus*

Aus der Sicht eines Monisten ist das Recht eine einzige Einheit, die sowohl Völkerrecht wie auch nationales Recht enthält[2]. Begründet wird diese Ansicht damit, daß von der Annahme ausgegangen wird, die staatlichen Rechtsordnungen seien von einem universalen Menschheitsrecht abzuleiten. Das Völkerrecht sei somit überstaatliches, nicht zwischenstaatliches Recht. Eine weitere Differenzierung nach den verschiedenen Objekten dieser Rechtsordnungen (z.B. Staaten und Individuen) oder danach, ob und wie innerhalb dieser vollstreckt werden kann, wird nicht vorgenommen. Der Grund für diese fehlende weitere Differenzierung folgt, wie oben bereits ausgeführt, aus Naturrecht oder anderen theoretischen Überlegungen. Da aber zwei verschiedene Aspekte des Rechts im allgemeinen vorhanden sind – das Völkerrecht und das nationale Recht –, besteht die Notwendigkeit, zu bestimmen, welcher Aspekt Vorrang vor dem anderen hat. Insoweit sind zwei Sichtweisen denkbar.

Zum einen könnte das nationale Recht dem Völkerrecht vorgehen. Diese Sichtweise setzt voraus, daß dem Staat absolute Souveränität zugesprochen wird: Die Kompetenzen des Staates würden dabei nicht durch das Völkerrecht begrenzt, im Gegenteil würde vielmehr jeder Akt des Staates wie z.B. Verordnungen oder Verwaltungsakte das Völkerrecht wenn schon nicht ungültig, so doch wenigstens unanwendbar machen. Aufgrund des bereits erwähnten wachsenden Bedürfnisses nach anwendbaren Regeln des Völkerrechts wird diese Sichtweise heutzutage allerdings nicht mehr vertreten[3].

Zum anderen wäre der Vorrang des Völkerrechts vor dem nationalen Recht denkbar[4]. Hierbei sind wiederum zwei verschiedene Argumentationen denkbar: Der radikale Monismus geht davon aus, daß die Macht des Staates, auf seinem Staatsgebiet Staatsgewalt auszuüben, von grundlegenden Regeln des Völkerrechts abzuleiten sei. Deswegen müßten völkerrechtliche Regelungen immer einen höheren Status als nationales Recht haben. Bei einem Konflikt zwischen Völkerrecht und nationalem Recht würde letzteres nichtig. Dagegen vermeidet der gemäßigte Monismus die harten Konsequenzen der radikalen Variante im Falle von sich widersprechenden Regelungen im nationalen und im Völkerrecht. Die Regeln des nationalen Rechts seien so

---

[1] Vgl. hierzu allgemein *K. Ipsen*: „Völkerrecht", 3. Aufl. 1990, S. 1071 ff.; *G. Dahm*: „Völkerrecht", Bd. I/1, 2. Aufl. 1988, S. 98 ff.; *I. Seidl-Hohenveldern*: „Völkerrecht", 6. Aufl. 1987, S. 132 ff.; *A. Verdross/B. Simma*: „Universelles Völkerrecht", 3. Aufl. 1984, S. 66 ff.; *L. Oppenheim*: „International Law – A Treatise, Vol. I – Peace", *H. Lauterpacht* (Hrsg.), 8. Aufl. 1967, S. 35 ff.; *I. Shearer*: „Starke's International Law", 11. Aufl. 1994, S. 63 ff.

[2] Vgl. *I. Shearer*: „Starke's International Law", 11. Aufl. 1994, S. 65.

[3] Vgl. *M. Schweitzer*: „Staatsrecht III – Staatsrecht, Völkerrecht, Europarecht", 4. Aufl. 1992, S. 10.

[4] Vgl. z.B. *A. Verdross/B. Simma*: „Universelles Völkerrecht", 3. Aufl. 1984, S. 67 ff.

lange anwendbar, bis der jeweilige Staat seine Verpflichtung erfüllt hat, das nationale Recht in Übereinstimmung mit dem Völkerrecht zu bringen.

Mit zunehmenden Zweifeln an dem Konzept des Naturrechts während des neunzehnten und zwanzigsten Jahrhunderts gewann der Positivismus eine wachsende Zahl von Vertretern in der Rechtslehre. Diese Entwicklung wurde dadurch begünstigt, daß in der philosophischen Diskussion dieser Jahrzehnte die Souveränität des Staates nach innen und außen betont wurde[5]. Im Gegensatz zum Monismus entwickelte sich dadurch die Lehre vom Dualismus, wonach mit Völkerrecht und nationalem Recht zwei völlig voneinander getrennte Rechtssysteme gegeben seien. Die wichtigsten Unterschiede dieser beiden Rechtssysteme werden in folgenden Punkten gesehen:

– Struktur des Rechtssystems (das Völkerrecht beruhe auf Konsens, das nationale Recht auf Subordination)
– Rechtssubjekte (Staaten und internationale Organisationen einerseits, natürliche und juristische Personen andererseits)
– Anwendungsfelder (zwischen den Staaten bzw. innerhalb eines Staates)
– Rechtsquellen (gemeinsamer Wille der Staaten einerseits und Wille des staatlichen Souveräns andererseits)
– Vollstreckbarkeit (keine direkte Möglichkeit zur Vollstreckung von Völkerrecht, vollstreckbare Urteile im nationalen Recht)

Da von zwei völlig voneinander getrennten Rechtsystemen auszugehen ist, wird es nötig, die gegenseitige Beeinflussung zu definieren. Nach dem radikalen Dualismus ist überhaupt keine Form von gegenseitiger Beeinflussung vorhanden. Wo sich widersprechende Regelungen im nationalen und im Völkerrecht existieren, sind beide in ihrem jeweiligen Bereich anwendbar. Der gemäßigte Dualismus argumentiert dagegen, daß eine Regelung des nationalen Rechts trotz der Inkonsistenz mit Völkerrecht gültig und anwendbar bleibt. Allerdings ist in diesem Fall der Staat auf völkerrechtlicher Ebene für den dadurch enstandenen Bruch von Völkerrecht verantwortlich.

Der Unterschied des gemäßigten Dualismus zum gemäßigten Monismus mit Völkerrechtsprimat ist somit nicht sehr groß. Beide Konzepte nehmen an, daß es einen zumindest faktischen Vorrang des Völkerrechts gibt, und daß das widersprechende nationale Recht gültig und anwendbar bleibt. Monisten betonen die völkerrechtliche Verpflichtung von Staaten, ihr nationales Recht in Übereinstimmung mit dem Völkerrecht zu bringen, wogegen Dualisten das Fehlen von formalen Sanktionsmöglichkeiten im Falle von sich widersprechenden Regelungen hervorheben. Deswegen ist vor allem der konzeptionelle Hintergrund des Rechts als eine Einheit oder die Summe von nationalem und Völkerrecht der hauptsächlich verbleibende Unterschied.

Aufgrund der geringen praktischen Relevanz dieser Diskussion im Hinblick auf das Verhältnis von nationalem zum Völkerrecht wurde diese als irreal, künstlich und völlig neben der Sache bezeichnet[6]. Entsprechend dieser Kritik scheint die Diskussion einen eher akademischen Charakter zu haben. Die von den Dualisten beschriebenen Unterschiede sind unter Umständen nicht notwendig oder zumindest nicht mehr länger sinnvoll:

---

[5] Vgl. *I. Shearer:* „Starke's International Law", 11. Aufl. 1994, S. 64f.
[6] Vgl. *F. Fitzmaurice* 92 Recueil des Cours (1957-I), S. 5ff., S. 70ff.

– Staaten könnten als juristische Personen betrachtet werden, so daß kein prinzipieller Unterschied in der Natur der jeweiligen Rechtssubjekte zu sehen ist.
– Es existieren Regelungen des Völkerrechts, die auch Individuen und nicht nur Staaten oder internationale Organisationen berechtigen oder verpflichten.
– Der Wille des staatlichen Souveräns ist der gemeinsame Wille der ‚Mitglieder‘ dieses Staates, der Staatsbürger. Dem entspricht, daß der Wille der internationalen Gemeinschaft der gemeinsame Wille der ‚Mitglieder‘ dieser Gemeinschaft, der Staaten, ist. Ein struktureller Unterschied besteht insoweit nicht.
– Es gibt keinen konzeptionellen Unterschied zwischen privatrechtlichen Verträgen und völkerrechtlichen Konventionen, da beide auf dem Prinzip *pacta sunt servanda* beruhen. Dadurch könnte die Unterschiedung nach Konsens und Subordination als Basis unnötig werden.
– Die Vollstreckungsmöglichkeiten von nationalem und Völkerrecht müssen nicht notwendigerweise die gleichen sein.

Darüberhinaus können beide Konzepte folgende Frage nicht lösen: Da das Völkerrecht in den meisten Fällen nur Staaten zum Adressaten hat, besteht die Notwendigkeit, das Völkerrecht innerhalb des Staates anwendbar zu machen, um auch natürliche und juristische Personen im Staat in seinen Geltungsbereich einzubeziehen. Diese Notwendigkeit ist im Dualismus mit seiner Annahme der getrennten Rechtssysteme evident. Aber auch im Monismus mit seiner Annahme eines einheitlichen Rechtssystems geht man davon aus, daß das Völkerrecht das Recht zwischen den Staaten ist und so nur diese und nicht auch die Staatsbürger binden kann.

B. Transformations-/Adoptions-/Vollzugslehre

Um dieser Frage der Anwendbarkeit von Regelungen des Völkerrechts im nationalen Recht zu klären, sind drei verschiedene Lehren entwickelt worden: die Transformations-, die Adoptions- und die Vollzugslehre[7].

Die Transformationslehre postuliert die Notwendigkeit, Völkerrecht durch einen Akt der Legislative in nationales Recht umzuwandeln. Dieser Akt kann sowohl generell Regelungen des Völkerrechts in nationales Recht transformieren, oder dies im jeweiligen speziellen Einzelfall tun. Der Akt enthält auf staatlicher Ebene – meist in Gesetzesform – diejenigen Regelungen des Völkerrechts, die innerhalb des Staates als nationales Recht anwendbar sein sollen. Insoweit reproduzieren diese nationalen Bestimmungen nur die völkerrechtlichen Regelungen. Dadurch hat die jeweilige Regelung auf nationaler wie auf internationaler Ebene den gleichen Inhalt, wenn auch die Rechtsquellen, die Rechtssubjekte und der Zweck verschieden sind. Allerdings ergibt sich aus der Transformation eine wichtige Konsequenz: Wenn die völkerrechtliche Regelung sich ändert, bleibt dennoch die nationale Bestimmung solange unverändert, bis sie durch einen entsprechenden Akt der Legislative an die neue Regelung angepaßt wird. Dieses Ergebnis wurde als unbefriedigend angesehen, da die strenge Tren-

---

[7] Vgl. hierzu allgemein *K. Ipsen*: „Völkerrecht", 3. Aufl. 1990, S. 1077 ff.; *A. Verdross/B. Simma*: „Universelles Völkerrecht", 3. Aufl. 1984, S. 430 ff.; *M. Schweitzer*: „Staatsrecht III – Staatsrecht, Völkerrecht, Europarecht", 4. Aufl. 1992, S. 117 ff.

nung der beiden Rechtssysteme nicht praktikabel ist. Um einen Völkerrechtsbruch zu vermeiden sollte daher die Legislative die jeweilige Regelung des nationalen Rechts mit der Bestimmung des Völkerrechts verbinden. Die gemäßigte Transformationslehre[8] erreicht diese Verbindung darüber, daß sie davon ausgeht, daß die Transformation nur den Wechsel der gebundenen Subjekte vom Staat auf die Individuen und staatlichen Institutionen bewirke. Diese seien nun die Träger der jeweiligen Rechte und Pflichten. Die Gültigkeit der Bestimmungen des nationalen Rechts hängen dagegen unmittelbar von den völkerrechtlichen Regelungen ab. Da die Transformationslehre von einer Trennung von nationalem und Völkerrecht ausgeht, wird sie meist mit dem Dualismus verbunden. Allerdings kann auch im Monismus vertreten werden, daß eine Transformation stattfindet, wenn sie auch nicht unbedingt notwendig ist. Der Rang der transformierten völkerrechtlichen Regelung läßt sich anhand des Ranges der jeweiligen Bestimmung des Umsetzungsaktes der Legislative im nationalen Recht bestimmen.

Die Adoptionslehre geht davon aus, daß völkerrechtliche Regelungen durch einen generellen Akt oder durch spezielle Akte der Legislative im jeweiligen Einzelfall in das nationale Recht adoptiert werden. Dabei bleiben die völkerrechtlichen Regelungen aber Völkerrecht, sie werden nicht in nationales Recht verwandelt. Deswegen bestimmt sich ihre Gültigkeit auch nach Völkerrecht und nicht nach dem nationalen Recht. Durch die Adoption wird die völkerrechtliche Regelung dann im Staat anwendbar. Die Adoptionslehre wird normalerweise mit dem Monismus verbunden, da es schwierig ist, dazulegen, wie eine Regelung des Völkerrechts in das nationale Recht adoptiert und dennoch von der Natur her Völkerrecht bleiben kann (und damit anderen Zwecken dient, durch andere Rechtsquellen erzeugt wurde und an andere Subjekte gerichtet ist), wenn eine Trennung der beiden Rechtssysteme vorausgesetzt wird. Der Rang der adoptierten Regelung des Völkerrechts wird durch den Adoptionsakt der Legislative oder auch durch das Verfassungsrecht des Staates bestimmt.

Die Vollzugslehre schließlich nimmt an, daß durch einen innerstaatlichen Akt der Vollzug der völkerrechtlichen Regelung freigegeben wird. Die Unterscheidung zur Adoptionslehre ist somit sehr subtil und eher eine der Formulierung als des Inhalts. Insbesondere führen beide Lehren zu den gleichen Konsequenzen.

In ihren Bemühungen, Konflikte zwischen der Gültigkeit von völkerrechtlichen Regelungen und den nationalen Bestimmungen zu vermeiden, ähneln sich darüberhinaus die gemäßigte Transformations- und die Adoptionslehre stark. Auch in dieser Frage erscheint die Diskussion eher künstlich und wirklichkeitsfremd. Dies umso mehr als angenommen wird, daß nicht jede völkerrechtliche Regelung innerstaatlich anwendbar sein kann[9]. Manche dieser Regelungen sind ausschließlich an die jeweiligen Staaten adressiert und nicht an die Institutionen des Staates oder gar die Individuen[10].

Da diese theoretischen Diskussionen isoliert betrachtet eher akademisch erscheinen, sollen sie später auf der Grundlage der Praxis Australiens nochmals untersucht werden.

---

[8] Vgl. *M. Schweitzer:* „Staatsrecht III – Staatsrecht, Völkerrecht, Europarecht", 4. Aufl. 1992, S. 118ff.

[9] Vgl. *M. Schweitzer:* „Staatsrecht III – Staatsrecht, Völkerrecht, Europarecht", 4. Aufl. 1992, S. 122ff.

[10] Z.B. Zusammenarbeitsverträge zwischen Staaten.

III. Entwicklungsphasen

Die Entwicklung der Diskussion zur Frage des Verhältnisses von völkerrechtlichen Verträgen zum australischen Recht läßt sich an verschiedenen Urteilen darstellen, die als Präzedenzfälle im *common law* erhebliche Bedeutung haben. Die erste Phase ist in der Übernahme von britischen Präzedenzfällen in Australien zu sehen, da die Fortentwicklung des *common law* noch zu keinen eigenen, insbesondere keinen abweichenden Urteilen geführt hatte. Als erster und bedeutenster Präzedenzfall wird dabei das Urteil in *The Parlement Belge* angesehen. Die erste australische Bestätigung dieses britischen Präzedenzfalles findet sich sodann in *Chow Hung Ching v. The King*. Daran an schließen sich einige australische Entscheidungen, die die zuvor dargelegten Grundsätze näher ausgestalten. Schließlich werden auch in *Minister for Immigration and Ethnic Affairs v. Teoh* die noch im britischen High Court of Justice entwickelten Grundsätze übernommen, wobei in diesem Fall eine viel weitreichendere Wirkung von völkerrechtlichen Verträge im australischen Recht angenommen wird. Dieses Urteil wurde in Australien heftig diskutiert und führte zu Tätigkeiten der Exekutive und des Parlaments.

A. „*The Parlement Belge*"

Da Australien sein *common law* mit den ersten britischen Sträflingen und Siedlern empfing, sind im Bereich des Verhältnisses zwischen Völkerrecht und australischem Recht immer noch einige *common law* Regelungen anwendbar. Insbesondere bestehen nach wie vor einige Präzedenzfälle, die aufgrund der *stare decisis* Regel fortgelten. Ein solcher Präzedenzfall ist in dem Urteil *The Parlement Belge*[11] des High Court of Justice vom 15. 3. 1879 unter Sir Robert Phillimore zu sehen, in welchem die bis heute in Australien fortgeltende Entscheidung getroffen wurde, daß Regelungen bestimmter völkerrechtlicher Verträge ohne eine Implementierung durch die Legislative nicht im nationalen Recht anwendbar sind.

1. Sachverhalt

Dem Urteil lag folgender Sachverhalt zugrunde: Die Eigner der *Daring*, einem Schlepper, klagten gegen das Dampfschiff *Parlement Belge* und seine Fracht auf Beschlagnahme und Schadensersatz, nachdem die *Parlement Belge* im Hafen von Dover die vor Anker liegende *Daring* gerammt und beschädigt hatte. Die Verursachung des Schadens durch die *Parlement Belge* stand außer Frage. Allerdings ergab sich die Notwendigkeit einer gerichtlichen Klärung, da die *Parlement Belge* dem König von Belgien gehörte und als Postschiff zwischen Dover und Ostende eingesetzt wurde. Aufgrund dieser Tatsache wurde die *Parlement Belge* als immun gegenüber jedweden Ansprüchen betrachtet und von Beklagtenseite überhaupt nicht auf die Klage reagiert. Die Interessen des Beklagten nahm der Anwalt der britischen Admiralität wahr.

Im Klägervortrag wurde erklärt, daß die *Parlement Belge* den Schaden unstreitig ver-

---

[11] *The Parlement Belge* (1878–9) 4 Probate Division [P.D.] S. 129ff.

ursacht habe und der Jurisdiktion des Gerichts unterliege, da ihr nicht die Privilegien eines Kriegsschiffes zustünden, obwohl solche in Art. VI der Konvention zwischen ihrer Majestät und dem König von Belgien zur Regulierung der Kommunikation per Post zwischen dem britischen und dem belgischen Hoheitsgebiet vorgesehen seien. In diesem Artikel waren Postschiffe den Kriegsschiffen gleichgestellt worden. Daß diese Konvention im vorliegenden Fall nicht anwendbar sei, wurde mit zwei Argumenten begründet: Zum einen sei die Konvention insoweit nicht anwendbar, als Art. VI die Rechte eines britischen Staatsbürgers einschränke. Eine solche Einschränkung hätte aber nur über eine gesetzliche Implementierung der Regelung durch das Parlament erfolgen können. Aber selbst wenn diese Regelung anwendbar gewesen wäre, hätte die *Parlement Belge* nicht als Kriegsschiff im Sinne der Konvention zu gelten: die *Parlement Belge* hatte unstreitig nicht nur Post, sondern regelmäßig auch Passagiere und Fracht in erheblichem Umfang transportiert. Art. XI der Konvention verbot aber den Transport von Fracht auf den Postschiffen.

Demgegenüber erklärte der Anwalt der Admiralität auf Beklagtenseite, daß die *Parlement Belge* unstreitig dem König von Belgien zu öffentlichen Zwecken gehöre und mit einer aus Angehörigen der belgischen Marine bestehenden Mannschaft ausgestattet sei. Damit sei unabhängig von der Konvention zu folgern, daß es sich bei der *Parlement Belge* um ein einem Kriegsschiff oder einer Privatyacht eines fremden Souveräns im Hinblick auf die Immunität gleichzustellendes Schiff handele. Darüberhinaus sei in der Konvention eine Erklärung des britischen Souveräns erfolgt, Postschiffe den privilegierten Status eines Kriegsschiffes zu übertragen, was der Ernennung von Diplomaten ähnle und daher ausschließlich in der Kompetenz der Krone liege. Daß ein Verstoß gegen Art. XI der Konvention durch den gewerblichen Transport von Fracht gegeben sei, ändere nichts an der Gültigkeit der Konvention und damit der Immunität der *Parlement Belge*.

2. Entscheidung

In seinem Urteil schloß sich Sir Robert Phillimore dem Antrag der Kläger an. In einem ersten Schritt untersuchte er den Status der *Parlement Belge* als immunes Kriegsschiff. Er stellte fest, daß ein Postschiff weder einem bewaffneten Kriegsschiff, noch einer dem Vergnügen des Souveräns dienenden Privatyacht gleichzustellen sei. Insbesondere die wirtschaftliche Tätigkeit des Postschiffes rechtfertige es, eine Parallele zu dem Umfang der Immunität eines Botschafters zu ziehen. Dort sei anerkannt, daß ein Botschafter seine Privilegien verlieren könne, wenn er sich wirtschaftlich engagiere, und daß die Waren, die mit seiner diplomatischen Funktion nicht verbunden seien, beschlagnahmt werden könnten. Gerade in der Notwendigkeit, den Status eines Postschiffes als privilegiertes Schiff in der Konvention zu begründen, sieht Sir Phillimore ein Anzeichen dafür, daß der Status nicht bereits aus anderen Gründen zu bejahen ist. Daraus folgerte er, daß

„neither upon principle, precedent, nor analogy of general international law, should I be warranted in considering the *Parlement Belge* as belonging to that category of public vessels which are exempt from process of law and all private claims."[12]

---

[12] *Ibid.* S. 149.

Danach analysierte Sir Phillimore die Frage, welche Wirkung der Konvention zukomme. Dabei stellt er in Übereinstimmung mit Kläger und Beklagten fest, daß die Verhandlung und der Abschluß völkerrechtlicher Verträge eine Prärogative der Krone darstellten. Davon zu trennen sei aber die Frage, ob der Vertrag dann auch ohne Zustimmung des Parlaments operativ sein könne. Da im vorliegenden Fall Rechte von britischen Staatsbürgern berührt seien, hätte eine Implementierung durch die Legislative erfolgen müssen:

> „If the Crown had power without the authority of parliament by this treaty to order that the *Parlement Belge* should be entitled to all the privileges of a ship of war, then the warrant, which is prayed for against her as a wrong-doer on account of the collision, cannot issue, and the right of the subject, but for this order unquestionable, to recover damages for the injuries done to him by her is extinguised. This is a use of the treaty-making prerogative of the Crown which I belive to be without precedent, and in principle contrary to the laws of the constitution. ...“[13]

Sir Phillimore fährt dann fort, die Konsequenzen einer solchen Kompetenz der Krone darzulegen, die dazu führte, daß z.B. die Krone auch Schiffe, die keine Kriegsschiffe, und Personen, die keine Botschafter sind, vor der Rechtsverfolgung durch britische Staatsbürger bewahren könnte, die durch diese einen Schaden erlitten hätten. Aufgrund der Unanwendbarkeit der Konvention wegen mangelnder Implementierung spiele auch keine Rolle, daß die Verletzung einer Regelung wie Art. XI der Konvention nicht automatisch die Nicht-Anwendbarkeit der ganzen Konvention für das fragliche Schiff herbeiführe.

Mit diesem Urteil wurde somit klargestellt, daß völkerrechtliche Verträge, die die Rechte britischer Staatsbürger einschränken, der Implementierung durch die Legislative bedürfen. Ohne eine solche Implementierung sind die Regelungen der Verträge innerstaatlich nicht anwendbar. Darüberhinaus existieren allerdings auch völkerrechtliche Verträge, die keiner Implementierung bedürfen, wie z.B. Friedensverträge und Allianzen.

Das Urteil wurde allerdings vom Court of Appeal im Folgejahr wieder aufgehoben[14]. Dies wurde damit begründet, daß es für die Annahme von Immunität ausreiche, wenn das Schiff im Eigentum des Souveräns von Belgien in seiner öffentlichen Funktion stand und mit belgischen Marineangehörigen bemannt war. Es kam damit nicht darauf an, ob die *Parlement Belge* auch wirtschaftlich tätig geworden war.

> „... that the real principle on which the exemption of every sovereign from the jurisdiction of every court has been deduced is that the exercise of such jurisdiction would be incompatible with his real dignity – that is to say, with his absolute independence of every superior authority.“[15]

Da in dieser Appeal-Entscheidung somit schon im ersten Schritt die Immunität bejaht worden war, kam es auf die Konvention nicht mehr an. Deswegen blieb für Frage der Implementierungsbedürftigkeit von völkerrechtlichen Verträgen das Urteil Sir Phillimores weiterhin als Präjudiz maßgeblich.

---

[13] *Ibid.* S. 154 f.
[14] *The Parlement Belge* (1880) P.D. 197.
[15] *Ibid.* S. 207 (Richter Brett).

B. „*Chow Hung Ching v. The King*"

Die erste Erklärung des australischen *High Court* aus dem Jahre 1948 zur Frage des Verhältnisses von völkerrechtlichen Verträgen zum australischen Recht findet sich in *Chow Hung Ching v. The King*[16]. Obwohl dort die Frage der Implementierungsbedürftigkeit von völkerrechtlichen Verträgen für die Entscheidung des Falles keine Rolle spielte, wird das unten erwähnte *obiter dictum* dennoch als das in Australien maßgebliche Präjudiz angesehen und dadurch in den folgenden Fällen immer wieder zitiert und analysiert. Alleine die zeitliche Priorität hätte allerdings dazu führen müssen, die Äußerung vom vorsitzenden Richter Latham des *High Court* im Fall *R. v. Burgess; ex parte Henry*[17] aus dem Jahre 1936 als maßgeblich zu betrachten:

„The Commonwealth Parliament was given power to legislate to give effect to international obligations binding the Commonwealth or to protect national rights internationally obtained by the Commonwealth whenever legislation was necessary or demmed to be desirable for this purpose. … at least as a general rule, a treaty cannot affect the private rights under municipal law of British subjects, so that often legislation is required to implement a treaty."[18]

In diesem Urteil war in Frage gestanden[19], ob das Commonwealth Parliament dazu kompetent war, zur Implementierung eines völkerrechtlichen Vertrages, eines Luftfahrtabkommens, gestützt auf die Gesetzgebungskompetenz in auswärtigen Angelegenheiten, ein entsprechendes Gesetz zu erlassen. Dies war deswegen problematisch, weil ihm eine Befugnis zur Regelung des innerstaatlichen Luftverkehrs nach der Verfassung ansonsten nicht zustand. Da sich das oben aufgeführte Zitat allerdings auf britische Staatsbürger bezog, war es als Präjudiz wohl nicht so geeignet wie das *obiter dictum* in *Chow Hung Ching v. The King*.

1. Sachverhalt

1948 hielten sich auf der Insel Manus im australischen Mandatsgebiet von Neu Guinea ungefähr 300 chinesische Staatsbürger mit Billigung der australischen Regierung auf, um dort übriggebliebene Kriegsvorräte einzusammeln, die von den Vereinigten Staaten von Amerika an dir Republik China verkauft worden waren. Die Chinesen waren teilweise Arbeiter und Personal der Armee. Obwohl sie keine Waffen trugen, war anzunehmen, daß sie militärischer Disziplin unterworfen waren und von Offizieren der chinesischen Armee befehligt wurden. Zwei der chinesischen Arbeiter töteten einen Einwohner der Insel und wurden vor dem Obersten Gerichtshof von Papua-Neu Guinea angeklagt und verurteilt. Sie legten Rechtsmittel dagegen an den *High Court* ein, in welchem sie argumentierten, daß sie nicht der Jurisdiktion des Obersten Gerichtshofs unterlegen hätten, da sie als Angehörige der Armee eines fremden Staates, die auf Einladung Australiens in dessen Territorium verweilt hätten, als immun anzusehen wären.

---

[16] *Chow Hung Ching v. The King* (1948) 77 Commonwealth Law Reports [C.L.R.] S. 449ff.

[17] *R. v. Burgess; ex parte Henry* (1936) 55 C.L.R. S. 608ff.

[18] *Ibid.* S. 645.

[19] Zu diesem Urteil vgl. *R. Hofmann*: „Föderalismus und Auswärtige Gewalt in Australien", Vol. 48 (1988) Zeitschrift für ausländisches öffentliches Recht und Völkerrecht, S. 489ff., S. 492ff.

2. Entscheidung

Nachdem der *High Court* den Umfang der Immunität näher untersucht hatte, kam er zu dem Ergebnis, daß hier keine vorliegen könnte, da die Arbeiter nicht als Armeeangehörige anzusehen seien. Während dieser Untersuchung erklärte allerdings Richter Dixon im Zusammenhang mit der Wahrnehmung auswärtiger Angelegenheiten durch die Exekutive ganz allgemein:

„A declaration of peace or war produces definite consequences because the rules of the common law govern the conduct of the king's subjects with reference to a state of war. But a treaty, at all events one which does not terminate a state of war, has no legal effect upon the rights and duties of the subjects of the Crown and speaking generally no power resides in the Crown to compel them to obey the provisions of a treaty ... On the other hand the recognition by the Crown of the sovereignty of a foreign State of government does produce under the common law immediate effects municipally."[20]

Obwohl dieser Äußerung keine Entscheidungserheblichkeit zukam, zeigte sie doch, daß der *High Court* an der britischen Auffassung, die Sir Phillimore in *The Parlement Belge* geäußert hatte, festhielt. Dies wurde in der Folge in einer großen Zahl von Urteilen bestätigt.

3. Bestätigende Urteile

In *Bradley v. The Commonwealth*[21] wurde der Grundsatz der Implementierungsbedürftigkeit von völkerrechtlichen Verträgen wiederholt und dahigehend spezifiziert, daß eine generelle Verweisung auf einen solchen Vertrag nicht ausreiche. In Frage gestanden war dabei die Rechtmäßigkeit der Unterbindung von Postverkehr des Rhodesischen Regimes mit dem Rodesischen Informationszentrum in Sydney, die aufgrund einer Resolution des Sicherheitsrates vom australischen Postmaster-General angeordnet worden war.

„The Parliament has passed the *Charter of the United Nations Act* 1945 (Cth), s.3 of which provides that ‚The Charter of the United Nations (a copy of which is set out in the Schedule to this Act) is approved'. That provision does not make the Charter itself binding on individuals within Australia as part of the law of the Commonwealth. ... Section 3 of the *Charter of the United Nations Act* 1945 was no doubt an effective provision for the purposes of international law, but it does not reveal any intention to make the Charter binding upon persons within Australia as part of the municipal law of this country, and it does not have that effect. Since the Charter and the resolutions of the Security Council have not been carried into effect within Australia by appropriate legislation, they cannot be relied upon as justification for executive acts that would otherwise be unjustified, or as grounds for resting an injunction to restrain an excess of executive power, even if the acts were done with a view to complying with the resolution of the Security Council."[22]

In *Simsek v. Macphee*[23] hatte sich der Kläger gegen die Androhung seiner Abschiebung gewandt, indem er sich auf seine Flüchtlingsstellung nach der Genfer Flücht-

---

[20] *Chow Hung Ching v. The King* (1948) 77 C.L.R. S. 449ff., S. 478.
[21] *Bradley v. The Commonwealth* (1973) 128 C.L.R. S. 557ff.
[22] *Ibid.* S. 582 (Vors. Richter Barwick und Richter Gibbs).
[23] *Simsek v. Macphee* (1982) 148 C.L.R. S. 636ff.

lingskonvention berufen hatte. Da Australien zwar Partei der Konvention geworden, diese jedoch noch nicht implementiert worden war, hatte die Argumentation keinen Erfolg:

„Accepted doctrine in this Court is that treaties have no legal effect upon the rights and duties of subjects of the Crown."[24]

In *Koowarta v. Bjelke-Petersen*[25] wandte sich ein Ureinwohner Australiens gegen die Weigerung der Exekutive, die Übertragung von Weiderechten zu genehmigen. Er berief sich dabei auf den *Racial Discrimination Act* 1975 (Cth), der der Implementierung des von Australien 1974 ratifizierten Übereinkommens zur Beseitigung jeder Form von Rassendiskriminierung von 1966 diente[26]. Er war mit seiner Klage erfolgreich, da der *High Court* die Annahme der Verteidigung, daß der Bund zur Gesetzgebung im Bereich der Rassendiskriminierung nicht durch die Verfassung ausdrücklich ermächtigt sei, ablehnte. Nach Auffassung des *High Court* konnte der *Racial Discrimination Act* als Umsetzung der völkerrechtlichen Konvention auf die *external affairs power* gestützt werden. Während der Untersuchung der Reichweite dieser Kompetenz wiederholte der *High Court* das Konzept der grundsätzlichen Implementierungsbedürftigkeit von völkerrechtlichen Verträgen:

„… the exercise of treaty-making power was not to create municipal law. For that legislative action would be required."[27]

„It is a well settled principle of the common law that a treaty not terminating a state of war has no legal effect upon the rights and duties of Australian citizens and is not incorporated into Australian law on its ratification by Australia."[28]

Interessant im Hinblick auf die weitere Entwicklung des Verhältnisses völkerrechtlicher Verträge zu nationalem Recht ist die Aussage in Bezug auf die fehlende Wirkung der Ratifikation von völkerrechtlichen Verträgen, die im Falle *Minister for Immigration and Ethnic Affairs v. Teoh*[29] im Zentrum der Aufmerksamkeit stand.

Das Prinzip der Implementierungsbedürftigkeit wurde danach in *Kioa v. West*[30] nochmals bestätigt:

„It is trite to say that treaties do not have the force of law unless they are given that effect by statute."[31]

In diesem Fall war vom *High Court* entschieden worden, daß Abschiebung von Tongalesen nicht durch die Rechte der in Australien geborenen Tochter nach der UN Konvention über die Rechte des Kindes unzulässig sei, da diese nocht nicht implementiert worden war.

---

[24] *Ibid*. S. 641.
[25] *Koowarta v. Bjelke-Petersen* (1982) 153 C.L.R. S. 168ff.
[26] Zu diesem Fall vgl. *R. Hofmann*: „Föderalismus und Auswärtige Gewalt in Australien", Vol. 48 (1988) Zeitschrift für ausländisches öffentliches Recht und Völkerrecht, S. 489ff., S. 494ff.
[27] *Koowarta v. Bjelke-Petersen* (1982) 153 C.L.R. S. 168ff., S. 212 (Richter Stephen).
[28] *Ibid*. S. 224 (Richter Mason).
[29] Vgl. unten D.
[30] *Kioa v. West* (1985) 159 C.L.R. S. 550ff.
[31] *Ibid*. S 570 (Vors. Richter Gibbs).

Schließlich wurde das Prinzip der Implementierungsbedürftigkeit völkerrechtlicher Verträge nochmals in *Dietrich v. The Queen*[32] postuliert, wobei auch hier eine interessante Aussage über die Wirkungen der Ratifikation enthalten ist:

> „Ratification of the International Covenant on Civil and Political Rights (ICCPR) as an executive act has no direct legal effect upon domestic law; the rights and obligations contained in the ICCPR are not incorporated into Australian law unless und until specific legislation is passed implementing the provisions."[33]

Hier war vom *High Court* eine Verurteilung aufgehoben worden, die ohne die Mitwirkung eines Anwalts auf Angeklagtenseite stattgefunden hatte. Dieses Zitat faßt nochmals das Prinzip der speziellen Implementierungsbedürftigkeit zusammen, wobei die Äußerung im Hinblick auf etwaige indirekte Folgen der Ratifikation wie eine Vorahnung auf die drei Jahre später folgende Entscheidung im Fall *Minister for Immigration and Ethnic Affairs v. Teoh*[34] erscheint.

C. Nähere Ausgestaltung des Verhältnisses in weiteren Entscheidungen

Neben dem soeben dargestellten, grundsätzlichen Prinzip wurde aber die Frage des Verhältnisses völkerrechtlicher Verträge zum australischen Recht in anderen Entscheidungen weiter ausgestaltet.

1. Völkerrechtskonforme Auslegung von Gesetzen

In *Yager v. R.*[35] erfolgte eine Verurteilung wegen der Einfuhr und des Besitzes von Canabis-Pflanzen, was nach s.233B(1) des *Customs Act* 1901–1975 (Cth) unter Strafe stand. Dabei war fraglich, wie diese Vorschrift auszulegen sei, d.h. ob die tatsächlich eingeführten Canabis-Pflanzen davon betroffen seien. Zur Auslegung wurde vom *High Court* der *International Code of Botanical Nomenclature* herangezogen und damit die Verurteilung aufrechterhalten:

> „There is no basis on which the provisions of an international convention can control or influence the meaning of words or expressions used in a statue, unless it appears that the statute was intended to give effect to the convention, in which event it is legitimate to resort to the convention to resolve an ambiguity in the statute".[36]

Diesen Grundsatz, daß im Falle der Mehrdeutigkeit einer Bestimmung des implementierenden Gesetzes der völkerrechtliche Vertrag zur Auslegung herangezogen werden kann, wurde danach in *R. v. Sillery*[37] bestätigt. Dort war zu untersuchen gewesen, ob eine lebenslange Zwangsarbeit als Verurteilung aufgrund einer Flugzeugent-

---

[32] *Dietrich v. The Queen* (1992) 177 C.L.R. S.292ff.
[33] *Ibid.* S.305 (Vors. Richter Mason und Richter McHugh).
[34] Vgl. unten D.
[35] *Yager v. R.* 13 Australian Law Reports [A.L.R.] S.247ff.
[36] *Ibid.* S.257 (Richter Mason).
[37] *R. v. Sillery* 30 A.L.R. S.653ff., S.656 (Richter Lucas).

führung nach s.8(3) des *Crimes (Hijacking of Aircraft) Act* 1972 (Cth) rechtmäßig gewesen war. Der *High Court* stelle dabei fest, daß keine Mehrdeutigkeit vorgelegen hatte.

In *Chu Kheng Lim v. Minister for Immigration*[38] wurde nochmals auf die völkerrechtskonforme Auslegung von Gesetzen eingegangen. In diesem Fall waren kambodschanische Flüchtlinge über das Meer ohne Einreiseerlaubnis nach Australien gekommen und als illegale Einwanderer verhaftet worden. Sie hatten daraufhin argumentiert, daß bei einer völkerrechtskonformen Auslegung der Ermächtigung zur Verhaftung im *Migration Act* 1958 (Cth) ihre Verhaftung aufzuheben sei. Der *High Court* stellte hier nochmals folgendes fest:

> „... that the courts should, in a case of ambiguity, favour a construction of a Commonwealth statute which accords with the obligations of Australia under an international treaty."[39]

2. Weiterentwicklung des common law

Eine andere Art des Einflusses von völkerrechtlichen Verträgen auf das australische Recht findet sich in der revolutionären Entscheidung des *High Court* von 1992 *Mabo v. Queensland [No. 2]*[40]. Dem Urteil lag dabei folgender Sachverhalt zugrunde:

Als die britische Verwaltung 1788 eine Sträflingskolonie in *New South Wales* errichtete, war das Land nach dem damaligen Recht als herrenlos anzusehen gewesen. Darüberhinaus war davon ausgegangen worden, daß die größtenteils als Nomaden lebende Gemeinschaft der Ureinwohner (sog. Aborigines) über keine anerkannte Rechtsordnung verfügten. Neu entdecktes Territorium, das nur von Nomaden genutzt wurde, war als *terra nullius* betrachtet worden, das heißt als Land, das niemandem gehörte. Die zehntausend Jahre lange Nutzung des Landes durch die Aborigines führte nach dem damals geltenden Recht nicht dazu, daß daraus vom *common law* anerkannte Besitzrechte der Ureinwohner abzuleiten gewesen wäre. Deswegen war die Kolonie erstmals durch die Briten 1788 ‚besiedelt' worden. Das damalige Völkerrecht besagte, daß die ersten Siedler so viel vom *common law* als ihre Geburtsrechtsordnung mit sich nach Australien brachten, als aufgrund der verschiedenen Umstände dort sinnvollerweise Anwendung finden konnte. Diese Rechtsordnung wurde das ‚empfangene' *common law* genannt. Da *New South Wales* eine neu angesiedelte Kolonie war, erbte es das *common law* von Britannien.

Die *Murray* Inseln, eine Gruppe von drei Inseln mit einer Gesamtfläch von ungefähr neun Quadratkilometern und einer Bevölkerungszahl von 400 bis 500 Einwohnern, liegt in der *Torres* Straße, in der Mitte zwischen Kap York, der Nordspitze Australiens, und Papua Neuguinea. Drei Einwohner der Inselgruppe, Reverend David Passi (ein angelikanischer Priester), James Rice (ein Grundschullehrer) und Eddie Mabo (ein Aktivist) wandten sich gegen den Vorschlag der Regierung des australischen Bundesstaates *Queensland*, ihr Land unter Regierungskontrolle zu bringen. Die Regierung verfolgte dabei, wie schon bei mehreren gleichartigen Vorgängen auf den anderen *Murray* Inseln, das Ziel, die Kontroll- und Besitzrechte der traditionellen Eigentümer

---

[38] *Chu Kheng Lim v. Minister for Immigration* (1992) 176 C.L.R. S. 1 ff.
[39] *Ibid.* S. 38 (Richter Brennan, Deane und Dawson).
[40] *Mabo v. Queensland [No. 2]* (1992) 175 C.L.R. S. 1 ff.

zu beschränken und den örtlichen Gebietskörperschaften die Möglichkeit zu verschaffen, das Land an andere als die traditionellen Eigentümer zu verpachten. Passi,
Rice und Mabo gingen gegen diesen Vorschlag erstmals 1982 gerichtlich vor.

Zehn Jahre später waren die Kläger schließlich vor dem *High Court* erfolgreich. Dieser bestätigte ihre Ansicht, daß ihr traditionelles Eigentum an ihrem Land gegenüber
jedermann Bestand habe. Allerdings kann dieses traditionelle Eigentum noch immer
Gegenstand einer rechtmäßigen Enteignung durch den Bundesstaat sein; dabei wäre
aber jede entschädigungslose Enteignung von Landrechten von Aborigines gesetzes-
widrig, da sie Gesetze des Bundes, wie z.B. den *Racial Discrimination Act* 1975 (Cth),
verletzen würde und damit ungültig nach Art. 109 der australischen Verfassung sei.

Mit der Entscheidung im Fall *Mabo* wurden somit 200 Jahre australisches Verfassungsrecht geändert. Die Richter des *High Court* stimmten darin überein, daß das *common law* Australiens eine Form von Landrechten der Ureinwohner anerkenne. Diese
Landrechte reflektierten, soweit sie nicht erloschen seien, die Rechte der Aborigines
an ihrem Land entsprechend ihrer Gesetze und Bräuche. Davon umfaßt seien auch die
Landrechte der *Murray* Inselbewohner unter dem Recht von *Queensland*. Das Urteil
hat in Australien neues Recht entwickelt. Darin wird erstmals anerkannt, daß die ersten Siedler und die folgenden Generationen von Australiern die Aborigines von dem
größten Teil ihres traditionellen Territoriums verdrängten. Die Begründungen der
Rechtslehre zur Rechtfertigung dieser Entziehung von Landrechten stelle die dunkel-
ste Stelle in der Geschichte der australischen Nation dar.

Mit dem Urteil des *High Court* im Fall *Mabo* war damit die *terra nullius*-Doktrin aufgegeben worden, das Land sei gerade nicht ‚praktisch unbesiedelt' gewesen. Das unter
dem in die Kolonie 1788 ‚improtierten' *common law* enstandene Eigentum der Krone
an dem in *New South Wales* belegenen Land sei durch die Landrechte der Stämme der
Aborigines an dem Land, auf welchem sie wohnten oder welches sie für traditionelle
Zwecke nutzten, begrenzt und qualifiziert worden

Diese Weiterentwicklung des *common law* wurde in dem Urteil des *High Court* im
Fall *Mabo* unter anderem im Hinblick auf die Auswirkungen von Richtlinien, die sich
aus den Bestimmungen völkerrechtlicher Verträge ergeben, begründet:

> „The opening up of international remedies to individuals pursuant to Australia's accession to
> the Optional Protocol to the International Covenant on Civil and Political Rights brings to be-
> ar on the common law the powerful influence of the Covenant and the international standards
> it imports. The common law does not necessarily conform with international law, but interna-
> tional law is a legitimate and important influence on the development of the common law,
> especially when international law declares the existence of universal human rights. A common
> law doctrine founded on unjust discrimination in the enjoyment of civil and political rights de-
> mands reconsideration. It is contrary both to international standards and to the fundamental va-
> lues of our common law to entrench a discriminatory rule which, because of the supposed posi-
> tion on the scale of social organization of the indigenous inhabitants of a settled colony, denies
> them a right to occupy their traditional lands."[41]

Völkerrechtliche Verträge können damit nach der Rechtsprechung des *High Court*
zur Weiterentwicklung des *common law* herangezogen werden.

---

[41] *Ibid.* S. 42 (Richter Brennan).

3. Innerstaatliche Wirkung völkerrechtswidriger Verträge

in *Horta v. The Commonwealth*[42] wurde von den Klägern angestrebt, die Ungültigkeit des Vertrages zwischen Australien und Indonesien über die Abgrenzung der Hoheitsgebiete um Ost-Timor und des implementierenden Gesetzes feststellen zu lassen. Sie argumentierten, daß die *external affairs power* des Commonwealth nach Art. 51 (xxix) der Verfassung nicht dazu verwendet werden könne, um völkerrechtswidrige Verträge zu implementieren. Der *High Court* konnte diese Frage allerdings dahinstehen lassen, da er davon ausging, daß das Gesetz eine Materie regele, die geographisch extern von Australien sei. Dies genüge, um aufgrund der *external affairs power* zur Gesetzgebung berechtigt zu sein, auf die Implementierungsfunktion dieser Kompetenz komme es daher nicht an. In dem einstimmig ergangenen Urteil findet sich dennoch die Feststellung, daß die Ungültigkeit eines völkerrechtlichen Vertrages auf die Gültikeit des implementierenden Gesetzes keinen Einfluß habe:

„... even if the Treaty were void under international law or if Australia's entry into or performance of the Treaty involved a breach of Australia's obligations under international law, the [Commonwealth Acts] would not thereby be deprived of their character as laws with respect to ‚External affairs' for the prupuses of s.51(xxix). Neither s.51(xxix) itself nor any other provision of the Constitution confines the legislative power with respect to ‚external affairs' to the enactment of laws which are consistent with, or which relate to treaties or matters which are consistent with, the requirements of international law."[43]

Allerdings wird in der Lehre vertreten, daß die *external affairs power* nicht dazu ausreichen könne, völkerrechtlich ungültige Verträge zu implementieren[44]. Die Implementierung völkerrechtswidriger, aber dennoch gültiger Verträge solle dagegen möglich sein.

D. „Minister of State for Immigration and Ethnic Affairs v. Teoh"

In *Minister for Immigration and Ethnic Affairs v. Teoh*[45] wurden erneut die Feststellung der früheren Urteile zum Verhältnis völkerrechtlicher Verträge zum australischen Recht bestätigt. Alle Richter waren sich darin einig, daß die Bestimmungen eines völkerrechtlichen Vertrages erst nach Implementierung durch Gesetz Teil des australischen Rechts sind. Darüberhinaus könnte aber mit dieser Entscheidung eine neue Art von Einflußnahmen von völkerrechtlichen Verträgen auf das australische Recht begründet worden sein.

1. Sachverhalt

Der Entscheidung lag folgender Sachverhalt zugrunde: Mr. Teoh, ein malaischer Staatsbürger, reiste 1988 erstmals mit einem befristeten Visum nach Australien ein. In

---

[42] *Horta v. The Commonwealth* (1994) 181 C.L.R. S. 183ff.

[43] *Ibid.* S. 195.

[44] Vgl. *G. Winterton*: „Limits to the Use of the ‚Treaty Power'", in *M. Alston/M. Chiam* (Hrsg.): „Treaty-Making in Australia" 1995, S. 29ff., S. 32f.

[45] *Minister for Immigration and Ethnic Affairs v. Teoh* (1994–1995) 183 C.L.R. S. 273ff.

diesem Jahr heiratete er eine australische Staatsbürgerin, die die Lebensgefährtin seines verstorbenen Bruders gewesen war. Seine Frau hatte vier Kinder, von denen drei aus der Beziehung zu dem Bruder Mr. Teohs stammten. Inzwischen sind aus der Ehe noch drei weitere Kinder hervorgegangen. Mr. Teoh beantragte 1989 deswegen eine ständige Aufenthaltserlaubnis. Während der Bearbeitung seines Antrags wurde er allerdings wegen neun Straftaten (Import und Besitz von Heroin, teilweise durch seine eigene Abhängigkeit bedingt) zu sechs Jahren Gefängnis verurteilt. Aufgrund dieser Verurteilung wurde sein Antrag auf Aufenthaltserlaubnis abgelehnt, da er das dafür erforderliche Kriterium des guten Charakters nicht erfülle. Nachdem das befristete Visum abgelaufen war, wurde ihm seine Abschiebung angedroht.

In dem darauf folgenden Widerspruchsverfahren wurde die Bedeutung Mr. Teohs für seine Familie und seine Qualitäten als guter Vater und sehr verantwortlicher Mensch, als Ernährer der Familie und als große Hilfe für seine gleichfalls drogenabhängige Frau zur Begründung des Widerspruchs betont. Seine Abschiebung würde eine große Tragödie für die ganze Familie darstellen, da er die einzige Person sei, die dazu in der Lage sei, die Familie zusammenzuhalten. Dennoch gab die Widerspruchsbehörde dem Widerspruch nicht statt, da, obwohl die schwierige Situation der Familie durchaus richtig gewürdigt würde, seine Straftaten so gravierend seien, daß die Abschiebung nicht aufgehoben werden könne. In dem folgenden Gerichtsverfahren durch mehrere Instanzen argumentierte Mr. Teoh daraufhin, daß von seiten der Verwaltung die Härte für seine Familie im Falle seiner Abschiebung nicht genügend untersucht und in die Entscheidung miteinbezogen worden sei.

Der *Federal Court* gründete seine Entscheidung zugunsten Mr. Teohs auf die Konvention der Vereinten Nationen über die Rechte des Kindes, die in ihrem Art. 3 Abs. 1 vorsah, daß in allen Entscheidungen, die ein Kind betreffen, die Interessen des Kindes als ausschlaggebendes Kriterium in die Entscheidung einzustellen seien. Die Konvention, die 1991 in Kraft trat, war von Australien 1990 ratifiziert, aber noch nicht in nationales Recht umgesetzt worden. Damit waren die Regelungen der Konvention noch kein gültiges australisches Recht. Der *Federal Court* erkannte dies an, folgerte aber aus der Ratifikation durch Australien das Entstehen einer legitimen Erwartung bei Kindern und Eltern, daß alle Maßnahmen, die Kinder betreffen, in Übereinstimmung mit den Prinzipien der Konvention durchgeführt würden. Die Verwaltung habe dies versäumt, da sie die Belange der Kinder nicht als ausschlaggebendes Kriterium berücksichtigt hatte. Gegen diese Entscheidung des *Federal Court* legte der Minister für Einwanderung Rechtsmittel zum australischen *High Court* ein, in welchem er argumentierte, daß die Ratifikation die vom *Federal Court* angenommene Wirkung nicht haben könne.

2. Entscheidung

Der *High Court* erklärte, wie oben bereits erwähnt, mit Einstimmigkeit der Richter, zum Verhältnis völkerrechtlicher Verträge und australischem Recht, daß erst die Implementierung die Regelungen eines völkerrechtlichen Vertrages Teil der australischen Rechtsordnung werden lassen.

„It is well established that the provisions of an international treaty to which Australia is a party do not form part of Australian law unless those provisions have been validly incorporated in-

to our municipal law by statute. This principle has its foundation in the proposition that in our constitutional system the making and ratification of treaties fall within the province of the Executive in the exercise of its prerogative power whereas the making and alteration of the law fall within the province of Parliament, not the Executive. So, a treaty which has not been incorporated into our municipal law cannot operate as a direct source of individual rights and obligations under that law."[46]

Darüberhinaus entschied der *High Court* aber auch mit 4:1 Richtern, daß die Ratifikation eines völkerrechtlichen Vertrages eine legitime Erwartung im Hinblick auf die Rechtmäßigkeit des Verwaltungsverfahrens erzeuge, so daß betroffene Personen es zumindest bekanntgegeben und der Person Gelegenheit zur Stellungnahme gegeben werden müsse, wenn die Verwaltung nicht im Einklang mit der ratifizierten Konvention entscheiden wolle.

„… ratification of a convention is a positive statement by the executive government of this country to the world and to the Australian people that the executive government and its agencies will act in accordance with the Convention. That positive statement is an adequate foundation for a legitimate expectation, absent statutory or executive indications to the contrary, that administrative decision-makers will act in conformity with the Convention … . The existence of a legitimate expectation that a decision-maker will act in a particular way does not necessarily compel him or her to act in that way. That is the difference between a legitimate expectation and a binding rule of law. To regard a legitimate expectation as requiring the decision-maker to act in a particular way is tantamount to treating it as a rule of law. It incorporates the provisions of the unincorporated convention into our municipal law by the back door. … But, if a decision-maker proposes to make a decision inconsistent with a legitimate expectation, procedural fairness requires that the person affected should be given notice and an adequate opportunity of presenting a case against the taking of such a course."[47]

Insoweit erscheint es, als ob ein nicht-implementierter völkerrechtlicher Vertrag Auswirkungen auf das australische Recht haben kann, die über das hinausgehen, was zuvor anerkannt war[48]. Allerdings war das Konzept der legitimen Erwartung auch schon vor dieser Entscheidung bekannt. Es wurde in folgenden vier Kategorien angewandt[49]:
– Wenn eine Person ein Recht oder eine Freiheit innehat, von denen sie ausgehen darf, daß sie fortbestehen, dann dürfen diese nicht ohne vorherige Anhörung der betroffenen Person entzogen werden.
– Wenn die Verwaltung einer Person gegenüber eine rechtmäßige Erklärung abgibt, besteht ein Recht dieser Person gegenüber der Verwaltung, daß sie nicht entgegen ihrer Erklärung handelt, ohne zuvor den Betroffenen angehört zu haben.
– Wenn eine Person die Vorteile einer andauernden Praxis der Regierung genießt,

---

[46] *Ibid.* S. 285f. (Vors. Richter Mason und Richter Deane). Vgl. auch auf S. 298 (Richter Toohey); S. 304 (Richter Gaudron); S. 315 (Richter McHugh).
[47] *Ibid.* S. 291f. (Vors. Richter Mason und Richter Deane); S. 301 (Richter Toohey). Konkurrierend in diesem Punkt Richter Gaudron auf S. 304. Dissentierend Richter McHugh auf S. 315ff.
[48] Vgl. unten IV; siehe auch *Allars, M.*: „One Small Step for Legal Doctrine, One Giant Leap Towards Integrity in Government: Teoh's Case and the Internationalisation of Administrative Law", Vol. 17 (1995) Sydney Law Review, S. 204ff., S. 205.
[49] *Ibid.* S. 223 m.w.N.; siehe auch Richter McHugh in der *Minster for Immigration and Ethnic Affairs v. Teoh* (1994–1995) 183 C.L.R. S. 273ff., S. 310ff.

von der sie ausgehen darf, daß sie fortdauern wird, dann darf diese Praxis nicht ohne vorherige Anhörung der betroffenen Person unterbunden werden.
– Wenn eine veröffentlichte Erklärung im Hinblick auf eine Politik der Regierung existiert, die eine Person betrifft, dann hat diese betroffene Person ein Recht darauf, daß diese Politik nicht abgeändert wird, ohne vorher angehört worden zu sein.

Mit der Entscheidung im vorliegenden Fall ist damit eine fünfte Kategorie zum Konzept der legitimen Erwartung hinzugefügt worden, um die Menschenrechte in einem breiteren Umfang zu schützen:
– Wenn Australien einen völkerrechtlichen Vertrag ratifiziert, ist darin eine Erklärung der Regierung an die Welt und an das australische Volk zu sehen, die bewirkt, daß nicht ohne die Anhörung betroffener Personen entgegen dieser Erklärung gehandelt wird.

In dieser neuen Kategorie ist somit kein großer dogmatischer Entwicklungsschritt zusehen, da in einer Ratifikation auch eine Erklärung über eine Politik der Regierung oder eine der Verwaltung gesehen werden könnte. Darüberhinaus folgt aus der legitimen Erwartung nur eine prozedurale Konsequenz: das etwaige Erfordernis einer Anhörung. Die völkerrechtlichen Regelungen selbst müssen gerade nicht angewandt werden. Damit kann man den Einfluß eines nicht-implementierten völkerrechtlichen Vertrages innerhalb Australiens mit einer veröffentlichen Erklärung über eine Politik der Regierung vergleichen. Dennoch könnte die Ausweitung des Konzepts der legitimen Erwartung zumindest dazu führen, daß nicht-implementierte aber ratifizierte völkerrechtliche Verträge den Einfluß von Völkerrecht auf das australische Recht verstärken. Ob dies tatsächlich der Fall sein wird, ist inzwischen eher zu verneinen. Der *High Court* hatte in seinem Urteil erklärt, daß es der Regierung im Hinblick auf die Exekutive offen stehe, eine Erklärung darüber abzugeben, inwieweit den Verpflichtungen in einem völkerrechtlichen, ratifizierten Vertrag innerstaatlich Wirkungen zukommen sollten[50].

E. Reaktionen der Exekutive und des Gesetzgebers

Als Reaktion auf diese eher auf den Einzelfall bezogenen Äußerung des *High Court* veröffentlichte die Regierung eine Gemeinsame Erklärung[51]. Darin wurde erklärt, daß generell in keinem Fall eine legitime Erwartung aus der Ratifikation eines völkerrechtlichen Vertrages folgen könne[52]:

„We now make such a clear and express statement. We state, on behalf of the Government, that entering into an international treaty is not reason for raising any expectation that goverment decision-makers will act in accordance with the treaty if the relevant provision of that treaty have not been enacted into domestic Autralian law. It is not legitimate, for the purpose of

---

[50] Vgl. den oben bereits zitierten Urteilsauszug: „That positive statement is an adequate foundation for a legitimate expectation, <u>absent statutory or executive indications to the contrary,</u> that administrative decision-makers will act in conformity with the Convention ... [Hervorhebung durch den Verfasser]."

[51] *Joint Statement* vom Minister für Auswärtige Angelegenheiten und dem Generalanwalt vom 10. 5. 1995.

[52] Vgl. *S. Blay / R. Iorowicz:* „The Teoh Case: Implications for Environmental Law in Australia", Vol. 13 (1996) Environmental and Planning Law Journal, S. 40ff., S. 45.

Sachregister

Bearbeitet von Roland Schanbacher, Richter am Verwaltungsgericht Stuttgart

Die Zahlen verweisen auf die Seiten des Jahrbuchs

Jus Publicum

Beiträge zum Öffentlichen Recht

Alphabetisches Verzeichnis

Einen Gesamtkatalog erhalten Sie gerne von
Mohr Siebeck, Postfach 2040, D−72010 Tübingen.
Aktuelle Informationen im Internet unter http://www.mohr.de

Mohr Siebeck

Grundgesetz
Kommentar

Herausgegeben von Horst Dreier
Bearbeitet von Hartmut Bauer, Horst Dreier, Rolf Gröschner, Georg Hermes,
Werner Heun, Gertrude Lübbe-Wolff, Martin Morlok, Ingolf Pernice,
Helmuth Schulze-Fielitz, Rupert Stettner, Joachim Wieland

Das Grundgesetz bildet seit nunmehr fast einem halben Jahrhundert die Verfassung der Bundesrepublik
Deutschland. Die deutsche Wiedervereinigung, der fortschreitende Prozeß der europäischen Integration
und die Grundgesetzänderungen der letzten Jahre zählen zu den Gründen, die die Herausgeber und
Autoren zur Erarbeitung eines neuen Kommentars bewogen haben.

Aus Rezensionen zum Band I:

»An der Homogenität der einzelnen Bearbeitungen, ihrer Übersichtlichkeit und dem hohen wissenschaft-
lichen Standard gibt es keinen Zweifel. Auch die Sprache ist [. . .] von erfreulicher Klarheit und Präzision.
[. . .] Ich habe keinen Zweifel, daß dieser Kommentar sich einen gesicherten Platz in der Literatur zum
Grundgesetz erobern werden wird [. . .].«
Hans-Wolfgang Arndt in *JuS-Informationen* (1997), Nr. 5, S. XLI–XLII

»Ohne auf die Einzelkommentierungen einzugehen, darf festgestellt werden, daß der neue Kommentar
seiner Zielsetzung in großartiger Weise gerecht wird, dabei eine erstaunliche Homogenität angesichts der
strikten Gliederungsvorgabe trotz verschiedener Autoren aufweist. Insgesamt, so scheint es, ist über den
eigentlichen Kommentar hinaus gleichzeitig ein Lehrbuch der allgemeinen und besonderen Grundrechts-
lehren entstanden, das Studenten und Praktiker ebenso zu schätzen wissen werden wie Wissenschaft und
Rechtssprechung.«
Hans Habitzel in *Thüringer Verwaltungsblätter* Jg. 6 (1997), Nr. 4, S. 96

»Präzise Gliederungen und ein nahezu lückenloses Stichwortverzeichnis erschließen die Kommentierungen
anwendungsgerecht. [. . . Die Autoren] haben mit ihrem ersten Band ihres Unternehmens ihr Material in
einer so gelungenen Weise ausgewählt, wie es dem verfügbaren Raum und dem hohen Anspruch dieses
Kommentars nicht gemäßer hätte sein können.«
Herbert Günther in *Staatsanzeiger für das Land Hessen* (1997), Nr. 22, S. 1680

Band 1: Art. 1–19. 1996. XXVII, 1218 Seiten. Leinen.
Band 2: Art. 20–82. 1998. Ca. 1200 Seiten. Leinen.
Band 3: Art. 83–146. 1999. Ca. 1000 Seiten. Leinen.

Mohr Siebeck